2011年東北地方太平洋沖地震
災害調査速報

Preliminary Reconnaissance Report of
the 2011 Tohoku-Chiho Taiheiyo-Oki Earthquake

2011 年 7 月

日本建築学会

Architectural Institute of Japan（AIJ）

ご案内
本書の著作権・出版権は㈳日本建築学会にあります.本書より著書・論文等への引用・転載にあたっては必ず本会の許諾を得てください.
Ⓡ〈学術著作権協会委託出版物〉
本書の無断複写は,著作権法上での例外を除き禁じられています.本書を複写される場合は,学術著作権協会(03-3475-5618)の許諾を受けてください.

社団法人　日本建築学会

序

　今回の震災で亡くなられた方々に深く哀悼の意を表するとともに，被災された方々に衷心よりお見舞い申し上げ，一日も早い被災地の復興を切に望みます。

　2011年3月11日に日本の観測史上最大規模であるM9.0の海溝型巨大地震が宮城県沖で深さ24kmを震源として発生した。また，3月12日にはマグニチュード6.7の地震が長野県北部で，3月15日にはマグニチュード6.4の地震が静岡県東部で発生した。このうち，特に，東北地方太平洋沖地震と命名された3月11日の地震は，地震動そのものによる被害に加え，地震により発生した津波により東北・関東地方に甚大な被害をもたらした。このため，日本建築学会は3月12日には東日本大震災調査復興支援本部（発足当初は大災害調査復興支援本部）を発足させ，災害委員会はその中核組織の一つとして各支部と連携をとり，かつ本会の常置委員会・運営委員会の協力を得て調査の推進を図ってきた。

　しかしながら，この度の震災調査においては従来の調査とは異なる種々の事態に直面した。その一つは津波激災害地において一時は二万を超える人々が行方不明とされ，その捜索が地震発生後3ヶ月以上を経た今でも続けられていることである。また，震災発生後しばらくの間は生活必需品である食料や水に加え，ガス，電気，ガソリンなどが枯渇しその支援物資を運ぶための交通機関も寸断した。このため，大きな被害を受けなかった仙台市や福島市などにおいても人々は生活に困窮をきたし，支援者のための宿の確保も困難であった。

　このような状況を配慮し，災害委員会は，初動調査は当該地区の支部が担当することとし，当該地区以外の会員には調査の自制を要請せざるをえなかった。加えて，震災直後は携帯電話やインターネットなども容易にはつながらず情報の交換・伝達に大きな支障が生じた。また，東北地方の調査の主力となるべき教員が大学の施設の被災により，その調査と復旧に精力を注がざるを得ない事態も生じた。さらには，福島で生じた原子力施設の被害による放射能の影響などもあり，特に，東北地方の被害調査は困難を極めた。

　その後，事態は徐々に改善され，災害委員会は，3月30日には，津波災害地および原子力事故に伴う影響地域への調査ならびに各自治体へのアプローチは原則禁止とするものの，被災地に十分配慮した上で統制のとれた調査を行うことを骨子とした地震災害調査ガイドライン（案），災害調査実施要領（案）および被害調査団登録票を作成し，支援本部本部長名にて会員に通知した。また，そのガイドラインに基づき精力的な調査の要請を常置委員会・運営委員会に対して行った。4月6日には，被災した地域の当該支部，特に東北支部や関東支部の会員の多大な貢献を得て作成した緊急報告書をもとに，東京にて緊急報告会を開催した。また，4月23日には大阪でも同様な報告会を開催した。このうち，東京の報告会はUSTREAMによりインターネットで配信され，視聴者は最大で約1,390名，合計視聴者数は約7,500名であった。

　4月23日には，被災地が，捜索・救助から復旧・復興へと動き始め，がれきの撤去などの

活動が本格化してきたこと，それとともに，後世に残さなければならない貴重な津波による未曾有の災害の資料も喪失されつつあることを踏まえ，津波災害地の調査や行政機関へのアプローチの解除を骨子とした地震災害調査ガイドラインの改定を行い会員に通知した。このようにして行われたこの度の一連の地震に対する本会の会員による調査は6月末時点で200チームを超え調査員の延べ人数は2000人に達している。

　本報告書はこのようにして得られた当該支部及び本会常置委員会，運営委員会による調査結果の概要を取りまとめたものです。今回の地震における被災地域の広がりや，町ごと全て消失させた深刻な津波被害の衝撃，未曾有の原子力発電所被害，などを考えれば，この度の地震は関東大震災にも匹敵する地震災害であったと言え，これら被害がもたらす影響は，その直接的な被害のみにとどまらず，今後の我が国の社会，国のあり方の根幹に及ぶであろうことが容易に想定されます。本報告書がその根幹を形成するための貴重な資料となることを切に望みます。

　最後に，本報告書を作成するにあたり，献身的な調査を行った東北支部，精力的な調査を行った関東支部，その他，迅速な調査を行った東海支部，北陸支部，詳細に計画的な調査を進めた常置委員会，運営委員会の方々，その他，調査に関連されました会員の皆様に深く感謝の意を表します。また，ご協力いただいた行政庁の方々や関係者の方々に深く感謝の意を表します。

2011年7月

日本建築学会災害委員会
委員長　平石久廣

2011年東北地方太平洋沖地震災害調査速報
作成関係委員

東日本大震災調査復興支援本部
（2011.4.12〜5.31）
 本部長　佐藤　　滋
 副本部長　辻本　　誠，平石　久廣
 委　員　（略）
（2011.6.1〜）
 本部長　和田　　章
 副本部長　新宮　清志，平石　久廣
 委　員　（略）

災害委員会
（2009.4.1〜2011.3.31）
 委員長　林　　康裕
 幹　事　腰原　幹雄，瀬尾　和大，前田　匡樹，村尾　　修
 委　員　（略）
（2011.4.1〜）
 委員長　平石　久廣
 幹　事　川瀬　　博，楠　　浩一，腰原　幹雄，塩原　　等，村尾　　修
 委　員　（略）

東北地方太平洋沖地震および一連の地震災害調査速報編集ワーキンググループ
 主　査　平石　久廣
 副主査　田中　礼治
 幹　事　川瀬　　博，楠　　浩一，腰原　幹雄，塩原　　等，源栄　正人
 委　員　浅里　和茂，石井　　敏，五十田　博，稲井　栄一，井上　芳生
　　　　　大橋　竜太，壁谷澤寿海，河合　直人，河野　昭彦，北山　和宏
　　　　　小林　　淳，小林　正人，清家　　剛，勅使川原正臣，時松　孝次
　　　　　中村友紀子，前田　匡樹，松本　由香，緑川　光正

インターネットワーキンググループ
 主　査　三辻　和弥
 委　員　川口　　淳，神野　達夫，高井　伸雄，高山　峯夫，田村　修次
　　　　　田守伸一郎，中田　愼介，久田　嘉章，山村　一繁

2011 年東北地方太平洋沖地震災害調査速報　目次

序

第1章　調査及び被害の概要

  1.1　調査の概要 ･･･ 1
  1.2　被害の概要 ･･･ 8
    1.2.1　東北地方太平洋沖地震の被害の概要 ･････････････････････････････････････ 8
    1.2.2　長野県北部を震源とする地震による被害の概要 ･･･････････････････････････ 14
    1.2.3　静岡県東部を震源とする地震による被害の概要 ･･･････････････････････････ 14
    1.2.4　まとめ ･･･ 15

第2章　地震・地盤・津波

  2.1　地震・地震動 ･･･ 16
    2.1.1　東北地方太平洋沖地震の概要 ･･･ 16
    2.1.2　東北地方太平洋沖地震の震源過程 ･･･････････････････････････････････････ 17
    2.1.3　強震観測記録 ･･･ 19
    2.1.4　強震動生成領域 ･･･ 22
    2.1.5　強震動の構造物破壊能 ･･･ 23
    2.1.6　余震と誘発地震 ･･･ 24
    2.1.7　地震・地震動の特徴のまとめ ･･･ 26
  2.2　地形・地質 ･･･ 28
    2.2.1　はじめに ･･･ 28
    2.2.2　岩手県 ･･･ 28
    2.2.3　宮城県 ･･･ 29
    2.2.4　福島県 ･･･ 29
    2.2.5　茨城県 ･･･ 30
    2.2.6　千葉県 ･･･ 31
    2.2.7　長野県栄村 ･･･ 32
    2.2.8　静岡県富士宮市 ･･･ 32
  2.3　津波 ･･･ 37
    2.3.1　はじめに ･･･ 37
    2.3.2　津波の概要 ･･･ 37

第3章　東北地方の被害

- 3.1　はじめに ……………………………………………………………………… 42
- 3.2　地震動 ………………………………………………………………………… 44
  - 3.2.1　地盤系強震記録 ………………………………………………………… 44
  - 3.2.2　建物系強震記録 ………………………………………………………… 52
  - 3.2.3　同一観測点での過去の被害地震との比較 …………………………… 61
- 3.3　被害統計 ……………………………………………………………………… 64
  - 3.3.1　人的被害の状況 ………………………………………………………… 64
  - 3.3.2　建物被害の状況 ………………………………………………………… 64
  - 3.3.3　津波による浸水被害 …………………………………………………… 65
  - 3.3.4　ライフラインの被害 …………………………………………………… 67
  - 3.3.5　その他生活関連の被害 ………………………………………………… 68
  - 3.3.6　被害額 …………………………………………………………………… 72
- 3.4　地盤・基礎構造の被害 ……………………………………………………… 73
  - 3.4.1　はじめに ………………………………………………………………… 73
  - 3.4.2　宮城県白石市 …………………………………………………………… 73
  - 3.4.3　宮城県亘理郡山元町 …………………………………………………… 73
  - 3.4.4　宮城県柴田郡村田町 …………………………………………………… 74
  - 3.4.5　宮城県仙台市 …………………………………………………………… 76
  - 3.4.6　宮城県石巻市（赤井地区） …………………………………………… 82
  - 3.4.7　宮城県遠田郡美里町南郷地区 ………………………………………… 83
  - 3.4.8　宮城県女川町において津波によって転倒した建物の基礎構造について ‥ 84
- 3.5　建物等の被害 ………………………………………………………………… 88
  - 3.5.1　概要 ……………………………………………………………………… 88
  - 3.5.2　被災建物の悉皆調査 …………………………………………………… 88
  - 3.5.3　福島県の初動調査 ……………………………………………………… 93
  - 3.5.4　個別建物の調査 ………………………………………………………… 96
  - 3.5.5　木造建物の被害 ………………………………………………………… 120
- 3.6　非構造部材の被害 …………………………………………………………… 124
  - 3.6.1　調査の方針と概要 ……………………………………………………… 124
  - 3.6.2　天井の被害 ……………………………………………………………… 124
  - 3.6.3　外壁の被害 ……………………………………………………………… 131
  - 3.6.4　瓦屋根の被害 …………………………………………………………… 138
  - 3.6.5　その他の非構造部材の被害 …………………………………………… 140
  - 3.6.6　まとめ …………………………………………………………………… 142
- 3.7　歴史的建造物の被害 ………………………………………………………… 144
  - 3.7.1　被害調査の概要 ………………………………………………………… 144

		3.7.2	被害の概要	145
		3.7.3	各県の被害状況	146
	3.8	建築設備の被害		154
		3.8.1	建築設備の被害の概要	154
		3.8.2	空調設備の被害	155
		3.8.3	給排水設備の被害	159
		3.8.4	電気設備の被害	162
		3.8.5	ライフラインの被害	165
		3.8.6	その他の被害	167
	3.9	生活関連の被害		169
		3.9.1	人的被害の状況と暮らしへの影響	169
		3.9.2	生活関連施設の被害の状況	171
		3.9.3	被災地の広域性と多様性	176
		3.9.4	復旧・復興への道筋	181
	3.10	津波による被害		186
		3.10.1	津波発生のメカニズム	186
		3.10.2	津波浸水地域	187
		3.10.3	津波時刻歴	189
		3.10.4	津波高さ分布	190
		3.10.5	津波被害調査地域および浸水図について	192
		3.10.6	青森県の被害	193
		3.10.7	岩手県の被害	196
		3.10.8	宮城県の被害	224
		3.10.9	福島県の被害	250
		3.10.10	各種構造別被害	252
		3.10.11	各種被害	258

第4章　関東地方の被害

4.1	はじめに		263
	4.1.1	調査の概要	263
	4.1.2	調査の範囲と方法	263
	4.1.3	被害の概要	265
4.2	地震動・地盤		269
	4.2.1	地震動	269
	4.2.2	地形・地質構造	277
	4.2.3	地盤と建物の同時観測記録	280
4.3	支所別の建物被害		285

  4.3.1 茨城県の建物被害 ・・・ 285

  4.3.2 千葉県の建物被害 ・・・ 297

  4.3.3 栃木県の建物被害 ・・・ 305

  4.3.4 埼玉県の建物被害 ・・・ 315

  4.3.5 群馬県の建物被害 ・・・ 318

  4.3.6 東京都の建物被害 ・・・ 322

  4.3.7 神奈川県の建物被害 ・・・ 330

 4.4 構造種別ごとの被害 ・・・ 334

  4.4.1 木造建物の状況 ・・・ 334

  4.4.2 鉄筋コンクリート造・鉄骨鉄筋コンクリート造建物の状況 ・・・・・・・・・・・ 337

  4.4.3 鉄骨造建物の被害 ・・・ 340

  4.4.4 超高層建物の状況 ・・・ 342

  4.4.5 免震・制振建物の状況 ・・・・・・・・・・・・・・・・・・・・・・・・・・・・・・・・・・・・・・・ 345

  4.4.6 大空間施設の構造被害と天井落下被害の状況 ・・・・・・・・・・・・・・・・・・・・・ 348

  4.4.7 外壁・外装材の被害の状況 ・・・・・・・・・・・・・・・・・・・・・・・・・・・・・・・・・・・ 351

  4.4.8 その他の非構造部材の被害 ・・・・・・・・・・・・・・・・・・・・・・・・・・・・・・・・・・・ 353

 4.5 地盤・基礎構造の被害 ・・ 355

  4.5.1 はじめに ・・・ 355

  4.5.2 地盤の被害：液状化 ・・ 355

  4.5.3 基礎の被害 ・・・ 355

  4.5.4 その後の状況 ・・・ 356

 4.6 津波被害 ・・ 357

  4.6.1 津波の概要 ・・・ 357

  4.6.2 被害の概要 ・・・ 357

 4.7 まとめ ・・ 362

第5章　北陸地方・東海地方の被害

 5.1 北陸地方の被害 ・・・ 363

  5.1.1 概要 ・・・ 363

  5.1.2 地震動の概要 ・・・ 363

  5.1.3 木造建物の被害 ・・・ 365

  5.1.4 鉄骨造，鉄筋コンクリート造建物の被害 ・・・・・・・・・・・・・・・・・・・・・・・・ 368

  5.1.5 ライフライン，その他の被害 ・・・・・・・・・・・・・・・・・・・・・・・・・・・・・・・・ 370

  5.1.6 まとめ ・・・ 372

 5.2 東海地方の被害 ・・・ 373

  5.2.1 概要 ・・・ 373

  5.2.2 調査方法 ・・・ 373

5.2.3　富士宮市西部の学校建物等の被害 ････････････････････････････････ 374
5.2.4　富士宮市東部の学校建物等の被害 ････････････････････････････････ 376
5.2.5　被構造部材の被害 ･･ 378
5.2.6　富士宮市南部の被害 ･･ 380
5.2.7　まとめ ･･ 382

第6章　各構造の被害

6.1　木造建物の被害 ･･ 383
　　6.1.1　振動による被害 ･･ 383
　　6.1.2　津波による被害 ･･ 392
6.2　鉄筋コンクリート造建物の被害 ･･ 402
　　6.2.1　被害調査の概要 ･･ 402
　　6.2.2　調査地域と対象 ･･ 402
　　6.2.3　代表的な被害事例 ･･ 403
6.3　鉄骨鉄筋コンクリート造建物の被害 ････････････････････････････････････ 439
　　6.3.1　はじめに ･･ 439
　　6.3.2　調査方法 ･･ 439
　　6.3.3　特徴的な被害形態 ･･ 440
　　6.3.4　特徴的な建物の被害 ･･ 440
　　6.3.5　個別被害状況 ･･ 445
　　6.3.6　今後の調査について ･･ 456
6.4　壁式構造の被害 ･･ 457
　　6.4.1　はじめに ･･ 457
　　6.4.2　鉄筋コンクリート造系壁式構造 ･･････････････････････････････････ 457
　　6.4.3　組積造 ･･ 469
6.5　鉄骨造建物の被害 ･･ 482
　　6.5.1　概要 ･･ 482
　　6.5.2　地震動による被害 ･･ 482
　　6.5.3　津波による被害 ･･ 490
　　6.5.4　地盤変状による損傷 ･･ 510
　　6.5.5　火災をともなう損傷 ･･ 511
　　6.5.6　まとめ ･･ 512
6.6　非構造部材の被害 ･･ 513
　　6.6.1　被害の概要 ･･ 513
　　6.6.2　木造住宅などにおける瓦と湿式外壁 ･･････････････････････････････ 514
　　6.6.3　天井の被害 ･･ 515
　　6.6.4　外壁・外装材・開口部の被害 ････････････････････････････････････ 518

	6.6.5　その他非構造部材の被害	525
	6.6.6　まとめ	529
6.7	地盤と基礎の被害	530
	6.7.1　はじめに	530
	6.7.2　東京湾岸	530
	6.7.3　利根川流域	537
	6.7.4　東北地方	542
	6.7.5　まとめ	551
6.8	歴史的建造物の被害	553
	6.8.1　調査の概要	553
	6.8.2　指定文化財建造物の被害	554
	6.8.3　主な被害と今後の課題	558
	6.8.4　まとめ	572

第7章　まとめ

7.1	地震の概要	573
7.2	地形・地質	573
7.3	津波の概要	574
7.4	被害統計	574
7.5	木造建物の被害	575
7.6	鉄筋コンクリート造建物の被害	575
7.7	鉄骨鉄筋コンクリート造建物の被害	575
7.8	壁式構造の被害	576
7.9	鉄骨造建物の被害	576
7.10	非構造部材の被害	576
7.11	地盤と基礎の被害	577
7.12	指定文化財建造物の被害	577

執筆者

第1章
1.1 腰原幹雄
1.2 井上芳生

第2章
2.1 川瀬博，松島信一，宝音図
2.2 渡邊秀和
2.3 中埜良昭

第3章
3.1 田中礼治
3.2
  3.2.1 大野晋，神山眞
  3.2.2 大野晋，猿田正明，三辻和弥，菅原裕太，小山信，鹿嶋俊英，後藤航，池田隆明，鈴木幸一，船木尚己，源栄正人，守研二，飯藤将之，柴山明寛，本間誠
  3.2.3 源栄正人
3.3 石井敏
3.4 三辻和弥
3.5
  3.5.1 薛松濤
  3.5.2 柴山明寛
  3.5.3 浅里和茂，市岡綾子，岸本一蔵，楠浩一，桑原進，小林正人，小林正実，坂下雅信，鈴木祥之，谷口与知也，西山峰夫
  3.5.4 源栄正人，山田哲，池永昌容，前田匡樹，吉敷洋一，益野英昌，大沼正明，船木尚己，飯藤将之，藤田智己，浅里和茂，西山峰夫，谷口与知也，中原浩之，花井伸明，坂下雅信，小幡昭彦
  3.5.5 板垣直行，飯藤将之，藤田智己
3.6
  3.6.1 三橋博三
  3.6.2 三橋博三，菊田貴恒
  3.6.3 西脇智哉，板垣直行
  3.6.4 板垣直行
  3.6.5 石山智
  3.6.6 板垣直行
3.7
  3.7.1 永井康雄
  3.7.2 永井康雄
  3.7.3 野村俊一，角哲，崎山俊雄，相模誓雄，小幡知之，速水清孝
3.8
  3.8.1 岡田誠之
  3.8.2 内海康雄，仲村光史
  3.8.3 赤井仁志，草刈洋行
  3.8.4 須藤諭
  3.8.5 渡邉浩文
  3.8.6 菅原正則
3.9
  3.9.1 新井信幸
  3.9.2 山本和恵，厳爽，石井敏，坂口大洋
  3.9.3 大沼正寛，増田聡，鈴木孝男
  3.9.4 坂口大洋，新井信幸
3.10
  3.10.1 田中仁
  3.10.2 田中仁
  3.10.3 田中仁
  3.10.4 田中仁
  3.10.5 柴山明寛
  3.10.6 毛呂眞
  3.10.7 田中礼治，竹幸宏，山谷亮太，益野英昌，柴田明徳
  3.10.8 田中礼治，竹幸宏，砂金隆夫，山谷亮太，益野英昌，柴田明徳，桜井光之，荒井智彦
  3.10.9 楠浩一，岸本一蔵，浅里和茂，市岡綾子，岸本一蔵，楠浩一，桑原進，小林正人，小林正実，坂下雅信，鈴木祥之，谷口与知也，西山峰夫
  3.10.10 板垣直行，田中礼治，緑川光正
  3.10.11 北後明彦，後藤光亀，李玉友，西晴樹，瀧内義男

第4章
4.1
  4.1.1 塩原等
  4.1.2 塩原等
  4.1.3 北山和宏
4.2
  4.2.1 楠浩一，楠原文雄
  4.2.2 松本由香
  4.2.3 笠井和彦
4.3
  4.3.1 金久保利之，八十島章
  4.3.2 秋田知芳，時松孝次，藤井賢志，中井正一，関口徹，中村友紀子，高橋徹，肥田剛典，藤本一雄，島田侑子
  4.3.3 入江康隆，稲山正弘，相馬智明，新藤忠徳，高橋純一
  4.3.4 香取慶一，佐久間順三，西野広滋，松野浩一
  4.3.5 山中憲行，村田敬一，宇佐見隆志，藤生英樹，高橋康夫，森隆，田野哲也，太田守人
  4.3.6 北山和宏，楠原文雄，高橋典之，中村孝也
  4.3.7 松本由香，元結正次郎，渡部洋，江波戸和正，荏本孝久
4.4
  4.4.1 藤田香織
  4.4.2 北山和宏
  4.4.3 松本由香
  4.4.4 久田嘉章，久保智弘，新藤淳
  4.4.5 笠井和彦
  4.4.6 川口健一，立道郁生
  4.4.7 清家剛，名取発，熊谷亮平，江口亨
  4.4.8 清家剛，名取発，熊谷亮平，江口亨
4.5 中井正一
4.6 藤本一雄
4.7 塩原等

第5章
5.1
  5.1.1 五十田博
  5.1.2 村田晶
  5.1.3 五十田博
  5.1.4 加藤大介，土井希祐
  5.1.5 池本敏和
  5.1.6 五十田博
5.2
  5.2.1 勅使川原正臣，中村聡宏
  5.2.2 勅使川原正臣，中村聡宏

- 5.2.3 勅使川原正臣，丸山一平，中村聡宏，小川司，苔前圭介
- 5.2.4 市之瀬敏勝，佐藤篤司，高橋之
- 5.2.5 清家剛，伊山潤，名取発，熊谷亮平，江口亨
- 5.2.6 楠木紀男，渡部洋，江波戸和正，佐野ゆかり
- 5.2.7 勅使川原正臣

第6章
6.1
- 6.1.1 河合直人、五十田博
- 6.1.2 槌本敬大、中川貴文、荒木康弘

6.2
- 6.2.1 壁谷澤寿海
- 6.2.2 壁谷澤寿海
- 6.2.3 壁谷澤寿海，中埜良昭，崔琥，中野克彦，前田匡樹，北山和宏，加藤大介，市之瀬敏勝，高橋之，田才晃，楠浩一，塩原等，和泉信之，福山洋，壁谷澤寿一，谷昌典，渡辺一弘，飯塚正義，勅使川原正臣，中村聡宏

6.3 田中照久，堺純一，倉本洋，土井希祐

6.4
- 6.4.1 稲井栄一
- 6.4.2 稲井栄一，時田伸二，井上芳生，飯塚正義，佐々木隆浩
- 6.4.3 菊池健児，花里利一，黒木正幸，古賀一八，川上勝弥，三田紀行

6.5 緑川光正，多田元英，寺田岳彦，西山功，井戸田秀樹，大友啓徳，岡崎太一郎，川口淳，桑原進，孔富聖，聲高裕治，坂下雅信，佐藤篤司，佐藤裕一，吹田啓一郎，多賀謙蔵，高田明伸，田中剛，谷口与史也，柘植聖子，富岡義人，難波尚，平林典久，向出静司，村木泰輔，山田直人，山本貴之，渡邊祥

6.6 清家剛，名取発，熊谷亮平，江口亨

6.7 時松孝次，田村修次，鈴木比呂子，勝間田幸太

6.8
- 6.8.1 山崎鯛介
- 6.8.2 田中禎彦
- 6.8.3 山崎鯛介，上野勝久，大野敏，藤川昌樹，加藤悠希，大橋竜太，鯵坂徹
- 6.8.4 後藤治

第7章
7. 平石久廣

2011年東北地方太平洋沖地震
災害調査速報

Preliminary Reconnaissance Report of
the 2011 Tohoku-Chiho Taiheiyo-Oki Earthquake

第1章　調査及び被害の概要（Outline of investigation and damage）

1.1　調査の概要
（Outline of damage investigation）

　2011年3月11日14時46分に発生した東北地方太平洋沖地震に対して，日本建築学会では地震発生当日開催中の理事会において，大災害調査復興支援本部運営規定に基づき，初めて大災害調査復興支援本部（のちの東北地方太平洋沖地震調査復興支援本部（3月14日），東日本大震災復興支援本部（4月12日））を立ち上げ，その連携組織として災害委員会が建築物等の被災状況全体の把握のための初動調査にあたった。

　東北地方太平洋沖地震発生以降，大規模な余震とともに3月12日に長野県北部を震源とする地震，3月15日に静岡県東部を震源とする地震が続き被害は極めて広い範囲に及んだ。また，東北地方太平洋沖地震では，津波が発生し津波激災害地においては行方不明者の捜索が地震発生後3月以上を経た今でも続けられている。さらに，震災発生後しばらくの間は生活必需品である食料や水に加えガス，電気，ガソリンなどが枯渇しその支援物資を運ぶための交通機関も寸断した。このため，地震規模の割には比較的大きな建物被害が生じていない仙台市や福島市などにおいても人々は生活に困窮をきたし，支援者のための宿の確保も困難であった。

　このような状況下で災害委員会は各支部と連携をとり今日まで調査可能なところから調査の推進を図ってきたが，震災直後は携帯電話やインターネットなどもなかなかつながらず情報交換や情報の伝達に大きな支障が生じた。また，東北地方の調査の主力となるべき東北大学の多くの教員が大学の施設の被災によりその調査と復旧に精力を注がざるを得ない事態も生じていた。加えて，福島で生じた原子力発電所施設の被害による放射能の影響などもあり，東北地方の被害調査は困難を極めた。

　3月11日の地震発生直後から，災害委員会インターネットWGが「災害 Wiki」に「平成23年(2011年)東北地方太平洋沖地震」のページを開設するとともに，12日には災害委員会情報収集支援室を建築会館内に設置し，被災情報収集，情報交換，情報発信，調査支援に努めた。初動調査にあたっては，通信困難な中，被災地域である東北支部災害調査委員会，関東支部地震災害調査連絡会と連絡をとり，支部ごとに各支部内の被害状況を調査する方針を伝え，「東北地方太平洋沖地震にかかる建築学会災害調査方針」を配信した。情報収集にあたっては，災害調査関係者メーリングリスト（Disaster-A）を使用するとともに，広く情報を収集するため，TohokuEQ2011メールを使用した情報アーカイブをインターネットWGが作成した。これは，メールで送付されてきた情報をアーカイブし，webで閲覧可能としたものである。「災害Wiki」へのアクセスは3月31日までに49,763アクセスにのぼり1日1500程度のアクセスがあった。メーリングリストアーカイブサイトへの投稿は164通（3月31日まで），アクセスは，61,702アクセスと災害Wikiの1.5倍程度のアクセスがあった。「災害 Wiki」は首都大学をメインサイトとし，東北大学にバックアップサイトを構築することで災害に対応してきたが，今回の地震では東北大学の機能が失われ，首都大学も計画停電によりネットワークが停止する可能性が生じたため名古屋大学で運営を行った。また，京都大学にもバックアップサイトを設置した。

　3月12日の長野県北部を震源とする地震では，北陸支部と連絡をとり北陸支部で調査を行うことを確認し，3月15日の静岡県東部を震源とする地震では，東海支部で調査を行うことを確認した。

　被災地域，とりわけ津波被災地域にあたっては，被災者をはじめ地域の方々が深刻な状況であること，ガソリンなど物質の流通に支障が生じていること，福島第一原子力発電所事故影響地域では，避難勧告地域は言うまでもなく周辺地域で極度の緊張が生じていることなど，東北，関東の被災地域全域が被災・避難の方々の救援，支援のための臨戦態勢にあることを踏まえて，3月30日に支援本部長名で以下の「日本建築学会　平成23年(2011年)東北地方太平洋沖地震災害調査ガイドライン」を制定，全会員にメール配信した。

日本建築学会　平成23年(2011年)東北地方太平洋沖地震災害調査ガイドライン

　　　　　　　　　　　　　　2011年3月30日制定
　　　東北地方太平洋沖地震調査復興支援本部　本部長

　2011年東北地方太平洋沖地震災害調査について、日本建築学会は以下の事項に従い、調査を行うものとする。

(1) 日本建築学会が派遣する調査団は、(2)項および(3)項の手続きに従って東北地方太平洋沖地震調査復興支援本部（以下、支援本部）に登録し、災害本部が調査対象地域の支部と協議の上認定した調査団のみを日本建築学会調査団とする（ただし、被害地域に該当する支部が、支援本部の了承の下に行う調査は除く）。また調査団は、支援本部の管理の下で行動することとする。

(2) 調査団は、常置委員会単位、構造委員会においては、運営委員会単位異常で構成することを原則とする。また調査団は、調査対象地域の支部内の受入担当者を用意する。

(3) 調査団を形成する意向のある委員会等は、別途定める手続き（別紙「日本建築学会　東北地方太平洋沖地震災害調査実施要領（案）」記載の調査団登録様式）に従って登録する。

(4) 調査団は、調査結果の概要を支援本部に報告する。

(5) 調査のタイミング、地域、および調査対象の選定に関しては、当面以下のような点に十分留意するものとする。

　(a) 現地では余震に十分注意する。

　(b) 東北地方の津波被害地は、災害支援を行う場合を除き、初期の対象地域から除外する。

　(c) 福島第一原子力発電所事故にともなう影響地域は、調査対象から除外する。

　(d) 調査においては、地域の交通事情、物資の流通状況等を適宜確認し、市民感情に十分配慮する。

　(e) 当分の間、各自治体へのアプローチは原則遠慮する。

　(f) 調査団員は、各自で障害保険に加入するなどの手配をすることが望ましい。

(6) 調査にあたっては、調査団員は本部が貸与する日本建築学会の腕章を用いること。

(7) 調査内容を支援本部の了承なしにマス・メディアに公開するときには、日本建築学会の公式見解とならないよう、個人の立場で行う。

なお、被災地状況の変化等に応じて、本ガイドラインは適宜変更する。

以上

（別紙　省略）

4月25日には、被災地における復旧の状況を踏まえ、「地震災害調査ガイドライン」の(5)(b)、(5)(e)を改定し、後世に残さなければならない貴重な津波による未曾有の災害の資料収集を実施することとした。表1.1.1に4月25日改定のガイドラインを記す。

変更箇所
(5)　(b)　津波被害地域における調査は、受け入れ支部担当者と協議のうえ現地での捜索・救助や復旧・復興の妨げにならないよう、特に充分配慮し実施する。 　　　(e)　各自治体へのアプローチは、自治体に過度な負担のかからない範囲で、受け入れ支部担当者と協議の上判断し、その上で実施すること

また，情報収集支援室では，米国地震工学会（EERI）から共同調査の申し出（3チーム）およびメキシコ国立自治大学(UNAM)から調査の協力依頼があり対応をした。

初動調査は，被災地域の大学を中心として，研究機関，企業等により構成された調査団によって実施された。4月6日に開催された「東北地方太平洋沖地震および一連の地震緊急調査報告会（東京）」までに，各支部が動員したのべ調査員数は，東北支部150名，関東支部120名，北陸支部20名，東海支部30名となっていた。

北海道支部では，3月15日に，北海道内および青森県の被災現地先遣調査隊を派遣し，その報告を受け3月20日，北海道内の組織的被害調査は実施しないことを決定，その後，東北地方の初動調査支援を行った。直接の被災地域でない近畿支部では，インターネットから災害情報を収集し，ウェブに公開する形で災害対応の後方支援を行い，近畿支部災害対応ネットワークのホームページに収集されたデータとその内容に関する報告を掲載した。

また，4月22日に東北支部より災害本委員会に福島地方初動調査依頼があり調査方針を企画し，近畿支部を中心に初動調査支援が行われたほか，中国支部，四国支部，九州支部からも調査支援が行われた。

緊急報告会開催以降は，各常置委員会，運営委員会の調査団も活発に派遣され，表1.1.2のように，6月3日現在各支部による初動調査のほか常置委員会および運営委員会から派遣された調査団の累計は60，調査員の延べ人数は1500人を超えている。こうした，調査団の派遣状況も調査目的，調査地域の重複を避けるために，web上で公開した。

引き続き行われている調査では，建築物の構造種別ごとの詳細調査や地盤災害，液状化，津波被害に対する詳細，調査などが行われており，これらの情報収集および災害調査より，この度の一連の地震による被害の全容がほぼ明らかになってきた。

表 1.1.1　日本建築学会　平成 23 年（2011 年）東北地方大洋沖地震災害調査ガイドラインの改定　その 1
(Guideline of AIJ disaster survey on the 2011 Tohoku-Chiho Taiheiyo-Oki Earthquake Part 1)

日本建築学会　平成 23 年（2011 年）東北地方太平洋沖地震災害調査ガイドラインの改定

平成 23 年 4 月 25 日
東日本大震災調査復興支援本部　本部長
佐藤　滋

3 月 30 日に「平成 23 年（2011 年）東北地方太平洋沖地震災害調査ガイドライン」制定後、これまでの皆様の節度ある精力的な調査計画・実施に感謝申し上げます。
地震発生後、既に 1 か月以上が経ちましたが、現地では未だ多くの避難者の方々が苦難の避難生活を強いられています。
その様な状況の中でも、徐々にではありますが、被災地では、捜索・救助から復旧・復興へと動き始め、がれきの撤去などの活動が本格化している地域もあります。
それとともに後世に残さなければならない貴重な津波による未曾有の災害の資料も喪失されつつあります。

そこで、本ガイドラインの規定を緩和し、津波による被害地域における調査は受け入れ支部担当者と協議のうえ現地での捜索・救助や復旧・復興の妨げにならないよう、特に充分配慮し実施することと変更します。
また、各自治体からの被害情報収集に当たっても、調査に不可欠な情報入手については自治体に過度な負担のかからない範囲で、受け入れ支部担当者と協議の上判断しその上で実施することと致します。

なおこのガイドラインは 4 月 25 日をもって適用します。
各支部、学術推進委員会、運営委員会におかれましては今後とも、被災地の方々に十分配慮して、節度ある調査を精力的に実施して頂けますよう、重ねてお願い申し上げます。

変更箇所
(5)(b)　津波被害地域における調査は、受け入れ支部担当者と協議のうえ現地での捜索・救助や復旧・復興の妨げにならないよう、特に充分配慮し実施する。
(5)(e)　各自治体へのアプローチは、自治体に過度な負担のかからない範囲で、受け入れ支部担当者と協議の上判断し、その上で実施すること

表 1.1.1 日本建築学会 平成 23 年（2011 年）東北地方太洋沖地震災害調査ガイドラインの改定 その 2
(Guideline of AIJ disaster survey on the 2011 Tohoku-Chiho Taiheiyo-Oki Earthquake Part 2)

日本建築学会 平成 23 年（2011 年）東北地方太平洋沖地震災害調査ガイドライン

2011 年 3 月 30 日制定
2011 年 4 月 25 日改定
東日本大震災調査復興支援本部　本部長
佐藤　滋

　2011 年東北地方太平洋沖地震災害調査について、日本建築学会は以下の事項に従い、調査を行うものとする。

(1) 日本建築学会が派遣する調査団は、(2)項および(3)項の手続きに従って東北地方太平洋沖地震調査復興支援本部（以下、支援本部）に登録し、支援本部が調査対象地域の支部と協議の上認定した調査団のみを日本建築学会調査団とする（ただし、被害地域に該当する支部が、支援本部の了承の下に行う調査は除く）。また調査団は、支援本部の管理の下で行動することとする。

(2) 調査団は、常置委員会単位、構造委員会においては、運営委員会単位以上で構成することを原則とする。また調査団は、調査対象地域の支部内の受入担当者を用意する。

(3) 調査団を形成する意向のある委員会等は、別途定める手続き（別紙「日本建築学会　東北地方太平洋沖地震災害調査実施要領（案）」記載の調査団登録様式）に従って登録する。

(4) 調査団は、調査結果の概要を支援本部に報告する。

(5) 調査のタイミング、地域、および調査対象の選定等に関しては、当面以下のような点に十分留意するものとする。

　(a) 現地では、余震に十分注意する。
　(b) 津波被害地域における調査は、受け入れ支部担当者と協議のうえ現地での捜索・救助や復旧・復興の妨げにならないよう、特に充分配慮し実施する。
　(c) 福島第一原子力発電所事故にともなう影響地域は、調査対象地域から除外する。
　(d) 調査においては、地域の交通事情、物資の流通状況等を適宜確認し、市民感情に十分配慮する。
　(e) 各自治体へのアプローチは、自治体に過度な負担のかからない範囲で、受け入れ支部担当者と協議の上判断し、その上で実施することする。
　(f) 調査団員は、各自で傷害保険に加入するなどの手配をすることが望ましい。

(6) 調査にあたっては、調査団員は本部が貸与する日本建築学会の腕章を用いること。

(7) 調査内容を支援本部の了承なしにマス・メディアに公開するときには、日本建築学会の公式見解とならないよう、個人の立場で行う。

なお、被災地状況の変化等に応じて、本ガイドラインは適宜変更する。

以上

表 1.1.1　日本建築学会　平成 23 年（2011 年）東北地方大洋沖地震災害調査ガイドラインの改定　その 3
(Guideline of AIJ disaster survey on the 2011 Tohoku-Chiho Taiheiyo-Oki Earthquake Part 3)

別紙

日本建築学会　平成 23 年（2011 年）東北地方太平洋沖地震災害調査実施要領

　　　　　　　　　　　　　　　　　　日本建築学会　東北地方太平洋沖地震調査復興支援本部

1．調査実施の骨子
　(1) 調査団を形成する意向のある委員会等は、東北地方太平洋沖地震調査復興支援本部に下記の項目を登録する。
　　● 調査団の名称
　　● 主な調査項目
　　● 調査団の構成、代表者氏名、連絡担当幹事氏名、調査対象地域の支部内の受入担当者名、および調査団員の氏名
　(2) 連絡・情報発信について
　　● 調査団代表者および受入担当者は、支援本部および調査対象地域の支部と連絡を密に取る。
　　● 少なくとも調査団代表者は、災害委員会のメーリングリストにメールアドレスを登録する。
　　● 東北地方太平洋沖地震調査復興支援本部は、日本建築学会の特設ホームページに随時調査結果の概要を公開する。
　(3) 学会の調査報告書等のとりまとめへの協力
　　● 調査団は、日本建築学会が作成する調査報告書等のとりまとめにおいて、協力する。

2．調査団の登録
　(1) 登録用紙の提出
　　　● 登録にあたっては様式－1 を用いる。
　(2) 報告書の提出
　　　● 調査終了後速やかに報告書を東北地方太平洋沖地震調査復興支援本部に提出する。

3．事務局連絡先
　　　社団法人　日本建築学会　森山
　　　〒108－8414　東京都港区芝 5 丁目 26 番 20 号
　　　Tel 03-3456-2051　　Fax 03-3456-2058
　　　e-mail cpost@aij.or.jp

表 1.1.1　日本建築学会　平成 23 年（2011 年）東北地方大洋沖地震災害調査ガイドラインの改定　その４
　　　　　(Guideline of AIJ disaster survey on the 2011 Tohoku-Chiho Taiheiyo-Oki Earthquake Part 4)

（様式-1）

日本建築学会　2011 年東北地方太平洋沖地震被害調査団登録票

平成 23 年　　月　　日

調査団名称 （所属委員会名）	（　　　　　委員会）			
主な調査項目				
主な調査地点と移動方法				

全体調査期間	平成 23 年　　月　　日 ～ 平成 23 年　　月　　日			
調査団構成	氏名	所属	E-mail	携帯番号	調査期間
代表者					～
連絡担当幹事					～
支部受入担当者					～
調査団員					～
					～
					～
					～
					～
					～
					～
					～
					～
					～
					～
					～
					～
					～
備考					

第1章　調査及び被害の概要（Outline of investigation and damage）

表 1.1.2　調査団リスト（List of research groups）

no.	調査団名称	代表	所属委員会	青森	岩手	宮城	福島	茨城	千葉	関東	北陸	調査員数	延
													1526
			東北支部		○	○	○					-4/5	150
			関東支部					○	○	○		-4/5	120
			北陸支部								○	-4/5	20
			東海支部									-4/5	30
1	東北農山漁村集落地域緊急調査団	重村力	農村計画	○	○							5	20
2	会長調査団	佐藤滋	復興支援本部			○						5	10
3	非構造部材等の地震被害調査	清家剛	建築計画・構法計画運営				○					4	4
4	木質構造被害調査団	河合直人	木質構造運営		○	○						4	12
5	木質構造合同被害調査団（木材学会）	中村昇	木質構造運営		○	○						12	36
6	RC造文教施設	壁谷澤寿	文教施設/RC運営				○					5	15
7	RC造文教施設	加藤大介	文教施設/RC運営				○					2	8
8	RC造文教施設	市之瀬敏	文教施設/RC運営				○					4	16
9	RC造文教施設	楠浩一	文教施設/RC運営				○					5	25
10	S造文教施設	山田哲	文教施設/鋼構造運営				○					9	25
11	復興支援本部調査	新宮清志	復興支援本部			○						2	4
12	非構造部材等の地震被害調査	清家剛	建築計画・構法計画運営			○						4	4
13	RC造文教施設	河野進	文教施設/RC運営			○						3	9
14	RC造文教施設	塩原等	文教施設/RC運営			○						2	8
15	壁式構造建物被害調査	稲井栄一	壁式構造運営			○						3	8
16	鉄骨造建物被害調査団	緑川光正	鋼構造運営委員会			○						4	12
17	SCCS構造先行調査団	南宏一	SCCS運営委員会			○						4	20
18	文教施設の建物被害調査	田才晃	文教施設/RC運営			○	○					5	44
19	組積造建造物被害調査	花里利一	壁式構造運営委員会			○						3	9
20	復興支援本部調査	新宮清志	復興支援本部		○							4	8
21	学校建物被害調査団	北山和宏	文教施設							○		6	11
22	医療施設合同調査団	河口豊	医療施設小委員会	○		○	○					10	360
23	木質構造被害調査団	原田浩司	木質構造運営委員会				○					3	9
24	近畿支部木造部会	鈴木祥之	近畿支部木造部会				○					20	140
25	液状化による住宅被害調査団	服部岺生	すまいづくり支援建築会議						○			8	
26	RC造文教施設	中埜良昭	文教施設/RC運営			○						6	42
27	非構造部材等の地震被害調査	清家剛	建築計画・構法計画運営				○					6	10
28	白河市初動調査	高田豊文	応用力学運営委員会				○					2	4
29	木造文教施設	腰原幹雄	文教施設			○	○					11	22
30	災害特別調査研究WG	大橋竜太	建築歴史・意匠委員会					○				2	10
31	災害特別調査研究WG	藤川昌樹	建築歴史・意匠委員会					○				2	6
32	明石工業高等専門学校建築学科	中川肇	近畿支部			○						1	2
33	京都大学・日建設計合同調査団	西山峰広	近畿支部				○					3	12
34	災害特別調査研究WG	大野敏	建築歴史・意匠委員会					○				1	2
35	災害特別調査研究WG	星和彦	建築歴史・意匠委員会							○		1	2
36	災害特別調査研究WG	渡邊美樹	建築歴史・意匠委員会							○		4	8
37	災害特別調査研究WG	河東義之	建築歴史・意匠委員会							○		1	1
38	鉄骨造建物被害調査団	吹田啓一郎	鋼構造運営委員会		○							3	9
39	鉄骨造建物被害調査団	田中剛	鋼構造運営委員会		○							2	6
40	鉄骨造建物被害調査団	多田元英	鋼構造運営委員会		○							3	9
41	津波災害調査団	増田光一	海洋建築委員会		○							8	24
42	津波災害調査団	中西三和	海洋建築委員会		○							6	18
43	災害特別調査研究	山崎鯛介	建築歴史・意匠委員会				○					1	2
44	災害特別調査研究WG	黒津高行	建築歴史・意匠委員会							○		6	98
45	災害特別調査研究WG	藤田康仁	建築歴史・意匠委員会						○			6	102
46	災害特別調査研究WG	渡邊美樹	建築歴史・意匠委員会							○		3	3
47	災害特別調査研究WG	渡邊美樹	建築歴史・意匠委員会							○		2	2
48	災害特別調査研究WG	渡邊美樹	建築歴史・意匠委員会							○		4	8
49	災害特別調査研究WG	渡邊美樹	建築歴史・意匠委員会							○		4	4
50	文教施設の建物被害調査	田才晃	文教施設/RC運営				○					4	16
51	基礎構造および宅地の被害調査	中井正一	基礎構造運営委員会		○		○	○	○			4	138
52	復興支援本部調査	新宮清志	復興支援本部	○	○							4	8
53	鋼構造運営委員会	井戸田秀	鋼構造運営委員会				○					3	9
54	海洋建築委員会二次調査団	遠藤龍司	海洋建築委員会			○						3	30
55	鉄骨造AIJ-EERI合同チーム	緑川光正	鋼構造運営委員会				○					5	15
56	RC造AIJ-EERI合同チーム	塩原等	RC造運営委員会				○					5	16
57	SCCS調査団	堺純一	SCCS運営委員会				○					5	25
58	地域施設の転用・仮設復旧・再生調査団	森田孝夫	施設計画運営委員会			○	○					10	78

（2011年6月3日現在）

1.2 被害の概要（Outline of damage）

1.2.1 東北地方太平洋沖地震の被害の概要
（Outline of damage by 2011 Tohoku-Chiho Taiheiyo-Oki earthquake）

2011年3月11日に発生した東北地方太平洋沖地震はM=9.0の超巨大地震で，宮城県栗原市築館町において気象庁震度階7となっている。また，震度6弱以上の地震は6月30日現在で，以下の通りである。
- 3月12日　長野県北部地震　　M=6.7　最大震度　6強
- 3月15日　静岡県東部地震　　M=6.4　最大震度　6強
- 4月 7日　宮城県牡鹿半島沖　M=7.4　最大震度　6強
- 4月11日　福島県浜通沖　　　M=7.0　最大震度　6弱

東北地方の地震被害については3月11日，4月7日ならびに4月11日発生の地震の後の被害状況を別々に調査していないことから，以下に記載の東日本大震災の被害概要はこれらの3つの地震による被害を包含している。

(1) 東日本大震災の被害の特徴

今回の地震および被害の特徴は，下記のとおりである。
- M=9.0と超巨大地震であり，宮城県栗原市築館で3成分合成最大加速度で2933galが記録されている。また，18地点で3成分最大加速度が1Gを上回った。
- 地震波（加速度波）が2つの波群から構成されており，特に後半の波群の方が大きい。
- 広域にわたり地盤被害（斜面崩壊，地盤沈下，液状化）が生じた。
- 津波により甚大な被害が生じた。
- 大空間施設における天井が落下し，死傷者がでた。
- 原子力発電所で大事故が発生した。

以下に被害の概要を記載する。

(2) 都道府県別人的・住家建物被害状況

消防庁災害対策本部による6月30日時点の都道府県別の人的および住家の被害状況は，表1.2.1の通りである。岩手県，宮城県，福島県の3県で死者数の99.5%，行方不明者の99.9%を占めている。また，宮城県は死者数の58.6%を，行方不明者数の65%を占めている。如何に津波による被害が甚大であったかが分かる。

(3) 都道府県別非住家被害状況

警察庁緊急災害警備本部の6月28日時点の資料による都道府県別の非住家被害状況を，表1.2.2に示す。表1.2.2によると，宮城県の全体に占める比率が55%，次いで茨城県の比率が27%となっている。

(4) 被災建築物応急危険度判定結果

国土交通省の6月27日時点の都道府県別の被災建築物の応急危険度判定結果を表1.2.3に示す。全調査棟数95,227棟に対して危険は12.2%，要注意が24.3%，安全が63.5%となっている。県別調査棟数に対する危険と判定された棟数の比率が高いのは，群馬県（27.3%）、福島県（21.0%）となっている。

表1.2.2　都道府県別非住家被害状況
(Damage intensity of non-housing at each prefecture)

都道府県	非住家被害棟数
北海道	470
青森県	1,184
岩手県	1,538
宮城県	17,315
秋田県	3
山形県，長野県，静岡県	記載無し
福島県	1,015
茨城県	8,499
栃木県	295
群馬県	195
埼玉県	33
千葉県	708
東京都	20
神奈川県	1
新潟県	7
三重県	9
合　計	31,292

（出典）警察庁緊急災害警備本部平成23年6月28日時点．

表1.2.3　都道府県別被災建築物の応急危険度判定結果
(Result of post-earthquake quick inspection of damaged buildings in each prefecture)

都道府県	危険(赤)	要注意(黄)	調査済(緑)	計
岩手県	168	445	459	1,072
宮城県	5,088	7,511	37,968	50,567
福島県	3,314	6,718	5,775	15,807
茨城県	1,561	4,684	9,618	15,863
栃木県	676	1,845	2,658	5,179
群馬県	30	61	19	110
埼玉県	0	42	83	125
千葉県	677	1,625	3,213	5,515
東京都	59	137	252	448
神奈川県	14	81	446	541
合計	11,587	23,149	60,491	95,227

（出典）国土交通省住宅局6月27日調査時点調べ．

表 1.2.1 都道府県別人的・住家被害状況 (Damage intensity of people and housing at each prefecture)

都道府県名	人的被害（人）			住家被害（棟）			火災（件）	鎮火（件）
	死者	行方不明	負傷者	全壊	半壊	一部破損		
北海道	1		3			3		
青森県	3	1	47	306	879	85	5	5
岩手県	4,709	2,233	186	20,998	3,174	3,498	26	26
宮城県	9,194	4,639	3,477	65,462	48,684	76,785	163	163
秋田県			7			4	1	1
山形県	3		29		1	37		
福島県	1,709	245	236	15,897	29,250	93,013	11	11
茨城県	24	1	695	2,163	15,164	132,541	37	37
栃木県	4		131	257	2,074	56,799		
群馬県	1		41		6	16,145	2	2
埼玉県	1		104	7	41	13,863	13	13
千葉県	20	2	248	771	8,056	27,714	13	13
東京都	7		111	11	128	2,893	33	33
神奈川県	4		134		11	168	6	6
新潟県			48	34	218	1,837		
長野県			13	34	169	495		
静岡県			54			523	1	1
三重県			1					
計	15,680	7,121	5,565	105,940	107,855	426,405	311	311
阪神・淡路大震災 1)	6,434	3	43,792	104,906	144,274	390,506		

[注]（消防庁災害対策本部 2011年6月30日資料より作成） 1) 2006年5月19日消防庁確定． 空欄は記載無し．

(5) 太平洋沿岸部における建物被害状況

太平洋沿岸部に位置する市町村の建物被害状況を，表1.2.4〜表1.2.9に示す．被害建物棟数は地震動によるものと津波によるものの区別はなされていないが，市町村によっては殆どが津波による被害建物棟数と考えられる．

表1.2.4 青森県沿岸市町村の建物被害状況
(Damage intensity of buildings at coast city and town in Aomori prefecture)

沿岸市町村	全壊	半壊	一部破損	合計
三沢市	96	45	28	169
おいらせ町	99	63	51	213
八戸市	593	1,444	—	2,037
階上町	16	12	1	29

(出典) 青森県災害対策本部 2011年6月20日時点調べ．
棟数は住家と非住家の合計の数値． —：記載無し．

表1.2.5 岩手県沿岸市町村の建物被害状況
(Damage intensity of buildings at coast city and town in Iwate prefecture)

沿岸市町村	建物倒壊数
洋野町	26
久慈市 (久慈市，山形村)	274
野田村	478
譜代村	0
田野畑村	270
岩泉町	197
宮古市 (宮古市，田老町，新里村，河井村)	4,675
山田町	3,184
大槌町	3,677
釜石市	3,723
大船渡市 (大船渡市，三陸町)	3,629
陸前高田市	3,341
合計	23,474

(出典) 岩手県災害対策本部 2011年7月1日時点調べ．

表1.2.6 宮城県沿岸市町村の建物被害状況
（Damage intensity of buildings at coast city and town in Miyagi prefecture ）

沿岸市町村	全壊棟数（棟）	半壊家屋数（棟）
気仙沼市（気仙沼市, 唐桑町, 吉本町）	8,383	1,861
南三陸町（志津川町, 歌津町）	3,877	調査中
石巻市（石巻市, 河北町, 雄勝町, 河南町, 桃生町, 北上町, 牡鹿町）	28,000	調査中
女川町	3,021	46
東松島市（矢本町, 鳴瀬町）	4,791	4,410
松島町	103	390
利府町	12	84
塩竈市	386	1,217
七ケ浜町	667	381
多賀城市	1,500	3,000
仙台市	9,877	8,227
名取市	2,676	773
岩沼市	699	1,057
亘理町	2,369	823
山元町	2,103	939
合　計	68,464	23,208

（出典）宮城県「東日本大震災の被害等状況一覧（2011年5月31日現在）
（　）：1999年度以降の市町村合併前市町村名記載.

表1.2.7 福島県沿岸市町村の建物被害状況
（Damage intensity of buildings at coast city and town in Fukushima prefecture ）

沿岸市町村	全壊棟数（棟）	半壊家屋数（棟）
新地町	548	
相馬市	1,120	392
南相馬市（原町市, 小高町, 鹿島町）	4,682	975
浪江町		
双葉町	58	5
大熊町	30	
富岡町		
楢葉町	50	
広野町	102	38
いわき市	5,234	9,037
合　計	11,824	10,447

（出典）福島県「東日本大震災の被害等状況一覧（2011年5月31日現在）」
（　）：1999年度以降の市町村合併前市町村名記載.

表1.2.8 茨城県沿岸市町村の建物被害状況
（Damage intensity of buildings at coast city and town in Ibaraki prefecture ）

沿岸市町村	全壊棟数	半壊棟数	一部破損棟
北茨城市	217	1,035	3,580
高萩市	95	555	2,849
日立市	336	2,374	6,732
東海村	39	77	1,789
ひたちなか市	70	421	3,257
大洗町	5	221	809
鉾田市	73	147	5,250
鹿嶋市	186	700	2,567
神栖市	128	1,175	1,882
合　計	1,149	6,705	7,854

（出典）茨城県災害対策本部情報班 2011年5月31日現在

表 1.2.9 千葉県沿岸市町村の建物被害状況
(Damage intensity of buildings at coast city and town in Chiba prefecture)

沿岸市町村	全壊棟数	半壊棟数	一部損傷棟数
銚子市	28	69	—
旭市	332	883	—
匝瑳市	6	13	—
横芝光町	6	9	—
山武市	35	102	—
九十九里町	—	2	—
大網白里町	1	—	—
白子町	1	—	—
いすみ市	—	1	—

(出典)千葉県危機管理課 2011 年月 1 日現在調べ.
　 — :記載無し
　長生村,一宮町,御宿町,勝浦市,鴨川市,南房総市は,建物被害に関する記載無し.

表 1.2.4～表 1.2.9 より,建物倒壊数(全壊,半壊,一部破損棟の区別のあるものは全壊棟数を考慮)が一例として 3,000 棟を超える沿岸市町村を表 1.2.10 に示す.表 1.2.10 には人口と建物棟数の人口に対する比率を併せて示す.

表 1.2.10 沿岸市町村の建物倒壊棟数と人口比率
(Damage intensity of buildings at coast city and town and ratio of collapse buildings to population)

沿岸市町村		建物倒壊棟数(A)	人口(B)	比率(A／B)
岩手県	宮古市	4,675	58,917	0.019
	山田町	3,184	18,634	0.171
	大槌町	3,677	15,239	0.241
	釜石市	3,723	39,119	0.095
	大船渡市	3,629	40,643	0.089
	陸前高田市	3,341	23,164	0.144
宮城県	気仙沼市	8,383	73,279	0.114
	南三陸町	3,877	17,382	0.223
	石巻市	28,000	160,336	0.175
	女川町	3,021	9,965	0.303
	東松島町	4,791	42,859	0.112
	仙台市	9,877	1,046,902	0.009
福島県	南相馬市	4,682	70,834	0.066
	いわき市	5,234	341,711	0.015

表 1.2.10 によれば,建物倒壊棟数の人口比率で突出しているのは宮城県女川町の 0.303 である.また,建物倒壊棟数は 3,000 棟未満であるが,人口比率が 0.1 を超える市町村は,岩手県野田村が 0.103(建物倒壊数 476 棟,人口 4,613 人),宮城県山元町が 0.126(全壊棟数 2,103 棟,人口 16,633 人)となっており,当該比率が 0.10 を超えている市町村は女川町を含め 10 市町村となっている.

(6) ライフライン・インフラ等の被害概要
ライフラインの被害概要を表 1.2.11～表 1.2.14 に示す.表 1.2.11 には阪神淡路大震災における被害状況と併せて示す.

表 1.2.11 ライフラインの被害概要
(Damage to lifelines)

	東日本大震災	阪神・淡路大震災
電気	東北電力管内:停電約 466 万戸 (3 月 11 日) 東京電力管内:停電約 405 万戸 (3 月 11 日)	停電約 260 万戸
ガス	岩手県,宮城県,福島県 都市ガス:約 42 万戸供給停止 (3 月 11 日) LP ガス:約 166 万戸供給停止 (3 月 11 日)	供給停止戸数 約 84.5 万戸
水道	19 県において余震による被害も含めて少なくとも累計で約 229 万戸断水	断水約 127 万戸
下水道等	下水道:1 都 11 県において、下水道処理施設 48 箇所,ポンプ施設 78 箇所稼働停止. 下水管渠の被害延長約 96km 集落排水:11 県、403 地区被災	管渠被災延長約 260km
通信	NTT 固定電話:約 100 万回線不通 (3 月 13 日) 携帯電話:停波基地局約 14,800 局 (3 月 12 日)	交換機系:約 28.5 万回線不通, 加入者系:約 19.3 万回線不通

(出典 東日本大震災復興構想会議 2011 年 6 月 25 日発表.

表 1.2.12 ライフラインの被害概要（その2）(Damage to lifelines)

ライフライン	被害概要
市場・流通業	[市　場] 中央卸売市場では、仙台市中央市場本場、仙台市中央市場食肉市場、福島市中央市場、いわき市中央市場において、施設被害発生. また、被災直後に休市、入荷の激減等の事態発生. [流通業] 震災直後は、被災地にある総合スーパーの約3割、コンビニ店舗の4割強など数多くの店舗が営業停止.
燃　料	[製油所] 東北・関東地方にある9製油所中6製油所が停止. [サービススタンド] 東北3県の稼働率は、総数1,834の約53%（3月20日）
銀　行	東北6県および茨城県に本店のある72金融期間の営業店約2,700について、約10%に相当する約280が閉鎖（3月14日時点）
郵　便	岩手県、宮城県、福島県の3県： [郵便局] 1,103局のうち、約53%（583局）が営業停止（3月14日時点） [郵　便] 301エリアのうち、約15%（544エリア）が配達業務実施できない状況（3月14日時点）
宅急便	岩手県、宮城県、福島県の3県： 震災直後から一週間程度の間、全域で全サービス休止.
放　送	震災当初、確認できた範囲において、テレビ中継局が最大120箇所、ラジオ中継局が最大4箇所停波.

（出典）　東日本大震災復興構想会議 2011年6月25日発表

表 1.2.13　交通関連の被害概要 (Damage to transportation)

交通関連	被害概要
道　路	高速道路15路線、直轄道路69区間、都道府県等管理国道102区間、都道府県道等539区間で通行止め.
鉄　道	3月13日時点で、東北新幹線、山形新幹線、秋田新幹線を含め、22事業者64路線が運行休止. （被災状況）東北新幹線：被災箇所約1,200箇所 　　　　　　在来線（JR）：（津波を受けた7線区以外）被災箇所数約4,400箇所 　　　　　　（津波を受けた7線区）駅舎流出23駅、線路流出・埋没約60km 　　　　　　橋けた流出・埋没101箇所など
バ　ス	東北3県において、196車両損害（乗合62両、貸切134両）および115棟の社屋等の損害（全壊30棟、一部損壊85棟）
航　空	仙台空港が津波により使用不能. 花巻空港、茨城空港でターミナルビル天井落下などの被害発生.
港　湾	国際拠点港および重要港湾14港、地方港湾19港が津波等により港湾機能停止. （八戸港、久慈港、宮古港、釜石港、大船渡港、石巻港、仙台塩釜港（塩釜港区、仙台港区）、相馬港、小名浜港、茨城港（日立港区、常陸那珂港区、大洗港区）、鹿島港）等
離島航路	気仙沼〜大島、女川〜江島、石巻〜長渡、塩竈〜朴島の4航路で、使用船舶の陸上への乗り上げ等や岸壁の損傷が発生し運行休止.
フェリー	八戸港、仙台塩釜港（仙台地区）、茨城港（大洗港区）の被災により寄港不可能 （八戸〜苫小牧航路、名古屋〜仙台〜苫小牧航路、大洗〜苫小牧航路）

（出典）　東日本大震災復興構想会議 2011年6月25日発表

表1.2.14 その他の社会基盤施設等の被害概要 (Damage to another base institution)

その他基盤施設等		被害概要
その他基盤	河 川	国管理河川　　　　　　：堤防流出・決壊など2,115箇所の被害発生. 県・市町村管理河川：堤防流出・決壊など1,360箇所の被害発生.
	海 岸	岩手県、宮城県、福島県の3県：海岸堤防約300kmのうち、約190kmが全壊・半壊
	漁 港	岩手県、宮城県、福島県の3県：約260の漁港のほぼ全てが壊滅的な被害. 　　　　　　　　　　　　　被害報告額は、3県で系5,944億円.
	農地等	岩手県、宮城県、福島県の3県：津波により流出や冠水等の被害を受けた農地の推定面積は 　　　　　　　　　　　　　約2.3万ヘクタール（耕地面積の5.2%）. 　　　　　　　　　　　　　農業用施設の被害箇所は約7,400箇所.
	文教施設	国立学校施設については76校、公立学校施設については6,414校、社会教育・体育・文化施設 等については、2,928施設に被害発生. 主な被害は、校舎や体育館の倒壊や半壊、津波による流出等.
	医療施設	岩手県、宮城県、福島県の3県：全381病院において、全壊11病院、一部損壊296病院. ＊一部損壊には、建物の一部が利用可能なものから設備等の損壊までが含まれる.
がれき		岩手県、宮城県、福島県の3県のがれき推定量：約2,490万t 　　　　　　　　　　　　　（岩手県約600万t、宮城県約1,600万t、福島県約290万t）

（出典）東日本大震災復興構想会議2011年6月25日発表

(7) 東日本大震災の被害額

　表1.2.15に内閣府推計（6月24日発表）の東日本大震災による被害額を阪神・淡路大震災の被害額と併せて示す.

表1.2.15 東日本大震災の被害額 (Total damaged amount)

		被害額	備考
東日本大震災	内閣府推計	約16兆9千億円 （内訳） 建築物等　　　　　約10.4兆円 ライフライン施設　約 1.3兆円 社会基盤施設　　　約 2.2兆円 農林水産関係　　　約 1.9兆円 その他　　　　　　約 1.1兆円	・各県および関係不調からのストック（建築物、ライフライン施設、社会基盤施設等）の被害額に関する情報提供に基づき、取り纏めたもの.今後、被害の詳細が判明にするに伴い、変動があり得る. ・原子力事項による被害は含んでいない.
阪神・淡路大震災	国土庁推計 (1995年2月14日)	約 9兆6千億円	復旧・復興事業費	国債　5兆200億円（平成6年度～平成11年度） ※平成12年2月総理府「阪神・淡路大震災復興誌」より. （注）兵庫県（復興10年総括検証・提言報告）によれば、平成6年度～平成16年度の民間事業者等の負担も含めた復興事業費は16兆3000億円（うち、杭は直轄事業、補助金等で6兆980億円を負担）
	兵庫県推計 (1995年4月5日)	約 9兆9,268億円	

（出典）東日本大震災復興構想会議2011年6月25日発表

1.2.2 長野県北部を震源とする地震による被害の概要
（Outline of damage by earthquake disaster occurred at north Nagano prefecture ）

東北地方太平洋沖地震が発生した翌日の 2011 年 3 月 12 日 3 時 59 分に新潟県堺に近い長野県北部を震源とする M＝6.7 の地震が発生した。最大震度は、長野県栄村で震度 6 強が観測されている。また，新潟県津南町で震度 6 弱，群馬県中之条町小雨，新潟県十日町市水口沢，新潟県上越市三和区で震度 5 強が観測されている。震源は山間部であることから，斜面崩壊や道路路肩崩壊ならびに橋梁の損傷等が生じた。表 1.2.16 に震度 6 強が観測された栄村の人的および建物の被災状況を示す。建物被害状況は，5.1 を参照されたい。

表 1.2.16 栄村の人的・建物被害状況（Damage intensity of people and buildings at Sakae village ）

人的被害	負傷者		10 名
建物被害	全壊(棟)	半壊(棟)	一部損壊(棟)
住家	33	169	480
非住家	154	129	記載無し

（出典）長野県栄村役場 H.P.（2011 年 6 月 10 日時点）

表 1.2.17 に長野県北部を震源とする地震による被災建築物の応急危険度判定結果を示す。震源近傍の栄村の危険と判定された建物の比率が突出している（危険 375 件の 79％の 297 件となっている）。

表 1.2.17 長野県北部を震源とする地震による被災建築物の応急危険度判定結果
(Result of post- earthquake quick inspection of damaged buildings in Nagano and Niigata prefecture)

市町村		危険(赤)	要注意(黄)	調査済(緑)	計
新潟県	十日町市	33	89	288	410
	上越市	9	30	6	45
	津南町	36	158	387	581
	小 計	78	277	681	1,036
長野県	栄村	297	416	550	1,263
	野沢温泉村	0	1	18	19
	小 計	297	417	568	1,282
合 計		375	694	1,249	2,318

（出典）国土交通省住宅局 6 月 27 日調査時点調べ．

表 1.2.18 に，栄村および周辺地域の道路および河川等の被災状況を示す。積雪時期の地震であり，全層雪崩が生じているのが特徴的である。

表 1.2.18 道路・河川等の被災状況（Damage intensity of load and river etc. ）

	被災内容	箇所数
道 路	橋梁損傷，路面損傷，路面沈下，道路崩壊，路肩崩壊，路面損傷	81
河 川	斜面崩壊（千曲川，北野川）	9
土砂災害	家屋等の下部斜面に亀裂	1
	斜面崩落	13
	全層雪崩	3
市村工事	飯山市（5 箇所），野沢温泉村（3 箇所），栄村（96 箇所）	104

（出典）長野県北信越事務所(2011 年 6 月 1 日現在)

表 1.2.19 に，長野県北部の地震による新潟県の被害状況を示す。栄村に隣接する津南町や十日町市に被害が集中していることが窺える。

表 1.2.19 新潟県の人的・建物（住家）被害状況（Damage intensity of people and housings in Niigata prefecture ）

市町村	人的被害（人）		建物被害（棟）		
	重傷	軽傷	全壊	半壊	一部損壊
長岡市					23
柏崎市		2			5
十日町市		9	26	150	973
上越市	1	3	2	17	185
南魚沼郡		3			9
津南町		27	6	51	633

（出典）新潟県地震災害対策本部（2011 年 6 月 28 日時点）

1.2.3 静岡県東部を震源とする地震による被害の概要
（Outline of damage by earthquake disaster occurred at east Shizuoka prefecture ）

東北地方太平洋沖地震が発生した 4 日後の 2011 年 3 月 15 日 22 時 31 分に静岡県東部を震源とする M＝6.4 の地震が発生した。最大震度は，静岡県富士宮市で 6 強が観測された。また，山梨県東部で震度 5 強が観測されている。

表 1.2.20 に人的および建物被害状況を示す。表により，被害は震源近傍の富士宮市に集中していることが窺える。

表 1.2.20 静岡県東部を震源とする地震による人的・建物被害状況（Damage intensity of people and buildings in Shizuoka and Yamanashi prefecture occurred by east Shizuoka earthquake）

市町村		人的被害(人)		建物被害（棟）		
		重傷者数	軽傷者数	全壊	半壊	一部損壊
静岡県	沼津市		1			3
	三島市		3			4
	御殿場市		1			3
	裾野市					9
	函南町					2
	清水町		1			
	長泉町		1			
	小山町		1			
	富士宮市		34			325
	富士市		5			175
	静岡市	2	1			
	小　計	2	48	0	0	521
山梨県	富士吉田市		1			
	南アルプス市		1			
	笛吹市					1
	山中湖村					6
	身延町					13
	小　計		2			20

(出典)静岡県危機管理部危機政策課 2011 年 3 月 17 日現在分.
山梨県総務部消防防災課 2011 年 3 月 17 日現在分
空白は記載無し．

表 1.2.21 に静岡県東部を震源とする地震による被災建築物の応急危険度判定結果を示す。表 1.2.21 によれば、震度 6 強が観測された富士宮市においても危険と判定された建物の比率が小さいことが分かる。

表 1.2.21 静岡県東部を震源とする地震による被災建築物の応急危険度判定結果（Result of post- earthquake quick inspection of damaged buildings in Shizuoka and Kanagawa prefecture）

	危険(赤)	要注意(黄)	調査済(緑)	計
静岡県富士宮市	13	153	320	486
神奈川県小田原市	0	2	25	27
合　計	13	155	345	513

（出典）　国土交通省住宅局 6 月 27 日調査時点調べ.

1.2.4　まとめ（Summary）

2011 年 3 月 11 日に発生した東北地方太平洋沖地震、2011 年 3 月 12 日に発生した長野県北部を震源とする地震ならびに 2011 年 3 月 15 日に発生した静岡県東部を震源とする地震による被害の概要を記載した。本稿を執筆している 2011 年 7 月 3 日時点においても、東北地方太平洋沖地震による被害の全貌が明らかになっていない。

特に、津波により覆われた広範囲にわたる地域のヘドロの処理や、地震による津波により初めて発生した原子力発電所の事故に関しては、被害の全貌（ハード面，ソフト面）が明らかとなっていない。今後とも、被害の正確な記録と復旧および復興に向けた学術的な記録が重要と考える。

なお、本節に記載した地震による詳細な被害については、第 3 章以降に詳述されており、参照されたい。

第2章 地震・地盤・津波 (Earthquake, ground condition, and tsunami)

2.1 地震・地震動
(Earthquake and ground motions)

2.1.1 東北地方太平洋沖地震の概要 (General information on the Off Pacific Coast Tohoku earthquake)

2011年3月11日14時46分18.1秒に宮城県沖（北緯38°6.2'、東経142°51.6'）、深さ24kmを震源（発震点）とするM9.0の海溝型巨大地震が発生した。気象庁はこれに東北地方太平洋沖地震と命名した。この地震のメカニズムは図2.1.1に示した遠地記録の解析結果[1]から明らかなように低角逆断層であり、余震分布も沈み込む太平洋プレートの上面に沿って生じていることから、太平洋プレートと東北日本の乗っている北米プレートとのプレート境界で発生したものである。図2.1.2に3月11日に発生した余震分布を示す[2]。三陸沖から茨城沖に至る広い範囲で発生していることが分かる。

本地震に先立ち、2005年8月16日には今回の震源の西側で宮城県沖地震 M7.3 が発生し、仙台に大きな被害をもたらした1978年6月12日の宮城県沖地震 M7.8 の再来かと思われたが、その後の調査でこの地震は1978年の地震の約半分が破壊したものの、残りは滑らずに残ったとされた。これにより、地震調査推進本部は宮城県沖地震の今後30年間の発生確率を99%と推定した。本震発生前のこの地域の想定地震発生海域区分を図2.1.3に示す[3]。この図に基づいて、今回の地震は「三陸沖中部、宮城沖、三陸沖南部、福島県沖、および茨城県沖の地震発生域が連動して破壊した」と言われることがあるが、そもそも連動しないことを前提に図2.1.3のようなセグメントが想定されていたのであり、今回の地震はその

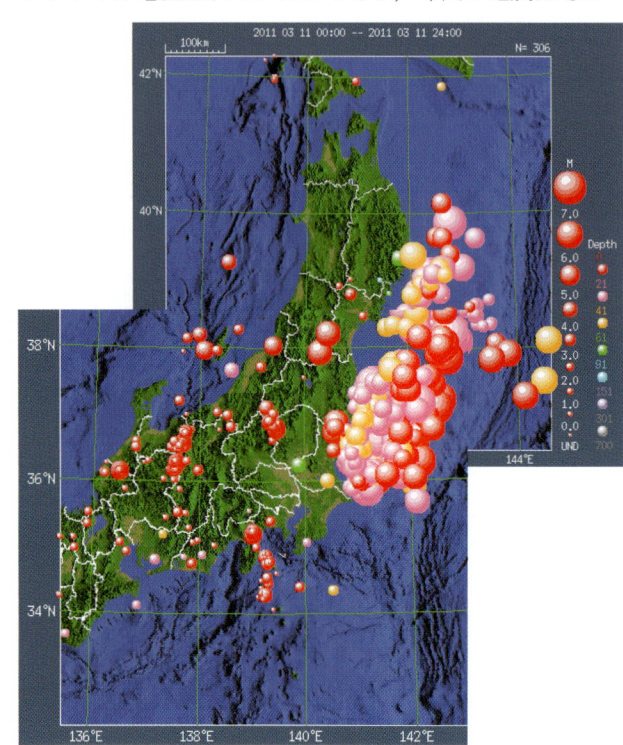

図 2.1.2 2011年3月11日の余震分布[2] (Aftershocks of the Off Pacific Coast Tohoku earthquake)

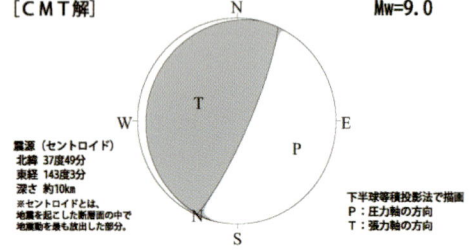

図 2.1.1 東北地方太平洋沖地震のメカニズム解[1] (Mechanism solution of the Off Pacific Coast Tohoku earthquake)

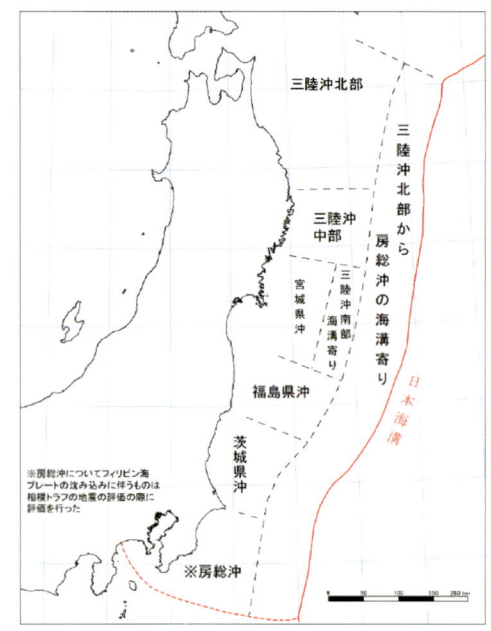

図 2.1.3 東北沖の想定震源領域[3] (Segments of earthquake occurrence along the Pacific Coast of the Tohoku district)

ような比較的短期間の過去の発生履歴に基づいたセグメント分割とそのセグメントごとの地震発生確率の評価に意味があったのかどうか自体に疑問を投げかけている。

さらに，本地震直前の 2011 年 3 月 9 日にはほぼ同緯度でありながら，より海溝軸に近い三陸沖南部（北緯 38°19.7′，東経 143°16.7′）において M7.3 の三陸沖地震が発生した。本震の発震点は両者の間にあり，この 2 つの領域が破壊したことにより，今回の巨大地震のトリガーが引かれたものと推察される。図 2.1.4 にはこの地震の余震分布を示す[4]。

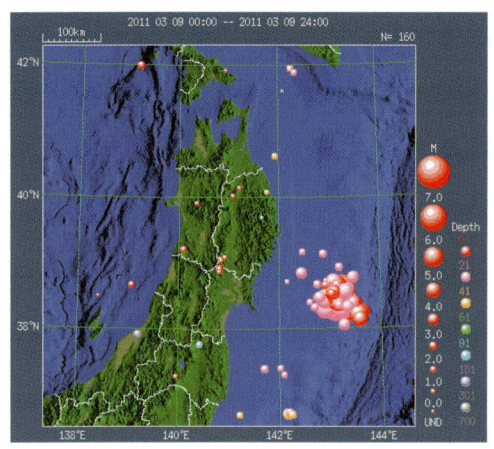

図 2.1.4 2011 年 3 月 9 日の地震の余震分布[4] (Aftershocks of the Sanriku-Oki earthquake of March 9, 2011)

当初，気象庁は早期警報システムにより M7.9 を速報したが，直ぐに 8.4，8.8 と改訂し，最終的には図 2.1.1 に示したように遠地記録の地震モーメントセントロイド解析の結果から M9.0 と公式発表した。海外の研究機関の分析では Mw9.1 としているものもある。いずれにしても我が国の観測史上最大の地震である。

2.1.2 東北地方太平洋沖地震の震源過程（Source Process of the Off Pacific Coast Tohoku earthquake）

複数の研究機関によって遠地記録，地殻変動，津波，強震動波形などを用いて震源過程あるいは震源領域とすべり量分布が求められている。海外の研究機関も含めそのすべてを紹介することはできないので，それぞれの拘束条件から代表的な逆算結果を紹介する。

先ず，図 2.1.5 には国土地理院が GPS の記録から求めた本震による地殻変動ベクトル（上：水平，下：上下）を示す[5)6)]。図から牡鹿半島先端で最大 5.3m の水平変位があったこと，その向きは東南東で，図 2.1.1 に示したすべりの方向（T の字に向かう方向）と概ね一致していることが分かる。鉛直方向の変位は陸域ではいずれも沈下

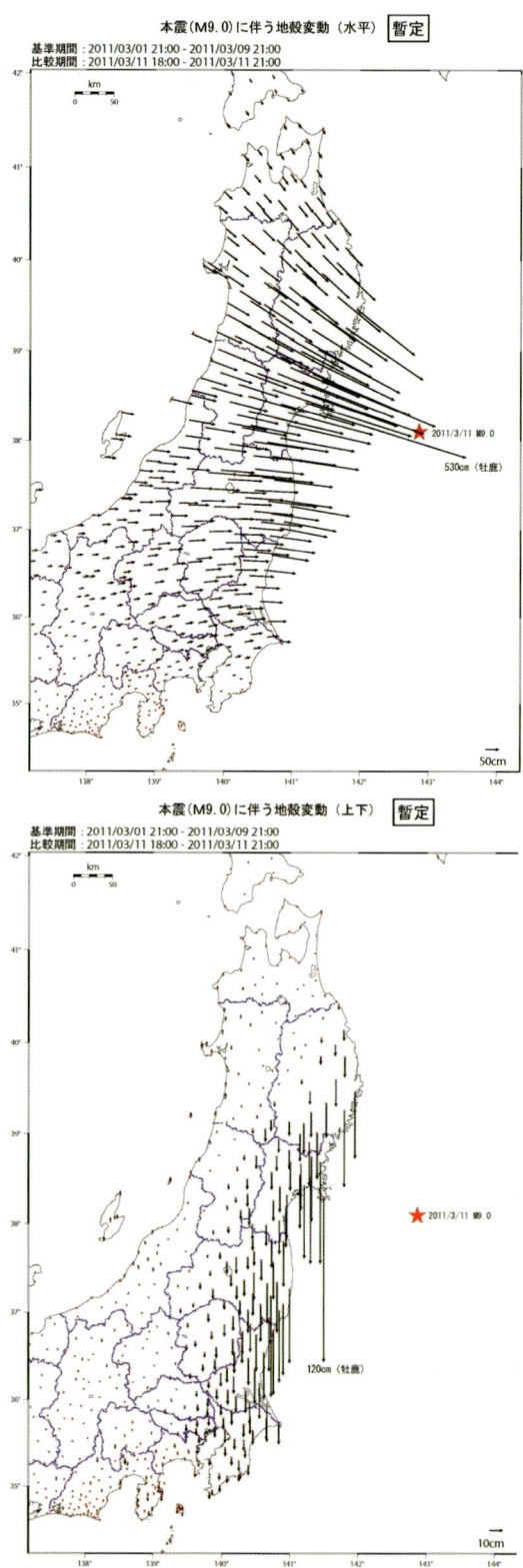

図 2.1.5 国土地理院の GPS 網による地殻変動ベクトル[5)6)] (Crustal Movement associated with the main shock by GPS of GSI)

を示している。これは以下に示すように，今回の地震で大きくすべった領域は海溝軸に近いところに分布し，沿岸部直下のすべり量は少なかったことと対応している。

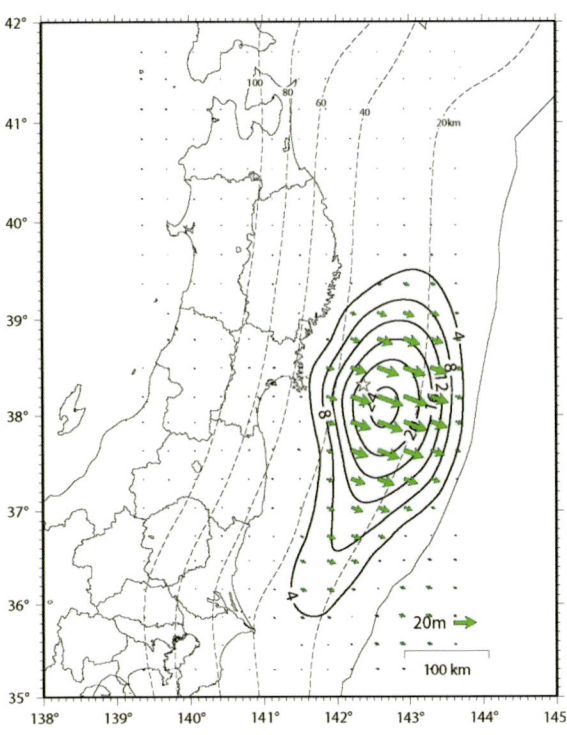

図 2.1.6 国土地理院の地殻変動ベクトルをターゲットに逆算した断層面上の静的すべり量分布 [5)6)] (Static slip inverted from crustal deformation by GSI)

また地震前の長期地殻変動として沿岸域は継続して沈降してきていることから，これは今回の地震ですべての固着域の歪が解放されたわけではないことを示唆している。

この地殻変動データを対象に，静的変位の分布を求めると図 2.1.6 のようなすべり量分布が得られる [5)6)]。図から，すべり量の大きな領域は宮城県沖を中心とした震源（発震点）近傍にあり，最大で 24m に達していたと推定されていること，破壊の大きな領域の幅は 200km，長さは 400km 程で，南部は茨城県北部沖には達しているが，それ以上南には伸びていないこと，北部も三陸沖中部以北には伸びていないことが分かる。

その後，国土地理院は海上保安庁が設置した海底地殻変動観測のデータを加えてすべり量分布の逆算をやり直した [7)]。その結果を図 2.1.7 に示すが，海底地殻変動量が発震点近傍で水平方向に 24m，上下方向に 3m となっていたことを反映して，海溝近傍でのすべり量は最大で 60m に達していたものと推定されている。また，この推定ではすべり量が 10m 程度の別の領域が福島県南部から茨城県の沖合に存在している。

図 2.1.8 には，建築研究所の藤井氏らが津波波形から求めた断層面の区分ごとのすべり量分布を示す [8)]。津波の時定数は数十分のオーダーであるから，GPS から求まる静的地殻変動と同様の本震終了時の最終的な断層面上

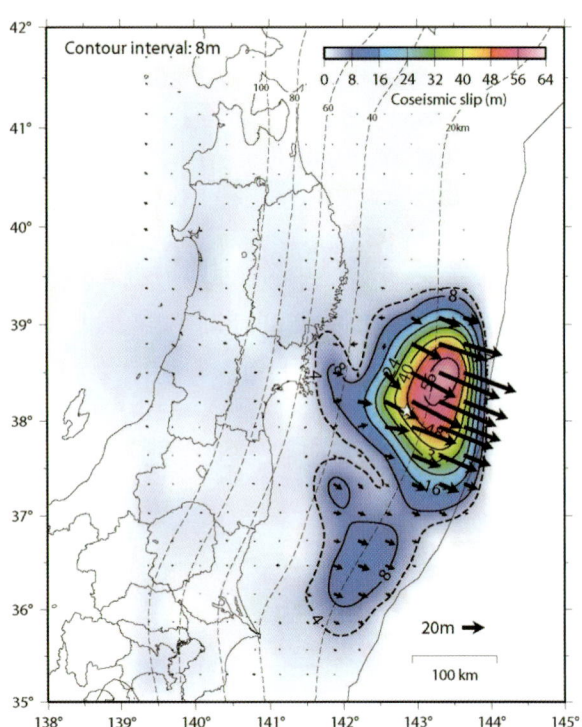

図 2.1.7 国土地理院の地殻変動ベクトルと海上保安庁の海底地殻変動情報をターゲットに逆算した断層面上の静的すべり量分布 [7)] (Static slip inverted from crustal deformation from GPS and ocean bottom measurement by JCG)

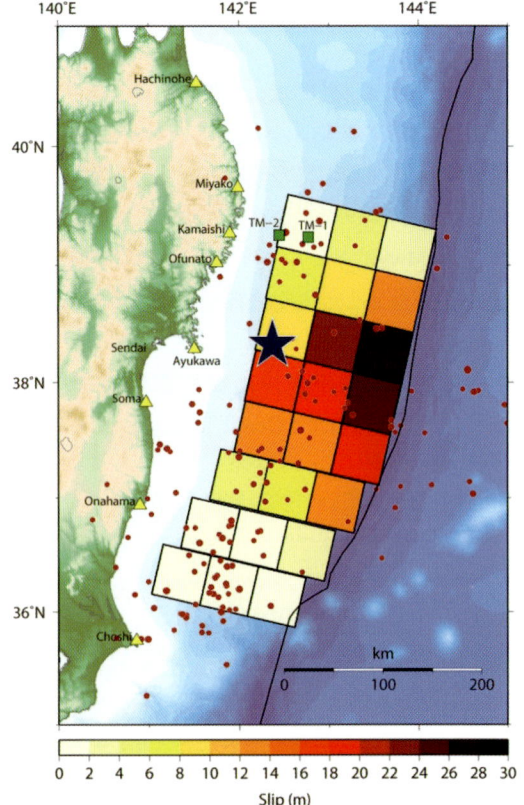

図 2.1.8 建築研究所の津波波形をターゲットに逆算した断層面上のすべり量分布 [8)] (Slip amount inverted from tsunami waveforms by BRI)

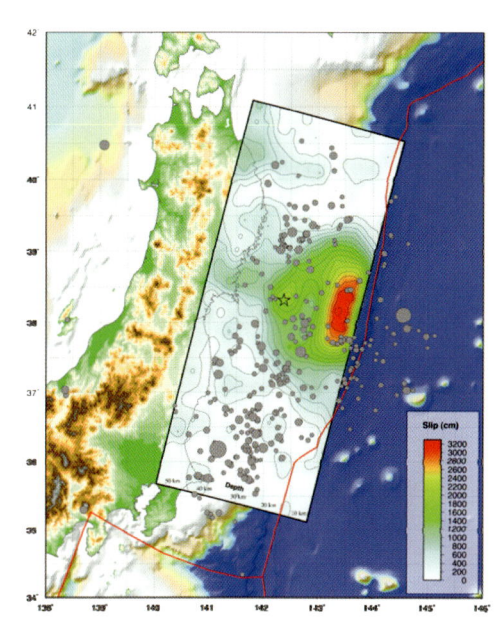

第2章　地震・地盤・津波（Earthquake, ground condition, and tsunami）

図 2.1.9　USGS(米国地質調査所)の遠地地震波形をターゲットに逆算した断層面上のすべり量分布(Slip distribution inverted from teleseismic waveforms by USGS)

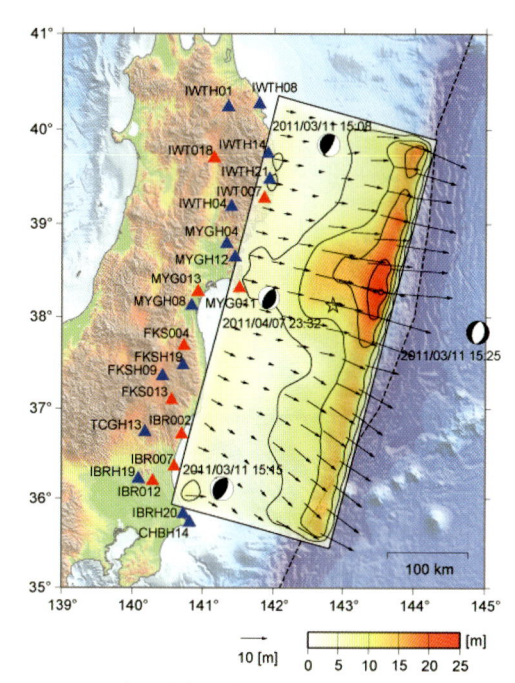

図 2.1.10　防災科学技術研究所の強震記録から求めた周期 8 秒以上の長周期地震波形をターゲットに鈴木・他が逆算した断層面上のすべり量分布 [11] (Slip distribution inverted from long-period strong motions from K-NET and KiK-net of NIED by Suzuki and others)

のすべり量を表していると考えられる。図から、すべり量は発震点の東側で大きく、15m 以上の領域は幅 150km、長さ 200km に渡って広がっていること、すべり量の最大値は 26m 以上に達していたことが分かる。主たる破壊域は，北は三陸沖中部，南は福島県沖で止まっており，茨城県沖には及んでいない。

図 2.1.9 には、米国地質調査所が世界中にある長周期（あるいは広帯域）地震計の遠地観測波形に基づいて逆算したすべり量分布を示す [9]。時定数としては 20 秒から数 100 秒の断層運動を反映しているものと考えられる。この遠地記録からの逆算においても、発震点の近傍およびその東側の海溝よりの部分で最大 30m のすべりが求められており、図 2.1.8 の津波波形によるインバージョン結果とよく対応した結果となっている。すべり量が 10m 以上となっている領域は 150km×250km 程度で、比較的コンパクトといえる領域で大きくすべっている。

遠地地震観測波形を用いた震源プロセスの逆算は、この USGS 以外にも日本の研究者を含む世界中の研究者が実施しており、多少細部に違いはみられるものの、日本海溝近傍の発震点の東側で 25m～30m の大きなすべりが長さ 200km 程度に渡って生じたという点では共通の結果となっている。その一部は東大地震研サイト [10] で比較されている。

図 2.1.10 には鈴木・他（NIED）の K-NET・KiK-net

で観測された周期 8 秒以上の長周期の強震波形からの逆算結果を示す [11]。この図から、大きなすべりは破壊開始点の周辺から東側、海溝近傍の三陸沖南部から宮城県沖に存在しており、その最大すべり量も 25m で、図 2.1.8 や図 2.1.9 の長周期データからの逆算結果とよく対応している。しかし、こちらの結果では、海溝に沿って浅い部分のすべりの大きな($\geqq$10m)領域は茨城県沖にまで及んでいる。図 2.1.7 に示した海底地殻変動も含めた静的変位を説明するモデルでも、茨城県沖では 8m 程度のすべり量が求められている。破壊域の南端がどこかについて明らかにすることは、今後の詳細検討の課題である。

2.1.3　強震観測記録（Observed strong motion records）

今回の地震は宮城県・茨城県を中心に多くの観測点で大きな加速度を有する強震記録を多数生成した。図 2.1.11 に示した気象庁の震度分布を見ると、震度 7 となったのは栗原市の K-NET 築館(MYG004)だけであったが、震度 6 強を示した観測点は 4 県 40 地点に及んだ。

図 2.1.12 には防災科学技術研究所(NIED)の K-NET および KiK-net（地表）の強震観測記録から求めた最大加速度および最大速度の分布と距離減衰関係を示す [11]。距離減衰のプロットでは図 2.1.10 で仮定した矩形震源

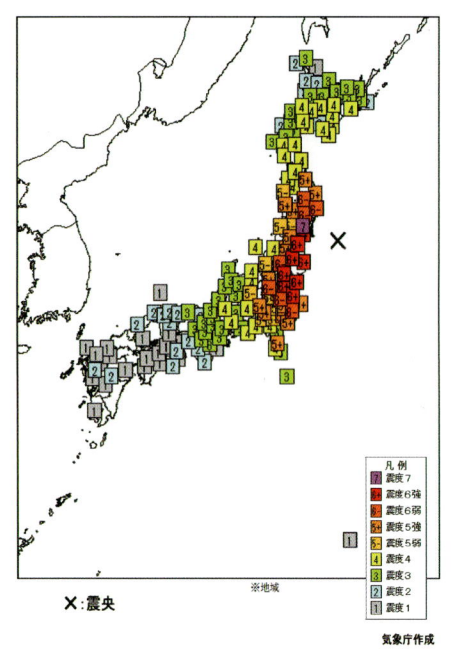

図 2.1.11 気象庁発表の震度分
(JMA seismic intensity distribution broadcasted by JMA)

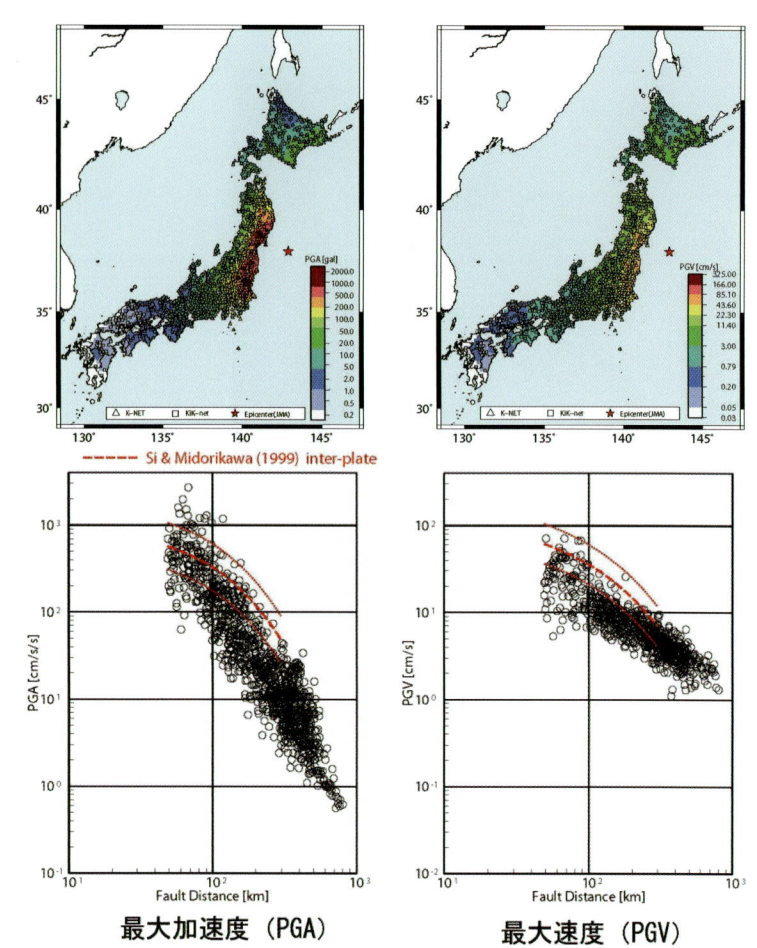

図 2.1.12 K-NET・KiK-net の最大加速度と最大速度の分布と距離減衰 [11] (PGA and PGV distribution and their attenuations)

表 2.1.1 3成分合成加速度が 1G を超えた K-NET および KiK-net 観測点とその最大加速度値 [11] (PGA values at the stations where vector PGA exceeded 1G)

Site code	Name	PGA NS	PGA EW	PGA UD	Vector
MYG004	Tukidate	2,700	1,268	1,880	2,933
MYG012	Shoigama	758	1,969	501	2,019
IBR003	Hitachi	1,598	1,186	1,166	1,845
MYG013	Sendai	1,517	982	290	1,808
IBR013	Hokota	1,355	1,070	811	1,762
TCG009	Imaichi	1,017	1,186	493	1,444
FKS016	Shirakawa	1,295	949	441	1,425
FKSH10	Saigo	1,062	768	1,016	1,335
IBR004	Oomiya	1,283	1,007	775	1,312
TCGH16	Haga	799	1,197	808	1,305
TCG014	Mogi	711	1,205	494	1,291
IWT010	Ichinoseki	998	852	353	1,226
IBRH11	Iwase	815	827	815	1,224
MYGH10	Yamamoto	871	853	622	1,137
FKS018	Kooriyama	745	1,069	457	1,110
FKS008	Funabiki	1,012	736	327	1,069
IBRH15	Omaeyama	606	781	640	1,062
CHB007	Sakura	1,036	491	200	1,054

断層面への最短距離を横軸に取っている。赤線で示したのは司・翠川(1999) [12] の距離減衰式（細点線は±標準偏差）であるが，回帰の際のデータには当然 M9.0 のデータは含まれていなかったので外挿となっている。最大加速度で見ると，三陸から茨城県に至る沿岸部で 500Gal 以上となっていること，しかしその領域は最大速度で見ると 80cm/sec 以下，大半は 40cm/s 以下となっていることが分かる。

既往の距離減衰式と比較すると 100km 以内の最大加速度の大きな地点群を除くと今回の地震は平均的レベルの強震動，あるいは少し小さ目の強震動を生成したように見える。既に見てきたように，今回の地震は M9.0 であり，規模としては日本の観測史上最大規模の地震であるが，すべり量が最大となった領域は海溝沿いの陸域から最も遠い地域となっており，仮にそこで大きな強震動が生成されていたとしても沿岸域での強震動にはそれほど寄与しなかった可能性がある。短周期地震動の生成領域とその距離減衰については後でもう一度議論する。

表 2.1.1 には，K-NET・KiK-net で観測された強震記録のうち，合成最大加速度が 1g を上回った地点をリストアップした [11]。その多くは宮城県および福島県に分布しているが，主要震源域である宮城県沖から遠く離れた栃木県や千葉県でも最大加速度が 1g を超える地点があることが注目される。

第2章 地震・地盤・津波（Earthquake, ground condition, and tsunami）

　ここでは個別の観測記録について詳しく考察することは差し控えるが，世界最大の水平加速度を観測したMYG004 築館とその周辺で大きな加速度を観測したMYG012 塩釜，MYG013 仙台卸町の3地点の加速度波形3成分を見ておこう。図 2.1.13 には，これら3地点における加速度波形をプロットした。いずれの地点においても前半と後半の2つの波群が明瞭に見られること，最大加速度はいずれの地点とも第二の波群で生じていることがわかる。最大加速度を生じせしめているパルスは一波のひげ状のものとは言い難く，それなりの継続時間を有しているが，その主要周波数は 5Hz 以上となっており，この波群が極めて高いストレスドロップを持った小さなパッチから生成されたものであることを示唆している。

　観測された短周期成分の多い強震動の波群がどこから来たかについては現在研究が進展しつつあるところで，今後より詳細に明らかにされるものと思われるが，次節ではその最新の成果の一端を紹介する。

　その前に，観測記録そのものを北から南に並べることにより，波動伝播の様相を把握する試みが複数の研究者によってなされているので，その概略を示しておく。図 2.1.14 は，KiK-net の地中記録を積分して求めた EW 成分の変位波形および速度波形を北から南に測点間距離を波形の間隔にとって同時刻になるように並べたものである。この図から，震源の西に位置する MYGH08 に最も早く地震波が到来し，見かけ上そこから南北に波動が伝播しているように見える。当然波源は陸域ではなく，発震点近傍であるはずだから，直線にはならないはずであるが，今は便宜的に直線を引いている。変位波形で見ると第二の波群のピーク到来まで約 50 秒のずれが存在している。そのピークレベルは第一の波群のそれの約3倍となっている。変位波形においては，速度波形には見られる福島県から発生しているように見える波群を識別することはできない。

　速度波形では同様にして第一の波群と第二の波群が震源に近い宮城県および福島・岩手両県において明瞭に見られるが，それに加えて福島県沖から第三の波群が伝播している様子が示されている。次項で示す強震動の再現を目的にしたインバージョンでは，この伝播する波群に着目して，短周期の強震動を発生させた領域を特定しており，長周期地震動や地殻変動，

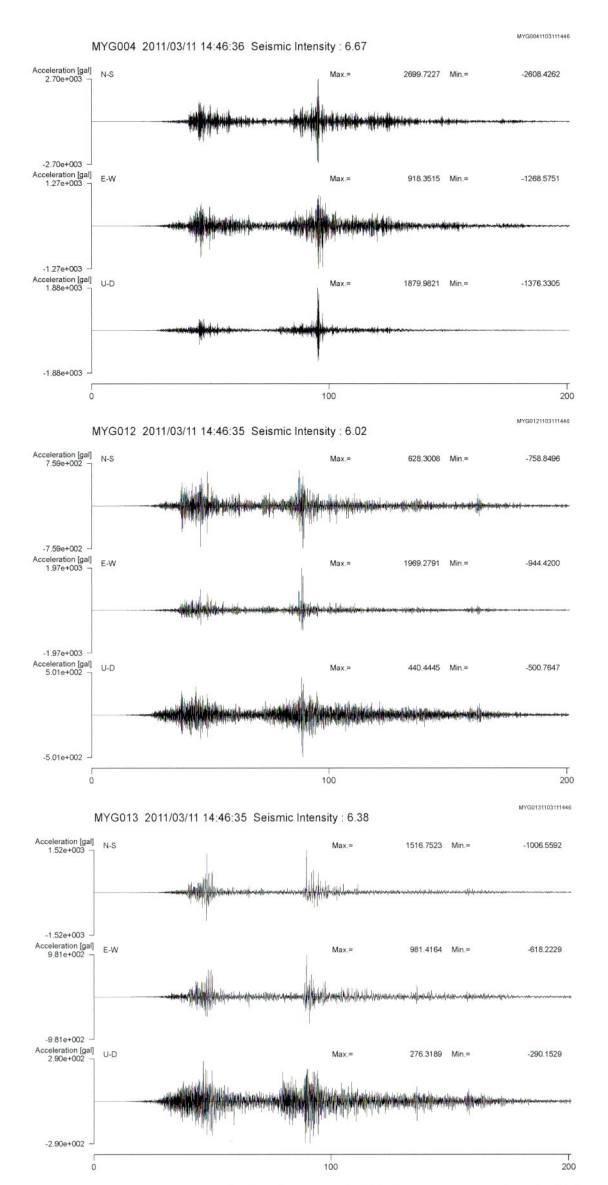

図 2.1.13　K-NET で観測された宮城県における加速度波形[11]（Accelerograms at three K-NET sites in Miyagi Prefecture）

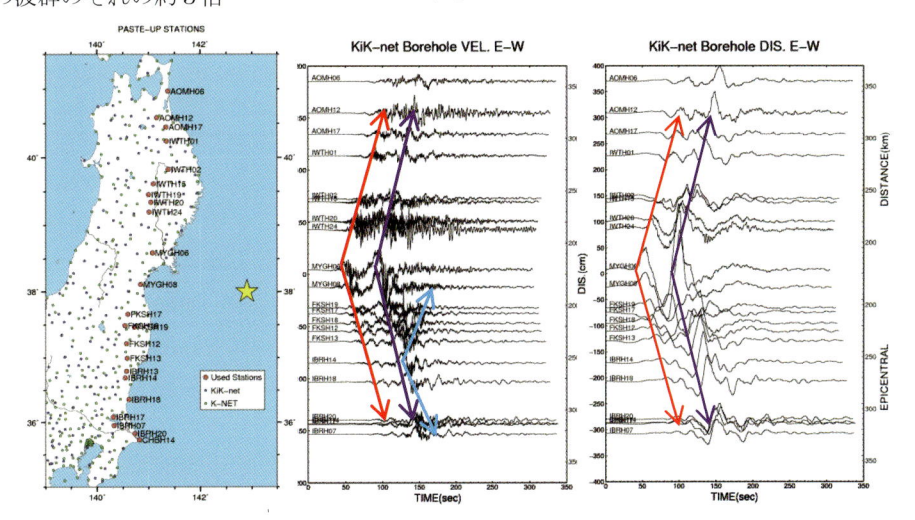

図 2.1.14　KiK-net の地中の記録から求めた速度および変位波形のペーストアップ（Paste-up of the velocity and displacement seismograms calculated from KiK-net data）

津波などから求められる震源像とは大きく異なった震源像が得られている。

短周期地震動の生成領域に関連して，図2.1.12に示した既往距離減衰式との差の解釈について言及しておく必要がある。図2.1.12では代表距離として想定されている全断層面への最短距離を用いている。しかし，断層面上で短周期が均質に生成されているわけではないので，短周期を生成していない断層面上の位置が近い地点では本来の伝播経路より見かけ距離を小さく評価する。その影響を見る最も簡単な方法として，図2.1.15に代表距離として気象庁の震源（発震点）までの「単純な震源距離」をとった場合の最大加速度の距離減衰を経験式[12]と比較した。この図から，震源距離をとると最大加速度が過小評価される傾向はなくなり，遠方場では概ね対応した結果となる。このことは，短周期地震動は断層面全体からではなく，震源近傍の強震動生成領域から到来していることを示しており，次項での分析結果と対応する。

2.1.4 強震動生成領域（Strong motion generation areas）

兵庫県南部地震以降急速に進展したこれまでの強震動地震学に関する研究によれば，地震発生前に大きな歪を蓄積して本震時にそれを解放する領域，これをアスペリティと呼ぶ[13]が，断層面全体の一部を占めるに過ぎず，その割合は震源の規模によらずほぼ一定である。すなわち，全体規模でアスペリティもスケールされる[13]ことが分かっている。そして内陸地震の場合には周期数秒の長周期を生成するアスペリティと周期1秒以下の短周期を生成する場所（これを強震動生成領域と呼ぶ）は，ほぼ一致しているか，アスペリティが強震動生成領域を包含している場合がほとんどであった[13]。

一方，巨大海溝型地震の場合にはそれは必ずしも一致しないのではないかという考えが2003年の十勝沖地震の際に一部の研究者から提示されていたが[14]，コンセンサスが得られていたわけではない。

今回の地震は規模も大きく，長周期地震動を生成したとされる海溝に近い幅100km，長さ200kmほどの領域は，より時定数の長い津波や地殻変動から求めた最終すべり量が大きかった領域と一致しており，また研究者間や手法間の違いも小さい。しかし，その海溝に近い浅い部分で短周期地震動も発生したとすると，なぜ図2.1.12に示したような強い短周期成分がそのような浅い場所から発生し長距離を伝播できたか，説明が困難である。というのも，通常震源の浅い領域では拘束圧が低く短周期を生成しにくいし，仮に生成できたとしても短周期地震波が

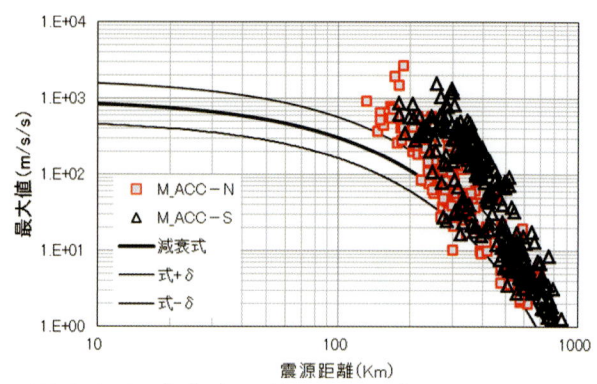

図2.1.15 気象庁の震源からの距離をとった観測最大加速度の距離減衰と司・翠川の距離減衰式[12]との比較（Observed PGAs versus simple hypocentral distances from the JMA hypocenter and the attenuation formula of Shi & Midorikawa）

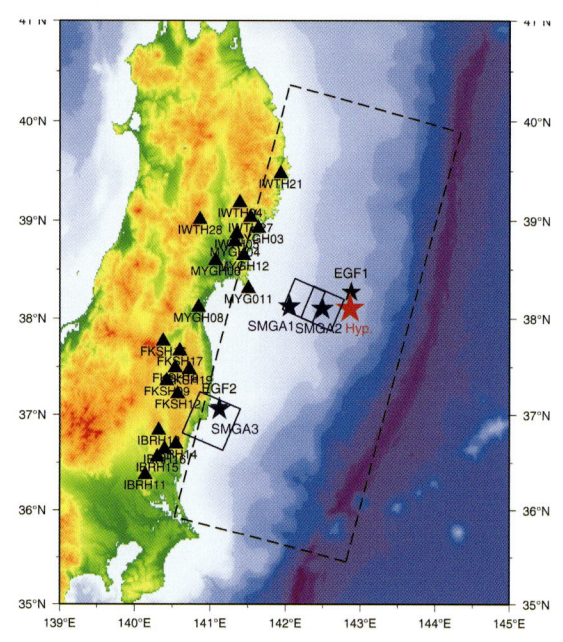

図2.1.16 浅野・岩田(2011)[15]が経験的Green関数法で加速度包絡形と長周期を含まない変位波形に適合するように求めた強震動生成領域（Strong motion generation areas based on the inversion for acceleration envelop and low-cut displacement seismograms by using empirical Green function method）

数100kmも減衰しないで伝播することは考えられないからである。

浅野・岩田（2011）[15]は，最初に観測波形に顕著に見られた3つの波群が，それぞれ個別の強震動生成領域から放射されていると仮定し，それぞれの波群の初動を読み取り，走時解析により各強震動生成領域の破壊開始点を推定した。その結果推定された各強震動生成領域の破壊開始点（S1〜S3）は，図2.1.16に星印で示すような位置に得られた。また，S1〜S3の破壊時刻はそれぞれ25.0s、67.2s，114.3sと求まった。

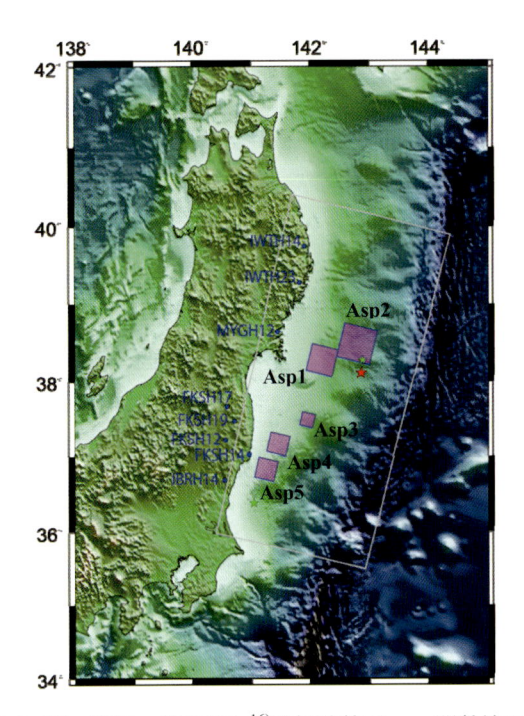

第2章 地震・地盤・津波（Earthquake, ground condition, and tsunami）

図 2.1.17 川辺・他(2011)[16]が経験的 Green 関数法によるフォーワードモデリングで求めた強震動生成領域（Strong motion generation areas obtained by Kawabe et al. (2011) by using the empirical Green function method）

次に，彼らは経験的グリーン関数法による波形合成（0.1～10Hz）を行い，強震動生成領域 SMGA1～SMGA3 の面積，ライズタイム，応力降下量，強震動生成領域内の破壊伝播速度，SMGA 内の相対的な破壊開始位置をグリッドサーチにより求めた。ターゲットは，加速度エンベロープと変位波形である。小地震の重ね合わせ数は観測スペクトル比から決めている。SMGA1 および SMGA2 には発震点近傍の余震 EGF1 を，SMGA3 には福島県沖の余震 EGF2 を用いている。観測波形の特徴はこのモデルにより説明されており，背景領域からの寄与が含まれていない変位波形はともかく，加速度波形はよく説明できている（詳細は文献参照）。

同様に，川辺・他(2011)[16]も経験的 Green 関数法で強震動生成領域を同定している。彼らは，太平洋沿岸部の KiK-net（地中）の観測記録を用い，フォワードモデリングによって，強震動生成領域のモデル化を行った。対象振動数は浅野・岩田(2011)と同じ 0.1～10Hz の波形，震源面は，沈み込む太平洋プレートの形状を基に，気象庁の震源を通る走向 195 度，傾斜角 13 度の面と仮定し，経験的 Green 関数として強震動生成領域 Asp5 には 2005 年 10 月 19 日 20:44 に茨城県沖で発生した Mj6.3 の地震を，それ以外のものには 2011 年 3 月 10 日 3 時 16 分に宮城県沖で発生した Mj6.4 の地震（前震の余震）の記録を用いた。彼らは5つの波群を見出し，それぞれに対応した強震動生成領域を求めている。その結果を図 2.1.17 に示す。結果的には Asp1 と Asp2 は浅野・岩田の SMGA1 と SMGA2 に対応し，Asp5 が SMGA3 に対応すると言える。Asp3 と Asp4 については両者の間の波群をどう見るかによるが，少なくとも Asp4 は明確に存在の必要性があるように思える。

これらの強震動生成領域の総地震モーメントはマグニチュード換算で M8.0～M8.3 相当に過ぎず，今回の地震は海溝沿いでの巨大な長周期すべりの生成と沿岸域での強い短周期地震動の生成という二面性を持った地震である。

2.1.5 強震動の構造物破壊能（Damage potential of the observed strong motions）

本報告書の被害調査結果において示されるように，今回の地震で生成された強震動の最大加速度が非常に大きかった割には震動により生じた被害はかなり少なかった。例えば，最大の加速度を生じた K-NET 築館 MYG004 観測点の近傍の建物には顕著な構造被害は見当たらず，近隣の小学校の体育館の非構造部材に被害が生じて使用禁止となっているのが目立つ程度であった。むしろ大崎市内の被害は別の地区の方が酷かった。ここでは長戸・川瀬(2001, 2002)[17][18][19]が兵庫県南部地震の被害率を再現するように構築した RC 造・鉄骨造・木造別の大破予測モデルを用いて今回の地震の観測強震動の構造物破壊能を求め，その被害が比較的軽微なレベルにとどまった理由を分析する。

図 2.1.18 には K-NET および KiK-net による観測強震動を長戸・川瀬モデルに入力して計算された推定大破・倒

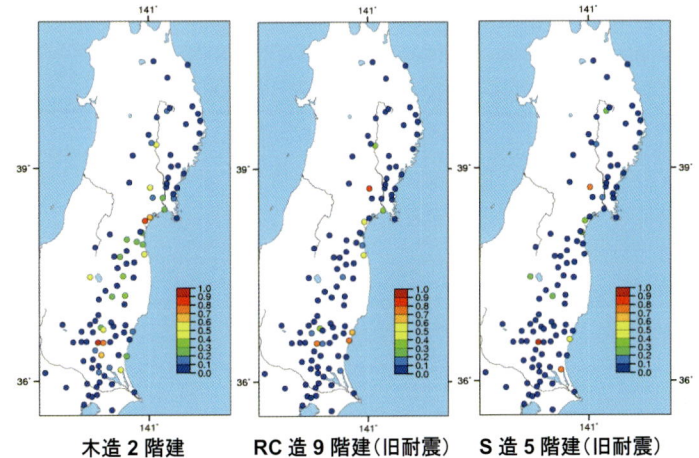

木造 2 階建　　RC 造 9 階建（旧耐震）　　S 造 5 階建（旧耐震）
図 2.1.18 長戸・川瀬モデル(2001, 2002)[17][18][19]で求めた観測強震動による推定大破・倒壊率（Estimated heavy damage or collapse ratios for observed strong motions by using Nagato and Kawase damage prediction models）

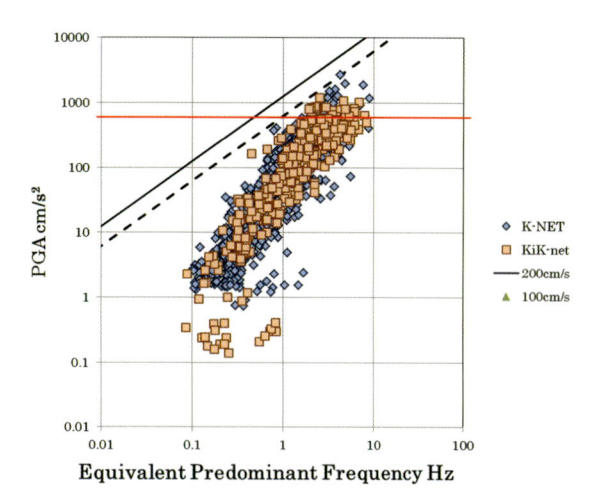

図 2.1.19 最大加速度と最大速度の比から求めた等価卓越振動数と最大加速度との関係を示す PGA―卓越振動数ダイアグラム（PGA and equivalent predominant frequency relationship）

壊率を示す。この図から，一部の点を除き殆どの地点で被害率は 10% 以下となっていることが分かる。K-NET 築館を含む一部の加速度の大きな地点では 30% 以上の被害率が推定されているが，全体としては推定される被害のレベルは小さい。

その理由を別の観点から考察する。図 2.1.19 にはこれまで強震観測値と被害との関係を考察するのに用いられてきた最大加速度―等価卓越振動数ダイアグラムを示す。横軸の等価卓越振動数は波形がサイン波だったとして最大加速度を最大速度で割り，さらに 2π で割ったもので，地震動の卓越振動数の簡便な指標である。シンボルは K-NET と KiK-net の観測値である。800Gal の等加速度ラインが赤線で，100cm/s の等速度ラインが点線で示されているが，これは大破以上の被害が出る危険ラインである。この図から，今回の記録は最大加速度が大きな記録ではすべて卓越振動数が 1Hz 以上であり，最大速度は 100cm/s を超えないことが分かる（ただし，K-NET 築館を除く）。したがって，兵庫県南部地震での経験に照らしても，今回観測された地震動は，継続時間は比べものにならないほど長いが，大破以上の大被害を生成する，いわゆる「やや短周期」地震動が卓越していなかったことが，震動被害が軽微ですんだ大きな理由だと考えられる。なお，同様の解釈は境・他(2011)[20]などによっても報告されている。

2.1.6 余震と誘発地震（Aftershocks and associated earthquakes）

東北地方太平洋沖地震の余震はその規模を反映して非常に多数発生している。図 2.1.20 にはその発生時系列を

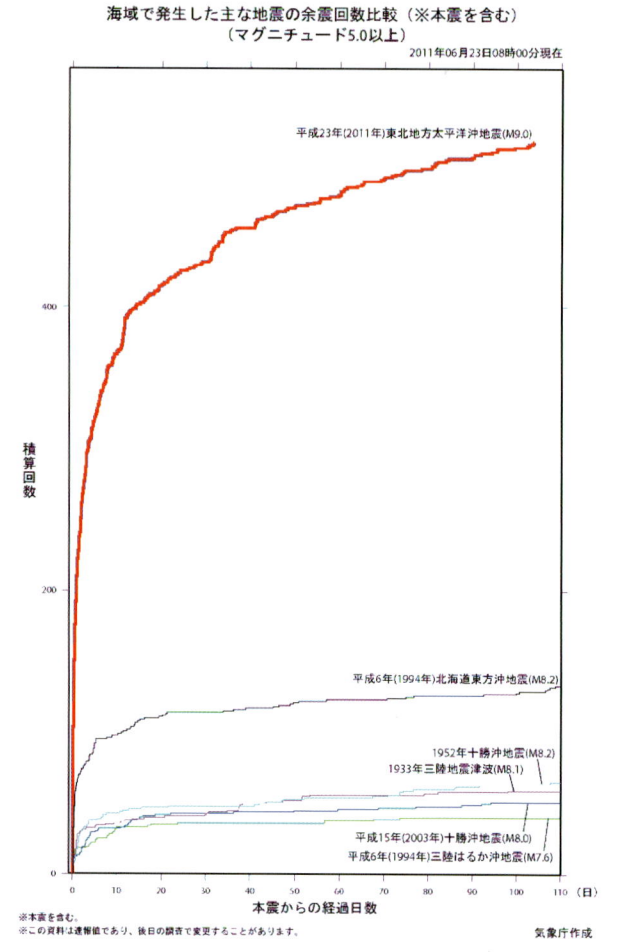

図 2.1.20 気象庁による M5.0 以上の余震の積算回数のこれまで海域で発生した主な地震との比較[21]（Aftershock occurrence of the Off Pacific Coast Tohoku earthquake in comparison to other off-shore earthquakes in the past）

過去の海域の地震と比較して示す[21]。M5 以上に限っても 500 もの余震が発生していることが分かる。

表 2.1.2 主な前震・本震・余震・誘発地震の諸元[21]

日	時分秒	震央	北緯	東経	気象庁M	深さ[km]	最大震度
3/9	11:45:12.9	三陸沖	38°19.7'	134°16.7'	7.3	8	5弱
3/11	14:46:18.1	三陸沖	38°06.2'	142°51.6'	9.0	24	7
3/11	15:08:53.5	岩手県沖	39°50.3'	142°46.8'	7.4	32	5弱
3/11	15:15:34.4	茨城県沖	36°06.5'	141°15.9'	7.7	43	6強
3/11	15:25:44.4	三陸沖	37°50.2'	144°53.6'	7.5	34	4
3/12	03:59:15.6	長野県北部	36°59.1'	138°35.8'	6.7	8	6強
3/15	22:31:46.3	静岡県東部	35°18.5'	138°42.8'	6.4	14	6強
4/7	23:32:43.4	宮城県沖	38°12.2'	141°55.2'	7.1	66	6強
4/11	17:16:12.0	福島県浜通り	36°56.7'	140°40.3'	7.0	6	6弱

注）本震のマグニチュードは気象庁 M ではなく、Mw

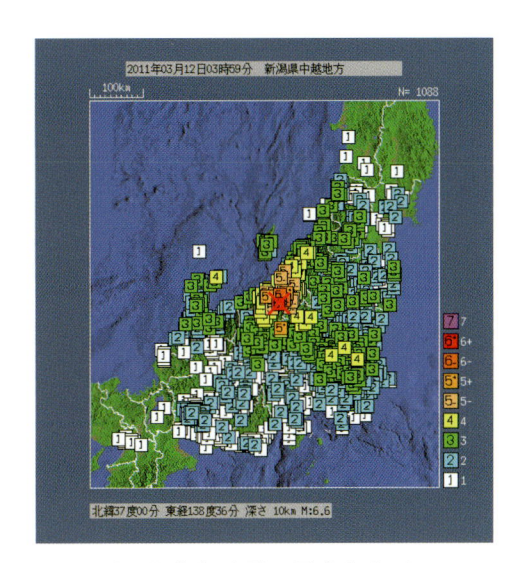

第2章　地震・地盤・津波（Earthquake, ground condition, and tsunami）

図 2.1.21　長野県北部地震の震度分布（JMA seismic intensity distribution of the Nagano-ken Hokubu earthquake）

余震の定義は必ずしも明確ではないが，震源域とその周辺で発生するものを余震とすれば，今回の地震はそれ以外の東部日本列島全域において地震活動を活発化させている。これらをここでは誘発地震と呼ぶ。主な余震と被害を発生させた誘発地震の諸元を表 2.1.2 に示す[21]。

誘発地震の一つとして，3 月 12 日 03 時 59 分には長野県北部で M6.7 の地震が発生した。この地震は，近傍に位置する新潟県中越地震の震源と同様の北東走向を有する逆断層で発生したもので，地表地震断層が確認されている。この地震においては，一点で震度 6 弱を記録したものの，その周辺での震度は低く，局所的な影響にとどまった。図 2.1.21 にその震度分布図を示す（気象庁）。

また，2011 年 03 月 15 日 22 時 31 分には静岡県東部の深さ 14km を震源として M6.4 の地震が発生し，最大震度 6 強を観測した（気象庁）。NIED は SZO011（K-NET 富士宮）で観測した 1,076gal（三成分合成値）を含む観測データを公表している。図 2.1.22 に，その最大加速度分布と震度分布を示す。図から，最大加速度の大きな領域は極めて限られていることが分かる。この地震は富士山直下の北北東の走向を持つ左横ずれの内陸地殻内地震であることが分かっている。図 2.1.23 に，そのメカニズム解と余震分布を示す[22]。これまで巨大地震と火山の噴火との関係が議論されてきていおり，今回の地震をトリガーとして富士山が噴火する可能性を検討する上で重要な地震である。

これらの被害を発生させた誘発地震も含め，本震の震源域から離れたところで多くの誘発地震が発生している。図 2.1.24 は，余震分布に加え，東北日本で発生している誘発地震および活発化している火山性地震の分布を示したものである[23]。V と書かれている領域は火山性地震が活発化した領域である。A~D が誘発地震の発生領域で，A が長野県北部の地震，C が静岡県東部の地震である。B は日本海中部地震の震源域である。D は福島県浜通りの地震で，この図の作成後の 4 月 11 日に発生した Mj 7.0 の地震では，井戸沢断層および湯ノ岳断層に沿って正断層型の地震断層が出現した。詳細は，活断層・地震調査センターのサイトを参照されたい[24]。

なお，今回の地震が引き金となって今後発生する可能性のある地震のうち，万一発生した場合に最も影響が大きいのは，本震破壊域の南端から首都圏に向かう茨城県沖から千葉県沖にかけての領域である。破壊域に隣接するセグメントで大きな余震が発生した事例は過去にも多く，少なくとも今後数年間はその発生を警戒する必要がある。

また表 2.1.2 に示したように，4 月 7 日には宮城県牡

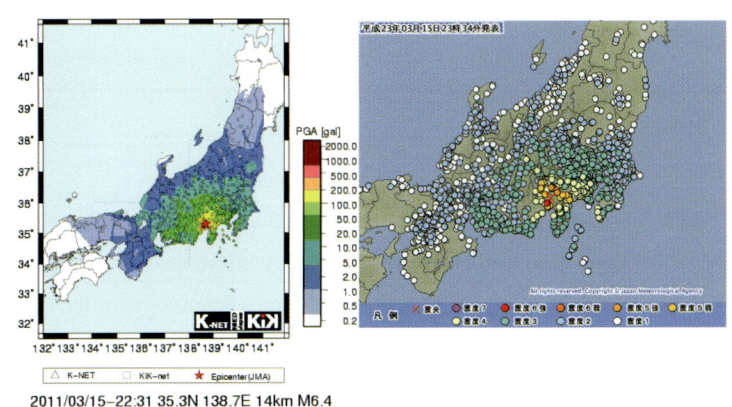

図 2.1.22　静岡県東部地震による防災科学技術研究所の K-NET・KiK-net の最大加速度分布と気象庁発表の震度分布（PGA distribution and JMA seismic intensity distribution for the Shizuoka-ken Tobu earthquake）

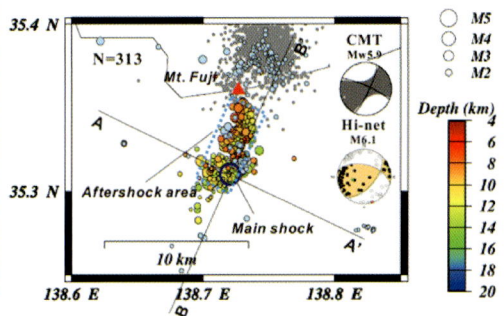

図 2.1.23　静岡県東部地震のメカニズム解と余震分布 [22]（Mechanism solution and aftershock distribution of the Shizuoka-ken Tobu earthquake）

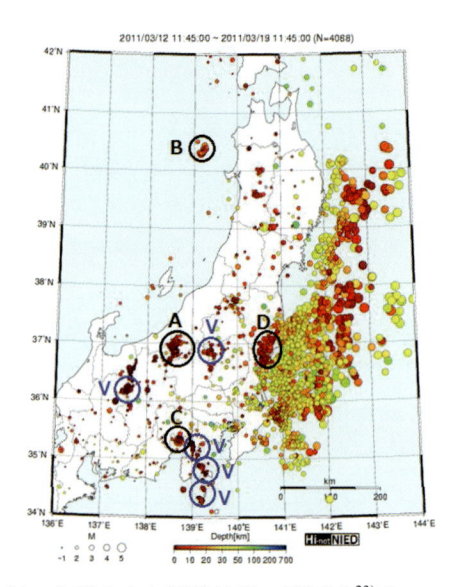

図 2.1.24 余震分布と誘発地震の震源域[23]（Aftershock distribution and induced earthquakes in eastern Japan island）

鹿半島直下で M7.4 の地震が発生したが，この地震は震源が 66km と深く，スラブ内地震であって，K-NET 塩釜(MYG012)で 1,500gal 近い最大加速度を持つ記録を観測するなど，大きな加速度を与えた地震となっており，同タイプの地震が発生し得る茨城県および千葉県直下のスラブ内地震についても警戒しておく必要がある。

2.1.7 地震・地震動の特徴のまとめ（Summary）

本節では，今回の東北地方太平洋沖地震の諸元と震源特性について，これまでに発表されている情報を取りまとめるとともに，その観測地震動の特性と構造物破壊能について考察を加えた。さらに，今回の地震の余震発生特性と誘発された地震の概要についても言及した。今回の地震は，地震調査推進本部で想定されていた，1896 年の明治三陸津波地震と同様の性質を持った，海溝沿いの浅い部分で大きなすべりが生じる津波地震の性格を有し，それが規模の評価で M9.0 となる主要なすべりを生み出した。一方，大きな地震動を発生しない通常の津波地震とは異なり，同時にかなり強い，短周期が卓越した強震動が生成されており，それはその長周期すべりを起こした領域とは異なる，より深い沿岸部直下の領域で生成されたものであった。

東北地方での沿岸部に近い領域で発生する M7 クラスの地震では短周期が卓越することは以前から指摘されてきており（例えば佐藤・他[25]），その点では驚くには当たらない。しかし，同時に津波地震でもあるという二面性を持った震源プロセスが，海溝型の巨大地震では例外的なものであるのか，むしろ一般的なものであるのかについては今後の検討を待つ必要がある。

参考文献

1) 気象庁，2011，http://www.mri-jma.go.jp/Dep/sv/2011tohokutaiheiyo/index.html
2) 気象庁，2011，http://www.seisvol.kishou.go.jp/eq/daily_map/sendai/20110311.shtml
3) 地震調査研究推進本部，2009，http://www.jishin.go.jp/main/chousa/09mar_sanriku/f01.htm
4) 気象庁，2011，http://www.seisvol.kishou.go.jp/eq/daily_map/sendai/20110309.shtml
5) 国土地理院，2011，http://www.gsi.go.jp/cais/topic110314.2-index.html
6) Ozawa, S., T. Nishimura, H. Suito, T. Kobayashi, M. Tobita, and T. Imakiire (2011), Coseismic and postseismic slip of the 2011 maginutde-9 Tohoku-Oki earthquake, Nature, doi:10.1038/nature10227
7) 国土地理院，2011，http://www.gsi.go.jp/cais/topic110520-index.html
8) 建築研究所，2011，http://iisee.kenken.go.jp/staff/fujii/OffTohokuPacific2011/tsunami_ja.html
9) Hayes, G., 2011, USGS, http://earthquake.usgs.gov/earthquakes/eqinthenews/2011/usc0001xgp/finite_fault.php.
10) 三宅弘恵・他，2011，2011 年東北地方太平洋沖地震の震源過程と強震動，第 892 回談話会発表資料，http://outreach.eri.u-tokyo.ac.jp/eqvolc/201103_tohoku/danwakaishiryou/
11) NIED, 2011, http://www.kyoshin.bosai.go.jp/kyoshin/topics/TohokuTaiheiyo_20110311/nied_kyoshin2j.pdf
12) 司宏俊・翠川三郎，1999，断層タイプ及び地盤条件を考慮した最大加速度・最大速度の距離減衰式，日本建築学会構造系論文集，523，63-70.
13) 地震調査研究推進本部，2009，http://jishin.go.jp/main/chousa/09_yosokuchizu/g_furoku3.pdf
14) Nozu, A. and K. Irikura, 2008, Strong-motion generation areas of a great subduction-zone earthquake: waveform inversion with empirical Green's functions for the 2003 Tokachi-oki earthquake, Bull. Seismolo. Soc. Am., Vol.98, No.1, pp.180-197.
15) 浅野公之・岩田知孝，2011，経験的グリーン関数法による 2011 年東北地方太平洋沖地震の震源モデル，地球惑星科学連合 2011 年大会，MIS036-P42. http://sms.dpri.kyoto-u.ac.jp/k-asano/pdf/jpgu2011.pdf

16) 川辺秀憲・釜江克宏・上林宏敏, 2011, 2011年東北地方太平洋沖地震（Mw9.0）の震源のモデル化, 地球惑星科学連合2011年大会, MIS036-P35. http://www.rri.kyoto-u.ac.jp/jishin/

17) 長戸健一郎・川瀬博, 2001, 建物被害データと再現強震動によるRC造構造物群の被害予測モデル, 日本建築学会構造系論文集, 第544号, pp.31-37.

18) 長戸健一郎・川瀬博, 2002, 鉄骨造建物群の被害予測モデルの構築, 日本建築学会構造系論文集, 第559号, pp.101-106.

19) 長戸健一郎・川瀬博, 2002, 観測被害統計と非線形応答解析に基づく木造建物被害予測モデルの構築と観測強震動への適用, 第11回日本地震工学シンポジウム.

20) 境有紀, 2011, http://www.kz.tsukuba.ac.jp/~sakai/113.htm.

21) http://www.seisvol.kishou.go.jp/eq/2011_03_11_tohoku/yoshinhikaku.pdf

22) http://www.hinet.bosai.go.jp/topics/e-shizuoka110315/

23) 岡田義光, 2011, http://www.bosai.go.jp/news/oshirase/20110323_01.pdf

24) 丸山正・他, 2011, 活断層・地震研究センター, http://unit.aist.go.jp/actfault-eq/Tohoku/report/idosawa/index.html

25) 佐藤智美・他, 1994, 表層地盤の影響を取り除いた工学的基盤波の統計的スペクトル特性, 仙台地域のボアホールで観測された多数の中小地震記録を用いた解析, 日本建築学会構造系論文報告集, 462, pp.79-89.

2.2 地形・地質
(Topography and geology)

2.2.1 はじめに (Introduction)

　一連の地震における被害域は広大であり、東日本全体に及んでいる。そこで本章では特に被害の大きかった東北地方の岩手県・宮城県・福島県、関東地方の茨城県・千葉県と、長野県栄村および静岡県富士宮市における地形・地質について記述を行う。また、図 2.2.1 に東北地方の地形図[4]を、図 2.2.2 に関東地方の地形図[4]を、図 2.2.3 に東北地方の地質図[1]を、図 2.2.4 に関東地方の地質図[2]を示す。

2.2.2 岩手県 (Iwate Prefecture)
(1) 岩手県の地形概要[1)9)10]

　岩手県は東北地方の北東に位置し、北は青森県と、西に秋田県と、南は宮城県と接している。岩手県の東側には三陸海岸を挟み太平洋が広がっている。県の東に位置する北上山地と県の西に位置する奥羽山脈が県内をそれぞれ南北に貫いている。県中央部には、北上山地と奥羽山脈にはさまれる北上盆地や雫石盆地などの低平な土地が広がり、そこに都市が形成されている。岩手県の地形は、北上山地および奥羽山脈、その間の低地域の三つの地域に大別することが出来る。

　岩手県東部に広がる北上山地は、南北 250km 東西 80km の規模を持つ非火山性の山地であり、その約 7 割が岩手県に展開している。北上山地の最高峰は県中央部に位置する早池峰山（1917m）であり、その南には薬師岳（1645m）が位置している。一方、北上山地を構成する他の山は標高 600〜1300m 程度であり、穏やかな山容から北上高地とも呼ばれる。北上山地内には遠野市に位置する遠野盆地以外は大きな盆地が無く、都市もこの地域のみである。北上山地からは、西側の県中央部へ向かって北上川や馬淵川が、東側の太平洋に向かって閉伊川や小本川が流れている。北上山地の東側には、太平洋に面して三陸海岸が広がっている。三陸海岸は、北は青森県八戸市から南は宮城県牡鹿半島までの約 600km に渡る海岸線を持つ。宮古市以北の海岸線では細かい湾入のない切り立った海食壁が続くが、宮古市以南の海岸線では屈曲に富み数多くの湾入と岬が連なるリアス式海岸が発達している。三陸海岸では、河川の河口付近において規模の小さい沖積平野が点在しており、陸前高田市、大船渡市、釜石市、宮古市などの都市が形成されている。

　岩手県西部、秋田県境に位置する奥羽山脈は東北地方を南北に貫く脊梁山脈であり、岩手県にはその北東部分が位置している。奥羽山脈は 1000m 超級の標高の高い山岳地帯であり、岩手県内には北から八幡平（1613m）、岩手山（2038m）、真昼山地、焼石岳（1548m）、栗駒山（1627m）などが位置している。岩手県の最高峰は、奥羽山脈の最高峰でもある岩手山であり、その南側には雫石盆地が広がっている。

　岩手県の中央部、北上山地と奥羽山脈の間に広がる北上盆地は、南北約 180km の低地であり、ここを北上川がほぼ北から南に向かって流れている。岩手県の都市の多くが北上盆地に位置しており、これには北から盛岡市、花巻市、北上市、奥州市、一関市などが含まれる。

(2) 岩手県の地質概要[1)9)10]

　北上山地は、主として複雑に変形した古生代・中生代の堆積岩と、それを貫く白亜紀の花崗岩帯からなる。地形的には一つのまとまった山地であるが、地質構造上は中央に位置する早池峰構造帯を境に、南部北上山地と北部北上山地に区分できる。南部北上山地にはシルル紀から白亜紀までの浅海性の地層群が特徴的に見られるが、北部北上山地をつくるのは主として中生代の遠洋性堆積物・海洋地殻の岩石と海溝を充填したタービダイトからなる付加体である。また、南北どちらにも各所に白亜紀前期に貫入した花崗岩体や同時代の中性・酸性火山岩がある。

　三陸海岸北部では、海食崖の発達する直線的な海岸線と、その背後に更新世中・後期の海成段丘群が発達している。一方、三陸海岸南部では更新世の海成段丘面が断片的であり、比較的流域面積の広い河川の流入する地域では小規模な沖積平野が発達している。三陸海岸広田湾の北奥には、その一つである陸前高田平野が広がる。この平野の地下には埋没谷が認められ、谷を埋めている沖積層は下から、基底礫層、下部砂層、中部泥層、上部砂層、および沖積陸成層に分けられる。

　奥羽山脈の八幡平は厚い安山岩溶岩が成層する台地状の火山と、玄武岩質の円錐型の火山からなる火山群である。奥羽山脈の岩手山は、約 70 年前から生成した 25 個以上の安山岩〜玄武岩火山からなる。また、栗駒山は主に安山岩質のマグマによって形成された成層火山である。

　北上盆地には中期更新世以降に形成された扇状地堆積物が広い堆積面を形成している。また、盛岡および水沢地域周辺地域では岩手山・焼石岳起源の岩屑流堆積物・火砕流堆積物・降下火山灰が堆積している。焼石岳期限の岩屑流堆積物・火砕流堆積物からなる地形面の発達はあまり良くないが、岩手山麓においては複数の岩屑流堆積物が広い地形面を構成している。降下火山灰に関しては近接する火山起源のものだけでなく、九州や北海道から飛来した広域火山灰も認められている。北上盆地に広がる扇状地性の河

岸段丘構成層の基盤をなしているのは，新第三紀層である。北上盆地の北部・中部における西側では，粗粒な砂礫層からなる第四紀層で覆われている。その層厚は西に向かって厚くなる傾向が見られ，北上盆地中央部で特に顕著である。

2.2.3 宮城県 (Miyagi Prefecture)

(1) 宮城県の地形概要[1)9)10]

宮城県は東北地方の東側に位置し，北は岩手県および秋田県と，西に山形県と，南は福島県と接している。宮城県の東側には太平洋が広がっている。宮城県北東部では，北上山地の一部が延長し牡鹿半島まで達している。一方，県西部の秋田県および山形県との県境には，奥羽山脈が南北を貫いている。県の南部には阿武隈山地の北部が位置している。また，県中央部には北上川下流域に仙台平野が広がっており，そこに多くの都市が形成されている。宮城県の地形は，北上山地を含む牡鹿半島，阿武隈山地，奥羽山脈，中央の仙台平野の四つの地域により構成されている。

県北東部は，主に岩手県東部に広がる北上山地の南部が位置しており，太平洋に向かって南東に突き出した形の牡鹿半島も含んでいる。三陸海岸の南端部にあたる海岸部はほとんどがリアス式海岸であり，細長い湾や入江が複雑に入り組んだ海岸線となっている。

宮城県西部には東北地方を南北に貫く奥羽山脈が位置し，栗駒山（1627m），船形山（1500m），蔵王連峰に属する屏風岳（1825m）などの火山を含んでいる。奥羽山脈の東側には山脈と平行して，陸前丘陵と呼ばれるなだらかな丘陵地帯が位置している。

阿武隈山地は主として福島県東部に位置する南北180km，東西50kmと南北に長い紡錘形をしたなだらかな山地である。阿武隈山地の一部が宮城県南部に位置しており，福島県側の阿武隈山地から流れてきた阿武隈川が，宮城県南部，仙台平野を通り仙台湾に注いでいる。

仙台平野は県中央部に位置する沖積平野であり，北上川，鳴瀬川，名取川，阿武隈川などの河川が仙台平野を通り，仙台湾に注ぎ込んでいる。仙台平野は松島丘陵を境として仙北平野と仙南平野とに分けることが出来る。仙北平野は北上川流域および鳴瀬川流域を含む地域で，登米市，石巻市，大崎市，東松島市などの都市部が形成されている。一方，仙南平野は名取川流域および阿武隈川流域を含む地域で，仙台市，名取市，岩沼市などの都市が位置している。

(2) 宮城県の地質概要[1)9)10]

宮城県に位置する牡鹿半島を含む北上山地南部は岩手県南部と同様に，シルル紀から白亜紀までの浅海性の地層群が特徴的に見られる。また，県の南に位置する阿武隈山地北部は主に中世代・古生代の地層や花崗岩などで構成されている。

奥羽山脈の船形山や蔵王連峰は，白亜紀花崗岩類や新第三紀層を基盤として，その上に薄く第四紀の溶岩類が覆っている。一方，奥羽山脈の東側の陸前丘陵地帯は，中新世・鮮新世の堆積岩類・火砕岩類で構成されている。その丘頂部は定高性があり，一部で河成堆積物からなる平坦部を形成している。

仙南平野の名取川や名取川の支流である広瀬川流域には，主に礫層からなる河成段丘が発達おり，広瀬川流域における段丘面は高位から，台ノ原段丘，仙台上町段丘，仙台中町段丘，仙台下町段丘と呼ばれる。台ノ原段丘や仙台上町段丘は，仙台市市街地中心部付近や愛子盆地では発達している。仙台中町段丘は広瀬川下流部から上流部にかけて連続に分布している。また，仙台下町段丘は仙台市街地中心部の広瀬川沿いに狭く発達している。

一方，仙台市街地中心部から見て東に位置する仙台市若林区や仙台市宮城野区には，仙台湾岸の臨海沖積低地が広がっている。この沖積低地地下には60m程度の埋没谷が認められ，地表には自然堤防，旧河道，後背湿地，浜堤列などの微地形が存在する。この沖積低地を構成する沖積層は，下位から沖積層基底礫層，下部砂礫層，中部泥層，上部砂層，頂部陸成層となっており，軟弱な地盤を形成している。

2.2.4 福島県 (Fukushima Prefecture)

(1) 福島県の地形概要[1)9)10]

福島県は東北地方の南部に位置し，北は山形県および宮城県と，西に新潟県と，南は群馬，栃木県および茨城県と接している。福島県の東側には太平洋が広がっている。福島県の地形は，その多くが山地や丘陵地帯であり，東部に阿武隈山地が，中央を奥羽山脈が南北に貫いており，県西部には越後山脈が広がっている。岩手県の地形は，越後山脈と奥羽山脈にはさまれた会津地方，奥羽山脈と阿武隈山地の間にある中通り地方，阿武隈山地の東側の海岸線沿いの浜通り地方，という三つの地域に分けることが出来る。

会津地方は，県中央の奥羽山脈と新潟県境に位置する越後山脈との間に位置する地域であり，会津盆地を中心としている。会津盆地は，南北32km，東西13kmの南北に細長い盆地であり，会津若松市や喜多方市などの都市が発達している。盆地底のほとんどは沖積低地からなり水田や畑が広がっている。会津盆地の北東には磐梯山（1816m）が，会津盆地の東には南北16km，東西10kmの猪苗代盆地が広がる。猪苗代盆地はその大半を，湖面積が日本4番目の猪苗代湖が占めている。その猪苗代湖を水源として，阿賀野

川が会津盆地を通り日本海へと注いでいる。会津盆地の南西側には越後山脈が位置しており，越後山脈から流れてくる只見川は会津盆地で阿賀野川と合流する。越後山脈には，東北最高峰の燧ヶ岳（2356m），浅草岳（1585m）などが属している。

県中央部を貫く奥羽山脈には，磐梯山（1816m），吾妻山（2035m）や安達太良山（1700m）などが属している。この奥羽山脈の東側から阿武隈山地までの地域は中通り地方と呼ばれ，南北に細長い低地帯を形成している。中通り地方には南から順に白河丘陵，郡山盆地，福島盆地が位置しており，これらの盆地の中心部を通り阿武隈川が北へ向かって流れている。中通り地方の盆地には，白河市，須賀川市，郡山市，本宮市，二本松市，福島市，伊達市など多くの都市が形成されている。

福島県東部に位置する阿武隈山地は，紡錘形をした比較的なだらかな山地である。阿武隈山地は，霊山（805m），日山（1058m）や大滝根山（1193m）などが属している。

浜通り地方は，阿武隈山地の東縁を区切る双葉断層崖と太平洋とに挟まれた南北に細長い平野部の広がる海岸地域である。この地域には高度200m以下の丘陵，段丘，沖積低地が広がっており，全体的に穏やかな地形が連なっている。また，阿武隈山地を水源とする宇多川，真野川，新田川，室原川，夏井川，鮫川などの河川が西から東の太平洋へと注いでいる。浜通り地方は，相馬市，南相馬市，いわき市等の都市が位置している。

(2) 福島県の地質概要 [1)9)10]

会津盆地は盆地底のほとんどが沖積低地が広がっている。南には第四紀前期の背中炙山層で構成されている開析された火砕流台地である火炙台地が位置している。東には，雄国山・猫魔ヶ岳からの火山泥流・火山麓扇状地が傾斜面をつくり，会津盆地底の沖積面へと埋没している。会津盆地の中央少し南に位置する会津若松市北会津町柏原では，深度150mまで砂礫層が続き，凝灰岩が深度300mまで分布している。

奥羽山脈の吾妻山（2035m）は主に安山岩や玄武岩質安山岩からなる溶岩流やテフラで構成されている。また，安達太良山は，おもに安山岩質の噴出物からなる。

白河丘陵は，前期更新世に数回にわたり流下した白河火砕流のつくる丘陵である。安山岩質の火砕流主部は溶結凝灰岩で，長沼周辺では最新活動期に流下した溶結度の弱い天栄火砕流が，白河周辺では西郷火砕流が丘陵背面を構成している。郡山台地はやや締まった細粒の礫・砂・泥の互層である郡山層，およびその下位の白河火砕流で構成されている。福島盆地の地形は古い物から，数段の河成面からなる中位面群，下位面および沖積Ⅰ・Ⅱ面で区分できる。中位面群は数段の河成面からなり，下位面は上部が砂礫層，下部が細粒の砂～シルト層からなる。また，沖積Ⅰ面は扇状地礫層のつくる河成面である。

阿武隈山地南部は，花崗岩類と御斎所（源岩はおもにジュラ紀層）・竹貫変成岩類や中生層類・古生層類とがほぼ半々の分布を示している。また，阿武隈山地北部の畑川破砕帯より西側では花崗岩類の分布が広く，堆積岩は大滝根山周辺に見られるだけである。

浜通り地域では，河成段丘，沖積低地や丘陵の大半が西の阿武隈山地から東の太平洋へと注ぎ込む河川に沿うようにして，東西方向に発達している。この河成段丘の基盤となる地質は基本的に第三紀の泥岩であり，南部のほうが北部に比べ河成段丘が発達している。

2.2.5 茨城県 (Ibaraki Prefecture)

(1) 茨城県の地形概要 [2)5)8)9)10]

茨城県は関東地方の北東に位置し，北は福島県と接し，西に栃木県および埼玉県と接し，南は利根川を挟んで千葉県と接している。茨城県の東側は鹿島灘が広がっており，その海岸線は約150kmに渡っており比較的単調な海岸線である。茨城県の地形は北部の阿武隈山地や八溝山地を含む山岳地帯と，中央部から西部域に広がる常陸台地および南東部に分布する利根川下流域・霞ヶ浦・北浦を含めた低地で構成されている。県総面積の約30%が北部山地で，残る約70%が低地を含めた平野部および水域である。このうち，霞ヶ浦・北浦河川・湖沼の占める面積は県総面積の約8%となっている。

北部山地は主に，福島県との県境から常陸太田市付近まで伸びる阿武隈山地の一部と，その西側の栃木県との県境付近に位置する八溝山地で構成されている。茨城県に広がる阿武隈山地の一部は東側の多賀山地および西側の久慈山地で構成されている。多賀山地は頂上部がなだらかで，山麓部へいくほど急傾斜となるドーム状の山地であり，竪破山（658m）や高鈴山（623m）などを含んでいる。一方，久慈山地は多賀山地に比べて高度が低く，南北の方向の河谷によって開析され直線状に配列している山地である。八溝山地は，北は県北西端に位置する茨城県最高峰である八溝山（1022m）から，鷲子山（463m）・鶏足山（431m）を経て，南は県中央部の筑波山（876m）へ伸びる山地である。久慈山地と八溝山地の間には久慈川が流れている。

茨城県県中央部から西部域に広がる常陸台地は，北から那珂台地，東茨城台地，鹿島台地，行方台地，新治台地，筑波台地，稲敷台地，真壁台地，結城大地，猿島台地などの多くの台地によって構成されている。低平な洪積大地で

ある常陸台地には多くの都市が発達しており，那珂台地はひたちなか市および那珂市，東茨城台地では水戸市，鹿島台地は鹿嶋市，行方台地には行方市，新治台地は土浦市およびかすみがうら市，筑波台地にはつくば市，稲敷台地には稲敷市，真壁台地は桜川市および筑西市，結城大地には結城市，猿島台地には古河市および板東市が位置している。県南部の千葉県との県境付近には、日本最大の流域面積をもつ利根川が流れている。また，その流域には湖面積日本2位の霞ヶ浦および北浦などの湖沼が形成されている。また，利根川に千葉県境で合流する鬼怒川や小貝川は県西部の猿島台地付近を流れている。那珂台地では那珂川が流れている。

(2) 茨城県の地質概要 2) 5) 8) 9)10)

阿武隈山地の南東部に位置する多賀山地は，主に片麻岩，結晶片岩などの変成岩類，花崗岩類および日立古生層と呼ばれる古生層でできている。山地の東西両側には石城層，浅貝層，白坂層，滝層，五安層，水野谷層，亀ノ尾層，多賀層などの第三紀の地層が分布しており，阿武隈山地から南に少し離れた那珂湊や大洗の海岸には大洗層や那珂湊層といった中生代の地層も見られる。

八溝山地は，北から八溝山塊，鷲子山塊，鶏足山塊，筑波山塊の4山塊によって構成されており，北より3山塊の地質は，中・古生代の地向斜に堆積した地層とこれを貫く花崗岩類から出来ている。一方，南端の筑波山塊は斑糲岩，花崗岩類や変成岩類からなっている。

常陸台地は複数の台地から構成されており，これらの台地の段丘面は関東ロームに厚くおおわれ，その下には砂や泥など比較的軟らかい地層が存在する。台地と急崖で接する一段低い段丘面は水田や川，湖沼などが広がる沖積低地となっている。常陸台地は下位から，砂鉄の多い固結した砂層である薮層，泥やシルトなどで構成される軟弱な成田層下部，砂層である成田層上部，礫および粘土で構成される竜ケ崎砂礫層，軟弱な常総粘土層，粘性質の関東ローム層で構成されている。

2.2.6 千葉県 (Chiba Prefecture)

(1) 千葉県の地形概要 2) 6) 7) 8) 9)10)

千葉県は関東地方の南東に位置し，北は茨城県と接し西に埼玉県および東京都と接している。千葉県の北西側は江戸川，南西側は東京湾，東側は太平洋，千葉県の北側は利根川があり，周囲を水に囲まれた土地である。千葉県の大部分は房総半島に属しており，比較的平坦な地形が大部分を占めている。千葉県の地形は，下総台地やその周辺の低地を含む県北部と，丘陵地帯である県南部とに大別される。

第2章 地震・地盤・津波（Earthquake, ground condition, and tsunami）

県北部は，中央の下総台地の周りを九十九里平野，利根川低地，東京湾沿岸地域などの低地が囲んでいる。県南部は房総丘陵が広がり，房総丘陵の南東に鴨川低地帯，南西に舘山低地帯が位置している。

県北部中央に位置する下総台地は，主に更新世に形成された海成の成田層群とその上位の関東ローム層から出来ている。標高20〜40m程度のなだらかな起伏が続き，段丘面は一般にゆるく北西に傾斜している。下総台地は野田市，船橋市，成田市，香取市，銚子市などを含む広大な範囲に広がっている。

県北東部にある九十九里平野は海が下総台地を浸食したのち，海岸線が現在の位置（九十九里浜）まで東に後退した結果できた海岸平野である。九十九里平野は南北に約60km，東西に約10kmの細長い長方形の平野であり，旭市，山武市，九十九里町を含んでいる。

県北部にある利根川低地は，日本最大の流域面積である利根川の南沿岸部であり，手賀沼・印旛沼などの湖沼を有する地域である。

県の北西部に広がる東京湾北側沿岸地域は近年，埋立地による造成地が急激に増えており，特に浦安市は市域の7割以上が埋立地となっている。

県の南部に位置する房総丘陵は，最高峰の愛宕山（408m）をはじめ，鹿野山（379m），鋸山（329m），清澄山（382m）など，標高400m程度以下の丘陵地帯である。

房総半島南部の鴨川低地は，北側に鋸山や清澄山が，南側に愛宕山に位置する，太平洋側（東側）に開いた扇型の低地であり，鴨川流域を含む。

県南西部の舘山市に広がる舘山低地帯は，房総丘陵の南に位置する低地帯である。

(2) 千葉県の地質概要 2) 6) 7) 8) 9)10)

銚子半島を構成する銚子地塊は千葉県で最も古い古生界二畳系が分布し，その上に白亜系の銚子層群，第三系中新統の夫婦ヶ鼻層，第三系鮮新統の名洗層，洪積統の香取層や関東ローム層が分布している。

房総半島南部の房総丘陵は，主に新生代の地層よって構成されており，下位から第三紀始新世〜前期中新世の嶺岡層群，中期中新世〜前期鮮新世の保田層群，後期鮮新世〜中期更新世の千倉層群や豊房層群からなっている。

下総台地は主に更新世の成田層群や関東ローム層から構成されている。下総台地の地質は下位から，中期中新世〜前期鮮新世の保田層群，中新世の安房層群や豊岡亜層群，鮮新世〜更新世前期の上総層群，更新世後期の成田層群，関東ローム層となっている。

下総台地の九十九里平野は完新世の沖積平野が一面に広

— 31 —

がっており，海岸線に平行して交互に並ぶ多数の砂堤列と堤間湿地からなっている。砂堤列は均質な中～細粒の砂層であり，堤間湿地の堆積物は泥炭や泥質砂である。

千葉県北部の利根川低地では，利根川流域に広がる埋没谷に沖積層が堆積しており，下位の小貝川層と，上位の海成シルト・砂層からなる藤代層によって構成されている。

東京湾北側沿岸地域は，地下に江戸川などにつながる埋没谷が存在し，その上に沖積層が堆積している。江戸川河口付近における地質は下位から，砂泥互層となる七号地層下部，粘性土からなる七号地層上部，細砂層の有楽町層によって構成されており，いずれの地層も軟弱地盤である。また，沿岸部のほとんどが近年人工的に埋め立てられた地域であり，軟弱な地盤となっている。

2.2.7　長野県栄村　(Sakae Village, Nagano Prefecture)

(1)　長野県栄村の地形概要 [3)9)10)]

栄村は，長野県の北東に位置する面積 $252km^2$ の村で，北東面で新潟県と接し，南は群馬県と接している。栄村は内陸の村であり，北部には東頸城丘陵が，南には三国山脈が位置している。栄村南部は，佐武流山（2192 m），苗場山（2145 m），鳥甲山（2038m）などの火山が多く位置している。一方栄村北部では，長野県の北部を流れる千曲川の流域にある盆地に集落が形成されている。

(2)　長野県栄村の地質概要 [3)9)10)]

千曲川が流れる栄村北部の山間部は前期更新世の安山岩・玄武岩類で構成されている。また，千曲川流域の西側では完新世の火山岩屑が堆積しており，一方で千曲川流域東側では河川の流域に沿って狭小な段丘が存在する。

2.2.8　静岡県富士宮市　(Fujinomiya City)

(1)　静岡県富士宮市の地形概要 [3)9)10)]

富士宮市は，静岡県の東部に位置する $389km^2$ の市で，北に山梨県と接している。富士宮市は内陸の市であり，北東に日本最高峰の富士山（3776m）が，西側の山梨県との県境には天守山地が位置している。富士山の西側面には，浸食谷である大沢崩れが現在も活発な崩落を続けている。また，富士宮市全体がフォッサマグナ内に含まれている。富士宮市を流れる富士川は，長野県を源として山梨県から流入し，市の西側を通り駿河湾に注いでいる。東側に富士山が位置するため，富士宮市は市域における高低差が大きく，標高により気候が大きく変化する。富士山の森林限界は海抜 2400m～3000m の付近にあり，海抜 2800m～2900m 以上には永久凍土が存在する。富士宮市の市街地は，西側の天守山地と東側の富士山の間に広がる富士宮低地に展開

している。また，富士宮市北部には標高 700m～1000m の朝霧高原が位置している。

(2)　静岡県富士宮市の地質概要 [3)9)10)]

駿河湾の最奥部からその内陸にかけては，東側の富士山西側の天守山地との間に北へのびる低地帯が存在する。この低地帯には屈曲しながら全体として北にのびる2列の西側隆起の活断層群が存在する。東側の富士川河口断層帯は，南から入山瀬，大宮，安居山の各断層で，西側の断層群は入山衝上断層と芝川断層で構成されている。この地域は，それぞれ南北に続く低地・丘陵・山地の三つに分けることが出来る。富士宮市の市街地はこの低地地域の北側，富士山の南西麓斜面に展開している。

富士宮低地の西縁の富士川河口断層帯は，日本で最大級の活動度を示し，それに伴う変動地形が卓越している。これは，この地域がプレート収束境界である駿河トラフの北方延長で，フィリピン海プレートの本州下への沈み込みに伴う付加体の形成や，その中に発達する覆瓦スラストの運動が姿を現しているためだと考えられる。富士宮低地は，富士川河口断層帯によってつくられた断層角盆地であり，泥流堆積物や溶岩流などの堆積物が厚く分布しており，下位から別所礫層，古富士泥流，2枚の溶岩流，沖積層で構成されている。

参考文献

1) 小池一之，田村俊和，鎮西清高，宮城豊彦：日本の地形3　東北，東京大学出版会，2005.2
2) 貝塚爽平，小池一之，遠藤邦彦，山崎晴雄，鈴木毅彦：日本の地形4　関東，東京大学出版会，2000.11
3) 町田洋，松田時彦，梅津政倫，小泉武栄：日本の地形5　中部，東京大学出版会，2006.6
4) Newton アトラス 日本列島，教育社，1993.1
5) 大山年次，蜂須紀夫：茨城県 地学のガイド，コロナ社，1977.8
6) 前田四郎：千葉県 地学のガイド，コロナ社，1974.4
7) 前田四郎：続千葉県 地学のガイド，コロナ社，1982.2
8) 大森昌衛，端山好和，堀口万吉：日本の地質3　関東地方，共立出版，1986.10
9) 勘米良亀齢，橋本光男，松田時彦：日本の地質，岩波書店，1992.3
10) 木村敏雄，速水格，吉田鎮男：日本の地質，東京大学出版会，1993.5

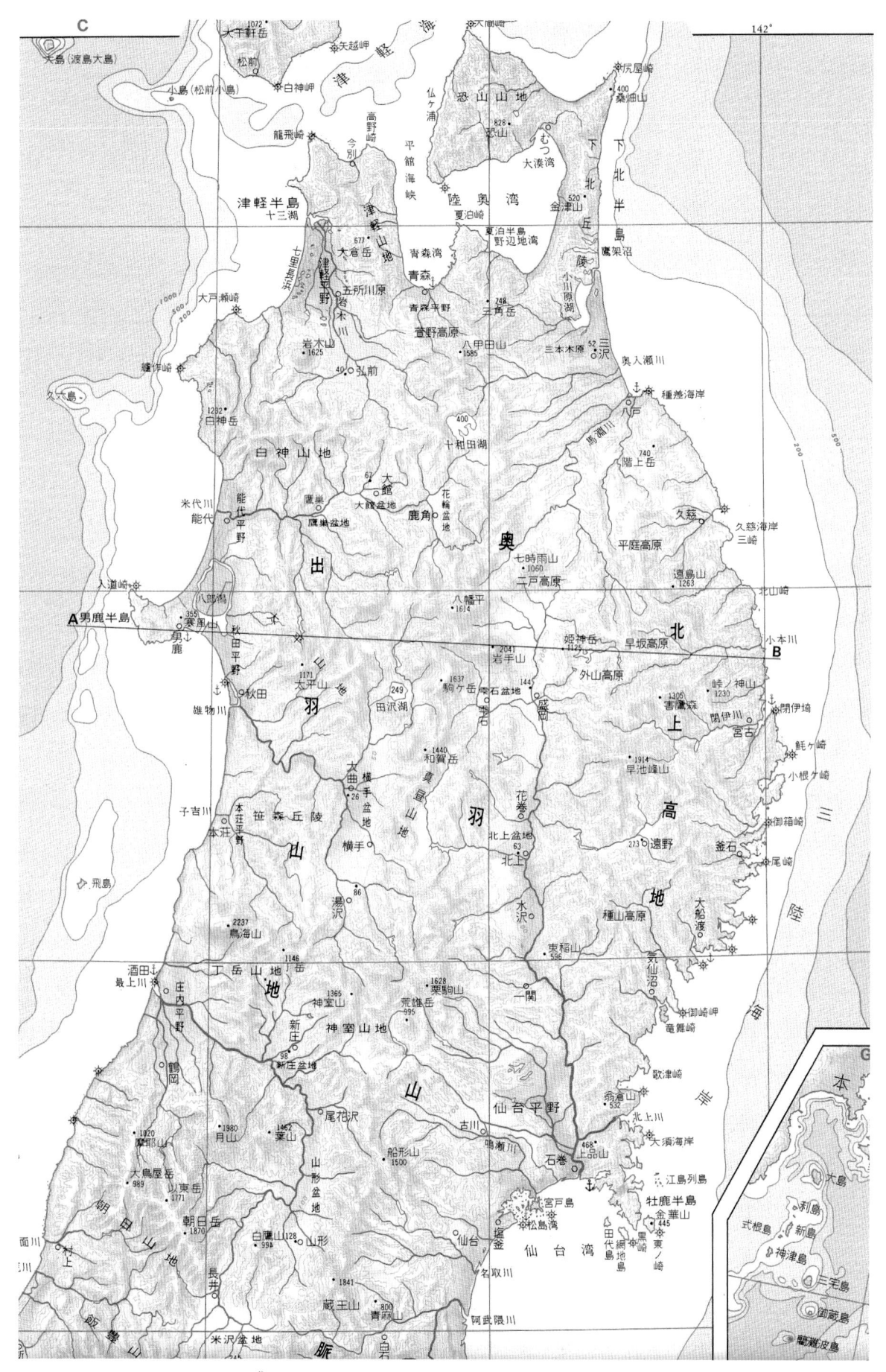

第2章 地震・地盤・津波（Earthquake, ground condition, and tsunami）

図 2.2.1　東北地方の地形図[4]　（Topographical map in Tohoku district）

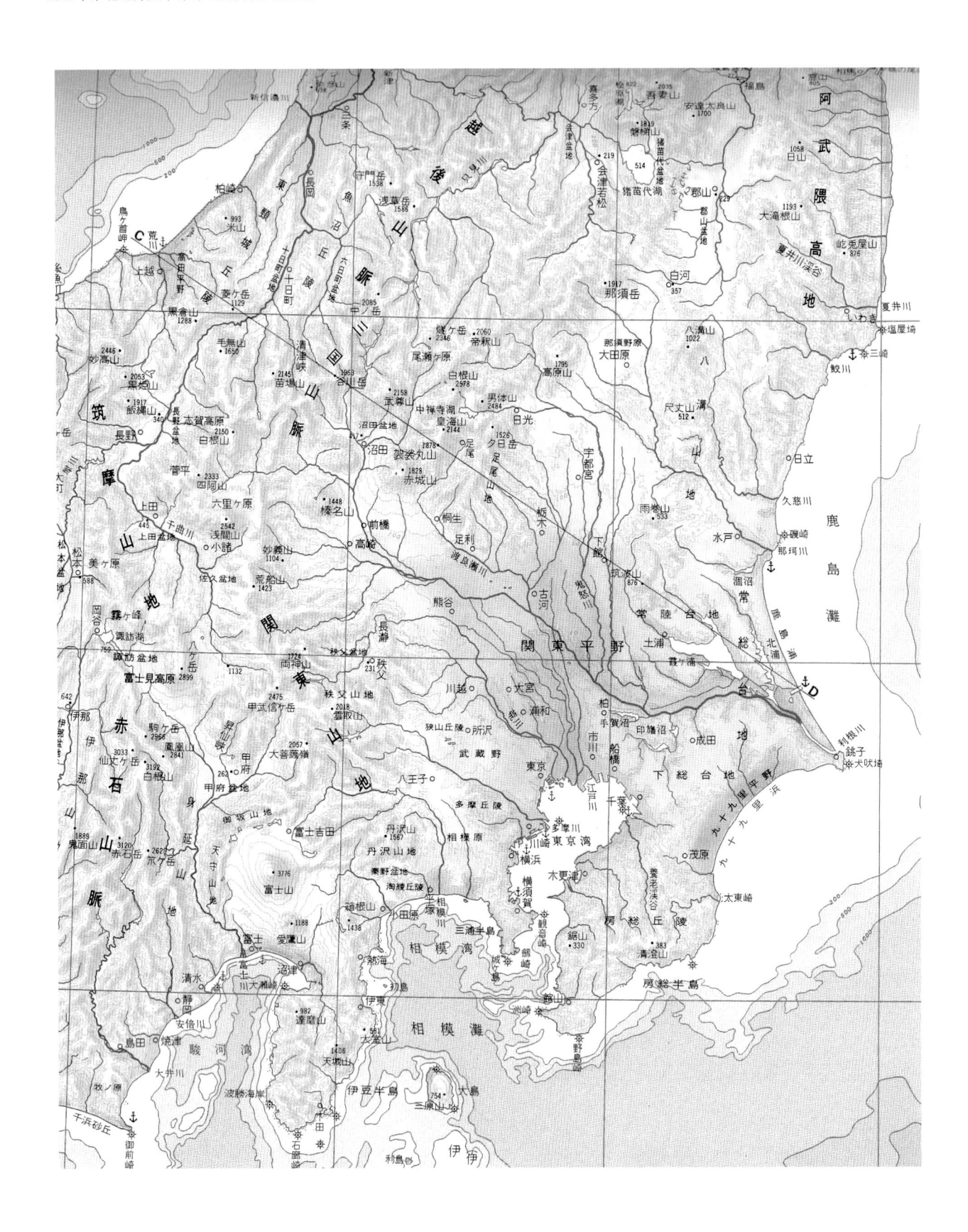

図 2.2.2　関東地方の地形図 [4]　　（Topographical map in Kanto district）

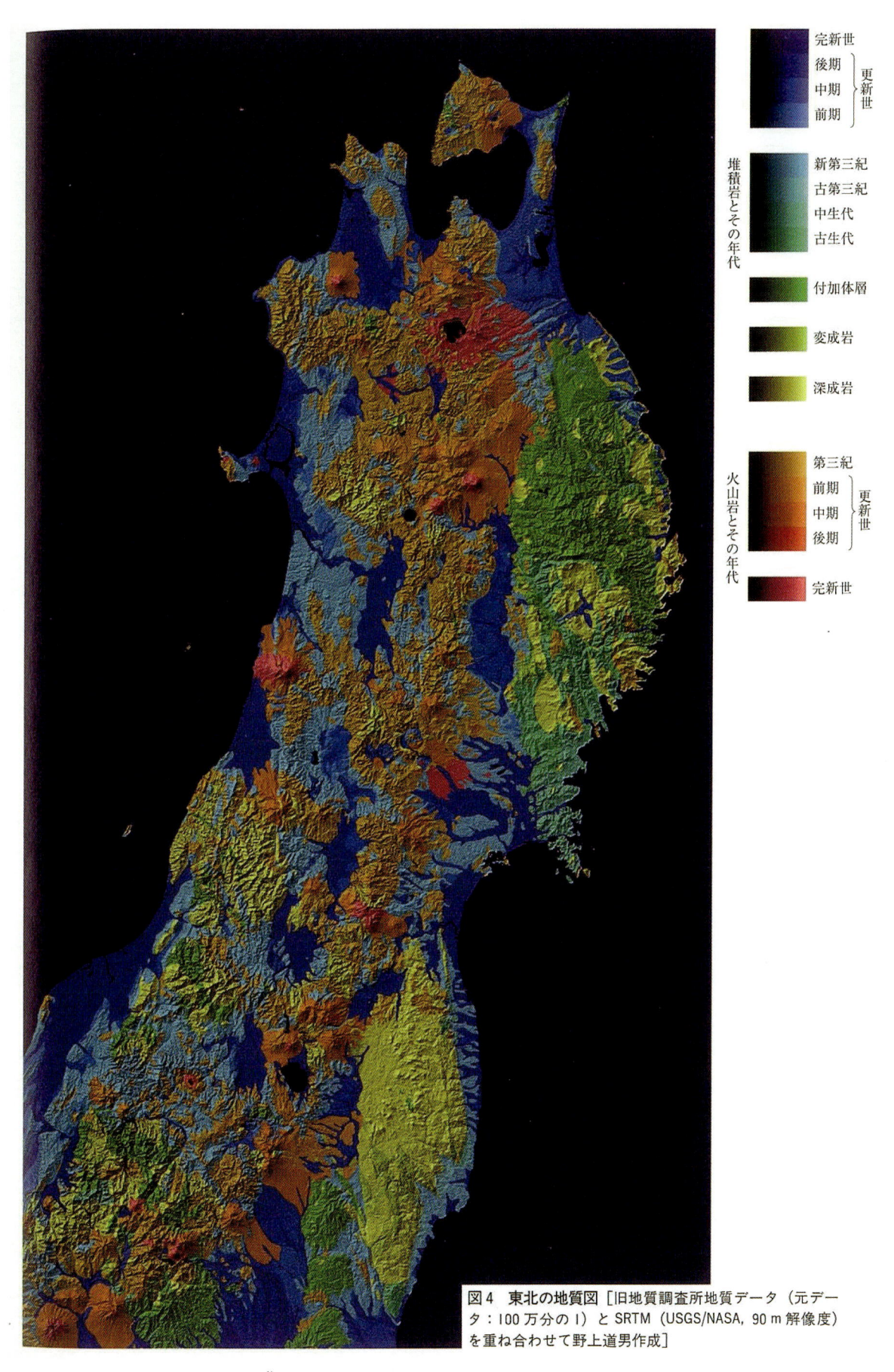

第2章 地震・地盤・津波（Earthquake, ground condition, and tsunami）

図4 東北の地質図［旧地質調査所地質データ（元データ：100万分の1）と SRTM（USGS/NASA, 90 m 解像度）を重ね合わせて野上道男作成］

図 2.2.3　東北地方の地質図[1]　（Geological map in Tohoku district）

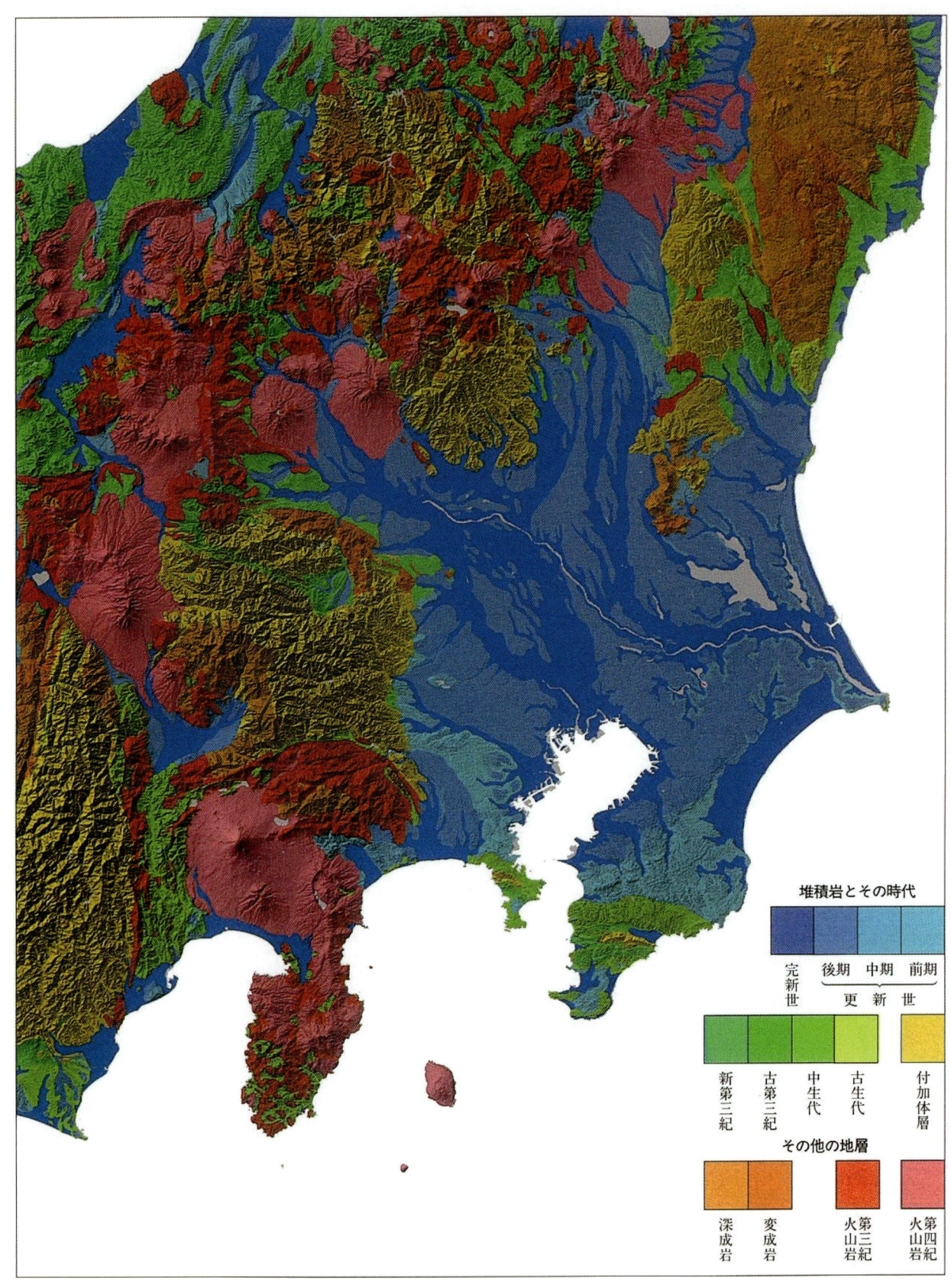

2011年東北地方太平洋沖地震災害調査速報

関東とその周辺地域の地質 [陰影図は国土地理院の 50 m-DEM，地質図は地質調査所 100 万分の 1 日本の地質図 CD-ROM 版により野上道男作成]

図 2.2.4 関東地方の地質図[2]　（Geological map in Kanto district）

2.3 津波 (Tsunami)

2.3.1 はじめに (Introduction)

東日本大震災による地震津波による犠牲者は，死者15457名，行方不明7676名，全壊112541戸，半壊91442戸を数え（2011年6月18日警察庁調べ），そのほとんどが津波による被害である。特に岩手県，宮城県，福島県では高さ10mを超える津波により，沿岸部が壊滅的な被害を被り，木造家屋等の壊滅的流失，火災の発生，車両の流失が大規模に発生し，またその周辺の北海道，青森県，茨城県，千葉県などでも大きな被害が生じている。岩手，宮城，福島3県の死者・行方不明者数，全壊・半壊戸数は，それぞれ全体の99.7%，86%に及ぶ。

本節では東北地方から関東地方にかけての既往の津波災害と本震災における津波の特徴についてその概略を示す。なお津波による個々の被害については第3章以降を参照されたい。

2.3.2 津波の概要 (Outline of tsunami)

(1) 既往の津波被害

東北地方から関東地方にかけての太平洋岸はこれまでにも津波被害を伴う地震が発生してきている。その代表的な地震・津波としては，古くは今回の津波被害と同様の大規模被害が生じたと推定され近年その類似性が注目されている869年（平安時代）貞観地震津波のほか，1611年慶長三陸，1896年明治三陸，1933年昭和三陸地震津波があげられる。その他，1952年十勝沖地震や1960年チリ地震においても前記同様大きな被害を残している。一方2010年チリ地震では1960年同様の大津波の来襲が懸念されたが，幸いにして大きな被害は生じなかったものの，予想よりも津波が小規模であったため，これを知った住民の一部が避難警報解除前に避難を中断するなど，津波防災上の課題を残した。表2.3.1にこれらの地震津波災害の被害概要を示す。

本地震による被害は，従来から地震が多くリアス式海岸などの複雑な地形を持つ三陸地方ばかりでなく，従来はあまり大きな津波被害を受けていない仙台湾周辺や福島沿岸にも及んでいる。仙台市沿岸部では，伊達政宗公による慶長5年（1600年）のクロマツの植林が始まりとされている海岸防災林も大きな被害を受けている[1]。

(2) 津波警報と津波到達時刻

地震発生（3月11日14時46分）後，気象庁は14時49分に岩手県，宮城県，福島県に津波警報（大津波）を発令している。次いで15時14分には津波警報（大津波）を青森県太平洋沿岸，茨城県，千葉県九十九里・外房まで拡大し，15時30分には北海道太平洋沿岸，伊豆諸島を，16時08分には青森県日本海沿岸，千葉県内房，小笠原諸島，相模湾・三浦半島，静岡県，和歌山県，徳島県を，22時53分には高知県をそれぞれ追加している。その後，翌12日13時50分には青森県太平洋沿岸，岩手県，宮城県，茨城県の4地区を残して津波警報（津波）または津波注意報に，20時20分にはこれら4地区全ての津波警報（大津波）を津波警報（津波）にそれぞれ変更し[2]，翌々13日17時58分に全津波注意報を解除した。

太平洋沿岸沖（海岸からおおむね10～20km，水深100～300m）に設置されたGPS波浪計の観測波形記録[3]を図2.3.1および図2.3.2に，GPS波浪計による最大波の到達時刻と高さの概略[4]を表2.3.2に，それぞれ示す。港湾空港技術研究所による観測記録の分析結果[3]によると，岩

表2.3.1 東北～関東沿岸のおもな津波被害 (Major historical tsunami damage along Tohoku to Kanto coastal regions)

年	地震名称	M	主な被害
869年	貞観	8.3	津波が多賀城下を襲い，溺死約1千人
1611年	慶長三陸	8.1	震害は軽く，津波被害大．伊達領内で死者1783人，南部・津軽で人馬の死3千余という．三陸海岸で家屋流出多数，北海道東部でも溺死多数．
1896年	明治三陸	8 1/4	震害はなかったが，津波が北海道より牡鹿半島に至る海岸に襲来し，死者は青森343人，宮城3452人，北海道6人，岩手18158人，家屋流失全半潰1万以上，船の被害約7千．波高は吉浜24.4m，綾里38.2m，田老14.6mなど
1933年	昭和三陸	8.1	震害は少なかったが，津波が太平洋岸を襲い，三陸沿岸で被害甚大．死者，行方不明3064人，家屋流失4034，倒潰1817，浸水4018．波高は綾里湾で28.7mに達した
1952年	十勝沖	8.2	北海道南部，東北北部に被害があり，津波が関東地方に及ぶ．波高は北海道で3m前後，三陸沿岸で1～2m，死者28人，行方不明5人，家屋全壊815，半壊1324，流失91
1960年	チリ	9.5	翌24日午前2時ごろから津波が日本各地に襲来，波高は三陸沿岸で5～6m，その他で3～4m，北海道南岸，三陸沿岸，志摩半島付近で被害が大きく，沖縄でも被害．日本全体で死者・行方不明142人（内，沖縄3人），家屋全壊1500余，半壊2千余．

出典：理科年表

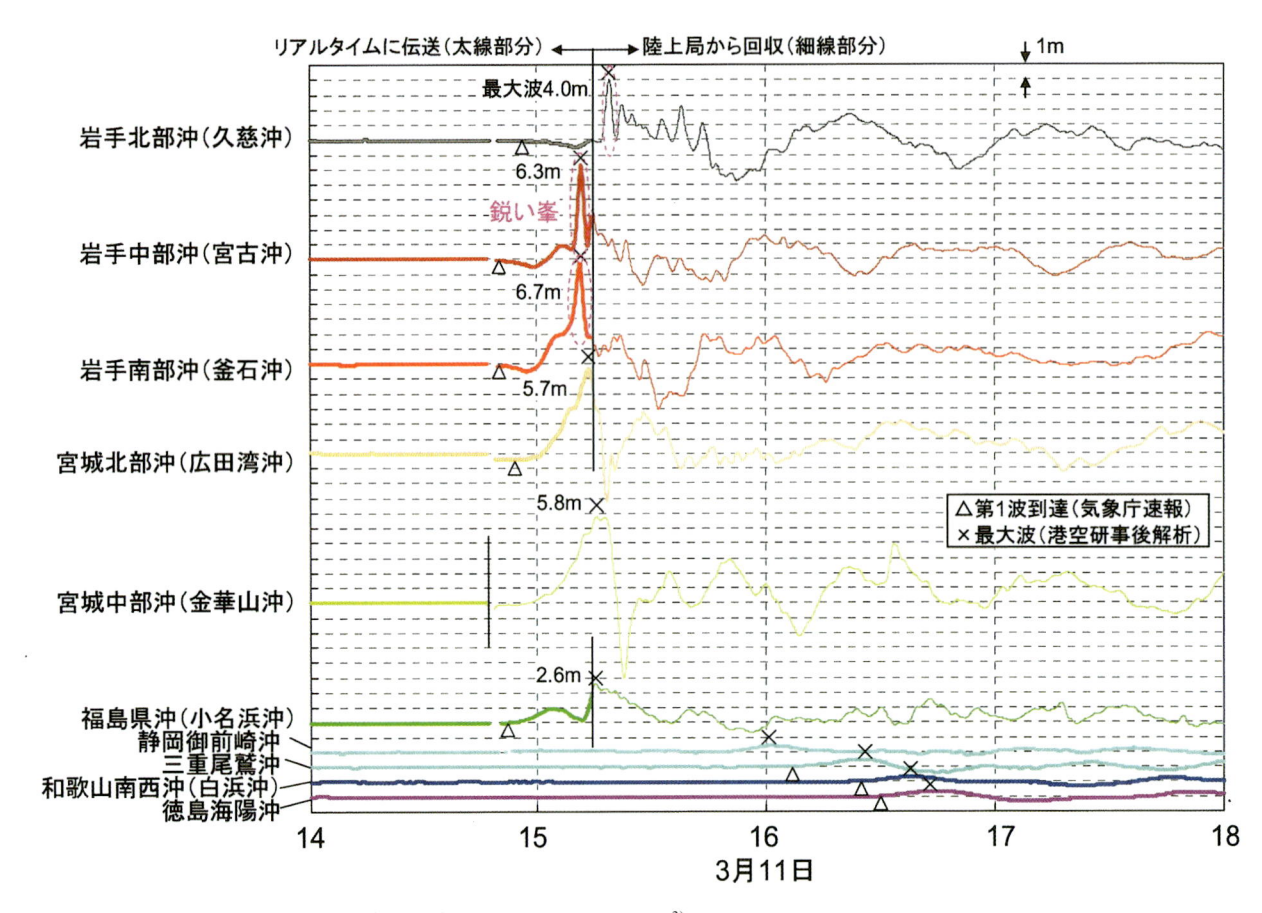

図 2.3.1　GPS 波浪計による観測波形（津波の初期部分を拡大）[3]　(Waveform of GPS-mounted buoys)

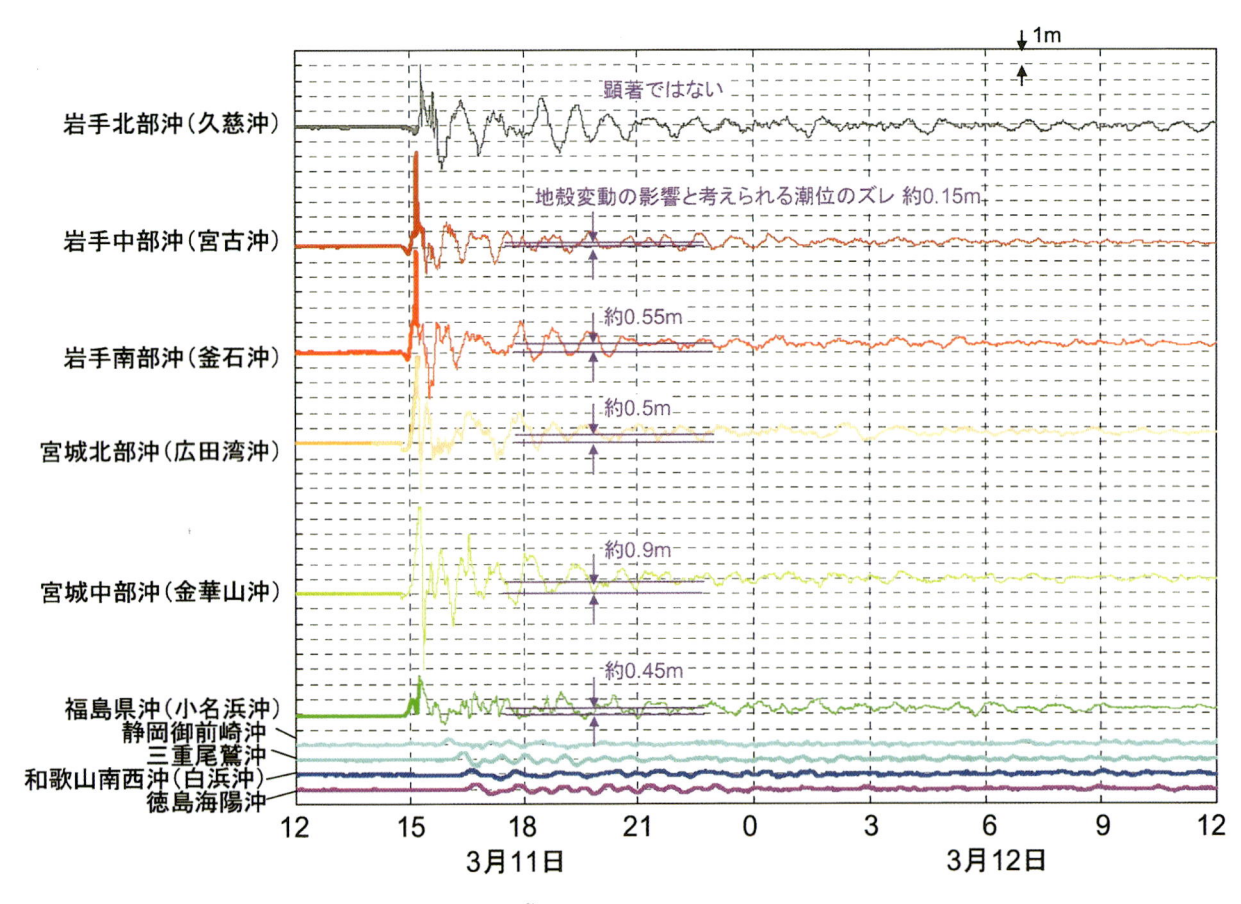

図 2.3.2　GPS 波浪計による観測波形（24 時間分）[3]　(Waveform of GPS-mounted buoys for one day after event)

手県北部沖（久慈沖）から福島県沖（小名浜沖）にかけては地震発生（14時46分）から間もない14時50分台に第一波が到達し，地震発生から約30分後の15時12分～19分ごろに最大波が到達している。その津波高さは2.6m～6.7mで，最大値は岩手南部沖（釜石沖）で記録されている。また図2.3.3に示した岩手南部沖（釜石沖）における初期の波形記録[4]によると，第1波が特に高く，その後徐々に低くなったが，津波発生後6時間を経過した第7波でさえ2010年チリ津波の最大波よりも大きかったことが報告されている[4]。

表 2.3.2 GPS波浪計による最大波の到達時刻と高さの観測結果（文献4)から抜粋）
(Maximum tsunami height and arrival time recorded by GPS-mounted buoys)

地点名	最大波	
	時刻	高さ
岩手北部沖（久慈沖）	15:19頃	約4.0m
岩手中部沖（宮古沖）	15:12頃	約6.3m
岩手南部沖（釜石沖）	15:12頃	約6.7m
宮城北部沖（広田湾沖）	15:14頃	約5.7m
宮城中部沖（金華山沖）	15:15頃*	約5.6m
福島県沖（小名浜沖）	15:15頃	約2.6m
三重尾鷲沖	16:26頃	約0.5m
和歌山南西沖（白浜沖）	16:38頃	約0.3m
徳島海陽沖	16:43頃	約0.4m

*は図2.3.1から筆者が読み取った数値

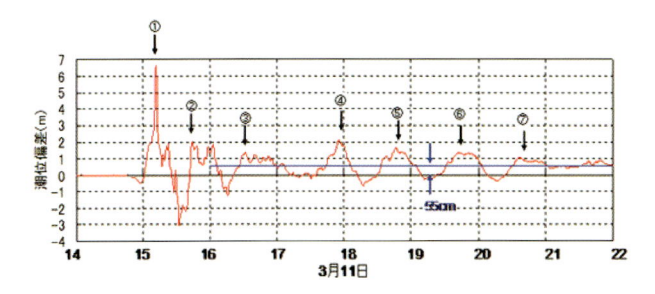

図 2.3.3 岩手南部沖（釜石沖）における初期津波波形[4]
(Tsunami waveform recorded by GPS-mounted buoy at Off Kamaishi)

(3) 各地の津波高さ，浸水高さと浸水領域

港湾空港技術研究所が実施した津波痕跡高調査結果（青森県八戸港から茨城県鹿島港にかけての合計105地点）による浸水高および遡上高を図2.3.4に示す。ここでは浸水高および遡上高を以下の通り定義して整理されている。

・浸水高：津波到達時の天文潮位から建物の壁等に残る浸水の痕跡までの高さ
・遡上高：津波到達時の天文潮位から斜面などに残る遡上の痕跡までの高さ
※天文潮位とは過去に観測された潮位データの解析をもとにして計算した潮位の予測値で，実際に観測される値（実測潮位）とは異なる[5]点に留意

また日本気象協会がまとめた青森県三沢市から福島県相馬市までの代表的地点における津波高と浸水高を図2.3.5に示す。ここでの浸水高は気象庁によるデータに加え，多数の研究機関による合同調査団，土木学会海岸工学委員会『東北地方太平洋沖地震津波合同調査グループ』によって調査・発表されたデータを含んでおり，津波高と浸水高は以下の通り定義して整理されている[6]。

・津波高：津波来襲時の天文潮位を基準に，検潮所やGPS波浪計など潮位観測所で計測した海上での津波高さ
・浸水高：津波来襲時の天文潮位を基準に，陸上での津波の痕跡高さから推定した津波高さ

なお，地表面から浸水面までは浸水深と定義され，津波に関する用語では海面を基準とした「高さ」と地表面を基準とした「深さ」が明確に区別されていることに留意されたい。図2.3.6に津波高，浸水高，浸水深と海面，地盤との関係[7]を示す。

図2.3.5によると，宮古から相馬にかけての沿岸における津波高は概ね8～9mである。また図2.3.4および図2.3.5によると，浸水高は三沢から南下するに従い概ね高くなる傾向にあり，久慈あたりから10mを超えるようになる。また岩手県北部から宮城県牡鹿半島までの三陸海岸では10～15m前後のところが多い。松島湾では5m以下とやや低くなるが，仙台湾岸から相馬市にかけては10m程度の浸水高さを記録している。なお，隣り合う両石と釜石港で浸水高の差が顕著であるが，これは釜石湾口に設置された湾口防波堤の影響が，また石巻港が周囲と比較して相対的に津波が小さいが，これは波源から伝播する津波のエネルギーが牡鹿半島によって遮蔽されたことが，それぞれ理由として推定されている[4]。

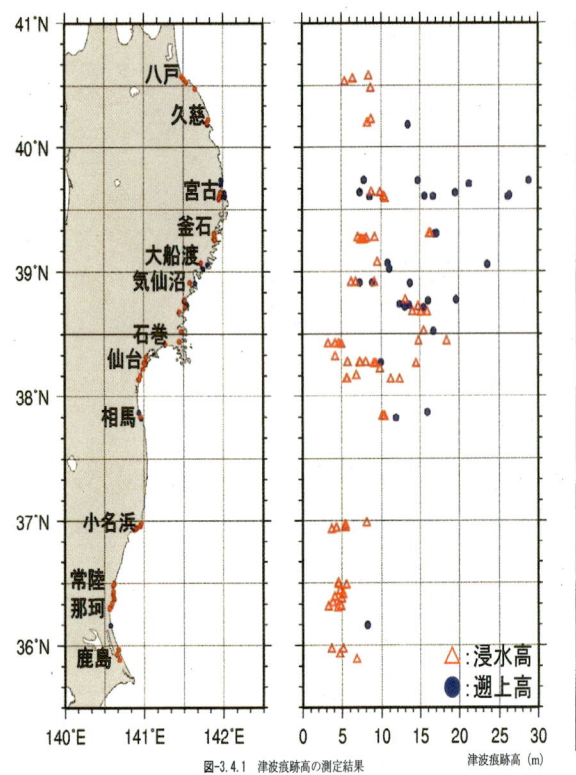

図 2.3.4 津波痕跡高の測定結果[4] (Observed tsunami height)

県名	地域名	浸水高（m）	遡上高（m）
青森県	八戸市八戸港	5.4〜8.4	
	階上町大蛇	8.6	
岩手県	久慈市久慈港	8.2〜8.7	13.4
	宮古市田老		7.8〜28.8
	宮古市宮古港	8.7〜10.4	7.3〜16.7
	宮古市宮古湾外		19.5〜26.3
	釜石市両石	16.2〜16.4	16.9〜17.1
	釜石市釜石港	6.6〜9.1	
	大船渡市綾里白浜・長崎		11.0〜23.6
	大船渡市大船渡港	9.5	10.8
宮城県	気仙沼市唐桑		13.7
	気仙沼市気仙沼港	6.3〜9.1	7.3〜8.8
	気仙沼市本吉	13.1	16.1〜19.7
	南三陸町歌津	14.8	12.3〜15.6
	南三陸町志津川	14.0〜15.9	
	石巻市雄勝	15.5	16.7
	石巻市石巻港	3.3〜5.0	
	女川町女川港	14.8〜18.4	
	塩釜市仙台塩釜港塩釜港区	4.2	
	仙台市仙台塩釜港仙台港区	5.7〜14.5	9.9
	仙台市若林区荒浜	9.8	
	名取市仙台空港	5.6〜12.3	
福島県	新地町釣師浜		15.9
	相馬市相馬港	10.1〜10.4	11.8
	いわき市豊間・兎渡路・中之作	5.4〜8.1	
	いわき市小名浜港	3.7〜5.4	
茨城県	日立市日立港	4.5〜5.6	
	ひたちなか市常陸那珂港	4.8〜5.1	
	ひたちなか市那珂湊・阿字ヶ浦・磯崎	3.8〜5.0	
	大洗町大洗港	3.3〜4.9	
	鉾田市大竹		8.2
	鹿嶋市鹿島港	3.7〜6.8	

図 2.3.5 津波高・浸水高の測定結果[6] (Observed tsunami height and inundation height)

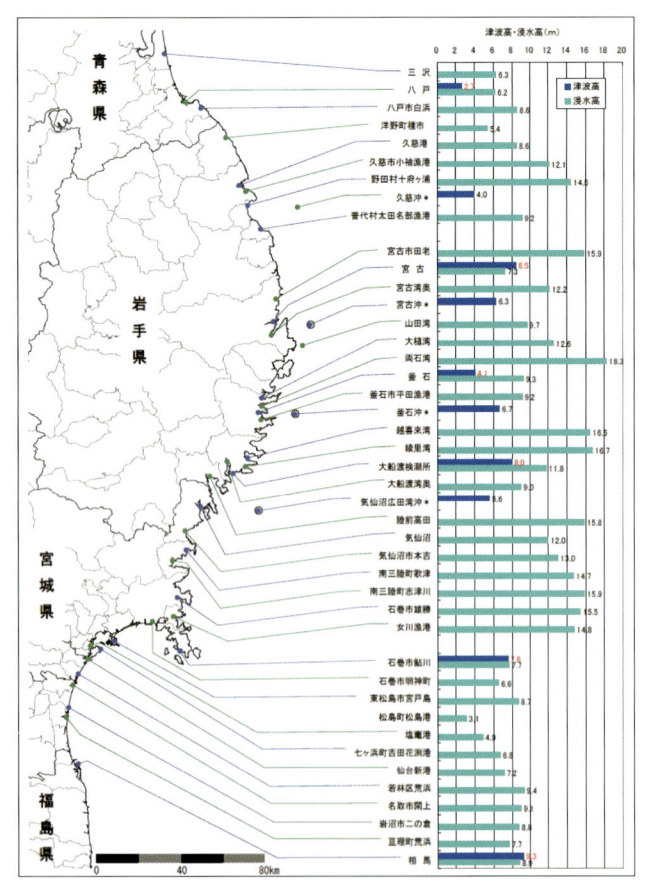

グラフ表示地点名	津波高（m）	浸水高（m）	備考（調査場所）
三沢		6.3	三沢市三沢漁港
八戸	2.7 以上	6.2	検潮所付近
八戸市白浜		8.6	八戸市白浜海水浴場
洋野町種市		5.4	洋野町種市海浜公園
久慈港		8.6	久慈験潮所付近魚市場
久慈沖*	4.0		岩手北部沖GPS波浪計
久慈市小袖漁港		12.1	漁港水門の上小屋
野田村十府ヶ浦		14.5	海岸に作られた小山（展望台）
普代村太田名部漁港		9.2	防潮堤外の漁業関連建物
宮古市田老地区		15.9	JF製氷貯氷施設（4階建）
宮古	8.5 以上	7.3	検潮所付近
宮古湾奥		12.2	岩手県宮古市金浜 自動車看板
宮古沖*	6.3		岩手県中部沖GPS波浪計
山田湾		9.7	山田漁港冷蔵冷凍倉庫
大槌湾		12.6	大槌市建物の煙突
両石湾		18.3	両石・水門
釜石	4.1 以上	9.3	港湾合同庁舎
釜石市平田漁港		9.2	港背後建物側壁
釜石沖*	6.7		岩手県南部沖GPS波浪計
越喜来湾		16.5	大船渡小石浜
綾里湾		16.7	綾里白浜海岸
大船渡検潮所	8.0 以上	11.8	大船渡検潮所周辺民家窓ガラス
大船渡湾奥		9.0	野々田漁港
気仙沼広田湾沖*	5.6		宮城県北部沖GPS波浪計
陸前高田		15.8	高田町松キャピタルホテル
気仙沼		12.0	五十鈴神社脇遊歩道付近
気仙沼市本吉		13.0	本吉町赤崎海岸
南三陸町歌津		14.7	歌津駅舎
南三陸町志津川		15.9	津波避難ビル
石巻市雄勝		15.5	石巻市役所雄勝支所
女川漁港		14.8	消防庁舎
石巻市鮎川	7.6 以上	7.7	七十七銀行
石巻市明神町		6.6	旧北上川左岸石巻水産工場建屋
東松島市宮戸島		8.7	宮戸島月浜木造2階建民家
松島町松島港		3.1	瑞厳寺門
塩竈港		4.9	タウンショッピングセンター側壁
七ヶ浜町吉田花渕港		6.8	花渕浜漁協
仙台新港		7.2	仙台港駅東の樹木
若林区荒浜		9.4	海岸付近公衆トイレ脇
名取市閖上		9.1	漁港付近建造物2階窓枠
岩沼市二の倉		8.8	市営二の倉プール2階建
亘理町荒浜		7.7	鳥の海公園
相馬	9.3 以上	8.9	相馬験潮場付近家屋窓

※引用資料については文献6)参照

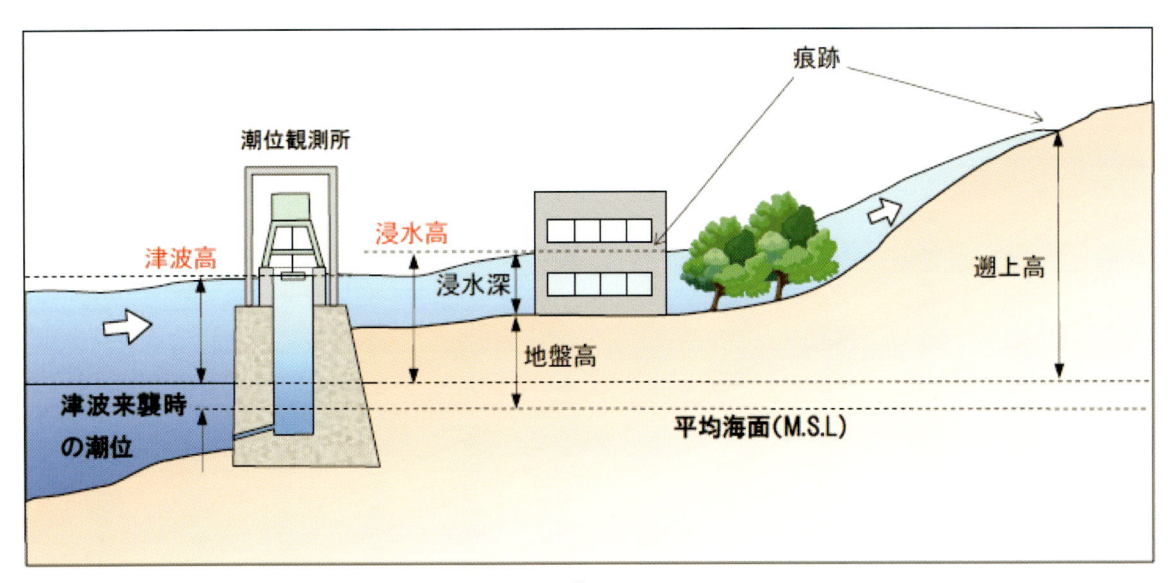

図 2.3.6 津波高, 浸水高, 浸水深と海面, 地盤との関係[7] (Tsunami height, inundation height, and inundation depth)

また, 国土地理院による空中写真および衛星画像を用いた津波浸水範囲の判読結果によると, 青森, 岩手, 宮城, 福島, 茨城, 千葉の6県62市町村の浸水範囲面積の合計は561km^{2}に達している[8]。図2.3.7に各県別の浸水面積を示す。宮城県が最も大きく浸水しており, 次いで福島県, 岩手県と続く。また宮城県と国土交通省の調査によると地震による地盤沈下により宮城県では海抜0m以下が56km^{2}と震災前の3.4倍に拡大した。地盤沈下は石巻市北上川河口, 同旧北上川河口, 仙台平野の3地域で顕著で, 石巻市では中心部の住宅地や商店街にも海抜0m以下が発生している[9]。

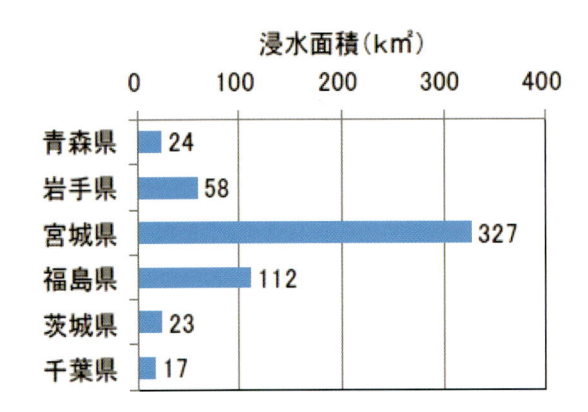

図 2.3.7 県別浸水面積[6]
(Inundation areas of each prefecture)

参考文献

1) 宮城県仙台地方振興事務所林業振興部 HP, http://www.pref.miyagi.jp/sdsgsin/ringyou/kaiganbousairin/kaiganbousairin.html（平成22年2月22日更新）

2) 気象庁：「平成23年（2011年）東北地方太平洋沖地震」について（第14報）, http://www.jma.go.jp/jma/press/1103/13a/kaisetsu201103130900.pdf, 平成23年3月13日09時00分

3) （独）港湾空港技術研究所：GPS波浪計全地点における観測結果ついて, 平成23年5月16日, http://www.pari.go.jp/files/3651/303113448.pdf

4) 港湾空港技術研究所：港湾空港技術研究所資料, No.1231, 2011年東日本大震災による港湾・海岸・空港の地震・津波被害に関する調査報告, 2011年4月

5) 気象庁HP 潮位表 解説, http://www.data.kishou.go.jp/db/tide/suisan/explanation.html

6) 日本気象協会：平成23年（2011年）東北地方太平洋沖地震津波の概要（第3報）青森県～福島県の津波高・浸水高および青森県～千葉県の浸水状況, http://www.jwa.or.jp/static/topics/20110422/tsunamigaiyou3.pdf, 2011年4月22日

7) 日本気象協会：平成23年（2011年）東北地方太平洋沖地震津波の概要（第2報）北海道根室半島から千葉県房総半島までの太平洋沿岸の津波高と浸水高, http://www.jwa.or.jp/static/topics/20110407/touhokujishin2_110407.pdf, 2011年4月7日

8) 国土地理院, 津波による浸水範囲の面積（概略値）について（第5報）, http://www.gsi.go.jp/common/000059939.pdf, 平成23年4月18日

9) 朝日新聞（5月26日）

第3章　東北地方の被害（Damage in Tohoku District）

3.1　はじめに（Introduction）

　東北地方太平洋沖地震は2011年3月11日に発生し，東北地方に多大な被害をもたらした。東日本大震災により亡くなられた方々のご冥福をお祈り申し上げるとともに，被災された方々とご家族ならびに関係先の皆様に心より御見舞い申し上げます。地震被害を受けられた多くの地域では現在でも懸命な努力が払われている。早急に復旧・復興が行われることを重ねて御祈り申し上げます。日本建築学会東北支部では3月21日に日本建築学会東北支部災害調査委員会を設置し，東北地方の調査を開始した。調査委員会の立上げが3月21日と多少遅れたのは，東北地方に在住している学会員の多くが被災した環境に置かれたためである。調査は，地震動被害と津波被害の2種に分けて行った。今回の災害調査に当たって2つの大きな障害が発生したことは，これからも類似した地震が発生する可能性があると考えられるので，今回の調査の教訓として残しておく。先ず，一つは地震により道路が寸断され，ガソリンの供給が困難に陥ったことである。

　地震被害の範囲が広大な上に自動車が使えないので調査が一定期間不可能であったことである。もう一つは津波被害では被災地で多くの方が亡くなられ，懸命な捜査活動が行われており，そのような状況の中で災害調査を行うことは捜査活動へ迷惑をかけることになり，捜査活動が落ち着くまで相当に長い間災害調査を自粛しなければならないということが起こることは記録として留めておく。

　本報告は初動調査を基にした速報であるが，目次に示してあるように従来の地震被害報告書で取り上げられている項目については調査し，記録してある。津波の被害についても多くの頁数をさいて，できるだけ多くの調査活動結果を記録したつもりである。以下に今回の地震被害の概要を目次の順序に従って示す。

(1)　地震の規模

　3月11日の地震は宮城県牡鹿半島沖130kmが震源である。しかし，青森県沖から福島県沖まで東西幅約200km，南北長さ約450kmにわたってプレート変動が発生したと推定される。マグニチュード M9.0 の巨大地震であった。

　気象庁発表の震度階では宮城県栗原市が震度7の最大であった。6強，6弱は広い範囲に分布しており，地震の規模が大きかったことを示している。

(2)　地震動

　地震動の特徴は約3分間という長い時間継続したことである。地震の最大加速度は栗原市築館で記録された2,700Gal である。仙台市では場所によって異なるが，1,853Gal（泉区七北田）のものが記録されている。地震波（加速度）が2つの波群から構成されているのも今回の地震波の特徴である。2つの波群のうちの後半の波群の方が前のそれよりも大きい。後半の波群の最大値は100秒程度で発生している。建築物で採取された地震動並びに1978年の宮城県沖地震との比較についても報告している。

(3)　被害統計

　死者・行方不明者数が22,801人（6月30日現在）に達している。東北6県の中では宮城県が13,803人と最も多く，岩手県が6,942人で次に多い。秋田県は0人であり，山形県は3人である。死者・行方不明者の人口比率は岩手県では大槌町の11.3%が最も大きく，宮城県では女川町の10.3%が最も大きい。避難者数は岩手県，宮城県，福島県の合計で1週間後に368,838人であったが，2ヶ月後には94,199人と減少している。建物の全壊戸数は宮城県が64,105戸と最も多く，次に岩手県の17,107戸，福島県の13,873戸，青森県の281戸と続く。東北6県の合計で95,403戸である。各県の被害総額は，5月13日現在で，宮城県で約6.4兆円，岩手県で4.3兆円，福島県で3.1兆円と膨大である。各県の被害額の資産全体に占める割合は宮城県で11.9%，岩手県で12.6%である。

(4)　地盤・基礎構造の被害

　今回の地震で顕在化した被害の一つに地盤被害があげられる。主な地盤被害としては，宅地被害，地盤沈下被害，液状化被害がある。被災宅地危険度判定の結果によると危険と判断された宅地件数は宮城県で886件，福島県で269件，岩手県で98件となっている。宮城県886件のうち，仙台市におけるものが794件と大半を占めている。地盤沈下については岩手県では大船渡市で76cm，釜石市で56cm が確認されている。また，宮城県気仙沼市で65cm の沈下が報告されている。地盤沈下が顕著であった地域としては，石巻市の北上川河口や旧北上川河口，さらに石巻市では中心部の住宅地，商店街に海抜0m地域が発生した。女川町において津波によって転倒した建物の基礎構造についても報告している。

(5)　建物等の被害

旧耐震基準で設計された建物で，耐力不足，垂れ壁・腰壁による短柱のせん断破壊，耐震要素の偏在などが原因で被害を受けているものが多い。適切な耐震補強・改修が施された建物の多くは被害をまぬがれており，耐震補強・耐震改修の有効性が確認された。新耐震基準で設計された建物の場合，構造部材に軽微なクラックや，コンクリートに剥落などは見られたものの，主体構造の被害はほとんどなく，現行の耐震基準は概ね妥当であると考えられる。しかし，集合住宅のRC造非構造壁の破損や，劇場ホールや体育館の天井の落下事故，空調・照明などの設備機器の損傷などにより，建物の機能が損なわれた事例が数多く見られた。主体構造の安全確保はもちろんのこと，建物全体の機能を含めた安全性能の向上を図ることが緊急の課題である。

(6) 非構造部材の被害

非構造部材の被害が多数見られたことは，今回の地震被害の特徴の一つとして挙げることができる。天井，外壁，瓦屋根およびガラス等の被害について報告している。天井被害は建築の用途に関係なく大きな空間の天井に多い。

天井被害に合わせて照明器具などの脱落も見られる。鉄筋コンクリート構造物の外装タイル，仕上げモルタルなどの脱落や鉄骨造の商業施設および事務所ビルなどに用いられているALCパネルなどの脱落被害が多い。

その他，ガラス破損，サイディング，ラスモルタルなどの被害も多く見られた。このような非構造部材の設計・施工については今後検討する必要がある。

(7) 歴史的建造物の被害

調査は東北6県のうち青森県を除く5県について行っている。青森県は2次調査で行う予定である。宮城県では仙北平野など河川流域の低地で重度の被害が認められた。秋田県や岩手県の一部地域では積雪の影響で被害が拡大したと考えられる事例もあった。津波を受けた地域では全壊は免れたが塩害による建造物劣化が深刻な問題であると指摘している。

仙台平野の「いぐね」と呼ばれる屋敷林が津波の破壊力を低下させたのではないかと推定される事例もあった。

(8) 建築設備の被害

被害状況を空調設備，給排水衛生設備，電気設備に区分し，調査した。その中では電気設備の被害が最も多かった。空調設備の被害状況は，吹出口の脱落が最も多く，次が室外機の転倒，破損，継手の破損，その次が送風機のケーシング変形，継手破損であり，機器の脱落，転倒が多くみられた。給排水衛生設備の被害状況は，配管の吊り金物の切断が最も多く，次が貯湯槽の脚部座屈，脚部破損，アンカー抜けであった。電気設備の被害状況は，照明器具の落下，破損，ずれ，次がケーブルラックの落下，支持台破損，キュービクルの歪み，ボルト破損，基礎傾斜であった。上記の外に，ライフラインの被害についても調査している。

(9) 生活関連の被害

生活関連の被害については，生活に関する人的被害，避難所利用の状況，住宅被害として地盤沈下，宅地被害，都市型高層住宅の被害との関連について調べた。医療施設の被害，社会福祉施設の被害などについても調べている。教育施設の被害と授業の運営との関連，被災地の広域性と多様性，人口・産業構造の多様性との関連についても調べている。その他，東北4県における復興計画についても調べている。

(10) 津波による被害

津波の被害については，青森県，岩手県，宮城県，福島県の4県について調査している。福島県は，原発事故により調査個所を2か所に限定せざるをえなかった。今回の津波被害で最も特徴的なことは，木造家屋が大半流失した地域においても，RC造，S造が残存していたことである。今後，津波に強い建物について検討する場合の貴重なデータが得られたのではないかと考えられる。また，これまで津波対策は主に防潮堤に頼ってきたが，防潮堤だけでは防ぎきれないことが分かった。即ち，今後は土木だけでなく，建築も津波対策に参加していかなければならないものと考えられる。

(11) まとめ

本報告は，日本建築学会東北支部災害調査委員会による東北地方の被害調査結果速報である。調査は地震動と津波被害の2種に分かれて行われた。

前述の(1)～(10)に示された調査内容は，今後の東北地方における防災対策の遂行に際して多くの示唆を与えていると考えられる。

各々の専門分野で調査を継続しており，今後はより精密な被害状況の把握に努め，各分野の検討課題の解決に向けて調査研究を行うことが必要である。

日本建築学会東北支部災害調査委員会および編集委員会の構成は以下の通りである。

日本建築学会東北支部災害調査委員会
委員長：田中礼治（東北工大）
副委員長：源栄正人（東北大）
幹事：前田匡樹（東北大），小林淳（秋田県立大）
委員：五十子幸樹（東北大），石川宏之（八戸工大），浦部智義（日本大），西脇智哉（東北大），堀則男（東北工大），安部信行（八工大），三宅諭（岩手大），松本純一郎（松本純一郎設計事務所），板垣直行（秋田県

立大)，三辻和弥（山形大），浅里和茂（日本大），笹本剛（東北工大），山本和恵（東北文化学園大），新井信幸（東北工大），ブンタラ S.ガン（日本大），渡邊裕生（仙台市），鈴木博之（仙台市），佐々木健二（JR 東日本），志村直愛（東北芸工大），飛ヶ谷潤一郎（東北大）

日本建築学会東北支部編集委員会
委員長：田中礼治（東北工大）
副委員長：源栄正人（東北大）
委員：植松康（東北大），薛松濤（東北工大），三橋博三（東北工大），板垣直行（秋田県立大），石井敏（東北工大），増田聡（東北大），狩野勝重（日本大），永井康雄（山形大），最知正芳（東北工大），渡邉浩文（東北工大），菅原正則（宮城教育大），相羽康郎（東北芸工大）

3.2 地震動
（Ground motions and earthquake records in buildings）

3.2.1 地盤系強震記録（Ground motion records）
(1) 東北地方の強震動特性

3/11 の東北地方太平洋沖地震では，東北地方の広い範囲で非常に強い揺れが観測された。また，4/7 には宮城県沖で M7.0 のやや深いスラブ内地震が，4/11 には福島県浜通りで M7.0 の内陸地震が発生し，それぞれにおいても強い揺れが観測されている。ここでは，上記の 3 地震において，東北地方で観測された地震動の概要について報告する。

1) 本震の強震動分布

図 3.2.1.1 は，防災科学技術研究所 K-NET, KiK-net 地表，気象庁（web 公開分のみ），港湾航空技術研究所，東北大学災害制御研究センター，東北工業大学（加速度最大値と計測震度のみ）の強震観測による 3/11 本震の加速度最大値と速度最大値の分布である。速度最大値は周期 50 秒のローカットフィルタをかけた速度波形から求めている。主な地点の NS 方向の加速度波形も図中に示した。

図から，500Gal 以上の加速度が福島県東部から岩手県南部までの広い範囲で観測されていること，50cm/s 以上の速度が主に宮城県中央部の低地で観測されていることが分かる。また，加速度波形は大きく 2 つの波群で構成されているが，北部では最初の波群の振幅が，南部では 2 番目の波群の振幅が大きい。

2) 本震・余震の計測震度分布

図 3.2.1.2 は 3/11 本震，4/7 余震，4/11 余震において，上述の地震記録から求めた計測震度の分布である（自治体の観測点は含んでいない）。本震の計測震度は最大加速度と同様な分布形状で，震度 6 弱以上が福島県東部から岩手県南部までの広い範囲に分布し，一部震度 7 が観測されている。一方，4/7 余震では宮城県中央部から岩手県南部の低地で震度 6 弱から 6 強が分布している。4/11 は内陸の浅い地震であり，福島県浜通りで震度 6 弱を観測している。

3) 本震・余震の大振幅記録

表 3.2.1.1 から表 3.2.1.3 に上記 3 地震で観測された記録のうち，計測震度が大きな順に主な記録の諸元を示す。本震では，宮城県に特に震度の大きい地点が多く，栗原市・仙台市・大崎市で大振幅の記録が観測されている。このうち仙台市の記録については(2)で後述する。

最も震度の大きな地点は K-NET 築館(MYG004)であり，2,700Gal の水平成分，1,880Gal の上下成分が観測されている。加速度波形を図 3.2.1.3 に示す。100 秒弱の時点で特に NS，UD 方向が大きな振幅を示している。

図 3.2.1.4 は，表 3.2.1.1 の代表的な地点と，過去の地震の甚大な被害域で観測された記録の例として，1995 年兵庫県南部地震の鷹取および 2004 年新潟県中越地震の川口町について，擬似速度応答スペクトルを比較したものである。鷹取および川口町の記録が周期 1-2 秒での振幅が大きいのに対して，MYG004（台地）は短周期は大きいもののその周期帯の振幅は小さい。一方，MYG006（大崎平野），MYG013（仙台平野）は築館に比べると周期 1-2 秒の振幅が大きく，さらに古川中心部の 4B9（大崎平野）では鷹取に近い振幅を示している。MYG004，MYG006 のスペクトル特性については 3.2.3 でも述べる。

4/7 の地震では本震と同じ場所で振幅が大きい記録が得られている（表 3.2.1.2）。図 3.2.1.5 は最も計測震度が大きかった K-NET 仙台（MYG013）の加速度波形である。この地点では観測小屋付近での噴砂が確認されており，水平成分は液状化の影響と見られるスパイク状の波形となっている。これは本震でも同様であった。

4/11 の地震で最も震源に近い K-NET 勿来(FKS012)の加速度波形を図 3.2.1.6 に，同地点での本震と 4/11 余震のスペクトルを図 3.2.1.7 に示す。短周期では 4/11 余震の方が上回っている。

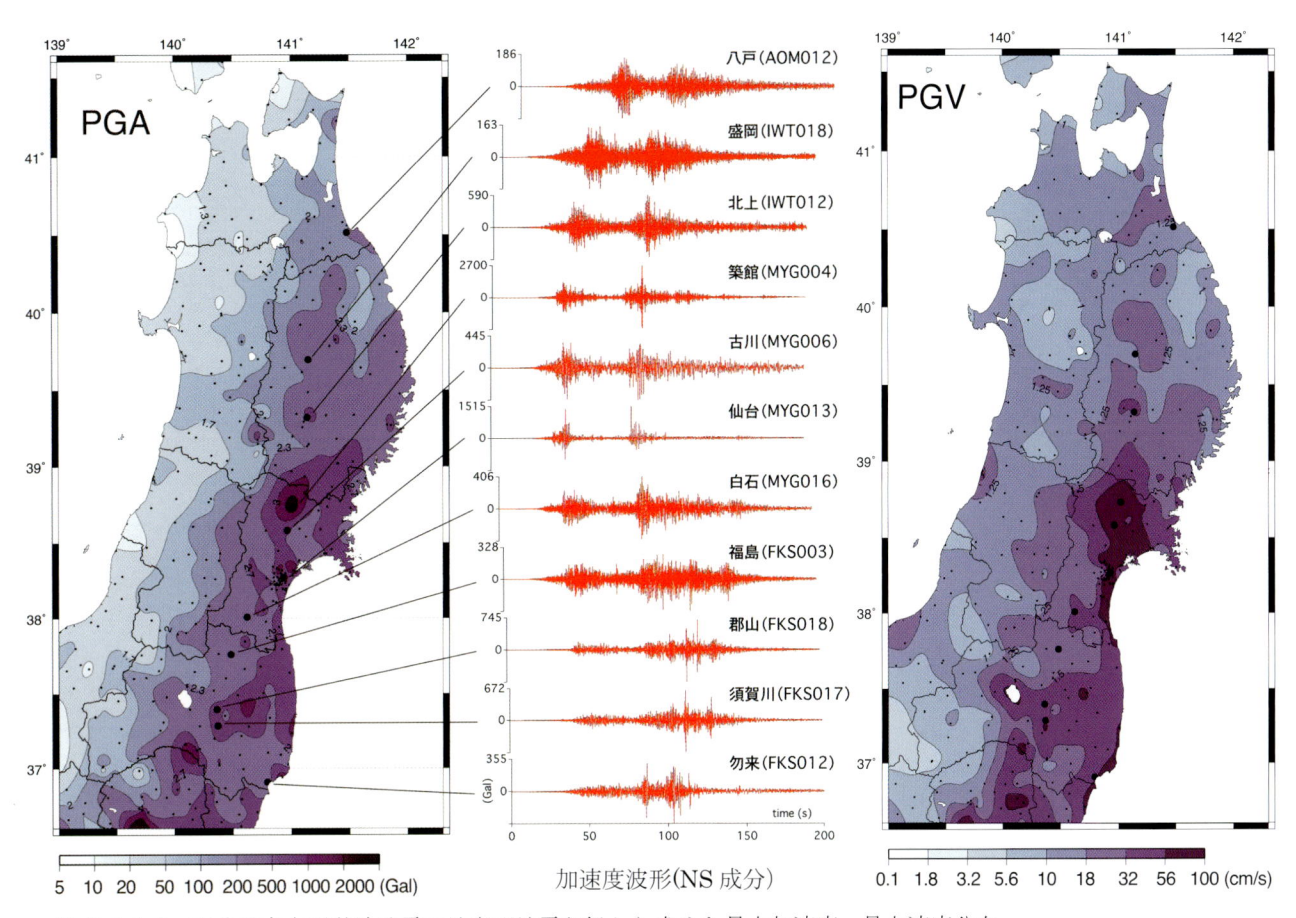

第3章　東北地方の被害（Damage in Tohoku District）

図 3.2.1.1　東北地方太平洋沖地震の地表面地震記録から求めた最大加速度，最大速度分布
(Distribution of PGA and PGV calculated from the 3/11/2011 earthquake records at ground surface)

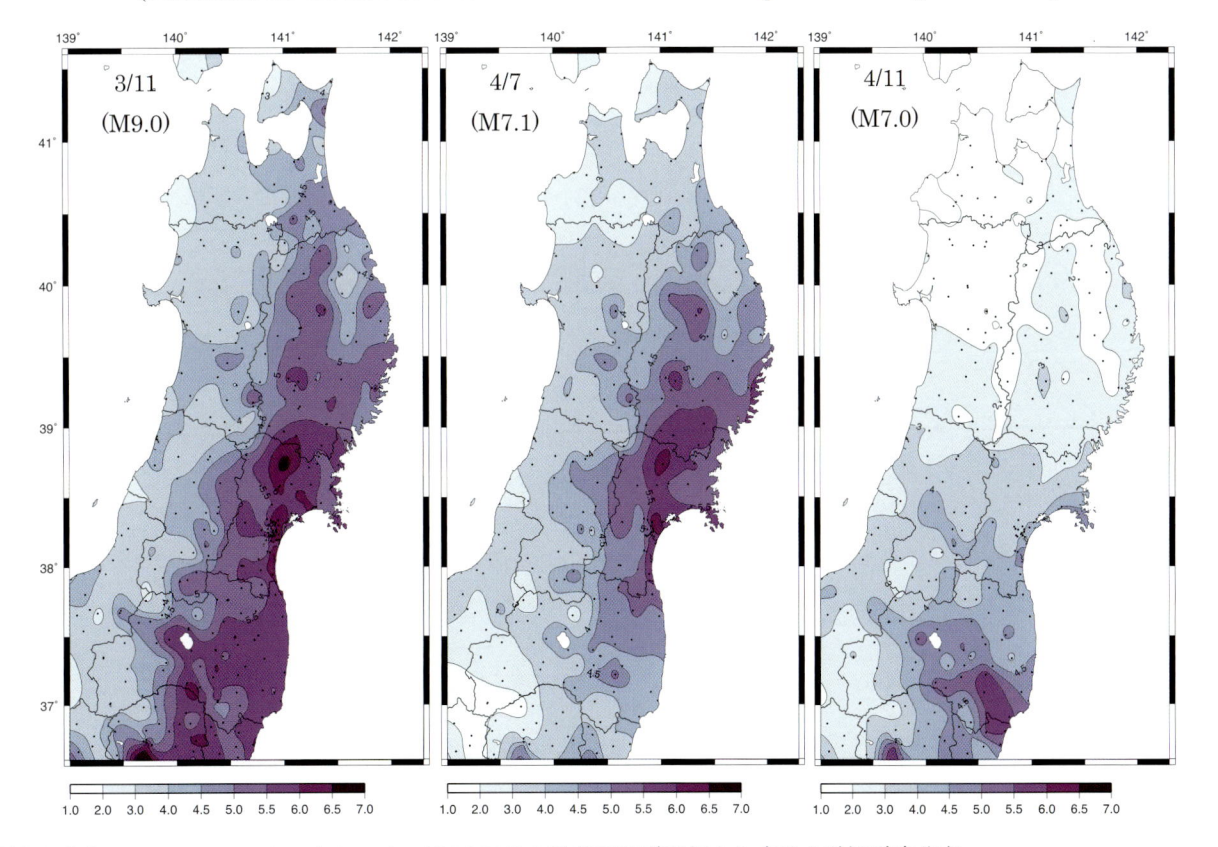

図 3.2.1.2　2011/3/11(M9.0)，4/7(M7.1)，4/11(M7.0)の地表面地震記録から求めた計測震度分布
(Distribution of JMA intensities for the 3/11/2011 (M9.0)，4/7(M7.1)，4/11(M7.0) earthquakes)

― 45 ―

表 3.2.1.1 東北地方太平洋沖地震で観測された大振幅記録（計測震度≧6.1）(Large amplitude records observed during the 2011 Pacific coast Tohoku earthquake)

No	機関	観測点	場所	計測震度	最大加速度 (cm/s/s)	最大速度 (cm/s)*
1	防災科研	MYG004	栗原市築館	6.6	2700	94
2	東北工業大学	smt.CCHG	仙台市若林区荒井	6.5	1074	-
3	東北工業大学	smt.IWAK	仙台市宮城野区岩切	6.4	859	-
4	東北大学	dcr.009	仙台市泉区松森	6.4	821	88
5	防災科研	MYG013	仙台市宮城野区苦竹	6.3	1517	74
6	気象庁	4B9	大崎市古川三日町	6.2	550	85
7	防災科研	MYG006	大崎市古川北町	6.1	572	98
8	東北大学	dcr.018	仙台市林区沖野	6.1	512	79
9	防災科研	FKS016	福島県白河市新白河	6.1	1295	59
10	東北工業大学	smt.NAKI	仙台市泉区七北田	6.1	1853	-
11	東北大学	dcr.023	仙台市若林区卸町	6.1	613	77

*カットオフ周期50sで計算

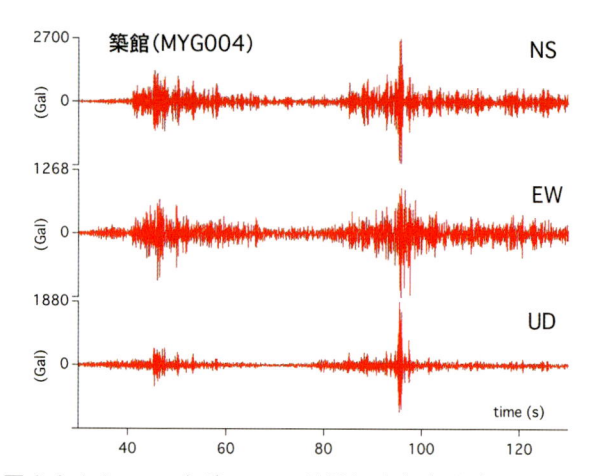

図 3.2.1.3 3/11 本震 K-NET 築館加速度波形（Seismogram at MYG004 for the 3/11/2011 mainshock)

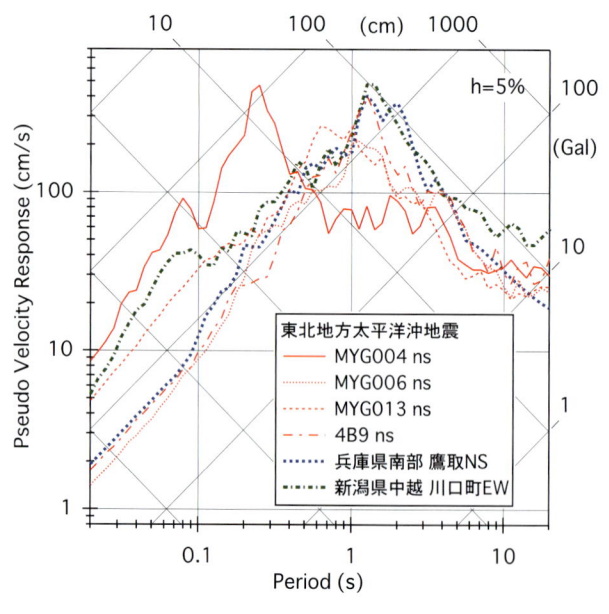

図 3.2.1.4 3/11 本震主要記録の擬似速度応答スペクトルと過去の被害地震のスペクトルとの比較 (Pseudo velocity response spectra for the 3/11 mainshock large-amplitude records with those for the past disastrous earthquakes in Japan)

表 3.2.1.2 4/7 宮城県沖の地震で観測された大振幅記録（計測震度≧5.8）(Large amplitude records observed during the 4/7 earthquake)

No	機関	観測点	場所	計測震度	最大加速度 (cm/s/s)	最大速度 (cm/s)*
1	防災科研	MYG013	仙台市宮城野区苦竹	6.2	1002	63
2	東北大学	dcr.009	仙台市泉区松森	6.2	767	76
3	防災科研	MYG004	栗原市築館	6.1	1242	44
4	防災科研	IWT010	岩手県一関市山目	5.9	801	52
5	防災科研	MYG006	大崎市古川北町	5.9	478	62
6	防災科研	MYG012	塩竈市旭町	5.8	1447	37
7	防災科研	IWT012	岩手県北上市相去町	5.8	708	45

*カットオフ周期10sで計算

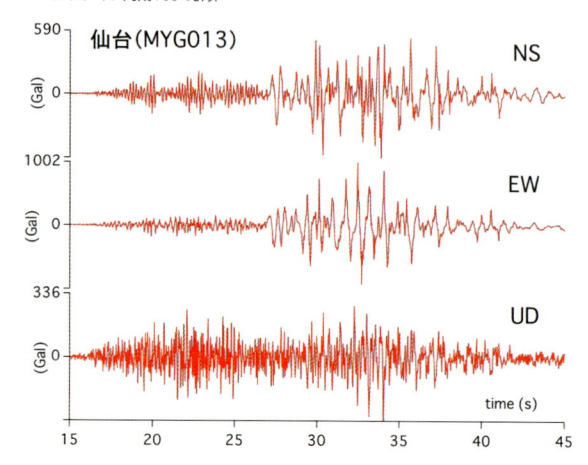

図 3.2.1.5 4/7 余震 K-NET 仙台加速度波形（Seismogram at MYG013 for the 4/7 earthquake)

表 3.2.1.3 4/11 福島県浜通りの地震で観測された大振幅記録（計測震度≧5.6）(Large amplitude records observed during the 4/11 earthquake)

No	機関	観測点	場所	計測震度	最大加速度 (cm/s/s)	最大速度 (cm/s)*
1	防災科研	FKS013	福島県古殿町	5.8	434	40
2	防災科研	FKSH12	福島県平田村	5.6	510	30
3	防災科研	FKS012	福島県いわき市錦町	5.6	490	49

*カットオフ周期10sで計算

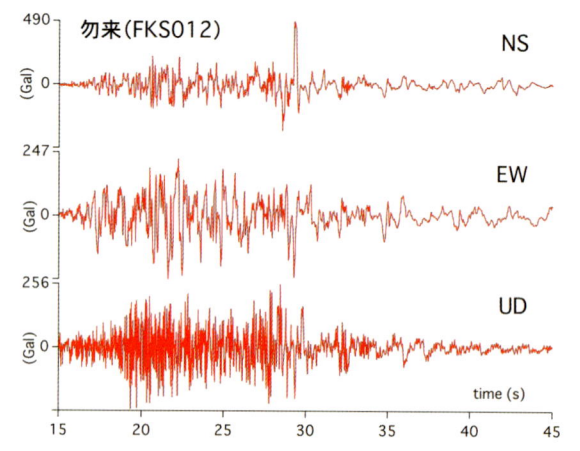

図 3.2.1.6 4/11 余震 K-NET 勿来加速度波形（Seismogram at FKS012 for the 4/11 earthquake)

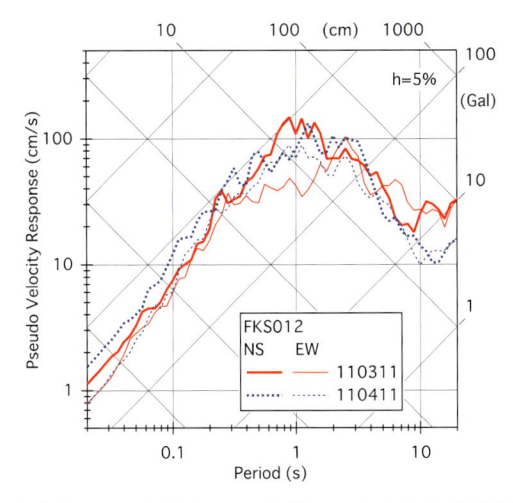

図 3.2.1.7 3/11 本震と 4/11 余震のいわきにおける擬似速度応答スペクトルの比較 (Pseudo velocity response spectra at FKS012 for the 3/11 and 4/11 earthquakes)

(2) 仙台市内の強震動特性

仙台市内の強震観測網としては，東北工業大学によるSmall Titan[1]と東北大学災害制御研究センターによる強震観測網（以下，DCRC 観測網）[2]がある。Small Titan は K-NET 仕様の観測小屋による自由地表面の観測網であるが，DCRC の地震計は構造物 1 階（幾つかは最上階との同時観測）が多い。

3/11 の本震において，Small Titan では表 3.2.1.4 に示すように 20 地点中 17 地点で観測記録が得られており[3]，DCRC 観測網では休止中の観測点を除いて，表 3.2.1.5 に示すように 21 点中 14 点で観測記録が得られている[4]。

それぞれの観測点位置と加速度波形を図 3.2.1.8，図 3.2.1.9 に示す。図 3.2.1.9 には仙台市内に位置する気象庁 E06 地点，防災科研 K-NET MYG013 地点，東北電力泉電力ビル地盤系(IZU)の波形も合わせて示している。

Small Titan で観測された最も大きな加速度は七北田中学校(NAKI)の 1,853Gal であり，最も大きな計測震度は七郷中学校(CCHG)の 6.5 である。これらの速度応答スペクトルを図 3.2.1.10 に示す。一方，DCRC 観測網では松森小学校で最も大きな加速度と計測震度(822Gal, 6.4)が観測されている。それ以外では K-NET MYG013（仙台市苦竹）で 1,517Gal が得られているが，(1)で述べた通り観測小屋付近で噴砂が確認されており，波形も液状化の影響と思われるパルス的となっている。

DCRC 観測網で，長町利府断層よりも西側と東側に分けて応答スペクトルを重ね書きした結果を図3.2.1.11に示す。仙台駅前の No.27 を基準として両方に示しているが，断層西側は No.27 と同等もしくは 1 秒よりも短周期側でやや大きくなっているのに対し，断層東側では周期 1 秒および 3 秒を中心として顕著に大きいことが分かる。仙台市は図 3.2.1.8 の地図に示すように断層西側で台地，東側で低地(堆積地盤)となっており[5]，地下構造による違いが現れたものと思われる。図 3.2.1.12 は Small Titan と DCRC 観測網両方の計測震度を面的に補間して求めた計測震度分布である。断層東側と北部の七北田川沿いで大きな値が得られている。

図 3.2.1.13 は DCRC 観測網の仙台駅前(No.27)と卸町(No.23)の 3/11 と 4/7 の余震の EW 成分の擬似速度応答スペクトルを重ね書きしたものである。No.27 では本震の方が大きいが，No.23 では同等の振幅を示しており，最大振幅でみると，余震で本震と同程度の揺れの場所があったことが分かる。

参考文献

1) 神山眞，荘司雄一，松川忠司，浅田秋江，中居尚彦：オンラインアレー地震観測システムの構築とその記録の若干の考察，土木学会論文集，698，pp.283-298，2001
2) 大野晋，源栄正人，佐藤健，山本優：小型強震計を用いた構造物耐震性能評価のための仙台市高密度強震観測網の構築，日本建築学会大会学術講演梗概集，構造 II，pp.1075-1076，2004
3) 神山眞：2011 年東北地方太平洋沖地震における東北工業大学アレー強震観測システム Small-Titan による強震記録について，地盤工学会東北支部，http://www.st.hirosaki-u.ac.jp/~kataoka/Tohoku_EQ/Kamiyama__Small Titan_01.pdf，2011
4) 大野晋，源栄正人，柴山明寛：2011 年東北地方太平洋沖地震における仙台市内の強震動特性，日本建築学会大会学術講演梗概集，21095，2011
5) 仙台市：平成 14 年度仙台市地震被害想定調査報告書，2002

表 3.2.1.4　東北工業大学 Small Titan による観測概要 [3]
（Outline of earthquake records by Small Titan Network, Tohoku Institute of Technology）

略号	観測点	コード	北緯(度)	東経(度)	最大加速度(ガル)	計測震度	震度階
S1(AKA001)	尚絅学院大学	SHOK	38.192	140.832	215	5.1	5強
S2(AKA002)	柳生中学校	YAGI	38.186	140.876	764	5.9	6弱
S3(AKA003)	東四郎丸小学校	HSHR	38.191	140.927	521	5.9	6弱
S4(AKA004)	荒浜小学校	ARAH	38.22	140.983	542	5.9	6弱
S5(AKA005)	仙台東高校	SENH	38.217	140.936	欠測		
S6(AKA006)	東長町小学校	HNAG	38.217	140.894	720	6.0	6強
S7(AKA007)	太白小学校	TAIH	38.228	140.821	709	5.6	6弱
S8(AKA007)	栗生小学校	KURI	38.264	140.789	564	5.5	6弱
S9(AKA008)	東北工大香澄町	TITK	38.243	140.854	471	5.8	6弱
S10(AKA008)	東北工大ニツ沢	TITF	38.231	140.874	429	5.6	6弱
S11(AKA009)	七郷中学校	CCHG	38.234	140.949	1074	6.5	7
S12(AKA009)	仙台工業高校	SIKO	38.256	140.921	542	5.8	6弱
S13(AKA010)	連坊小学校	RENB	38.249	140.891	521	5.7	6弱
S14(AKA010)	桜ヶ丘小学校	SAKR	38.3	140.854	681	5.8	6弱
S15(AKA011)	(旧)宮城県立盲学校	MOGA	38.275	140.882	700	5.6	6弱
S16(AKA011)	南光台東小学校	NANK	38.296	140.916	699	5.8	6弱
S17(AKA012)	田子小学校	TAKA	38.271	140.961	欠測		
S18(AKA012)	多賀城第二中学校	TGNI	38.298	140.983	欠測		
S19(AKA013)	岩切中学校	IWAK	38.299	140.949	859	6.4	6強
S20(AKA013)	七北田中学校	NAKI	38.321	140.896	1853	6.1	6強

表 3.2.1.5　東北大学災害制御研究センター強震観測網による観測概要
（Outline of earthquake records by DCRC strong-motion network, Tohoku University）

No	地震計	地点名	2011/4/7 PGA (cm/s^2)	2011/4/7 PGV* (cm/s)	2011/4/7 計測震度	2011/3/11 PGA (cm/s^2)	2011/3/11 PGV* (cm/s)	2011/3/11 計測震度	2011/3/9 PGA (cm/s^2)	2011/3/9 PGV* (cm/s)	2011/3/9 計測震度
2	ETNA	六郷小	311	42.1	5.7	欠測			欠測		
3	ETNA	古城小	251	22.4	5.1	320	61.3	5.6	24	3.1	3.2
4	ETNA	東六郷小	撤去			613	74.2	5.9	29	3.4	3.4
5	QDR	第一中	230	19.3	5.1	383	41.5	5.6	28	2.9	3.4
8	QDR	将監中央小	534	25.3	5.5	840	64.2	6.0	30	2.2	3.2
9	QDR	松森小	767	75.5	6.2	822	88.2	6.4	46	4.2	3.6
10	QDR	宮城県立図書館1F	279	18.0	4.9	407	65.0	5.5	20	2.4	3.1
11	QDR	宮城県立図書館3F	欠測			欠測			34	3.1	3.5
12	QDR	仙台青陵中等教育学校1F	欠測			欠測			19	3.5	3.3
14	QDR	鶴谷小学校1F	432	30.6	5.6	欠測			20	1.9	3.0
16	QDR	中野小学校1F	欠測			欠測			40	3.2	3.5
18	QDR	沖野小学校1F	360	31.8	5.5	512	79.4	6.1	37	3.5	3.5
20	QDR	南小泉小	220	25.7	5.2	381	63.7	5.5	19	2.4	3.1
21	QDR	西多賀中	186	16.4	5.0	400	47.3	5.5	23	3.0	3.4
22	QDR	富沢中	232	21.1	5.1	416	57.9	5.7	29	3.2	3.3
23	QDR	東配水管理事務所	472	37.3	5.7	613	77.0	6.1	30	2.6	3.2
24	QDR	滝沢寺	撤去			欠測			欠測		
25	QDR	長町南コミュニティセンター	264	29.5	5.5	494	68.3	5.9	59	6.0	4.0
26	QDR	青葉区役所	318	21.9	5.1	欠測			24	3.2	3.2
27	SSA-1	住友生命ビル	167	14.0	4.9	318	30.0	5.3	15	2.2	3.1
28	SMAC-MD	東北大学1F	欠測			333	59.8	5.6	35	4.4	3.6

＊カットオフ周期10秒　　＊カットオフ周期50秒

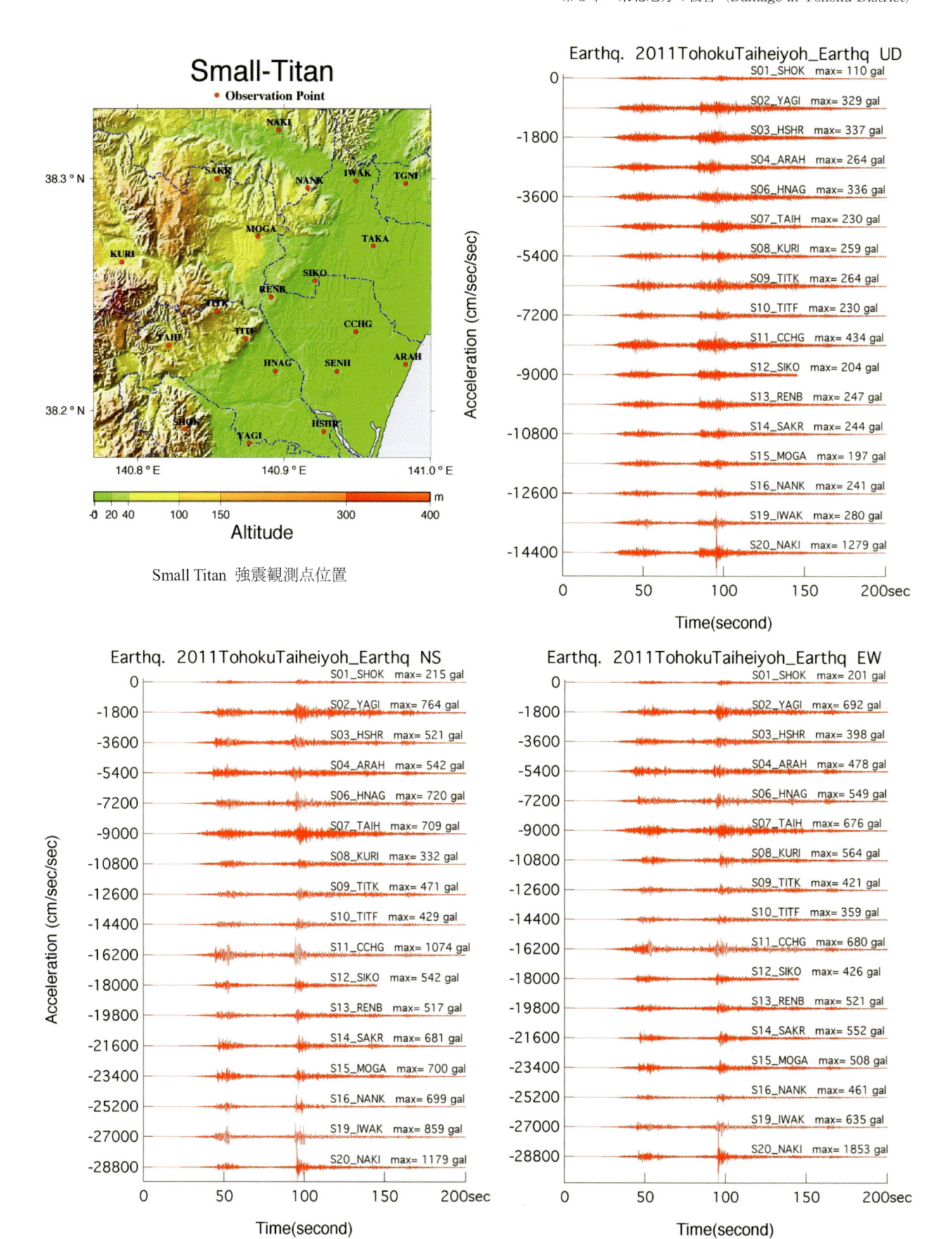

第 3 章　東北地方の被害（Damage in Tohoku District）

図 3.2.1.8　東北工業大学 Small Titan 強震観測網で得られた加速度波形 [3]
(Earthquake records observed by Small-Titan strong-motion network, Tohoku Institute of Technology)

2011年東北地方太平洋沖地震災害調査報告

東北大学災害制御研究センター強震観測点位置

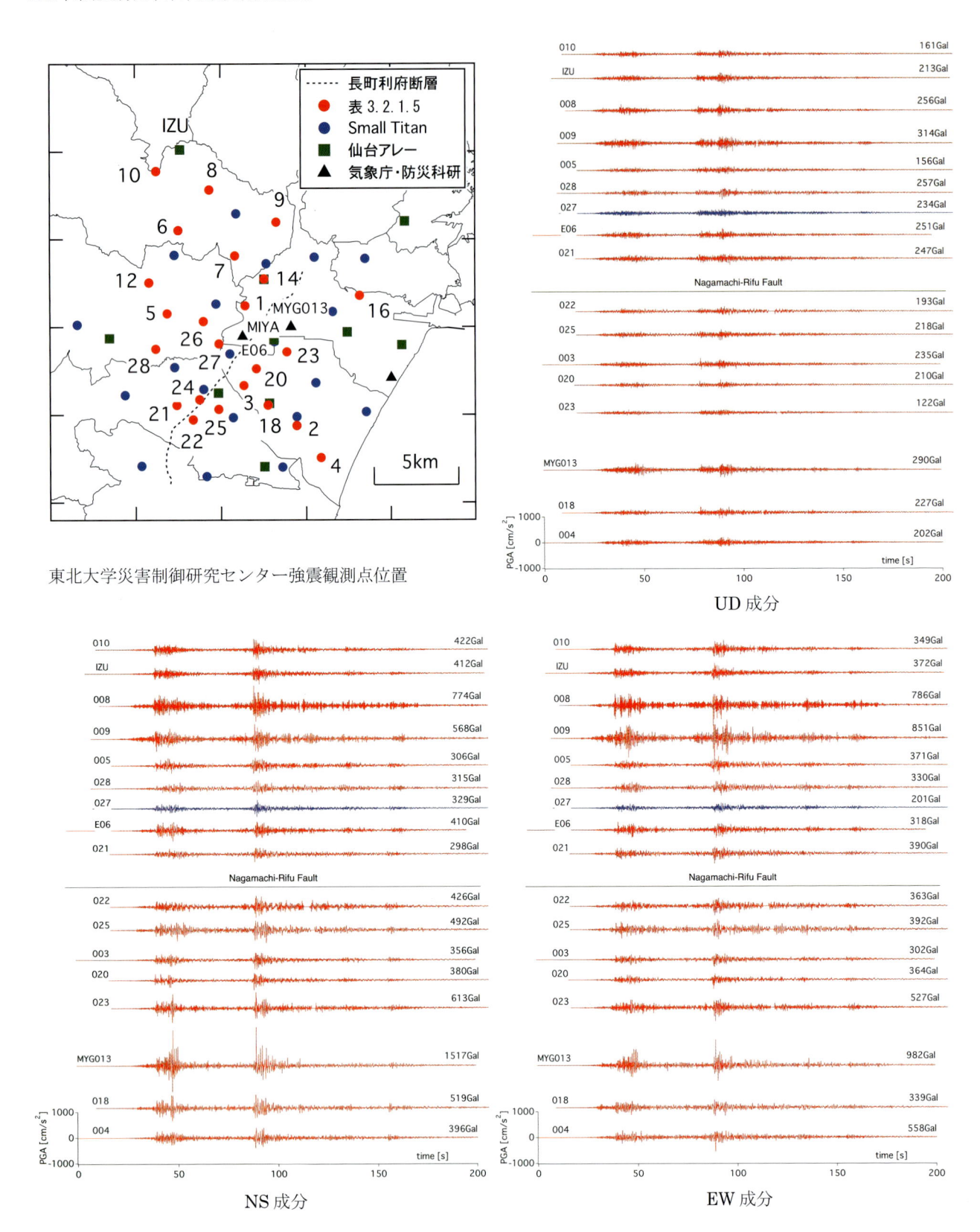

図 3.2.1.9 東北大学災害制御研究センター強震観測網で得られた加速度波形
(Earthquake records observed by DCRC strong-motion network, Tohoku University)

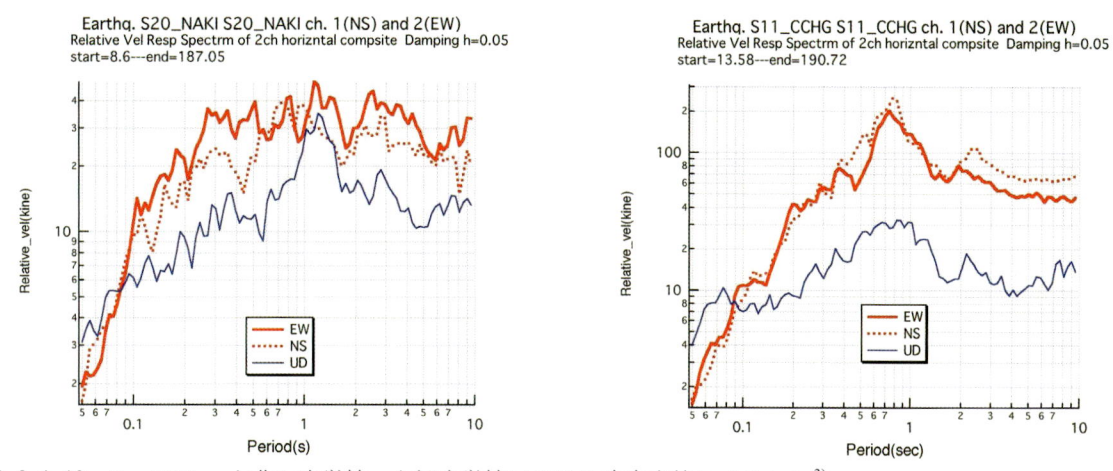

図 3.2.1.10　Small Titan 七北田中学校，七郷中学校における速度応答スペクトル[3]
(Velocity Response Spectra observed at NAKI and CCHG stations of Small-Titan strong-motion network)

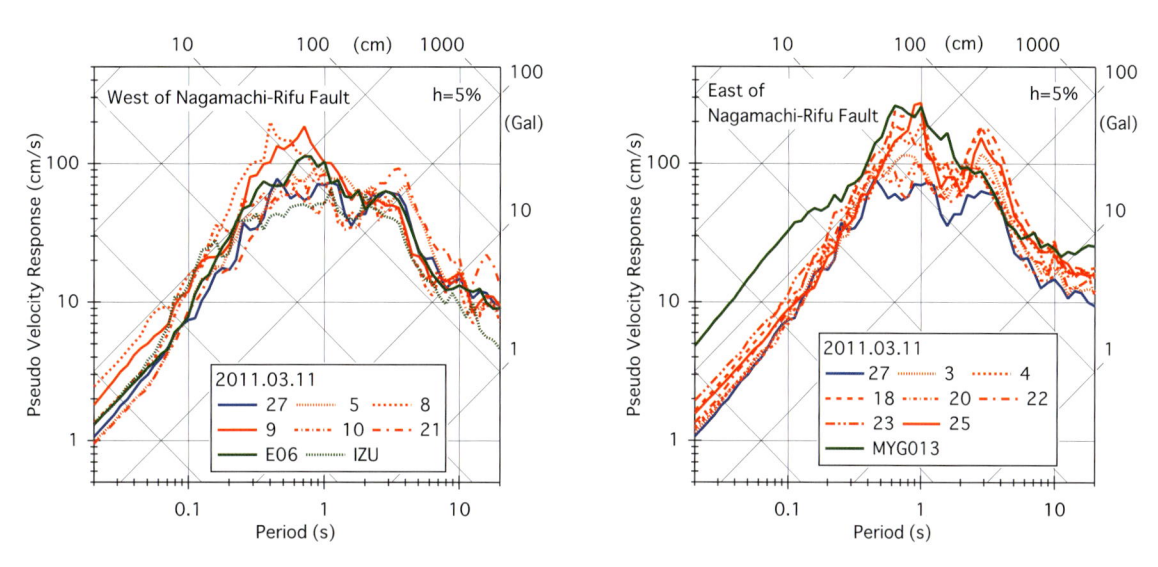

図 3.2.1.11　DCRC 強震観測網における長町利府断層西側・東側の疑似速度応答スペクトル
(Comparison of pseudo velocity response spectra of DCRC strong-motion network)

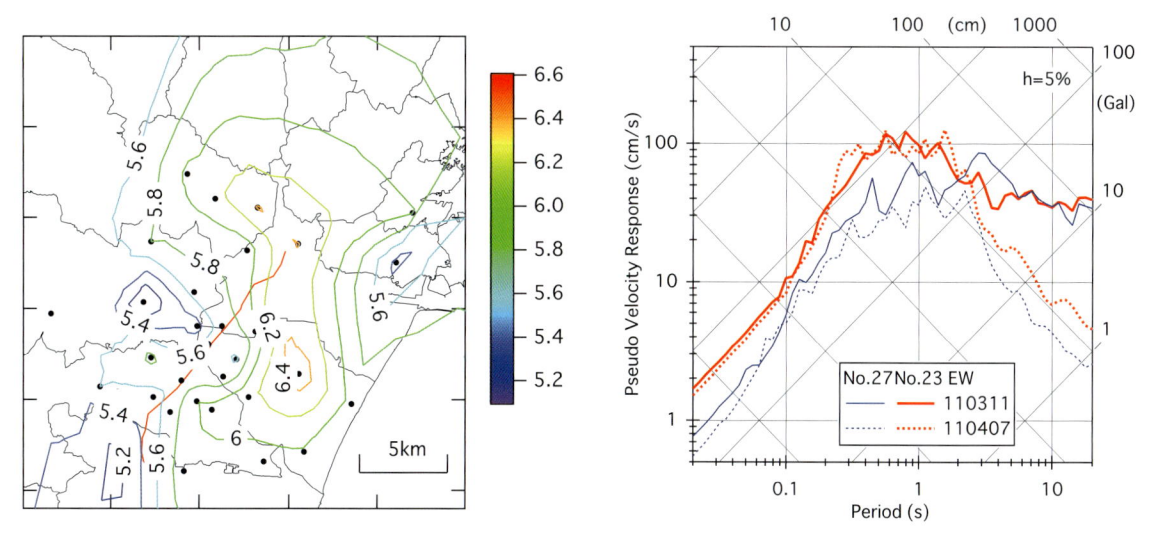

図 3.2.1.12　Small Titan, DCRC 強震観測網を併せた仙台市内の計測震度分布
(Distribution of JMA intensity estimated from Small Titan and DCRC networks)

図 3.2.1.13　3/11 と 4/7 の擬似速度応答スペクトルの比較
(Comparison of pSv at DCRC 023 & 027 stations)

3.2.2 建物系強震記録(Earthquake records in buildings)
(1) 概要

2011年3月11日東北地方太平洋沖地震（M9.0）において，東北地方の建築構造物（地盤同時観測を含む）で観測された記録のうち，速報執筆時点で情報が得られた地点について報告する。

表3.2.2.1に免震構造物，表3.2.2.2に制震構造物，表3.2.2.3に在来構造物の観測概要を示す。免震構造物と在来構造物，地盤系の同時観測の場合はまとめて表3.2.2.1に記載した。表には3/11本震の最大加速度を示したが，4/7の余震で被害が拡大した場所もあることから，分かる地点については4/7の最大加速度も記載している。

各建物の強震観測の詳細は表中の参考文献に記載されている。建物の位置を図3.2.2.1に示す。仙台市内に多く分布している。

免震構造物については，仙台市内では基礎で概ね水平で300Gal強に対し，同時観測の在来建屋頂部では700Gal-1G程度（最大でBI2の1,054Gal）に達していたが，免震建屋頂部では基礎と同等もしくはそれ以下に低減されている。

制震構造物については，高層2棟(SC1, SC2)の頂部で500Gal弱程度，8階建て(SC3)頂部で800Gal強であった。在来構造物については，頂部で900Galを超える記録が5ヶ所（OR2, OR7の3建物，OR11）で得られている。

以後，免震，制震，在来の観測例をそれぞれ(2)~(4)に示す。(5)では1978年宮城県沖地震を含む多くの被害地震の記録が得られているOR2について，今回と過去の地震の記録との比較を示す。

表3.2.2.1 免震構造物の観測概要 (Outline of earthquake records at base-isolated buildings)

							2011/3/11			2011/4/7		
	建物名称				参考		最大加速度(cm/s/s)			最大加速度(cm/s/s)		
No	(データ提供機関)	建物	構造概要	竣工年	文献	観測位置	H1	H2	UD	H1	H2	UD
BI1	東北大学 免震試験建屋 (清水建設)	免震建屋	RC3階建 直接基礎 高減衰積層ゴム	1986	1)	基礎中央	301	241	243			
						1F中央	361	219	280			
						3F	282	180	−			
						RF	344	244	−			
		在来建屋	RC3階建 直接基礎	1986	1)	1F	327	258	249			
						3F	702	824				
BI2	泉電力ビル (東北電力・ 東日本興業)	地盤				地表	417	378	228	331	331	172
		免震建屋 (電算棟)	RC造5階建 直接基礎 高減衰積層ゴム	1990	2)	地下1F	327	345	218	207	217	181
						1F	183	177	240	119	118	186
						3F	139	174	489	106	116	413
						RF	199	224	768	149	143	682
		在来建屋 (事務棟)	RC造5階建(一部6階) 直接基礎			RF	1054	1043	718	473	743	509
BI3	シティビル 仙台第一 (東北電力・ 大林組)		地上6階，地下2階建 ブレース付 ラーメン構造 (柱:SRC, 梁:S) 高減衰積層ゴム	1995	2)	地盤	454	569	303	392	527	295
						基礎 (免震層下)	278	381	213	184	175	201
						B2F (免震層上)	214	200	254	137	127	190
						5F	241	209	424	208	154	368
BI4	八戸市庁舎 (建築研究所)	地盤系			3)	GL-105m	36	46	32	20	19	15
						GL-30m	86	89	49	45	48	26
						GL	286	210	61	97	114	47
		新館 (免震)	地下1階, 地上10階建 SRC, 杭基礎 鉛プラグ入積層ゴム	1998	3)	B1F	100	104	58	73	56	51
						01F	91	122	73			
						10F	120	123	205			
		本館 (在来)	地下1階, 地上5階建 SRC	1980	3)	B1F	97	110	55	71	55	24
						06F	348	335	78	175	194	46

注）H1, H2は水平2成分で，H1が南北方向に近い成分。シティビル仙台第一の3/11の記録は後半のみ。

第3章　東北地方の被害（Damage in Tohoku District）

表 3.2.2.2　制震構造物の観測概要（Outline of earthquake records at structural control buildings）

No	建物名称 (データ提供機関)	構造概要	竣工年	参考文献	観測位置	2011/3/11 最大加速度(cm/s/s)			2011/4/7 最大加速度(cm/s/s)		
						H1	H2	UD	H1	H2	UD
SC1	東北電力本店ビル (東北電力・東日本興業)	地下2階(RC, SRC) 地上28階(S), 塔屋2階 極低降伏点鋼制振壁	2002	2)	B2F	206	175	162	159	163	146
					1F	289	240	209	182	183	147
					14F	384	284	324	291	253	180
					28F	503	375	317	281	349	299
SC2	ドコモ東北ビル (NTTファシリティーズ)	地下2階(SRC), 地上21階(S) 鉄塔, 直接基礎 RDT+LED	2004	4) 5)	B2F	257	158	147			
					1F	312	211	153			
					RF	444	338	400			
SC3	仙台市役所 (仙台市・山下設計東北支社・東北工業大学・飛島建設)	地下2階, 地上8階, 塔屋3階 SRC造, 直接基礎, 制震ブレース補強	1965, 2008補強	6)	1F	413	284	207	230	274	173
					RF	853	808	461	418	600	368

注）H1, H2は水平2成分で，H1が南北方向に近い成分。

表 3.2.2.3　在来構造物の観測概要（Outline of earthquake records at ordinary buildings）

No	建物名称 (データ提供機関)	建物	構造概要	竣工年	参考文献	観測位置	2011/3/11 最大加速度(cm/s/s)			2011/4/7 最大加速度(cm/s/s)		
							H1	H2	UD	H1	H2	UD
OR1	仙台第2合同庁舎 (建築研究所)		S造15階建	1973	7)	B2F	259	163	147	199	161	130
						15F	346	361	543	270	309	380
OR2	東北大学人間環境系 (建築研究所)		SRC造9階建 杭基礎	1969 2000補強	7)8)9)	01F	333	330	257			
						09F	908	728	640			
OR3	宮古市庁舎 (建築研究所)		RC造6階建(一部7階) 杭基礎	1972	3)7)	GL	174	174	240			
						01F	138	122	277			
						07F	246	197	359			
OR4	いわき市庁舎 (建築研究所)		RC造8階建 杭基礎	1973	7)	B1F	175	176	147			
						09F	578	449	260			
OR5	鶴岡合同庁舎 (建築研究所)		RC造4階建	1987	7)	01F	34	36	14	28	23	10
						04F	37	39	15	32	25	11
OR6	秋田県庁 (建築研究所)		RC造6階建	1959	7)	B1F	47	50	24	36	33	24
						08F	192	175	44	194	140	44
OR7	東北工業大学 香澄町キャンパス (東北工業大学)	5号館	地下3階, 地上5階, 塔屋2階 RC(一部SRC)造, 杭基礎	1968, 1978大破 →補強	10)	B3F	–	–	–			
						5F	681	820	368			
		図書館	地上4階, 塔屋1階 RC造, 杭基礎	1968, 2002補強	10)	1F	363	295	257			
						RF	933	585	303			
		3号館	地上6階, 塔屋2階 RC造, 杭基礎	1969	10)	1F	230	336	259			
						6F	847	1420	693			
		6号館	地上4階 SRC造, 杭基礎	1969	10)	1F	376	351	304			
						4F	566	833	347			
		1号館	地下1階, 地上4階, 塔屋1階 S(一部SRC)造, 杭基礎	2006	10)	1F	280	354	147			
						4F	785	1194	228			
OR8	高層建物A (東北工業大学)		地下2階, 地上31階, 塔屋3階 RC造, 直接基礎	1995	10)	B1F	262	202	188			
						1F	301	209	193			
						RF	545	527	393			
OR9	高層建物B (東北工業大学)		地下2階, 地上21階, 塔屋2階 RC造, 杭基礎	1993	10)	1F	216	161	171			
						RF	600	452	334			
OR10	仙台高専 名取キャンパス (仙台高専)	建築系 学科棟	RC3階建, 塔屋1階 直接基礎	1964, 2002補強	2)	3F	720	766	534	639	613	452
		専攻科棟	RC4階建, 塔屋1階 直接基礎	1999	2)	1F	451	451	397	331	355	347
						4F	654	718	412	608	787	424
OR11	牡鹿総合支所 (東北大学)		RC3階建+2階建増築 直接基礎(一部ラップルコンクリート)	1975	11) 14) 15)	1F	555	626	565			
						2F	865	757	499			
						3F	1056	853	1157			

注）H1, H2は水平2成分で，H1が南北方向に近い成分。

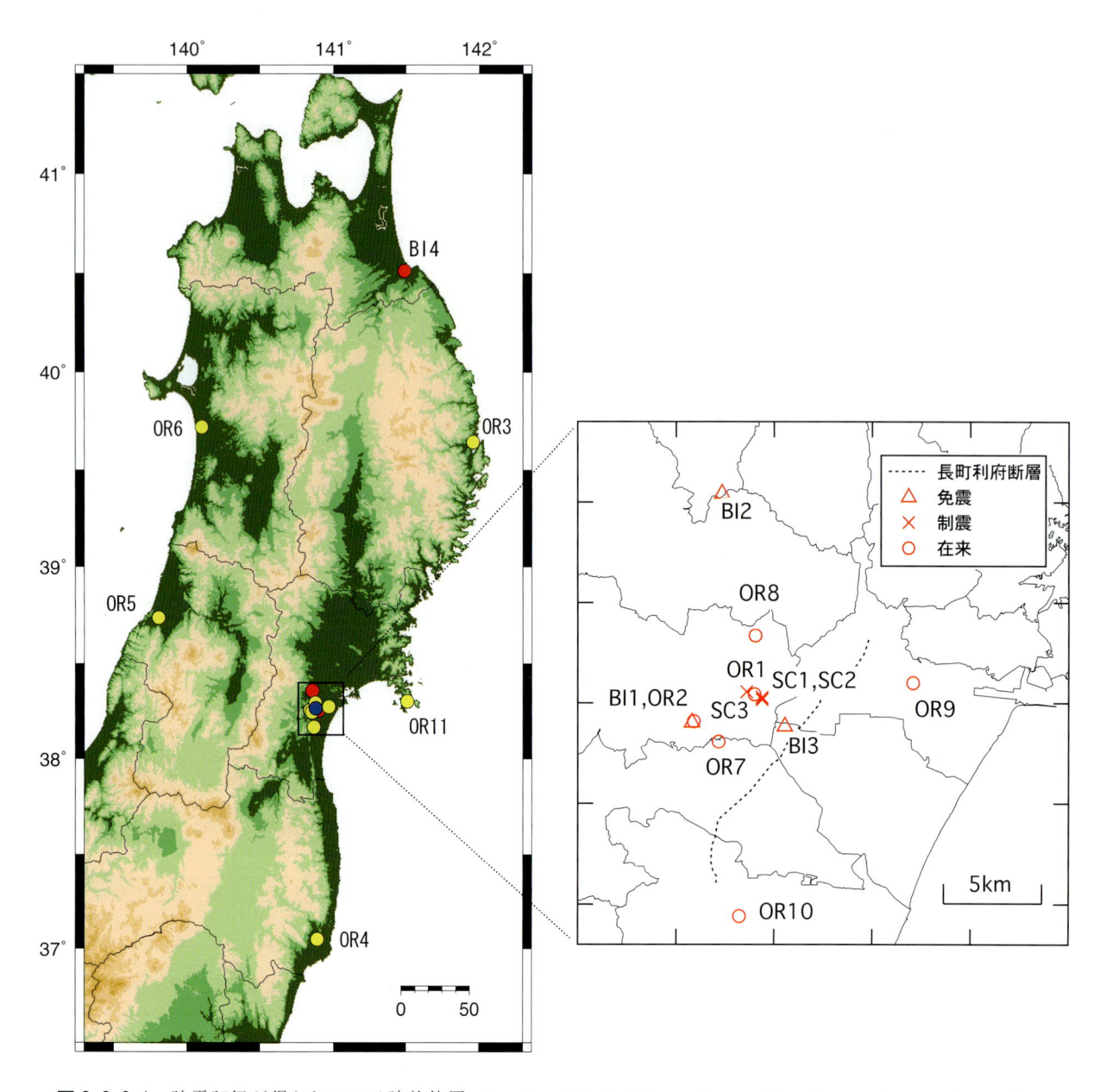

図 3.2.2.1　強震記録が得られている建物位置 (Location of the buildings where earthquake records were observed)

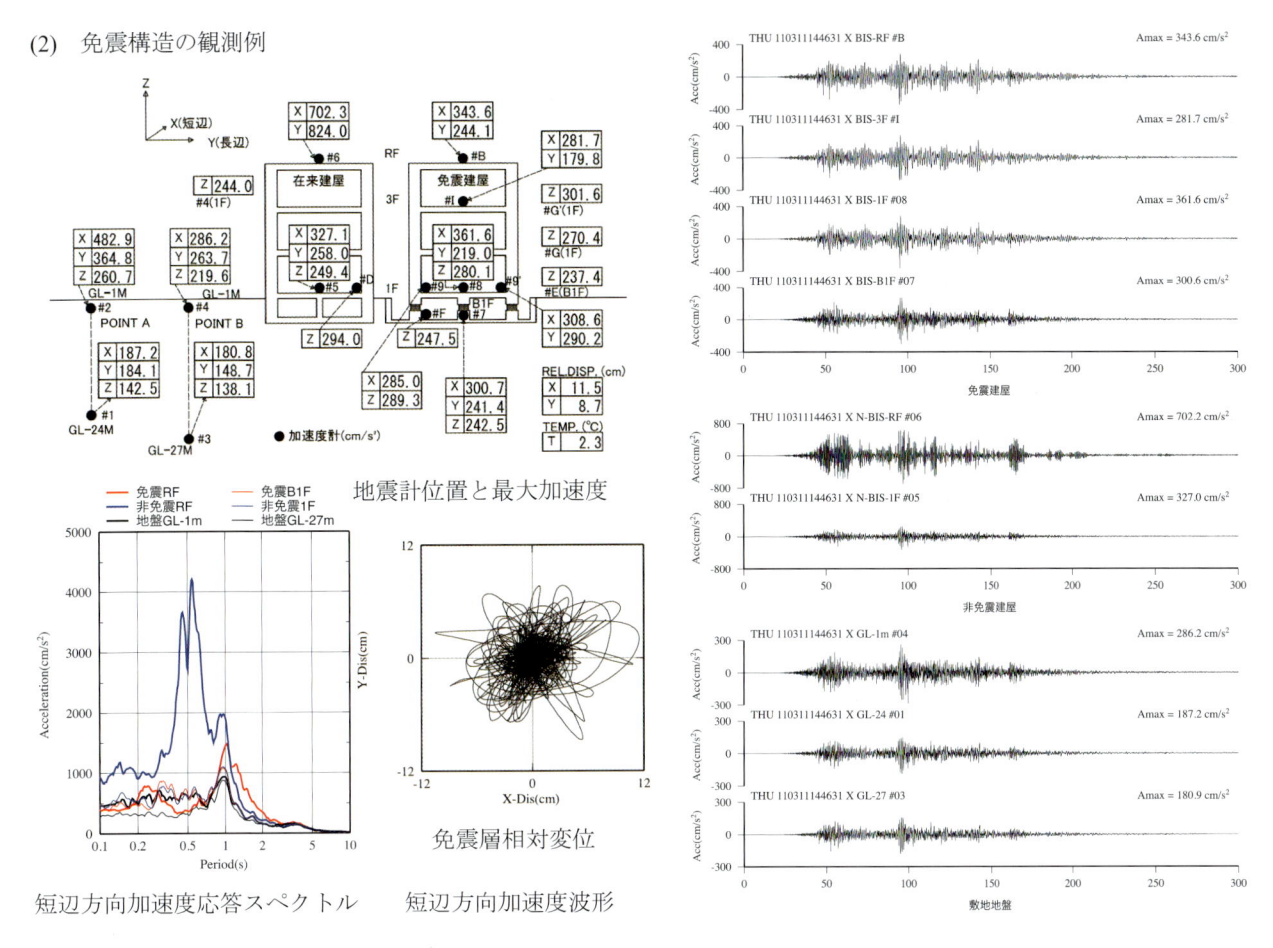

第3章　東北地方の被害（Damage in Tohoku District）

(2) 免震構造の観測例

図3.2.2.2　東北大学免震試験建屋の観測記録（earthquake records at the base-isolation test buildings, Tohoku University）

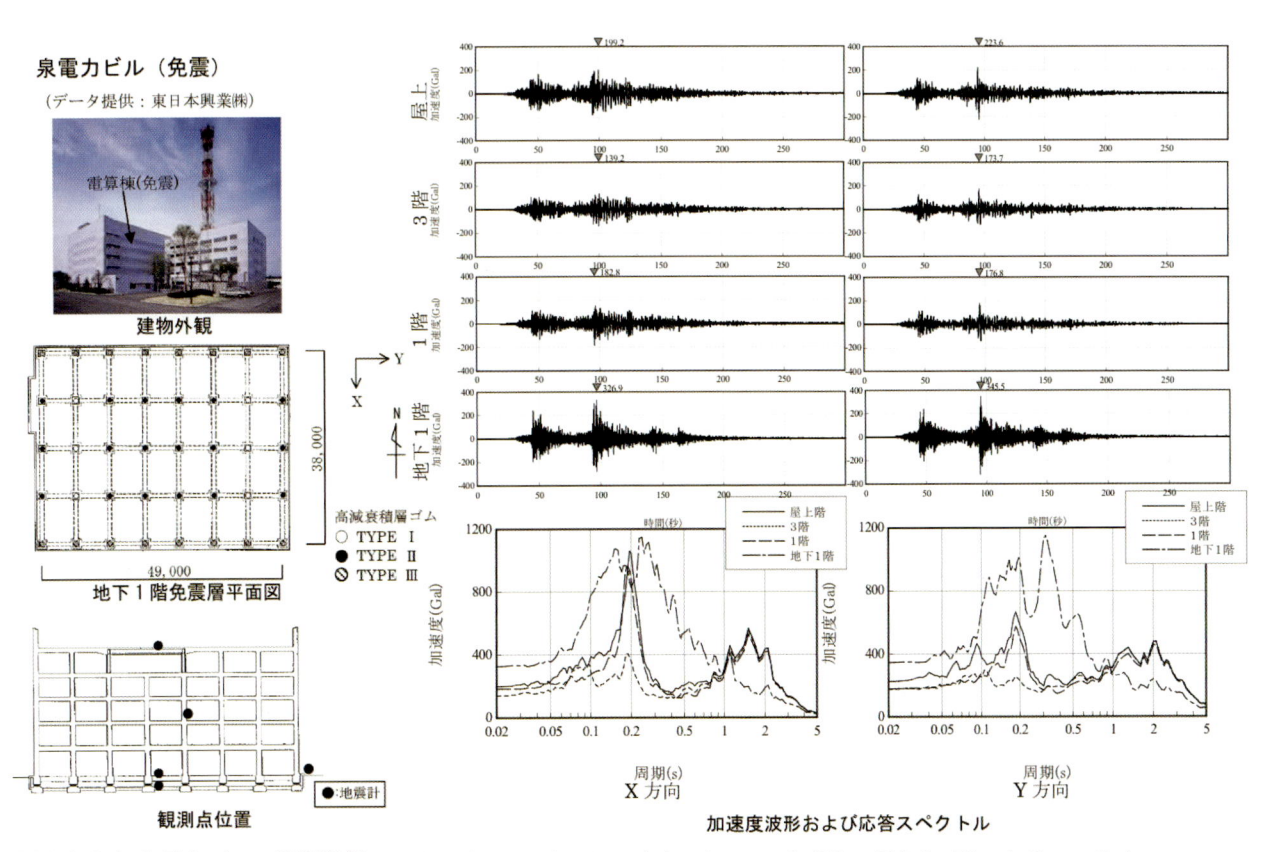

図3.2.2.3　泉電力ビルの観測記録（Earthquake records at Izumi electric power building, Tohoku Electric Power Co.）

— 55 —

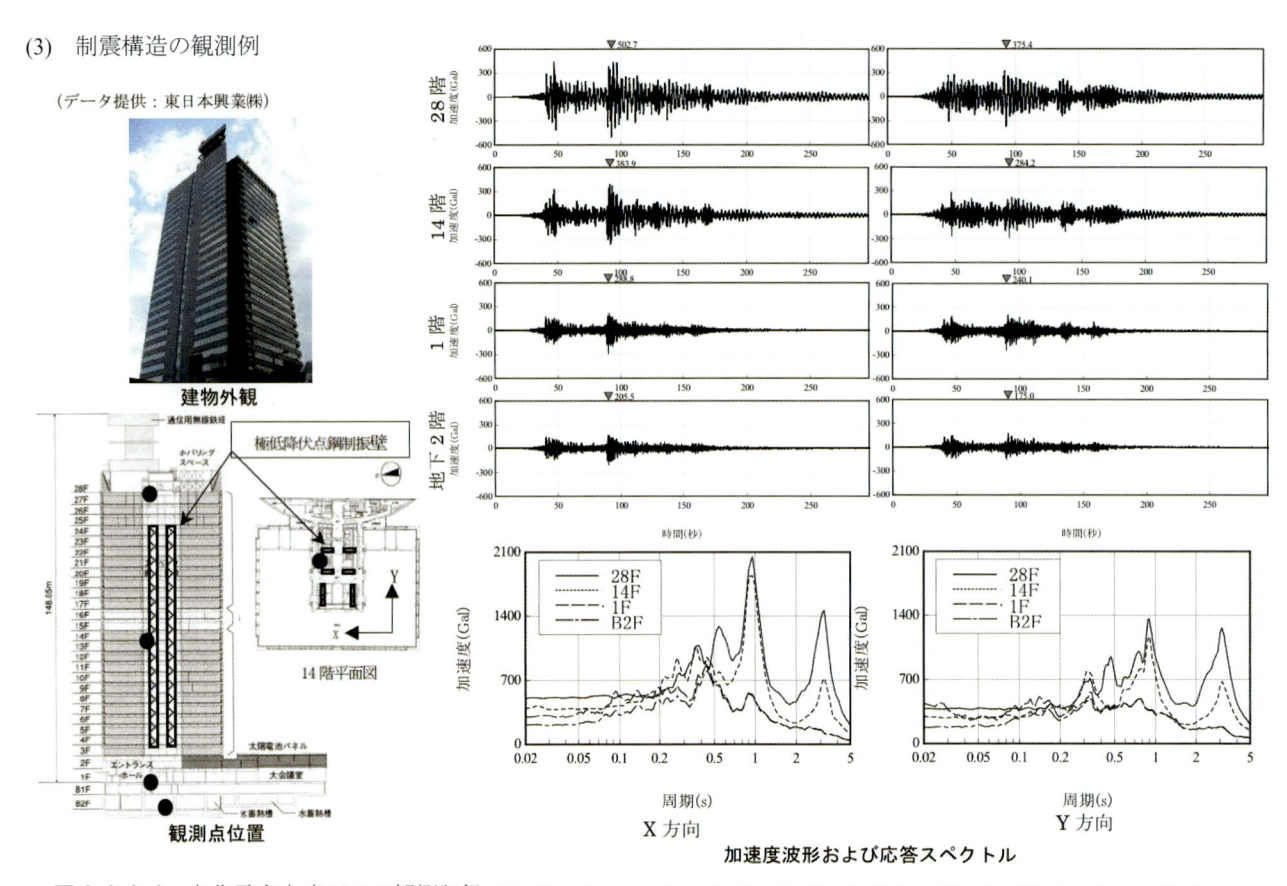

2011年東北地方太平洋沖地震災害調査速報

(3) 制震構造の観測例

図 3.2.2.4 東北電力本店ビルの観測記録 (Earthquake records at the head office building, Tohoku Electric Power Co.)

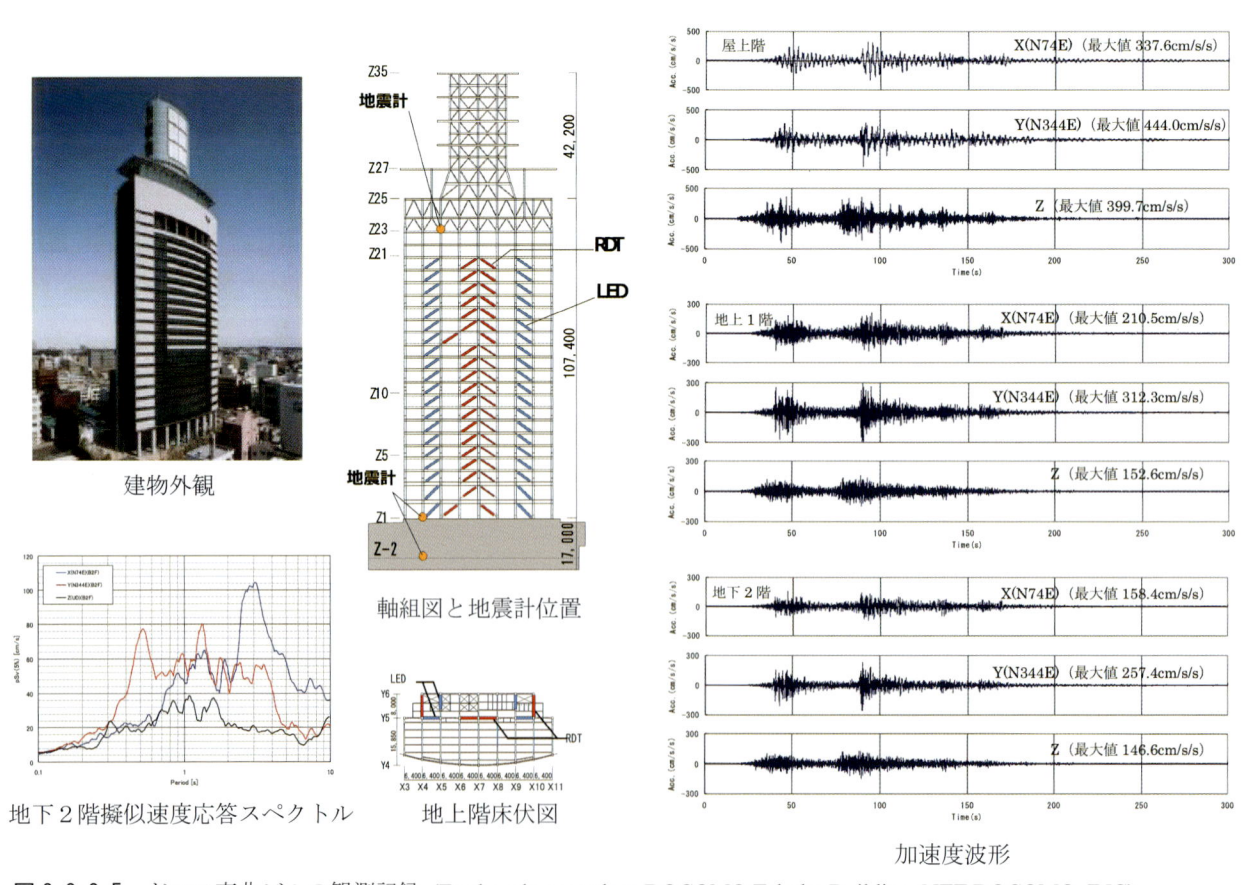

図 3.2.2.5 ドコモ東北ビルの観測記録 (Earthquake records at DOCOMO Tohoku Building, NTT DOCOMO, INC)

— 56 —

第3章　東北地方の被害（Damage in Tohoku District）

| 立面図・1階平面図と地震計位置 | 加速度波形 | 擬似速度応答スペクトル |

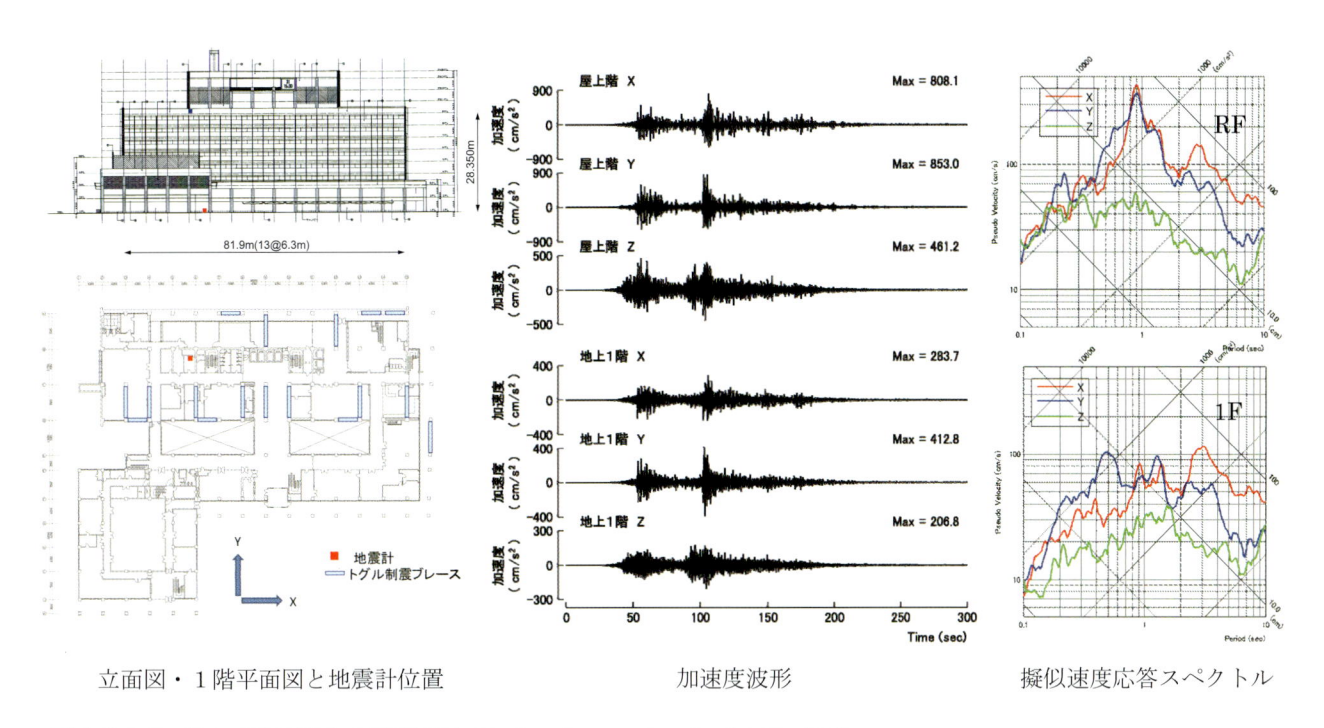

図3.2.2.6　仙台市役所庁舎の観測記録 (Earthquake records at Sendai City Hall)

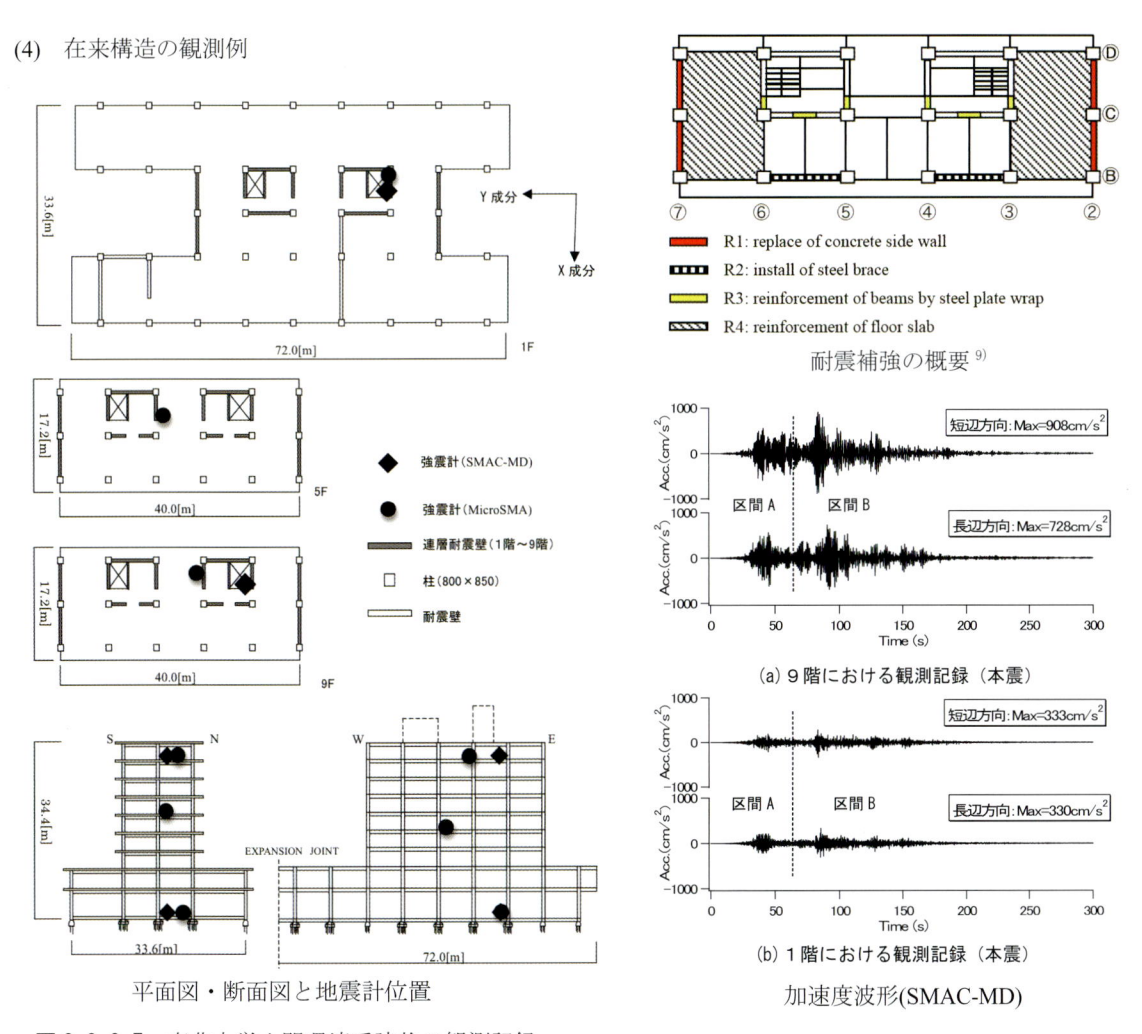

(4) 在来構造の観測例

凡例:
- R1: replace of concrete side wall
- R2: install of steel brace
- R3: reinforcement of beams by steel plate wrap
- R4: reinforcement of floor slab

耐震補強の概要[9]

(a) 9階における観測記録（本震）

(b) 1階における観測記録（本震）

| 平面図・断面図と地震計位置 | 加速度波形(SMAC-MD) |

図3.2.2.7　東北大学人間環境系建物の観測記録
　　　　　(Earthquake records at the research building of Department of Civil Engineering and Architecture, Tohoku Univ.)

建物外観

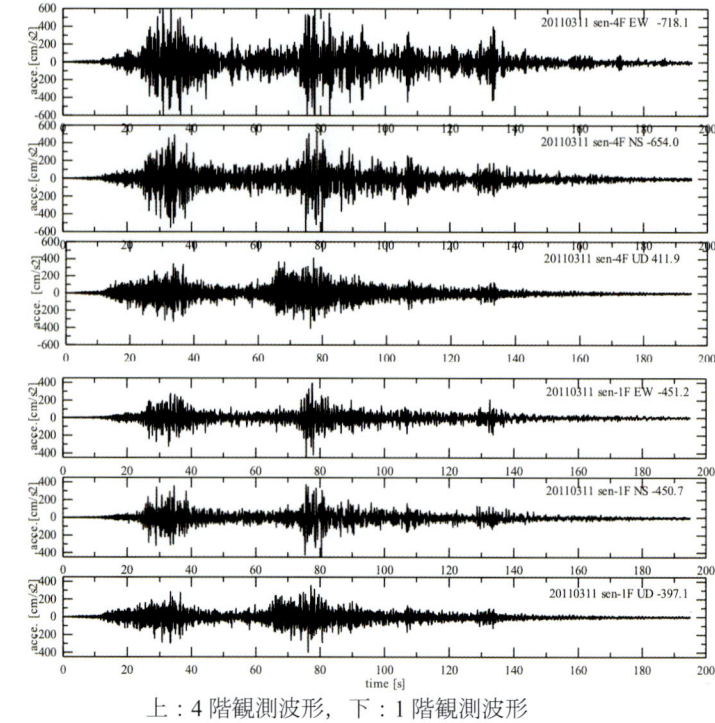

図 3.2.2.8　仙台高専専攻科棟の観測記録　　　　　　　　　上：4階観測波形，下：1階観測波形
(Earthquake records at the building of Advanced Engineering Course, Sendai National College of Technology)

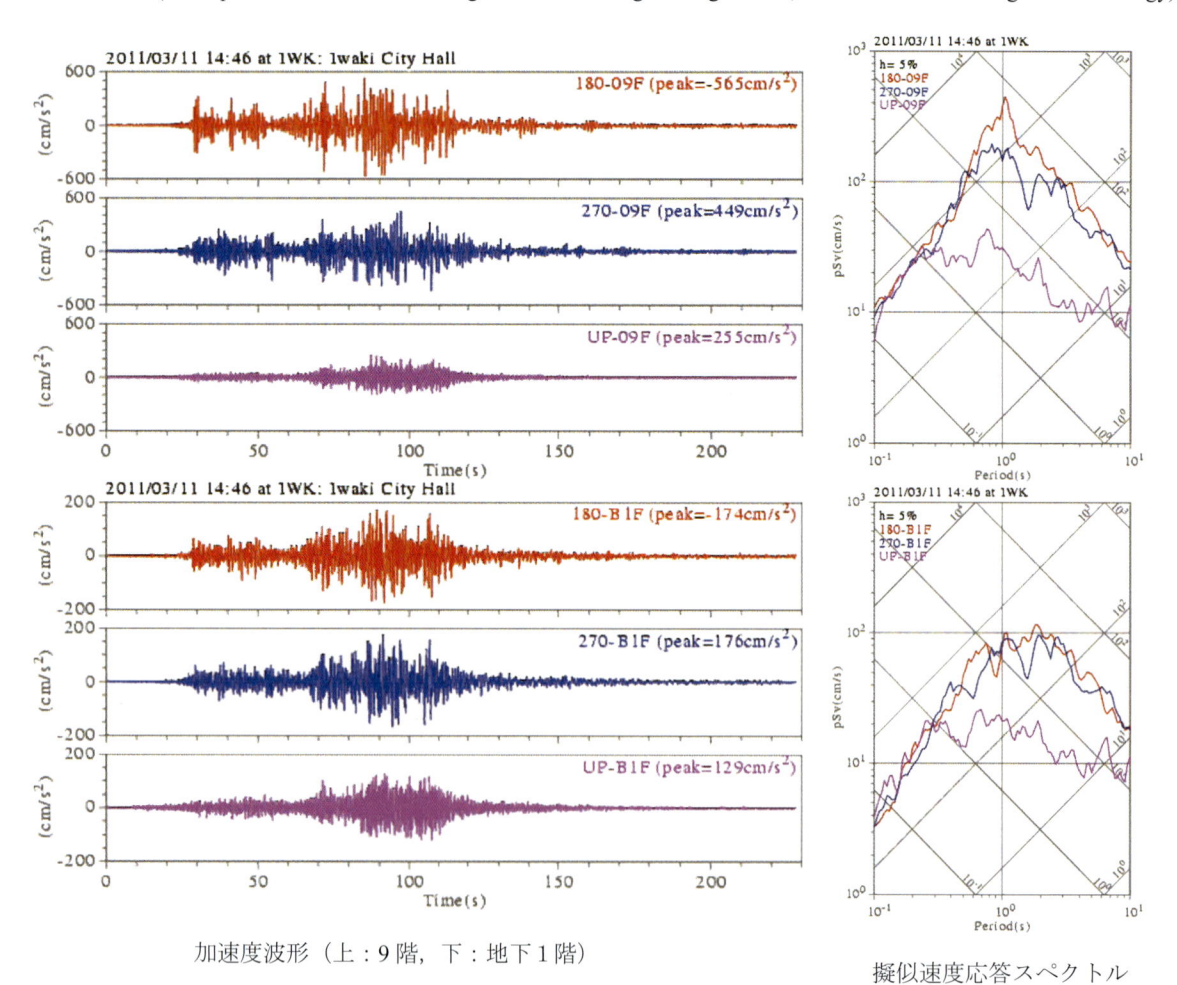

加速度波形（上：9階，下：地下1階）　　　　　　　　　　　　　　擬似速度応答スペクトル

図 3.2.2.9　いわき市庁舎の観測記録　(Earthquake records at Iwaki City Hall)

1階平面図，断面図と地震計位置

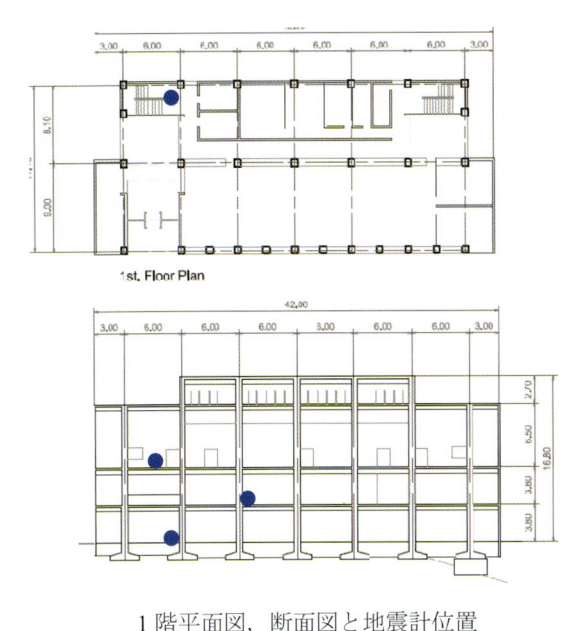

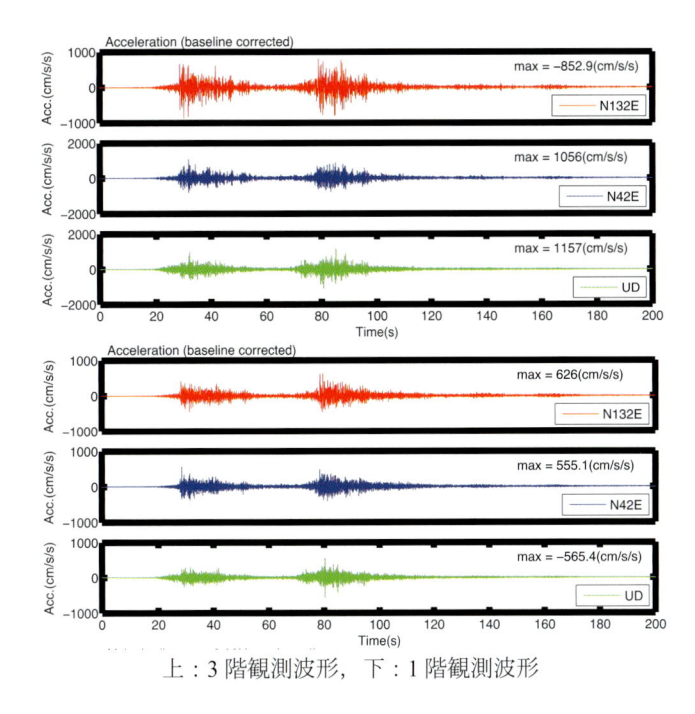

上：3階観測波形，下：1階観測波形

図 3.2.2.10 牡鹿総合支所の観測記録 (Earthquake records at the Oshika branch office building, Ishinomaki City)

(5) 過去の被害地震との比較

前述の東北大学工学部・人間環境系研究棟では，1969年の竣工以来約40年に及ぶ強震観測，振動実験，微動観測に基づく振動特性の長期モニタリングを行ってきている[12]。1978年6月12日の宮城県沖地震を経験した後，2000年秋から2001年春の耐震改修を経て，2005年宮城県沖地震，2008年岩手・宮城内陸地震，2008年岩手県沿岸北部地震などを経験している。

表 3.2.2.4には過去の主な地震における1階と9階の最大加速度値を示す。図 3.2.2.11には，今回の地震と1978年宮城県沖地震の梁間方向（南北方向，短辺方向）の加速度波形を，図 3.2.2.12にはその擬似速度応答スペクトルを比較して示す。これらの図表より，今回の地震では，1978年宮城県沖地震を上回る変形量により周期が伸びていることが分かる。

表 3.2.2.6には，表 3.2.2.5に示す今回の地震の前震と余震，これらの前後の微動観測の分析によって得られた当該建物の1次固有振動数をまとめて示す[13]。なお，当該建物において4月7日余震(M7.1)の観測記録は得られていないが，微動観測による卓越周期が3月19日時点と変化がないこと（短辺：1.17Hz，長辺 1.37Hz）を連続モニタリング観測[14]により確認している。

また，図 3.2.2.13には竣工以来40年に及ぶ振幅依存の1次固有周期と変形量の関係を梁間方向について示す。この図より，今回の地震の第1波群では1978年宮城県沖地震の時より変形は小さかったが，第2波群では上回っていること，本震後は，1978年宮城県沖後の剛性よりも低下していることが分かる。

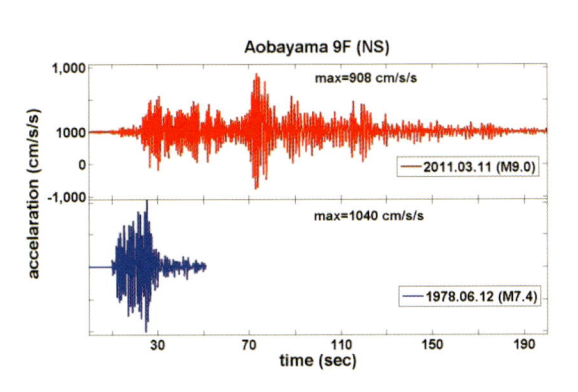

(a) 9階の加速度波形

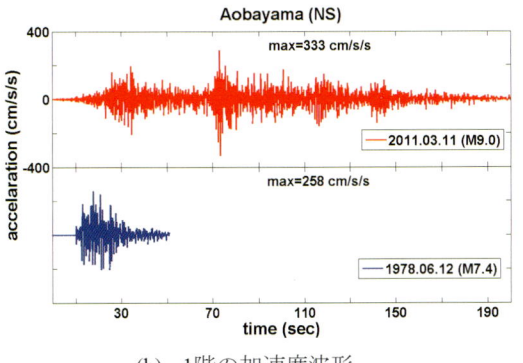

(b) 1階の加速度波形

図 3.2.2.11 今回の地震と1978年宮城県沖地震の波形比較（梁間方向）(Waveforms at Tohoku Univ. for the 2011 and 1978 earthquakes (transverse direction))

表3.2.2.4 今回の地震と過去の主な地震観測記録の最大加速度値 (PGA observed at Tohoku Univ. for the 2011 and past disastrous earthquakes)

単位:cm/s/s

地震	1階		9階	
	NS	EW	NS	EW
2011.03.11 (M9.0)	333	323	908	728
1978.06.12 (M7.4)	258	203	1024	524
2005.08.16 (M7.2)	87	81	329	287
2008.06.14 (M7.2)	88	70	392	293

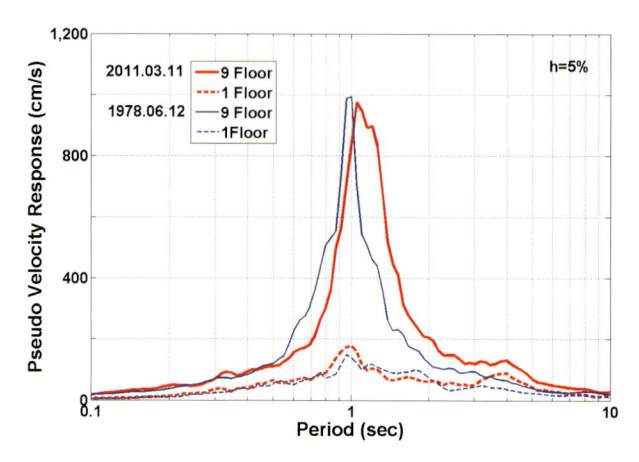

図3.2.2.12 今回の地震と1978年宮城県沖地震の応答スペクトル比較(梁間方向) (Response spectra at Tohoku Univ. for the 2011 and 1978 earthquakes (transverse direction))

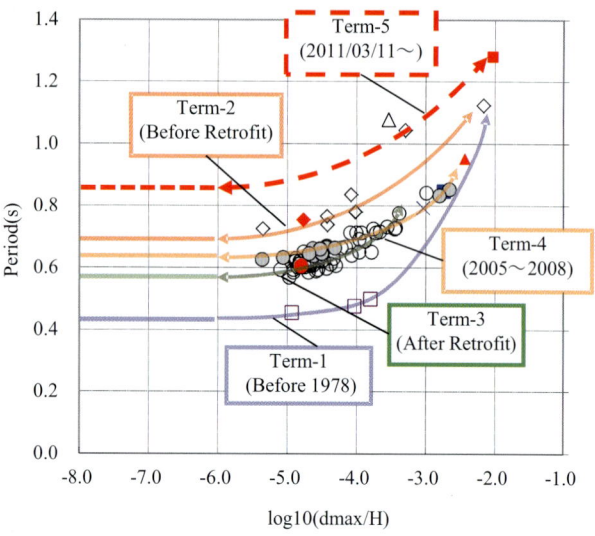

図3.2.2.13 竣工以来40年の長期モニタリングによる変形角と卓越周期の関係(梁間方向) (Relation between predominant period and deflection angle of the Tohoku Univ. building based on 40-years structural monitoring data after its completion (transverse direction))

表3.2.2.5 今回の地震における前震・本震と余震の最大加速度 (PGA observed at Tohoku Univ. for the 3/9, 3/11, 3/19 earthquakes)

地震名	最大加速度(cm/s/s)					
	1F			9F		
	梁間	桁行	上下	梁間	桁行	上下
微動(3/9)	-	-	-	-	-	-
三陸沖の地震 (3/9)	37	34	23	171	89	51
微動(3/11)	-	-	-	-	-	-
今回の地震 本震A(第1波群)(3/11)	207	216	128	594	617	377
今回の地震 本震B(第2波群)(3/11)	333	330	257	908	728	640
微動(3/19)	-	-	-	-	-	-
今回の地震余震 (3/19)	15	18	10	34	56	29

表3.2.2.6 今回の地震における前震・本震と余震のおよび微動観測における1次固有振動数 (Predominant frequencies observed at Tohoku Univ. for the 3/9, 3/11, 3/19 earthquakes and microtremors)

発生日時	地震名	1次固有振動数(Hz)	
		梁間	桁行
2011/03/09	(微動)	1.61	1.61
2011/03/09	三陸沖の地震	1.26	1.26
2011/03/11	(微動)	1.61	1.61
2011/03/11	東北地方太平洋沖地震 本震A	1.05	1.05
2011/03/11	東北地方太平洋沖地震 本震B	0.78	0.88
2011/03/19	(微動)	1.17	1.37
2011/03/19	東北地方太平洋沖地震 余震	0.93	1.16

参考文献

1) M. Saruta, H. Watanabe, M. Izumi: Proof test of base-isolated building using high damping rubber bearing, Trans. of the 10th International Conference on SMiRT, Vol.K2, pp.631-636, 1989

2) 日本建築学会東北支部災害調査連絡会:2008年6月14日岩手・宮城内陸地震に関する報告 建物における地震記録, http://www.disaster.archi.tohoku.ac.jp/Saigai/tohoku/20080614_BuildingRecords_r1.pdf, 2008

3) 日本建築学会東北支部災害調査連絡会:2008年7月24日岩手県沿岸北部の地震に関する報告 建物における地震記録, http://www.disaster.archi.tohoku.ac.jp/Saigai/wiki/index.php?plugin=attach&refer=2008年7月24日岩手県沿岸北部の地震&openfile= 20080724_EqRecords.pdf, 2008

4) 佃総一郎, 他5名:宮城県沖の地震における建物の地震時応答(その1~その3), 日本建築学会大会学術講演梗概集構造Ⅱ, pp.7-12, 2006

5) 後藤航, 他4名:岩手・宮城内陸地震および岩手県沿岸北部地震における強震観測記録の分析, 日本建築学会大会学術講演梗概集構造Ⅱ, pp.549-550, 2009

6) 池田隆明, 阿部良洋, 守研二, 高瀬裕也：増幅機構付き制震装置で耐震補強された仙台市役所本庁舎の地震観測, 日本建築学会大会学術講演梗概集, 構造 II, pp.13-14, 2010

7) 平成 23 年（2011 年）東北地方太平洋沖地震（東日本大震災）調査研究（速報）, 国土交通省国土技術政策総合研究所, 独立行政法人建築研究所, 国総研資料第 363 号, 建築研究資料第 132 号, http://www.kenken.go.jp/japanese/contents/topics/20110311/0311quickreport.html, 2011

8) 志賀敏男, 柴田明徳, 渋谷純一, 高橋純一：東北大学工学部建設系研究棟における強震応答実測とその弾塑性応答解析, 日本建築学会論文報告集, 301, pp.119-129, 1981

9) 源栄正人, 鈴木博之, 佐藤健：既存建物の耐震改修前後の起振機振動実験に基づく損傷度と補強効果の検討, 第 11 回日本地震工学シンポジウム, pp.2015-2020, 2002

10) 日本建築学会：2003 年 5 月 26 日宮城県沖の地震被害調査報告　3.4　建物における地震記録, pp.80-97, 2004

11) 高橋容之, F. Arresis, 河野洋介, 源栄正人：建築構造物のオンライン地震観測データの取得と活用に関する研究, 日本建築学会東北支部研究報告集, 71, pp.179-182, 2008

12) M. Motosaka et al, Amplitude Dependent Dynamic Characteristics of an Existing Building, 13WCEE, CD-ROM No.1023, 2004

13) 源栄正人他：2011 年東北地方太平洋沖地震における被害建物の地震前後の振動特性の変化, 日本建築学会大会学術講演梗概集, 2011 年 8 月

14) 源栄正人他：構造ヘルスモニタリングと緊急地震速報の連動による早期地震情報統合システムの開発, 日本建築学会技術報告集, 第 14 巻, 第 28 号, pp.669-674, 2008

15) 源栄正人他：構造ヘルスモニタリングと緊急地震速報の連動による早期地震情報統合システムの開発（その1〜その4）, 東北地域災害科学研究, 44, pp.13-34, 2008

3.2.3 同一観測点での過去の被害地震との比較
(Comparison of strong-motion characteristics between the 2011 and the past disastrous earthquake records at the identical stations)

(1) 仙台住友生命ビルにおける 1978 年宮城県沖地震との比較

東北大学・災害制御研究センターが観測を行っている仙台駅前の住友生命ビルにおける観測記録は 1978 年宮城県沖地震における貴重な観測記録を得た観測点であり, 仙台地域における工学基盤の地震動として位置付けられる. この観測点における今回の地震の地震動特性を 1978 年宮城県沖地震や 2005 年宮城県沖地震の地震動特性との比較について報告する.

表 3.2.3.1 は今回の東北地方太平洋沖地震(M9.0), 1978 年宮城県沖地震(M7.4), 2005 年宮城県沖地震(M7.2)の 3 成分の最大加速度を比較して示す.

図 3.2.3.1 には, 表 3.2.3.1 に示す 3 つの地震における水平 2 方向の波形を比較して示す. また, 図 3.2.3.2 には, 3 つの地震における水平 2 方向成分の応答スペクトルを比較して示す. これらの図より, 1978 年宮城県沖地震との比較では, 以下のことが分かる.

1) 今回の地震は 2 つの大きな波群で構成され, 1978 年宮城県沖地震の波形包絡線は第 1 の波群は同じ程度である.

2) スペクトル特性を比較すると, 1.5 秒以下の周期成分は NS 方向が大きく, 1978 年の宮城県沖地震より大きい. 1 秒付近では 2 割増, 0.5 秒付近では 2 倍程度大きい.

3) 3 秒付近の周期成分は EW 方向が大きく, 1978 年の地震より 2 倍程度大きい.

表 3.2.3.1 住友生命ビルにおける最大加速度値の過去の地震との比較(PGA observed at Sumitomo-seimei building for the 2011 and past disastrous earthquakes)

| 地震 | | 南北方向 S25E | 東西方向 S65W | 上下方向 | 地震計 |
年月日	M				
2011/3/11	9.0	317.7	234.1	160.3	SSA-1
1978/6/12	7.4	250.9	240.9	90.8	SMAC-Q
2005/8/16	7.2	120.8	78.0	56.4	SSA-1

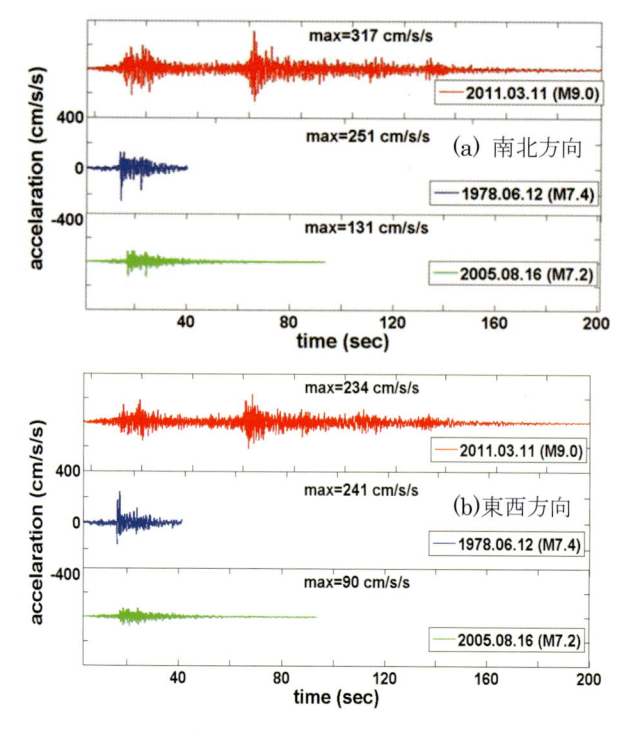

図 3.2.3.1 加速度波形の過去の地震との比較 (Waveforms at Sumitomo-seimei building for the 2011 and 1978 earthquakes (transverse direction))

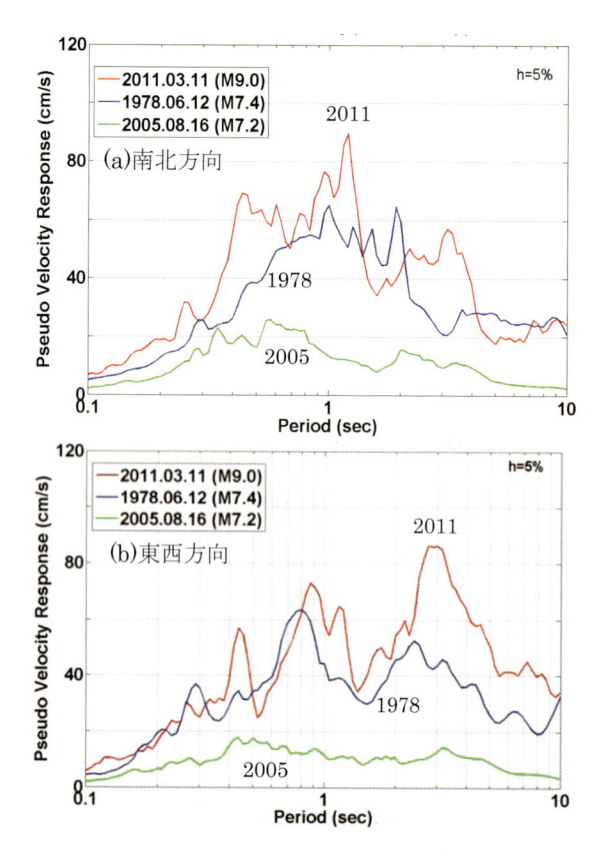

図 3.2.3.2 速度応答スペクトルの過去の地震との比較(Response spectra at Sumitomo-seimei building for the 2011 and past disastrous earthquakes)

(2) 青葉山丘陵地における地震動の増幅特性

今回の地震で大きな被害を受けた東北大学工学部の人間・環境系建物の入力地震動特性を仙台駅前の住友生命ビルと比較することは重要である。今回の地震と1978年宮城県沖地震の青葉山丘陵地の増幅特性について比較検討する。

図 3.2.3.3 には今回の地震と1978年宮城県沖地震における青葉山の人間・環境系建物の観測記録の南北方向の観測記録を示す。図 3.2.3.4 には，2つの地震における南北方向の応答スペクトルを比較して示す。

これらの図より，丘陵地の1秒付近の周期成分は今回の地震でも，1978年宮城県沖地震での2倍強増幅していることが分かる。これらの地形による増幅効果は建築構造物の耐震設計/耐震診断・補強に反映する必要があろう。

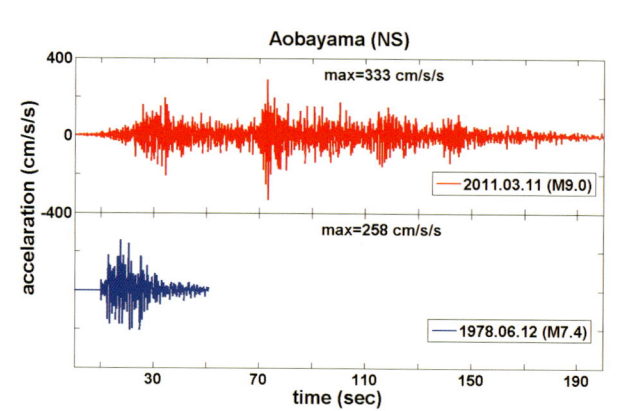

図 3.2.3.3 加速度波形の過去の地震との比較 (Waveforms at the ground floor of Tohoku Univ. building (Aobayama) for the 2011 and 1978 earthquakes)

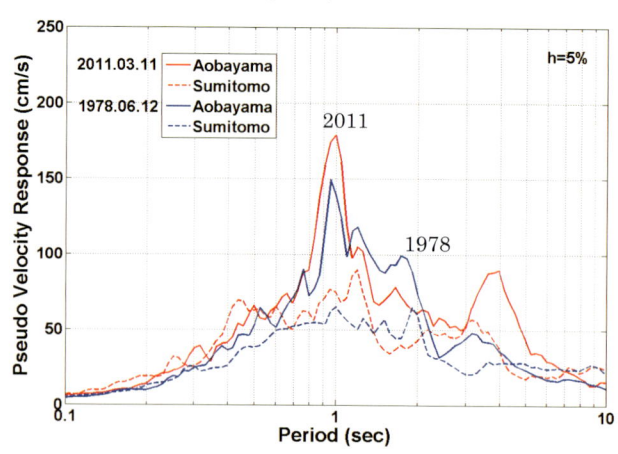

図 3.2.3.4 今回の地震と1978年宮城県沖地震における青葉山と住友生命ビルの応答スペクトルの比較(Response spectra at Sumitomo-seimei building and Aobayama for the 2011 and 1978 earthquakes)

(3) 大崎市と栗原市における 2008 年岩手・宮城内陸地震の地震動特性との比較

2008 年岩手・宮城内陸地震で被害を受けた宮城県北部や岩手県南部では今回の地震においても大きな地震動を観測した。震度 7 を記録した栗原市築館地区や今回の地震で大きな被害を受けた大崎市古川地区における地震観測記録を 2008 年の地震の場合と比較する。

表 3.2.3.2 には K-NET による築館(MYG004)と古川(MYG006)における 2 つの地震で観測された最大加速度値を示す。また, 図 3.2.3.5, 図 3.2.3.6 には築館と古川, それぞれにおける水平 2 方向の加速度-変位応答スペクトル（Sa-Sd スペクトル）を 2 つの地震で比較して示す。

これらの図より, 震度 7 を記録した築館の記録は 0.3 秒以下の短周期成分であり, 変位量は 2008 年の内陸地震より大きいものの 1 秒付近の周期帯域で 10 cm と小さいことが分かる。一方, 大崎市の古川における地震動特性について 2 つの地震を比較すると今回の地震の方が建物に大きな変形をもたらす地震動であったことが分かる。また, 4 月 7 日の余震も 1 秒以下の周期帯域では本震と同程度の変形量をもたらす地震であったことが分かる。これらの地震動特性は栗原市築館地区と大崎市古川地区の被害状況と整合する。

表 3.2.3.2 K-NET 築館と K-NET 古川における地震観測記録の最大加速度値
(PGA observed at MYG004 and MYG006)

観測点	地震	地動最大加速度（cm/s/s）		
		NS	EW	UD
築館 (MYG004)	今回の地震(3/11本震)	2700	1268	1880
	今回の地震(4/7余震)	1242	886	476
	2008年岩手・宮城内陸地震	740	678	224
古川 (MYG006)	今回の地震(3/11本震)	444	571	239
	今回の地震(4/7余震)	415	478	233
	2008年岩手・宮城内陸地震	238	233	104

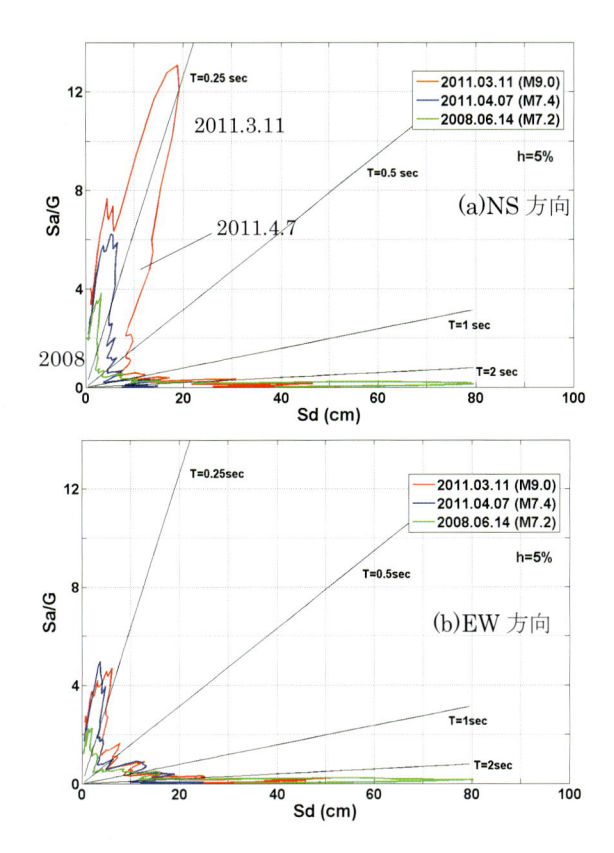

図 3.2.3.5 K-NET 築館における地震観測記録の Sa-Sd スペクトル（Sa-Sd spectra for the earthquake records at MYG004）

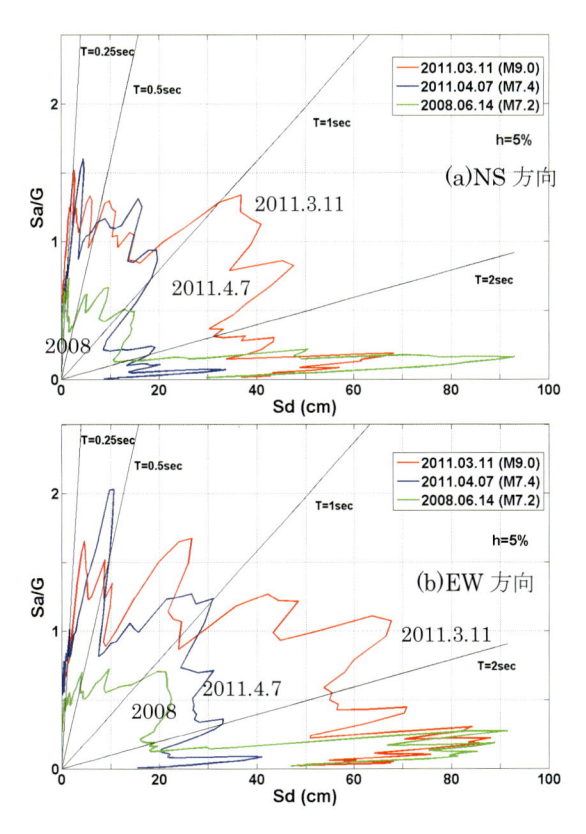

図 3.2.3.6 K-NET 古川における地震観測記録の Sa-Sd スペクトル（Sa-Sd spectra for the earthquake records at MYG006）

3.3 被害統計 (Damage statistics)

被害の状況は未だ確定したものではない。以下の報告は，執筆時点（5月10日から6月5日の間）で収集した統計値をもとに記述していることを断っておく。

3.3.1 人的被害の状況 (Casualties)

(1) 死者・行方不明者数

大規模な地震に伴い，極めて大きな津波が東北地方および関東地方の太平洋沿岸で発生し，甚大な被害をもたらした。5月12日11時現在の死者は東北6県計で14,753人，行方不明者数は東北6県計で9,892人，負傷者は東北6県計で3,899人となっている。特に被害が大きかったのは宮城県で死者8,839人，行方不明者5,892人，次いで岩手県で死者4,404人，行方不明者3,269人，福島県で死者1,504人，行方不明者730人などとなっており（5/12時点），戦後の日本での自然災害では最も被害規模が大きいものとなっている（表3.3.1，表3.3.2）。

被害の多くは津波によるものと考えられるが，死者の年齢構成では，4/9時点での警視庁の情報を朝日新聞が調べた結果によると，65歳以上の高齢者が55.4％と多く，40〜64歳が27.9％，19〜39歳が10.0％，7〜18歳が3.9％，0〜6歳が2.8％となっていた。

表3.3.1 各県の死者と行方不明者数
(Casualties in each prefecture)

県名	死者 人	行方不明 人	負傷者		
				重傷	軽傷
青森県	3	1	47	10	37
岩手県	4,404	3,269	164	0	0
宮城県	8,839	5,892	3,411	64	1,057
秋田県	0	0	13	4	8
山形県	3	0	29	8	21
福島県	1,504	730	235	84	151
東北6県計	14,753	9,892	3,899	170	1,274

H23.5.12 11:00 消防庁災害対策本部

(2) 避難者数

津波による住宅流失，ライフラインの寸断等により地震直後から多数の人が避難所に避難した。直後の避難者数の統計はないが，地震から3日目には全国で約47万人が，東北3県（岩手・宮城・福島）では約41万人が約2000箇所の避難所に避難していたと見られている。その後，ライフラインの復旧，仮設住宅等の建設が進むに伴い，避難所を出る人が徐々に増えたが，5月11日の2ヶ月経過時点でも約11万5千人（東北3県では約9万4千人）の避難者（避難所生活者）がいる（図3.3.1）。

表3.3.2 主な市町村別の死者と行方不明者数
(Casualties in cities and towns)

県名	市町村名	死者数 A	行方不明者数 B	死者+行方不明者数 A+B=C	2010国調人口 D	死者+行方不明者数/人口 C/D
岩手県 5/31 17時	陸前高田市	1,506	643	2,149	23,302	9.2%
	大船渡市	319	149	468	40,738	1.1%
	釜石市	853	452	1,305	39,578	3.3%
	大槌町	773	952	1,725	15,277	11.3%
	山田町	575	296	871	18,625	4.7%
	宮古市	415	355	770	59,442	1.3%
宮城県 5/31 18時	仙台市	699	180	879	1,045,903	0.1%
	石巻市	3,025	2,770	5,795	160,704	3.6%
	気仙沼市	957	532	1,489	73,494	2.0%
	名取市	907	124	1,031	73,140	1.4%
	東松島市	1,038	198	1,236	42,908	2.9%
	山元町	671	63	734	16,711	4.4%
	女川町	481	550	1,031	10,051	10.3%
	南三陸町	519	664	1,183	17,431	6.8%
福島県 5/31 14時	相馬市	430	28	458	37,796	1.2%
	南相馬市	540	166	706	70,895	1.0%
	新地町	94	20	114	8,218	1.4%

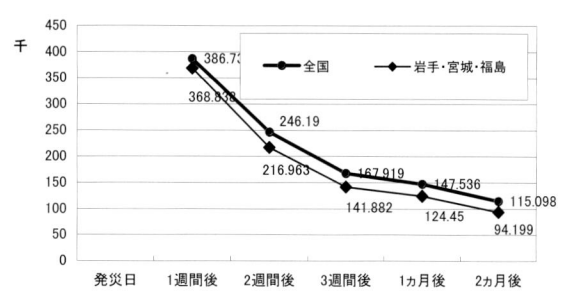

※1：一部，自宅等避難を含む ※2：公営住宅等を含む
出典：警察庁緊急災害警備本部資料に基づき内閣府被災者生活支援チームで作成

図3.3.1 避難者数の推移 (Number of refugees)

3.3.2 建物被害の状況 (Damage to buildings)

(1) 建物被害の状況

住宅および住宅以外の建物の被害の状況を見ると（表3.3.3），東北6県で全壊は9万5千戸余り，半壊は3万8千戸余りとなっている。宮城県では全壊が6万戸を超えており，半壊・一部破損を加えるとおおよそ10万戸の被害となっている。岩手県では全壊が1万7千戸余り，福

表3.3.3 各県の建物被害の状況
(Building damage intensity in each prefecture)

県名	全壊 戸	半壊 戸	一部破損 戸	流失 戸	全焼 戸	半焼 戸	床上浸水 戸	床下浸水 戸	非住家被害 戸
青森県	281	1,019	77						1,223
岩手県	17,107	2,661	1,604		15		1,763	338	1,534
宮城県	64,105	18,361	21,464		119		125	2,280	15,387
秋田県			3						3
山形県	37	80							
福島県	13,873	16,135	50,509	77	3		57	334	973
東北6県計	95,403	38,256	73,657	211	3		1,945	2,952	19,120

H23.5.25 警察庁緊急災害警備本部
未確認情報を含む

島県では1万3千戸余りとなっていて，地震と津波による影響により，多数の建物が被害を受けている。青森県では全壊281戸，秋田県では0棟，山形県では37棟となっており，津波の影響がなかった秋田・山形両県での被害は小さかった。津波により流失した建物の戸数，床上・床下浸水の建物の状況は5/25時点において，ほとんど明らかになっていない。

公営住宅の被害状況を見ると，全壊棟数（戸数）は宮城県で216棟（652戸），岩手県で167棟（555戸），福島県で20棟（83戸）となっている（表3.3.4）。

表3.3.4 公営住宅の建物被害の状況
（Damage intensity of public housing）

県名	棟数	戸数	被害状況
岩手県	167	555	全壊
	224	929	一部破損
宮城県	216	652	全壊
	90	247	半壊
	246	1,725	一部破損
福島県	20	83	全壊
	35	171	半壊
	1,172	9,157	一部破損

(2) 危険度判定の状況

実施された被災建築物応急危険度判定によると，宮城県で危険（赤）判定が5088件，要注意（黄）が7511件，福島県で危険（赤）判定が3278件，要注意（黄）が6540件などとなっている（表3.3.5）。宮城県では延べ1458班（延べ人員2929人）が，福島県では延べ965班（延べ人員1979人）が判定に関わった。

表3.3.5 応急危険度判定の結果
（Safety check on houses and buildings in cities and town）

県名	危険 赤	要注意 黄	調査済 緑	計
岩手県	168	445	459	1,072
宮城県	5,088	7,511	37,968	50,567
再掲 仙台市	1,543	2,711	4,653	8,907
石巻市	221	104	9,074	9,399
塩竈市	132	196	4,411	4,739
東松島市	84	92	3,915	4,091
大崎市	338	396	1,876	2,610
亘理町	572	377	1,450	2,399
山元町	250	563	1,562	2,375
福島県	3,278	6,540	5,735	15,553
再掲 郡山市	718	913	1,721	3,352
いわき市	329	2,087	273	2,689

H23.5.13 10:00 国土交通省住宅局
合計が2000件以上の市町を再掲

また，被災宅地危険度判定によると危険（赤）判定の宅地は，宮城県で886件，福島県で269件，岩手県で98件となっている（表3.3.6）。

表3.3.6 被災宅地危険度判定の結果
（Safety check on housing lots）

県名	危険 赤	要注意 黄	調査済 緑	計	実施状況
岩手県	98	88	141	327	
宮城県	886	1,470	1,640	3,996	
再掲 仙台市	794	1,310	1,573	3,677	3/14-5/19
福島県	269	258	484	1,011	
再掲 福島市	112	237	230	579	3/12-4/14 被災建築物応急危険度判定の数を含む
郡山市	30	10	235	275	

H23.5.25 10:00 国土交通省

3.3.3 津波による浸水被害（Damage due to tsunami）

(1) 浸水面積

今回の地震では，とりわけ地震に伴って発生した津波による被害が大きい。東北地方沿岸部の浸水面積と浸水範囲概況にかかる人口数，世帯数とその割合を見たものが表3.3.7である。

青森県では浸水面積は24k㎡で青森県の市町村面積に占める割合は2.8％，浸水範囲概況にかかる人口は約1万5千人で世帯数は約5,300，青森県の人口，世帯数に占める割合では，人口の4.7％，世帯数の4.1％を占めることになる。なかでも六ヶ所村では人口の31.1％，世帯数の28.4％が浸水範囲にかかると見られている。

岩手県では浸水面積は58k㎡で岩手県の市町村面積に占める割合は1.2％，浸水範囲概況にかかる人口は約10万7千人で世帯数は約4万，岩手県の人口，世帯数に占める割合では，人口の39.2％，世帯数の38.9％を占めることになる。なかでも陸前高田市では人口の71.4％，世帯数の71.7％が，また大槌町では人口の78.0％，世帯数の81.3％が，浸水範囲にかかると見られており，極めて大きな被害がもたらされた。

宮城県では浸水面積は327k㎡と大きく，宮城県の市町村面積に占める割合は16.3％，浸水範囲概況にかかる人口は約33万2千人で世帯数は約11万7千，宮城県の人口，世帯数に占める割合では，人口の27.5％，世帯数の25.0％を占めることになる。なかでも石巻市では人口の69.9％，世帯数の72.9％が，また東松島市では市域の36.3％，人口の79.3％，世帯数の80.4％が，女川町では人口の80.1％，世帯数の79.5％が，さらに南三陸町では人口の82.5％，世帯数の82.6％が，浸水範囲にかかると見られている。また仙台市若林区は区面積の60.4％が，仙台市宮城野区は34.5％が，亘理町は町面積の47.9％が，岩沼市では市面積の47.5％が浸水するなど，農地等の浸水面積も極めて大きく，その被害は人的被害にとどまらず大きい。

表 3.3.7 市町村別にみた浸水面積と割合 (Inundated area and population in cities and towns)

	浸水面積 km2	市町村面積 km2	割合	浸水範囲概況にかかる		当該市区町村の人口及び世帯数(b)		浸水範囲概況の割合(%)	
				人口	世帯数	人口	世帯数	人口	世帯数
青森県	24	844	2.8%	15,838	5,375	335,968	129,666	4.7%	4.1%
八戸市	9	305	3.0%	5,229	1,760	237,473	91,925	2.2%	1.9%
三沢市	6	120	5.0%	1,924	589	41,260	16,246	4.7%	3.6%
六ヶ所村	5	253	2.0%	3,453	1,349	11,092	4,751	31.1%	28.4%
おいらせ町	3	72	4.2%	3,820	1,203	24,188	8,329	15.8%	14.4%
東通村				223	81	7,253	2,710	3.1%	3.0%
階上町	0.5	94	0.5%	1,189	393	14,702	5,705	8.1%	6.9%
岩手県	58	4,946	1.2%	107,503	39,673	274,114	101,900	39.2%	38.9%
宮古市	10	1,260	0.8%	18,378	7,209	59,442	22,504	30.9%	32.0%
大船渡市	8	323	2.5%	19,073	6,957	40,738	14,814	46.8%	47.0%
久慈市	4	623	0.6%	7,171	2,553	36,875	14,015	19.4%	18.2%
陸前高田市	13	232	5.6%	16,640	5,592	23,302	7,794	71.4%	**71.7%**
釜石市	7	441	1.6%	13,164	5,235	39,578	16,095	33.3%	32.5%
大槌町	4	201	2.0%	11,915	4,614	15,277	5,674	78.0%	**81.3%**
山田町	5	263	1.9%	11,418	4,175	18,625	6,605	61.3%	63.2%
岩泉町	1	993	0.1%	1,137	431	10,804	4,355	10.5%	9.9%
田野畑村	1	156	0.6%	1,582	526	3,843	1,309	41.2%	40.2%
普代村	1	70	1.4%	1,115	380	3,088	1,042	36.1%	36.5%
野田村	2	81	2.5%	3,177	1,069	4,632	1,576	68.6%	67.8%
洋野町	1	303	0.3%	2,733	932	17,910	6,117	15.3%	15.2%
宮城県	327	2,003	16.3%	331,902	116,758	1,205,851	466,356	27.5%	25.0%
仙台市宮城野区	20	58	34.5%	17,375	6,551	190,485	85,790	9.1%	7.6%
仙台市若林区	29	48	60.4%	9,386	2,698	132,191	58,891	7.1%	4.6%
仙台市太白区	3	228	1.3%	3,201	1,136	220,715	91,585	1.5%	1.2%
石巻市	73	556	13.1%	112,276	42,157	160,704	57,812	69.9%	**72.9%**
塩竈市	6	18	33.3%	18,718	6,973	56,490	20,314	33.1%	34.3%
気仙沼市	18	333	5.4%	40,331	13,974	73,494	25,464	54.9%	54.9%
名取市	27	100	27.0%	12,155	3,974	73,140	25,150	16.6%	15.8%
多賀城市	6	20	30.0%	17,144	6,648	62,979	24,047	27.2%	27.6%
岩沼市	29	61	47.5%	8,051	2,337	44,198	15,530	18.2%	15.0%
東松島市	37	102	36.3%	34,014	11,251	42,908	13,995	79.3%	**80.4%**
亘理町	35	73	47.9%	14,080	4,196	34,846	10,899	40.4%	38.5%
山元町	24	64	37.5%	8,990	2,913	16,711	5,233	53.8%	55.7%
松島町	2	54	3.7%	4,053	1,477	15,089	5,149	26.9%	28.7%
七ヶ浜町	5	13	38.5%	9,149	2,751	20,419	6,415	44.8%	42.9%
利府町	0.5	45	1.1%	542	192	34,000	10,819	1.6%	1.8%
女川町	3	66	4.5%	8,048	3,155	10,051	3,968	80.1%	**79.5%**
南三陸町	10	164	6.1%	14,389	4,375	17,431	5,295	82.5%	**82.6%**
福島県	112	2,456	4.6%	71,292	22,847	527,573	191,906	13.5%	11.9%
いわき市	15	1,231	1.2%	32,520	11,345	342,198	128,516	9.5%	8.8%
相馬市	29	198	14.6%	10,436	3,076	37,796	13,240	27.6%	23.2%
南相馬市	39	399	9.8%	13,377	3,720	70,895	23,643	18.9%	15.7%
広野町	2	58	3.4%	1,385	444	5,418	1,810	25.6%	24.5%
楢葉町	3	103	2.9%	1,746	543	7,701	2,576	22.7%	21.1%
富岡町	1	68	1.5%	1,401	552	15,996	6,141	8.8%	9.0%
大熊町	2	79	2.5%	1,127	359	11,511	3,955	9.8%	9.1%
双葉町	3	51	5.9%	1,278	402	6,932	2,393	18.4%	16.8%
浪江町	6	223	2.7%	3,356	1,006	20,908	7,171	16.1%	14.0%
新地町	11	46	23.9%	4,666	1,400	8,218	2,461	56.8%	56.9%

福島県では浸水面積は 112ｋm²で福島県の市町村面積に占める割合は 4.6%，浸水範囲概況にかかる人口は約 7 万 1 千人で世帯数は約 2 万 3 千，福島県の人口，世帯数に占める割合では，人口の 13.5%，世帯数の 11.9%を占めることになる。

同様に浸水範囲概況にかかる事業所数とそこで従事する事業者数をみたものが表 3.3.8 である。

青森県では全事業所数の 13.6%，従業者数にして 21.2%が浸水範囲に立地・従事していたと見られる。沿岸部での漁業・水産業を生業とする地域が多い岩手県・宮城県で浸水範囲概況にかかる事業所・従業者数は多く，岩手県では事業所数の 64.9%，従業者数の 64.0%が浸水範囲にかかり，特に陸前高田市では事業所数の 99.8%，従業者数の 99.3%が，大槌町では事業所数の 98.0%，従

表3.3.8 市町村別にみた事業所数と浸水被害の割合 (Number of establishments and workers in inundated area)

	浸水範囲概況にかかる		当該市区町村の事業所数及び従業者		浸水範囲概況の割合(%)	
	事業所数	従業者数	事業所数	従業者数	事業所数	従業者数
青森県	2,298	35,815	16,876	169,006	13.6	21.2
八戸市	1,349	21,961	12,407	121,253	10.9	18.1
三沢市	83	642	2,079	20,444	4.0	3.1
六ヶ所村	508	10,368	625	11,629	81.3	89.2
おいらせ町	183	1,828	977	9,185	18.7	19.9
東通村	38	159	326	2,673	11.7	5.9
階上町	137	857	462	3,822	29.7	22.4
岩手県	9,990	70,342	15,402	109,861	64.9	64.0
宮古市	2,013	14,568	3,081	23,265	65.3	62.6
大船渡市	2,210	15,422	2,734	19,580	80.8	78.8
久慈市	640	6,420	2,196	16,638	29.1	38.6
陸前高田市	1,280	7,688	1,283	7,740	99.8	99.3
釜石市	1,382	10,270	2,396	18,679	57.7	55.0
大槌町	778	5,282	794	5,321	98.0	99.3
山田町	804	4,966	910	5,920	88.4	83.9
岩泉町	85	581	652	4,410	13.0	13.2
田野畑村	113	638	175	1,213	64.6	52.6
普代村	73	455	184	904	39.7	50.3
野田村	196	1,247	218	1,390	89.9	89.7
洋野町	416	2,805	779	4,801	53.4	58.4
宮城県	24,705	220,531	53,731	518,650	46.0	42.5
宮城野区	1,782	22,117	9,162	119,384	19.4	18.5
若林区	830	7,009	7,242	74,982	11.5	9.3
太白区	516	5,552	6,219	58,561	8.3	9.5
石巻市	7,847	62,611	9,072	71,512	86.5	87.6
塩竈市	2,481	18,596	3,285	23,259	75.5	80.0
気仙沼市	3,315	25,240	4,103	30,242	80.8	83.5
名取市	846	10,156	2,799	31,395	30.2	32.3
多賀城市	1,412	18,801	2,521	25,323	56.0	74.2
岩沼市	629	9,910	2,017	22,284	31.2	44.5
東松島市	1,463	11,409	1,697	13,227	86.2	86.3
亘理町	577	5,972	1,160	10,419	49.7	57.3
山元町	454	3,808	574	4,733	79.1	80.5
松島町	441	4,012	689	5,665	65.5	70.8
七ヶ浜町	532	3,137	595	3,352	89.4	93.6
利府町	32	224	1,038	12,226	3.1	1.8
女川町	651	5,721	656	5,737	99.2	99.7
南三陸町	887	6,256	902	6,349	98.3	98.5
福島県	6,050	62,183	25,467	240,766	23.8	25.8
いわき市	3,112	29,362	15,822	153,657	19.7	19.1
相馬市	678	6,178	1,983	17,743	34.2	34.8
南相馬市	681	7,383	3,652	30,629	18.6	24.1
広野町	211	1,835	289	2,925	73.0	62.7
楢葉町	252	3,479	372	4,421	67.7	78.7
富岡町	258	2,698	917	8,314	28.1	32.5
大熊町	218	5,493	582	9,004	37.5	61.0
双葉町	73	747	345	2,721	21.2	27.5
浪江町	250	2,387	1,136	8,323	22.0	28.7
新地町	317	2,621	369	3,029	85.9	86.5

業者数の99.3%が浸水範囲にかかるなど，極めて大きな被害がもたらされている。大船渡市，山田町，野田村などでも同様の状況にある。

宮城県では，事業所数の46.0%，従業者数の42.5%が浸水範囲にかかり，特に女川町では事業所数の99.2%，従業者数の99.7%が，南三陸町では事業所数の98.3%，従業者数の98.5%が浸水範囲にかかるなど，大きな被害がもたらされている。七ヶ浜町，石巻市，東松島市，気仙沼市，塩釜市などでは軒並み同様の状況にある。

福島県では，事業所数の23.8%，従業者数の25.8%が浸水範囲にかかっている。新地町では事業所数の85.9%，従業者数の86.5%が，楢葉町では事業所数の67.7%，従業者数の78.7%が，広野町では事業所数の73.0%，従業者数の62.7%が浸水範囲にかかるなど，大きな被害がもたらされている。

(2) 地盤沈下

今回の地震は，各地に大きな地盤の移動と沈下も引き起こした。電子基準点の牡鹿（宮城県石巻市）では，東南東方向に約5.3m動き，約1.2m沈下するなど広範囲で地殻変動が観測されている。

表3.3.9 主な観測地点での地盤沈下の状況
（Land subsidence at the GPS observation sites）

県名	市町村名	点名	変動量cm
岩手県	宮古市	宮古	-42
	山田町	山田	-54
	釜石市	釜石	-56
	大船渡市	大船渡	-76
宮城県	気仙沼市	気仙沼	-65
	東松島市	矢本	-47
	利府町	利府	-28
	亘理町	亘理	-21

電子基準点 精度は約1センチ

地盤沈下は，岩手県大船渡市で76cm，宮城県気仙沼市で65cm，岩手県釜石市で56cmなどの地盤沈下が確認されている（表3.3.9）。宮城県では今回の地震による地盤沈下で，海抜0m以下の地域が震災前の3.4倍の56k㎡に広がったとの調査結果を発表している。

特に地盤沈下が目立ったのは石巻市の北上川河口や旧北上川河口，仙台平野で，石巻市では中心部の住宅地，商店街にも海抜0m以下の地域が発生したとされる。浸水は，人の暮らしへの直接的な影響にとどまらず，水田・畑の塩害による農業への影響も深刻化している。

3.3.4 ライフラインの被害（Damage to lifelines）

(1) 電気の被害

今回の地震によりライフライン（電気，水道，ガス）も大きな被害を受け，生活に大きな影響を与えた。

地震直後から東北全県で停電が発生し，最大440万戸が停電となった。1週間後には秋田・山形両県は完全復旧に至っているが，宮城県では依然20万戸超が復旧していなかった。1ヵ月後の4月11日時点でも宮城県で約9万戸，福島県で約3万5千戸，岩手県で約3万戸が停電中，2ヶ月経過後の5月13日時点でも依然，津波の被害を受けた地域を中心に宮城県で約3,000戸，岩手県で286戸が復旧していない状況にある（表3.3.10）。

表 3.3.10 停電戸数の状況（Number of electric power failure houses and restoration）

県名	2011/3/11 22:00	2011/3/18 22:00	2011/4/11 16:00	2011/5/13 16:00
青森県	約90万戸	597	復旧	復旧
岩手県	約76万戸	44,487	29,438	286
宮城県	約138万戸	203,511	92,704	3,179
秋田県	約66万戸	復旧	復旧	復旧
山形県	約50万戸	復旧	復旧	復旧
福島県	約24万戸	38,149	35,454	復旧

東北電力調べ

写真 3.3.1 仙台市内街頭いたるところで見られた携帯電話を充電する若者たち（Charging up cellular phones on a street）

(2) 水道の被害

断水の状況を見ると，地震後把握された最大断水戸数は（3月15日，復旧戸数は除く）東北6県で約75万戸以上となっている（表3.3.11）。2ヶ月経過した時点においても，宮城県では石巻市，気仙沼市，仙台市などで約4.1万戸が，岩手県では陸前高田市，釜石市，大船渡市などで約2.2万戸が，福島県でも相馬・双葉地方を中心に約6.6千戸で断水状態が続いている。津波で浄水場が大きな被害を受けた宮城県の南三陸町では，震災後約3ヶ月経過した5月末においても，ほとんど全域で断水状態が続いている。

表 3.3.11 断水戸数の状況
（Number of water failure houses and restoration）

県名	2011/3/15 戸数	2011/5/11 戸数
青森県	40	復旧
岩手県	約11万	約2.2万
宮城県	約32万	約4.1万
秋田県	約1400	復旧
山形県	約6600	復旧
福島県	約32万	約6600

(3) ガスの被害

ガスは宮城県を中心に地震直後から供給停止状態になり，3月11日時点では宮城県で約34万個，福島県で約1万8千戸，岩手県，青森県でも停止状態となった。2週間後の3月25日時点での復旧率は青森県で完全復旧に至ったものの，岩手県では0%，宮城県でも1%とほとんど復旧されていない（表3.3.12）。仙台市では4月16日時点までに約31万戸が復旧し，一部沿岸地域を除いて復旧が進んだ。2ヶ月経過時点では，津波による家屋流出等地域を除いて都市ガス，LPガスともおおむね復旧に至った。

表 3.3.12 ガス供給停止戸数の状況
（Number of gas failure houses and restoration）

県名	2011/3/11 供給停止	2011/3/25 復旧率
青森県	1,236	100%
岩手県	6,342	0%
宮城県	336,980	1%
秋田県	-	-
山形県	-	-
福島県	18,586	38%

日本ガス協会調べ

3.3.5 その他生活関連の被害（Other lifelines damage）

(1) 道路等の被害の状況

道路損壊等の被害（5/25時点判明分）は宮城県で大きく，道路損壊1571箇所，橋梁被害23箇所，山崖崩れ51箇所，堤防決壊4箇所，鉄軌道23箇所となっている（表3.3.13）。

表 3.3.13 道路等の被害の状況（Damage to roads）

県名	道路損壊 箇所	橋梁被害 箇所	山崖崩れ 箇所	堤防決壊 箇所	鉄軌道 箇所
青森県	2				
岩手県	30	4	6		
宮城県	1,571	23	51	4	23
秋田県	9				
山形県	21		29		
福島県	19	3	9		
東北6県計	1,652	30	95	4	23

H23.5.25 警察庁緊急災害警備本部
未確認情報を含む

(2) がれきの発生

岩手，宮城，福島の3県で発生したがれきの推計量は約2490万トンで，宮城県で約1600万トン，岩手県で約

600万トン，福島県で約290万トンとなっている（5/25時点）。宮城県のがれきの量は，1年間に排出される一般廃棄物の23年分に相当すると見られている（表3.3.14a）。

(3) 市場・流通

中央卸売市場では，仙台市中央市場本場，仙台市中央市場食肉市場，福島市中央市場，いわき市中央市場において，施設被害が発生した。また，被災直後に休市したため，入荷の激減等の事態が発生した（表3.3.14a）。

流通においても，震災直後は被災地にある総合スーパーの約3割，コンビニ店舗の4割強など数多くの店舗が営業停止した。

これらの影響で東北全域において生活物資，食料物資が不足し，日常生活への支障が生じた。特にカセットコンロや電池，食料品では米，乳製品，卵，肉・魚，水などの入手が困難な状況は仙台市内でも2週間以上続き，開店しているスーパーやコンビニ，商店などには連日長蛇の行列ができ，数時間並んで品物を購入（購入点数等に制限あり）する光景が日常化した（写真3.3.2）。

写真3.3.2　食料，物品等を買い求める人の長蛇の列
（Huge line for food, goods, etc. in cold weather）

(4) 燃料

東北・関東地方にある9製油所のうち6製油所が停止した（うち2箇所で火災発生）（表3.3.14a）。また多くのガソリンスタンドが被害を受け，更に製油所停止に伴い燃料の供給が停止した。

東北3県におけるガソリンスタンドの稼働率は約53％（3月20日時点）となり，稼動しているガソリンスタンドでは給油制限（一人10リットルや2000円分など）などの措置がとられたため，給油のために徹夜での車列ができるなど，ガソリンスタンド周辺は大混雑し，大きな渋滞も巻き起こした。

(5) 郵便・銀行

東北3県1103局の郵便局は，震災直後の3月14日時点で約53％に相当する583局で営業が停止されていた。配達においても東北3県301エリアのうち，約15％に相当する44エリアで配達ができない状況にあった（表3.3.14a）。

東北6県（および茨城県）に本店のある72金融機関の営業店約2,700について，震災直後の3月14日時点で，約10％に相当する約280が閉鎖された（表3.3.14a）。

(6) 宅配便

東北3県において，震災直後から一週間程度の間，全域で全サービスが休止された（表3.3.14a）。震災後2ヶ月を経過したあたりから，津波で被害を受けた沿岸部地域への配送と集荷もおおむね再開されるようになった。

(7) 通信

震災当初は，ピーク時において，NTT固定電話では約100万回線，携帯電話では4社で全国約14,800局がサービスを停止した（表3.3.14a）。

(8) 道路・鉄道・バス

東北地方を中心として，高速道路15路線，直轄国道69区間，補助国道102区間，県道等539区間で被災により通行止めが生じた（表3.3.14b）。東北自動車道は一般車両の通行止めが続いたが，3月24日に解除された。

鉄道は，6路線の新幹線（東北，秋田，山形，上越，長野，東海道）をはじめ，42社177路線で運転を休止した。東北・秋田・山形新幹線は4月29日に全線開通した（表3.3.14b）。

バスは，東北主要3県において，143両の車両損害（乗合54両・貸切89両）および62棟の社屋等の損害（全壊18棟・一部損壊44棟）が発生した。新幹線が開通するまでの間，東京以西と被災地東北を結ぶ手段として，重要な役割を果たした（表3.3.14b）。

(9) 空港

仙台空港は津波被害によりターミナルビルの使用が不能になった。滑走路，管制機能にも大きな被害が生じ，空港の使用が不能になった（表3.3.14b）。順次，機能回復のための整備が行われ，4月13日からターミナルビルの一部を使い，羽田・伊丹便の運航が再開された。仙台空港アクセス鉄道は依然不通状態が続いている（6/5現在）。9月の全面復旧を目指して復旧作業が続いている。

(10) 港湾

震災直後には，14の国際拠点港湾および重要港湾（八戸港，宮古港，釜石港，大船渡港，仙台港，塩釜港など），石巻港，相馬港，小名浜港が被災し，利用不可能になった（表3.3.14b）。

(11) 離島航路

宮城県の4航路で，使用船舶の陸上への乗り上げや岸壁の損傷が発生した。（表3.3.14b）。

表 3.3.14a　被害概要と復旧の状況と今後の見通し（Damage, restoration and future prospects）

1. がれき処理

項目	被災時の被害状況	現在の被害・復旧の状況	当面の復旧見通し・目標
がれき処理	東北3県のがれき推計量は、約2,490万トン（岩手県約600万トン、宮城県約1,600万トン、福島県約290万トン）。	・岩手県では沿岸12市町村（計82箇所）、宮城県では33市町村（計113箇所）、福島県では26市町村（計134箇所）において、仮置き場を設置済み。 ・各県の沿岸市町村の仮置場への搬入済量は、岩手県では合計で約110万t（がれき推計量約600万tの約18%）、宮城県では合計で約230万t（がれき推計量約1,600万tの約14%）、福島県では合計で約12万t（がれき推計量約290万tの約4%）。	・生活環境に支障が生じ得る災害廃棄物（例えば、現在住民が生活を営んでいる場所の近傍にある災害廃棄物）については、本年8月末を目途におおむね撤去するよう、関係自治体に依頼。

2. ライフライン

項目	被災時の被害状況	現在の被害・復旧の状況	当面の復旧見通し・目標
電気	東北3県の停電戸数は、約258万戸（3/11）。東北電力管内において約466万戸、東京電力管内において約405万戸が停電（3/11）。	・5月6日現在、東北電力管内で約6千700戸が停電（岩手県：約700戸、宮城県：約6千戸）。 ・停電状況の分類： (1)東北電力が復旧作業に着手できる地域の停電戸数：約6千戸 (2)今後の瓦礫撤去等の後、復旧作業に着手可能となる地域の停電戸数：約100戸 ・5月5日現在、上記の他、家主不在等で送電を保留している家屋（約1万4千戸）、津波で家屋等流出地域（約7万9千戸）、福島県内の立入制限区域（約3万2千戸）がある。	・東北電力が復旧作業に着手できる地域の停電のうち、約4千戸は5/20までに、約3千戸は5/31までに復旧見込み。
ガス	東北3県の都市ガスの供給停止戸数は、約42万戸（3/11）。東北3県のLPガスの供給停止戸数は、約166万戸（3/11）。	・都市ガスは、5/3までに家屋流出等地域を除いた約36万戸が復旧済み。 ・LPガスは、5/21現在、家屋流出等地域を除いて供給可能。	・地震・津波等の被害が甚大な地域、家屋倒壊等の事情で現段階で復旧作業に取りかかることができない箇所については、各ガス事業者が各地域での街区の整備進捗等に応じ、個別に対応。
水道	19県の水道事業等で断水が発生し、震災後に把握した最大断水戸数（復旧済み除く）は、少なくとも約180万戸（3/16 17時）。全国456水道事業者から最大時355台の給水車を派遣し、応急給水を実施。	・これまでに復旧した総数（余震による再度のf断水を含む）は延べ約222万戸で、5/11現在、3県で約7.0万戸が断水（岩手県約2.2万戸、宮城県約4.1万戸、福島県約0.7万戸）。 ・各地域の水道事業者が、全国の水道事業者の支援も得ながら復旧作業対応中。	・津波被害を受けていない区域は順次復旧中。 ・津波被災区域については、各地域の復興計画と連携し、水道の復興・整備を進める予定。
市場・流通業	【市場】中央卸売市場では、仙台市中央市場本場、仙台市中央市場食肉市場、福島市中央市場、いわき市中央市場において、施設被害が発生した。また、被災直後に休市、入荷の激減等の事態が発生。 【流通業】震災直後は、被災地にある総合スーパーの約3割、コンビニ店舗の4割強など数多くの店舗が営業停止。	【市場】 ・左の被災した4市場においても営業は再開、ただし被害の大きい仙台市中央市場食肉市場においては、限定的な営業にとどまる。 【流通業】 ・被災地においては、営業時間短縮や一部フロアのみの営業、店頭販売などを行っている店舗を含め、概ね9割程度の店舗が営業中。一方、店舗流出など被害の大きかった沿岸部や原発周辺地域では、休業店舗が多い。	【市場】 ・左の被災した4市場に対して、6月中に復旧事業に着手予定。 【流通業】 ・岩手県や宮城県などの太平洋沿岸部の被災地域などでは、仮設店舗の設置、店頭販売、出張販売、巡回販売などの取組が継続される見込み。
燃料	【製油所】東北・関東地方にある9製油所中6製油所が停止。うち、2箇所で火災発生。 【ガソリンスタンド】東北3県の稼働率は、総数1,834の約53%（3月20日）。	【製油所】 ・停止していた6製油所中3製油所は完全復旧。残り3製油所（JX仙台製油所、JX鹿島製油所、コスモ千葉製油所）は完全復旧までに長期化。 ・ガソリンを含む石油製品全体について、震災前の東北地方の需要量・日量3.8万klの供給余力は確保。 【ガソリンスタンド】 ・東北3県の稼働率は約91%に向上（5月9日）。陸前高田市等9市町村に仮設・ミニガソリンスタンドを設置。ポータブル給油機や中古の給油機、タンクコンテナ等を設置。	【製油所】 ・JX仙台製油所については、2012年夏までを目標とした生産再開のための計画を策定中。 ・JX鹿島製油所については、6月中に生産再開の見通し。 ・コスモ千葉製油所については、復旧委員会を設置し、事故原因の究明と再発防止策を検討中。 【ガソリンスタンド】 ・ガソリンスタンドの稼働状況については概ね回復。
下水道等	【下水道】1都11県において、下水処理施設48箇所、ポンプ施設78箇所が稼働停止。下水管渠については、目視調査で確認されている被害延長は約946km。 【集落排水】4月27日現在、岩手県や宮城県など11県、390地区が被災。	・下水道施設の被害状況については、管渠の被害が確認されている市町村等135のうち、目視による調査は133で終了。 ・岩手、宮城、福島、茨城4県の沿岸部にある下水処理場19箇所が、主に津波による機械電気設備の損傷等により稼働停止中。このうち、汚水流入のある10箇所では、簡易処理（沈殿・消毒）等による応急対応を実施中。 ・ポンプ施設36箇所が稼働停止中。 ・下水管渠については、仮配管や仮設ポンプ設置等により応急対応を実施中。 【集落排水】 ・被災した市町村へは、各地方農政局において応急対応	【下水道】 ・全国の自治体等の広域的な支援のもとで、被災した管路の早期復旧に向けた総合調整、日本下水道事業団による大規模被災施設の復旧支援。 【集落排水】 ・被災した施設については、簡易処理による応急対応を実施しつつ、今後もこれらの取り組みを継続するとともに、査定前着工を活用しながら、順次本復旧に着手。
銀行	東北6県及び茨城県に本店のある72金融機関の営業店2,700について、震災直後の3/14時点で、約10%に相当する約280が閉鎖。	・現在の金融機関の閉鎖店舗数は、約3%に相当する91まで減少（5/12）。	・各金融機関において、閉鎖店舗の復旧に向け取り組み中。また、一部金融機関においては、閉鎖店舗について、役場等に設置した臨時窓口で対応。
郵便	郵便局（東北3県1,103局）は、震災直後の3/14時で、約53%に相当する583局が営業停止。 郵便（配達：東北3県301エリア）は、震災直後の3/14時点で、約15%に相当する44エリアが配達業務を実施できない状況。	・現在の郵便局の営業停止は、94局（東北3県の約9%）に減少（5/12）。 ・郵便については、5/12現在、福島第一原子力発電所事故に伴う避難区域等（6エリア）を除く全ての地域で集荷・配達を実施。	・営業ができない郵便局については、仮設店舗を設置（陸前高田局は4/26設置）するなど、被害の状況に応じて順次復旧を図っている。 ・被災地域あての郵便物は、自治体と連携しながら被災者の避難先を確認し、避難場所等の避難先への配達を順次実施。 ・避難区域等を除き、被害状況により、現段階で事業を継続することが困難な施設については、当面代替施設の利用等により業務実施。
宅配便	東北3県において、震災直後から一週間程度の間、全域で全サービス休止。	・集配サービスは一部エリアを除き再開済みであり、順次対象エリアを拡大中（全域で集配サービスが行えない市町村数：5町村（福島県双葉郡の一部））。集配サービスが行えないエリアでは最寄りの営業所での受取・持込により対応中。	・警戒区域等が設定されている福島県以外のエリアでは、体制が整い次第、順次集配サービスの対象エリアを拡大。集配サービスを行えないエリアでは最寄りの営業所での受取・持込により対応。
通信	震災当初は、ピーク時において、NTT固定電話では約100万回線、携帯電話では4社で約14,800局がサービスを停止。	・4月末までに、NTT固定電話の交換局、携帯電話の通話エリアは一部地域を除き復旧。5/12現在、停止は固定電話が約1.2万回線、携帯電話基地局が505局にまで減少。	・NTT交換局と利用者宅間の通信回線が切断等しているところもあり、地域の復旧状況に合わせて、通信事業者が地元自治体等とも連携し、引き続き対応。
放送	震災当初、確認できた範囲ではテレビ中継局が最大120箇所、ラジオ中継局が最大4箇所停波。	・宮城県でテレビジョン中継局の停波は56箇所中3個所（うち、停電2、損傷1）（カバーする世帯数は少数であるため、放送の広範囲にわたる影響はなし）。 ・福島第一原発警戒区域内（半径20km圏内）に設置されている、テレビジョン中継局1箇所（NHK都路アナログ中継局（田村市都路町））、ラジオ中継局1箇所（NHK双葉第1中継局（双葉郡富岡町））が停波中。	・停電が原因で停波している局所については、商用電源が復旧次第放送が再開される見込み。停電が原因で停波している局所については、商用電源が復旧次第放送が再開される見込み。

表 3.3.14b 被害概要と復旧の状況と今後の見通し (Damage, restoration and future prospects)

3. 交通

項目	被災時の被害状況	現在の被害・復旧の状況	当面の復旧見通し・目標
道路	高速道路15路線、直轄国道69区間、補助国道102区間、県道等539区間で被災により通行止め。	・高速道路1区間（常磐道広野～常磐富岡）、直轄国道4区間、県管理国道22区間、地方道163区間で通行止め。	・高速道路においては、4月1日までに応急復旧が完了しており、順次本復旧に着手。 ・直轄国道においては、4月10日までに迂回路利用を含め応急復旧が完了しており、今後は、国道45号について仮橋の設置等により9月中を目途に広域迂回の解消を図るとともに、片側交互通行の解消等、順次本復旧に着手。 ・都道府県道、市町村道においては、自治体からの要請に応じて、被災状況調査、災害復旧に関する助言等を行っているところであり、引き続き地方公共団体の復旧を支援。
鉄道	震災直後は、6路線の新幹線（東北、秋田、山形、上越、長野、東海道）をはじめ、42社177路線で運転を休止。	・東北・秋田・山形新幹線は100%、在来幹線は95%。東北新幹線（仙台～一ノ関）は4月29日に運転再開し、全線開通済み。	・早期復旧に努力。
バス	東北主要3県において、143両の車両損害（乗合54両・貸切89両）及び62棟の社屋等の損害（全壊18棟・一部損壊44棟）が発生。	・避難所を中心として当面の生活に必要な路線バスが震災前の70%を超える水準まで運行再開。 ・この他、鉄道在来線の被害による運休に対応して新たに鉄道代替バスを運行。	・引き続き地域の復興状況等に応じ、各自治体とバス事業者において、通院、通学、買い物等地域の生活に必要な路線バスの確保を検討。 ・計画的避難区域及び緊急時避難準備区域においては、地域の状況に応じ、路線バスが運行再開。警戒区域においては、運行再開のめど立たず。
航空	仙台空港が津波により使用不能。	仙台空港は4月13日から民航機就航再開。 被災地周辺の13空港は全て利用可能。 仙台空港等の完全復旧に向け復旧作業を実施中。	・仙台空港等の完全復旧に向け、空港基本施設、航空保安施設の本復旧工事を実施するとともに、仙台空港の旅客ターミナルビルの復旧工事に対する支援を実施。
港湾	震災直後には、14の国際拠点港湾及び重要港湾（八戸港、久慈港、宮古港、釜石港、大船渡港、仙台塩釜港（塩釜区、仙台港区）、石巻港、相馬港、小名浜港、茨城港（日立港区、常陸那珂港区、大洗港区）、鹿島港）等が被災し利用不可能。	・これまでの航路・泊地の啓開や岸壁の応急復旧等により、八戸港から鹿島港に至る港湾において、全体として36%の公共岸壁（-4.5m以深）が、上載荷重の制限、吃水制限等はあるが暫定利用可能。	・都市・産業の復旧・復興等を踏まえつつ順次本復旧。
離島航路	気仙沼～大島、女川～江島、石巻～長渡、塩竈～朴島の4航路で、使用船舶の陸上への乗り上げ等や岸壁の損傷が発生。	・気仙沼～大島航路が3月30日より、石巻～長渡航路が3月24日より、塩竈～朴島航路が3月26日より限定的な運航を再開。	・航路の啓開、岸壁の復旧状況等に応じて、順次、本格復旧に向けた準備を進行。
フェリー	八戸港、仙台塩釜港（仙台地区）、茨城港（大洗区）の被災により寄港不可能（八戸～苫小牧航路、名古屋～仙台～苫小牧航路、大洗～苫小牧航路）。	・八戸～苫小牧航路は青森～苫小牧航路へ変更して3月22日より再開。 ・名古屋～仙台～苫小牧航路は仙台～苫小牧間を3月28日より、名古屋～仙台～苫小牧間を4月11日より限定再開（旅客取扱なし）。仙台～苫小牧について4月28日より旅客取扱開始。 ・大洗～苫小牧航路は運航休止中。	・大洗港復旧後の運航再開を目指す（6月目途）等、各港湾の復旧状況に応じて、通常運航に向けた準備を進行。

4. その他基

項目	被災時の被害状況	現在の被害・復旧の状況	当面の復旧見通し・目標
河川	直轄河川で堤防崩壊等2,115箇所の被害が発生。	・特に緊急的な対応が必要な箇所で緊急復旧工事を実施し、これまで40箇所で工事が完了。	・特に緊急的な対応が必要な箇所について出水期までに緊急復旧を実施。
海岸	岩手、宮城、福島3県の海岸堤防約300kmのうち約190kmが全壊・半壊。	・特に緊急的な対応が必要な箇所で緊急復旧工事を実施中。	・高潮の侵入防止、内陸部への排水対策の促進を目的とし、出水期までに盛土等により高潮位までの締切を実施し、さらに台風期までに現地発生材等を活用して補強を行う応急措置を講じる予定。
漁港	岩手、宮城、福島3県で約260の漁港のほぼ全てが壊滅的な被害。被害報告額は、3県で計3,637億円。	・緊急に航路・泊地（岩手、宮城の57漁港）のがれき除去や岸壁補修等が必要な漁港について応急工事を実施中。	・生活物資の搬入や早期に漁業活動を再開する必要がある漁港について応急工事を実施。
農地等	津波による農地被害面積は推定約2.3万ha。被害報告のあった水路等の農業用施設の被害は約5,500箇所。	・被災した農地・農業用施設の復旧については、査定前着工を活用し、74箇所で復旧工事に着手。 ・地震及び津波による被災区域では、64台の災害応急用ポンプによる排水対策や作付けのための用水手当を支援するとともに、一部の排水樋門周辺のがれき除去や排水機場等の応急復旧を緊急に実施。	・被災した農地・農業用施設については、二次災害防止のための排水対策や今季の水田作付けに間に合う地区の復旧を中心に順次復旧工事に着手。

気仙沼～大島航路が3月30日より，石巻～長渡航路が3月24日より，塩竈～朴島航路が3月26日より限定的な運航が再開された（表3.3.14b）。

(12) 海岸

岩手，宮城，福島3県の海岸堤防約300kmのうち約190kmが全壊・半壊した（表3.3.14b）。特に緊急的な対応が必要な箇所で緊急復旧工事が実施された。

(13) 漁港

岩手，宮城，福島3県で約260の漁港のほぼ全てが壊滅的な被害を受けた。緊急に航路・泊地（岩手，宮城の57漁港）のがれき除去や岸壁補修等が必要な漁港の応急工事が実施された（表3.3.14b）。

(14) 農地

津波による農地被害面積は推定約2.3万haにのぼり，被害報告のあった水路等の農業用施設の被害は約5,500箇所である（表3.3.14b）。被災した農地・農業用施設の復旧については，査定前着工を活用し，74箇所で復旧工事に着手。

また，地震および津波による被災区域では，64台の災害応急用ポンプによる排水対策や作付けのための用水手当てを支援するとともに，一部の排水樋門周辺のがれき除去や排水機場等の応急復旧を緊急に実施中である。

(15) 被災車両

今回の震災では特に津波による自動車流失の被害も大きかった。日刊自動車新聞が津波浸水域にかかる人口・世帯数と自動車検査登録情報協会がまとめたマイカー世

帯普及台数から被災車両数を推計したところによると，青森県で2,419台，岩手県で4万5,047台，宮城県で12万5,453台，福島県で23万5,712台となっていて，4県合計で約41万台規模と推計している。これに事業用車両などの損壊も加えると，さらに膨大な車両が被災していることとなると見られている。

(16) 雇用への被害（震災による失業）

今回の震災の大きな被害の一つは，津波により多くの人が職を失ったことだろう。震災後の2ヶ月間（3/12～5/13）で失業手当の受け取りに必要な手続きをした人数は約10万6千人で，震災前の前年同期の2.4倍となっている（5/18時点厚労省調べ）。岩手県で約2万3千人（前年同期比2倍），宮城県で約4万6千人（同2.4倍），福島県で約3万7千人（同2.4倍）となっており，震災が雇用に与えた深刻な影響をこれらの数字は示している。住まいの整備と共に雇用環境の回復が，今後の暮らしの再建への大きな課題となっている。

3.3.6 被害額（Amount of damage）

(1) 各県の被害総額

今回の地震は公共土木，農業，水産その他に甚大な被害をもたらした。その被害額は，未だ確定されないが，5/13時点で各県が推計する範囲において，宮城県では被害総額が2兆円を超えると見られており，特に農林水産関係被害額が約9,400億円にのぼる（表3.3.15）。

岩手県では，公共土木関連の被害で4,700億円，農林水産関係被害額が約2,000億円にのぼると見られる。日本政策投資銀行東北支店の推計によると，インフラや住宅などの被害総額は宮城県で約6兆5千万円，岩手県で約4兆3千万円，福島県で約3兆1千万円と膨大なものと推計されており，各県の資産全体に占める割合は，岩手県で12.6%，特に沿岸部では47.3%，宮城県で11.9%，特に沿岸部で21.1%の資産が喪失したと見られている。

(2) 保険の支払い

日本損害保険協会のまとめによると，今回の地震に係わる震保険の支払い件数は，6月2日時点で約25万1千件（東北6県），支払い保険金は約6,000億円となっており，最終的には1兆円規模になるものと見られている。兵庫県南部地震における支払い保険金は783億円だった。

表3.3.15 各県の被害額
（Amount of damage in each prefecture）

宮城県	（百万）
公共土木	472,033
農業関連	474,036
畜産関連	4,558
林業関連	56,458
水産関連	393,570
その他農林水産関係	8,607

岩手県	（百万）
公共土木	472,033
農業関連	7,707
畜産関連	
林業関連	18,623
水産関連	150,727

福島県	（百万）
公共土木	316,202
農業関連	2,110
農地関連	230,258
林業関連	2,362
水産関連	26,377

青森県	（百万）
土木整備部関連	35,356
農林水産部関連	19,694
環境生活部関連	1,417
商工労働部・観光国際戦略局関連	26,204

5/13各県調べ

参考資料

1) 総務省 HP：http://www.soumu.go.jp/shinsai/index.html
2) 内閣府 HP： http://www.cao.go.jp/shinsai/index.html
3) 厚生労働省 HP：
   http://www.mhlw.go.jp/stf/houdou/2r98520000014ih5.html
4) 国土交通省 HP：
   http://www.mlit.go.jp/saigai/saigai_110311.html
5) 経済産業省 HP：http://www.meti.go.jp/earthquake/
6) 消防庁 HP：http://www.fdma.go.jp/bn/higaihou.html
7) 国土地理院 HP：
   http://www.gsi.go.jp/BOUSAI/h23_tohoku.html
8) 気象庁 HP：
   http://www.jma.go.jp/jma/menu/jishin-portal.html
9) 警察庁 HP：
   http://www.npa.go.jp/archive/keibi/biki/index.htm
10) 宮城県 HP：http://www.pref.miyagi.jp/
11) 岩手県 HP：http://sv032.office.pref.iwate.jp/~bousai/
12) 福島県 HP：http://www.pref.fukushima.jp/j/
13) 日本ガス協会 HP： http://www.gas.or.jp/default.html
14) 東北電力 HP：
    http://www.tohoku-epco.co.jp/information/1182212_821.html
15) 日本損害保険協会 HP：
    http://www.sonpo.or.jp/news/2011quake/
16) 日本政策投資銀行 HP：
    http://www.dbj.jp/ja/topics/dbj_news/2011/html/0000006633.html
17) 日刊自動車新聞 HP：http://www.nikkanjidosha.co.jp/

3.4 地盤・基礎構造の被害
（Damage to soils and foundations）

3.4.1 はじめに（Introduction）

3月11日の本震後より，宮城県・福島県を中心に多数の地盤・基礎構造に関する被害が報告されている。なかでも丘陵地の宅地造成地における地盤被害，それに伴う基礎構造，さらに戸建て住宅の被害が数多く起きている。本節では宮城県内の宅地造成地を中心に地盤・基礎構造に関する被害について報告する。また宮城県牡鹿郡女川町において津波によって転倒した建物の基礎構造について調査した結果についても報告する。図3.4.1に調査地点地図を示す。以下，地図はいずれも上が北方向である。

図 3.4.1 調査地点地図（Location of investigation sites）

3.4.2 宮城県白石市
(Shiroishi city, Miyagi)

図3.4.2に白石市の被害調査地点の位置を示す。白石市の寿山第四団地（現在は白石市緑ヶ丘）では1978年宮城県沖地震の際に造成地の盛土斜面で大規模な滑り崩壊が生じたことが報告されている[1]。現在では斜面に集水井が設置されるなどの対策工が施されているが，3月11日の本震によって写真3.4.1に示すような地割れが多数発生し，一部で盛土斜面が崩壊していた。しかし，顕著な被害が見られるのは，写真3.4.2の円で囲んだ，遊歩道よりも斜面上部の部分のみで，1978年宮城県沖地震の際のような大規模な崩壊は免れている。斜面上部，法肩部周辺の住宅には写真3.4.3のような地盤の被害や擁壁の亀裂が見られた。

緑ヶ丘から北東に位置する虎子沢山地区の住宅地では盛土地盤が崩壊し，写真3.4.4に示すような住宅が沈下・傾斜する被害が見られた。また周辺には噴砂の形跡も見られたほか，ブロック塀の亀裂，住宅基礎周辺の地面の亀裂などが見られた。この地区から緑ヶ丘に向かう途中の鷹巣地区周辺では噴砂やマンホールの浮上り（写真3.4.5）など，地盤の液状化による被害が見られた。

図 3.4.2 白石市の調査地点地図
（Investigation sites in Shiroishi city）

写真3.4.5のマンホールは約90cm浮き上がっており，他にも周辺で数cm〜20cm程度の浮上りを生じたマンホールが複数確認された。また，緑ヶ丘から鷹巣地区を挟んで南側の盛土斜面でも大規模な斜面崩壊が見られた（写真3.4.6）。

3.4.3 宮城県亘理郡山元町
(Yamamoto town, Miyagi)

宮城県亘理郡山元町の西山下・下宮前両地区にまたがる造成宅地において盛土斜面の崩壊による大きな被害が見られた。図3.4.3に大規模に崩壊した斜面の位置を網掛け部分で示す。大規模崩壊したのは住宅団地入口の東側斜面（写真3.4.7）の他，西側（写真3.4.8），北側（写真3.4.9）の斜面であり，斜面崩壊により，周辺の住宅ではブロック塀の崩壊や住宅基礎が不同沈下を起こすなどの被害が生じている（写真3.4.10）。住宅団地内では写真3.4.11に示すような噴砂の跡が見られる他，地盤に生じた亀裂が複数の住宅・道路を貫通している箇所も見られた（写真3.4.12）。外観からは見分けがつきにくいが，住宅内部にも亀裂が通っており，傾斜している住宅も見られた。

図 3.4.3 山元町西山下・下宮前地区の斜面崩壊位置
（Location of damaged fill slope of housing site in Yamamoto town）

3.4.4 宮城県柴田郡村田町
(Murata town, Miyagi)

村田町は仙台市から直線距離で約 20km 南西に位置する。中心部には江戸時代からの土蔵が多く残る「くらの町」である。町西部にある村田工業団地内では盛土斜面に亀裂が多く見られている。写真 3.4.13 は工業団地近くの住宅地で見られた道路の亀裂・陥没である。写真左側に高さ 2～3m 程度の斜面があり，右側は城山公園のある小高い丘の麓となっている。緩やかな傾斜を持つ盛土上に作られた取り付け道路には複数の大きな亀裂が走り，大きなものでは幅 30cm 程度に及んでいた他，大きく陥没した箇所も見られた。また周辺の建物には大きな損傷はないが，基礎周辺に若干の沈下が生じた建物や，わずかではあるが浮き上がったマンホールが見られた。

村田工業団地内では盛土斜面に亀裂が生じた箇所が複数見られた。写真 3.4.14 に示すテニスコートは写真左側に貯水池があり，池に向かう斜面が移動したことによると思われる亀裂がテニスコート上に見られた。

町中心部では村田町役場東庁舎前の敷地の一部が沈下していた。庁舎建物にも損傷が見られたが，玄関前では浄化槽周辺が沈下しており，杭基礎で支持されていると思われる浄化槽部分との間に 30cm 程度の段差が生じていた（写真 3.4.15）。浄化槽部分については周辺地盤との間に生じた段差の隙間から目視によって直径 20cm 程度の杭が存在していることを確認している。

写真 3.4.1 1978 年にも被害のあった盛土斜面の崩壊（Fill slope failure also damaged in 1978）

写真 3.4.2 1978 年にも被害のあった盛土斜面の崩壊（Fill slope failure also damaged in 1978）

写真 3.4.3 斜面法肩部の被害 （Damage at the top of fill slope）

写真 3.4.4 敷地地盤の崩壊により沈下・傾斜した住宅（Inclined house caused by ground failure）

写真 3.4.5 液状化により浮き上がったマンホール （Manhole uplifted by liquefaction）

写真 3.4.6 盛土の崩壊 （Failure of fill-up ground）

第3章 東北地方の被害（Damage in Tohoku District）

写真3.4.7 東側盛土斜面の崩壊
（Failure of fill slope: East side）

写真3.4.8 西側盛土斜面の崩壊
（Failure of fill slope: West side）

写真3.4.9 北側盛土斜面の崩壊
（Failure of fill slope: North side）

写真3.4.10 ブロック塀の崩壊・住宅の不同沈下（Failure of concrete wall and differential settlement）

写真3.4.11 道路に見られた噴砂（実線は亀裂位置を加筆）（Sand boil and crack on road surface）

写真3.4.12 道路・住宅を貫通する亀裂（住宅が不同沈下）
（Crack passing through house）

写真3.4.13 道路の亀裂・陥没
（Crack and collapse of road surface）

写真3.4.14 テニスコートの亀裂
（Crack on surface of tennis court）

写真3.4.15 浄化槽周辺の地盤沈下
（Settlement in front of building）

3.4.5 宮城県仙台市
(Sendai city, Miyagi)

青葉区を中心に仙台市内の造成宅地での被害について述べる。図3.4.4は調査地点地図である。以下に報告する調査地点は青葉区折立，西花苑，北中山，長命ヶ丘，加茂，桜ケ丘，双葉ヶ丘，旭ヶ丘，東黒松，泉区高森，北高森，太白区緑ヶ丘の各地区である。このうち，青葉区桜ケ丘，旭ヶ丘，太白区緑ヶ丘は1978年宮城県沖地震の際にも造成宅地の地盤被害が報告されている地区であるが，太白区緑ヶ丘は特に大きな被害に見舞われており，1978年の地震後，鋼管杭などによる対策工が講じられている。

(1) 仙台市青葉区折立・西花苑地区

仙台市内においても宅地造成地における地盤・基礎構造被害が多数起きていることが報告されているが，なかでも折立地区では甚大な被害が見られた。

青葉区折立地区は，仙台市中心部から直線距離で約4km西に位置する急傾斜面の造成宅地である。折立地区の被害は，図3.4.5に網掛けで示す折立小学校西側の折立5丁目の区域に顕著である。

図3.4.4 仙台市青葉区宅地造成地の調査地点地図
(Investigation sites at housing sites in Aoba-ku, Sendai city)

写真3.4.16 盛土の崩壊による住宅被害：折立 (Ground failure and collapse of retaining wall)

写真3.4.17 盛土の崩壊による住宅被害：折立 (Inclined house caused by ground failure)

写真3.4.18 ブロック塀の崩壊：折立 (Collapse of retaining wall)

写真3.4.19 道路の被害：折立 (Crack on road surface)

写真3.4.20 盛土の崩壊による住宅被害：折立 (Failure of fill slope and tumbled house)

写真3.4.21 盛土の崩壊による住宅被害：折立 (Failure of slope and remained house at the edge of slope)

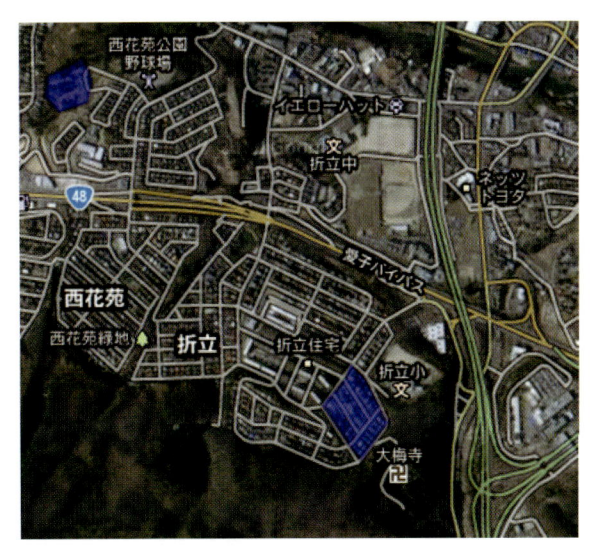

図 3.4.5 折立・西花苑の被害地域
（Damaged area at Oritate and Seikaen in Sendai city）

写真 3.4.16 は折立小学校西側の斜面沿いに住宅団地外周を取り巻く道路の被害の様子である。写真左側に斜面があり，その先に小学校がある。斜面の崩壊に伴い道路が大きく変状し，写真右側の住宅には擁壁の崩壊やそれに伴う住宅の不同沈下，傾斜といった被害が見られた。写真 3.4.17 および写真 3.4.18 は傾斜した住宅と崩壊したブロック塀の様子を示す。写真 3.4.19 には写真 3.4.16 の道路から南西に団地内部に向かう道路の被害状況を示す。

青葉区西花苑地区は折立地区から国道 48 号線を挟んで北側に位置する西花苑一丁目と折立地区に隣接する西花苑二丁目からなる。西花苑一丁目は住宅の外観などから折立地区に比べて，造成年代の新しい住宅地と考えられるが，図 3.4.5 の左上網掛け部分に示す位置において 5 棟の住宅に盛土斜面の崩壊による大きな被害が生じた。写真 3.4.20 はそのうちの 1 棟が転倒・崩落したものである。隣接する住宅も転倒・崩落こそ免れているものの基礎下の地盤が崩落し，基礎がむき出しの状態になっている（写真 3.4.21）。

(2) 仙台市青葉区北中山

青葉区北中山地区では 3 月 11 日の本震の際に約 100m の幅にわたって盛土斜面が崩壊し，1 名が亡くなっている。崩壊した斜面には多数の大きな亀裂が見られた。写真 3.4.22 に崩壊した斜面の様子を示す。また，斜面法肩付近の道路に被害があったほか（写真 3.4.23），斜面下端，法尻東側でも道路やブロック塀，住宅基礎周辺に亀裂が走るなどの被害が見られた（写真 3.4.24）。

(3) 仙台市青葉区桜ヶ丘

青葉区桜ヶ丘地区は比較的緩やかな傾斜地に造成された桜ヶ丘四丁目では傾斜の下がる方向に向かってブロック塀や擁壁の崩壊，基礎の損傷といった被害が見られた。桜ヶ丘四丁目の西側に位置する桜ヶ丘五丁目は急傾斜地に造成された地区があり，ブロック塀や擁壁の崩壊・損傷が顕著であり（写真 3.4.25），住宅の不同沈下を引き起こしている宅地も見られた。不同沈下が生じた住宅では外観からも残留変形が明らかなものも見られた（写真 3.4.26）。

桜ヶ丘三丁目は桜ヶ丘四丁目から幹線道路（県道 264 号線）を挟んで東側に位置する地区である。東端の盛土斜面が大きく崩壊し，倉庫が崩落する被害が見られた（写真 3.4.27）。

(4) 仙台市青葉区加茂・長命ヶ丘

青葉区加茂五丁目では高さ 10m 程度の盛土斜面が幅数 m にわたって崩壊し（写真 3.4.28），住宅基礎周辺にも亀裂を生じさせていた。また，住民談によると，隣接する盛土斜面では地震後の水道管の破裂によって斜面が崩壊したとのことであった。

写真 3.4.29 に青葉区長命ヶ丘五丁目で見られた住宅の被害を示す。盛土斜面の外周に道路が取りついており，盛土斜面の被害や道路に亀裂などが見られたほか，周辺の一部の住宅では基礎周辺に幅20cm 程度の亀裂が走り，若干の傾斜を示していた。また，長命ヶ丘五丁目と六丁目にまたがる公園では写真 3.4.30 に示すように斜面に亀裂が走るなどの被害があり，斜面上部の道路から公園に接続する傾斜した通路にも亀裂が生じていた。また，周辺には噴砂の痕が見られた。

(5) 仙台市泉区高森・北高森

泉区高森・北高森地区では写真 3.4.31 に示すような盛土斜面先端に建つ住宅で擁壁に亀裂が走り斜面方向に移動したことにより宅地が沈下，住宅が傾斜を起こしていた。また，写真 3.4.32 に示すように学校グラウンド裏の擁壁がグラウンド側に移動し，擁壁上部の歩道に亀裂が走り，陥没している箇所も見られた。写真 3.4.33 に示すように移動した擁壁下端では排水溝が擁壁に押し出される形で埋没していた。また，擁壁には数か所で垂直方向に大きな亀裂が確認された。

写真 3.4.22 盛土斜面の崩壊：北中山（Failure of fill slope）

写真 3.4.23 斜面上端部の道路被害（Damage to the road at the edge of slope）

写真 3.4.24 住宅基礎周辺の被害（Crack around foundation）

写真 3.4.25 ブロック塀の崩壊：桜ケ丘（Collapse of concrete-block wall）

写真 3.4.26 地盤の崩壊による住宅の残留変形（Residual deformation of house caused by ground failure）

写真 3.4.27 盛土の崩壊により転倒した倉庫（Warehouse tumbled by fill slope failure）

写真 3.4.28 盛土斜面の崩壊：加茂（Failure of fill slope）

写真 3.4.29 住宅基礎周辺の亀裂と住宅の傾斜（Crack around foundation and inclined house）

写真 3.4.30 盛土斜面の崩壊：長命が丘（Failure of fill slope）

写真 3.4.31 擁壁の被害と住宅の傾斜：北高森（Damaged retaining wall and inclined house）

写真 3.4.32 擁壁の移動による道路被害（Crack on road caused by collapse of retaining wall）

写真 3.4.33 擁壁の被害（Damage to retaining wall）

(6) 仙台市青葉区双葉ヶ丘

青葉区双葉ヶ丘は，1978年の地震の際にも地割れなどの地盤被害のあった荒巻源新田地区を含む[1]。
写真3.4.34は，県道22号線に東西方向に交差する幹線道路から眺めた南向き斜面の崩壊の様子を示す。斜面上部にある木造2階建てのアパートの駐車場にも亀裂が見られた。

写真3.4.34 盛土斜面の崩壊：双葉ヶ丘
（Failure of fill slope）

(7) 仙台市青葉区旭ヶ丘・東黒松

青葉区旭ヶ丘では，写真3.4.35に示すように急傾斜面の宅地において擁壁やブロック塀の崩壊，それに伴う住宅の傾斜などの被害が数多く見られた。道路変状の箇所も多く，アスファルトを応急的に補修した箇所も多数見られた。写真3.4.36および写真3.4.37には，その中でも被害の大きかった擁壁の崩壊を示す。外観から判断するに建設年代の古いと思われる練積みの玉石擁壁の被害がいくつか見られた。このほかに，急斜面下端で廃屋と思われる木造2階建ての建物の1階部分が崩壊していた。

写真3.4.35 急傾斜地における練玉石擁壁の崩壊：旭ヶ丘（Collapse of stone-block retaining wall）

写真3.4.38は，東黒松で見られた盛土斜面の排水溝が衝突した様子である。盛土斜面に設けられた排水溝が斜面の崩壊に伴い浮き上がったり，移動したりするなどの被害は他の被害地域でも見られている。ここでは斜面上部が移動したことにより，上部の排水溝が下部の排水溝と衝突した様子がうかがえる。また，斜面上部の住宅では擁壁の亀裂や宅地内に大きな亀裂が生じるなどの被害が見られた。

写真3.4.36 練玉石擁壁の崩壊：旭ヶ丘
（Collapse of stone-block retaining wall）

写真3.4.37 練玉石擁壁の崩壊：旭ヶ丘
（Collapse of stone-block retaining wall）

写真3.4.38 盛土斜面の変形による排水溝の衝突：東黒松（Collision of concrete blocks of drain）

(8) 仙台市太白区緑ヶ丘

　太白区緑ヶ丘地区は，1978年宮城県沖地震の際にも甚大な被害が発生した地区である。1978年の地震では緑ヶ丘一丁目および三丁目の被害が大きく，四丁目でも被害が見られたことが報告されている[1)2)]。その後，緑ヶ丘一丁目では鋼管杭防止工が，三丁目では砂防ダム腹付工および鋼管杭抑止工が行われている[2)]。今回の3月11日の地震では緑ヶ丘一丁目では被害は報告されていないが，緑ヶ丘三丁目および四丁目で大きな被害が発生した。図3.4.6に緑ヶ丘三丁目および四丁目で今回の地震による被害の大きかった範囲を網掛け部分で示す。

　写真3.4.39は，緑ヶ丘3号緑地の斜面上部，道路に面した部分の様子を示す。地面には亀裂が走っていると思われるが，ブルーシートが掛けられている状態であった。写真3.4.40は緑ヶ丘4号緑地の様子であるが，3号緑地と同様，多数の亀裂が走っていると思われる箇所にはブルーシートが掛けられていた。写真3.4.41および写真3.4.42は緑ヶ丘4号緑地付近の住宅の様子であるが，いずれも写真右側に向かって下がる傾斜地（写真3.4.43）に建っており，2棟の住宅において，擁壁や地盤の被害に伴い，斜面下方に向かって住宅が傾斜しているのが観察された。写真3.4.44および写真3.4.45は4号緑地前の道路であるが，1978年の地震後に対策工として施された鋼管杭の杭頭が浮き上がった様子が見られる。写真はすでに道路が応急的に修復された後のものである。写真3.4.46および写真3.4.47に，その周辺宅地の被害を示す。

図3.4.6　仙台市太白区緑ヶ丘の被害地域（Damaged area at housing sites in Midorigaoka, Taihaku-ku, Sendai city）

写真3.4.39　緑ヶ丘3号緑地（Third green land of Midorigaoka）

写真3.4.40　緑ヶ丘4号緑地（Fourth green land of Midorigaoka）

写真3.4.41　傾斜した住宅：4号緑地周辺（Inclined house by ground failure）

写真3.4.42　傾斜した住宅：4号緑地周辺（Inclined house by ground failure）

写真3.4.43　4号緑地前の急傾斜地（Steep slope near Fourth green land of Midorigaoka）

写真3.4.44　対策工の鋼管杭頭の浮き上がり（Steel pile uplifted by earthquake）

第3章　東北地方の被害（Damage in Tohoku District）

写真 3.4.45　対策工の鋼管杭頭の浮き上がり（Steel pile head uplifted by earthquake）

写真 3.4.46　ブロック塀の崩壊：緑ヶ丘3丁目（Failure of concrete-block wall）

写真 3.4.47　宅地地盤の陥没とブロック塀の傾斜（Collapse of ground and inclined concrete-block wall）

　写真3.4.48～写真3.4.56に緑ヶ丘4丁目の被害を示す。緑ヶ丘4丁目では，1978年の地震の際に被害のあった区域とほぼ同じ区域で被害が見られた。写真3.4.48は，北向きに下る急傾斜地の宅地において玉石擁壁およびブロック塀が崩壊した様子である。写真右側に向かって傾斜は下がって行くが，この住宅では写真3.4.49に示すように住宅が不同沈下を起こして傾斜しており，1階部分に亀裂を生じているのが確認できる。写真3.4.49の住宅からさらに北に向かって急斜面を下がったところにある住宅でも擁壁が崩壊するなど宅地に大きな被害が生じ，写真3.4.50に示すように住宅の一部に残留変形を生じている。写真3.4.51は図3.4.6で緑ヶ丘4丁目の被害区域に網掛けした部分のうち，北西部分の道路変状の様子を示す。周辺は道路に陥没や隆起が見られるほか，複数の電信柱が大きく傾斜していた。また，道路北側（写真右側）には傾斜や残留変形を生じた住宅を4棟確認できた（写真3.4.52）。

道路南側（写真左側）の住宅には擁壁の階段部に亀裂が走っている被害が多数見られた（写真3.4.53）。
　写真3.4.54は，東向きに下がる急傾斜地で宅地の地盤が大きく陥没した様子である。周辺には写真3.4.54の住宅と同様に宅地地盤の陥没や擁壁の移動などの被害が多数見られ，住宅に傾斜や残留変形を引き起こしているものも見られた。これらの被害が見られた宅地前の道路沿いに東に向かって急斜面を下った斜面下端に位置する住宅の被害の様子を写真3.4.55に示す。宅地地盤が変状してブロック塀が崩壊し，住宅の一部に傾斜が見られる。
　写真3.4.56は南側斜面外周の道路の被害である。写真左側が南側斜面であり，斜面が南側に崩れたことにより道路が陥没，宅地の擁壁にも大きな亀裂が入るなどの被害をもたらしている。

写真 3.4.48　ブロック塀の崩壊：緑ヶ丘4丁目（Collapse of concrete-block wall）

写真 3.4.49　住宅の不同沈下による被害：緑ヶ丘4丁目（Heavily damaged house by differential settlement）

写真 3.4.50　敷地地盤の崩壊による住宅の残留変形：緑ヶ丘4丁目（Residual deformation caused by ground failure）

写真 3.4.51 道路被害の様子：緑ヶ丘4丁目（Collapse and crack on road）

写真 3.4.52 傾斜した住宅（Inclined house by ground failure）

写真 3.4.53 擁壁階段周りの被害（Collapse and crack of retaining wall）

写真 3.4.54 宅地地盤の陥没（Collapse of housing ground）

写真 3.4.55 ブロック塀の崩壊と傾斜した住宅（Collapse of concrete-block wall and inclined house）

写真 3.4.56 斜面崩壊による道路の被害（Collapse and crack of road）

3.4.6 宮城県石巻市（赤井地区）
(Akai, Ishinomaki City, Miyagi)

石巻市は地震による被害のほか，津波による甚大な被害が生じた地域である。市内中心部にもマンホールの浮き上がり，噴砂や地盤沈下など液状化の発生を示す被害が見られた。著者らは2003年宮城県北部連続地震の際に大きな被害を生じた石巻市周辺地域の調査を行ったが，そのうち石巻市赤井地区の被害について述べる。

写真 3.4.57～写真 3.4.61 は，JR仙石線・陸前赤井駅周辺の被害の様子である。周辺の建物に残された痕跡から陸前赤井駅周辺の津波の浸水深は 1.5～2.0m と推定される。津波により倒壊・流失したような建物は見当たらないが，周辺は自動車や小型船舶，流木などが散乱しており，地表面は津波によって運ばれてきた海底からの土砂が覆っている状況であった。

写真 3.4.57 倒壊したフェンス：基礎は浮き上がっていない（Fallen fence and its foundation remained in ground）

写真 3.4.58 傾斜した電信柱と浮き上がったフェンスの基礎（Inclined telephone pole and uplifted foundation of fence）

写真3.4.57は津波によって倒壊寸前まで大きく変形したと考えられるフェンスである。この写真からはフェンスの基礎が地盤に埋まっている様子が確認できる。一方、写真3.4.58は左側が大きく傾斜した電信柱，右側は大きく浮き上がったフェンスの基礎である。津波による土砂などが堆積しているため，地表面の状態から液状化の発生を判断するのは困難であるが，これらの写真と写真3.4.59や写真3.4.60に見られる建物基礎周辺の地盤沈下や写真3.4.61のような，ブロック塀が地盤にめり込むような形で沈下・転倒している様子などから判断して，この周辺地域では地震時に地盤の液状化が発生していた可能性が考えられる。

写真 3.4.61 転倒したブロック塀
（Tumbled concrete-block wall settled into ground）

3.4.7 宮城県遠田郡美里町南郷地区
(Nango, Misato town Miyagi)

美里町南郷地区は2003年宮城県北部連続地震の際（当時は南郷町）に大きな被害を生じた地域である。周辺地域は鳴瀬川流域の軟弱地盤であり，2003年の地震の際にも液状化による被害が報告されている。写真3.4.62および写真3.4.63に示すように公共建築のRC造建物周辺では盛土部分の崩壊や地盤沈下，さらにそれらの影響による配管類の損傷といった被害の様子が見られる。建物の上部構造に大きな被害はほとんど見られなかったが，このように基礎周辺地盤の沈下や盛土の亀裂などが多数見られた。また，写真3.4.64に見られるように，墓地内の数か所で地盤の液状化によると思われる噴砂の跡が確認され，電信柱の大きな傾斜も複数見られた。噴砂の形跡はそのほか，町内の道路側溝周辺などでも確認された。

写真 3.4.59 建物周辺の地盤沈下
（Settlement of ground around foundation）

写真 3.4.60 建物周辺の地盤沈下
（Settlement of ground around foundation）

写真 3.4.62 建物周辺の地盤沈下
（Settlement of ground around foundation）

写真 3.4.63　建物周辺の地盤沈下
（Settlement of ground around foundation）

写真 3.4.64　液状化による噴砂と電信柱の傾斜
（Sand boil and inclined telephone pole）

3.4.8 宮城県女川町において津波によって転倒した建物の基礎構造について
(Foundations of fallen buildings by tsunami in Onagawa town, Miyagi)

女川町では3月11日の地震直後に起きた津波により，複数の建物が転倒した。転倒した建物には杭基礎で支持されていた建物も含まれている。調査した範囲では，津波によって転倒したと思われる建物が5棟，そのうち杭基礎で支持されていると思われるものが3棟であった。以下，転倒した建物それぞれの被害について主に基礎構造の観点から報告する。図3.4.7には津波により倒壊したと思われる5棟の建物の位置を示す。図中に示した番号は写真のキャプションに記された建物番号に対応している。

写真3.4.65に示すNo.1の建物は鉄骨造3階建て（一部4階）の水産会社建物である。基礎形式は杭基礎で，写真右側に引き抜かれた杭が1本だけぶら下がった状態で残っている。杭径は300mm，肉厚60mmのPC杭と考えられる。杭表面に記された目盛から判断して杭長は6m程度である。

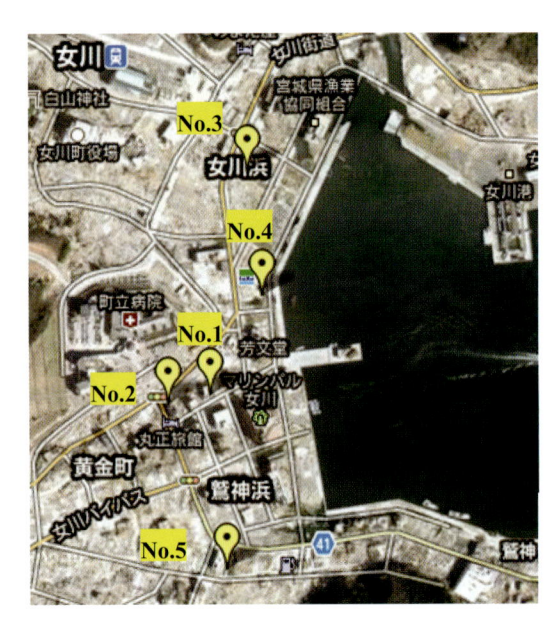

図3.4.7　女川町で津波により転倒した建物の位置
（Location of tumbled buildings by Tsunami in Onagawa town）

写真3.4.66に引き抜かれた杭先端部の写真を示す。写真の杭先端部は継手部分と考えられるが，杭先端部の端板が錆びていることなどから判断して，継手の溶接が十分でなかったなどの影響により，この杭だけが引き抜かれた可能性が考えられる。写真3.4.66には杭接合部のらせん筋と中詰の縦筋，中詰コンクリートが見られる。らせん筋はD9@50，中詰の縦筋は6-D13であった。写真3.4.67に見られるように，基礎底面の，向かって上側や右側の杭位置では縦筋がほぼ真直ぐなままであるのに対して，下部，特に左側の杭位置では，らせん筋や縦筋が変形しており，杭頭部に大きな曲げモーメントが作用したのではないかと考えられる。また，パイルキャップ底面の外観から判断して，杭ののみ込み部分は少なかったようである。

写真3.4.68はNo.1の建物基礎底面を別の角度から写したものであるが，杭位置の確認はできなかったが，破断した配管類の接続部分との照合から，写真3.4.68の手前部分が建物の建っていた元の位置であり，写真3.4.68の左側に見えるコンクリート面の損傷は建物が転倒した後，津波によって流された際にできた形跡ではないかと推測される。

写真3.4.69はNo.2建物の転倒した基礎底面の様子を示す。この建物はRC造4階建てで，元の位置から約70m流されたことが指摘されており[3]，元の位置は写真3.3.70に示す部分であったと考えられる。

写真3.4.69に見られるように基礎底面の右側に杭が1

本残っている。杭は傾斜した状態であったのでレーザー変位計でおおよその長さと角度を計測した結果，傾斜した杭の両端間の距離が 3.6m，傾斜角が 120°となったので，これらの結果より，杭長は約 4m と推定した。杭径は 300mm，肉厚は 60mm，鉄筋は 6-φ8 であった（写真 3.4.71）。杭本数，破断した断面や曲げひび割れの状況などから察して，PC 杭の可能性もあるが，RC 杭ではないかと思われる。杭本数は基礎底面の杭が破断した跡を目視によって観察した結果，杭は全部で 32 本あったと推定される。また，杭先端は閉塞型でペンシル型の形状をしていたことやパイルキャップがないことなどから，摩擦杭であると考えられる。写真 3.4.72 には写真 3.4.70 の元の位置に残されていた引き抜かれた杭（左写真）と破断した杭頭部分と思われる箇所（右写真）を示す。

写真 3.4.73 には No.3 建物の基礎底面の様子を示す。この建物は RC 造 2 階建ての交番である。写真から分かるように杭によって支持されている。転倒の方向は No.1，No.2 建物が海側から陸側への方向，すなわち東から西に向かう方向に転倒しているのに対して，この建物はそれとは直交する北側に向かって転倒している。南北方向が建物平面の短辺方向，すなわち弱軸方向になること，建物の建っていた元の位置と思われる場所には津波によってできたと思われる洗掘の跡のような痕跡があることなどが影響していると思われる。

基礎底面にはパイルキャップが確認でき，パイルキャップに残された痕跡から杭は全部で 14 本と推定した。また，計測の結果，杭径は 250mm で杭の鉄筋と思われる 7mm 筋が数本見られた。杭の破断面から明確に観察できる鉄筋が多くなかったため，配置間隔から推定すると鉄筋本数は 6 本程度ではないかと思われる。この建物の杭の被害の特徴は，写真 3.4.74 に示すように杭の破断面が杭頭から 1.5m 程度下がった位置に見られること，また破断面の様子が脆性的な破壊を示しているように見受けられることである。杭の破断面が杭頭からやや下がった位置に見られることは，前述のように，建物が転倒する前に周辺地盤が津波によって洗掘されていたことによる可能性が考えられる。また，脆性的な破断面の様子から杭種は RC 杭ではないかと思われる。

写真 3.4.75 には転倒した No.4 建物の様子を示す。この建物は RC 造 3 階建ての事務所ビルで基礎形式は直接基礎である。この建物の転倒方向は No.1 や No.2 の建物とは逆で，陸側から海側（西側から東側）に向かって転倒していた。これより，この建物は津波の引き波によって転倒したのではないかと考えられる。建物基礎底面の形状を計測したところ，長辺 10.4m，短辺 7.4m となり，写真 3.4.75 の転倒した建物左側に窪みができた区画とその寸法がほぼ一致したことから，この部分が建物の建っていた元の位置ではないかと推定される。

写真 3.4.76 には No.5 建物の基礎底面の様子を示す。レーザー変位計による計測の結果，基礎底面は長辺 20m，短辺 9.3m であり，基礎梁の間隔は中央で 6.6m であった。基礎底面の外周部はパイルキャップのようにも見受けられ，部分的には杭断面のような円形状の痕跡が見られる部分もあった。しかし，明確に杭基礎で支持されているような杭頭の形跡は見当たらず，杭は用いられていたとしても地盤改良のような目的であって，この建物の基礎形式としては直接基礎と考えてよいのではないかと思われる。

女川町は地震直後に津波に襲われているため，地震による液状化が発生した痕跡を探すのは困難であるが，杭が引き抜かれている被害が起きていることなどを考えると地震時に地盤の液状化が発生していた可能性も考えられる。写真 3.4.77 には女川水産観光センター付近で見られたマンホールの様子を示す。地盤沈下や津波による洗掘などのため周辺の地盤変状が激しく，地盤の液状化によるマンホールの浮上りと結論付けるのは早計であるかもしれないが，液状化が発生していた可能性を示唆する現象と考えてよいかもしれない。

写真 3.4.78 は女川町中心部から 1km ほど内陸側に入った荒立地区の住宅地で見られた盛土斜面崩壊の様子である。地盤沈下や道路のアスファルト表面の亀裂や陥没などの地盤変状のほか，周辺の住宅では屋根瓦の損傷など地震の振動によるものと思われる被害も見られた。また，この地区は小高い丘の上に造られた住宅地であるが，写真 3.4.78 の崩壊した斜面のすぐ下まで津波が襲った痕跡が見られた。

写真 3.4.65 転倒した S 造建物（No.1）：杭基礎
（Tumbled steel structure building supported by pile foundation）

写真 3.4.66　引き抜かれた杭の先端部（No.1）
（Pile head and top of pulled-up pile）

写真 3.4.67　杭頭接合部の様子（No.1）
（Joint of pile head）

写真 3.4.68　転倒した S 造建物（No.1）の推定した元の位置（Estimated location of Building No.1）

写真 3.4.69　転倒した RC 造建物（No.2）：杭基礎
（Tumbled RC-building supported by pile foundation）

写真 3.4.70　転倒した RC 造建物（No.2）の推定した元の位置（Estimated location of Building No.2）

写真 3.4.71　破断した杭の断面（No.2）
（Section of ruptured pile）

写真 3.4.72　引き抜かれた杭と元の位置に残された杭頭部の切断面（Pulled-up pile remained and mark of ruptured pile head observed in estimated building location）

写真 3.4.73　転倒した RC 造建物（No.3）：杭基礎
（Tumbled RC-building supported by pile foundation）

写真 3.4.74　破断した杭断面（No.3）
（Section of ruptured pile）

写真 3.4.75　転倒した RC 造建物（No.4）：直接基礎
（Tumbled RC-building supported by pile foundation）

写真 3.4.76　転倒した RC 造建物（No.5）：直接基礎
（Tumbled RC-building supported by pile foundation）

写真 3.4.77　浮き上がったと考えられるマンホール
（Uplifted manhole near Onagawa port）

写真 3.4.78　女川町荒立地区の盛土斜面の崩壊
（Fill slope failure in Onagawa）

謝辞

　白石市，山元町，仙台市の報告については筆者が地盤工学会調査団の一員として参加した調査結果に基づき執筆しました。東北大学大学院工学研究科土木工学専攻・風間基樹教授，復建コンサルタンツ・佐藤真吾氏はじめ関係各位に感謝いたします。仙台市青葉区の調査は東北大学大学院工学研究科土木工学専攻・株木宏明氏，佐々木航平氏と共に行ったものです。また，仙台市太白区緑ヶ丘の調査については東北大学大学院災害制御研究センター・大野晋准教授の協力を得ました。

　石巻市・美里町南郷地区の調査は東北大学大学院災害制御研究センター・源栄研究室の調査として行いました。源栄正人教授はじめ関係各位に感謝いたします。

　女川町の調査については東北大学名誉教授・杉村義広博士，東北大学大学院工学研究科土木工学専攻・株木宏明氏，中島悠介氏，モンカダ・ロペス・リゴベルト氏，金鍾官氏とともに行いました。女川町の調査結果の検討については杉村義広博士から多くの助言を戴きました。ここに記して感謝致します。

参考文献

1) 1978年宮城県沖地震災害調査報告書, 日本建築学会, pp.55-133, 1980
2) 1978年宮城県沖地震調査報告書, 土木学会東北支部, pp.435-457, 1980
3) 平成23年（2011年）東北地方太平洋沖地震調査研究（速報）（東日本大震災）, 建築研究資料 No.132, 建築研究所, 2011,
http://www.kenken.go.jp/japanese/contents/topics/20110311/0311quickreport.html

3.5 建物等の被害（Damage to buildings）

3.5.1 概要（General information）

2011年3月11日に発生した東北地方太平洋沖地震は，我々がかつて経験したことのない甚大な被害をもたらし，国の経済を停滞させただけではなく，影響が広範囲に及んだことから，いまだに復興の道筋すら示されていない状況である。地震の規模はマグニチュード9.0と過去最大級のものであり，宮城県栗原市で震度7を観測するなど，東北地方では広範囲にわたり大きな計測震度を記録した。今回の地震による建物被害は，津波によるものと地震動によるものに大別される。沿岸部では津波により建物のほとんどが流されてしまっていることから，地震動だけで被害を受けたか詳細は不明である。津波被害の調査結果については別に示し，ここでは地震動によって生じた建物の構造被害の代表的な事例について示す。

被害の概要については，すでに出されているいくつかの報告や，日本建築学会東北支部構造部会会員による個別の調査報告などから判断すると，旧耐震基準で設計された建物で，耐力不足，垂れ壁・腰壁による短柱のせん断破壊，耐震要素の偏在などが原因で被害を受けているものが多い。しかしながら，現行の耐震基準が示す耐震性能を満たさない建物についても，適切な耐震補強・改修が施された建物の多くは被害を逃れており，耐震補強・耐震改修の有効性が確認された。新耐震基準で設計された建物の場合，構造部材に軽微なクラックや，コンクリートのはく落などは見られたものの，主体構造の被害はほとんどなく，現行の耐震基準は概ね妥当であると考えられる。しかしながら，集合住宅の非構造壁の破損や，劇場ホールや体育館の天井の落下事故，空調・照明などの設備機器の損傷などにより，建物の機能が損なわれた事例が数多く見られた。主体構造の安全確保はもちろんのこと，建物全体の機能を含めた安全性能の向上を図ることが緊急の課題であると受け止めている。

本節では，日本建築学会東北支部が中心となり，各支部，各教育機関，民間企業の協力のもとで実施された悉皆調査の結果を取りまとめたものと，構造躯体に損傷があり，比較的被害程度の大きい建物に限定して記載した。構造被害については，主には，日本建築学会東北支部構造部会60名の部会員が収集したデータを総合し，建物の種類別，地域性，破壊形式等のバランスを配慮し作成した。ただし，今回の地震の広範囲性から，部会員だけの活動で行き届かない地域もあり，他の支部の協力により得られた事例も数件ある。他支部の温かい応援に心から感謝の意を表したい。

3.5.2 被災建物の悉皆調査
（Reconnaissance investigation）

(1) 悉皆調査目的

建物の悉皆調査とは，ある一定エリアにある建物の被害状態に関する全数調査をいう。本調査は，巨大地震災害の被災記録を詳細に残し，復興計画のための一助および今後の大規模地震災害に対応するための防災計画，被害想定等の基礎資料として役立てることを目的としたものである。

具体的な調査目的を以下に挙げる。
・地震動と建物被害の関係の解明
・津波の遡上域・浸水域と建物被害の関係の解明
・地域のハザード情報や地質・地形等とのオーバラップによる当該地域の脆弱エリア同定
・1978年宮城県沖地震，2003年宮城県北部の地震，2008年岩手宮城内陸地震の被災経験建物の追跡調査

(2) 調査体制と調査機関

本悉皆調査は，日本建築学会東北支部が中心となり，各支部，各教育機関，民間企業の合同調査で実施されている。2011年6月1日現在までの調査に参加表明した機関および参加機関を表3.5.2.1に示す。

表3.5.2.1a 調査参加機関（Investigation members）

支部	調査機関	調査メンバー
東北支部	東北大	柴山明寛助教，佐藤健准教授，大野晋准教授，平野信一准教授，磯田弦准教授，大風翼，内田哲晴，菊地大，佐々木康友，中村佐和子，浜田健佑，猪野琢也，小野梓，角間隆之，永田遼平，弓野沙織，三浦綾子，北澤幸絵，大多和真，芳岡里美，櫻井洋充，中村真奈，武藤大志，安永隼平，宮本ゆかり，飯田有未，清水善規，山口貴之，濱崎喜有，大越浩司，他
	山形大	村山良之教授
北海道支部	北海道大学	岡田成幸教授，緑川光正教授，岡崎太一郎准教授，白井和貴准教授，村木泰輔，大友啓徳，遠藤知也，他
	道工大	武田寛教授，田沼吉伸教授，前田憲太郎准教授，千葉隆弘講師，他
	北総研	戸松誠，竹内慎一，千葉隆史，森松信雄
北陸支部	金沢大	池本敏和教授，村田晶助教，大門功昌，中嶋翔平，舘裕次郎，秋元和樹，大瀬浩太，坪川俊行，他
	信州大	田守伸一郎准教授，五十田博准教授，鳥海知大
関東支部	工学院大	久田嘉章教授，久保智弘，他

表 3.5.2.1b　調査参加機関（Investigation members）

関東支部	損害保険料率算出機構+鹿島建設+イー・アール・エス	石田寛，日下彰宏，清水友香子，永田茂，鳥澤一晃，鈴木康嗣，秀川貴彦，鱒沢曜，水越薫，他
	慶応大	小檜山雅之准教授，喜田健資
	理科大	栗田哲教授，千葉一樹助教，他
東海支部	名工大	井戸田秀樹教授
	名古屋大	護雅史准教授，小島宏章助手
	中部大	脇田健裕助教
	岐女短大	服部宏己准教授
	岐阜高専	犬飼利嗣教授
	豊橋技大	山田聖志教授，中澤祥二准教授，松本幸大助教，他
九州支部	九州大	前田潤滋教授，中原浩之准教授
	九産大	花井伸明准教授
	北九大	姜優子

※2011年6月1日現在の調査参加メンバー（アンダーラインは各支部の代表者）

(3) 調査地区と調査日程について

　調査地区は，宮城県を中心に岩手県南部，福島県全域とした。調査地域は，学会員による初動調査の情報および強震観測点の情報，1978年宮城県沖地震の悉皆調査地域等を参考に選定した。

　2011年6月1日までに調査を行った地域に関して，表3.5.2.2に示す。調査は，地震発生から1ヶ月後の4月15日から開始し，執筆現在も継続している。

表 3.5.2.2a　調査地域（Survey regions）

県	市区町村	調査地域	調査棟数
宮城	仙台市青葉区	上杉	447棟
	仙台市太白区	長町，長町南	2,181棟
		緑ヶ丘	122棟
		松ヶ丘	250棟
	仙台市若林区	卸町	303棟
		沖野	500棟
		日の出町	110棟
		七郷中学校周辺	未集計
	仙台市泉区	南光台	230棟
		中山	196棟
	仙台市宮城野区	岩切	312棟
		原町	206棟
	大崎市	古川北町	222棟
		古川三日町	171棟
	石巻市	泉町	247棟
	登米市	豊里町	158棟
		中田町	130棟
	黒川郡	大和町	175棟
岩手	奥州市	水沢区佐倉河石橋	177棟
		水沢区大鐘町	273棟
	北上市	柳原町	201棟

表 3.5.2.2b　調査地域（Survey regions）

福島	耶麻郡	猪苗代町城南	216棟
		猪苗代	197棟
	会津若松市	古川町	243棟
	郡山市	朝日	202棟
		開成	221棟
	西白河郡	矢吹町	158棟
	相馬市	中村字川原町	206棟
	福島市	桜木町	233棟
	東白川郡	棚倉町	226棟
	白河市	新白河	223棟
	合計		8,736棟

※2011年6月1日現在の調査棟数

(4) 調査方法と調査項目

　本悉皆調査で使用した調査シートを図3.5.2.1に示す。本調査シートは，2007年新潟県中越沖地震の悉皆調査で用いた調査シート[1]を一部改良したものである。

　調査項目は，①応急危険度判定結果，②建築年，③建物の現状，④用途，⑤構造種別，⑥階数，⑦主に被害を受けた階数，⑧基礎形式，⑨基礎被害，⑩地盤形状，⑪屋根形式，⑫屋根被害，⑬破壊パターンの13項目と，補足として余震による被害拡大の有無，増築の有無，宅地危険度判定結果，対象建物の耐震等級，ブロック塀被害の有無，家族・在宅人数，人的被害状況の項目を加えた。

　調査は，外観目視による調査を基本とし，建物の被災度の判定に，岡田・高井の木造破壊パターン分類[2]を使用した。軽量S造は，木造の破壊パターン分類を代用し，重量S造は，桑村らの破壊パターンチャート[3]を用いた。RC造に関しては，高井・岡田のRC造[4]の破壊パターン分類を使用した。また，建築年代については居住者などにヒアリングできた場合は建築年を記載し，ヒアリングできなかった場合は調査員による外観目視から建築年代を推定した年代を記載した。調査は，原則として2名1グループとし，1棟あたり3～5分，1日あたり60～80件の調査棟数を目安に調査分担地区を予め割り当て，それぞれの地区に対し取りまとめ担当を決めた。対象地区までは車で移動し，駐車場－対象地区は徒歩で移動した。調査対象建物1棟につき，建物全体像および被害に応じた部分的な写真を撮影し，調査後に調査シートとの対応がとれるようにした。また，調査の進捗状況はグループ責任者等に携帯電話で報告するようにし，グループ内での調査の過不足を補った。グループ間の進捗状況は取りまとめ担当に携帯電話，メールで報告した。

　なお，調査開始前にグループ全員で同一の建物10棟程度を調査し，判定結果についてキャリブレーションを行い，調査結果の統一を図っている。

(5) 調査結果

2011年6月1日現在で調査地域は31カ所，調査建物棟数は8,736棟である。調査データは，現在集計中である。一部集計が終了した仙台市太白区長町の1,161棟について報告する。

図3.5.2.2に長町地区の建物被災度別の分布を示す。長町地区は，沖積世扇状地に位置し，地表から3.5mから5mまでは粘土～シルト質ロームでN値は2内外の極めて軟弱な地盤である。強震記録としては，長町地区の南に位置する長町南コミュニティセンターで計測震度6.0（本震3/11）が観測されている。建物構成としては，木造が約70%，S造が約15%，RC造が約15%であり，建物用途は，戸建専用住宅が約50%，共同住宅が約20%，店舗・店舗併用住宅が約20%であった。建物の被災状況は，木造の全壊3棟，半壊9棟，RC造の半壊3棟であった。木造の全壊3棟はすべて戸建専用住宅で築30年以上が経過している建物であった。

(6) まとめ

本報告では，震動域における悉皆調査の調査状況と一部の集計結果の報告を行った。今後，震動域および津波域に関して調査を進め，東北3県の被害状況を明らかにする予定である。

謝辞

本悉皆調査は，各市町村の自治体をはじめ，多くの地域住民の方々に調査協力を得た。また，調査ツールとして，マルティスープ株式会社，株式会社エヌ・ティ・ティ・ドコモにご協力をいただいた。関係各位，および調査員の学生諸君に深く感謝の意を表す。

本報告で使用した地図および研究成果の一部は，東京大学空間情報科学研究センターの研究用空間データ利用を伴う共同研究（研究番号328，研究代表者：東北大学柴山明寛）による成果であり，ゼンリン提供：ZmapTownII(shape版)宮城県データセットを利用させて頂いた。

参考文献

1) 日本建築学会：2007年能登半島地震災害調査報告　2007年新潟県中越沖地震災害調査報告，2010年3月
2) 岡田成幸，高井伸雄：地震被害調査のための建物分類と破壊パターン，日本建築学会構造系論文報告集，第524号，pp.65-72，1999年10月
3) 桑村仁，田中直樹，杉本浩一，向野聡彦：鋼構造躯体の性能表示―鋼構造建築物の性能設計に関する研究　その1―，日本建築学会構造系論文集，第562号，pp.175-182，2002年12月
4) 高井伸雄，岡田成幸：地震被害調査のための鉄筋コンクリート造建物の破壊パターン分類，日本建築学会構造系論文報告集，第549号，pp.67-74，2001年11月

日本建築学会災害委員会
2011年東北地方太平洋沖地震　　　　　　　　　調査地区名　[　　　　　　]

調査日　_____　調査員_____　住宅地図____頁　写真枚数____枚
　　　　　　　　　　　　　　　　　　　　　　　　写真番号(　　)-(　　)~(　　)
A.建物番号_____　B.表札_____氏　C.応急危険度判定　1.無　2.有（赤・黄・緑）

D.建築年　1.非常に古い　2.古い　3.新しい　4.不明　5.推定(　　年頃)　6.聴取(　　年)
　　　　　　（築30年以上）（築30～10年）（築10年以下）

E.現状　　1.現状保存　2.解体中　3.解体撤去済み　4.修繕中　5.不明　6.聴取(修繕済・無被害・不明)

F.建物用途　1.戸建専用住宅　2.長屋住宅　3.共同住宅　4.併用住宅　5.店舗　6.オフィス　7.その他____

G.構造種別　1.木造(伝統・準伝統・在来・壁式・(　))　2.S造(重量・軽量)　3.RC造　4.その他(CB造・その他)

H.建物階数　1.平屋　2.2階(ピロティ無, ピロティ有)　3.(　)階(ピロティ無, ピロティ有)

I.主被害階　(　　)階　(主な被害内容_____)

J.基礎形式　1.独立基礎(玉石等)　2.布基礎　3.高基礎(一階がRCの車庫等の場合)　4.杭(種類と本数　)　5.不明

K.基礎被害(木造・S造のみ)　1.無被害　2.部分的　3.著しい(破壊あり)　4.不明

L.地盤変状　1.無　2.有 →（場所と形態_____）
　　　　　　　　　　例　建物直下／敷地南端，亀裂沈下，液状化（噴砂），土砂など

M.屋根形式　1.土葺瓦　2.土無瓦　3.金属　4.スレート　5.その他(　)　6.不明

N.屋根被害　1.ほとんど無被害　2.著しいずれ(部分的)　3.全面的にずれ，破損　4.判定不能

メモ欄
O.余震による被害拡大　1.無　2.有（余震前の応急危険度判定：赤・黄・緑）
P.増築　1.無　2.有　3.コメント(　　　　　)　Q.宅地危険度判定　1.無　2.有（赤・黄・緑）
R.耐震等級　1.等級1　2.等級2　3.等級3　4.等級なし　5.不明　S.ブロック塀被害　1.有　2.無
T.家族・在宅人数　1.家族(　)名　うち　在宅(　)名　2.不明
U.人的被害状況　1.死亡(　)，重傷(　)，軽症(　)　2.無し　3.不明

V.破壊パターン：木造，軽量S造の場合　下図の該当パターンに○
　　　　　　　　重量S造，RC造の場合　記号を記入（別紙参照）：_____

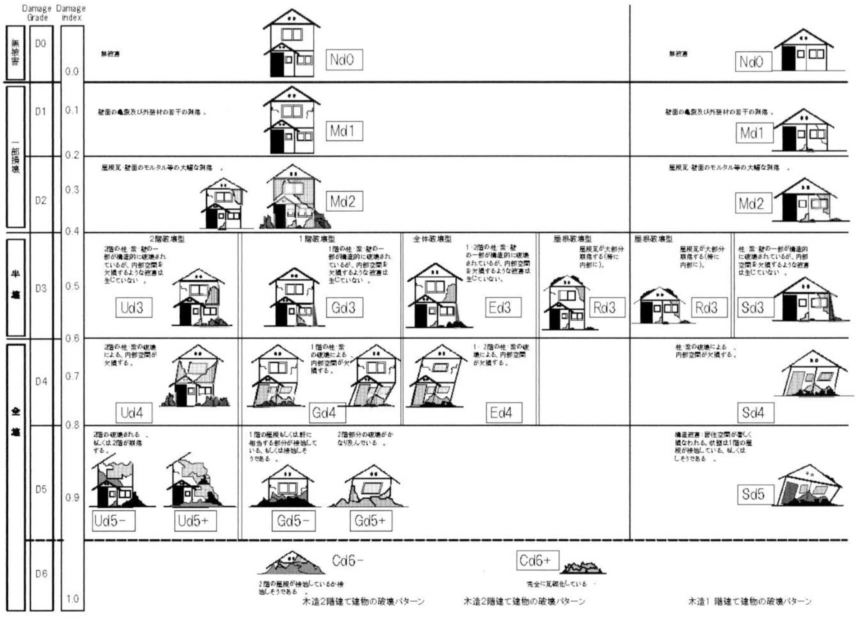

図3.5.2.1　調査票（Investigation paper）

2011年東北地方太平洋沖地震災害調査速報

図 3.5.2.2　長町地区の建物被災状況（Damage intensity in Nagamachi area）

3.5.3 福島県の初動調査
（Preliminary survey in Fukushima Prefecture）

(1) 福島県の被害概要

福島県では，2011年3月11日の地震により，表3.5.3.1に示すように最大で震度6強を記録した。これにより，平成2011年6月3日現在，全壊棟数は14,830棟，半壊棟数は20,386棟，一部損壊棟数は60,380棟と報告されている[1]。主要な市町村の全壊・半壊棟数を表3.5.3.2に示す。

表3.5.3.1 本震での福島県下の震度
(JMA seismic intensities in Fukushima)

震度6強:	白河市，須賀川市，二本松市，富岡町，大熊町，浪江町，鏡石町，楢葉町，双葉町，新地町
震度6弱:	郡山市，桑折町，国見町，川俣町，西郷村，矢吹町，中島村，玉川村，小野町，棚倉町，伊達市，広野町，浅川町，田村市，いわき市，川内村，飯舘村，相馬市，南相馬市，猪苗代町
震度5強:	福島市，大玉村，天栄村，泉崎村，矢祭町，平田村，石川町，本宮市，三春町，葛尾村，古殿町，会津若松市，会津坂下町，喜多方市，湯川村，会津美里町，磐梯町

表3.5.3.2 主要な市町村の建物被害状況
(Statistics of damaged buildings in cities and towns)

	福島市	本宮市	国見町	桑折町	矢吹町	須賀川市	郡山市
全壊	133	2	60	50	249	501	1,354
半壊	759	21	139	128	1,140	1,205	4,290
	天栄村	相馬市	南相馬市	いわき市	鏡石町	白河市	泉崎村
全壊	53	1,120	4,682	5,421	71	163	48
半壊	107	392	975	9,700	179	595	362

(2) 調査体制と調査機関

初動調査は，東北支部の指示のもと，主として近畿支部の協力の下，各支部，各教育機関，民間企業の合同調査で実施された。2011年6月3日現在までの調査機関および調査メンバーを表3.5.3.3に示す。

(3) 調査地域と調査日程について

(1)に示した文献1)による情報より，主として福島市，本宮市，国見町，桑折町，矢吹町，須賀川市，郡山市，天栄村，相馬市，南相馬市，いわき市，鏡石町の初動調査を実施した。調査地域を図3.5.3.1に示す。

表3.5.3.3 調査機関と調査メンバー
(Investigation members)

支部	調査機関	調査メンバー
東北支部	日本大学	浅里和茂，市岡綾子
関東支部	明治大学	平石久廣，小林正人 五十棲雄高，下田卓，谷崎豪 浅野宏一，荒川哲也 鈴木彩香，佐古智昭，吉益幸寛 金沢和誉，升谷桂輔，二宮大樹 赤澤圭祐，杉岡洋堯
	横浜国立大学	田才晃，楠浩一，畠中雄一 渡邊秀和，西倉幾，川村学 大蔵勇太
	宇都宮大学	入江康隆，野俣善則
近畿支部	大阪大学	桑原進，向出静司，瀧野敦夫
	大阪市立大学	谷口与史也，渡邊祥
	(株)タイシン技建	福田康夫
	関西大学	鈴木三四郎，山本大亮
	京都大学	西山峰茂，坂下雅信，聲高裕治 佐藤裕一
	近畿大学	村上雅英，岸本一蔵
	建築研究協会	清水秀丸
	神戸大学	向井洋一
	竹中工務店	鈴木直幹
	日建設計	吉澤幹夫
	日本防災士会	谷本勇夫
	立命館大学	鈴木祥之，須田達，大岡優 向坊恭介
	その他	小笠原昌敏，斎藤幸雄 奥田辰雄，佐久間順三 板橋清子，白戸幸裕
東海支部	豊田工業高等専門学校	山田耕司
北陸支部	金沢工業大学	後藤正実
四国支部	岡山理科大学	小林正実
	鳥取環境大学	中治弘行
	広島大学	松本慎也
	広島国際大学	橋本清勇
九州支部	北九州市立大学	姜優子
	九州大学	中原浩之
	九州産業大学	花井伸明

調査機関は，4月15日を皮切りに，延べ10を超える調査チームが随時調査地域に入り，調査を実施した。本原稿執筆時点でも，調査は継続している。各調査対象地域の調査棟数を表3.5.3.4に示す。また，矢吹町では，調査範囲を指定して，悉皆調査を実施した。調査範囲を図3.5.3.2に示す。合計で1,934棟（2011年6月7日現在）の調査を実施した。

表3.5.3.4 調査地域別の調査棟数
（2011年6月7日現在）
(Number of investigation buildings)

福島市	本宮市	国見町	桑折町	矢吹町	須賀川市	郡山市
64	3	8	14	1,151	63	140
天栄村	相馬市	南相馬市	いわき市	鏡石町		
333	13	9	67	67		

図 3.5.3.1　調査地域（Survey region）

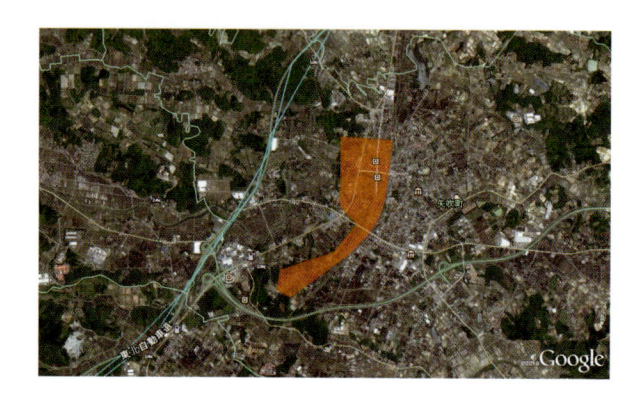

図 3.5.3.2　矢吹町悉皆調査区域（Survey region）

(4) 調査方法と調査シート

本初動調査で用いた調査シートを図 3.5.3.3 に示す。調査では，名称，所在地，建築年代の他，整形性や構造種別，階数，用途，被害状況を対象としている。更に，津波に関しては，海からの距離や浸水の状況を記している。また初動調査では，個別の建物の調査だけではなく，周辺の被害状況を記録することが重要なため，調査項目 16 において，周辺の被害状況の記録を残していることが特徴である。

(5) 調査結果

調査結果の集計を表 3.5.3.5 に示す。2011 年 6 月 7 日現在，調査棟数 1,934 棟の中で，大破・倒壊・流出建物は 157 棟（全調査棟数の約 8%）である。大破・倒壊・流出建物のいずれかは，本宮市を除いて，全調査地域に存在する。調査対象に占める各構造種別の比率は，木造 67%，鉄筋コンクリート造 11%，鉄骨造 14%，鉄骨鉄筋コンクリート造 0.2%，その他（不明を含む）7% である。大破・倒壊・流出の各構造種別の棟数は，木造 98 棟，鉄筋コンクリート造 20 棟，鉄骨造 17 棟，鉄骨鉄筋コンクリート造 0 棟，その他（不明を含む）22 棟である。

悉皆調査を行った矢吹町の調査範囲では，調査棟数に占める各被災度の棟数の比率は，無被害 36%，軽微 35%，小破 13%，中破 8%，大破 7%，倒壊 1% である。

なお，表に示した被害棟数は，矢吹町を除いて，あくまで初動調査によるものであり，悉皆調査ではない。その為，この表に示された棟数から被害率を計算しても，実際の被害率とは異なることに注意が必要である。

(6) まとめ

本報告では，福島県下の初動調査の調査状況と，一部の集計結果の報告を行った。調査結果は，図 3.5.3.3 に示した調査シートの形で保管されている。今後，この初動調査結果を更に分析するとともに，詳細調査を実施する建物の特定を進める予定である。

謝辞

本調査の実施においては，各市町村の関係諸氏，住民の皆様に多大な協力を頂きました。ここに感謝の意を表します。

参考文献

1) 平成 23 年東北地方太平洋沖地震による被害状況速報（第 206 報），福島県庁，平成 23 年 6 月 3 日

表 3.5.3.5　調査結果のまとめ（2011 年 6 月 7 日現在）　（Results of investigation）

	福島市	本宮市	国見町	桑折町	矢吹町	須賀川市	郡山市	天栄村	相馬市	南相馬市	いわき市	鏡石町	合計
無被害	2	0	0	0	415	2	30	1	0	3	0	1	454
軽微	29	0	2	2	404	23	47	10	6	4	35	3	565
小破	15	1	1	4	152	18	33	296	1	0	10	49	580
中破	8	2	2	4	89	12	23	17	0	1	10	10	178
大破	3	0	2	3	82	8	5	8	3	1	9	3	127
倒壊	9	0	1	1	9	0	2	1	1	0	3	1	28
流出	0	0	0	0	0	0	0	0	2	0	0	0	2
合計	66	3	8	14	1,151	63	140	333	13	9	67	67	1,934

第3章　東北地方の被害（Damage in Tohoku District）

東北地方太平洋沖地震　初動調査票　　　　　　　　　　　　No.

1	県名	青森　岩手　宮城　福島　山形　秋田			
2	調査員				
3	調査日	／　／　（　）	調査時間	～	
4	建物名称				
5	建物所在地		北緯東経	N	E
6	建築年代	年　不明	長手方向方位		
7	平面不整形		鉛直不整形		
8	構造種別	木造　RC造　S造　SRC造　その他（　　　）			
9	建物階数	地上＿＿階　地下＿＿階　塔屋＿＿階			
10	建物用途	戸建住宅　集合住宅　学校　工場　その他（　　）			
11	浸水高さ*	浸水あり（　床下　床上　）	浸水高さ（　）m		
12	海からの距離*	約（　　）m			
13	被害程度	外壁・非構造被害　有り　なし	軽微　小破　中破		
14		構造被害　有り　なし	大破　倒壊　流出		
15	被害状況と原因				
16	被害建物周辺状況 複数選択可	a. 被害は見あたらない　　b. 軽微な被害がいくつか見受けられる c. 周辺の建物の多くに軽微な被害がある d. 半壊に近い被害を受けている建物がある e. 激しい被害を受けている建物がある f. 地盤変状がある　g. その他（　　　　）			
17	写真・図面等				
18	建物の詳細情報	有り（　　　　　　　　　　　　　）なし			
19	備考				

*：津波による被害地域用

図3.5.3.3　初動調査票（Investigation Paper）

3.5.4 個別建物の調査
（Investigation of buildings）

(1) 東北大学工学部人間・環境系研究棟
所在地：宮城県仙台市青葉区荒巻字青葉 6-6-4
用途：研究施設
構造種別：鉄骨鉄筋コンクリート造，地上 9 階建
建築年：1969 年

　この建物は非充腹型 SRC 造 9 階建てで，1，2 階は低層部を有し，3 階部分でセットバックした建物である（写真 3.5.4.1）。1978 年宮城県沖地震では 1 階で 258 ガル，9 階で 1,040 ガルの揺れを経験し，建物両側妻壁にせん断ひび割れが入るなどの損傷を受けた。2000 年秋～2001 年春にかけて耐震改修工事がなされ，2005 年の宮城県沖地震や 2008 年の岩手・宮城内陸地震を経験した建物である。

　今回の地震において 3 階の 4 隅の外柱がすべて大破した。写真 3.5.4.2，3.5.4.3 に東側妻壁と西側妻壁の柱の被害状況を示す。東西の妻壁（連層耐震壁）の曲げ振動に伴う変動軸力により柱脚部が大破し，鉄骨が抜け出し座屈，主筋の破断・座屈している状況であった（写真 3.5.4.4）。柱脚部の破壊の後，3 階部分から上部がロッキング振動した様子が伺える。

　大破した柱脚の露出した主筋の状況をみると，今回の地震による破断と，すでに錆びついて破断したものが確認された（写真 3.5.4.5）。地震観測記録が得られており，1 階で 333 ガル，9 階では 908 ガルであった。また，4 月 7 日の余震（M7.4）により損傷が進行した（写真 3.5.4.6）。

写真 3.5.4.1　隣接建物屋上から撮影した被害建物の東側妻壁（View of building, damage to transverse shear wall in east side）

写真 3.5.4.2　南東隅柱の柱脚部の損傷状況
（Damage to southwest corner column）

写真 3.5.4.3　北西隅柱の柱脚部の損傷状況
（Damage to northwest corner column）

写真 3.5.4.4　北東柱脚部の主筋の破断状況
（Reinforcement fracture of northeast column）

第3章 東北地方の被害（Damage in Tohoku District）

写真3.5.4.5 東側妻壁の3階部分の損傷状況
(Damage to wall at 3rd story)

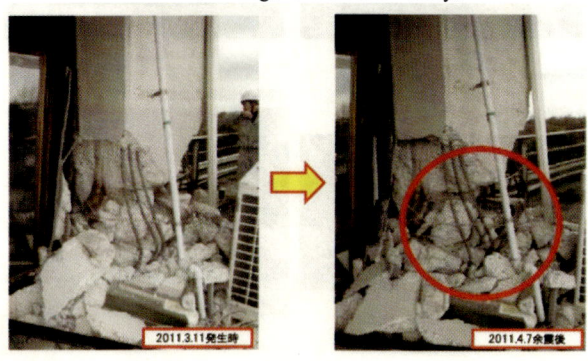

写真3.5.4.6 4月7日の余震による柱脚部損傷の進行状況（Damage extension of column due to aftershock on April 7, 2011）

(2) 集合住宅
所在地：宮城県仙台市宮城野区福室
用途：集合住宅
構造種別：鉄骨鉄筋コンクリート造，地上14階建
建築年：1976年

　この建物は「L」字型平面の建物で構造的には2つの建物に分かれており，杭基礎の建物である（写真3.5.4.7）。南側に立つ東西に長い建物（A棟）と西側に立つ南北に長い建物（B棟）がエキスパンションジョイントで結ばれている。杭長は24mである。A棟は桁行に1スパンが5.5mの8スパン，梁間方向が11.5mの1スパンの平面となっている。B棟は桁行に5.5mで6スパン，梁間11.5mの平面である。軒高は両棟とも39.5mである。

　この建物は1978年の宮城県沖地震で非構造壁のせん断破壊でドアが開かなくなるなどの被害を受けただけでなく，杭基礎部にも損傷があり，7本の杭の杭頭を掘り出して調査し，比較的損傷の大きかった2本を補修した経緯がある建物である。

　今回の地震では，本震でA棟が傾き傾斜角はエキスパンションジョイント部の間隔から1/56（頂部で70cm）であった（写真3.5.4.8）。さらに，4月7日の余震により傾

斜角が1/45に拡大した。1階スラブに傾斜が見られることから杭が被害を受けたと推定される（写真3.5.4.9）。B棟にも1/100程度の傾斜が見られた。非構造壁にせん断ひび割れが生じ，前回の地震同様にドアが開かなくなる被害が生じた（写真3.5.4.10）。地震直後の3月12日には非構造壁のせん断ひび割れは傾斜の大きいA棟の方がB棟に比べ軽微であったが，度重なる余震，4月7日の最大余震を経て，A棟，B棟ともに非構造壁のひび割れ幅が拡大した。

写真3.5.4.7 西側から撮影した建物全景
（Overall view of building, West side）

写真3.5.4.8 エキパンションジョイント部の開き状況
（Overview of expansion joint）

— 97 —

写真 3.5.4.9　A 棟基礎部の傾斜
（Inclination of foundation）

写真 3.5.4.10　ドア回り非構造壁の被害
（Damage to RC non-structural walls）

(3) 事務所ビル
所在地：宮城県仙台市若林区卸町
用途：事務所ビル
構造種別：鉄筋コンクリート造，4 階建
建築年：1983 年

　この建物は一階部分が東西に 2 スパン（1 スパン 5m×2）10m，南北方向にも 2 スパン（7.5m と 6.5m）13m の平面プランの建物で，2 階以上が一辺 10m の正三角形の平面プランを持つ小規模な 4 階建ての杭基礎建物である。敷地地盤は沖積平野にあり，杭長 26m の PC 杭により支持されている。軒高は 13.5m であり，基礎梁のせいは 1.4m で独立基礎に連結されている。

　今回の地震では，上部構造に損傷は認められないが，支持杭の損傷によると思われる建物の南側への大きな傾斜が生じた（写真 3.5.4.11）。傾斜角は 2°（1/30）であり，南側の基礎部は沈下し（写真 3.5.4.12），北側の基礎部は浮上りを生じた（写真 3.5.4.13）。新耐震設計法施行以降に建設された建物の被害であり，当然のことながら 1978 年宮城県沖地震は被災していない。

　傾斜した建物の内部には被害はなく，平衡感覚を失うほどの傾きを感じたが内装材等に被害は見られなかった。
　この建物周辺では，液状化が生じており，マンホールの浮上りや電柱の沈下，噴砂などの現象が確認された。

写真 3.5.4.11　傾斜した RC 造 4 階建てビル
（Inclination of four-story RC building）

写真 3.5.4.12　沈下した南東側隅柱
（Subsidence of southeast corner column）

写真 3.5.4.13　浮き上がった北側の基礎部
（Uplift of north side foundation）

第3章　東北地方の被害（Damage in Tohoku District）

3階段棟は梁間方向（南北方向）に弱軸，第2階段棟は強軸の平面形状である。

今回の地震では，本震で第1階段棟と第3階段棟の脚部が曲げ振動により損傷し傾斜した（写真3.5.4.17）。傾斜角はそれぞれ，1/30，1/50であり，脚部に曲げ振動による損傷が認められた。第2階段棟に傾斜が見られないのは，南北方向と推定される地震動の主軸に対し構造が強軸であったことに起因すると思われる。また，店舗兼住宅棟の段差基礎部での損傷（写真3.5.4.18）とともに，東側2スパン目の1階～4階の梁にせん断ひび割れが見られる損傷があり，非構造壁のせん断ひび割れの発生によりドアの開閉が不可となる被害を生じた。住民により，「北側の廊下が上下に波打っていた」との証言がある。

損傷の大きかった2階，3階の非構造壁の亀裂部分には1978年宮城県沖地震による損傷の補修が確認された。

写真3.5.4.14　傾斜した建物内で撤去作業中の従業員
（Employees who are removing in inclined building）

写真3.5.4.15　建物周辺の液状化現象
（Liquefaction of around this building）

(4)　店舗兼集合住宅
所在地：宮城県仙台市宮城野区鶴ヶ谷
用途：店舗兼集合住宅
構造種別：鉄筋コンクリート造，5階建
　　　　　＋RC造階段棟
建築年：1971年

この建物は大規模造成地の傾斜した盛土部に建つ梁間方向1スパン（9.3m），桁行方向に16スパン（1スパン6.45m）の東西に細長い平面を有する杭基礎建物で，梁間方向には耐震壁を有し，桁行方向は純ラーメン構造である。桁行方向中央部で1.14mの段差を有している。梁間方向に支持地盤は大きく傾斜しており，杭長は南側と北側で大きく異なり，建物南側で，6m～8m，北側で10m～17mとなっている。3つの鉄筋コンクリート造杭基礎の階段棟（5.3m×2.9m）が10cmのExp.Jを介して設置されている。階段棟は西側が第1階段棟（杭長19m），中央が第2階段棟（15m），東側が第3階段棟（杭長18m）であり，住宅棟とは基礎部は分離されている。第1と第

写真3.5.4.16　建物全景（北西からの撮影）
（Overall view of building, Northwest side）

写真3.5.4.17　傾いた第3階段棟（左）とその脚部の損傷（右）（Inclination of stairs-tower and damage to its base）

写真 3.5.4.18 段差を有する基礎部の損傷
（Damage to foundation with step）

写真 3.5.4.19 RC 造梁の損傷
（Damage to RC beam）

写真 3.5.4.20 開口部周りの非構造壁の被害
（Damage to non-Structural Walls）

(5) O 小学校屋内運動場（仙台市）

写真 3.5.4.21 建物外観 (Overall view of gymnasium)

1988 年建築の RS タイプの屋内運動場であり，北面に出入り口・ステージを配し，東面，南面，西面にガラス窓を配した建物である。捩れ振動により南面が大きく振られたことに起因する損傷が見られた。被害状況の概要を図 3.5.4.1 に示す。

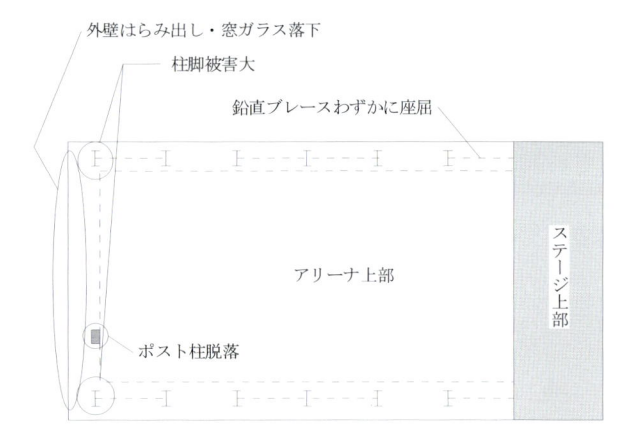

図 3.5.4.1 被害概要(ギャラリーレベル)
(Outline of the damage)

南側妻構面は中間構面と同様の純ラーメンとなっており，剛性の高い外壁などが付くことで剛性が高くなっていたステージ側に比べ，剛性が低くなっていた。そのため，地震時に南側が大きく振られ，写真 3.5.4.22 に示すように，ポスト柱の 1 本が脱落し，外壁自体も外側にはらみ出して，多くの窓ガラスが落下していた。

また，捩れ振動の影響は，柱脚部の被害にも顕れており，ピン柱脚として設計されたと考えられる柱脚の梁間方向への曲げによると考えられる被害が，南側ほど大きくなっていた。写真 3.5.4.23 に南端柱脚部の被害状況を示す。この建物では，アンカーボルトの状況までは確認できなかったが，コンクリートの破壊状況から，この写

真の位置では恐らくアンカーボルトが降伏しているものと思われる。このようなピン柱脚として設計された露出型柱脚の被害は，被災地全域で多く見られた。設計上の仮定ではピンであっても，実際に柱から曲げモーメントを受け変形すると，柱端部を支点としてアンカーボルトが引き抜かれる。この建物ではないが，アンカーボルトの靱性が乏しい場合には，大きな被害へと繋がっていた例も多い。

一方，桁構面については，鉛直ブレースにわずかな座屈変形が見られただけであった。このほか，敷地に地割れが走っており，周辺地盤が多少沈下していた。地盤沈下などの地盤被害は，被災地全般に多く見られた被害である。特に屋内運動場の場合，盛土上に建てられることが多いことから，地盤被害の影響を受けた建物も多かったと思われる。

(6) F小学校（大崎市）

被害を受けた建物は，2階建ての木造校舎（南校舎・北校舎）である。竣工年はそれぞれ1931年，1929年であり，老朽化が著しく耐震性が低下していると考えられる。なお，付近で観測された震度は6強である。

被害概要
① 南校舎（被災度：大破）

写真3.5.4.24に南校舎全景を示す。片廊下式の一文字型の校舎であり，南側の構面の妻方向にはバットレスが設けられている。周辺地盤では，液状化が生じており，布基礎の換気開口部から大きなひび割れが多数生じ，基礎が不同沈下している。写真3.5.4.25のようにバットレス脚部接合部の破壊や，基礎コンクリートが割れ，アンカーボルトの露出などの損傷が見られた。室内では，多くの土壁が崩落するなどの被害が見られた（写真3.5.4.26）。基礎の不同沈下により建物がやや捩れており，変形角で北方向に最大1/20rad程度，東方向には1/100rad程度傾斜していた。

写真3.5.4.22 南側妻面におけるポスト柱の脱落
(Damage in the south side)

写真3.5.4.24 南校舎全景
(Overall view of south building)

写真3.5.4.23 柱脚の被害状況
(Damage to column base)

写真3.5.4.25 バットレスの損傷状況
(Damage to buttress)

写真 3.5.4.26　土壁の破壊状況
(Damage to clay walls)

② 北校舎（被災度：中破）

　南校舎と同様片廊下式校舎であるが，階段室・トイレなど突出部分のある平面形であり，バットレスは設けられていない。基礎の地震被害は南校舎と比較すると少なく，布基礎に大きな損傷はないが，土台や柱脚の木材に腐朽・老朽化している個所が多数みられた（写真3.5.4.27）。建物内部でも，南校舎同様，壁（土壁）や窓などに損傷が多くみられたが，南校舎と比べると，総じて被害は軽微であった。

写真 3.5.4.27　柱・土台の老朽化
(Deteriorated column and foundation)

(7) F中学校（大崎市）

　校舎の全景を写真 3.5.4.28 に示す。写真中央は管理普通教室棟であり，西側（写真左側）には特別教室棟，東側（写真右側）には新校舎が Exp.J により直線状に接続されている。建物は全て杭基礎の RC 造 3 階建で，新校舎は 1 階部分がピロティとなっている。管理普通教室棟及び特別教室棟は昭和 53 年建築で，耐震補強は行われていない。新校舎は平成 3 年建築の新耐震建物である。付近で観測された震度は 6 強である。

写真 3.5.4.28　校舎全景 (Overall view of buildings)

被害概要
① 管理普通教室棟（被災度：大破）
　周辺地盤に液状化の痕跡と思われる噴砂が見られ（写真 3.5.4.29），沈下量の差によって Exp.J 部分で大きなずれが生じている（写真3.5.4.30）。沈下量は 60~70cm であった。また建物の傾斜も大きく，南方向に 1/25rad 程度傾斜していた。

写真 3.5.4.29　周辺地盤の液状化
(Liquefaction of ground around building)

② 特別教室棟（被災度：大破）
管理普通教室棟と同様，液状化による沈下が生じており，

第3章　東北地方の被害（Damage in Tohoku District）

沈下量は60cm程度，建物傾斜は1/50rad程度（南側）であった。また，沈下による床スラブの大きなひび割れ，段差が確認された（写真3.5.4.31，3.5.4.32）。

③　新校舎（被災度：中破）

液状化の痕跡が見られ（写真3.5.4.33），沈下量は10cm程度，建物傾斜は1/200rad程度（南方向）であった。

写真3.5.4.30 校舎間の段差
(Bump between buildings)

写真3.5.4.31 床のひび割れ (Cracks in floor slab)

写真3.5.4.32 昇降口の床の隆起
(Deformation of floor slab in entrance hall)

写真3.5.4.33 ピロティ部分の液状化
(Liquefaction of ground around building)

(8)　T中学校屋内運動場（栗原市）

写真3.5.4.34に建物全景を示す。当該建物は，1999年建築の鉄筋コンクリート造（以後，RC造）架構と鉄骨屋根から成る併用構造である。建築当時は鉄骨屋根の脚部においてRC造柱の最外縁部に1組2本のアンカーボルトで接合されていたが，2008年岩手・宮城内陸地震において接合部のコンクリート剥落とアンカーボルトの伸びが生じ，図3.5.4.2に示すように鉄骨屋根の脚部にアンカーボルトを増打ちするとともに，コンクリートの剥落した部位に鋼板を巻き付けて補強していた。

写真3.5.4.34 建物全景（南西側立面）
(Overall view of building)

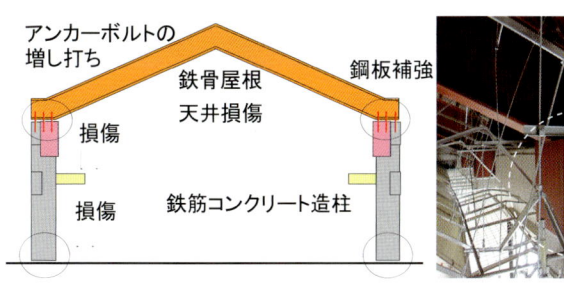

図3.5.4.2 補強方法と損傷部位
(Strengthening of damage element after earthquake in 2008)

本地震における被害として，外周部では軒下の外壁パネルの剥落・落下，および図3.5.4.2に示すように平面中央部の張間方向ラーメンRC柱脚部の曲げ圧壊によるコンクリートの剥落と鉄筋の座屈が観察された。柱脚部の被害は，桁行と梁間の両方向において観察された。この被害は，2008年の岩手・宮城内陸地震による被災後に上部鉄骨屋根の柱脚部を補強した結果，鉄骨屋根からの慣性力がRC造柱に伝達され，柱脚部の損傷を引き起こしたものと考えられる。

一方，建物内部においては，天井パネルが全面にわたって剥落しており，本震から続く多数の余震によって脱落が進行している（写真3.5.4.36）。また内壁の剥落・落下，屋根面ブレースの座屈やガセットプレート溶接部における破断が多数見られた。

写真 3.5.4.37 の上の写真は RC 造梁部分に接続する鉄骨屋根の柱脚部であり，コンクリートの剥離とアンカーボルトの大きなせん断変形が見られる。

鉄骨屋根脚部においても大部分に写真 3.5.4.37 下の写真に見られるようなアンカーボルトの大きな伸び，もしくは破断が見られた。

写真 3.5.4.35　鉄筋コンクリート造部分の柱脚部被害
(Flexural failure of bottom of RC column)

写真 3.5.4.36　内観および天井の損傷
(Damage to ceiling panels)

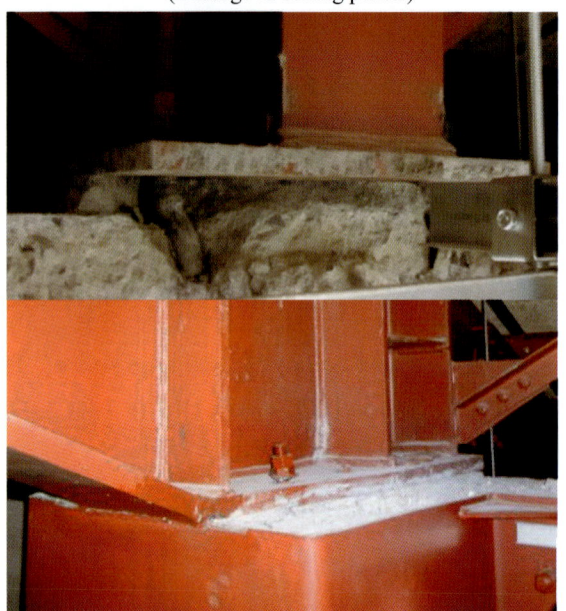

写真 3.5.4.37　鉄骨屋根の柱脚部被害
(Damage to joint between steel beam and RC column)

(9)　事務所ビル
所在地：宮城県仙台市若林区卸町
用途：事務所
構造種別：鉄筋コンクリート造，地上 3 階建
　　　　　階段部分 PH
建築年：1969 年

建物全景を写真 3.5.4.38～3.5.4.40 に示す。桁行方向の 1 階垂壁・腰壁による短柱 3 本がせん断破壊した（写真 3.5.4.41～3.5.4.43）。その後の余震により，ひび割れが拡大した。北西面の階段室と西面の有開口耐震壁の影響による捩れ振動により損傷したものと考えられる。また，被災建物の北側に約 3 メートル幅の用水路があり，その側道も地震の影響により傾斜している。1978 年宮城県沖地震では，ほぼ被害はなかった建物である。

写真 3.5.4.38　北東面全景
(Overall northeast side view of building)

写真 3.5.4.39　南東面全景
(Overall southeast side view of building)

第3章 東北地方の被害 (Damage in Tohoku District)

写真 3.5.4.40　西面全景
(Overall west side view of building)

写真 3.5.4.41　北東角柱　主筋座屈 (Buckling of main reinforcement of northeast corner column)

写真 3.5.4.42　南東角柱主筋の座屈 (Buckling of main reinforcement of southeast corner column)

写真 3.5.4.43　中柱　主筋座屈
(Buckling of main reinforcement of south side column)

(10)　事務所ビル
所在地：宮城県仙台市若林区卸町
用途：事務所
構造種別：鉄筋コンクリート造，地上2階建
建築年：1969年

　1階部分が完全層崩壊し，2階部分の南面で層崩壊した（写真3.5.4.44）。北面1階部分の東側壁が面外に転倒した（写真3.5.4.45～3.5.4.49）。1978年宮城県沖地震では，ほぼ被害がなかった。

写真 3.5.4.44　東面全景（道路側）
(Overall east side view of building)

写真 3.5.4.45　南東面全景
(Overall southeast side view of building)

写真 3.5.4.46 南東角 2 階柱
(Damage to column at the 2nd story)

写真 3.5.4.47 南面 (Overall south side view of building)

写真 3.5.4.48 北面 (Overall view of building, North side)

写真 3.5.4.49 東面北側壁の面外転倒
(Collapse of walls)

(11) 事務所ビル
所在地：宮城県仙台市宮城野区扇町
用途：ショールーム
構造種別：鉄筋コンクリート造，地上2階建
　　　　　平面は1辺25mのほぼ正方形
建築年：不明

　3月11日に発生した本震で1層のみが崩壊し，その後，頻発した余震で全層崩壊に至った（写真 3.5.4.50～3.5.4.53：写真は被災5日後の3月16日撮影）。5月現在は，解体され更地になっている。

写真 3.5.4.50 建物全景 (Overall view of building)

写真 3.5.4.51 被害状況 (Overall view of building)

写真 3.5.4.52 被害状況 (Overall view of building)

写真 3.5.4.53　1階柱の被害
（Damage to an first story column）

(12)　仙台南郵便局
所在地：宮城県仙台市太白区長町 7-21-12
用途：郵便局
構造種別：鉄筋コンクリート造，2階建
建築年：1967年

　建物全景を写真 3.5.4.54，3.5.4.55 に示す。本建物は，出入り口と作業スペースを確保するために，柱のスパンが比較的大きくとられたラーメン構造となっている。また，内部と外部の柱のスパンが各通りで異なっている。新耐震基準以前の建物で，この地震により大きな構造被害が生じた。建物内部の柱の柱脚部が曲げせん断破壊し，写真 3.5.4.56 に示すとおり，主筋が大きく座屈した。また，1階の腰壁付柱はせん断破壊により大破しており（写真 3.5.4.57），耐震壁の偏在により過大な捩れ変形が生じたものと思われる。柱の主筋は丸鋼で，せん断補強筋のピッチが 200mm 程度であった。1978年の宮城県沖地震では被災せず，今日まで補強されることなく使用されてきた。

写真 3.5.4.54　建物全景（北面）
（Overall north side view of building）

写真 3.5.4.55　建物全景（南面）
（Overall south side view of building）

写真 3.5.4.56　柱脚の被害（Damage to interior column）

写真 3.5.4.57　隅柱脚の被害
（Damage to corner column）

(13) 事務所ビル
所在地：宮城県仙台市太白区
用途：事務所
構造種別：鉄筋コンクリート造，3階建
建築年：1978年

建物全景を写真3.5.4.58に示す。本建物は，1978年の宮城県沖地震の際，構造躯体に被害が生じ，ひび割れを樹脂注入によって補修してきたが耐震改修は行っていなかった建物である。設計図書により耐震要素の配置を確認したところ，1階は耐震壁が北側に偏在し，層崩壊した2階部分（写真3.5.4.59）については，図3.5.4.3に示すとおり，北側の階段室まわりにCB壁が存在するのみであった。また，2階の柱の主筋量が少なく，そのため2階柱が曲げせん断破壊し，層崩壊したものと考えられる。

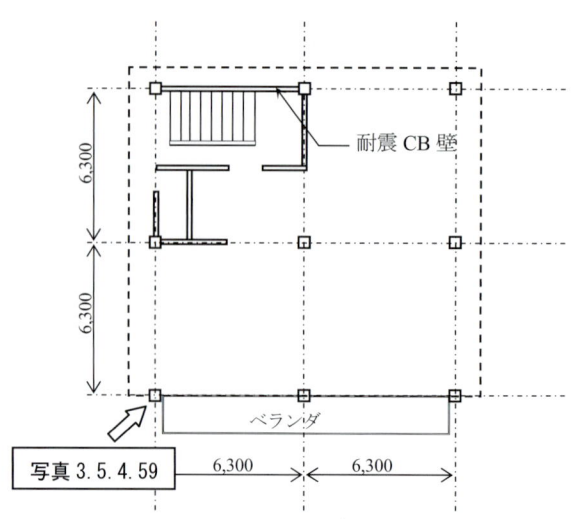

図3.5.4.3　2階平面（Plan of 2nd floor）

写真3.5.4.58　建物全景（Overall view of building）

写真3.5.4.59　2階柱頭の被害
（Damage to 2nd story column）

表3.5.4.1　柱リスト（List of columns）

	1階	2階	3階
柱断面	550×550	500×500	500×500
主筋	20-D22	8-D22	8-D22

(14) 旧運転免許試験場
所在地：宮城県仙台市泉区七北田明神
用途：事務所
構造種別：鉄筋コンクリート造，3階建
建築年：不明

竣工年は不明であるが，隣接する宮城県警察機動警ら隊の施設が建設された昭和46年以前であり，新耐震基準以前の建物である（写真3.5.4.60）。1978年の宮城県沖地震で被害はなかった。2005年，2008年の地震でも被害はなく，警察機動警ら隊の倉庫として使用されていた。3月11日の地震により，1階柱が曲げ破壊およびせん断破壊により大破となっている（写真3.5.4.61）。2階では垂れ壁，腰壁により短柱がせん断破壊している。非構造部材では窓ガラスが各所で割れ，一階の雑壁でもせん断破壊が見られた。4月7日の地震では，ペントハウスが北側に転倒した。桁行方向のスパンは約5mで，柱主筋および帯筋は丸鋼で，1階柱の帯筋間隔は約300mmであった。

写真3.5.4.60　建物外観（Overall view of building）

第 3 章　東北地方の被害（Damage in Tohoku District）

写真 3.5.4.61　1 階柱の破壊（Damage to a 1st column）

写真 3.5.4.64　2 階柱の破壊
（Collapse of 2nd story column）

(15)　事務所ビル
所在地：宮城県仙台市若林区大和町
用途：事務所
構造種別：鉄筋コンクリート造，3 階建
建築年：1974 年

　桁行方向のスパンは 8m，梁間方向のスパンは 6m のラーメン構造である。垂れ壁，腰壁が縁を切っている様子が無く，短柱となった 2，3 階の柱がせん断破壊し，2 階において部分的な層崩壊が生じている（写真 3.5.4.62～3.5.4.64）。柱主筋は異形鉄筋，帯筋は丸鋼であった。非構造部材の被害では，窓ガラスが各所で割れている。

(16)　倉庫
所在地：宮城県仙台市宮城野区扇町
用途：倉庫
構造種別：鉄骨造，2 階建
建築年：不明

　1 階が倉庫，2 階が従業員の休憩所となっている（写真 3.5.4.65）。桁行方向の両端スパンにある鉛直ブレースに座屈および孔欠損部での破断が見られた（写真 3.5.4.66, 3.5.4.67）。柱，梁に座屈は見られないが，層間変形角が 1/40 に達していた。

写真 3.5.4.62　建物外観（Overall view of building）

写真 3.5.4.65　建物外観（Overall view of building）

写真 3.5.4.63　層崩壊部分
（3rd story building with a collapsed 2nd story）

写真 3.5.4.66　ブレースの破損（Fracture of brace）

写真 3.5.4.67　孔欠損部の破断
（Fracture of brace at cross sectional defective area）

写真 3.5.4.70　建物の沈下（Settling of building）

(17)　集合住宅
所在地：宮城県大崎市
用途：集合住宅
構造種別：鉄筋コンクリート造，4 階建
建築年：1981 年

　建物全景を写真 3.5.4.68 に示す。建物の周辺では，地盤の液状化現象が見られ，駐車場やアプローチの歩道が波打っている。建物全体が大きく沈下（写真 3.5.4.69～3.5.4.71），傾斜しており（写真 3.5.4.72），基礎杭の折損と思われる。建物自体の亀裂損傷等はさほど見られない。

写真 3.5.4.71　建物の沈下（Settling of building）

写真 3.5.4.68　建物全景（Overall view of building）

写真 3.5.4.72　沈下による建物の傾き
（Settling of building due to ground subsidence）

(18)　店舗兼共同住宅
所在地：福島県郡山市
用途：店舗兼共同住宅
構造種別：鉄筋コンクリート造，4 階建
建築年：不明

　郡山駅の西方約 1.5km，丘陵地にあり，平面形状は L 字形である。敷地は東南道路の角地であり，東面道路は写真 3.5.4.73 の右手に向かって下り坂となっている。建設年は不明だが，新耐震設計法以前であり，1978 年宮城県沖地震による被害はなかった。

　1 階柱がほとんど破壊し，層崩壊している（写真 3.5.4.74, 3.5.4.75）。1 階は現在使用されていなかった店舗であり，

写真 3.5.4.69　建物の沈下（Settling of building）

第3章　東北地方の被害（Damage in Tohoku District）

道路に面してすべて開口部となっていたため，この外壁面に壁はほとんど存在していない。西面にはブロック積だが壁があり（写真3.5.4.76），これにより偏心していたとも思われ，捩れも生じた可能性がある。2階以上は賃貸住宅であり地震時にも居住者がいたが，顕著な構造被害はなく，負傷者もいなかった。

柱サイズは，□550×550（仕上げを含まず），主筋19φ，フープ9φ，フープピッチは柱頭・柱脚部分では@100程度あると思われる。

写真3.5.4.73　建物全景（Overall view of building）

写真3.5.4.74　東南隅柱の破壊（Collapse of southeast corner column）

写真3.5.4.75　東中央柱の破壊（Collapse of east center column）

写真3.5.4.76　西面のブロック壁（Concrete block wall on west side）

(19)　共同住宅
所在地：福島県郡山市
用途：共同住宅
構造種別：鉄筋コンクリート造，4階建
建築年：不明
被害概要：前項の店舗兼共同住宅から東方800mほどにある西面道路に面したRC造4階建の共同住宅で，1階ピロティ，4階がセットバックしている。平面形状はほぼ正方形に近い。建設年は不明だが，新耐震設計法以前であり，1978年宮城県沖地震による被害はなかった。

1階ピロティ駐車場には壁がほとんど存在しなかったと思われ，全柱が破壊し，層崩壊している（写真3.5.4.77〜3.5.4.79）。2階以上は壁式に近い構造と思われ，特に被害は見られない。

柱サイズなどは損傷が著しく確認が難しいが，□550×550（仕上げを含む），主筋6-D19，フープ9φ，フープピッチは@100程度であるが，フックが90度で余長も不十分であり，主筋との緊結部も少ない。

写真3.5.4.77　建物全景（Overall view of building）

写真 3.5.4.78　西面右端柱の破壊
(Fracture of northwest corner column)

写真 3.5.4.80　郡山市本庁舎全景
(Overall view of building)

写真 3.5.4.79　西面左端柱の破壊
(Fracture of southwest corner column)

写真 3.5.4.81　窓ガラスの被害
(Damage to glass)

(20)　郡山市役所本庁舎
所在地：福島県郡山市朝日 1-23-7
用途：庁舎
構造種別：鉄筋コンクリート造，5 階建
　　　　　屋上 PH が展望台
建築年：1968 年

　建物全景を写真 3.4.80 に示す。構造被害は，ペントハウス部が傾斜する被害が生じた。調査時はペントハウスの解体作業中であったため，建物内部に入ることはできなかったが，建物各階で多くの窓ガラスが割れていることが確認された（写真 3.5.4.81）。

(21)　集合住宅
所在地：郡山市内
用途：集合住宅
構造種別：鉄骨鉄筋コンクリート造，9 階建
建築年：1990 年

　建物全景を写真 3.5.4.82 に示す。構造被害は，1 階の隅柱の柱脚部で鉄筋が座屈し，コンクリートが圧壊するなどの被害が見られた（写真 3.5.4.83）。また，方立て壁のせん断破壊（写真 3.5.4.84）や，玄関ドアの面外方向の変形などが各階で見られ，非構造部材の被害も大きなものがあった。

第3章　東北地方の被害（Damage in Tohoku District）

写真 3.5.4.82　建物全景（Overall view of building）

写真 3.5.4.83　1階柱のせん断ひび割れ
（Shear cracks of 1st story column）

写真 3.5.4.84　方立て壁の被害
（Damage to non-structural wall）

写真 3.5.4.85　建物全景（Overall view of building）

写真 3.5.4.86　屋根の落下（Failure of roof）

写真 3.5.4.87　外壁の剥落
（Failure of exterior mortar wall）

(22)　ボーリング場
所在地：郡山市長者
用途：ボーリング場
構造種別：鉄骨造，2階建
建築年：不明

　建物全景を写真 3.5.4.85 に示す。本建物はボーリング場などを有する娯楽施設で，今回の地震により，エントランス部分の屋根接合部が破断し，屋根が落下した（写真 3.5.4.86）。また，写真 3.5.4.87 に示すように，一部外壁が剥落する被害が生じた。

(23)　須賀川市役所
所在地：福島県須賀川市八幡町135
用途：行政施設
構造種別：鉄筋コンクリート造，4階建・塔屋1階
建築年：1954年

　建物全景を写真 3.5.4.88 に示す。ガラスが多数破損している。柱のせん断ひび割れがみられた（写真 3.5.4.89）。また，エレベータまわりのコンクリートが剥落した。天井パネルが多数落下した（写真 3.5.4.90）。

写真 3.5.4.88 建物全景（Overall view of building）

写真 3.5.4.89 柱頭せん断ひび割れ（Shear cracks at top of column）

写真 3.5.4.90 エレベータ周りコンクリートの剥落（Failure of mortar finishing）

(24) 福島県庁東分庁舎
所在地：福島市杉妻町 5-25
用途：庁舎
構造種別：鉄筋コンクリート造，6 階建
建築年：1968 年
被害概要：建物全景を写真 3.5.4.91 に示す。写真に示すとおり長手方向は中央部で雁行した平面形状となっている。新耐震以前の建物であるが，耐震補強を実施した様子はない。建物の構造被害は，低層部分の柱および方立て壁にせん断ひび割れが生じていた（写真 3.5.4.92, 3.5.4.93）。また，エントランスの外壁仕上げ材が剥落する被害も見られた。

写真 3.5.4.91 建物全景：北側（Overall north side view of building）

写真 3.5.4.92 柱と方立て壁のせん断ひび割れ（北面）（Shear cracks on column and wing wall, in north frame）

写真 3.5.4.93 柱と方立て壁のせん断ひび割れ（北面）（Shear cracks on column and wing wall, in north frame）

(25) K 学院
① 建物概要
　用途：校舎
　所在地：岩手県一関市
　震度階：6 弱
　階数：地上 3 階，塔屋 1 階
　竣工年：1973 年
　構造：鉄筋コンクリート造，壁付ラーメン
　基礎構造の形式：直接基礎
② 被災状況
　建物の被災度：小破
　被害の最も大きい階：2 階（桁行方向）
　最大沈下量：無し
　建物の全体傾斜：建物全体の傾斜は認められない。
　構造躯体の被害部位と被害パターンの所見および地盤変状：階段部分の袖壁付きの極短柱およびトイレ部分の雑壁の被害。地盤変状は見られない。
　非構造部材の被害：トイレ部分雑壁に著しいひび割れ。
　設備関係の被災状況：建物脇に設置された受水槽固定用アンカーの抜け出し。
　構造図面の有無：有り
　その他：K 学院は移転計画があり，この校舎は被災後使用禁止となり取り壊される予定である。
③ 構造概要
　本建物は桁行方向（南北方向）が約 4.5m の 8 スパン，梁間方向（東西方向）が 7m+2.5m+7m の 3 スパンの中廊下型 3 階建て校舎である（写真 3.5.4.94）。桁行方向ではトイレ周りに開口付き壁があり，階段室部分が比較的長い垂れ壁となっている他にはほとんど壁がない架構となっている。また，梁間方向には両妻面，階段室，トイレ周りの他，一部教室の界壁が RC 壁となっている。
④ 被害概要
　桁行方向では，ほとんどの独立柱は損傷度 I（一部損傷度 II）の曲げひび割れが発生する程度の損傷であったが，建物東面の階段室部分の袖壁付き極短柱およびトイレ部分の方立壁で著しい被害（損傷度Ⅳ）が見られた（写真 3.5.4.95，3.5.4.96）。また，階段室では前述の極短柱の原因となっている外壁側の垂れ壁，階段スラブおよび踊り場のスラブにも被害が見られた（写真 3.5.4.97）。被害状況は各階ともほぼ同様であったが，2 階の被害が最も顕著であった。一方，耐震壁が多く配置されている張間方向ではほとんど被害がなく，階段室部分の耐震壁で損傷度 I 程度のひび割れが若干見られる程度であり，妻面の耐震壁には地震によると考えられるひび割れは観察されなかった。

写真 3.5.4.94　建物西面全景（West view）

写真 3.5.4.95　建物東面（中央：階段室，その右側：トイレ部分の方立壁）（East view）

写真 3.5.4.96　2 階階段室部分の袖壁付き極短柱の損傷（Damage to short column with wing wall at 2nd floor）

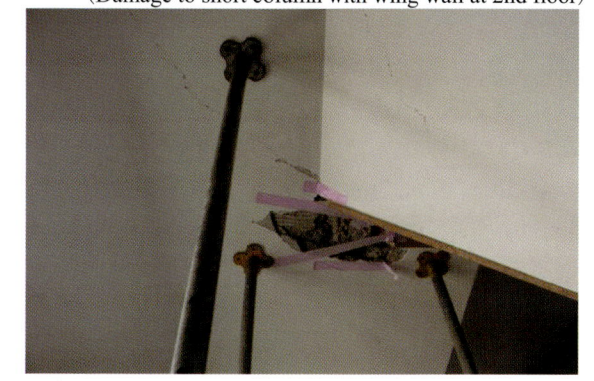

写真 3.5.4.97　階段室踊り場部分の損傷（Damage to slab in staircase）

(26) S庁舎
① 建物概要

　用途：庁舎

　所在地：岩手県一関市

　震度階：6弱

　建築規模：地上3階建，塔屋1階，延床面積2008.1m^2

　竣工年：1964年

　構造：鉄筋コンクリート造，壁付ラーメン構造

　基礎構造：不明

② 被災状況

　建物の被災度：中破

　被害の大きい階：1，2階（桁行方向）

　建物の全体傾斜：全体傾斜は認められない。

　構造躯体の被害部位と被害パターンの所見：せん断柱およびトイレ部分の雑壁の被害。

　地盤変状：玄関ポーチ部分および敷地境界道路において若干の沈下が見られた。

　非構造部材の被害：EXP.Jカバーの損傷，方立壁の著しい損傷

　図面の有無：意匠図有り

　その他：この庁舎は被災後使用禁止となっており，行政機能は隣接した増築された新館（昭和63年，RC造3階建）に移転している。なお，新館では大きな損傷は認められない。

③ 構造概要

　本建物は桁行方向（東西方向）が約4.5mの10スパン，梁間方向（南北方向）が8.9m+5.6mの2スパンの3階建て建物である（写真3.5.4.98）。桁行方向は両桁面が腰壁付の短柱（h/D≒2）となっており，1階ボイラー室廻りにRC壁がある他はほとんど壁がない架構となっている。梁間方向には両妻面，階段室，トイレ廻りがRC壁となっている。

④ 被害概要

　桁行方向では多くの短柱でせん断ひび割れ（損傷度Ⅰ～Ⅱ）が見られ，北側の構面で著しい損傷（損傷度Ⅲ，Ⅳ）も見られた（写真3.5.4.99）。架構内部の長柱は損傷度Ⅰの曲げひび割れが発生する程度の損傷であった。また北側の構面では1階裏出口脇，2階トイレ部分の方立壁においても著しい被害（損傷度Ⅳ）が見られた（写真3.5.4.100）。一方，梁間方向では耐震壁が多く配置されており，損傷度Ⅰ程度のひび割れが見られる程度であった。2階では，8.9mスパンの架構に掛かるハンチ付き梁の端部および柱・梁接合部で，損傷度Ⅰ～Ⅱ程度の曲げひび割れが見られた。また，Exp.J部の破損も見られた（写真3.5.4.101）。

写真3.5.4.98 建物南面全景（South view）

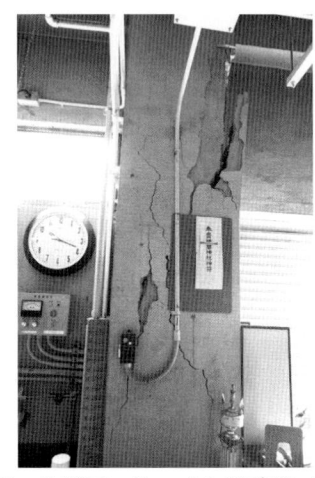

写真3.5.4.99 北構面の柱のせん断破壊（損傷度Ⅳ）
（Shear failure (level Ⅳ) on column in north frame）

写真3.5.4.100 方立壁のせん断破壊（損傷度Ⅳ）
（Shear failure (level Ⅳ) of mullion wall）

写真3.5.4.101 エキスパンションジョイントの破損
（Damage to expansion joint）

(27) D病院
① 建物概要
　用途：病院
　所在地：岩手県一関市
　震度階：6弱
　階数：地上2階，塔屋1階
　竣工年：1969年
　構造：補強コンクリートブロック造，壁式構造
　基礎構造の形式：直接基礎
② 被災状況
　建物の被災度：中破
　被害の最も大きい階：2階（梁間方向）
　最大沈下量：無し
　建物の全体傾斜：建物全体の傾斜は認められない。
　構造躯体の被害部位と被害パターンの所見および地盤変状：CB壁のせん断ひび割れ。塔屋およびパラペットの損傷。地盤変状は見られない。
　非構造部材の被害：Exp.Jカバー一部損傷
　設備関係の被災状況：塔屋パラペットに設置していた避雷針落下
　構造図面の有無：無し
　その他：現在使用禁止。復旧または改築を検討中。
③ 構造概要
　本建物は桁行方向（東西方向）が約5.4mの10スパン，張間方向（南北方向）が5.4m+2.7m+4.5mの3スパンの中廊下型2階建て病棟であり，1階が診察室，検査室，2階が病室となっている（写真3.5.4.102）。桁行方向では，外壁側が窓開口のため壁長1.5m程度の壁が多く壁量は少ないが，廊下部分では2〜4m程度の壁が配置されており，比較的壁量は多い。梁間方向では，5.4mと4.5mスパン部分にある各室の界壁が壁となっている。壁量的には桁行方向，梁間方向ともほぼ同程度となっている。
④ 被害概要
　CB壁のせん断ひび割れは，桁行方向，梁間方向ともに発生していたが，張間方向ではほとんどの界壁の損傷度がⅡであり（写真3.5.4.103），被災度としては中破と判定された。一方，桁行方向では外壁側の壁に損傷度Ⅱのひび割れが多く，廊下側では損傷度Ⅰのひび割れも幾分見られる状況であった（写真3.5.4.104）。また，塔屋にも被害があり，塔屋壁脚部にほぼ全周に渡って水平のひび割れが発生していたほか，塔屋の壁にもせん断ひび割れが発生していた。塔屋屋根部にある高さ約1.5mのパラペットの損傷も著しく，脚部で曲げひび割れが発生し，全体が傾斜し（写真3.5.4.105），パラペットに設置されていた避雷針がこの損傷により落下したとのことであった。

写真3.5.4.102　建物南面（South view）

写真3.5.4.103　CB壁の損傷（張間方向）（Damage to wall）

写真3.5.4.104　CB壁の損傷（桁行方向）（Damage to wall）

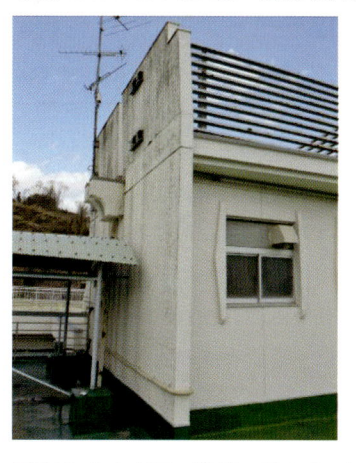

写真3.5.4.105　塔屋の壁およびパラペットの損傷
（Damage to wall and parapet in penthouse）

(28) N公民館
① 建物概要
　　用途：公民館（旧学校校舎，屋内運動場）
　　所在地：岩手県一関市
　　震度階：6弱
　　階数：地上2階
　　竣工年：不明
　　構造：鉄骨造，桁行ブレース，梁間ラーメン
　　基礎構造の形式：不明
② 被災状況
　　被害の最も大きい部分：基礎部
　　最大沈下量：不明
　　建物の全体傾斜：不明
　　構造躯体の被害部位と被害パターンの所見および地盤変状：基礎ひび割れ。柱脚部損傷。一部地盤の沈下。
　　非構造部材の被害：天井ボードの落下，柱仕上げボードの亀裂
　　設備関係の被災状況：無し
　　構造図面の有無：無し
　　その他：現在使用禁止
③ 構造概要
　N公民館は閉校した中学校の校舎棟，屋内運動場棟を使用した公民館である（写真3.5.4.106）。調査時には屋内運動場棟に被害が見られ，使用中止となっていた。屋内運動場棟はS造，地上2階となっており，竣工年は不明である。桁行方向はブレース構造（全7スパンの内，ブレース2スパン），梁間方向は山形ラーメン構造となっている。
④ 被害概要
　桁行構面は一層，二層共に単一山形鋼Xブレースとなっている。ブレース部材の座屈，接合部ボルトのすべり等は観察されなかった。柱は，H形鋼フルウェブと推定されるが，仕上げ材に覆われ確認できなかった。一部柱仕上げボードにひび割れが生じている。ほとんどすべての柱脚部においてかぶりコンクリートが剥落，および基礎部分に損傷が確認できた（写真3.5.4.107）。その他，屋根構面では水平ブレース材のたわみ，天井材の落下が観察できている。北西側犬走りに地盤の沈下と考えられる大きなひび割れが確認された（写真3.5.4.108）。
　屋内運動場棟においては，構造躯体の被害は軽微であったが，天井材の落下などの被害が大きく，使用中止になっていると考えられる。

写真3.5.4.106　建物南面全景（South view）

写真3.5.4.107　柱脚かぶりコンクリートおよび基礎部分の損傷（Damage to column-base and footing beams）

写真3.5.4.108　北西側地盤の沈下（Settlement of ground at northwest corner）

(29) T庁舎
① 建物概要

用途：庁舎
所在地：岩手県遠野市
震度階：5強
建築規模：地上3階建，塔屋1階，延床面積1,643.39m^2
竣工年：1963年
構造：鉄筋コンクリート造，壁付ラーメン構造
基礎構造：直接基礎

② 被災状況

建物の被災度：大破
最も被害の大きい階：1階（桁行方向）
建物の全体傾斜：南方向に最大約2.5%
構造躯体の被害部位と被害パターンの所見：腰壁付短柱および極短柱のせん断破壊
地盤変状：地盤変状は見られない
非構造部材の被害：EXP.Jの損傷
図面の有無：意匠図有り
その他：この庁舎は2011年5月現在，取り壊し作業中である。行政機能のほとんどは近隣の施設に移転している。なお，本建物は2003年5月26日宮城県沖の地震において被害が報告されており[1]，一部の柱には鉄骨柱付帯による応急補強が見られた。

③ 構造概要

本建物は桁行方向（東西方向）が約6mの6スパン，梁間方向（南北方向）が9m+6mの2スパンの3階建て建物である（写真3.5.4.109）。桁行方向は南面が腰壁付の短柱（h/D = 2.6）となっており，北面1階の男子トイレ，ロッカー室部分には極短柱（h/D = 1.2）がある。内部に一部RC壁がある他はほとんど壁がない（写真3.5.4.110）。張間方向は両妻面の一部，トイレ廻りにRC壁があるが壁量は少ない。

④ 被害概要

桁行方向では，多くの短柱にせん断破壊が（損傷度Ⅲ～Ⅴ）が見られ，特に1階の被害が著しい。南面では損傷度Ⅴのせん断破壊した柱が4本見られ，北面の極短柱や内部の階段室脇の耐震壁でも損傷Ⅴのせん断破壊が見られた（写真3.5.4.111）。

建物2階では，腰壁付き柱や耐震壁に損傷度Ⅰ～Ⅲのせん断ひび割れが見られた。その他，エキスパンションジョイントの損傷などが見られた（写真3.5.4.112）。

参考文献

1) 日本建築学会：2003年5月26日宮城県沖の地震災害調査報告, pp.36, 2004.3

写真3.5.4.109 建物北面全景（North view）

写真3.5.4.110 建物南側内観（Inside view of south side）

写真3.5.4.111 短柱のせん断破壊（Shear failure of extremely short columns）

写真3.5.4.112 耐震壁のせん断破壊（Shear failure of wall with boundary columns）

3.5.5 木造建物の被害（Damage to wooden building）

今回の地震において地震動により被害を受けた木造建物は大変広範囲にわたるが，東北地域の計測震度に比して，損傷の程度は大変軽く，甚大な被害を被った建物は少なかったと言える。倒壊に至った建物も見られるが，被災率としてはごく僅かといえ，また倒壊による人的被害も軽微なものにとどまったようである。津波による被災地域においては，津波到達以前の振動被害の有無は明らかではないが，津波を免れた周辺地域の被害状況や，地域住民からのヒアリングなどによれば，やはり被害はかなり軽微であったと推察される。

津波被害を除けば，比較的被害がみられたのは岩手県南部以南の地域で，東北自動車道に沿った地域での被害報告が多い。

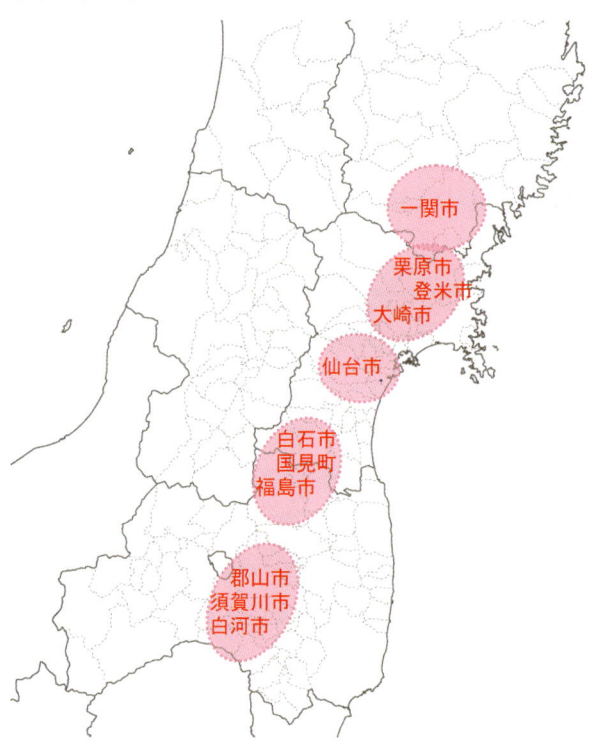

図 3.5.5.1 主な調査地域（Survey region）

木造建物の被害調査については，木質構造運営委員会下の各小委員会委員らによって，図 3.5.5.1 に示す比較的被害の大きかった地域の調査が行われた。また，（独）建築研究所，（財）日本住宅・木材技術センターなどのチームにより調査も行われている。本項ではこれらの調査における津波被害を除いた被害状況のうち，躯体への損傷が大きかった被害を抽出して報告する。地震動による被害については，建物への振動そのものによる被害と振動による地すべり，液状化といった被害に伴う建物被害が見られている。

建物への振動そのものにより大破した住宅は，ほとんどが古い年代のもので，耐震基準を満たさないようなものと言えた。一方，近年の構造計算を要する大規模木造などにおいては，構造的に問題となる被害の報告はほぼ無かったようである。

(1) 一関周辺地域

岩手県の発表によれば，一関市の建物被害は，全壊 22 棟，半壊 89 棟，一部損壊 368 棟であり，岩手県内では最も振動被害が多かったと思われる。

市内ではところどころで瓦屋根や外壁等の被害が点在しているが，新大町，東地主町，宮下町，山目町といった JR 一ノ関駅西側地域で被害が多くみられた。被害の多くは外装への亀裂，剥落などで，残留変形もほとんどなく，構造的損傷は軽度であると考えられた。しかしながら写真 3.5.5.1 のように，剥落したラスモルタル外壁の内部で蟻害がかなり進行しているものもみられ，構造的な損傷に至り，残留変形がみられるものも存在した。

写真 3.5.5.1 外壁の剥落と内部の蟻害
(Coming off of the outside wall, Timber damaged by termite)

(2) 栗原市・登米市・大崎市周辺

栗原市は震度 7 が計測された地域であったが，栗原市の発表によれば，全壊 45 棟，大規模半壊 13 棟，半壊 141 棟，一部損壊 1,905 棟と，それほど甚大な被害とはなっていない。住宅や店舗などで，倒壊に至ったものも報告されているが，ほとんどが古い年代のもので，かなり老朽化した建物であった。一方，計測震度 6.6 が観測された K-NET 築館周辺の木造住宅や店舗においても，被害は僅かであった。

栗原市の東側に隣接する登米市の発表では，全壊 133 棟，半壊 153 棟，一部損壊 658 棟であり，比較的被害が多い。国指定重要文化財の旧登米高等尋常小学校校舎では，軸組境界部でのずれや漆喰・土壁の剥落が見られたものの，構造的に大きな被害には至っていない。一方，

周辺の土蔵造りの商店では外壁の土壁が大きく割れて漆喰が剥落したり，年代の古い店舗併用木造住宅では，間口方向に残留傾斜した建物も多かった。

大崎市は，全壊 297 棟，大規模半壊 74 棟，半壊 447 棟，一部損壊 3,339 棟ということで，この周辺地域で最も被害が顕著であった。市の中心部の古川七日町から十日町では通り沿いの店舗の多くに被害がみられ，写真 3.5.5.2 の酒蔵を改修した店舗群では外壁の土壁が大きく割れて剥落したり，写真 3.5.5.3 のように屋根面が落下する大きな被害が生じていた。

写真 3.5.5.2 酒蔵を改修した店舗の土壁の損傷
（Damage to clay wall of renovated Kura storehouse）

写真 3.5.5.3 土蔵建物の屋根の落下
（Dropped roof-tile roof of Kura storehouse）

F 小学校（古川二ノ構）は昭和初期の建物で，外観ではあまり被害は見られなかったが，地盤に液状化の跡も見られ，1/50 を超える残留変形も生じていた。

国指定文化財（史跡及び名勝）の旧有備館・主屋は，岩手・宮城内陸地震の際に生じた柱の折損を仮補強した状態であったこともあり，開口の多い庭園側に倒壊した。

(3) 仙台市周辺

仙台市では太白区向山の老舗旅館が倒壊するなどの被害があったが，やはり甚大な被害に至ったものは必ずしも多くない。市街東部の若林区卸町，大和町，かすみ町付近では，木造以外の建物を含めて比較的大きな被害がみられた。写真 3.5.5.4 の住宅は比較的古い年代の建物で，基礎との緊結がされておらず，写真 3.5.5.5 のように土台と基礎が大きくずれており，瓦の落下，残留変形が生じていた。

写真 3.5.5.4 大破した若林区かすみ町の住宅
（House building damaged seriously in Wakabayashi）

写真 3.5.5.5 基礎と土台のずれ
（Slip of sill and foundation）

太白区緑ヶ丘，青葉区折立・西花苑，青葉区高野原では地すべりに伴う住宅被害が生じており，特に西花苑では民家が斜面を大きく落ちている。また，折立では地すべりによる地割れに伴い住宅の基礎が破断し，上屋が引き裂かれてしまった住宅も存在する。

(4) 折立地区住宅群

折立地区は仙台中心部から西に約 7km に位置する住宅地である。O 小学校より南西の折立 5 丁目での被害が顕著であり，地滑りに伴う擁壁および建物の損壊が散見された。計 10 棟以上で大破が見られた。この地区では，4 月 5 日時点で応急危険度判定がなされており，折立 5 丁目の多くの建物で，『要注意』もしくは『危険』の判定となっていた。最大で地滑りは約 2m，沈下は約 80cm が確認でき，支えを失った建物の一部が地面とともに崩れ，大破となっている（写真 3.5.5.6～3.5.5.11）。

地域住民の話では，地滑りを起こしている部分は，昔，沢であったとのことである。そのため，同地区の近隣において，地滑りの有無がはっきりと分かれている。

写真 3.5.5.6 地盤沈下（沈下量：80cm）
（Ground subsidence）

写真 3.5.5.7 地滑りによる建物損壊
（Collapse of wooden house due to landslide）

写真 3.5.5.8 地滑りによる建物損壊
（Collapse of wooden house due to landslide）

写真 3.5.5.9 地滑りによる建物傾斜
（Dip of wooden house due to landslide）

写真 3.5.5.10 擁壁の崩壊および建物傾斜
（Collapse of retaining wall and dip of wooden house）

写真 3.5.5.11 地滑りに伴う住宅の損壊
（Collapse of wooden house due to landslide）

(5) 白石市・国見町・福島市周辺

白石市では南町，新館町付近で被害が多く見られ，液状化も確認されたが，ほとんどが外壁の剥落，瓦屋根の落下などで，構造的な損傷は軽微であった。白石城も外壁の土塗壁に亀裂が入り，漆喰の剥落が見られたが，構造軸組には全く損傷は見られなかった。

一方，県境を越えた国見町では，比較的大きな被害が見られ，国見町役場の周辺の大枝道，一丁田では写真 3.5.5.12 のように倒壊家屋もみられた。これらの家屋の倒

壊は写真 3.5.5.13 に示されるように裏側の擁壁の崩壊にも起因していると考えられるが，基礎を含め建物自体にも問題があったと考えられる。隣接する大枝道地区でも倒壊家屋や写真 3.5.5.14 のように大きく変形が生じた住宅もみられたが，これらも写真 3.5.5.15 のように基礎に大きな亀裂が入るなどしていた。

隣接する桑折町ではあまり被害は見られなかったが，福島市では，福島学院大学周辺などでやや被害の大きい住宅もみられた。福島市沼ノ上のあさひ台団地では，国道4号線側の斜面の地すべりに伴い，写真 3.5.5.16，写真 3.5.5.17 のように，住宅が宅地と共に大きく滑り落ちる状況がみられた。これらの住宅には比較的新しいものが多く，基礎・上屋の構造耐力が高いと考えられ，建物自体は崩壊していない。写真 3.5.5.17 の住宅は3年前に建てられた住宅で，居住者によれば揺れの最後の方に地盤が比較的ゆっくり崩壊していったとのことである。この住宅は施主が設計士であり，耐震性に配慮し構造耐力も高めに設定しているとのことで，基礎もダブルに配筋されたベタ基礎だそうである。道路から1階分地盤が下がっているが，建物自体はほとんど変形せずに形状を維持しており，サッシュも開閉できるとのことである。

写真 3.5.5.12 倒壊した国見町一丁田の家屋群（Collapsing houses in Kunimi）

写真 3.5.5.13 倒壊家屋裏の擁壁の崩壊（Collapse of retaining wall）

写真 3.5.5.14 ラスモルタルの外壁が剥落し変形した家屋（Falling off outside mortal walls and was deformed）

写真 3.5.5.15 基礎の破壊（Damage to foundation）

写真 3.5.5.16 宅地が大きく滑り落ちたあさひ台団地（Asahidai housing complex where ground slips down greatly at many places）

写真 3.5.5.17 滑り落ちても変形がわずかな家屋（Large deformation after slipping down）

(6) 郡山市・須賀川市・白河市周辺

福島県の発表によれば，郡山市の全壊家屋は 1,300 棟にも上り，隣接する須賀川市でも 500 棟を超える全壊被害が報告されている。鏡石町，矢吹町，白河市もそれらに続き，全壊被害が多く生じているが，高台の宅地などにおいて地割れから上屋に被害をもたらしているものが多くみられている。

3.6 非構造部材の被害
（Damage to nonstructural elements）

3.6.1 調査の方針と概要（Outline of investigation）

今回の被災建物においては，地震規模に比較してその構造的な損傷は比較的少なかったものの，非構造部材の損傷は数多く見られている。これらのうち，天井，外壁材，瓦などの落下は，人命にかかわるような危険性を含んでおり，これら仕上げ材についてはその耐震性能を確保する設計・施工方法を早急に検討していくことが必要と考えられる。

以上のことから，今回の地震被害に関して特に上記に関わる被害を中心に調査し，被害を生じている事例の問題点の究明に関わる情報の収集を行った。ただし，今回の地震被害は広域にわたるため，調査範囲・事例については，やや限定した情報収集となったことは否めない。しかしながら，今回の調査結果は被害の原因究明に寄与し得る一般性を有していると考えられるので，これらについて報告する。

3.6.2 天井の被害（Damage to ceiling）
(1) はじめに

外観からは構造被害や外装仕上げ材などの被害は何ら認めることのできない建築物においても，内装仕上げ材，特に天井仕上げに大きな被害が生じ，しばらくの間使用を中止せざるを得なかった建物が多く見られたことが，今回の地震被害の特徴の一つと言えよう。中でもオーデトリウムや大小様々なホールを有する集会施設や，様々な設備機器が組み込まれている給食センターは，かつてない程の天井被害をもたらした。ここでは，幾つかの代表的な被害例の調査結果の概要を報告する。

(2) Iホール

1987年竣工の地上4階建てRC造の建築物であり，1450席を有する大ホールの天井材脱落（写真3.6.1）を始め，内外装や設備用ダクト（写真3.6.2）などの被害を受けた。写真3.6.3からも明らかなように，大ホールにおいて天井材の脱落が起こっているのは，天井が傾斜している部分に見られる点が特徴的である。その他にも，照明機材取付部（写

写真 3.6.1 大ホール天井脱落
（Falling of the ceiling in the main hall）

写真 3.6.2 空調用ダクトの脱落
（Falling of air-conditioning duct）

写真 3.6.3 天井傾斜部の天井材脱落
（Falling of the ceiling of inclined part）

写真 3.6.4 照明取付部による天井材の損傷
（Damage to the ceiling around amount of illuminator）

真3.6.4）やスプリンクラー取付部（写真3.6.5）の周囲で大きな揺れによって天井材が破損した例も確認された。

(3) SBホール

これは，802席のコンサートホールを有する1990年竣工の地上4階建てRC造建築物であるが，軽量鉄骨製天井下地の吊ボルトの水平補強（振れ止め：写真3.6.6）が十分に施されていたせいか，天井材脱落の被害は一部を除いて見られなかった。その一部とは，天井裏のダクト下部に於ける石こうボード壁板の脱落（写真3.6.7）による衝撃荷重を受けた結果である。また，空調パネルの大きな動きの結果起こった天井材の損傷が確認された（写真3.6.8）。

(4) Aホール

1985年竣工の地上4階建てSRC造の建築物で，4階に345㎡のホールを有している。そのホールの飾り天井部分が変形・傾斜して，間接照明機器が脱落している（写真3.6.9）。その飾り天井部分自体の天井裏は確認できなかったが，写真3.6.10に示すように，その周囲の天井裏部分ではほとんど振れ止め材のようなものは設置されていかった。被害のあった飾り天井部分も同様の納まりと考えられるため，今回のような大きな損傷に繋がったものと思われる。

(5) S複合施設

2000年竣工の地下2階，地上7階建てS造の建築物であり，7階天井の大半が脱落もしくは脱落しかかっている状態（写真3.6.11）であったのに対して，形状・規模がほぼ同様あるいはより大きな広がりを有する6階以下の天井（写真3.6.12）には被害はごく一部を除いて確認されなかった。地震時7階に居た職員の話しによると，この建築物の上下方向の階をつなぐエレベーターシャフトがやや接近している箇所（写真3.6.13）で，そのシャフト間に挟まれた部分，即ち天井がやや細くくびれた部分から天井材の脱落が開始し，それが周囲へと伝播していったとのことである。写真3.6.14に見られるように。天井下地材の吊りボルト先端にある野縁受けハンガーが開いた状態で残っていることから，かなり大きく振られたものと推察される。天井

写真3.6.5　スプリンクラーによる天井材の損傷
（Damage to the ceiling around sprinkler）

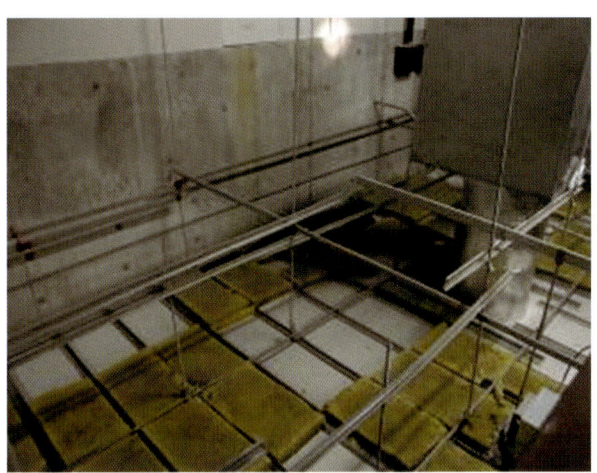

写真3.6.6　大ホール天井吊ボルトの軽量鉄骨による水平補強（Reinforcement of ceiling furring of the main hall by light gauge steel）

写真3.6.7　大ホール・天井裏壁板の剥落
（Falling of the wall of gypsum board in the ceiling space of the main hall）

写真3.6.8　大ホール照明室　空調パネル部天井材の損傷
（Damage to the ceiling around air-conditioning panel, lighting room of the main hall）

面積の広い3階や同じ7階でも180席を有するスタジオシアターでは，天井材の脱落はなかったことも注目される事実である。

(6) 給食センター

仙台市内のA給食センター（2003年竣工，地上2階建てS造建築物）および，K給食センター（1982年竣工，地上

写真3.6.9 4階ホール飾り天井の変形，間接照明の落下（Deformation of decorated ceiling and falling of indirect illuminators, the main hall in the 4th floor）

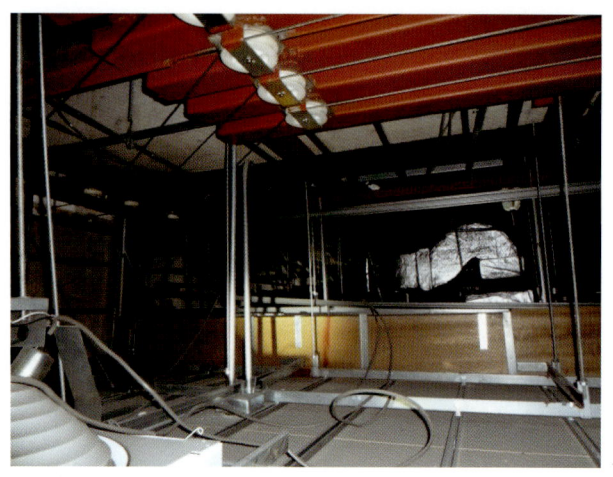

写真3.6.10 4階ホール 天井下地（Ceiling furring system around decorated ceiling, the main hall in the 4th floor）

写真3.6.11 7階天井材の脱落（撮影：当該施設）（Falling of the ceiling, 7th floor, photo by the facility）

写真3.6.12 6階天井材の損傷状況（Ceiling of 6th floor）

写真3.6.13 エレベーターシャフトが接近している箇所（Narrow part of the ceiling between elevator shafts）

写真3.6.14 吊りボルト先端の野縁受けハンガーが開いた状態（Deformation of hungers of ceiling furring system）

2階建てS造建築物）について調査を行った。いずれも調理室の天井高さが 7～9m 程度の吹き抜けとなっており，様々な大型調理器具や排気用フードあるいは空調機等の設備機器が配置されている。そのため，換気用ガラリやダク

写真 3.6.15 換気用フードと傾斜天井との接合面における損傷（A 給食センター）(Damage to the inclined ceiling around ventilation hoods, A school-lunch service center)

写真 3.6.16 換気用フードと傾斜天井との接合面における損傷（荒巻学校 A 給食センター）(Damage to the inclined ceiling around ventilation hoods, A school-lunch service center)

写真 3.6.17 変形し脱落した天井下地クリップ（A 給食センター）(Deformation of hunger clips of ceiling furring system, A school-lunch service center)

写真 3.6.18 換気用フードと傾斜天井との接合面における損傷及び換気用ガラリによる天井の損傷（荒巻学校 A 給食センター）(Damage to the inclined ceiling around ventilation hoods, A school-lunch service center)

写真 3.6.19 換気用ガラリ付近の天井材損傷（K 給食センター）(Damage to the ceiling around ventilation louver, K school-lunch service center)

写真 3.6.20 換気用ガラリ付近の天井材損傷（加茂学校 K 給食センター）(Damage to the ceiling around ventilation louver, K school-lunch service center)

トと傾斜天井との接合面における損傷が目立った（写真3.6.15～21）。写真3.6.17に示す金物は床上に脱落していたもので，野縁と野縁受けを留め付けるクリップである。留め付けクリップは，野縁受けの軽量形鋼に引っ掛けてあっ

写真 3.6.21 排気用ダクト付近の天井材損傷（加茂学校 K 給食センター）（Damage to the ceiling around ventilation ducts, K school-lunch service center）

写真 3.6.22 大ホール天井材脱落（撮影：日本大学工学部）（Falling of the ceiling in the main hall, photo by Fac. of Engineering, Nihon Univ.）

写真 3.6.23 大ホール天井材脱落（部分拡大写真）（撮影：日本大学工学部）（Falling of the ceiling in the main hall, enlargement, photo by Fac. of Engineering, Nihon Univ.）

写真 3.6.24 ロビー天井材脱落（撮影：日本大学工学部）（Falling of the ceiling in lobby, photo by Fac. of Engineering, Nihon Univ.）

写真 3.6.25 廊下天井材脱落（撮影：日本大学工学部）（Falling of the ceiling in corridor, photo by Fac. of Engineering, Nihon Univ.）

写真 3.6.26 武道場天井脱落（撮影：東北工業大学 大沼正昭教授）（Falling of the ceiling, photo by Prof. Onuma, Tohoku Inst. of Tech..）

たものと思われるが，クリップ先端のフックの部分とそれに直交する肩板の部分の残留変形に注目したい。

(7) Fホール

1970年竣工のRC造3階建て建築物であるが，1752席の大ホールで天井材脱落の被害があった（写真3.6.22，写真3.6.23）。1，2階の客席に天井材が落下しており，観客が居た状態であれば死傷者があったものと思われる。大ホール以外にも，ロビーや廊下の天井材脱落・損傷も見られた（写真3.6.24，写真3.6.25）。

(8) T高等学校武道場

S造2階建て建築物で，空手・柔道等の授業および部活動が実施されている。切り妻屋根の鉄骨フレームに直接取り付けられていた天井材（断熱材も含む）が全面的に落下しており（写真3.6.26，写真3.6.27，写真3.6.28），学生が居た状態であれば死傷者があったものと思われる。

(9) SSホール

2009年1月に天井補強工事を完了していた結果，今回の地震では軽微な天井損傷の被害に留まった(写真3.6.29)。その補強概要は天井形状を変更し，天井下地金物は耐震型として天井吊り高さを1.0m未満とする新たな天井とするものであった(写真3.6.30)。なお，天井材周囲は躯体等との間に80mmの隙間を設けている。（山下設計仙台支店・鈴木康市氏談）。

(10) まとめ

ここに報告した被害の他にも，客席部天井の半分程が脱落したホールやJR駅新幹線ホームでの大規模天井脱落などが報道されている。また，百貨店やショッピングセンター，家電量販店などの大空間を有する商業施設でも多数天

写真3.6.27 照明器具および断熱材の脱落（撮影：東北工業大学　大沼正昭教授）（Falling of illuminators and insulators, photo by Prof. Onuma, Tohoku Inst. of Tech..）

写真3.6.28 脱落材料撤去後の状況（撮影：東北工業大学　大沼正昭教授）（Roof structure after removal of fallen ceiling, photo by Prof. Onuma, Tohoku Inst. of Tech..）

写真3.6.29 天井隅部の軽微な損傷（撮影：東北工業大学　大沼正昭教授）（Small damage to the ceiling at the corner, photo by Prof. Onuma, Tohoku Inst. of Tech.）

写真3.6.30 改修された新たな天井下地（撮影：東北工業大学　大沼正昭教授）（Retrofitted ceiling furrings photo by Prof. Onuma, Tohoku Inst. of Tech.）

井落下があったことが確認されている。

一方，ここで紹介した SS ホールのように，天井補強工事を完了していた結果，今回の地震では軽微な天井損傷の被害に留まった例も確認できる。

以上のことから考えると，今回の規模程度の地震になると天井下地材の揺れは極めて大きく，通常広く用いられて

写真 3.6.31　ALC パネルの脱落（Falling of ALC panels）

写真 3.6.32　ALC パネルの脱落（Falling of ALC panels）

写真 3.6.33　ALC パネルの脱落（Falling of ALC panels）

写真 3.6.34　ALC パネルの脱落（Falling of ALC panels）

写真 3.6.35　ALC パネル落下に伴う室外機損傷
　　　　　　（Damage to outdoor units caused by falling of ALC panels）

写真 3.6.36　ALC パネル固定金物
　　　　　　（Furring of ALC panels）

いる日本建築学会・建築工事標準仕様書・同解説　JASS 26 内装工事に記載の標準的な天井下地材の設計では対応が極めて困難であったものと判断される。とりわけ，設備機器類との取り合いや天井材周囲との隙間が十分でない場合，あるいは傾斜天井や部分的に狭い形状でひずみの集中するような箇所が存在する場合の耐震補強策の検討が求められる。

3.6.3　外壁の被害（Damage to the outside wall）

(1)　はじめに

今回の地震によって，鉄筋コンクリート構造物の外装タイルや仕上げモルタルなどが脱落する被害や，鉄骨造の商業施設や事務所ビルなどに用いられる ALC パネルが脱落するなどの被害が多く見られた。地震動に伴う外壁の脱落

写真 3.6.37　ALC パネル固定金物（Furring of ALC panels）

写真 3.6.38　軒天井脱落（Falling of the eaves ceiling）

写真 3.6.39　被害建物全景（Damaged building）

写真 3.6.40　ALC パネル自体の破損（Damage to ALC panels）

写真 3.6.41　ALC パネル自体の破損（Damage to ALC panels）

写真 3.6.42　ALC パネルの脱落（Falling of ALC panels）

や破損は第三者被害に直結する可能性が高く，これまでも危険性が指摘されてきた。特に外装パネルに脱落などの被害があった場合には，前項で報告された天井と同様に，構造躯体そのものの被害が軽微であっても，屋内が風雨に曝される状況となってしまうことで使用が大きく制限されることとなる。

ここでは，いくつかの外壁材の被害について，ALCパネルや外装タイルなどの材質ごとに分類して報告する。

(2) ALCパネルの被害

鉄骨造の商業施設や事務所ビルなどを中心として，ALCパネルが脱落する被害が数多くみられた。ここでは，代表的な被害事例として，郊外型の大規模店舗と小規模な事務所ビルについて紹介する。

写真3.6.31～38は，仙台市泉区にある郊外型の大規模商業施設である。写真3.6.31～34にあるように，外壁ALCパネルが大規模に脱落している。ただし，これらの写真は

写真3.6.43 ALCパネルの被害が見られた集合住宅
（Damage to ALC panels in apartment house）

写真3.6.44 ALCパネルのジョイント部に沿った割裂
（Damage to ALC panels along their jointed part）

写真3.6.45 破壊部分詳細（Damage to ALC panel enlargement）

写真3.6.46 ALCパネルの脱落（Falling of ALC panels）

写真3.6.47 ALCパネルの落下（Falling of ALC panels）

第3章　東北地方の被害（Damage in Tohoku District）

写真 3.6.48 被害建物全景（Damaged building）

写真 3.6.49 せん断ひび割れに伴う外装タイルの剥落
（Falling of tiles caused by sheared cracks）

写真 3.6.50 せん断ひび割れに伴う仕上げモルタルの剥落
（Falling of finishing mortar caused by sheared cracks）

写真 3.6.51 せん断ひび割れに伴う仕上げモルタルの剥落
（Falling of finishing mortar caused by sheared cracks）

震災直後ではなく4月下旬に撮影されたもので，既に脱落の危険性があるパネル類の撤去・片付けや，仮固定・養生などの作業が行われた状態である。写真 3.6.35 に見られるように，建物周囲に設置された空調室外機が損傷していることから，脱落した ALC パネルが直撃したことが窺われる。写真 3.6.36〜38 にはパネル固定下地および金物が確認できる。写真 3.6.38 は同じ建物の軒天井の被害状況である。

写真 3.6.39〜42 は，仙台市若林区の小規模事務所ビルで見られた ALC パネルの被害である。写真 3.6.40〜41 にあるように，外壁 ALC パネル自体が破損している被害が見られた。特に開口部の周囲での破損が目立つ。写真 3.6.41 では，庇を吊る緊張材が座屈しているのが確認でき，建物全体に過大な変形が生じていたものと推定できる。写真 3.6.42 は，写真 3.6.39 の建物の隣地にある建物である。こ

写真 3.6.52 化粧壁の損傷（Damage to non-structural wall）

のような低層建屋においても，外装材の被害が確認された。
　写真3.6.43〜47は，仙台市若林区の2階建て集合住宅で見られたALCパネルの被害である。
　写真3.6.44のように，外壁ALCパネルのジョイント部などに沿って割裂しているが，写真3.6.45から分かるように鉄骨柱脚部のコンクリートも破壊しており，建物自体の残留変形はそれほど見られなかったが，構造体自身が地震時にそれなりに変形したことが考えられる。また，写真3.6.46〜47のように，大きく脱落・落下している部分も見られた。

(3) 外装タイル・仕上げモルタルの被害

　RC造構造物では，躯体のひび割れ・変形に伴って外装タイルや仕上げモルタルが剥落する被害が，事務所ビルなどを中心に数多くみられた。ここでは，代表的な被害事例として，市街地にある事務所ビルについて紹介する。
　写真3.6.48〜49はタイルの，写真3.6.50〜51は仕上げモルタルの剥落被害である。短柱部分に生じたせん断ひび割

写真3.6.53　ガラスの損傷（Damage to window glasses）

写真3.6.54　ダブルスキンの内側ガラスの破損（撮影：当該施設）（Damage to glass of the inner skin, photo by the facility）

写真3.6.55　ガラスカーテンウォールの被害
（Damage to glass of the curtain wall）

写真3.6.56　破損部分の詳細
（Damage to glass of the curtain wall, enlargement）

第 3 章　東北地方の被害（Damage in Tohoku District）

れがそのまま外装材にも現れて，剥落を生じさせている。ここで挙げた写真は震災から 1 週間程度の時期に撮影されたものであり，この後の早い段階で全面的にネット張りをするなどの落下防止対策が取られていた。また，写真 3.6.52 のように，化粧壁でも被害が生じた場合には，コンクリート片の落下による第三者被害が危惧される。

(4)　開口部・ガラスの被害

開口部やカーテンウォールに用いられているガラスにも被害が見られた。写真 3.6.53 は，前で報告した SB ホール 3 階のロビー部分の被害状況である。中央の 2 スパン分のガラスが破損していることが確認できる。3 月 11 日の本震の際には，2 スパンの中央部分にあったリブガラスのみが破

写真 3.6.57 鉄骨造建屋のサイディングの脱落（仙台市若林区・倉庫）（Falling of siding boards）

写真 3.6.58 鉄骨造建屋のサイディングの脱落（仙台市若林区・倉庫）（Falling of siding boards）

写真 3.6.59 店舗併用住宅におけるラスモルタルの剥落（Falling of lath mortar）

写真 3.6.60 蟻害により劣化・消失した木摺り，軸組（Deteriorated timber structures caused by ant damage）

写真 3.6.61 妻部分が大きく剥落したラスモルタル外壁（Falling of lath mortar）

写真 3.6.62 木摺りの状況と残されたステープル（Furring and staple）

損したが，続く4月7日の余震（このホールのある仙台市青葉区は震度6弱）の際に，リブガラスを失っていた2枚のガラスが破損したとのことであった。

写真3.6.54は，S複合施設のガラス被害である。ダブルスキンの内側の1枚のみが破損し，その他のガラスカーテンウォールには被害はなかったとのことである。

写真3.6.55～56は，仙台市宮城野区の商業ビルのガラスカーテンウォールの被害である。全体の中でわずか1箇所ではあるが，中間層の端の部分で被害がみられた。また，この周辺でもショーウィンドウなどの大きなガラス面で被害が多く観察された。

(5) サイディングの被害

鉄骨造の倉庫や工場などでは，写真3.6.57～58のような外装のサイディングなどが脱落する被害が数多くみられた。

(6) ラスモルタルの被害

一般住宅や小規模店舗，店舗併用住宅においてはラスモルタル外壁の被害が数多く見られた。特にモルタル壁の剥落が見られる建物は年代がやや古いものと言え，近年に建

写真3.6.63 中央上部が大きく剥落したラスモルタル外壁 (Falling of lath mortar)

写真3.6.64 剥落して割れたラスモルタル (Falling of lath mortar)

写真3.6.65 酒蔵を改修した飲食店の被害 (Damaged building)

写真3.6.66 壁の被害の様子 (Damage to the outside wall)

写真3.6.67 内装の土塗り壁の剥落 (Falling of wattle-and-daub)

写真3.6.68 白石城天守閣外壁の被害 (Damage to the Shiroishi Castle)

第3章　東北地方の被害（Damage in Tohoku District）

てられたものについてはクラックが生じる程度であり，無被害のものも多かった。

写真 3.6.59 は仙台市太白区の店舗併用住宅である。年代もやや古く，現在店舗は使われていなかったようである。ラスモルタルの外壁が大きく剥落している。写真 3.6.60 のようにその下の木摺り，さらには軸組が蟻害により劣化・消失している。このためラスモルタルを保持することができなくなっている。

写真 3.6.61 は仙台市若林区の集合住宅である。西側の妻面部分のラスモルタルの外壁がほぼ全面に渡って大きく剥落している。ここでは写真 3.6.62 のようにその下の木摺りは健全であり，ラスモルタルを保持することは可能である。しかしながら留め付けのステープルが現在のものに比べて非常に細く，十分な保持ができていないと思われる。

写真 3.6.63 は仙台市太白区の事務所建物である。正面真ん中の部分が大きく剥落している。写真 3.6.64 のように，剥落して割れたラスモルタル部分をみると，ラスがかなり細く，破断がしやすいように思われた

(7) 漆喰・土塗り壁の被害

伝統的建物においては土塗り壁が多用されているが，今回の地震ではこれらの被害が顕著にみられた。一方で，それらの軸組についてはほとんど被害が及んでいないケースが多く，残留変形もあまり見られていない。また土塗り壁の仕上げに塗られた漆喰のみが剥落しているケースも多かった。

写真 3.6.69 土塗り壁表面の漆喰の剥落
（Falling of finishing plaster on wattle-and-daub）

写真 3.6.71 隅棟瓦の落下とそれによる 1 階桟瓦の被害（Damage to roof tiles on the lower level caused by falling of corner tiles）

写真 3.6.70 瓦屋根の被害（Damage to tiled roof）

写真 3.6.73 桟瓦の落下（Falling of roof tiles）

写真 3.6.72 大破した住宅の瓦屋根の被害（Damage to tiled roof）

写真 3.6.74 伝統的木造民家の棟瓦の落下被害
（Falling of tiled roof）

写真 3.6.75 高く積まれた棟瓦の落下
（Falling of tiled roof）

写真 3.6.76 隅棟瓦の落下とそれによる 1 階桟瓦の被害（Damage to roof tiles on the lower level caused by falling of corner tiles）

写真 3.6.77 2 階瓦の落下による 1 階屋根の被害（Damage to roof tiles on the lower level caused by falling of tiles）

写真 3.6.78 瓦屋根から金属板葺きへの葺き替え（Replace treatment from tiled roofing to metal roofing）

写真 3.6.65～67 は大崎市の元酒蔵の建物を飲食店に改修したものである。壁全体にわたりひび割れが生じ，表面の漆喰，さらに土塗り部分の剥落がみられる。

写真 3.6.68～69 は白石市の白石城である。この城は伝統的技術をそのまま用いているものの 1995 年に復元されたもので，比較的新しい建物である。天守閣の最上段の外壁に大きく割れが入っており，仕上げの漆喰が剥落している。

しかしながら内部の架構などには被害や変形は無く，外壁のみの損傷となっている。

3.6.4　瓦屋根の被害（Damage to tiled roof）

(1) はじめに

瓦屋根の被害については，今回の地震の被災地域いずれにおいても大変多く被害が多くみられている。瓦屋根の耐震性に関しては，日本建築学会「非構造部材の耐震設計指針・同解説および耐震設計施工要領」，全日本瓦工事業連盟「ガイドライン工法」が示されているが，いずれも近年に示されたものであり，十分に耐震性が確保されていない瓦屋根が多数存在していると思われる。被害事例を収集すると共に，これらを区分整理する。

(2) 棟・隅棟瓦の被害

瓦屋根の被害で最も多く見られているのが，棟あるいは隅棟の冠瓦およびのし瓦の落下である。

写真 3.6.70～71 は寄棟の屋根における隅棟瓦が落下した被害家屋（宮城県名取市）である。ほとんどの棟瓦が落下しており，周囲の住宅の中でも被害が顕著であった。建物自体は全国展開するハウスメーカーにより 1994 年に建て

第3章　東北地方の被害（Damage in Tohoku District）

写真 3.6.79　屋根が落下した大崎市の土蔵
（Falling of roofing）

写真 3.6.80　土蔵における屋根の落下
（Falling of roofing）

写真 3.6.81　落下した屋根と瓦の状況
（Fallen roofing materials）

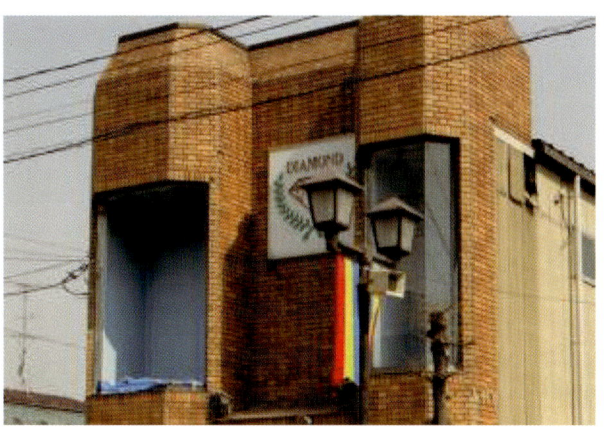

写真 3.6.82　店舗兼住宅のガラス破損
（Damage to window glass）

写真 3.6.83　体育館の窓ガラス脱落
（Damage to window glass）

られた住宅で，構造的には十分耐震性を有する設計がなされているが，内部のクロスにもボード目地で亀裂が入るなど被害が生じていた。このため，建物の周期が揺れの周期と同調し，周辺の住宅に比べ揺れが激しかったことが考えられる。

写真 3.6.72～73 は福島県国見市の大破した住宅の瓦屋根の様子である。住宅は残留変形もみられ，外装のラスモルタルも大きく剥落しており，激しく振動を受けたものと考えられる。今回，桟瓦の落下はほとんど見られなかったが，このような被災レベルの住宅では屋根も桟瓦が半分以上落下している。

写真 3.6.74～75 は岩手県花泉町の伝統型民家の瓦被害である。写真 3.6.75 のように棟ののし瓦が何層にも高く積まれており，それらが落下している。このような伝統型民家では棟瓦を高く積むことがステータスシンボルとなっていることもありアンバランスなほどに高く積まれている棟が見受けられる。もちろんそのような棟瓦は被害を受けやすく，今回の瓦被害の中で多数みられている。

写真 3.6.76～77 は宮城県白石市での被害であるが，写真 3.6.77 のように，2階の隅棟瓦の落下が1階の屋根に被害を及ぼしている様子がみられる。玄関の屋根瓦が大きく割れ，玄関脇の下屋の塩ビ波板と思われる屋根を大きく突き抜け

— 139 —

ている。瓦単体の落下では通常の屋根を突き抜けるほどにはならないと思われるが，過去には棟瓦の塊が屋根を突き破って室内に落下した例もあり，重大事故につながる恐れもある。

写真 3.6.78 も，白石市での瓦屋根に被害を受けた住宅である。調査時点で，地震発生より 1 ヶ月半経っていたが，既に 2 階の屋根を金属版葺に張り替える工事が行われていた。

写真 3.6.79～81 は大崎市の土蔵であるが，垂木から上の屋根ごと瓦が落下するという被害が生じている。この土蔵は，元は酒蔵であったものを近年飲食店として改修したものだそうで，瓦自体はその際に新しく葺き直されたようである。母屋と垂木の接合が不十分であったこと，瓦が新たな物に葺き替えられた際に重量が増したことなどが考えられる。

3.6.5　その他の非構造部材の被害（Other damage）
(1)　はじめに

前述までの部材以外の非構造部材被害としては，窓ガラスの脱落，非構造壁のせん断破壊，階段の被害，エキスパンションジョイント部の被害などが見られた。これらについて報告する。

(2)　窓ガラスの被害

写真 3.6.82 は店舗兼住宅におけるガラス被害であり，建物 2 階南面のガラスが破損している。周辺はアスファルトの亀裂など若干の地盤被害が見られる地域であり，他にも外壁タイルが崩落した建物などが確認された。また，写真 3.6.83 は S 造体育館の被害であり，窓ガラスが窓枠ごと脱落している。この建物では他にも鉄骨柱脚のかぶりコンクリート破損や地盤沈下による基礎の一部露出などが確認されている。

写真 3.6.85　方立壁のせん断ひび割れ
（Sheared cracks of non-structural wall）

写真 3.6.84　換気口周りのせん断ひび割れ
（Sheared crack around vents）

写真 3.6.86　方立壁のせん断ひび割れ
（Sheared cracks of non-structural wall）

(3) 非構造壁の被害

写真 3.6.84～3.6.86 は非構造壁の被害状況である。写真 3.6.84 は 3 階建て RC 造建物の被害状況であるが，換気口付近にせん断ひび割れが確認できる。また，写真 3.6.85，3.6.86 は，それぞれ別の 2 階建て RC 造建物の方立壁被害である。写真 3.6.87 は 3 階建て RC 造建物のトイレ部分の外壁被害状況であるが，換気口および窓開口部を基点としたせん断破壊が見られ，窓サッシは室内側に向かって面外変形していた。また，同じトイレの室内側入口脇の袖壁にも同様の被害が見られた（写真 3.6.88）。この建物は構造的には小破程度の被災度と考えられるが，階段室腰壁にもせん断ひび割れが見られるなど非構造壁被害が比較的多く確認された。

写真 3.6.89，3.6.90 は 3 階建て RC 造建物の腰壁付近の被害状況である。1 階および 2 階の腰壁-柱境界部分でコンクリート表面が剥離しており，窓サッシとの間にはひび割れが発生していた。境界部分の溝にシーリング材が充填されていたことから，構造スリット部の衝突による損傷であると考えられる。

(4) 階段部の被害

写真 3.6.91～3.6.94 は RC 造階段で確認された被害である。写真 3.6.91 および 3.6.92 は，3 階建て RC 造建物の 2 階部分および 3 階部分の被害であるが，3 階部分は床スラブとの接合部においてひび割れが発生しており，2 階部分では床スラブとの接合部でコンクリートが崩落したため，仕上げの石材が落ちないよう，応急措置としてテープで仮止めをしている状態だった。この建物では，階段室両側の柱および腰壁にも損傷が見られた。この他にも，写真 3.6.93，3.6.94 に示すような階段踊り場部分のコンクリート剥落被害も見られた。

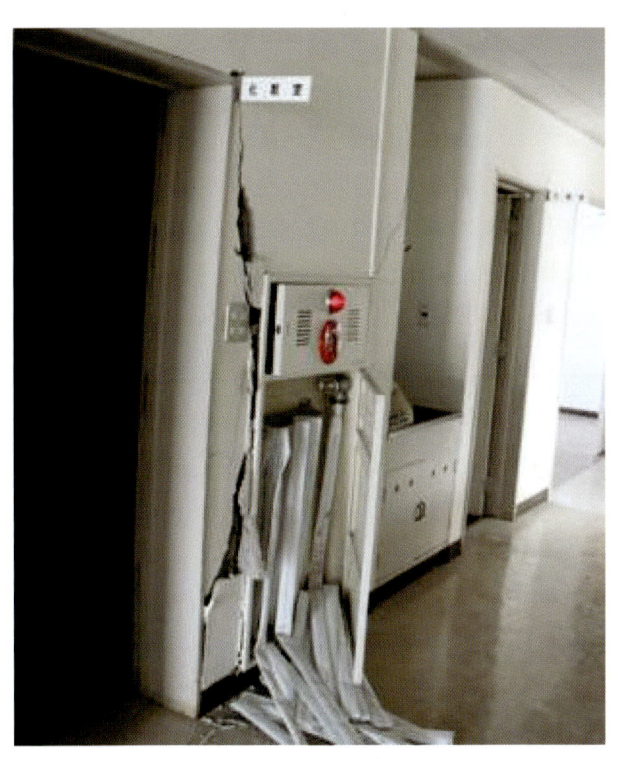

写真 3.6.88　トイレ入口側の袖壁被害
（Damage to non- structural wall）

写真 3.6.87　トイレ外壁のせん断ひび割れ
（Sheared cracks of non-structural wall）

写真 3.6.89　建物全景（Damaged building）

写真 3.6.90　コンクリートの剥離（Spalling of concrete）

写真 3.6.92　階段の被害（2階部分）（Damage to stairs, 3rd floor）

写真 3.6.93　階段の被害（踊り場での剥落）（Spalling of concrete, half landing of stairs）

写真 3.6.91　階段の被害（2階部分）（Damage to stairs, 2nd floor）

写真 3.6.94　階段被害（踊り場）（Damage to stairs, half landing）

(5) エキスパンションジョイント部の被害

写真 3.6.95 は，3 階建て RC 造建物に設置されているエキスパンションジョイント周辺部での被害である。また，写真 3.6.96 は，3 階建て RC 造建物のエレベータ前に設置されたエキスパンションジョイント部被害であり，エキスパンションジョイントの目隠し材が脱落し，エキスパンションジョイント間へと巻き込まれている状態となっている。写真 3.6.97 は，3 階建ての RC 造建物と，2 階建ての RC 造建物の渡り廊下をそれぞれ接続するエキスパンションジョイント部でみられた被害であるが，3 階建て建物側の擁壁が破損し，折れた状態となってしまっていることが確認された。

3.6.6　まとめ（Summary）

最初に述べたように今回の被災建物においては，地震規模に比較してその構造的な損傷は比較的少なかったものの，

第3章　東北地方の被害（Damage in Tohoku District）

写真 3.6.95 エキスパンションジョイントの被害
（Damage to expansion joint）

写真 3.6.96 エキスパンションジョイントの被害（エレベータ前）（Damage to expansion joint, elevator hall）

写真 3.6.97 エキスパンションジョイントの被害（擁壁）（Damage to expansion joint, wing wall）

非構造部材の損傷は数多く見られている．そして調査の結果，非構造部材に損傷が見られた建物でも，ほとんどが構造的な被害は軽微であった．したがって構造的な耐震性能が保持されているのに対して，非構造部材の耐震性能が追いついていないように思われる．今後，被害の詳細な分析を進めることにより，被害の要因を明らかにしていくと共に，構造部材との関係を検証し，非構造部材の耐震設計・施工方法を確立していく必要がある．

3.7　歴史的建造物の被害
　　（Damage to historical architecture）

3.7.1　被害調査の概要(Outline of investigation)

　日本建築学会東北支部歴史意匠部会では，3月下旬から部会員個人による調査が開始された。4月に入り，通信部会を開催して調査対象地域と調査担当者を決定した。今回の地震災害は，東北地方および関東地方の広範囲にわたるため，4月下旬には学会本部の建築歴史・意匠委員会の中に災害特別調査研究WG（主査：谷直樹 http://news-sv.aij.or.jp/rekishi/s0/dswg/）を設置し，調査体制を大きく東北グループと関東グループに分けて対応することとなった。一方，4月27日付で文化庁は「東日本大震災被災文化財建造物復旧支援事業(文化財ドクター派遣事業)について」を報道発表し，学会および建築関連諸団体と連携することとなった。東北グループの被災調査は以下により実施した。

(1)　方針
・調査は，第1次調査と第2次調査に分けて行う。
・第1次調査は，被害の概要を把握するための初動調査で6月中を目途に東北支部部会員が主となり行う。
・第2次調査は，第1次調査終了後に東北支部部会員，関東支部部会員および建築関係諸団体が連携して行う。
・調査対象は，歴史的建築リスト整備活用小委員会が作成した「歴史的建築総目録データベース」(http://glohb-ue.eng.hokudai.ac.jp/)に登録されている建造物とする。
・第1次調査は，震度5強以上で津波被害地および原発事故により立ち入りが制限されている地区を除く地域で，指定・登録されている建物および民家・近世社寺・近代和風・近代化遺産の各緊急調査報告書で最終調査が行われた建物を主たる対象とする。
・第2次調査は，震度5弱以上で津波被害地を含めて，データベースに登録されている建物すべてを対象とすることを目指す。

(2)　調査の内容
・調査は災害特別調査研究WGで作成した「調査票（調査シート）」に基づいて行う。
・基本的には外観からの調査とし，所有者の承諾を得て可能な場合は内部も調査する。
・調査内容は，調査票に写真を添付して記入し，災害特別調査WGのHPにあるFTPフォルダに投稿する。
・現地での必要に応じて，応急処置の方法などについて助言する。

(3)　調査区域の分担

・岩手県
　野村俊一(東北大学大学院・助教)／一関市，奥州市，平泉町，金ケ崎町，遠野市
　角　哲(秋田工業高等専門学校・准教授)／盛岡市，八幡平市，滝沢村，矢巾町，岩泉町，遠野市，奥州市
　崎山俊雄(秋田県立大学・准教授)／花巻市，北上市，奥州市，金ケ崎町

・宮城県
　永井康雄(山形大学・教授)／栗原市，大崎市，岩沼市，村田町，川崎町
　相模誓雄(宮城大学・助教)／登米市，色麻町，加美町，涌谷町，美里町，仙台市泉区
　西野敏信(東北工業大学・教授)／利府町，大和町，大郷町，富谷町，大衡村，柴田町
　小山祐司(東北工業大学・准教授)／仙台市宮城野区，仙台市若林区，仙台市太白区，蔵王町，大河原町
　熊谷広子(仙台高等専門学校・助教)／名取市，白石市
　伊藤則子(フリー)／仙台市青葉区，仙台市若林区
　関口重樹(宮城県)／塩竈市，松島町，七ヶ浜町，角田市，丸森町
　野村俊一(前出)／登米市，気仙沼市，石巻市，塩竈市

・秋田県
　崎山俊雄(前出)／大仙市，由利本庄市，湯沢市
　角　哲(前出)／秋田市，横手市

・山形県
　永井康雄(前出)／上山市
　小幡知之(山形工科短期大学校・准教授)／上山市，村山市，尾花沢市，中山町，大石田町，最上町，米沢市，高畠町，鶴岡市
　小山祐司(前出)／尾花沢市，中山町

・福島県
　狩野勝重(元日本大学・教授)／福島市，伊達市，桑折町，国見町，天栄村，喜多方市，猪苗代町，会津坂下町，湯川村，柳津町，会津美里町
　飛ヶ谷潤一郎(東北大学大学院・准教授)／福島市，伊達市，桑折町，国見町
　速水清孝(日本大学・准教授)／二本松市，白河市，会津若松市
　大山亜希子(日本大学・助教)／郡山市
　なお，福島県の調査には濱田幸雄(日本大学・教授)，大橋竜太(東京家政学院大学・教授)，山﨑鯛介(千葉工業大学・准教授)が参加した。

・青森県
　限られた人員と時間的制限により，第2次調査から行うこととした。

3.7.2 被害の概要(Outline of damage)

(1) 構造別による被害

個々の歴史的建造物の被害については次項で各県毎に報告するので，ここでは建物構造の違いによる観点から地震被害の概要を述べる。

1) 木造

岩手，秋田，山形，福島の各県では，壁面(土壁)の亀裂発生，貫の抜け，鴨居の垂下，柱と壁面あるいは壁面と床の間に隙間が生じるなど，比較的軽微な被害が多かった。一方，宮城県では柱の傾斜，差鴨居等の構造材の外れ，床の変形など重度の被害が認められ，旧有備館主屋など倒壊に至る事例が数件認められた。礎石上に柱を載せた建物では，柱が礎石からずれる被害があった。

2) 土蔵造

各県とも土壁の被害は甚大かつ深刻であった。海鼠壁が部分的に崩落したり漆喰壁に亀裂が生じたりする事例から，小舞下地の一部を残して全壁面が崩落に至る例など，殆どの土蔵で被害が認められた。しかしながら，軸部にまで損傷が及ぶ例はごく少数であり，倒壊しているものは軸部が以前から腐食していたものなどに限られるようである。

3) 石造及び煉瓦造

壁面に大規模な亀裂が生じ，倒壊若しくは倒壊寸前に至る大きな被害が生じたものが多く認められた。教会建築では鐘塔の被害，石造の蔵では妻面での被害が著しく，被災を理由に取り壊されたものもある(写真3.7.1)。

4) 木造モルタル造

外壁が落下した事例が散見された。これらは経年劣化による雨水の浸透によって壁下地あるいは軸部が腐食していたことが一因と考えられる。

5) 鉄筋コンクリート造

概して目立った被害は認められなかったが，一部の建物では地盤の変形により基礎に亀裂が生じたり，柱や横架材，壁などに大きな亀裂が生じたりする事例が認められた(写真3.7.2)。

(2) 特記事項

1) 震度と被害

震度の大小と被害の程度は必ずしも対応していない。発表された震度の観測点と実際に建物がある場所が異なることも一因と考えられる。宮城県では仙北平野など河川流域の低地で重度の被害が認められた。秋田県や岩手県の一部地域では，積雪の影響で被害が拡大したと考えられる事例が認められた。秋田県内陸部では本震時に1mを超える積雪があり，地震との複合作用により全壊・半壊したと考えられる事例があった。

2) 津波による被害

津波被害地の調査は第2次調査で実施する予定であるが，宮古市・陸前高田市・気仙沼市・岩沼市で一部の建物を調査する機会を得た。津波の高さが大きかった地域では全壊しているが，やや離れた溯上地帯では全壊は免れたものの塩害が深刻な問題となっている(写真3.7.3)。また，仙台平野では"いぐね"と呼ばれる屋敷林を建物周囲に設けるが，屋敷林によって津波の破壊力が軽減されたと推定される事例が見られた(写真3.7.4)。

3) 歴史的建造物が直面する課題

宮城県村田町を例に挙げる。当地区では，表通りに面して店蔵と門が立ち並び極めて良好な歴史的景観が残されている。更にそれらの奥には主屋と複数の土蔵が建てられている。今回の震災で多くの土蔵に被害が生じたが，文化財行政上は未指定・未登録であるため，それらの修理は所有者個人に委ねられている(写真3.7.5)。既に被災を契機に取り壊された土蔵もある。このような貴重な歴史的景観を後世に伝えていくために何らかの方策を早急に検討する必要があろう。具体的には，文化財に適した修理，応急処置の仕方・範囲，新構法（特に土蔵，漆喰壁）の検討などである。

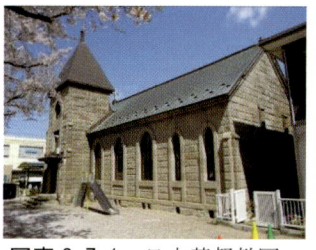

写真3.7.1 日本基督教団岩沼教会 (UNITED CHURCH OF CHRIST IN JAPAN, Iwanuma church)

写真3.7.2 上杉稽照殿 写真提供：米沢市教育委員会 (Uesugi keisyoden)

写真3.7.3 男山酒造 撮影:野村(Otokoyama-syuzo)

写真3.7.4 梵天寺観音堂(Bontenji kannnondo)

写真3.7.5 村田町の土蔵の被害 (Damage to plaster wall)

3.7.3 各県の被害状況
(Damage to historic buildings in each Prefecture)

(1) 岩手県

3月11日に岩手県内で震度5弱以上を記録した地域には，未指定・未登録のものも含めると，文化財建造物が計1,677棟存在する．今回の第1次緊急調査では，このうち県内に80棟存在する登録有形文化財（建造物）すべてと，未指定・未登録建造物の一部とを対象に被害状況を確認した．以上を踏まえ，便宜的にエリアを「沿岸部」，「県南部」，「盛岡・隣接地域」の三つに分け，それぞれ被害状況の概略を報告する．

1) 沿岸部：宮古市（5強），陸前高田市

沿岸北部では，「盛合家住宅主屋」（宮古市・登録有形文化財）を調査した．軸組に大きな損傷は確認できないが，内部土壁漆喰の剥落，亀裂，土台や柱との隙など部分破損が全体に及んでいることに加え，津波による被害が認められた(写真3.7.6)．やや内陸に位置するため波の勢いこそ弱かったものの，地盤面から約1.1mの高さで丸1日ほど海水に浸かったという．壁，床とも洗浄済ではあるが，浸水の跡が残るほか，海水に浸かった襖や屏風，衝立の墨書は2ヵ月を経過してもなお乾燥せず，今後の取扱いに苦慮している．津波遡上エリアでは同様の問題が今後急がれる課題となろう．

沿岸南部では，観測された本震震度こそ5弱以下ではあるが，津波による甚大な被害を受けた陸前高田市「酔仙酒造購品及び用度品倉庫」，「同守衛所」，「同本社事務所」（いずれも登録有形文化財）を調査した．しかし，残念ながらすべて全壊である(写真3.7.7)．

2) 県南部：花巻市（6強）・北上市（5強）・奥州市（6強）・金ケ崎町（5強）・一関市（6弱）・遠野市（5強）・平泉町（5強）

まず，花巻市・北上市・奥州市・金ケ崎町での被害状況を概観する．これら3市1町では，すべての登録有形文化財と一部の未指定建造物，そして市町村から調査要望があった物件（花巻市6棟，北上市12棟，金ケ崎町7棟，奥州市10棟，計35棟）を対象に，目視調査と所有者へのヒヤリングを行った．

被害の特徴について，建築構造別，状況の分布，被害程度それぞれの観点から，以下の四点にまとめられる．
①総じて，北部へ行くほど被害が小さく，南部へ行くほど被害が大きい．花巻市では規模や建設年代によらず被害が軽微であったが，特に奥州市前沢区では，隣接する同市水沢区と比べても被害が大きかった．このように震度の大小と被害の大小とは，必ずしも対応していない．
②「三浦商店」（奥州市・未指定）のように，土蔵における壁面（土壁）の崩落が顕著であるが(写真3.7.8)，軸部にまで損傷の及ぶ例は殆どなかった．奥州市前沢区在住の土蔵所有者によれば，本震で浮いた壁面が余震で崩落するケースが多かったという．なお，一部で軸部の腐食が原因で被害が拡大したと思われるものもあった．
③軽微な損傷とはいえ，「千葉家住宅主屋」（奥州市・登録有形文化財）のように，壁面の割れや貫の抜け，軸部と建具・壁・床のズレ（隙間）などが大多数生じている．
④少数ではあるが，地盤面の変形と基礎の割れが確認できた．特に「旧黒沢尻実科高等女学校校舎」（北上市・登録有形文化財）では基礎の亀裂が複数確認され，一箇所で鉄筋が露出していた(写真3.7.9)．起伏が多い立地条件と，本震による地盤面の変形に因るものと考えられる．同地内では「旧菅野家住宅」（重要文化財）の壁が孕んだほか，「がん小屋」のように壁面が傾斜した事例もあった．なお，土間の亀裂は複数例確認された．

次に，一関市・遠野市・平泉町での被害状況を概観する．岩手県内の登録有形文化財は，半数以上が前者二つの地域に存在し，一関市だけで36棟，遠野市だけで12棟数えられる．今回はこれら全てと，11棟の未指定および県市町村指定建造物とを調査した．この2市1町には石造・煉瓦造・土蔵造の登録有形文化財が数多く存在し，なかでも大正期以降に造営された蔵が多い．今回の震災によって，特にこれら構造を採用した建物の大半が何かしらの被害を受けている．

東北地方のなかでも特に規模の大きい土蔵の一つである「世嬉の一酒造場旧仕込蔵・酒母室」（一関市・登録有形文化財）では，外壁および内壁の亀裂や剥落，南面樋の破損，玄関上部ガラス天井の割れおよび破損など，軽微あるいは部分破壊が散見された．特に壁面の亀裂や剥落は，「世嬉の一酒造場」内におけるほかの土蔵に加え，「横屋酒造」や「佐藤家住宅」（いずれも一関市・登録有形文化財），「仙臺屋」（遠野市・登録有形文化財）に存在する多くの土蔵で確認された．なかでも「仙臺屋前の蔵」の被害が大きく，なまこ壁や妻面の土壁がほぼ半壊し，かつ地盤沈下も生じている(写真3.7.10)．

石造および煉瓦造の建造物では，「世嬉の一酒造旧槽場・売場倉庫」で妻面の石壁が崩落した(写真3.7.11)ほか，「世嬉の一酒造旧原料米置場・精米所」や「同造り蔵」，「同旧びん詰貯蔵庫・麹室」，「横屋酒造麹室」，「同造蔵」，「佐藤家住宅新蔵」（すべて登録有形文化財）などでせん断破壊による壁面の軽微あるいは部分破損が多く散見された．これらの蔵では瓦の崩落も多くみられた．

木造軸組構法の建造物も大きな被害を受けている．「世嬉の一酒造場旧売場倉庫」では軸組に傾斜が生じた(写真

3.7.12)ほか,「横屋酒造釜場」や「佐藤家住宅主屋」,「法泉院小前沢坊庫裏」(県指定),「法泉院小前沢坊本堂」では真壁の剥落や亀裂が多数散見された。一方,「遠野ふるさと村」に移築された6棟の曲屋および直屋(遠野市・登録有形文化財)は,一部で土壁に亀裂が見られたものの,被害は軽微である。「旧東北砕石工場」や「旧専売局千厩葉煙草専売所」,「日本基督教団一関教会」(いずれも一関市・登録有形文化財)といった下見板張の木造建造物も,外観を見る限り大きな被害を受けていない。もっとも,内見を許された「日本基督教団一関教会」(一関市・登録有形文化財)では,内部壁面の剥落が見られた。「仙臺屋店舗兼主屋」では震災前に筋交いによる補強工事を施していたため,地震による被害はほとんど見られなかった。

なお,竹筋コンクリート造の「長者滝橋」(一関市・登録有形文化財)では特に被害が見られなかった。

3) 盛岡・隣接地域:盛岡市(5強)・矢巾町(6弱)

これらの地域では,5月4,9,21,22,25日に盛岡市と,5月25日に矢巾町と,可能な範囲で所有者の聞き取りおよび内部確認を実施した。盛岡市は登録有形文化財2件,近代和風総合調査3次調査対象物件20件中,解体済物件と市指定文化財の2件を除く18件,矢巾町は3次調査物件3件中2件,2次調査1件を対象とし現況確認を完了した。

盛岡市の登録有形文化財は「岩手県公会堂」,「米内浄水場」内の7棟および「水道記念館」の計9棟であるが,いずれも目立った被害は認められなかった。また,木造の軸組構法の建物は3月11日の本震,4月7日の余震ともに大きなゆれを感じたというが,総じて被害は小さい。散見された被害は内外壁の漆喰の浮き,剥離,ヘアークラック,軸組との隙で,一部で玄関タタキのクラック,式台との隙も確認された。特徴的なのは「老梅園茶室」の被害で,母屋との渡廊下および水屋の不陸,床の傾斜,土壁と軸組との隙が生じている(写真3.7.13)。この原因として,一つに基礎がなく掘立柱であることが一因と考えられる。また,寺院が隣接する西側が大木で日陰となるため,本震時に切妻屋根の西面には相当量の積雪があったという。この様な2010~11年にかけての豪雪の影響も無視できないだろう。このほか,土蔵造ではやや目立った被害が認められ,漆喰の浮きや剥離,ヘアークラックが全体的にみられるほか,荒壁に達するとみられるクラック,足下部の荒壁や海鼠壁の部分剥落などが散見された。ほかにも庭園に設置された石灯籠の倒壊が各所で確認できている。

本震で震度6弱を記録した矢巾町でも,木造の軸組構法の建物の被害は盛岡同様軽微だった。とはいえ土蔵造の被害は甚大で,海鼠壁の部分崩落をはじめ,軸組や小舞下地を残して腰回り,荒壁とも完全に崩落している事例も確認できた(写真3.7.14)。震度だけに目を向けると5強と6弱とで被害程度に大きな差が認められる。

写真3.7.6 盛合家住宅主屋(Moriaike)
写真3.7.7 酔仙酒造(Suisen) 
写真3.7.8 三浦商店(Miura shoten) 
写真3.7.9 旧黒沢尻実科高等女学校(Kurosawajiri Girls High School) 
写真3.7.10 仙臺屋前の蔵(Sendaiya) 
写真3.7.11 世嬉の一酒造場(Sekinoichi) 
写真3.7.12 世嬉の一酒造場(Sekinoichi) 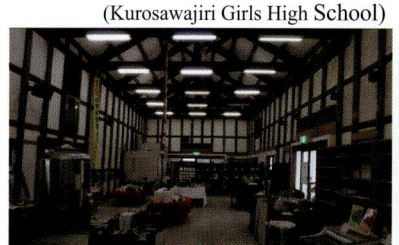
写真3.7.13 老梅園茶室(Robaien) 
写真3.7.14 村松家住宅(Muramatsuke)

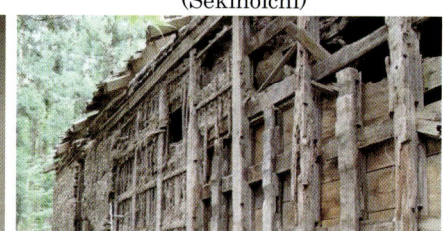

(2) 秋田県
1) 調査範囲と調査対象

　秋田県では，秋田市と大仙市の一部で震度5強，横手市，湯沢市，仙北市，由利本荘市，井川町，五城目町の一部で震度5弱を記録した。そこで，これら地域の登録文化財と各種調査報告書の3次リストを中心に調査を計画し，本報執筆時において秋田市26棟，大仙市5棟，横手市79棟，湯沢市27棟の調査を終えた。

　今回の震災において，秋田県の被害は全体的に見て極めて少ないと考えられており，調査が後手に回っている感が否めない。しかしながら，個別の事例を見れば，とくに内陸部では本震時（3月11日）に1mを超えていたと言われる豪雪の影響もあって，決して被害が小さいとは言えない実態が浮かび上がってきた。

2) 被害の概要

　目立った被害が認められたのは土蔵である。旧奈良家住宅座敷蔵（秋田市）では北面の外壁の一部剥落と開口隅部のクラックが認められた（写真 3.7.15）ほか，旧佐藤家住宅土蔵（秋田市）では，南西隅足下の荒壁剥落が見られた（写真 3.7.16）。大仙市や湯沢市の土蔵でも同様の例が散見された（写真 3.7.17〜写真 3.7.19）。

　高砂堂店舗では内外壁面の全体に渡って漆喰の浮きおよび膨らみ，亀裂が見られ，さらに敷地内の高低差を解消するための石積みの，目地と土台に亀裂が確認できた（写真 3.7.20）。國萬歳酒造主屋座敷では，長押が変形したことに因ると考えられる襖の開閉不良が生じていた。

3) 特徴的な被害の例－雪と地震の二重被害－

　秋田県における被害の特徴は，前にも触れたように，豪雪との複合作用によって被害が拡大した点にある。石孫本店1号蔵（登録文化財／湯沢市）では小屋組が破壊され，全壊に至った（写真 3.7.21）。横手市では雪害により複数棟の文化財が損傷を受けていた折の地震で，結果的に，4棟の登録文化財が全壊した(長坂商店，写真 3.7.22)。これらは現在でも片付けることができないでいる。

　両関酒造3号蔵（登録文化財／湯沢市）では，豪雪により生じていた軒の破損が，地震によって当初の3倍程度に拡大し，同時に外壁（漆喰塗）が広範囲に渡って崩落した。なお，上記した石孫本店1号蔵（梁間約9m，桁行約18m）の倒壊に関しては，同一敷地内・同等規模で構造形式の異なる5号蔵（登録文化財）が殆ど無傷であった点は特筆しておきたい。それぞれ，1号蔵は1904年，5号蔵は1916年の建設であるから老朽度の違いも考慮すべきであろうが，今後の対策を検討する上では，建物の規模や構造形式と被害の関係を検証することも重要な作業と言えるだろう。

写真 3.7.15 旧奈良家住宅座敷蔵 (Nara's storehouse)

写真 3.7.16 旧佐藤家住宅土蔵 (Sato's storehouse)

写真 3.7.17 大仙市の土蔵(1) (Storehouse in Daisen city)

写真 3.7.18 大仙市の土蔵(2) (Storehouse in Daisen city)

写真 3.7.19 湯沢市の土蔵 (Storehouse in Yuzawa city)

写真 3.7.20 高砂堂店 (Takasago-do)

写真 3.7.21 石孫本店（湯沢市提供）(Ishimago's storehouse (by Yuzawa city))

写真 3.7.22 長坂商店 (Nagasaka shop's storehouse)

(3) 宮城県

本県の第一次の被害調査は，震度5強以上の揺れを観測した市町村における，本学会歴史的建築総目録データベースに登録されている国登録文化財，文化財に指定されていないが過去の「歴史的建築調査報告書」において最終調査（3次または2次）が行われた建築を対象に実施した。また，国，県，市町村指定文化財についても，可能な限り調査した。ただし，津波の被害が大きかった市町（下記*印）については，瓦礫の撤去などの復興作業が優先されるので，グーグルの地図閲覧サービスの航空写真による確認に留めたので，ここでは報告しない。

対象となった市町村は，県北は，登米市，栗原市，大崎市，色麻町，加美町，涌谷町，美里町の3市4町，県東は，気仙沼市*，南三陸町*，石巻市*，東松島市*，女川町*の3市2町，県央は，仙台市青葉区，宮城野区*，若林区*，太白区，泉区，塩竈市*，名取市*，松島町，七ヶ浜町*，利府町，大和町，大郷町，富谷町，大衡村，亘理町*，山元町*の3市8町1村，県南は，白石市，角田市，蔵王町，大河原町，村田町，柴田町，川崎町，丸森町の2市6町，合計11市20町1村である。これらを，前述の7人の調査員が分担して調査を行った。これらについて，以下に歴史的建築の被害状況を述べる。

① 国登録文化財

県北では，震度6強を観測した登米市において，「遊佐家住宅主屋」[1]の差鴨居の外れや土壁の剥落，震度不明の美里町において，「上野家住宅主屋」[2]の床の変形や土壁の剥落といったやや重度の被害が見られた。上野家住宅の場合，「板門」[3]の半壊（写真3.7.23），「土蔵」[4]の全壊もあり，被害が大きい。一方，遊佐家住宅の「土蔵」[5]，「広間」[6]，「馬屋」[7]，「味噌蔵」[8]，「板倉」[9]や，震度5強を観測した加美町における「渋谷家住宅主屋」[10]や「農家民宿おりざの森」[11]などは，殆ど被害がなかった。

② 未指定の物件

県北では，登米市において，江戸中期享保期建立の「三方島神社本殿」[12]や江戸中期建立の「流観音観音堂」[13]涌谷町において，江戸後期明和期建立の「光明院本堂」[14]や「見龍寺本堂」[15]の軸部が傾斜した（写真3.7.24）。登米市の場合，「須賀神社本殿」[16]の軸部や外壁などに多数の部分破壊，江戸中期建築の「清野家住宅（広間・主屋）」[17]などに土壁漆喰塗りの剥落も見られた。

県央では，震度6弱を観測した仙台市若林区において，江戸中期享保5年建立の「正楽寺本堂」[18]の部分破壊，松島町において，大正8年建築の「東北本線旧山線松島駅駅舎」[19]の外壁の亀裂や剥落が見られた。

写真3.7.23 国登録文化財「上野家住宅板門」の半壊
（Uenoke-zyûtaku-itamon was half destroyed）

写真3.7.24 「見龍寺本堂」中門の傾斜
（Kenryûji-hondô-chûmon slanted to the left）

写真3.7.25 「島貫家住宅」蔵の半壊
（Shimanukike-zyûtaku-kura was half destroyed）

県南では，震度6強を観測した蔵王町において，昭和15年頃建築の「円田郵便局」[20]や江戸後期建築の「奥平家住宅」[21]の全壊，震度6弱を観測した大河原町において，江戸末期建築の「鈴木家主屋」[22]の全壊，白石市に

おいて，江戸後期建築の「島貫家住宅」蔵[23]の半壊（写真3.7.25），1922年建築の「白石興産一号倉庫」[24]の外壁の亀裂や剥落，震度5強を観測した柴田町において，安政2年建築の「平井家住宅（店蔵）」[25]の外壁土壁の剥落があった。

③　国，県，市町村指定文化財

県北では，震度7を観測した栗原市において，1934年建築の市指定文化財「金成ハリストス正教会イオアン聖堂」[26]の半壊，震度6強を観測した大崎市において，江戸時代建築の名勝・国史跡「旧有備館及び庭園」[27]の全壊（写真3.7.26），登米市において，1888年建築の国重要文化財「登米町教育資料館」[28]の玄関部分の傾斜，土壁の剥落，江戸後期寛政11年建立の県指定文化財「華足寺山門」[29]の屋根瓦の破損，涌谷町において，県指定文化財「神明社（妙見宮）拝殿」[30]の向拝柱の傾斜が見られた。

県央では，大郷町において，江戸前期建立の町指定文化財「鹿島神社本殿」[31]の傾斜や長押の落下，震度6弱を観測した仙台市泉区において，江戸末期建築の市指定文化財「旧熊谷家住宅」[32]の外壁土壁の亀裂や大きな剥落が見られた。

県南では，震度6弱を観測した角田市において，明治～大正期建築の市指定文化財「角田市郷土資料館」蔵[33]の半壊が見られた（写真3.7.27）。

④　考察

県北では，震度6強を観測した登米市や涌谷町，震度不明の美里町において，全壊や半壊といった重度の被害を受けた物件（前掲3），4））や，傾斜や部分破壊といったやや重度の被害を受けた物件（前掲1），2），12）～17），28）～30））が多く見られた。これらの市町域の主たる部分は，北上川，江合川，迫川，鳴瀬川などの河川が流れる仙北平野にあり，低地に位置する物件が見られる（前掲2）～4），12），14），17），28））。また，低地の周囲の台地や丘陵に位置する物件も被害を受けており（前掲1），13），15），16），29），30）），被害が広範囲にわたっていることが分かる。一方，山形県に接する加美町では，最大震度5強に止まり，歴史的建物の被害は少なかった（前掲10），11））。

県央では，震度6弱を観測した仙台市若林区，泉区，松島町，震度不明の大郷町において，傾斜や部分破壊といったやや重度の被害を受けた物件が見られた（前掲18），19），31），32））。

県南でも，震度6強を観測した蔵王町，震度6弱を観測した角田市，白石市，大河原町において，全壊や半壊

写真3.7.26　名勝・国史跡「旧有備館」の全壊（Kyû-yûbikan was completely destroyed）

写真3.7.27　市指定文化財「角田市郷土資料館」蔵の半壊（Kakutashi-kyôdoshiryôkan-kura was half destroyed）

といった重度の被害を受けた物件（前掲20）～23），33））や，部分破壊といったやや重度の被害の物件（前掲24））が見られた。阿武隈川沿いの角田市から山間部の蔵王町まで大きな被害が出ている。

以上のように，今回の第一次調査で対象とした特に重要とされる歴史的建物については，県北や県南で全壊や半壊といった重度の被害を受けたものがあった。また，未調査の県東も含めて全ての県域において，やや重度の被害を受けた物件が存在すると考えられる。

⑤　おわりに

次回の第二次の被害調査では，津波の被害が大きかった市町村や未指定の全ての物件を対象に，実地調査を実施する予定である。これらの歴史的建物の中には，既に調査済みの物件もあり，全壊や半壊も報告されている。県内の被害の全容は，第二次調査によって明らかにしたい。

(4) 山形県
1) 山形県の震度5強地域の総括

　山形県の震度5強の4地域（上山市，尾花沢市，中山町，米沢市）で調査を行った全82棟のうち，被害無し58棟（71%），軽微10棟（12%），部分破壊12棟（15%），傾斜2棟（2%）で，7割に被害がなかった。被害のあった3割のうち，軽微と部分破壊がともに1割強で大半を占め，傾斜まで至るものは極わずかで，半壊・全壊の事例はなかった。地域別に見ると，中山町，米沢市は他地域より棟数が多いこともあるが，被害がやや目立ち，特に中山町の傾斜と米沢市の部分破壊は損傷が大きいものである。

2) 上山市の概要

　調査棟数15棟（重文1，県指定1，市指定10，史跡1，未指定2）のうち，被害無し11棟，軽微4棟であった。
　軽微のうち，旧尾形家住宅（重文）は，内壁の土壁の内法高などやや目立つ箇所に水平または垂直方向に細い亀裂が入り，また内壁や外壁の四隅の木部と接する位置で土壁が若干剥落するなど，一つ一つの被害は大きくないが，複数箇所が損傷した。
　旧粟野家住宅（大黒屋），武家屋敷三輪家（ともに市指定）は，内壁の土壁に亀裂や剥落があったが，三輪家は修理済みである。
　金瓶学校（市史跡）は，外壁の土壁に亀裂や一部剥落があった。

3) 尾花沢市の概要

　調査棟数4棟（市指定1，国登録1，国史跡1，未指定1）で，被害無し3棟，軽微1棟であった。
　唯一被害の見られた芭蕉清風歴史資料館（未指定。江戸末期〜明治期）は，土蔵の漆喰壁に細い亀裂が生じ，家屋の小壁や腰壁の漆喰が若干剥落し，また主屋の鴨居が落下した。現在，鴨居は元通り補修されている。
　被害無しの能登屋旅館本館（国登録）は大正期の木造3階建で，外壁に漆喰の装飾が付く建物だが，地震前から本館は改装工事を行っており，外側は足場とネットで囲まれていて，2011年の6月に完成予定である。調査時，工事中であったため，現場事務所に被害がないことを確認した。なお，改装は登録有形文化財の価値を損なわないよう配慮しているとのことである。

4) 中山町の概要

　調査棟数27棟（県指定8，町指定14，未指定5）のうち，被害無し22棟，軽微2棟，部分破壊1棟，傾斜2棟であった。
　傾斜は，達磨寺山門（未指定。江戸末期）と頼円寺本堂（未指定。江戸中期。改修多い）の2棟であった。達磨寺山門は柱12本全てが礎石上でずれており，最大80mm程度動いているものもあって柱の傾きが明らかである。調査時，筋違を縦横に通して応急措置をしていた。
　頼円寺は，山門（未指定。江戸中期）には異常はないが，本堂（未指定）がわずかだが傾いている。地震前から鉄筋のブレースで補強していたが，地震の揺れによりブレースが外れたという。調査時，鋼材や木材のブレースを設けて応急処置としていた。また，鐘楼（未指定。江戸中期）も柱脚が動いたが位置を元に戻したということで，大きなずれは見られない。この近辺は揺れが大きかったようで，頼円寺の隣地では土蔵が倒壊しており，町中では一般の家屋や蔵もかなり大きな被害を受けている。
　部分破壊は，柏倉喜作家の土蔵（町指定）で，軒下の鉢巻の部分が桁行方向で全て崩落した。
　軽微な損傷は，柏倉九左エ門家住宅の前蔵（県指定）で，外壁の漆喰壁の数箇所で亀裂が見られた。

5) 米沢市の概要

　調査棟数36棟（重文1，市指定1，国登録16，国史跡14，未指定4）のうち，被害無し22棟，軽微3棟，部分破壊11棟であった。
　旧米沢高等工業学校本館（重文）は，窓ガラスの破損が約100枚，天井・内壁の亀裂が200箇所以上と，1箇所毎の被害は小さいが，破損箇所が多い。また，床と幅木の間に水平方向にすきまが生じている箇所もある。4月7日の余震の影響が大きく，本震時より被害が増えた。
　上杉記念館（国登録）は全9棟により構成されるが，被害無しは2棟のみで，ほぼ全館で被害が見られ，業者調査で90箇所程の被害があった。損傷は様々で，軽微な漆喰壁の亀裂から，欄間の垂下，床（とこ）・玄関・門の柱の傾斜まであった。
　上杉稽照殿（国登録）は，RC造の柱や横架材，壁などに相当大きな亀裂が生じ，一部剥落もあったため，5月始めの段階で既に修理工事を開始していた。
　吉亭の蔵2棟（国登録）は，外壁に亀裂・剥落が生じ，特に別棟との取り合いの出隅に損傷が目立つ。
　旧米沢女子高等学校校舎（国登録）は内壁の漆喰に亀裂・剥落が生じ，2階の1室の床がやや下がった。
　軽微な被害としては，ホテル音羽屋本館（国登録）の一部瓦の落下，米織別館（未指定）の内壁の細かな亀裂が挙げられる。

(5) 福島県

1) 調査方針

他県にも襲った地震と津波のみならず，本県では，本震から程なく東京電力福島第一原子力発電所の放射能漏れ事故に見舞われた。加えて当初は，同発電所ばかりでなく，10km 南の第二原子力発電所も危機的状況にあった。そのため本県の歴史的建造物の被害調査にあたっては，以下の方針をとることにした。

① 調査地域としてはまず，政府が避難勧告を出した第一原子力発電所から 30km 圏にある浜通り地方は除いた上で，本震震度 6 以上の市町村は漏れなく，またそれ以下についても可能な限り含めることにした。その後，自治体等の放射線量調査によって，原子力発電所からの距離を一義的な指標とすることが有効でないことが分かってきた。そこで，浜通りにあっても積算線量の低いいわき市などは調査した。

② 調査対象は，登録文化財はじめ，日本建築学会歴史的建築総目録データベース(以下，DB)に収められた建造物を中心としたが，筆者の手元資料には DB に含まれていないものも少なくなかったため，これも適宜含めた。総じて国の指定・登録の文化財よりはむしろ，自治体の指定・登録やそこから漏れたようなものを含めていった。

③ 調査方法は原則として外観目視によるものとし，可能であれば内観目視や管理者へのヒヤリングも行った。

2) 歴史的建造物の被害概要

調査の概要を記せば，5 月末時点での調査数は 188 棟であり，610 棟ほどの DB 収録の現存数(調査開始時)に照らすなら 3 割となる。うち，軽微なものはじめ何らかの被害の見られた建造物は 58 棟である。

図 3.7.1 は，本県の本震震度分布図の上に，調査した建造物の位置を被害の程度とともに示したものである。郡山市(震度 6 弱)や隣接する須賀川市(同 6 強)の一般の建築物の状況から，調査に赴く上では深刻な状況を予想した。その時点ですでに「日本基督教団福島教会」(W.M.ヴォーリズ設計，1909 年，煉瓦造，国登録)のように，被災を理由に取り壊されたものもあった。

しかし，震度 6 以上の場所にあっても総じて外観上の被害は軽微であり，多くは土壁の崩れはあっても，軸組に被害を得るには至らず，補修可能な範囲に留まっていた。とはいえ逆に，震度 4 程でも大きく被害を受けたものがあったことも付記しておきたい。発表された震度の

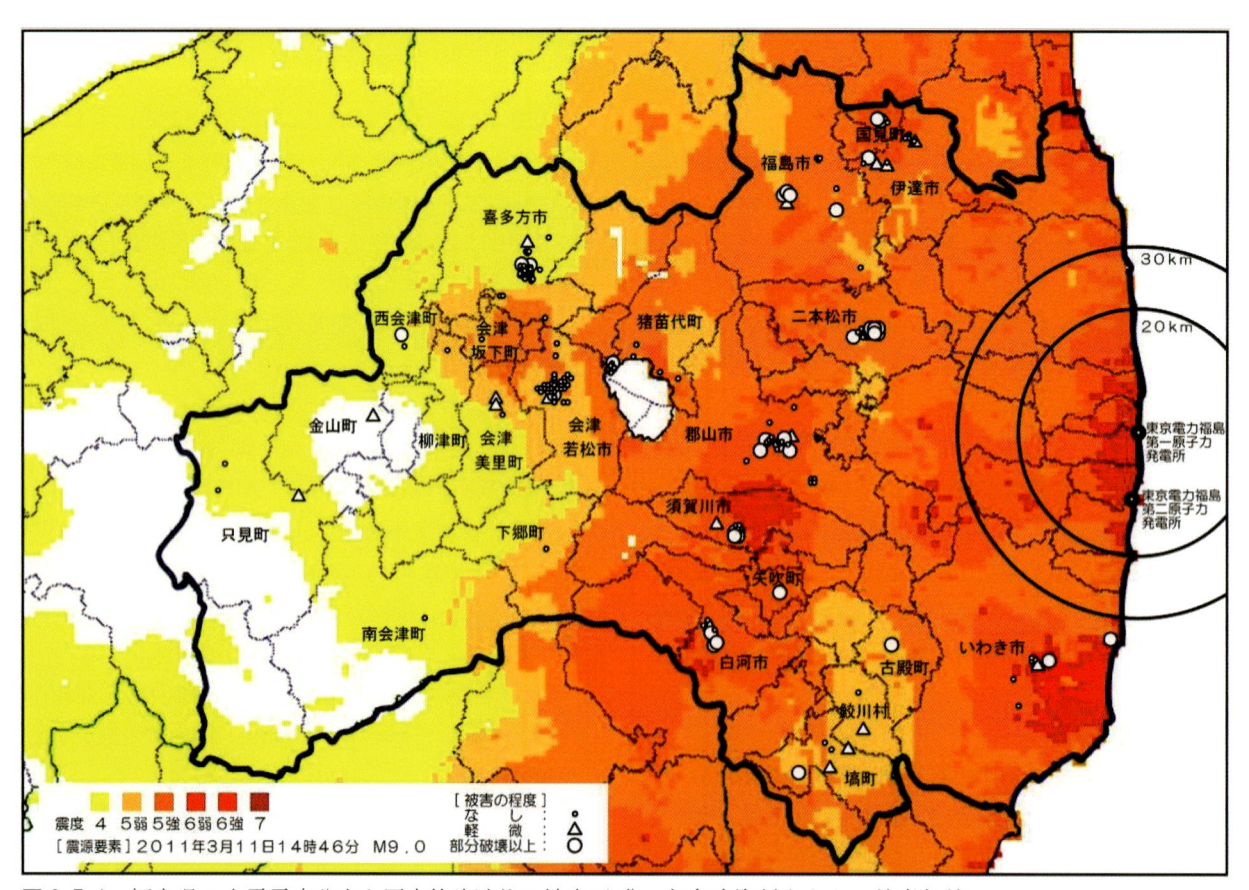

図 3.7.1　福島県の本震震度分布と歴史的建造物の被害(出典：気象庁資料をもとに筆者加筆)
(Map of seismic intensity of the main earthquake on March 11th and damage to the historic architecture in Fukushima pref.)

第3章 東北地方の被害（Damage in Tohoku District）

写真3.7.28 事例1：「安積疎水事務所新館」1937年(郡山市) (Case 1: "Asaka-sosui" canal office new building)

写真3.7.29 事例2：「開成館」1874年(県重文，郡山市)(Case 2: "Kaisei-kan" old public office)

写真3.7.30 事例3：「伏黒河岸寄蔵」江戸期(市指定，伊達市) (Case 3: "Fushiguro-kashi-yosegura" warehouse)

写真3.7.31 事例4：「旧四倉銀行」1926年(国登録，いわき市) (Case 4: "Yotsukura-ginko" old bank)

写真3.7.32 事例5：「西光寺阿弥陀堂」室町後期(県指定，古殿町) (Case 5: "Saiko-ji" amitabha temple)

写真3.7.33 事例6：「願成寺山門」江戸期(県指定，喜多方市) (Case 6: "Ganjo-ji" temple gate)
※：本震直後には被害はほとんどなかったが，続く余震の中で，次第に傷みが目立ち始めた。

観測点と建造物の所在地が異なることも一因として考えられよう。また，本県の歴史的建造物が木造を中心とすることが影響したのかも知れない。

3) 個別の被害事例

個別の事例を紙幅の許す範囲でいくつか紹介する。

「安積疎水事務所新館」(写真3.7.28)は木造モルタルの外壁が剥落した。本震以前より防水が切れ，軸部の腐食が進んでいたためであろう。「開成館」(写真3.7.29)は本震後に傷みの確認された2階土壁が余震で崩落したほか，多くの部位に歪みが生じた。土壁の傷みという意味では，「伏黒河岸寄蔵」(写真3.7.30)も同様の事例である。本県の歴史的建造物が木造中心で，仕上げが主に土壁であるため，こうした例は多い。鉄筋コンクリート造の「旧四倉銀行」(写真3.7.31)は，津波で浸水し，建物全体が動いたように見える。道路の隆起・陥没で基礎が傷んだためと思われる。また，「西光寺阿弥陀堂」(写真3.7.32)のように，建物全体が歪み，最大1/20という傾斜が認められ，斗栱に損傷の及んだものもあった。

4) まとめ

本県の調査は主に外観の目視によった。比較的被害の少ない結果となったのはそのためでもあろう。本調査以後，内部に傷みがあるもの，長く続く余震の中で壊れたもの，傷みが目立つようになったもの(写真3.7.33)の報告も出ている。なお，会津若松市では，建築関係団体が修復方法まで含めた調査を展開しており，条例で指定する歴史的景観指定建造物はじめ36件の被害が報告されている。これらは，県市町村指定文化財・登録文化財とは性質が異なるものの，重要な文化資源であることは問うまでもない。中には本調査の及ばなかったものもある。こうしたものも含め，詳細の把握を急ぎたい。

3.8 建築設備の被害
（Damage to building equipments）

今回の地震による被害調査は，東北地方建築設備関連学協会災害調査連絡会を設立して調査を進めた。この連絡会は，日本建築学会東北支部環境工学部会，空気調和・衛生工学会東北支部，建築設備技術者協会東北支部，電気設備学会東北支部による4団体の構成とした。この連絡会傘下の団体会員に被害調査への協力をいただき，得られたアンケートの結果を報告する。

3.8.1 建築設備の被害の概要
（Outline of damage to building equipments）

アンケートの回答数は，青森県8件，岩手県20件，宮城県131件，福島県33件，千葉県1件の合計193件であり，これらに基づいて被害の内容を検討した。

被害状況を空調設備，給排水衛生設備，電気設備に区分して，機器名称とその被害状況を表3.8.1.1に示した。被害の設備別の内訳を図3.8.1.1に示した。空調設備が37%，給排水設備が16%，電気設備が47%となり，電気設備の被害が多いことが特徴である。

空調設備の被害状況は，吹出口の脱落，破損が最も多く，次が室外機の転倒，破損，継手の破損，その次に送風機のケーシング変形，継手破損であり，機器の脱落，転倒が多く見られた。

給排水衛生設備の被害状況は，配管の吊り金物の切断が最も多く，次が貯湯槽の脚部座屈，脚部破損，アンカー抜けであった。

電気設備の被害状況は，照明器具の落下，破損，ずれ，次がケーブルラックの落下，支持台破損，キュービクルは歪み，ボルト破損，基礎傾斜であった。

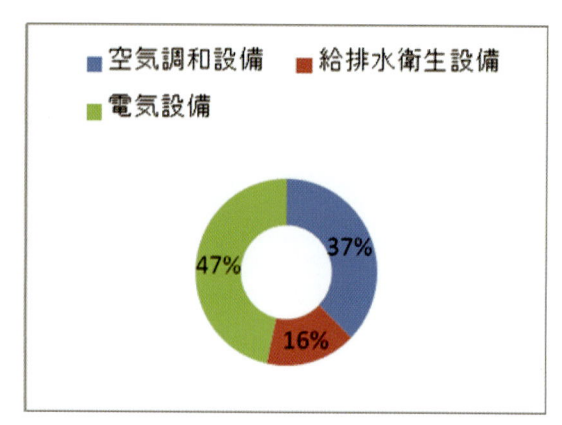

図3.8.1.1 建築設備の被害状況の分布
（Classification to damage to building equipments）

表3.8.1.1 設備種別・機器別の建築設備の被害状況
(Classification of damage to building equipments)

第3章　東北地方の被害（Damage in Tohoku District）

3.8.2　空調設備の被害
　　（Damage to air-conditioning equipment）

(1)　対象と概要

　被害の発生時期は2通りである。3月11日の最大震度7の本震の際に起きた被害に加えて，4月7日の最大震度6強の余震によるものがある。3月末までに本震による被害の復旧が行われていた事業所が多くあり，余震により再び被害が起きたり，対応・処置していなかった箇所では被害が拡大している。

　建築設備関連のアンケート票の大半は5月以降に回収されているので，2つの地震動がどの様に影響しているかは明確にはなっていない。聴き取りによれば，事業所によっては本震よりも余震の方の被害が大きかったという報告が複数ある。これは，地震動の周波数で卓越する成分の違いによる影響である可能性が考えられる。

　全体のアンケート（3.8.1 建築設備の被害の概要）での報告193件の内，空調設備に関するものは72件（37.3％）であった。その内訳は，機器そのもの50件（25.9％），配管10件（5.2％），その他12件（6.2％）であり（図3.8.2.1参照），空調機器そのものについての報告が最も多かった。

　それぞれの被害の割合を図3.8.2.1〜図3.8.2.4に示す。空調機器そのものについては，大きい方から順に吹出し口，ダクト，室外機，送風機であり44件（89％）を占めている。そのほか天井空調機，換気扇，天井ファンがある。

　配管については，冷却水配管と冷媒配管で8件（80％）を占めており，冷房関連が多い。そのほかは，蒸気配管とドレン配管が1件ずつである。

　そのほかの被害は，重油タンク，煙突，冷媒ラックが2件ずつ，冷却塔，オイル用通気管，コンプレッサー，氷蓄

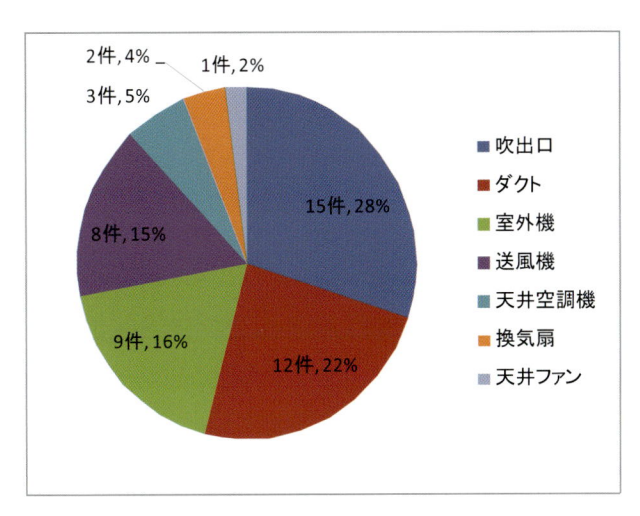

図 3.8.2.2　空調機器の被害状況の割合（Distribution of damage to air-conditioning components）

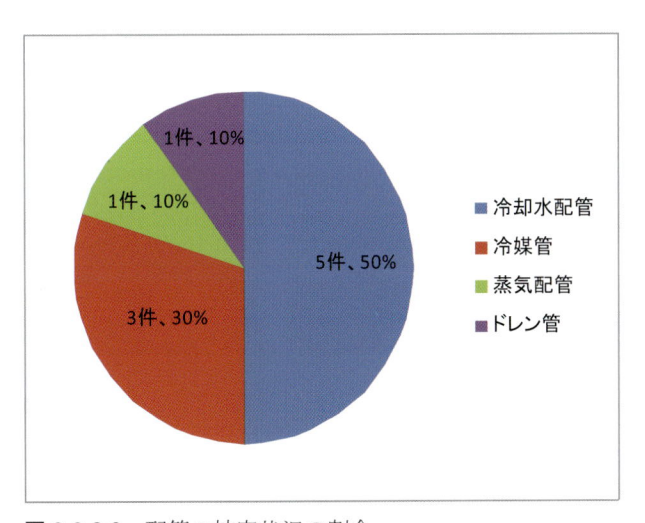

図 3.8.2.3　配管の被害状況の割合（Distribution of damage to plumbing）

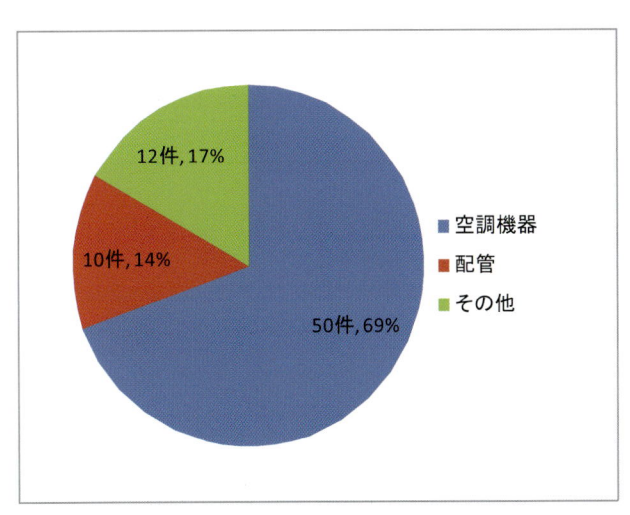

図 3.8.2.1　空調設備の被害状況の割合（Distribution of damage to air-conditioning equipments）

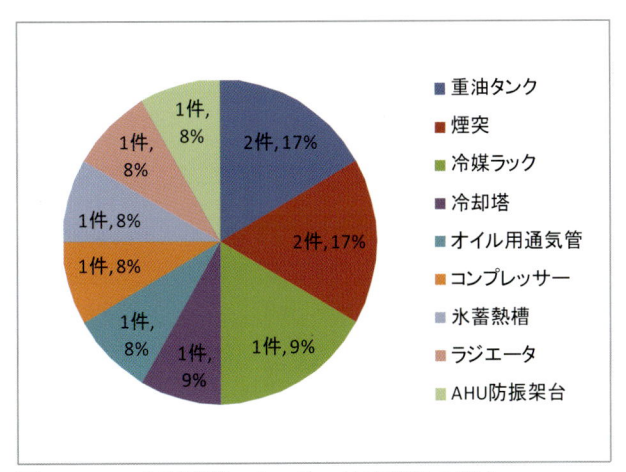

図 3.8.2.4　空調機器のその他の被害状況の割合（Distribution of other damage to air-conditioning equipments）

熱槽，ラジエータ，AHU 防振架台がそれぞれ 1 件であり，全体的に見てほぼ同数となっている。

津波に起因する被害は，建物本体が機能しなくなっているので，ここでは述べないが，建物が壊れて使用できなくても，空調機器の室外機等の配管接続等を除いて，海水を被ったが損傷していないものがある。機器・部材等が現地で調達できないため，これらの機器を真水で洗浄等をして利用しているという報告があった。

以下にそれぞれの項目について，幾つかの被害例を，場所，建物用途，竣工年，構造種別，被害箇所，被害状況，被害原因，初期対応をアンケート票から分かる範囲で写真と共に紹介する。

(2) 空調機器の被害の状況

吹出し口等の状況を表 3.8.2.1～表 3.8.2.7 に示す。被害の原因は，地震動が直接機器に作用したものが多い。また，天井落下等のために接続部分等が影響を受けたもの，空調機器の振動や移動が他の機器に影響を与えたものなどがある。

表 3.8.2.1 吹出し口の被害状況（Damage to airflow outlet）

	吹出口事例 1	吹出口事例 2
場所	宮城県栗原市	仙台市
建物用途	食品工場	食品工場
竣工年	2006	2010
構造種別	S 造	S 造
被害個所	1 階天井	1 階天井
被害状況	脱落	制気口廻りボード破損
被害原因	地震動	地震動
初期対応	撤去	修復中
写真		

表 3.8.2.2 ダクトの被害状況（Damage to ducts）

	排気ダクト事例 1	排気ダクト事例 2
場所	仙台市青葉区	岩手県
建物用途	病院	半導体工場
竣工年	1999	不明
構造種別	SRC 造	S 造
被害個所	屋内	トラス内
被害状況	破損	メインダクト破損
被害原因	地震動	地震動
初期対応	撤去	修復中
写真		

表 3.8.2.3 室外機の被害状況
（Damage to outdoor components）

	室外機事例 1	排気ダクト事例 2
場所	仙台市太白区	宮城県栗原市
建物用途	銀行	食品工場
竣工年	不明	2006
構造種別	S 造	S 造
被害個所	屋上	屋上
被害状況	転倒	転倒，破損
被害原因	置き基礎	地震動
初期対応	不明	メーカーによる修理・交換の判断待ち
写真		

表 3.8.2.4 送風機の被害状況（Damage to fans/blowers）

	送風機事例 1	送風機事例 2
場所	仙台市泉区	仙台市青葉区
建物用途	図書館	公共建物
竣工年	1998	不明
構造種別	S・SRC 造	SRC 造
被害個所	3 階，送風機ケーシング	RF，機械室送風機チャンバー
被害状況	変形	固定架台破損
被害原因	地震動	地震動
初期対応	不明	不明
写真		

(3) 配管の被害の状況

冷却水配管などの被害状況について，表 3.8.2.8～表 3.8.2.10 に示す。

(4) その他の被害の状況

重油タンク等の幾つかの事例を表 3.8.2.11 に示す。

(5) 2次的な被害について

4月7日の余震後においても，被害の報道があった。例えば．約1ヶ月後に高置水槽が強風のため落下した。インフラの復旧は，電気，水道，ガスの順に行われたが，順次空調設備の稼働を行うと共に，今回のように地震の規模が非常に大きい場合には，長期的な対応を行う必要がある。

表 3.8.2.5　天井空調機の被害状況

（Damage to air-conditioning equipments attached to the ceiling）

	天井空調機事例1	天井空調機事例2
場所	仙台市宮城野区	宮城県名取市
建物用途	自動車整備工場	事務所ビル
竣工年	2007	2009
構造種別	S造	S造
被害個所	1階整備場内	4F　屋内
被害状況	空調機　脱落寸前	天井部分落下，エアコンフェイス/照明　落下破損
被害原因	地震動	吊支持金物の強度不足
初期対応	不明	不明
写真		

表 3.8.2.6　換気扇の被害状況（Damage to exhaust fans）

	換気扇事例1	換気扇事例2
場所	宮城県富谷町	宮城県富谷町
建物用途	学校	学校
竣工年	2005	2005
構造種別	RC造	RC造
被害個所	3階オイルサービス	3階オイルサービス
被害状況	換気扇パネル，ダクト接続部損壊	換気扇接続部アルミフレキ
被害原因	換気扇の振れによるパネル脱落	換気扇の振れによるフレキ破断
初期対応	不明	不明
写真		

表 3.8.2.7　天井ファンの被害状況（Damage to ceiling fans）

	天井ファン事例1	天井ファン事例2
場所	岩手県	仙台市青葉区
建物用途	半導体工場	事務所ビル
竣工年	不明	不明
構造種別	S造	S造
被害個所	3階CRシステム天井内FU	8階事務室
被害状況	ズレによるHEPAフィルター破損	天井全面　落下
被害原因	地震動	地震動
初期対応	不明	不明
写真		

表 3.8.2.8　冷却水配管の被害状況

（Damage to plumbing of cooling water）

	冷却水配管事例1	冷却水配管事例2
場所	宮城県角田市	仙台市青葉区
建物用途	工場	店舗
竣工年	不明	1982
構造種別	S造	SRC造
被害個所	屋外	屋内
被害状況	冷却水配管用架台沈下	冷温水配管，壁材落下による漏水
被害原因	地震動	地震動
初期対応	不明	不明
写真		

表 3.8.2.9　冷媒配管の被害状況
（Damage to plumbing of refrigerant）

	冷媒配管事例1	冷媒配管事例2
場所	仙台市泉区	仙台市泉区
建物用途	図書館	図書館
竣工年	1998	1998
構造種別	S・SRC造	S・SRC造
被害個所	地下熱源機械室	地下熱源機械室
被害状況	冷却塔内部配管破損	ヘッダー部破損
被害原因	地震動	地震動
初期対応	不明	不明
写真		

表 3.8.2.10　蒸気配管とドレン管の被害状況
（Damage to plumbing of steam and drain）

	蒸気配管事例1	ドレン管事例1
場所	宮城県栗原市	仙台市
建物用途	食品工場	事務所ビル
竣工年	2006	不明
構造種別	S造	S造
被害個所	2階機械室	天井内
被害状況	蒸気配管切断	ドレン配管切断
被害原因	地震動	吊支持金物の強度不足
初期対応	修復	不明
写真		

表 3.8.2.11　その他の空調設備の被害状況
（Other Damage to air-conditioning equipments）

	重油タンク事例1	煙突事例1
場所	宮城県角田市	仙台市若林区
建物用途	工場	病院
竣工年	不明	不明
構造種別	S造	RC造
被害個所	屋外	屋外
被害状況	屋外重油タンク	煙突損傷
被害原因	タンク廻り地盤沈下	地震動
初期対応	不明	撤去

	オイル用通気管事例1	コンプレッサー事例1
場所	仙台市若林区	福島県西白河郡
建物用途	ガソリンスタンド	医療工場
竣工年	不明	不明
構造種別	屋外	不明
被害個所	埋設オイルタンク用通気管	機械室
被害状況	塀転倒に伴う転倒	コンプレッサー移動
被害原因	塀の転倒	地震動
初期対応	不明	不明
写真		

	氷蓄熱槽事例1	冷媒ラック事例1
場所	岩手県盛岡市	福島県西白河郡
建物用途	事務所ビル	医療工場
竣工年	1980頃	不明
構造種別	RC造	不明
被害個所	屋上	RF
被害状況	氷蓄熱槽　転倒	冷媒ラック，足移動脱落
被害原因	地震動	地震動
初期対応	再固定	不明
写真		

	ラジエータ事例1	AHU防振架台事例1
場所	仙台市太白区八木山	仙台市泉区
建物用途	学校	中央庁舎
竣工年	1972	1997
構造種別	RC造	RC造
被害個所	屋内	屋内
被害状況	転倒	防振架台破損（外れ）
被害原因	地震動	地震動
初期対応	撤去	不明
写真		

3.8.3　給排水設備の被害
　　　（Damage to Plumbing Systems）

(1) 概要

　2003年に宮城県を中心に発生した2度の地震では、高置水槽等の貯水槽の被害が目立った。今回の地震では、貯湯槽の脚部や基礎、アンカー等の被害が散見された。同様に家庭用ヒートポンプ給湯機用タンクや電気温水器にも、同様の被害があった。

　また屋外だけでなく屋内配管の切断や消火設備、循環式浴槽ろ過器など、給排水設備全般に被害があったのも特徴と言える。

(2) 貯水槽の被害

　2003年の地震では、貯水槽のうち高置水槽の被害が目立った。今回の地震では、地盤の隆起や液状化等を要因とする受水槽の傾斜（写真 3.8.3.1）やFRP製水槽の損傷（写真 3.8.3.2）、ステンレス製水槽の崩壊もあった。

写真 3.8.3.1　地盤隆起による受水槽の傾斜
（Inclined water receiving tank by uplift of the ground）

写真 3.8.3.2　FRP製受水槽のパネルの損傷
（Damage to water receiving tank panels made of fiber reinforced Plastics）

(3) 給水管の被害

　給水管は、屋外の土中埋設部だけでなく、屋内配管にも損傷が見られた。屋外配管は、建物との境界部や量水器ボックス前後の埋設配管の損傷（写真 3.8.3.3）等のほか、液状化による配管破断などの被害もあった。

　屋内配管の損傷のほとんどは、継手のネジ部やフランジによる接合箇所のガスケット損傷などである。写真 3.8.3.4 のように高置水槽の揚水管で、支持金物の腐食と高置水槽天板の強度不足が相俟って、継手（フランジ）接合部のネジが破損した事例もあった。

写真 3.8.3.3　量水器ボックス周辺の給水管の破損
（Damage to piping for water supply systems about water mater box）

写真 3.8.3.4　高置水槽周辺の揚水管継手部の破損
（Damage to pipe fittings ferrule for water pumping piping about elevated tank）

(4) 貯湯槽の被害

　今回の地震で、とくに被害が目立ったものとして家庭用ヒートポンプ給湯機用タンクや電気温水器、業務用の貯湯槽等の被害である。これらの被害の中には、取付けアンカーなどの破断も見受けられたが、ほとんどは本体脚部の強度不足等による損傷である。

　家庭用ヒートポンプ給湯機用タンクや電気温水器は、浄水が貯まっており、断水時の有効な水源と位置づけられている。しかし、アンカーの強度不足（写真 3.8.3.5）や本体脚部の強度不足による転倒により、水を使用できなかった

事例もあった。震災後，仙台市と周辺で点検を行った結果では，400ℓ 未満のタンクでは脚部の損傷は少なかったが，400ℓ 以上の円筒状タンクには損傷が多く見られた。写真 3.8.3.6 は，家庭用ヒートポンプ給湯機用タンクの脚部が座屈したためコンクリートブロックを置き，仮復旧した状況である。

業務用ビルの洗面器用の温水器では，脚部の樹脂製脚部が破損した例も見られた。

宿泊施設に設けられた貯湯槽では，写真 3.8.3.7 のように脚部が貯湯槽本体にめり込んだ例や，写真 3.8.3.8 のように横型貯湯槽の脚部が座屈した例などの被害があった。

(5) 給湯管と関連機器の被害

給湯管には，銅管を使うことが多く，可撓性があるために管自体が破断することは少ない。ネジやフランジ等で接続した箇所に損傷が見られた。写真 3.8.3.9 は，エア抜き弁下部の鋼管が脱落した被害である。

写真 3.8.3.7 縦型貯湯槽脚部の本体へのめり込み
(Enters portrait style hot-water storage tank of base)

写真 3.8.3.5 家庭用ヒートポンプ給湯機用タンクの転倒 (Inclined household hot-water storage tank of heat pump water heaters)

写真 3.8.3.6 家庭用ヒートポンプ給湯機用タンク脚部の仮復旧 (Tentative recovery situations base of household hot-water storage tank of heat pump water heaters)

写真 3.8.3.8 横型貯湯槽脚部の座屈による傾斜
(Inclined horizontal hot-water storage tank by buckling of base)

写真 3.8.3.9 給湯用エア抜き弁下部配管の損傷
(Damage to piping under air vent valve for hot-water supply systems)

(6) 屋外排水管の被害

排水処理設備は，家庭用，業務用を問わず，浄化槽や除外施設の槽全体や一部が沈降や浮上した被害，側近の法面崩壊に伴う損傷（写真 3.8.3.10）が見られた。また屋外に設

置したグリース阻集器が沈下した例もあった。
(7) 屋外排水管の被害
　液状化や地盤の変化により，屋外に埋設した排水管全体が，損傷を受けた例があった。また，地盤沈下に伴い建物から出た配管が破断や損傷を受けたものがあった。浄化槽や除外施設等の排水処理設備周辺の配管が損傷を受けた事例も見られた。
　この他，排水枡と前後の配管が損傷した例もあった。
(8) 屋内排水通気管の被害
　屋内排水通気管も給水管や給湯管と同様で，継手部分での切断が主であった。配管の種類や継手によっても要因は異なる。メカニカル式継手ではガスケットの劣化，ネジ式継手ではネジ部の管瘦せが原因となっている。何れも，地震による振動の影響により，被害に至った。
(9) 衛生器具の被害
　洋式便器は，破損により転倒したものや便器本体が破損したもの，ロータンクの蓋や便座が落下したものなどがあった。掃除用流しには，転倒したものがあった（写真3.8.3.11）。洗面器では，器具と配管との接続部で破断したものが見られた。

(10) 消火設備の被害
　屋内消火栓箱や補助散水栓箱が脱落（写真3.8.3.12）して，変形したものがあった。また二酸化炭素ボンベ架台の固定アンカーボルトが抜けた被害なども見られた。
(11) 循環式浴槽ろ過器の被害
　砂式ろ過器の本体のFRP製脚部とろ過器本体の接着部が分離して，本体が脱落した事例があった（写真3.8.3.13）。また，カートリッジフィルタと石英斑岩（麦飯石）とを組み合わせたろ過器から，砂式ろ過器に更新した際に基礎を大きくしたが，基礎本体と拡張した基礎部に埋め込んだアンカーが破壊した例も見られた。
　砂式ろ過器は，貯湯槽同様に缶体内部が重量物であり，設置方法や本体強度を有する必要がある。

写真 3.8.3.10　法面崩壊による沈殿槽の浮上り転倒
（Emerged with collapse of fall and rise of sedimentation tank）

写真 3.8.3.11　掃除用流しの転倒（Inclined scrub sink）

写真 3.8.3.12　消火用補助散水栓箱の脱落
（Omission of fire hydrant）

写真 3.8.3.13　砂式ろ過器の脚部と本体との分離
（Decomposition of the body and base of sand filters used for bathtub recirculation systems）

3.8.4 電気設備の被害 (Damage to electrical installation)
(1) 電気設備被害の概要

電気設備に関する被害に関する調査によって収集された被害事例のうち状況が特定できたものは表 3.8.4.1 に示すように 89 件であり，建築設備として調査された全数 193 件のうち約 37％を占めていた。

さらに，電気設備をその機能から電源設備，幹線・配線設備，照明設備，その他に 4 分類すると，図 3.8.4.1 に示すように照明設備に関する報告が 31％と最多で，続いて電源設備，幹線・配線設備に関する被害が 21％，その他は 27％の被害報告となった。

それぞれの被害報告について図 3.8.4.2～5 に示す。電源設備については 19 件の報告があり，キュービクル形式の受電設備について 53％，一般受電設備 47％の割合であった。幹線・配線設備も 19 件が報告され，ケーブルラックの報告が 68％を占めており，レースウエイ，配管がともに 16％であった。被害報告が 27 件と最も多い照明設備はその 70％室内照明設備に関するもので，誘導灯 11％，屋外灯に関するものが 19％である。その他の被害報告として 24 件をまとめたが，制御関係が 26％，避雷設備が 17％，防火区画処理に関する被害が 25％，複合天井等の落下が 32％見られた。

表 3.8.4.1 電気設備被害の概要
(Damage to electrical installation)

分類	機器		被害状況
電源設備	キュービクル	10	歪む、ボルト破損、基礎傾斜
	受電設備	9	折損、破損、転倒
幹線・配線設備	ケーブルラック	13	落下、支持架台破損、転倒
	レースウエイ	3	脱落
	配管	3	破断、沈下、カップリング抜け
照明設備	照明器具	19	落下、破損、カバーずれ、歪み
	誘導灯	3	脱落、ずれ、破損
	屋外灯	5	倒壊、傾斜
その他	制御盤	3	転倒、架台座屈、ボルト緩み
	ELV制御	3	転倒、モニタ不作動
	避雷設備	4	破断、転倒、せん断移動
	防火区画処理	6	破損落下
	複合天井	8	破損、脱落、落下、

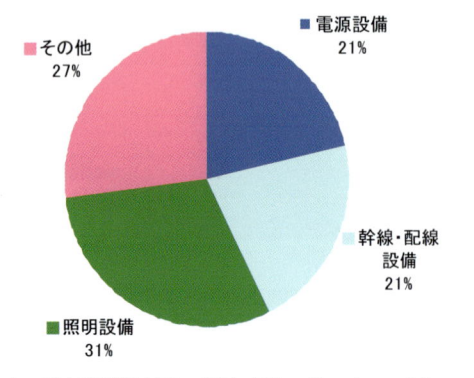

図 3.8.4.1 電気設備被害の割合 (Distribution of damage to Electrical Installation)

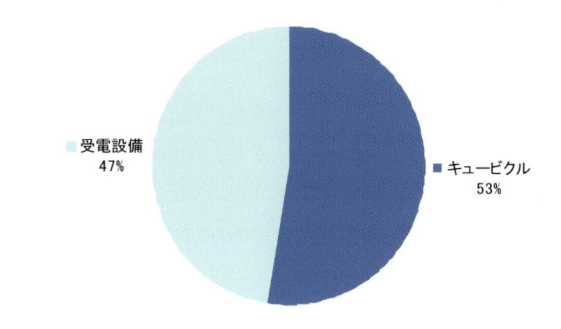

図 3.8.4.2 電源設備の被害割合 (Distribution of damage to power supply equipments)

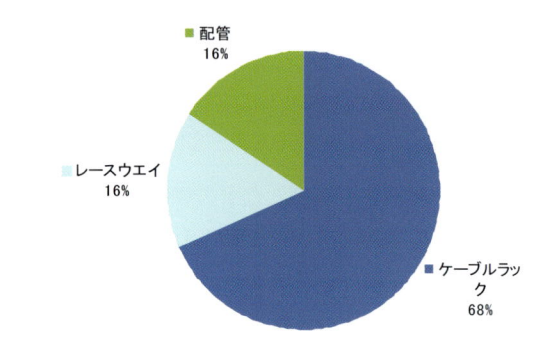

図 3.8.4.3 幹線・配線設備の被害割合 (Distribution of damage to wiring equipments)

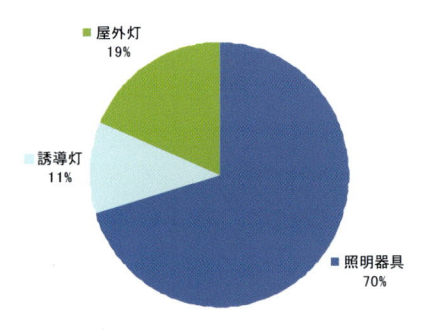

図 3.8.4.4 照明設備の被害割合 (Distribution of damage to lighting equipments)

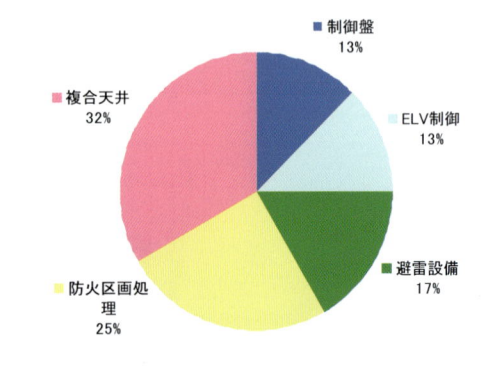

図 3.8.4.5 その他の電気設備関連の被害割合 (Distribution of other damage to electrical equipments)

第3章　東北地方の被害（Damage in Tohoku District）

(2) 電源設備関係の被害

①キュービクル
a) 建物用途：大学　　b) 所在地：仙台市青葉区
c) 竣工年：1993年〜1998年頃（増築）
d) 建物構造：S造・RC造　e) 被害箇所：屋上（5階相当）
f) 被害状況：端子　　g) 初期対応：撤去交換。停電箇所の一部には他の受電系統から仮設ケーブルで給電。

写真 3.8.4.1　キュービクルの損壊（The cubicle type transformation installation was destroyed）

②キュービクル
a) 建物用途：店舗　　b) 所在地：福島県郡山市
c) 竣工年：2008年　d) 建物構造：S造　e) 被害箇所：屋上
f) 被害状況：変圧器固定ボルトが破損　g) 初期対応：交換

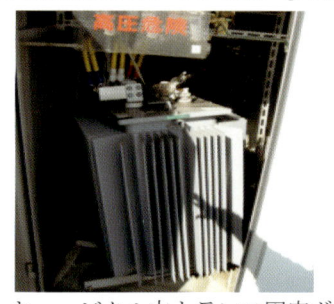

写真 3.8.4.2　キュービクル内トランス固定ボルトの破損（The fixed bolts of transformer in cubicle type transformation installation were destroyed）

③キュービクル
a) 建物用途：工場　　b) 所在地：福島県本宮市
c) 竣工年：2010年　　d) 建物構造：S造
e) 被害箇所：屋内　　f) 被害状況：変圧器防振ゴム架台の固定用ボルトの曲がり　g) 初期対応：修理

写真 3.8.4.3　キュービクル架台ボルトの曲がり（The counter bolts of cubicle type transformation installation were bent）

④受電設備
a) 建物用途：工場　　b) 所在地：宮城県（沿岸部）
c) 竣工年：不明　d) 建物構造：S造　e) 被害箇所：屋内
f) 被害状況：転倒。振動と津波による浸水で変圧器固定ボルト破損　g) 初期対応：交換

写真 3.8.4.4　トランスの転倒（The transformer was rolled）

⑤キュービクル
a) 建物用途：事務所　　b) 所在地：仙台市宮城野区
c) 竣工年：2002年　d) 建物構造：S造
e) 被害箇所：屋上　f) 被害状況：キュービクル内のトランス破損　g) 初期対応：撤去，更新

写真 3.8.4.5　トランス破損（The transformer was destroyed）

(3) 幹線・配線設備関係の被害

①ケーブルラック
a) 建物用途：工場　　b) 所在地：福島県鏡石町
c) 竣工年：1985年　d) 建物構造：S造
e) 被害箇所：天井内　f) 被害状況：ケーブルラック上へ空調ダクト落下　g) 初期対応：ダクト取り付け復旧

写真 3.8.4.6　空調ダクトがケーブルラック上に落下（The air-conditioning duct drooped onto the cable rack）

②ケーブルラック
a) 建物用途：工場　　b) 所在地：岩手県北上市
c) 竣工年：2000年　d) 建物構造：SC造
e) 被害箇所：屋内　f) 被害状況：地震動により落下
g) 初期対応：交換

写真 3.8.4.7　ケーブルラック落下（The cable rack dropped down）

③ケーブルラック
　a)建物用途：工場　　b)所在地：福島県鏡石町
　c)竣工年：1985年　　d)建物構造：S造
　e)被害箇所：屋上　　f)被害状況：ケーブルラック支持架台が座屈破損　　g)初期対応：支持直し

写真 3.8.4.8　ケーブルラック支持架台破損
(The counter bolts of cable rack were destroyed)

④幹線ケーブル
　a)建物用途：工場　　b)所在地：宮城県大崎市
　c)竣工年：1970年頃　d)建物構造：S造
　e)被害箇所：屋内　　f)被害状況：地震動によりケーブルが脱落　　g)初期対応：撤去

写真 3.8.4.9　幹線ケーブル落下
(The trunk cables dropped down)

(4) 照明設備関係の被害

① 照明器具
　a)建物用途：大学　　b)所在地：仙台市青葉区
　c)竣工年：1993年～1998年頃　d)建物構造：S造・RC造
　e)被害箇所：2階　　f)被害状況：フレームが破損，蛍光管が落下　　g)初期対応：修理，交換

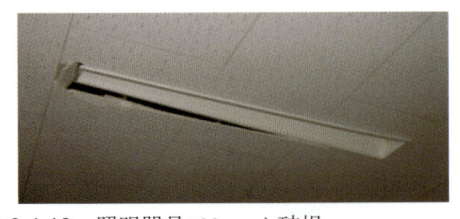

写真 3.8.4.10　照明器具フレーム破損
(The illuminator frame was destroyed)

② ダウンライト
　a)建物用途：店舗　　b)所在地：岩手県奥州市
　c)竣工年：1996年　　d)建物構造：S造
　e)被害箇所：屋内　　f)被害状況：落下
　g)初期対応：再取り付け

写真 3.8.4.11　ダウンライトの落下
(The down-light dropped down)

③ 天井材と照明器具
　a)建物用途：店舗　　b)所在地：福島県岩瀬郡
　c)竣工年：2005年　　d)建物構造：S造
　e)被害箇所：屋内天井　　f)被害状況：天井材ごと照明器具が落下　　g)初期対応：撤去

写真 3.8.4.12　照明器具落下 (The illuminator dropped down)

④ エアコンフェイスおよび照明器具
　a)建物用途：事務所　b)所在地：名取市　c)竣工年：2009年
　d)建物構造：S造　　e)被害箇所：屋内4階
　f)被害状況：エアコンフェイスおよび照明器具落下，吊支持金物の強度不足　　g)初期対応：不明

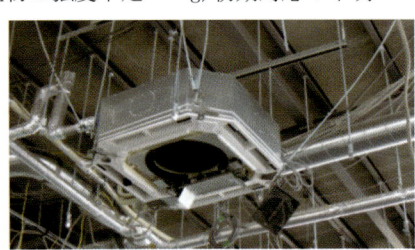

写真 3.8.4.13　エアコンフェイスおよび照明器具落下
(The air-conditioner face and illuminator dropped)

⑤ 外灯
　a)建物用途：商業施設　　b)所在地：仙台市宮城野区
　c)竣工年：不明　d)建物構造：不明　e)被害箇所：屋外
　f)被害状況：外灯ポール破損，津波浸水により他の構造物と衝突，倒壊　　g)初期対応：撤去

写真 3.8.4.14　外灯柱が倒壊
(The pillar of outside light collapsed)

第3章　東北地方の被害（Damage in Tohoku District）

3.8.5　ライフラインの被害（Damage to lifelines）

(1) 概要

ライフラインは幅広く捉えられる場合もあるが，ここでは供給処理施設，特に電力・都市ガス・上水の各供給システムを取り上げることとする。

今般の東日本大震災においても，ライフライン途絶が被災者の生命維持・生活維持に大きく影響した。被災地域は広範囲であり，仙台市のような大都市から小規模の集落まで，ライフライン被害とその復旧状況は様々である。現時点（6/10）でも上水道復旧がほとんど進んでいない地域もあるが，本報では東北地方（新潟県を含む）県別の途絶件数および復旧状況を概観する。

(2) 停電件数（図3.8.5.1）

東北電力公表の被害情報[1]に基づき，被害概要をまとめる。被災当日（3/11）各県で停電戸数が多い。特に宮城県では約146万件と突出している。次いで青森県の約90万件，岩手県約80万件，秋田県約67万件，山形県で約53万件，福島県で約37万件であった。山形県・秋田県・青森県そして新潟県においては，翌日もしくは翌々日のうちにほぼ復旧したが，岩手県・宮城県・福島県では，6月10日時点でも未復旧の地域が存在する。未復旧地域の多くは津波被害甚大地域と重なる。

(3) 断水戸数（図3.8.5.2）

厚生労働省の公開情報[2]に基づく被害の概要である。理由は不明であるが，宮城県および福島県においては地震発生日よりも数日後の方が断水戸数が多くなっている。最大断水件数は，宮城県で約46万戸，福島県で約32万戸，岩手県で約11万戸である。宮城県では被災後2週間ほどはあまり復旧が進まなかったことが見て取れる。また東北地方は4月7日に比較的大きな余震が発生し，その影響と思われるが，宮城・福島・岩手の各県で以降に断水件数が増加している様子が明瞭である。

(4) 都市ガス供給停止戸数（図3.8.5.3）

日本ガス協会の公開資料[3]による都市ガス供給停止戸数である。一見すると宮城県のみの被害と見て取れるが，福島県でも約2万件の被害が発生している。宮城県においては都市ガスが約40万件に導入されているが，その約98%の世帯で供給停止に陥ったことになる。宮城県以外の各県で電力・上水道に比較し被害件数が少ないのは，そもそも都市ガス需要家数が相対的にに少なく，プロパンガスが普及しているためである。仙台市内においても一部の地域や飲食店ではプロパンガスを使用しており，生活維持に使用されていた。

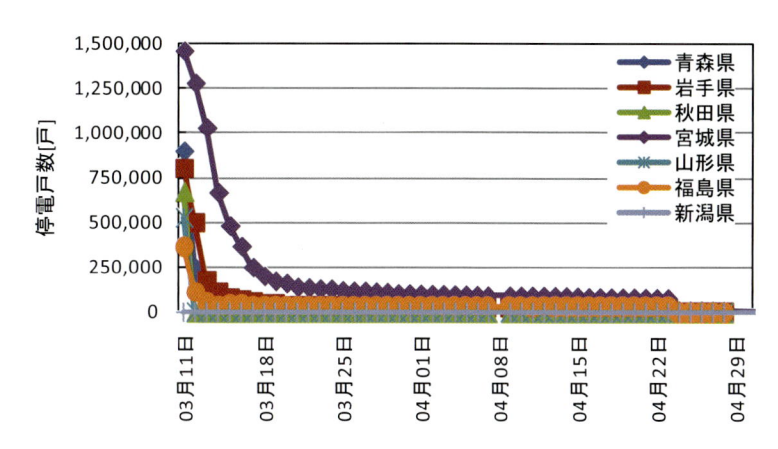

図3.8.5.1　県別停電戸数の推移

（The numbers of electric power outage by prefecture）

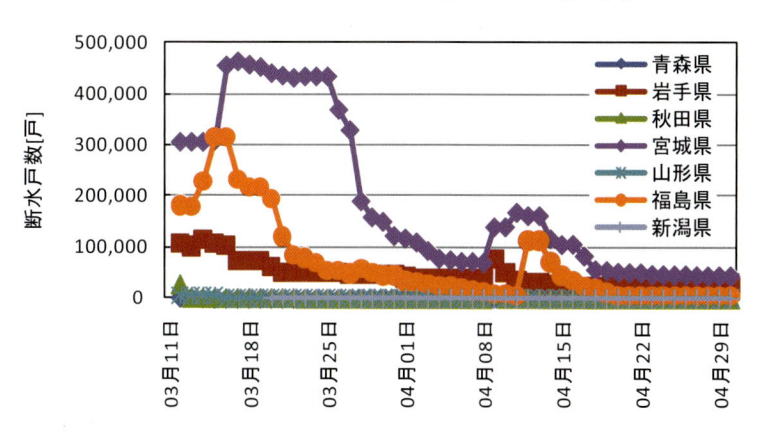

図3.8.5.2　県別断水戸数の推移

（The numbers of water-supply outage by prefecture）

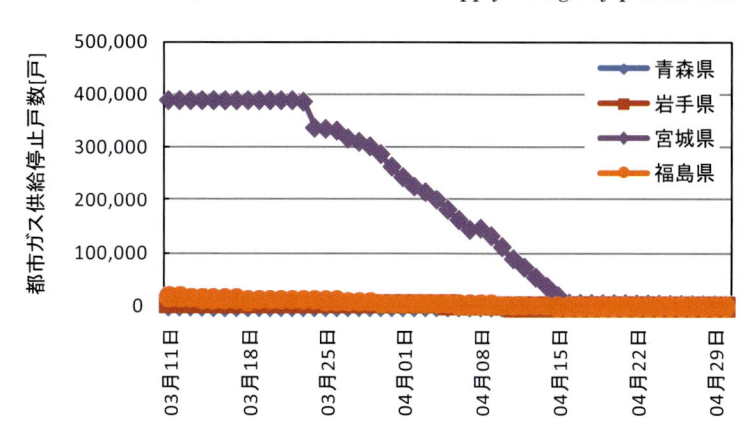

図3.8.5.3　県別都市ガス供給途絶戸数の推移

（The numbers of gas-supply outage by prefecture）

(5) 各施設の復旧状況比較

図 3.8.5.4 は東北地方の各施設の供給途絶件数を総合したものである。停電戸数は地震直後は圧倒的に多い（約 474 万件）ものの，数日の間に相当数が復旧していることが明瞭である。一部を拡大（被災後 1 か月間）した図 3.8.5.4.b を観ると，5 日目には停電戸数は断水戸数を下回り，7 日目には都市ガス供給途絶戸数を下回っていることが分かる。

表 3.8.5.1 は各施設の復旧日数をまとめたものである。これを見ても電気の復旧が早かったことが明瞭である。また都市ガスの復旧が比較的早かったことも特徴的である。全国のガス事業者の応援部隊が派遣され復旧作業にあたったこと，都市ガス被害については仙台市およびその周辺に地理的に限定されていたことが奏功したと思われる。

(6) その他

① 情報通信について

本報ではまとめ得なかったが，電話回線・携帯電話通話ともに接続は極めて困難であったが，既に報道されているようにメールやツイッターなどのデータ通信は比較的良好であった。ただし，これらはあくまでも電源確保が出来ている場合のことであり，震災直後は文字通り情報途絶状況であった。筆者の場合，携帯電話電池は間もなく切れ，常備していた手回し充電器のハンドルは 3 日目に破損した。津波被害の実態は，被災直後はラジオによる音声情報のみであり，被災地近隣であっても把握不能・理解不能な状況であった。

② ガソリン等の石油系燃料欠乏について

今般の震災では石油関連施設の被害によるガソリン等燃料供給途絶の影響も深刻であった。地方都市では自動車依存が強く，ガソリンスタンドには数 km に及ぶ長蛇の列が深夜でも発生した。また，灯油を燃料とする自家発電設備の継続的運転に困難をきたしたと伝聞している。

③ 応急給水について

仙台市水道局は震災時の備えとして非常用飲料水貯水槽を市内各所に設置していたが，これらに加え応急給水所が開設された。3/12 には仙台市内に 18 か所，最大時には仙台市内に 72 か所（3/23）設置された。これらには，支援のため仙台入りした各地方自治体の給水車や仮設水槽が利活用された。

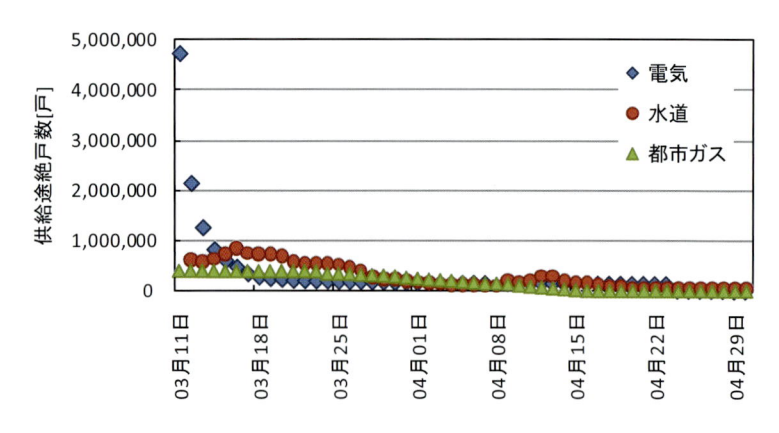

図 3.8.5.4.a　各ライフラインの復旧状況
（Recover situation of lifeline outages）

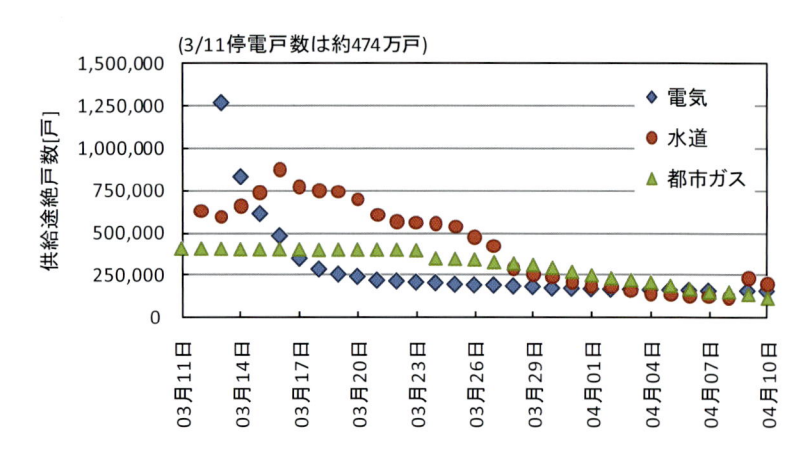

図 3.8.5.4.b　各ライフラインの復旧状況（一部拡大）
（Recover situation of lifeline outages; zooming into 1 month）

表 3.8.5.1　各ライフラインの復旧日数
（Recover dates of lifeline outages）

	最大途絶件数	50%復旧日数	75%復旧日数
電気	4,741,268	2	4
水道	878,366	17	35
都市ガス	414,967	26	32

参考文献

1) 東北電力 HP：
   http://www.tohoku-epco.co.jp/emergency/9/index.html
2) 厚生労働省 HP：
   http://www.mhlw.go.jp/stf/houdou/2r98520000014j15.html
3) 日本ガス協会 HP：
   http://www.gas.or.jp/tohoku/press/index.htm

第3章　東北地方の被害（Damage in Tohoku District）

3.8.6　その他の被害（Other Damage）

ここでは，建築設備の中でも災害発生時やその後の避難生活において，人命や生活を守る役割を果たすものを取り上げ，被害状況を報告する。

(1)　誘導灯の被害

表 3.8.6.1 に示した被害事例と合わせて全4件の報告があった。主な被害状況は，誘導灯本体の破損やパネル部のずれ，および脱落である。脱落したものは，非常口や避難経路を塞ぐような状態になったことから，避難行動の妨げになったことが推測される。初期対応で全て再固定または新品との交換が済んでいる。

表 3.8.6.1　誘導灯の被害状況（Damage to exit sign）

	事例1	事例2
場所	仙台市太白区	仙台市泉区
建物用途	学校	スポーツクラブ
竣工年	1972	2006
構造種別	RC造	S造
被害個所	出入口屋内側	屋内通路（3F）
被害状況	脱落	脱落
被害原因	地震動	地震動
初期対応	再固定	撤去－再固定
写真		

(2)　防火区画処理の被害

表 3.8.6.2 に示した被害事例と合わせて全6件の報告があった。防火区画の貫通部を埋めるパテやボードが，配管や配線，そしてそれらを支えるフレームとの衝突によって破損し，中には落下したものもある。初期対応で，全て再取付け・修繕済みである。

表 3.8.6.2　防火区画処理の被害状況（Damage to fire partition）

	事例1	事例2
場所	岩手県北上市	仙台市泉区
建物用途	宿泊施設	事務所ビル
竣工年	2002	1981
構造種別	SC造	SRC造
被害個所	屋内	屋内
被害状況	破損落下	耐火パテ落下破損
被害原因	地震動	地震動
初期対応	再取付	耐火パテ復旧
写真		

(3)　エレベータの被害

国土交通省[1]によれば，3月11日の本震により主要各社が保守を行っているエレベータのうち，北海道，岩手県，宮城県，福島県，茨城県，群馬県，埼玉県，千葉県，秋田県，山形県，東京都，神奈川県，山梨県，静岡県，愛知県において，計210台で閉じ込め被害が発生した。この要因の一つとして考えられるエレベータ制御盤の被害が，表 3.8.6.3 のように報告された。他に，仙台市泉区の集合住宅（RC造　2010年竣工）のエレベータ監視モニタが不動作になる被害報告もあった。

表 3.8.6.3　エレベータ制御盤の被害状況（Damage to elevator controlling board）

	事例1	事例2
場所	仙台市泉区	福島県鏡石町
建物用途	事務所ビル	工場
竣工年	不明	1985
構造種別	S造	S造
被害個所	エレベータ機械室	屋内
被害状況	転倒	制御盤架台が座屈破損
被害原因	地震動	地震動
初期対応	再固定	撤去
写真		

(4)　雨水処理設備の被害

表 3.8.6.4 に示した2件の被害事例が報告された。雨水処理設備の被害そのものは深刻なものではないが，雨樋は非常時の水源として有効であるので，機能を確保しておくことが重要と考える。特に，今回の震災では，避難生活が

長期化したため，飲み水は給水車などから得られるものの，それ以外の用途（便器洗浄や拭き掃除，場合によっては手洗い，洗濯，入浴）に供する水が不足する状況が各地で発生した．図3.8.6.1のように簡易な器具で雨水利用できるので，日頃から準備されたい．

なお，井戸水は地震直後に濁ったり，枯れたりすることがあると言われており，必ずしも頼りにならないと考えている．ちなみに，停電中の電源として家庭用の太陽光発電設備が大いに役立ったことが知られている．今後のエネルギー供給源として社会的にも注目を集めているが，太陽光発電設備の被害報告は無かった．

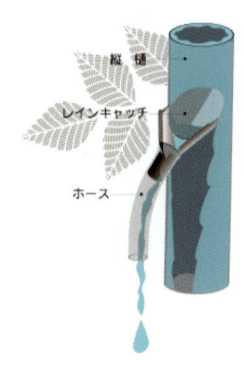

図 3.8.6.1 雨樋に切込みを1本入れるだけで雨水を取り出せる[2]
(Rainwater can be collected from the gutter.)

表 3.8.6.4 雨水処理設備の被害状況
（Damage to storm drainage equipment）

	事例1	事例2
場所	仙台市青葉区	仙台市青葉区
建物用途	病院施設／寮	病院施設／寮
竣工年	不明	不明
構造種別	SRC造	SRC造
被害個所	宿舎外部ベランダ下	屋外
被害状況	雨水管ズレ曲がり	コンクリート製雨水桝破損
被害原因	地震動	地震動
初期対応	不明	不明
写真		

(5) 空気汚染による被害

今回の震災における空気汚染といえば，まず福島第一原子力発電所から放出された放射性物質が思い浮かぶが，それ以外にも津波によるヘドロや瓦礫から飛び散った粉塵が原因と見られる肺炎の増加が報告[3]されている．それによれば，石巻赤十字病院が3月下旬に市内の避難所で1万人を対象に実施した健康調査において，せきの症状を訴えた人が約1,100人に上り，下痢・嘔吐の約200人，高熱の約120人などに比べ格段に多かった．同病院は，震災後の肺炎の発症率を通常の3～5倍と見ている．ヘドロ中の嫌気性菌が誤嚥性肺炎の原因となる可能性が指摘されている．

また今後，倒壊家屋などに含まれるアスベストの飛散による被害も懸念される．環境省[4]によれば，宮城県，福島県，茨城県内の15地点（①津波による被害が甚大な地点，②津波による被害がないものの地震により建築物が倒壊・半壊している地点，③避難所周辺，④瓦礫集積場が対象）の屋外空気を4月13日～15日および18日に試料採取したところ，全ての地点において，アスベスト濃度は通常の一般大気環境とほぼ変わらない結果であった．しかし，福島県の瓦礫集積場で石膏，植物繊維などにより総繊維数濃度が高かったことから，他の被災地の中に，一般粉塵が相当程度飛散している場所もあると考えられている．

(6) 避難生活中の被害

宮城県警の発表[5]によれば，4月10日までに県内で確認された死者8,015人の死因は，ほとんど（95.8%）が津波による水死であったが，わずか（0.7%）ながら「その他」の死因として低体温症や急性心臓死などが見られた．避難生活における熱環境の厳しさが推察される．

深刻なガソリン不足が引き起こした二次的な被害もある．3月27日の朝に，福島県棚倉町のガソリンスタンドに給油待ちのため前夜から並んでいた車中で，死亡した男性（82歳）が発見されたのであるが，運転席には暖を取るために使われたと見られる練炭の火鉢があり，一酸化炭素中毒が原因と見られている[6]．

環境調整に関する知識は，平常時には快適性を効果的に得ることを主目的としているが，非常時には生命を左右しかねないと感じる．厚生労働省はHP[7]などを通じて，避難生活中の被害を未然に防ぐための呼び掛けを行っている．

参考文献

1) 国土交通省：災害情報　東日本大震災（第76報）：2011.6.6（10:00作成）
2) 風大地プロダクツ HP
   http://www.ne.jp/asahi/kdp/k-design/raincatch.html
3) 河北新報ニュース KoLnet，2011.4.17
   http://www.kahoku.co.jp/
4) 環境省　水・大気環境局　大気環境課：アスベスト大気濃度調査に係る予備調査の結果について：2011.4.27
5) 日本経済新聞　朝刊（第44978号），2011.4.18
6) 日本経済新聞　朝刊（第44957号），2011.3.28
7) 厚生労働省：被災地での健康を守るために
   http://www.mhlw.go.jp/bunya/kenkou/hoken-sidou/disaster.html

第3章 東北地方の被害 (Damage in Tohoku District)

3.9 生活関連の被害 (Life-related damage)

3.9.1 人的被害の状況と暮らしへの影響 (Human damage and impact on people's lives)

(1) 人的被害の状況

5月28日現在，東日本大震災による全国の死者数は15,247人となり，阪神淡路大震災の死者数6,482人の2倍を超え，第二次世界大戦後最悪の自然災害における人的被害となった。3月11日から2ケ月半が経過したにもかかわらず，行方不明者(8,593人)がなかなか減少しないのが，今回の津波災害の特徴といえよう（図3.9.1）。また，震災直後には全国の避難者数は46万人を超えていたといわれているが，ライフラインの復旧とともに自宅に戻る人が増え，戻れない人は親戚宅に間借りしたり，賃貸住宅に転居していったことで，初めの1ヶ月間は順調に避難者数が減少に向かっていった(図3.9.2)。その後，避難所には自力で住宅確保が難しいため仮設住宅への入居を待ち望むという人が多くを占めるようになるなか，少しずつ賃貸住宅等への転居も進んでいったと思われる。5月になると各地で仮設住宅への入居が始まったが，避難者数の減少を加速させるには至っていない。そこには，福島第一原子力発電所事故による避難の長期化も，その一因としてあげられる。

被害の大きい東北3県では，震源地に近く，かつ人口の多い宮城が最も人的被害が大きく，死者数(5/28現在)は9,010人，次いで岩手が4,497人，福島が1,547人となっている。避難者数は，宮城はピーク時に15万人を超え，現在(5/28)26,687人，原発事故の影響のある福島は，ほぼ横ばいが続いていて現在24,119人(5/28)，岩手は25,747人(5/31)となっている。なお，福島においては県外避難者が35,972人(6/7現在)にのぼっている（図3.9.3，3.9.4）。

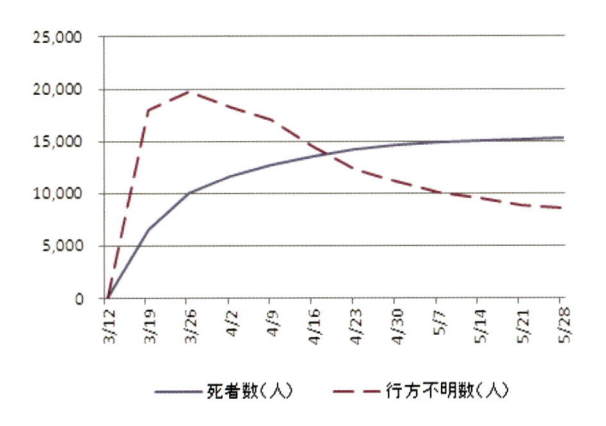

図3.9.1 全国の死者数と行方不明者数の推移
(Change of fatalities or missing persons: all over Japan)

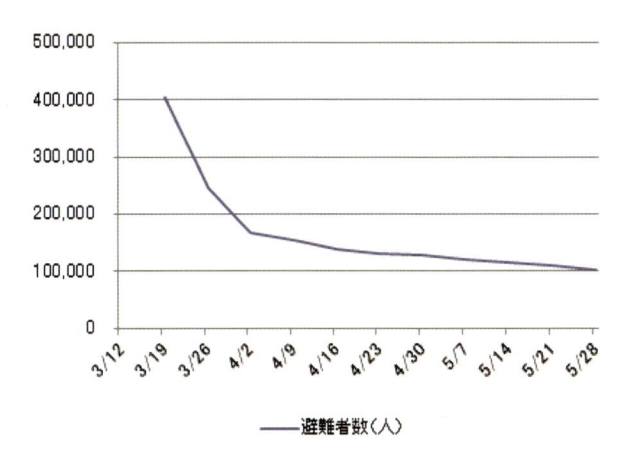

図3.9.2 全国の避難者数の推移
(Change of refugees : all over Japan)

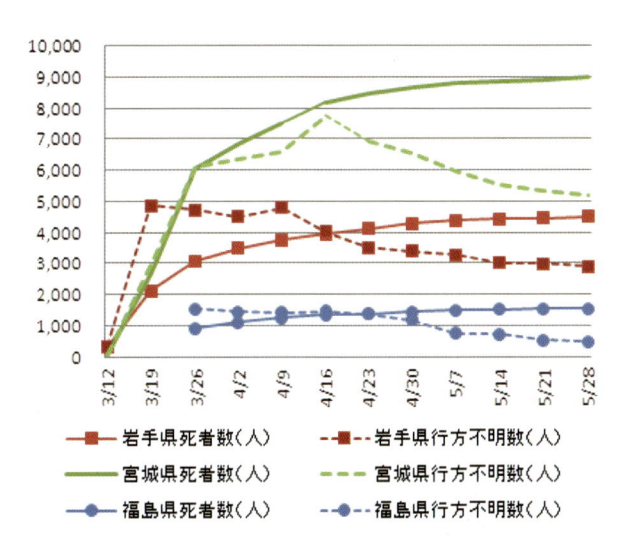

図3.9.3 東北3県の死者数と行方不明者数の推移
(Change of fatalities or missing persons: 3 prefectures)

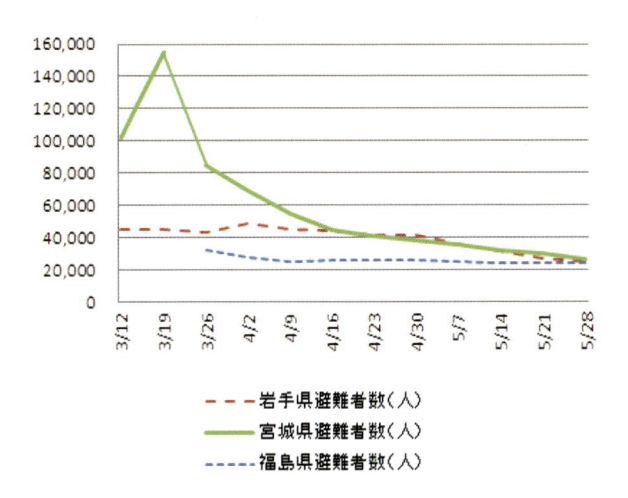

図3.9.4 東北3県の避難者数の推移
(Change of refugees: 3 prefectures)

(2) 避難所利用の状況

6月5日現在，全国の避難所数は2,454ヵ所，被害の大きい東北3県では，岩手が325ヵ所，宮城が380ヵ所，福島が102ヵ所となっている。

避難所は利用施設によって様々なタイプがあり，各種学校の体育館および教室，公民館・市民センター等の文化施設，旅館・ホテル等の宿泊施設等がある。全般的に件数が多いのが学校の体育館であるが，大空間での人口密度の高い生活はプライバシーや温熱環境の面からみて厳しい状況にあるものと推察される。次に多いのは文化施設であると思われるが，ここには大小多様な部屋があるところが多く，体育館と比べれば，まだ良い条件が揃っている。夜泣きする乳幼児がいる家族，あるいはインフルエンザを発症した家族等は別の部屋に一時的に隔離することもでき，状況に応じた部屋の利用が可能となっている。また，調理室があるところでは，毎日の食事の調理場として有効に活用されていた。旅館・ホテル等の宿泊施設は，先述の2タイプよりも，当然，居住性に優れているわけであるが，件数的には圧倒的に少ないものと思われる。

写真3.9.1 仙台市高砂市民センター調理室
(Takasago civic center)

また，大空間を使った避難所のほとんどでは，家族ごとに仕切りを設けており，その仕切りにはダンボール，展示用のボード，卓球等につかうローパーティション，大型テント等の使用がみられ，なかには避難所専用につくられたカーテン付きのパーティションも登場している。そのようななか，岩手県大船渡中学校の避難所（体育館）では，避難者の全家族分のテントが用意されていたにもかかわらず，約半数の家族しかテントを使用せず，その他は低いパーティションのみでの暮らしが続けられていた。このように，プライバシーよりも連帯のなかで安心感が得られることを重視する姿勢が，今回の震災の各地の避難所に広く漂っていたように感じられた。

写真3.9.2 大船渡中学校の体育館避難所
(A place of refuge at Oofunato Junior high school)

避難所の運営については，各施設の運営主体や自治体職員が担っているところと，避難者が担っているところが見られたが，これまでヒアリングや視察を行ってきたなかでは，全般的にトラブルは少ないようであったが，特に，農家の多い地域の避難所では，平常時からの地域の支え合いが避難所の運営に際しても役立っている様子が窺えた。

その一方で，都市部の避難所，あるいはいくつかの避難所が統廃合してできたところでは，些細なことでの避難者間のいざこざもみられ，リーダーも決まらず避難者による自主運営ができないところも見られ，そうした避難所ではストレスを抱える人も多いように感じられた。なお，避難所でのトラブルの多くは，物資の配給の仕方に関わるもので，これをいかに公明正大に取り組むかが，安定した避難所の運営にとっては大きなカギであることが窺えた。

また，防災計画に従って予め決められた指定避難所と，そうでない任意の避難所があり，物資提供や人的支援等は指定避難所を優先的に実施されてきたため，そうしたトラブルも少なくなかったようである。

3.9.2 生活関連施設の被害の状況 (The situation of the damage to life related facilities)

(1) 住宅の被害の状況

1) 住宅被害の概要

住宅の全壊および半壊の合計は,青森県 1,301 棟,岩手県 20,064 棟(大船渡市全半壊 3,629 棟を合算),宮城県 94,614 棟,秋田県 0 棟,山形県 1 棟,福島県 34,717 棟であった(表 3.9.1)。太平洋側の海岸線が長い岩手県,宮城県,福島県とその他 3 県との比較からも,被害の大半が津波によるものと判断できる。震災から 2 ヶ月以上たった時点でも,津波被害の大きかった岩手県と宮城県では,多くの市町村が詳細な調査報告が完了していない。特に,行政官に被害者が多数出た岩手県大槌町では,「家屋被害多数」との報告にとどまっており,被害の深刻さを物語っている。

2) 津波による住宅被害

平成 20 年住宅・土地統計調査によれば,岩手県 86.1%,宮城県 67.1%,福島県 78.6%の住宅の構造は木造である。木材が水に浮く性質であることも影響し,基礎のみを残し,原型をとどめないほどに破壊され,内陸あるいは沖まで流される被害が東北沿岸部一体に発生した。RC 造の集合住宅の場合は,その構造は残すものの,高い波が襲った地域では 5 階の住戸の開口部までも波が貫き,家財等が流失している例が観察された。

宮城県沿岸部を例にとって,全住宅棟数に対する全壊および半壊の棟数の割合を算出し表 3.9.2 に示した。南三陸町 75.4%(全壊のみ)を筆頭に,東松島市の 66.3%,山元町 63.0%と行政区内の半数以上の住宅を失っていることがわかる。

3) 住宅地の地盤被害

ⅰ) 沿岸部の地盤沈下

宮古市から相馬市の沿岸部 28 地点において行った国土地理院の地盤沈下調査によれば(4 月 14 日発表),陸前高田市小友町西の坊の 84cm を最高値として,調査地すべてで地盤沈下が確認されている。現在も水が引かない宅地は広大である。岩手県では建築基準法 39 条に基づき,津波で被害を受けた沿岸部を災害危険区域に指定,宮城県では同法 84 条を適用し建築制限をかけている。

なお,住宅被害につながった地盤の液状化の報告はない。津波による被害があった地域と重なったためと推察される。

ⅱ) 内陸部の宅地被害

余震による二次被害を防ぐため,仙台市が宅地の暫定的地盤調査を行い(3 月 28 日),太白区の緑が丘地区で避難勧告,青葉区の折立地区で立入り制限の措置をとるなど,深刻な地盤被害が報告されている。内陸部の全壊や半壊などの住宅被害の多くは,丘陵地を開発した宅地の地滑りや地割れによるものである。

4) 都市型高層住宅の被害

高層住宅管理業協会によると,東北地方で補修が必要な棟は,4 月 25 日に把握できただけで 309 棟に上るとしている。特に,築 30 年程度の旧耐震基準により建設された棟に被害が集中しているとみられる。10 階以上の高層階では家具転倒,高架水槽の転倒等の設備被害,外壁仕上げ材の落下等の二次部材の被害など,構造体以外の被害も広く見られるのが特徴である。

表 3.9.2 宮城県沿岸部市町村における全壊ならびに半壊の住宅の割合 (The rate of the residence of the complete collapse and partial destruction in the Miyagi area-along-the-shore cities and towns)   (%)

仙台市	4.1	名取市	14.9	亘理町	30.4	利府町	0.9
石巻市	※49.7	多賀城市	19.3	山元町	63.0	南三陸町	※75.4
塩竈市	8.1	岩沼市	11.6	松島町	10.0	女川町	-
気仙沼市	46.5	東松島市	66.3	七ヶ浜町	17.2	※半壊棟数調査中	

全住宅棟数は平成 20 年土地・住宅統計(女川町不明)による
全壊半壊の住宅棟数は 5 月 31 日づけの宮城県ホームページにて公表された資料による

表 3.9.1 県別に見た住宅の被害 (Damage to the residence seen to the prefecture level)

各県のホームページによる被害状況等の報告からの編集

	全壊(棟)	半壊(棟)	一部損壊(棟)	床上浸水(棟)	床下浸水(棟)	備考
青森県	281	1,020	77	0	0	5月30日16時00分現在
岩手県	※13,633	※2802	※1913	※1761	※323	※調査中の市町村数、全壊2、半壊2、一部損壊4、床上浸水10、床下浸水10(大船渡市については「全半壊」合せて3,629棟の報告あり。合計に含めていない) 5月31日17時00分現在
宮城県	69,253	※25361	※32,918	※125	※42	※調査中の市町村数、半壊2、一部損壊3、床上浸水15、床下浸水14 報告日：5／13～5／31
秋田県	0	0	6	0	0	5月30日12時00分現在
山形県	0	1	37	0	0	5月20日14時00分現在
福島県	14,764	19,953	59,587	57	334	全壊5、半壊1、一部損壊1、床上浸水1の市町村に関しては、詳細調査中との付記あり 6月2日(木) 8時00分現在

(2) 医療施設の被害状況
1) 被害の概況～各種調査データから
① 岩手，宮城，福島3県の沿岸部の医療機能状況（4月15日～22日）は表3.9.3のとおりである[1]。

表 3.9.3 沿岸部の医療機能の状況（The situation of the medical function of an area along the shore）

①ベッド復旧率，②診療を制限している病院，③休診中の診療所，④医療支援チーム。①②は各病院や保健所に問い合わせた。③④は県や保健所，医師会の把握数，仙台は沿岸部限定。相双医療圏の①②は原発から30キロ圏内を含む。
久慈医療圏：①100%，②4カ所中0，③18カ所中1，④0
宮古医療圏：①95%，②6カ所中1，③34カ所中2，④22
釜石医療圏：①56%，②6カ所中3，③21カ所中9，④16
気仙医療圏：①90%，②3カ所中1，③34カ所中3，④19
気仙沼医療圏：①82%，②7カ所中5，③45カ所中29，④40
石巻医療圏：①74%，②13カ所中7，③117カ所中40，④45
仙台医療圏：①88%，②33カ所中5，③442カ所中25前後，④19
相双医療圏：①14%，②16カ所中15，③把握していない，④7
いわき医療圏：①79%，②28カ所中13，③8割ぐらいが通常診療，④3

② 医師会による調査データ[2]によると，岩手，宮城，福島県の沿岸で，医師の死者・行方不明者が計18名（福島3名，宮城9名，岩手6名）。特に岩手県は全員開業医である。
③ 岩手，宮城，福島3県で，118の医療施設が壊滅的な被害を受け，診療や治療に使えず病院機能をほとんど失っている。岩手，宮城両県では医師11名が死亡したことも判明。被害の多くは地域医療を担っている小規模な診療所である[3]。
④ 岩手，宮城，福島3県では計380病院のうち11病院が全壊，289病院で建物の損壊被害。医科診療所は全壊81，一部損壊402。歯科診療所は全壊86，一部損壊605。5/17時点でも36病院の外来機能，52病院の入院機能が停止，制限が続いている。全壊した病院には地域の中核病院も含まれ，また災害拠点病院でも岩手(1施設)，宮城(1施設)の各病院が入院を制限している[4,5]。

建物や設備の被災，開業医の死亡などによって，地域医療を担う診療所の継続が難しくなるケースが多い。1次医療の担い手がいなくなり，応援の医師も引き上げれば，地域医療崩壊の危機。小規模診療所の再建は国からの支援が必要となる。

2) 被災病院におけるヒアリング調査から
ⅰ) A病院
災害指定拠点病院指定を受けている急性期病院，第3次救急。高架受水槽の破裂によって，病棟一部閉鎖（入院患者を下層階に移動），救急外来や新規入院の一部制限等の影響が出た。給水設備の復旧に伴い診療体制は元に戻った。

その他，本震後は外来患者713名，入院患者217名，4/11の余震後では外来患者40名，入院患者11名を対応。

ⅱ) B病院
344床を持つ療養型病院である。ライフラインは自前（水道は井水，電気は自家発電機使用，ガスはLPガス）のため，大きな影響はなかった。エレベーターは停止し，一部は16日まで使えなかった。通信は衛星電話1本のみ，内線電話は使えた。物資の調達等は全部地元業者に頼る。
地震当日は避難者170名が来院，その後は特別救急救命体制でトリアージし，入院，外来で処置を受ける（ロビーの椅子をベッド代わりにした），薬のみの分類で対応した。来院患者は外傷患者が少なく，津波で低体温になった患者が多かった。人口呼吸器をつけている患者（ALS）はヘリで山形の病院に転院させた。

ⅲ) C病院
525床の総合病院。断水はなかったが，漏水は発生。電気は自家発電機が自動で作動，3/12朝に電気復旧した。本院中圧ガスはボイラー用煙突破損により，6月10日時点でも運転していない。低圧ガスは4月中旬に復旧，それまではプロパンガスで対応した。
建物は本院ボイラー用煙突の破損以外は大きな損傷はない。煙突の破損により，一部の病棟，手術部門が立ち入り禁止になったことが医療の継続に影響を与えた。3月末に立ち入り制限区域が全面解除され，通常の診療体制に戻った。

ⅳ) D病院
380床の単科専門病院。非常電源により断水はなかった。電気は復旧(3/14)まで自家発電機で対応したが，重油はギリギリだった。ガスはプロパンガス使用，直接ガス会社に訪問し，3/13に点検・再開した。電話はすべて不通。建物構造体は大きな損傷がなく，水漏れが一番大きな被害だった。
各病院の共通点は外傷の患者が少なく，トリアージなどで大きな混乱はなかった。建物も大きな損傷がないものの，少ない故障でも医療行為の継続に大きな影響を与えてしまう。薬剤，医材を含めた物資の調達は地元業者に頼っていた。

参考資料
1) 朝日新聞 (4/24)
2) 毎日新聞(4/9)
3) 47NEWS 日本が見える(4/24)
4) 朝日新聞(6/8)
5) 日本経済新聞 (6/9)

(3) 社会福祉施設の被害の状況

　社会福祉施設の被害状況に関しての正確な統計データは現時点（5/27）ではない。宮城県がまとめた高齢者介護施設の被害状況（4/28時点）によると，入居系の介護施設のうち全壊・水没など甚大な被害を受けた施設は合計38にのぼり，認知症高齢者グループホームなどでは10％近い施設が，事業継続が困難なほどの被害を受けた（表3.9.4）。人的被害の状況を見ると，81施設（17.5％）で入所者か職員の死亡・行方不明などの人的被害を受け，認知症高齢者グループホームでは20％を超える（表3.9.5）。

　死者・行方不明者数は入所者で300名を超えて，職員も87名の死者・行方不明者を出した（表3.9.6）。特に沿岸部の特別養護老人ホームなどの大規模な入所施設が津波により壊滅的な被害を受け，入所者の9割近くが死亡・行方不明となる施設もある。岩手県，福島県でも特に津波被害が大きかった地域で被害が大きく，宮城県をあわせた3県の社会福祉施設7200余のうち，875箇所（12％）が被災したと見られている。岩手県でも200名近くの死者・行方不明者となっており，状況が把握されていない福島県をあわせると，その数は600名を超えると見られている。

　また，建物被害，人的被害がなくても想定外のライフラインの断絶，ガソリン不足等により，事業の継続に際してきわめて深刻な状況に陥った施設，現地での事業継続が困難で他県に集団避難せざるをえない状況に陥った施設など，

表 3.9.4　宮城県の高齢者施設の建物被害
(Damage of building at facilities for the elderly in Miyagi)

宮城県	施設数	施設被害 全壊・水没（箇所）	被災割合
特別養護老人ホーム	121	10	8.3％
養護老人ホーム	10	1	10.0％
老人保健施設	80	2	2.5％
ケアハウス（軽費老人ホーム）	45	5	11.1％
認知症高齢者グループホーム	207	20	9.7％
合計	463	38	8.2％

表 3.9.5　宮城県の高齢者施設の人的被害の状況
(Damage of human at facilities for the elderly in Miyagi)

宮城県	施設数	人的被害 施設数	被災割合
特別養護老人ホーム	121	17	14.0％
養護老人ホーム	10	2	20.0％
老人保健施設	80	8	10.0％
ケアハウス（軽費老人ホーム）	45	8	17.8％
認知症高齢者グループホーム	207	46	22.2％
合計	463	81	17.5％

表 3.9.6　宮城県の高齢者施設の人的被害の内訳
(The items of human damage at facilities for the elderly in Miyagi)

宮城県の介護施設種別	施設数	入所者 死者（人）	入所者 行方不明者（人）	職員 死者（人）	職員 行方不明者（人）
特別養護老人ホーム	17	136	12	18	13
養護老人ホーム	2	38	9	21	3
老人保健施設	8	54	1	2	17
ケアハウス（軽費老人ホーム）	8	21	2	1	3
認知症高齢者グループホーム	46	31	7	5	4
合計	81	280	31	47	40

各種社会福祉施設が直面した状況は，これまでの災害で例がないほどの厳しいものとなった。

　さらには，在宅生活を支える各種サービスや施設の事業所も多数被害を受け，在宅生活継続に深刻な影響を与えた。当然，施設入居のニーズが高まる一方で，被災を受けた施設が多く，いずれの施設でも現状以上の受け入れが困難だったり，また定員の1.5〜2倍近い利用者を受け入れる状況になったりしており，入所者の十分な居住環境や生活を保障できない事態も生じている。

　各施設は定員を超える入所者を受け入れている。ある施設では施設内のスペースにパーティションで「仮設居室」を設けて入所者を受け入れながら，かつプライバシーも保障するなどの工夫をしている。

　宮城県では，津波で被災を受けた認知症グループホームのためにグループホーム型仮設住宅（9人×2ユニット）を仮設住宅敷地内に建設することが決まったが，他県地域でも仮設による施設の整備を求める要望は大きい。

　避難所においても要介護ニーズのある高齢者等が多数いるものの，通常の避難所体制では十分な支援が提供できない状況も生じた。宮城県石巻市では，特別なニーズがある避難者だけを集約することで，そこに医療・介護のサービスと支援を集中的に投下して，福祉的避難所として機能を特化させた形での避難所を開設した。

　被災した各施設には全国から，それぞれのネットワークや各種関係機関・団体から多数の応援職員等が派遣され，また支援の物資などが届けられたが，継続的な派遣には限界もあり，これからの課題となろう。多くの社会福祉施設がきわめて甚大な建物・人的両面での被害を受けたことにより，被災した町や地域の暮らしをどのように支えていくか，今後大きな課題となる。また，大災害に備えた社会福祉施設の今後のあり方，施設の立地や設備的な検討課題，地域の防災・災害の拠点としての機能整備の考え方や，人命を守りながらかつ，必要な介護やサービスを切れ間なく，継続的に提供するための仕組みづくりが早急に求められるだろう。

(4) 教育施設の被害の状況
1) 被害概況

東北6県では,岩手,宮城,福島で人的被害が発生した。宮城県では計413名の児童・生徒・学生の死亡が確認され,行方不明者も82名にのぼる。石巻市立O小学校では津波により児童108名のうち,74名が死亡・行方不明という大惨事になった。指定避難所となっている学校施設が津波被害にあったケースも少なくない(表3.9.7)。学校等施設の物的被害は東北6県で合計2600件を超え,宮城県で1016件,福島県で871件,岩手県で509件にのぼる。被害の内訳は,津波による流失のほか,水没,浸水,地盤沈下,校舎や体育館の倒壊や半焼,外壁・天井の落下,外壁亀裂,ガラス破損などである(表3.9.8)。被害の大きかった地域では,多くの学校が新年度の始業を1週間から1ヶ月程度遅らせてのスタートとなったが,現時点(5/26)でも学校施設が避難先になっているのは東北3県で公立の小・中学校を中心に136箇所あり,教育活動においても多大な影響を及ぼしている(表3.9.9)。

表3.9.7 学校施設の人的被害
(Human damage at educational facilities)

	国立学校		公立学校		私立学校		行方不明	計	
	死亡	負傷	死亡	負傷	死亡	負傷		死亡	負傷
青森県									
岩手県	1		75	15	17	18	36	93	33
宮城県	6	2	313	27	94	14	82	413	43
秋田県									
山形県									
福島県	1		66	6	10	11	22	77	17
東北6県計	8	2	454	48	121	43	140	583	93

5/26 7:00現在
※行方不明は現時点で確認できている人数

表3.9.8 学校施設の物的被害
(Building damage to educational facilities)

	国立学校施設	公立学校施設	私立学校施設	計
青森県	1	122	18	141
岩手県	5	437	67	509
宮城県	6	789	221	1,016
秋田県	2	29	1	32
山形県	5	82		87
福島県	6	704	161	871
東北6県計	25	2163	468	2,656

5/26 7:00現在

表3.9.9 避難先となっている学校施設
(The situation of the school used as a refuge place)

	国立学校	公立学校	私立学校	計
岩手県		41		41
宮城県		76		76
福島県	1	18		19
東北3県計	1	135	0	136
内訳	高専1	小 77 中 44 高 13 特別 1		

5/26 7:00現在

2) 学校被害に伴う体育館での教室仮設事例
ⅰ) N小学校(仙台市)

5,6学年棟(築約20年,新耐震基準,耐震補強済み)の被害が甚大のため,使用不可となる。仮校舎建設の見込みが立たないため,5,6学年計6クラス分の教室を体育館に設え授業することに踏み切った。4/11スタートする新学期の仮設教室の設置にあたって,まずは照明工事を行った。ワイヤを引き,蛍光灯をつける方法で一般教室と同等以上の照度にした。東京の業者によって,入り口に段ボールの下駄箱,教室内に段ロールロッカーが設置され,教室は1800mm段ボールを波型の配置,自立させて仕切った。教室面積は従来の教室より少し広い。教室の中に使う机やイスの搬入は校舎から教職員によって行われた。黒板は仙台市から調達。仮教室での授業風景がテレビ取材を受け,全国に放映。それをみた横浜の会社から,イベント用のパーティション(2100mm)100枚が提供され,5/7に5つの教室に設置(写真3.9.3)。

児童からは文句や不安は見られない一方で,互いに気遣ったりしている様子が見受けられ,このような状況の長期化によるストレスが懸念される。教師は授業運営における時間割編成の工夫などで苦労している。今後は梅雨期,夏期に向けて,湿度や暑さの対応,秋学期では残暑の対応が課題になる。

写真3.9.3 仮設教室の状況(Case of temporary classroom)

ⅱ) S中学校(仙台市)

一部校舎の修繕が必要のため,1学年(6クラス),2学年の一部(3クラス)の計9クラスが体育館での仮教室になった。設置状況は前述の小学校同様である。授業スタートは4/11,5/6に本校舎の修繕が完了,5/16本校舎に戻る。約1ヶ月の仮教室授業のなかでは,生徒のストレスが目立ち,全体的に殺伐な雰囲気があった。教師側のストレスが大きく,このような状態の長期化を危惧していた。

(5) 文化施設の被害の状況

1) 概要

東北地方の文化施設（劇場・ホール，美術館・博物館，図書館,）は3月11日，4月7日の地震により，400施設を超える被害が確認されている。ただし，4月時点で全施設の正確な被害状況は確認出来ておらず，暫定的な被害概要である。また，沿岸部を中心に被害を受けた施設の多くは，4月末時点で全く再開の見通しが立っていない。

2) 劇場・ホールの被害状況

JATET，舞台メーカーなどの関係者の協力を得て行った初動調査では，今回の震災により被害を受けた東北地方の公共ホールは，秋田県18施設，青森県12施設，山形県1施設，岩手県24施設，宮城県42施設，福島県26施設。

各施設の被災状況にも違いが見られる。沿岸部に位置する陸前高田市のR市民会館や石巻市のI文化センター等は津波被害により浸水し，壊滅的な被害を受ける。特に，R市民会館は，天井および側壁が津波により流され，客席のみが残るという状況となっている。

多くの施設に見られる全般的な被害状況は，せん断ひび割れなどの一般的な構造被害に加えて，舞台および客席内へ天井の落下，カウンターウエイトの移動による周辺部材の損傷，スプリンクラーの発砲による設備機材の浸水による破損などである。

舞台および客席内部への天井板の落下の要因は，天井裏の目視の調査では，吊りボルトの損傷，二次部材溶接の破断，設備ダクトの固定部材の移動および破損によりダクトが壁面及や天井板等にぶつかることによって，損傷し落下する例が見られた。仙台市内のA公共ホールでは，広範囲に天井板が落下している。ただし，吊りボルトの破断やゆるみ等は全て確認できていないホールも多く詳細な被害状況は未定の部分も多い。

関東地方では，客席等への天井板の落下等の建築的な被害に加えて，死亡事故などの被害が発生しているが，東北地方では，津波の被災による施設を除けばいわゆる地震被害での重大な人的な被害は確認されていない。利用状況との関連では，被災時が平日の昼間であったので，被災時に貸し出しが無かったり，リハーサルや点検などの少数の利用や関係者のみの利用が多い。また，一度目の揺れに対して，直ぐに天井が落下しなかったことが人的被害の少ない要因であると指摘もあった。

原子力発電所の避難区域になっている福島県内の幾つかのホールは計画的避難区域のために4月時点で十分な点検等が行われていない例も見られた。また多数のホールが，4月7日の余震の影響で天井の落下面が拡大するなど被害が拡大している。

仙台市内の公共ホールは，被災状況が軽度な施設から7月を目処に部分的に開館の予定であるが，客席の天井が落下した施設等は，具体的な再開の見込みは立っていない。

公共ホールの多くが震災直後から避難所として運用されている。Oホールでは，地震発生当時は，2000人を超える避難者を収容し，5月中旬でも約250名が避難生活を送っている。宮城県でも，T文化センター，N文化会館，S芸術村などが避難所になっている。

また，ヒアリング等では，空間的な選択性，断熱性や遮音性，和室などの存在などの点で，学校の体育館よりは，避難所としての居住性能が高いなどの意見があった。

3) 美術館・博物館の被害状況

東北地方の各県の美術館・博物館の被害状況は，被害状況を集約するMILAKによると博物館・美術館125件，図書館183件である。

沿岸部の美術館・博物館の被災状況は甚大で，R博物館は津波により職員が死亡するなど甚大な人的被害が確認されている。建物の被害に加えて，資料，蔵書は把握不能の状況となっている。同様に，沿岸部に位置する石巻市のK博物館では，重要な展示物の一部破損と・展示室が被災した。気仙沼市のS美術館は高台にあるために，津波の被害は免れたが，担当学芸員は震災後気仙沼の被災状況や復旧プロセスを記録する活動を行う試みも見られる。文化庁が行っている文化財レスキュー等を中心に，博物館の資料の保存等は，様々な支援団体が資料のレスキューを行っている。

4) 図書館の被害状況

先述のMILAKでは，東北地方の図書館で被害が確認されているのは183件とのことである。K図書館では，本震と4月7日の地震で，資料の6割が落下，窓ガラスが破損するなどの被害が確認されている。

仙台市内の図書館は資料の落下，本棚の損傷などの被害があったが，先行して移動図書館などでサービスを代替し5月10日より一部再開をしている。図書館を含む生涯学習センターは，7階の天井の落下等に加え，3〜4階の図書館部分も資料の落下等の被害を受けたが，5月の連休明けから一部運営を再開している。震災復興事業である「3がつ11にちをわすれないためにセンター」を開始し，震災のアーカイブを行っている。

3.9.3 被災地の広域性と多様性（Global and multiple situation）

(1) 被災地の類型的把握

地震，津波，これに原子力発電所事故が加わった今回の災害は，そのあまりの広域性，多様性に，全体像の把握に時間を要した。しかし震災後3ヶ月を経て，各種機関の調査や報道等から，徐々にそのアウトラインが浮かび上がって来た。

ここで，特に生活に根ざした建築学の視点から留意しなくてはならないのが，被災地の把握の仕方であろう。都市部から農漁村まで，沿岸部から内陸部までの広域性と，そこに息づく暮らしの多様性を前提に，これに地震，津波，そして原子力発電所事故による3つの災害による影響を重ね合わせて，避難から復興へのアクション・プランに供する知見を整理蓄積する必要がある。ただ，合併を繰り返してきた現在の行政単位の弊害として，各々の市町村のなかに多様性が存在するという難しさ，それに伴う状況把握や復興計画の混迷という課題もある。震災事実の把握の前提として，建築学会東北支部として，この多様性を整理しておく必要がある。

そこで，現状の行政単位に旧来のより小規模な地理的領域性を加味して，被災地を類型的に把握する（表 3.9.10）。先ず，縦軸に東東北4県を列挙し，1881年時点の郡区町村[1]数理的領域数の目安とした。現在の4県が，実に4,000以上の町村からなっていたことがわかる。すなわち，地域コミュニティがどれだけ多数あり，多様に把握されるべきかについて，今後の示唆を与えるものである。

つぎに，市町村の主な性格づけを，A港町／B沿岸／C漁村／D原発近隣／E内陸／の5系統に分類する。ただ実際は，それぞれ内部に都市的な要素，農山漁村，新興宅地などを内包している。そこでさらに，これら内包要素を6つのエリアタイプ，1中核都市／2拠点都市／3港町／4独立漁村／5農山村／6新興宅地 に区分し，各系統の市町村を内包している要素のセット別に類型化する。これによって，被災地域を類型的に把握することができる。

他方，表の横軸には，災害の種類と，これに関わる3つの課題（イ：避難と移転，ロ：産業とインフラ，ハ：耐震改修と土地改良）の検討必要性を，新聞はじめ各種報道からの情報を参照しマーキングした[2]。

以上をもとに，震災後の4月に複数回，現地視察を行った。例えば，中心市街地が壊滅的な岩手県陸前高田市（参考写真※1）は，人口約2.3万人で，隣接する大船渡市約4.1万人と同種の港町である。市内には農山村部もあり，協力して域内で居住地を確保する政策が期待される一方で，双方の港湾復旧においては，その必要性を論理化することが課題となろう。

また中核都市・人口16万人の石巻市に編入された旧雄勝町の小漁村の場合（参考写真※2），市内にある数十の漁村の位置づけが難しい。宮城県は漁業システム自体の改革を謳っているため復興プランが混迷する恐れがある。一方，同市内の内陸部でも震災による損壊住宅は数多く残り，公的資金の投入バランスについて議論が分かれる懸念もある。

また、福島県の場合はより深刻な状況があり，住民主体，地域コミュニティの特定すら難航する恐れがある。表3.9.10に示す明治初期の郡区町村数で分かるとおり，福島県に潜在している一体的な地域のまとまりは，東東北4県の中でも特に多い。これらを勘案しながら，現自治体を核に追跡していくことが必要となる。

いずれにせよ，大きな復興方針は国，県，現市町村といった上からの先導が不可欠である一方で，むしろ小さな地域の単位，そしてコミュニティの単位をどのように把握するのかが，本質的な復興への鍵となると言える。

参考文献

1) 羽山庫納編「郡区町村一覧　明治14年」国立国会図書館近代デジタルライブラリーPDFデータより
2) 主に河北新報による

(2) 人口・産業構造の多様性

今後の検討への入口として，本項では，津波被害を被った基礎的自治体（市町村）の被災前の人口・産業構造の特徴を整理していきたい。太平洋沿岸に位置する岩手・宮城・福島3県の被災市町村は，北は岩手県・洋野町から南は福島県・いわき市までの36を数える。

平成の合併を経て，岩手県沿岸部では大船渡市（旧大船渡市と三陸町），洋野町（沿岸部の種市町と内陸の大野村），宮古市（旧宮古市と田老町，新里村，川井村）が生まれ現在12市町村である。

宮城県沿岸部では，気仙沼市（旧気仙沼市と唐桑町，本吉町），石巻市（旧石巻市と河北町，雄勝町，河南町，桃生町，北上町，牡鹿町），南三陸町（歌津町と志津川町），東松島市（矢本町と鳴瀬町）の県北地域で合併が進み14市町となった（逆に県南地域では構想はあったものの合併は進んでいない）。

福島県沿岸部の浜通りでは，新産業都市の建設を期に14市町村が合併して1966年にいわき市が誕生しているが，平成の合併では南相馬市（原町市，鹿島町，小高町）の合併のみが実施され現在10市町を数える。

合併そのものが地域防災計画のすりあわせや改訂作業に

第3章 東北地方の被害（Damage in Tohoku District）

表 3.9.10 東北4県の立地と復興の重要課題（The location of 4 prefectures, and the important problem of revival）
（2011年5月時点での状況／●は強く該当，○は一部該当）

県	明治14年郡区町村一覧の町村数	市町村立地大別	該当市町村	人口規模（千人）	包含エリアタイプ 1 中核都市	2 拠点市街	3 港町	4 独立漁村	5 農山村	6 新興宅地	エリアタイプ	地震災害	津波災害	原発災害	【課題イ】避難仮設移転問題	【課題ロ】産業再生インフラ	【課題ハ】耐震改修土地改良	備考
青森県	180町	828村	A 港町系（太平洋）	八戸市、三沢市	237, 41	●		●	●	●	●	1-A 中核都市	○	○		●	●	●	
												3-A 港町	●	●		●	●	●	
												4-A 独立漁村	●	●		●	●	○	
												5-A 農山村	○					●	
												6-A 新興宅地	○					○	
			B 沿岸系	東通村、六ヶ所村、おいらせ町	7, 11, 24		●		●	●	●	2-B 拠点市街	○	○				○	
												4-B 独立漁村	●	●		●	●	○	
												5-B 農山村	○					●	
												6-B 新興宅地	○					○	
			C 漁村系	階上町	15		●		●	●		2-C 拠点市街	●	●				○	
												4-C 独立漁村	●	●		●	●	○	
												5-C 農山村	○					○	
			E 内陸系その他（太平洋外）	青森市、弘前市、十和田市ほか（小計34市町村）		○	○			●	●	1-E 中核都市	○					○	
												2-E 拠点市街	○					○	
												5-E 農山村	○					○	
												6-E 新興宅地	○					○	
岩手県	0町	642村	A 港町系	久慈市、宮古市、釜石市、大船渡市、陸前高田市	37, 59, 38, 41, 23		●	●	●	●	●	2-A 拠点市街	●	●		●	●	●	参考写真※1
												3-A 港町	●	●		●	●	●	
												4-A 独立漁村	●	●		●	●	●	
												5-A 農山村	●	○		○	○	●	
												6-A 新興宅地	●	○		○	○	●	
			C 漁村系	野田村、普代村、田野畑村、山田町、大槌町、岩泉町、洋野町	3〜19		●	○	●	●		2-B 拠点市街	●	●		●	●	●	
												3-B 港町	●	●		●	●	●	
												4-B 独立漁村	●	●		●	●	●	
												5-B 農山村	●	○		○	○	●	
			E 内陸系その他	盛岡市、花巻市、一関市、奥州市ほか（小計23市町村）		○	○			●	●	1-E 中核都市	○					○	
												2-E 拠点市街	○					○	
												5-E 農山村	○					○	
												6-E 新興宅地	○					○	
宮城県	305町	708村	A 港町系	石巻市、気仙沼市、塩竈市	160, 73, 56	●	●	●	●	●	●	1-A 中核都市	●	●		●	●	●	参考写真※2
												2-A 拠点市街	●	●		●	●	●	参考写真※3
												3-A 港町	●	●		●	●	●	
												4-A 独立漁村	●	●		●	●	●	
												5-A 農山村	●	○		○	○	●	
												6-A 新興宅地	●	○		○	○	●	
			B 沿岸系	仙台市2区、名取市、岩沼市、多賀城市、松島町、七ヶ浜町、亘理町、山元町、東松島市	15〜1,000		●	●	●	●	●	2-B 拠点市街	●	●		●	●	●	
												3-B 港町	●	●		●	●	●	
												4-B 独立漁村	●	●		●	●	●	
												5-B 農山村	●	○		○	○	●	
												6-B 新興宅地	●	○		○	○	●	
			C 漁村系	南三陸町、女川町	9, 17		●	●	●	●		2-C 拠点市街	●	●		●	●	●	参考写真※4
												3-C 港町	●	●		●	●	●	
												4-C 独立漁村	●	●		●	●	●	
												5-C 農山村	●					●	
			E 内陸系その他	大崎市、栗原市、登米市、加美町、利府町、白石市、村田町、角田市、丸森町ほか（小計22市町村）		○	○			●	●	2-E 拠点市街	●					●	
												5-E 農山村	●					●	
												6-E 新興宅地	●					●	
福島県	87町	1697村	A 港町系	いわき市、南相馬市、相馬市	342, 71, 38	●	●	●	●	●	●	1-A 中核都市	○	●	●	●	●	○	
												2-A 拠点市街	●	●	●	●	●	○	
												3-A 港町	●	●	●	●	●	○	
												4-A 独立漁村	●	●	●	●	●	○	
												5-A 農山村	○	○	●	○	○	●	
												6-A 新興宅地	○	○	●	○	○	●	
			B 沿岸系	新地町	8		●	●	●	●		2-B 拠点市街	●	●		●	●	●	
												3-B 港町	●	●		●	●	●	
												4-B 独立漁村	●	●		●	●	●	
												5-B 農山村	●					●	
			C 漁村系	浪江町、双葉町、大熊町、富岡町、楢葉町、広野町ほか	3〜21		●	●	●	●		2-C 拠点市街	●	●	●	●	●	●	
												4-C 独立漁村	●	●	●	●	●	●	
												5-C 農山村	●		●			●	
			D 内陸系原発近隣	飯舘村、川俣町、田村市、三春町、小野町、葛尾村、川内村ほか			●			●	●	2-D 拠点市街	●		●	●	●	●	
												5-D 農山村	●		●	●	●	●	
												6-D 新興宅地	●		●	●	●	●	
			E 内陸系その他	福島市、郡山市、会津若松市、白河市、ほか（小計33市町村）		●	●			●	●	1-E 中核都市	●		○			●	
												2-E 拠点市街	●		○			●	
												5-E 農山村	●		○			●	
												6-E 新興宅地	●		○	○	○	●	

写真※1 市街地の旧状が分からないほどの被害を受けた陸前高田市

写真※2 小漁村に瓦礫が山積する石巻市雄勝町水浜地区の光景

写真※3 冠水し都市機能が損なわれた気仙沼市内の光景

写真※4 役場機能も失われた南三陸町の光景

大きな影響を与えたとともに，合併後の地域自治区や合併特例区の設置状況や旧市町村役場に残された行政機能の大小，集落単位のコミュニティ施策の軽重なども，事前の防災訓練や避難計画の準備状況の違いを生み，さらには発災後の情報収集や緊急物資輸送・避難所運営等での行政対応の自治体内格差をもたらしたと考えられる。また，復興計画策定における自治体内で合意形成や集落別計画の参加型策定の実現状況などでも，今後，上記の視点からの精査が必要であろう。

先ず，都市規模を人口から見ると，100万人を超える仙台市（内沿岸部は宮城野区約19万人，若林区13万人強），34万人強のいわき市，約16万人の石巻市の3市のみが10万人以上の規模を有する。数千人規模も町村もあり，復旧・復興に向けた財政力や人材等の面で大きな課題を抱える。

高齢化の状況では，65歳以上の人口比率が30%を超えるような市町村（陸前高田市，釜石市，岩泉町，田野畑村，女川町）があり，その他の自治体も高齢社会への対応が政策課題となっていた。さらに過疎の進展も著しく，仙台都市圏を除くと，ほとんど全ての自治体が2005年から2010年までの5年間で人口を減らし，岩手県の沿岸自治体では5%以上の減少率を示している（岩手・宮城・福島3県の同時期の人口減少率はそれぞれ-3.9%, -0.5%, -3.0%）。

市街地（可住地面積から耕作面積を控除）人口密度も，haあたり数人に留まる自治体が多い。一方で，市町村域面積に占める可住地面積が20%未満であるような地形的制約が強い自治体も特に北部沿岸域で多く，高台移転時の適地選択の難しさの一因となっている。

災害で失われた人口に加え，他市町村への避難・仮設住宅の建設，就職・転職・転学等に伴う転出によって，大規模な人口移動が発生しており，復旧後，被災自治体へどれほどの人口が戻ってくるのか，どのような人口構成に変化しているのかは，これからの雇用機会の維持・新規開発に対する展望（希望）と数年後の実績に大きく左右される。そのため十分なモニタリングを行いながら，復興計画の進捗や評価を行うことが重要となる。

人口集中地区を有する自治体は，宮古市，大船渡市，釜石市，久慈市，大槌町，山田町，気仙沼市，仙台市，石巻市（旧石巻市と渡波地区の2箇所），塩竈・多賀城市（2市が連坦），岩沼市，名取市（閖上地区），女川町，いわき市（平，小名浜，植田，湯本，内郷，四倉，市江名・中之作の7地区），南相馬市（原町地区）であり，一定の密度と面積を持った市街地が存在していたことが確認できる。

また，広域的な中心性に関わる昼夜間人口比（昼間人口／常住人口）が1を切る市は，陸前高田市，塩竈市，名取市，岩沼市，東松島市，南相馬市で，周辺上位都市への通勤・通学が勝っている。逆に1を超える町村は発電所立地と関係する女川町，楢葉町，大熊町である。今後の復興計画は，流されてしまった鉄道駅の位置や道路網体系の再検討とともに，旧来の中心市街地を再生するのか，津波対策として中心市街地を移動させるのか，等の検討が求められる。

可住地面積に占める農地（耕作面積）の割合では，岩手圏沿岸域の自治体では2割に満たないケースが多く，内陸部や仙台以南の平野部とコントラストをなす。

特に仙台平野においては，全国的な米作地帯の再生あるいは作目転換，都市的用途への転用など多様な土地利用上の選択肢が考えられ，国土レベルでの農業政策上の議論とともに，生業（雇用や所得）の視点も必要となる。

「2005年国勢調査の人口総数」に対する「2008年漁業センサスによる漁業就業者数」を見ると，普代村，女川町，南三陸町で8%を超えるような漁業への特化が見られる一方で，量的には宮古市，大船渡市，釜石市，山田町，石巻市，気仙沼市，南三陸町で1,000人以上の漁業就業者の集積がある。これらの地域では，漁業，水産加工業，造船・舶用機械等の関連製造業，さらにそれらに付随する関連サービス業等がクラスターを形成しており，その復興のためには，選択的な漁港再整備を前提に，まずコアとなる漁業活動の再開が求められ，流通経路や産地ブランドの維持が重要な課題となる。

2008年工業統計調査による製造品出荷額等から工業集積の実態を概観すると，3県で内陸部を含めた上位都市は，いわき市，郡山市，福島市，仙台市，北上市，石巻市，金ヶ崎町，会津若松市，白河市の順であり，内下線を付した市で臨海型の集積を形成している。

多くの工場では，3か月がたった現時点でそれなりの復旧が実現しているが，一部に従前の立地場所を離れ，東北地域外，国外への移転を検討する企業もある。またサプライ・チェーンの寸断を経験してBCP計画を改訂する場合に，生産拠点の空間的分散を通じたリスク管理を目指すことも考えられ，産業集積のパターンに大きな影響を及ぼす可能性がある。さらに，東北でのものづくりのあり方自体の再検討も必要となろう。

次に，2006年度の商業年間商品販売額から商業集積に着目すると，3県で内陸部を含めた上位都市は，仙台市，郡山市，盛岡市，いわき市，福島市，石巻市，会津若松市，大崎市，矢巾町の順である。

これまでは，中心部商業の衰退と郊外型のショッピングセンターの立地・更新が進んできたが，一部には商業機能の都心回帰（郊外立地規制）や情報化の影響も含めた流通・ロジスティックスの再編，支店統廃合とそのテリトリー再

編，都市農村連携型のコンパクト・シティの展開など，都市群システムや都市圏内での階層構造に影響を及ぼす流れも生まれつつあった。今後の国土構造や東北地方の産業立地の面からは，上記の様な集積地の再生および新たな中心地機能のイノベーションが求められる。

他方，生活再建という意味からは，身近な買い物環境（買い物難民対策等），雇用の場（失業対策，所得保障）という視点で第2次，第3次産業の分布を捉える必要もあり，当面の課題として，できるだけ早い時期に，被災設備の再建，あるいは仮設店舗・仮設工場の整備を実現し，新たな協業化等の模索・検討も急がれる。

参考資料

1) 総務省統計局「東日本太平洋岸地域のデータおよび被災関係データ」

   http://www.stat.go.jp/info/shinsai/index.htm

(3) 復興計画の策定状況
1) 東北4県における復興方針の策定状況

青森県では，大震災からの復旧・復興に向けて復興対策本部（本部長：三村申吾知事）を設置し，5月9日には「青森県復興プラン〜東北の元気，日本の元気を青森から〜」を発表した。この中で，「生活再建」「産業復興」「インフラ復興」の3つの分野で当面取り組むべき対策を示しており，堤防，漁港，農地，農業用施設等のインフラについて，概ね2年以内に機能回復する目標を立てている。加えて，今後の10年程度を見据えた「青森県復興ビジョン」を年内に取りまとめる予定である。

岩手県では，東日本大震災津波復興委員会（委員長：藤井克巳岩手大学長），および総合企画専門委員会（委員長：齋藤徳美放送大岩手学習センター所長）を設置して，復興ビジョン（東日本大震災津波復興計画）の策定に取りかかっている。今後の8年後を見据え，復興に向けた3原則「安全の確保」「暮らしの再建」「なりわいの再生」を設定し，第1期（3年）を生活再建などの短期的な事業を「緊急推進期間」，第2期（3年）を中期的な事業を行う「本格復興期間」，第3期（2年）を長期的なプロジェクトを含む「さらなる展開への連結期間」とする区切りをもって構成されている。5月25日までに4回会合が開催され，9月までに方針を固める予定である。

宮城県では，震災から一ヶ月後にあたる4月11日に「宮城県震災復興基本方針（素案）〜宮城・東北・日本の絆・再生からさらなる発展へ〜」を発表した。この方針では，復興を達成するまでの期間を概ね10年後（平成32年度）とし，復旧期（3年），再生期（4年），発展期（3年）に分けて復興の方針が謳われている。基本理念には，①県民ひとりが復興の主体，②単なる「復旧」ではなく「再構築」，③現代社会の課題に対応した先進的な地域づくり，④壊滅的な被害からの復興モデルの構築，が掲げられている。

5月2日には12名の有識者からなる「宮城県震災復興会議（議長：小宮山宏三菱総研理事長）」の初会合が持たれ，沿岸部の復興案を中心に続々と発言が出された。今後は，県内の産学官代表者で構成する富県宮城推進会議，市町村長会議の意見，パブリックコメントの結果を反映させて8月に最終計画案を取りまとめ，9月の定例議会に提出する予定となっている。

福島県では，復興ビジョン検討委員会（座長：鈴木浩福島大学名誉教授）を5月13日に設置し復興指針の策定に取り組んでいる。5月29日に開催された3回目の会合では，復興ビジョンの骨格となる「原子力災害による影響・不安の払拭」など5項目の基本理念と「応急的復旧・生活再建支援」，「市町村の復興支援」など7つの主要施策の案を公表している（表3.9.11）。

表3.9.11 東北4県における復興計画の概要（The outline of the recovery program in 4 prefectures）

県名	青森県	岩手県
計画名称	青森県復興プラン〜東北の元気、日本の元気を青森から〜	岩手県東日本大震災津波復興計画
計画主体	青森県復興対策本部	東日本大震災津波復興委員会
計画概要	①命と暮らしを守る（生活再建） ・当面の資金と住宅の確保 ・雇用対策の強化 ・健康で安心して暮らせる生活環境の確保 ②あおもりの生業復興（産業復興） ・「攻めの農林水産業」の基盤復興 ・企業活動の維持と早期復興 ・「とことん元気な観光・輸出産業」の復興 ・風評被害の防止 ③暮らしと生業を支える（インフラ復興） ④国への提案・要望	①安全の確保 ・防災のまちづくり ②暮らしの再建 ・生活再建 ・保健医療・福祉 ③なりわいの再生 ・水産業・農林業 ・経済産業 ・観光

県名	宮城県	福島県
計画名称	宮城県震災復興基本方針〜宮城・東北・日本の絆・再生からさらなる発展へ〜	福島県復興ビジョン
計画主体	宮城県震災復興会議	福島県復興ビジョン検討委員会
計画概要	<基本理念> ①県民一人ひとりが復興の主体 ②単なる「復旧」ではなく「再構築」 ③現代社会の課題に対応した先進的な地域づくり ④壊滅的な被害からの復興モデルの構築 <緊急重点事項> ①被災者の生活支援 ②公共土木施設とライフラインの早期復旧 ③被災市町村の行政機能 ④災害廃棄物の処理 ⑤教育環境の確保 ⑥保健・医療・福祉の確保 ⑦雇用・生活資金の確保 ⑧農林水産業の初期復興 ⑨商工業の復興 ⑩安全・安心な地域社会の再構築	<基本理念> ①オールふくしまによる復興 ②ふるさとへの帰還の実現 ③安全・安心で持続可能な新たな社会 ④原子力災害による影響・不安の払拭 <主要施策> ①応急的復旧・生活再建支援 ②地域のきずなの維持・再生・発展 ③市町村の復興支援 ④新たな時代を切り開く産業づくり ⑤災害に強く、未来を拓く社会づくり ⑥未来の子どもたちのための新生ふくしまづくり ⑦原子力災害への対策の推進

各県とも今後の国の予算や制度設計に対するメッセージ性を強く持った内容となっている点が共通している。一方で，岩手県や福島県では地元専門家や団体代表者による委員構成として実務的な検討を重視しているが，宮城県では外部の著名な専門家を中心として委員を構成し，大胆な発想を重視した議論の展開を重視しているという点が相違点として挙げられる。

2) 各市町村における復興計画の策定状況

各市町村でも復興計画の策定に着手し始めている。宮城県の状況をみてみると，県内35市町村のうち19市町で復興計画が策定される見通しである(表3.9.12)。沿岸部市町だけでなく津波被害のなかった内陸部の白石市，角田市，登米市，大崎市でも策定にとりかかっている。河北新報の調査によると，策定時期は，岩沼市と女川町は早い段階の8月，気仙沼市，名取市，南三陸町は9月，仙台市，石巻市，塩釜市は年内の策定を目指している。

復興計画の策定にあたっては，有識者による策定委員会のほかに，住民アンケート，市民会議，地区別懇談会等の住民参加の機会を設けており，限られた時間の中でどれだけ復興のプレイヤーである住民の意向を計画に反映できるかが，計画に現実性を持たせる観点からも重要になってくる。すでに多くの地区から集団移転の意向が表明されている状況を鑑みても，不十分な住民参加による計画策定は避けたいところである。

市町村の復興計画は，県の計画と復興を達成するまでの目標期間の設定などでズレが見られ，計画策定後のすり合わせが課題として残るだろう。また，国や県で復興財源の見通しが立っていないことや津波浸水区域の土地利用方針が定まらない状況にあるため，現実性の伴った計画内容となっているかについても不十分さが見られる。福島県の市町村にいたっては，原子力発電所の影響もあり復興計画の策定が進ます先行きが不透明な状況が続いている。

参考資料

1) 東北4県における復興計画策定の状況把握については，東奥日報，岩手日報，河北新報，福島日報，および県，市町村のホームページを参照している。

表3.9.12 東北3県の市町村における復興計画の概要
(The outline of the recovery program in 3 prefectures' cities, towns and villages)

県	市町村	策定方針
青森県	八戸市	9月に計画を策定する。5月に震災復興本部を設置し6月までに重点施策をまとめる
岩手県	大船渡市	7月末までに復興計画を策定することを目標に，6月から懇談会を行い市民の意見を取り入れつつ骨子を決定する
	陸前高田市	5月中旬に復興計画策定方針を固め，策定については実施予定に合わせて今後定める
	久慈市	5月に復興ビジョンを策定し，今後の復興計画は進行に合わせて策定
	宮古市	6月上旬に復興計画を策定し，今後を見据えた取り組みを進めていく
	釜石市	5月末に復興まちづくりの基本方針を定めた。6月に骨子をまとめ，9月までに策定する方針
	岩泉町	年内に策定する予定。5月末に骨子案を説明した。震災復興委員会を6月に開催し，地域懇談会等を開いた上で11月までに基本計画をまとめる
	山田町	年内をめどにに復興計画を策定する。5月末に復興計画の基本方針を提示している
	洋野町	6月中に意見集約をした上で素案をまとめ，計画決定する予定。8月上旬に議会で公表予定
	野田村	5月下旬に基本方針をまとめた。同月下旬に策定委員会を立ち上げ，11月までに意見集約を行った後，復興計画を策定する
	田野畑村	6月上旬に基本方針を固め，今年度末を目標に策定していく予定
宮城県	仙台市	5月末までにたたき台，10月ごろまでに復興計画案を策定。年内の正式発表を目指す。
	石巻市	9月ごろまでに素案をまとめ，11月に復興計画を策定。議会に報告する
	塩釜市	年内の策定が目標。5月に基本方針骨子案をまとめ，9月に計画案を議会に中間報告
	気仙沼市	9月までに策定する。検討組織の人選などを進めている
	白石市	9月をめどに策定。4月の対策会議で基本目標を大筋で固めた
	名取市	9月をめどに策定する。検討組織の設置を準備中。
	角田市	7月末～8月ごろに策定。災害復旧が重点で，5月中に基本方針をまとめる
	多賀城市	10月末までに策定予定。4月に震災復興基本方針を決定済み
	岩沼市	8月末までに策定する。素案はすでに公表している
	東松島市	9月をめどに計画案を策定、公表する。正式決定は年内を目指す
	大崎市	10月上旬の決定を目指す。議会の6月定例会に基本方針，9月定例会に計画案を報告
	亘理町	年内をめどに策定する。5月末までに基本方針を決める
	山元町	年内を目標に策定。7月末までに基本方針を決める
	松島町	年内に策定する。町震災復興推進本部を16日発足させる
	七ケ浜町	年内に策定する。基本方針は4月に決定済み。
	女川町	7月までに計画案をまとめ，8月に正式決定する。基本方針は5月11日に公表した
	南三陸町	9月までに決定する。基本方針骨子案を4月に公表した
	利府町	復興計画に準じた計画を年内に策定する
	登米市	日程は未公表

3.9.4 復旧・復興への道筋（The route to restoration and revival）

(1) 災害救援の状況

1) 自衛隊の災害救援

震災直後および初動の救援に関わった自衛隊の状況は，3月12日時点で，人員約8,400人の派遣・準備中航空機約190期，艦艇約25隻。3月15日時点人員約70,000名（陸自約40,000名，海自，空自約30,000名）回転翼176機，固定翼319機，艦船59隻，3月24日人員約106,100名（陸：約69,000名，海：約15,300名，空：約21.300名，原子力派遣部隊：約500名）回転翼214機，固定翼319機・艦船50隻が活動するなど従来の震災を超えて大規模な救援活動が展開された。また，行方不明者の捜索，列車の撤去などで「トモダチ作戦」と称する大規模な米軍の支援も行われている。なお，防衛省は震災2ヶ月を経て，被災地のニーズの変化，国防の観点等から自衛隊の災害派遣の縮小に着手した。

2) がれきの処理

環境省の中間集計によると，今回の震災で発生した倒壊家屋などの大量のがれきについて，岩手県，宮城県，福島県の3県だけで，計2,490万トンに及ぶ。被災自治体の処理能力を大幅に超えることから，30都道府県にある72市町村が受け入れる意向となっている。受け入れ可能な量は紙くずや木などの可燃物の処理が中心で，年間最大180万トン。同時に宮城県と仙台市は焼却炉計9基の新設を予定している。

3) 被災地以外の自治体からの支援

幾つかの自治体は庁舎機能そのものが甚大な被害を受けた。これに対して自治体間の支援と，これまでの震災に対するノウハウを提供する協力なども行われつつある。

その一つが，自治体機能の被災状況が大きい南三陸町と女川町の役場に対して，阪神・淡路大震災の経験のある兵庫県の西宮，宝塚，川西の三市と猪名川町で構成する阪神自治体支援チームと協力し，登米市，栗原市が宿泊等を支援する事例や，災害応援に関する三角協定を結ぶ事例などがある。具体的には，被災住民の各種申請業務や窓口の整備，家屋の被害査定に迅速に協力するために，栗原，登米市は宿泊先を支援する。

4) 医療救援活動

医療活動関係は，初期の災害医療に関わるDMAT（災害派遣医療チーム）の活動状況は，3月14日時点全体で活動中120チーム，移動中23チーム，対応可能119チーム，検討中32チームである。その他保健師の派遣，医薬品・医療機器の調達に関して，各種メーカーへの協力が要請されている。みやぎ生協はバナナ60,000本，バナナ・ミカン他4t, 水2L36,000本を緊急配送している。

3月24日時点の厚生労働省の発表では，福島県，宮城県，岩手県の災害拠点病院の患者受け入れ状況，宮城県10病院（重症921人，中等症2964人，軽症6697名，死亡147人）福島県4病院（重症231人，中等症331人，軽症429人，死亡19人）岩手県9病院（重症230人，中等症394人，軽症2082人，死亡7人）医療チームの派遣調整（活動中96チーム，514人）薬剤師計225名，看護師27名，保健師の活動状況はチーム数95チーム，人数341人，心のケアチーム活動中23チーム（124名）などが派遣されている。

5) NPOなどの災害支援

3月11〜12日にかけて，被災地各県のボランティア本部が立ち上がり，国内外のNPO団体が震災後早い段階から災害救援活動を行っている。国内最大の災害救援などを手がけるNPOピースウィンズ・ジャパンは，同団体の公開資料によると震災翌日にヘリコプターで現場を視察し，活動を開始し，更に翌日の視察結果を受けて気仙沼を支援対象とした。活動エリアは岩手県一関市に拠点事務所を構え，気仙沼市，南三陸町，大船渡市，陸前高田市の4カ所で支援活動を展開している。

支援内容は，当初は現地調査を踏まえ，支援が行き届きにくい避難所への物資の配給などを行い，初期段階では，食料や水，毛布，灯油ストーブ等の救援物資の配給などを行う，同時に海外の国際的なNGOも各地の被災地で震災直後から活動を展開している。

被災者をNPOとつないで支える合同プロジェクト（つなプロ）は，被災者の課題と様々な支援活動が有効に機能する（つなぎ）ことに重点を置き，特に居住の課題を三段階にわけて，ニーズを詳細に把握し，つなぎ（マッチング）の経過を，随時情報公開している。

文化庁が4月から主導的に始めた文化財レスキューでは，同庁や国立博物館等の協力により，文化財を救出・一時保存するための政策で，国，自治体の指定を受けていない文化財も対象となる。今回の被災文化財は国宝等の国指定のものだけでも500件を超えるために，「宮城歴史資料保存ネットワーク」などの活動団体との，共同等様々なレベルが試みられている。

参照 防衛省，厚生労働省，環境省各HP

(2) インフラの復旧
1) 港湾の復旧状況

主要港湾の応急復旧については，地震発生直後から，航路，臨港道路の啓開作業を実施し，救援物資等の緊急輸送に最低限必要な物流ルートの確保につとめている。宮城県土木部港湾課HPによれば，4月1日には仙台塩釜港および石巻港の岸港に一般貨物船の入港が可能になった。被災状況の大きい地方港湾の応急復旧の状況については，例えば気仙沼港および女川港については，救援物資等の緊急輸送に最低限必要な岸壁の利用が可能であった。4月中旬には，それ以外の地方港湾の調査を終了している。

震災から1ヶ月半経過した4月末の宮城県内の仙台塩竈港および石巻港の復旧状況を以下に示す。4月7日から自動車運搬船の定期航路が再開した。11日に第一船（きそ），13日に第二船がそれぞれ入港した。4月16日から仙台塩竈港からの完成自動車の積み出しが再開した。4月27日に石巻港に地震後初の一般貨物が入港可能となっている。

2) 鉄道の被害と復旧状況

今回の震災でJR東日本は，津波被害を受けた7線区と八戸線（階上〜久慈），山田線（宮古〜釜石），大船渡線（気仙沼〜盛），気仙沼線（前谷地〜気仙沼），石巻線（前谷地〜女川），仙石線（東塩釜〜石巻），常磐線（いわき〜亘理）総距離約325km，その他，東北本線など計36線区で地震被害が確認されている。被害箇所数は，3/11の本震で約4400カ所，4/7の余震以降で約850カ所の被害が確認されている。ただし福島第一原子力発電所の半径30km以内は点検等が難しいために，被害の詳細は不明な点もある。津波による駅の流失23駅，線路流失，埋没65カ所（延長約60km）橋けた流失・埋没101カ所など約1680カ所の被害が，4/5時点で確認されている。他方，震災後約1ヶ月後の4/17には，津波被害の7線区を除く，復旧箇所の進捗率は約85%。4/29に東北新幹線は全線復旧した。

3) 空港の被害と復旧状況

空港は仙台空港等の13空港に被害が生じた。一番被害の大きかった仙台空港は，3月16日に3000メートルの滑走路のうち約1,500メートルの土砂の撤去作業が完了し，3月17日から救援機限定の再開となった。4月13日から羽田4往復，伊丹2往復の運行を開始，6月上旬には札幌，伊丹，福岡，名古屋への運行が予定されている。国際線の復旧は7月に予定されている。

4) 高速道路

3月16日時点で東北自動車道（浦和IC〜碇ケ関IC）をはじめとして，11の自動車道で通行止めとなったが，3月22日は東北地方の一ノ関以北の高速道路が，全車種通行が可能になった。3月24日は仙台東部道路，三陸道，常磐道の一部を残して一般車の通行が可能になった。

5) 交通状況の震災前後の比較

国土交通省の統計によると東北自動車道は，仙台南IC震災前（3/10）29,300台，震災後（5/21）34,600台と118%の伸び，高速バス（東北），震災前（3/10）1,980人→震災後（5/23）5,295人と267%の伸びであった。

6) 電力の復旧状況

震災による東北電力管轄の停電状況（東北電力緊急情報）は，震災直後の3月12日15:00時点で東北地方のほぼ全域の延べ485万戸で停電した。青森県内，全域（916,964戸）岩手県内全域（816,499戸）秋田県内全域（669,414戸）宮城県内全域（1,545,494戸）福島県内 中通り，浜通りの一部地域で停電（381,788戸）新潟県内十日町，津南市（174戸）合計4,858,580戸となっていた。比較的電気の復旧は早く，震災後2週間経過した3月25日時点でのこれらのエリアでの停電戸数は198,311戸となっており，4月28日時点では10,508戸，5月20時点では1,452戸となっている。

7) ガスの復旧状況

日本ガス協会の報告によると13事業者合計で456,600戸の戸数で供給が停止した。最も停止戸数が多いのは，仙台市ガスであり約360,000戸の供給が停止した。復旧進捗状況は，3月21日時点で,16事業者合計の復旧戸数1,392戸，累積復旧率10%，3月31日累積復旧戸数129,059戸，累積復旧率32%となっている。ガスの復旧に関しては，例えば仙台市ガスの場合全国の各事業者から2700人が復旧支援に関わり，被害の大きい地区を除き4月中旬で概ね停止戸数を解消している。

8) 水道の復旧状況

水道は厚生労働省のHPによると3月13日時点14県約140万戸で断水が生じている。初期の応急給水の対応としては，123台の給水車が派遣され，3月17日時点で263台が被災地に派遣され応急給水活動を行っている。しかしながら，5月25日時点で南三陸町は未だにほぼ全域で断水が続くなど，復旧状況は地域間で差が生じている。

参照 国土交通省HP 宮城県土木課HP JR東日本HP 東北電力HP 日本ガス協会HP

(3) 居住支援

ここでは，東日本大震災に関わる居住支援の初動調査として，行政情報，各社新聞記事，その他インターネット上の情報等を網羅的に収集し，そこに仙台近郊を中心とした避難所・仮設住宅の視察・ヒアリングで得られた情報を加えて，現時点の居住支援の概況として整理する。

1) 住宅提供

ⅰ) 応急仮設住宅の供給

政府は「お盆のころまでに被災者全員の仮設住宅入居」を目標に，当初，応急仮設住宅の供給について震災後2ヶ月で3万戸，その後の3ヵ月で3万戸を供給する計画としていた。これに対して，被害の大きい東北3県では，当初，仮設住宅の必要戸数を岩手県1万8千戸，宮城県3万戸，福島県2万4千戸とし，その後，各県の民間賃貸住宅の借上げが進んだことによって，5月中旬時点で岩手県1万4千戸，宮城県2万3千戸，福島県1万5200戸と下方修正している。また，5月23日現在，全国の仮設住宅の完成戸数は17,397戸，着工戸数は35,068戸となっており，震災から2ヶ月半が経って漸く建設が急ピッチで進んでいる(表3.9.13)。

その一方で，三陸地域を中心に平地の少ないエリアでは，適切な条件の建設用地の確保が困難な状況がみられており，8千戸が必要な石巻市，3千200戸が必要な気仙沼市では，ともに政府が掲げる目標の達成が厳しい状況にあり，両市とも公有地建設という原則を外して，民有地での建設に踏み切っている。

表3.9.13 応急仮設住宅の供給状況

(Supply situation of temporary housing)

	必要戸数		着工戸数	完成戸数
	当初	5月中旬	5.23現在	5.23現在
岩手県	18,000	14,000	10,444	4,344
宮城県	30,000	23,000	13,899	9,113
福島県	24,000	15,200	10,410	3,675
その他の県	―	―	315	265
全国	―	―	35,068	17,397

写真3.9.4 住田町の木造仮設住宅
(Wooden temporary housing in Sumida city)

また仮設住宅の工法については，建設コスト等の関係からプレハブ平屋形式のものがほとんどであるが，岩手県住田町では隣接する陸前高田市や大船渡市の被災者向けの仮設住宅として，地元産のスギ材を利用した木造93戸の建設が進められているなど，少しずつ住環境にも配慮された仮設住宅が出現しつつある(写真3.9.4)。

さらに，用地不足を補うため，2階建ての仮設住宅を国が認めるようになり，南三陸町等で建設が検討されている。

ⅱ) 公営住宅等の活用

国土交通省では，公営住宅等（公営住宅，公社住宅，UR住宅，雇用促進住宅等）への被災者の入居の円滑化を目的として「被災者向け公営住宅等情報センター」を設置している。5月26日現在，被災者に提供可能な公営住宅等の戸数（延べ）は，全国で23,094戸，そのうち入居が決定した戸数は5,423戸（23.5％）。また，被害の大きい東北3県（岩手県，宮城県，福島県）の提供可能戸数は1,161戸，入居決定は415戸（35.7％）となっている(表3.9.14)。

これらの公営住宅等の情報は，各地の避難所に窓口が設置されているため，被災者には比較的伝わりやすい状況となっているが，それでも入居率が低いのには，立地が被災者のニーズと整合していない等の問題が反映していると思われる。

表3.9.14 公営住宅等の利用状況（5.26現在）
(Usage situation of public housing, as of May 26)

	提供可能戸数	入居決定戸数
岩手県	357	112
宮城県	228	68
福島県	576	235
3県合計	1,161	415
全国合計	23,094	5,423

ⅲ) 民間賃貸住宅の活用

民間賃貸住宅を県が借上げて応急仮設住宅として被災者に2年間無償で提供する制度では，5月26日現在，被災地全体で11,901戸の入居が決定しており，その分，プレハブ等による仮設住宅の建設戸数を減らすことにつながっている。この制度では自力で賃貸住宅を借りて既に入居しているケースでも，受理されれば仮設住宅とみなされることになっている。

その一方で，民間賃貸住宅では，「被災者お断り」といった物件が多くみられるようになっている。その理由として，無償提供の終了する2年後以降は，家賃が支払えなくなるのでは，といった不安を抱く家主が多いためとされている。

その他，特に仙台圏では単身用の賃貸住宅が多く，家族

向け物件が乏しいうえ，長期的に復旧工事にあたる他県の作業員らが部屋を借りているケースも多く，それらが，被災者の民間賃貸住宅への入居をより困難にしている。

iv) NPO等による住宅提供

上記i)～iii)のような公的機関による住宅供給とは別に，NPO等の民間が住まいを一定期間，無償あるいは低廉な家賃で被災者に貸し出すといった取組みがなされている。これらには，自宅の一部の部屋を貸し出す「ホームステイ型」，戸建やアパートの一室を貸し出す「一般住宅型」，入居してからの生活支援等が充実している「サポート型」等があり，それぞれインターネット等を通じて情報が提供されている。

そのなかには1000件以上掲載されているサイトがいくつかみられるが，これらのサイトでは入居実績がかなり少ないようである。その要因として，掲載されている物件の多くが首都圏等，被災地から遠方に立地すること，都市部に立地する物件が多く被災者に多い農業・漁業従事者の暮らしとミスマッチしていること等が考えられる。

その一方で，畑付きあるいは就業支援付きで物件を提供している事例や，避難所生活が困難な小さい子供のいる世帯を受け入れている事例等，被災者のニーズを汲み取った取り組みもみられている。なお，これらのサイトは情報提供がメインで，相談対応が充実したものがほとんどみられていない。これらが整備されれば，利用者も増えていくものと思われる。

2) 避難者等への支援
i) 避難所での支援

避難所では，食料，衣類，寝具等が自治体，企業，NGO・NPO等によって，医療や入浴支援等が医療機関や自衛隊等によって提供されてきた。それらは避難所の立地等によっては少量しか届かないところもあり，各地で状況に大きな差があったようである。指定避難所では，全国各地から派遣された行政職員が，避難所の運営サポート，および仮設住宅の申請等の行政手続きの窓口として常駐している。また，日が経つにつれて，余暇のための支援が実施されるようになり，本や雑誌類の提供，子供たちへの絵本の読み聞かせのボランティア，音楽やパフォーマンス等のイベントも実施されるようになっていった。

こうしたなか，指定避難所でないという理由から1000人以上が避難していた公的施設において，市から救援物資の提供を断られるといった事態も生じていた。仙台市Tセンターでは，地震発生当日(3/11)，1200人程度の地域住民が避難してきた。同センター館長は，すぐに市に連絡して食料などの提供を依頼したが，指定避難所でないという理由で断られ，それを何度か繰り返したのち，自力でこの難局を乗り越える方針に切り替えた。それから直ぐに周辺の企業や生協にスタッフが走り回って食事の支援の申し入れを行い，その日のうちに，1200人分5日間の食料が確保できた。

その後も毛布はホテルから提供してもらったり，米は農家等から大量に集まったりしたので，他の20ヶ所以上の避難所に配ったりと，食料や物資に困ることがなかったという。こうしたことができたのも，館長のリーダーシップと人的ネットワークの力が大きく作用したと思われる。

震災から2カ月以上が経って，なかには避難所の物資提供に依存している人も見え始めており，自活が求められる仮設住宅への入居をためらう人もいる。

その一方で，物資提供が途絶えることで生活が成り立たなくなる世帯も少なくないようで，宮城県南三陸町では仮設住宅に当選した300世帯のうち，およそ70％の世帯の入居が進んでいないといった事態が生じている。

ii) 仮設住宅での支援

仮設住宅では，洗濯機，冷蔵庫，テレビ，炊飯器，電子レンジ，電気ポットが日本赤十字から寄贈されているが，食料や生活必需品が不足している世帯が多く，これらの物資提供が求められている。

仙台市のN町仮設住宅では，地元のNPOが主催して入居者間の交流を促す「ふれあいサロン」が5月中旬と6月上旬に実施された(写真3.9.5)。

ここではコーヒーの他，食器類，衣類，石鹸等が無料提供されたほか，医師による健康チェック，専門家による金融関連の相談対応，表札づくり等がボランティアで実施された。

こうしたなか，NPOスタッフが入居者の生活全般に関する相談に応じ，「収納が足りないので何とかしたい」，「遠方から入居したため，スーパーや銀行の場所が分からない」，「まだ義援金が入金されない」等の不安の声が多数あげられた。

一方，物資提供においてはインターネットを通じて，一般の個人が直接被災者に提供できるサイトが登場しており，被災者からも要望があげられるようになっている。そのため，利用者もかなり広がっているようである。しかしながら，仮設住宅にはパソコンがない世帯も多く，こうしたサイトの利用が難しい状況になっている。そのため，集会所等の共用スペースに，インターネットが使用できる設備を配置していくこと等が求められる。

写真3.9.5　N町仮設住宅でのふれあいサロン
(N town temporary housing)

3) 津波被災者の居住ニーズ

被災者の大多数は地元定住志向が強く，特に農業・漁業従事者においては，生業と密接にかかわる土地と海，慣れ親しんだコミュニティから離れることへの抵抗感は非常に強いものが感じられた。

その一方で，津波への恐怖心・警戒心も強く，安全な所への移転を求める声も少なくない。特に，小さい子供を持つファミリー世帯でそうした傾向が顕著であった。具体的な例を挙げれば，仙台の沿岸地域では，津波の最後の砦となった盛土式の仙台東部道路の西側（陸地側）に代替地を取得し，そこでこれまでと同じような暮らしがしたいという要望が複数挙げられている。さらに，高齢の農業従事者からは，生業としての農業の再興は難しいかもしれないが，ライフワークとして畑仕事をしたいといった意向も複数挙げられている。

仙台市が津波で被災した地域を対象に実施したアンケート調査によると，被害が大きい地域ほど元の場所で生活を続けることに対して抵抗が強く，特に被害が大きかった地域では6割以上が，基本的に別の場所での生活を求めている。その反面，農業を営んでいる世帯では，特に専業農家においては，可能な限り元の場所で生活したいという世帯の割合が高くなっている。

地元定住志向については，仮設住宅への入居状況にも表れており，仙台の市街地に建設されたN町仮設住宅の入居率は低いままである。N町まで10キロも離れていないにもかかわらず，沿岸地域から入居してきた人のなかには，地元を離れることをかなりためらったという人もいた。

こうしたことから，地元地域内で津波の被害を受けないエリアでの暮らしの再建が求められているといえるが，このような条件の敷地が限られている地域では，新たな環境での新たな暮らしを，被災者自らが創造していくことが必要となろう。

また，東日本大震災による被災者は農業・漁業を中心として形成された地域の住民が多く，そこには都市とは異なる価値観をベースとした居住ニーズがあるものと思われる。今後の復興まちづくりに向けては，こうした価値観の違いをふまえながら議論を進めていくことが重要と思われる。

参考文献等
1) 仮住まいマッチング　http://agemasu.jp/sumai/
2) 住まい等に関するアンケート調査結果（仙台市）
http://www.city.sendai.jp/fukko/1198757_2757.html

3.10 津波による被害 (Tsunami disasters)

3.10.1 津波発生のメカニズム
(Mechanism of tsunami generation)

気象研究所は東北地方太平洋沖地震により観測された津波のデータを解析し，津波波源域に関する検討を行い，「平成23年（2011年）東北地方太平洋沖地震の解析結果について」と題した報告を行っている[1]。その結果を図3.10.1.1に示す。北海道から関東地方にかけての太平洋沿岸および沖合にある津波観測点（計19点）で得られた津波の到達時刻から逆算して津波波源域を推定した結果，図に示す通りに岩手県沖から茨城県沖の長さ約550km、幅約200kmの範囲に及ぶことが推定された。

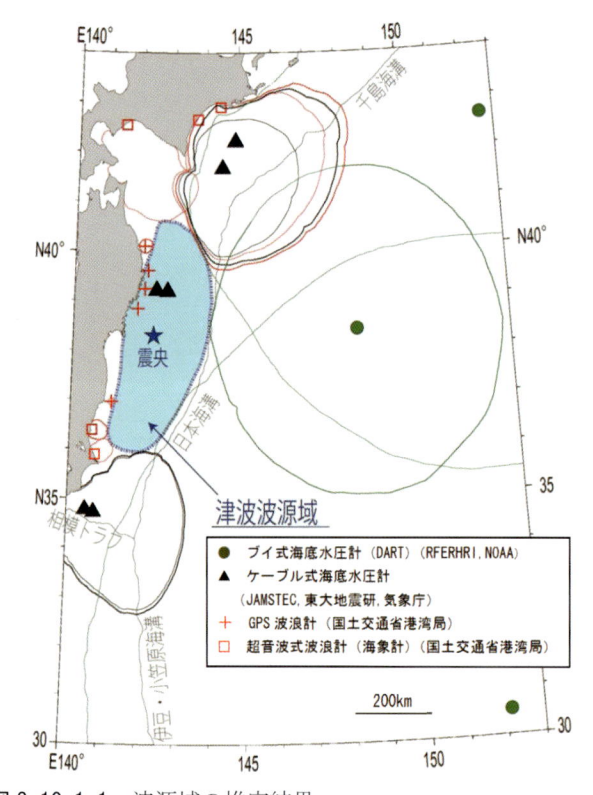

図3.10.1.1 波源域の推定結果
(Estimated tsunami source)[1]

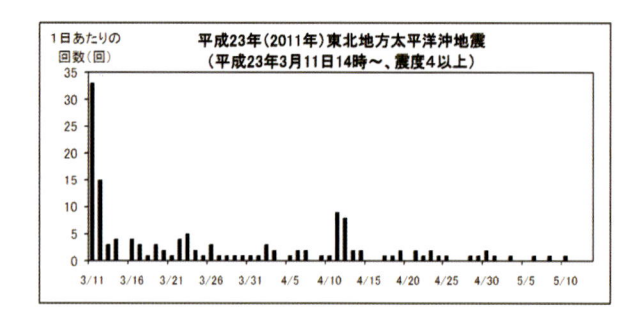

図3.10.1.2 余震の発生回数 (Occurrence of aftershocks)[2]

この津波波源域推定結果の妥当性を検討するために，その後の余震分布との比較がなされている[2]。気象庁により発表されたその後の余震（震度4以上）の発生回数を図3.10.1.2に示す。余震は岩手県沖から茨城県沖にかけて、震源域に対応する長さ約500km、幅約200kmの範囲に密集して発生しているほか，震源域に近い海溝軸の東側でも発生している。3月11日の余震は33回にも及び，その後，4月中旬に増加がみられるものの，時間の経過とともに徐々に回数を減じている。なお、余震活動地域の外側の長野県北部、静岡県東部、秋田県内陸北部、茨城県南部でも最大震度5強以上の地震が発生している。この中で，4月7日および4月11日の余震それぞれM7.1およびM7であり，沿岸域に津波警報や津波注意報が発令された。

これらの余震の震央分布を示したものが図3.10.1.3である[2]。同図によれば，余震分布域もやはり岩手県沖から茨城県沖にまで分布していることが分かる。すなわち，図3.10.1.1に示した推定される震源域とも整合していることが確認される。これより，図3.10.1.1に示された津波波源域は，余震分布から推定される震源域とも整合していると結論付けることが出来る。

以上の様に，震央は図3.10.1.1に示す牡鹿半島の東南東約130km付近であったが，断層が破壊した震源域は岩手県沖から茨城県沖までの広範囲に及んでおり，このため，発生した津波も大規模なものであった。

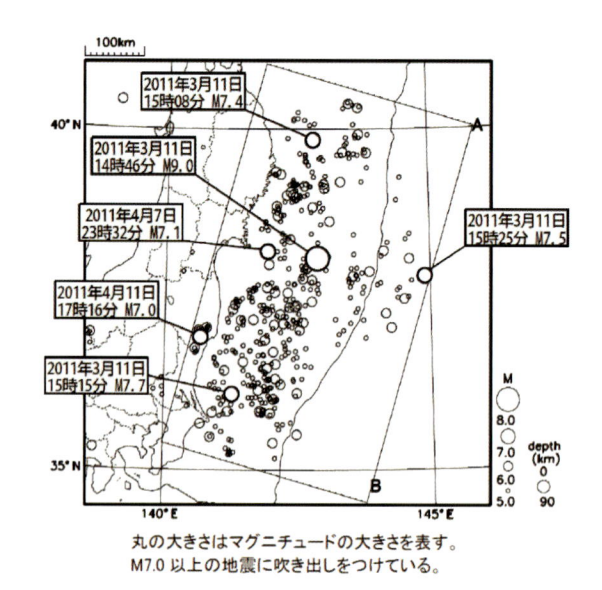

図3.10.1.3 余震の震央分布図
(Distribution of epicenter of aftershocks)[2]

3.10.2　津波浸水地域（Tsunami inundation area）

国土地理院では東日本大震災の発生直後から被災各地の空中写真を撮影し，ホームページにおいて公開している[3]。一例を図3.10.2.1に示す。同図は2011年3月13日に宮城県気仙沼市本吉地区を撮影したものである。町内を流れる津谷川を中心とする低平地に氾濫が生じていることが確認される。また，氾濫水はこの低平地をとりまく様に盛土された道路まで及んでいることが写真から確認される。このように，空中写真を用いることにより浸水域の推定が可能である。

図3.10.2.2から図3.10.2.5は国土地理院により撮影された同様な空中写真を基に判読された浸水域の分布を示している[4]。国土地理院のホームページにおいては青森県から千葉県までの範囲で全21葉の浸水域図が公表されているが，ここでは紙面の都合上，青森県から福島県まで各県毎に代表的な浸水状況を抽出して示した。なお，これらは空中写真を基に定めた浸水域であるため，当然，今後現地調査などを経て，より厳密に確定されなければならない部分もあると考えられるが，広域的な浸水域の分布を理解する際に十分機能を果たすことが出来る。

先ず，図3.10.2.2に示す青森県では，岩手県・宮城県に比べて津波の高さが小さい。このため，浸水域は沿岸部の平野に狭い範囲で見られる点に特徴がある。なお，八戸港周辺はより広範囲にわたって浸水しており，特に馬淵川では津波の遡上が確認され，河口約2.5kmに位置する馬淵大堰を越えてさらに上流まで津波が遡上している。

次に，岩手県三陸沿岸においては広い平野部が少ないため，図3.10.2.3に見られるように局所的に湾の奥部を中心にした浸水が多くの箇所で見られ，特に，河川沿いに細長い浸水域が形成されている点が特徴的である。例えば，大船渡市では市の中心を流れる盛川を中心とする細長い浸水域が認められる。一方，陸前高田市には，この周辺では珍しい約2kmにも及ぶ砂浜海岸があった。このため，この海岸および気仙川から侵入した津波により，市街地の全体にわたる浸水が生じた。高田松原のあった砂浜海岸は完全に消失し，大規模な海岸侵食とともに，市内での砂の堆積が顕著であった。また，気仙川および支川・矢作川に沿った浸水域の伸長が顕著である。さらに，市街地の東側に位置する浜田川に沿う浸水域の伸張も認められる。同様に，気仙沼市においては，大川，鹿折川に沿って浸水域が広がっていることが分かる。

特に特徴的な箇所は，図3.10.2.3の南端に位置する宮城県気仙沼市本吉の津谷川に沿う気仙沼市本吉地区である。図3.10.2.1に示すように，津波は津谷川に沿って本吉町内まで約4.5kmにわたって遡上し，さらに，右支川の馬籠川沿川まで伝搬している。証言によれば，これまでこの地域にまで津波が遡上した記録はなく，住民も津波に対する警戒感ほとんど無かった。津谷川下流部では，国道45号線に架かる小泉大橋（橋長約180m），JR気仙沼線橋梁（橋長約200m）の二つが流失し，甚大な被害を受けている。

図3.10.2.1　気仙沼市本吉の浸水域
(Inundation area in Motoyoshi, Kesennuma City)[3]

図3.10.2.2　青森県の浸水域
(Inundation area in Aomori Prefecture)[4]

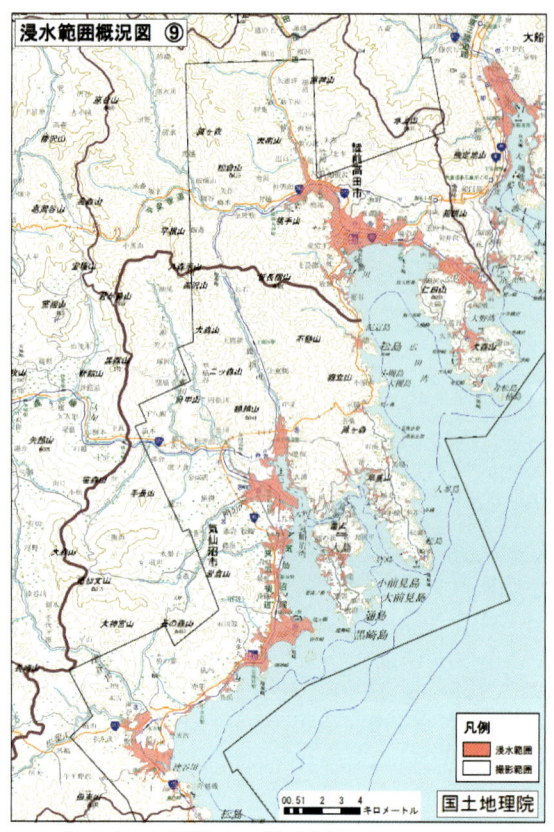

図3.10.2.3 三陸地方の浸水域
(Inundation area on Sanriku Coast)[4]

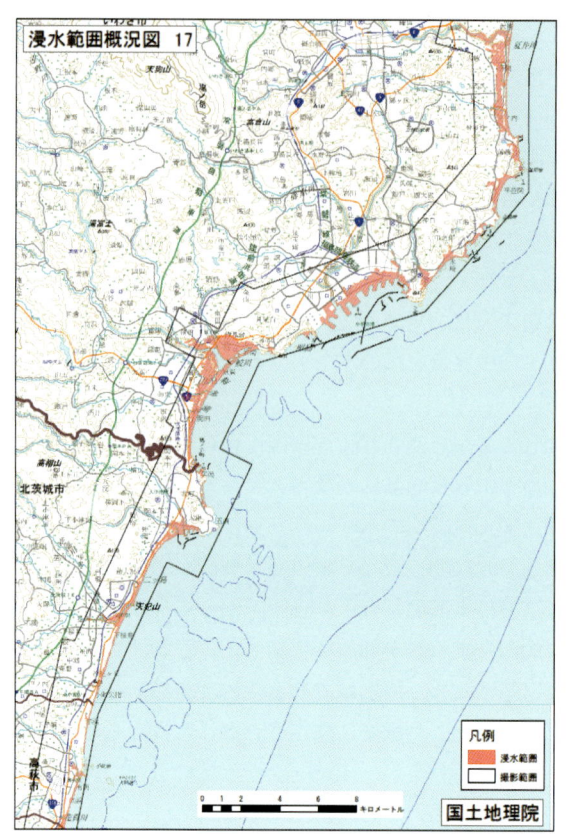

図3.10.2.5 福島県南部・茨城県北部の浸水域 (Inundation area in southern Fukushima and northern Ibaragi Prefectures)[4]

図3.10.2.4は宮城県の仙台平野における浸水域を示している。上記の三陸沿岸と異なり，県南山元町から仙台港周辺まで40m続く平野部であることから，沿岸方向にほぼ一様に浸水が見られ，海岸線からの浸水距離は最大で約5kmにも及ぶ。この地域には海岸に平行して仙台東道路が建設されており，これが津波の陸側への浸入阻止に寄与したと言われている。また，阿武隈川，名取川などの河川区間においては，堤内地に比べて流れに対する抵抗が少ないため，より長距離にわたって津波の遡上が見られる。同様な河川遡上は2011年チリ地震津波の際にも発生が確認されている[5]。

菅原ら[6]は869年の貞観津波に伴う仙台平野における浸水域の検討を行っている。その結果と比較すると，今回の東日本大震災津波は貞観津波の規模を上回っている。

図3.10.2.5は福島県南部・茨城県北部の浸水域を示しており，小名浜港，鮫川河口部，北茨木市などでの局所的な浸水域が確認される。

なお，このような大規模な津波の遡上は砂浜部に対しても大きなインパクトを与え，各所に大規模な海浜地形の変化をもたらしていることが報告されている[7]。特に，氾濫域の地形に依存した引き波時の強い流れの集中が周辺構造物の破壊をもたらした[7]。

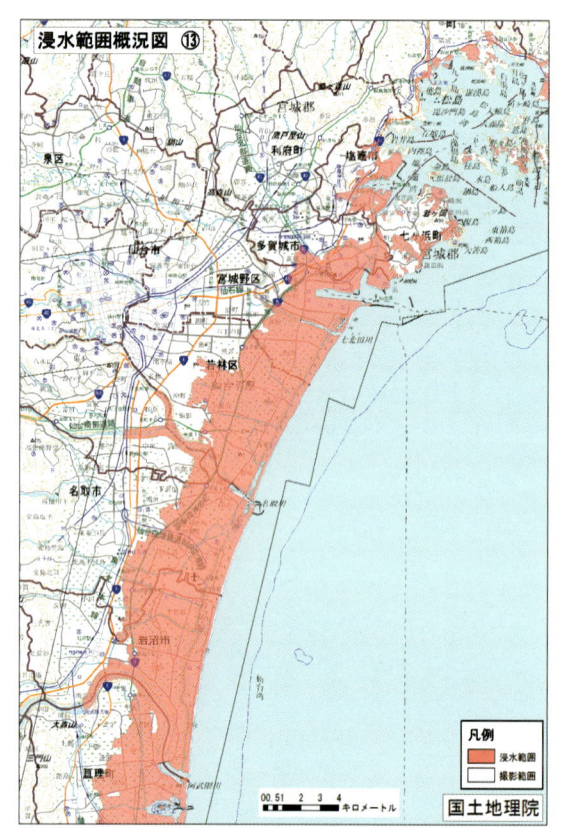

図3.10.2.4 仙台平野の浸水域
(Inundation area in Sendai Plain)[4]

3.10.3 津波時刻歴 (Time history of tsunami)

我が国の沿岸域には沿岸防災などの目的で各地に潮位計が整備され，リアルタイムでの潮位変動がホームページなどで公表されている。このような広域の計測システムにより，これまでも津波発生時の貴重な計測結果が得られている。しかし，今回の東日本大震災による津波は想定以上に規模が大きく，これらの潮位計測設備を破壊した。このため，詳細な津波時刻歴データが得られていない箇所が多く見られる。

気象庁の観測点・八戸においても，津波により観測施設が流失したが，その後，5月11日に八戸港内のもとの観測点付近の海底から観測施設が引揚げられた[8]。その後，観測装置に収録されていた記録を回収し分析した結果，施設の流出直後の6分間を除いて有効な観測データが記録されていることが分かった。その結果から，観測された津波の高さが 4.2m 以上にまで達していたことが判明した。その際の時刻歴を図 3.10.3.1 に示す。

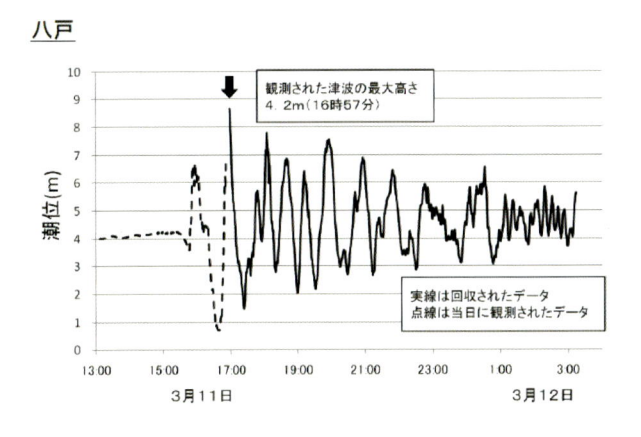

図 3.10.3.1 八戸における津波観測値
(Tsunami water level variation in Hachinohe)[8]

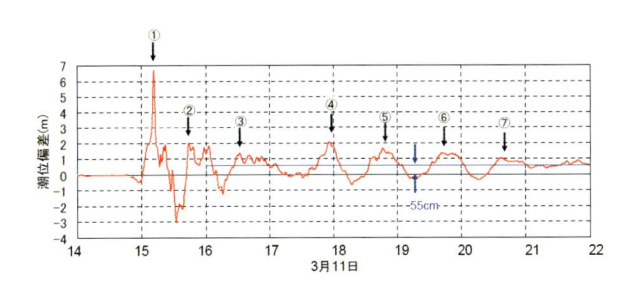

図 3.10.3.2 岩手南部沖 GPS 波浪計による観測結果
(Sea level variation measured by GPS wave gauge at Iwate Nanbu Oki station)[9]

この様な潮位観測設備の被災が多く見られたなかで，沖合波浪の計測を目的として設置された GPS 波浪計は貴重な記録を残している。沖合での津波の高さは沿岸に比べて低いものの，津波警報が発表されるほどの高さの津波であれば，GPS 波浪計を設置している沖合でも津波の検出が可能であると言われている。図 3.10.3.2 は岩手南部沖 GPS 波浪計による観測結果である[9]。これによれば，第一波が突出して高く，第二波から第七波まで徐々に波高を減じている。また，第一波から第三波までは明瞭な周期性が見られないが，第四波以降は 50 分程度の周期で変動を繰り返していることが認められる。

図 3.10.3.3 は，図 3.10.3.2 に示した岩手南部沖 GPS 波浪計のデータのうち，第一波の詳細図である[9]。これによれば，地震発生後，15 分後の 15 時 01 分から約 6 分で 2m 上昇した後に，その直後の 4 分間に 4m 以上もの急激な水位の上昇が認められる。図 3.10.3.4 は，今回の津波波形と 2010 年チリ地震津波の際の波形を津波到着時刻を合わせて描き，比較を行ったものである[9]。2011 年の津波が特段に大きな波高を有していることが分かる。また，後続波も高く，今回の第七波（図中の a）でも 2011 年チリ地震津波より波高が高いことが分かる。

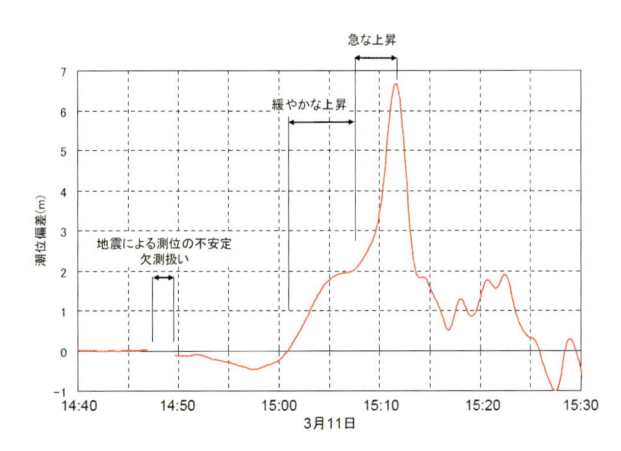

図 3.10.3.3 岩手南部沖 GPS 波浪計による観測結果の詳細波形 (Exaggerated sea water level measured by GPS wave gauge at Iwate Nanbu Oki station)[9]

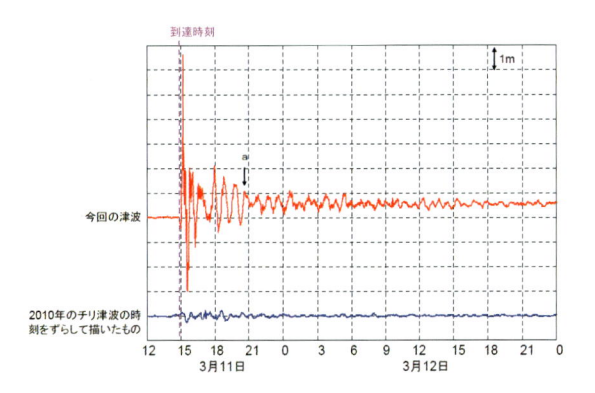

図 3.10.3.4 2010 年チリ地震津波との比較
(Comparison between the 2011 Great East Japan Tsunami and the 2010 Great Chilean Tsunami)[9]

3.10.4 津波高さ分布
(Distribution of tsunami run-up height)

津波の発生直後，全国の津波研究者を中心として「東北地方太平洋沖地震津波合同調査グループ」が結成され，津波の高さ，浸水域に関して精力的な現地調査が行われた[10]。その調査結果の詳細は下記のホームページに公開されている。なお，調査は現在の続けられており，以下に示すデータは本原稿執筆時点（2011年6月6日）のものであり，今後さらに更新される可能性がある。

図3.10.4.1はこのグループの現地調査により得られた津波遡上高さの沿岸分布を示している。ここで，津波の高さは平均海面からの高さではなく，津波来襲時の平均的な海面高さ（推算潮位）からの上昇量として表示されていることに注意されたい。これによれば，岩手県三陸沿岸に面した地域で遡上高さが極端に高く，最大で40.5m（岩手県宮古市重茂姉吉地区）にも達していることが分かる。ちなみに，これまで本州で観測された津波高さの最大値は，明治三陸地震の折りに綾里湾で観測された38.2mである。岩手県より北の青森県，さらには北海道に向かうにつれて極端に波高が減ずる。一方，南側の南三陸，さらには仙台平野に向かって幾分高さを減じるものの，先述の北側に向かう極端な低減率は見られず，石巻，仙台平野，福島周辺でも20mを超える箇所が散見される。

東京電力の福島第一原子力発電所がある周辺は立ち入りが出来ず，本調査グループによるデータベースにおいても欠測となっている。さらに南下した福島南部・茨城県においても依然10m前後の高さが見られ，千葉県に入ったところで青森県・北海道と同程度の高さとなっている。

なお，図3.10.4.1に示したデータはいわゆる「堤内地」における観測結果であり，住宅地などの痕跡高さから津波の高さを求めたものである。一方，河川の河道においては，流れに対して抵抗として作用する住宅などが存在しない。このため，堤内地に比べてより長い距離にわたって津波が遡上する。この様な背景から，今回の津波に関しても，河川周辺に特化した現地調査も実施されている。図3.10.4.2はこのような調査の一例を示したものである[11]。調査地点は宮城県名取市内である。図中の「TU」，および「CIT」を付した番号はそれぞれ東北大学災害制御研究センターおよび千葉工業大学による堤内地の遡上端部を表し，一方，TU_RIV01は増田川河道内における津波遡上最上流端を表している。写真3.10.4.1は遡上端部付近に位置する増田西大橋の周辺の漂着物の状況を示している[11]。堤内地に比べ，河道内の遡上距離は二倍にも及んでいる。特に，乗用車を動かすほどの津波の流れが名取市中心市街地に及んでいることは注目に値する。

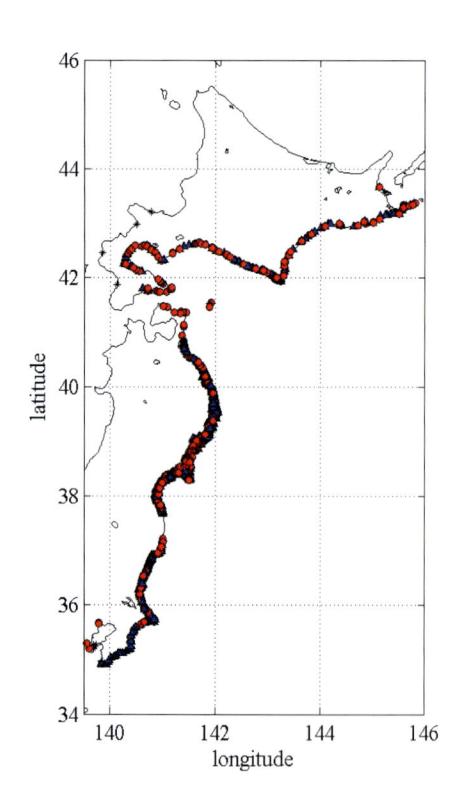

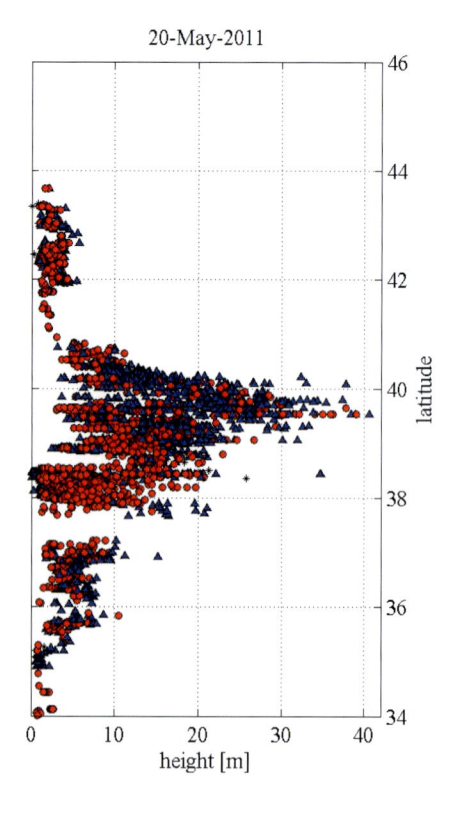

図3.10.4.1 津波高さの分布 (Inundation area in Sendai Plain)[10]

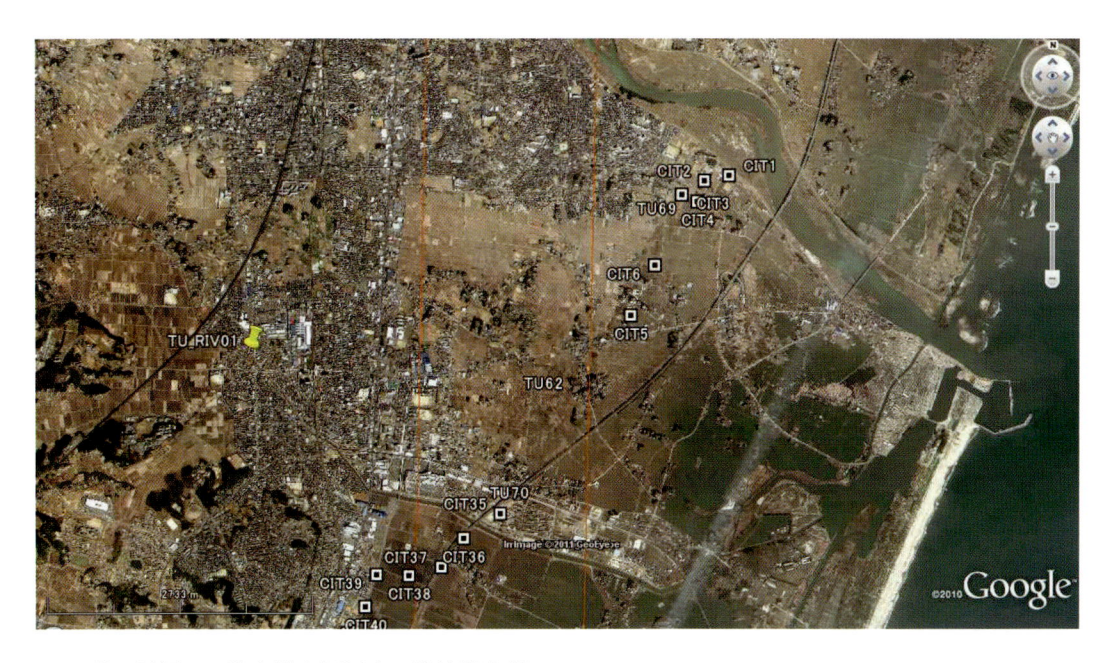

第3章　東北地方の被害（Damage in Tohoku District）

図 3.10.4.2　増田川周辺の遡上域と河川内の津波遡上端
(Inundation area around Masuda River and tsunami propagation in the river)[11]

写真 3.10.4.1　増田川の最大津波遡上端周辺の漂着物
(Tsunami-induced driftage near the upstream end of tsunami propagation in the Masuda River)[11]

参考文献

1) 気象庁気象研究所：「平成23年（2011年）東北地方太平洋沖地震」の解析結果について，http://www.mri-jma.go.jp/Topics/press/20110324/press20110324.html, 2011

2) 気象庁：「平成23年（2011年）東北地方太平洋沖地震」について（第43報），http://www.jma.go.jp/jma/press/1105/13b/201105131700.html, 2011

3) 国土交通省国土地理院：平成23年(2011年)東北地方太平洋沖地震による被災地の空中写真，http://saigai.gsi.go.jp/h23taiheiyo-ok/photo/photo_dj/index.html, 2011

4) 国土交通省国土地理院：浸水範囲概況図，http://www.gsi.go.jp/kikaku/kikaku60003.html, 2011

5) 田中　仁・Nguyen Xuan Tinh・盧　敏・Nguyen Xuan Dao: 2010年チリ地震津波の東北地方河川への遡上-河口地形と遡上特性との関連-, 水工学論文集, 第55巻, pp.S1627-S1632, 2011.

6) 菅原大助・今村文彦・松本秀明・後藤和久・箕浦幸治：地質学的データを用いた西暦８６９年貞観地震津波の復元について, 自然災害科学, 29-4 PP.501-516, 2011.

7) 田中　仁・真野　明・有働恵子: 2011年東北地方太平洋沖地震津波による海浜地形変化, 土木学会論文集B2（海岸工学）, Vol. B2-67, 2011.（印刷中）

8) 気象庁：「八戸」の津波観測地について，http://www.jma.go.jp/jma/press/1105/27b/201105271730.html, 2011

9) 独立行政法人港湾空港研究所：http://www.pari.go.jp/info/tohoku-eq/20110328pari.html, 2011

10) 東北地方太平洋沖地震津波合同調査グループ：http://www.coastal.jp/ttjt/, 2011

11) 田中　仁：東日本大震災調査団報告書「増田川」, 土木学会水工学委員会, 2011

3.10.5 津波被害調査地域および浸水図について

津波被害調査は青森県，岩手県，宮城県，福島県の4県で行った。調査地域の所在地と被災状況を図3.10.5.1および表3.10.5.1に示す。3.10.6～3.10.8項で使用している津波の浸水図は全て参考文献3)による。

表 3.10.5.1　調査地域の被災状況 (Investigated sites, inundated area and family unit number in inundated area)

県	市区町村	浸水面積[1]	浸水範囲内の世帯数[2]
青森県	三沢市	6 km^2	589 世帯
	八戸市	9 km^2	1,760 世帯
	階上町	0.5 km^2	393 世帯
岩手県	洋野町	1 km^2	932 世帯
	久慈市	4 km^2	2,553 世帯
	野田村	2 km^2	1,069 世帯
	普代村	1 km^2	380 世帯
	田野畑村	1 km^2	526 世帯
	宮古市	10 km^2	7,209 世帯
	山田町	5 km^2	4,175 世帯
	大槌町	4 km^2	4,614 世帯
	釜石市	7 km^2	5,235 世帯
	大船渡市	8 km^2	6,957 世帯
	陸前高田市	13 km^2	5,592 世帯
宮城県	気仙沼市	18 km^2	13,974 世帯
	南三陸町	10 km^2	4,375 世帯
	女川町	3 km^2	3,155 世帯
	石巻市	73 km^2	42,157 世帯
	東松島市	37 km^2	11,251 世帯
	松島町	2 km^2	1,477 世帯
	塩竈市	6 km^2	6,973 世帯
	多賀城市	6 km^2	6,648 世帯
	仙台市	52 km^2	10,385 世帯
	名取市	27 km^2	3,974 世帯
	岩沼市	29 km^2	2,337 世帯
	亘理町	35 km^2	4,196 世帯
	山元町	24 km^2	2,913 世帯
福島県	相馬市	29 km^2	3,076 世帯
	いわき市	15 km^2	11,345 世帯

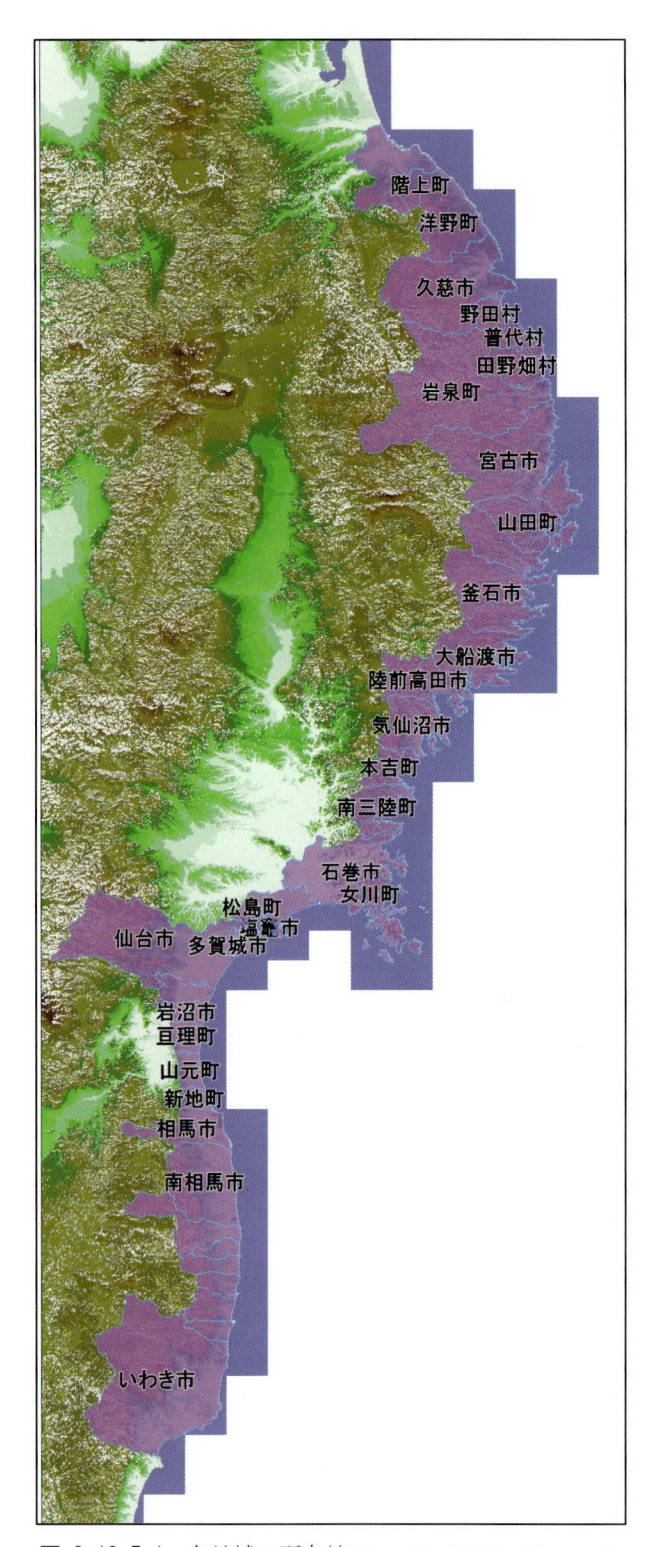

図 3.10.5.1　各地域の所在地 (Investigated Pacific coast area of Aomori, Iwate, Miyagi and Fukushima prefectures)

参考文献

1) 国土地理院：平成23年東北地方太平洋沖地震　市区町村別津波浸水範囲面積（概略値）第5報，http://www.gsi.go.jp/BOUSAI/h23_tohoku.html

2) 総務省統計局：平成22年国勢調査速報集計結果による浸水範囲概況にかかる人口・世帯数，2011年4月25日，http://www.stat.go.jp/info/shinsai/

3) 国土地理院：浸水範囲概況図　http://www.gsi.go.jp/kikaku/kikaku60003.html

3.10.6 青森県の被害　(Disaster in Aomori Prefecture)

青森県災害対策本部による被害統計(第41報告5月16日)によると，
- 人的被害　死者3名(八戸市1，三沢市2)/行方不明者1名(八戸市1)/重傷10名(弘前市3，八戸市6，おいらせ町1)
- 住家被害　全壊281棟(八戸市225，三沢市19，おいらせ町25，階上町12)/半壊1018棟(八戸市941，三沢市19，おいらせ町50，階上町8)/一部破損78棟(三沢市26，七戸町3，おいらせ町46，田子町2，階上町1)
- 非住家被害　全壊426棟(八戸市344，三沢市77，六戸町1，階上町4)/半壊797棟(八戸市643，三沢市25，おいらせ町126，階上町3)と報告されている。この県の報告での建物全壊は住めなくなったものである。必ずしも構造的全壊の意味ではない。

津波による青森東部の建物被害は岩手県や宮城県における津波被害のように建物の流失あるいは倒壊のような構造体そのものが壊滅するような被害のものは少ない。なお，被害は主に津波によるもので，地震による大きな振動被害は少ない。

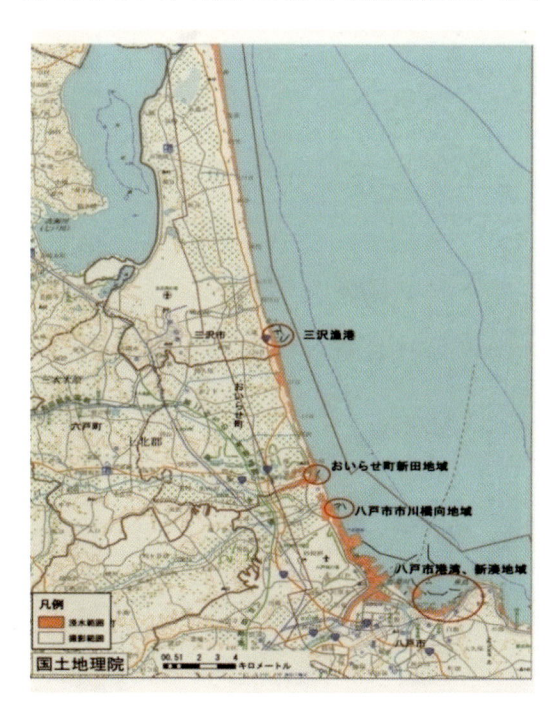

図3.10.6.1　八戸三沢海岸地域浸水範囲概況図[3]と調査地域
(Inundation area and investigated sites)

図 3.10.6.1 は，八戸三沢海岸地域浸水範囲概況図（国土地理院）である。図 3.10.6.2 は，八戸市南部，階上町および岩手県洋野町海岸地域浸水範囲概略図（国土地理院）である。図中に本項で報告する調査地域を示す。図を見ると地形状況が解る。三沢八戸地域海岸は直線上の海岸であり，その内陸は比較的平らな台地状となっている。それに対して，八戸東部から洋野町にかけての海岸は海岸沿いの低地部は非常に少なく，すぐに山となっており，リアス式海岸のような出入りの多い海岸線ではない。リアス式海岸形状が顕著になるのは岩手県久慈以南から宮城県塩釜あたりまでである。この地域の津波被害が岩手県ならびに宮城県に比べ少なかったのは，津波そのものの勢いの差もあるが，この地形的面にもあったものと思われる。

図3.10.6.2　八戸市南部，階上町および岩手県洋野町海岸地域浸水範囲概略図[3]　(Inundation area and investigated site)

(1) 三沢市

写真 3.10.6.1，3.10.6.2 は三沢漁港地域の被害写真である。写真 3.10.6.1 の建物は鉄骨造 2 階建である。1 階部分の壁面がほとんど津波により剥離破壊している。写真 3.10.6.2 は右が鉄骨造平屋で左が RC 造 2 階建建物である。鉄骨造の外壁は柱梁の主要骨組みを残して剥離している。RC 造建物は構造躯体の損傷は見受けられない。

写真3.10.6.1　三沢漁港地域建物全景
(Overview of damaged building)

写真 3.10.6.3 は，1 階壁面が剥離損傷の 2 階建木造集合住宅である。三沢市の太平洋岸は直線状で，沿線はほぼ 200m幅の海岸林があり，その内陸側に一般住家が建てられている。三沢地域では津波の勢いが弱かったこともあろうが，この海岸林の津波流勢低減効果（林のスクリーン効果）があったものと思われる。

写真 3.10.6.2　建物全景 (Overview of damaged building)

写真 3.10.6.3　建物全景 (Overview of damaged house)

（1）八戸市，おいらせ町

写真 3.10.6.4，写真 3.10.6.5 は八戸市北部に隣接するおいらせ町新田地域における建物被害である。青森東部海岸地域の木造建物被害はこの写真 3.10.6.4 のように外壁の剥離程度の被害までが多く，写真 3.10.6.5 のように倒壊に至った建物，あるいは流失した建物は少ない。なお，この地域の海岸沿線には海岸林はなかった。

写真 3.10.6.4　建物全景 (Overview of damaged house)

写真 3.10.6.6～3.10.6.9 は，八戸市市川川向地域の写真である。この地域は，津波に襲われ全壊家屋146棟を数える地域である。写真 3.10.6.6 は，防潮林のすぐわきの住宅地（約50棟）の被災状況である。写真 3.10.6.7 は，同じく同地域の建物周りに堆積された砂である。写真 3.10.6.8 は，住宅地の方向になぎ倒されている海岸林である。津波はこの林を倒し，この海岸林の背後にある住宅地を襲った。津波の浸水高さは住宅の2階床上あたりにも達している（地表からの津波痕跡高さ約3mほど）。外見は住宅の建具被害程度で済んでおり，構造全体の被害には及んでいない。特に壁等の剥離被害がほとんどない。海岸林の津波流勢低減効果（林のスクリーン効果）があったものと思われる。

写真 3.10.6.5　崩壊建物 (Overview of collapsed house)

写真 3.10.6.6　被災建物と海岸林
(Affected houses and tide-water control forest)

写真 3.10.6.7　被災建物と砂
(Inundated houses and sedimentary sands)

写真 3.10.6.8　海岸林 (Tide-water control forest)

写真 3.10.6.9 は，市川漁港の鉄骨造倉庫の被災写真である。この建物の海岸側で主要構造である柱が変形し上部が歪んでいる。剛性の高い重量物が津波とともに追突したものと思われる。
写真 3.10.6.10～3.10.6.12 は八戸港湾・新湊地域の写真である。

第3章　東北地方の被害（Damage in Tohoku District）

外壁には大きな被害は受けていない。写真 3.10.6.12 は，この建物群の背後にある新湊の住宅地域である。この地域は，5m 程度の浸水深となった地域であり浸水被害を受けているが，外見上の被害はほとんどない。港湾の堤防そして全面の大きな建物群が津波流勢低減効果を発揮したものと考えられる。

(2) 階上町

写真 3.10.6.13，写真 3.10.6.14 および写真 3.10.6.15 は，階上町大蛇漁港周りの被害写真である。この地域は津波高が 10m 近くにもなった地域である。漁港周りの漁業関係木造建物はほぼ全滅の被害状況であった。写真 3.10.6.14 は被災した鉄骨造建物である。

写真 3.10.6.9　鉄骨柱の破損 (Damage to steel column)

写真 3.10.6.10 は蕪島海岸に立つ鉄骨造平屋建である。建物四方の外壁が剥離し，柱は健在であるが，胴縁が壊れている。

写真 3.10.6.10　建物全景 (Overview of damaged building)

写真 3.10.6.11　湾岸通りの建物
(Buildings in street along coast)

写真 3.10.6.12　浸水地域建物 (Houses in inundated area)

写真 3.10.6.11 は八戸港湾沿いに建つ建物群である。津波の洗礼を受けているが，鉄骨鉄筋コンクリート造の冷凍倉庫，あるいは鉄筋コンクリート造建物であり浸水被害は受けているが，

写真 3.10.6.13　湾岸の状況 (Overview of coast)

写真 3.10.6.14　建物全景 (Overview of damaged building)

写真 3.10.6.15　建物全景 (Overview of collapsed house)

住家の被害は漁港際道路に面した建物数棟が倒壊被害を受けた。写真 3.10.6.15 は 1 階部分が倒壊した商店である。多くの住家は写真に見えるように高台に位置しており若干の浸水被害は受けたものの倒壊流失などの被害はなかった。

3.10.7　岩手県の被害
(Disaster in Iwate Prefecture)

(1)　洋野町

洋野町は岩手県最北端の町である。図3.10.7.1は洋野町の浸水分布図である。図3.10.7.1から分かるように洋野町の浸水領域は小さく全体的に津波被害は少なかった。

図3.10.7.1　洋野町の浸水分布図
(Inundation area of Hirono-cho)

1)　種市

洋野町役場（RC造4階建）を写真3.10.7.1に示す。町役場は種市の高台にあり，津波を受けておらず無被害である。種市の町並みは町役場周辺に広がり，津波を受けておらず，無被害である。

写真3.10.7.1　洋野町役場
(Hirono-cho town office building, RC 4-story)

種市には海岸から400m程度の所に防潮堤が設置されている。写真3.10.7.2は種市漁港海浜公園の海側から見た防潮堤である。高さはG.Lより750cmである。津波はこの防潮堤を越しておらず，防潮堤がほぼ完全に町を助けた成功例である。写真3.10.7.3は公園内にあるRC造2階建の展望室を持つS施設である。海辺から150m程度しか離れていない。1階の屋根まで津波を受けているが構造被害はない。

写真3.10.7.2　防潮堤　(View of seawall from sea side)

写真3.10.7.3　S施設
(Sea side house at 150 m from coast line)

2)　八木漁港

種市から南へ行くと陸中中野駅がある。駅は木造である。浸水深1.8m。構造的には無被害である。駅のすぐ下に八木漁港がある。駅前に洋野町の消防団の建物である。1階RC造（ピロティ），2・3階木造のハイブリット構造である。浸水深1m。構造的には無被害である。近隣の住宅は高台にあるため無被害である。写真3.10.7.4に八木漁港の全景を示す。岸壁の近くに鉄骨造の建物群がある。全ての建物と外壁の損傷はあるが構造的には無被害である。中にはブレース接合部が錆で破断しているものもある。

写真3.10.7.4　八木漁港　(Yagi fishing port)

(2) 久慈市

久慈市は市中心区域とその区域外の玉の脇，船渡漁港などに大別される。久慈市全体の浸水分布図を図3.10.7.2に示す。

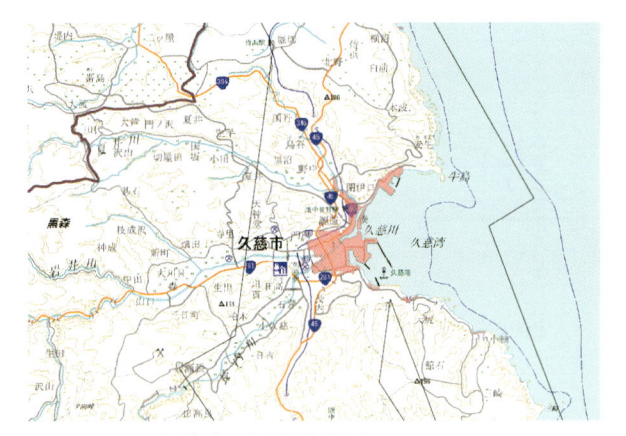

図3.10.7.2 久慈市の浸水分布図
(Inundation area of Kuji city)

1) 市中心区域

市中心区域は全体が広く浸水している。しかし，津波による被害は全体として少ない。市中心区域で津波の最も大きい所は久慈漁港の内部で浸水深は約7mである。漁港と市街地は防潮堤（写真3.10.7.5）で仕切られている。市街区で最も浸水深さが大きいのは防潮堤のすぐ外側で2mである。浸水深は防潮堤より遠いほど小さくなり，久慈市市役所の付近でゼロになっている。

写真3.10.7.5 防潮堤（Seawall of Kuji fishing port）

久慈市は津波浸水地域が比較的広範囲に及んでいるが市街地での津波高さは2m以下であり，構造的被害を受けたものがほとんどない。また，流失した木造家屋もほとんど見られない。写真3.10.7.6は久慈市役所（RC造4階建）である。

写真3.10.7.6 久慈市役所（Kuji city hall, RC 4-story）

市役所から久慈漁港までの被害状況は次の通りである。新長内橋の近くにS小学校がある。学校は耐震補強されている。学校の向い側は住宅街になっている。学校も住宅街も被害はない。学校の近くにショッピングモールがある（写真3.10.7.7）。ショッピングモールの建物は全て鉄骨造である。モールは浸水深0.5～1mの津波を受けているが，ガラスおよび外壁の破損もなく，無被害に近い。その付近に工場群のエリアがある（写真3.10.7.8）。工場群の建物は全て無被害である。このエリアは浸水深1.3～1.5mの津波を受けているが外壁の被害も構造被害も見られない。

写真3.10.7.7 ショッピングモール（Kuji shopping mall building, 0.5-1.0m inundation, non-damaged）

写真3.10.7.8 工場群（Machine shop buildings, 1.3-1.5 inundation, non-damaged）

ここから海側は住宅街である（写真 3.10.7.9）。住宅街は浸水深 1.0〜1.5m の津波を受けているが外壁，構造の被害は見られない。

写真 3.10.7.9　海岸の住宅街（Housing complex at coast area, 1.0-1.5m inundation）

1 階駐車場のピロティ形式の住宅があった（写真 3.10.7.10）。無被害であった。ピロティの効果は大きいことが認められた。漁協の建物は防潮堤の内側にある。漁協の荷卸場の全景を写真 3.10.7.11 に示す。荷降ろし場および漁協の建物に構造被害はない。浸水深は 7m である。

写真 3.10.7.10　ピロティの住宅（Non-damaged house with Piloti system）

写真 3.10.7.11　漁協の全景
（RC fish market, 7m inundation, non-damaged）

写真 3.10.7.12 は漁業会社の鉄骨造 2 階建の建物である。浸水深 7m の津波被害を受けている。1 階は外壁が破損しピロティ状になっている。構造被害はない。

写真 3.10.7.12　漁業会社（Damaged steel building of fishery company）

2）陸中夏井駅付近

久慈市の中心から北へ行くと陸中夏井駅がある。駅は多少高い所にあり津波は来ていない。国道は駅とほぼ同じレベルにあり，国道沿いの住宅は無被害である（写真 3.10.7.13）。

写真 3.10.7.13　陸中夏井駅付近の国道沿い（Non-damaged houses in vicinity of Rikuzen-Natsui station）

3）玉の脇漁港

久慈の中心から南へ行った所に玉の脇漁港が国道沿いにある。国道の東側がすぐ海であり，西側が傾斜地になっており住宅が建っている（写真 3.10.7.14）。次第に高台になっていくが，低い部分の住宅は流失している。津波は国道のレベルから 12m 程度の高さまで来ている。漁港には補強ブロック造のトイレと漁協関係のＳ造の建物が建っている（写真 3.10.7.15）。Ｓ造のいずれの建物も外壁は破損しているが，構造的被害はない。補強ブロック造のトイレはひび割れも入らず無被害である。

第3章　東北地方の被害（Damage in Tohoku District）

写真 3.10.7.14　国道付近の住宅（Washed away housing complex and non-affected houses on high ground）

写真 3.10.7.16　斜面に建つ住宅（Washed away housing complex and non-affected houses on high ground）

トンネル近くに旅館がある。構造は不明。外観は無被害のように見える。営業はしていない。その付近に観光用の建物があり現在補修中であった（写真 3.10.7.17）。レストハウス（写真 3.10.7.18）は鉄骨造平屋で，外観が全て破損し，ピロティ状になっている。構造的には無被害である。

写真 3.10.7.15　補強ブロック造トイレとS造建物（Concrete block masonry building and steel building, structurally non-damaged）

4)　船渡漁港

　玉の脇漁港からさらに南に船渡漁港がある。国道に隣接した東側が漁港であり，西側が商店，住宅がある。西側は国道からすぐ高台へと登るような斜面になっており，住宅が階段状になっている。国道からすぐ斜面になっており，住宅が建っている（写真 3.10.7.16）。国道が最も低く，国道付近の住宅は流失している。高台に行くにつれ被害は少なくなっている。地元の人の話によれば，津波の高さは約8m程度であったと考えられる。漁港には鉄骨造の漁業用の比較的大きな建物が建っている。いずれも構造的には無被害である。

写真 3.10.7.17　補修中の建物（Non-damaged building）

写真 3.10.7.18　レストハウス
（Steel building, damaged to exterior walls）

― 199 ―

(3) 野田村

図 3.10.7.3 は野田村の津波浸水分布を示す。

図 3.10.7.3　野田村の津波浸水分布図
（Inundation area of Noda village）

村の一部が全滅に近い。野田村役場（RC 造 2 階建て）は少し高い所にあるが，津波が 1 階の床上 1m 程度の所まで来たそうである。建物は構造的には無被害である（写真 3.10.7.19）。写真 3.10.7.20 は役場の前面道路に建つ建物である。道路沿いの建物は多少津波の被害を受けているが，建物に大きな損傷はほとんど見られない。この道路沿いの建物の浸水深は，1m～1.5m である。構造的には無被害である。海岸に沿って防潮堤がある（写真 3.10.7.21）。防潮堤の高さは約 570cm である。津波はこの防潮堤を越えてきた。防潮堤から海までは，約 500m 程度である。

写真 3.10.7.19　野田村役場 (Noda village office RC 2-story building, 1m inundation above 1st floor, non-damaged)

写真 3.10.7.20　役場前道路 (Non-damaged buildings along village office street)

写真 3.10.7.21　防潮堤
(5.7m high seawall at 500m from coast line)

写真 3.10.7.22，写真 3.10.7.23 は防潮堤から村の北側と南側を見たものである。北側も南側も津波により木造住宅の大半が流失し全滅状態に近い。

写真 3.10.7.22　北側の被害状況 (Completely washed away wooden houses on north side of seawall)

写真 3.10.7.23　南側の被害状況 (Completely washed away wooden houses on south side of seawall)

野田村は周囲の丘陵地に向かって次第に高くなっている。津波被害を受けた地域が低くなっている。写真 3.10.7.24 は役場の道路を挟んで，すぐ向いにある消防署である。RC 造 2 階建。亀裂も無く構造的には無被害である。1 階は津波（浸水深 225cm）の被害を受けている。写真 3.10.7.25 は隣にある体育館のような山形ラーメンの鉄骨造建物であ

る。海側の津波を受けた壁面の間柱は変形している。それ以外の鉄骨は無被害である。外壁は全て破損し，ピロティ状になっている。浸水深は260cmである。体育館の隣にNセンターがある。鉄骨造である。津波の被害（浸水深225cm）を受けているが建物は構造的には無被害である（写真3.10.7.26）。

全滅に近い状態ではあるが，その中に残った建物がある。写真3.10.7.27は銀行の建物である。鉄骨造2階建である。津波が2階まで達している。浸水深は290cmであった。鉄骨造は構造的には無被害である。写真3.10.7.28は残った木造住宅である。浸水深は355cm。外壁がしっかりしているので残ったものと考えられる。この家は写真から分か るように盛土になっている。周辺の住宅の浸水深は4m以上である。写真3.10.7.29は漁協組合の建物である。鉄骨2階建である。津波を受けて外壁が全て破壊され，ピロティ状になっている（写真3.10.7.30）。鉄骨の外階段が津波により大きく変形している。

写真 3.10.7.24 消防署 (RC 2-story firehouse, 2.3m inundation, non-damaged)

写真 3.10.7.25 消防署隣の体育館 (Structurally non-damaged gymnasium, next to firehouse)

写真 3.10.7.26 Nセンター (N center steel building, 2.3m inundation, structurally non-damaged)

写真 3.10.7.27 銀行の建物 (Steel 2-story bank building, 2.9m inundation, structurally non-damaged)

写真 3.10.7.28 残った住宅 (Remained wooden house on high fill ground, 3.6m inundation)

写真 3.10.7.29 漁協組合の建物 (Steel 2-story Fisheries Assoc. office building, structurally non-damaged)

写真 3.10.7.30 外壁が全て破壊 (Structurally non-damaged Fisheries Assoc. building, exterior wall washed away)

(4) 普代村

普代村の津波浸水分布を図 3.10.7.4 に示す。

図 3.10.7.4 普代村の津波浸水図
(Inundation area of Fudai village)

写真 3.10.7.31 は，RC 造 3 階建の普代村役場である。役場は高台にあり津波を受けておらず無被害である。普代村の町並みは役場周辺にあり津波を受けておらず無被害。役場から海へ下って行くと普代浜海水浴場がある。普代浜海水浴場の手前に F 中学校と F 小学校がある（写真 3.10.7.32）。小学校は耐震補強されている。両校とも道路より少し高い所にある。津波の被害は受けていない。

写真 3.10.7.31 普代村役場 (Fudai village office building on high ground, RC 3-story, non-affected)

写真 3.10.7.32 F 小学校 (Seismic retrofitted school building on high ground, RC 2-story, non-affected)

中学校の先に高さ 15m の防潮堤がある（写真 3.10.7.33）。防潮堤というより一見ダムのような感じの偉容をほこっている。しかし，その防潮堤を津波が越えて来ている。防潮堤の近くには殆ど住宅がないので津波被害は皆無である。

写真 3.10.7.33 15m の防潮堤 (15m high seawall)

海水浴場の浜の隣に普代村漁港がある。漁港には漁業関連の鉄骨造の建物が多数建っている（写真 3.10.7.34）。

写真 3.10.7.34 漁港付近の鉄骨造建物 (Many steel buildings remained at Ohtanabe fishing port)

鉄骨造建物は全て 1 階外壁が破壊され，ピロティ状になっている。浸水深は約 5m 程度である。（写真 3.10.7.35）

写真 3.10.7.35 外壁が全て破壊
(Washed away all 1F exterior walls, 5m inundation, structurally non-damaged)

港の高台に木造のトイレがある。津波の被害を受けて柱などが破壊している。しかし，建っている。木造建物が津波を受けて建っているということは外壁が破壊し，一部ピロティ化していることと，津波深が 4m とさほど高くなかったためと考えられる。

(5) 田野畑村
1) 村役場周辺

図3.10.7.5は田野畑村の津波浸水分布図である。田野畑村役場（RC造2階建）は高台にあり津波を受けておらず無被害である（写真3.10.7.36）。役場の隣にT小学校がある（写真3.10.7.37）。無被害である。田野畑村役場周辺の中心街も津波を受けていない。

図3.10.7.5　田野畑村に津波浸水図
（Inundation area of Tanohata village）

写真 3.10.7.36　田野畑村役場 (Tanohata village office building on high ground, RC 2-story, non-affected)

写真3.10.7.37　T小学校 (T-school building on high ground, RC 2-story, non-affected)

2) 平井賀

役場を海岸の方へ下って行くと平井賀の港に着く。平井賀の住宅群の全景を写真3.10.7.38に示す。最も高い所に建っている住宅のみ津波被害を受けておらず無被害である。その少し低い所にある住宅は津波により流失している。

写真 3.10.7.38　住宅群の全景 (Houses on lower part of complex washed away, but houses on higher part, non-affected)

写真3.10.7.39　高台にある住宅
（non-affeced houses on higher part of housing complex）

防潮堤がある（写真3.10.7.40，写真3.10.7.41）。防潮堤の高さは約4m。ただし，津波はこの防潮堤を越えてきた。津波の高さは被害住宅の位置から推測して約20m程度であったと考えられる。防潮堤の前（海側）にRC造2階建のH浄化センターがある（写真3.10.7.42）。津波の浸水深は約10m程度である（写真3.10.7.43，写真3.10.7.44）。

写真3.10.7.40　防潮堤 (Damaged seawall)

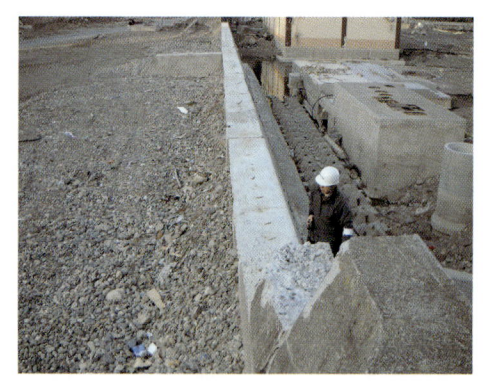

写真 3.10.7.41 上部が破損
(Upper part of seawall fell down)

写真 3.10.7.42 H 浄化センター (Damaged H-sewage treatment center RC building and damaged seawall)

写真 3.10.7.43 津波を受けた面 (Tsunami hit this side of center RC building, 10m inundation)

写真 3.10.7.44 南側の面
(South side of center building, damaged)

3）羅賀

　羅賀は田野畑村の北部に位置する漁港である（写真3.10.7.45）。港に隣接してRホテル（RC造10階建）がある（写真3.10.7.46）。津波が3階（10m）まで到達している。ホテルの構造的被害はない。国道の少し上の高台に木造住宅がある。いずれも無被害である。（写真3.10.7.47）

写真 3.10.7.45 羅賀の港
(Raga port area, Tanohata village)

写真 3.10.7.46 R ホテルの全景 (R-hotel RC 10-story building, 10m inundation, structurally non-damaged)

写真 3.10.7.47 高台の木造住宅
(Non-affected wooden houses on high ground)

(6) 宮古市

図 3.10.7.6 は宮古市の津波浸水分布図である。

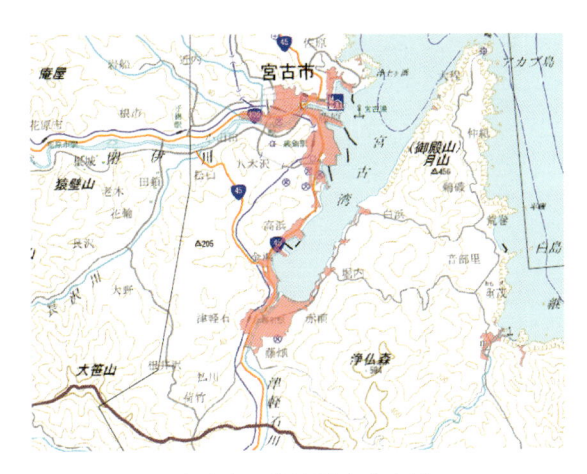

図 3.10.7.6 宮古市の津波浸水分布図
(Inundation area of Miyako city)

被害は宮古湾全域に広がっているが，今回調査したのは宮古市中心部，磯鶏，高浜，金浜，津軽石の5か所である。津軽石が宮古湾の最深部に位置している。被害の全体像として次のようなことが言える。
① 宮古市中心部は北部を除いてさほど大きい被害はない。
② 宮古湾の南西部の磯鶏，金浜は被害が大きい。
③ 宮古湾の南端の津軽石は電車が脱線しているが，さほど建物の被害は大きくない。

以下では宮古市中心部および金浜について報告する。

1) 宮古市中心部

宮古市中心部の津波の被害はさほど大きくない。津波は宮古駅近くで止まっている。宮古駅には津波は来ていない。

宮古駅の全景を写真 3.10.7.48 に示す。宮古駅から港の方へ近づくと津波の被害が次第に多くなる。例えば，大通り四丁目→三丁目→二丁目と港近くの新川町の方へ行くと津波の被害が多くなる。大通り4丁目付近で津波高さが1.3m程度であったと思われる（写真 3.10.7.49）。新川町へ近づくと津波の被害が大きくなる（写真 3.10.7.50，写真 3.10.7.51）。

写真 3.10.7.48 無被害の宮古駅
(Non-affectged Miyako station)

写真 3.10.7.49 津波 1.3m (1.3m tsunami inundation height at Ohodori 4 chome, Miyako city)

写真 3.10.7.50 木造住宅の被害
(Wooden house, collapsed by tsunami)

写真 3.10.7.51 鉄骨造外壁の被害
(Steel building, exterior walls washed away by tsunami)

新川町に1階部分がピロティの木造住宅が2棟あった。いずれも，津波は1階のピロティで止まっており，2階では日常生活をしていた（写 3.10.7.52）。写真 3.10.7.53 は宮古市役所（RC造5階建）の全景である。宮古市役所の1階には津波が来ている。市役所の向側の木造建物は津波の被害を受けている（写真 3.10.7.54）。浸水深 2m。宮古漁港に近い愛宕地区の防潮堤の近くの一部のエリアが大きな被害を受けている。木造住宅の流失も見られた。写真 3.10.7.55，写真 3.10.7.56 に被害状況を示しておく。

写真 3.10.7.52 1階ピロティの住宅 (Wooden house with piloti system, inundation height less than piloti)

写真 3.10.7.53 宮古市役所 (Miyako city hall RC 5-story building, 2m inundation, non-damaged)

写真 3.10.7.54 市役所向いの木造住宅 (Destroyed wooden houses in front of city hall, 2m inundation)

写真 3.10.7.55 愛宕地区の被害例 (1) (Steel building in Atago area, exterior walls washed away)

写真 3.10.7.56 愛宕地区の被害例 (2) (Washed wooden houses away in Atago area)

宮古市は約 5m 程度の防潮堤で港区域と街区域が区分されている。写真 3.10.7.57 に防潮堤を示す。

写真 3.10.7.57 防潮堤 (5m high seawall)

港内の中には，種々の建物が建っている。構造種別は，RC 造と鉄骨造である。RC 造の構造被害はほとんど見られない。海岸にもっとも近い RC 造建物の全景を写真 3.10.7.58 に示す。構造被害は見られない。内部の破損は激しい。浸水深は約 5m 程度と思われる。

写真 3.10.7.59 は同地区に建つ鉄骨造の大型倉庫である。下部が RC 造で上部が S 造の体育館のような梁間山形ラーメン，桁行ブレースの構造をしている。構造的には無被害である。しかし，下部の RC 部分が高さ 4m 程度もあるため，その上部の外壁が津波でやぶられ津波が内部へ流れてきているが，流れて来ている水の量が少ないため，内部の流失が少なくて済んでいる。下部を RC 造にした効果は大きい。

写真 3.10.7.58 港内の RC 造建物 (RC 3-story building nearest to sea in port area, structurally non-damaged)

写真 3.10.7.59 湾内の大型倉庫 (Large storehouse building, lower part RC, upper part steel, structurally non-damaged)

第3章　東北地方の被害（Damage in Tohoku District）

　その他にも鉄骨造の建物が多く建っているが，鉄骨造の建物は全て1階の外壁が津波で破壊され，ピロティ状になり津波外力が軽減された形で構造的にはほとんど無被害である（写真 3.10.7.60）。浸水深は5m。鉄骨骨組は無被害。地区内には，各種タンク類が建造されており津波の被害を受けている。写真 3.10.7.61 に見られる通常の形状をしたタンクは津波を受けてタンクの鉄板が曲がっているが，破壊には至っていない。このタンクの下部はコンクリート壁の他に床が二重構造になっており，配管類が二重床によって津波から守られている形式になっている。配管の被害状況は見られなかったが，配管類をこのように津波から防御するような形式は配管類を津波の被害から守る有効な手段であると考えられる。

写真 3.10.7.60　鉄骨造の骨組
(Structurally non-damaged steel building, exterior walls washed away)

写真 3.10.7.61　港内のタンク
(Steel tank, damaged slightly)

2）宮古市　金浜

　金浜は国道沿いにある小さな村落である。戸数は約120戸。写真 3.10.7.62 は国道から村落を見たものであるが，遠くに見える高台にある住宅以外は全滅に近い。国道の海側には防潮堤がある。防潮堤の高さは約5m。写真 3.10.7.63 は村落の南側を見たものである。丘陵地の高台にわずかに木造住宅が残っている。

写真 3.10.7.62　村落の被害状況
(All wooden houses washed away in Kanahama area, except houses on high ground)

写真 3.10.7.63　村落の南側 (All wooden houses washed away in Kanahama area, except houses on high ground)

　村落の中にお寺がある。本堂は残っているが，右側の庫裏は流失，鐘楼も流失した（写真 3.10.7.64）。写真 3.10.7.65 は寺の本堂の内部である。本堂の中のものは全て流失している。骨組には大きな被害はない。低地にある木造住宅群の浸水深は7.6m程度と推測され，流失の原因となっている。

写真 3.10.7.64　残存した本堂 (Wooden main hall of Buddah temple, structurally non-damaged)

写真 3.10.7.65　本堂の内部
(Inside view of main hall of Buddah temple)

(7) 宮古市田老地区

宮古市田老地区の（以下田老地区）の津波浸分布図を図3.10.7.7に示す。

図 3.10.7.7　宮古市田老地区の津波浸水分布図
(Inundation area of Taro area)

田老町は昔から大きな津波被害を受けており，我が国で津波被害を論ずる時のキーワードのような町である。今回も大きな被害を受けた。写真3.10.7.66は，海側に設置されている防潮堤から見た田老町の被害状況である。町全体が全滅に近い被害を受けている。写真3.10.7.66の右奥に田老町役場が見える。写真3.10.7.67は田老町役場である。田老町役場（RC造3階建）は高台にあり津波の被害を受けていない。町役場は前面の道路から496cm上がっている。

写真 3.10.7.66　町は全滅に近い
(Over view of Taro-cho central area from seawall top)

写真 3.10.7.67　田老町役場 (Taro-cho town office RC 3-story building on high ground, non-affected)

田老町は街全体を防潮堤で守るように設計されている。写真3.10.7.68は防潮堤の上から南側を見たものであり，写真3.10.7.69は北側を見たものである。防潮堤が南北の丘陵地まで続いている様子が分かる。また，写真3.10.7.69および写真3.10.7.71から木造住宅は大半が流失しているのにRC造，S造の建物が残っていることも分かる。写真3.10.7.70は防潮堤の高さが分かるように人を入れて撮ったものである。防潮堤の高さは海面から10mである。町の中では津波の被害を受けなかった建物は丘陵地近くの高台にある建物しかない。例えば写真3.10.7.71で町役場と同じ高台の木造住宅は無被害である。

写真 3.10.7.68　南側の様子
(South side view from seawall top)

写真 3.10.7.69　北側の様子
(North side view from seawall top)

写真 3.10.7.70　10mの防潮堤
(Famous huge seawall, 10m high from sea level)

写真 3.10.7.71　RC造・S造は残存 (RC buildings and steel buildings, remained after tsunami)

写真3.10.7.72は全滅した町の中に残っていたS造建物（5階建）で，鉄骨は重量鉄骨である。浸水深は約7mである。写真3.10.7.73は町も中央で残っている鉄骨造2階建の建物である。1階の外壁は全て破壊されピロティ状になっている。ピロティ状になることによって津波外力が低減され建物が破壊から逃れてものと考えられる。

第3章　東北地方の被害（Damage in Tohoku District）

写真 3.10.7.72　鉄骨造5階建（Steel 5-story building in central area of Taro-cho, remained after tsunami）

写真 3.10.7.73　鉄骨造2階建（Steel 2-story building in central area of Taro-cho, remained after tsunami）

写真 3.10.7.74 は残っていた補強コンクリートブロック造の建物（2階建）である。補強コンクリートブロック造でも津波に対して抵抗していることが分かる。写真 3.10.7.75 は防潮堤の近くに建っているRC造2階建の建物である。2階まで津波が来ている。津波の高さは約7mである。田老町の浸水深はどこでも約7m程度であると考えられる。浸水深7mは木造住宅を流失させるのに十分な大きさであったものと思われる。

写真 3.10.7.74　補強コンクリートブロック造
（2-story concrete block masonry building in central area of Taro-cho, remained after tsunami）

写真 3.10.7.75　RC造2階建（RC 2-story building in central area of Taro-cho, remained after tsunami）

写真 3.10.7.76 は RC造（3階建），RC造（2階建）の建物が残っている。町の西端に位置しており多少地盤が高くなっているため津波の被害が1階に留まっている。

写真 3.10.7.76　2・3階建のRC造
（2-story and 3-story RC buildings in west end area of Taro-cho, remained after tsunami）

写真 3.10.7.77 は，町の南端近くに建つS造5階建のホテルである。2階まで津波が来ている。構造的には無被害である。

写真 3.10.7.77　5階建鉄骨造のホテル
（Steel 5-story hotel building in south end area of Taro-cho, remained after tsunami）

写真 3.10.7.78 は町役場の近くで，町役場より低い所にある木造住宅の被害である。津波が面外に作用し直交方向の水平耐力が低下したことにより破壊したものと考えられる。

津波によって木造住宅が破壊する途中段階を示しているものと考えられる。写真 3.10.7.78 の2軒目の住宅の浸水深は320cmである。

写真 3.10.7.78　木造住宅の被害
（3.2m inundation wooden house destroyed by tsunami）

(8) 山田町
1) 山田漁港

図 3.10.7.8 は山田町の津波浸水分布を示したものである。

図 3.10.7.8 山田町の津内浸水分布図
(Inundation area of Yamada-cho)

山田町の中央に山田漁港がある。写真 3.10.7.79 は山田漁港への入口である。防潮堤がある。漁港へ入ると岸壁の近くに多数の魚加工場などが並んでいる（写真 3.10.7.80）。山田漁港は非常に大きな漁港である。建物群の大半は鉄骨造である。

写真 3.10.7.79　防潮堤の漁港入口
(Seawall gate to Yamada fishing port)

写真 3.10.7.80　山田漁港 (Yamada fishing port)

建物の被害例を写真 3.10.7.81，写真 3.10.7.82 に示す。いずれの建物も窓，外壁の破損は見られるが鉄骨の構造被害は見られない。

写真 3.10.7.81　窓の破損 (Damaged windows and window glass, structurally non-damaged)

写真 3.10.7.82　外壁の破損
(Damaged to exterior walls, structurally non-damaged)

国道をはさんで漁港の反対側に山田漁港の街並みが広がっている。街並みは南北方向に約 1.5km 程度の長さで帯状に広がっている。津波被害は南北全域にわたって全滅に近い。写真 3.10.7.83，写真 3.10.7.84 の被害状況は山田漁港の入口（写真 3.10.7.79）から撮ったものである。大半の木造住宅が流失し全滅に近い。ただし，少数の RC 造，S 造の建物が残っている。写真 3.10.7.85 に 1 階ピロティの住宅が見える。ピロティに被害は無い。外壁が多少破損しているが，構造的には無被害である。高台にある木造住宅は無被害である（写真 3.10.7.85）。写真 3.10.7.86 に示す建物 A（RC 造 2 階建）は，浸水深 4.5m の津波を受けているが構造は無被害である。

写真 3.10.7.83　町は全滅に近い
(Tsunami fully destroyed central area of Yamada-cho)

写真 3.10.7.84　残った RC 造・S 造 (RC buildings and steel buildings, remained after tsunami)

写真 3.10.7.85　高台の木造住宅 (Wooden houses on high ground, remained after tsunami)

第3章　東北地方の被害（Damage in Tohoku District）

写真 3.10.7.86　建物 A (RC building, 4.5m inundation, structurally non-damaged)

　写真 3.10.7.87 は建物 A の近くにある RC 造 2 階建の倉庫である。浸水深 4.5m であるが構造被害はない。写真 3.10.7.88 は鉄骨造 3 階建の建物である。浸水深 4.5m。外壁の破壊が激しいが構造の被害はない。全滅に近い町並みの浸水深は 4.5m 程度と考えられるが，この浸水深は木造住宅を流失させるのに十分な大きさであることが分かる。

写真 3.10.7.87　RC 造の倉庫 (RC storehouse building, 4.5m inundation, structurally non-damaged)

写真 3.10.7.88　残った鉄骨造
(Steel 3-story building, 4.5m inundation, all exterior walls destroyed, structurally non-damaged)

2) 山田地区
　山田町の北端に山田地区がある。国道沿いに集合住宅がある。RC 造の 4 階建および 3 階建の新しい集合住宅である（写真 3.10.7.89）。2 階まで津波を受けているが構造的には無被害である。ひび割れも入っていない。写真 3.10.7.90 に見えるように基礎の一部は洗掘されている。

写真 3.10.7.89　集合住宅（RC 造）(RC 4-story and 3-story apartment house buildings, 2-story high inundation, structurally non-damaged)

写真 3.10.7.90　基礎の洗掘 (Foundations of APT buildings scoured with tsunami water)

　RC 造の集合住宅の後ろに木造住宅が流失せずに残っている（写真 3.10.7.91）。周囲の木造住宅が写真 3.10.7.92 のように流失しているのに集合住宅の後ろの住宅が残っているのは，大きな RC 造建物群の効果と考えられる。

写真 3.10.7.91　集合住宅後ろの住宅 (Wooden houses at back of APT buildings, remained after tsunami)

写真 3.10.7.92　集合住宅周辺の住宅は流失 (Wooden houses around APT buildings except at back, washed away)

(9) 大槌町吉里吉里

図3.10.7.9は大槌町吉里吉里の津波浸水分布図である。

図 3.10.7.9 大槌町吉里吉里の津波浸水分布図
(Inundation area of Kirikiri area Ohzuchi-cho)

国道の東側は海であり，西側が吉里吉里の街並みである（写真 3.10.7.93）。国道の西側に防潮堤がある（写真 3.10.7.94）。

写真 3.10.7.93 国道の左側が街並み
(Central area of Kirikiri, left hand side of Route45)

写真 3.10.7.94 防潮堤 (Seawall at west side of R-45)

吉里吉里の街並みは国道沿いに南北約 1km にわたって帯状に分布している。写真 3.10.7.95 は吉里吉里の海水浴場の入口付近から撮った被害状況の1例である。被害は南北約 1km にわたっており，全滅に近い。しかし，全滅に近い中でも RC 造および鉄骨造の建物が少数残っている。また，高台にも木造建物が残っている（写真 3.10.7.96）。

写真 3.10.7.95 中央部の街並み (Tsunami fully destroyed central area of Kirikiri, Ohzuchi-cho)

写真 3.10.7.96 高台に残った住宅 (Wooden houses on high ground, remained after tsunami)

写真 3.10.7.97 は残存している RC 造 2 階建の建物である。浸水深 8m である。建物にひび割れは見られず構造被害はない。

写真 3.10.7.97 残存している RC 造 2 階建の建物
(2-story RC building, 8m tsunami inundation, structurally non-damaged)

写真 3.10.7.98 は消防署の建物である。津波は屋上に達している。構造被害はない。

写真 3.10.7.98　消防署の建物（RC 造 2 階建）
(RC 2-story firehouse building, inundation height higher than roof floor, structurally non-damaged)

高台へ行くと途中で津波がストップしていて全ての建物が無被害である（写真 3.10.7.99）。高台に K 小学校がある。RC 造 3 階建。無被害である（写真 3.10.7.100）。

写真 3.10.7.99　高台へ行く途中
(Non-damaged housing complex on high ground)

写真 3.10.7.100　K 小学校 (K-primary school RC 3-story building on hill side, non-affected)

写真 3.10.7.101，写真 3.10.7.102，写真 3.10.7.103 は高台へ行く途中の横道の津波による被害状況である。相当高い所まで津波が来ていることが分かる。浸水深は 8m 程度であったと考えられる。この浸水深の値は木造住宅を流失させるのに十分なものであったと思われる。

写真 3.10.7.101　被害状況（1）(Seriously damaged wooden houses with 8m (estimated) inundation height)

写真 3.10.7.102　被害状況（2）(Seriously damaged wooden houses with 8m (estimated) inundation height)

写真 3.10.7.103　被害状況（3）(Seriously damaged wooden houses with 8m (estimated) inundation height)

(10) 大槌町

図3.10.7.10は大槌町の津波浸水分布図である。

図3.10.7.10 大槌町の津波浸水分布図
(Inundation area of Ohzuchi-cho)

大槌町は大槌川をはさんで中心地区と住宅地区に2分されている。中心地区および住宅地区とも全滅に近い被害を受けている。写真3.10.7.104は中心地区の被害状況である。大型の建物が多数残っている。写真3.10.7.105は住宅地区の被害状況である。

写真3.10.7.104 中心地区の被害状況
(Destroyed central area of Ohzuchi-cho, large buildings remained after tsunami)

写真3.10.7.106は大槌町役場（RC造2階建）である。2階まで津波が来ている。現在使用されていない。町役場は中心地区にあるが役場周辺の建物の被害も大きい。

写真3.10.7.105 住宅地区の被害状況
(Fully destroyed residential area of Ohzuchi-cho)

写真3.10.7.106 大槌町役場 (Ohzuchi-cho town office RC 2-story building, 2nd floor flooded)

中心地区奥の方にO病院がある（写真3.10.7.107）。RC造3階建である。津波は3階まで達している。浸水深が526cmであった。O病院の周囲の木造住宅も5m近い津波を受けたと推測される。写真3.10.7.108はO病院の近くにあるアパートである。RC造3階建である。このアパートも3階まで津波を受けており浸水深は530cmであった。この値はO病院の浸水深とほぼ同じである。

写真3.10.7.107 O病院
(O-hospital RC 3-story building, 3rd floor flooded)

写真3.10.7.108 病院付近のアパート
(Apartment house RC 3-story building, 3rd floor flooded)

中心地区で残った建物を以下に示す。写真3.10.7.109, 写真3.10.7.110は鉄骨造の建物である。

第3章　東北地方の被害（Damage in Tohoku District）

写真 3.10.7.109　残存したが変形大（Seriously damaged steel 3-story building with large residual deformation）

写真 3.10.7.110　残存した鉄骨造（Seriously damaged steel 3-story building with large residual deformation）

写真 3.10.7.111，写真 3.10.7.112 とも鉄骨造であるが，両者とも外壁破損により1階がピロティ化している。

写真 3.10.7.111　外壁が破損（Exterior walls destroyed）

写真 3.10.7.112　1階がピロティ化（All exterior walls washed away, 1st story seems piloti system）

写真 3.10.7.113 は津波後火災になっている。

写真 3.10.7.113　津波後の火災
(Fire breakout after tsunami)

残っている建物を見てみると鉄骨造の建物が多い（写真 3.10.7.114）。中には鉄骨造の建物で傾斜しているものもある（写真 3.10.7.115）。

写真 3.10.7.114　残った鉄骨造（Many steel buildings damaged but remained after tsunami）

写真 3.10.7.115　傾斜した鉄骨造
(Steel building damaged and inclined)

(11) 釜石市

釜石市は，岩手県南東部の太平洋に面し，津波による甚大な被害を受けた大槌町の南西部，陸前高田市の北部，遠野市の東部に境を接する市である。近代製鉄発祥の地であり，典型的なリアス式海岸を有する。釜石市役所は，地震後その機能を比較的被害の少ない釜石駅前の建物に移し，釜石市災害復興対策本部を立ち上げた。

特に被害が大きかった箇所は，黒崎，両石，平田，唐丹，鵜住居町などで，入り組んだ湾内の地域であった。

1) 釜石市街地の被害状況

釜石駅周辺はほぼ無被害であるが，釜石市役所周辺は，標高が低くなるにしたがって被害が大きくなっている。特に細長い工場の山側に水が流れ込んでいる。

図 3.10.7.11 は釜石市の津波浸水図である。市役所の位置を◎印で示した。

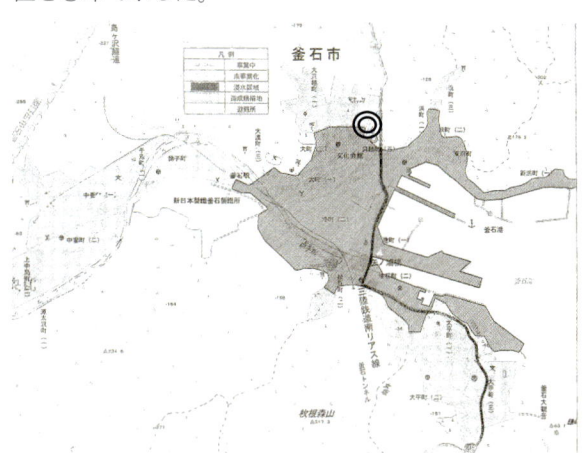

図 3.10.7.11　津波浸水図　（Tsunami inundation area）

標高が低い地域に建てられた木造は，流失しているが，鉄骨造は外装材がはがれている。鉄筋コンクリート造は，骨組みが残っている(写真 3.10.7.116)。

写真 3.10.7.116　海側から山側を望む
(View of destroyed central area of Kamaishi from sea side)

海岸線から北に山になっており，木造の建築物は，海抜が高くなるほど被害が軽減している。海抜8mの地点が津波避難場所になっており，その地点までは津波は到達しなかった。

写真 3.10.7.117　海側から山側を望む
(View of destroyed central area of Kamaishi from sea side)

海岸線のそばに細長い鉄骨造の工場があり，津波の流れがそがれ，海岸線に近づいても煉瓦造や鉄筋コンクリート造，鉄骨造建物が残っている。

写真 3.10.7.118　海側を望む
(View of destroyed central area of Kamaishi from hill side)

写真 3.10.7.119　津波を遮った細長い鉄骨工場
（Steel structure factory building blocked tsunami）

第3章　東北地方の被害（Damage in Tohoku District）

写真3.10.7.120はRホテルである。釜石湾の奥にあり津波の被害をうけたが，1階部分の内装がはがれた（写真3.10.7.121）が，上部の階は被災を免れている。

写真 3. 10. 7. 120　R ホテル
(R-hotel building at end of Kamaishi bay)

写真 3. 10. 7. 121　R ホテル
(Inside view of R-hotel 1F lobby, interior materials destroyed)

写真3.10.7.122は，甲子川沿いの鉄骨造のオフィスビルで，津波は，橋を越えて遡上してきた。1階部分はピロティになっており，2階部分まで外装材がはがれている。

写真 3. 10. 7. 122　鉄骨造オフィスビル (Steel structure office building with piloti, exterior walls destroyed)

写真3.10.7.123は，釜石湾の奥にあるS製鉄所である。津波の直撃を受けて，一部分が損壊している。また，写真3.10.7.124は，Kクレーンセンターで，同様に津波の直撃を受けたが，建物の下の部分がへこんでいる程度であった。

写真 3. 10. 7. 123　S 製鉄所 (S-Kamaishi steel plant)

写真 3. 10. 7. 124　K クレーンセンター (K-crane center)

2）釜石市鵜住居町の被害状況

鵜住居（うのずまい）は釜石市に所属しているが大槌湾に面している。写真3.10.7.125は鵜住居の津波被害の全景である。木造住宅はほとんどが流失し，町全体が全滅に近い。残っているのはRC造，S造の建物，丘陵地近くの高台にある木造住宅に限られている。中央には釜石東中学校がある（写真3.10.7.126）。写真3.10.7.127の日向（ひかた）地区にも木造住宅が残っている。

写真 3. 10. 7. 125　鵜住居町全景
(View of fully destroyed Unozumai area, Kamaishi city)

写真 3. 10. 7. 126　丘陵地の住宅
(Non-affected houses on high ground)

写真 3. 10. 7. 127　日向地区 (Hikata area)

写真 3.10.7.128 は鵜住居駅である。プラットホーム駅舎は破壊。線路も破壊されている。駅前に RC 造，S 造の建物が残っている。周囲の木造は全て流失している。浸水深としては 8m 程度であったと考えられる。

写真 3.10.7.129 は地区防災センター（S 造 2 階建）である。構造被害はない。2 階まで津波が来ている。

写真 3. 10. 7. 128　鵜住居駅舎と駅前
(Destroyed Unozumai station, 8m inundation (estimated), and overview of station square)

写真 3. 10. 7. 129　釜石市鵜住居地区防災センター
(Disaster preventing center building of Unozumai area)

写真 3. 10. 7. 130　K 宿舎 (RC apartment house building)

写真 3.10.7.130 は K 宿舎（RC 造 3 階建および 5 階建）である。2 階まで津波が来ている。構造被害はない。

第3章　東北地方の被害（Damage in Tohoku District）

(12)　大船渡市

大船渡市は起伏に富んでおり，津波により大きく被災した場所は，入り組んだ大船渡湾の奥の低地である。

市役所庁舎は高台にあり機能を果たしている。図3.10.7.12は大船渡市の津波浸水図である。被害は主に大船渡町の大船渡湾に面した低地の部分と■で示した赤崎町の2つの地区に集中している。市役所の位置を◎印で示した。

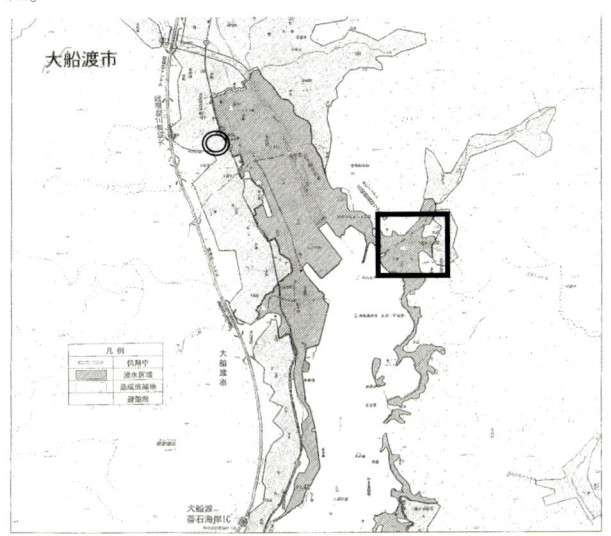

図3.10.7.12　津波浸水図
（Inundation area of Ohfunato city）

1)　大船渡市大船渡町

国道45号線の高低に従い浸水地域が大きく異なる。国道沿いに表示される「これより先　津波浸水想定区域」の標識と浸水による被害地域がほぼ一致している。国道より大船渡湾側の低地にいくに従い被害が大きくなる。木造建築物は，流失や倒壊がみられるもののブロック造やRC造は残っている。

写真3.10.7.131　国道45号線沿いの津波浸水想定区域内の状況(View of tsunami warning zone along Route 45)

国道45号線より東側は，低地になっていて津波により浸水した。JR大船渡線は，大船渡駅の前後で被災している。写真3.10.7.132は大船渡駅周辺の状況である。駅舎は流されている。手前にある鉄骨構造のビルは，1階部分の外壁が破損していて，2階部分の外壁まで亀裂が入っている。周辺の木造建物は流失しているが，RC造のビルは残っている。

写真3.10.7.132　大船渡駅周辺の状況
（View of destroyed Ohfunato station and station square）

写真3.10.7.133は，須崎川から大船渡湾側の被災状況である。木造建築物は，流失や倒壊がみられるもののブロック造やRC造，鉄骨造は残っている。手前の橋の欄干は一部破壊されている。

写真3.10.7.133　須崎川より大船渡湾方向を望む
（View of Ohfunato bay side from Suzaki river）

2)　大船渡市赤崎町

大船渡町の大船渡湾を挟んだ対岸の地域である。この地域では，高台にある建築物や，ブロック造，RC造は残っているが，木造は流失している（写真3.10.7.134）。

写真 3.10.7.134　三陸鉄道南リアス線陸前赤崎駅より赤崎町の海側を望む（Sea-side view of fully destroyed Akasaki area from Rikuzen-Akasaki Station）

　海岸線から 400mほどの所に，三陸鉄道南リアス線が敷設されており，その線路部分が盛土となっている。線路の海側，山側で被災の程度が異なっている。家屋が駅の盛土部分にぶつかり止まっており，高台の家屋は無被害である。
　この地域では，構造形式により被害の程度が異なっている。写真 3.10.7.135 に 1 階が RC 造一部木造，2 階がブロック構造の建築物を示す。海岸線から 300mほどのところに建てられた，この建築物では，木造部分は倒壊しているものの RC 造，ブロック造部分の骨組は残っている。

写真 3.10.7.135　1 階 RC 造一部木造 2 階ブロック造の建築物（Building remained, 1st floor built of RC, 2nd floor built of concrete block）

　海岸から 100mの位置に建てられた木造建築物でも，道路からほぼ 1mの高さにあったものは，土台を残して流失していた。ところが，3mほどの高さの建築物は流失を免れている（写真 3.10.7.136）。

写真 3.10.7.136　流失を免れた木造建築物
（Remained wooden house on high fill ground）

土蔵の建築物（写真 3.10.7.137）や鉄骨造の建築物（写真 3.10.7.138）は，骨組は残っている。

写真 3.10.7.137　土蔵の建築物
(Damaged old Japanese storehouse with whitewashed wall and black Japanese roof tile, Kura)

写真 3.10.7.138　A 小学校体育館（鉄骨造 2 階）
(Gymnasium of A-primary school, 2-story steel structure)

(13) 陸前高田市

陸前高田市は大きな津波を受け，市中心部をはじめとして広い範囲で木造住宅が全滅に近い。その中でも RC 造や S 造の建物が点在して残っている。また，木造住宅は，気仙川河口から上流 4 km まで被災している。気仙川支流の矢作川にも津波が遡上し，矢作町観音寺付近（河口より約 6 km）まで高田松原の松が流れ着いている。

図 3.10.7.13 は陸前高田市の津波浸水図である。市役所の位置を◎印で示した。

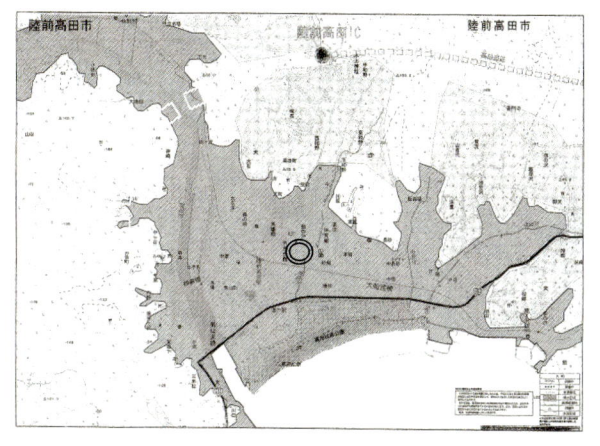

図 3.10.7.13 津波浸水図
(Inundation area of Rikuzen-takada city)

写真 3.10.7.139 は中心街の陸前高田市役所周辺で残存している RC 造・S 造建築物である。木造家屋は全て流失している。市役所周辺の建物群は市役所と同程度の津波を受けているものと考えられる。この浸水深は木造家屋を流失させるのに十分な大きさであったと考えられる。

写真 3.10.7.139 市役所周辺の中心街（Destroyed central area around Rikuzen-takada city hall）

写真 3.10.7.140 は陸前高田市役所（RC 造 4 階建）である。3 階まで津波を受けている。浸水深は約 10m 程度である。構造被害はない。

写真 3.10.7.140 陸前高田市役所 (Rikuzen-takada city hall RC 4-story building, 3rd floor washed)

写真 3.10.7.141 は市役所前の N ビル（RC 造 2 階建）である。2 階の窓が破損しており，市役所と同程度の高さの津波を受けたものと考えられる。構造被害はない。

写真 3.10.7.141 N ビル（RC 2-story N-building）

写真 3.10.7.142 は，N ビルの隣に建っていた 1 層 RC 造のビルである。骨組構造はそのままであるが，基礎部分とともに転倒している。

写真 3.10.7.142 1 層 RC 造ビル（RC 1-story building next to N-building, toppled with spread foundation）

写真 3.10.7.143 は N ビルの近くのスーパーマーケット（S 造 3 階建）である。外壁の破損が大きく，骨組だけになっているが，骨組の被害はほとんど見られない。

写真 3.10.7.143 スーパーマーケット（Steel structure supermarket building, 3rd floor exterior walls destroyed）

写真 3.10.7.144 は市役所の近くにある陸前高田郵便局（RC 造 2 階建）である。屋上まで津波を受けている。1・2 階とも骨組だけのピロティになっている。周辺の木造住宅は全て流失している。

写真 3.10.7.144 陸前高田郵便局（Destroyed RC 2-story Rikuzen-takada post-office building）

写真 3.10.7.145 は，郵便局の隣の区画にある信用金庫（RC 造 2 階建一部）である。屋上にある看板の中ほどまで冠水している。写真 3.10.7.146 は，N ビルの北側に位置する J ビル（RC 造 3 階＋S 造 3 階）である。写真 3.10.7.147 は市役所の南側にある R 市民会館である。観客席部分を残して外壁が半分流失している。写真 3.10.7.148 は，2 階建ての補強クリートブロック造でブロック部分が流失しているものの，RC 造の臥梁部分は残っている。

写真 3.10.7.145 信用金庫（Damaged bank building）

写真 3.10.7.146 J ビル（Damaged RC 3-story and steel 3-story J- buildings）

写真 3.10.7.147 R 市民会館（Seriously destroyed R-civic hall building）

第3章　東北地方の被害（Damage in Tohoku District）

写真 3.10.7.148　補強コンクリートブロック造
（Destroyed reinforced concrete block masonry building）

写真 3.10.7.149 は B 住宅（RC 造 4 階建）である。4 階まで津波を受けている。写真 3.10.7.149 の建築物東側 2 階の外壁に漂流物による衝突痕がある（写真 3.10.7.150）。写真 3.10.7.151 はその衝突痕を室内側から見たものである。コンクリートが消失し，配筋がむき出しになっている。

写真 3.10.7.149　B 住宅　（Apartment house building, tsunami reached 4th floor）

写真 3.10.7.150　衝突（Damage to exterior wall by collision）

写真 3.10.7.151 室内側衝突痕（Inside view of damaged wall by collision）

写真 3.10.7.152 は市役所より多少海側にある T 病院（RC 造 4 階）である。避難用の外階段の 1 階が崩壊している。その他の構造は無被害である。この建築物は 4 階まで津波を受けている。

写真 3.10.7.152　T 病院（RC T-hospital building except evacuation stair, structurally non-damaged）

写真 3.10.7.153 は海岸近くにあるホテル（RC 造 7 階建）である。4 階まで津波を受けているので市役所よりも多少浸水深は大きい。骨組の構造は，被害が見られないが，津波により 1 階部分の外壁が外側に膨れ出ている（写真 3.10.7.154）。また，基礎部分が大きく洗掘されている。さらに，低層の付層建築物は，基礎の洗掘によって傾斜している（写真 3.10.7.153）。これらの傾向は海に近い建築物に多く見られる現象である。

写真 3.10.7.153　海岸近くのホテル（Hotel at sea-side）

写真 3.10.7.154 基礎部分の洗掘（Scouring at the foundation of hotel）

3.10.8 宮城県の被害
(Disaster in Miyagi Prefecture)

(1) 気仙沼市

図 3.10.8.1 は気仙沼市の津波浸水分布図である。

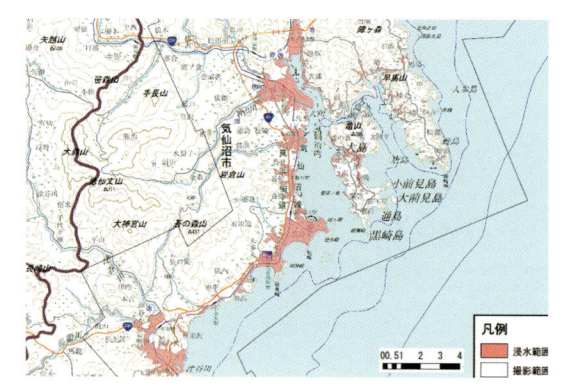

図 3.10.8.1 気仙沼市の津波浸水分布図
(Inundation area of Kesen-numa city)

気仙沼市は土地の高低差が大きい。図 3.10.8.2 のように土地の高低差によって木造住宅の被害状況が変化する。

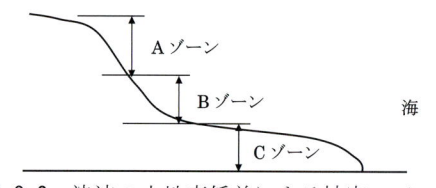

図 3.10.8.2 津波の土地高低差による被害レベルの分類
(Damage patters due to ground level)

A ゾーン：津波を受けても構造被害の無い地域
B ゾーン：構造被害が被害有りと無しが混在している地域。
C ゾーン：全壊し，流失してしまった地域。

気仙沼市への入口付近は高台になっており被害が無い（写真 3.10.8.1）。気仙沼市の中心部も高台になっている。三日町の商店街（写真 3.10.8.2）および気仙沼市役所（写真 3.10.8.3）は高台になっており無被害である。

写真 3.10.8.1 無被害
(Non-affected area of Kesen-numa on high ground)

写真 3.10.8.2 三日町商店街
(Non-affected Mikka-machi area on high ground)

写真 3.10.8.3 気仙沼市役所 (Kesen-numa city hall building on high ground, non-affected)

気仙沼大橋からの被害状況を示しておく。津波が川を遡上し，川の両岸が大きな被害を受けている（写真 3.10.8.4）。津波が線路（気仙沼線）を越えている。線路の上に車が止まっている（写真 3.10.8.5）。

写真 3.10.8.4 気仙沼大橋付近
(Heavily destroyed vicinity of Kesen-numa Oh-hashi)

写真 3.10.8.5 線路を越えている
(Tsunami flowed over rail of Kesen-numa line)

線路上から見た津波の被害状況を写真 3.10.8.6 に示した。道路は全て漂着物で埋もれており，全く歩けない。この状況が海岸まで続いている。

第3章　東北地方の被害（Damage in Tohoku District）

写真 3.10.8.6　道路は歩けない
（Roads covered with piles of debris, could not step in）

写真 3.10.8.7 は港から 150m の所にある観光案内所である。RC 造 3 階である。ひび割れなどの発生はほとんど見られない。2 階の床まで津波を受けている。2 階の窓ガラスも破られているし，手摺も壊れている。港での津波の高さは約 5～6m と考えられる。隣にあるのは，RC 造 3 階建の駐車ビルである。これもひび割れなどはほとんど無い。

写真 3.10.8.7　観光案内所（Tourist information RC 3-story building, structurally non-damaged）

海岸の近くの木造住宅の多くが流失している。港の近くにある消防署（RC 造，3 階建）は無被害。ただし，津波が来た 1 階内部は破損。2 階は無被害（写真 3.10.8.9）。消防署の隣のビル（RC 造 1 階）も無被害。

写真 3.10.8.8　全壊の木造住宅
（Concrete foundation of washed away wooden house）

写真 3.10.8.9　消防署（Fire station RC 3-story building, structurally non-damaged）

海岸近くの商店街には多くの RC 造，S 造の建物が残存している。津波の水が引かない状態になっている（写真 3.10.8.10）。RC 造の中に混じって木造があるが，木造だけが倒壊している（写真 3.10.8.11）。海岸近くにある RC 造の酒店の 1 階が倒壊している（写真 3.10.8.12）。

写真 3.10.8.10　RC 造，S 造建物多数残存（Many RC buildings and steel buildings remained after tsunami）

写真 3.10.8.11　木造建物倒壊
（Collapsed wooden houses）

写真 3.10.8.12　酒店の建物倒壊
（Collapsed liquor store building）

港の近くが高台になっている（写真 3.10.8.13）。この地域は津波が来ていない。木造家屋も無被害。ただし，古い木造住宅は地震動被害を受けているものがある。

写真 3.10.8.13　港付近の高台（Non-affected area near port, due to high ground elevation）

(2) 南三陸町志津川

図 3.10.8.3 は南三陸町志津川の津波浸水分布図である。

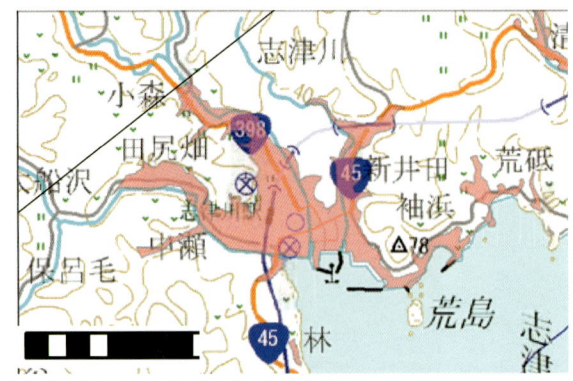

図 3.10.8.3 志津川の浸水分布図
(Inundation area of Shizugawa area)

写真 3.10.8.14 は志津川全体の津波被害状況である。木造家屋はほとんど流失し全滅に近い状況である。海岸近くの町の中心部に RC 造，S 造の建物のみが多少残っているのが見える。

写真 3.10.8.14 南三陸町志津川の被害状況 (Overview of fully destroyed center area of Shizugawa)

1) 志津川中心地域

気象庁より，南三陸町の津波高さの最高値は 15.9m と発表されており，県内の沿岸部では，津波高さの最大の地域である。南三陸町志津川中心地域は，志津川湾より北西約 400m の範囲が平野部になっており，その奥が丘陵地帯となっている。津波による壊滅的な被害は，平野部一帯に及んでいる。津波高さは，15.9m に達し，防潮堤を破壊し乗り越え大被害をもたらした。岸辺より，北西約 1.5km の山腹にある S 高校は，津波が到達せず無被害である。手前東側には，RC 造 3 階建のビルの屋上に津波が達している（写真 3.10.8.15）。志津川湾の岸辺より，北側約 200m の地点にある RC 造事務所ビルの基礎部分である。地盤が約 70cm 沈下し，基礎部分がむき出しとなっている。この地域は，津波による海水が引かず泥沼のような状態になっている所が多い（写真 3.10.8.16）。

写真 3.10.8.15 S 高校と残存の RC 造 3 階建ビル
(Non-affected S-high school building on high ground and RC 3-story building remained after tsunami)

写真 3.10.8.16 基礎がむき出しになっている
(Bared footing of RC office building, due to scouring)

沿岸部より 400m の範囲は，全ての木造建築物が流失し，数棟の鉄骨造建物が骨組を残して建っているが，RC 造の建物は約 20 棟が残存している（写真 3.10.8.17，写真 3.10.8.18）。

写真 3.10.8.17 残存している RC 造建物 (Wooden houses washed away, but RC buildings remained after tsunami)

写真 3.10.8.18 RC 造付近の S 造建物 (Steel structure buildings also remained after tsunami)

写真 3.10.8.19 は，岸辺に立つ RC 造 2 階建て事務所である。下屋 1 階の開口部材が流失しているが，柱・梁は無損傷である。左側の 2 層部分 1 階は漂流物が壁中央に衝突して穴が開いているがラーメン自体に損傷はない。

第3章　東北地方の被害（Damage in Tohoku District）

写真3.10.8.19　RC造2階建事務所（RC 2-story building at sea side, exterior wall destroyed by driftage collision）

写真3.10.8.20は，志津川湾より北西200mにあるRC造3階建の南三陸警察署である。開口部が破壊・流失し，内部は瓦礫が侵入している。構造的には無被害である。津波は3階部分に達している。

写真3.10.8.20　南三陸警察署（RC police station building, tsunami reached 3rd floor）

写真3.10.8.21は，海辺に建つRC造4階建のアパートである。津波は4階付近まで達している。上部構造は無被害であるが，基礎部分の地中梁・フーチング・PC杭が津波にさらわれ，むき出しの状態になっている。

このアパートは津波避難ビルに指定されており，約50名が避難し命をとりとめたということである（写真3.10.8.22）。

写真3.10.8.21　アパート（RC apartment house building, tsunami reached 4th floor, foundation scoured）

写真3.10.8.22　津波避難ビル（Logo of tsunami shelter）

写真3.10.8.23は，海岸より300m北側にあるRC造4階建のショッピングセンターである。津波が屋上階に達している。津波高さは，この地点でも16m近くになっており漂流物が壁面にへばり付いている。多くの客は，屋上に避難し助かっている。構造的には，無被害である。国道45号線沿いにあるS病院は，海岸より約400mの地点にある。津波は，西側のRC造5階建の新館（左）の4階付近まで達している。津波高さは，約14mと思われる。病院は，耐震補強された東側のRC造4階建の本館（右）および新館とも構造的に無被害である（写真3.10.8.24，写真3.10.8.25）。

写真3.10.8.23　ショッピングセンター（RC 4-story shopping center building, tsunami reached roof floor）

写真3.10.8.24　S病院（RC 4-story and 5-story S-hospital building, tsunami reached 4th floor）

写真3.10.8.25　本館の耐震補強（RC 4-story S-hospital main building, seismic retrofitted）

海岸より約100m地点にトイレが残存している。ブロック造の壁が破壊しているが，RC造の柱・屋根スラブが残存している（写真3.10.8.26）。鉄骨造の建物は，外壁・屋根が全て流失しラーメン骨組が残存している（写真3.10.8.27，写真3.10.8.28）。鉄骨フレームには，ほとんど変形が見られない。写真3.10.8.29は，岸辺より200m北の地点の鉄骨造ガソリンスタンドである。海側の桁行方向（津波を受けた面）の柱は，変形しているが，それ以外の鉄骨は無被害である。外壁・屋根は全て流失している。

写真 3.10.8.26 海辺のトイレ (Masonry 1-story building at 100m from coast line, concrete block walls destroyed, but RC frames non-damaged)

写真 3.10.8.27 残存した鉄骨造骨組 (Steel 1-story building, all walls washed away, but steel frames non-damaged)

写真 3.10.8.28 残った鉄骨造骨組 (Steel 2-story building, walls and roof washed away, but steel frames remained)

写真 3.10.8.29 外壁・屋根は流失 (Steel 1-story gas station building at 200m from coast line, all walls and roof washed away, sea side steel frames deformed)

写真 3.10.8.30 は南三陸町防災庁舎（S 造 3 階建）である。外壁が全て破損している。構造的にはほとんど被害がない。

写真 3.10.8.30 南三陸町防災庁舎 (Steel 3-story Minami-sanriku-cho disaster preventing office building, all walls washed away, but steel frames non-damaged)

津波を受けた地域で残っている鉄骨造建物は，数棟である。津波を受けた地域内で鉄骨の廃材が多くあるところを見ると，鉄骨造の建物が多く破壊しているものと考えられる。鉄骨造は，RC 造ほど津波に強いわけではないのかも知れない。

2) 志津川細浦地区

志津川細浦地区は，志津川の中心地より北東方向に車で約 10 分の位置にある。高さ約 5m の防潮堤があるが，津波はそのはるか上方を乗り越えて被害を拡大した。海辺より北方向約 100m 範囲の低地が壊滅状態になっている。ここには，残骸から判断して建っていたのはほとんどが木造住宅で，RC 造・鉄骨造建物がなかったものと思われる(写真 3.10.8.31)。岸辺に近い地域では，木造建物は全滅である。

写真 3.10.8.31 低地の木造住宅は全滅 (All residential houses on lower ground level washed away)

海岸より約 200m の丘陵地の高台上方にある木造住宅は，津波が到達せず無被害である（写真 3.10.8.32）。丘陵地の中腹の木造住宅は，津波が 2 階まで到達している。津波高さは，約 9m である（写真 3.10.8.33）。

写真 3.10.8.32 丘陵地高台の住宅は無被害 (Residential houses on high ground level not affected)

写真 3.10.8.33 丘陵地中腹の住宅は 2 階まで浸水 (Residential houses on middle ground level, tsunami reached 2nd floor)

(3) 女川町

図 3.10.8.4 は女川町の津波浸水分布図である。

図 3.10.8.4　女川町の津波浸水分布図
(Inundation area of Onagawa-cho)

女川町の被害は、高台の A ゾーン、中間の B ゾーン、低地の C ゾーンからなっている。

　A ゾーン（高台）：木造住宅はほとんどが無被害。
　B ゾーン（中間）：被害を受けた木造住宅と無被害のものが混在している。
　C ゾーン（低地）：木造は全壊。RC 造、鉄骨造は残っている。

女川町の入口近くの高台に、O 小学校（RC 造 3 階）がある。小学校は無被害である（写真 3.10.8.34）。小学校の下の道路まで津波が来ている（写真 3.10.8.35）。この付近は高台なので、この程度の被害ですんでいるが、これから港の方へ下っていくと様子が一変する。小学校の近くに O 高校がある。学校は高台にある。学校は RC 造 3 階である。無被害である。写真 3.10.8.36 は校舎北側であるが、方立壁およびそで壁にせん断ひび割れが発生している。

写真 3.10.8.34　O 小学校 (O-primary school RC 3-story building on high ground, not affected)

写真 3.10.8.35　津波が来た付近
(Ridge of tsunami inundation area)

写真 3.10.8.36　O 高等学校
(O-high school RC 3-story building on high ground, tsunami not affected, shear cracks on mullion walls)

港に下って行くと、津波の被害が大きくなっていく（写真 3.10.8.37）。津波が軒の下（約 1.8m）まで来ている所では被害が出始める（写真 3.10.8.38）。1 階の室内は、損傷が激しい（写真 3.10.8.39）。しかし、住宅は倒壊せずに建っている。横道が坂になっていて、多少高くなっている所では津波が到達せず無被害である（写真 3.10.8.40）。

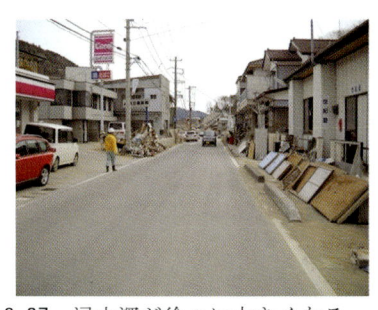

写真 3.10.8.37　浸水深が徐々に大きくなる
(As ground level lower, inundation height bigger)

写真 3.10.8.38　軒の下まで津波が来ている
(Inundation reached under eaves, 2m inundation)

写真 3.10.8.39　室内の損傷
(Inside of damaged house filled with debris)

写真 3.10.8.40　高くなっている所では無被害
(Houses on high ground level not affected)

　さらに港の方へ下りて行くと、津波の被害が大きくなり倒壊する住宅も出はじめる（写真 3.10.8.41）。倒壊する住宅と倒壊しない住宅が混在している。これよりもっと港の方へ下ると写真 3.10.8.42 のように木造住宅は全て流失し、破壊されている。

写真 3.10.8.41　住宅が倒壊 (Residential wooden houses collapsed, as inundation height increased)

写真 3.10.8.42　住宅が全て倒壊 (All residential wooden houses collapsed, as inundation height increased)

　写真 3.10.8.43 は、1 階 RC 造ピロティ、2 階が木造のハイブリット構造のものが残っていた。高台にあるもの以外は全滅（写真 3.10.8.44）している。少し、高台にある RC 造は無被害（写真 3.10.8.45）。この付近の津波の高さは約 10m 程度である。

写真 3.10.8.43　1 階ピロティの住宅 (Hybrid structure residential house, 1F RC (Piloti system), 2F wood)

写真 3.10.8.44　住宅は全滅 (All wooden houses collapsed, as inundation height reached 4m or more)

写真 3.10.8.45　高台の RC 造建物は無被害
(RC building on high ground, not affected)

　低地では港まで木造住宅は全滅である（写真 3.10.8.46）。港に近づくにつれて建っている建物が多くなる（写真 3.10.8.47）。理由は RC 造、S 造の建物が残っているためである。

写真 3.10.8.46　低地では港まで全滅
(Residential wooden houses completely washed away, as inundation height increased)

第3章　東北地方の被害（Damage in Tohoku District）

写真 3.10.8.47　RC造・S造建物が残存（RC and steel structure building remained after tsunami）

写真 3.10.8.51　RC造・S造建物(2)（Many RC buildings and steel buildings at port side, remained）

　写真 3.10.8.48 は港から約 100m の所に建っている観光用施設（RC造3階建）である。津波により左右の建物を繋いでいた渡り廊下が流失し、跡形もなくなっている。写真 3.10.8.49 は港の海の中に出島のように出ている桟橋に鉄骨造の東屋風の平屋が建っている。この建物は屋根より上まで津波が来たと思われるが、無被害である。

　写真 3.10.8.52 は港近くにある RC造4階建のマンションである。このマンションの3階の床まで津波が来ている。津波の高さは約 8m 程度である。しかし、屋上の所にゴミが付着しているところを見ると津波はもっと高かった可能性がある。この近くでは、RC造の建物が何棟か倒壊している。部材の破壊による倒壊ではなく建物の剛体回転による転倒である（写真 3.10.8.53）。基礎杭が破損しているものもある。

写真 3.10.8.48　観光用施設（Tourist facilities RC 3-story building, breezeway destroyed）

写真 3.10.8.49　桟橋の鉄骨造建物
　　（Steel building at port side, non-damaged）

　港の近くには多数の RC 造および鉄骨造の建物が残っている（写真 3.10.8.50、写真 3.10.8.51）。

写真 3.10.8.52　RC造4階建マンション
（RC 4-story apartment building, tsunami reached 3rd floor (estimated 8m inundation)）

写真 3.10.8.50　RC造・S造建物(1)（Many RC buildings and steel buildings at port side, remained）

写真 3.10.8.53　RC造の転倒
　　（RC building, toppled, rigid body rotation）

(4) 石巻市

　石巻市の市域は，北上川下流の仙台平野（石巻平野）から，女川町を除く牡鹿半島に渡っている。旧北上川河口に中心部がある。津波浸水区域は，北上川下流の石巻平野部分では，高台になっている日和山地区を除くほぼ全域，牡鹿半島では，海に面する低地部分で津波により浸水している。写真 3.10.8.54 は日和山より石巻湾方向の被災翌日の写真である。中央に写っている建築物は，I 病院（RC 造 5 階）である。2 階床部分まで浸水したものの，構造体は損傷を受けていない。手前の瓦屋根は西光寺である。本堂 1 階の床上まで浸水したが，構造体は被害がなかった。木造在来工法の木造建築物は，流されているものの，RC 造や，鉄骨造，壁式構造のプレハブ住宅などは流失されずに残っている。

写真 3.10.8.54 日和山より石巻湾を望む　（View of central area of Ishinomaki form Hiyori Yama park）

　写真 3.10.8.55 は，石巻湾側から，日和山方向に押し流された木造住宅の様子である。家の 1 階部分が壊れ，2 階部分が押し流された様子である。日和山の山裾の方の住宅は，原型を留めている。

写真 3.10.8.55　日和山方向に押し流された木造住宅 （Wooden houses swept away toward Hiyori Yama）

　写真 3.10.8.56 は，K 小学校教室棟（RC 造 3 階建，1960 年建設）である。宮城県内でも古い RC 構造物である。海岸から 700m ほどの場所にありながら，標高は数メートルしかない。指定避難所となっていたため，自動車で避難してきた付近住民が津波の直撃をうけて，自動車が炎上し，校舎の一部が炎上した。校舎内に避難した住民の一部は，下駄箱を踏み台として，裏山の日和山に避難した。

写真 3.10.8.56　K 小学校教室棟　（K-primary school RC 3-story building, tsunami shelter, fire breakout）

　写真 3.10.8.57 は，I 病院看護師宿舎（RC 造 3 階建）である。海岸から 100m ほどの場所にあり，2 階まで浸水している。しかし，付近の木造建築物が流失しているが，構造体は被害がなかった。

写真 3.10.8.57　I 病院看護師宿舎　（RC 3-story housing for nurses of I-hospital, 2nd floor flooded）

　写真 3.10.8.58 は日和山より北上川上流方向の写真である。石巻市役所，JR 石巻駅のあるビルは写真左奥に写っている。この地区は，1 階部分が浸水したが木造建築物も流失していない。写真右の北上川の中瀬にある建物は，I 施設である。その横に旧ハリストス正教会堂がある。

第3章　東北地方の被害（Damage in Tohoku District）

写真 3.10.8.58　日和山より北上川上流方向を望む（View of upstream of Kitakami river from Hiyori Yama park）

写真 3.10.8.59はI施設である，1階部分の一部のガラスが割れたものの構造体は被害がなかった。また，西内海橋のたもとに船が引っかかり，歩行者は，船の中を歩いて橋を利用していた。

写真 3.10.8.59　I施設と西内海橋
（I building and West Wutumi Bridge）

写真 3.10.8.60は，旧ハリストス正教会堂（1880年竣工，1978年被災）で，北上川の中瀬に改築移築された，現存する日本最古の木造教会建築である。2階部分まで冠水し，建物が傾いたが，倒壊は免れた。

写真 3.10.8.61は，I文化センター（SRC造2階建，PH3階）である。海岸より200mの距離に建っている。1階エントランス部分に流れた車がぶつかったものの，構造体は被害が無い。写真 3.10.8.62は，N工場で，津波による土砂や瓦礫が散乱して，付近に紙の原材料が散乱し，貨物線も脱線している。

写真 3.10.8.60　旧ハリストス正教会堂　（Ishinomaki Saint John the Apostle Orthodox oldest wooden Church）

写真 3.10.8.61　I文化センター　（I-center SRC 2-story building, structurally non-damaged）

写真 3.10.8.62　N工場と石巻臨界貨物線
（N-mill plant and Ishinomaki Seaside freight line）

(5) 東松島市

東松島市の津波浸水分布を図 3.10.8.5 に示す。

図 3.10.8.5 東松島市の浸水分布
（Inundation area of Higashi-matsushima city）

東松島市の津波被害の概要は次の通りである。
① 東松島市の津波被害は非常に大きい。
② 図 3.10.8.5 から分かるように津波被害地域は海岸から内陸へ 1～3km に及び，それが帯状に石巻市まで分布している。
③ 被害地域の中を JR 仙石線が走行している。仙石線は海岸と平行して走っているので仙石線も大きな被害を受けている。5 月末現在でも松島駅の隣の高城駅から石巻駅まで運休している。
④ 仙石線の駅名で被害地域を示すと，東名駅―野蒜駅―陸前小野駅―矢本駅の間がほぼ帯状に被害を受けている。
⑤ この地域は木造家屋が多く，古い家屋も多い。木造家屋の被害形態としては木造家屋の流失，外壁破損，津波による室内破損が見られる。被害地域の中には数は少ないが，RC 造，S 造建物が残存していて，それらは流失せず，構造被害もほとんどない。

東松島市役所（RC 造 3 階建）は JR 仙石線の矢本駅の近くにある。矢本駅は海岸から距離があり津波の被害を受けていない。市役所周辺の街並みも津波を受けておらず無被害である。写真 3.10.8.63 は JR 仙石線の野蒜駅（RC 造 2 階建）である。浸水深 3.2m の津波を受け，津波被害が大きい。構造は，ひび割れなどは見受けられず無被害である。野蒜駅は海岸から 1km 程度の所にある。野蒜の被害は JR 仙石線より海側地域で大きく，陸側は少ない。

写真 3.10.8.63 野蒜駅
（Nobiru station RC 2-story building of JR Senseki line, 3.2m inundation, structurally non-damaged）

被害の大きかった海側の状況を以下に示す。写真 3.10.8.64 は野蒜駅に隣接している街並みである。全ての建物が大きな津波被害を受けているが，S 造は構造的に無被害であるが木造は構造的な被害を受けている。写真 3.10.8.65，写真 3.10.8.66 は野蒜駅から 200m 程海側へ行った所に建つ RC 造，鉄骨造の建物の被害状況である。RC 造はひび割れが見られず構造的には無被害である。S 造は外壁が破損しているが構造的には無被害である。

写真 3.10.8.64 野蒜駅付近の町並み
（Street view along Tohna canal near Nobiru station）

写真 3.10.8.65 RC 造建物
（RC 2-story office building, structurally non-damaged）

第3章　東北地方の被害（Damage in Tohoku District）

写真 3.10.8.66　S 造建物（Steel 3-story building, all exterior walls destroyed, structurally non-damaged）

写真 3.10.8.67，写真 3.10.8.68 は海側の住宅街を見たものであるが，道路の東側も西側も木造住宅は基礎のみを残して全て流失している。

写真 3.10.8.67　住宅街（東側）(All wooden houses washed away, only concrete foundation remained at East part of housing complex)

写真 3.10.8.68　住宅街（西側）(All wooden houses washed away, only concrete foundation remained at West part of housing complex)

写真 3.10.8.66 の場所から海へ 500m 行った所に病院（RC 造 2 階建）がある（写真 3.10.8.69）。浸水深が 4.9m で 1・2 階とも津波被害を受けている。構造的にはひび割れが見られず無被害である。病院の付近の木造住宅は全て流失している（写真 3.10.8.70）。

写真 3.10.8.69　病院の建物（Hospital RC 2-story building, 4.9m inundation, structurally non-damaged）

写真 3.10.8.70　付近は全て流失（All wooden houses around hospital washed away, foundations remained）

海から 500m 程の所に N 中学校と K ホテルならびに従業員宿舎がある。写真 3.10.8.71 は N 中学校の全景である。右側が海である。海に近い校舎の浸水深は 5.34m である。その校舎の後ろにある校舎の浸水深は 4.92m である，前の校舎よりも浸水深が多少小さくなっている。校舎の基礎は大きく洗掘されている。写真 13.10.8.72 は K ホテルで RC 造 4 階建である。浸水深は 4.0m。写真 3.10.8.73 は従業員宿舎（RC 造）である。いずれの RC 造建物ともひび割れが見られず，構造的には無被害である。写真 3.10.8.74 は中学校付近で残っていた木造住宅である。新しい住宅であり外壁の損傷が少ない。

— 235 —

写真 3.10.8.71 N 中学校の全景 (N-junior high school RC 2-story building, 5.3m inundation, foundation scoured)

写真 3.10.8.72 K ホテル (K-hotel RC 4-story building, 4m inundation, structurally non-damaged)

写真 3.10.8.73 従業員の宿舎 (RC building for K-hotel employees' housing, structurally non-damaged)

写真 3.10.8.74 残った木造住宅 (Newly built wooden house, remained after tsunami)

写真 3.10.8.75 高さ 2m の防潮堤 (2m high seawall, land side surface scoured)

写真 3.10.8.76 RC 造トイレ (RC 1 story small building close to seawall, structurally non-damaged)

写真 3.10.8.77 防潮林 (coastal forest)

写真 3.10.8.75 は防潮堤である．津波により陸側の一部が破損しているが防潮堤の機能は失われてはいない．防潮堤の高さは 2m である．写真 3.10.8.76 は防潮堤付近のすぐ近くに RC 造のトイレがある．屋根まで津津波を受けているが，構造的には無被害である．写真 3.10.8.77 は防潮林である．本数的に相当多い．しかし，写真 3.10.8.77 から分かるように防潮林からすけて見えるのは RC 造の病院の建物だけであり，木造住宅は全て流失し皆無である．防潮林の効果が小さかったことが分かる．

(6) 松島町

松島町の浸水分布を図3.10.8.6に示す。

図3.10.8.6 松島町の浸水分布
(Inundation area of Matsushima-cho)

松島は日本三景の一つであり，松島町は観光の街である。海岸には1.5mの防潮堤がある（写真3.10.8.78）。松島全体の津波被害は木造住宅が多く流失するようなことはなく，建物の構造被害はほとんどなかった。写真3.10.8.79は海岸近くにある観光用商店街に津波が来た時の状況である。

写真3.10.8.78 防潮堤（1.5m high seawall）

写真3.10.8.79 津波が来た状況
(Tsunami view souvenir shops and restaurants along coast street, 1.2m inundation)

海岸近くの商店街は外観的には津波の被害が無かったように見えるが，浸水深1.2mの津波被害を受けている。大半の商店は営業しているが，中には営業していないものもあり津波の被害を受けていることが分かる（写真3.10.8.80）。海岸にある商店の多くは木造であるが，中には写真3.10.8.81のようにRC造，S造のものもある。木造，RC造ともに構造的には無被害である。

写真3.10.8.80 海岸通り商店街
(Shopping area along coast street)

写真3.10.8.81 RC造・S造の商店（Restaurants and souvenir shops buildings (RC or steel) along coast street）

商店街の裏手に住宅群があり，住宅の相当数が床上浸水になった。また，商店街の近くにM小学校がある（写真3.10.8.82）。校庭に津波を受けた。校舎には津波が入っていない。松島町の他の学校は津波の被害を受けていない。手樽駅の近くの住宅が床上浸水の被害を受けた。

写真3.10.8.82 M小学校
(M-primary school building, tsunami reached to school ground, but buildings not affected)

海岸近くの高台に多くのホテルがある。ホテルはRC造が多い。津内被害を受けていない。無被害である。

住宅街の中に松島町役場（RC造3階建）がある。耐震補強されている。無被害である。町役場周辺の木造住宅も無被害である。古い木造住宅に地震動被害が見られた（写真3.10.8.83）。

写真3.10.8.83 古い木造住宅（Seismic damage to old wooden house on high ground, tsunami not affected）

(7) 塩釜市

図 3.10.8.7 は塩釜市の津波浸水分布図である。

図 3.10.8.7　塩釜市の津波浸水分布図
(Inundation area of Shiogama city)

塩釜市の建物被害は，木造家屋が流失しているような甚大な状況とはなっていないが、津波被害は見られる。特に，被害が大きい地域は，港町二丁目，北浜二丁目，藤倉三丁目である。写真 3.10.8.84 は港町二丁目の木造建物の被害である。この地区の木造店舗付併用住宅のほとんどが 1 階部分の開口部・外壁材が流失し，外観上は 1 階がピロティ状で残っている。ピロティ状となることにより津波外力が低減され倒壊を免れている。浸水深は，約 2.6m である。

写真 3.10.8.84　ピロティ状の店舗付併用住宅の通り
(2-story residential buildings with 1st floor shop along street, 2.6m inundation)

S 造のピロティ形式の住宅は，構造的被害は無い。高潮による住宅への浸水防止のためピロティ形式としたとのことだが，津波被害防止には有効である（写真 3.10.8.85）。

写真 3.10.8.85　S 造のピロティ形式の住宅
(Steel residential house with 1st floor Piloti system, structurally non-damaged)

写真 3.10.8.86 は北浜二丁目の RC 造建物の被害である。RC 造の 2 階建店舗付併用住宅で、1 階店舗部分の開口部材が流失しているが，構造的被害は無く，2 階での住居可能な状況である。浸水深は，約 3.1m である。

写真 3.10.8.86　RC 造の店舗付併用住宅（RC 2-story residential buildings with 1st floor shop along street, 3.1m inundation, structurally non-damaged)

藤倉三丁目の S 造建物の被害を写真 3.10.8.87 に示した。外装材のほとんどが流失しフレームだけが残存しているが，構造的には無被害である。沿岸部の多くの S 造建物に見られる状況である。外装材は，金物留め具で固定されているが津波で損傷した。浸水深は，約 4m である。

写真 3.10.8.87　外装材が流失した S 造建物
(Steel building, 4m inundation, all walls destroyed but structurally non-damaged)

仙台塩釜港の直近にある RC 造建物のほとんどは構造的に無被害である。RC 造が他の構造物に比べ，津波に対して強いことを示していると言える（写真 3.10.8.88）。

写真 3.10.8.88　海辺に建つ無被害の RC 造建物
(Non-damaged RC buildings on seaside)

(8) 多賀城市
図3.10.8.8が多賀城市の津波浸水図である。

図 3.10.8.8　多賀城市の津波浸水図
(Inundation area of Tagajo city)

写真3.10.8.89は多賀城市役所（RC造6階建）である。市役所は高台にあり無被害である。市役所周辺の町並みも無被害である。

写真 3.10.8.89　多賀城市役所（Tagajo city hall RC 6-story building on high ground, non-affected）

多賀城市の津波被害は宮内地区、明月地区、町前地区に多い。特に，仙台港に近い宮内地区の被害が大きい。写真3.10.8.90は明月地区のマンション（S造2階建）の被害状況である。浸水深は220cmである。1階室内が破損している。構造被害はない。マンション周辺の木造住宅も被害を受けているが、構造被害は無い。

写真 3.10.8.90　明月地区のマンション被害
(Apartment house steel 2-story building, 2.2m inundation, structurally non-damaged)

写真3.10.8.91は宮内地区にある自動車学校の建物（S造2階建）である。外壁が破損し、1階がピロティ化している。浸水深は440cmである。主骨組の被害は無い。

写真 3.10.8.91　宮内地区の自動車学校
(Driving school steel 2-story building, 4.4m inundation, exterior walls destroyed, structurally non-damaged)

写真3.10.8.92は宮内地区にある木造住宅群である。全ての住宅が津波の被害を受け構造被害を生じている。浸水深は430cmである。周辺には流失した木造住宅が見られる。4m以上の浸水深で流失しなかった理由としては，住宅が新しいことと外壁が強いことが考えられる。

写真 3.10.8.92　宮内地区の木造住宅
(Newly built wooden houses, 4.3m inundation, heavily destroyed, but not flowed away)

写真3.10.8.93は仙台港の近くにあるRC造とS造の倉庫の被害である。両者は隣り合わせで建っている。RC造の倉庫は全くの無被害であるのにS造のそれは1階が破損している。RC造が津波に強いことを示している事例である。

写真 3.10.8.93　仙台港近くのRC造とS造の倉庫（RC storehouse building and steel storehouse building, RC one non-damaged, but steel one damaged at 1st story）

(9) 仙台市

図 3.10.8.9 は仙台市における津波浸水分布図である。

図 3.10.8.9 仙台市における津波浸水分布図
(Inundation area of Sendai city)

仙台市は海岸から仙台平野が広がっており，そこに津波が来た。図 3.10.8.9 から分かるように津波浸分布は海岸から 3〜4km 程度の幅で帯状に南北に広がっている。津波はほぼ仙台東部道路（以下東部道路）で止まっている。理由は東部道路が堤防のように造られた高台になっているためである。津波を受けた地域の北部は仙台港を中心とした工業地帯であり，南部は農業，漁業および住宅地からなる地域である。北部の工業地帯を除く地域で津波を受けた範囲内での木造住宅の被害は東部道路から海岸に向かってよく類似した被害状態を示している。そこで，一例として東部道路から仙台市荒浜に向けて海岸へ直線的に走っている 137 号線の被害状況を示す。東部道路から荒浜までの距離は 3.5km 程度である。写真 3.10.8.94 は東部道路を越した所の木造住宅の被害状況である。浸水深が 1.3m で，床上浸水をしているが構造被害は無い。写真 3.10.8.95 は浸水深が 2m を越したあたりの被害状況を示している。2m を越すと木造住宅が構造被害を受けていないものと受けたものが混在してくる。写真 3.10.8.96 は浸水深が 4m を越したあたりの被害状況を示している。4m を越すと木造住宅は全て流失しており，建っているものは RC 造と S 造の建物のみになる。

写真 3.10.8.94 浸水深 1.3m (Damage to wooden houses with 1.3m tsunami inundation)

写真 3.10.8.95 浸水深 2m 以上 (Damage to wooden houses with 2-4m tsunami inundation)

写真 3.10.8.96 浸水深 4m 以上 (Damage to wooden houses with 4m or more tsunami inundation)

木造住宅の破壊状況を写真 3.10.8.97，写真 3.10.8.98 に示す。住宅が流失しているので，破壊経過の詳細は不明である。写真 3.10.8.97，写真 3.10.8.98 から分かるように耐震用金具が全て接合部で破壊している。このことは津波の力が接合部にまで伝達されていると考えてよい。即ち，津波の力が木造住宅の設計荷重以上であったことが破壊の理由として考えられる。

写真 3.10.8.97 耐震用金具の接合部の破壊
(Failure of seismic retrofitting metal connector)

第3章　東北地方の被害（Damage in Tohoku District）

写真3.10.8.101は学校の近くに建つS造のアパートと住宅である。アパートは1階外壁が全て破損しピロティ状になっている。住宅は鉄骨に多少変形が見られるが，残存している。写真3.10.8.102は海岸から200mくらいの所にあるRC造の住宅である。構造被害は無いが，基礎部分に洗掘が見られる。

写真3.10.8.98　間柱接合用金具の接合部破壊
（Failure of metal sheet joint for stud）

写真3.10.8.99は海岸から0.8kmのところにあるA小学校である。校舎棟（RC造4階建），体育館（S造）がある。両者とも耐震補強を行っている。浸水深は4.63mである。津波を校舎棟桁行妻面に受けているが，壁面にはひび割れがみられない。全体的に構造被害もない。体育館は外壁が破損し間柱などは変形している。梁間方向のフレームには被害はない。学校周辺の木造住宅は全て流失し，全滅状態である。残っているのはRC造，S造の建物のみである（写真3.10.8.100）。

写真3.10.8.101　アパートと住宅（Steel apartment house and residential house in vicinity of A-school）

写真3.10.8.102　基礎が洗掘
（RC residential house, foundation scoured）

写真3.10.8.103,は写真3.10.8.102の向かいに建つ木造住宅とRC造住宅である。木造住宅がほぼ完全な状態で残っている。海岸近くは砂地盤のため広範囲にわたって液状化が起こっている（写真3.10.8.104）。

写真3.10.8.99　A小学校（A-primary school RC building and steel gymnasium, 4.6m inundation）

写真3.10.8.100　A小学校周辺（Wooden houses around A-primary school washed completely away）

写真3.10.8.103　残存した木造とRC造
(Wooden house(left)remained perfectly, but RC house(right) inclined heavily due to liquefaction)

写真 3.10.8.104 液状化 (Liquefaction field)

写真 3.10.8.107 津波と直交しているブロック塀 (Concrete block masonry fence with buttress, perpendicular to tsunami)

写真3.10.8.105は荒浜で海岸に最も近い建物で漁業用建物（RC造平屋）である。屋上まで津波を受けたと考えられるが構造被害は無い。写真3.10.8.106は，写真3.10.8,105の近くにあるRC造のトイレである。構造被害は無いが，基礎が大きく洗掘されている。

北部工業地帯の被害状況を以下に示す。写真3.10.8.108は大型展示場（S造）の被害である。ガラスが多数破損し，漂流物が展示物に入って来ている。浸水深は3mである。構造被害は無い。写真3.10.8.109は仙台港近くの工業団地である。大半は鉄骨造であり，浸水深はほぼ2.5mである。外壁の被害は見られるが，構造被害はほとんど見られない。

写真 3.10.8.105 海岸付近の建物
(RC 1-story building nearest building to sea)

写真 3.10.8.108 大型展示場
(Large exhibition hall, 3m inundation)

写真 3.10.8.106 RC造トイレ
(RC 1-story small building)

写真3.10.8.107は防潮堤の下にある津波の進行方向と直交しているブロック塀であり、控え壁がある。被害は無い。

写真 3.10.8.109 仙台港付近の工場群
(Factories neat to Sendai port)

（10） 名取市

図 3.10.8.10 は名取市の津波浸水分布図である。

図 3.10.8.10　名取市の津波浸水分布図
(Inundation area of Natori city)

名取市は仙台市の南隣に位置し，仙台市から名取川を渡れば名取市である。名取市も仙台市同様平坦な地域が津波を受けた。図 3.10.8.10 から分かるように津波被害は仙台市の場合と同様海岸から 4km 程度の幅で南北に帯状に分布している。津波は仙台東部道路で止まっている。理由は東部道路が高台になっているためである。全体としての被害状況は非常に大きい。写真 3.10.8.110 は名取市役所である。RC 造 6 階建で無被害である。名取市の中心部は名取市役所周辺に広がっており，中心部は無被害である。

写真 3.10.8.110　名取市役所
(Natori city hall RC 6-story building, not affected)

被害状況は仙台市荒浜の場合と同様海岸に近付くにつれ津波の浸水深が大きくなり，被害も増大していく。平野部が津波を受けたということでは仙台市荒浜の場合と被害状況は類似している。名取市の中でも津波被害の大きかった名取川沿いの被害状況を以下に示しておく。建物に対して津波の被害が出始めるのは海岸から 2.5km 程度の距離にある小塚原のあたりからである。写真 3.10.8.111 は小塚原付近の木造住宅の被害を示したものである。ブロック塀が傾斜すると同時に津波によって 1 階室内が破損している。構造被害はない。浸水深 165cm である。

写真 3.10.8.111　小塚原付近の住宅 (Wooden houses, 1.7m inundation, structurally non-damaged)

写真 3.10.8.112 は名取市立 Y 中学校（RC 造 4 階建）である。浸水深 200cm の津波を受けている。構造被害はない。海岸から約 2km の所にある。中学校付近の木造住宅群の被害例を写真 3.10.8.113 に示す。浸水深は中学校と同様 205cm。構造被害は無いが，全ての住宅の 1 階室内が破損している。

写真 3.10.8.112　Y 中学校
(Y-junior high school RC 4-story building, 2 m inundation, structurally non-damaged)

写真 3.10.8.113　Y 中学校付近の住宅群
(Wooden houses near Y-school, 2 m inundation, structurally non-damaged)

中学校から海へ近くなっていくと浸水深が大きくなり被害も大きくなる。写真 3.10.8.114 は S 造 2 階建のアパートである。浸水深は 420cm で，構造被害は無い。写真 3.10.8.115 はその近くにある木造住宅であるが，木造住宅では構造の一部破壊が見られるようになる。

写真 3.10.8.114　S造2階建アパート
(Apartment house steel 2-story building, 4.2 m inundation, structurally non-damaged)

写真 3.10.8.115　木造住宅の被害 (Partially damaged wooden houses near to 114 apartment house)

写真3.10.8.116は名取市消防署閑上出張所の建物である。RC造2階建で構造被害は無い。海から1.5kmのところにある。写真3.10.8.117に示したように消防署周辺の木造住宅は流失しているのが多い。

写真 3.10.8.116　名取市消防署閑上出張所
(Yuriage branch firehouse RC 2-story building, 1.5km from coast line, structurally non-damaged)

写真 3.10.8.117　消防署周辺の被害 (Wooden houses washed away around Yuriage firehouse)

写真3.10.8.118は閑上漁港から約1kmの所にある集合住宅（RC造3階建）である。構造被害は無い。写真3.10.8.119は集合住宅付近の木造住宅の流失状況である。木造住宅は全て流失している。即ち，閑上地区では海から1kmの範囲内では木造住宅はほぼ全て流失している。

写真 3.10.8.118　集合住宅 (Apartment house RC 3-story building, structurally non-damaged)

写真 3.10.8.119　木造住宅の流失状況 (Wooden house washed away around 118 apartment house)

写真3.10.8.120は閑上漁港の全景である。津波前は漁業用建物が多数あったが津波によりほぼ全て流失した。写真3.10.8.121は閑上漁港で津波後残存している建物である。RC造平屋1棟とS造1棟である。

写真 3.10.8.120　閑上漁港の全景 (Overview of Yuriage fishing port, many buildings washed away)

第3章　東北地方の被害（Damage in Tohoku District）

写真3.10.8.124は梁間方向の隔壁に入っているせん断ひび割れである。せん断ひび割れの方向は明らかに海からの力によって発生したものであり，津波によるものと考えられる。津波の力によって発生した壁面のせん断ひび割れは珍しい。

写真 3.10.8.121　津波後残存（After tsunami, one RC building and one steel building remained in fishing port）

以下に，写真3.10.8.121のRC造建物について被害状況を詳しく述べる。写真3.10.8.122は津波を受けて破壊した腰壁（高さ 1.9m）である。腰壁の上は高窓である。腰壁の破壊状況を室内から見たのが写真3.10.8.123である。片持状に曲げ破壊している。

写真 3.10.8.124　津波によるせん断ひび割れ
（Shear cracks on wall by tsunami）

名取市には仙台空港（S造）がある。海から1kmの距離にある。写真3.10.8.125は津波後の仙台空港である。滑走路をはじめ空港1階ならびに周辺の空港関連の建物群が津波被害を受けた。写真3.10.8.126は空港内1階内部の状況であるが，営業停止の状況が長く続いた。

写真 3.10.8.122　腰壁の破壊
（Damage to 1.9m high window back with tsunami）

写真 3.10.8.125　津波後の仙台空港（Sendai airport terminal building, 1st floor flooded by tsunami）

写 3.10.8.123　腰壁破壊を室内から見た状況
（Inside view of damaged window back）

写真 3.10.8.126　空港1階の被害状況
（Inside view of terminal building after tsunami）

(11) 岩沼市
図 3.10.8.11 は岩沼市の津波浸水分布図である。

図 3.10.8.11　岩沼市の津波浸水分布図
(Inundation area of Iwanuma city)

　岩沼市は名取市の南側に隣接する地域である。岩沼市も仙台平野の一部をなし，土地は平坦である。図 3.10.8.11 から分かるように仙台市，名取市と同様浸水領域は南北に帯状に分布している。東部道路を海岸方向に越すと津波の痕跡が見られるようになるが，津波被害が大きくなるのは貞山堀（海岸から約 1km）を越したあたりからである。写真 3.10.8.127 は貞山堀を越してすぐの所にある鉄骨造の工場である。浸水深 270cm である。外壁が破損している。構造被害はない。写真 3.10.8.128 は工場の近くにある木造住宅群である。構造被害はないが，1 階の室内の破損がひどい。

写真 3.10.8.127　鉄骨造の工場
(Factory steel building at Teizan canal, 2.7m inundation, structurally non-damaged)

写真 3.10.8.128　木造住宅群の被害
(Wooden houses around 127 factory)

　写真3.10.8.129は二の倉で海岸に最も近い木造住宅である。海岸から 500m 程度の所にある。1 階がピロティ化し破壊せずに建っている。

写真 3.10.8.129　海岸に最も近い木造住宅 (Wooden houses at 500m from coast line, 1st floor walls destroyed)

　写真3.10.8.130は海岸から写真3.10.8.129とほぼ同じ位置にプール管理用建物（S 造 2 階建）がある。外壁が全て破損しているが，構造被害は無い。この付近の防潮堤の一部が破損している。

写真 3.10.8.130　プール管理用建物（S 造 2 階建）
(Pool control office steel 2-story building, exterior walls washes away, structurally non-damaged)

　写真 3.10.8.131 は岩沼市二の倉排水管理所（RC 造 2 階建）である。海岸から 300m 程度の所にある。渡り廊下の高さまで津波を受けているが，構造被害は無い。

写真 3.10.8.131　二の倉排水管理所 (Ninokura drainage control office RC 2-story building at 300m from coast line, tsunami reached covered breezeway)

第3章　東北地方の被害（Damage in Tohoku District）

（12）亘理町

　図 3.10.8.12 は亘理町の津波浸水分布図である。亘理町は仙台平野の一部をなす地域である。亘理町の北側を阿武隈川が流れている。津波は川を遡上し，堤防を越えて住宅地に流れ込み被害をより大きくした。

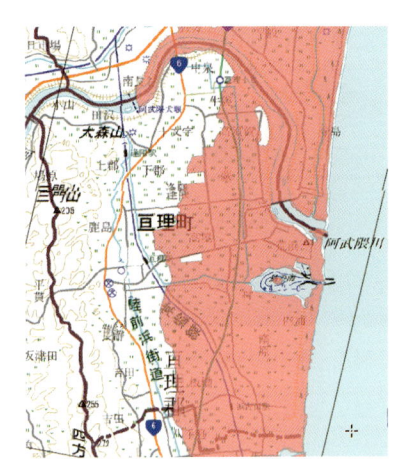

図 3.10.8.12　亘理町の津波浸水分布図
(Inundation area of Watari-cho)

　被害の大きかった阿武隈川周辺の被害を以下に示す。写真 3.10.8.132 は堤防近くの被害である。外壁および構造の被害も見られる。周辺の木造住宅には流失したものもある。写真 3.10.8.133，写真 3.10.8.134 は堤防近くの S 造の住宅である。いずれも 1 階がピロティ化し津波外力が低減されたことで破壊は免れている。

写真 3.10.8.132　木造住宅の被害
(Damage to wooden houses close to seawall)

写真 3.10.8.133　S 造の住宅 (Residential house steel 2-story building, 1st floor exterior walls washed away)

写真 3.10.8.134　S 造のアパート (Apartment house 2-story building, 1st floor exterior walls washed away)

　写真 3.10.8.135 は，鳥の海の海岸から 400m 程度の所にあるホテル（RC 造 6 階建）である。2 階まで津波が来ている。浸水深は約 7m である。写真 3.10.8.136 はホテルの 3 階から撮ったものであるが，ホテルの周辺の木造住宅は全滅に近い。

写真 3.10.8.135　T ホテル (T-hotel RC 6-story building, 7m inundation, structurally non-damaged)

写真 3.10.8.136　木造は全滅に近い (Wooden houses around T-hotel completely washed away)

　写真 3.10.8.137 はホテルの隣にあるレストラン（S 造）である。外壁は全て破損しているが，主骨組に被害が無い。写真 3.10.8.137 はホテルのそばにある RC 造平屋の小さな建物である。基礎は洗掘されているが，構造被害は無い。

写真 3.10.8.137　S 造のレストラン
(Restaurant building next to T-hotel, exterior walls washed away, structurally non-damaged)

写真 3.10.8.138 RC造平屋の建物（RC small building, foundation scoured, structurally non-damaged)

　写真 3.10.8.139 は，鳥の海で海岸に最も近い住宅（RC造2階建）である。1階が一部ピロティになっている。基礎は洗掘されているが，壁面にひび割れも無く構造被害も無い。浸水深はほぼ屋根まで達している。写真3.10.8.140，写真3.10.8.141はいずれも海岸近くに建っているS造建物である。海岸にはS造が多い。これは地耐力に配慮しての処置だと思われる。いずれの建物とも1階の外壁が大きく破損し，ピロティ化している。主構造の被害は特に見られない。浸水深はいずれも7m程度である。

写真 3.10.8.139 RC造の住宅
(Residential house RC building, foundation scoured)

写 3.10.8.140 S造建物1 (Steel building, 1st floor exterior walls washed away, piloti like)

写 3.10.8.141 S造建物 (Steel building, 1st floor exterior walls washed away, piloti like)

　写真 3.10.8.142 は港の荷卸場である。S造でもともとピロティ状の建物である。屋上に木造の残骸が載っていることから判断するとして屋上まで津波が来たものと思われる。骨組に被害は無い。

写真 3.10.8.142 港の荷卸場 (Steel building)

　写真 3.10.8.143 は海岸近くの住宅街にあるそば屋（補強コンクリートブロック造2階建）である。構造被害は無い。周辺の木造住宅は全滅である。写真 3.10.8.144 は W 中学校（RC造3階建）である。浸水深は 2m である。構造被害は無い。

写真 3.10.8.143 そば屋 (Reinforced concrete block building, 2m inundation, structurally non-damaged)

写真 3.10.8.144 W 中学校 (W-junior high school building, 2 m inundation, structurally non-damaged)

第3章　東北地方の被害（Damage in Tohoku District）

(13) 山元町

宮城県山元町は宮城県南端の町で福島県と接している。図3.10.8.13は山元町の浸水分布図である。山元町も海岸線は平坦地であり，浸水分布も南北に帯状に分布している。

図3.10.8.13 山元町の浸水分布図
(Inundation area of Yamamoto-cho)

津波は高台になっている国道6号線でほぼ止まっている。山元町には常磐線の山下駅と坂元駅という2つの駅がある。山下駅が北にあり，坂元駅が南にある。津波の被害は坂元駅周辺の方が大きいので，以下には国道6号線から坂元駅までの被害を示す。坂元駅は海岸から約0.8kmの所にある。坂元駅の浸水深は5.7mである。駅および線路の被害が大きい。現在も常磐線のこの区間は復旧されていない。国道6号線までは海岸から約2kmである。写真3.10.8.145は6号線の近くにあるRC造の住宅である。浸水深は2.2mであった。1階の室内の損傷が激しい。ここから坂元駅へ近づくにつれ浸水深が大きくなり，被害も大きくなる。

写真3.10.8.145 6号線近くのRC造の住宅
(Residential house RC building, 2m inundation)

写真3.10.8.146は木造住宅の被害状況の一例である。屋根に車が載っていることから1階の屋根まで津波が来たことが分かる。この住宅の周辺には多くの流失した住宅が見られた。写真右奥の高台にある住宅は無被害。写真3.10.8.147は木造住宅の倒壊の一例である。左側の住宅は1階の屋根まで津波を受けている。1階の室内は写真3.10.8.148のように大きく破壊している。

写真3.10.8.146 木造住宅の被害例
(Many wooden houses destroyed in this area)

写真3.10.8.147 木造住宅の倒壊の例（Many wooden houses destroyed more seriously in this area）

写真3.10.8.148 1階室内の破損が激しい
(Inside view of 147 houses)

写真3.10.8.149は比較的大きな木造住宅の基礎が津波により洗掘されている状況を示したものである。基礎の下に杭が見える。洗掘されて片持状になった基礎の先端が下方に変形している。写真3.10.8.150は山下駅付近の古い大きな住宅であるが，1階がピロティ化することによって助かっている。

写真3.10.8.149 基礎が洗掘されている
(Large wooden house, foundation scoured)

写真3.10.8.150 1階がピロティ化した住宅（Damage to wooden house, exterior walls washed away, piloti like）

3.10.9　福島県の被害　(Disaster in Fukushima Prefecture)

（1）　相馬市

相馬市内で，津波被害に関して調査を行った4施設の位置を図 3.10.9.1 に示す。各施設は，およそ海岸線から 2km 程度以内にあり，特に S 施設および I 施設は，護岸から 200m 程度である。

図 3.10.9.1　調査建物　(Investigated buildings)

S 施設は，1975 年築の RC 造 2 階建てである。津波の高さが建物高さを超え，建物は津波により水没した。海岸方向の面には，防風林が突き刺さっている（写真 3.10.9.1）。

写真 3.10.9.1　S 建物東側　(East side of S building)

また，写真 3.10.9.2 に示すように，2 階にのみ腰壁が存在する部分では，2 階床梁に鉛直荷重によるものと思われるひび割れが多数見受けられた。これは，津波による冠水が 2 階にのみ滞留したためと思われる。

写真 3.10.9.2　S 建物北側　(North side of S building)

I 施設は，2 階建ての RC 造であるが，その 1 階部分が津波により水没した。浸水高さは 2 階床面から 23cm であった。しかし，目立った構造被害は無い。周辺状況は，写真 3.10.9.3 に示すように，一部の RC 造を除いて，ほぼ全ての建物が流失している。

写真 3.10.9.3　I 施設周辺　(Around I building)

一方，M 学校および M 施設は，ともに隣接する施設であるが，海岸線から同建物まで平坦地であり，到達した津波の高さは，施設に残った形跡から，基礎上から 77〜149cm に達している。ともに目立った構造被害は無い。

写真 3.10.9.4　M 学校北面
(North side of M building)

(2) いわき市

　県内の他市同様，いわき市でも海岸線全域にわたって津波被害を受けている。特に，地形的に低い地区や川に沿った地区では木造の被害が著しい。本報で紹介する地点A,B地区および施設C,Dの位置を図3.10.9.2に示す。

図3.10.9.2 調査地域
(Investigation sites)

　写真3.10.9.5、写真3.10.9.6はそれぞれ，同市の最北部（JR常磐線 末続駅周辺 地点A），および中部（地点B）で津波の被害を受けた地区の状況の一例である。いずれの地域でも地理的に低い場所，河川に沿った場所では被害が大きい一方，それらの地域の隣接であってもより小高い所では全く被害が無いといった対照的な状況が多く見られた。

　C施設（1980年築のRC造3階建：写真3.10.9.7）は砂浜の海岸線より約100mに位置する教育施設であり，海岸線との間には写真3.10.9.8中に示すようなコンクリートブロックが存在している（ブロックは数十mに渡って流されている）。津波の高さは3〜4m程度で，1階は完全に水没したが構造的被害は無い。同じ敷地内で，より海岸線に近い位置にある鉄骨建物では外壁に大きな損傷を受けている（図3.10.9.8）。

　O施設は小名浜漁港の最も東側に位置する（築年不明：RC造2階建，一部3階）魚市場である。長手方向に24スパン（中央にExp.J有り　スパン長20m），短手方向に3スパン（スパン長8m）の大空間構造となっており（写真3.10.9.9），津波高さはガラスの破損状況から1〜2m程度と思われる。柱鉄筋の腐食などの経年劣化がひどく（写真3.10.9.10），部材耐力にかなり影響がある状態と思われるが，津波および地震動による構造的被害は見ることができなかった。同建物に隣接する埠頭にあるRC造建物（荷揚げ場）では海側の床スラブが盛り上がる状態で被害を受けていた。護岸の移動に伴う被害と思われる（写真3.10.9.11）。

写真3.10.9.5 地点Aの状況 (Area A Damage condition)

写真3.10.9.6 地点Bの状況
(Damage situation of area B)

写真3.10.9.7 教育施設建物（本館）
(Main building of educational facility in area C)

写真3.10.9.8 教育施設建物（付属建物） (Steel building of educational facility in area C)

写真3.10.9.9 魚市場
(Fish market building in area D)

写真3.10.9.10 柱鉄筋の腐食
(Corrosion of reinforcement bars)

写真3.10.9.11 床スラブの被害
(Damage to concrete floor slab)

3.10.10 各種構造別被害
(Building damage with respect to structure type)

(1) 木造の被害

今回の地震に伴う津波による象徴的な被害の一つは，木造住宅の流出である。基本的に，木造建築は重量が軽く，住宅の規模であれば耐震性から必要とされる水平力は，それほど大きくない。それに加え，木造の建物では浮力の影響も大きかったように思われる。内閣府による「津波避難ビル等に係るガイドライン／巻末資料②構造的要件の基本的な考え方」[1]では，津波荷重について，津波波圧，津波波力および浮力，衝突力を挙げており，これに関わる要素として，津波の浸水深，流速などが挙げられる。これらと被害の関係については今後の被害調査の分析により明らかにしていく必要があるが，陸前高田市，南三陸町，石巻市北上町，東松島市野蒜海岸，仙台市荒浜，名取市閖上などの地域では，波がかなりの流速で建物に到達し，浸水深が1階高さ（2.5m程度）を超えるような場所では殆どの木造住宅が流出すると共に大きく破壊しているように思われる。これに対し，釜石市，大船渡市，気仙沼市，石巻市などの市街地では，地形や海沿いの建物などによりやや流速が弱まり，1階高さを超える浸水深でも流出せずに残存していたり，流出しても建物の形骸を残しているものが多かったように思われる。また，近年に構造設計された大規模木造建物に関しては，それなりに損傷を受けているものもあるが，いずれも流出を免れている。以下，これらの事例の一部を紹介する。

1) 流出した木造住宅

写真3.10.10.1は，仙台市荒浜における流出した木造住宅の跡である。部分的に土台が残っているが，土台を固定するアンカーボルトが大きく変形し，基礎が損傷を受けている。写真3.10.10.2は，土台は残っているものの柱を固定するホールダウン金物が大きく変形し，固定されていた柱は跡形も無くなっている。これらの状況から，かなりのせん断力を受けていることが推察される。同様の被害状況は，今回の津波浸水域において，海辺に近くかなりの流速で波が建物に衝突している地域では多数存在する。

写真 3.10.10.2 残された土台と引き倒された柱脚金物
(Sill remained on foundation and failure of metal joint)

2) 流出しなかった木造住宅

しかしながら，このような地域でも，流出しなかった住宅もいくつか存在している。写真3.10.10.3，3.10.10.4は，名取市閖上での例であるが，周辺の住宅が流出する中で単独で残存している。写真3.10.10.3のように1階の屋根瓦が流され漂流物が漂着していることから，浸水深は3m程度あったと思われる。流出しなかった理由は現段階では明らかではないが，写真から分かるように1階の壁が波の進行方向に突き抜けて破壊しており，波圧，波力が低減したことが考えられる。また，建物が比較的最近建てられたもので，写真3.10.10.4のように，軸組が比較的しっかりしており，柱脚接合部も適切な補強金物が使用されていた。

写真 3.10.10.3 流出せず単独で残る住宅（名取市閖上）
(Wooden house slightly damaged, but did not flow, 3m inundation (estimated))

写真 3.10.10.1 土台の流出と基礎の損傷 (Sills and foundation destroyed seriously)

写真 3.10.10.4 1階内部と柱脚接合部詳細(Inside view of damaged house (3), and column base metal joint)

3) 漂流した木造住宅

写真 3.10.10.5 は，釜石市における被害住宅であるが，基礎ごと浮き上がり数m移動している．痕跡から，周辺の浸水深は 4m を超えていると考えられるが，流出，倒壊している建物は必ずしも多くなく，流速がそれほど大きくなかったように思われる．したがって，壁がほとんど破壊せず浮力によって移動したものと考えられる．このように，基礎ごと漂流した住宅も数は少ないが存在している．

写真 3.10.10.5　基礎ごと移動した住宅(Wooden house drifted with foundation)

4) 近年の大規模木造建築

写真 3.10.10.6 は，石巻市潮見町の断面集成材ラーメン構造による製材工場である．壁が抜けるなどの被害はあったものの，主要な軸組架構自体にはほぼ被害が無かった．

写真 3.10.10.6　大断面集成材ラーメン構造建物（石巻市）(Inside view of heavy laminated lumber frame building)

写真 3.10.10.7〜3.10.10.10 は，津波を受けた大規模木造の被害状況である．いずれもかなり高い浸水深で，流速も速かったと思われる．これらは，壁がほとんど突き破られて建物自体は大きな損傷を受けているものの，主要架構の損傷は必ずしも大きくなかった．これらの大規模木造では，柱脚部が直接 RC 造の基礎等に緊結されており，また部材および架構の耐力が高いため，流出，倒壊には至らなかったと考えられる．

写真 3.10.10.7　軸組のみ残る大断面木造事務所（石巻市）(Heavy laminated lumber frame office building, exterior and interior walls washed away)

写真 3.10.10.8　木造＋RC 造の石巻市北上総合支所 (Laminated lumber frame and RC structure office building, exterior and interior walls washed away)

写真 3.10.10.9　U 公民館(Heavy laminated lumber frame U-civic hall building, walls washed away)

写真 3.10.10.10　O 中学校屋内プール建物 (Indoor swimming pool of O junior high school)

参考文献

1) 内閣府：津波避難ビル等に係るガイドライン，2005.6, http://www.bousai.go.jp/oshirase/h17/tsunami_hinan.html

(2) 鉄筋コンクリート造建物の被害

　津波による被害が発生した地域で特徴的なことは，木造建物が津波によって大半が流失してしまっているような地域においてもＲＣ造建物は写真3.10.10.11に一例を示すように流失せず残存していることである。その残存形態も津波を受ける以前の形態を保持したままの場合が多い。このような現象の分析は詳細に行う必要があるが，現段階で簡略的に表現すると，津波による外力に対してＲＣ造建物が，十分抵抗し得たということになろう。ただし，残存しているＲＣ造建物の保有水平耐力はそれぞれ異なることも考えられるので，残存の理由の詳細は後日の検討を待たなければならないが，残存しているという事実は現実である。この残存している事実こそが，ＲＣ造建物の津波被害の最大の特徴と言える。

写真 3.10.10.11　残存しているＲＣ造建物
(RC building, remained after tsunami)

　ＲＣ造建物の被害は津波外力の大きさに影響される。津波外力の大きさは一般に津波高さと流速によって異なる。また，建物の衝突などによる外力も関係してくる。それ故，ＲＣ造建物の被害状況を津波外力と関係づけて論ずることは幾多の検討をまたなければならない。そこで，以下ではＲＣ造建物の被害形態のみから被害を分類し示すことにする。調査結果の範囲内からは，ＲＣ造建物の津波による構造の被害形態は次のように分類できる。

1) 津波以前の構造状態とほぼ変わらない状態のもの

　写真3.10.10.11のように木造住建物が流失して全滅に近い中にＲＣ造建物が津波以前の構造状態を変わらないで残存している場合が多い。勿論，窓ガラスなどが破損し，室内に津波が侵入することで室内が破損するが，その破損の大きさは室内の使用状況によって異なるので，構造被害の分類には含めない。

2) 転倒，傾斜の被害

　転倒，傾斜をしても構造部材にひび割れが発生していることはあまりない。すなわち，構造部材が津波に抵抗した形跡がほとんど見られない。このことから考えると，建物の剛体回転による被害と考えられる。写真3.10.10.12に転倒の一例を示す。写真3.10.10.13に傾斜の一例を示す。写真3.10.10.14は基礎杭の破壊により転倒が生じた例である。

写真 3.10.10.12　転倒の例
(RC building, toppled by tsunami)

写真 3.10.10.13　傾斜の例
(RC building, inclined by tsunami)

写真 3.10.10.14　基礎杭の破壊による転倒の例
(Toppled RC building and PC piles failure)

3) 外壁の面外被害

　津波は多くの場合，建物の壁面に作用する。一例を写真3.10.10.15に示す。津波を受けた壁面は面外に力を受けることになる。ＲＣ造の壁面は通常4辺固定のものが多いが，片持状のものも多い。壁面被害はさほど多くないが写真3.10.10.15のように比較的高い腰壁の場合には片持状の力を受け，壁面が曲げ被害を受けることがある。写真3.10.10.15は津波が室内に入って来て，腰壁に被害を与えた例である。

第3章 東北地方の被害 (Damage in Tohoku District)

写真 3.10.10.15 外壁の面外の被害の例（Out-of-plain failure of RC window back by tsunami power）

写真3.10.10.16は外壁が粉々になって破壊している例である。室内側からの力によって外壁が外側に変形し，破壊している。破壊原因は現段階では不明である。

写真 3.10.10.16 外壁が粉々に面外へ破壊（RC exterior walls out-of-plain failure by tsunami power）

4) 耐震要素の被害

壁面に作用した津波の力は，壁面から骨組，そして床板を通って耐震要素へと流れ行く。写真3.10.10.17は耐震壁に津波の外力の力によって発生したせん断ひび割れの一例である。耐震要素にせん断ひび割れが入った事例はさほど多くない。

写真 3.10.10.17 耐震要素に入ったせん断ひび割れ（Shear cracks on seismic elements）

5) 漂流物の衝突による被害

津波の時には種々の漂流物が流れてきて，建物に衝突することが考えられる。写真3.10.10.18はＲＣ造建物の2階に漂流物が衝突した例で事例である。また，写真3.10.10.19は衝突部分を室内から見たものである。配筋が露出し，壁面は面外に変形している。

写真 3.10.10.18 衝突による被害例
（Apartment house building, tsunami reached 4th floor）

写真 3.10.10.19 室内から見た詳細
（Inside view of damaged wall by collision）

6) 洗掘による被害

基礎地盤が津波により洗掘され，地盤反力が減少する。写真3.10.10.20に洗掘被害の一例を示す。洗掘がひどくなると，建物の傾斜および倒壊などが起きる。洗掘の事例は多い。

写真 3.10.10.20 基礎の津波被害の例
（Foundation scouring by tsunami）

(3) 鉄骨造の被害

1) 概要

　鋼構造建物の被害は，主に地震動によるものと津波による被害に分けられる。地震動による被害としては，柱梁仕口の損傷，軸組筋違の座屈・接合部破断，柱脚コンクリートの損傷・アンカーボルトの塑性伸びなどが多く報告されている。

　津波被害としては，津波により接合部・部材が破断し建物全体が倒壊した例，外壁が流出するものの構造骨組は残存している例などがある。以下に具体例を示す。

2) 地震動による被害

　地震動による被害は，主に中低層の建物に多く発生している。また，部材断面などから，建設年代が比較的古い建物に多く発生していると推定される。

ⅰ) 柱梁仕口の被害（写真 3.10.10.21）

写真 3.10.10.21　日の字形柱カバープレートの塑性化（郡山市）（Fracture of cover plate welding）

ⅱ) 軸組筋違の被害

軸組筋違に関しては，部材の座屈とともに接合部の破断が被害として多く発生している（写真 3.10.10.22，写真 3.10.10.23）。

写真 3.10.10.22　山形鋼筋かいの座屈（仙台市宮城野区）（Buckling of angle bracing）

写真 3.10.10.23　筋かいガセットプレートの破断（仙台市宮城野区）（Fracture of brace gusset plate）

ⅲ) 柱脚の被害（写真 3.10.10.24～写真 3.10.10.26）

写真 3.10.10.24　根巻柱脚被りコンクリートの剥落（仙台市若林区）（Cover concrete spall off at column base）

写真 3.10.10.25　露出柱脚アンカーボルトの塑性伸び（仙台市宮城野区）(Plastic deformation of anchor bolts)

写真 3.10.10.26　露出柱脚アンカーボルトの破断（仙台市宮城野区）(Fracture of anchor bolts)

3） 津波による被害

津波被害は，建物に生じた津波の力により異なる。甚大な被害としては，津波により接合部や部材が大きく変形・破断し元の形を保持していない被害例が，津波被害が甚大な地域で多く発生している。しかし，外壁が流出している場合には，構造体への津波荷重が低減され，骨組は残留している例もある。

ⅰ）建物全体の倒壊

写真 3.10.10.27　柱梁仕口溶接部が破断・倒壊（宮城県女川町）(Collapse and fracture of column beam joint welding)

写真 3.10.10.28　1～3 階の内外装材流出，顕著な残留変形なし（岩手県宮古市）(Exterior and interior walls washed away from 1st floor to 3rd floor)

4） まとめ

現在までの知見をまとめる。

① 新耐震基準以後と思われる建物では，地震動による構造被害は少なく，内外装材や天井材などの非構造被害が見られる。一方，新耐震基準以前と思われる建物では，構造・非構造被害が見られる。全体としては，非構造被害が多い印象を受ける。

② 津波被害地域では，工場や商業施設などの鉄骨造が多く存在し，津波による被害が多数見られる。

③ 極めて大きな津波を受けた地域では，内外装材が流出したために，主要構造材が被害をあまり受けずに残っている場合も多いが，流出物が衝突して被害を受けている場合もある。

④ 極めて大きな津波を受けた地域以外では，津波の高さに応じて内外装材等の非構造材が被害を受けているが，主要構造材はあまり被害を受けていない。

3.10.11 各種被害（Other damage）

(1) 火災

東北地方太平洋沖地震は，地震動により危険物施設や建築物等における火災を多数引き起こした。また，地震に伴って発生した津波は，その衝撃力により各種のタンク・ボンベ施設や自動車等の燃料タンクからガス・ガソリン等を噴出させ，物のぶつかり合いや破断した電線のスパーク等がある中で火災が各所で多数発生し，数箇所では大規模な市街地火災や林野火災に拡大した。津波から避難した被災者は2次避難を行うなど，延焼拡大した火災に対応する必要に迫られた。

1) 火災の発生状況

消防庁によると今回の震災関連の火災は全体で312件，岩手，宮城，福島3県では200件発生し，そのうち沿岸部のある市町村の火災は158件である[1]。これらの火災の全容はまだ明らかとなっていないので，津波による影響を受けて発生した火災の割合は不明であるが，津波が襲来した地域では大きな割合を占める。例えば，岩手県山田町，大槌町では，筆者らの調査によると津波の影響を受けた箇所で発生し市街地火災となった火災件数はそれぞれ6件であった。両町について消防庁が発表している火災件数はそれぞれ2件にすぎない[1]。これは津波被害が甚大な地域では消防機関の活動能力が低下しており，津波に起因する火災について十分には把握されていないことを示している。

2) 津波の影響による出火パターン

港湾にある危険物タンク等が津波により破壊され収容物が流出して着火拡大することから始まるパターンと，自動車が津波に流され建物等に激突してガソリンが流出，着火拡大するパターンが多く見られた。前者の典型例は，気仙沼での大火に見られる。気仙沼商港の石油タンクから流出した危険物が，養殖用いかだや津波で流出した家屋の廃材等に付着，着火炎上した。これらのいかだや廃材等が気仙沼港から大島瀬戸にかけて埋め尽くすように漂流，津波で浸水した沿岸に漂着し，多数の箇所で船舶，車，工場や住宅等の家屋，さらに林野に延焼した。後者の自動車等が激突して出火するパターンは，建物前スペースに駐車中の多数の車に津波が襲来，車は建物に激突し，建物の外壁付近で出火する例が多く，開口部を突き破って建物の内部で爆発・炎上する事例も見られた。このほか，出火の経過は不明であるが燃えている家屋や漁船が漂流，あるいは元栓が閉まっていなかったプロパンボンベが炎上漂流し，市街地や林野に漂着して延焼していったパターンがある。この場合，海岸線からかなり奥まった津波浸水域で火災が発生している場合がある。

3) 延焼拡大

石油タンクから危険物が流出した出火パターンでは，津波による浸水が拡がっている領域に，炎上中の漂流物が到達して着火，建物等へ延焼していくことになるので，海岸や埠頭付近では単独の工場等の範囲での焼損で留まった場合が多く見られた。駐車中の自動車が津波によってぶつかって炎上する出火パターンや燃えている漂流物が漂着して延焼が拡がるパターンでは，津波浸水域の端で出火することが多く，津波によって寄せ集められた廃材等が家屋の隙間に集まっている浸水域の外側方向での燃焼が激しくなり，市街地大火となった場合もある。表3.10.11.1は，延焼の結果発生した市街地火災の焼失区域面積の分布を示す。合計の焼失区域面積は60haを超える。このほか林野火災の拡がった範囲は広範にわたる。

表3.10.11.1　津波浸水範囲付近で発生した市街地火災・建物火災の焼失区域面積の分布（把握分）
(Distribution of fire area, occurred around inundated area)

市町村	10～20ha	5～10ha	1～5ha	0.3～1ha	～0.3ha
岩手県野田村					1
岩手県宮古市			1		
岩手県山田町	1		4	1	
岩手県大槌町		1	2	3	
岩手県大船渡市			2		
岩手県陸前高田市				1	
宮城県気仙沼市		1	1		
宮城県南三陸町			1		
宮城県石巻市		1		1	1
宮城県仙台市				2	1
宮城県名取市			1		
宮城県亘理町					2
福島県相馬市				1	
福島県いわき市			1		

（延焼火災に限る。未把握小規模火災があることに留意。）

4) 避難状況

市街地大火や広範な林野火災により，多くの人々は，津波からの避難に続いて2次避難を余儀なくされた。石巻市K小学校が津波火災により延焼した例では，避難していた人々が小学校から再度避難する必要に迫られた。その際，周囲が津波で浸水していたので避難が困難となった。

参考文献

1) 消防庁災害対策本部，平成23年（2011年）東北地方太平洋沖地震（第127報），201

(2) 水道施設

東日本大震災は，地震動による水道施設の被害のみならず，津波による被害が特徴的である。厚生労働省の発表によれば，東日本大震災による断水発生の市町村数はピーク時に187にのぼり，約230万戸が断水した。今回の緊急報告では，主に宮城県内の水道施設の被害概要について報告する。

宮城県仙南・仙塩広域水道用水事業は，高区系幹線（3市6町）・低区系幹線（4市4町）合わせて7市10町に用水を供給している。水源地の七ヶ宿ダムの取水施設，導水管，白石市南部山浄水場での大きな被害はなかった。

3月11日の本震では送水管である伸縮可とう管が5ヶ所で離脱した（写真 3.10.11.1）。特に浄水場から数キロ下流の白石IC付近で高圧系送水管（φ2400㎜：鋼管）のコンクリート巻立て部周辺の伸縮可とう管が2ヶ所で完全離脱した。また，4月7日の余震では低圧系の送水管（φ1200㎜の鋼管）の伸縮可とう管が離脱した。いずれも浄水場の数km後の送水管被害による送水停止は，受水市町の断水長期化に大きく影響した。

宮城県大崎広域水道用水事業の供給開始は昭和55年で，耐震適合率は64%，管路継手はK型が主体で耐震化しており，ダクタイル鋳鉄管の継手損傷・漏水，異形管での被害が多い。

また，工業用水も含め，多くの場所で水管橋での支承損壊・ズレ，アンカー破断，伸縮可とう管漏水，空気弁の漏水が生じた。

仙台市水道局では，主力の4浄水場の浄水処理に影響がある大きな被害は無かった。配水所は，安養寺配水所（整流壁倒壊），向陽台配水所（法面崩壊）など3施設で運転停止した。浄水場では停電に伴い自家発電で対応したが，長期停電のため施設の稼働状況や配水状況の遠隔監視ができず，24時間以上の停電に対する燃料の確保に苦慮している。

また，仙台市は，配水量の約30%を占める仙南仙塩広域水道の送水管破損による送水停止や，仙台市内全域での配水管漏水（約900件）の影響で約23万戸が断水した。3月11日の震災後，概ね前半が自己浄水場系の復旧，仙台市への送水が開始された3月22日以降が広域水系の復旧であり，3月29日までにほぼ給水が復旧した。4月7日の余震では，停電による送水ポンプ停止等で一時的に約3万戸に断・減水が生じたが，東部の津波浸水地域を除いて4月11日までにほぼ復旧した。

石巻地方広域水道企業団は，石巻市と東松島市地域の75,673戸へ給水をしているが，3月11日の震災後全戸が断水した。管路などの詳細な被害は整理中であるが，旧北上川の鹿又取水場から大街道浄水場への導水管（鋳鉄管，φ500㎜：印籠継手部）で漏水が生じた。また，万石橋の水道添架管2本の内，下流側（海側）が津波により損壊した（写真3.10.11.2）。また，海岸地域で地下水を取水源とする一部の水道は津波の浸水を受け，塩害により浄水できない状況にある。宮戸島への給水は，野蒜海岸付近の津波による道路決壊と宮戸島への橋の取付け道路破損等により長期間の断水を余儀なくされた。また，4月7日の余震の被害も大きく，4月6日断水戸数が23,475戸まで減少したが，4月8日に69,193戸に急増した。

津波浸水区域からも清掃用等の給水要望も多い中，給水復旧への障害となっているのは，津波による瓦礫やヘドロの撤去の遅れ，地震による地盤沈下や高潮による浸水などが給水復旧作業に支障を及ぼしている。

写真3.10.11.1 鋼管（φ2400）の離脱（宮城県企業局提供）
(Damage to steel pipe（φ2400）)

写真3.10.11.2 津波による橋梁添架管の被害
（石巻地方広域水道企業団提供）
(Damage to pipe by tsuna)

(3) 下水道施設
1) 被害概要

東日本大震災により太平洋の沿岸部を中心に下水処理施設が大きな被害を受け、5月31日現在でも18施設が稼働停止中である。図3.10.11.1に被害の全体概要をまとめた。東北地方内陸部や関東地方においても震災直後は処理場の一部機能が停止する等被害が発生したものの、6月10日時点でほぼ通常に復旧したか、または本復旧が済んでいる。表3.10.11.2は国土交通省の報告などをまとめたもので、下水処理場の稼働停止数の経日変化を示している。現在でも岩手県、宮城県、福島県、茨城県でそれぞれ6、8、3、1の施設が稼働停止している。また、福島県では放射線の影響で調査できない施設が多く、9の施設が状況不明となっている。

2) 仙台市南蒲生浄化センター (4月26日調査)

南蒲生浄化センターは平均流入水量が約32万m^3/日であり仙台市の下水の約70%を処理しているだけでなく汚泥処理センターの機能もある。水処理フローは沈砂池、最初沈殿池、嫌気好気法反応槽、最終沈殿池、消毒槽であり、汚泥処理は濃縮、遠心脱水、焼却となっている。

南蒲生浄化センターは海岸に近いため、処理施設が水没し、津波により壊滅的な被害を受けた。そのため、地震後は最初沈殿池による一次処理と消毒だけを行っている（写真3.10.11.3(a),(b)）。また、最初沈殿池に貯まった汚泥をポンプ車で引き抜き、最終沈殿池に一時的に貯留するとともに、臨時脱水機を導入して汚泥の減量化を行っている。

3) 宮城県仙塩浄化センター (4月21日調査)

仙塩浄化センターは宮城県が管理する最大の処理場である。汚水ポンプなどは地下に設置されていたため、津波浸水によりそれらの設備が使用不能となった。そのため、下水管内の水位上昇により震災直後に多賀城市の一部のマンホールから汚水が噴出するといった現象が見られた。汚泥処理施設では消化ガスタンクが流され倒壊した（写真3.10.11.3(c)）。また、地盤沈下や液状化現象により汚水バイパス管渠の破壊や道路の陥没など様々な被害を受けた。

震災後、まず仮設ポンプを設置し、排除機能を最優先するとともに一次処理の確保に努めた。すなわち、最初沈殿池、反応タンクおよび最終沈殿池を沈殿池として利用し、11～13mg/ℓの高濃度塩素で消毒を行った後、放流している（写真3.10.11.3(d)）。

4) 応急復旧の課題と対策

水のライフラインが復旧された後、下水道に汚水を速やかに排除する機能が求められ、応急ポンプが必要であった。また、一次処理機能を維持するために、汚泥の処理機能を1日も早く回復しなければならない。しかし、汚泥の管路輸送、濃縮機・脱水機の損傷による減量化機能の喪失および汚泥処分先の確保など問題が山積している。とりわけ、仙台市南蒲生浄化センターの復旧または再建には多くの資金と数年の時間が必要と見られる。

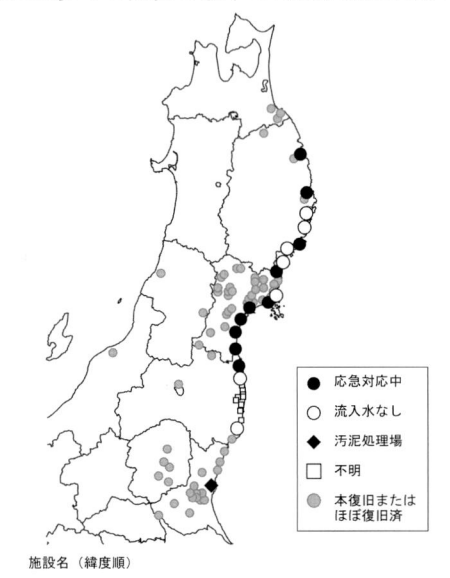

図 3.10.11.1 下水道施設被災状況（5月31日現在）
(Distribution of damage to sewage facilities)

表 3.10.11.2 下水道施設被害の経日変化
(Recovery of sewage system)

	震災直後	3/14	3/21	3/27	3/31	4/7	4/25	5/31
稼動停止	46	20	12	19	22	19	18	18
不明	-	-	-	14	-	-	11	9

(a)南蒲生：沈殿処理, (b)南蒲生：第3ポンプ場の状況
(c)仙塩：2号ガスタンク, (d)仙塩：固形塩素剤による消毒
写真 3.10.11.3 処理場写真 (Damage to sewage farms)

(4) 石油施設

平成23年東北地方太平洋沖地震では，危険物施設や石油コンビナートにおいても地震動や津波による被害が発生している。

1) 地域ごとの被害状況

調査した地域での危険物施設の被害は，太平洋岸と日本海岸では異なった様相を呈しているように見受けられる。

ⅰ) 太平洋側のコンビナート被害の特徴
① タンク・配管の浮上，移動，地盤・基礎の洗掘（タンク底板の破断）など，津波による被害が多く見られる。
② やや長周期地震動によるスロッシングは小さく，浮き屋根の顕著な被害は見られない。
③ 短周期地震動による側板座屈，浮上りなどの被害は見られない。

ⅱ) 日本海側のコンビナート被害の特徴
スロッシングによる浮き屋根のポンツーン（浮き室）破損，デッキ上への溢流被害が多く発生している。

2) 調査結果の概要

危険物施設等の被害の概要を写真3.10.11.4から写真3.10.11.6までに示す。製油所においては写真3.10.11.4に示すように危険物が大量に漏洩した。写真3.10.11.4の①では津波はタンク底板から約3.5mまで到達，当該タンクは空であったが浮上や移動の現象は見られない。②，③では多数の配管の折れ曲がり，危険物が漏洩している。④では護岸，桟橋，防油堤の損傷が大きい。⑤のタンクでは、スロッシング波高は約1mで，浮き屋根上に油が溢流している。

写真3.10.11.4 危険物が漏洩した製油所（宮城）
(Oil leakage at oil refinery)

気仙沼では，4事業所の10基の屋外タンク貯蔵所が津波により流出した。一例を写真3.10.11.5に示す。流出油量は11,521kℓ，油種については重油，灯油，軽油，ガソリンである。

写真3.10.11.5 津波により移動，倒壊したタンク（宮城）
(Collapsed oil tank by tsunami)

また、宮城県の製油所ではほぼ一区画を焼損する火災が発生し、長時間燃え続けた。火災の影響で倒壊したタンクも見られる。防油堤やタンク基礎の周辺は津波で洗掘されている。流出したアスファルトや硫黄が広がっている。

また、日本海側では、山形県のガソリンタンクの内部浮き蓋が地震時のスロッシングにより、大破している。

写真3.10.11.6 大破したアルミ製の内部浮き蓋（山形）
(Damage to aluminum lid)

3) おわりに

危険物施設が受けた被害として，各部位毎に見ると，タンク本体については地震動による損傷は少ないように見受けられる。また，配管については，地震時の停電により緊急遮断弁及び電動弁が作動しなかったため，津波による配管の破断部から大量漏洩したと推測される。さらに，内部浮き蓋については，大破した原因を探る必要があると考えられる。

次に，津波による被害についてであるが，津波でタンクが流され，底部が大きく破断している。ただし，地震時に危険物が貯蔵されていない空のタンクでも流されていないタンクもある。また，津波によりタンクや防油堤の基礎や地盤が洗掘されており，タンクの傾斜，破損に至るものも見受けられる。

(5) 鉄道

1) 概要

平成 23 年 3 月 11 日に発生した東日本大震災により発生した津波で，太平洋沿岸部を走る JR 東日本（以下，当社）の在来線の一部で，線路や駅舎が壊滅的な被害を受けた。津波により損傷した駅舎，そのうち流出した駅舎の数量を表 3.10.11.3 およびその区間を図 3.10.11.2 に示す。

表 3.10.11.3　津波被害駅数
(Number of damaged station buildings due to tsunami)

線名	区間	駅数	津波被害駅数	流出駅数
八戸線	階上～久慈	12 駅	2 駅	0 駅
山田線	宮古～釜石	13 駅	8 駅	4 駅
大船渡線	気仙沼～盛	12 駅	7 駅	6 駅
気仙沼線	前谷地※～気仙沼※	21 駅	11 駅	9 駅
石巻線	前谷地～女川	11 駅	2 駅	1 駅
仙石線	東塩釜～石巻※	16 駅	7 駅	0 駅
常磐線※※	いわき～亘理	13 駅	5 駅	3 駅
合計		98 駅	42 駅	23 駅

※　駅構内含まず
※※　福島第 1 原発の半径 30km 以内は未点検
　　（富岡駅は除く）

2) 津波による駅舎被害の形態

津波被害を受けた駅舎は，表 3.10.11.3 に示す通り 42 駅であり，そのうち流失した駅は 23 駅であった。木造を主とした多数の流失駅では基礎より上部が完全に流失したが，ＲＣ造など一部の駅では内外装仕上材のみの流失に留まった。写真 3.10.11.7 は石巻線終端の女川駅の津波による被災前後の写真である。木造の駅舎は流失しているが，エレベーターのシャフト（鉄骨造）や，駅に隣接する公衆トイレについては流失までには至っていない。

津波被害を受けたが，流失していない 19 駅については，津波により流れてきた瓦礫による内外壁の一部破損，泥等による汚損の被害を受けた。外観上，大きな被害を受けていない駅についても，建物内の営業機器等については浸水による故障が見られた。

図 3.10.11.2　津波被害区間
(Distribution of damaged railway lines due to tsunami)

女川駅被災前　　　女川駅被災後

写真 3.10.11.7　女川駅被災前後
(Onagawa station, before and after tsunami)

第4章　関東地方の被害（Damage in Kanto District）

4.1　はじめに（Introduction）

4.1.1　調査の概要（Outline of Reconnaissance）

　2011年3月11日のM9.0の東北地方太平洋沖地震は，日本の観測史上最大規模の地震となり，東北から関東までの広い地域を襲った。首都圏では，関東地方の大規模な建物倒壊などの被害報道はほとんどなかった。しかし，地震発生直後から，公共交通機関である鉄道が停止した。そのため，都心の勤務地から帰宅をするために歩行者が都心の通りに溢れ混雑が夕方から終日続いた。都心の幹線道路は車が溢れ麻痺状態に陥った。私鉄・地下鉄各社の運転は，夜半前に徐々に回復したが，JR東日本は11日の運行を取りやめ，帰宅難民が大量に生じた。11日午後7時50分には，政府が東京電力福島第一原子力発電所の自動停止を受け原子力緊急事態を宣言した。翌々日の13日，東京電力は福島第一・福島第二原発などの操業停止のため電力供給不足の恐れが高まったことから，14日以降の輪番停電の実施の可能性を発表した。これを受けてJR東日本は14日の終日運休を決め，私鉄各社も大幅な運行本数を削減し，通勤や通学に影響があり，商業施設の休業も相次いだ。しかし15日以降は徐々に公共交通機関の運行が回復していった。

　建築学会関東支部は，地震発生直後から，インターネットで地震災害調査連絡会会員に地震被災情報の提供を呼びかけた。そして，有志の会員および関東支部関係者33名が，地震発生後始めて3月16日に建築会館に集まり，直ちに関東支部地震災害調査WGを設立を決議した。なお，関東支部地震災害調査連絡会は，関東支部管内で地震被害が生じた時に円滑に地震調査活動を立ち上げるための準備のために2001年に設置された有志の建築学会員による組織であった。

　その活動の骨子は次の3つとした。(1) 建築会館に，情報収集支援室を設け，常時1名の会員が待機して，収集した情報の整理と公開を行う。(2) 関東支部の範囲である1都6県に，それぞれ代表者を置き，県内（都内）の調査体制の調整を行う。会員は，原則として，居住地もしくは所属先の都県の代表者の指示に従う。(3) 会員は，1都6県のいずれかの代表者の下で組織的な初動調査に参加する。初動調査は，被害状況の全容を大掴みに把握するためのものであり，研究者の興味による偏り等が出ないよう配慮して行う。

　関東支部内全域で地震被害が発生していることを踏まえ，関東支部地震災害調査WGは，関東全域の被害の総合的な把握につとめる初動調査を実施することを決定した。また，関東支部の地震災害調査WGの体制は，関東支部地震災害調査連絡会を母体としてつぎのとおりとした。

　　主査　　　　　　塩原　等（東京大学）
　　副主査　　　　　松本由香（横浜国立大学）
　　群馬担当代表者　山中憲行（前橋工科大学）
　　栃木担当代表者　入江康隆（宇都宮大学）
　　茨城担当代表者　金久保利之（筑波大学）
　　埼玉担当代表者　香取慶一（東洋大学）
　　千葉担当代表者　秋田知芳（千葉大学）
　　神奈川担当代表者　田川泰久（横浜国立大学）
　　東京担当代表者　北山和宏（首都大学東京）

　今回の地震被害が広範囲に分布するものであるため，調査に重複や不足が起こらないように，都県の代表者の調整に従うこととした。また，都県の代表者は，都県の間の調整を行うこと，調査に協力できる人員（人数，所属，専門分野等）を把握し，調査チームを編成し，他の県に被害調査の応援を要請する必要性の有無の判断をするものとした。

4.1.2　調査の範囲と方法（Scope and Method）

　調査は，茨城県，栃木県，千葉県，埼玉県，群馬県，東京都，神奈川県の1都6県について実施した。

　関東支部内の初動調査は，地震発生から2～3週間の期間内に現地調査を終えられる程度の範囲で，地震被害の広域的な分布と程度および特徴を大局的に把握することを目的とすることとした。そのため，調査者自身の専門分野や興味に関わらず，上部構造・基礎地盤・非構造部材・設備・意匠・歴史等の，全般的な被害情報について可能な限り把握するものとした。

　各地域別に調査方法には若干違いがあるが，概ね次のとおりである。現地調査に先立って，新聞等のメディアの調査，調査担当者が地域を管轄する自治体の担当部署へのヒアリング，建築関連組織（建築士事務所協会等）へのヒアリング，を行ない被害分布や被害状況を把握し

た。その後現地調査を行った。現地調査は，一件あたりの時間が取れないので基本的に外観調査である。これは，被害が広域に分布しており，調査担当者が移動に時間がかかるためでもある。

初動調査は，5月31日の時点ではすべて終了しており，この範囲での内容が本報告書に反映されている。

表4.1.1は，初動調査におけるヒアリング，実施数と現地調査の延べ日数を示している。ヒアリングをした自治体は150に上った。現地調査には，延べ約160人・日の会員が参加して，被害状況の把握にあたった。

表4.1.1　関東地方におけるヒアリング実施状況と調査日数

都県名	ヒアリング，実施自治体*2数	延べ調査日数	延べ調査人日
茨城	22 (44*3)	14.4	22.0
栃木	9 (27)	9.1	14.2
千葉	12 (50)	14.0	23.0
埼玉	51 (74)	30.0	42.5
群馬	3 (35)	5.5	6.5
東京	32 (49)	33.7	45.2
神奈川	25 (56)	12.0	12.0
全体	150 (336)	118.7	165.4

*1 2011年6月1日現在
*2 政令指定都市の区，市，町，村（東京都は島嶼部を除く）
*3 ヒアリングを実施しないものを含んだ総数

表4.1.2は，初動調査で調査対象となった件数（建物数）を示している。対象となったものは，計2,003件であり，内訳は，最も多いのは770件の東京都で，次に555件の茨城県が多い。なお，本報告書では紙面の都合上，これらのすべての被害状況が記載されているわけではない。

表4.1.2　調査対象の件数

主な調査対象	茨城	栃木	千葉	埼玉	群馬	東京	神奈川	計
RC造	91	11	8	2	5	121	29	267
木造	207	425	48	0	2	168	0	850
鉄骨造	86	26	10	1	1	42	0	166
非構造部材	36	6	5	0	0	295	4	346
津波	83	0	0	0	0	0	0	83
地盤	0	31	3	1	0	72	15	122
液状化	35	0	14	1	0	27	5	82
歴史意匠	7	9	0	0	5	1	0	22
その他	10	6	4	0	1	44	0	65
計	555	514	92	5	14	770	53	2,003

4.1.3 被害の概要 (Outline of damage)

ここでは関東地方（1 都 6 県）における地震被害の状況を概観する。詳細は 4.3 節から 4.6 節までに記述されている。

(1) 被害統計

関東地方の被害調査結果を表 4.1.3.1 に示す。これは警察庁緊急災害警備本部の広報資料（2011 年 5 月 30 日現在）をもとに作成したが，各自治体へのヒアリングによる個別調査や各都県の広報資料（茨城県および栃木県：5 月 31 日現在，千葉県：5 月 2 日現在）に基づいて適宜修正した。東京都および埼玉県の建物被害数が警察庁発表のものと大きく異なるのは，上述のように自治体へのヒアリング結果を優先したためである。なお，神奈川県の建物被害数は不明である。

死者数は全体で 58 名であった。このうち茨城県で 23 名，千葉県で 19 名が亡くなっている。東京都と栃木県における死者 3 名は天井材の落下によるものであった。

建物被害は茨城県および千葉県で多く，茨城県では全壊が約 1,800 棟，半壊が約 10,700 棟，千葉県では全壊が約 700 棟，半壊が約 2,200 棟であった。一部損壊もこの両県で多かったが，栃木県でも約 52,000 棟が損傷した。

津波等による建物の浸水被害は茨城県および千葉県で発生し，床上浸水は約 2,300 棟，床下浸水は約 1,300 棟であった。

(2) 津波や地盤変状による被害の分布

津波による建物被害は茨城県北部および千葉県北東部の太平洋沿岸に多く見られた。茨城県南部の海岸線はなだらかな砂浜が続き，家屋が少ないことから建物被害は少なかった。地盤の液状化や沈下は随所で発生したが，とくに霞ヶ浦や北浦の周辺（茨城県），利根川流域（茨城県および千葉県），印旛沼の周辺（千葉県），東京湾沿いの埋め立て地（千葉県および東京都），荒川や隅田川の流域（東京都）などで大規模かつ顕著であり，それにともなって建物の傾斜や沈下等の被害も多発した。

(3) 建物被害の概要

建物総数に対する全壊と半壊の棟数の合計の比率（全半壊率），建物総数に対する一部損壊および非住家被害の棟数の合計の比率（一部損壊率）を表 4.1.3.2 に示す。また，全壊と半壊の棟数の合計，全半壊率および一部損壊率を図 4.1.3.1 の地図上に示した。

全壊あるいは半壊した建物の大部分は木造や組積造の家屋または蔵であり，鉄筋コンクリート（RC）造や鉄骨（S）造の建物はきわめて少ない。ただし新耐震設計法施行（1981 年）以前の RC 建物には柱や耐震壁のせん断破壊が見られた。また耐震補強を施した RC 校舎数棟では，柱のせん断破壊などによって中破以下の被害が発生したことが特筆される。S 造の体育館では，屋根面や鉛直構面のブレースの破断，柱脚部のアンカーボルトの破断や柱脚コンクリートの破損などの被害がかなり発生した。

建物被害が多数発生したのは，比較的震源に近かった茨城県全域，栃木県中央部以北および千葉県東部である。全半壊の棟数およびその比率が最も大きかったのは，茨城県・県北地域で各々 6,504 棟，1.87% であった。この地域では 1,328 棟が床上・床下浸水しており，津波による建物被害が甚大であったと思われる。

茨城県・鹿行地域は霞ヶ浦や利根川等で囲まれた水郷地帯のため地盤の変状による建物被害が多く，全半壊棟数が 3,418 棟，全半壊率が 1.85% と大きかった。

茨城県・県央地域では全半壊率は 0.41% であったが，一部損壊率が 12.87% と最大であった。

福島県に接する栃木県・県北地域では筋交いのない古い木造住宅や大谷石を積んだ高床式木造住宅の被害が多く，1,338 棟が全半壊し，その比率は 0.39% であった。

利根川に接し，一部が東京湾に面する千葉県・西地域では地盤の液状化による建物の沈下・傾斜による被害が多く，814 棟が全半壊し，その比率は 0.13% であった。

利根川に接し，太平洋に面している千葉県・東地区では地盤の液状化による建物の沈下・傾斜と津波による浸水被害が生じ，全半壊棟数が 1,343 棟，全半壊率が 0.57% であった。

栃木県南部，群馬県，埼玉県，東京都，千葉県中央部以南および神奈川県の建物被害は比較的軽微であり，屋根瓦の落下などの破損，外壁材の剥落，ブロック塀等の転倒などが多く見られた。ただし地盤が軟弱な地域では，建物の沈下・傾斜が集中して生じたところがあった。

(4) その他の被害

文化庁のまとめによれば今回の地震によって，一般に耐震性能が劣っている文化財に多数の被害が発生した。棟・屋根瓦の落下，壁面の剥落，柱のずれ・傾斜などが多かったが，茨城大学の五浦美術文化研究所六角堂が津波によって消失したのを始め，江戸城跡の石垣が崩壊するなど，大規模な被害も見られた。

建物ではないが道路の損壊は千葉県で 1,573 カ所と最も多く，茨城県と栃木県でも約 250〜300 カ所発生した。

表 4.1.3.1　関東地方の被害統計　(Damage statistics in Kanto Area)

都県名	地域区分	人的被害（人）			建物被害（棟数）								社会基盤（箇所）		
		死者	行方不明	負傷者	全壊	半壊	一部損壊	全焼	半焼	床上浸水	床下浸水	非住家被害	道路損壊	橋梁被害	山崖崩れ
東京都	23区東部	4		90	10	12	586	3				20	13		3
	23区西部	0			1	3	714								
	多摩地域	3			0	1	67								
	小計	7		90	11	16	1,367	3				20	13	0	3
茨城県	県北地域	13		694	915	5,589	25,034	37		958	370	1,844	307	41	
	県央地域	3			172	926	32,616			179	167	1,767			
	鹿行地域	3	1		458	2,960	15,257			158	79	274			
	県南地域	3			174	770	20,926			0		1,303			
	県西地域	1			55	416	25,095			0	0	1,619			
	小計	23	1	694	1,774	10,661	118,928	37		1,295	617	6,807	307	41	0
栃木県	県北地域	3		131	179	1,159	12,340						295	257	40
	県央地域	1	0		64	684	33,207								
	県南地域	0			2	15	6,584								
	小計	4	0	131	245	1,858	52,131						295	257	0	40
群馬県		1		36	0	1	15,428						195	7	4
埼玉県				42	1	9	10,351	1	1			1	33	160	
千葉県	西地域	2		224	188	626	19,037	5				369	1,573		45
	南地域	2	2		42	113				339	388				
	東地域	13			401	942				623	299				
	中央地域	2			60	561									
	小計	19	2	224	691	2,242	19,037	5		962	687	369	1,573	0	45
神奈川県		4		139	1	15	223								
合　計		58	3	1,356	2,723	14,802	217,465	47		2,257	1,305	7,719	2,317	41	92

備考：地域区分は以下の通りである。
東京都；
23区東部　　足立区、葛飾区、江戸川区、北区、荒川区、墨田区、台東区、江東区、中央区、千代田区、文京区、港区
23区西部　　板橋区、豊島区、新宿区、渋谷区、品川区、大田区、目黒区、中野区、練馬区、杉並区、世田谷区
多摩地域　　23区および島嶼を除く全ての地域

茨城県；
県北地域　　日立市，常陸太田市，高萩市，北茨城市，ひたちなか市，常陸大宮市，那珂市，那珂郡（東海村），久慈郡（大子町）
県央地域　　水戸市，笠間市，小美玉市，東茨城郡（茨城町，大洗町，城里町）
鹿行地域　　鹿嶋市，潮来市，神栖市，行方市，鉾田市
県南地域　　土浦市，石岡市，龍ケ崎市，取手市，牛久市，つくば市，守谷市，稲敷市，かすみがうら市，つくばみらい市，
　　　　　　稲敷郡（美浦村，阿見町，河内町），北相馬郡（利根町）
県西地域　　古河市，結城市，下妻市，常総市，筑西市，坂東市，桜川市，結城郡（八千代町），猿島郡（五霞町，境町）

栃木県；
県北地域　　大田原市、那須塩原市、那須町、日光市、矢板市、さくら市、塩谷町、高根沢町、那須烏山市、那珂川町
県央地域　　宇都宮市、上三川町、壬生町、鹿沼市、真岡市、益子町、茂木町、市貝町、芳賀町
県南地域　　小山市、下野市、野木町、栃木市、西方町、岩舟町、足利市、佐野市

千葉県；
西地域　　　市川市、船橋市、浦安市、鎌ケ谷市、松戸市、柏市、我孫子市、流山市、野田市、成田市、白井市、印西市、印旛郡（酒々井町、栄町）
南地域　　　茂原市、勝浦市、山武市、いすみ市、館山市、木更津市、鴨川市、君津市、富津市、袖ケ浦市、南房総市、山武郡（九十九里町、
　　　　　　芝山町、横芝光町）、長生郡（長生村、一宮町、睦沢町、白子町、長柄町、長南町）、夷隅郡（大多喜町、御宿町）、安房郡（鋸南町）
東地域　　　富里市、香取市、旭市、銚子市、匝瑳市、香取郡（神崎町、多古町、東庄町）
中央地域　　千葉市、市原市、佐倉市、習志野市、八千代市、四街道市、八街市、東金市、山武郡（大網白里町）

表 4.1.3.2　関東地方の建物の全半壊率および一部損壊率 (Damage statistics in Kanto Area)

都県名	地域区分	建物被害（棟数）					建物総数	全半壊率 %	一部損壊率 %
		全壊	半壊	全半壊	一部損壊	非住家被害			
東京都	23区東部	10	12	22	586		714,370	0.003	0.08
	23区西部	1	3	4	714	20	1,008,607	0.000	0.07
	多摩地域	0	1	1	67		953,648	0.000	0.01
	小計	11	16	27	1,367	20	2,676,625	0.001	0.05
茨城県	県北地域	915	5,589	6,504	25,034	1,844	347,152	1.874	7.74
	県央地域	172	926	1,098	32,616	1,767	267,063	0.411	12.87
	鹿行地域	458	2,960	3,418	15,257	274	184,747	1.850	8.41
	県南地域	174	770	944	20,926	1,303	484,673	0.195	4.59
	県西地域	55	416	471	25,095	1,619	354,391	0.133	7.54
	小計	1,774	10,661	12,435	118,928	6,807	1,638,026	0.759	7.68
栃木県	県北地域	179	1,159	1,338	12,340		341,373	0.392	3.61
	県央地域	64	684	748	33,207	295	422,152	0.177	7.87
	県南地域	2	15	17	6,584		432,046	0.004	1.52
	小計	245	1,858	2,103	52,131	295	1,195,571	0.176	4.39
群馬県		0	1	1	15,428	195	1,227,537	0.000	1.27
埼玉県		1	9	10	10,351	33	不明	不明	不明
千葉県	西地域	188	626	814	19,037	369	625,296	0.130	1.03
	南地域	42	113	155			458,503	0.034	
	東地域	401	942	1,343			237,440	0.566	
	中央地域	60	561	621			568,118	0.109	
	小計	691	2,242	2,933	19,037	369	1,889,357	0.155	1.03
神奈川県							2,301,979	不明	不明

2011年東北地方太平洋沖地震災害調査速報

栃木県
県北
1,338 棟
0.39 %
3.61 %

県央
748 棟
0.18 %
7.87 %

県南
17 棟
0.00 %
1.52 %

県西
471 棟
0.13 %
7.54 %

茨城県
県北
6,504 棟
1.87 %
7.74 %

県央
1,098 棟
0.41 %
12.87 %

鹿行
3,418 棟
1.85 %
8.41 %

県南
944 棟
0.20 %
4.59 %

群馬県
1 棟
0.00 %
1.27 %

埼玉県
10 棟
----- %
----- %

東京都
多摩
1 棟
0.00 %
0.01 %

23区西部
4 棟
0.00 %
0.07 %

23区東部
22 棟
0.00 %
0.08 %

神奈川県
不明
----- %
----- %

千葉県
西
814 棟
0.13 %
----- %

東
1,343 棟
0.57 %
----- %

中央
621 棟
0.11 %
----- %

南
155 棟
0.03 %
----- %

凡例
地域名
全半壊棟数
全半壊率
一部損壊率

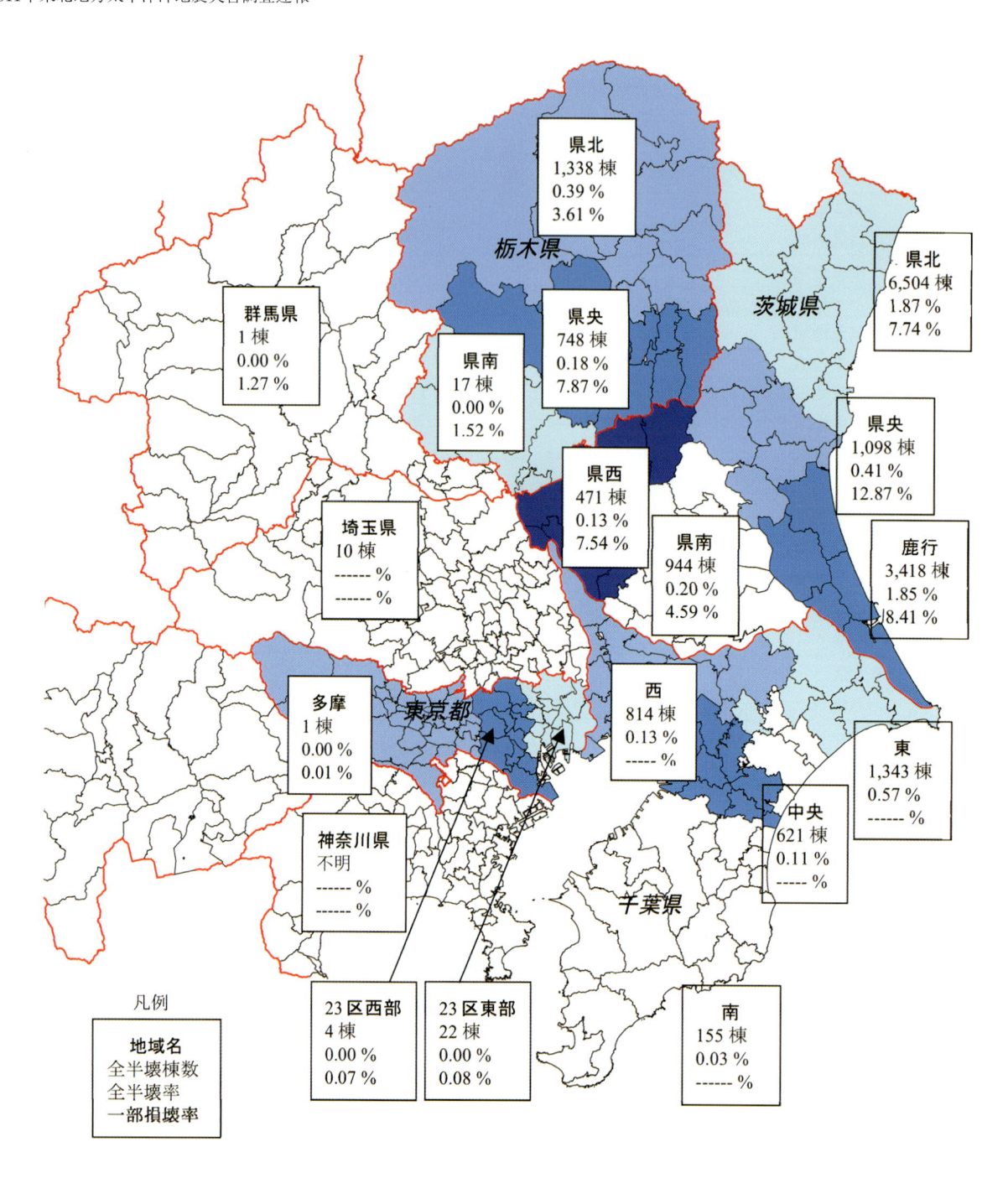

図 4.1.3.1　各地域の建物の全半壊数、全半壊率および一部損壊率　(Damage statistics in Kanto area)
（この地図は国土交通省国土地理院の基盤地図情報をもとに作成した）

4.2 地震動・地盤 (Ground motion and geographical condition)

4.2.1 地震動 (Ground motion)

(1) 地震の概要

　i) 震度分布

2011年3月11日14時46分頃に発生した東北地方太平洋沖地震により，関東支部内の8都県（茨城県，栃木県，群馬県，埼玉県，千葉県，東京都，神奈川県，山梨県）では，最大震度6強を観測した。震度5強以上を観測した関東の8都県の各地域を表4.2.1.1に示す[1]。また，気象庁の発表による関東地方の推定震度分布[1]を図4.2.1.1に示す。関東東北部で震度が大きく，茨城県および栃木県で大きな震度が推定されている。

なお，計測震度は，本震後に気象庁で地震と震度データの精査が行われ，3月30日および4月25日に震度が追加・修正されている。表4.2.1.1は，追加・修正された震度を示すが，図4.2.1.1は3月11日現在の推定震度分布であることに注意が必要である。

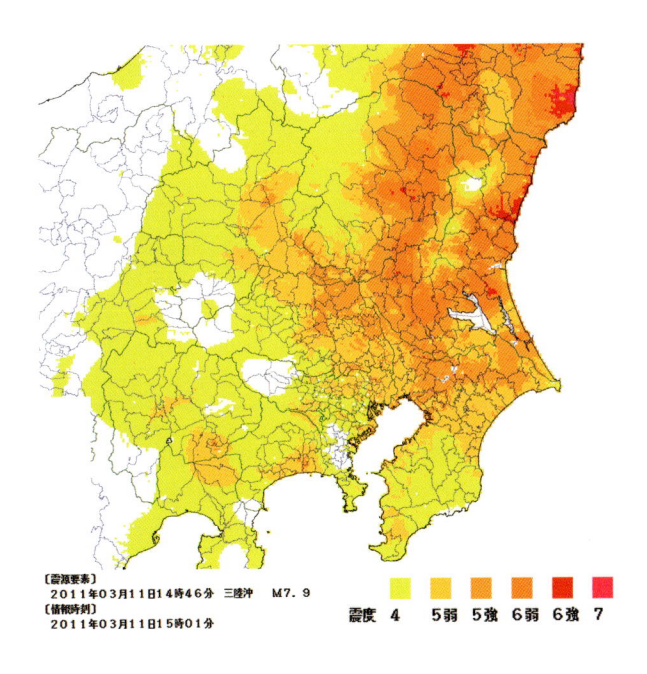

図4.2.1.1 東北地方太平洋沖地震の推定震度分布[1]
(Estimated seismic intensity distribution due to 2011 Tohoku-Chiho Taiheiyou-Oki Earthquake)

表4.2.1.1 震度5強以上を観測した関東7都県の各地域[1] (Areas where Seismic Intensity were 5- or greater)

震度	県	地域
6強	栃木県	高根沢町石末*，真岡市石島*，宇都宮市白沢町*，大田原市湯津上*，市貝町市塙*.
	茨城県	鉾田市当間*，筑西市舟生，笠間市中央*，日立市助川小学校*，高萩市本町*，常陸大宮市北町*，那珂市瓜連*，小美玉市上玉里*.
6弱	栃木県	栃木那珂川町小川*，栃木那珂川町馬頭*，那須烏山市大金*，那須烏山市中央，芳賀町祖母井*，真岡市荒町*，真岡市田町*，那須塩原市あたご町*，那須塩原市鍋掛*，那須町寺子*，大田原市本町*.
	茨城県	つくばみらい市加藤*，鉾田市鉾田，桜川市岩瀬*，行方市玉造，かすみがうら市上土田*，稲敷市役所*，坂東市山*，潮来市辻*，茨城鹿嶋市鉢形，つくば市苅間*，つくば市天王台*，取手市井野*，石岡市柿岡，石岡市柿岡，土浦市下高津*，土浦市常名，小美玉市堅倉*，小美玉市小川*，城里町石塚*，常陸大宮市中富町，東海村東海*，茨城町小堤*，ひたちなか市東石川*，ひたちなか市南神敷台*，北茨城市磯原町*，高萩市安良川*，常陸太田市高柿町*，常陸太田市金井町*，水戸市千波町*，水戸市金町*，水戸市中央*，水戸市内原町*，日立市役所*，日立市十王町友部*，常陸大宮市野口*，常陸大宮市山方*，那珂市福田*，城里町阿波山*，茨城鹿嶋市宮中*，美浦村受領*，稲敷市結佐*，筑西市門井*，行方市麻生*，行方市山田*，桜川市真壁*，鉾田市造谷*，鉾田市汲上*，常総市新石下*.
	千葉県	印西市笠神*，印西市大森*，成田市花崎町.
	埼玉県	宮代町笠原*.
	群馬県	桐生市元宿町*.
5強	栃木県	下野市小金井*，下野市石橋*，下野市田中*，那須烏山市役所*，栃木さくら市喜連川*，栃木さくら市氏家*，岩舟町静*，茂木町茂木*，益子町益子*，上三川町しらさぎ*，小山市中央町*，小山市神鳥谷*，鹿沼市晃望台*，佐野市高砂町*，栃木市藤岡町藤岡*，足利市大正町*，宇都宮市中里町*，宇都宮市明保野町，那須塩原市塩原庁舎*，那須塩原市共墾社*，矢板市本町*，大田原市黒羽町*，日光市今市本町*，日光市瀬川.
	茨城県	つくばみらい市福田*，常総市水海道諏訪町*，桜川市羽田*，かすみがうら市大和田*，筑西市海老ヶ島*，筑西市下中山*，稲敷市江戸崎甲*，坂東市役所*，坂東市岩井，守谷市大柏*，境町旭町*，八千代町菅谷*，阿見町中央*，つくば市小茎*，牛久市中央*，取手市寺田*，下妻市鬼怒*，下妻市本城町*，龍ケ崎市寺後*，結城市結城*，石岡市八郷*，茨城古河市仁連*，茨城古河市下大野*，土浦市藤沢*，大子町池田*，大洗町磯浜町*，常陸太田市町屋町，常陸太田市町田町*，常陸太田市大中町*，笠間市石井*，笠間市下郷*，常陸大宮市高部*，常陸大宮市上小瀬*，城里町徳蔵*，取手市藤代*，河内町源清田*，五霞町小福田*，坂東市馬立*，稲敷市柴崎*，神栖市溝口*，神栖市波崎*.
	栃木県	茂木町北高岡天矢場*.
	千葉県	鋸南町下佐久間*，千葉栄町安食台*，白井市復*，印西市美瀬*，浦安市猫実*，八千代市大和田新田*，柏市旭町，習志野市鷺沼*，千葉佐倉市海隣寺町*，成田市松子*，成田市役所*，成田国際空港，野田市東宝珠花*，野田市鶴奉*，千葉美浜区真砂*，千葉若葉区小倉台*，千葉花見川区花島町*，千葉中央区都町*，千葉中央区千葉市

	役所*，千葉中央区中央港，山武市蓮沼八*，香取市仁良*，香取市羽根川*，香取市役所*，白子町関*，多古町多古，千葉神崎町神崎本宿*，旭市萩園*，旭市南堀之内*，東金市日吉台*，銚子市若宮町*，香取市佐原諏訪台*，千葉美浜区稲毛海岸，成田市中台*.
埼玉県	さいたま中央区下落合*，さいたま大宮区天沼町*，杉戸町清地*，白岡町千駄野*，川島町平沼*，吉川市吉川*，幸手市東*，三郷市幸房*，戸田市上戸田*，草加市高砂*，春日部市谷原新田*，春日部市金崎*，春日部市中央*，川口市中青木分室*，吉見町下細谷*，久喜市鷲宮*，久喜市栗橋*，久喜市下早見，深谷市川本*，鴻巣市川里*，鴻巣市吹上富士見*，鴻巣市中央*，羽生市東*，東松山市松葉町*，加須市大利根*，加須市北川辺*，加須市騎西*，加須市下三俣*，行田市本丸*，熊谷市大里*.
群馬県	邑楽町中野*，大泉町日の出*，群馬千代田町赤岩*，群馬明和町新里*，渋川市赤城町*，桐生市新里町*，高崎市高松町*，前橋市富士見町*，沼田市白沢町*，太田市西本町*.
山梨県	忍野村忍草*，中央市成島*.
神奈川県	二宮町中里*，寒川町宮山*，川崎川崎区千鳥町*，川崎川崎区中島*，川崎川崎区宮前町*，横浜中区山手町*，横浜神奈川区神大寺*，横浜西区浜松町*，横浜中区山下町*，横浜中区山吹町*，横浜港北区日吉本町*，小田原市荻窪*.
東京都	新島村式根島，東京江戸川区中央，東京足立区千住中居町*，東京足立区神明南*，東京板橋区高島平*，東京荒川区東尾久*，東京杉並区桃井*，東京中野区江古田*，東京中野区中野*，東京江東区東陽*，東京千代田区大手町，東京江東区森下*.

*：地方公共団体または防災科学技術研究所の観測点，震度は気象庁が2011年4月25日に訂正確定したもの．

東北地方太平洋沖地震の翌日，3月12日3時49分頃に，新潟県中越地方を震源とする直下型の長野県北部地震が発生した．気象庁によるこの地震の震源と震度分布を図4.2.1.2に示す[1]．この地震により，長野県栄村北信で震度6強を観測したが，関東では，群馬県中之条町小雨で5強を観測したのが最大の震度であった．

更に3日後の3月15日22時31分頃に，静岡県東部を震源とする地震が発生した．気象庁によるこの地震の震源と震度分布を図4.2.1.3に示す[1]．この地震により，静岡県本宮市で震度6強を観測したが，関東では，山梨県富士河口湖町長浜，山中湖村山中，忍野村忍草で5強を観測した．また，震度5弱を観測したのは，山梨県富士河口湖町役場，富士河口湖町勝山，富士河口湖町船津，富士吉田市下吉田，富士吉田市上吉田，市川三郷町岩間，南アルプス市鮎沢，身延町役場，および神奈川県神奈川山北町山北，小田原市荻窪である．

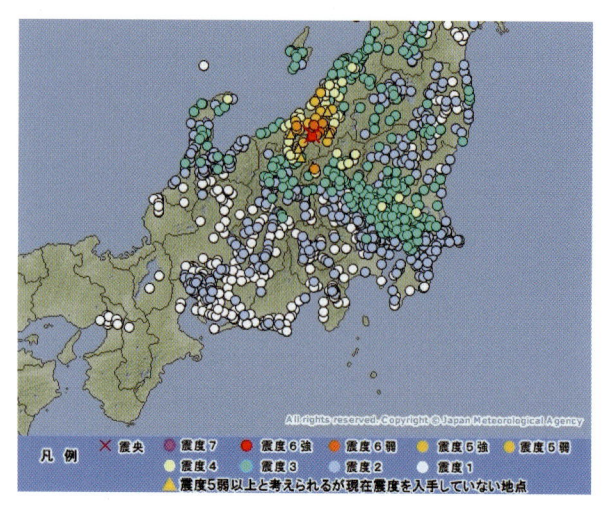

図4.2.1.2　3月12日の長野県北部地震の震度分布
(Seismic intensity distribution due to Nagano Ken Hokubu Earthquake on March 12)

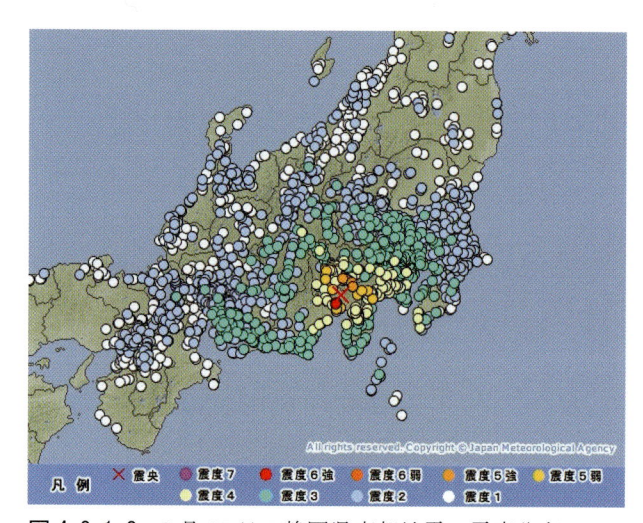

図4.2.1.3　3月15日の静岡県東部地震の震度分布
(Seismic intensity distribution due to Shizuoka Ken Toubu Earthquake on March 15)

ii) 余震活動

東北地方太平洋沖地震発生後，その約20分後の3月11日15:06に最初の余震（M7.0）が三陸沖で発生し，以降活発な余震活動が続いている．東北地方太平洋沖地震発生後，2011年6月1日24:00までの間に，余震により各都県で観測された最大震度とその回数を表4.2.1.2に示す．震度1以上の余震回数は茨城県が最も多く690回，以降，栃木県，千葉県，群馬県，埼玉県，東京都，神奈川県，山梨県の順で，山梨県では142回である．

最も余震回数の多い茨城県の，10日間ごとの各震度別の余震回数を図4.2.1.4に示す．震度3以上の余震は減少傾向にあるが，震度1および震度2程度の余震は，依然として活発に続いていることが伺える．

表4.2.1.2 各都県の最大震度別余震回数 (Number of aftershocks according to maximum seismic intensities at each prefecture)

震度	1	2	3	4	5弱	5強	6弱	6強	合計
茨城	258	225	134	59	8	2	2	2	690
栃木	213	174	88	28	1	2	0	1	507
群馬	267	113	44	11	0	1	1	0	437
埼玉	180	108	45	16	3	0	1	0	353
千葉	226	128	68	21	3	1	1	0	448
東京都	155	93	31	4	1	1	0	0	285
神奈川	90	86	29	2	2	1	0	0	210
山梨	62	62	15	1	0	2	0	0	142

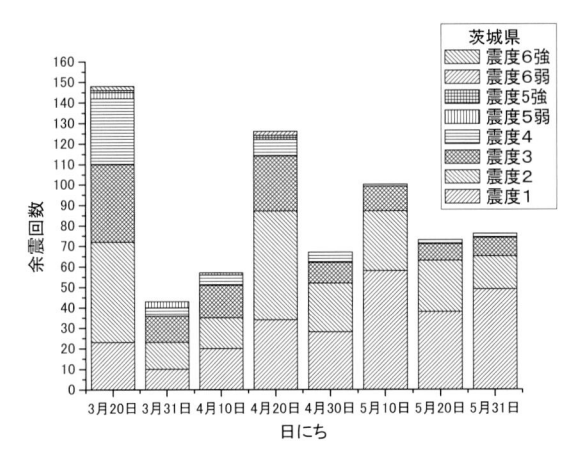

図4.2.1.4 茨城県の10日ごとの余震回数と最大震度[1] (Number of aftershocks according to seismic intensities at each 10 days in Ibaraki Prefecture)

東北地方太平洋沖地震発生以降，関東地方の8都県内で，最大震度が5弱以上となった余震を表4.2.1.3に示す。最大震度が5弱以上となった余震は合計13回である。震度6弱以上を記録した大きな余震は，2011年6月8日現在合計で3回あるが，最大震度は何れも茨城県で記録されている。月別で見ると，3月は6回（平均3.3日毎），4月は7回（平均4.3日毎）であり，5月には関東地方で震度5弱以上を観測するような余震は発生していない。大きな余震の発生頻度は減少傾向にあることが伺える。

なお，余震の計測震度は，地震後に気象庁で地震と震度データの精査が行われ，4月25日に震度が追加・修正されている。表4.2.1.3は，追加・修正された震度を示す。

表4.2.1.3 震度5弱以上を観測した余震[1] (Aftershocks with maximum seismic intensities of 5- or greater)

日付	時間	震源	M	震度	地域
3/11	15:15	茨城県沖	7.0	6強	茨城県鉾田市当間．
				6弱	茨城県鉾田市鉾，神栖市溝口．
				5強	茨城県筑西市舟生，茨城鹿嶋市鉢形，土浦市常名，水戸市金町，水戸市千波町，水戸市中央，日立市助川小学校，常陸太田市高柿町，笠間市中央，茨城町小堤，東海村東海，那珂市福田，那珂市瓜連，城里町石塚，城里町阿波山，小美玉市小川，小美玉市上玉里，土浦市下高津，取手市藤代，茨城鹿嶋市宮中，潮来市辻，稲敷市役所，稲敷市須賀津，稲敷市結佐，神栖市波崎，行方市麻生，行方市山田，行方市玉造，鉾田市造谷，鉾田市汲上，つくばみらい市福田，つくばみらい市加藤．千葉県成田市花崎町，香取市仁良，香取市羽根川，香取市役所，匝瑳市今泉，匝瑳市八日市場ハ，多古町多古，旭市萩園，旭市高生，旭市南堀之内，旭市ニ，銚子市若宮町，東金市日吉台．栃木県真岡市石島．
				5弱	茨城県利根町布川，石岡市柿岡，日立市役所，高萩市安良川，高萩市本町，笠間市石井，笠間市下郷，ひたちなか市東石川，町大洗町磯浜町，常陸大宮市北町，常陸大宮市野口，常陸大宮市山方，小美玉市堅倉，土浦市藤沢，古河市下大野，石岡市石岡，石岡市八郷，結城市結城，龍ケ崎市寺後，下妻市本城町，下妻市鬼怒，取手市寺田，取手市井野，牛久市中央，つくば市天王台，つくば市苅間，つくば市小茎，村美浦村受領，町阿見町中央，河内町源清田，八千代町菅谷，守谷市大柏，坂東市山，稲敷市江戸崎甲，稲敷市柴崎，筑西市下中山，筑西市海老ヶ島，筑西市門井，かすみがうら市上土田，かすみがうら市大和田，桜川市岩瀬，桜川市真壁，桜川市羽田，常総市水海道諏訪町，常総市新石下．千葉県いすみ市岬町長者，富里市七栄，千葉栄町安食台，印西市笠神，印西市大森，八街市八街，浦安市猫実，千葉佐倉市海隣寺町，成田市松子，成田市役所，成田国際空港，千葉若葉区小倉台，千葉中央区都町，千葉中央区中央港，山武市埴谷，山武市松尾町松尾，山武市蓮沼ハ，山武市殿台，横芝光町横芝，横芝光町宮川，香取市岩部，白子町関，長生村本郷，千葉一宮町一宮，芝山町小池，九十九里町片貝，大網白里町大網，東庄町笹川，千葉神崎町神崎本宿，東金市東岩崎，東金市東新宿，銚子市川口町，香取市佐原諏訪台，成田市中台，市原市姉崎，春日部市中央．栃木県下野市田中，那須烏山市中央，高根沢町石末，芳賀町祖

日時	時刻	震源	M	震度	観測点
					母井, 茂木町茂木, 真岡市荒町, 那須町寺子, 大田原市湯津上, 小山市神鳥谷, 真岡市田町, 市貝町市塙. 埼玉県宮代町笠原, 吉川市吉川, 八潮市中央, 草加市高砂, 春日部市谷原新田, 加須市大利根, 川口市中青木分室. 東京都江戸川区中央. 神奈川県二宮町中里.
3/14	10:02	茨城県沖	6.2	5弱	茨城県鉾田市汲上, 鉾田市当間.
3/16	12:52	千葉県東方沖	6.0	5弱	茨城県水戸市中央.
3/19	18:56	茨城県北部	6.1	5強	茨城県日立市十王町友部, 日立市助川小学校.
				5弱	茨城県鉾田市当間, 五霞町小福田, 土浦市常名, 城里町阿波山, 城里町石塚, 那珂市瓜連, 那珂市福田, 常陸大宮市北町, 常陸大宮市中富町, ひたちなか市東石川, ひたちなか市南神敷台, 笠間市中央, 高萩市本町, 高萩市安良川, 常陸太田市町田町, 日立市役所.
3/23	07:36	福島県浜通り	5.8	5強	茨城県鉾田市当間.
3/24	08:56	茨城県南部	4.9	5弱	茨城県鉾田市当間.
4/2	16:56	茨城県南部	5.0	5弱	茨城県鉾田市当間.
4/11	17:16	福島県浜通り	7.1	6弱	茨城県鉾田市当間.
				5強	茨城県常総市水海道諏訪町, 鉾田市汲上, 鉾田市鉾田, かすみがうら市上土田, 筑西市舟生, 小美玉市上玉里, 北茨城市磯原町, 高萩市安良川, 日立市助川小学校. 栃木県那須町寺子.
				5弱	茨城県つくばみらい市加藤, 行方市山田, 稲敷市役所, 坂東市馬立, 阿見町中央, つくば市苅間, つくば市天王台, 石岡市八郷, 石岡市石岡, 石岡市柿岡, 土浦市下高津, 土浦市常名, 小美玉市堅倉, 小美玉市小川, 城里町石塚, 那珂市瓜連, 那珂市福田, 常陸大宮市野口, 常陸大宮市北町, 大子町池田, 茨城町小堤, ひたちなか市東石川, ひたちなか市南神敷台, 笠間市中央, 高萩市本町, 日立市役所, 水戸市中央, 水戸市千波町, 日立市十王町友部, 城里町阿波山, 土浦市藤沢, 坂東市山, 常総市新石下. 栃木県下野市小金井, 芳賀町祖母井, 宇都宮市白沢町, 大田原市湯津上, 大田原市本町. 埼玉県春日部市谷原新田, 春日部市金崎.
4/12	08:08	千葉県東方沖	6.3	5弱	千葉県香取市仁良, 旭市萩園, 旭市南堀之内.
4/12	14:07	福島県浜通り	6.3	6弱	茨城県北茨城市磯原町.
				6弱	茨城県高萩市本町.
				5弱	茨城県鉾田市当間, 小美玉市上玉里, 那珂市福田, ひたちなか市南神敷台, 高萩市安良川, 日立市十王町友部, 日立市役所, 日立市助川小学校.
4/13	10:08	福島県浜通り	5.8	5弱	北茨城市磯原町.
4/16	11:19	栃木県南部	5.9	5強	茨城県鉾田市当間.
				5弱	茨城県桜川市羽田, 常陸大宮市野口, 笠間市中央. 埼玉県加須市大利根, 加須市下三俣. 栃木県高根沢町石末, 宇都宮市白沢町.
4/21	22:37	千葉県東方沖	6.0	5弱	千葉県旭市南堀之内.

震度は気象庁が 2011 年 4 月 25 日に訂正確定したもの.

(2) 強震観測記録 (Strong motion accelerograms)

i) 最大加速度と最大速度

表 4.2.1.4 は,気象庁から公開されている強震観測データおよび独立行政法人防災科学研究所の強震観測網 (K-NET, KiK-net) により得られた強震観測記録のうち,震度 6 弱以上,もしくは水平 2 成分合成の最大加速度が 500(cm/sec^2) 以上の記録 (KiK-net は地表の記録のみ) の一覧である. 対象は 3 月 11 日 14 時 46 分頃の本震, 同 15 時 15 分頃の茨城県沖を震源とする余震, 4 月 11 日 17 時 16 分頃の福島県浜通りを震源とする余震の際の記録とした. 表中の最大速度は,加速度記録をカットオフ 5 秒の 3 次のバターワースフィルタを用いて積分して得た速度波形から求めた. なお, 4 月 7 日 23 時 32 分頃の宮城県沖を震源とする余震および 4 月 12 日 14 時 7 分頃の福島県浜通りを震源とする余震では上記の条件に合致する記録は得られていない.

本震では,加速度の水平成分が 1000 (cm/sec^2) を超える観測点が 5 地点あり,最大は茨城県にある K-net 日立の 1844 (cm/sec^2) であった. また, K-net 日立では加速度の鉛直成分も 1166 (cm/sec^2) と重力加速度を超えていた. 速度の水平成分の最大値は栃木県の Kik-net 芳賀における 82.9(cm/sec) であった. 茨城県沖に震源があった本震の約 30 分後の余震における最大の加速度は K-net 鉾田における 929 (cm/sec^2) であった.

図 4.2.1.5 に観測点の水平 2 成分合成の最大加速度の分布を,図 4.2.1.6 に最大速度の分布を示す. 茨城県および栃木県東部,千葉県北部に最大加速度が大きな観測点が分布している.

ii) 地震波形とスペクトル特性

図 4.2.1.7 に震度 6 強以上となった観測点の加速度記録の時刻歴波形を示す. いずれの記録にも東北地方の観測点で記録されている加速度記録のような 2 つの波群は見

第4章 関東地方の被害 (Damage in Kanto District)

られない。

また，図 4.2.1.8 に震度 6 強以上となった観測点の加速度記録について求めた加速度応答スペクトル（減衰 5%）および速度応答スペクトル（減衰 5%）を示す。いずれもピークは 0.7 秒程度以下にあり，短周期成分が卓越した加速度記録であったといえる。

謝辞　強震記録は気象庁および独立行政法人防災科学研究所より公開されているものを用いた。また，分布図の作成には国土交通省国土地理院の基盤地図情報を利用した。ここに記して謝意を表します。

参考文献

1) 気象庁ホームページ: http://www.jma.go.jp/jp/quake/

表 4.2.1.4　関東地方の主な加速度記録
(List of strong motion accelerograms)

	観測点	計測震度	最大加速度 (cm/sec²)				最大速度 (cm/sec)			
			NS	EW	水平※	UD	NS	EW	水平※	UD
2011 年 3 月 11 日 14 時 46 分（三陸沖）										
茨城	JMA 茨城鹿嶋市鉢形	5.6	422	376	457	195	33.4	32.4	37.5	13.6
	JMA 常陸大宮市中富町	5.5	440	355	440	230	32.2	32.3	34.8	14.2
	JMA 鉾田市鉾田	5.7	450	419	496	222	34.0	46.4	47.2	13.8
	JMA 水戸市金町	5.8	473	792	819	388	38.2	45.6	49.0	16.6
	K-net 大子(IBR001)	5.6	304	400	454	265	24.7	31.2	34.2	7.5
	K-net 高萩(IBR002)	5.9	525	588	619	496	39.9	52.4	52.0	24.7
	K-net 日立(IBR003)	**6.4**	**1598**	**1186**	**1844**	**1166**	**68.8**	**42.5**	**72.9**	**23.7**
	K-net 大宮(IBR004)	**6.0**	**1283**	**1007**	**1285**	**775**	**41.4**	**37.3**	**44.8**	**16.4**
	K-net 笠間(IBR005)	**6.1**	**967**	**596**	**970**	**465**	**57.5**	**40.1**	**59.9**	**16.4**
	K-net 水戸(IBR006)	5.8	779	787	844	428	37.1	27.9	38.8	11.4
	K-net 那珂湊(IBR007)	5.8	546	512	550	412	31.1	42.4	49.0	13.1
	K-net 下妻(IBR010)	5.5	309	408	430	206	32.4	26.9	37.5	9.9
	K-net つくば(IBR011)	5.6	329	343	371	154	22.3	43.5	45.4	11.5
	K-net 石岡(IBR012)	5.5	287	302	359	230	38.2	31.7	41.4	10.9
	K-net 鉾田(IBR013)	**6.4**	**1355**	**1070**	**1614**	**811**	**69.6**	**61.3**	**72.4**	**24.5**
	K-net 土浦(IBR014)	5.6	382	496	527	247	27.3	34.1	45.4	9.8
	K-net 取手(IBR016)	5.5	470	517	517	251	22.8	23.7	26.5	9.0
	K-net 江戸崎(IBR017)	5.3	417	411	532	363	22.8	22.2	32.1	9.6
	K-net 鹿嶋(IBR018)	5.5	494	651	657	268	23.5	33.9	36.7	11.7
	Kik-net 石下(IBRH10)	5.5	274	295	295	222	30.3	33.5	35.7	8.1
	Kik-net 岩瀬(IBRH11)	**6.2**	**815**	**827**	**951**	**815**	**59.2**	**59.5**	**64.2**	**18.2**
	Kik-net 大子(IBRH12)	5.7	604	526	684	558	28.2	28.2	34.8	12.2
	Kik-net 高萩(IBRH13)	5.7	556	438	562	452	32.4	36.4	36.2	9.6
	Kik-net 御前山(IBRH15)	5.7	606	781	988	640	18.2	34.1	36.1	11.2
	Kik-net 山方(IBRH16)	5.6	504	585	662	422	25.6	30.1	29.4	10.3
	Kik-net 霞ヶ浦(IBRH17)	5.3	472	338	503	341	25.0	22.2	27.6	9.6
	Kik-net ひたちなか(IBRH18)	5.6	442	592	632	341	25.9	27.1	28.5	13.4
栃木	JMA 那須烏山市中央	5.6	479	631	670	180	26.3	33.7	33.7	7.1
	K-net 黒磯(TCG001)	5.5	362	412	485	155	37.6	28.5	39.1	12.5
	K-net 小川(TCG006)	5.9	378	376	421	181	72.6	49.6	74.4	19.7
	K-net 今市(TCG009)	**6.2**	**1017**	**1186**	**1425**	**493**	**42.4**	**46.7**	**47.4**	**12.5**
	K-net 真岡(TCG013)	5.7	414	422	431	300	39.9	37.8	40.0	13.6
	K-net 茂木(TCG014)	6.3	711	1205	1276	494	47.8	59.6	64.9	16.5
	Kik-net 大田原(TCGH10)	5.7	541	600	673	481	38.5	43.2	44.7	15.0
	Kik-net 氏家(TCGH12)	5.5	466	345	482	315	40.0	27.4	42.7	14.1
	Kik-net 馬頭(TCGH13)	**6.1**	**555**	**840**	**906**	**246**	**30.8**	**60.2**	**63.4**	**8.8**
	Kik-net 芳賀(TCGH16)	**6.5**	**799**	**1197**	**1222**	**808**	**62.8**	**71.3**	**82.9**	**27.9**
群馬	K-net 桐生(GNM009)	5.5	281	354	410	157	18.6	27.6	31.2	9.1
千葉	K-net 白井(CHB003)	5.6	473	463	486	269	26.8	24.1	28.3	8.0
	K-net 佐倉(CHB007)	5.5	1036	491	1038	200	29.4	19.7	31.1	8.6
2011 年 3 月 11 日 15 時 15 分（茨城県沖）										
茨城	K-net 日立(IBR003)	5.3	480	334	571	202	16.9	11.8	20.0	5.6
	K-net 鉾田(IBR013)	**6.0**	**556**	**925**	**929**	**347**	**26.6**	**41.4**	**41.7**	**12.0**
	Kik-net ひたちなか(IBRH18)	5.3	306	604	620	175	15.2	25.5	26.3	5.5
2011 年 4 月 11 日 17 時 16 分（福島県浜通り）										
茨城	K-net 大宮(IBR004)	4.9	445	411	522	166	12.5	10.5	13.8	3.6
	K-net 鉾田(IBR013)	5.6	536	505	603	206	23.6	21.6	25.2	5.2
	Kik-net 高萩(IBRH13)	5.4	363	446	564	334	25.3	28.4	38.0	12.2

太字は震度 6 強以上
※ 水平 2 成分のベクトル和の最大値

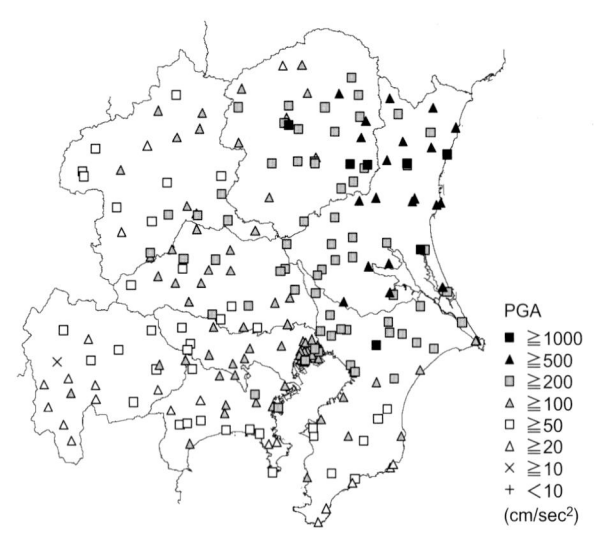

図 4.2.1.5　関東地方の最大加速度分布
(Distribution of PGA in Kanto District)

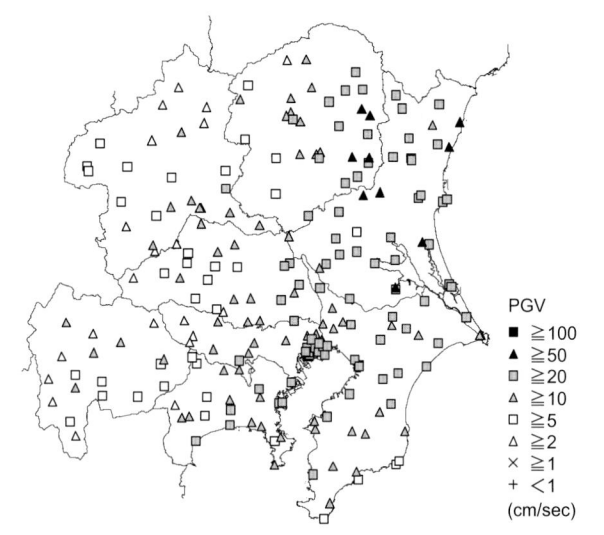

図 4.2.1.6　関東地方の最大速度分布
(Distribution of PGV in Kanto District)

K-net 日立 (IBR003)

K-net 大宮 (IBR004)

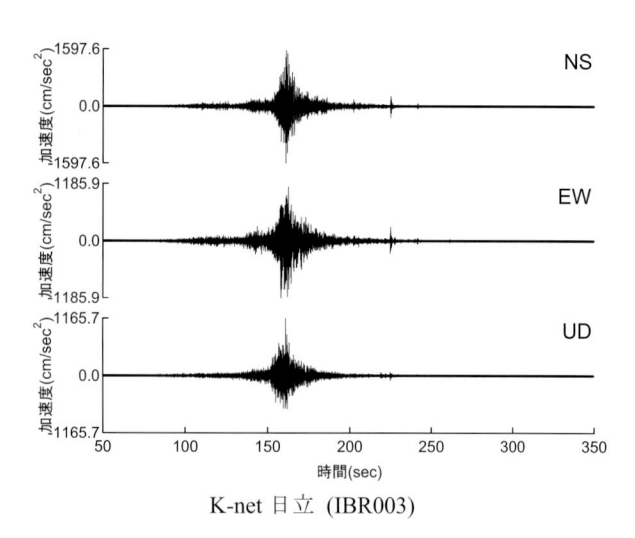

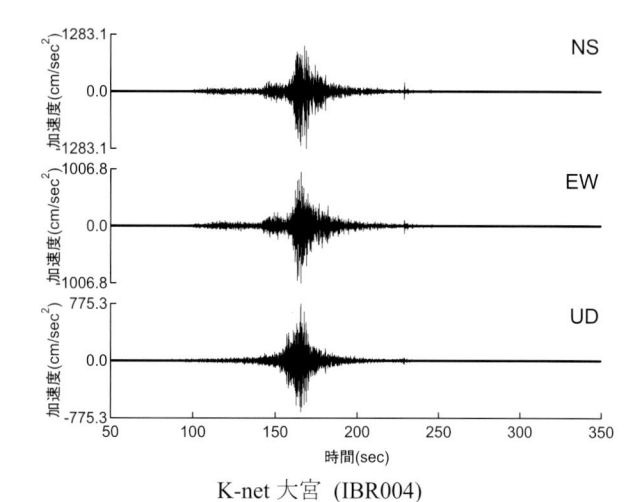

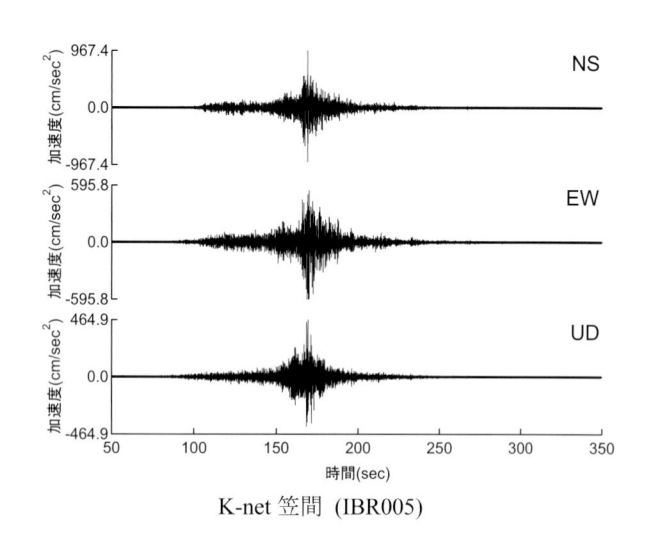

K-net 笠間 (IBR005)

図 4.2.1.7　加速度波形 (Strong motion accelerograms)

第4章　関東地方の被害（Damage in Kanto District）

K-net 鉾田 (IBR013)

K-net 茂木 (TCG014)

Kik-net 岩瀬 (IBRH11)

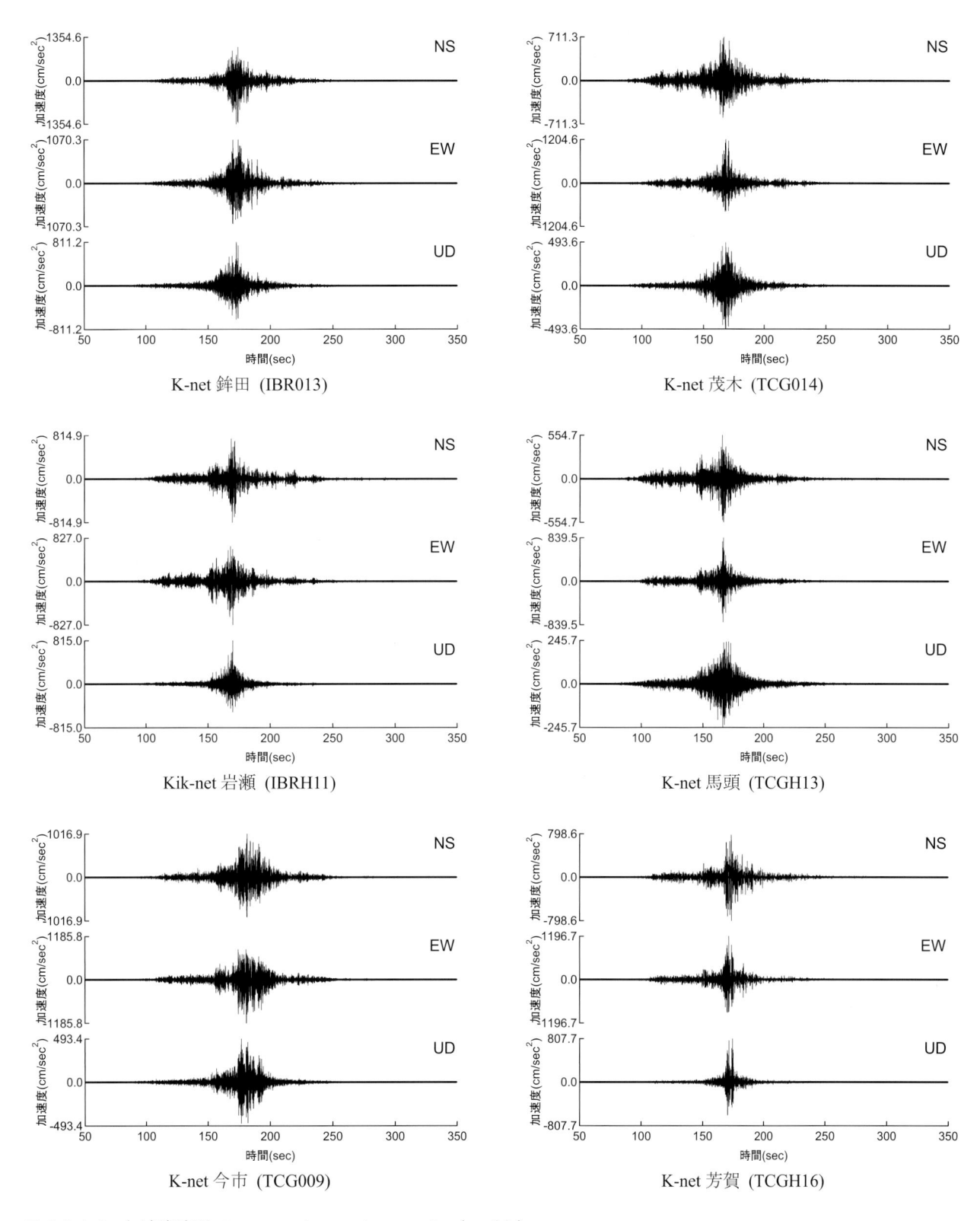

K-net 馬頭 (TCGH13)

K-net 今市 (TCG009)

K-net 芳賀 (TCGH16)

図 4.2.1.7　加速度波形 (Strong motion accelerograms)　（つづき）

K-net 日立 (IBR003)

K-net 今市 (TCG009)

K-net 大宮 (IBR004)

K-net 茂木 (TCG014)

K-net 笠間 (IBR005)

K-net 馬頭 (TCGH13)

K-net 鉾田 (IBR013)

K-net 馬頭 (TCGH13)

Kik-net 岩瀬 (IBRH11)

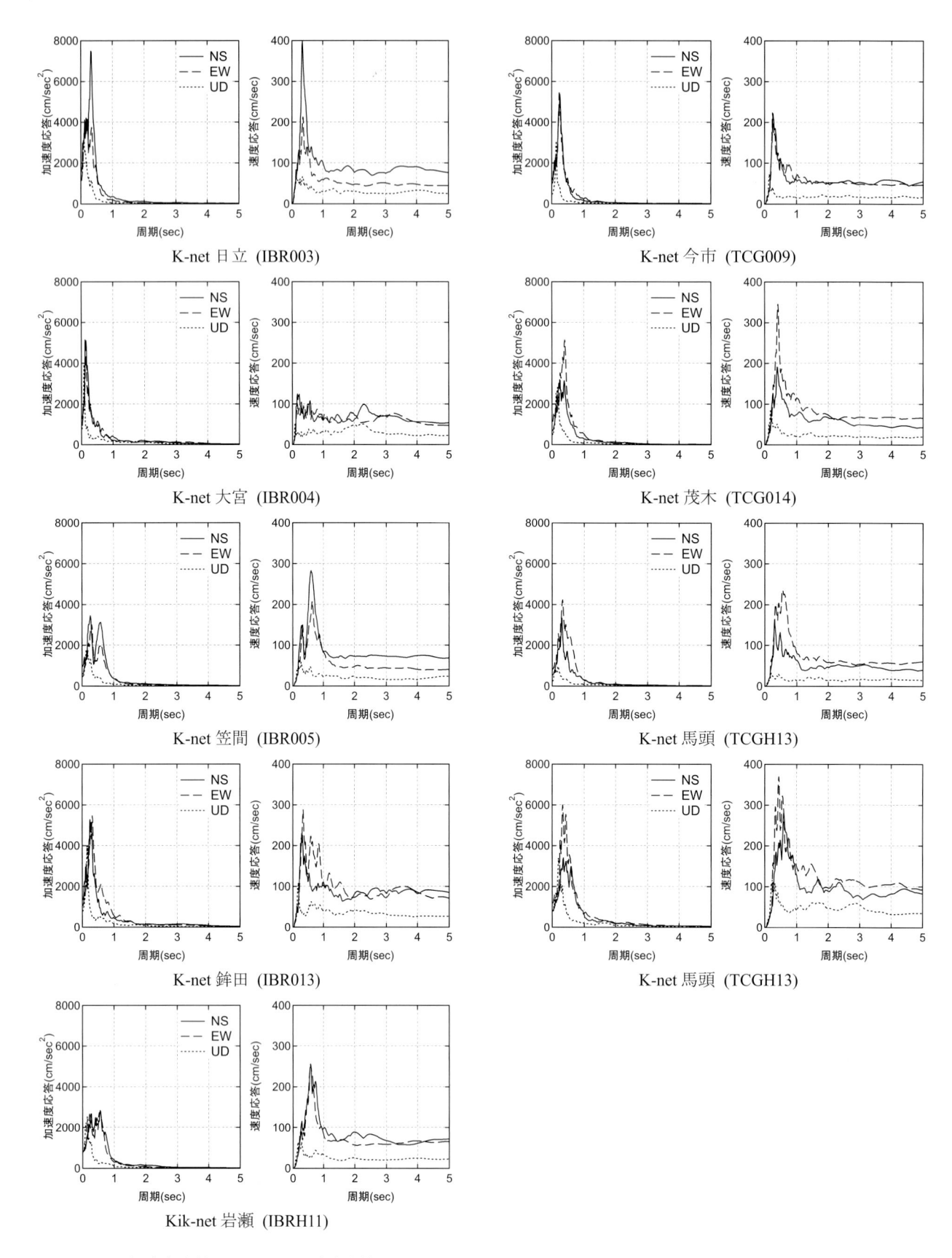

図 4.2.1.8 加速度応答スペクトルと速度応答スペクトル (Acceleration and velocity response spectra)

4.2.2　地形・地質構造（Topography and Geology）

(1)　関東地方の概況（Outline of Kanto District）

図4.2.2.1に関東地方の地形図を示す。関東地方は，先新第三系の山地および第四系の火山群が北部と西部に分布し，南東に向けて関東平野が広がっている。平野辺縁部に丘陵（南部の房総半島・三浦半島を含む）が分布し，さらに内側に台地が分布している。台地面は関東平野の中心（埼玉県東部，茨城県西部）でもっとも標高が低くなり，関東地方全体として盆地状の地形を形成している。低地は河川沿いや沿岸部に分布している。

関東地方の特徴として，地形と地質が比較的よく対応していることが挙げられる。すなわち，山地は先新第三系，丘陵は主に第三系及び第四系で構成されている。台地は更新世の堆積物からなり，表面を関東ローム層が覆っている。低地はいわゆる沖積層で構成されており，河川の下流域の多くは更新世末期および完新世の海成層からなっている。

(2)　茨城県（Outline of Ibaraki Prefecture）

図4.2.2.2に茨城県の地形を示す。北東部には阿武隈山地，北西部には八溝山地が展開し，これらの山地を久慈川・那珂川などの河川に沿う谷筋が分断している。山地から南に向かって，更新世の丘陵や台地が広がっている。また，阿武隈山地東縁の海岸に沿って砂礫層の段丘が分布している。

常陸台地は，茨城県南部に広がる洪積台地であり，那珂川，霞ヶ浦，北浦などの水系によって開析され，那珂台地，東茨城台地，鹿島台地，行方台地などに細分される。常陸台地の主な構成層は，更新世の浅海成層を主体とする見和層と，これを覆う茨城粘土層である。

南部には，利根川，鬼怒川，小貝川，霞ヶ浦，北浦等の水系に沿って低地が形成されており，表層には完新世の地層が分布している。低地の地質は一様ではないが，全般的な傾向として海成の砂泥が広く分布しており，一部ではその上に河成の砂礫層が堆積している。

この他，北東部の那珂川や久慈川に沿って，沖積層の低地が形成されている。

(3)　栃木県（Outline of Tochigi Prefecture）

図4.2.2.3に栃木県の地形を示す。県東縁に八溝山地があり，北西部から西部にかけて火山群を含む山地が分布している。足尾山地は栃木・群馬両県にまたがる山地である。その南東では，渡良瀬川，思川などの河川が南東に向かって流れ，これに平行して谷が形成されている。県南西部には渡良瀬川に沿う低地が形成され，関東平野へと続いている。

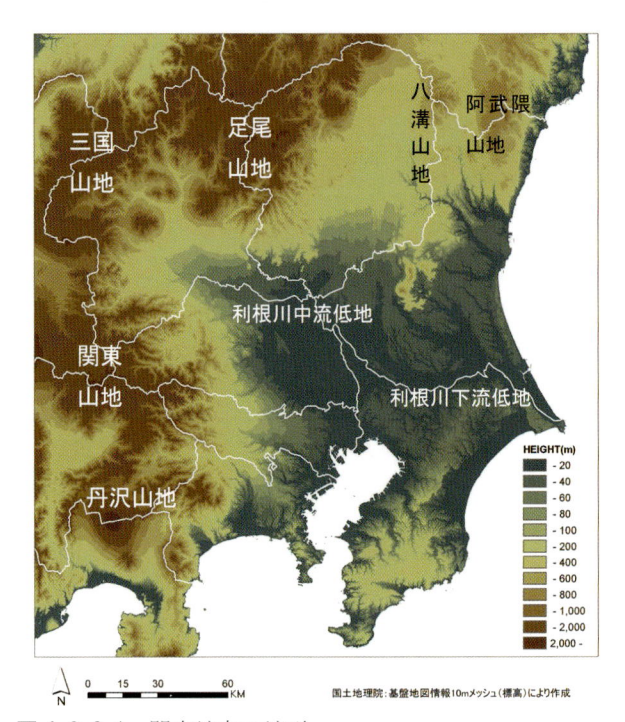

図4.2.2.1　関東地方の地形
(Topography of Kanto Region)

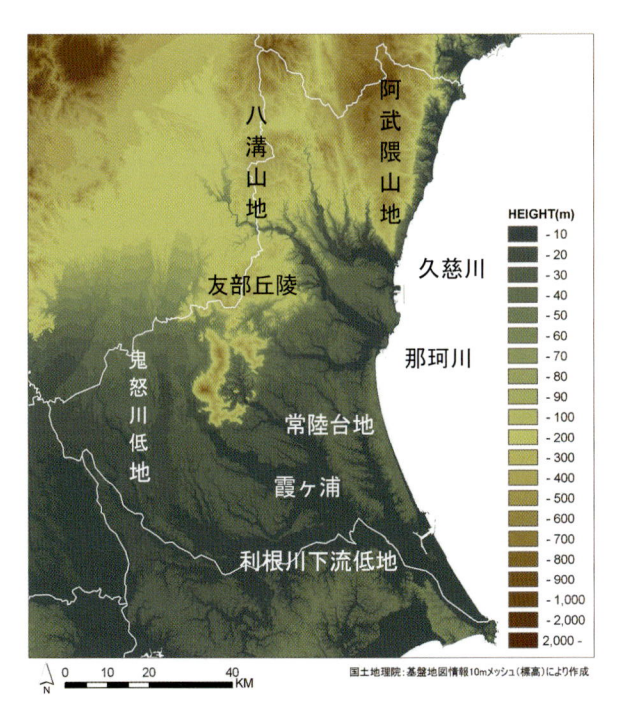

図4.2.2.2　茨城県の地形
(Topography of Ibaraki Prefecture)

帝釈山地は鬼怒川や那珂川の源流部にあたる。鬼怒川は，県央に広がる平野に出ると，平野を縦断するように南に向かって流れる。那珂川も県東部を鬼怒川に並走するように南に向かって流れる。

県央の平野は開析扇状地となっており，数列の南北方向に長い帯状の台地や低地が交互に連なっている。台地

の表面は関東ローム層に覆われているが，河川の支流沿いに形成された低地にはローム層が無く，砂礫層が表層に表れている。

(4) 群馬県 (Outline of Gunma Prefecture)

図 4.2.2.4 に群馬県の地形を示す。東部に足尾山地，北部から北西部にかけて三国山地，南西部に関東山地が位置し，先新第三系からなる山地によって囲まれている。これらの山地は火山活動が活発であり，多くの火山を有している。このため，県内には火山砕屑物や泥流堆積物が広く分布している。

榛名・赤城火山の北に中之条盆地・沼田盆地がある。盆地には河岸段丘構成層があり，これらを火山灰層が覆っている。

利根川は北部の山地から南に向かって流れ，高崎市付近で東向きに流路を変える。南東部では足尾山地から渡良瀬川が流れ出ている。これらの河川流域では，前橋台地や大間々扇状地など，山麓に扇状地状の台地が形成されている。南西部では，鏑川，碓氷川が丘陵地を東へ流れ，高崎市で烏川に合流する。これらの流域では河岸段丘が形成されている。これらの台地や段丘は，安山岩礫層を持ち，その上を関東ローム層が覆っている。

南東部において，大間々扇状地や館林台地の南側に沖積層からなる利根川中流低地が広がっている。

(5) 埼玉県・東京都・神奈川県
(Outline of Saitama, Tokyo and Kanagawa)

図 4.2.2.5 に埼玉県・東京都・神奈川県の地形を示す。西部には先新第三系からなる関東山地・丹沢山地があり，東に向かって丘陵や台地が展開する。東部には河川沿いに完新世の低地が発達し，低地によって細分される形で大宮，武蔵野，下住吉などの台地が分布している。台地には広く砂礫層が分布し，その上を関東ローム層が覆っている。

河川沿いの低地は，利根川中流低地，荒川・中川・東京低地，多摩川・鶴見川下流の多摩低地，相模湾に注ぐ河川沿いの低地に大別できる。

利根川中流低地は，上流の妻沼低地と下流の加須低地に分けられる。妻沼低地では，下位に砂礫層が分布し，その上に砂泥質の堆積物が分布している。加須低地では，谷状の埋没地形に泥炭層が厚く堆積し，低湿地を形成している。

埼玉県東部の荒川と中川（古利根川）に沿う低地は東京低地に続いている。この地域の沖積層は，下位の七号地層と上位の有楽町層に二分される。有楽町層の下部は海成のシルト層，上部は河成または三角州成の緩い砂層

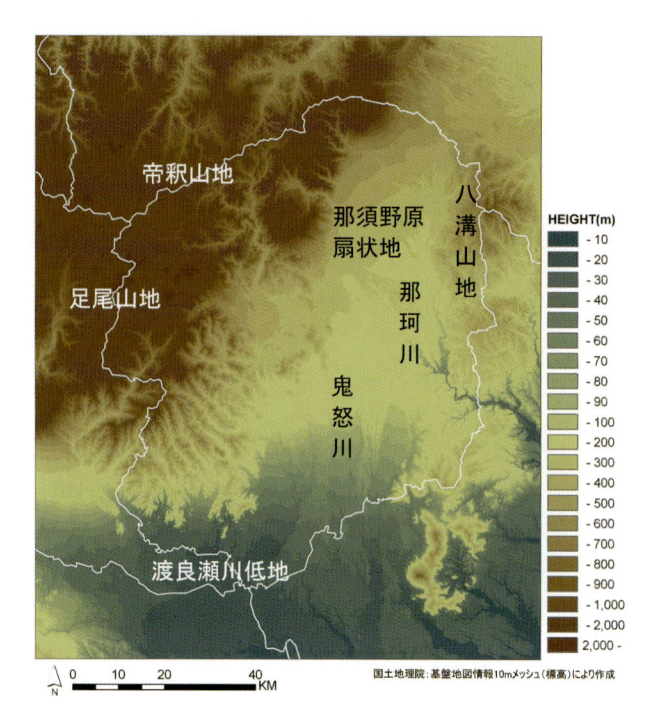

図 4.2.2.3　栃木県の地形
(Topography of Tochigi Prefecture)

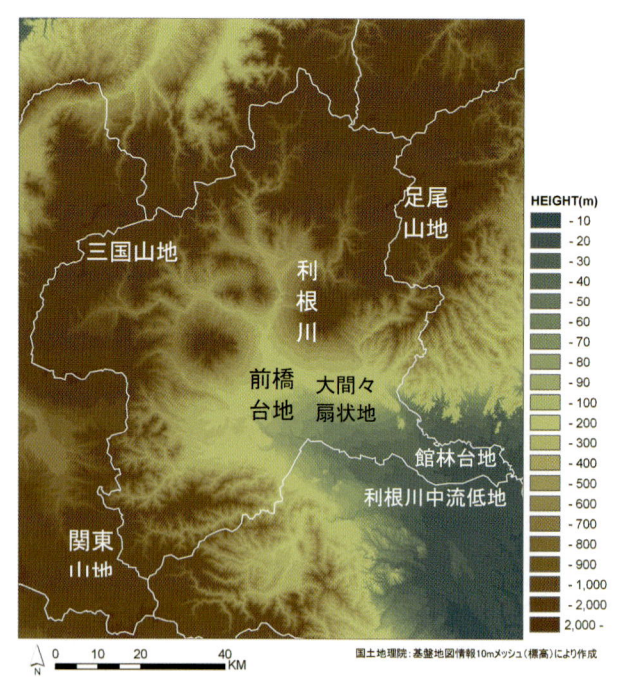

図 4.2.2.4　群馬県の地形
(Topography of Gunma Prefecture)

で構成される。東京湾岸部の軟弱地盤の多くは有楽町層である。

なお，東京から千葉県にまたがる東京湾沿岸の地域，東京都南部から神奈川県にまたがる多摩低地，茨城・千葉の両県にまたがる利根川下流低地も，東京低地に似た層序を持つ。

この他，神奈川県の相模川や酒匂川の流域に各々沖積層の低地が形成されている。また，三浦半島には完新世の隆起によって海成段丘が形成され，溺れ谷を海成堆積物が埋積して低地が形成されている。

東京湾沿岸部はほとんど人工的に埋め立てられている。荒川や古利根川河口の干拓は古くから行われており，江東区や江戸川区南部は江戸期の埋立地である。明治・大正期には横浜・川崎・横須賀で埋立てが積極的に行われた。1960年代以降は，千葉県を含む東京湾臨海部一帯で大規模な埋立事業が行われた。

(6) 千葉県 (Outline of Chiba Pref.)

図4.2.2.6に千葉県の地形を示す。県北部に位置する下総台地は，標高20～50mの開析された台地面である。台地を構成する地層は中部更新統の下総層群であり，主に浅海成の砂層が分布し，その上を関東ローム層が覆っている。また，台地を開析する谷に沿って河岸段丘が見られる。

下総台地の北には，利根川，手賀沼，印旛沼などの水系に沿って利根川下流低地が展開しており，軟弱な海成シルト・砂層が分布している。

下総台地の東には九十九里低地が分布している。九十九里低地には，数列の砂堤列と堤間湿地が交互に海岸線に平行して並んでいる。砂堤には完新世の砂層が堆積しており，堤間湿地には泥炭や泥質砂が堆積している。

前述のように，東京湾岸低地には有楽町層からなる軟弱な地層が分布している。また，1960年代以降に実施された埋立事業により，富津港・千葉港・東京港にまたがる沿岸部はほとんど埋立地になっている。

房総半島南部には，三浦半島と同様に，隆起した新第三系からなる丘陵が分布している。この地域は完新世においても地殻変動が激しく，隆起によって海成段丘が形成され，溺れ谷を海成の泥質堆積物が埋積している。

謝辞：本節は，文献1，2の内容を地域別に整理してまとめたものである。地形図の作成にあたり，国土交通省国土地理院の基盤地図情報（数値標高モデル）10mメッシュを参照した。

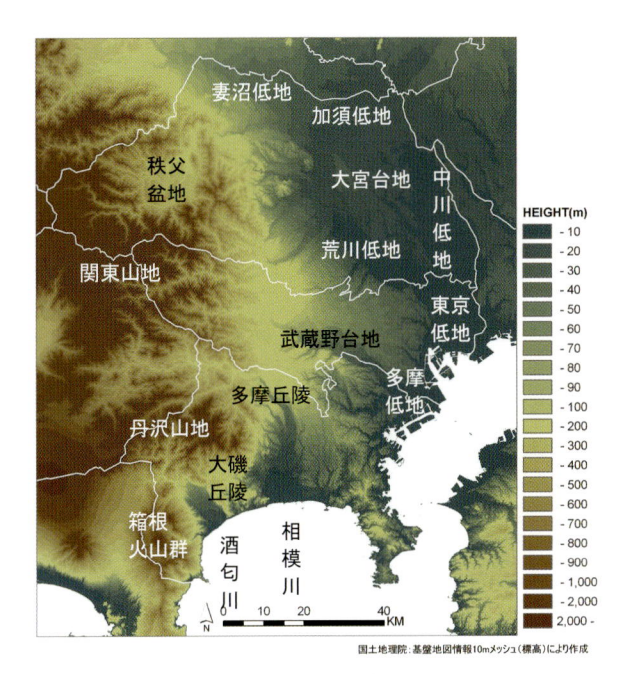

図4.2.2.5　埼玉県・東京都・神奈川県の地形
(Topography of Saitama, Tokyo, Kanagawa)

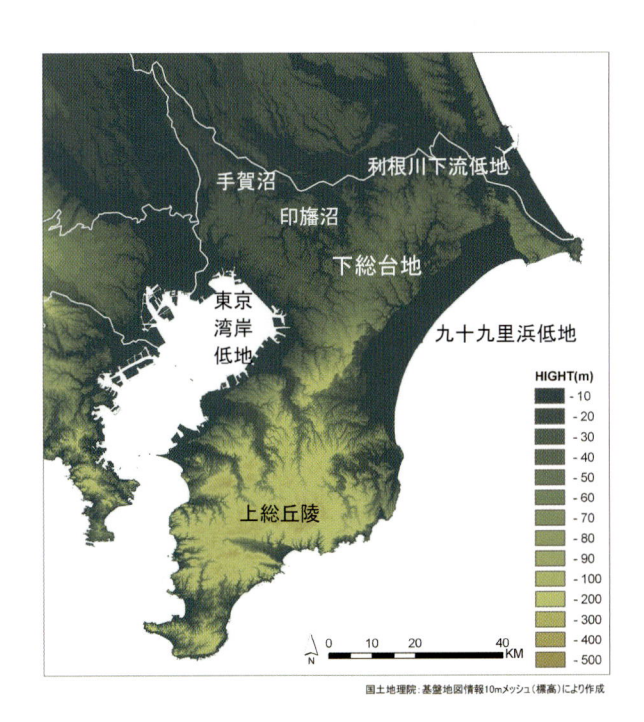

図4.2.2.6　千葉県の地形
(Topography of Chiba Prefecture)

参考文献

1) 大森昌衛，端山好和，堀口万吉：日本の地質3　関東地方，共立出版
2) 日本地質学会編：日本地方地質誌3　関東地方，朝倉書店

4.2.3 地盤と建物の同時観測記録
(Acceleration records of response controlled buildings)

(1) はじめに

関東地区の建物の観測記録について報告する。現在まで集めた観測記録のうち，耐震7～37階建，制振5～54階建，免震5～20階建，セミアクティブ免震14・26階建の計17棟に言及する。以下で建物名称・所在地が記されない場合は，建物所有者がその公表をまだ控えているケースである。

(2) 観測方法と観測記録の概要

表4.2.3.1に諸元，およびX,Y方向の順に固有周期，頂部と基部の最大絶対加速度も示す。頂部とは，建物屋根に最も近い計測階を意味し，基部とは，建物の地盤拘束が無い計測階で最下の階を意味している。

なお，固有周期は，頂部と基部の加速度記録から求めた伝達関数のピークでの周波数として算定した。ただし耐震構造37階建ではピークが不明瞭であったため，伝達関数に理論曲線を適合させ固有周期を得た。一方，免震構造5，7，11階建では，その曲線も得難いため，5，11階建では加速度記録，7階建では二重積分から得た変位記録（後述）それぞれのフーリエ変換値のピークを用いた。これら低中層免震構造での値は参考値とする（4.4.5節）。

表4.2.3.1から，基部最大加速度は50～330galであり，330galを示した茨城県の建物以外，全て東京都と神奈川県にあり，平均100gal程である。頂部加速度は50～400galであり，平均層間変形角（頂部の基部に対する最大相対変位と建物高さの比）は，表示しないが，最大1/300 radである。入力に対する頂部加速度の増幅比は，加速度ばらつき，応答スペクトル特性，建物周期，減衰定数などが複雑に影響するが，目安として建物高さとの関連を図4.2.3.1に示す。

表4.2.3.1 建物例17ケースの諸元と応答概要
（17 Example buildings and their responses）

構造	架構	地上階数	高さ(m)	Ch.数	固有周期(sec)	頂部Acc(gal)	基部Acc(gal)
耐震	SRC	7	31.0	4	0.36, 0.71	238, 253	39, 76
	RC	9	33.1	4	0.70, 0.70	226, 159	51, 66
	S	11	43.5	24	1.32, 1.38	403, 357	182, 210
	S	29	122.6	27	2.93, 3.05	235, 292	92, 98
	SRC	37	118.8	9	2.46, 2.51	162, 198	87, 98
制振	RC	5	18.0	12	0.25, 0.34	237, 250	77, 86
	SRC	11	39.7	15	0.65, 0.69	234, 251	67, 53
	S	21	99.6	9	1.83, 1.97	113, 128	75, 71
	S	41	186.9	15	3.97, 4.10	118, 124	53, 52
	S	54	223.0	7	5.37, 6.43	236, 161	94, 142
免震	RC	5	15.1	12	1.18, 1.50	85, 81	116, 120
	PC,S	7	33.2	9	3.39, 3.62	126, 91	327, 233
	SRC	11	54.0	9	2.84, 3.90	94, 82	104, 91
	RC	14	43.0	9	0.91, 1.19	165, 96	173, 140
	S	20	91.4	23	3.01, 3.18	88, 117	49, 67
セミアクティブ免震	RC	14	50.6	13	3.95, 3.95	59, 70	65, 53
	S,SRC	26	134.0	7	4.49, 4.61	47, 53	101, 68

注) 固有周期，頂部Acc，基部Accは，それぞれX,Y両方向の値を示している。
　　固有周期は，頂部・基部の伝達関数最大値から得たが，例外を文中に記す。
　　制振5階建，11階建は，それぞれX,Y方向が耐震構造。

プロット補充のため上記17棟に江東，千代田，中央区の耐震32, 32, 33階建[1]，千代田区の制振37階建，江東区の免震36階建[1]の計5棟も追加した。

図4.2.1から，建物上層の加速度応答が各構造種別で比較できる。一般に，耐震構造の頂部加速度の増幅比が最も高い。これに比べ，制振構造では短周期の場合を除いて増幅比が低い。免震構造は，加速度を一番良く抑えるが，高層になるほど加速度が上昇するようである。

以上，図4.2.3.1から，高層建物ほど頂部加速度が，長周期で応答スペクトル値の低下する通常の傾向と異なることが分かる。これは，高次モードが大きく影響するためであり，その軽減のためには減衰を高める必要がある。ただし本震では，耐震構造が弾性応答したこと，制振構造や免震構造のダンパーが，十分減衰効果を発揮するほど大きく変形しなかったことも影響しており（4.4.5節），より大きな揺れでは，増幅比が下がることは十分考えられる。

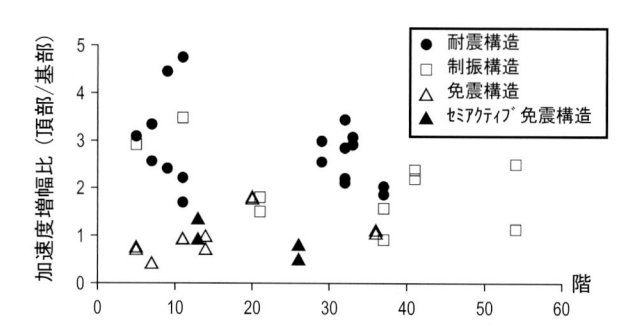

図4.2.3.1 建物階数と頂部加速度増幅比 (Number of building stories vs. top-base acceleration ratio)

これらに加え，図4.2.3.2に示した減衰定数5%での上記17建物全ての応答スペクトル，固有周期でのスペクトル値を参考して以下に考察する。勿論，減衰定数は5%とは限らず，伝達関数から別に評価している。以後言及する変位応答の評価法については付録に述べる。

(3) 耐震構造の観測記録

耐震7, 9階建はSRC, RC造の大学校舎（横浜市緑区，東京工業大学すずかけ台キャンパスS2棟，J1棟）で，周期約0.7秒以下であり，入力が比較的小さいが頂部加速度は230galを超え，応答スペクトル（図4.2.3.2）と同程度の値で，その増幅比が最も高かったが，損傷レベルには至らなかった。頂部変位1～2cm程度，平均層間変形角1/1,500以下であった。

耐震11階建はS造の大学校舎（川崎市多摩区，明治大学生田キャンパス理工学部A館）で，上記2棟に比べ周期1.3秒程と長く，入力も2倍以上あった。頂部の加速度は400galを超え，5%減衰の加速度スペクトル値170gal程より著しく高いのは，等価高さと頂部高さの違いのほか，

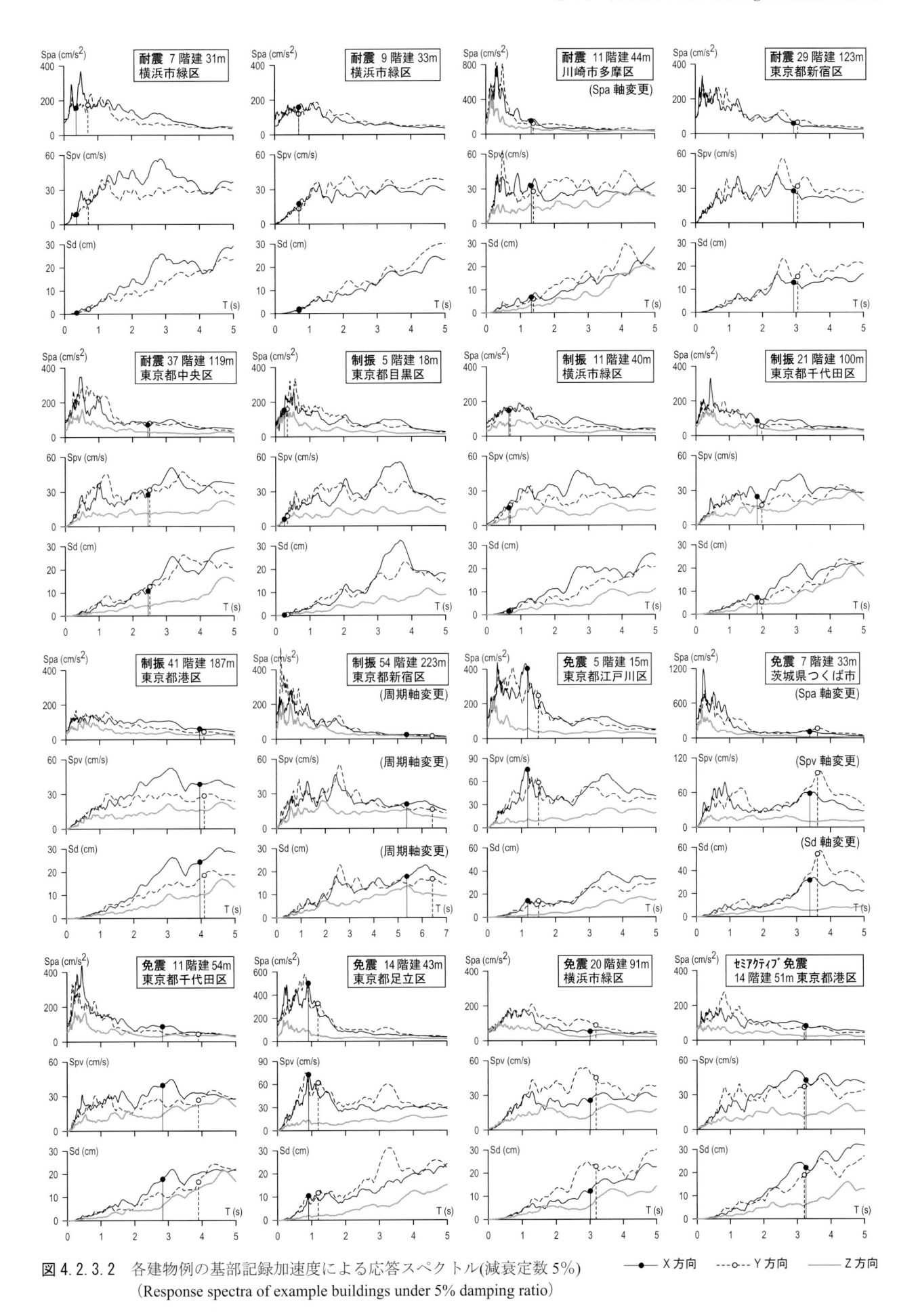

第 4 章　関東地方の被害（Damage in Kanto District）

図 4.2.3.2　各建物例の基部記録加速度による応答スペクトル(減衰定数 5%)
（Response spectra of example buildings under 5% damping ratio）

—●— X 方向　---○--- Y 方向　——— Z 方向

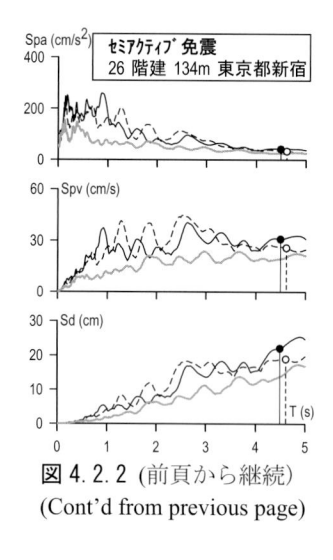

図 4.2.2 (前頁から継続)
(Cont'd from previous page)

低減衰，高次モードの寄与が考えられる。明治大学荒川教授によると，機器備品類が倒れ，薬品の瓶が落下してガラスが飛散した危険な状態であったが，1階では何事もなかったような状況だった。2004年竣工時からの観測[2]に基づく荒川教授の予測式どおり周期は伸び，構造か非構造が非線形化したと思われるが，減衰定数は2～3%であった。頂部変位約14cm，平均層間変形角約1/300と評価した（付録）。

耐震29階建はS造の大学校舎（東京都新宿区，工学院大学新宿キャンパス）で，4.4.4節でも言及されている。基部加速度は100gal程だが，頂部加速度は約300galまで増幅され，最大速度も約70kine[3]と高く，前述の11階建と同様の多くの機器備品の被害，そして天井の損傷や落下がおきた[3]。紙幅の都合上図示しないが，加速度記録は，前半約70秒が2次以上（周期約1秒，0.5秒など）のモードで支配され，そこで最大となったが，後半は約130秒の1次モード（周期約3秒）の揺れが続き，29階では前半の約6割の最大値となった。2次モード変形が大きな16階では，前半で29階の8割程の高い加速度となった。このように高次と低次のモードが，前半の短周期地震波，後半の長周期地震波でそれぞれ励起され，その程度は階により異なった。工学院大学久田教授ら[3]や我々は，頂部変位37cm程，平均層間変形角1/300程と評価した。

耐震37階建はSRC造のマンションであり，基部加速度は上述の29階建と同様に100gal程だが，頂部加速度は200gal以下と少ない。これは，高次のスペクトル応答が比較的低いことから理解できる。また，建物高さが29階建より低く周期も短いため，最大速度や変位が小さめで被害も僅かだった[4]。ただし，住民の揺れに対する驚きや怖さの程度は，37階はもとより，20～25階でも大きく，高次モードの影響の可能性が報告されており[4]，加速度波形も上述の29階建ほどではないが，同様な傾向を示している。

(4) 制振構造の観測記録

制振5階建，11階建は，長辺方向のRCまたはSRC架構を鋼材ダンパーで補修した大学校舎であり，短辺方向は耐震壁からなる(表4.2.3.1脚注)。5階建（東京都目黒区，東京工業大学緑ヶ丘キャンパス1号館）では典型的に各階Y方向に座屈拘束ブレース20本前後を取付け，改修前の約1.7倍の耐力に増やしている。ブレース降伏時の層間変形角の設定値約1/600に対し平均層間変形角は約1/2,300，降伏時ベースシェア係数の評価値0.5に対し加速度スペクトル値は0.15g程であり，ブレースは弾性と判断できる。

一方，制振11階建（横浜市緑区，東京工業大学すずかけ台キャンパスG3棟）では，X方向にロッキング壁6体を新設し，それらと既存部分との境界に上下方向に変形するせん断パネルを多数取付けている。パネルは層間変形角約1/2,000で降伏すると予想でき，平均層間変形角は約1/1,900であったため，一部のパネルの降伏が確認されたことと整合する。各階で非構造壁の亀裂が生じた。

以上の2棟では，鋼材ダンパーが十分降伏するほどの入力ではなかったため減衰は低く，かつ短周期構造のため，頂部加速度の増幅比が大きかったと思われる（図4.2.3.1）。ただし，5階建Y方向では[6]，改修前の微動，改修後の微動，本震における固有周期は，0.273, 0.256, 0.342秒と変化し，同様に11階建X方向では[5]，0.51, 0.47, 0.65と，微震時に比べどちらも周期が著しく伸び，剛性が概ね半減した。2棟の補修設計では，コンクリート亀裂による剛性低下は，層間変形角1/3,500程で開始するとして考慮されている。

制振21階建はS造の庁舎建物であり，基部加速度は70gal程，頂部加速度は110～130galで，増幅比が2以下と低い。極軟鋼制振壁と粘性制振壁が並列に配置され，地震時の平均層間変形角が1/900であり，減衰定数3.5%と評価できたことから，前者は弾性のままで，後者の減衰効果があったと思われ，小地震での減衰を確保した例といえる。設計では，変形角1/150で鋼材の履歴減衰と合わせて等価減衰定数8%を目標としている。

制振41階建はS造にオイルダンパーを配置してあり，基部加速度は50gal程，頂部加速度は120gal程，1次モードの減衰定数は約4%である。耐震29階建で示した，前半の高次モード応答，後半の1次モード応答の傾向が，この建物でも見られるが，耐震構造に比べ明らかに応答が抑えられている。4.4.5節で，この制振効果について考察している。

制振54階建は1979年に建設されたS造で，2009年にオイルダンパーにより耐震改修がなされた。基部加速度はX, Y方向に90, 140 gal程，頂部加速度は240, 160galであり，Y方向の応答抑制が著しいのは，ダンパー量がX方向の2倍あることと関連すると思われる。X, Y方向で1次モード減衰定数は約3%, 4%である。耐震29階建で示した高次，1次のモード応答が見られるが，減衰により，耐震構造に比べ明らかに応答が抑えられている。

(5) 免震構造の観測記録

免震5階建はRC造のマンションで平面形状がL字型で

あり，天然ゴム系支承6基，滑り支承21基が配置されている。基部加速度は120 gal程で，頂部加速度は80 gal程となっており，増幅比1以下と低く，図4.2.3.1で示したように，低層の免震構造の効率の良さが分かる。免震層の変位が，けがき板により記録されており（4.4.5節），最大値は59mmであった。

免震7階建は，プレキャスト・プレストレストコンクリート造で一部はS造の庁舎である。前述した茨城県の建物であり，基部加速度は，上記5階建の2〜3倍の330, 230 gal程だが，頂部加速度は130, 90 gal程と小さく，増幅比が最も小さい例である。従って免震層の変位が大きいと思われたが，加速度記録の2重積分からは60 mmと小さな値が得られ，周期の参考値と変位スペクトル（図4.2.3.1）が示す傾向とは異なっており，検討を要する（4.4.5節参照）。

免震11階建はSRC造の庁舎で，天然ゴム系支承，鉛プラグ入りゴム支承，オイルダンパーを用いている。基部加速度は，90〜100 galで，頂部加速度は80〜90 galであり，1以下の増幅比となっている。加速度記録の2重積分から，免震層の変位はX, Y方向に52, 38 mmであった。

免震14階建は，RC構造のマンションで平面形状がL字型であり，天然ゴム系支承9基，滑り支承44基，鉛プラグ入りゴム支承4基が配置されている。東京都の中で入力は大きい方であり，X, Y方向の基部加速度は170, 140 gal程で，頂部加速度は170, 100 gal程であり，増幅比は1以下と低い。免震層の変位が，けがき板により記録されており（4.4.5節），最大値は90mmであった。

免震20階建はS造の大学校舎（横浜市緑区，東京工業大学すずかけ台キャンパス J2棟）で，上部構造高さと短辺長さから求めたアスペクト比は5.3と高い。2005年の竣工以来，地震・風応答の観測[7]が続けられている（4.4.5節）。建物の隅に，浮上がりを許容した天然ゴム系支承4基があるほか，天然ゴム系支承と鋼材ダンパーの並列が14基，鋼材ダンパー2基，オイルダンパー2基を配置している。所在地では揺れが比較的弱く，X, Y方向の基部加速度は約50, 70 gal，頂部加速度は約90, 120 galと計測され，前述の5〜14階建に比べ，増幅比は1.8, 1.7と高めである。この理由として，設計地震レベルに比べ入力が小さいこと，そして，上部構造が比較的柔らかいことが挙げられる。また，免震層の最大変位は，変位計の値からX, Y方向に69, 91mmで，加速度記録の2重積分，けがきによる値ともほぼ一致していた（4.4.5節）。

(6) セミアクティブ免震構造の観測記録

セミアクティブ免震14階建はRC造の大学校舎（東京都港区，慶応大学三田キャンパス南館）で天然ゴム系支承34基，パッシブオイルダンパー10基，粘性係数が2段に切換わるセミアクティブオイルダンパー10基を配置している。基部加速度は，60 gal前後で，頂部加速度は60〜70 galであり，増幅比はX, Y方向に0.9と1.3である。慶応大学小檜山准教授によると，免震層の変位計測値はX, Y方向に94, 125 mmであった。

セミアクティブ免震26階建はS造，SRC造で天然ゴム系支承25基，弾性すべり支承24基，パッシブオイルダンパー12基，セミアクティブオイルダンパー12基を配置している。基部加速度はX, Y方向に100, 70 gal程で，頂部加速度は50 gal程であり，建物のアスペクト比が5.5と大きいにも関わらず，増幅比が低く保たれている。上記の14階建と同様の制御法が用いられたようであり，興味深い結果である。

謝辞：

建物調査に協力して頂きました荒川利治先生（明治大学），鹿嶋俊英氏（建築研究所），小檜山雅之先生，三田明先生（慶応大学），関戸博高氏，酒井和成氏（スターツCAM），島崎和司先生（神奈川大学），土橋徹氏（森ビル），久田嘉章先生（工学院大学），細澤治氏，篠崎洋三氏，木村雄一氏，欄木龍大氏（大成建設），翠川三郎先生，元結正次郎先生，山中広明先生，和田章先生（東京工業大学），そして笠井研究室メンバーに深謝いたします。地震動では，楠木紀男先生(関東学院大学)，楠浩一先生（横浜国立大学），田村幸雄先生（東京工芸大学）にもご協力頂きました。

参考文献：

1) 小山信，鹿嶋俊英：平成23年東北地方太平洋沖地震の強震観測速報（第5報），建築研究所，2011.3.30

2) 荒川利治，原健太郎：実測データに基づく鉄骨造中層建物の振動正常評価(その1, 2)，日本建築学会大会梗概集（東北），pp.579-582, 2009.8

3) 久田嘉章，久保智弘，山下哲郎：工学院大学からの報告「工学院大学新宿キャンパス(28F)の揺れと被害」，http://kouzou.cc.kogakuin.ac.jp/Open/20110420Event/20Apr11_Kogakuin01.pdf

4) 翠川三郎，三浦弘之，掘苑子，鹿嶋俊英：2011年東北地方太平洋沖地震における東京の超高層マンションでの揺れに対するアンケート調査，地域安全学会梗概集 No.28, pp.95-96, 2011.5.

5) 平野悠輔，翠川三郎，三浦弘之，元結正次郎，和田章ほか：ロッキング壁により耐震改修したSRC建物の地震時挙動（その1〜3）：日本建築学会大会梗概集（関東），印刷中，2011.8

6) 山際創，時松孝次：微動および地震観測記録から推定した建物の耐震改修前後の層剛性，日本建築学会大会梗概集（北陸），構造II, pp.1009-1010, 2010.9.

7) 山際創，笠井和彦，佐藤大樹，山田哲，坂田弘安，山中浩明，盛川仁，和田章：多点同時地震動観測記録に基づく超高層免震建物の地震応答性状の考察，日本建築学会大会梗概集（関東），印刷中，2011.8

付録：二つの変位評価法に関する注釈

本報告では，少なくとも2つの方法で変位を求め，それらが一致することを，変位評価の信頼性の基準としている。

1番目の方法は，絶対加速度記録を周波数軸上で適宜ハイパスフィルターをかけながら二重積分して絶対変位を求め，基部でも求めた絶対変位との差を相対変位とする方法である。典型的に0.1Hzか0.05Hzを遮断周波数とした。

2番目は，ある階と基部それぞれのスペクトル比をプロットし，それに伝達関数を合わせることで固有振動数・減衰定数・刺激関数を求め，それらと基部の絶対加速度記録を入力として用いたモード重合解析により絶対加速度，相対変位を評価する方法である。

図4.2.3.A1に例を示す。前述の耐震11階建の頂部における加速度，変位が両方法でよく合い，変位精度には問題が無いと判断した。一方，低中層の免震構造では，免震層の顕著な非線形性や非比例減衰から，線形理論と比例減衰モードに基づく同定法では限界がある。その場合，本報告では1番目の評価を優先するが，それも遮断周波数により変化して変位精度の信頼性が低い場合もある（4.4.5節参照）。

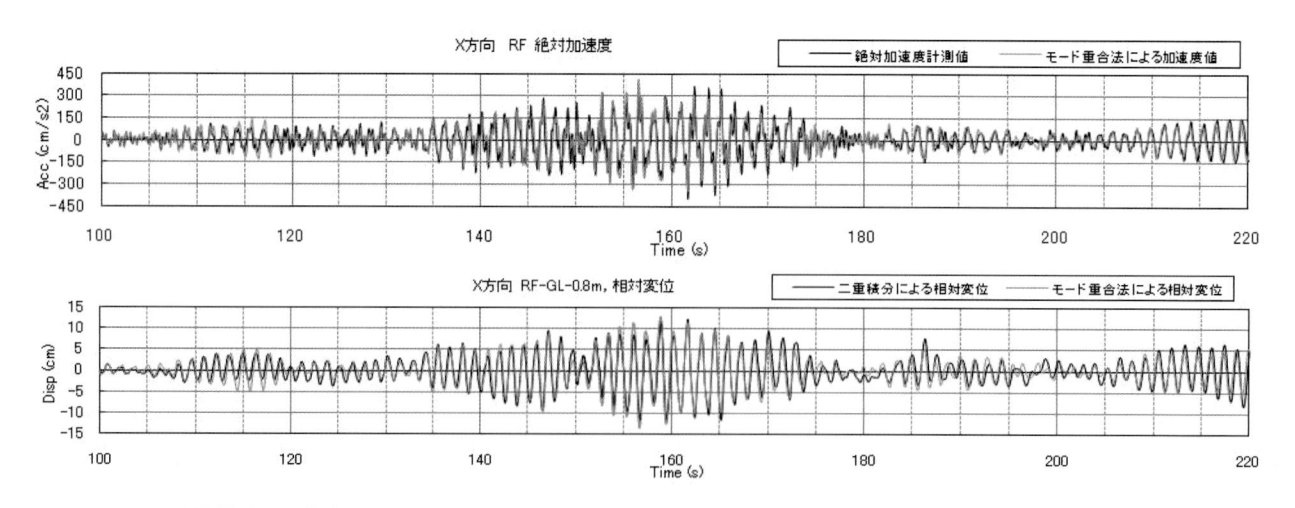

図4.2.3.A1 耐震構造11階建の屋上階における絶対加速度（記録値とモード重合解析結果）と相対変位（記録の二重積分値とモード重合解析結果）(Roof level responses of a 11-story conventional seismic resistant building : absolute acceleration and relative displacement with respect to ground floor)

4.3 支所別の建物被害

(Geographical distribution of building damages in Kanto)

4.3.1 茨城県の建物被害

(Building damages in Ibaraki Prefecture)

(1) 調査地域および調査方針・方法

茨城県内の地区名および市町村名を図 4.3.1.1 に示す。調査地域は県内全域である。調査方針および方法は、建物に関する被害分布と被害種類のおおまかな把握を行うため、新聞・ラジオ他のメディアの調査、自治体および県内関連組織（茨城県建築士事務所協会等）等への聞き取り調査により情報収集を行うとともに、筑波大学を中心とする被害調査茨城支所チームにより現地調査を行った。初動調査を行った期間は、2011 年の 3 月 12 日から 5 月 27 日である。また、他都県の調査チームに協力を依頼し、調査地域がなるべく重複しないように、また、調査地域に偏りが生じないように茨城支所チームが調整役となった。筑波大学の停電およびサーバーの停止、また、3 月 20 日頃までは燃料の入手が困難であったため、自治体への聞き取り調査を含む計画的な調査を行ったのは 3 月 22 日以降である。

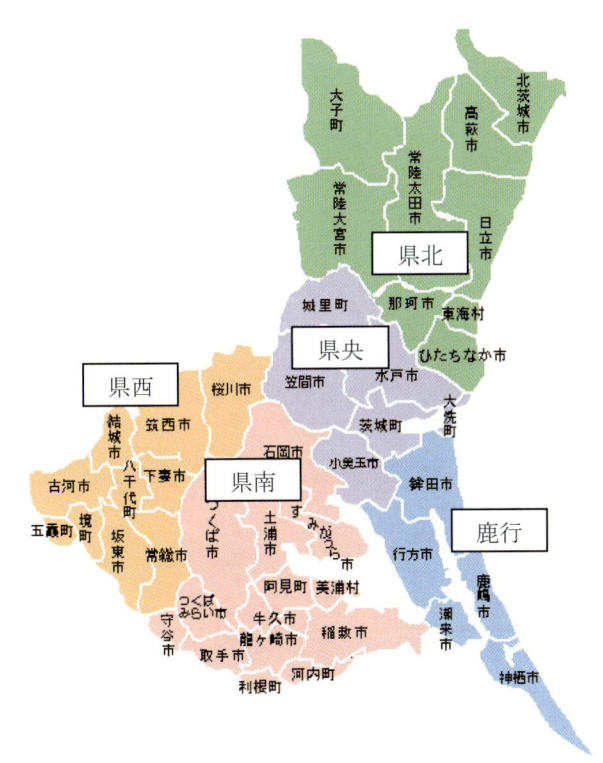

図 4.3.1.1 茨城県地区および市町村名
(Areas and cities in Ibaraki Prefecture)

(2) 被害概要

i) 分布

茨城県内での建物の被害分布は広範囲に及ぶ。地震動による被害はほぼ県内全域に渡っているが、県北地区西側（大子町）および県西地区西側では、相対的に被害が少ない。津波による被害は県北地区および大洗町沿岸に見られる。地盤液状化による被害は鹿行地区および県南地区南部で特に見られ、また、局所的には河川湖沼付近、以前湿地帯であった箇所（ヒアリングによる）で見られたようである。

ii) 特徴

茨城県災害対策本部情報班取りまとめによる、5 月 31 日現在の建物被害状況を、表 4.3.1.1 に示す。

県北地区西側（大子町）および県西地区西側を除く県内全域で、地震動による建物の倒壊または大破が若干数ずつ確認された。木造建物では、古い農家の納屋や倉庫の倒壊、県央地区における住宅の 1 階部分倒壊が見られた。倒壊建物では、土台の脱落、柱脚の引き抜き、柱の折損が確認されている。また、倒壊には至らないものの大きな傾斜が残る住宅が見られた。RC 造建物では、県北地区および県央地区で倒壊または大破した低層建物が数棟見られた。いずれも 1960 年代の建物であり、ピロティ部の崩壊、柱や壁のせん断破壊があった。S 造建物では、倒壊の情報はないが、県北地区や県央地区で旧耐震の屋内体育館での鉛直ブレースや屋根ブレースの破断が見られた。

地震動による中程度の構造的被害としては、木造建物では外壁の大規模な落下、屋根の破損、基礎のコンクリートの剥落などが見られる。茨城県災害対策本部のとりまとめ（5/31 現在）では、全県下の住宅の被害棟数は、全壊 1,774 棟、半壊 10,661 棟である。なお、この中には、津波および液状化による被害棟数を含んでいる。RC 造建物では、旧耐震建物での柱、壁のせん断ひび割れ、新耐震建物での軽微なひび割れが見られている。また、旧耐震の耐震補強済みの建物で、耐震補強構面と直交方向での小破、塔屋の中破、壁のせん断ひび割れ発生の被害があった。新耐震の屋内体育館では屋根ブレースのたわみが見られた。また、建設時期にかかわらず、軒まで RC 造で鉄骨造の屋根である屋内体育館では、屋根鉄骨と RC 柱頭とのアンカー部分での破壊が目立った。S 造建物では、鉛直ブレースの降伏および変形、柱脚アンカーの破壊が見られる。

非構造部材を含めた、地震動による小規模な被害は、全県下において多数見られる。木造建物での外壁の剥落、屋根瓦の落下およびズレは、至る所で散見される。内装の割れおよびズレ、仕上げの脱落も多い。RC 造建物では、柱の軽微な曲げひび割れの発生、エキスパンションジョイントの損傷、サッシの脱落、ガラスの破損などがある。また、吊り天井の大規模な崩落が全県下において報告されている。

表 4.3.1.1 茨城県住宅被害状況（5/31 現在茨城県災害対策本部情報班による[1]）
(Damage statistics in Ibaraki Prefecture)

No.	市町村	全壊棟	半壊棟	一部破損棟	床上浸水	床下浸水	計
1	水戸市	110	323	16,211	調査中	調査中	16,644
2	日立市	336	2,374	6,732	369	76	9,887
3	土浦市	4	129	2,971	調査中	調査中	3,104
4	古河市	8	7	2,777	0	0	2,792
5	石岡市	10	24	1,311	0	0	1,345
6	結城市	2	11	3,134	0	0	3,147
7	龍ヶ崎市	1	42	4,934	0	0	4,977
8	下妻市	25	107	2,667	0	0	2,799
9	常総市	0	18	957	0	0	975
10	常陸太田市	99	945	2,831	0	0	3,875
11	高萩市	95	555	2,849	10	18	3,527
12	北茨城市	217	1,035	3,580	419	142	5,393
13	笠間市	13	89	5,442	0	0	5,544
14	取手市	16	201	1,763	0	0	1,980
15	牛久市	3	9	547	0	0	559
16	つくば市	7	107	1,521	0	1	1,636
17	ひたちなか市	70	421	3,257	160	134	4,042
18	鹿嶋市	186	700	2,567	155	77	3,685
19	潮来市	21	633	2,480	0	0	3,134
20	守谷市	0	0	400	0	0	400
21	常陸大宮市	10	57	2,232	0	0	2,299
22	那珂市	49	125	1,500	0	0	1,674
23	筑西市	1	56	5,466	0	0	5,523
24	坂東市	4	14	2,347	0	0	2,365
25	稲敷市	90	107	758	0	0	955
26	かすみがうら市	6	13	800	0	0	819
27	桜川市	15	203	1,901	0	0	2,119
28	神栖市	128	1,175	1,882	3	2	3,190
29	行方市	50	305	3,078	0	0	3,433
30	鉾田市	73	147	5,250	0	0	5,470
31	つくばみらい市	11	18	2,553	0	0	2,582
32	小美玉市	14	43	4,295	0	0	4,352
33	茨城町	18	163	3,986	0	0	4,167
34	大洗町	5	221	809	179	167	1,381
35	城里町	12	87	1,873	0	0	1,972
36	東海村	39	77	1,789	0	0	1,905
37	大子町	0	0	264	0	0	264
38	美浦村	0	12	633	0	0	645
39	阿見町	0	11	1,664	0	0	1,675
40	河内町	4	23	379	0	0	406
41	八千代町	0	0	4,274	0	0	4,274
42	五霞町	0	0	398	0	0	398
43	境町	0	0	1,174	0	0	1,174
44	利根町	22	74	692	0	0	788
	合計	1,774	10,661	118,928	1,295	617	133,275

S造建物でも，RC造建物と同様な非構造部材の損傷が見られる。特に，外壁モルタルやALCパネルの崩落が目立つ。

地震動によるその他の被害として，RC造建物における塔状部（煙突，塔，望楼）の柱脚曲げ破壊や屋根の崩落が見られた。また，全県下において石積塀およびブロック塀の倒壊が目立った。

津波による被害は県北地区および大洗町沿岸に見られる。特に浸水高が大きかったと考えられる北茨城市および日立市では，木造住宅の全壊および半壊が多く見られた。北茨城市平潟地区では，ヒアリングによると，入り組んだ入江の岸壁に波が反射し，津波高が10mに達した箇所もあるようである。大津港付近でも住宅地に津波が押し寄せ，全壊，半壊の木造住宅が多く見られた。大津港のRC造建物では，壁や柱にせん断ひび割れが見られたが，地震動によるもの

と思われる。高萩市では沿岸部が岸壁の箇所が多く，浸水住宅の数は少ない。なお，北茨城市五浦海岸にある六角堂が津波により流失した。ひたちなか市，鹿嶋市でも床上浸水の住宅が報告されているが，破損数は限定されていると思われる。

地盤液状化による被害は，鹿行地区および県南地区南部で特に見られた。霞ヶ浦，北浦および利根川に囲まれた水郷地区では，もともと沼や湿地帯であったところが多い。また，神栖市は鹿島開発のために大規模な埋立て造成が行われており，新興住宅地が開発されつつある。潮来市，神栖市，鹿嶋市，稲敷市で周辺市町村より相対的に全壊および半壊の住宅被害棟数が多い理由は，液状化による住宅建物の傾斜によるものである。なお，RC造建物およびS造建物で，液状化により構造体自体が損傷を受けたとの報告はない。

文化庁によると，茨城県内でも歴史的建造物の被害が多数報告されている。一例として，水戸市にある弘道館では，外構瓦葺き塀の瓦被害，孔子廟の外壁剥落，学生警鐘の倒壊があった。

(3) 被害状況
 i) 県北地区
県北地区は，茨城県北部の福島県，栃木県および太平洋に囲まれた地域で，地区の中心地域は日立市（人口約19万人）である。

北茨城市では，津波による建築物の被害が多数見られ，特に平潟地区と大津港で甚大であった。津波により大破倒壊した木造建物が見られた。平潟地区では，ヒアリングによると，入り組んだ入江の岸壁に波が反射し，津波高が10mに達した箇所もあるようである。大破した木造建物を見ると，ちょうど波の通った箇所が破壊している。

大津港でも，住宅街に沿って大破倒壊した木造建物が多く見られた。RC造3階建て建物において，柱のかぶり部分に縦方向のひび割れ，梁に曲げひび割れ，壁にせん断ひび割れが見られたが，地震動による損傷と思われる。

その他に下水処理場の設備被害が大きかったとのことである。なお，庁舎や公立学校校舎の被害は軽微であった。

高萩市では，昭和30年代竣工のRC造建物で，柱および壁のせん断破壊が見られた。新耐震以降の建物の損傷は軽微で，被害の8割は木造建物である。特に，川沿いの下手綱周辺において，液状化，家屋の半壊，瓦の落下が確認され，被害が大きかった。津波による被害は大きくない。

日立市では，津波による久慈浜海岸周辺の被害が大きかった。津波の高さは約4mであった。地震動に関しては，市内において特に被害の集中した地域はなく，瓦の落下や地盤変形などにより市内全体で建物が被害を受けている。

市役所（昭和40年頃竣工）は渡り廊下のひび割れが見られた程度で，軽微な損傷であった。

RC造屋内体育館で，2階外柱の柱頭・柱脚でのコンクリートの圧壊および剥落，S造屋根アンカー部の破壊，屋根ブレースの座屈，溶接部の破断が見られた。

常陸太田市では，瓦落下，蔵や倉庫の傾斜，住宅基礎の損傷，石積塀や蔵の倒壊が多い。水田地区の木造納屋の倒壊が見られた。

RC造建物では，旧耐震の建物で柱のせん断ひび割れ，方立壁のせん断破壊が見られた。新耐震建物では，屋内体育館では屋根ブレースのたわみ，サッシの脱落が，学校校舎では軽微なひび割れや地盤沈下によるひび割れが見られた。また，大規模な天井パネルの崩落があった。一部ジャンカと考えられる部分の柱の崩壊が見られた。

常陸大宮市では，木造建物の倒壊が見られ，外装材の剥落（木造，S造建物），瓦被害が多数散見された。

昭和43年に竣工した耐震改修済み（桁行方向鉄骨ブレース補強）のRC造2階建て建物で，梁間方向梁の曲げひび割れ，柱の梁間方向への曲げ破壊が見られた。RC造2階建て建物では，望楼の屋根が完全に崩落していた。

大子町では，建物に多くの被害はなく，RC造建物では壁のひび割れ（打継ぎ箇所と思われる），木造建物屋根瓦の被害が見られた。被害の多くは，道路の変形や崖崩れであった。

那珂市では久慈川流域を中心に，納屋や石積み倉庫の大きな被害が見られた。液状化の情報も見られたようである。軽微な被害は市内全域にわたって見られる。また，屋内プールの天井落下，耐震補強済みのRC造建物で，塔屋の中破，エキスパンションジョイントでの天井落下があった。

ひたちなか市では，木造建物の屋根瓦および外壁の被害が多い。また，ブロック塀や石積み塀の倒壊は散見される。

S造では，屋内体育館で仕口の破断が報告されており，外壁やガラスの被害も多く見られる。RC造では，4階建てピロティ形式の建物の1階が完全に崩落していた。桁行2スパン（8mと6m程度），梁間1スパン（8m程度）の6本柱の建物と思われ，1階は独立柱のみの駐車場だったと思われる。柱主筋はD22，帯筋は$\phi 9$であったことから，1960年代後半の建物と考えられる。2階より上部の損傷はほとんどなく，ほぼ真下に落ちたものと思われる1階梁と地上との隙間は20cm程度しかなかった。また，煙突落下の報告があった。RC造の屋内プールでは大規模な天井パネルの落下が見られた。軒まではRC造で，屋根はS造の建物である。天井両脇部分が吊り天井になっており，その大部分が落下した。振れ止めはない。野縁受けは残っており，野縁受けと野縁の接続クリップ部分で外れている。

那珂川河口周辺では，津波および液状化による被害があった。ヒアリングによると，津波の高さは1m程度であった。住戸の一部が損傷し，道路脇の路肩が崩れていた。

(1) 津波により大破した木造住宅（平潟地区）

(2) 津波により倒壊した木造住宅（平潟地区）

(3) 津波により倒壊した木造住宅（大津港）

(4) RC造建物の柱・梁のひび割れ（大津港）

(5) 大破したRC造建物（高萩市）

(6) RC短柱のせん断破壊（5の建物）

(7) 津波で被害を受けた木造建物（日立市）

(8) 屋内体育館の屋根アンカー部の破壊（日立市）

(9) 屋内体育館の屋根ブレースの破断（日立市）

(10) 瓦，外壁の被害（常陸太田市）

(11) 木造建物の倒壊（常陸太田市）

(12) RC造建物の柱のせん断ひび割れ（常陸太田市）

写真4.3.1.1 県北地区の被害 (Damages in the north area of Ibaraki)

第 4 章　関東地方の被害（Damage in Kanto District）

(1) 新耐震 RC 造建物の柱，梁のひび割れ（常陸太田市）

(2) 屋内体育館のガラスサッシの落下（常陸太田市）

(3) 屋根ブレースのたわみ（2 の建物）

(4) RC 造ホールの天井パネル落下（常陸太田市）

(5) ジャンカによる柱の損傷（常陸太田市）

(6) 木造建物の倒壊（常陸大宮市）

(7) 耐震改修済みの RC 造建物（常陸大宮市）

(8) 柱の曲げひび割れ（7 の建物）

(9) 望楼屋根の倒壊（常陸大宮市）

(10) 塔屋の柱の曲げ破壊（那珂市）

(11) エキスパンションジョイントでの天井パネルの落下（那珂市）

(12) 屋根瓦の被害（ひたちなか市）

(13) ブロック塀の倒壊（ひたちなか市）

(14) 石積み塀の倒壊（ひたちなか市）

(12) S 造建物の外壁落下（ひたちなか市）

写真 4.3.1.2　県北地区の被害 (Damages in the north area of Ibaraki)

— 289 —

(1) ピロティ形式建物の 1 階部分の崩落（ひたちなか市） 　(2) 屋内プールの天井の大規模落下（ひたちなか市） 　(3) 津波の被害（ひたちなか市）

写真 4.3.1.3　県北地区の被害 (Damages in the north area of Ibaraki)

ii) 県央地区

県央地区は，茨城県の中央部に位置し，地区の中心地域は県庁所在地である水戸市（人口約 27 万人）である。

水戸市は，古くからの市街地が周囲 5km ほどの千波湖を望む台地の上にあり，駅南地区は千波湖の東側に位置し，古くは湖や湿地帯であった。

被害の地域性はあまり見られず，市内広範囲に分布している。木造の倉庫や蔵，物置の全半壊が多く見られる。特に全壊は，駅南地区および那珂川流域に比較的多く見られた。外壁の損傷や屋根瓦の被害は散見される。

RC 造建物では，校舎のせん断破壊，屋内体育館（柱 RC 造，屋根 S 造）の柱頭アンカー部の破壊，屋根ブレースの破断の情報があった。また，天井パネルの大規模落下やガラスの破損が見られた。教会塔の柱脚部曲げ破壊が見られた。

S 造建物では，特に屋内体育館で屋根ブレースおよび鉛直ブレースの破断が見られ，一般建物では外壁の落下が散見された。商店街では，大型ガラスの損壊も目立った。

駅何地区では，RC 造建物が不同沈下しているということであった。液状化は見られなかったが，軟弱地盤ということで，電柱の傾きが多く見られた。

歴史的建造物の被害として，水戸市にある弘道館では，外構瓦葺き塀の瓦被害，孔子廊の外壁剥落，学生警鐘の倒壊があった。

茨城町では，1960 年築の RC 造 3 階建て建物で，柱や方立壁にせん断ひび割れが見られた。また，屋内体育館で天井パネル落下の被害があった。

城里町では，1971 年築の RC 造 3 階建て建物や，1959 年築のやはり RC 造 3 階建て建物において，柱や壁のせん断ひび割れが見られた。城里町の RC 造 3 階建て建物の詳細調査（被災度区分判定調査）結果を，PDF 版本文末尾に示す。

大洗町では，沿岸部で津波が見られた。津波高さは 1.3m 程度であり，建物の被害はほとんど見られなかった。一部地盤沈下により建物の傾斜が見られた。

笠間市では，1960 年築の RC 造 3 階建て建物の大破が見られた。極短柱や袖壁付き柱のせん断破壊，軸支持能力の喪失が確認される。一部，ジャンカが目立つ部分や，打継ぎ部での破壊が目立った。本建物の詳細調査（被災度区分判定調査）結果を，PDF 版本文末尾に示す。木造建物では，外壁の損傷や屋根瓦の被害が散見された。

小美玉市では，竣工後 1 年ほどの茨城空港で，天井パネルの落下があった。また，RC 造建物でも，ホールの大規模天井落下が見られた。

(1) 木造建物の倒壊（水戸市） 　(2) 屋内体育館の大規模天井落下（水戸市） 　(3) 教会塔部分の柱脚の破壊（水戸市）

写真 4.3.1.4　県央地区の被害 (Damages in the central area of Ibaraki)

(1) S造7階建て建物の外壁の落下（水戸市） 　(2) 商業ビルのガラス損壊（水戸市） 　(3) 弘道館孔子廟の外壁剥落（水戸市）

(4) 弘道館学生警鐘の倒壊（水戸市） 　(5) RC柱，壁のせん断ひび割れ（茨城町） 　(6) 大破したRC造3階建て建物（笠間市）

(7) せん断破壊した柱（6の建物） 　(8) 天井パネルの落下（NHKニュースより） 　(9) RC造建物の大規模天井落下（小美玉市：茨城県建築士事務所協会提供）

写真4.3.1.5　県央地区の被害 (Damages in the central area of Ibaraki)

iii) 県南地区

県南地区は，霞ヶ浦の北西部より利根川に囲まれた地域で，以前は土浦市，石岡市が中心地域であったが，現在ももっとも人口が多い市町村はつくば市（人口約22万人）である。つくば市の中心は1970年代より開発が進められた比較的新しい地域である。

かすみがうら市では，地盤被害による傾斜で全壊および半壊の木造建物が見られた。全般的に建物に関する被害は少なく，ブロック塀の崩壊や瓦屋根の被害が多い。

石岡市の市街地では，RC造建物のひび割れや外装材の損傷，剥落が見られた。住宅地域では，屋根瓦やブロック塀の被害が多く見られた。また，1973年築のRC造校舎では，せん断破壊が見られた。

つくばみらい市では，住宅屋根や塀の被害が多く，旧集落および川沿いで地盤の悪い地区に集中している。また，川沿いの地区では，液状化の被害も確認された。

龍ヶ崎市では，瓦屋根や塀の被害が多く，旧市街地や建物が古く，地盤条件が悪い場所で多く見られる。S造建物では，外壁パネルの落下が見られた。

土浦市では，一部に古い民家や蔵などの被害が多い地域が見られた。土浦城跡では，城壁漆喰の崩落が見られた。土浦駅周辺のRC造集合住宅では，非構造壁の破壊や渡り廊下の被害が見られた。

つくば市では，市内全域において，木造建物の屋根瓦の被害，石積み塀の倒壊が見られる。RC造建物では，壁にせん断ひび割れが見られた。RC造の屋内体育館では，鉄骨屋根のアンカーの破壊が見られた。S造の屋内体育館では，外壁パネルの落下が見られるとともに，鉛直ブレースのボルト破断が見られた。

筑波大学内の建物では，耐震改修済みのRC造5階建て

建物で，階段室周りの RC 壁のせん断ひび割れ，天井パネルの落下，フレーム内耐震補強ブレースの降伏が見られた。また，屋上冷温水設備がコンクリート架台より落下した。RC 造屋内体育館では，柱脚の曲げ破壊，外壁パネルの落下およびガラスの破損が見られた。S 造建物で内外装材の損傷が大きく，天井パネルの落下，内装パネルの損傷，ガラスの崩落があった。また，RC 造の講堂では，天井パネルの落下はなかったものの，吊り天井の吊りボルトの破断，吊りボルトと振れ止めの溶接部の破断が数多く見られた。

稲敷市および河内町は，霞ヶ浦と利根川に挟まれた地域で，液状化および地盤変状による被害が主たるものであった。RC 造建物では，不同沈下が進行した建物が見られた。

(1) 地盤変状により傾いた木造建物（かすみがうら市）

(2) 外壁パネル，天井の落下（石岡市）

(3) 木造建物の屋根の被害（つくばみらい市）

(4) 液状化により傾斜した木造建物（つくばみらい市）

(5) S 造建物の外壁パネルの落下（竜ヶ崎市）

(6) 城壁漆喰の崩落（土浦市）

(7) RC 造集合住宅の二次壁の被害（土浦市）

(8) RC 造集合住宅の渡り廊下の被害（土浦市）

(9) 木造建物の瓦の被害（つくば市）

(10) S 造建物の外壁の落下（つくば市）

(11) S 造建物の鉛直ブレースの破断（つくば市）

(12) 耐震改修済み建物の壁のひび割れ（つくば市）

写真 4.3.1.6 県南地区の被害 (Damages in the south area of Ibaraki)

第4章　関東地方の被害（Damage in Kanto District）

(1) S造建物の内装の損傷（つくば市） 　(2) 液状化により傾いた建物（稲敷市） 　(3) 1階部分が崩壊した倉庫（河内町）

(4) S造屋内体育館の鉛直ブレースの座屈（稲敷市） 　(5) 木造建物の屋根瓦の被害（稲敷市） 　(6) RC造建物の天井パネルの落下（守谷市）

写真 4.3.1.7　県南地区の被害 (Damages in the south area of Ibaraki)

S造屋内体育館で鉛直ブレースの座屈が見られた。木造建物の屋根瓦の被害は散見された。

守谷市では，RC造建物の天井パネルが大規模に落下した。構造体には，壁のせん断ひび割れ，梁・柱の曲げひび割れが見られた。

iv) 県西地区

県西地区は，茨城県南西部の栃木県，埼玉県および千葉県に囲まれた地域で，筑西市（人口約11万人）が比較的人口が多い。

結城市では，木造建物の屋根瓦の被害，外壁パネルの損傷落下が見られた。桜川市では，木造建物の被害が集中していた地域があった。被害の大部分は，屋根瓦の被害，外壁材の破損・脱落，ブロック塀・石積み塀の被害であった。古い店舗併用木造住宅が大破している例も見られた。

筑西市では，被害は市全域に広がっており，被害の集中はみられず，木造住宅の被害が多い。全壊の住宅が1棟見られた。屋根瓦の被害が主である。RC造3階建ての建物では，柱および壁のせん断破壊が見られた。砂利採集した農地などで液状化が確認されたが，液状化に伴う建物被害の報告はない。

下妻市では，液状化により全壊と判断された住宅が見られた。鬼怒川の流域であった地域で液状化被害による住宅被害が大きい。その他の住宅の被害では，屋根瓦，ブロック塀の被害が多く見られた。

八千代町および常総市では，RC造建物で，柱や壁のせん断破壊が見られた。常総市のRC造建物では，北面2階と3階の柱や壁にせん断ひび割れが多数確認された。特に，腰壁の付いた極短柱の損傷が大きい。

(1) 木造建物の屋根瓦の被害（結城市） 　(2) 木造建物の屋根瓦の被害（結城市） 　(3) 木造建物の屋根瓦の被害（桜川市）

写真 4.3.1.8　県西地区の被害 (Damages in the west area of Ibaraki)

v) 鹿行地区

鹿行地区は，茨城県南東部の霞ヶ浦，利根川および太平洋に囲まれた地域で，鹿嶋市，神栖市，潮来市などで宅地開発が進められている。水郷地帯であり，地区には北浦を含む。

鉾田市では，湿地帯周辺の住宅街で傾斜家屋が見られた。また，周辺ではS造建物の外壁の剥落や，木造建物の外壁落下，屋根瓦の被害が散見された。また，津波により一部の地域において床下浸水家屋があった。

RC造建物では，耐震改修済みのRC造4階建て建物で，増築したS造棟および渡り廊下とのエキスパンションジョイント部の損傷，高架水槽の崩壊があった。屋内体育館では，天井パネルの損傷，柱のギャラリー上部における曲げひび割れ，腰壁部のコンクリート剥落が見られた。また，RC造2階建て建物では，望楼脚部の曲げ破壊が見られた。

S造の屋内体育館では，ブレースの破断の情報があった。

神栖市では，大規模な液状化が見られた。建物の被害は，液状化によるものが主である。ライフラインの被害も大きく，上水道の復旧が大幅に遅れた。

行方市では，霞ヶ浦・北浦湖岸と河川沿いに建物被害が点在し，全壊被害は主に土砂災害と液状化被害が原因となっている。土砂崩れによる全壊住宅が2棟，地盤沈下によるRC造建物の被害が見られた。また，屋根瓦の被害は多数散見された。

潮来市では，液状化による建物被害が主であり，全壊と判定された木造建物の多くは液状化による傾斜によるものである。ライフラインの被害も大きく，上水道の復旧が大幅に遅れた。RC造建物では，建物と地盤の間に隙間ができたり，アプローチ部分に大きな不陸が生じたりしている。地震動そのものによる被害として，S造屋内体育館の鉛直

(1) 大破した木造建物（桜川市） 　(2) 木造建物の外壁の損壊（桜川市） 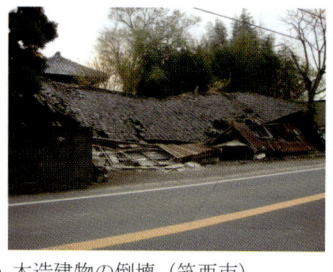　(3) 木造建物の倒壊（筑西市）

(4) 柱が内法位置で曲げ破壊（写真3の建物） 　(5) RC造建物の柱のせん断破壊（筑西市） 　(6) 壁のせん断破壊（写真5の建物）

(7) 液状化により傾いた木造建物（下妻市） 　(8) せん断破壊したRC短柱（常総市） 　(9) 袖壁付き柱のせん断破壊（写真8の建物）

写真4.3.1.9　県西地区の被害 (Damages in the west area of Ibaraki)

第 4 章　関東地方の被害（Damage in Kanto District）

ブレースのたわみ，S 造建物の外壁パネルの落下，旧耐震 RC 造建物の柱，壁のせん断破壊が見られた。

(4) 今後の課題

茨城県内の初動調査に費やした延べ人数は，調査チームの代表者の数だけでも 20 人・日に上る。さらに，同行した学生なども含めると，多くの人員が調査に参加している。しかしながら，今回の震災では建物被害に限っても茨城県

(1) 傾斜した木造建物（鉾田市）

(2) 外壁パネルの落下（鉾田市）

(3) 耐震改修済み RC 造建物のエキスパンションジョイントの損傷（鉾田市）

(4) 耐震改修済み RC 造建物の高架水槽の損傷（鉾田市）

(5) RC 造建物の望楼脚部の破壊（鉾田市）

(6) 液状化により傾いた電柱（神栖市）

(7) 傾いた木造建物（行方市）

(8) 土砂崩れにより移動した木造建物（行方市）

(9) 液状化により傾いた電柱（潮来市）

(10) 液状化により傾いた木造建物（潮来市）

(11) S 造建物の外壁の崩落（潮来市）

(12) RC 造 3 階建て建物の柱，壁のせん断破壊（潮来市）

写真 4.3.1.10　鹿行地区の被害 (Damages in the Rokko area of Ibaraki)

内の広範囲におよび，広く浅く調査するだけでも相当数の調査作業を要することとなった。

初動調査の目的に鑑み，地域や分野に偏ることなく調査を進めるよう留意はしたが，逆にそれ故手薄になった地域や分野があることは否めない。初動調査の時期は終わると考えられるが，今後も広範囲な情報収集に努め，必要であれば情報発信を行っていかなければならない。特に自治体の取りまとめ情報は重要であると考えられ，初動調査の時期においては情報が十分でなかった分に関して，適宜アップデートが必要であると考えられる。

今後の備えのための課題としては，いくつか考えられる。地域的な特徴として，茨城県は他の関東圏と比較して建築学会会員数が少なく，また，水戸と土浦地区に集中しているため，全県下での活動が難しい。その際には茨城県での活動を主体としている組織，例えば茨城県建築士会や建築士事務所協会との協働が有効に機能する。しかしながら，例えば初動調査においても調査の目的が建築学会とは大きく異なり，学会の調査目的では依頼しにくい。普段から互いの組織との密な連絡を行っておく必要がある。

茨城県では多くの公共交通機関が使用できなくなり，ガソリンの入手も一時期艱難であったため，他支部への支援依頼を行うタイミングが難しかった。今回の震災に限られると思われるが，原子力発電所関連の事故もあり放射線の影響がどの程度か見計らうことが難しかったことも一因である。

(5) まとめ

2011年3月11日に発生した東北地方太平洋沖地震では，茨城県内の広範囲に渡って建物構造体および非構造部材に被害が生じた。局所的な地域特性により被害の特徴は見られるが，全般的な特徴としての茨城県内の被害状況の地域差はあまり大きくない。建物倒壊に至るような大きな被害が少ない一方で，一部損壊や小破に分類される被害が目立った。

本節の報告の基となった情報のおよそ1/3は，他支部からの応援による調査結果であり，この場を借りて謝意を表する。また，茨城県をはじめ，各市町村の関連部署の方の多くのご協力を得た。

参考文献
1) 茨城県ホームページ http://www.pref.ibaraki.jp/

4.3.2 千葉県の建物被害
(Building damage in Chiba Prefecture)

(1) 調査地域および調査方針

千葉県の自治体数は 54（36 市，17 町，1 村），面積は 5,156.60km² であり，人口は 6,216,419 人，世帯数は 2,516,989 世帯（平成 23 年 2 月 1 日現在）である。また家屋数は 2,210,888（平成 20 年・固定資産税課税台帳より）となっている。

被害調査（自治体への聞取り調査および現地調査）は下記の 4 地域（図 4.3.2.1）を対象として実施した。

①千葉港湾部（浦安市・千葉市美浜区など）
②利根川流域（我孫子市・香取市など）
③千葉県北東部（銚子市・旭市など）
④印旛沼周辺（佐倉市・成田市など）

表 4.3.2.1 に現地調査の実施状況の一覧を示す。現地調査は 3 月 12 日から 4 月 17 日にかけて延べ 11 回実施し，4 地域の中でも特に被害が大きい場所を中心に，被害の概要とその範囲を把握することを目的として実施した。

(2) 被害概要

ⅰ) 分布

千葉県内の被害は先に示した 4 地域に集中している。千葉港湾部の埋立地や利根川流域の一部地域で液状化の被害が発生し，千葉県北東部で津波の被害が発生した。4 地域はいずれも千葉県の北部に位置し，千葉県の南部（南房総）については目立った被害は報告されていない。

千葉港湾部では，埋立地において広範囲に液状化が発生し，建物の沈下や傾斜などが多数発生した。水道・電気などのライフラインも大きな被害を受けた。利根川流域では，利根川沿いの地域で液状化の被害が発生した。過去に沼であった場所を宅地造成した地域などに被害が見られた。千葉県北東部では，津波による浸水被害が，銚子市から九十九里町にかけて発生した。印旛沼周辺では，不同沈下による住宅の沈下・傾斜による被害が確認された。

表 4.3.2.2 に千葉県内で実施された応急危険度判定の結果を示す。千葉県では 8 市町での結果が公表されており，千葉県の合計としては，危険（赤）判定が 677 棟，要注意（黄）判定が 1,625 棟となっている。津波の被害があった旭市と液状化の被害があった香取市で危険（赤）判定が多くなっている。

ⅱ) 特徴

千葉県内の被害は主に液状化や地盤の変状による建物の沈下や傾斜と，津波による浸水被害である。被害を受けたのは戸建て住宅が大半であり，鉄筋コンクリート造や鉄骨造の建物の被害はあまり見られなかった。以下，上記の 4 地域の被害概要についてそれぞれ述べる。

図 4.3.2.1 調査対象地域（Reconnaissance areas）

表 4.3.2.1 調査状況一覧（Reconnaissance list）

No.	実施日	調査地域	調査者	所属
1	3/12～13	浦安市	時松	東工大
2	3/12～21	千葉市美浜区	中井	千葉大
3	3/22	我孫子市・栄町	秋田・島田	千葉大
4	3/22	香取市	高橋・中村	千葉大
5	3/23	九十九里町・旭市・銚子市	小林・中西・山田	日大
6	3/23	旭市・匝瑳市・横芝光町 山武市・九十九里町	藤本	千葉科学大
7	3/24	銚子市	藤本	千葉科学大
8	3/24	習志野市・船橋市	藤井・秋山	千葉工大・千葉大
9	3/24	佐倉市・成田市	中村・島田	千葉大
10	4/5	野田市	肥田・永野	東京理科大
11	4/17	香取市	高橋・中村	千葉大

表 4.3.2.2 応急危険度判定結果
（Result of post-earthquake quick inspection）

市町村	調査数	危険数:赤	要注意数:黄	調査済数:緑
成田市	130	26	62	42
佐倉市	162	6	64	92
旭市	2,360	248	535	1,577
習志野市	1,033	12	197	824
印西市	24	6	7	11
香取市	1,698	357	725	616
栄町	89	15	27	47
東庄町	19	7	8	4
千葉県合計	5515 (0.245%)	677 (0.031%)	1625 (0.074%)	3213 (0.145%)

国土交通省（6月2日現在）
（）内は固定資産税課税台帳に基づく千葉県内の棟数に対する比率

千葉港湾部：

　千葉港湾部で対象とする自治体は，浦安市，市川市，船橋市，習志野市，千葉市美浜区，千葉市中央区とした。現地調査は浦安市，船橋市，習志野市，美浜区で実施した。これらの自治体の沿岸の大部分が埋立地となっており，液状化が広範囲にわたって発生した。特に浦安市においては首都高速湾岸線より海側において液状化が生じ，その範囲は市域の約3/4に及んでいる。

　船橋市では三番瀬海浜公園（潮見町）で液状化が発生したほか，日の出，湊町で液状化による護岸の側方流動，それに伴う建物の不同沈下等が確認できた。習志野市では袖ヶ浦団地（袖ヶ浦）で液状化の被害が見られたが建物の構造的な被害は見られなかった。

　美浜区は区域全体が埋立地であり広範囲に液状化が発生した。磯辺や新港では大量の噴砂の跡があり，住宅の傾斜も確認された。

利根川流域：

　利根川流域で対象とする自治体は，柏市，我孫子市，栄町，神崎町，香取市，東庄町とした。現地調査は大きな被害の発生が報告されていた我孫子市布佐と香取市佐原および小見川で実施した。布佐では都地区で液状化の被害が集中しており，被害の範囲は過去に沼であった部分と一致していた。

　香取市の主な建物被害は液状化または地盤の変状に伴う傾斜であったが，かなり年代の古い家屋では倒壊も見られた。また，小野川沿いの重要伝統的建造物群保存地区にも液状化による被害が確認できた。銚子市から我孫子市までを利根川沿いに結ぶ国道356号線では堤防斜面のすべりや道路の変状による通行止めが各所で発生していた。

千葉北東部：

　千葉北東部で対象とする自治体は，銚子市，旭市，匝瑳市，横芝光町，山武市，九十九里町とした。現地調査は上記の各市町で実施した。これらの地域の建物被害はほとんどが津波の浸水によるものであり，特に旭市の旧飯岡町（下永井〜仁玉）の海岸付近に集中して発生していた。また，旭市では局所的に液状化による建物被害が生じている地域（三川，蛇園など）が見られた。

印旛沼周辺：

　印旛沼周辺で対象とする自治体は，佐倉市，印西市，酒々井町，成田市とした。現地調査は全壊または半壊の被害の発生が報告されていた佐倉市および成田市で実施した。佐倉市，成田市ともに住宅の不同沈下が主な被害であった。ただし不同沈下は生じているものの噴砂の跡はほとんど見られなかった。

(3) 被害状況

ⅰ) 千葉港湾部

浦安市：

　図 4.3.2.2 は浦安市の地図と埋立て年代を示している。1964年頃より，元町地域の南側（旧海岸線防波堤の外側）に第一期埋立てが開始され，中町地域が開発された。さらに，1980年までに，第二期埋立て事業が完成し，新町地域，工業ゾーンとなった。調査は，地震直後，図に点線で示した範囲を対象に行った。旧海岸線より北西側では，液状化被害は認められなかった。液状化が認められた地域の被害概要は以下の通りである。

1) 舞浜：2，3丁目のほぼ全域で液状化が発生した。特に，3丁目の一部の街区では，道路に沿う木造住宅が軒並み道路反対方向に傾斜し，一部の2階建て戸建て住宅が地盤面から最大50cm程度沈下した。

2) 東野：北東部の1，2丁目では液状化が認められないか軽微な街区が多かった。南西部の3丁目の西部では，液状化による建物傾斜被害が甚大で，軒並み建物が道路反対方向に傾斜している街区もあった。

3) 海楽：ほぼ全域にわたり液状化が認められたが，著しい被害は，旧海岸線に近い北部住宅地の一部での建物の傾斜や沈下などであり，高速道路に近い住宅地での被害は相対的に軽微であった。

4) 弁天・鉄鋼通り：弁天では中心部で被害が顕著で，噴砂は多いところで50cm近く生じていた。小学校や中学校では周辺地盤の沈下により最大50cm程度の段差が生じていた。しかし，南東の団地では被害が軽微であった。鉄鋼通りでは東部で被害が大きかった。北西—南東を走る幹線道路周辺では被害が少なく，それに直行する比較的狭い道路沿いで被害が目立った。

5) 富岡：全域にわたって液状化が見られたが，北側の住宅地，南側の病院および団地内では被害が軽微であった。西側の公園や団地ではその程度が激しかった。

6) 今川：北西部の一角を占める団地以外の全域にわたって激しい液状化が見られた。地表に堆積した噴砂は50cmにも及ぶ場合もあり，多くの建物に沈下傾斜が見られた。南部に位置する旧堤防陸側（北側）の被害，噴砂は特に甚大であった。

7) 美浜：この地区の住宅地では建物の沈下・傾斜，30cm以上の噴砂，道路のひび割れなどが多く見られた。塀などが大きく傾き，自動車が砂に埋もれて動けなくなっていた。また駅周辺のマンションや大型店舗周辺でも地盤沈下や噴砂が見られた。

8) 入船：入船4丁目などで被害が特に甚大であった。写真 4.3.2.1 は，大きく沈下傾斜する直接基礎RC造3階建て建物と木造平屋建物の被害状況である。

9) 港：被害は北西部で大きく，杭基礎周辺地盤が 30〜50cm ほど沈下した。

10) 高洲：各所で激しい液状化が認められ，杭基礎建物周辺地盤が 50-60cm 程度沈下した。

11) 明海・日の出：北西部のイトーヨーカ堂南交差点付近では，平屋商業店舗が大きく傾斜沈下し，周辺では大量の噴砂が生じた。杭基礎建物と周辺地盤との間には最大で 60cm ほどのギャップが生じた（写真 4.3.2.2）。

一方，南東部では液状化が軽微か認められなかった。

なお，基礎の沈下傾斜による上屋の構造的被害，震動による建物の構造的被害はほとんど確認できなかった。

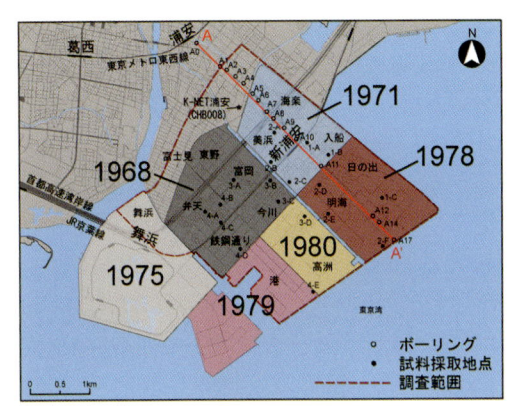

図 4.3.2.2　浦安市の埋立て年代
（Map of Urayasu with reclamation time）

写真 4.3.2.1　直接基礎 RC 造と木造建物の沈下傾斜
（Settlement and tilt of RC and wooden buildings）

写真 4.3.2.2　杭基礎建物周辺の地盤沈下（Ground Settlement around pile-supported building）

【習志野市・船橋市】

習志野市・船橋市とも全般的に，建物に関する目立った被害はほとんど見られなかったものの，液状化による甚大な被害が生じている地区もあった。特に習志野市袖ヶ浦団地では，敷地に泥が一面に噴出しており（写真 4.3.2.3），建物の設備配管にも液状化に起因する地盤沈下によるとみられる損傷が生じていた。加えて，船橋市湊中学校では，RC 造 3 階建て校舎において，第 1 期工事（S34 ごろ）と第 2 期工事（S36）の継ぎ目の部分で鉛直方向にひび割れが見られた（写真 4.3.2.4）他，校舎と渡り廊下のエキスパンションジョイント周辺で鉛直方向にひび割れが見られた。これらは液状化に起因する地盤沈下によるものと考えられる。なお，第 1 期工事と第 2 期工事の継ぎ目の部分のひび割れは，同中学校の職員によると，以前より生じていたひび割れが本地震により拡大したとの事であった。この他，液状化によりグラウンド周囲の防球ネットが周辺住宅側に傾斜する被害が生じており，調査時には全て撤去されていた。

写真 4.3.2.3　習志野市袖ヶ浦団地敷地内での液状化
（Liquefaction in Sodegaura housing estate）

写真 4.3.2.4　校舎内（継ぎ目部分）に生じたひび割れ
（Crack in the joint between school buildings）

千葉市美浜区：

千葉市美浜区は千葉市西部に位置し，東京湾に面してお

り区内全域が埋立地である。中央区に近い南東側から工業地区，住居地区，教育・商業地区（幕張地区）となっている。1960年代から1980年代中頃までの間に南東側から順に，おもに東京湾沖の浚渫土を用いて埋め立てられた。

図4.3.2.3に地震後に行った区内全域の道路および公園における調査による噴砂発生の分布を，100mメッシュを用いて示す。写真4.3.2.5に大量の噴砂が発生した区中央部の住居地区である磯辺地区における噴砂の状況を示す。全域にわたり広い範囲で噴砂が見られ，磯辺地区では最大45cmも噴砂が堆積している場所もあった。一方でその数百m離れたところで噴砂が道路上に全く見られない街区も見られた。

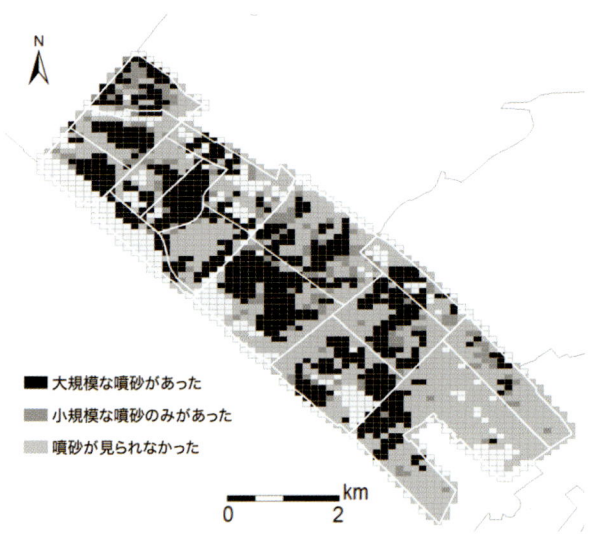

図4.3.2.3 噴砂の分布（Distribution of sand boiling）

写真4.3.2.5 住宅街における大量の噴砂（Large volume of sand boiling in the residential area）

ii）利根川流域
我孫子市：
調査は2011年3月22日にJR成田線我孫子駅周辺および我孫子市布佐（布佐地区・都地区）において実施した。ここでは液状化の被害が大きかった都地区の被害を報告する。なお，我孫子駅周辺では住宅の瓦屋根に被害が見られる程度であった。我孫子市布佐の震度は6弱であったと推定される（隣接する印西市大森の震度より推定）。液状化は都地区において発生しており，その範囲は過去に沼であった部分と一致していた。地区全体に渡って噴砂が見られ，電柱の傾斜やマンホールの浮上りが確認できた。都地区は住宅地であるため，被害を受けた建物はほとんどが戸建て住宅か店舗であり，地区内の多くの建物が沈下や傾斜を生じていた。建物の沈下は最大で1m程度（写真4.3.2.6），傾斜は最大で1/100rad.程度（写真4.3.2.7）であった。一方，布佐駅前には鉄筋コンクリート造のマンション（8階建～11階建）が4棟あったが，いずれも無被害であった。

写真4.3.2.6 液状化による住宅の沈下（Settlement of a wooden house by liquefaction）

写真4.3.2.7 液状化による建物の傾斜（Inclination of a building due to liquefaction）

香取市：
香取市は佐原・小見川地区を中心に，2011年3月22日，4月17日に調査を実施した。対象地域は液状化現象が著しく，主な建物被害は，液状化または地盤の変状に伴う傾斜

等の被害であった。そのほか木造建物の倒壊が見られたが，非常に古い民家，木材店の倉庫であった。店舗建物の外壁の落下被害，商店建築のガラスの被害もあった。ブロック塀の倒壊や屋根瓦（主に棟瓦）の損傷は液状化・地盤変状が生じている地域に限らず多数生じていた。丘の上にある香取神宮付近でも，瓦屋根の落下は多くみられた。

佐原地区では香取市役所西側の液状化が激しく，大量の噴砂，路面の変状，地盤ごと傾いた民家，電柱の傾斜，ブロック塀の倒壊がみられた。市役所建物も周辺地盤が沈下して段差が生じていた。地盤変状に伴い市役所に隣接する香取健康福祉センターの付属屋が分離して傾いた。東側の小野川沿いでは，護岸の被害があり，川は噴砂で干上がり船が噴砂の上に乗りあがっていた。路面の変状が大きく，これに伴って沈下傾斜した建物が多く存在する。護岸沿いの路面は沈下，護岸との間に開きが生じていたが，既に一度隙間を埋めたらしき跡があった。小野川排水機場北西側にある公園前の木造建物が倒壊した。

佐原の重要伝統的建造物群保存地区では，市役所周辺と比較して液状化の噴砂などは少なかったが，指定文化財の伊能忠敬旧宅をはじめ，千葉県指定文化財建物を含む多くの木造伝統的建物で屋根瓦の落下，妻壁の漆喰・土壁の落下等がみられた。三菱館には外観上の被害はなかった。護岸は欄干の分離，一部崩落等の被害があった。

小見川にある国登録文化財の夢紫美術館は蔵の屋根と妻面が損傷，隣の店舗部分は無被害で営業中であった。黒部川沿いは材木店の倉庫が，隣の大量の材木が倒れ掛かることで倒壊していた。

小見川新開地区は，新開橋より利根川沿いでは地盤の被害が激しい。道を境に東西で被害の状況が異なり，東側ではマンホールの浮き上がりなどもほとんどない。橋沿いの道の西側は，歩道のマンホールの飛び出し，道の西側の歩道の沈下，防火水槽の浮き上がりが生じていた。さらに一本西側の道との間の宅地は，ほとんどの建物は基礎ごと大きく傾斜していた。この西側の地域は地盤の変状も著しく，空地には非常に大きい噴砂の跡が残っていた。建物は，西側道路の路面より一段高く，東側の路面と同じレベルまで盛ってあり，この部分の地盤が沈下したと推察される。4月の調査時には，貯水タンクの浮き上がりは30cm程度と3月より大きくなっていた。住宅の傾斜も大きく，新しい噴砂の跡もあった。

野田市：

千葉県野田市において全壊・半壊した建物は無く，建物の一部損傷は40件であり，建物の構造的被害は少ない。これに対し，屋根瓦の落下・破損は578件であり，極めて多くの瓦屋根が被災した。ここでは，2011年4月5日に行った千葉県野田市における瓦屋根の被害状況について報告する。

瓦屋根に被害を受けた家屋は主に市内中央部から西部の地域にかけて散在していた。全体的な傾向として，築年数のやや長い純和風住宅の瓦屋根被害がほとんどで，スレート葺きの洋風屋根の被害は全く見られなかったことが指摘できる。

野田市における瓦屋根被害の状況を写真4.3.2.8に示す。市内北部に位置する関宿江戸町や，市内中部に位置する岡田地区の江戸川沿いで，瓦屋根被害が多く認められた。また，市内中部の木間ケ瀬地区や東宝珠花地区，鶴奉地区において被害が集中しており，周辺地域との被害の差が明瞭に認められた。

市内南端部に位置する東京理科大学野田キャンパス周辺における瓦屋根被害は散見される程度であった。同大学野田キャンパス内の構造物の被害も極めて少なく，野田市南端部の地震による被害は軽微であると言える。

以上のように野田市では，地震による瓦屋根の被害が軽微であった地域と，被害が集中していた地域とが明瞭に分かれていた。被害は局所的な地域に集中しており，それらの地域ではほぼ全ての瓦屋根が被災していた。一方，被害が少なかった地域では，瓦屋根が被災した家屋と無被害であった家屋が隣接する例も多く見られた。また，被害が全く認められなかった地域もある。このような被害の差異が生じた要因を明らかにするためには，今後詳細な検討が必要である。

写真 4.3.2.8 野田市の瓦屋根被害状況（Damage of roof tiles in Noda City）

ⅲ）千葉県北東部

地震動の概要：

対象地域は，千葉県北東部の銚子市，旭市，匝瑳市，横芝光町，山武市，九十九里町である（図4.3.2.4）。表4.3.2.3に東北地方太平洋沖地震の本震（M9.0，14:46）および最大

余震（M7.7, 15:15）による本地域での地震記録を示す。最大加速度は，本震では170～180gal程度の観測点が多いが，最大余震では震源(茨城県沖)に近い銚子市，旭市，匝瑳市で200～300gal程度と高めの値を示している。また，本震の震度は5弱(計測震度:4.9～5.0)程度の観測点が多いが，最大余震では震源に近い観測点で5強(計測震度:5.2～5.4)を記録している。これらのことから，地域によっては，本震よりも最大余震による地震動の方が大きかったことがわかる。

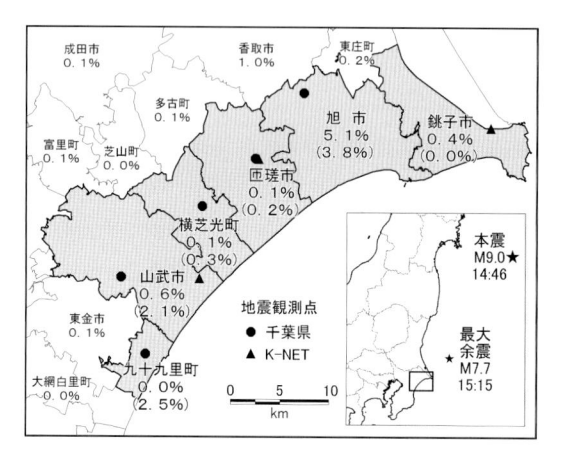

図 4.3.2.4 千葉県北東部の全半壊率・浸水率（Total and partial collapse rate and inundation rate of the northeastern part of Chiba）

表 4.3.2.3 千葉県北東部の地震記録（Earthquake record of the northeastern part of Chiba）

市町名	観測点	本震(14:46)			最大余震(15:15)		
		PGA	PGV	I	PGA	PGV	I
銚子市	K-NET銚子	176	18	5.0	299	28	5.3
旭市	干潟支所	286	-	5.3	262	-	5.4
匝瑳市	K-NET八日市場	188	21	5.0	188	37	5.1
	匝瑳市役所	171	-	4.9	218	-	5.2
横芝光町	横芝光町役場	170	-	4.9	139	-	4.9
山武市	K-NET蓮沼	151	25	4.9	125	29	5.0
	山武市役所	128	-	4.7	148	-	4.9
九十九里町	九十九里町役場	186	-	4.8	114	-	4.9

津波の概要：

千葉県九十九里・外房には，3月11日14時49分に津波警報（到達予想時刻：15時20分，予想高さ：2m）が発表された。その後，15時14分には大津波警報（予想高さ：3m）に変更され，さらに，15時31分には大津波警報（予想高さ：10m以上）へと変更された。銚子市への津波の第1波（高さ0.4m）は15時13分に到達し，最大波（高さ2.4m）は17時22分に到達している。また，現地での聞き込み調査によると，後述する津波の被害が甚大であった旭市飯岡地区への最大波は17時20分頃に来襲したと言われている。

津波高さ等の調査・測量については，各大学・研究機関が実施している。都司ら[1]によると，銚子市の銚子漁港で3.0m，外川漁港で5.3m，旭市の飯岡で7.6m（津波高）が報告されている。また，行谷ら[2]によると，九十九里町で3.8m（浸水高），山武市で3.5m以上（浸水深）などが報告されている。

被害の概要：

今回の地震での千葉県の建物被害は，5月30日現在で，全壊732棟，半壊2,843棟が報告されている。全壊・半壊棟数を世帯数で除して求めた全半壊率（図4.3.2.4上段の数値）をみると，旭市での全半壊率（5.1%）が，他の市町に比べて高い値である。つぎに，津波により床上・床下浸水した棟数を世帯数で除して求めた浸水率（図4.3.2.4下段の括弧内の数値）を比べると，旭市での浸水率（3.8%）が最も高く，次いで九十九里町，山武市の順となっている。また，銚子市と旭市では，浸水率よりも全半壊率の方が高いことから，津波の浸水以外の要因が住家被害に影響していると考えられる。以下では，3月23および24日に実施した各自治体へのヒアリング調査の結果ならびに現地調査の結果について述べる。

銚子市：

住家被害（全壊の判定）が多かった大字は，5月20日現在で，海岸部では名洗町（6棟），内陸部では南小川町（5棟），東小川町（4棟），西小川町（3棟）である。海岸部での被害は津波によるものである。住家が少ない潮見町（大学施設，水産加工施設など）も津波により被災したが，構造部材の被害はほとんどみられなかった。一方，内陸部での被害は，噴砂の跡，地下埋設物の浮き上がり，道路・歩道の不陸，建物周辺地盤の沈下等から液状化によるものと推測される。現地での聞き込み調査によると，この地域は沼を埋め立てた場所と言われている。その他の被害としては，市全域で屋根瓦の被害が生じていた。

旭市：

旭市での建物被害は，その多くが津波による被害と推測される。津波被害は，沿岸部の全域にわたり発生しており，特に飯岡地区（海岸線～旧道沿い）で甚大な被害（人的被害：死者13人，行方不明者2人）が集中して発生していた。その他の被害としては，蛇園・三川などで液状化に伴う噴砂，地下埋設物の浮き上がり，住宅の傾斜・沈下が生じていた。現地での聞き込み調査によると，これらの地域は，砂鉄採掘場の跡地を埋め立てた場所と言われている。また，市職員によると，南堀之内・鏑木の県道74号線沿いの地域で一部破損（瓦被害）が多く発生している，とのことであった。

匝瑳市：

市役所に隣接する体育館において，計12枚のパネルが天井から落下した。また，市職員によると，地震動によ

第4章 関東地方の被害（Damage in Kanto District）

写真 4.3.2.9 岸壁に乗り上げた船舶（潮見町）
(Ship moved to the quaywall by tsunami)

写真 4.3.2.10 津波により被災した住宅（飯岡）
(Damage of housing by tsunami)

写真 4.3.2.11 大きく傾斜した住宅（蛇園）
(Inclination of a housing by liquefaction)

る建物被害は一部破損（瓦の落下など）がほとんどである（その多くは市役所より北側の地域で発生），津波の浸水は海に面する大字の全域で発生している，とのことであった。

横芝光町：
　津波による住家の被害は，屋形漁港（栗山川の河口）の付近で生じていた。屋形漁港では，津波により防潮堤が約20mに渡り転倒したため，防潮堤の背後の住宅・建物やブロック塀に浸水による被害が生じていた。また，市職員によると，屋根瓦の被害は町役場より北側の地域で多く発生している，とのことであった。

山武市：
　木戸川の河口では左右両岸の堤防が決壊したため，その付近で住家の被害が多かった。蓮沼海浜公園内の海水浴場でも津波による被害（洗掘，電柱の折損など）を確認できた。また，市職員によると，液状化による住家の全壊は日向駅の付近と森地区で発生している，一部破損は市全域で多数発生している，津波被害は海岸線から県道30号線（飯岡一宮線）付近までで発生している，とのことであった。

九十九里町：
　作田川の下流に停泊していた浚渫船が津波により押し流され，作田川にかかるパイプラインを破壊し，上流側の九十九里橋に衝突して止まった。また，町職員によると，片貝漁港のうち上流側にある小さい方の漁港の周辺で津波による被害が多い（漁船5隻が沈没，8隻が陸に乗り上げ），とのことであった。

まとめ：
・地震動の特徴として，地域によっては，本震よりも最大余震による揺れの方が大きかった。
・津波による建物被害は，沿岸部のほぼ全域で発生しており，特に，旭市の飯岡地区では甚大な被害が集中して発生していた。
・地震動による建物被害は，多くが一部破損（瓦屋根の被害など）である。
・液状化による建物被害は，銚子市や旭市などの埋立地で局所的に発生していた。

iv) 印旛沼周辺
　千葉県北西部の印旛沼周辺に位置する6市町（八千代市・佐倉市・成田市・印西市・印旛郡酒々井町・栄町）のうち，佐倉市と成田市で比較的早期に全壊被害が報告された。以下，各市での被害状況を述べる。

佐倉市：
　印旛沼や沼に注ぐ川，または水路沿いに広がる低地と台地が混在する市内北部に主な被害が報告されている。なお殆どの全壊・半壊は住宅の不同沈下である。
① 全壊建物が集中している区域の1つである千成地区は谷底のような低地の開発によって造成された住宅地である。地区の中央部を南北に通る道沿いの数棟の住宅に地盤沈下による建物・塀の不同沈下が発生していた（写真4.3.2.12）。沈下量は目視で数cm～10cm程度と見られる。なお噴砂はほとんど見られなかった。

② 低地に位置する京成佐倉駅の周辺では，地盤沈下により銀行や商店の犬走り側面で横一文字に大きな割裂が発生していた。また駅舎の階段で，階段最下段の蹴込みと地面との隙間が生じていた。

成田市：

千葉県内での最大震度である震度6弱を記録した市である。全壊は住宅の不同沈下であるが，他に公共建物での天井落下の被害も報告されている。

① 本震時に震度6弱が観測された花崎町では，JR成田駅東側の鉄骨造建物において外壁の落下とJR成田駅西口歩道橋にて橋脚と橋梁の間に亀裂が見られた。その他に大きな構造物被害は確認できなかった。

② 玉造地区は斜面の崩落による住宅の全壊が報告されていたが，確認できなかった。隣接する中台地区では著しく屋根瓦の損傷が見られる住宅が集中するエリアがあった。なおこのエリアは周囲と比べて窪地になっていた。

写真4.3.2.12 住宅の不同沈下（The differential settlement of a wooden house）

(4) 今後の課題

初動調査によって主要な被害が発生した地域の被害の概要をおおよそ把握することができた。しかしながら，千葉県の被害は県北部の広範囲に渡っており，被害の情報があった全ての地域で調査を行うことは困難であったため，千葉県全体の被害の全貌を明らかにするには至っていない。また，初動調査は被害の概要を把握するには十分であったが，被害の原因を明らかにするには不十分であった。今後の課題としては，研究者独自で実施した調査の結果などを統合して，可能な限り被害の全貌を明らかにすること，必要に応じてより詳細な調査を実施して，被害の原因を探ることが挙げられる。

(5) まとめ

千葉県では主要な被害が発生した千葉港湾部，利根川流域，千葉県北東部，印旛沼周辺の4地域を対象に初動調査を実施した。千葉県における主要な被害は，液状化や地盤の変状による建物の沈下や傾斜と，津波による浸水被害であった。液状化は，千葉港湾部の浦安市や千葉市美浜区をはじめとした埋立地および利根川沿いの我孫子市布佐や香取市佐原などで発生した。津波の被害は千葉県北東部の沿岸に集中しており，特に旭市の飯岡において甚大な被害が発生した。液状化および津波の被害を受けた建物の多くは戸建て住宅であり，鉄筋コンクリート造や鉄骨造の建物については比較的小さな被害であった。

【参考文献】

1) 都司嘉宣・他2名：茨城・千葉での海岸津波高さ (http://outreach.eri.u-tokyo.ac.jp/eqvolc/201103_tohoku/tsunami/)，2011

2) 行谷佑一・他10名：2011年東北地方太平洋沖地震による津波高さおよび浸水域の現地調査－茨城県から千葉県沿岸の例－，日本地球惑星科学連合2011年大会予稿集，2011.5

4.3.3 栃木県の建物被害
(Building damage in Tochigi Prefecture)

(1) 調査地域および調査方針・方法

テレビ，新聞により，大きな被害が出たと報じられた地域を調査対象とした。調査は，基本的に調査者の住まい近辺とし，住民感情を考慮し，グループ間での調査の重複がないように配慮した。しかし，栃木県内には研究機関が少なく，研究者も少ないため，研究者数の豊富な東京から支援を受けて初動調査を行った。

調査に当たっては，できるだけ，市役所，町役場で，事前に被害の様子を把握したうえで効率よく移動するようにした。とは言っても，自治体自体が情報の収集・把握を十分に行っていない状況であったので，結局は直接被災地に出向かざるを得なかった。また，被災直後は交通事情が悪く，ガソリンの供給が乏しかったため，被災地内での移動の便が良い自転車，レンタカー，タクシー，公共交通機関などにより調査地域を移動した。調査方法は，外観の写真撮影と一部聞き取りによった。

主な調査グループの調査日程と調査地域は，表4.3.3.1に示すとおりである。

表4.3.3.1 調査日程，調査員と調査地域
(Itinerary, member and area of the reconnaissance)

調査日	調査員	調査地域
3/12	新藤忠徳 尾内俊夫	佐野市, 足利市
3/13	野俣善則	宇都宮市
3/16-17	稲山正弘	那須烏山市, 高根沢町, 市貝町, 芳賀町
3/16-17	相馬智明	那須町, 那須塩原市, 大田原市
3/18	高橋純一	小山市, 下野市
3/23	入江康隆 野俣善則	市貝町, 芳賀町, 真岡市, 益子町, 宇都宮市
4/18	入江康隆 野俣善則	矢板市

(2) 被害概要

気象庁による栃木県内各市町における最大震度は，表4.3.3.2の通りである。

人的被害は，死者4名，負傷者131名（うち重傷者7名）であった。

次に，建物の被害分布と特徴を以下に述べる。

i) 分布

被害の最も大きかった地域は，栃木県中東部（那須烏山市，高根沢町，市貝町，芳賀町，宇都宮市東部），次いで県北部（那須町，那須塩原市，大田原市）であった。県南部での被害は軽微であった。

以下に，栃木県北部，栃木県中東部，栃木県南部の3地域に分けて，被害の特徴を考察する。

ii) 特徴

県北部：地盤災害が原因で被害を受けた建物が，多く見受けられた。特に，矢板市においては，造成地盤の盛土が滑って地割れを引き起こし，その上に建つ住宅が大きな被害を受けていた。

県中東部：ここでも，造成地盤の崩壊に伴う建物被害が多く見られた。ところで，この地域では，地域特有の構造方式に因り崩壊したものが多く見られた。すなわち，1階を大谷石などの石積みとし，2階を木造とした家屋の被災である。石積み部分がせん断崩壊し2階部分が崩落していた。また，この地域には，土蔵の被害も多く見られた。ただし，壁を土ではなく貫と板壁を用いて作った蔵は被害を受けていなかった。地形との関係では，高根沢市の東部と西部の丘陵地で，多くの建物が被害を受けていた。中央部の低地では，ほとんど被害建物は見かけなかった。

県南部：全壊，半壊などの大きな被害はなく，屋根の棟瓦が落ちた程度であった。

なお，住宅以外の建物では，たとえば，学校・役所などの新耐震設計法施行（1981年）以前に建設された建物は柱のせん断破壊などの大きな被害を受けていた。

5月末現在での応急危険度判定結果と被災度判定結果を，それぞれ，表4.3.3.3，表4.3.3.4に示す。危険棟数676棟で，その約1/3にあたる245が全壊判定を受けている。

表4.3.3.2 栃木県内各市町における震度
(Seismic intensities in Tochigi Prefecture)

震度	市町
6強	宇都宮市, 真岡市, 大田原市, 高根沢町, 市貝町
6弱	那須烏山市, 那須塩原市, 那須町, 芳賀町, 那珂川町
5強	足利市, 栃木市, 佐野市, 鹿沼市, 日光市, 小山市, 矢板市, さくら市, 下野市, 上三川町, 益子町, 岩船町
5弱	西方町, 壬生町, 野木町, 塩谷町

表4.3.3.3 応急危険度判定 (Results of post-earthquake safety quick inspection)

建物総数	調査件数	危険棟数	要注意棟数
1,198,269	5,179 (0.432%)	676 (0.056%)	1,845 (0.154%)

（　）内は建物総数に対する比率
(5/31, 日本建築防災協会HP)

表4.3.3.4 被災度判定結果 (Results of post-earthquake damage evaluation)

建物総数	全壊	半壊	一部損傷
1,198,269	245 (0.02%)	1,858 (0.16%)	52,131 (4.35%)

（　）内は建物総数に対する比率
(5/31，栃木県庁HP)

(3) 被害状況

ⅰ) 栃木県北部

1) 那須町，那須塩原市，大田原市

調査概要：

調査日程は3月16〜17日の2日間で，相馬，蒲池，辻川の3名に林宏一氏（(株)一条工務店設計課）を加えて計4名を調査チームとし，主として外観写真撮影による調査を行った。図4.3.3.1に調査地区を示す。本調査では被災地のガソリン供給不足により交通手段を電車，バス，タクシーのみとしたため，JR那須塩原駅を中心とした東北本線各駅から比較的アクセスの容易な地区を調査対象とした。調査対象市町村は，栃木県北部に位置する那須町，那須塩原市，大田原市とし，各役場に対する聞き取り調査によって被害の集中した地区を明らかにした上で，現地調査に向かった。

全域で屋根瓦の落下，大谷石塀の転倒が見られた。建物の被害程度は，低地にある大田原市では比較的被害が小さかったのに対し，那須塩原市寺子から那須町西大久保にわたる高台となっているエリアの被害が大きかった。なお，今回の調査範囲では造成地の多い集落である那須町西大久保地区で最も被害が大きかった。

在来軸組工法住宅の被害：

那須町西大久保地区は起伏の多い造成地であり，盛土地盤によって造成されている所が多い。この盛土地盤が横滑りすることで建物が不同沈下し，上屋が被害を受けるケースがいくつか認められた（写真4.3.3.1）。全体的な特徴としては，瓦屋根の崩落，モルタルやサイディング等の外壁の崩落が主であり（写真4.3.3.2），土台と基礎が十分に緊結されていない場合には，土台と基礎との間でのずれが認められた。また，住宅に付属する給湯器が転倒しているケースが多く顕著であった（写真4.3.3.3）。なおサイディング壁の場合，外観だけから判断すると被害が小さく見えるようである。

丸太組工法住宅の被害：

那須塩原市の寺子地区は別荘地であり尾根周辺を中心に，この10年以内に建てられた住宅の被害が確認された。写真4.3.3.4は直交壁と交差するノッチ部分でログが引張破壊している状況である。軸ボルトがアンカーボルトと兼用されていたか，あるいはアンカーボルトと先孔の間

に大きなクリアランスが存在していたことで，壁面の負担せん断力が直下の基礎に伝達されずにノッチ部分を介して直交壁に伝達された可能性が考えられる。

RC造の被害：

小学校のエキスパンションジョイント部でせん断破壊（写真4.3.3.5）が，同様の破壊が大田原市役所でも見られた。

©2011 ZENRIN CO., LTD. (Z11BB 第793号)

図4.3.3.1 調査地域 (Area of reconnaissance)

写真4.3.3.1 盛土における地割れ (Crack on the surface of filled surface soil)

写真 4.3.3.11 建物は鋼管杭ごと十数 cm 横滑りし緩く傾斜 (a building supported by steel piles horizontally slided a coulpe of inches and tilted)

写真 4.3.3.12 筋かいが座屈して外装材が割れた盛土地盤上の木造2階建て住宅 (a two storied wooden house with buckled brace and cladding panel)

地域特有の構法・伝統木造等の被害状況：

調査地域においては大谷石積みと木造との混構造が多く，大谷石の高基礎が崩れて建物が倒壊した事例が多く見られた(写真4.3.3.13)。純木造の伝統構法民家は，千鳥破風玄関を有する入母屋造りの立派な屋敷が多く，これらについては屋根瓦や土壁仕上材の落下が多く見られ，石端立ての柱脚が礎石から踏み外し軸組の仕口が外れて大破した住宅も見られた(写真 4.3.3.14, 15)。高根沢町台新田地区や市貝町杉山地区などの豪農においては，正面に長屋門または四脚門を配し，敷地内に上記の屋敷と複数の蔵を有する形式が多く見られた。長屋門については土壁の漆喰仕上げが脱落したり(写真4.3.3.16,17)，軸組の差鴨居との仕口部分で柱が折損するなどの被害が見られ，四脚門の倒壊も見られた(写真4.3.3.18)。この地域で見られた蔵の形式は，A 大谷石造 (写真 4.4.3.19)，B 木軸＋大谷石外張(写真4.3.3.21)，C 土壁漆喰仕上，D 土壁ラスモルタル仕上（大谷石模様）(写真4.3.3.20)，E 貫板壁構法(写真4.3.3.22)，F 土壁漆喰に鋼板葺き越屋根・四周下屋付(写真4.3.3.23, 24)，に分類され，A，D，F の形式の蔵については倒壊が見られ，B，C の形式については外壁仕上の脱落が見られたが，E の貫板壁構法の蔵の多くはほとんど無被害であった。伝統木造による社寺では，台新田地区の妙顕寺本堂（間口五間半，瓦葺き入母屋造り）が倒壊していた
(写真 4.3.3.25)。

倒壊を免れた大谷石倉の例として，写真 4.3.3.26 がある。妻壁部分の大谷石は落下しているが，鉄板で壁を補強し，控え壁を付けた部分に被害は認められなかった。

写真 4.3.3.13 大谷石の高基礎が崩れて倒壊した木造住宅 (Collapsed wooden house due to failure of foundation brick made of ooya-ishi stone)

写真 4.3.3.14 千鳥破風玄関を有する伝統構法住宅の被害 (Severely damaged traditional wooden house with a decorated roof on its entrance)

写真 4.3.3.15　石端立ての柱脚が踏み外し仕口が外れて大破

写真 4.3.3.18　倒壊した古い四脚門 (Collapse of a gate with four legs)

写真 4.3.3.16　大きく傾き漆喰のなまこ壁が脱落した古い長屋門 (An old gate building with heavy roof inclined and fallen cladding)

図 4.3.3.19　大谷石造の蔵の倒壊 (Collapse of a traditional storehouse; KURA made of ooya-ishi stone)

図 4.3.3.20　土壁ラスモルタル蔵の倒壊 (Collapse of a storehouse with traditional cradding of clay wall and mortal embedded with chicken net)

写真 4.3.3.17　大きく傾き漆喰のなまこ壁が脱落した古い長屋門 (An old gate building with heavy roof inclined and fallen cladding)

写真 4.3.3.21　木軸＋大谷石外張の蔵 (Heavily damaged wooden storehouse with ooya-ishi stone cladding)

第4章　関東地方の被害（Damage in Kanto District）

写真 4.3.3.22　無被害の貫板壁構法の蔵（A wooden storehouse without damage）

写真 4.3.3.23
写真 4.3.3.24　珍しい形式の土蔵（漆喰壁，鋼板葺き越屋根・四周下屋付）の被害（A damage of a non-typical storehouse with plaster cladding and covered with steel roofing）

写真 4.3.3.25　社寺本堂（瓦葺き間口五間半）の倒壊（Collapse of a main building of a shrine）

写真 4.3.3.26　鉄板と控え壁で補強した大谷石倉（A storehouse made of ooya-ishi stone masonry reinforced with steel plate and retaining wall）

写真 4.3.3.27　耐震補強箇所は軽微な被害（minor damage around a seismic retrofit brace）
写真 4.3.3.28　耐震補強が施されていない箇所の被害（Failure of RC column which is not retrofitted）

写真 4.3.3.29　S造の外装材の落下（Fallen cladding of a four storied steel building）

写真 4.3.3.30　S造ダイヤフラム溶接部の破断（Steel fracture at the welding part of a connection of a diaphragm to beams）

RC造，S造の被害状況：
　RC造については，新耐震設計法施行（1981年）以前に建設された学校，役所などで大きな被害が見られた。市貝町に建つ学校建築の被害例を，写真4.3.3.27, 28に示す。廊下の北側開口部に耐震補強が施されている箇所は軽微な被害で済んでいる（写真4.3.3.27）が，補強がない部分においては，柱に大きなせん断亀裂が生じている（写

写真4.3.3.28）。この建物は，造成された盛土地盤上に建っており，その影響も受けていると考えられる。

S造については，外装材の落下が至るところで見られた。写真4.3.3.29は，真岡市に建つS造事務所ビルである。構造体に及ぶ被害は見られなかった。構造体の被害例として，高根沢町の工場において角形鋼管柱のダイヤフラム溶接部に破断が見られた(写真4.3.3.30)。

2）宇都宮市

調査概要：

地震発生から2日後の13日，新聞による情報を頼りに，鬼怒川の東の高台にある清原台団地を，被災地内での移動の便を考慮し自転車で調査した。また，交通事情，ガソリン供給が少し回復した23日にも，再び調査を行った。調査対象は住宅を中心に，鉄骨造の店舗などである。

被害状況：

全域で，瓦の落下，外壁のひび割れ・落下がみられた。写真4.3.3.31はその一例である。また，大谷石塀，ブロック塀の転倒も多数見られた。

写真 4.3.3.31 瓦の落下，外壁のひび割れ・落下 (Fallen roof tiles and crack on siding)

木造以外では，RC造校舎柱にせん断ひび割れが見られた(写真4.3.3.32)。多くのS造店舗では，外装材の落下が見られた(写真4.3.3.33)。建物以外では，アスファルトの亀裂(写真4.3.3.34)，擁壁の崩壊(写真4.3.3.36)などが見られた。

写真 4.3.3.32 RC造柱の被害 (Shear cracks on a reinforced concrete column)

写真 4.3.3.33 外装材の落下 (Fallen claddings of a steel building)

写真 4.3.3.34 アスファルトの亀裂 (Cracks on an asphalt road)

写真 4.3.3.35 擁壁の崩壊 (Collapse of a retaining wall along roadside)

ⅲ）栃木県南部

栃木県南部の主要都市（下野市，小山市，佐野市，足利市）における地震被害概要を表4.3.3.5に示す。

1）下野市，小山市

第4章 関東地方の被害（Damage in Kanto District）

表4.3.3.5から分かるように，両市の地震被害は震度5強に対して軽微であったといえる。なお，国土交通省発表の被災建物応急危険度判定を受けた建物は無かった。

両市の地震被害調査は，3月18日に下野市役所付近より，国道4号を南下して小山市役所付近の地域を行った。調査地域を図4.3.3.4に示す。図中に調査対象建物，構造物を番号で示す。

表4.3.3.5 栃木県南部主要都市の地震被害概要
(Statistics of casualties and building damage in south Tochigi cities)

市名	震度	人的被害		住家被害（棟）		
		死者	負傷者	全壊	半壊	一部損壊
下野市	5強	0	20	0	2	1,048
小山市		0	4	0	0	1,229
佐野市		0	3	0	2	324
足利市		0	0	1	10	3,234

（栃木県 H23.5.27）

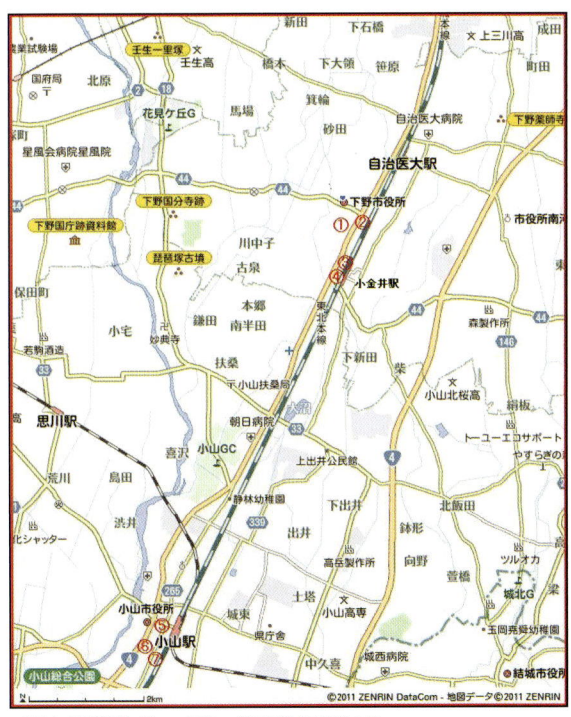

図4.3.3.3 調査地域（Reconnaissance area map）

地震被害は下野，小山両市ともに，木造住宅の屋根瓦の移動落下，石造蔵，土造蔵の石材，塗り土の落下，石塀石材の落下が所々に見られる程度で，軽微であった。ブロック塀の転倒は見られなかった。

下野市内では，2階建て鉄骨造体育館の2階部分天井材の落下が生じ怪我人が発生している（図4.3.3.36，地図番号①）。また，土造蔵の塗り土落下（地図番号③），木造住宅屋根瓦の移動落下（地図番号④），石塀石材の落下（地図番号②）が，見られた。

小山市内では，石造蔵の妻面上部石材の落下（地図番号⑤），石塀石材の落下（地図番号⑥）が，木造住宅屋根瓦の移動落下（地図番号⑦）が，見られた

図4.3.3.36 中学校体育館の2階天井材落下 (Falling of ceiling board at a gymnasium of a school)

2) 佐野市，足利市

佐野市の被害状況は，佐野市役所への聞き取り調査及び下野新聞によれば，住宅の一部損壊が約324件，水道・道路関係被害14件が報告されている。また，佐野市役所庁舎の議場棟（RC造3階建て，1階はピロティ，昭和37年（1962年）竣工，築49年）の1階柱3本が破壊し，鉄筋がむき出しになった。図4.3.3.37は議場棟1階柱の破壊状況である。

写真4.3.3.37 佐野市役所議場棟1階柱の破壊 (Shear failure of a first-story column of a city hall of Sano)

足利市の被害状況は，足利市役所への聞き取り調査，下野新聞及び市役所のＨＰによれば，大部分が住宅被害であり，市内全域で発生していた。その内訳は表4.3.3.5

に示したとおりである。また，住宅以外では，市民会館大ホールの反響版の損傷，蔵の外壁崩壊，道路被害13件，断水が約300戸，ブロック塀の被害約100件が報告されている。図4.3.3.38は住宅屋根瓦の落下状況である。

写真 4.3.3.38 住宅屋根瓦の落下状況 (A house with roof tiles fell off)

(4) 今後の課題

栃木県において，最も甚大な建物被害の原因になったのは造成盛土地盤の横滑り，地割れ，擁壁の傾斜・転倒である。これに伴い，新築住宅でさえ基礎が修復困難なほど大きな損傷を受けてしまっていた。

地盤被害を伴わない場合は，被害を受けた多くの建物は古い建物であり，新耐震以降建設の建物で被害を受けたものはほとんどなかった。

栃木県東部で特徴的に見られる1階を石積み2階を木造とした構法の建物では，被害即ち全壊という結果になっていた。

また，RC造では，1981年の新耐震設計法施行以前に建てられた建物に被害が集中していた。

非構造部材では，木造住宅屋根瓦の移動落下，大谷石を使用した石塀の転倒・石材の落下，体育館などの天井材の落下が数多く見られた。いずれも落下物による負傷の危険がある。

以上のことから，課題として以下の点が挙げられる。
- 基礎の設計においては，地盤，地形を十分考慮する。
- 耐震壁については，強度，量を，十分検討する。
- 特殊な構法の住宅については，構造安全性を十分に検討する。
- 非構造部材については，取り付け方法，また風化・劣化に対する対策をする。

(5) まとめ

栃木県内の15市町（北から，那須町，那須塩原市，大田原市，矢板市，那須烏山市，高根沢町，市貝町，芳賀町，宇都宮市東部，益子町，真岡市，下野市，小山市，佐野市，足利市）における被害調査結果を，以下にまとめる。

1. 被害の程度を地域から見ると，最も大きな被害を受けたのは栃木県中東部，次いで北部であった。南部の被害は軽微であった。
2. 構造種別で見ると，被害の大部分は木造住宅で，RC造，S造に構造的な被害はほとんど見られなかった。
3. 最も多かった被害は，住宅の屋根瓦の落下，石積み塀・ブロック塀の転倒であった。
4. RC造で，大きな被害を受けた建物の多くは，1981年の新耐震設計法施行以前に建てられたもので，それ以降に建てられた建物には，構造的な被害はほとんど見られなかった。S造の被害の大半は外装材の落下であった。
5. 栃木県特有の特殊な構法，すなわち，1階を石積み，2階を木造とする構法の建物は，1階の崩壊に伴い全壊に至っている場合が多かった。
6. 造成盛土地盤の横滑り，地割れ，擁壁の傾斜・転倒に伴う建物被害は甚大な結果をもたらした。
7. 地形との関係では，台地あるいは台地と沖積地との境界に建てられた住宅に大きな被害が見られた。

4.3.4 埼玉県の建物被害
(Building Damage in Saitama Pref.)

(1) 調査地域および調査方針・方法

調査は，1) 県内すべての市町村および県庁への聞き取り，2) 顕著な被害事例に対する直接被害調査を行った。

図 4.3.4.1 県内で建物被害が集中した地域の概略（黒楕円内）(Damage concentrated area in Saitama Pref.)

(2) 被害概要

i) 分布および人的被害

3月11日14時46分の本震では，宮代町で震度Ⅵ弱を観測したほか，県内のほぼ全域で震度Ⅴ以上の大きな揺れが観測された。

今回の地震による人的被害は，直近（3月15日午前6時30分県災害対策本部発表）で，死者1名，重傷6名，軽傷86名である。一方，地震による火災も11件（建物8件，その他3件）の発生が確認されている。ただし，大火は確認されておらず，ぼや程度とみられる。

ii) 建物被害の概要と特徴

県災害対策本部が3月15日午前6時30分現在で発表した建物被害数は12,238棟（全壊2，半壊7，瓦の落下や外壁材の一部剥離などの一部損壊12,229）であった。このうち，民間所有の建物では，全壊2棟，半壊7棟，一部損壊12,089棟，その他の公有建物では，全半壊はなく一部損壊が140棟となっている。今回の地震による被害の特色の概要として，「県全体として深刻な被害が多数発生している状況ではなく，被害の大多数は屋根瓦の落下

表 4.3.4.1 一部損壊のうち屋根の損壊のあった建物数 ※300棟以上の被害報告があった市町のみ抜粋 (Number of buildings which had roof damages)

加須市	鴻巣市	羽生市	熊谷市	白岡町	宮代町
3016	1165	1055	676	536	421
川島町	幸手市	久喜市	東松山市	春日部市	杉戸町
408	380	351	349	338	300

や外壁の一部剥離など軽微な被害がある」ことが挙げられる。

建物の全壊は，古い牛舎（幸手市）と空き家（鴻巣市）であり，半壊も草加市の2棟（詳細不明）と後述のB小学校を除いて，老朽化した建物や倉庫（川口市，幸手市，鴻巣市）であった。

全壊，半壊などの建物の顕著な被害の大半は，県中央部から北部にかけてのJR高崎線や荒川沿いの自治体および県東部の東武伊勢崎線や中川・江戸川沿いの自治体で発生している。被害の大半は，この荒川沿いおよび中川沿いの低地に位置している。

地盤の被害（液状化および堤防の崩壊）により建物（上部構造）が被害を受けた，あるいは受けかかった事例が確認されたが，県内の広範囲で発生したわけではなく，ごく一部の限られた地域で発生したと考えられる。

iii) 応急危険度判定の結果

応急危険度判定を実施した自治体は64市町村中12市町村で，4月1日現在での判定結果は，「危険」37件，「注意」99件である。

(3) 被害状況

埼玉県内で被災した建物のうち，被害の大きかった個別建物の被害事例について，以下に述べる。

i) A体育館（上尾市向山）

県中部の上尾市にある，公共体育館である。2階建てで，平面構成は，扁平なJ字型で，「体育館アリーナ部分」，「管理施設室群部分」，「トレーニング室群部分」からなっている。「体育館アリーナ部分」は，ほぼ南北方向が梁間方向で，東西方向が桁行方向となっている。竣工は昭和55年で旧耐震基準による設計となっている。主構造はRC造ラーメンに外壁はPC板を使用，体育館アリーナ部分の屋根は，立ち上がり柱をH形鋼とし，丸型鋼管によるS造立体トラス骨組みの上に，ALC板を載せて屋根スラブとしている。建物内部では，顕著な被害が確認されている。「体育館アリーナ部分」では，屋根スラブのALCパネル数枚が損傷し，300mm程度のコンクリート塊と周囲の吸音材とみられる発泡材料がアリーナ内に落下した。これにともない，アリーナ床フローリングが陥没している。屋根の立体トラスを支えるアンカーボルトが定着しているRC柱の上部のかぶりコンクリートが落下し，内部の配筋が露出している。このほかにも，アリーナ1階部分の柱で幅0.4mm程度のせん断ひび割れが認められるなど，アリーナ内の柱の多くで，地震により生じたと思われる斜めひび割れが確認されている。ひび割れの方向から，東西方向に地震力が作用したものと思われる。

前述のアリーナ柱頭の損傷と考え合わせると，地震により，屋根が上に持ち上げられる様な挙動をしたことも考えられる。

写真 4.3.4.1　A体育館アリーナ部分の柱と屋根トラスとの接合部分の損傷 (Damage of connection between RC column and roof truss in gymnasium of the A sports center)

ii）B小学校（さいたま市西区）

さいたま市大宮地区西郊の新興住宅地の中にある公立小学校である。学校は3棟の主要な校舎と1棟の屋内運動場（体育館）からなる。このうち，最も規模の大きいRC4階建ての「管理教室棟」で被害が生じている。この校舎のうち北側から2スパン目の部分で，著しい不等沈下が生じており，北側から1スパン目も顕著な床の傾斜（北側に下がりの傾斜）が生じている。北側から2スパン部分の1階にある「相談室」では，横方向1800mmに対して沈下量320mm（傾斜角で5.6分の1）という著しい沈下が発生しており，室内の腰壁が強制変異によりせん断破壊している。同時に，この腰壁に直交する耐震壁もひび割れ幅1mmを明らかに超える複数のせん断ひび割れが発生しているほか，床スラブにも押し抜きせん断状の損傷が見られる。

写真 4.3.4.2　B小学校1階相談室西面腰壁のせん断破壊 (Shear failure of retaining wall in the first floor of the B elementary school)

写真 4.3.4.3　南栗橋12丁目地内の住宅の門扉の状況（不等沈下により左右の門扉の高さが違っている）(Damage of gate caused by liquefaction in Minami Kurihashi 12-chome)

この北側から1および2スパン目の箇所は，上階の部材でも著しい損傷が見られる。たとえば，2階放送室では，3階床スラブ下面にひび割れが生じているのは認められたり，同じく2階教員室では，大梁と小梁の接合部下面にひび割れが認められたりしている。また，3階の柱は損傷度Vに相当するせん断破壊が生じており，主筋および帯筋の座屈が認められる。

測定した校舎の沈下量は，校舎北側の階段位置で，最大で390mmであった。

iii）南栗橋駅南西側住宅地の液状化被害（久喜市南栗橋）

東武伊勢崎線南栗橋駅南西に広がる一帯で，沼地を埋め立てて住宅地としたものである。全域で顕著な液状化が発生したわけではなく，「特定の街区で顕著な液状化が発生して住宅が傾斜しているが，道路を挟んだ向かい側では外観上無被害と見られる」という状況が見られる。

特に，南栗橋12丁目地内では，特定の街区で住宅の不等沈下による傾斜が著しく，簡易の測定では外壁が3度から4度傾斜している住宅もあった。沈下が著しく，玄関門扉に段差が生じている住宅や雨樋の縦樋が座屈している住宅もあった。

(4) 今後の課題

建物の天井が落下した例が多いと推定されるが，具体的な件数は把握できていないが，「建物の構造的被害ではなく，天井材や間仕切り壁の落下・剥落による，建物の機能的被害」の件数は，県内でも相当数に上ると考えられる。また，川越市中心部に代表されるような伝統的建造物群保存地区内の歴史的建物についても，被害があったようである。しかし，今回の調査の範囲では，これらを明らかにすることはできなかった。以上の点について，今後も引き続き調査を続けていきたいと考えている。

液状化による地盤被害や建物の不等沈下が顕著に発生したという事例は，前述の例以外ほとんど見つからな

かった。県内多くの場所で「液状化や不等沈下が発生しなかった」理由についての調査考察も欠かせないものと考える。

4.3.5　群馬県の建物被害
（Building damage in Gunma Prefecture）

(1) 調査地域および調査方針・方法

調査地域は大きな被害が出たと報じられた地域とした。調査は，学校関係者，各自治体の行政関係者，民間業者が協力しながら行った。調査体制は表4.3.5.1のとおりである。なお，群馬県の人口及び世帯数は 2,008,170 人，755,297 世帯である（平成 22 年 10 月 1 日現在）。面積は 6363.16 km^2 である。

(2) 被害概要

気象庁における最大震度を表 4.3.5.2 に示す。平成 23 年 4 月 21 日時点の群馬県のインターネット上の公式発表は次のとおりである（4月21日以降，原稿作成時の 6 月 12 日まで更新していない）。人的被害は死者 1 名（館林市），負傷者 39 名である。建物被害は，住家被害が全壊なし，半壊 1 棟（渋川市），住家一部損壊は 15,410 棟であった。その他,ブロック塀の損壊等が多数あった。火災は 2 件あり，高崎市江木町と連雀町で起きた。煙突被害は 2 件あり,伊勢崎市境町において休止中焼却場の煙突が 損壊し敷地内に落下し，藤岡市西平井地内において産業廃棄物処理施設（民間）の煙突が敷地内に落下した。県内の応急危険度判定は桐生市，太田市，渋川市，邑楽町の 4 市町村で行われた。桐生市が危険 28 棟，注意 54 棟，調査済 12 棟であり，太田市が危険 0 棟，注意 3 棟，調査済 6 棟であり，渋川市が危険 2 棟，注意 2 棟，調査済 1 棟 であり，邑楽町が危険 0 棟，注意 2 棟，調査済 0 棟であった。県内の判定結果をまとめると，危険が 30 棟，注意が 61 棟，調査済が 19 棟であった。また，平成 22 年度固定資産の 価格等の概要調書（以下,資産調書）によれば，県内の構造物は木造が 938,731 棟，非木造が 288,806 棟，総数が 1,227,537 棟である。総数に比べれば，県内の被災した建物は非常に少なくみえる。

ⅰ) 分布

被害は，桐生市，前橋市，高崎市，館林市，太田市，伊勢崎市に分布しており，東毛・中毛・西毛地区で比較的大きな被害を確認することができる。

ⅲ) 特徴

被害の特徴は，煙突被害，歴史的建造物の被害，瓦被害である。

煙突被害：

被害事例は伊勢崎市と藤岡市で 1 つずつ確認できた。伊勢崎市境町の煙突は鉄筋コンクリート構造である。写真 4.3.5.1 のように高さ約 60m の先端 5m の部分が崩れ落ちている。被災前から煙突上部ではコンクリートの剥落があり，落下したコンクリートが隣の土地に飛ばないように煙突周辺には囲いがあり，取り壊しを検討中であったと地元住民からの聞き取り調査でわかった。藤岡市の煙突は鉄骨造である。民間会社の被害であること及び場所が特定できてしまうことから,写真は割愛する。被害として，高さ 12m の煙突の中間部から折れていることが確認できた。また，煙突の上部は敷地内に停車中の車の上に落ちたとのこと，更に被災前から腐食がかなり進行していたことが地元住民からの聞き取り調査でわかった。

表 4.3.5.1 調査体制

調査代表者	調査地域
山中憲行	前橋市 (3/12),伊勢崎市 (3/16)，藤岡市 (3/28),桐生市 (3/30,4/7,4/28)
藤生英樹	桐生市
高橋康夫	前橋市
森隆	館林市
田野哲也	太田市
太田守人	伊勢崎市

表 4.3.5.2 群馬県内の最大震度 (Seismic Intensity)

震度	市　町
6弱	桐生市本宿町
5強	邑楽町中野，大泉町日の出，群馬千代田町赤岩，群馬明和町新里，渋川市赤城町，桐生市新里町，高崎市高松町，前橋市富士見町，沼田市白沢町

歴史的建造物の被害：

群馬県内における歴史的建造物の被害状況を国指定重要文化財・史跡，県指定重要文化財（石造物,石垣等は除く）からみてみたい。データは平成 23 年 5 月 24 日現在における，群馬県教育委員会文化財保護課提供によるものであり，被害を受けなかった伝統的建造物群及び市町村指定の建造物は含んでいない。被害を受けた建物は，国指定重要文化財が 18 件中 4 件（22.2%），国登録有形文化財が 301 件中 46 件 （15.3%），県指定重要文化財が 35 件中 7 件(20.0%)で，合計件数は 354 件中 57 件(16.1%)である。しかし，このデータを 5 月末のものと比較するとおおよそ 1.5 倍になっており，今後さらに調査が進むと被害数はまだ増えることが予想される。被害を受けた建造物が位置する市町村は，高崎市，桐生市，伊勢崎市，太田市，沼田市，館林市，渋川市，富岡市安中市,中之条,みなかみ町の県下 35 市町村中 9 市 2 町である。最も被害が多かったのは震度 6 弱を被った桐生市である。桐生市の被害件数は 2 件の国指定重要文化財，33 件の国登録文化財の計 35 件であり，県下総数 57 件の 61.4%を占めている。なお，桐生市ではこの他に市指定の重要文化財も

被害を受けている。

県下総数 57 件の被害内容をみると，国登録文化財の付属屋である井戸上屋1件が全壊しただけで，主要構造部に決定的な被害を受け，根本的な大修理の必要性の事例はみられない。被害内容は比較的軽微であり，屋根の棟瓦・平瓦の一部落下，壁・天井の一部剥落，壁・天井の一部の亀裂や屋根平瓦のズレ，土台・柱・梁等の木組みの一部のズレ，窓ガラスの破損等である。この中で最も多かったのが，壁・天井の一部の亀裂や屋根平瓦のズレ，次いで屋根の棟瓦・平瓦の一部落下であり，これらが全体の約70%を占める。

瓦被害：

群馬県屋根瓦工事組合連合会の調査によれば，瓦の被害の特徴は木造築30年から40年程度の物件に集中し，使用屋根材は J 形瓦（日本瓦）が大多数であり，損壊部位は棟部が多く，段数の多い棟や長い棟の中央部で損傷が生じている。構造的には壁量の少ない建物で起きている。棟土が写真4.3.5.2のように経年劣化や風化によって瓦の固定力が低下していたものが多く，棟用のし瓦の形状は緊結用の穴が無かったり，棟土に食い込ませる突起のないものが多い。緊結材料は銅線の代用品として被覆鉄線などが一部で使われ，腐食により無緊結状態であった。緊結用釘は銅釘が一般的に使われ，釘頭の浮きによる緊結の緩みがあった。一部では亜鉛めっき釘などが代用品として使われ，腐食により無緊結状態であったものや，腐食膨張により瓦が破壊したものがあった。損壊した瓦屋根の施工方法として群馬県で特徴的なのが写真4.3.5.2のような透かし入り棟積みである。これは，風の影響を考慮し棟の中央部に透かしを入れる工法である。透かし部分はほぼ無緊結状態であり，透かしより上部は耐震性が非常に低い状態であった。緊結方法は棟下平部が無緊結状態，棟瓦が無緊結・大回し緊結が多く，躯体との連結ができていない。棟土は団子状であったり，台面が浅い状態であった。棟用のし瓦の積み方は割らずに積む，また勾配が過少もしくは過多であった。

(3) 被害状況
i) 桐生市の被害状況

桐生市役所が表 4.3.5.3 の被害状況報告書，表 4.3.5.4 の被災建築物応急危険度判定，図4.3.5.1 の被害調査結果をまとめている。

写真 4.3.5.1　伊勢崎市の煙突の被害事例

表 4.3.5.3　被害状況報告書

	陥没	地割れ	一部損壊	管破裂（水道）	漏水	半壊	壁・ガラス割れ	瓦破損	ブロック塀損傷
件	4	11	3	3	3	2	125	1526	37

表 4.3.5.4　被災建築物応急危険度判定 (Post-earthquake quick inspection of damaged buildings)

判定	種類(件)			計 (件)	割合(%)
	住宅	蔵	市有施設		
危険	21	2	5	28	29.8
要注意	53	0	1	54	57.4
調査済	12	0	0	12	12.8
計	83	2	7	94	100.0

＊ 平成23年3月12日〜3月30日実施

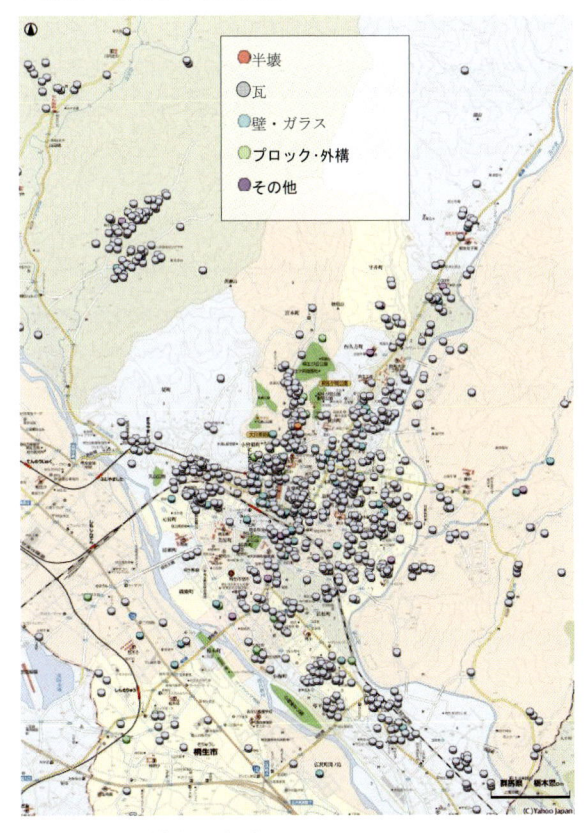

図 4.3.5.1 被害調査結果

桐生市を調査すると，歴史的建造物の被害や瓦の被害が目立つ。また，被害を受けた住宅の中には，場所によっては明らかに人が住んでいないと思われる住宅が目立つ。ここで，歴史的建造物の被害の一例を以下に示す。絹撚記念館は木骨造で，外壁の大谷石の剥落や壁の亀裂が確認できた（写真 4.3.5.3）。有鄰館はレンガ造で，レンガの亀裂や瓦の落下が確認できた（写真 4.3.5.4）。また，母屋材の亀裂，床の隆起も確認できた。織物参考館「紫」は桐生に多くみられるのこぎり屋根の建物である。瓦の落下や外壁の大谷石の亀裂が確認できた（写真 4.3.5.5）。また，天窓の落下や水道管の破裂も確認できた。

聞き取り調査では，複数の地元住民から，丘や建物の屋上のような高いところでみると瓦被害が直線的に道のように連なっている（地震道がみえる）と聞くことができた。写真 4.5.3.6 は桐生第一高校屋上から撮影したもので，瓦被害を受けた建物の屋根はブルーシートに覆われている。写真中の矢印の方向に地震道が存在しているようにみえる。また，写真の矢印の延長線上の建物で，本町通沿いの建物でも写真 4.3.5.7 のように柱のせん断破壊が確認できた。地震道撮影場所の RC 造の桐生第一高校では写真4.3.5.7のように柱のせん断破壊が起きている。この建物は関係者から取壊しを検討中であると聞いた。

ⅱ）前橋市の被害状況

前橋市役所が平成 23 年 3 月 13 日正午時点に行った民間建築物の調査では，屋根瓦の落下が 613 件，灯篭・石塔等の転倒 180 件，その他が 54 件であった。なお，屋根瓦のズレや一部破損等の被害が大半で，倒壊の恐れがある建築物は見られない。

前橋市役所が平成 23 年 3 月 12 日 10 時時点に行った公共建築物の調査では，市議会庁舎が一部の硝子にクラック，市役所富士見支所が西庁舎壁にクラック，東庁舎壁に亀裂，前橋工科大学が 3 号館外壁タイルの一部剥離，図書館棟ラック式書庫室の壁にクラック，市立前橋高校が軽微な被害であった。市立中学校は 18 校で軽微な被害，市立 小学校は 42 校で軽微な被害であった。市立宮城幼稚園が 軽微な被害(犬走り・フェンス基礎のクラック，エキスパンションジョイント損傷)であった。市営住宅は一部で軽微な被害（広瀬団地：高層棟でエキスパンションジョイント損傷，江木団地：玄関ガラスクラック）であった。嶺公園は灯篭の傾斜及び倒壊であった。

被害の特徴は，木造瓦葺き住宅における，棟瓦の落下・損傷が顕著である（市民より 2,175 件の被害申告がされている）。屋根瓦の被害地域は，市街地を取り囲む北部(旧富士見村地区)，東部（旧大胡町地区，旧宮城村地区，旧粕川村地区）に多く散見される。

ⅲ）高崎市の被害状況

高崎市役所の公式発表によれば，全壊及び半壊はゼロであり，一部損壊が 1,205 棟であった。高崎市役所庁舎に は大きな被害がなかった。高崎シティギャラリーでは天井 照明器具の損傷があった。東口ペデストリアンデッキでは ジョイントに損壊があった。

ⅳ）館林市の被害状況

館林市役所で確認した主な被害状況は，市内全域にわたり屋根瓦のぐし（棟・棟木の部分）被害からブロック，大谷石塀などや灯篭の倒壊，さらには市内 2 ヶ所で液状化現象を確認した。屋根瓦のぐしの被害に関しては，地震による揺れが南北であったためか，東西に長い瓦のぐしは，ほとんどが南又は北側に落ちており，高いものに多くの被害が見られた。これは建築年数からの被害ではなく，構造や施工方法よるものと考えられる。次に，ブロック，大谷石塀などや灯篭の倒壊については，老朽化しているもの，鉄 筋の入っているもの，入っていないもの，控え柱のあるもの，ないものなど構造による物も多く，被害の内容はそれぞれであった。市内 2 ヶ所（多々良沼・近藤沼周辺）で液状化が生じたが，昭和の時代に沼（多々良沼・近藤沼）の土砂を利用しての圃場整備事業を行った場所であることが わかっている。

ⅴ）太田市の被害状況

太田市役所で確認した被害として，住宅建築物の被害は，一部損壊（主に屋根瓦の損壊や落下等）が 2,593 件，全壊 （空き家となっている老朽家屋）が 1 件，地盤沈下による被害（新築住宅）が 1 件であった。住宅付属建築物（物置，車庫，門・塀等）の被害は，一部損壊が 246 件であった。住宅以外の民間建築物の被害は市街中心部にあるビルで道路に面した外壁材の一部に剥落があった。公共建築物の被害は，学校の体育館や校舎における天井材の一部落下，体育館の水銀灯の一部落下，市役所庁舎，学校校舎及び市営住宅等のエキスパンションジョイント部分の一部損傷，ス プリンクラーや空調設備における配管材の一部損傷，屋根材の落下，窓ガラスの破損，内装材・外装材のひび割れ等があり，全部で25 件であった。文化財関係の被害，公共 建築物の被害内容とほぼ同様であり，建造物以外については主に石塔類や展示物の転倒被害が見られる。

ⅵ）伊勢崎市の被害状況

伊勢崎市役所で確認した被害として，5月 31 日時点 で調査では，住宅の一部破損は瓦などの屋根の破損が約 2,600 件であり，住宅以外の一部破損は物置や倉庫などの破損が 108 件，ブロック塀の破損が 73 件，その他（灯篭

が 81 件であった．公共施設等の主な損壊として，市指定文化財の旧森村家住宅で西土蔵の壁（写真 4.3.5.8）及び表門棟瓦の崩落，絣の郷円形交流館で窓ガラスの一部破損及び 4 階柱の亀裂（写真 4.3.5.9），絣の郷市民交流館で廊下壁等に亀裂及びトイレのタイルの落下等，境清掃センターの煙突で先端約 5m が崩落，文化会館大ホールで天井の一部が破損，その他の市有施設（教育施設を含む）においてクラック等の軽微な被害，伊勢崎市役所本館及び議事堂においてクラック等の軽微な被害を確認した．

(4) まとめ

群馬県の被害事例をまとめると，歴史的建造物の被害及び瓦の被害が多数あり，非構造部材に関する被害も多数あったことである．また，一部の地域において液状化の現象を確認することができたことである．

参考文献 1）日本屋根経済新聞社：瓦屋根標準設計・施工ガイドライン (2001 年版) 施工ハンドブック，2002

写真 4.3.5.2 瓦について

写真 4.3.5.3 絹撚記念館

写真 4.3.5.4 有鄰館

写真 4.3.5.5 織物参考館「紫」

写真 4.3.5.6 桐生第一高校の屋上からみた瓦被害

(1) 本町通沿いの建物 (2) 桐生第一高校
写真 4.3.5.7 せん断破壊していた RC 造建物

4.3.6 東京都の建物被害
（Building damage in Metropolitan Tokyo）

ここでは東京都における地震被害の状況を概観する。東京都の震度分布を図 4.3.6.1 に示す。23 区東部および北部において最大で震度 5 強を記録し、23 区から多摩東部におよぶ広い範囲では震度 5 弱であった。

(1) 調査地域および調査方針・方法

調査地域は東京都の島嶼地区を除く全域として、調査の便宜上、以下の三つの地区に分割して調査を実施した。

a) 23 区東部（足立、葛飾、江戸川、北、荒川、墨田、台東、江東、中央、千代田、文京および港の各区）

b) 23 区西部（板橋、豊島、新宿、渋谷、品川、大田、目黒、中野、練馬、杉並および世田谷の各区）

c) 多摩地域（八王子市、立川市、多摩市、稲城市、調布市、狛江市、三鷹市、西東京市、小金井市、武蔵野市、府中市、あきる野市、青梅市、昭島市、町田市、小平市、日野市、東村山市、国分寺市、国立市、福生市、東大和市、清瀬市、東久留米市、武蔵村山市、羽村市、瑞穂町、日の出町、奥多摩町）

自治体への聞き取り調査（自治体の公報・ホームページ参照を含む）は、東京 23 区の全区および多摩地域の 21 市・町において実施した。

これらのヒアリングに基づき、東京 23 区東部においては被害が報告されている建物、地盤変状が報告されている地域を対象として初動調査を実施した。東京 23 区西部においては被害がおおむね軽微との報告を受けたので、東京都が公表している「地震による建物倒壊危険度ランク（第 6 回）」[1] に基づき、危険度が高い地域を適宜抽出して初動調査を実施し、被害の有無を確認した。多摩地域においては被害がおおむね軽微であったので、被害の情報を得た町田市などの建物を個別に調査した。

(2) 被害概要

東京都全域で半壊あるいは倒壊の被害を受けた建物数は 27 棟（全壊 11 棟［自治体の調査によって「倒壊危険」と判定された建物を含む］、半壊 16 棟）であり、都内の建物総数に対する割合は 0.001% ときわめて小さかった。建物の被害率（東京都内建物総数に対する応急危険度判定で危険・要注意と判定された建物棟数の比率）を表 4.3.6.1 に示す。被害率は 0.007% と非常に小さく、構造的被害は少なかった。またそれらの被害程度はおおむね軽微であったと判断できる。非構造部材の被害として、窓ガラスの破損、外壁仕上げ材の破損、天井材の落下、家屋の屋根の損傷などが見られた。ブロック塀・大谷石塀の転倒、擁壁の亀裂・破損、煙突被害も複数見られた。地盤の液状化や変状は東京湾沿いの江東区新木場地区、品川区大井地区などで発生し、23 区東部の荒川、江戸川および隅田川などの河川敷や堤防付近でも報告された。

半壊以上あるいは応急危険度判定で危険と判定された建物棟数の分布を図 4.3.6.2 に示す。同図には地盤の液状化が生じた地域をハッチングして示した。23 区東部の液状化を生じた地域で建物被害が比較的多く発生したことから、軟弱な地盤が建物被害の主要な要因であることが推察されよう。

表 4.3.6.1 建物の応急危険度判定による被害率
(Damage statistics in Tokyo Metropolitan)

	建物総数	調査数※	危険※	要注意※
区部	1,722,977	437 (0.025%)	59 (0.003%)	135 (0.008%)
市部	953,648	11 (0.001%)	0 (0.000%)	2 (0.000%)
郡島部	50,473	0 (0.000%)	0 (0.000%)	0 (0.000%)

※括弧内は地域内建物総数に対する比率

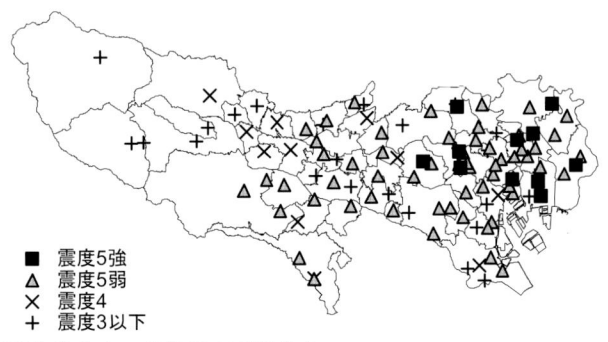

図 4.3.6.1 東京都の震度分布
(JMA seismic intensity in Tokyo Metropolitan)

図 4.3.6.2 建物被害の分布 (Distribution of damaged buildings in Tokyo Metropolitan)

(3) 被害状況

i) 東京 23 区東部（千代田区，中央区，港区，文京区，台東区，墨田区，江東区，北区，荒川区，足立区，葛飾区，江戸川区）

区へのヒアリング等による被害情報

3 月 18 日から 23 日にかけて区への被害状況の問い合わせを行った。建物の傾斜や半壊以上の被害報告があるのは台東区（半壊 1 棟），墨田区（棟数不明），北区（倒壊危険 10 棟，半壊 1 棟），葛飾区（半壊 10 棟程度），江戸川区（棟数不明）で，いずれも 1 棟から 10 棟程度であった。また，外壁や屋根の損傷といった建物の一部損壊の報告は各区とも数件から百件程度（建物総数に対する比率は 0.1%以下）であった。区内の建物全数に対して外観調査を実施し，かつ木造家屋が少なくオフィスビル等の非木造建物が多い千代田区でも 160 件（建物総数に対する比率は 1.4%）であった。

区から提供された情報には精粗のばらつきがある点や，被害情報は千代田区を除けば区内全域の建物全体に対する調査の結果ではなく被害報告があった件数の集計である点には注意する必要があるが，全体として被害は軽微であったといえる。

地盤の液状化は，新木場地区などの埋立地がある江東区の他，墨田区，足立区，葛飾区，江戸川区などでも荒川や江戸川，隅田川などの河川敷や堤防付近で報告されている。葛飾区，江戸川区には液状化による建物の傾斜の報告もあった。

また，東京 23 区東部について，国土交通省より 5 月 23 日付けで公表されている災害情報（東北地方太平洋沖地震（第 70 報））[2]に記載されている応急危険度判定の結果を表 4.3.6.2 に示す。表中には東京都総務局統計部による東京都統計年鑑（平成 20 年）[3]による各区内の建物数をあわせて示し，応急危険度判定の結果「危険」あるいは「要注意」と判定された棟数の区内の建物総数に対する比率を計算してある。

各区とも応急危険度判定は全数調査ではなく個別の要望に対して実施した結果である点には注意する必要があるが，「危険」と判定された建物の建物総数に対する比率は大きい順に墨田区の 0.03%，足立区の 0.02%となっている。「危険」と「要注意」をあわせた建物の比率も墨田区で 0.12%，足立区で 0.06%と小さく，建物の被害は小さかったといえる。なお，東京都都市整備局による地震による建物倒壊危険度ランク[1]で 5 とされる町丁目 84 のうち，19 が墨田区内，13 が足立区内であり，両区とも地震時の建物被害が大きいと想定されていた地区である。

現地調査は実施していないが，千代田区のホールで天

表 4.3.6.2　各区の建物数と応急危険度判定の結果
(Damage statistics in east part of 23-ku area)

	建物数[3]	応急危険度判定結果[2]		
		調査数	危険	要注意
千代田区	11 323	区としては実施していない		
中央区	16 747	区としては実施していない		
港区	26 283			
文京区	35 351	区としては実施していない		
台東区	40 138			
墨田区	47 367	87(0.18)	15(0.03)	42(0.09)
江東区	57 300	1(0.00)	1(0.00)	0(0.00)
北区	67 237			
荒川区	42 268			
足立区	140 119	238(0.17)	23(0.02)	57(0.04)
葛飾区	103 843	11(0.01)	4(0.00)	3(0.00)
江戸川区	126 394	41(0.03)	10(0.01)	10(0.01)

※ 括弧内は建物数に対する割合(%)

井の崩落による死者 2 名が発生している。

現地調査結果

主に以下の地域について，3 月 19 日から 24 日にかけて現地調査を行った。現地調査の行程を図 4.3.6.3 に示す。
・東京湾岸の液状化の被害が報告されている地域
・区からのヒアリングで被害情報がある地域
・東京都の被害想定で建物倒壊危険度が高い地域

調査は徒歩または自転車により対象地区を回り，主として外観より被害の状況を確認した。対象地区の全数調査は実施していない。主な建物被害を表 4.3.6.3 に示す。屋根瓦の損壊やタイルの脱落，外装材の亀裂や部分的な脱落といった軽微な被害は除外してある。

地震により倒壊した建物は足立区で 1 棟確認されたのみであった。その他に外観から構造躯体に大きな損傷が生じていると推測される被害は確認されなかった。また，江東区では地盤の液状化により大きく傾斜した木造住宅および不同沈下により変形が生じている木造住宅があった。葛飾区でも江戸川に近い地区で地盤の変状により傾斜した家屋が確認された。

全体としては，建物被害の多くは外装材の脱落や損傷，ガラスの損傷，屋根瓦の落下・損傷であり，被害の程度は小さく，また，その数も少なかった。東京都による被害想定で地震による建物倒壊危険度が 5 あるいは 4 とされる地区の多くでも調査を実施したが，これらの地区では倒壊した建物は確認されなかった。

地盤の液状化による被害が大きかったのは江東区南部の新木場地区で，沈下量は 10cm から 20cm と大きく，歩道の陥没や道路上の噴砂の堆積もかなりあった。その他には江東区北部や中央区の晴海地区，江戸川区南部および荒川に近い地区で液状化による地盤変状が確認された。

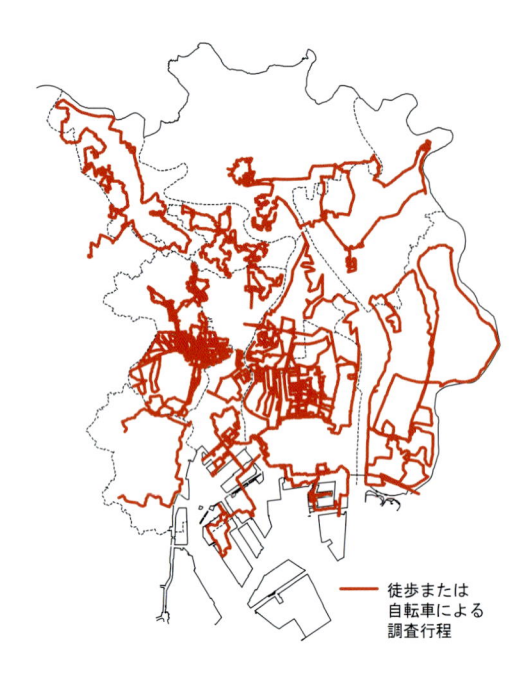

図 4.3.6.3 現地調査の行程（23区東部，3/19〜24）
(Route map of site and damage investigation)

表 4.3.6.3 東京23区東部の主な建物被害
(List of damaged buildings)

所在地	用途	構造・規模	被害の概要
千代田区九段南	ホール	RC造・4階	天井の崩落（現地調査は未実施）
台東区浅草	店舗併用住宅	S造・3階	外装材の大規模脱落
墨田区緑	事務所	S造・4階	外装材の大規模脱落
江東区新木場	公共施設	S造・2階	地盤変状による傾斜
江東区千石	住宅	木造・2階	地盤変状による傾斜
江東区石島	住宅	木造・2階	不動沈下による変形
北区神谷	事務所	S造・4階	外装材の大規模脱落
足立区足立	工場	S造・2階	倒壊
足立区梅田	銭湯	—	煙突の損壊
足立区関原	工場	S造・3階	外装材の大規模脱落
葛飾区東金町	住宅	木造・2階	地盤変状による傾斜

以下に各区の調査結果の概略を記す。

［千代田区］（調査日：3/19，20）

被害を受けた建物の数は少なく，受けている被害も軽微なものが多い。特に，麹町地区ではほとんど被害はなかった。被害の例としては，外壁やタイルの剥落，屋根瓦の落下，柱に軽微なひび割れの発生等が挙げられる。また，日比谷公園内などでは地盤が沈下したことによる被害がみられた。

［中央区］（調査日：3/19，23）

京橋から日本橋にかけての中央区北東部では，外壁（タイル壁）のひび割れ及び剥落，瓦ずれ及び落下（木造戸建住宅），設置物の落下，ブロック塀の大破などがみられた。日本橋浜町2丁目〜3丁目に被害は集中しており軽微なものが多数であった。調査時点ではすでに工事用シートで覆われ地震被害によって被災した建物の取り壊し，もしくは修繕を進行しているものもあった。

一方，中央区南部の月島地区は東京都の建物倒壊危険度ランクが4とされ，佃地区及び新富地区は東京都の危険度ランクが3とされている。いずれも調査したルートでは外装の破損，瓦屋根の破損など，軽微な損傷であった。晴海地区では地盤の沈下による損傷が見られた。

［港区］（調査日：3/19，20）

液状化の情報は寄せられているが，調査した範囲では台場付近では地盤変状（液状化）による被害は見られなかった。大部分で無被害であるが，いくつかの建物にタイルの浮き等の比較的軽微な被害が見られた。

［文京区］（調査日：3/19，20）

文京区は台地と台地の間に挟まる低地で構成されているが，被害は低地地帯に概ね集中していた。被害としては木造住宅の瓦（特に棟部分）の損傷および落下，RC建物の窓ガラスの破損，銭湯の煙突の損傷，外壁の脱落など外装材の損傷，ブロック塀の損傷などが観察された。全般に被害は軽微であった。

被害を受けた建物及び塀は築40年以上を経過しているものが多いと推定されるが，古い建物の中にも被害を受けていないものが多数存在した。築年数が浅い建物の中には被害を受けたものは見られなかった。

［台東区］（調査日：3/19，24）

台東区東側（浅草周辺）の大部分および西側の谷中周辺は東京都の建物倒壊危険度ランクが5に指定されているため，この2地域を重点的に徒歩で外観調査を行った。構造躯体に及ぶと想定される被害は見あたらず，外装材および木造住宅の屋根瓦の被害が散見されたが，全般的に被害軽微と判断される。

［墨田区］（調査日：3/19，20）

全体的に被害は軽微であった。区北部の建物倒壊危険度ランクが高い木造密集地域（京島，鐘ヶ淵など）よりも南部地域（本所，石原など）の古いS造，RC造の被害が多かった。タイルの脱落や壁面の亀裂・脱落が被害の大部分を占めていた。荒川河川敷に液状化による噴砂は確認できたが，隅田川沿いには見られなかった。

［江東区］（調査日：3/19，20）

江東区南部の新木場地区は液状化の被害が顕著である。歩道の陥没や道路上の噴砂の堆積が見られた。沈下量は10〜20cmであった。沈下による建物の倒壊は見られなかったが，エントランス部に被害が多く見られた。

江東区北部の地盤変状は南部の新木場エリアに比べると軽度ではあるものの，調査した各地区で散見された。建物被害は外壁の落下，ガラス破損，屋根瓦のずれが大

半であった．注目すべき被害として，千石1丁目における地盤変状による木造2階建て住宅の傾斜，東陽5丁目におけるRC造5階建てビルにおける構造壁の斜めひび割れ，東陽7丁目におけるRC造11階建て庁舎ビルにおける非構造柱の斜めひび割れが挙げられる．

また，江東区の東側地区で荒川に近い地域では，東京都の建物倒壊危険度ランクが5や4とされている．いずれも調査したルートでは，地盤の沈下による建物の被害が見られた．しかし，沈下量は3cmから10cm未満程度と小さいものであった．1階エントランス部にひび割れが見られたものが大部分であった．

［北区］（調査日：3/20）

外壁（モルタル壁・タイル壁）の崩落が3件，外壁（モルタル壁・タイル壁）のひび割れ及び剥落が3件，土壁剥落（伝統民家）が1件，瓦ずれ及び落下（木造戸建住宅・木造集合住宅・寺院本堂）が25件といった軽微な被害が散見された．被害は建物倒壊危険度が大きい地域に多い傾向があった．また建築年が古くかつメンテナンスが行き届いてないと思われる建物には外壁被害が特に認められた．いずれも軽微な損傷及び小破程度の被害であったが，老朽化が進んだ2階建て木造集合住宅で倒壊の危険性が懸念されるものが1棟あった．

［荒川区］（調査日：3/19）

調査範囲では，外装材（モルタルまたはパネル）の損傷（剥落および大きなひび割れ）が6件，木造住宅の瓦（特に棟部分）の損傷および落下が8件観察された．損傷は古い建物が比較的多い荒川地域に多く観察されたが，古いからといって損傷があるわけでもなく，全般に被害は軽微であると思われる．外装材および瓦以外の損傷や構造上重要な被害は外観からは観察されなかった．

［足立区］（調査日：3/19）

足立区西部の荒川に近く東京都の被害想定では建物倒壊危険度ランクが5とされる地域を中心に調査した．倒壊が1棟あったほか，外装パネルが大規模に脱落した建物が1棟あった．被害の大きいこれらの建物はかなり老朽化しており，建物固有の問題と判断される．この2棟以外では，外装のモルタルやタイルに損傷が数件，屋根瓦に被害が散見されたほか，銭湯の煙突の被害が1件あった．また，荒川河川敷のグラウンドでは噴砂と思われる跡が見られた．

［葛飾区］（調査日：3/19, 20）

区西部の荒川近く，東部の中川，江戸川近くを中心に調査した．荒川付近および中川付近には建物倒壊危険度ランクが5とされる地域があるが，いずれも瓦屋根の損傷以外目立った被害は見られなかった．区東部の江戸川近くで地盤の変状による木造住宅の傾斜が確認された．

［江戸川区］（調査日：3/19, 23）

東西線以南の地域では，数件屋根瓦の落下が見られた．荒川近くの建物において，地盤が陥没している箇所があり，その周辺の道路には噴砂の跡や，路盤の亀裂が見られた．同様に，建物周辺で亀裂が発生している例は葛西駅周辺で一件見られた．

北部の地域では目に見えるような被害はほとんど見られなかった．

ii）東京23区西部（板橋区，豊島区，新宿区，渋谷区，品川区，大田区，目黒区，中野区，練馬区，杉並区，世田谷区）

<u>区へのヒアリングおよび応急危険度判定の結果</u>

3月12日から25日にかけて区への被害状況の問い合わせを行った．区から提供された情報の精粗のばらつきがある点や，区内全域の建物全体に対する調査の結果ではなく被害報告があった件数の集計である点，ヒアリング時点では未だ被害報告件数が集計しきれてない点に注意が必要であるが，建物の傾斜や半壊以上の被害報告があったのは，大田区で全壊1棟，板橋区で半壊2棟，新宿区，目黒区，練馬区でそれぞれ半壊1棟である．また，外壁や屋根の損傷といった建物の一部損壊の報告は各区とも数件から百件程度（建物総数に対する比率は0.2%以下）であり，全体として被害は軽微であったといえる．液状化被害は東京港・大井埠頭（品川区）で確認されているが[2]，それ以外の場所で液状化の報告は無かった．

また，国土交通省より5月23日付けで公表されている災害情報（東北地方太平洋沖地震（第70報））[2]に記載されている応急危険度判定の結果および応急危険度判定等の実施の有無を表4.3.6.4に示す．表中には東京都総務局統計部による東京都統計年鑑（平成20年）[3]による各区内の建物数をあわせて示し，応急危険度判定の結果「危険」あるいは「要注意」と判定された棟数の区内の建物総数に対する比率を計算してある．

各区とも全数調査ではなく個別の要望に対して実施した応急危険度判定結果である点に注意する必要があるが，「危険」と「要注意」をあわせた建物の比率は渋谷区で0.03%，板橋区で0.01%と小さく，建物の被害は小さかったといえる．なお，東京都都市整備局による地震による建物倒壊危険度ランク[1]で5とされる町丁目84のうち23区西部に含まれる町丁目は，新宿区が4町丁目，大田区が3町丁目，品川区が2町丁目，目黒区が1町丁目であり，23区東部に比べて相対的に建物倒壊危険度ランクが低い地域である．

表 4.3.6.4　各区の建物数と応急危険度判定の結果
(Damage Statistics in West Part of 23-ku Area)

	建物数 [4.3.6.3]	応急危険度判定結果 [4.3.6.2]		
		調査数	危険	要注意
板橋区	96018	21(0.02)	4(0.00)	9(0.01)
豊島区	52567	実施		
新宿区	50501	実施		
渋谷区	37771	36(0.10)	1(0.00)	13(0.03)
品川区	62857	実施していない		
大田区	142873	1*(0.00)	1*(0.00)	0*(0.00)
目黒区	53400	1(0.00)	0(0.00)	1(0.00)
中野区	64855	実施		
練馬区	146371	1(0.00)	1(0.00)	0(0.00)
杉並区	123000	実施*		
世田谷区	178394	実施*		

＊　：応急危険度判定に準じた区独自の被害認定
（　）：区内建物総数に対する割合(%)

図 4.3.6.4　現地調査箇所および調査行程（23 区西部，3/11 ～ 25）(Routes of site and damage investigation)

― 徒歩または自転車による調査行程

現地調査結果

主に以下の地域について3月11日から25日に現地調査を行った。現地調査の行程を図4.3.6.4に示す。
・学会員より被害報告がなされている地域
・区からのヒアリングで被害情報がある地域
・東京都の被害想定で建物倒壊危険度が高い地域

調査は徒歩または自転車により対象地区を回り，主として外観より被害の状況を確認した。対象地区の全数調査は実施していない。建物被害の多くは外装材の損傷，ガラスの損傷，屋根瓦の落下・ずれであり被害の程度は小さく，その数も少なかった。また，東京都の被害想定で地震による建物倒壊危険度が5あるいは4とされる区域の多くで調査を実施したが，倒壊した建物は確認されなかった。

以下に各区の調査結果の概要を記す。

［板橋区］（調査日：3/24）

調査地域における建物被害は，屋根瓦の落下，壁のひび割れ，塀の転倒，窓ガラスの破損など非構造部材の被害，および地震が原因と考えられる火災被害であり，構造部材の被害は見られなかった。

［豊島区］（調査日：3/24）

調査地域における建物被害は，塀の転倒など非構造部材の被害であり，構造部材の被害は見られなかった。

［新宿区］（調査日：3/11，12，16，23）

区からのヒアリングによれば，神楽坂周辺で，住民からの建物被害報告件数が多かった。西新宿の高層ビルでは，構造的被害は見られないが，天井材の落下，内壁ボードの破損などの非構造部材の被害が見られた。

［渋谷区］（調査日：3/25）

調査ルート上にある渋谷区北西部の幡ヶ谷周辺には，東京都建物倒壊危険度ランクが4の地区があるが，確認された建物被害は，窓ガラスの破損，建物基礎周りのひび割れがほとんどであった。渋谷区役所〜代々木八幡周辺では窓ガラスの被害が，西原〜幡ヶ谷にかけては地盤沈下に伴う基礎周りの被害が散見された。

［品川区］（調査日：3/23）

東京都建物倒壊危険度ランクが3および4の地区に接する第二京浜沿いを現地調査したところ，確認された建物被害は主に窓ガラスの損傷であった。

［大田区］（調査日：3/12，23，24，25）

区からのヒアリングでは，区全域で家屋損壊1件，事業所損壊11件，区施設損壊32件，その他18件の被害が報告されており，このうち家屋損壊1件（上池台5丁目，木造2階建て集合住宅）は応急危険度判定に準じた判定で「危険」と判定されたものであった。そこで当該建物を現地調査したところ，蟻害が相当程度進んでいるなど老朽化が著しい集合住宅であった。この建物の周囲では，建築物に顕著な被害は確認されなかったが，ブロック塀の傾斜などが確認された。また，事業所損壊のうち1件（多摩川1丁目，築30年程度の鉄骨造3階建て事務所）を現地調査したところ，外壁が相当程度落下する被害が確認された。

東京都建物倒壊危険度ランクが4および5の地区に接する大通り沿いでは，建物基礎周りのひび割れ，外壁および外装材のひび割れ・剥落，塀の傾斜が確認された。特に，山王地区では地盤沈下に伴う基礎周りのひび割れが多く見られた。

多摩川沿いおよび湾岸地域を含め，区内で液状化被害は見られなかった。

［目黒区］（調査日：3/24）

区からのヒアリングによれば，区全域で34件の被害報

告があった．被害報告に基づき現地調査を行ったが，調査時点では，報告された 34 件のうち 8 件と，その周辺の 2 件の，計 10 件の被害が確認できた．いずれも構造部材に損傷は見られず，屋根瓦の落下が 3 件，窓ガラスの割れが 1 件，仕上げ材の破損が 1 件，大谷石塀やコンクリートブロック塀の傾斜や転倒が 5 件であった．

［中野区］（調査日：3/23）

沼袋氷川神社では，ほぼ南北方向に平行配置されている高さ 5m ほどの石造鳥居の根元部分が破断し倒壊した．梁の落下により石畳が損傷した．一方，ほぼ東西方向に平行配置の鳥居 4 本は全て無事であった．本堂に被害は無く，社務所で屋根瓦が数枚落下した．

氷川神社に隣接し，台地斜面末端に位置する大谷石擁壁にひび割れが確認されたが，周辺の建物に被害は見られなかった．空調室外機のゆがみ，落下もなかった．

沼袋駅から妙正寺川，新井 2 丁目（木造住宅密集地域），早稲田通りでは，建物被害は全く確認されず，ブロック塀のひび割れ，傾き，転倒なども見られなかった．

中野駅北口周辺では，大きな被害は確認されなかった．中野ブロードウェイの壁面の空調室外機のゆがみ，落下も見られなかった．

［練馬区］（調査日：3/18）

区からのヒアリングによれば，被害報告は総計約 100 件で，建物倒壊 0 件，屋根瓦のずれ 69 件，ブロック塀の被害 19 件，建物外壁の被害 11 件の報告のほか，北町で大規模な壁剥落の恐れがある建物（応急危険度判定で赤紙）が 1 件報告されていたため，当該建物の現地調査を行った．応急危険度判定で赤紙が貼られた建物の近隣建物に目立った被害は無く，数十 m 離れた建物にガラス破損の被害が見られたが，区内の被害は全般的に軽微であったと思われる．

［杉並区］（調査日：3/23）

区からのヒアリングでは，善福寺川周辺において木造住宅の瓦や外壁及びブロック塀や大谷石塀の被害報告が多かったため，善福寺川周辺を中心に現地調査を行った．

荻窪・南荻窪地区の善福寺川周辺では，木造住宅の瓦屋根のずれ，大谷石塀やコンクリート塀の倒壊の被害が見られた．また，環八通り沿いのマンションにおいてタイルの剥落が見られた．一方，永福・松ノ木地区の善福寺川周辺では，墓石の転倒なども無く，被害は確認できなかった．区内で液状化被害は見られなかった．

［世田谷区］（調査日：3/12, 24, 25）

現地調査により，屋根瓦のずれ及び落下 20 件，外壁のひび割れ及び剥落 5 件，窓ガラスの割れ 1 件，大谷石塀の破損 3 件，石燈籠及び石塔の破損 6 件，神社石柱柵の破損 1 件，神社本殿柱脚のずれ 1 件が確認されたが，いずれも軽微な被害である．

区からのヒアリングでは，半壊以上の被害は報告されていないが，無筋基礎の損傷被害があり，この被害事例は継続使用の可否判断（大掛かりな補修工事が必要となる可能性がある点）において注意すべき建物被害であると考えられる．また，応急危険度判定は実施していないが，個別に区の担当職員が状況を視察し対応しているとのことである．区内での液状化被害は報告されていない．

iii）東京多摩地区（八王子市，立川市，多摩市，稲城市，調布市，狛江市，三鷹市，西東京市，小金井市，武蔵野市，府中市，あきる野市，青梅市，昭島市，町田市，小平市，日野市，東村山市，国分寺市，国立市，福生市，東大和市，清瀬市，東久留米市，武蔵村山市，羽村市，瑞穂町，日の出町，奥多摩町）

<u>自治体へのヒアリングの結果</u>

3 月 17 日から 22 日にかけて自治体への被害状況の問い合わせを行った．すべての自治体に対して調査を行っていない点や，各自治体が実施した調査は区域内のすべての建物を対象としたものではなく，被害報告のあった建物のみの集計であることに注意する必要があるが，全体として被害は軽微であったといえる．なお，多摩地区では地盤の液状化は報告されていない．

<u>現地調査結果</u>

現地調査を 3 月 18 日から 4 月 1 日にかけて，八王子市，調布市，町田市において実施した．八王子市と調布市では市中心部の状況を徒歩で概要調査した結果，大きな被害は見られなかった．町田市では死傷者が発生した駐車場スロープ崩落現場を外部から確認した．また，自治体および学校関係者の協力を得て公共建物と学校建物それぞれ数棟を実地調査したが，軽微な被害は見られたものの，建物の倒壊といった甚大な被害は見られなかった．

以下ではヒアリング調査および現地調査を実施した自治体についてのみ被害概要を示す．

［八王子市］（調査日：3/22）

市役所の生活安全部防災課とまちなみ整備部建築指導課からのヒアリングによれば，瓦が落ちるなど軽微な被害の報告はあったが，建物の倒壊等の被害報告はなかった．応急危険度判定は実施していない．市街地を中心に現地調査したが，大きな被害は見られなかった．

［多摩市］（調査日：3/17）

市役所企画政策部からのヒアリングによれば，建物に大きな被害はなかったが，根瓦の一部が損傷した家屋や，学校跡地の体育館の窓ガラスにひび割れが生じた．

［稲城市］（調査日：3/22）

　消防署の防災課と市役所の建築課からのヒアリングによれば，瓦の被害等は少々見られたが，建物に大きな被害はなかった。応急危険度判定は実施していない。

［調布市］（調査日：3/18）

　市役所総合防災安全課防災係からのヒアリングによれば，市への具体的な被害報告はなく，応急危険度判定は実施していない。市役所近辺の現地調査を実施したところ，一部のビルで，はめ殺しの窓ガラスの破損，エキスパンション・ジョイントの破損，ひび割れが見られた。また，壁の倒壊など小被害が数件あった。住宅については，外壁の一部損傷，瓦の落下が見られ，かなり老朽化したブロック塀が倒壊した。

［狛江市］（調査日：3/22）

　市役所総務課安心安全課からのヒアリングによれば，ブロック塀の倒壊が3件発生した。応急危険度判定は実施していない。

［三鷹市］（調査日：3/17）

　市役所都市整備部建築指導課からのヒアリングによれば，ブロック塀の転倒，外壁落下が発生した。応急危険度判定を1件実施した。

［小金井市］（調査日：3/17）

　市役所地域安全課からのヒアリングによれば，市内数カ所でブロック塀が崩れたという情報と，屋根瓦が落下したと報告が市民からあったが，いずれも場所は不明，とのことであった。

　体育館（SRC造地上2階、地下1階）において，地下の大体育室の天井が一カ所落下し，2階プールのタイルが一部外れかかっているとのことであった。地震発生時，落下した箇所では卓球大会が開かれていたが，避難後に落下したとのことで，けが人は発生していない。

［武蔵野市］（調査日：3/22）

　市役所まちづくり推進課からのヒアリングによれば，重大な被害は発生しなかった。応急危険度判定は実施していない。

［府中市］（調査日：3/18，20）

　市役所の建築指導課と防災課からのヒアリングによれば，学校施設で窓ガラスの割れ等軽微な被害が生じたが，建物の大きな被害はなかった。応急危険度判定は市役所本庁舎についてのみ行い，安全であることを確認した。

［昭島市］（調査日：3/19）

　市役所防災課からのヒアリングによれば，住宅の被害はなかった。中学校（1校）のプレファブの建物のガラスにひびが入ったものと，幼稚園（1園）の建物のガラスにひびが入ったという2点のみが報告されている。

［町田市］（調査日：3/22，19，25，4/1）

　大型スーパーの駐車場スロープが崩落して死傷者が発生した（後述）。市役所防災安全課からのヒアリングによれば，それ以外の建物被害として市に報告されているのは，瓦，壁，モルタルの落下程度であった。また，テレビの落下，家具の転倒落下等で，何人かの市民が軽傷を負ったとのことである。

　公共建物と学校建物について，自治体および学校関係者の協力を得て実地調査を行った。公共建物は3棟の調査を実施したが（調査日：3/22），非構造壁のひび割れ・剥離や，エキスパンション・ジョイントのゆがみ等が生じていたものの，構造体に被害はなかった。学校建物は小学校1校，中学校1校について調査した（調査日：3/25，4/1）。鉄筋コンクリート校舎については，いずれも耐震診断の結果，補強が必要と判断されたものについては鉄骨ブレースや耐震壁の増設等の耐震補強が実施されていた。調査の結果，補強で増設した耐震壁における最大0.5mm程度のひび割れや，エキスパンション・ジョイント部での仕上材の落下等が見られたが，いずれの建物も被害はごく軽微であった。

　死傷者が発生した大型スーパーの駐車場スロープの崩落現場を外部から確認した（調査日：3/19）。このスーパーは鉄骨3階建て（1F店舗，3F-RF駐車場），店舗面積11,220m^2であり，2002年9月7日に開店した。3月11日の地震により1Fと3F駐車場を結ぶスロープが崩壊し，車3台が巻き込まれ2名が死亡した。3月19日現在，仮囲いがされ，崩落したスロープが崩れないように仮設鉄骨でサポートされていた。

［日野市］（調査日：3/20）

　市役所総務部防災安全課からのヒアリングによれば，ガラスの割れ（2件），瓦のズレ（1件）の報告があったが，建物自体の被害報告はなかった。応急危険度判定は実施していない。

(4) 今後の課題

　上述のように東京都では「地震による建物倒壊危険度ランク」を公表しており、23区内で建物倒壊危険度ランクが5あるいは4とされた地域の多くを今回初動調査したが，目立った構造被害はほとんど生じなかった。地震動のレベルが小さかったとも思われるが，(軽微な被害も含めて)被害を受けた建物の分布と東京都の被害想定とを詳細に比較・検討することによって、被害想定の妥当性を検証することができる。これは東京都の今後の防災計画策定に大いに寄与できると思われるので、実施されることを期待する。

(5) まとめ

東北地方太平洋沖地震によって東京都の 23 区東部および北部において震度 5 強を記録し、23 区から多摩東部におよぶ広い範囲で震度 5 弱であった。

東京都全域で半壊以上の被害を受けた建物数は 27 棟（全壊 11 棟、半壊 16 棟）であり、都内の建物総数に対する割合は 0.001% ときわめて小さかった。全体として建物の被害は軽微であり、非構造部材（窓ガラス、外壁仕上げ材、天井材、屋根材等）の損傷が主であった。

東京都都市整備局による「地震による建物倒壊危険度ランク」が 5 あるいは 4 とされる区域の多くで調査を実施したが、倒壊した建物は確認されなかった。

地盤の液状化や変状は東京湾沿いの江東区新木場地区、品川区大井地区、23 区東部の荒川、江戸川および隅田川などの河川敷や堤防付近で発生した。

謝　辞：

調査にご協力いただいた自治体の担当者各位にあつく御礼申し上げる。本報告は以下に記す多くの方々による調査結果を取りまとめたものである。

饗庭　伸、市古太郎、糸井達哉、伊山　潤、加藤陽介、香取慶一、椛山健二、神戸　渡、吉敷祥一、岸田慎司、北山和宏、楠原文雄、隈澤文俊、小山　毅、志岐祐一、清家　剛、高木次郎、高橋典之、田嶋和樹、崔　琥、千葉一樹、角田　誠、永井香織、長坂健太郎、中村孝也、名取　発、久木章江、久田嘉章、藤田香織、見波　進、山田　哲、山村一繁、吉川　徹　（敬称略）

なお本稿の地図は、国土交通省国土地理院の基盤地図情報をもとに作成したものである。

参考文献：

1) 東京都都市整備局：あなたのまちの地域危険度（地震に関する地域危険度測定調査（第 6 回）），2008.2
2) 国土交通省：災害情報　東日本大震災（第 70 報）
　　<http://www.mlit.go.jp/saigai/saigai_110311.html>
3) 東京都総務局統計部：第 60 回　東京都統計年鑑（平成 20 年）<http://www.toukei.metro.tokyo.jp/tnenkan/tn-index.htm>

4.3.7 神奈川県の建物被害
(Building Damage in Kanagawa Prefecture)

(1) 調査地域および調査方針・方法

神奈川県は，19市13町1村で構成されている。県勢要覧[1]によると，平成22年1月1日現在の人口は9,008,132人，建築物数2,301,979棟，面積2415.85km^{2}である。

県内全域の被害概況を把握するため，新聞・テレビなどのメディアから情報を収集するとともに，3/14〜4/4にかけて，以下の19市5町1村に対して聞き取り調査（HP参照を含む）を行った。

横浜市，川崎市，横須賀市，平塚市，鎌倉市，藤沢市，小田原市，茅ヶ崎市，逗子市，相模原市，三浦市，厚木市，秦野市，大和市，伊勢原市，海老名市，座間市，南足柄市，綾瀬市，愛川町，大井町，松田町，山北町，開成町，清川村

3/13〜3/28にかけて現地調査を実施した。前述の情報収集結果に基づいて被害建物の調査を行うとともに，神奈川支所の大学関係者が，各々大学周辺の状況を調査した。なお，神奈川県の大学や公共施設では，学術研究を目的として地震計を設置しており，地動や建物応答の観測記録が得られている。詳細は4.2.2節を参照されたい。

(2) 被害概要

i) 分布

表4.3.7.1及び図4.3.7.1に，各自治体で観測された最大震度を示す。これは，気象庁より3/30付で発表された精査後のデータ[2]である。震度5弱から5強を観測した地点が多いが，三浦半島周辺や西部地域では震度4以下に留まった地域も見られる。

図4.3.7.2に，自治体への聞き取り調査や現地調査に基づく被害分布を示す（図中白抜きは調査未了）。図中「建物被害有」は構造骨組や非構造部材の被害が見られた地区である。「建物被害無」とした地区についても，水道管破裂や照明落下などの設備の被害，ブロック塀倒壊などの工作物の被害が生じている。これらを含めると，県内のほぼ全域において何らかの被害が生じている。川崎市，横浜市などの東部地域において，比較的多くの建物被害が見られるが，これは建物密度や人工密度が高いことにも起因すると思われる。

地盤の被害として，横浜市金沢区の埋立地にて大規模な液状化が生じている。その他，湾岸部近傍では川崎市川崎区及び横浜市西区〜中区，海岸線から離れた地域では横浜市都筑区や秦野市で地盤変状が報告されている。

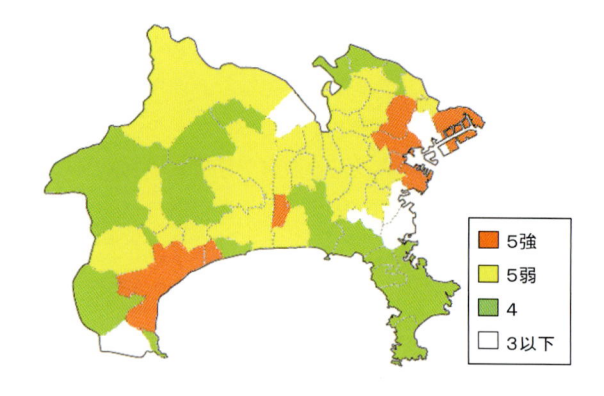

図4.3.7.1 震度分布 (Distribution of seismic intensities)

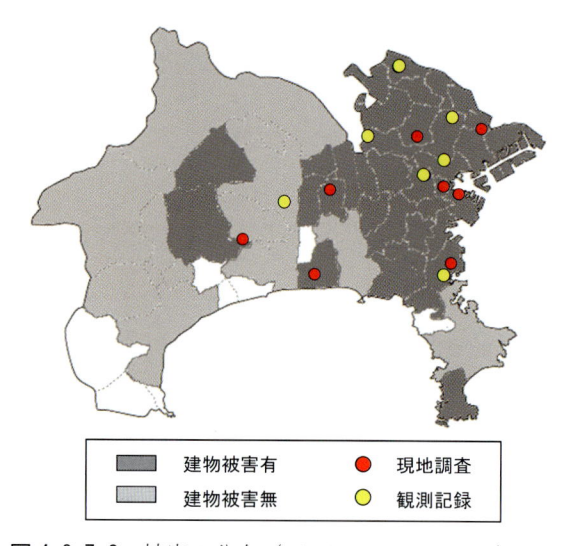

図4.3.7.2 被害の分布 (Distribution of damage)

表4.3.7.1 各自治体の最大震度 (Seismic intensities)

震度	自治体
5強	横浜市（神奈川区，中区，西区，港北区），川崎市（川崎区），小田原市，寒川町，二宮町.
5弱	横浜市（南区，港南区，保土ヶ谷区，旭区，緑区，青葉区，都筑区，戸塚区，泉区，瀬谷区），川崎市（幸区，中原区，宮前区），平塚市，茅ヶ崎市，相模原市（緑区，中央区），厚木市，大和市，伊勢原市，海老名市，座間市，南足柄市，綾瀬市，中井町，大井町，松田町.
4	川崎市（高津区，多摩区，麻生区），横須賀市，鎌倉市，藤沢市，逗子市，三浦市，秦野市，葉山町，大磯町，山北町，開成町，箱根町，真鶴町，愛川町，清川村.

ii) 特徴

図4.3.7.2中の「建物被害有」の地区について，表4.3.7.2に被害状況を示す。多くの自治体では一部損壊が数棟見られる程度であり，全般的に被害は軽微である。構造骨組に被害が生じた事例はほとんどなく，建物被害の大部

分は非構造部材の被害である。外装材のひび割れや一部落下，瓦のずれ・落下，ガラス破損，エキスパンションジョイントの損傷など，比較的軽微な被害が多い。

地盤変状による被害が見られた地区を表4.3.7.3に示す。横浜市金沢区の埋立地において液状化が生じており，建物自体の被害は小さいものの，道路や地下埋設物に甚大な被害が生じている。その他，横浜市中区，西区，都筑区や秦野市で地盤変状が見られ，建物外周の付属物や道路の被害が生じている。これらの地区の地盤変状は局所的なものであり，被害は限定的な範囲に留まっている。

表4.3.7.2 建物被害概要
(Outline of structural damage)

自治体	被害状況
横浜市	RC造3階建て層崩壊1棟，大規模天井落下1棟，報道によると半壊建物あり。外装タイルひび割れ，ガラス破損，瓦破損，天井落下など
川崎市	一部破損23棟 RC造耐震要素ひび割れ，大規模天井落下2棟
鎌倉市	一部損壊（軽微）数棟
茅ヶ崎市	天井パネル落下2棟，スプリンクラー水漏れ，外壁ひび割れ，瓦の落下
逗子市	瓦の損傷
三浦市	一部損壊5棟，外壁ひび割れ，タイル剥落
秦野市	一部破損3棟
大和市	外壁に亀裂，ガラス破損，天井材損傷など
海老名市	テニスコート屋根損傷，集合住宅外壁損傷，EXJ損傷
座間市	集合住宅EXJ損傷
綾瀬市	瓦の落下，天井損傷，ガラス破損，ナイター設備落下など
清川村	一部損壊1棟（屋根瓦破損）

表4.3.7.3 液状化・地盤変状による被害
(Liquefaction and land subsidence)

地区	被害状況	備考
横浜市中区・西区	周辺地盤の沈下によるインフラ・道路・建物付属物（外階段等）の被害	三角州・海岸低地*
横浜市都筑区	地盤沈下による道路陥没	鶴見川沿
横浜市金沢区	液状化による建物周辺地盤の沈下，舗装損傷，地下駐車場の浮き上がり	埋立地*
秦野市	液状化による噴砂，ブロック塀の被害	谷底低地*

*若松,松岡らによる微地形区分3)

(3) 被害状況

前述のように，建物被害の大部分は非構造材の被害である。代表的な被害事例を以下に示す。

外装材の被害事例を示す。写真4.3.7.1は，横浜市の大学キャンパス研究棟（SRC造，7階建て，震度5弱）で見られた外壁タイルせん断ひび割れである。この事例のように，開口周辺の外装材やコンクリート打ち継ぎ目，ガラスなどの軽微なひび割れは多数報告されている。

写真4.3.7.2は写真4.3.7.1と同じ建物であり，別棟に繋がるブリッジとの連結部分において柱脚付近のタイルが剥落した事例である。写真4.3.7.3は，同大学図書館で見られた仕上げモルタルの剥落であり，偏心した建物の柔側に位置する長柱で見られた被害である。このように，局所的に大きな変形が生じる箇所において，剥落に至る被害が見られた。

この他，住宅については瓦のずれ・落下などが報告されている。

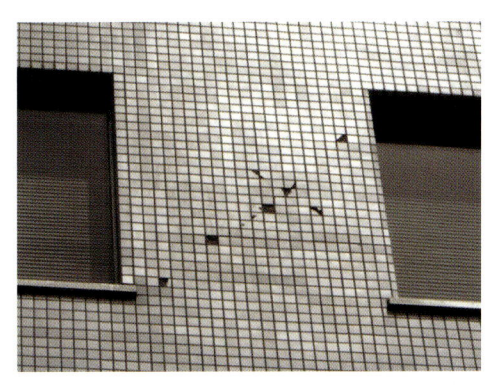

写真4.3.7.1 外壁タイルのひび割れ・剥離
(Crack and peel of tiles)

写真4.3.7.2 タイル剥落　写真4.3.7.3 モルタル剥落
(Peel of tiles)　　　　(Peel of mortar)

内装材の被害として，茅ヶ崎市（震度5弱）で見られた事例を示す。

地上7階，地下1階のSRC造建物において，ダクトや照明機器のずれ（写真4.3.7.4），天井パネルの落下（写真4.3.7.5）が見られた。写真4.3.7.5の斜線部分が落下した天井パネルであり，調査時には修復されていた。

写真4.3.7.6は，茅ヶ崎市の体育館で見られた天井パネルの落下である。当該体育館は，RC造（一部鉄骨造），地上3階, 地下1階であり，天井規模はおよそ90m×50m, 床から天井面までは15mである。

以下に，横浜市金沢区で見られた液状化の状況を示す。調査地区は金沢区湾岸部の埋立地であり，調査地周辺ではおびただしい噴砂が見られた。

写真4.3.7.7は，杭で支持された集合住宅の状況である。周辺地盤が陥没し，建物との間に最大50cmほどの高低差が生じた。これに対し，郵便ポスト受け部，独立壁など，杭で支持されていない工作物は大きく傾斜した。

写真4.3.7.8は，集合住宅敷地内の機械式地下駐車場の浮き上がりである。調査地では最大2mを超える大きな浮き上がりが観察された。

この他，地盤変状によって建物周辺に被害が生じた事例を以下に示す。

写真4.3.7.9及び写真4.3.7.10は，横浜市西区の商業施設周辺の状況である。マンホールの浮き上がりが生じ，歩道が損傷している。建物の基礎自体に沈下や傾斜は見られないが，周辺地盤が沈下したことにより，建物外周に面した腰壁が破損し，外階段にひび割れが生じた。

写真4.3.7.11は，横浜市中区で見られた地盤変状である。地盤の沈下によって歩道が崩落した。

写真4.3.7.12は，横浜市都筑区で見られた地盤変状である。調査地は鶴見川堤防付近である。地盤沈下により道路の一部が崩落し，左側の構造物と地盤との境界面に隙間が生じていた。

写真4.3.7.13及び写真4.3.7.14は，秦野市鶴巻温泉駅周辺の状況である。液状化による噴砂跡が見られる。周辺の道路や駐車場が陥没して大きなひび割れが生じており，ブロック塀が傾いていた。

(4) 今後の課題

神奈川県では，全半壊に至るような構造骨組の被害は非常に少なく，確認されている建物被害のほとんどは非構造部材の被害である。しかしながら，外観調査を主とする初動調査の範囲では，構造骨組や内装材の状態を確認することが難しいケースが多い。現段階では被害の全容が明らかにされているとは言い難く，今後も継続して実状把握に努める必要がある。また，地盤変状による被害が生じていることから，これらの被害原因を分析し，適切な防災対策を講じる必要がある。

尚，県下の大学や公共施設において，地動や建物応答の観測記録が得られたことは，学術的に非常に有意義である。今後，各地点のデータや被害状況を精査し，地震入力や建物応答特性について詳細な検討を行うことが望まれる。

写真4.3.7.4　ダクト・照明機器のずれ
（Gap of duct and lighting facility）

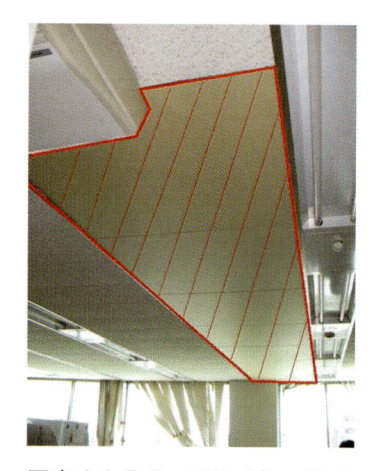

写真4.3.7.5　天井パネル落下
（Damage of ceiling）

写真4.3.7.6　体育館の天井パネル落下
（Damage of ceiling in a gymnasium）

第 4 章　関東地方の被害（Damage in Kanto District）

写真 4.3.7.7　建物周辺地盤の陥没
（Land subsidence）

写真 4.3.7.8　地下駐車場の浮き上がり
（Float of underground parking facility）

写真 4.3.7.9　マンホールの浮き上がり
(Float of manhole)

写真 4.3.7.10　外壁の破損
(Damage of outer wall)

写真 4.3.7.11　歩道の崩落
(Damage of sidewalk)

写真 4.3.7.12　道路の損傷
(Damage of street)

写真 4.3.7.13　液状化による噴砂
(Liquefaction)

写真 4.3.7.14　ブロック塀の傾き
(Tilt of block wall)

(5)　まとめ

　神奈川県では，広範に亘る地域が震度5弱から5強の地動に見舞われた。県内で確認された建物被害は，構造骨組の被害は非常に少なく，ほとんどは非構造部材の被害であった。横浜市湾岸部において液状化が発生したほか，海岸線から離れた地区でも局所的な地盤変状が見られた。

参考文献

1)　神奈川県: 県勢要覧平成 21 年度版, 2010.3
2)　気象庁ホームページ: http://www.jma.go.jp/jp/quake/
3)　若松加寿江・松岡昌志: 地形・地盤分類 250m メッシュマップ全国版の構築, 日本地震工学会大会－2008 梗概集, pp.222-223, 2008

4.4 構造種別ごとの被害
(Construction types and building damage)

4.4.1 木造建物の状況（Damage of timber buildings）

(1) 調査・被害の概要

　表4.4.1.1は，各県内で発生した被害の概要を示している。図4.4.1.1は，地震直後から2011年6月10日までに日本建築学会関東支部に報告がよせられた被害情報（1,200件）を地図上に示したものである。調査は主に外観目視調査に基づくものである。悉皆調査の結果ではないため，在住者の多い東京や埼玉の被害情報が多いなど，その分布は被害の分布とは必ずしも一致するわけではない。被害の分布をみると倒壊・大破は震源に近い北東側に比較的多いものの，内陸部にも被害の大きい事例がある。

(2) 被害例

　木造建築の地震動による倒壊・大破した事例は，倉庫等の付属屋および蔵に多くみられ，住宅では1980年以前の建設と判断されるものがほとんどであった。写真4.4.1.1は，店舗併用住宅の倒壊例である。平屋部分の工場（精米所）と店舗があり一部に床を張って2層部分を居住用に使用していた。建設は大正12年以前であり柱脚をはじめとして随所に生物劣化が観察された。

　写真4.4.12は，茨城県城東の木造軸組構法2階建て住宅の一層部分が倒壊した事例である。一方，写真4.4.1.3は栃木県に見られる，大谷石の高基礎を用いた木造住宅の倒壊・大破の事例である。高基礎の大谷石の部分が崩壊している。写真4.4.1.4は，被害の多かった蔵の例であるが，内部を木造軸組とし外装材に石材（大谷石）を用いている。外装材が脱落し内部の軸組が露出している。

　木造建築の振動被害で最も多くみられたのが瓦の脱落と外装材・壁の亀裂・剥落であった。写真4.4.1.5は伝統的な大壁造りの町屋建築であり，瓦が大破している。茨城県・栃木県内で屋根瓦の被害は県内至るところで観察され，東京都内でも散見された。

　屋根瓦の被害に次いで多く見られたのが，外装材・壁の被害である。最も多くみられたのが，ラスモルタルの亀裂・脱落であり関東一円の木造住宅でみられた。写真4.4.1.6は2階建部分のラスモルタルが木摺下地から脱落した例である。被害の進展は概して，降棟のずれ・脱落→棟瓦のずれ・脱落→壁の亀裂・脱落→筋かいの損傷（座屈または接合部損傷），であった。

　写真4.4.1.7は木造2階建住宅が傾斜・一部沈下しており，周辺には地盤変状が顕著に現れている。このように液状化および地盤変状に伴う上部構造の被害は，主に傾斜および一部沈下である。東部沿岸・東京湾沿い，茨城県霞ヶ浦，印旛沼周辺で多くみられた。

表 4.4.1.1　関東支部圏の被害概要（2011.5.22 警視庁発表資料）(Outline of damage in Kanto)

	死者[*1]	全壊[*2]	半壊[*2]	浸水	被害情報[*3]
	人	戸	戸	戸	件数
茨城	23	1,530	8,030	1,823	519
栃木	4	225	1,453	—	92
群馬	1	—	1	—	52
埼玉	—	1	6	1	139
千葉	19	708	2,313	1,651	245
東京	7	3	11	—	142
神奈川	4	—	—	—	11
山梨					0

[*1]：行方不明者を含む，[*2]：焼失・流出戸数を含む
[*3]：AIJ関東支部によせられた被害情報（2011.6.10現在）

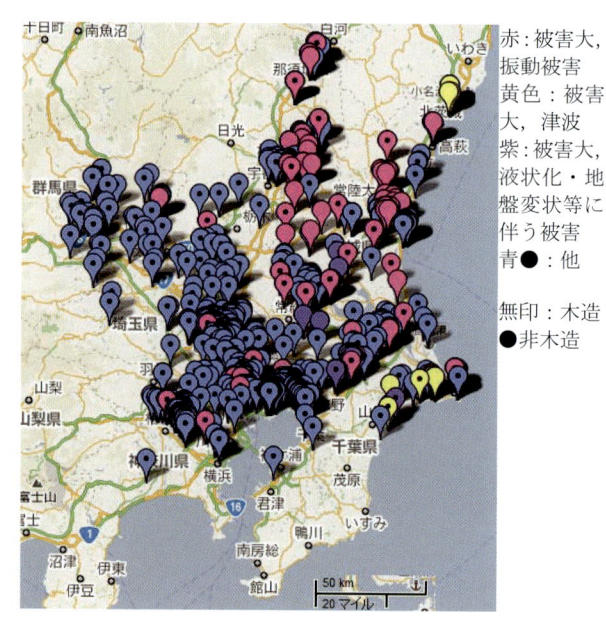

図 4.4.1.1　AIJ 関東支部によせられた被害情報の分布（2011年6月10日現在・東大藤田研究室作成）(Damage distribution in Kanto area)

　関東圏の津波被害は茨城県・千葉県の東部沿岸地域である。写真4.4.1.8は，平屋建ての木造住宅が津波により外壁が流失，軸部破損し大破した事例であるが倒壊には至っていない。津波による被害内容は倒壊・流失に至らない場合は，壁体（内外装の面材）の流失および軸組の一部破損である。

　以上より関東圏の木造建築の被害の多くは屋根瓦および外装材・壁の亀裂・脱落であり，倒壊・大破の事例は

第 4 章　関東地方の被害（Damage in Kanto District）

あまり多くはない。被害が大きい事例は，主に壁量の不足あるいは接合部等の生物劣化等に起因していると考えられる。振動被害以外では地域によって，津波および液状化等地盤変状に起因した被害である。

写真 4.4.1.1　茨城県筑西市

写真 4.4.1.2　茨城県水戸市城東（静岡大・安村研）

写真 4.4.1.3　栃木県那須烏山市曲畑（東大・稲山研）

写真 4.4.1.4　栃木県那須烏山鴻野山（東大・稲山研）

写真 4.4.1.5　茨城県つくば市神郡（工学院・河合直人）

写真 4.4.1.6　茨城県筑西市折本

写真 4.4.1.7　茨城県稲敷市上之島（東工大・坂田研笠井研）

写真 4.4.1.8　千葉県旭市飯岡町（千葉科学大・藤本一雄）

4.4.2 鉄筋コンクリート造・鉄骨鉄筋コンクリート造建物の状況 (Damage of RC or SRC Buildings)

関東地方における鉄筋コンクリート造（以下、RC）あるいは鉄骨鉄筋コンクリート造（以下、SRC）の建物の地震被害は、過去の大地震の際と同様に今回も発生した。ただし、関東地方という広大なエリアを対象とすることを考慮すれば、その棟数はきわめてわずかであったと判断してよい。

(1) 被害の概要

表 4.4.2.1 に茨城県、栃木県、埼玉県、神奈川県および千葉県において小破以上の被害を受けた建物数を示す。これは 2011 年 5 月末までに把握された棟数であり、主として本会で実施した初動調査や個別建物調査によって報告されたものである。建物用途によって学校建物、公共施設および一般建物に区分した。ただし被災した一般建物の棟数は恣意的な調査に基づいており、不正確であることを付言する。小破から倒壊までの被災度区分は、学校建物および公共施設の大多数については日本建築防災協会「震災建築物の被災度区分判定基準および復旧技術指針」（2001 年）によって判定したが、それ以外の建物では目視の判断によった。表中の（）内は、地盤変状による基礎構造の被害によって被災度が判定された棟数（内数）である。なお東京都および群馬県では、小破以上の被害を受けた建物は報告されていない。

関東地方五県の RC あるいは SRC 建物の被害状況をまとめると、倒壊：2棟、大破：10棟、中破：21棟および小破：24棟であった。なお大破の10棟のうち5棟は基礎構造の被害によるものであり、今回の地震においても地盤特性の良否が地震後の建物の継続使用性に大きく影響したと言える。被災建物のうち SRC 造は小破の1棟（7階建て）のみであり、そのほかは全て RC 造であった。

(2) 被害の地域的な特徴

次に地域的な特徴について述べる。建物の上部構造で小破以上の被害が発生したのは、震度6強を記録した茨城県中央部・北部（倒壊：1棟、大破：4棟［写真 4.4.2.1］、中破：13棟、小破：15棟、合計33棟）および栃木県東部（中破：4棟、小破：2棟、合計6棟）が主であった。さらに茨城県では消防本部展望台上部の落下や学校建物のペントハウスの柱の曲げ破壊、中層集合住宅の渡り廊下の脱落などが報告されたが、同表には含まない。

このほか栃木県東部では、地盤変状による杭基礎の損傷によって建物全体が傾斜して大破（2棟）あるいは中破（2棟）と判定された建物がある。

表 4.4.2.1 関東地方の RC・SRC 建物の被害（棟数）
(Number of damaged RC/SRC buildings in Kanto District)

県名	建物分類	倒壊		大破		中破		小破		小計（棟数）
茨城県	学校建物	0		1		11		10		22
	公共施設	0		2		0		5		7
	一般建物	1		1		2		0		4
	小計（棟数）	1		4		13		15		33
栃木県	学校建物	0		2	(2)	6	(2)	1		9
	公共施設	0		1		0		1		2
	一般建物	0		0		0		0		0
	小計（棟数）	0		3	(2)	6	(2)	2		11
埼玉県	学校建物	0		1	(1)	0		0		1
	公共施設	0		0		0		0		0
	一般建物	0		0		0		0		0
	小計（棟数）	0		1	(1)	0		0		1
神奈川県	学校建物	0		0		0		0		0
	公共施設	0		0		0		0		0
	一般建物	1		0		0		0		1
	小計（棟数）	1		0		0		0		1
千葉県	学校建物	0		2	(2)	1	(1)	6	(4)	9
	公共施設	0		0		1		1		2
	一般建物	0		0		0		0		0
	小計（棟数）	0		2	(2)	2	(1)	7	(4)	11
合計棟数		2		10	(5)	21	(3)	24	(4)	57

備考：（）内は地盤変状による基礎の被害によって被災度が判定された棟数（内数）である。

いっぽう千葉県の東京湾岸・利根川流域および埼玉県東部では震度5強程度の地震動であったが、地盤の液状化や沈下にともない基礎構造が損傷したことによって、建物全体（あるいは一部分）が傾斜したり沈下して大破：3棟、中破：1棟および小破：4棟と判定された。なお表には含まれていないが、千葉県浦安市では学校内のプール施設の基礎構造が地盤の液状化等によって損傷して大破（4棟）、中破（1棟）および小破（3棟）の被害が生じた。

栃木県や埼玉県において傾斜・沈下した建物の多くは、以前に谷地形や沼地であったところを埋め立てた地盤に杭基礎を設置して建設されていた。

(3) 被害の構造的な特徴や要因

続いて被害の構造的な特徴や要因について、以下に列記する。

1) 建物の上部構造では柱や耐震壁のせん断破壊（写真 4.4.2.2）が見られたが、これらは全て新耐震設計法施行以前（1981年以前）の建物であった。

2) 小破以上の被害を受けたのは、SRC 造7階建ての建物（小破）を除いていずれも4層以下の低層建物であった。中高層建物の被害事例はこの他には把握していない

が、中層集合住宅における非構造壁のせん断ひび割れ等は報告されている（表には含まない）。

3) 倒壊と判定された2棟では、4階建ての1階（ピロティであったと思われる、写真4.4.2.3）あるいは3階建ての1階および2階において層崩壊を生じた。いずれの建物も配筋から推定して築後50年程度を経過した古い建物である。

4) 既存建物の耐震補強はおおむね有効に機能したと判断される。ただし耐震補強を施したにもかかわらず中破程度の被害を受けた建物が複数あった。このうち3階建ての学校校舎は2階まで鉄骨ブレースで耐震補強されたが、耐震補強を施さなかった3階において北面のRC短柱が桁行方向にせん断破壊し、張り間方向でもせん断破壊した柱が見られた。さらに1階においても耐震補強を施した構面において、柱のせん断破壊が生じた（写真4.4.2.4）。

5) 前述のように地盤変状が引き起こした杭基礎等の基礎構造の損傷によって、傾斜・沈下した建物が散見された（写真4.4.2.5）。

6) 構造体の被害ではないが、間仕切りとして使用したコンクリート・ブロック（CB）壁が面外方向の地震動によって崩落した事例があった。これはCB壁の上階への定着が不十分であったためと思われる。

写真4.4.2.2　RC柱のせん断破壊（写真4.4.2.1の建物）
(Shear failure of RC column in 2-story building)

写真4.4.2.3　1層で層崩壊したRC4階建ての建物
(Story collapsed 4-story building with pilotis)

写真4.4.2.1　大破したRC2階建ての建物（茨城県）
(Heavily damaged RC 2-story building in Ibaraki prefecture)

写真4.4.2.4　鉄骨ブレースで耐震補強したRC建物の柱のせん断損傷 (Damage by shear of RC column in building retrofitted by steel-braced frame)

第 4 章　関東地方の被害（Damage in Kanto District）

写真 4.4.2.5　地盤変状により一部が沈下した RC 建物
(Partially settled RC building by soil damage)

4.4.3 鉄骨造建物の被害
(Building Damage of Steel Framed Structure)

(1) 被害概要

関東圏で実施された初動調査について，現地調査の対象となった鉄骨造建物は，茨城県65棟，栃木県21棟，埼玉県1棟，群馬県1棟，東京都42棟，千葉県10棟である（神奈川県は鉄骨被害の報告無し）。建物被害の大部分は非構造部材の被害であり，構造骨組の被害数は限られている。これらを表4.4.3.1に示す。表中には，鉄骨造屋根を持つRC造建物についても記載している。構造骨組の被害の多くは体育館で生じており，ブレースや柱脚が損傷したケースが多い。

(2) 代表的な被害事例

以下に被災状況を分類して示す。

i) 鉄骨柱脚および定着部の被害

写真4.4.3.1に，鉄骨屋根定着部の被害を示す（表4.4.3.1中①）。当該建物は，RC造2階，鉄骨造トラス屋根を持つ体育館である。定着部コンクリートが側方破壊し，ひび割れや被りコンクリートの剥離が生じている。一部にはアンカーボルトが露出しているものも見られた。

写真4.4.3.2は，Sタイプ体育館の鉛直ブレース付き柱脚におけるコンクリートひび割れである（表中③）。ブレース付き柱脚では，他の柱脚に比べて大きなせん断力と引抜力が作用するため，コンクリートのひび割れが大きくなる傾向が見られる。

表4.4.3.1 構造骨組の被害が生じた鉄骨造建物
（Structural damage of Steel Structure）

	所在	用途	状況
①	茨城 日立市	体育館	鉄骨屋根定着部のコンクリート剥落，天井ブレース破断・弛み
②	常陸太田市	体育館	柱脚コンクリートひび割れ，天井ブレース弛み
③	つくば市	体育館	鉛直ブレース座屈，柱脚コンクリートひび割れ，外装材落下
④	つくば市	体育館	鉛直ブレース破断，外装材落下
⑤	潮来市	体育館	鉛直ブレース弛み
⑥	稲敷市	体育館	鉛直ブレース座屈，柱脚コンクリートひび割れ
⑦	稲敷市	倉庫	液状化による不同沈下
⑧	栃木 市貝町	体育館	鉛直ブレース座屈，柱脚コンクリートひび割れ
⑨	高根沢町	工場	柱梁接合部の破断，1層傾斜
⑩	千葉 我孫子市	店舗兼住宅	液状化による不同沈下

ii) 鉛直ブレースの被害

写真4.4.3.3は，Sタイプ体育館（表中④）で見られた鉛直ブレースの破断である。当該体育館は1981年以前に建設されており，耐震改修は行っていない。φ16丸鋼ブレースをM16中ボルト1本で接合しており，ボルトが破断したものやガセットプレート－柱フランジ溶接部が破断したものが見られた。

調査した体育館の鉛直ブレースはいずれも引張ブレースであり，ブレースが引張降伏して弛みが生じているものが多い。一部のブレースでは座屈変形が見られた。写真4.4.3.4はSタイプ体育館（表中③）の鉛直ブレースで見られた座屈変形である。

iii) 天井ブレースの損傷

写真4.4.3.5は天井ブレースが破断した事例である（表中①）。当該建物は耐震改修時に天井ブレースを増設しているが，破断したブレースは主に改修前に設けられたものと思われる。ブレース端部のボルト破断や，ガセットプレートの溶接部破断が見られた。

写真4.4.3.6は，天井ブレースが引張降伏し，弛みが生じた事例である。

iv) 柱梁接合部の破断

写真4.4.3.7は，2階建て鉄骨ラーメン構造の工場における被害であり（表中⑨），通しダイアフラム－角形鋼管柱の溶接部が破断している。溶接継目は隅肉溶接か部分溶込み溶接であったと思われる。梁の下フランジにわずかな塗装の剥離が見られ，梁の降伏が開始した段階で破断したものと思われる。

v) 液状化による不同沈下

写真4.4.3.8は，地盤の液状化によって不同沈下が生じた事例である（表中⑦）。建物が傾斜しているのみならず，柱脚部に水平変位が生じ，足元が開くような変形が生じている。

(3) その他の被害

i) 空間構造における天井材の被害

構造骨組以外で甚大な被害をもたらした事例として，体育館やホールなどの空間構造における天井の大規模落下が挙げられる。写真4.4.3.9は，水戸市の体育館の被害である。

ii) 外装材の被害

写真4.4.3.10は，Sタイプ体育館で見られた外装材の被害である（表中③）。妻面にてラスモルタル仕上げ外装材が全面的に脱落している。

体育館以外にも，中低層の鉄骨造ビルで外装材が大きく脱落した事例が報告されている。このような被害は，被害が大きかった茨城県・栃木県・千葉県だけでなく，

東京都でも数件見られる。写真 4.4.3.11 は，東京都墨田区で見られた 4 階建て事務所ビルの外装材被害である。

ⅲ）津波被害

写真 4.4.3.12 は，日立市久慈浜海岸周辺で津波による被害を受けた鉄骨造建物である。1 層部分の外装材に著しい被害が生じている。

(4) まとめ

関東地方の鉄骨造建物について，構造骨組の被害を中心に概説した。体育館の柱脚や鉛直ブレース・天井ブレースに被害が見られた。確認されている構造骨組の被害は比較的少ないが，外装材に覆われて構造骨組の状態が把握できないケースも多く，今後継続的に調査を行う必要がある。

写真 4.4.3.1 鉄骨定着部の被害 (Damage of anchor)

写真 4.4.3.2 柱脚のひび割れ (Crack of base concrete)

写真 4.4.3.3 鉛直ブレースの破断 (Fracture of brace)

写真 4.4.3.4 鉛直ブレースの座屈 (Buckling of brace)

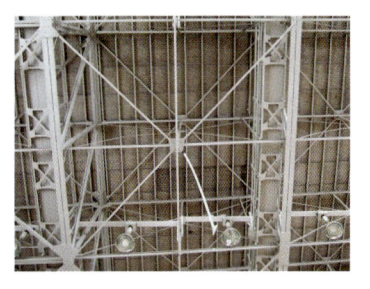

写真 4.4.3.5 天井ブレースの破断 (Fracture of brace)

写真 4.4.3.6 天井ブレースの弛み (Elongation of brace)

写真 4.4.3.7 柱梁接合部の破断 (Fracture of joint)

写真 4.4.3.8 液状化による不同沈下 (Land subsidence)

写真 4.4.3.9 天井材の大規模落下 (Failure of ceiling)

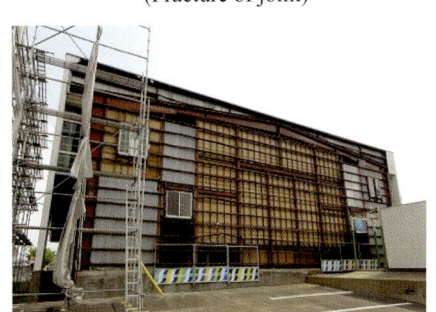

写真 4.4.3.10 外装材の脱落 (Failure of wall)

写真 4.4.3.11 外装材の脱落 (Failure of wall)

写真 4.4.3.12 津波による被害 (Damage due to tsunami)

4.4.4 超高層建物の状況
（Damage of High-Rise Buildings）

新宿西口地域の超高層建物群を中心として，事例紹介やアンケート調査結果による主な状況報告を行う。

(1) 超高層建築の応答と主な被害事例の報告

強震観測記録を公開している工学院新宿校舎（28階建鉄骨造，1次・2次の固有周期は約3秒と1秒）の1階と屋上（29階）の南北成分の加速度と変位波形を図4.4.4.1に，1階の加速度応答スペクトルを図4.4.4.2に示す。ここで29階の波形は基線を上側に移動して表示し，変位は周期10秒以上の成分をカットするフィルターを用いている。1階の加速度では短周期成分の主要動は数十秒程度であるが，長周期地震動により変位の継続時間は数百秒以上と非常に長い。1階の揺れに比べ，上層階の揺れは大きく増幅され，加速度で最大約3 m/s^2，変位では0.37mである。1次の固有周期は微動レベルでは約2.7秒であるが，本震では約3秒と構造計算書に近い値まで増大した。これは主に間仕切り壁（パーテション）やカーテンウォールなどの2次部材の影響と考えられる。ちなみに1階と屋上の記録から計算した計測震度は，それぞれ5弱（4.5）と6弱（5.9）であった。

次に構造的な被害は無かったが，図4.4.4.3，図4.4.4.4に示すように高層階での天井板が落下し，転倒防止策を行っていなかった重い本棚が転倒，それに押されたパーテションが大きく変形した。その他，コピーなどキャスター付きの什器類の移動，室内での書籍等の落下と散乱，間仕切り壁の変形によるドアの開閉の障害，低層棟と結ぶエクスパンション・ジョイント部での内装材の剥落，などの軽微な被害があった。また非常用エレベータの主ケーブルが17階の着床検出板に引っ掛かり，主ケーブルや着床検出板，取り付けアングルなどが損傷した。そのうえ，震災により交換品が入手できず，3週間以上も使用不可となった。

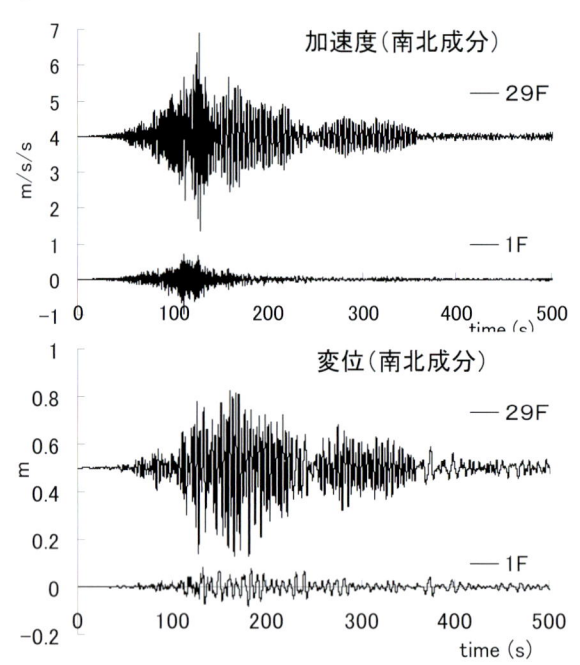

図4.4.4.1 工学院大学新宿校舎における1階と屋上29階の加速度（上）と変位波形（下）(Accelerations and displacements recorded at the 1st and 29th floors of Shinjuku Campus of Kogakuin University)

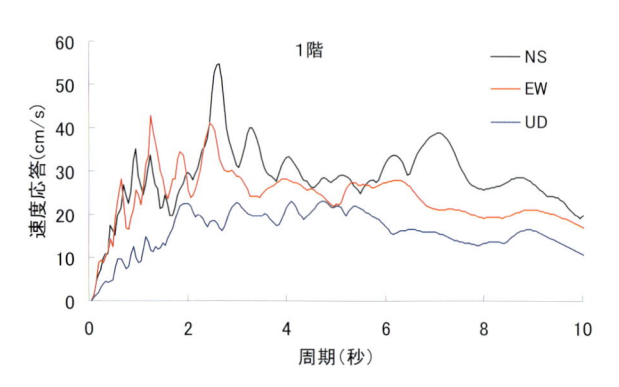

図4.4.4.2 1階の強震記録による5%減衰の速度応答スペクトル（Velocity response spectra using the strong motion record at the 1st floor）

図4.4.4.3 28階における天井版の落下（Fall of ceilings at the 28th floor）

その他，強震記録が得られている超高層建物として，都庁第一本庁舎（48階建，長辺・短辺方向の固有周期は約4.6秒と約5秒）と第二本庁舎（34階建，長辺・短辺方向の固有周期は約3.8秒と約3.7秒短変方向の固有周期約5秒）の最上階の片振幅の最大変位はそれぞれ65 cm,と61cmであった[1]。一方，2009年に制震補強を行った新宿センタービル（54階建て，固有周期は約5秒）では地上に対する最上階の最大振幅は54 cmであり，制震補強が無ければ70 cmであったと推定している（大成建設による検討結果より）。

図4.4.4.4 パーテションの変形（Deformation of a partition wall）

(2) 超高層建物へのアンケート調査結果（速報）

新宿駅周辺地域では新宿区や地元の事業者等との協働により新宿駅周辺防災対策協議会を設置し，震災に対する地域ルールである新宿ルールをまとめ，毎年の地域防災訓練などを実施している。2011年東日本大震災では新宿消防署と連携して西口超高層建物を対象とした被害や震災対応に関するアンケート調査を実施中である。現時点(2011年6月)での回答数はビルの管理会社が8社，テナントが18社であり，次に速報を紹介する（既述の工学院大学は除く）。

アンケートでは建物の構造被害や火災・負傷者の発生など重大な被害は報告されていない。その他の主な被害として，表4.4.4.1に管理会社による集計結果を示す。殆どの建物で天井が一部落下し，外線に通信障害があり，半数の建物に内壁等にも被害が生じている。その他，パーテションの倒れやスプリンクラーの損傷，防火戸の開閉障害，外壁の一部落下などが報告されている。

またアンケートの自由回答やエレベータ会社へのヒアリングによると，エレベータに関する多くの被害が報告されている。殆どの直接被害は，図4.4.4.5に示すように様々なケーブル類の絡みや引っ掛かりであるが，エレベータ経路での内壁の落下もあった。また地震時管制運転による自動停止の際，最寄の階以外での緊急停止も報告されている。

エレベータの復旧は，部分復旧では早くて5時間後，長いもので3週間近くであった。なお最新の昇降機耐震設計・施工指針である2009年版ではケーブル類の絡み防止など長周期地震動対策などを強化しているが，この最新の指針によるエレベータの被害は今のところ報告されていない。

その他のアンケート項目として，震災直後の初動対応や，当日の情報収集や連絡方法，夜の館内や外部からの帰宅困難者の受入れ状況などもある。主な結果として，通常の防災訓練では火災発生を前提とした全館避難を実施しているが，今回は火災の発生や建物の危険性が無かったため，どの建物も全館避難は実施していない。またエレベータや通話を除くライフラインは維持できたため，当日の夜は全ての建物でテナント従業員のために宿泊を許可している。さらに都からの要請や自主判断により，多くの建物で外部からの帰宅困難者の受入れやその準備を行っていた。但し，帰宅困難者への情報提供は十分ではなく，結果としてはあまり人が来なかった建物もあった。

表4.4.4.1 新宿駅西口地域の超高層建物によるアンケート調査の速報（Questionnaire results from high-rise buildings in the west area of Shinjuku Station）

被害内容	建物数（回答数8）
天井の一部落下	7
外線電話の障害	5
内壁等のはがれ	4
防火戸の開閉障害	2
電気・ガス・水道の支障	2
パーテションの倒れ	1
スプリンクラー損傷	1
防煙垂壁の損傷	1
外壁の一部落下	1

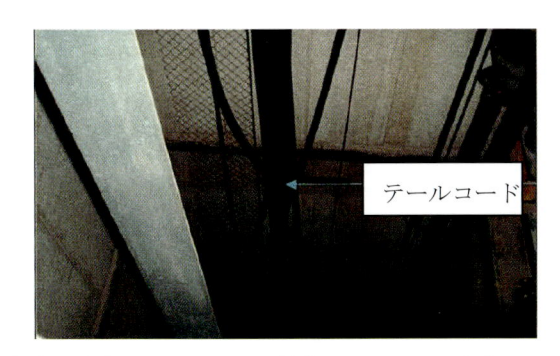

図4.4.4.5 エレベータの被害・テールコードとコンペンロープの絡み（Kink of elevator cables）

(4) 今後の課題

より大きな被害が予想される首都直下地震や東海・東南海連動型地震などに対して，ハード面では，①既存の超高

層建物の制震補強の推進，②エレベータや天井，内外壁などの2次部材の耐震対策の強化などが，一方ソフト面では，①火災だけでなく震災にも対応した消防計画の見直し，②初動対応体制の整備と実践的な教育・訓練等の実施，③地域で連携した帰宅困難者や災害時要援護者の受け入れや，多数の傷病者が出た場合の対応，④建物や街区間での情報共有など，が今後に向けた課題となった。

参考文献

1) 東京都財務局，都庁第一本庁舎・第二庁舎における長周期地震動対策への取組，2011年5月
   http://www.zaimu.metro.tokyo.jp/kentikuhozen/20l5k201.pdf

第4章 関東地方の被害 (Damage in Kanto District)

4.4.5 免震・制振建物の状況
(Behavior of response controlled buildings)

(1) はじめに

耐震建物に比べ、免震・制振建物の実用の歴史は新しく、実挙動に関する情報はこれまで僅かであったため、本震での被害や観測記録は重要である。4.2.3節で紹介した免震・制振建物の一部に言及しながら、これを概説する。

(2) 免震構造

免震建物の典型的な被害は、建物と周辺の間のエキスパンションジョイントの損傷であった。大変位型でも損傷したもの、小変位型のため損傷が当然なものがある。ダンパーでは、降伏した箇所の塗装の剥がれという軽微なものから、取付け部の緩みや損傷、ダンパー自体の損傷まである。また、免震に関する先入観の違いもあり、建物の揺れの印象や、免震に対する満足度も様々であった。以上について、現在、(社)日本免震構造協会で調査中である。

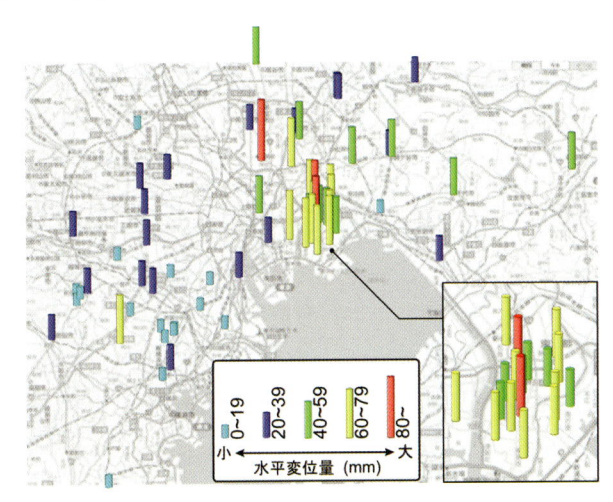

図4.4.5.1 某企業の建設した免震建物70棟のけがき記録装置から求めた免震層最大変位の分布
(Distribution of isolator peak displacements of 70 base-Isolated buildings constructed in Kanto Area)

また、某企業が関東に建設した免震建物のうち70棟に免震層の変位を記録するけがき板を設置し、地震後の応急点検と併せて、けがき針の軌跡を計測した。図4.4.5.1が結果を地図上に纏めている。免震層の最大変位は、1都3県で平均約40mmである。最大は、東京都足立区の集合住宅(4.2.3節の免震14階建)の90mmであった。東京都の江戸川・江東・墨田・足立区など東部で変位が大きく、軟弱地盤を指摘されている箇所で影響を強く受けていることも分かった。なお、筆者の現時点での調査では、4.2.3節で述べた大きな建物を含めても、殆どが120mm以内であり、関東での免震層変位の最大値で200mm程である。

ところで、免震層の変位は、けがきの方法のほか、変位計により直接時系列で記録する方法や、加速度を二重積分する方法がある。二重積分の精度は、低中層の免震構造で不確かであるが(4.2.3節)、高層になるとこの問題が軽減されるようである。例えば4.2.3節の免震20階建では、3方法のデータが得られ[1]、図4.4.5.2のように、それらがほぼ同一となった。

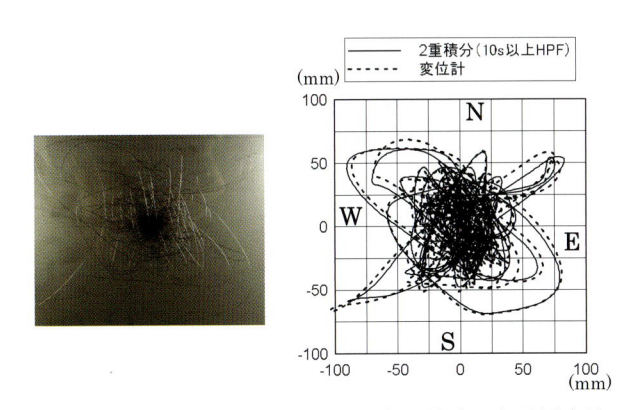

図4.4.5.2 3種方法で計測した免震20階建の免震層変位
(Isolated Story Drifts Recorded by Three Different Schemes for a 20-Story Base-Isolated Building)

また、この建物に関して順に、①微動、②3月9日強震(頂部震度2.5)、③3月11日本震(頂部震度5.0)、④3月11日強震(頂部震度2.6)⑤微動の5つの観測記録それぞれから同定した周期・減衰を図4.4.5.3に示す。本震③で周期、減衰が大きく増加している[7]。これは、免震層で主に鋼材ダンパーが用いられているためであり、地震入力が大きくなれば、より高い免震効果が期待できると思われる。

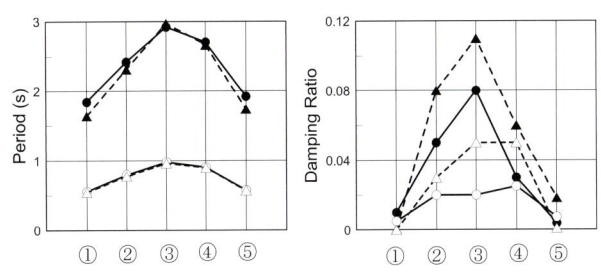

図4.4.5.3 本震③の前後の震動から得た1～2次周期・減衰 (1st & 2nd Mode Vibration Periods and Damping Ratios at Events before and after the Strongest Event of March 11)

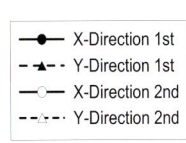

なお、建物頂部と基部の絶対加速度の比(加速度増幅比)は、③本震で1.7程だが(図4.4.5.4)、他の比較的弱い地震では3.1程まで上昇した。これは、図4.4.5.2に示した効果に加え、高層の免震構造の変形モードによるものであると思われる。すなわち、図示しないが、弱い地震で免震層の等価

— 345 —

な剛性が比較的高く、高層のため柔かめである上層部への変形担が増し、通常構造の変形モードに近づくためである[7]。これは、より大きな入力で逆となることも意味し、前述の周期や減衰だけでなくモードの観点からも、免震効果が増すと予想できる。

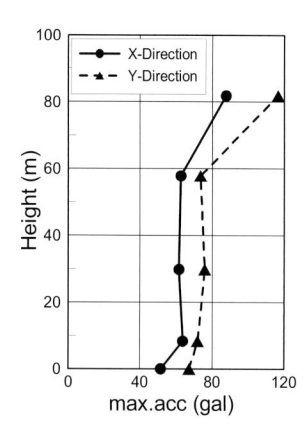

図4.4.5.4 免震20階建の絶対加速度分布 (Accelerations of 20-Story Base-Isolated Building)

ちなみに、入力レベルに関わらず効果を確保するため、セミアクティブ免震などの技術開発がなされており、既にその実施例もある（4.2.3節）。

(2) 制振構造

関東地区の制振構造の被害は、筆者の知る限り、非構造の損傷程度であるが、揺れの印象や制振に対する満足度は、様々であった。また、4.2.3節で示した頂部の加速度増幅比（図4.2.3.1）により、免震ほどではないが、制振が建物の応答加速度、ひいては建物の変形も抑制していることが分かった。さらに、高層建物になるほど、免震建物との性能の差が狭まるように感じられるが、今後、より多くの観測記録により確認する必要がある。

なお、鋼材ダンパーでは、降伏したか否かの小さな変形のため、減衰が僅かであったが、実大の建物実験で見られたように[2]、より大きな地震で顕著な減衰効果が得られると考えている（4.2.3節）。小地震での鋼材ダンパーの低減衰の傾向を補うために、粘性制振壁など速度依存ダンパーを並列に配置した、例えば4.2.3節の制振21階建は、その効果があったと判断できる。

さらに、小さな震動でも減衰するオイルダンパー[2]を用いた制振41階建（4.2.3節）を分析してみる。図4.4.5.5上・中・下段は、それぞれ基部絶対加速度、41階絶対加速度、41階変位を示し、4.2.3節付録の2方法から得た結果をプロットしている。図4.4.5.5上段から、X-方向の加速度入力は、前半約110秒まで高周波成分からなり、それ以後は低周波成分でピーク値も徐々に減少したことが分かる。また、図中段から、応答加速度は、これに同調し、前半で2次以上（周期約1.3秒、0.7秒など）、後半は1次（周期約4.2秒）のモードの加速度応答となった。

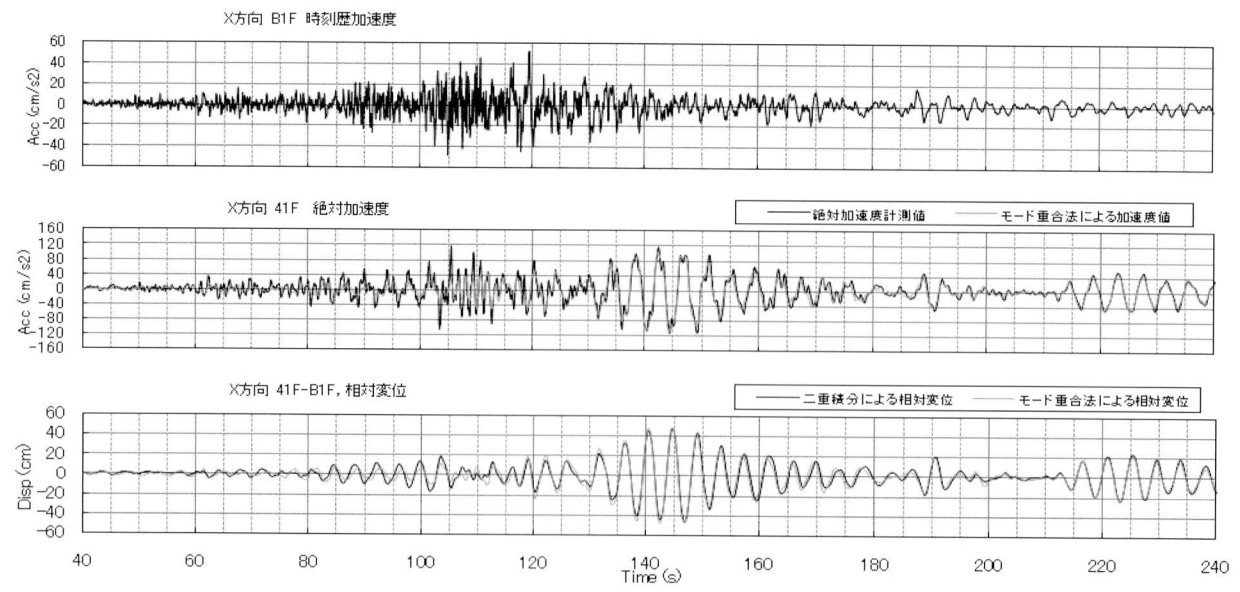

図4.4.5.5 制振41階建の基部絶対加速度、最上階絶対加速度、最上階の基部との相対変位 (Responses of a 41-story damped Building : ground floor absolute acceleration, top floor absolute acceleration, and top floor displacement with respect to ground floor)

謝辞

免震建物 70 棟のけがき記録装置から求めた免震層最大変位の分布図は、スターツ CAM 株式会社の酒井和成氏から提供して頂きました。ここに深謝いたします。

参考文献

1) 山際創、笠井和彦、佐藤大樹、山田哲、坂田弘安、山中浩明、盛川仁、和田章：多点同時地震動観測記録に基づく超高層免震建物の地震応答性状の考察、日本建築学会大会梗概集（関東）、印刷中、2011.8
2) 笠井和彦、大木洋司、引野剛、伊藤浩資、元結正次郎、石井正人、小崎均、梶原浩一：5 層実大制振建物の震動台実験、日本建築学会大会（富山）鋼構造部門パネルディスカッション資料, pp.33-47, 2010.9

4.4.6 大空間施設の構造被害と天井落下被害の状況
(Damage of spatial structures and their ceiling)

(1) 被害の概要と分布

学校体育館や，公共体育館・公共ホール，大規模商業施設などの大空間施設での震動被害状況は，従来の震災被害と類型的なものが数多く報告されている。図4.4.6.1は，各種メディアの報道，自治体などの広報資料，各種機関の公開報告書から個別の建物名称と被害状況が分かる大空間施設を収集し，その棟数を，県別，用途別に示したものである（5月29日まで）。

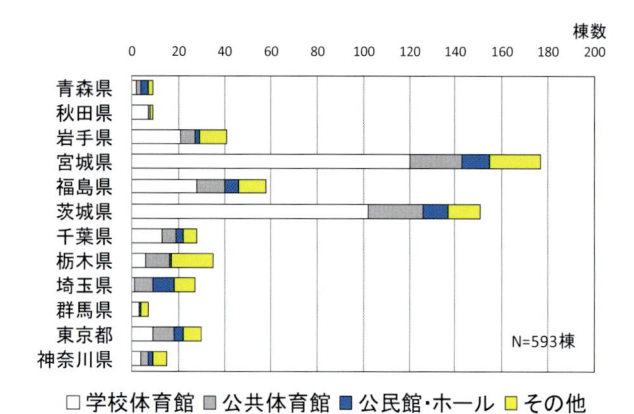

図 4.4.6.1 報道，広報資料，各種機関の報告に基づく体育館など大空間施設の震動被害棟数
(Number of spatial structures with structural damage due to vibration)

図4.4.6.1によると，広い地域で被害が発生し，関東地方でも，茨城県をはじめとして多数の被害が報告されている。宮城県，茨城県がかなり多い理由として，情報公開が機能している，調査が数多く入っている，耐震化が進んでいない（茨城県の場合）などが考えられるが，分析はこれからである。

用途別にみると，学校体育館（小中・高校・大学）が約54％と多いが，ついで公共体育館18％，公共ホール10％となっている。

(2) 被害の特徴

・被害の頻度

まず，津波被害を除いて，震動被害で本震，余震を含め崩壊した空間構造物は報告されていない。

大空間施設に関して，地震発生からの数日で最も多く報道・報告されたのは「天井材の落下」「壁仕上げ材の落下」であった。震災後3カ月余の現在，ようやく専門家による調査速報も公開されている。以下，図4.4.6.2と3に比較的被害の様相が詳細に記載されている茨城県の小中学校および高等学校体育館の報告書[1) 2)]を元に被害を分類した結果を示す（計65棟）。

・構造材の被害

図4.4.6.2に，構造材の被害頻度を示す。大空間施設特有の被害として，鉄骨屋根のRC支承部の損傷がやはり数多く見られる（写真4.4.6.1）。被りコンクリートやモルタルの剥落が代表的である。壁面ブレース（特に桁面，写真4.4.6.2），屋根面ブレースの座屈，破断も見られる。

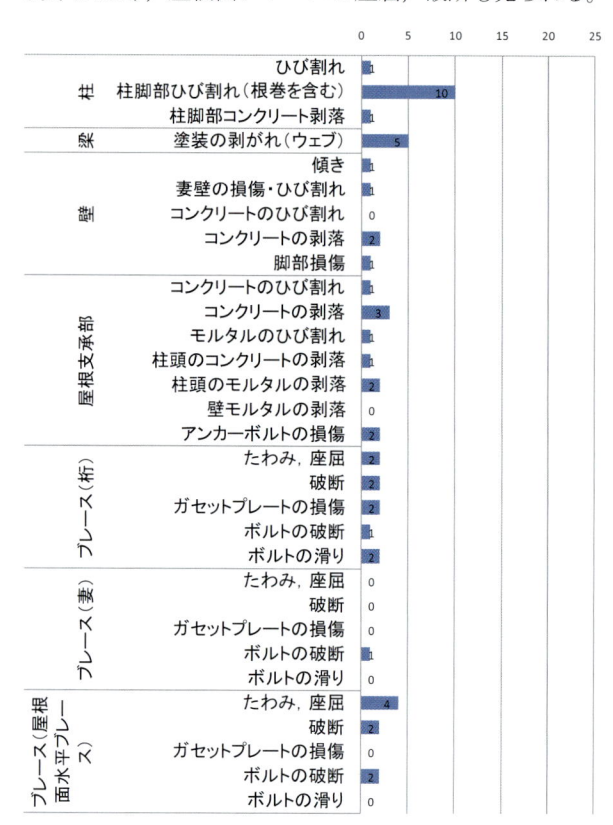

図 4.4.6.2 学校体育館の構造材被害件数（茨城県内の小中学校，高校体育館65棟をサンプリング）
(Types of structural damage at 65 school gymnasiums in Ibaraki Prefecture)

・非構造材の被害

天井材など非構造材の落下で人的被害が発生している。都内の大ホールでの天井落下により2名が死亡，福島県の総合体育館でガラス落下により軽傷1名，学校体育館でも落下物によるもので5件（重症1件1名，軽傷4件11名以上）などが報告されている。

図4.4.6.3に，構造材の被害頻度を示す。最も多く見られた非構造材の被害は，天井に関する損傷である（63棟で27件）（写真4.4.6.3）。天井材の損傷は全県でも最も多く報告されている。次いでガラスやサッシの損傷・落下，照明器具の落下，壁仕上げ材の剥離，落下が多い。

(3) 大型集客施設の天井落下被害について

天井落下被害は，概ね震度5を超えた地域で発生することが過去の経験より知られている。図4.4.6.4に余震を含む東日本大震災の震度分布と天井被害の発生箇所の関

第4章　関東地方の被害（Damage in Kanto District）

係を図示する。今回は非常に広い地域で震度5以上が観測されており，東京や横浜なども被災地となっている。

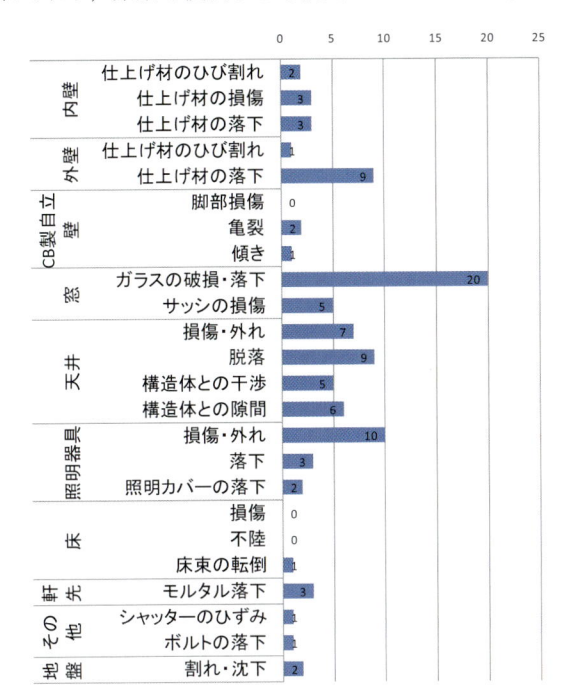

図 4.4.6.3　学校体育館の非構造材被害件数（茨城県内の小中，高校体育館 65 棟をサンプリング）
(Types of non-structural damage at 65 school gymnasiums in Ibaraki Prefecture)

写真 4.4.6.1　屋根支承部の損傷

写真 4.4.6.2　壁面ブレースの座屈・破断

写真 4.4.6.3　天井材の落下

写真 4.4.6.4　照明器具の落下

前述の様に死傷者も発生している。地震の長い継続時間、多数の強い余震などが原因の一つと考えられる。写真4.4.6.5に被害の例を示す。都内日本科学未来館でも天井落下被害が発生したが，落下部分の天井を全て撤去し，膜天井に張替え，6月11日に速やかに復旧再開している。

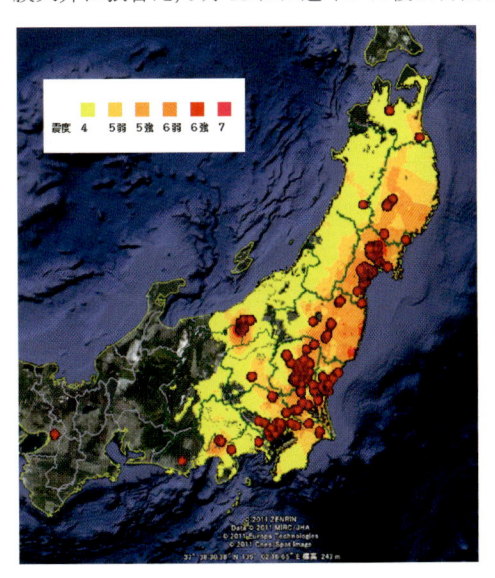

図 4.4.6.4　震度分布(色)と天井被害の発生分布(赤丸)

写真 4.4.6.5 落下物で負傷者の出た中学校体育館

写真 4.4.6.6 日本科学未来館の天井被災と復旧状況

(4) まとめ

 天井が高く広いスペースに大勢の利用者を収容する大空間施設(公共ホール,体育館,駅,ショッピングセンター等)での天井落下被害は多数の負傷者を出し,被災後の避難所施設としての機能も大きく阻害する。天井落下被害を根本的に解消する方策の一刻も早い徹底が必要である。

参考文献
1) 国土交通省国土技術政策研究所, 独立行政法人建築研究所;「平成23年東北地方太平洋沖地震による建築物被害第一次調査 水戸市の旧耐震基準による小・中学校体育館等の被害概要調査(速報)」, 2011.4
2) 国土交通省国土技術政策研究所, 独立行政法人建築研究所;「平成23年東北地方太平洋沖地震による建築物被害第一次調査 茨城県内の学校体育館を中心とした被害概要調査(速報)」, 2011.4

謝辞；写真 4.4.6.1〜4 は東京工業大学竹内徹教授提供。

4.4.7 外壁・外装材の被害の状況
　　　（Damage of exterior wall and cladding）
(1)　被害の概況

　今回の地震被害は関東でも広範囲におよんでいる。外壁・外装材の被害についても軽微な被害を含めると全体像を把握することは難しい。非構造部材の被害調査については、このような広範囲を早急に調査することは難しかった。したがって、ある程度時間が経過したものが多く、撤去や復旧がはじまっていたため、正確な状況把握とはなっていない。また、今回は余震も多く、本震での破損なのか、その後の余震によるものなのかも、区別ができない。一方で、初動では確認できなかった被害で、時間が経過してから調査等で分かるものもあった。

　外壁・外装材の被害の分布については、栃木県や茨城県である程度集中して発生している地域もあったが、多くの地域では点在していた。また、集中している地域でも、同時期の同様な構法の外壁で破損しているものとそうでないものがある。こうした状況については、今後詳細な被害原因の分析が必要であろう。

　本パートでは被害の概要を示すため、外壁・外装材の被害の特徴的なものについて説明する。調査は非構造部材を中心に行った調査と、各県の被害報告による。

　外壁・外装材の被害として広範囲に見られたものは、下記のものである。
① 木造戸建て住宅の瓦
② 木造戸建て住宅のラスモルタルなどの湿式外壁
③ 鉄筋コンクリート造の外壁タイル
④ 鉄骨造のラスシート
⑤ 鉄骨造のＡＬＣパネル
⑥ ガラススクリーン
⑦ 窓ガラス
⑧ その他外壁材

　①、②については広域で見られたが、その内容については木造の被害及び各県の被害報告などを参照されたし。ここでは③以下の被害に対して、典型的な事例を掲載して被害の状況を解説する。

(2)　鉄筋コンクリート造の外壁タイル

　鉄筋コンクリート造の外壁タイルについては、地震直後に破損が見つかる場合と、ある程度時間がたってから破損していたことが分かる場合がある。構造体の変形に対してタイル面との間に亀裂が生じた場合、タイルそのものが欠けるなどなどした場合、鉄筋コンクリートの壁面に亀裂が生じた場合などがある。各県で広範囲に点在している被害である。

　事務所ビル（横浜市）では、南東側外壁でタイルの剥離が見られた。主として開口部廻りおよび目地周囲であった。

写真 4.4.7.1　事務所ビルのタイルの破損 (Damages of tile on an office building)

(3)　鉄骨造のラスシート

　昭和30から40年代にかけて鉄骨造の外壁として普及していたラスシートが落下する事例が多数確認できた。東京都内から北関東にかけて広域で見られる。中越地震以降、これまでも多数確認されている。落下したものは、シートの取付け部分がさびていることが多い。

写真 4.4.7.2　ラスシートの脱落 (Falling down of mortar finish on lath sheet)

(4)　鉄骨造のＡＬＣパネル

　鉄骨造のＡＬＣパネルの破損、または落下が多く見られた。とくに目地部分が損傷したもの、われがはいったものは多数見られた。2002年に縦壁挿入筋構法から耐震性のより高いロッキング構法へと全面的に変更になっているが、被害事例の中で落下などの深刻な被害のほとんどが縦壁挿入筋構法であった。被害のほとんどが大きな層間変位を受けたためと思われるが、個々の建物でどの程度だったかは不明である。一部では内外装仕上げが

ALCパネルの層間変位追従を妨げたと思われるものもあった。また、天井によるパネルの損傷も見られた。被害が比較的多い地域でも、縦壁挿入筋構法で無被害のものもあった。これらについては今後の詳細調査が必要であろう。

5階建ての事務所ビル（水戸市）では、4階東側外壁全体のALCパネルが落下している。取り付けは縦壁挿入筋構法であることが確認されたが、脱落が何枚だったのかは不明である。

写真4.4.7.3 事務所ビルのALC版の脱落（Falling down of ALC panels of office building）

(5) ガラススクリーン

ガラスのショールームは、低層の鉄骨造に対してガラススクリーン構法のリブ構法を採用しているものが多い。これらのガラスが数多く破損している。通常はリブガラスが破損するが、今回は破損後時間がたってからの調査となっていたため、多くの場合破損状況が確認できていない。茨城県、栃木県で、破損している事例が確認されている。

(6) 窓ガラス

窓ガラスについては、数多く破損したと言われているが、数が膨大なのと、早期に直すことが多いため、被害の全体像が把握できていない。通常窓ガラスの破損は、内部の家具などの衝突と、地震による建物の層間変位による破損があるが、後者は可動部ではほとんど起きず、はめ殺し部で発生しやすい。今回もはめ殺し部分のガラスの破損については数多く確認できた。それ以外に一部横連窓の被害、カーテンウォール形式の被害も見られた。

9階建ての事務所ビル（東京都港区）において、はめ殺し窓の破損が見られた。ここでは、6枚（3枚×上下2段）のガラスが1セットとなっている開口部で、下段は両端がはめ殺し、中央が可動となっている。破損したガラスははめ殺し窓のみで、可動部の被害は無い。

写真4.4.7.4 事務所ビルのガラスの被害（Damage of glass on an office building）

(7) その他外壁材

その他外壁材は、湿式外壁のひび割れ、一部破損、乾式外壁のずれなどを含めると、多数の被害があり、全体像を把握することは難しい。

軒天の被害が散見された。商業施設（宇都宮市）でも、軒天井の脱落があった。

写真4.4.7.5 商業施設の軒天井の脱落（Damage of panels under eaves of commercial building）

今回カーテンウォールはほとんど被害がなかった。しかし、一部プレキャストコンクリートカーテンウォールにおいて、目地部がずれているものがあった。

(8) 今後の課題

関東地方の外壁、外装材の被害について、構法の材料別に解説してきた。こうした被害に対して、今後は詳細な原因分析が必要と思われる。しかし、広域に散見される被害のすべての原因分析が難しい。したがって、被害の多いものの被害率の確認、構法ごとの設計につながるような分析、構造体と非構造部材との双方の被害の比較などが重要と考える。

4.4.8 その他の非構造部材の被害 (Damages of other non-structural elements)

(1) 被害の概況

その他の非構造部材の被害として見られたのは以下のものである。

① 内装
② エキスパンションジョイント
③ ガラスの防煙垂れ壁
④ 工作物など
⑤ ブロック塀など

以下、ここでは典型的な事例を掲載して被害の状況を解説する。

(2) 内装

内装については、建物内部の被害であり、今回はほとんど調査できていない。一方で、内壁の破損は数多く発生していると思われる。仕上げのひび割れ等の軽微なものからパネルの脱落まであると思われる。

(3) エキスパンションジョイント

エキスパンションジョイントの破損が多数見られた。ジョイントとしては正しく機能したとも捉えられるが、一方で補修しなければ雨もりなどの原因となる。

体育館（宇都宮市）では、エキスパンションジョイント部の破損も見られた。大体育館と事務棟との渡り廊下部分に被害が確認された。

(4) ガラスの防煙垂れ壁

ガラスの防煙垂れ壁については、ショッピングセンターやスーパーなど低層で大規模な鉄骨造の建物に多数採用されている。これらは過去の地震でも多数破損していたが、今回も広範囲に多数の破損が見られる。本来は脱落防止のバーが設置され、柱などと接する端部に緩衝材をいれることが望ましいが、被害が見られた事例では、こうした措置がとられているものは少ない。破損は柱などの端部のみの場合と、全面にわたる場合がある。

(5) 工作物など

数は多くはないが、看板、ペントハウスなどの被害が見られた。

大型店舗（千葉県成田市）の塔屋部分におそらく看板等が設置されていたと思われるが、今回の地震で破損脱落した。幸いけが人等でなかったが、1 階まで落下したという。

(6) ブロック塀等

ブロック塀の倒壊も散見された。また、北関東に多数見られる大谷石を積んだ塀も数多く倒壊していた。

(7) 今後の課題

その他非構造部材の被害もかなり多かったと推察されるが、その状況は把握できていない。今後の設計上対応すべき課題のあるものについては、原因分析を行う必要があると思われる。

写真 4.4.8.1 体育館施設の渡り廊下のエキスパンションジョイントの破損（Damage of expansion joint in a connecting corridor of gymnasium）

写真 4.4.8.2 屋上看板の破損・脱落（Damage of sign board of the roof）

謝辞

本稿は以下の方々の調査・資料をもとに作成されたものです。記して謝意を表します。井上朝雄（九州大学）、兼松学（東京理科大学）、田村雅樹（工学院大学）

4.5 地盤・基礎構造の被害 (Damage of soils and foundations)

4.5.1 はじめに (Introduction)

東北地方太平洋沖地震による関東地方の建物被害は，そのかなりの部分が液状化および地盤変状に関連している。その内容は，すでに前節までに詳述されているとおりである。本節では，特徴的な被害について振り返るともに，液状化被害を受けたその後の対応について記す。

4.5.2 地盤の被害：液状化 (Damage of grounds: Liquefaction)

2011年3月11日午後2時46分に発生した東北地方太平洋沖地震の本震および約30分後に発生した余震(本稿執筆時点では最大余震)により，関東地方の広い範囲にわたって液状化が発生し，大量の噴砂が発生するとともに，液状化に起因すると思われる地盤変状・地盤沈下・建物被害・ライフライン被害が発生した。液状化による地盤被害の特徴をまとめると，以下のようである。

1) 関東地方南部では，埋立地を含む造成地において大規模な液状化が発生した。特に，千葉県・東京都・神奈川県・埼玉県では，液状化被害は埋土部分にほぼ限定され，自然堆積の地盤では液状化が生じていないものと推測される。ただし，茨城県では自然堆積の砂層であっても液状化が発生したと見られる。
2) 液状化に伴って大量の噴砂が発生した。たとえば，浦安市では，市域の3/4で液状化が発生し，処分された噴砂の量は80,000m^{3}にのぼったとされている。千葉市美浜区でも全域で液状化が発生し，約10,000m^{3}の噴砂が処分されている。
3) 大規模な液状化が発生した地域であっても，その程度には大きなばらつきが見られる。たとえば，大量の噴砂とともに地盤変状や地盤沈下が発生した街区に隣接して，噴砂一つ見られない街区が存在する例も見られた。
4) 液状化に伴う側方流動も報告されている。しかしながら，その発生はごく一部の地域に限られている。

液状化発生のメカニズム解明，液状化被害に見られる地域差の原因究明等は，今後検討されるべき課題であろう。また，当初，地震動（加速度）の大きさの割には液状化が大規模に発生したとの認識もあったが，マグニチュード（したがって，継続時間・繰返し回数）が大きいことを考えると，驚くには当たらないと言える。

写真 4.5.1 液状化によると見られる地盤変状の始まり（浦安市提供のビデオより）

写真 4.5.2 噴砂の開始（浦安市提供のビデオより）

ちなみに，液状化に伴う地盤変状は本震の継続時間中に現れており（写真 4.5.1），噴砂はその直後から発生しているようである。また，噴砂は，液状化によって発生した圧力の高い泥水（砂混じりの水）が，地盤や舗装の弱い部分・亀裂などから噴出するものであるが，大半の地域では,その噴出は比較的穏やかだったようである(写真 4.5.2)。ただし，場所によっては噴水のように激しく噴出した痕跡も見られ（写真 4.5.3），またそのような目撃証言も得られている。

写真 4.5.3 埋もれた砂の中から掘り出された自動車に残る、激しい噴砂によると見られる飛沫（千葉市美浜区）

4.5.3 基礎の被害 (Damage of foundations)

基礎構造の被害は，通常，上部構造の変状の一部とし

て認知されることが多い。ただし，基礎構造は地中に埋まっているため，上部構造の変状がそのまま基礎構造の被害を意味するわけではなく，また，上部構造に変状が見られないからと言って基礎構造が健全であるとは限らない。1995年の兵庫県南部地震の時もそうであったが，建物周辺地盤を掘削して初めて基礎の被害が確認できる場合も多い。

写真4.5.4 傾いたRC造建物の例（直接基礎と思われる：千葉市美浜区）

日本では，戸建て住宅や低層の集合住宅を除き，杭基礎が用いられる。しかも，大半は支持杭である。杭基礎の場合，多数の杭が大きく損壊しない限り，直ちに上部構造に変状が現れることはない。逆に，支持杭が用いられていて上部構造に傾斜等の変状が現れた場合，杭基礎が損壊している可能性が高い。本稿執筆時点では，関東地方で明確にこのケースに当てはまる建物は報告されていない。一方，建物ではないが，浦安市中央公園の照明塔の被害がこれに相当する可能性が高い（図4.5.5）。浦安市によれば，この照明塔の基礎は直径1.5mの場所打ち杭である。今後の掘削調査が望まれる。

写真4.5.5 浦安市中央公園の照明塔の基礎（写真提供：浦安市）

一方，戸建て住宅や低層の集合住宅など，直接基礎形式の建物にあっては，全体的な沈下や傾斜，不同沈下という形で被害が現れる。今回の地震でも，液状化によって地盤の支持力が失われ，沈下や傾斜を生じた小規模建築物が大量に生じ，大きな社会問題となった。従来，罹災証明のための建物被害認定基準には液状化に伴う被害が想定されておらず，傾斜だけで建物本体の損壊を伴わない被害は大半が一部損壊に分類され，補償の対象となることは無かった。しかしながら，多くの自治体からの強い要望により，2011年5月2日に内閣府による認定基準の見直しが行われ，全壊・大規模半壊と認定される建物が大幅に増える結果となった（表4.5.1）。

表4.5.1 浦安市における建物被害認定結果

	従来の基準による建物被害認定結果	新基準適用後の建物被害認定結果
全壊	8	14
大規模半壊	0	1,419
半壊	33	1,939
一部損壊	7,930	5,153
被害なし	1,028	1,270
合計	8,999	9,795

注1) データは浦安市による。合計が異なるのは、調査途中で認定基準が変わったことによる。
注2) 新基準欄は、2011年6月3日現在の、戸建て住宅を主とする小規模建築物の被害戸数を表す。

4.5.4 その後の状況 (Further information)

関東地方の液状化被害は、東北地方太平洋沖地震によって引き起こされた東日本大震災を特徴付ける被害の一つとなった。その深刻度は、当初の認識を大幅に超えるものであり、様々な角度からの検討が開始されている。
まず、2011年5月に入り、国土交通省内に、
・ 液状化対策技術検討委員会
が設置され、液状化被害の実態把握、復旧・復興に向けた対策の検討がスタートした。同様の委員会は千葉県、浦安市、習志野市などでも設置されている。
・ 東日本大震災千葉県調査検討専門委員会
・ 浦安市における液状化対策技術検討調査委員会
・ 習志野市被災住宅地公民協働型復興会議

特に液状化被害の顕著であった浦安市からは、市長から日本建築学会長あてに協力要請が寄せられた。これを受け、構造委員会・基礎構造運営委員会下に液状化小委員会（主査：時松孝次（東工大））が設置され、対応に当たっている。

4.6 津波被害
(Building damage due to tsunami)

4.6.1 津波の概要 (Outline of tsunami in Kanto)

気象庁は，3月11日14時49分に茨城県と千葉県九十九里・外房に対して津波警報(予想高さ：2m)を発表した。津波の到達予想時刻は，茨城県が15時30分，千葉県九十九里・外房が15時20分であった。その後，15時14分に津波警報から大津波警報(予想高さは，茨城県が4m，千葉県九十九里・外房が3m)に変更した。さらに，15時31分には茨城県と千葉県九十九里・外房での津波の予想高さを10m以上へと変更した。

これに対して，検潮所で観測された津波の到達時刻と高さは，大洗(茨城県)では，第1波 (高さ1.8m) が15時15分に到達し，最大波 (高さ4.2m) は16時52分に到達した。また，銚子 (千葉県) への第1波(高さ0.4m) は15時13分に，最大波 (高さ2.4m) は17時22分に到達した。このように，茨城・千葉県への最大波は，地震発生から約2～2.5時間後に到達している。

検潮所以外の地点での津波の高さは，各大学・研究機関が調査している。都司ら[1]の調査結果(浸水高)によると，茨城県で3～5m程度，千葉県の北部 (九十九里) で3～4m程度，同南部(外房)で3m程度以下と，茨城県から千葉県に向かうにつれて低くなっている。ただし，今回の津波で人的被害を生じた北茨城市 (茨城県) や旭市 (千葉県) では局所的に高い津波が来襲しており，北茨城市の平潟で7.2m，旭の飯岡で7.6mが報告されている。

4.6.2 被害の概要 (Outline of building damage)

今回の津波による住家の浸水状況 (6月10日現在) は，茨城県で床上浸水1,389棟，床下浸水655棟，千葉県で床上浸水812棟，床下浸水709棟が報告されている。表1に市町村ごとの住家の床上・床下浸水の状況を示す。なお，表1には床上浸水が報告されている市町村のみが掲載されている。

床上・床下浸水した棟数を世帯数で除して求めた浸水率で比較すると，茨城県では，大洗町の浸水率 (5.0%) が最も高く，次いで，北茨城市 (3.3%) が高い値となっている。これに対して，千葉県では，旭市の浸水率 (3.8%) が最も高く，次いで，九十九里町 (2.5%)，山武市 (2.1%) の順となっている。なお，今回の津波による人的被害は，浸水率が高かった北茨城市 (死者5人，行方不明者1人) や旭市 (死者13人，行方不明者2人) で生じているものの，浸水率が最も高かった大洗町での人的被害は報告されていない。

以下では，千葉県北東部(九十九里沿岸)の市町村を対象として3月23・24日に実施した各自治体へのヒアリング調査の結果ならびに現地調査の結果について述べる。

表4.6.1 市町村ごとの住家の床上・床下浸水の状況

	市町村名	床上浸水	床下浸水	世帯数	浸水率
茨城県	北茨城市	419	142	16,922	3.3%
	高萩市	10	18	11,705	0.2%
	日立市	452	113	77,825	0.7%
	ひたちなか市	165	135	60,554	0.5%
	大洗町	185	167	7,027	5.0%
	鹿嶋市	155	77	25,340	0.9%
	神栖市	3	2	35,860	0.0%
千葉県	銚子市	8	2	26,952	0.0%
	旭市	659	252	23,921	3.8%
	匝瑳市	8	24	14,091	0.2%
	横芝光町	9	21	9,273	0.3%
	山武市	212	235	21,645	2.1%
	九十九里町	82	99	7,143	2.5%
	一宮町	30	28	4,869	1.2%
	いすみ市	2	1	16,403	0.0%
	富津市	4	3	18,908	0.0%

(1) 銚子市の被害状況

市内で住家の床上浸水が報告されている大字は，名洗町 (6棟) と中央町 (2棟) である (6月2日現在)。名洗町は屏風ヶ浦の東端に位置しており，中央町は利根川河口の右岸側に位置している。また，住家が少ない潮見町 (名洗町に隣接) では，大学施設 (RC造) や水産加工施設 (主にS造) が被災したものの，構造的な被害はほとんどみられなかった (写真4.6.2.1～4.6.2.3)。

写真4.6.2.1 土砂・漂流物で覆われた道路 (潮見町)

(2) 旭市の被害状況

津波被害は，沿岸部の全域で発生しているが，特に飯岡地区(旧飯岡町の下永井～萩園)の海岸から旧道沿いにかけての地域で甚大な被害が集中的に発生していた(写真4.6.2.6～4.6.2.12)。本地区の海岸沿いには，自転車道路を兼ねた防潮堤が建設されていたが，今回の津波により数箇所で崩壊していた(写真4.6.2.13，4.6.2.14)。また，

本地区の津波による建物被害の傾向としては，新しい木造やRC造の建物に比べて，古い木造建物でより甚大な被害が生じているように見受けられた(写真 4.6.2.15, 4.6.2.16)。その他の被害としては，目那川の下流では，津波が河川に沿って遡上したため，周辺の田畑が冠水していた (写真 4.6.2.17, 4.6.2.18)。

写真 4.6.2.2　破壊された歩道用柵 (潮見町)

写真 4.6.2.3　ブロック塀に残る津波の痕跡 (潮見町)

写真 4.6.2.4　津波が押し寄せた海岸 (君ヶ浜)

写真 4.6.2.5　引き波で海底が露出した海岸 (君ヶ浜)

写真 4.6.2.6　曲げられた車止めポール (下永井)

写真 4.6.2.7　津波により被災した住宅 (下永井)

写真 4.6.2.8　津波により被災した住宅(飯岡)

第4章 関東地方の被害（Damage in Kanto District）

写真 4.6.2.9 津波により被災した住宅(飯岡)

写真 4.6.2.10 津波により被災した建物(平松)

写真 4.6.2.11 一部が崩壊したブロック塀(横根)

写真 4.6.2.12 被災した海水浴場付近の公園(萩園)

写真 4.6.2.13 海岸に沿う自転車道路兼防潮堤(飯岡)

写真 4.6.2.14 一部が崩壊した自転車道路兼防潮堤(飯岡)

写真 4.6.2.15 津波により被災した建物(飯岡)

写真 4.6.2.16 津波により被災した建物(飯岡)

写真 4.6.2.17 瓦礫で埋まった目那川(三川)

写真 4.6.2.20 津波により崩落したブロック塀(立会)

写真 4.6.2.18 土砂・漂流物で覆われた田畑(三川)

写真 4.6.2.21 決壊した木戸川左岸の堤防(木戸浜)

(3) その他の市町村の被害状況

横芝光町では，屋形漁港(栗山川の河口)の防潮堤が津波により約20mに渡り転倒した。これにより，防潮堤の背後の住宅・建物やブロック塀に浸水による被害が生じていた(写真 4.6.2.19，4.6.2.20)。山武市では，木戸川の河口で左右両岸の堤防が決壊したため，その付近で住家の被害が多かった(写真 4.6.2.21)。九十九里町では，作田川の下流に停泊していた浚渫船が津波により押し流され，作田川にかかるパイプラインを破壊し，上流側の九十九里橋に衝突して止まった(写真 4.6.2.22，4.6.2.23)。

写真 4.6.2.22 破壊されたパイプライン(作田川)

写真 4.6.2.19 転倒した屋形漁港の防潮堤(立会)

写真 4.6.2.23 九十九里橋に衝突した浚渫船(作田川)

謝辞

写真 4.6.2.4，4.6.2.5 は，千葉科学大学の櫻井嘉信准教授よりご提供いただいた。記して謝意を表す次第である。

参考文献

1) 都司嘉宣・他 2 名：茨城・千葉での海岸津波高さ (http://outreach.eri.u-tokyo.ac.jp/eqvolc/201103_tohoku/tsunami/)，2011

4.7 まとめ (Concluding remarks)

　茨城県は、関東地方の中では人的被害・建物被害ともに最も大きかった。局所的な地域特性により被害の特徴は見られるが，全般的な特徴としての茨城県内の被害状況の地域差はあまり大きくない。建物倒壊に至るような大きな被害が少ない一方で，一部損壊や小破に分類される被害が比較的目立った。

　千葉県は、関東地方の中では人的被害・建物被害は茨城県についで大きかった。千葉港湾部，利根川流域，千葉県北東部，印旛沼周辺の4地域で地域特性ごとにそれぞれ特色ある被害が見られた。液状化は，千葉港湾部および利根川流域、印旛沼周辺などで発生した。液状化および津波の被害を受けた建物の多くは戸建て住宅であった。千葉県北東部の沿岸に津波の被害が発生し，特に旭市の飯岡において甚大な被害が発生した。

　栃木県では、被害の程度を地域から見ると、最も大きな被害を受けたのは栃木県中東部次いで北部であり、南部の被害は軽微であった。構造種別で見ると、被害の大部分は木造住宅であった。栃木県特有の特殊な構法，すなわち，1階を石積み，2階を木造とする構法の建物は，1階の崩壊に伴い全壊に至っている場合が多かった。地形との関係では，台地あるいは台地と沖積地との境界に建てられた住宅に大きな被害が見られた。

　群馬県では，歴史的建造物の被害及び瓦の被害が多数あり，非構造部材に関する被害も多数あった。また，一部の地域において液状化の現象を確認することができた。

　埼玉県では「建物の構造的被害ではなく，天井材や間仕切り壁の落下・剥落による，建物の機能的被害」の件数は、県内でも相当数に上ると考えられるが今回の調査の範囲では，これらを明らかにすることはできなかった。局所的に液状化による地盤被害や建物の不等沈下が顕著に発生したという事例はあったが広域的に被害が見られたわけではなかった。

　東京都では、東京都全域で半壊以上の被害を受けた建物数は27棟であり、都内の建物総数に対する割合は0.001%ときわめて小さかった。全体として建物の被害は軽微であり、非構造部材（窓ガラス、外壁仕上げ材、天井材、屋根材等）の損傷が主であった。東京都都市整備局による「地震による建物倒壊危険度ランク」が5あるいは4とされる区域の多くで調査を実施したが、倒壊した建物は確認されなかった。地盤の液状化や変状は東京湾沿いの一部の地域で発生した。

　神奈川県では，構造骨組の被害は非常に少なくほとんどは非構造部材の被害であった。横浜市湾岸部において液状化が発生したほか，海岸線から離れた地区でも局所的な地盤変状が見られた。

第5章 北陸地方・東海地方の被害（Damage in Hokuriku and Tokai District）

5.1 北陸地方の被害（Damage in Hokuriku District）

5.1.1 概要（General information）

2012年3月12日3時59分頃に長野県北部を震源とする地震が発生した。最大震度は長野県栄村で6強、新潟県十日町市、津南町で6弱を、その他甲信越、中部、関東、近畿にかけて震度5強～1を観測した。本震による震度分布についてコンター図を図5.1.1に示す。発震機構は北西－南東方向に圧力軸を持つ逆断層型である。この地震は東北地方太平洋沖地震の14時間ほど経過した翌日に起きたものであり、地殻変動などから誘発された可能性も指摘されているが、現段階では不明である。また、栄村で震度6弱の大きな余震が同日4時31分、5時42分に発生した。その後4月12日7時26分頃にマグニチュード5.6の余震が発生し、長野県木島平村、栄村で震度5弱を観測したほか、東北地方から中部にかけて震度4～1を観測した。

本地震の震源は新潟県と長野県の県境付近とされ、両県で被害が発生している。人的被害は新潟県で1名の重傷者が出たが、両県合わせた軽傷者は56名で、幸い死者や行方不明者はゼロであった。建物は住家の全壊が63棟で、その構造は木造が大半である。そのほか、停電（津南町、野沢温泉村、飯山市、栄村の一部）や土砂崩れや雪崩による鉄道、国道などの通行止めが起こった。地震発生時には積雪が2～3m程度あり、地盤の変状や崩壊などは一部でしか観察されなかったが、雪が解けるにつれて、田んぼなどの地盤被害が明らかになってきている。

地震発生直後に新潟大学、金沢大学、信州大学、さらに近畿支部の有志にどにより概略調査が実施された。それら調査の結果をネット上で公開し、日本建築学会北陸支部災害連絡部会を核として情報を交換しつつ、数度の詳細な調査が実施された。本稿はこれまでに調査した地震被害をまとめたものである。前述したとおり、積雪時に地震が発生し、融雪とともに被害が明らかになったところもある。今後継続的な調査が必要と考えている。

5.1.2 地震動の概要（Outline of ground motion）

最大加速度分布、最大速度分布[2]について図5.1.2にそれぞれ示す。強震記録、振動特性については代表的な地点として新潟県津南町（NIG023）、長野県野沢温泉村（NGNH23）で得られた本震記録を載せる。加速度時刻歴を図5.1.3に、加速度フーリエスペクトルを図5.1.4に、地表における加速度応答スペクトルを図5.1.5に、それぞれ示す。図に示すように両地点ともに高振動数で卓越する特性を有していることが分かる。

謝辞:K-NET、KiK-net 強震記録を解析に使用いたしました。記して謝意を表します。

参考文献

1) 気象庁：平成23年3月12日03時59分頃の長野県北部の地震について
2) 長野県：長野県北部の地震による県内への影響について（最終更新6月12日9:00）
3) 新潟県：「平成23年3月12日03時59分頃の長野県北部の被害状況について（第1報から第18報 最終更新5月27日13時30分）
4) 防災科学技術研究所（強震ネットワーク K-NET）：長野県・新潟県県境付近の地震について，2011.5.1 アクセス

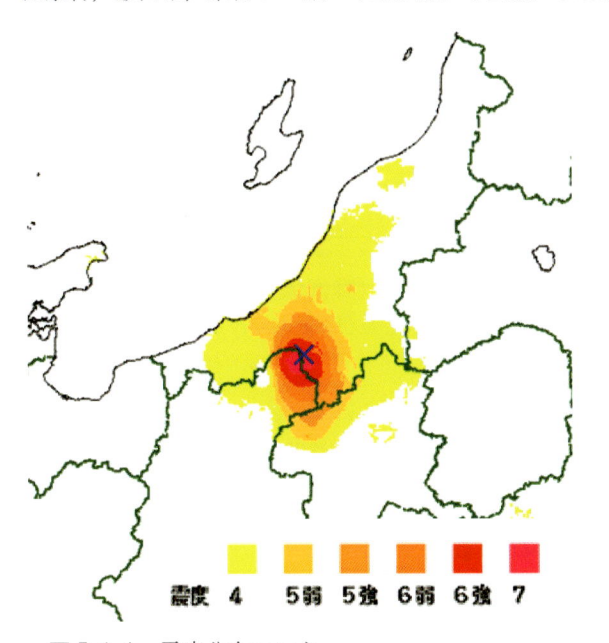

図5.1.1 震度分布コンター
　　　　(Contour of seismic intensity)

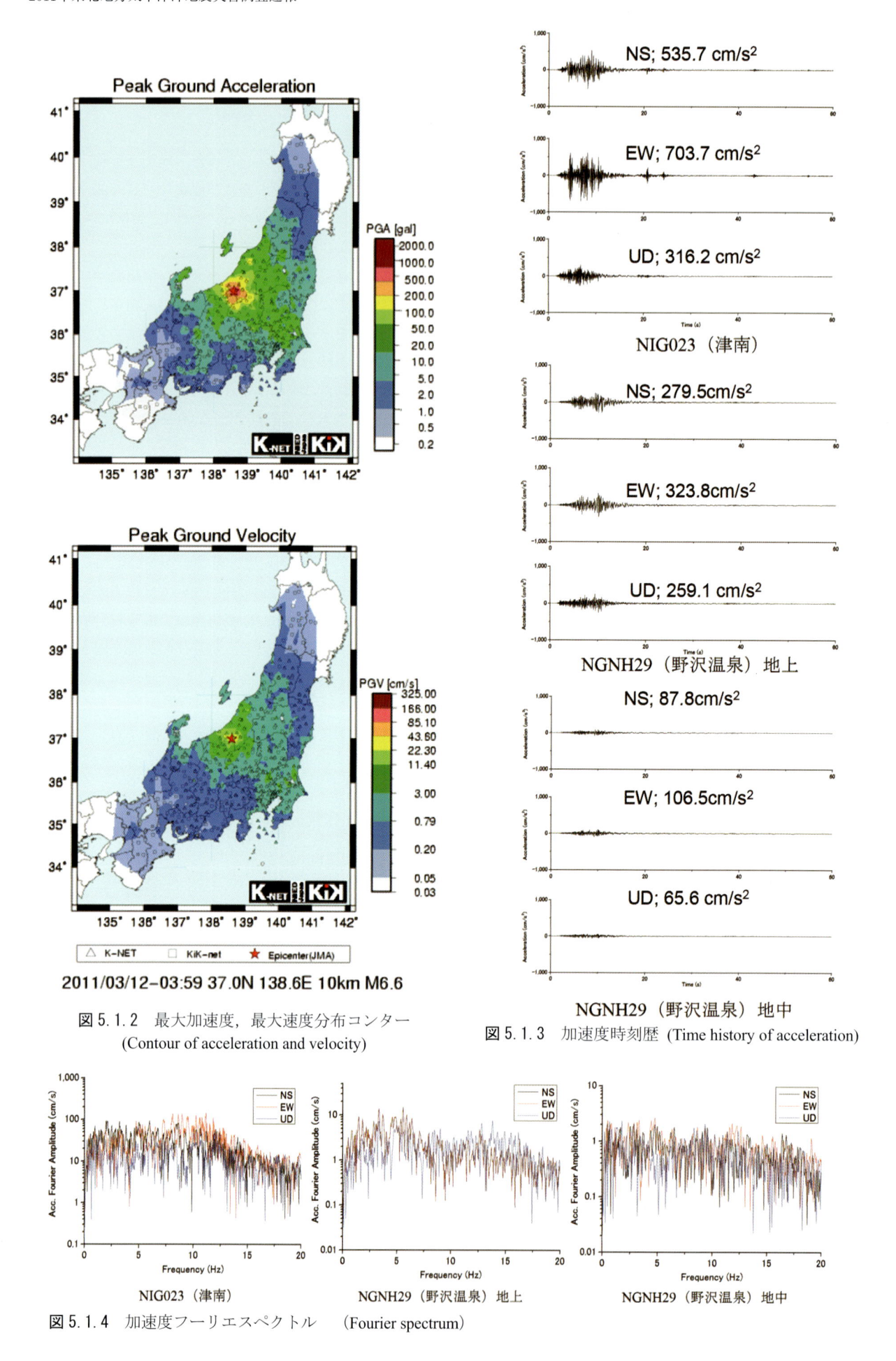

図 5.1.2　最大加速度，最大速度分布コンター
(Contour of acceleration and velocity)

図 5.1.3　加速度時刻歴 (Time history of acceleration)

図 5.1.4　加速度フーリエスペクトル　(Fourier spectrum)

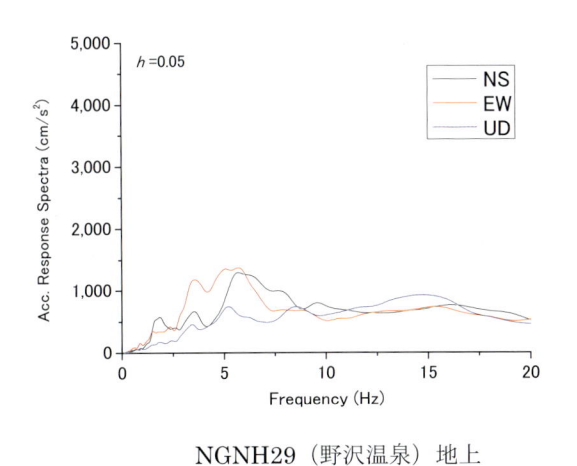

第5章　北陸地方・東海地方の被害（Damage in Hokuriku and Tokai District）

NGNH29（野沢温泉）地上 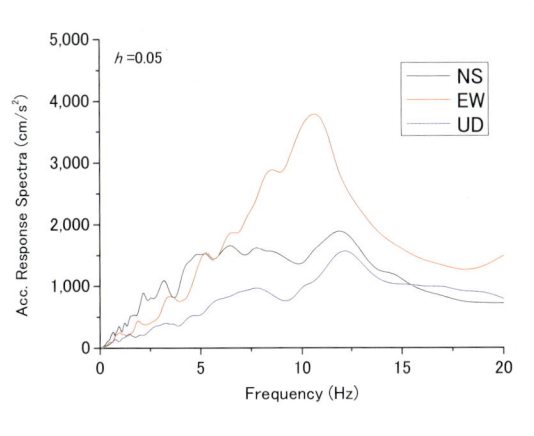　　　　　　　　　　NIG023（津南）

図 5.1.5　加速度応答スペクトル(Acceleration response spectrum)

5.1.3　木造建物の被害(Damage to wood structure)

(1) 被害の概要

　木造の被害は長野県栄村の森，青倉，横倉の集落で数多く発生している。大きな被害はこの地域的に限られてはいるが，その被害の様相（写真 5.1.1）は 2004 年新潟県中越地震の田麦山地区や小千谷市吉谷地区に近いものがある。つまり，集落の一部の地域では多くの建物が倒壊し，傾斜も発生し，総じて建物が被害を受けている様子が見られた。特に被害の外観上の深刻さを印象付けているのが，これまで耐震性の低いとされた車庫や農業倉庫（写真 5.1.2）などである。

　表 5.1.1 には長野県と新潟県の報告をもとに住宅の被害の概要をまとめた。住宅，非住宅とも一部鉄骨造なども見られるが，ほとんどが木造である。住宅では振動による建物の倒壊がみられた。また，傾斜した建物もいくつかあり，その原因として，柱脚部の踏み外し（写真 5.1.3），筋かいの座屈（写真 5.1.4），などが観察された。

　また，積雪期に発生したことから，積雪と地震による被害の関連について興味深く観察した。つまり，建築基準法施行令第46条第4項に定められている壁量の算定根拠には積雪荷重が考慮されておらず，理論的には積雪荷重が地震時の質量となり，被害が拡大されることが予想されている，からである。地上には 2m 程度の積雪があったが，幸い屋根上に深い積雪のない建物が多く，被害が拡大するようなことはなかった。ただし，逆に建物が傾斜した際に，建物脇の積雪によりかかって倒壊を免れた建物があった（写真 5.1.5）。また，地震時に屋根雪が落下したという声も聞かれ，屋根雪については現段階では不明な点が多い。なお，2 階の被害が多い印象がある（写真 5.1.6）。屋根雪による影響，1 階階高相当まで積雪があったことの影響が考えられるが，現段階でその原因も不明である。

表 5.1.1　建物被害の概要 (Outline of damage in buildings)

	全壊	半壊	一部損壊
住家	33	169	464
非住家	148	118	—

写真 5.1.1　青倉地区の被害　　　写真 5.1.2　農業倉庫の被害　　　写真 5.1.3　柱脚部の踏み外し
　　(Damage in Aokura)　　　　　(Damage to warehouse)　　　(Stepping out of column base)

— 365 —

写真 5.1.4 筋かいの座屈
(Backing of brace)

写真 5.1.5 積雪によりかかる建物
(leaning building to snow)

写真 5.1.6 2階が倒壊した建物
(Collapse in second floor)

(2) 詳細調査：被災度区分判定

詳細調査として，被災度 [5)]を算定し，耐震診断 [6)]をあわせて実施した。なお，耐震新診断は一般診断法とした。調査対象建物は被害の大きい3つの集落で許可を得ることが出来た木造住宅10棟である。なお，筋かいの位置の特定できた建物と特定できていないものがあり，正確な診断評点になっていないが，全体的な傾向はとらえているものと考えられる。図5.1.6には診断評点と被災度の関係を示した。注目すべき点は被災建物の診断評点が0.5程度に分布していることである。図5.1.7には典型的な平面図を記した。壁の絶対量が不足していることや，玄関のある南面に壁がなく壁の偏り具合がわかる。すべての筋かいを考慮できていないとはいえ，耐震性能が不足していることは間違いない。また，被災度を求めるために，基礎，床組，軸組，耐力壁，仕上げ壁，屋根，それぞれについて詳細な目視調査を実施するとともに，損壊率を求めている。詳細調査で得られた典型的な被害を3つほどあげると，

1) 柱，横架材端部が緊結されていない。それによって壁が面外にはらみだした。（写真5.1.7）
2) 柱脚部はHD金物や山形プレート金物がついていたが，HDが外れたり，土台が割裂破壊したりした。（写真5.1.8）
3) 脚部が固定されていない農家型伝統的民家では，局所的に移動が生じ，床組に被害が生じた。（写真5.1.9）

1)については，緊結金物を施工することにより防げた被害であろう。2)の原因は，壁の面外への変形と考えられるが，金物の想定外の破壊であり，今後設計法として不備がないか詳細な検討が必要と考えられる。3)は固定されていないがゆえに床組の被害程度で済んだという見方もできようが，周辺の被害状況を考えるに，必要な壁量があって，脚部が固定されていれば今回は防げた被害ともいえる。

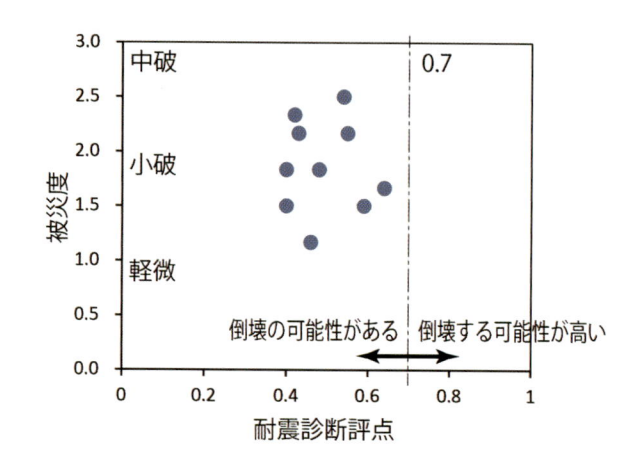

図 5.1.6 耐震診断結果と被災度の関係
(Relationship of damage and performance)

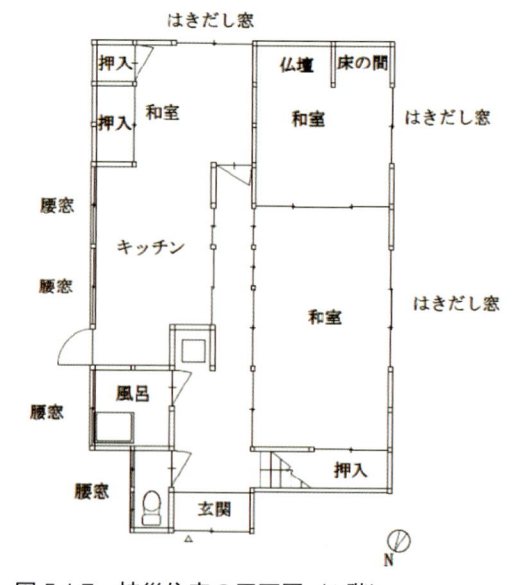

図 5.1.7 被災住宅の平面図（1階）
(Plan of a damaged house)

第5章　北陸地方・東海地方の被害（Damage in Hokuriku and Tokai District）

写真 5.1.7　はりが外れ壁が面外に　　写真 5.1.8　脚部の破壊（HD があった）　　写真 5.1.9　束の移動
　　　　　（Pulling out of beam）　　　　　　　　（Breaking of sill）　　　　　　　　（Movement of bundle）

(3) 解析的な検討

　本震で加速度波形が得られている津南町の地震動を対象に解析的な検討を実施した。図 5.1.8 には津南町の Sa-Sd 曲線を 1995 年兵庫県南部地震の際の神戸海洋気象台 NS 成分，JR 鷹取 NS 成分，基準法 2 種地盤（模擬波）と比較して示した。木造住宅の倒壊に深く関連する周期は 1.0 を超え 2.0 秒程度までといわれるが，津南町の地震動は非常に短い周期成分が大きいことがわかる。表 5.1.2 には耐震診断の上部構造評点 0.7，1.0，1.5 を想定した 2 階建て木造住宅[7]に対して時刻歴応答解析を実施した結果を示した。耐震診断で上部構造評点が 0.7 程度の建物であっても，1 階の最大変形は 36mm 程度で，この変形はクロスにしわや切れがみられたであり，構造には損傷がわずかに始める程度である。この状況は津南町の被害状況と符合する。最も木造建物の被害が大きかった栄村の地震動についてはデータが入手できておらず，現時点では検討できてないのは残念であるが，地盤が軟弱と考えられる地域で被害が大きく，傾斜地の上で比較的地盤がよいと考えられる地域で被害が小さいことからも地盤の状況によって，津南よりも周期の長い波が入力されたと予想される。

(4) 復旧に関する状況

　5 月現在の復旧に係る状況を簡単に述べる。作業倉庫などは新たに新築され，筋かいなどが多く入っている。平面計画上致し方ないものではあるが平面的な偏りは解消されていない。住宅は前の形態に戻すものが多く，接合金物が取り付けられてはいるものの，耐震診断によって補強を図る住宅はあまり聞かない。融雪により地盤面の被害も見られるようになってきており，地盤面の亀裂が敷地内部にまで及んでおり，床のたわみの原因なども明らかになってきている。今後慎重な判断のもとでの復旧が望まれる。

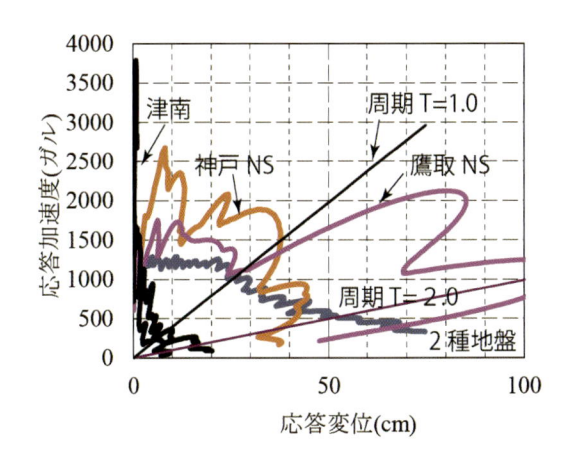

図 5.1.8　津南町の Sa-Sd 曲線
（Sa-Sd curve in Tsunan）

表 5.1.2　最大応答変位（単位 mm）(Maximum response)

	0.7		1		1.5	
	NS	EW	NS	EW	NS	EW
1F	29	14	18	11	13	9
2F	16	8	8	8	10	6

参考文献

5) 日本建築防災協会：震災建築物の被災度区分判定基準
6) 日本建築防災協会：木造住宅の耐震診断法と補強方法
7) 佐藤基志，五十田博：木造住宅用耐震補強技術の費用対効果に関する試算，日本建築学会構造系論文集，日本建築学会，No.637，pp.519-526，2009

5.1.4 鉄骨造，鉄筋コンクリート造建物の被害（Damage to RC and steel buildings）

(1) はじめに

本節では木造以外の建物の被害の概要を示す。特に，学校施設のRC造校舎と鉄骨造体育館を対象とした。津南町および十日町市の教育委員会で学校建物の被害の聞き取り調査を行った。その被害の多くはエキスパンションジョイントや腰壁垂れ壁等の損傷，外壁の浮き，などであった。表5.1.3は，その中でRC造建物は構造体（柱，梁，壁）に何らかの損傷が報告されている校舎，および構造体の損傷あるいは天井の落下が報告されている鉄骨造体育館のリストを示したものである。さらに，上越市と長野県栄村の一部建物も含めている。以下にRC造と鉄骨造にわけて代表的な被害を報告する。

表5.1.3 構造体の被害あるいは天井の落下が報告されている学校建物（RC造校舎，鉄骨造体育館）のリスト
(List of school buildings suffered structural damage or fall of ceiling)

所在地	施設名	棟名	構造と階数	建設年	被害程度	主な被害など
津南町（震度6弱）	K小学校	体育館	RS1c	1994	軽微	体育館屋根ブレース破断，天井広範囲の落下
	TS小学校	体育館	RS1c	1983	軽微	体育館天井・軒天一部落下
	TO小学校	体育館	RC+S		軽微	EXP.J.破損，体育館天井材落下
	A小学校	体育館	RC+S	1983	軽微	EXP.J.破損，体育館天井仕上げ材落下
	N小学校	体育館	RC+S	1979	軽微	体育館天井落下
	K中学校	体育館	RS1c	1980	軽微	体育館天井一部落下
十日町市（震度6弱）	U小学校	校舎	RC3	1972	軽微	はりせん断クラック，垂れ壁腰壁ひび割れ，EXP.J.損傷
	MA中学校	校舎	RC3	1964-1971	軽微	校舎は損傷度IIIsあり。R=97%
	MO小学校	校舎+体育館	RC+S	1981	軽微	天井一部落下
	Y小学校	校舎+体育館	RC+S		軽微	天井大幅落下，妻壁破損
	MI中学校	体育館	S		軽微	体育館S柱脚ひび割れ
	MA中学校	体育館	R1	1979	軽微	EXP.J.損傷，体育館軒天落下
上越市（震度5強）	Y荘		RC3	1972	軽微	損傷度IIのせん断ひび割れ，EXJ.J損傷
長野県栄村（震度6強）	H小学校	校舎	RC3	1992	小破	校舎は梁曲げ降伏形。IIsあり。
	T小学校	校舎+体育館	RC+S	1985	軽微	体育館天井材大幅落下、RC部分は軽微

(2) RC造校舎の被害例

・十日町市立MA中学校(RC3)

RC造3階建で，桁行は1教室2スパンの17スパン，梁間方向は2スパンであり，東側5スパンが増築されたとのこと。廊下側が短柱化しており，被害はこの廊下側の増築部分で大きい。損傷度IIIs程度の被害が1階2階で1本ずつみられた。これは同じ場所である。その他，1階の廊下側はすべて損傷度IsあるいはIfである。他の部分はほとんど損傷がないので，耐震性能残存率は1階でR=97%，2階でR=99%程度である。

写真5.1.10 MA中学校北側全景 (Northern panoramic view of MA junior high school)

写真5.1.11 1階北側のせん断ひび割れ（損傷度IIIs）(Shear crack of 1st floor column of north frame, damage level III)

写真5.1.12 2階廊下側のせん断ひび割れ（幅3mm，損傷度IIIs）(Shear crack of 2nd floor column of north frame, damage level III, width 3mm)

・十日町市立U小学校（RC3）

RC造3階建で，桁行は1教室1スパン，梁間方向は基本が2スパンで一部階段室が突出している。梁間方向には耐震壁があり，廊下の短い梁に損傷が見られた。特に，階段室が付属しているところで，両側の壁の拘束が大きく，その部分は1階から3階にわたり明瞭なせん断ひび割れが観察されている。他に，梁間方向の壁と雑壁にせん断ひび割れが散見された。

第5章　北陸地方・東海地方の被害（Damage in Hokuriku and Tokai District）

写真 5.1.13　U小学校南側全景 (Southern panoramic view of U elementary school)

写真 5.1.14　1階梁間方向梁のせん断ひび割れ (Shear crack of 1st floor beam in span direction)

写真 5.1.15　1階の梁間耐震壁のせん断ひび割れ (Shear crack of 1st floor wall in span direction)

(3) 鉄骨造体育館の被害例
・津南町立K小学校
3階建の重層体育館で，1階がRC造，2階がSRC造，3階がS造（柱はR階柱梁接合部直下までRCで被覆されている）である。桁行方向は4m×8スパンのラーメン構造，梁間方向は，1階が11m＋7.5mの2スパン，2・3階が18.5m×1スパンの一部耐震壁付ラーメン構造である。SRC柱脚は2階フロアレベルにあり，屋根面全面に丸鋼ブレースが配置されている。中間フレームの一部SRC柱脚において被りコンクリートが脱落し，主筋の露出および座屈を生じていた。また，屋根ブレースが多数破断し，吊り天井が広範囲で落下していた。なお，この建物は1992年12月の局地地震（M4.5）の後に建築されたものである。

写真 5.1.16　K小学校全景 (Panoramic view of K elementary school)

写真 5.1.17　SRC柱脚部の損傷 (Damage to SRC column base)

写真 5.1.18　吊り天井の落下 (fall of hung ceiling)

・津南町立K中学校
3階建の重層体育館である。桁行方向は7.2m×5スパンであり，1・2階がRC造ラーメン構造，3階がS造ブレース構造である。梁間方向は，妻フレーム，および中間フレーム1階が3スパン，中間フレーム2・3階が18.5m×1スパンであり，1階はRC造一部耐震壁付ラーメン構造，2・3階はS造山形ラーメン構造となっており，妻フレームには3階までRC造壁が設けられている。屋根面には山形鋼ブレースが配置されている。桁行方向各構面に3ヶ所ずつ設けられている逆V型鋼管ブレースの一部の接合部にガセットプレートの面外変形等の損傷が見られた。また，吊り天井の一部落下，窓サッシ頂部の面外変形，および軒裏仕上げ材の損傷が見られた。なお，この建物は1992年12月の局地地震（M4.5）により被災している。

写真 5.1.19　K中学校全景 (Panoramic view of K junior high school)

写真 5.1.20　軸組ブレース接合部の損傷 (Damage to joint of brace)

写真 5.1.21　吊り天井の落下 (fall of hung ceiling)

5.1.5 ライフライン，その他の被害(Damage to Lifelines and others)

(1)上水道

新潟県津南町では地震発生後最大15集落において464世帯の断水が見られたが，3月21日の午後2時にはすべての地区の水道は復旧した。また長野県栄村では，横倉，青倉，森宮原，天代川沿いの坪野での被害が著しかった。写真5.1.22に水道断水地の仮配管を写真5.1.23に飲料水の確保の状況を示す。これらの地区では，山水が豊富であったことや雪融けの時期と重なったため，飲料水以外の生活水を何とか確保することができた。

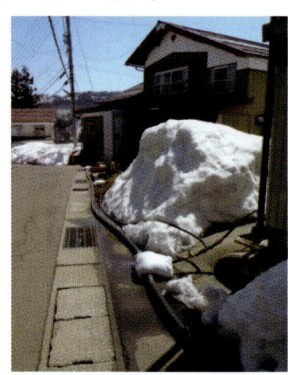

写真5.1.22 仮配管(Spurious water supply system)

写真5.1.23 飲料水(Mineral water)

(2) 下水道

栄村の至るところでマンホールの浮上やそれに伴う道路の亀裂が発生し（写真5.1.24参照），下水道の一部が使えない状況になった。下水道が破損すると水利用の制限を設けないと環境上大きな影響を及ぼす。そのため上水の使用を控えたところもある。しかしながら，村の浄水場は，地震による被害はほとんど見られず，稼働していた（写真5.1.25参照）。

写真5.1.26のように小型浄水場が損傷したため，新しいものに置き換え，今後処理を行っていくようである。

写真5.1.24 仮配管(Spurious water supply system)

写真5.1.25 浄水場(Water purification plant)

写真5.1.26 小型浄水場(Compact water purification plant)

(3) 道路・消雪パイプ

石垣が崩れ道路を塞いだ。特に，信濃川などの河川に沿う土砂に引きずられ，縦断方向の亀裂が多く発生した。雪崩により，閉塞した道路も多数ある。現在，山間部を含め被害の概要が見え始めてきている（写真5.1.27参照）。ただし，重要な幹線や道路に関しては県・町の除雪隊により迅速な処理がなされた（写真5.1.28参照）。また，消雪パイプ装置の稼働の有無については冬季前を待たねばならない状況にあり，被害の程度はほとんど皆無の状況にある。

写真5.1.27 道路の被害(Damage to the roads)

第5章 北陸地方・東海地方の被害（Damage in Hokuriku and Tokai District）

写真 5.1.28 消雪道路の被害(Damage to snow melt system on roads)

(4) 土砂災害

写真 5.1.29 に示すように信濃川を始めとする河川に沿い，大量の土砂が流れ込んだ。未だ全容はわかっていないが，山間部における冬期間道路閉鎖区間を中心に地域全体の土砂災害調査が必要である。融雪期間でも小規模な崩落はあるものの（写真 5.1.30 参照），予測していたよりも被害が大きくないことが幸いである。

写真 5.1.29 土砂災害(Middle land slide)

写真 5.1.30 土砂すべりによる雪崩予防策の崩壊(Collapse of the snow protection wall due to land slide)

(5) 避難・仮設トイレ

新潟県津南町では地震発生後最大 12 集落において 191 人が役場，病院，文化センターなどに避難した。被害が局所的であったこともあって18日の10時40分に解散した。写真 5.1.31 は栄村役場の避難の様子である。玄関前には写真 5.1.32 のような仮設のトイレが設置されていた。

写真 5.1.31 避難場所の様子(View of refuge area)

写真 5.1.32 仮設トイレ(Temporary toilets)

(6) ゴミ収集

津南地域衛生施設組合では焼却能力 36t/日の焼却炉（2基）を使用し，津南，栄，十日町の処理を行っている。地震後，多量に運び込まれた土壁があり壊れたタンス，家電製品なども大量に運び込まれた。また，一般ゴミも多量に発生した。処理場は震災ごみでいっぱいとなり，煩雑な事務にも悩んでいたことが明らかとなっている。

栄村では，村民全員を一時避難させたため，避難中1週間は一般家庭ゴミが排出されず，その間に以下のような対策が進められた。栄中学校のグラウンドを除雪し，ビニールシートを敷き，その上に厚さ10mmの鉄板を敷き詰めた。写真 5.1.33 のようにゴミの分別を徹底させ，リサイクル用品には，氏名，住所や搬出個数を記録させるようにした。このため住宅に戻った住民の家庭廃棄物の処理もスムーズに行えた。その結果，廃棄物処理に費やす大幅な時間，労力，費用を抑えることが可能となった。小村だからこそ行えた地域のコミュニティー力を見ることができた。今後，このような方法をもう少し規模の大きな町にも拡張できるように教訓として考えなければならない。

写真 5.1.33 ゴミのリサイクル(Recycling Garbage)

5.1.6 まとめ（Summary）

　以上，東日本大震災の翌日未明に発生した長野県北部の地震の被害速報を述べた。最大震度は長野県栄村の震度 6 強であった。木造建物は倒壊, 転倒ならびに傾斜がみられ，農業倉庫，作業場などの被害が目立ったが，住宅でも農業倉庫ほど甚大ではないものの多くの被害があった。木造以外の建物の被害として実施した，学校施設の RC 造校舎と鉄骨造体育館を対象とした調査では，エキスパンションジョイントや腰壁垂れ壁等の損傷，外壁の浮き，などがみられた。そのほか，体育館天井の落下やブレースの破断，柱のせん断破壊も生じていた。

　ライフラインの被害は幸いさほど甚大ではないものの，新潟県津南町では地震発生後最大 12 集落，191 人が役場，病院，文化センターなどに避難した。

　そのほか，河川の傾斜地に引っ張られる形で土砂災害が多く発生し，それに引きずられる形で，道路にも被害が生じた。

5.2 東海地方の被害
(Damage in Tokai District)

5.2.1 概要（General information）

平成23年3月15日に静岡県東部を震源とする地震が発生した。静岡県東部地震の諸元を表 5.2.1 に示す[1]。マグニチュードはM=6.4であり，静岡県富士宮市（富士宮市役所）で震度6強を記録した。

表 5.2.1 地震諸元（Outline of earthquake）[1]

発生時刻	2011年3月15日22時31分
震源位置	静岡県東部（北緯 35 18.05'，東経 138 42.08'，深さ 14.0km）
マグニチュード	気象庁マグニチュードM_J=6.4
震度	震度6強：静岡県富士宮市 震度5強：山梨県東部

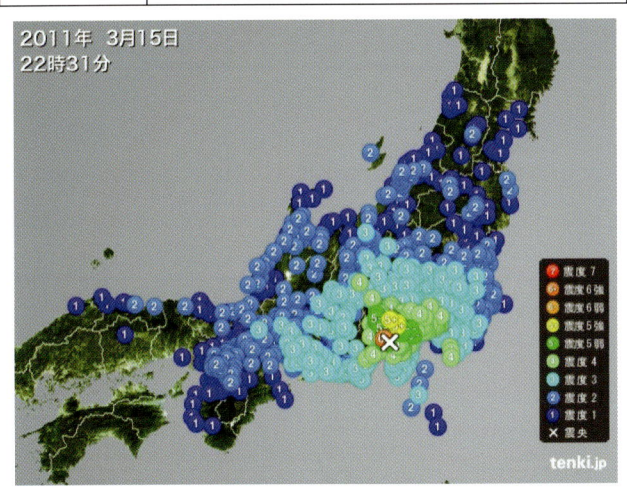

図 5.2.1 震度分布[1] (Distribution of seismic intensity)

K-net[2]富士宮(SZO011)では PGA=1013cm/s^2, PGV=80cm/s(二方向ベクトル和)を記録した。K-net 富士宮(SZO011)の加速度時刻歴を図 5.2.2 に，加速度応答スペクトル S_a と変位応答スペクトル S_d の関係を図 5.2.3 に示す。図中の右上がりの直線は建物の等価周期を近似的に表す。また，周期が建物層数に比例（T=0.1N）し，等価高さ H_e を建物高さ H(=3×階数)の 2/3 と仮定した場合の，縮約1自由度系の層間変形角 R を，同図中に右下がりの曲線で示す。

図より，EW方向に大きな加速度が生じており，等価周期 0.3~0.5s 程度の構造物（3~5階建相当）の応答が最も大きく，次いで等価周期 0.5~0.8s 程度の構造物（5~8階建相当）の応答が大きくなることが懸念される。

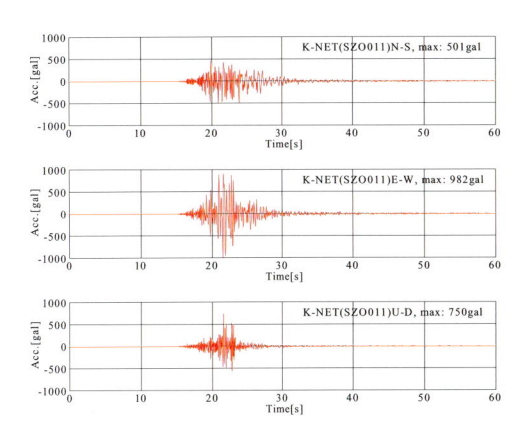

図 5.2.2 K-net 富士宮(SZO011)における加速度時刻歴
(Time history of acceleration response)

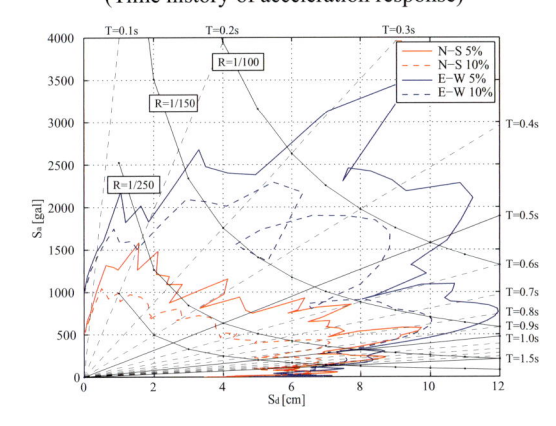

図 5.2.3 K-net 富士宮(SZO011)の S_a-S_d 曲線
(Response spectrum of K-net SZO011)

富士宮市の被災状況は，人的被害：重傷者0人，軽傷者33人，建物被害：住宅一部損壊546戸，公共施設13施設，文教施設24施設，インフラ被害：道路32箇所，河川2箇所，水道500戸，ブロック塀99箇所，崖・山崩れ9箇所，火災発生0件と報告されている(3月22日現在)[3]。

また，建築物の応急危険度判定が，3月17日～19日の3日間実施された。513件の建物の調査が行われ，要注意155件(30%)，危険13件(2.5%)であったと報告されている[4]。

5.2.2 調査方法 (Research procedure)
5.2.2.1 情報収集(Information collection procedure)
新聞他のメディア，インターネット，富士宮市職員への聞き取りによった。

5.2.2.2 調査体制(Members and schedule on research)
2011年3月18日～3月21日まで実施した。調査人員は，名古屋大学5名，名古屋工業大学5名，関東学院大

学 4 名，東京大学 5 名の計 19 名である．詳細については，http://archi2.ace.nitech.ac.jp/idota2/shiryo/shiryo101.html を参照されたい．

5.2.2.3 調査対象(Research object)

調査範囲は，震度 6 強が観測された富士宮市内とし，墓石の転倒状況，建物（非構造部材を含む）の被害状況を調査した．

5.2.3 富士宮市西部の学校建物の被害(Building damage in western part of Fujinomiya City)

富士宮市北西部及び南西部の公共建物計 18 箇所の被害調査を実施した．無被害の建物も多く，ここでは特徴的な被害の確認された建物について報告する．調査建物の一覧を図 5.2.4 に示す．図中の赤丸は，富士宮市役所職員からのヒアリング調査で得られた，富士宮市内の被害建物位置である．

建物の被害としては，建物西構面の柱で柱脚部の圧壊(写真 5.2.3)，コンクリートの剥落が確認された．また，校舎と体育館をつなぐ渡り廊下の接合位置において，地震時にずれた形跡が確認された．

写真 5.2.1　A 小学校外観 (Overview of elementary school A)

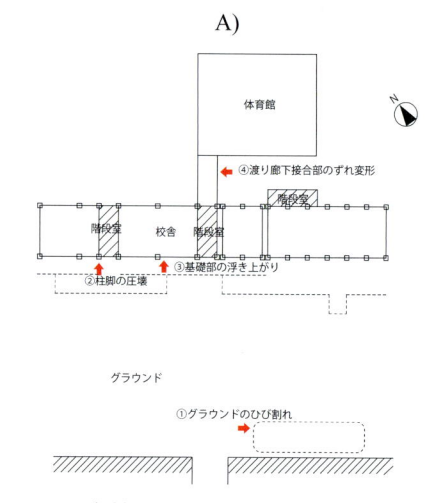

図 5.2.5　A 小学校平面(Plan of elementary school A)

写真 5.2.2　グラウンドひび割れ(Crack in the ground)

写真 5.2.3　柱脚部圧壊 (Spalling of cover concrete at bottom of column)

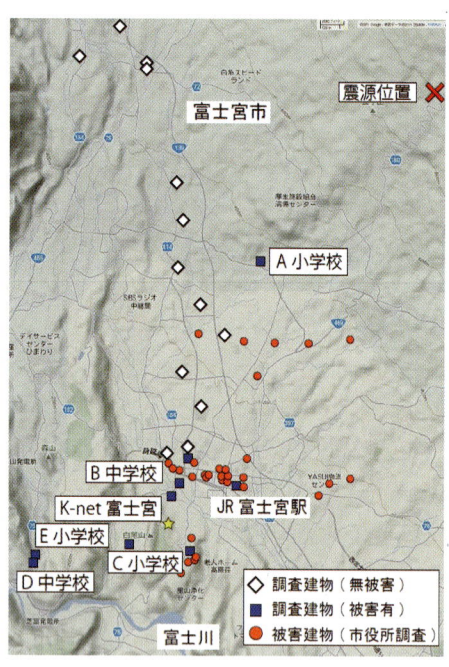

図 5.2.4　調査建物地図 (Research building place plotted on map)

① A 小学校 (Elementary school A)

A 小学校は RC 造地上 3 階建の学校建物である．竣工年度は 1982 年であり，耐震改修は行われていない．A 小学校の外観を写真 5.2.1 に，平面形状を図 5.2.5 に示す．

A 小学校はグラウンド西端が崖となっており，グラウンドには地盤変状に伴う地面のひび割れが確認された(写真 5.2.2)．また，建物西側でも，擁壁が地盤変状の影響でひび割れており，建物基礎部分にもひび割れが複数確認された．

② B 中学校(Junior High School B)

B 中学校は RC 造地上 4 階建の学校建物である．竣工年度は 1978 年であり，1983 年に耐震改修工事が行われている．B 中学校の外観を写真 5.2.4 に，平面形状を図 5.2.6 に示す．

校舎南構面の耐力壁には，開口部隅角部からのせん断ひび割れが観測され(写真 5.2.5)，側柱には柱脚部から階高中央付近まで，柱主筋位置に縦ひび割れが発生していた．

写真 5.2.4 B 中学校外観(Overview of junior high school B)

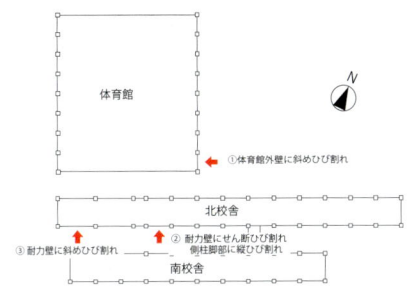

図 5.2.6 B 中学校平面(Plan of junior high school B)

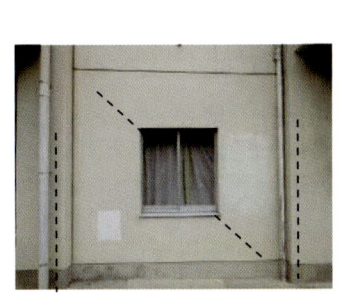

写真 5.2.5 耐力壁のひび割れ(Shear crack in the wall)

③ C 小学校(Elementary School C)

C 小学校は RC 造地上 2 階建の学校建物である。竣工年度は 1989 年である。C 小学校の外観を写真 5.2.6 に，平面形状を図 5.2.7 に示す。

体育館南側では，地盤変状の影響により，開口部の変形，基礎部分のひび割れ，開口部サッシ下のひび割れ等の被害が確認された(写真 5.2.7)。また，校舎の南構面，北構面の耐力壁では，最大で 0.40mm のせん断ひび割れが確認された(写真 5.2.8)。

写真 5.2.6 C 小学校外観(Overview of elementary school C)

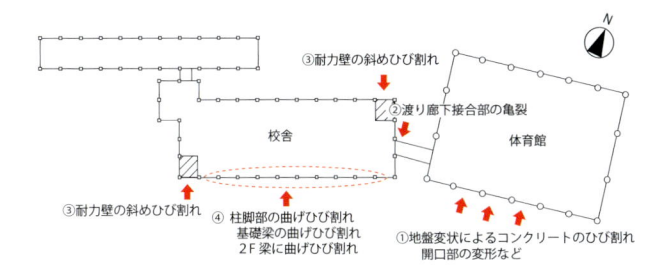

図 5.2.7 C 小学校平面(Plan of elementary school C)

南構面のラーメン部分では，基礎梁端部や 2 階梁端部に曲げひび割れが確認され，一部の柱には 1 階柱脚部に曲げひび割れも確認された(写真 5.2.9)。建物の崩壊メカニズムが梁降伏先行型を形成すると推察される。また，体育館と校舎をつなぐ渡り廊下の接合部に亀裂が確認された。

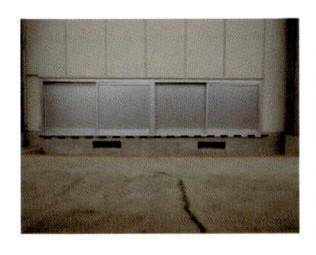

写真 5.2.7 体育館南側の地盤変状(Crack in the earther concrete slab by ground deformation)

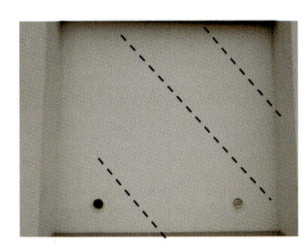

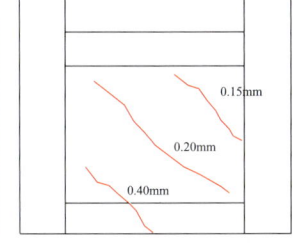

写真 5.2.8 校舎南側耐力壁のせん断ひび割れ(Shear crack in the shear wall at the south side of school building)

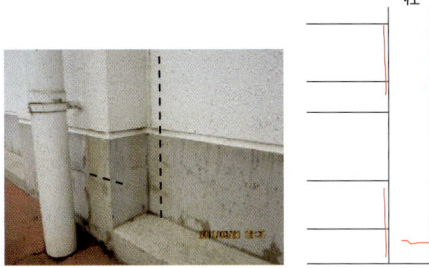

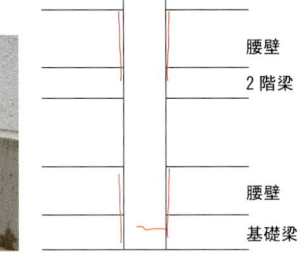

写真 5.2.9 校舎南側柱梁のひび割れ(Cracks in the column and beam at the south side of school building)

④ E 小学校(Elementary School E)

E 小学校は RC 造地上 2 階建の学校建物である。竣工年度は 1964 年であり，1984 年に耐震改修工事が行われている。E 小学校の外観を写真 5.2.10 に，平面形状を図

5.2.8 に示す。

写真 5.2.10 E 小学校外観(Overview of elementary school E)

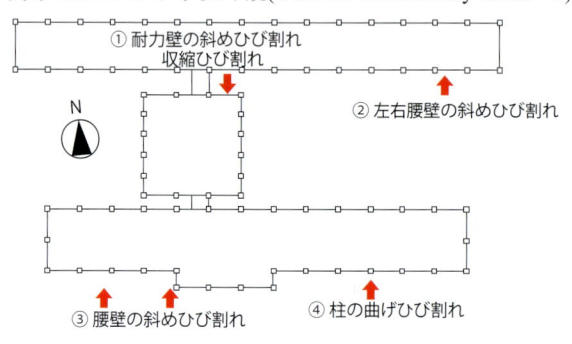

図 5.2.8 E 小学校平面(Plan of the elementary school E)

E 小学校では，南構面に腰壁位置での柱の曲げひび割れ(写真 5.2.11)，腰壁のせん断ひび割れが確認された(写真 5.2.12)。また一部の腰壁では，柱に対して左右非対称のひび割れが発生しているものもあった(写真 5.2.13)。これは，重ね継手位置に応じてひび割れが斜めになっていると推察されるが定かではない。

写真 5.2.11 柱のひび割れ (Bending crack in the column) 　写真 5.2.12 腰壁のひび割れ(Crack in the standing wall)

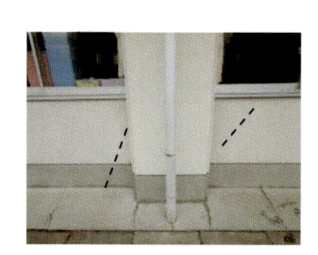

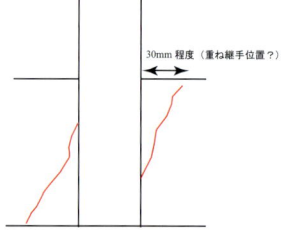

写真 5.2.13 腰壁のひび割れ(Crack in the standing wall)

5.2.4 富士宮市東部の学校建物の被害（Building damage in eastern part of Fujinomiya City）

富士宮駅周辺の学校や公共施設を中心に行った調査では大きな被害は確認されなかった。調査した建物の位置を図 5.2.1 に示す。無被害の建物が多く，被害が確認されたものでも軽微なものであり，修復可能である。以下に，被害が見られた建物について被害状況を示す。

図 5.2.9 調査対象区域と調査した建物の位置 (Research objects plotted on map)

① 建物 A（1983 年，2 階建て RC 造）

建物 A では構造体に損傷は見られず，写真 5.2.15 に示すような軽微な地割れが見られた程度であった。

写真 5.2.14 建物 A 全景(Overview of building A)

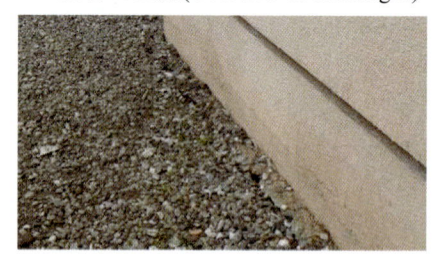

写真 5.2.15 軽微な地割れ(Crack in the ground)

② 学校 A（1971 年，3 階建て RC 造）

学校 A は写真 5.2.16(a)のように耐震補強が施してあり，構造被害は殆どなかった。地盤沈下によって同(b)のような隙間が確認された程度である。

③ 富士宮市役所（1991 年，地上 7 階・地下 1 階）

富士宮市役所は構造部材の被害はなかったが，写真 5.2.17(a)のような外壁タイルのひび割れと同(b)のような天井の落下が見られた。

第5章 北陸地方・東海地方の被害（Damage in Hokuriku and Tokai District）

また，市役所の付近では写真 5.2.18 のような瓦屋根や外壁の被害が多く見られた。

(a) 耐震補強　　(b) 地盤沈下
写真 5.2.16 学校 A の概要(Information of school A)

(a) 外装材の損傷　　(b) 天井落下
写真 5.2.17 富士宮市役所(Fujinomiya city hall)

(a) 瓦屋根の被害　　(b) 外壁の被害
写真 5.2.18 市役所付近の住宅(Houses around the Fujinomiya city hall)

④　学校 B（1986 年，3 階建て RC 造）

学校 B は今回の調査で被害が多く確認された市役所付近に位置している。富岳館高校の別館では写真 5.2.19(b) に見られるような外装材の剥離など，軽微な被害が見られた。また，本館（2002 年，4 階建て RC 造）は被害が全く見られなかった。

(a) 別館外観　　(b) 外装材の被害
写真 5.2.19 学校 B の概要(Information of school B)

⑤　建物 B（2004 年，10 階建て RC 造）

建物 B は富士宮駅の近くに位置しており，この付近では数少ない高層集合住宅である。外観のみの調査であるが，構造部材の損傷はないと予想できる。南面の 2 階と 3 階の方立て壁には写真 5.2.20(b)のような X 型のひび割れが発生しており，ひび割れ幅は 10mm を超えているようであった。

(a) 全景　　(b) 方立て壁のひび割れ
写真 5.2.20 建物 B の概要(Information of building B)

⑥　商業施設 A（2001 年，3 階建て）

富士宮駅の南方に位置する商業施設 A は 2010 年に増築し，商業施設面積が 61,000m^2 となった。ガラスの飛散（写真 5.2.21(a)）や天井の落下（写真 5.2.21(b)）などの被害があり，調査日（2011 年 3 月 20 日：地震発生後 4 日目）は 1 階の生鮮食品売り場のみの営業となっていた。

⑦　学校 C（4 階建て，RC 造）

学校 C では校舎の被害は見られなかったが，体育館のブレースが写真 5.2.22(b)のように座屈していることが確認された。

⑧　学校 D（1982 年，3 階建て RC 造）

富士根南中学校では腰壁にひび割れが見られた。地震の発生以前に生じていた収縮ひび割れの可能性も考えられるが，ひび割れ幅は大きく，地震の影響があると考えられる。

(a) ガラスの飛散　　(b) 天井の落下
写真 5.2.21 商業施設 A の被害(Damage to shopping center A)

— 377 —

(a) 建物外観　　　(b) ブレースの座屈
写真 5.2.22 学校 C の概要 (Information of school C)

(a) 建物外観　　　(b) 腰壁のひび割れ
写真 5.2.23 学校 D の概要 (Information of school D)

⑨ 学校 E（1974 年, 3 階建て RC 造）

学校 E は 1997 年にブレースによる耐震補強を施している。確認された被害は写真 5.2.24(a)に示す 2 階渡り廊下のエキスパンションジョイント付近のひび割れと，写真 5.2.24(b)にある地盤沈下によって生じた段差によるひび割れである。

(a) Exp. J 付近のひび割れ　　(b) 地盤沈下による段差
写真 5.2.24 学校 E の概要 (Information of School E)

⑩ 学校 F（1979 年, 3 階建て RC 造）

学校 F は現在の東校舎が新耐震以前の建物であるが（西校舎は 1984 年竣工），被害は確認されず，校庭に地割れの跡（写真 5.2.25(b)）が見られた程度である。

⑪ 学校 G（1979 年, 3 階建て RC 造）

学校 G は 2007 年に耐震補強工事を行っており（写真 5.2.26），構造的な被害は見られなかった。

(a) 建物外観　　　(b) 校庭の地割れ
写真 5.2.25 学校 F の概要 (Information of School F)

写真 5.2.26 耐震補強が施された学校 G の外観
(Overview of School G retrofitted by brace)

5.2.5 非構造部材の被害 (Damage to non-structural members)

関東の調査チーム（代表 東京大学清家剛）は，2011 年 3 月 20 日に静岡県富士宮市と富士市において，非構造部材の被害を中心に調査した。結果，当該地域における被害は限定的であること，外壁のひび割れは散見されたこと，が特徴として挙げられる。以下では，主だった被害を紹介する。

5.2.5.1 外周壁及びガラスの被害（Damage to exterior walls and glass blocks）

(1) ラスシート

店舗兼倉庫の建物（S 造，地上 3 階）で，ラスシートにタイル張り仕上げの外壁が剥落していた。建物の大半に渡り外壁が損傷を受けていたこと，下地の鉄製波板が外れて外壁が落下したであろうことが推察された。調査した中では，外壁の被害が最も大きい建物であった。

写真 5.2.27 外観（Damage to mortar finish on lath sheet）

第5章 北陸地方・東海地方の被害（Damage in Hokuriku and Tokai District）

写真 5.2.28 詳細（Detail of damaged mortar finish on lath sheet）

別の建物（事務所兼工場，S造，地上3階）では，階段室がある2階部の隅の外壁ラスシートが脱落していた。

写真 5.2.29 詳細（Detail of damaged mortar finish）

(2) タイル

集合住宅（RC造，地上10階）のバルコニーに面した雑壁に大きなひび割れがあった。外壁タイルは，バルコニーの腰壁や雑壁と柱の接合部でひび割れが認められた。

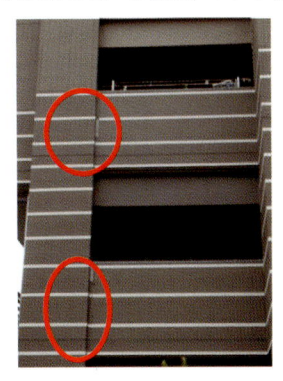

写真 5.2.30 腰壁と柱の取り合い部での剥離（Peeling off connections with spandrel and column）

(3) ガラスブロック

介護施設の建物（RC造，地上2階）で，正面と隅に使われていたガラスブロックの一部が剥落し，2階の曲面コーナーのガラスブロックが全面的に脱落していた。その構法は，ガラスブロック同士はモルタルで接合，躯体とはシーリング材で接合されていた。建物の躯体のねじれなどの影響で，ガラスブロック全体が押し出される形で破損・落下したと推測される。

写真 5.2.31 正面2階の曲面部のガラスブロックは全面的に脱落（All glass blocks at curved corner had been damaged on the second floor）

写真 5.2.32 ガラスブロックの破損（Damage to glass block）

5.2.5.2 内装材の被害（Damage to interior finishes）

(1) 天井パネル

市役所の建物（SRC造，地上7階，地下1階）で，天井パネルが破損していた。4階と6階において被害が多く，一部が落下した。被害が集中していたのは廊下部に沿った列などの一部の箇所であった。

写真 5.2.33 天井パネルの破損（Damage to ceiling panels）

大型ショッピングモール（S造，地上3階）では，2階の天井パネルが大規模に破損しており，また，エレベーター周りの天井パネルにも被害が確認された。特に吹き抜け周りで被害が多かった。なお，天井パネルの被害は，他にも体育館などで数件報告されている。

写真 5.2.34 天井パネルの破損（Damage to ceiling panels）

(2) ガラス防煙垂壁

大型小売店舗（S造，地上2階）で散見された被害は，ガラス防煙垂壁と，シャッターに沿った，あるいは柱との接合部の天井パネルであった。防煙垂壁は，柱のパネルに刺さるような形になっている個所もあった。

写真 5.2.35 ガラス防煙垂壁と周辺のパネルの破（Damage to smoke preventive hanging glass and panels）

写真 5.2.36 ガラス防煙垂壁と周辺のパネルの破（Damage to smoke preventive hanging glass and panels）

5.2.6 富士宮市南部の被害(Building damage in southern part of Fujinomiya City)

富士宮市の多くの住宅が集まっている南北軸の南半分を主な調査対象とした（図 5.2.10）。また，図の北東に位置する震央近傍もあわせて調査対象とした。

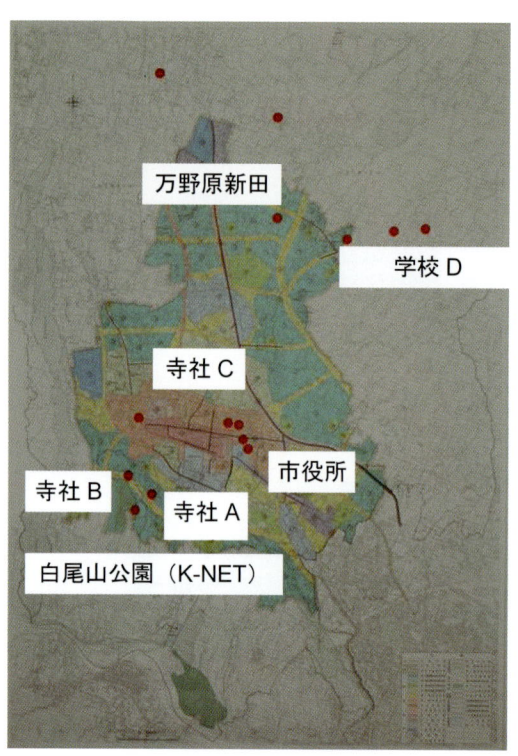

図 5.2.10 調査対象区域と調査した建物等の位置 (Research Building Place)

住宅屋根瓦のずれや，外壁の損傷，落下などの被害が認められた。強震ネットワーク（K-NET）記録の値の大きさを念頭に置くと被害は大きくなかった。例えば，2004年新潟県中越地震による墓石の転倒は，80%～100%の地域がかなりあったのに比べて，この地震による転倒はきわめて少ないと言える。特に K-NET 観測点近傍の墓石の転倒は殆どない。市役所周辺の墓石には，転倒したものや，盤上で回転して大きくずれたものが多数見られた。被害程度は軽微であったものの，被害には地域差があり表層地盤の影響によるものと推察された。

震央近傍において，1Gを超える加速度が鉛直方向に生じた。これは，最初にドンと上に突き上げられるように感じられたあと 15 秒ほど地震の揺れを感じたとの市内で複数得た聞き取り調査結果と一致した。

①K-NET 周辺の調査結果

白尾山公園内に設置されたK-NET富士宮（SZO011）を示す（写真 5.2.37）。公園内の施設などに被害は見当たらない。

K-NETから北約300mに位置する寺社Aの墓石のずれ状況，K-NETから北約600mに位置する寺社Bの墓石のずれ状況を示す（写真 5.2.38）。共に，墓石の小さなずれが認められた。K-NET近傍の墓石転倒は殆どない。

第5章　北陸地方・東海地方の被害（Damage in Hokuriku and Tokai District）

写真 5.2.37　K-NET富士宮（SZO011）観測所
(Observatory K-net SZO011)

(a)　寺社A　　　　(b)　寺社B
写真 5.2.38　墓石転倒状況(Falling gravestone)

②市役所周辺の調査結果

　市役所に近い寺社C屋根の南から撮影した屋根瓦落下被害の状況ならびに墓石の転倒状況を示す（写真 5.2.39）。K-NET 近傍と比較すると，墓石の転倒が相対的に多く，ずれも大きいことから，地域差があったと指摘できる。

(a)　屋根瓦落下　　　(b)　墓石転倒
写真 5.2.39　寺社 C の被害(Damage to Temple C)

　市役所の外壁の斜めひび割れの発生状況ならびに天井材の落下状況を示す（写真 5.2.40）。天井材が脱落した室内では，設備配管のゆるみに伴う漏水も併発していた。

(a)　外壁　　　　　(b)　天井
写真 5.2.40　富士宮市役所 (Fujinomiya City Hall)

　万野原新田周辺の住宅屋根瓦の落下状況，ブロック壁の倒壊後の状況を示す（写真 5.2.41）。周辺の住宅に瓦落下被害が数多く認められた。

(a)　屋根瓦落下　　　(b)　ブロック壁
写真 5.2.41　万野原新田周辺住宅
(Surrounding of Mannohara)

　学校 D 校舎棟の北側外観および1階渡り廊下側から観察されたエキスパンション周辺の破壊状況を示す（写真 5.2.42）。西側の校舎棟の開口近傍ならびに1階の床スラブに亀裂が認められた。

(a)　北側外観　　　(b)　エキスパンション周辺
写真 5.2.42　学校 D の概要(Information of school D)

③震央近傍の調査結果

　富士宮市の北側で最も震央に近い表富士グリーンキャンプ場は標高1,200m，富士山2合目にあたる傾斜地である（位置は図 5.2.4 参照）。場内建物の玄関庇を支持する柱脚部を示す（写真 5.2.43）。柱脚部が，30mm 程度の鉛直方向の段差を乗り上げている。このことから，震央近傍において，前述の聞き取り調査結果を裏付けるように，1Gを超える加速度が鉛直方向に生じたことがわかる。場内簡易骨組の柱定着板破断状況を示す（写真 5.2.44）。場内簡易骨組の残留変形を示す（写真 5.2.45）。場内に設置された 1kl 水槽固定用ボルト接合部のへりあき不足に起因したアングル破損に伴う回転状況を示す（写真 5.2.46）。

写真 5.2.43　玄関柱脚部
(Bottom of Entrance Column)

写真 5.2.44　簡易骨組柱脚
(Bottom of Column of Simplified Frame)

— 381 —

写真 5.2.45 簡易骨組　写真 5.2.46　水槽の被害
(Inclined Simplified Frame)　(Damage to tank of water)

5.2.7 まとめ（Summary）
1) 富士宮市庁舎周辺に被害が集中していた。
2) 天井材の落下を含む非構造材の被害が目立った。
3) 鉄筋コンクリート造学校校舎の耐震壁の微細なせん断ひび割れや柱，梁端部に曲げひび割れが見られた。
4) 地盤の変状による建物外周の軽微な被害が見られた。
5) 震度に比べて被害が少ないと思われる。

参考文献
1) 気象庁 HP: http://www.jma.go.jp/jma/index.html
2) 防災科学技術研究所強震ネットワーク K-net: http://www.k-net.bosai.go.jp/k-net/
3) 富士宮市公式 HP : http://city.cocolog-wbs.com/fujinomiya/
4) 応急危険度判定協議会：http://www.kenchiku-bosai.or.jp/jimukyoku/Oukyu/Oukyu.htm

第6章　各構造の被害
（Damage to each construction type of structures）

6.1　木造建物の被害
（Damage to wood buildings）

6.1.1　振動による被害（Damage due to ground motion）
(1) 木造建物の振動被害

　今回の地震による木造建物の被害は，各地域の被害として第3章から第5章までに述べたとおり，地理的に非常に広い範囲にわたっている。その被害の形態は，振動被害に限っても，様々な種類の木造建物がある上に，木造建物の地域性があり，さらに地盤増幅等による地震動の特性の違いもあって，極めて多様である。これら被害の全体像の把握，体系的な整理は現時点では十分とは言えず，今後の継続課題とせざるを得ないが，ここでは，これまでに得られている情報に基づいて，木造建物の振動被害を整理して述べることとする。

　一方，今回の地震では多数の強震記録が得られている。各地域での被害の程度や地域ごとの被害の特徴について考察を進める上で，これらの強震記録の特徴と木造建築物に与える影響を見ておくことが有益である。このため，これらの強震記録を用い，標準的な木造住宅の荷重変形関係を想定した地震応答計算を行っており，その結果を(2)に記す。
1) 被害の概要

　木造建物の振動被害を，被害原因から大別すると，上部構造の振動被害と地盤変状に伴う被害に分けられる。

　このうち，上部構造の振動被害としては，被害の程度によって，軽微なものから順に，無被害，仕上げ材（屋根葺き材を含む）の損傷，仕上げ材の落下，構造躯体の損傷（小破，中破，大破），倒壊などに大別される。一方，建物の種別としては，主として用途で分類すると，住宅，店舗または店舗併用住宅，集合住宅，倉庫・納屋（土蔵，板倉を含む），学校建築，市庁舎等公共建築物，社寺建築，体育館等大規模建築物などがある。さらに，これらは構法，階数，規模，その他形状などによって細分される。

　今回の地震では，住宅の倒壊や大破などの甚大な被害が発生した地域は，範囲としては北関東から東北に至る広い地域にまたがるが，点在しており，数としては限られているといって良い。河川の流域など地盤が軟弱な地域で，もともと耐震要素が少なく固有周期の長い木造住宅が，倒壊，または大破に至っているという印象を受ける。このことは，(2)で述べる強震記録を用いた時刻歴応答計算の結果とも整合している。

　ただし，土蔵や土蔵造りの建物の被害は，必ずしもこれら住宅の被害の甚大な地域だけにとどまらず，一般住宅の被害が小さな地域も報告されている。

　また，屋根瓦の被害，特に棟瓦の落下や，外壁仕上げ材の剥落や損傷といった被害は，被害としては軽微であるが，関東から東北に至る広い範囲で多数見られている。

　一方，地盤変状としては，傾斜地での地滑りや擁壁の破壊による地盤崩壊，地盤の亀裂や不陸の発生，平坦な敷地における地盤の亀裂や不陸の発生，砂質地盤の液状化などがあり，これらによる上部構造の被害としては，被害発生部位と程度により，被害が基礎のみか上部構造に及ぶか，また，被害が仕上げ材の損傷のみか構造的被害か，さらに，全体傾斜や全体沈下が有るか無いかといった区別がある。

　今回の地震では，傾斜地，特に宅地造成地における地滑りや擁壁の破壊に伴う住宅等の倒壊や大破と，砂質地盤の液状化に伴う上部構造の全体傾斜や沈下が甚大な被害として目立っている。

　なお，上部構造の振動被害が発生している地域は，地盤が軟弱であることが多く，純粋な振動被害と地盤変状に伴う被害とが明確に区別できない場合もある。
2) 住宅及び店舗併用住宅の振動被害

　地盤変状による被害を除くと，住宅や店舗併用住宅の振動被害として，倒壊や大破などの甚大な被害がある程度の数まとまって報告されている地域は，宮城県石巻市，大崎市，栗原市，気仙沼市，仙台市，美里町，福島県須賀川市，栃木県那須烏山市，那須町，高根沢町，芳賀町，茨城県水戸市，桜川市，那珂市，常陸太田市などである。このほかに，老朽化した住宅の倒壊例が散発的に，千葉県香取市や埼玉県鴻巣市などで報告されている。

　住宅および店舗併用住宅の倒壊，大破の例を写真6.1.1～写真6.1.8に示す。

　住宅で甚大な被害を生じたものの多くは建設年代が比較的古く，部材に腐朽や蟻害が認められるなど，老朽化していたと考えられる建物も多い。写真6.1.1の建物でも部材の蟻害が確認されている。

店舗併用住宅は，一般に道路に面して開口が大きく，耐震性能の不十分な建物が多いと考えられる。今回の被害例を見ると，ラスモルタルの外壁が剥落し，その中の下地板や，さらに柱などの構造部材にも腐朽蟻害が認められるものが多い。

　こうしたことから，住宅や店舗併用住宅の被害については，もともと耐震要素が少ないことに加えて，腐朽や蟻害による部材の劣化が，振動被害の被害拡大要因になっていることが考えられる。ただし，比較的新しく，劣化が認められない住宅で，振動により大破している被害例も，栃木県那須町などで報告されている。

写真 6.1.4　店舗併用住宅の大破（大崎市）(Severe damage of wood house with store in Osaki-city)

写真 6.1.1　住宅の倒壊（大崎市）(Collapse of wood house in Osaki-city)

写真 6.1.5　店舗併用住宅の大破（大崎市）(Severe damage of wood house with store in Sendai-city)

写真 6.1.2　住宅の部分倒壊（栗原市）(Partial collapse of wood house in Kurihara-city)

写真 6.1.6　店舗併用住宅の大破（栗原市）(Severe damage of wood house with store in Kurihara-city)

写真 6.1.3　店舗併用住宅の倒壊（美里町）(Collapse of wood house with store in Misato-town)

写真 6.1.7　店舗併用住宅の大破（仙台市）(Severe damage of wood house with store in Sendai-city)

第 6 章　各構造の被害（Damage to each construction type of structures）

一方，地域性による特色ある住宅の一例として，栃木県那須烏山市，市貝町周辺には，大谷石の石積みによる高基礎を設けた木造住宅が多数存在するが，今回の地震で石積み部分が崩壊し，倒壊または大破に至る被害が数多く見られた。写真 6.1.8 に被害例を示す。ちなみにこの地域では大谷石の石蔵も多く，その被害も報告されているが，写真 6.1.9 は内部が木骨である石蔵の被害例である。

で築 200 年と伝えられる土蔵群における被害である。軸組の変形は無いが，土塗り壁内部の柱材に腐朽蟻害が進んでおり，修復は困難とのことであった。写真 6.1.12 は同じ敷地内の土蔵で，下部の石積みの内側に鉄筋コンクリートの基礎を回し，内部に木造の耐力壁を設けるなどの耐震補強が成されていたため，軸組は無損傷であったが，屋根が崩落した例である。

写真 6.1.8　石積みの高基礎を有する住宅の倒壊(Collapse of wood house with high stone foundation)

写真 6.1.10　土蔵の大破（栗原市）(Severe damage of storehouse in Kurihara-city)

写真 6.1.9　石蔵の被害例（那須烏山市）(Damage of storehouse by wood frame and stone in Nasukarasuyama-city)

写真 6.1.11　土蔵の被害（大崎市）(Damage of storehouses in Osaki-city)

3) 土蔵および土蔵造りの振動被害

土蔵や土蔵造りの住宅等の被害が関東から東北に至る広い範囲に見られた。土蔵造りの用途は住宅や店舗併用住宅ではあるが，被害形態が類似するのでまとめて扱う。

写真 6.1.10～6.1.12 に土蔵の被害例を示す。

土蔵等の被害では，外壁の土塗り壁の剥落や瓦の落下が目立ち，一見して大きな被害には見えるものの，構造躯体の傾斜は小さい例も多い。写真 6.1.10 は構造躯体の大きな傾斜を生じている例である。また，写真 6.1.11 は大崎市内

写真 6.1.12　土蔵の屋根の落下（大崎市）(Fallen roof of storehouse in Osaki-city)

— 385 —

写真 6.1.13〜6.1.15 に土蔵造りの住宅の被害例を示す。残留変形は小さく，軸組の損傷は概して軽微と思われるが，土塗り壁の亀裂や剥落，屋根瓦の落下が生じている。

4) 倉庫，納屋等の振動被害

　住宅の被害を生じた地域では，倉庫や納屋などの軽微な構造の倒壊を含む被害が多く見られている。耐震的な配慮が十分なされていないための被害と考えられる。

　写真 6.1.16〜6.1.18 にこれらの被害例を示す。写真 6.1.17 は下部にコンクリートブロックを積んで上部を木造とした納屋で，コンクリートブロックが崩壊している例である。

写真 6.1.13　土蔵造りの住宅の被害－1（つくば市）
(Damage of house with heavy clay walls in Tsukuba-city -1)

写真 6.1.14　土蔵造りの住宅の被害－2（つくば市）
(Damage of house with heavy clay walls in Tsukuba-city -2)

写真 6.1.15　土蔵造りの住宅の被害－3（つくば市）
(Damage of house with heavy clay walls in Tsukuba-city -3)

写真 6.1.16　納屋の倒壊例－1（栗原市）　(Collapse of shed in Kurihara-city -1)

写真 6.1.17　納屋の倒壊例－2（栗原市）　(Collapse of shed in Kurihara-city -2)

写真 6.1.18　納屋の倒壊例－2（大崎市）　(Collapse of shed in Kurihara-city -2)

5) 学校建築の振動被害

学校建築には，大別して，建設年代の古い製材を用いた軸組構法によるものと，集成材等を用いた比較的新しいものとがある。

製材を用いた軸組構法による木造校舎では，大崎市で2階が崩壊した校舎の例が報告されている。また，写真6.1.19はやや大きな残留変形を示している学校建築の例である。校庭には噴砂の痕跡があり，砂質地盤の液状化を生じたものと考えられる。

集成材を用いた学校建築としては，那珂市の小学校体育館及び校舎で，基礎コンクリートの損傷，木製ブレースのはずれなど，軽微な被害を生じた例がある。

6) 社寺建築の振動被害

社寺建築の被害としては，栃木県高根沢町で寺院本堂1棟の倒壊があったほか，関東から東北に至る各地で大破等の被害が報告されている。

写真6.1.21～6.1.23に被害例を示す。

写真6.1.21は栃木県高根沢町で寺院本堂1棟の倒壊例である。写真6.1.22は大崎市の神社の門が大破した例で，敷地周辺には噴砂の痕があり，砂質地盤の液状化が生じたと思われる。軟弱地盤上に比較的柔らかい伝統構法の建物があったために，被害が拡大してものと考えられる。写真6.1.22は大崎市の寺院境内にある建物で，礎石を踏み外し大きく傾斜している例である。

写真 6.1.19　木造校舎の被害例と噴砂痕（大崎市）(Damage of school building and mark of sand boil in Osaki-city)

写真 6.1.21　寺院本堂の倒壊（高根沢町）(Collapse of main building of temple in Takanezawa-town)

写真6.1.20　木造校舎の傾斜（大崎市）(Story drift of school building in Osaki-city)

写真6.1.22　神社の門の大破（大崎市）(Severe damage of gate of shrine in Osaki-city)

写真 6.1.23 寺院建築の大破（大崎市）(Severe damage of temple building in Osaki-city)

7) その他の建物の振動被害

栗原市で古い映画館を改装し，工場として使用している木造建物が大破し，大きな残留変形を示した例があった．外観および内部を写真 6.1.24，6.1.25 に示す．

その他，丸太組構法住宅の被害例は稀少であるが，那須塩原市において，ログの交差部で損傷を生じた例があった．

写真 6.1.24 古い映画館の大破（栗原市）(Severe damage of old cinema theater in Kurihara-city)

写真 6.1.25 同，内部 (Inside of same building)

8) 傾斜地等の地盤被害に伴う建物被害

今回の地震では，傾斜地の宅地造成地等における地滑りや擁壁の破壊に伴って地盤が損傷を受け，住宅等の倒壊や大破に繋がる被害が顕著であった．

こうした被害が激しかった地域としては，宮城県仙台市青葉区，仙台市泉区，仙台市若林区，福島県福島市，鏡石町，栃木県那須烏山市などがある．

写真 6.1.26〜6.1.33 に被害例を示す．

写真 6.1.26 斜面崩壊に伴う旅館の倒壊（仙台市）(Collapse of hotel by landslide in Sendai-city)

写真 6.1.27 地滑りに伴う住宅の大破（仙台市）(Severe damage of house by landslide in Sendai-city)

写真 6.1.28 同上 基礎の損傷 (Damage of foundation of same house)

第6章　各構造の被害（Damage to each construction type of structures）

写真 6.1.29　擁壁の崩壊（仙台市）(Collapse of retaining wall in Sendai-city)

写真 6.1.33　擁壁破壊に伴う住宅の大破（大崎市）(Severe damage of house due to collapse of retaining wall in Osaki-city)

写真 6.1.30　地滑りによる住宅の大破－1 (Severe damage of house due to landslide -1)

写真 6.1.31　地滑りによる住宅の大破－2 (Severe damage of house due to landslide -2)

写真 6.1.32　地滑りによる住宅の大破－3 (Severe damage of house due to landslide -3)

9) 液状化による被害

今回の地震では，広範囲で砂質地盤の激しい液状化が生じ，これに伴う上部構造の全体傾斜や沈下が甚大な被害として目立った。

液状化による被害は，茨城県鹿島市，神栖市，鉾田市，潮来市，行方市，稲敷市，河内町，千葉県旭市，浦安市，船橋市，習志野市，千葉市，我孫子市，香取市，埼玉県久喜市などで顕著であった。

液状化による上部構造の被害としては，基礎が鉄筋コンクリートなどで健全に作られている場合，構造躯体の損傷はむしろ小さく，もっぱら全体傾斜や沈下を生じている。

10) その他の地盤変状による被害

平坦な地盤において，液状化が発生していなくても，軟弱な地盤では地盤の亀裂や不陸を生じ，上部構造の不同沈下等の被害に繋がった例が千葉県佐倉市，成田市などで報告されており，同様の被害は他の地域にも発生していると考えられる。

ただし，こうした地盤においては築年の古い住宅などを中心に振動的被害も生じており，地盤による被害と振動被害の明確な分離は困難であると思われる。

(2) 解析による振動被害の分析

1) 解析モデルと入力地震動

標準的な2階建ての木造住宅を想定し，解析モデルを作成し，時刻歴応答解析を実施した。標準的な2階建ての木造住宅は，Co=0.2に対して1階を設計した木造住宅の振動台実験[1]の結果を用いた。なお，2階はCo=0.3に対して設計されている。復元力特性は，今回の地震動の継続時間が長かったことを考慮して，繰返しの地震動に対しても精度よく応答の追跡が可能と考えられる改良EPHMモデル[2]を用いた。建物の耐震性能のレベルはCo=0.2で設計されたものを1.0として，その荷重を1，2階ともに0.7倍したもの

と1.5倍したものの3種類とした。0.7倍は耐震性能が不足する建物として，1.5倍は品確法の耐震等級3の建物として想定した。地震波は防災科学技術研究所の強震ネットワーク（k-net）で記録された岩手から千葉に至る143波を対象とした。振動モデルは2質点せん断系としており，NS成分とEW成分の2成分で加速度が最大になる方向軸に対して計算される地震波を入力した。

2) 解析結果

1階の応答変位を 1/20rad，1/20~1/50rad，1/50~1/100，1/100~1/200，1/200 以内に区分して濃さを分けて地図上に表示した結果を図6.1.1に示す。仙台市の建物0.7に対する結果の例として図6.1.2に荷重変形，時刻歴応答変形を減衰20％のSa-Sd曲線とともに示した。石巻市，栗原市（築館），仙台市などは解析結果で応答が大きいところでまとまった被害が見られている。ただし，仙台市では0.7の建物は1/9rad と倒壊直前の変形まで至ると解析上の答えはでるが，既存不適格建物の数を考慮すると解析が幾分過大に応答を算出しているような印象もある。つまり，相対的には解析と傾向は一致しているが，絶対値については今後詳細な検討を要する。また，気仙沼などは0.7であっても1/131rad と構造躯体が損傷するまでは解析上変形が至らないが，実際には大きな損傷に至っているものもある。局所的な地盤の影響も考えられる。

また，大半の建物性能，地震波で1階の応答変形が2階より大きいという結果になったが，逆の結果となった地域が5地点あった。ただし，0.7，1.0，1.5すべての建物において2階の変形が上回っている地域はなく，2階の相対変形も1/200rad以下ということもあって，高振動数が卓越した地震動と言われてはいるが，2次モードが顕著に表れているわけではないようである。

参考文献

1) 橋本敏男，川上修，坂本功，大橋好光，河合直人，五十田博，腰原幹雄，高橋仁：実大木造住宅の振動台実験手法に関する研究 その2～3，日本建築学会大会学術講演梗概集，C-1分冊，pp.3-6，2005.9
2) 五十田博，大変形と繰り返しによる劣化を考慮した木造壁の復元力特性モデルの精度検証，日本建築学会:構造系論文集 NO.659 P.113 2011年1月

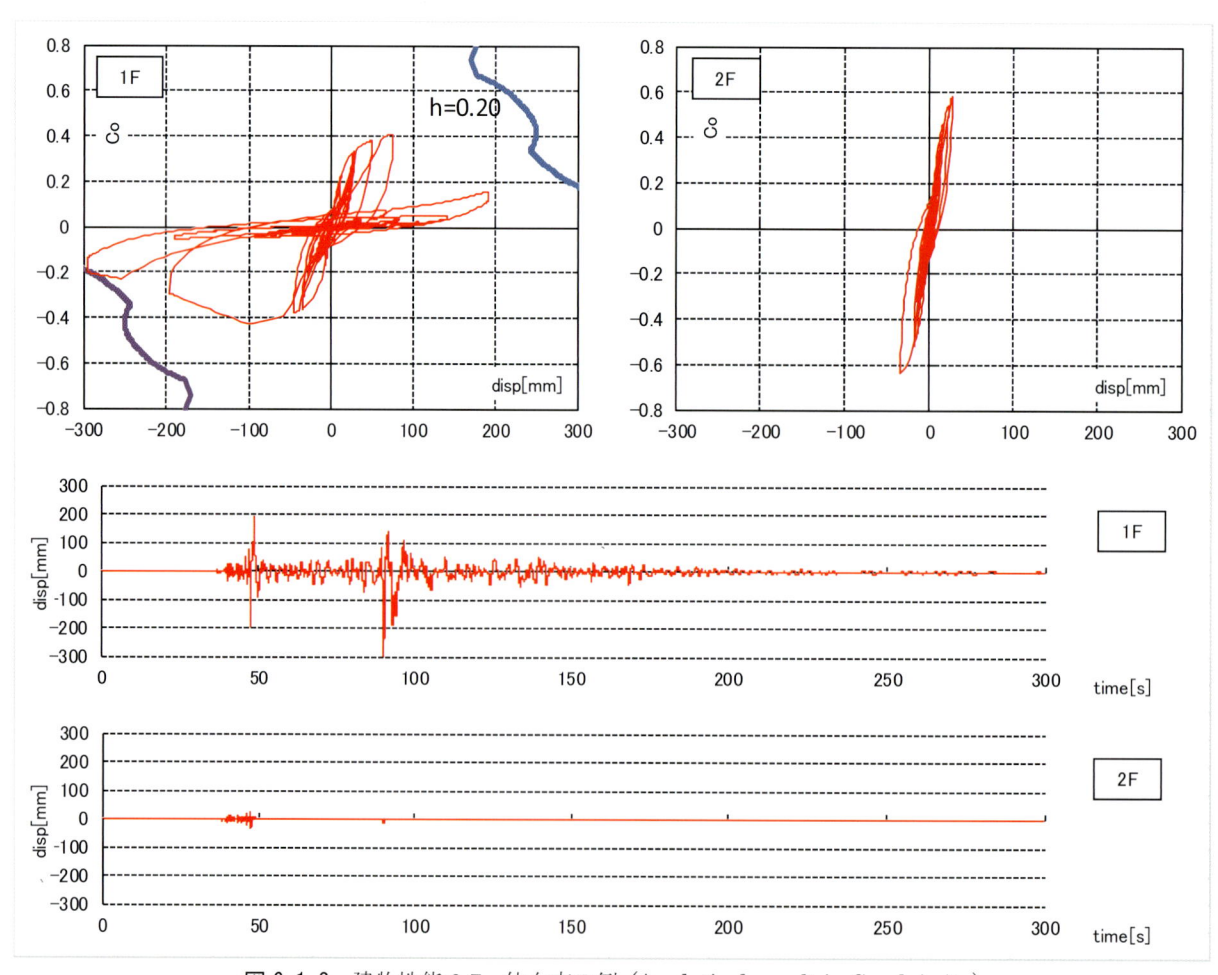

図6.1.2 建物性能0.7 仙台市の例 (Analytical result in Sendai-city)

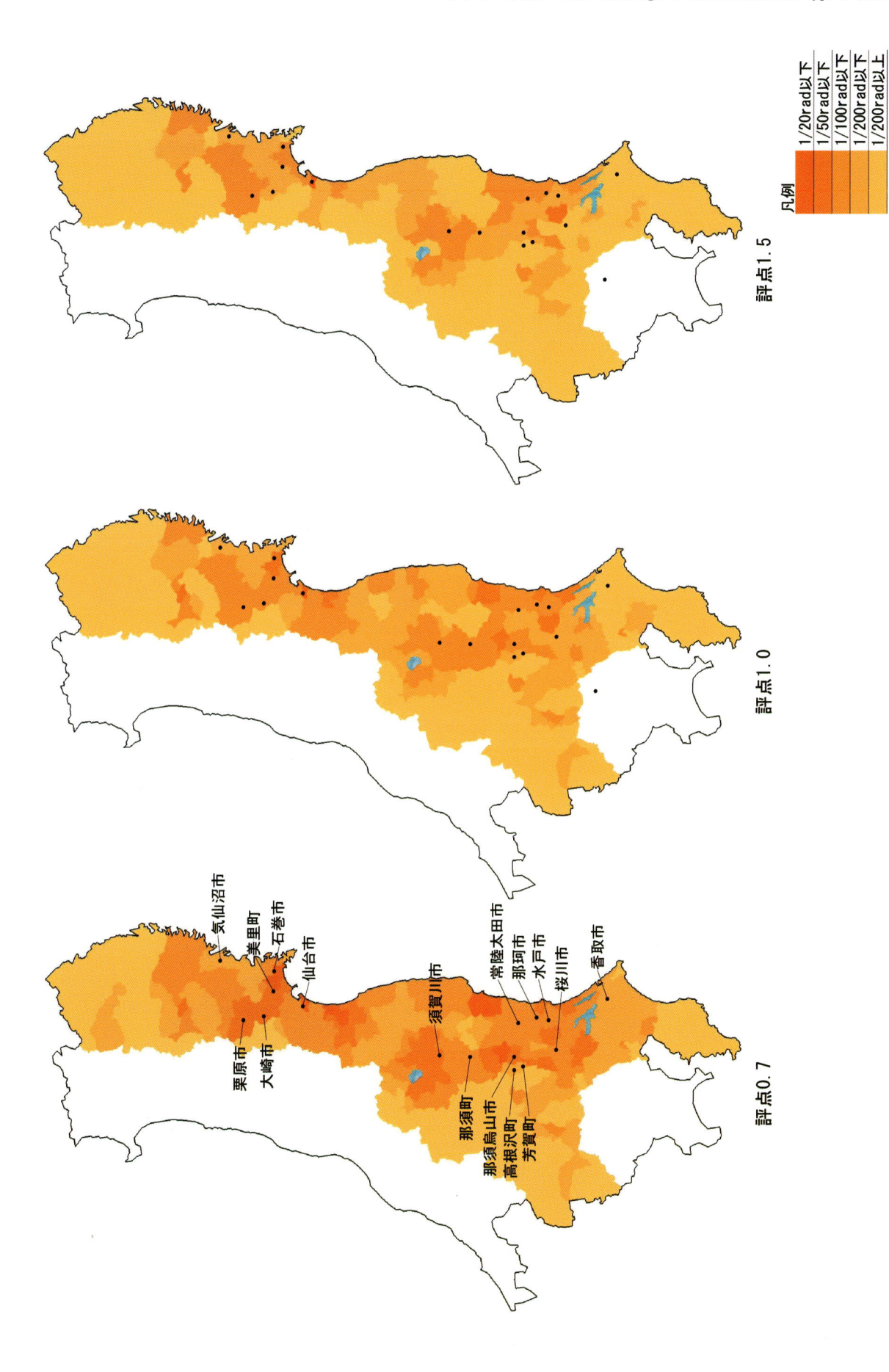

第6章 各構造の被害（Damage to each construction type of structures）

図 6.1.1 応答変形の分布 （Contour on maximum response）

― 391 ―

6.1.2 津波による被害 (Damage due to tsunami)

(1) 津波による被災地域と調査地

2011 年東北地方太平洋沖地震によって発生した津波による浸水範囲は青森県，岩手県，宮城県，福島県，茨城県，千葉県に及んだ[1]。これに対して，表 6.1.1 に示す日程で各地を抽出的に調査した[2]。調査した範囲は，時間的，人的制約のため，限定的と言わざるを得ないが，本報告はこの調査した範囲で得られた知見について，一部を抜粋してとりまとめたものである。

また，津波の波力分布と木造建物の水平耐力の関係について試算した結果の一部を紹介する。

表 6.1.1 津波の被害調査の日程と地域 (Survey of damages due to tsunami on wood buildings)

分類	市町村	日程
平野部	宮城県仙台市若林区，名取市，岩沼市，亘理町，山元町	2011 年 4 月 6 日〜8 日
傾斜地	岩手県大槌町，釜石市，大船渡市，陸前高田市，宮城県気仙沼市，南三陸町，女川町，東松島市	2011 年 5 月 25 日〜 27 日

(2) 平野部の被害

平野部は，津波を遮るものが殆どなく，海岸から離れた地点まで津波が到達し，甚大な被害を引き起こした。各地の被害の概要を以下に示す。

1) 仙台市若林区荒浜

海岸付近の木造家屋の殆どが流失しており，残存する木造建築物は，残存した他構造の下流方向に位置した（写真 6.1.34）ためと考えられた。この地区の浸水深は残存する RC 造建築物等から，6〜8 程度と推定された。海岸から離れた地域には残存する木造家屋（写真 6.1.35）も複数確認された。

荒浜地区の海岸線から約 1.5km のエリアで，多くの低層建築物は流失していたが，残存する低層の住宅が数十軒程度確認された。これらのうち，津波の入射方向に沿って，列状に複数の家屋が残存する状況（写真 6.1.36）が確認できた。このエリアの浸水深は 4〜5m 程度と推定されたが，この列状の残存家屋の先頭は非木造低層住宅であった。

一方，津波の入射方向に残存する建物が存在している例が複数確認された。例えば写真 6.1.37 であるが，入射方向の壁面や木造躯体の一部を大きく損傷しているが，木造住宅の構造方法としては，接合金物を多用した比較的新しい構法であった。

写真 6.1.34 RC 造建物の下流で残存する木造家屋（仙台市若林区荒浜）(Wood house to remain in the downstream of RC building in Arahama, Wakabayashi-ku, Sendai-City)

写真 6.1.35 海岸から離れて残存する複数の木造家屋（仙台市若林区荒浜）(Plural wood houses to remain in apart from the shore in Arahama, Wakabayashi-ku, Sendai-City)

写真 6.1.36 列状に残存する木造家屋（仙台市若林区荒浜新）(Wood houses to remain in the shape of a line in Arahama-shin, Wakabayashi-ku, Sendai-City)

写真 6.1.37 入射方向に残存建築物がなく，大きく損傷したものの流失を免れた木造住宅（仙台市若林区荒浜新）(Wood house which avoided the being carried away that an incident course did't have survival buildings, and was damaged greatly in Arahama-shin, Wakabayashi-ku, Sendai-City)

2) 名取市閖上

　全般的に壊滅的な被害を受けている。この地区の航空写真（3/13 時点）と以下に示す調査物件の位置（丸数字）を図 6.1.3 に示す。基礎ごと流れて移動した木造住宅（写真 6.1.38：①）の当初位置を調査したところ，鋼管杭が残留（写真 6.1.39：②）していた。砂地盤を考慮して鋼管杭を施工したものと想像されるが，津波波力まで考慮した杭基礎とべた基礎の接合方法ではなかったと考えられる。なお，移動した方向から，この付近の津波の入射方向は東，もしくは多少東北東に寄っていると考えられる。

　この住宅の近辺では，寺社建築（写真 6.1.40：③）と鉄骨造建物（④）が，大きく損傷するものの，流されずに残ったため，津波波力が多少軽減され，流失を免れたと推測される木造店舗併用住宅（写真 6.1.41：⑤）が確認された。RC 造建物の下流に位置して水圧による外力が低減される可能性があることは，前節でも述べたが，木造等の小規模建物でも，入力低減効果がある可能性が示唆されたと言える。

　閖上地区の広浦橋（⑥）より南側の東岸には胸高直径 20 cm 程度が平均的な太さであるマツの保安林（防風林，もしくは飛砂防止林，写真 6.1.42：⑦）があった。漂流物の付着状況などから，この地区の浸水深は約 5～6 m と推定されたが，この保安林の建物の耐津波挙動に与える影響について検討した。この保安林の一部は根こそぎ倒れており，倒れた部分の下流に位置すると推測された部分の木造家屋は，基礎・土台などを残して上部構造はほぼ全て流失（写真 6.1.43：⑧）していた。これに対して，残存する保安林の下流に位置したと推測される建物は，選択的に流されており，残留した木造家屋（写真 6.1.44：⑨）があった。なお，一般的にはマツの保安林が津波による外力を低減させると考えられているようであるが，このようにある一部分のマツが連続的に倒れ，ある一部分のマツが残存している場合には，両者のマツの曲げ強さや胸高直径の分布に有意な差があるとは考えられず，当該部分ごとに水深や海底地形等の影響などによって，津波の波力や流速が異なったと考えるのが自然であろう。

　一方，保安林の保護を受けていないと考えられる位置で，入射方向に他の建物が残存しない木造家屋（写真 6.1.45：⑩）があった。この築年数はさほど新しくないのに対し，比較的築年数が新しく（おそらく築数年程度），入射方向に残存する建物等が存在しない木造軸組構法住宅（写真 6.1.46：⑪）と枠組壁工法住宅（写真 6.1.47：⑫）が確認された。前者の下流と想像される部分には，もう 1 棟残存する軸組構法住宅（⑬）が確認された。なお，これらが建つ位置の浸水深は約 3.5 m 程度であった。

写真 6.1.38　基礎ごと流された木造住宅（①：名取市閖上）（Wood house that was carried away with the base in Yuriage, Natori-City）

写真 6.1.39　写真 6.1.39 の当初位置に残る鋼管杭（②：名取市閖上）（Steel tube stake left at the original position of photograph 6.1.38 in Yuriage, Natori-City）

写真 6.1.40　大きく損傷した寺社建築（③：名取市閖上）（Heavily damaged temple building in Yuriage, Natori-City）

写真 6.1.41　残存建物の下流で流失を免れた木造店舗併用住宅（⑤：名取市閖上）（Store combination wood house which avoided being carried away in the downstream of the survival buildings in Yuriage, Natori-City）

入射方向に集合住宅等の比較的規模の大きい残存建物がある場合，その下流には多くの木造家屋（⑭：写真 6.1.48）が流失を免れており，そのなかには築年数が新しいものだけでなく，比較的古い住宅も含まれている。これに対して，比較的規模の大きい工場建物（⑮）の下流で，多少距離が離れた位置にも流失を免れた木造住宅があったが，比較的築年数が新しく，構造仕様が優れていると推測される住宅（⑯：写真 6.1.49）が選択的に残っている。その他，単独で残る木造住宅（⑰）などが確認されたが，それらはいずれも比較的築年数が新しく，構造仕様が優れているのではないかと推測されるものであった。

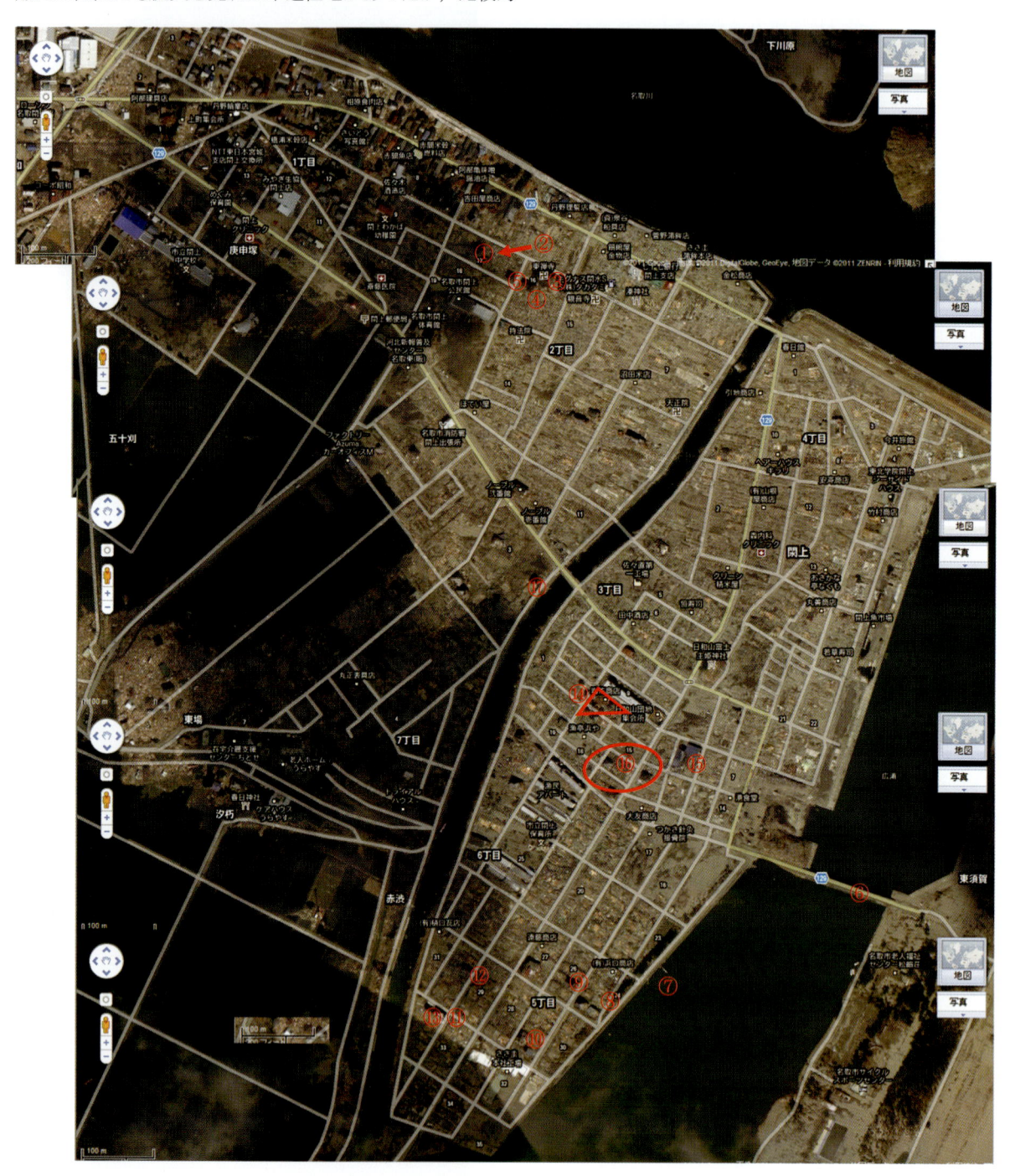

図 6.1.3　名取市閖上の航空写真と調査物件の位置関係
　　　　（Aerial photograph and the position relations of investigated buildings in Yuriage, Natori-City）

第6章 各構造の被害（Damage to each construction type of structures）

写真 6.1.42 名取市閖上地区の保安林（⑦）（Protection forest in Yuriage, Natori-City）

写真 6.1.43 なぎ倒された保安林と木造家屋の流失（⑧：名取市閖上）（Protection forest blown down and wood house carried away in Yuriage, Natori-City）

写真 6.1.44 残存する保安林と木造家屋（⑨：名取市閖上）（Protection forest and wood house to remain in Yuriage, Natori-City）

写真 6.1.45 保安林の影響なしで残存した木造家屋（⑩：名取市閖上）（Wood house to remain without the effect of protection forest in Yuriage, Natori-City）

写真 6.1.46 単独で残存する軸組構法住宅（⑪：名取市閖上）（Japanese conventional post and beam wood house to remain alone in Yuriage, Natori-City）

写真 6.1.47 単独で残存する枠組壁工法住宅（⑪：名取市閖上）（Light frame construction wood house to remain alone in Yuriage, Natori-City）

写真 6.1.48 RC造の集合住宅の下流で流失を免れた木造家屋群（⑭：名取市閖上）（Group of wood houses which avoided being carried away in the downstream of RC apartment house in Yuriage, Natori-City）

写真 6.1.49 工場建物の下流で選択的に流失を免れた木造住宅（⑪：名取市閖上）（Wood house which avoided being carried away selectively in the downstream of the factory building in Yuriage, Natori-City）

― 395 ―

3) 亘理町荒浜

亘理町荒浜地区は，東側が太平洋で，南側に荒浜港がある海岸に囲まれた地域（図6.1.4）である。特に太平洋と荒浜港に挟まれている地区では，木造建物の多くが津波により流失し，基礎だけが残っているものが数多く見受けられた。

甚大な被害が発生している東側の半島状の地区で残存していた木造建物が数棟あった。一つはL字型の平面を持つ木造建物で，入射方向に対して重圧面積に比して奥行きが小さい長辺方向が流失したが，短辺方向の建物部分は残存していた（写真6.1.50）。この住宅の接合部金物が確認できたが，2000年以降の建築と推測された（写真6.1.51）。また，近くで1階RC（ピロティー形式）2階木造の混構造建物も残存していた（写真6.1.52）。また，桁行方向面格子壁，梁間方向を集成材フレームとする平屋建ての木造建物（写真6.1.53）は，残存するものの，室内には漂流物や部材が充満していた。

荒浜港の北側では，浸水深が6m程度と推定されたが，ほとんどの木造家屋は流失しており（図6.1.4），選択的残存する木造家屋も入射方向を大きく損傷していた。3階建ての木造住宅は，耐震設計上1階部分の水平耐力は2階建て以下より大きいため，単独で残存している例が確認された（写真6.1.54）。一方，荒浜港の西側では浸水深が約4m程度と推定され，多くの木造建物が残存していた（図6.1.4）。なかには，漁船が衝突したにもかかわらず，残存している家屋（写真6.1.55）もあった，築年数が浅いため，構造仕様も比較的優れているものと推測された。

写真 6.1.50 一部を流失した木造住宅（亘理町荒浜）
（Wood house which was carried away in a part in Arahama, Watari-cho）

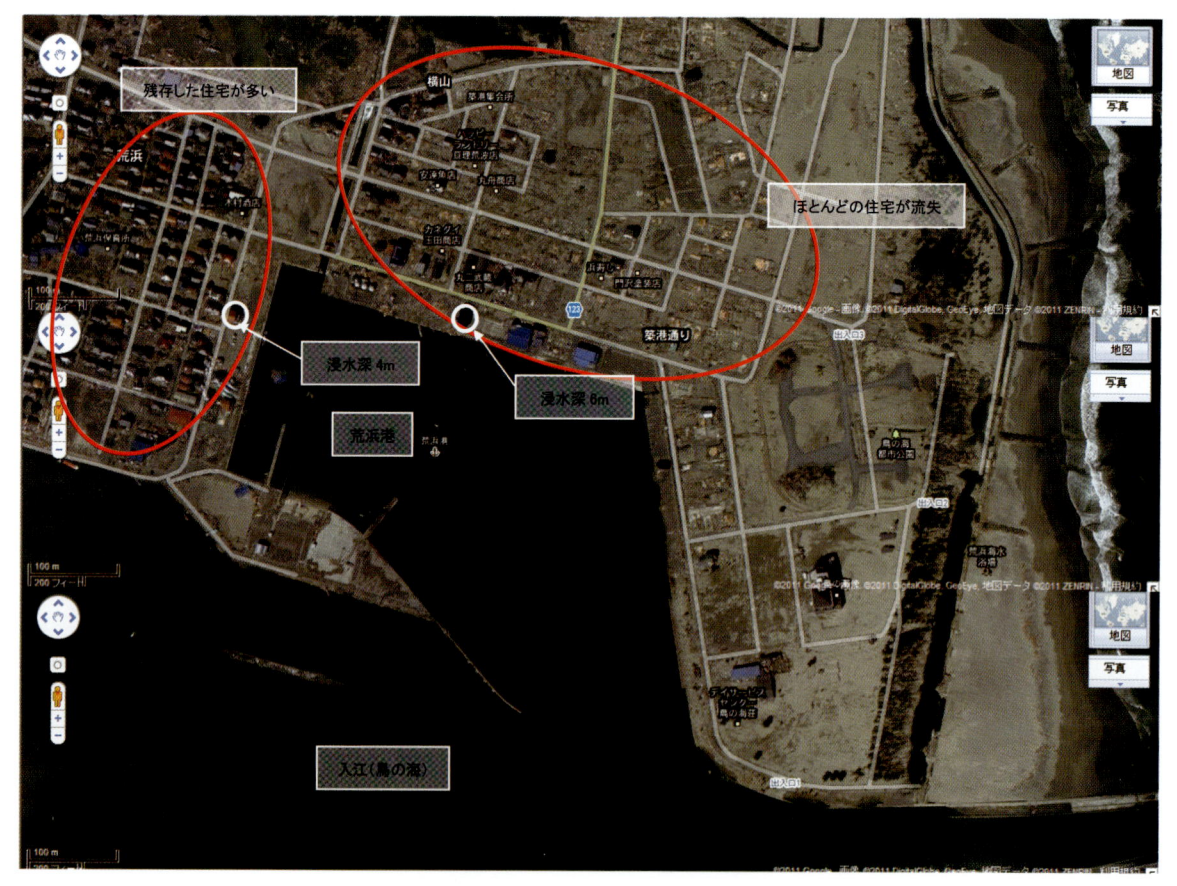

図6.1.4 亘理町荒浜の航空写真（Aerial photograph in Arahama, Watari-machi）

第6章　各構造の被害（Damage to each construction type of structures）

写真 6.1.51　写真 6.1.50 の接合金物（亘理町荒浜）(Fastener of joint in the house of photograph 6.1.50 in Arahama, Watari-cho)

写真 6.1.52　残存する立面混構造（亘理町荒浜）(Hybrid construction which has RC in the 1st floor and wooden to remain in the 2nd floorin in Arahama, Watari-cho)

写真 6.1.53　残存する集成材建築（亘理町荒浜）(Glulam frame structure to remain in Arahama, Watari-cho)

写真 6.1.54　残存する3階建て木造住宅（亘理町荒浜）(3-story wood house to remain in Arahama, Watari-cho)

写真 6.1.55　船舶が衝突しても残存した木造住宅（亘理町荒浜）(Wood house to remain in even if a ship crashed in Arahama, Watari-cho)

4) 平野部の被害のまとめ

木造建物の津波被害について，平野部を調査した結果，以下の結論が得られた。

・平野部は津波により甚大な被害を受けた。
・しかし，全ての低層木造建物が津波で流されたわけではなく，津波の入射方向に残存建物がある場合は，その下流で，多くの木造建物が流失を免れている。
・また，比較的大規模な残存建物の下流では，多少距離が離れても，構造仕様が優れていると推測される木造建物が選択的に流失を免れている。
・津波の入射方向に残存建物が無い場合においても，構造仕様が優れていると推測される低層木造住宅が流失を免れている例がある。ただし，その残存建物は，入射方向の壁体や躯体の一部を大きく損傷している場合がほとんどである。
・ホールダウン金物の有無が残存の主要な要因とはなっていないようである。
・保安林の波力低減効果を裏付ける例は確認されなかった。

(2) 傾斜地の被害

1) 大船渡市赤崎町

大船渡市赤崎町は，大船渡湾の東側に位置する集落で，海岸から県道9号線を超えて，緩やかな傾斜地である。同地区の航空写真を図6.1.5に示し，調査建物の位置関係をプロットした。海岸沿いに建つ住宅（写真6.1.56：①）の居住者によれば，津波の高さは2階建ての頂部まで完全に水没したようである。当該家屋は一部を損傷していたが，大部分は流失を免れていた。隣接する作業小屋（②）は，土間コンクリートから土台が外れ，移動していた。これに対して通りを挟んで海側の2階建ての木造住宅

（写真 6.1.57：③）はほぼ無害であった。また，①と②に並ぶ2棟（④）残存していたが，これらの背後（北側）には裏山があり，これが津波による外力の大小に影響を及ぼした可能性もある。

　一方，海岸沿いの道路から1.5m程度高い地盤に建てた伝統的構法による木造家屋（写真 6.1.58：⑤）に対しては，2階窓の直下まで瓦がずれているため，浸水深は約5～6m程度（地盤から1階梁の高さまで約4mと測定）あったのではないかと推定されたが，壁などが流失したものの，目視では躯体の移動や残留変形などは確認されなかった。海岸沿いの道路から2m程度高い敷地に建つ木造家屋（写真 6.1.59：⑥）も流失を免れていたが，下屋の屋根に大きな損傷があるため，浸水深は6m程度以上と推測される。この東側に隣接する家屋（⑦）も残存していたが，北東の比較的新しいとみられる家屋は流失（⑧）していた。この建物には，かなり多くのホールダウン金物が設置され，敷地北側の角には大きな洗掘孔が確認された。

　これらの建物から傾斜地を昇った県道沿いには，浸水深が約5mと確認された軽量鉄骨造住宅（⑨）が残存しており，これに隣接して，比較的構造仕様が軽微である平屋の木造住宅（写真 6.1.60：⑩）が残存していた。この住宅には筋かいの存在は確認され，その接合部は釘打ち程度であったが，アンカーボルトは確認された。さらに，この建物の東側では浸水深が約3.8mもあるにもかかわらず，老朽化した土壁による倉庫（写真 6.1.61：⑪）が残存しており，その敷地内の東側では古民家が時計回りに約30°回転移動していた（写真 6.1.62：⑫）。これらの木造建物の被害は，傾斜地の津波の波力は平野部の波力より多少低減されていることを示唆している可能性がある。

写真 6.1.56　浸水深 7m 超で残存した木造住宅（大船渡市赤崎町）（Wood house to remain under the over 7m wave depth in Akasaki-cho, Ofunato-City）

図 6.1.5　大船渡市赤崎町の航空写真（Aerial photograph in Akasaki, Ofunato-City）

第6章 各構造の被害（Damage to each construction type of structures）

写真 6.1.57 浸水深 7m 超でほぼ無被害の木造住宅（大船渡市赤崎町）（Wood house without damage under the over 7m wave depth in Akasaki-cho, Ofunato-City）

写真 6.1.58 浸水深約 6〜7m でほぼ流失を免れた伝統的構法の木造住宅（大船渡市赤崎町）（Japanese traditional wood house which avoided being carried away under 6-7 m wave depth in Akasaki-cho, Ofunato-City）

写真 6.1.59 1階小屋組を損傷しても流失を免れた木造住宅（大船渡市赤崎町）（Wood house which avoided being carried away even if damaged on the 1st floor roof in Akasaki-cho, Ofunato-City）

写真 6.1.60 比較的軽微な構造仕様と見られる残存家屋（大船渡市赤崎町）（Survived house which was seemed to have comparatively slight structural specifications in Akasaki-cho, Ofunato-City）

写真 6.1.61 比較的軽微な構造仕様と見られる土蔵（大船渡市赤崎町）（Survived soil warehouse which was seemed to have comparatively slight structural specifications in Akasaki-cho, Ofunato-City）

写真 6.1.62 比較的軽微な構造仕様と見られる残存家屋（大船渡市赤崎町）（Survived old house which was rotated in Akasaki-cho, Ofunato-City）

2）気仙沼市小々汐（こごしお）

気仙沼湾南東部に位置する気仙沼市小々汐の入り江に沿った宮城県道218号線の内陸側の傾斜地に商店や公共施設と住宅などが建つ。小々汐では図6.1.6に示すように入り江より内陸に細長く入る谷の奥地にまで津波は遡上し，浸水および損壊した住宅を確認した。同地区の最奥部に位置する住宅A（写真6.1.63）の浸水深は3.2m，隣接する住宅B（写真6.1.64）で5m程度に達していた。

写真 6.1.63 残存する住宅Aの外観（気仙沼市小々汐）（Appearance of wood house A to remain in Kogoshio, Kesen-numa-City）

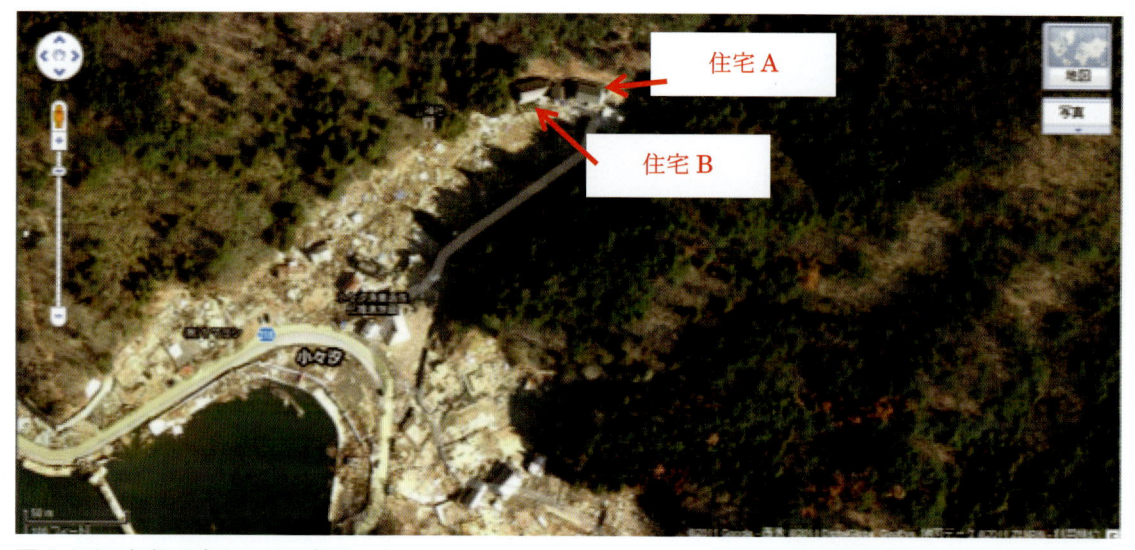

図 6.1.6　気仙沼市小々汐の航空写真（Aerial photograph in Kogoshio, Kesen-numa-City）

　住宅 A の上部構造は写真 6.1.65 に示すように約 1 m 移動し，建物内部が壊滅していた。住宅 A よりも築年数の浅い住宅 B は残存したが，写真 6.1.66 のように天井が持ち上げられ，その他に一部の壁の破壊を確認したが，軸組の著しい損壊は見当たらなかった。

写真 6.1.64　残存する住宅 B の外観（気仙沼市小々汐）（Appearance of wood house B to remain in Kogoshio, Kesen-numa-City）

写真 6.1.65　住宅 A の上部構造の移動（気仙沼市小々汐）（Movement of upper building frame of house A in Kogoshio, Kesen-numa-City）

　近隣住人によれば，津波は湾の方より勢いよく，渦を巻きながら遡上し，建物などを壊滅および流失させながら，住宅 A より 30m ほど奥地にまで達したとのことであった。また，過去に，周辺に被害をもたらしたチリ地震による津波は住宅 B まで遡上しなかったそうである。

写真 6.1.66　住宅 A の屋内（気仙沼市小々汐）（Damaged indoor of house B in Kogoshio, Kesen-numa-City）

3）傾斜地の被害調査結果のまとめ
　傾斜地における木造建物の被害を調査した結果をまとめると，以下の知見が得られた。
・津波により甚大な被害を受けたが，すべての低層木造建物が津波で流されたわけではない。
・ホールダウン金物の有無が残存の可否を決定しない。
・傾斜地の津波の波力は平野部の波力より多少低減されている可能性がある。

(3) 津波の波力分布と木造建物の水平耐力の関係
1）津波波圧・波力の算定
　2004 年スマトラ沖地震によるインド洋大津波の被害

第6章　各構造の被害（Damage to each construction type of structures）

を受けて，2005年6月に内閣府から「津波避難ビル等に係るガイドライン」[3]が公表されている。これは津波からの避難が困難な地域における津波避難ビル等の普及を促進すべく，津波避難ビル等が満たすべき構造的要件，指定や運用における留意点等を取りまとめたものである。

①津波波圧算定式

設計に用いる津波波圧分布は設計用浸水深の3倍の高さに達する静水圧分布とされている。3倍という数値は護岸に近い構造物を想定した水理模型実験結果[4]から得られた値である。このとき，進行方向の津波波圧は，下式により算定する。

$$q_Z = \rho g(3h - z) \quad (6.1.1)$$

ここで，q_Z：構造設計用の進行方向の津波波圧(kN/m^2)
　　　　ρ：水の単位体積質量(t/m^3)
　　　　g：重力加速度(m/s^2)
　　　　h：設計用浸水深(m)
　　　　z：当該部分の地盤面からの高さ($0 \leq z \leq 3h$)(m)

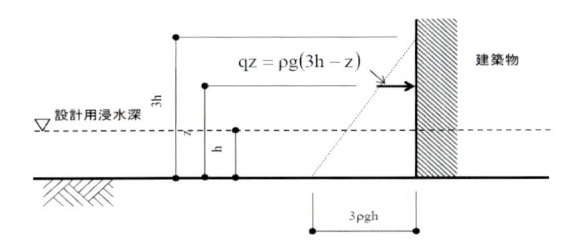

図6.1.5　津波波圧の算定式[3]
（Calculation formula of wave pressure）

②津波波力算定式

進行方向の津波波力は，(6.1.1)式に示した三角形分布の津波の圧力が構造物に作用すると仮定して，受圧面の面積で積分した次式の値とされている。

$$Q_Z = B\int_{z_1}^{z_2} q_z dz = \rho g B \int_{z_1}^{z_2} (3h - z)dz \quad (6.1.2)$$

ここで，Q_Z：構造設計用の進行方向の津波波力(kN)
　　　　B：当該部分の幅(m)
　　　　z_1：受圧面の最小高さ $(0 \leq z_1 \leq z_2)$ (m)
　　　　z_2：受圧面の最高高さ $(z_1 \leq z_2 \leq 3h)$ (m)

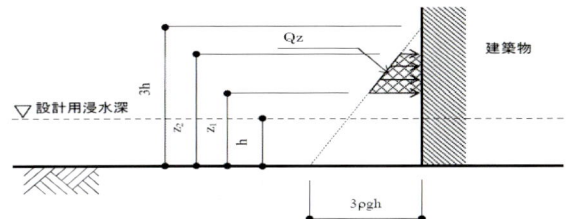

図6.1.6　津波波力の算定式[3]
（Calculation formula of wave force）

2) 木造住宅の耐力との関係

重圧面の幅4.55 m×長さ7.28 mの平屋建て，2階建て，3階建ての木造住宅を想定し，その必要壁量（基準法施行令第46条）をちょうど満たす壁量が存在した場合の許容耐力に基づいて，保有耐力を算出（式6.1.3）し，津波波力との関係を算出し，図6.1.7に示す。なお，ここで保有耐力は許容耐力の1.5倍であると仮定した。

保有耐力＝壁量／100×1.96 kN/m×1.5　　(6.1.3)

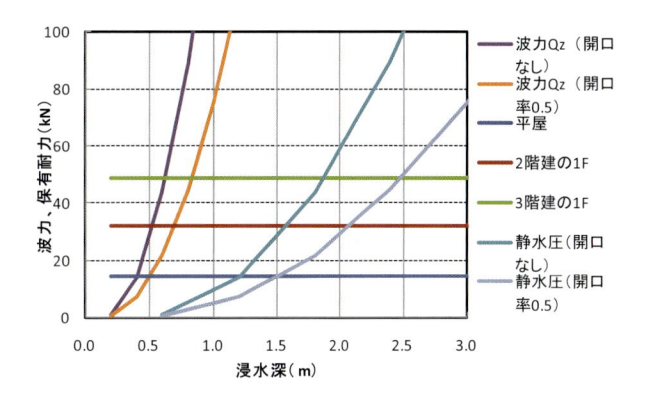

図6.1.7　木造住宅の保有耐力と津波波力の関係

波圧分布を浸水深の3倍とすると，1 m未満の津波で波圧は階数によらず，保有耐力を超える。これに対して，設計用浸水深を3倍にしないときの波圧分布に基づく波力は流速がないときの静水圧とされるが，受圧面積の半分程度が開口である場合には，平屋で1.5 m，2階建ての1階は約2m，3階建ての1階は約2.5mの津波に耐えうる可能性があるが，それを超える波では木造家屋は流失を免れないことを意味している。

なお、これは、4〜6 mの津波にも耐えうる木造家屋が存在するとした被害調査の結果とは相応しない。津波外力の算定の精度の向上など，検討の余地がある。

参考文献

1) 国土地理院：浸水範囲概況図
　http://www.gsi.go.jp/common/000059847.pdf

2) 国土技術政策総合研究所資料，No. 636，建築研究資料 No. 132，"平成23年（2011年）東北地方太平洋沖地震調査研究（速報）（東日本大震災）"，2011.
　http://www.nilim.go.jp/lab/bcg/siryou/tnn/tnn0636.htm ，
　http://www.kenken.go.jp/japanese/contents/topics/20110311/0311quickreport.html

3) 内閣府：津波避難ビル等に係るガイドライン，2005.6
　http://www.bousai.go.jp/oshirase/h17/tsunami_hinan.html

4) 朝倉ら：護岸を越流した津波による波力に関する実験的研究，海岸工学論文集第47巻，pp.911-915，土木学会，2000.

6.2 鉄筋コンクリート造建物の被害
(Damage to reinforced concrete buildings)

6.2.1 被害調査の概要 (Outline of damage survey)

6.2 節では鉄筋コンクリート構造の建物の被害概要および代表的な被害事例について報告する。

鉄筋コンクリート構造(RC)運営委員会では災害委員会からの要請を受けて，地震発生から約1ヶ月後に運営委員会あるいは傘下の小委員会・WG の委員に対して，それぞれの機関で，あるいは個別に行われている被害調査活動の結果に対して，可能な範囲で学会の報告書への原稿執筆の協力を要請した。

一方，学校建築に関しては，文科省から委託調査の都合上，文教施設本委員会内に別組織を新たに編成して現地調査を実施したが，これ以外では RC 運営委員会または災害委員会としては組織的な調査を実施する，あるいは調査団を派遣する，ということはしていない。

また，調査の実施体制も本速報への原稿執筆を念頭に置いたものではなかったため，以下の内容や対象は必ずしも包括的ではなく，調査結果のうち，報告可能な事例のなかから，代表的，特徴的，または深刻な被害事例を選択して収めたものである。

6.2.2 調査地域と対象 (Surveyed area and buildings)

鉄筋コンクリート構造運営委員会では，鉄筋コンクリート造建物の被害について，以下の対象項目に分類して，担当者を決めて調査および報告書原案作成の依頼をした。

(1) 学校建築
(2) 公共建築（庁舎ほか）
(3) 住宅建築
(4) 商業建築

以下に報告される内容は，調査された建物のうち，ごく一部の個別被害事例の概要報告に留まっており，被害統計，被害原因の分析，詳細な調査結果，計算結果や解析結果などは別途出版予定の本編で報告することになる。

(1) 学校建築に関しては，文教施設本委員会に設けられた耐震性能等小委員会（RC-WG，S-WG）を通して文科省から委託を受けている被災度判定と復旧支援活動とを一体化して組織的な被害調査が実施された。耐震性能小委員会 RC-WG は本会運営委員会の調査関係委員と事実上重複している。調査対象は，RC 造校舎だけでなく，S 造屋内体育館，社会教育施設（公民館，文化会館，公営体育館等）も含めて約 700 棟以上であり，被害事例の調査結果，要因の分析結果などが詳細に明らかにされる予定である。調査地域は，岩手県，宮城県，福島県，茨城県，栃木県，埼玉県，千葉県などの設置者および所有者から調査判定の依頼があった建物で，学校では避難区域以外では小破程度以上の被害があった建物は概ね含まれていると思われる。地域によっては全数の調査結果も含まれるが，依頼の範囲にない被害事例を見落としている可能性もある。以下の報告では，これらの調査事例のうち，被害の大きかった代表的な個別事例を選択して示した（6.2.3.1～6.2.3.14）。これら以外にも数多くの被害事例について被災度判定基準[1]にもとづく被災度判定，詳細調査が行われており，また，図面情報，耐震診断結果，コンクリート強度の調査結果なども明らかにされている。これらを含めて，被害統計，被害の分類や原因の分析などは今後，別途まとめられる予定である。

(2) 公共建築，すなわち行政庁舎を中心とする学校建築以外の公共建物に関しては，建築研究所ほかが中心になって被害調査（速報[2]），解析等が行われており，これらに関しても今後報告書にまとめられる予定である。また，市庁舎では建物の近傍だけでなく，建物内部での観測記録が得られている場合があり，今後被害の解析により，解析モデルの検証に有効であると考えられる。以下の報告ではこれらのうち，被害の大きかった代表的な例を示した（6.2.3.15～6.2.3.18）。

(3) 住宅建築に関しては，都市再生機構あるいはプレハブ建築協会ほかを通して，調査結果を収集整理中であり，これらについても同様に報告書にまとめられる予定である。以下では代表的な被害事例を示した（6.2.3.19～6.2.3.22）。

(4) 商業建築に関しても被災事例を収集中であるが，現時点では報告可能な適切な事例がないため以下には含まれていないが，今後も事例の収集を継続する予定である。

さらに，これらの調査結果を分析することにより，以下のような研究項目について，やや学術的な検討結果も報告されると考えられる。

① 被害の分類と被害原因の分析
② 被害統計と要因の分析
③ 耐震性能レベル，地震動と被害率
④ 地盤，基礎の影響の分析
⑤ 耐震補強の効果の分析
⑥ 津波被害の分析
⑦ 個別事例の解析
⑧ 観測地震動と実効入力（本震と余震）
⑨ 学校建築の構造計画に関する提言

参考文献

1) 財団法人日本建築防災協会：震災建築物の被災度判定基準および復旧技術指針，日本建築防災協会，360p.，2001 年

2) 国土交通省国土技術政策総合研究所，独立行政法人建築研究所：平成 23 年（2011 年）東北地方太平洋沖地震調査研究（速報）（東日本大震災），国総研資料第 636 号，建築研究資料第 132 号，平成 23 年 5 月

6.2.3 代表的な被害事例
（Examples of damaged buildings）

鉄筋コンクリート造建物では，以下のような被害事例が見られた。

① 数は多くはないが，倒壊，大破等深刻な被災レベルにより，改築が必要になる被害例が見られた。
② 中破，小破の被害レベルにより，継続使用ができない建物は数多く見られた。
③ 多くは 1981 年以前，とくに深刻な被害は 1971 年以前の建設で耐震補強が未了の建物である。
④ 短柱，長柱のせん断破壊および軸崩壊が見られた。せん断補強筋の不足，地震力の集中，大スパンと高軸力，下階壁抜け柱などが原因と思われる被害が見られた。
⑤ S 造，W 造との混合構造において，接合部コンクリート部分の破壊，崩落が見られた。
⑥ 新耐震以降の建物，旧基準によるが耐震補強がなされていた建物は大部分が小さな被害レベルにとどまったが，年度別進行中で補強が途中の段階にあって，補強が未了の部分が被害を受けた例がいくつか見られた。
⑦ 構造部材は軽微または小破程度の被害でも，非構造部材（方立て壁など）の破壊や天井材の落下により，継続使用ができない建物も数多く見られた。これらは新耐震以降の比較的新しい建物にも同様に見られた。
⑧ 地盤，地形効果による地震動の増幅が原因と推定される被害が見られた。
⑨ 杭，地盤の破壊が原因と推定される建物の基礎の沈下，傾斜が見られた。
⑩ 津波による被害では，学校建築では構造部材の被害は少ないが，非構造部材，仕上げ材などの被害により，復旧が困難である被害例が見られた。

調査された建物のうち，代表的あるいは特徴的な個別事例を以下に示す。

6.2.3.1　K中学校（岩手県）
　　　　　（Damage to building in K middle school）

(1) 建物の概要

　本学校は，河口から約 1km 上流の鵜住居川沿いの平地に位置し，普通教室棟（1973年竣工，延べ床面積 1,777m^2，3階建て），その南西側と南東側に渡り廊下で連結されている特別教室棟および管理棟（いずれも昭和48年竣工，延べ床面積 1,341m^2 および 554m^2，それぞれ 4 階建ておよび 1 階建て），北西側に位置する技術棟（1973年竣工，延べ床面積 176m^2，1階建て），鉄骨造屋内運動場（1975年竣工，1,066m^2）等からなる。図 6.2.1 に建物配置図を，写真 6.2.1 に運動場から見た校舎南側外観をそれぞれ示す。

　なお，本校では 2002 年に耐震診断を行い，普通教室棟，特別教室棟や屋内運動場が基準値を満たしていないことが判明したが，地震発生時は耐震改修は未実施であった。

(2) 被害の概要

　海から鵜住居川を遡ってきた津波が学校の北東側の堤防を越流し，主に屋内運動場に甚大な被害を与えた。そのほか構造体には顕著な被害は見られなかったが，普通教室棟の 3 階床レベルを超えて津波が浸水し，土砂，ガレキの流入，内装の汚濁と大規模な被害が見られた。また，いずれの構造体についても振動による被害は見られなかった。

　屋内運動場については，屋根を支える鉄骨フレームが北東方向（海側）から南西方向（陸側）に原型を留めないほどに損傷し崩壊している。写真 6.2.2 に普通教室棟の 3 階から撮った屋内運動場の全景および鉄骨柱の損傷状況を示す。

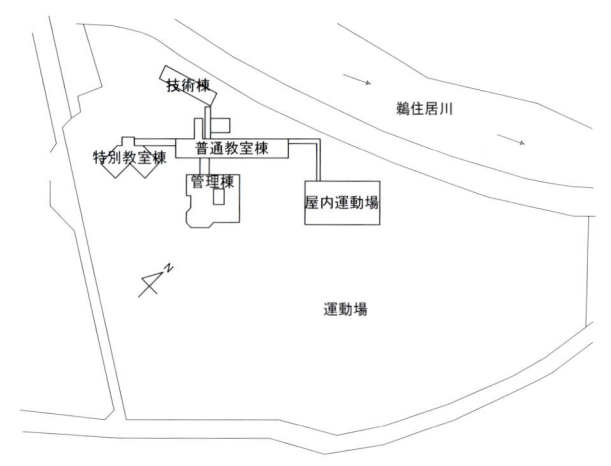

図 6.2.1　建物配置図 (Location of buildings)

写真 6.2.1　南側の校舎外観 (General view of buildings)

写真 6.2.2　屋内運動場の損傷状況 (Damage to gymnasium)

　普通教室棟および特別教室棟では，構造体には顕著な被害は見られなかったが，3 階床レベルを超えて津波が浸水し，床仕上げ材の剥落，天井材の脱落，土砂やガレキの流入，内装の汚濁など大規模な被害が見られた。また，普通教室棟の階段室にて津波痕が観測された（階段室では 3 階床レベルから 10cm（GL から 7.9m）に津波痕が認められたが，別の教室においては 3 階床レベルから 2m（GL から 9.8m）に津波痕が見られた）。写真 6.2.3 および写真 6.2.4 に普通教室棟および特別教室棟の 3 階の被害状況をそれぞれ示す。

　1 階建て建物である管理棟および技術棟では津波により完全に水没したため，仕上げ材の大半が剥落・脱落しており，大量の砂が堆積していた。管理棟においては，エントランス周辺の梁に曲げひび割れ（最大残留ひび割れ 1.4〜1.6mm）が見られた。写真 6.2.5 および写真 6.2.6 に管理棟および技術棟の被害状況をそれぞれ示す。

第6章　各構造の被害（Damage to each construction type of structures）

その他，津波により普通教室棟と特別教室棟を結ぶ鉄骨造渡り廊下の外壁が，また普通教室棟と屋内運動場を結ぶ渡り廊下がそれぞれ流失した。両者の被害状況を写真6.2.7および写真6.2.8にそれぞれ示す。

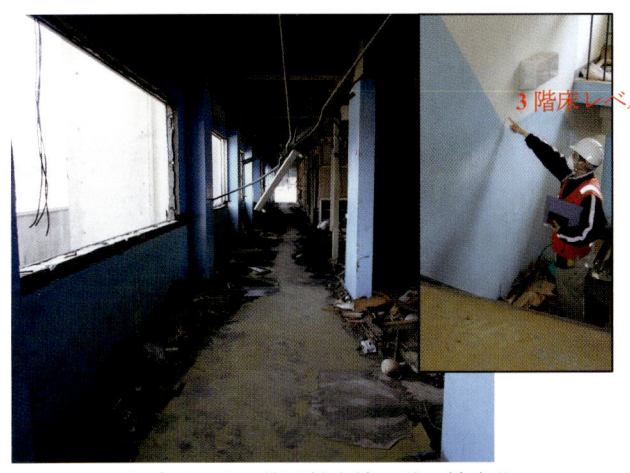

写真6.2.3　普通教室棟3階の被害状況
(Damage in the third floor of usual classroom building)

写真6.2.4　特別教室棟3階の被害状況
(Damage in the third floor of special classroom building)

写真6.2.5　管理棟の被害状況
(Damage to administration building)

写真6.2.6　技術棟の全景および被害状況
(General view and interior damage of building)

写真6.2.7　渡り廊下外壁の流失
(Lost exterior walls of corridor building)

写真6.2.8　普通教室棟と屋内運動場間の渡り廊下の流失
(Lost corridor building connecting classrooms and gymnasium)

6.2.3.2 Y小学校（岩手県）
（Damage to building in Y elementary school）

(1) 建物の概要

本学校は，北上川支流の磐井川に近い平地に位置し，敷地北側に Exp.J を介して隣接する 2 棟の教室棟（それぞれ 1974 年および 1975 年竣工，延べ床面積 1299 ㎡および 1892 ㎡，いずれも 3 階建て），中庭を挟んで南側に管理教室棟（1972，1973 年竣工，延べ床面積 2971 ㎡，3 階建て），それらを南北に結ぶ特別教室棟（1974 年竣工，3 階建て），鉄骨造屋内運動場（2009 年竣工，1365 ㎡）等からなる。図 6.2.2 に建物配置図を，写真 6.2.9 に運動場から見た校舎南側外観をそれぞれ示す。

なお，本校では耐震改修が計画されていたが，計画担当者の津波被災により，一部を残して構造図等は流失した。

(2) 被害の概要

被害は主として教室棟 2 棟のうち Exp.J より西側の棟および管理教室棟の西側部分に生じた。屋内運動場については特に被害は生じていない。図 6.2.3 に校舎 1 階における被災度の調査結果を示す。

教室棟のうち西側の棟については北構面の柱にせん断破壊による損傷度Ⅳ～Ⅴの損傷が生じた。一部の柱においては 2 階において損傷がより大きかったが，建物全体としては 1 階における被災度が最も大きく，1 階における耐震性能残存率 R=74.3 で中破と判定された。その他，建物東側端部の特別教室棟へ通じる梁間方向耐震壁にひび割れが，また，南構面主架構と独立に設置されたトイレの非構造壁にはせん断ひび割れが生じるとともにタイ

図 6.2.2 建物配置図 (Location of buildings)

写真 6.2.9 南側校舎外観 (General view of buildings)

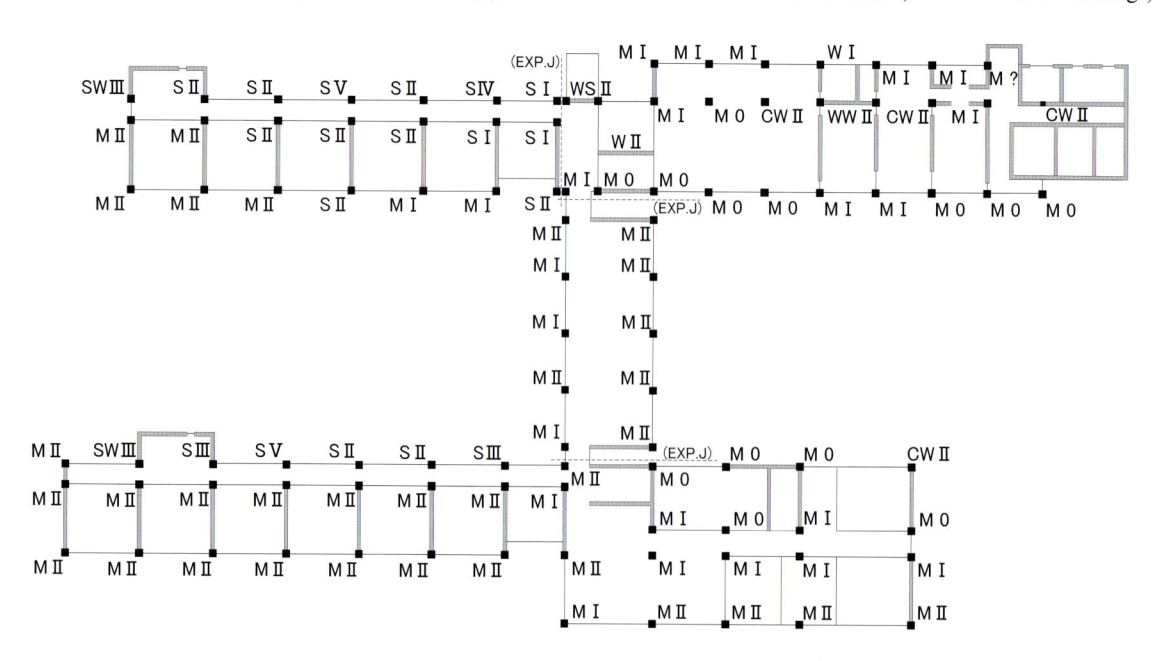

図 6.2.3 被災度の 1 階調査結果 (Damage class of members in the first story)

第6章　各構造の被害（Damage to each construction type of structures）

ルの剥落が生じた。写真 6.2.10 に 2 階柱の損傷を，写真 6.2.11 に 1 階トイレ非構造壁の損傷をそれぞれ示す。

壁と周辺柱梁架構との境界面には，あと打ち耐震壁で見られるような損傷が生じていた。教育委員会によるとこの耐震壁は後から施工された可能性があるとのことであるが詳細は不明であった。写真 6.2.13 に耐震壁パネル周辺の損傷を示す。また 1 階昇降口では柱頭に曲げひび割れ（損傷度Ⅰ～Ⅱ）が見られた。その他，南側管理教室棟に通じる廊下の 3 階および 2 階 Exp.J 部では東側に傾斜が見られ（2 階で約 1.5°），Exp.J 部の金属カバーも外れていた。一方，北側の Exp.J 部では被害は見られなかった。

写真 6.2.10　教室棟 2 階柱の損傷状況（左：外観／右：内観）　(Damage to column in the second story of classroom building; Left: exterior view / Right: interior view)

写真 6.2.11　1 階トイレ非構造外壁の損傷状況
(Damage to nonstructural wall)

管理教室棟では主として西側部分の北構面の 1 階および 2 階の柱にせん断破壊による損傷度Ⅴの損傷が生じ，耐震性能残存率 R=64.8 で中破と判定された。その他，北側に接続する特別教室棟と Exp.J を介して隣接する R 階短スパン梁に，配管開孔を貫通する大きなせん断ひび割れと Exp.J 部の金属カバーの損傷・はずれが，また，教室間の多くの梁間方向耐震壁にせん断ひび割れが生じた。写真 6.2.12 に 1 階柱の損傷を示す。

特別教室棟では，北側に隣接する教室棟との間の Exp.J 位置の耐震壁およびその付帯柱に損傷が見られた。耐震

写真 6.2.12　管理教室棟 1 階柱の損傷状況 (Damage to column in the first story of administration building)

写真 6.2.13　特別教室棟北側耐震壁パネル周辺の損傷
(Damage to interface between shear wall panel and boundary frame)

6.2.3.3 T小学校（登米市）(T elementary school)
(1) 建物概要

建物の配置を図 6.2.4 に示す。校舎は敷地北側に位置し，盛土部分（薄色部分）となっている。敷地北側端は間知ブロックが積まれており，機械室までは 5m 程度である。全景写真の南側を写真 6.2.14 に，北側を写真 6.2.15 示す。建物は杭基礎で支持された RC 造 2 階建てであり，延床面積は 1,570m² である。竣工年は 1975 年であり，旧耐震基準で設計された建物である。建物本体の平面形状は，桁行方向 18 スパン，梁間方向 1 スパンの片廊下形式である。廊下の外壁は片持ち梁にて支持されており，耐力的には評価外の非構造壁である。また，北側にエキスパンションジョイントを介して，2 階建の階段室棟 2 棟，便所棟および 1 階建の機械室が突出している。1996 年に実施された耐震診断の結果によると，建物本体 1 階の I_S 値は桁行方向で 1.02，梁間方向で 1.80 となっている。なお，付近で観測された震度は 6 強である。

(2) 被害概要

本建物は盛土上に建設されており，建物周辺，特に本体と突出建物部分を境界として北側の地盤が損傷しており，地割れおよび沈下が見られた（写真 6.2.16）。本体部分と突出建物は，エキスパンションジョイント部分で大きく開いており，主として北側に傾いていた。最大の傾きは，階段①で 1/50rad.（北側），便所で 1/50rad.（北側），機械室で 1/40rad.（東側），階段②で 1/250rad.（北側）であった。傾きの測定は建物によるものであるが，杭基礎建物の被災度区分判定によると，階段①，便所および機械室では大破と判定された。

最も被害の大きかった 1 階平面を，柱および壁の損傷度と併せて図 6.2.5 に示す。建物本体の柱および耐震壁には多数のせん断ひび割れが見られ（写真 6.2.17），被災度区分判定による 1 階梁間方向の耐震性能残存率 R は 64%であり中破と判定された。また，北側の非構造壁には顕著なひび割れが多数発生しており，開口部に高さ方向の変形が見られた（写真 6.2.18）。

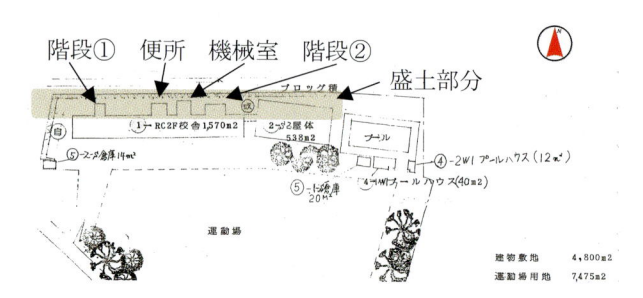

図 6.2.4 T 小学校校舎の配置図
(Location of buildings)

写真 6.2.14 T 小学校校舎の全景写真（南側）
(Overall view of the building on the south)

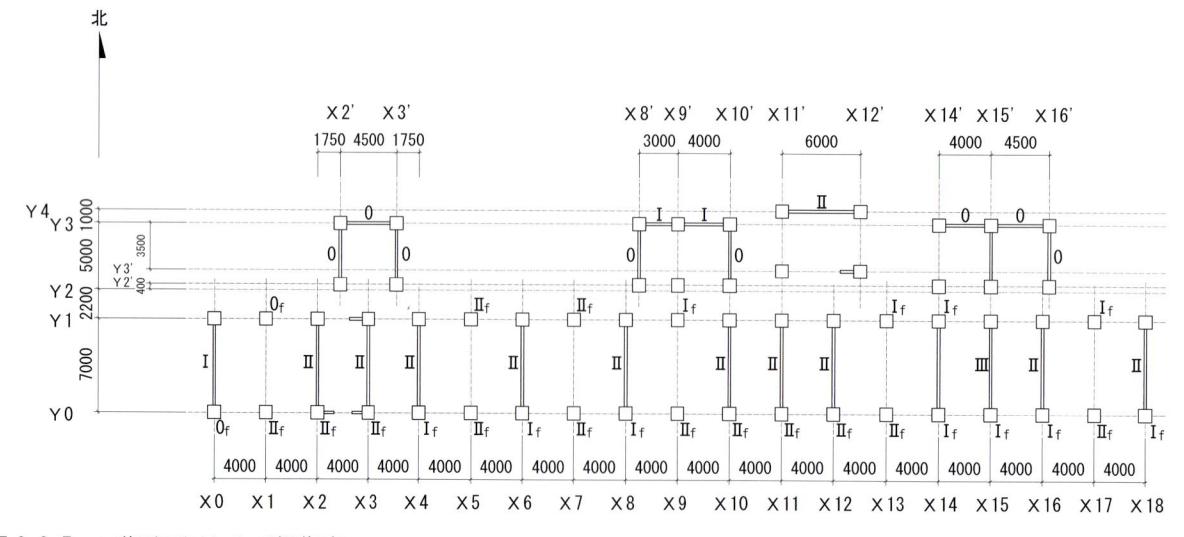

図 6.2.5 1 階平面図および損傷度
(First floor plan with damage grade of members)

第6章　各構造の被害（Damage to each construction type of structures）

写真 6.2.15　T小学校校舎の全景写真（北側）
(Overall view of the building on the north)

写真 6.2.18　非構造壁のひび割れ状況
(Damage to non-structural RC wall)

写真 6.2.16　建物周辺の地盤の沈下状況
(Damaged ground around the building)

写真 6.2.17　柱のせん断ひび割れ
(Shear failure of column)

6.2.3.4 S中学校（七ヶ浜町）(S junior high school)

(1) 建物概要

建物の全景写真を写真6.2.19に示す。写真左側が西棟，右側が東棟である。西棟と東棟の接続部は Exp.J で区切られている。建物は西棟，東棟ともに RC 造 3 階建てであり，延床面積はそれぞれ 2,308m^2，1,539m^2 である。竣工年は1966年であり，旧耐震基準で設計された建物である。付近で観測された震度は5強である。

写真6.2.19　S中学校全景写真
(Overall view of buildings)

(2) 被害概要

①西棟

最も被害の大きかった1階平面を，張間方向の柱および壁の損傷度と併せて図6.2.6に示す。柱，および耐震壁の損傷が大きく，被災度区分判定では，1階張間方向の耐震性能残存率Rは25%であり大破と判定された。

1階柱では，柱脚部でコンクリートが圧壊し，主筋の座屈が見られた（写真6.2.20）。2階の柱でも同様の損傷が見られた（写真6.2.21）。また，1階張間方向耐震壁では，コンクリートのせん断破壊が生じている（写真6.2.22）。

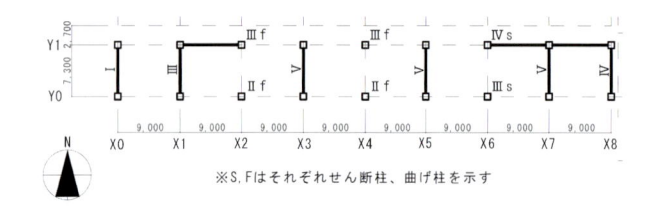

図6.2.6　西棟の1階平面図及び損傷度
(First floor plan with damage grade of members)

②東棟

最も被害の大きかった1階平面を，桁行方向の柱および耐震壁の損傷度と併せて図6.2.7に示す。西棟と同様に柱及び耐震壁の損傷が大きく，1階桁行方向の耐震性能残存率Rは16%であり大破と判定された。

建物外周部では，南東側の外壁モルタルが大きく剥落した。また，犬走りと校舎の間にも亀裂が見られた（写真6.2.23）。

1階柱では，西棟と同様に柱脚部でのコンクリート圧壊及び主筋の座屈が見られた（写真6.2.24）。また，1階片側柱付きの RC 壁がせん断破壊し，コンクリートの大規模な崩落が見られた（写真6.2.25）。

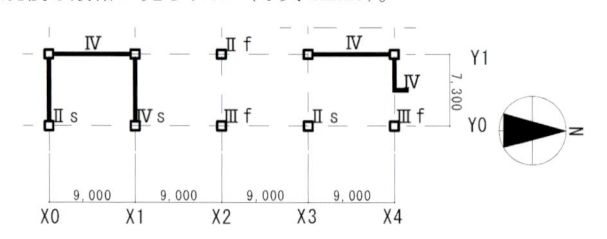

図6.2.7　東棟の1階平面図及び損傷度
(First floor plan with damage grade of members)

※S,Fはそれぞれせん断柱、曲げ柱を示す

写真6.2.20　西棟1階柱　柱脚部の破壊状況
(Damage to bottom of column in west building)

写真6.2.21　西棟2階柱　柱脚部の破壊状況
(Damage to bottom of column in west building)

第6章　各構造の被害（Damage to each construction type of structures）

写真 6.2.22　西棟1階耐震壁のせん断破壊
(Shear failure of shear wall in west building)

写真 6.2.25　東棟1階のRC壁のせん断破壊
(Shear failure in RC wall in east building)

写真 6.2.23　東棟のRC外壁脚部の損傷
(Damage to bottom of RC wall in east building)

写真 6.2.24　東棟1階柱脚の曲げ圧壊と主筋座屈
(Flexural failure and buckling of rebar)

6.2.3.5 T小学校（仙台市）（T elementary school）

(1) 建物概要

建物の全景写真を写真 6.2.26 に示す。右側が西校舎，左側が東校舎である。両建物は渡り廊下を通して連結されており，西校舎側寄りの位置に Exp.J が設けられている。建物は西校舎，東校舎ともに RC 造 3 階建であり，延床面積はそれぞれ 3,708m^2，2,797m^2 である。竣工年は西校舎が 1974 年，東校舎が 1973 年であり，旧耐震基準で設計された建物である。西校舎は耐震診断の結果，目標耐震性能指標 Iso=0.7 を上回り補強不要と判定された。一方，東校舎は鉄骨ブレースと RC 増設壁による耐震補強が施されている。付近で観測された震度は 6 強である。

(2) 被害概要

① 西校舎

最も被害の大きかった 1 階平面を桁行方向の柱および壁の損傷度と併せて図 6.2.8 に示す。北西構面（図の上側）の短柱および袖壁付き柱でせん断破壊しているもの（損傷度Ⅳ以上）が多数見られた（写真 6.2.27）。一方，長柱となっている南西構面及び内フレームの柱の損傷度は概ねⅠ～Ⅱ程度であった。その他，壁にも大きなせん断ひび割れが発生した箇所があった（写真 6.2.28）。また，北東側の周囲地盤で 20cm 程度の沈下が見られた（写真 6.2.29）。建物自体の傾斜や沈下は確認されなかったが，床には多数の亀裂が生じていた。

1 階桁行方向の耐震性能残存率 R は 67%であり被災度区分判定は中破である。

写真 6.2.26 T 小学校全景
(Overall view of buildings)

写真 6.2.27 西校舎 1 階西面の短柱のせん断破壊
(Shear failure in short column in west building)

写真 6.2.28 西校舎 1 階垂壁のせん断破壊
(Shear failure in hanging wall in west building)

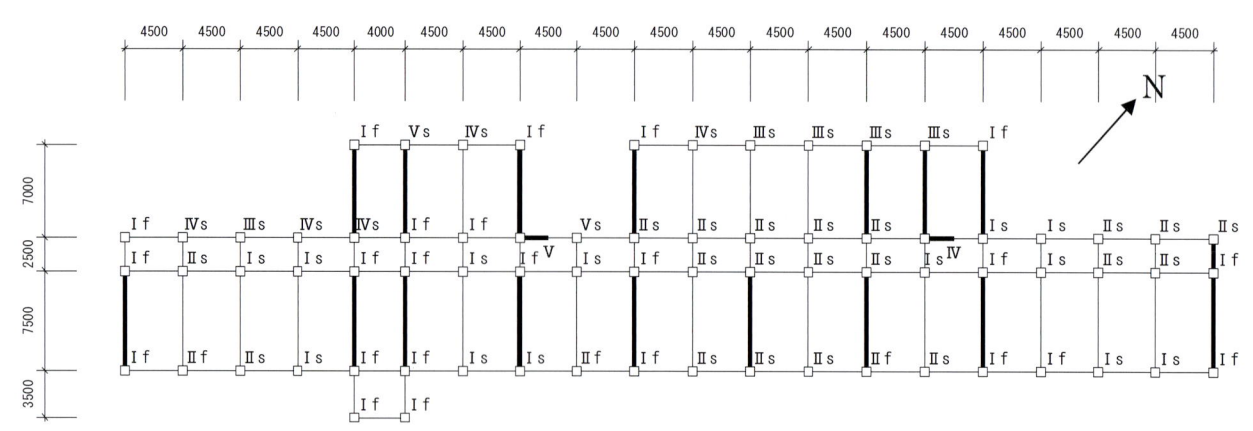

図 6.2.8 西校舎 1 階平面図及び桁行方向損傷度
(First floor plan with damage grade of members in west building)

第6章　各構造の被害（Damage to each construction type of structures）

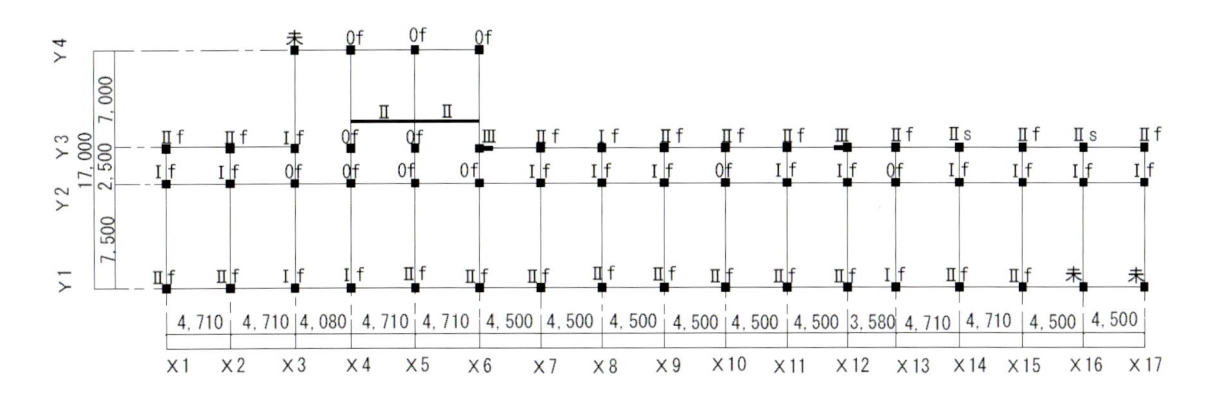

図 6.2.9　東校舎3階平面図及び桁行方向損傷度
(First floor plan with damage grade of members in east building)

写真 6.2.29　西校舎北西側における周囲地盤の沈下
(Sinkage of ground in north-west side of west building)

写真 6.2.30　東校舎の補強ブレース
(Steel brace strengthening in east building)

写真 6.2.31　東校舎の3階柱のひび割れ
(Cracks in column observed in 3rd story)

西校舎の耐震診断結果によると，強度指標 C=0.4 程度，靭性指標 F=2 程度で，判定値 Iso=0.7 を上回る靭性型の建物であったとされている。北西構面の短柱は第2種構造要素には該当しなかったものと考えると，北西構面に被害が集中したことと概ね対応している。

②東校舎

鉄骨ブレースによる耐震補強（写真 6.2.30）が施されていた 1，2階では，被害は軽微であった。Iso が確保されていたため耐震補強されていない3階では，渡り廊下との接続部分の柱に鉛直方向にひび割れが生じた（写真 6.2.31）ほか，損傷度Ⅱ～Ⅲの部材が多数見られた。しかしながら，西校舎と比べると被害は小さく，耐震性能残存率 R は桁行方向で 81%と被災度区分は小破であった（図 6.2.9）。

— 413 —

6.2.3.6 N中学校（仙台市）
（Damage to building in N junior high school）

(1) 建物の概要

当該学校は平坦地に建設され，校舎（教室棟），屋内運動場，給食室，柔剣道場が配置されている．付近の震度は6弱であった．本稿では校舎（教室棟）を対象とする．

校舎（1984年竣工，延床面積4,092 m^2）はRC造4階建てで直接基礎で支持され，ラッブルコンクリート（最大高さ4m）に載る．全景を写真6.2.32に，2階伏図を図6.2.10に示す．構造的な特徴として，張間方向に現場打ちのプレストレストコンクリート構造を採用してスパン長さ18.4mを実現している．建物中央には最上階までの吹抜けを有しており，建物北側に突出した階段室とともにExp.J.によって校舎本体とは分離されている．桁行方向は12スパン(スパン長：4.5m)の開口壁付きフレーム構造，張間方向は1スパン(両妻面は3スパン，一部2スパン)の耐震壁付きフレーム構造である．教室間の戸境壁（張間方向）としてRC壁ではなく鋼製間仕切り材が使われており，張間方向の耐震壁が少ないことも特徴である．

代表的な柱断面は桁行方向に対して，せい 750 mm，幅 900 mm の矩形であり，1階から4階まで同一寸法である．1階柱の主筋は18-D25，せん断補強筋は4-D13@100である．18.4mスパンのPC梁の断面は各階とも同一で，せい 950mm，端部の幅 600mm，中央部の幅 450mm である．PC梁の上端・下端ともに主筋として4-D25（中央部

写真6.2.33 2階開口壁のせん断破壊（Shear failure of wall with opening）

写真6.2.34 吹抜けに面する雑壁のせん断ひび割れ（Shear cracks of non-structural wall）

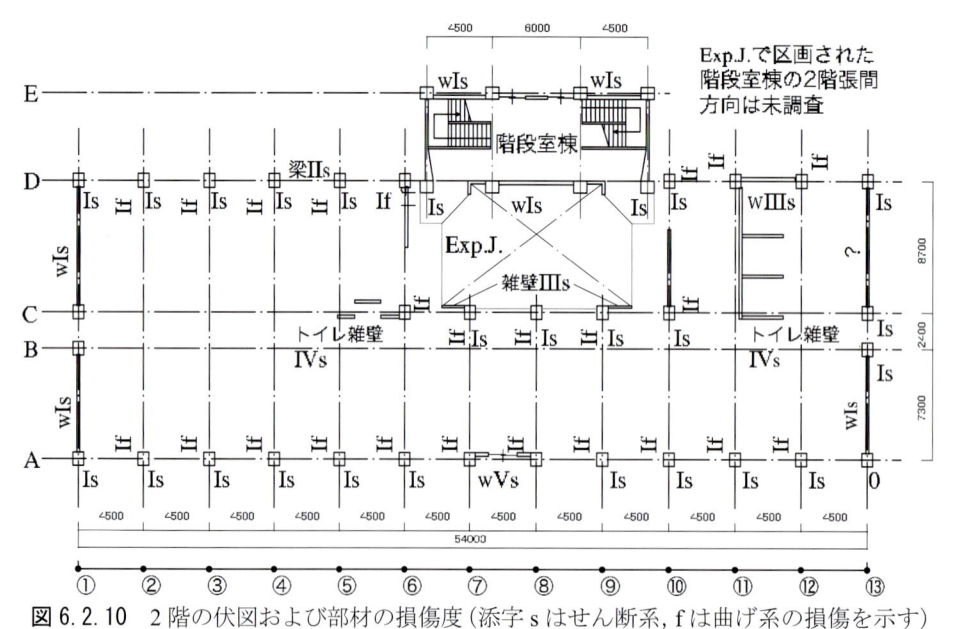

図6.2.10 2階の伏図および部材の損傷度（添字 s はせん断系，f は曲げ系の損傷を示す）
（Plan of second floor and damage grade of members）

— 414 —

では 3-D25）が配筋され，PC 鋼材として 7c-9-9.3φ（SWPR7A）が配置された。肋筋は 2-D13@150（中央部では@250）であった。

(2) 被害の概要

2 階の柱・梁・壁の損傷度を図 6.2.10 にローマ数字で示す。被害状況を写真 6.2.33 および写真 6.2.34 に示す。桁行方向では，1 階から 4 階まで損傷度 II 程度の曲げひび割れが梁の危険断面やスパン内に発生し，梁付け根のかぶりコンクリートの剥落，梁ヒンジ領域のせん断ひび割れ（損傷度 II 程度）も観察された。桁行方向 2 階では南構面の RC 開口壁（厚さ 150mm）がせん断破壊した（損傷度 V）。1 階および 2 階の柱には損傷度 I 程度の曲げおよびせん断ひび割れが発生した。そのほか，RC 雑壁のせん断による損傷が激しく，コンクリートの脱落と鉄筋の座屈が見られた。北側構面 1 階の腰壁には柱あるいは袖壁との間に部分スリットが設置されたが，隙間幅が 0 から 15mm と小さかったため，衝突によってかぶりコンクリートが剥落し，一部では袖壁の主筋が露出した。

桁行方向廊下側（B および C 通り）の小梁（断面寸法は 500×300mm）は直交する PC 梁とともに上下方向に振動して間仕切り材との衝突が起こり，その部分での両者の損傷が見られた。

張間方向には耐震壁を含めて重大な損傷は見られず，全階に渡って柱に損傷度 I の曲げひび割れが生じ，1 階および 2 階の妻面の耐震壁に損傷度 I のせん断ひび割れが見られた程度であった。

吹き抜け部では非構造部材およびガラスの落下が生じ，吹抜けに面した雑壁には多数のせん断ひび割れが発生した。Exp.J.は激しく衝突した。校庭側バルコニーの RC 立上がり壁には縦方向のひび割れが生じ，無筋部分のコンクリート塊の脱落も見られた。なお，校舎の北側地面には地割れが生じていた。

桁行方向 2 階の耐震性能残存率 R は 69.2 %（1 階では R=91.0 %）であり，被災度区分は中破であった。

(3) まとめ

校舎は新耐震設計法施行以降に設計・建設され，張間方向に PC 構造を採用して廊下側に柱を無くした建物である。桁行方向はほぼ純フレーム構造だが，南構面に唯一設置された 2 階の RC 開口壁がせん断破壊し，中破と判定された。剛性の高い RC 開口壁にせん断力が集中したためと考えられる。桁行方向の梁の残留曲げひび割れ幅から判断して，梁降伏が生じた可能性が高い。PC 構造の採用は妥当であったが，長スパンの PC 梁の上下振動によって非構造部材との衝突が生じた。

6.2.3.7 F大学（福島市）
（F college in Fukushima city）

(1) 建物概要

被害があった建物は，1965年に建設されたRC造3階建の大学校舎であり，敷地は福島市の北側に位置している。建物の配置図を図6.2.11に示す。建物の敷地は若干の丘陵地であるが，北側敷地境界には川（用水路）が流れており，かつて一帯が沼地であったといわれる場所である。現在は周辺の大部分が住宅地になっている。近隣，とくに北東部では，木造住宅（一部倒壊）やRC造中層建物の被害なども散見され，福島市内では被害が相対的に大きかったと思われる地域のひとつである。

被害があった棟は大学の本館であり，事務室，講義室，研究室，学生ホールなどがある。平面形状がY字型になっており，中心の階段ホールからほぼ同じ長方形形状の北棟，西棟，東棟の3棟が等角三方向に広がった形状をしている。RC造3階建であるが，階段から北の北棟の2スパンのみ地下室になっている。基礎構造は250φ（杭長6000）のPC杭基礎である。各棟は互いに連続しており，Exp. Jによって切り離されていない。最も被害が大きかった2階部分の平面図を図6.2.12に，南側立面図を図6.2.13示す。

各棟はいずれも梁間方向1スパン(11m)，桁行方向6スパン(5m)のフレーム構造で，それを結ぶ中央部は中心を囲むように3本の円柱がある。各棟の端部外端張間方向には耐力壁がある。また，階段部分と建物中心部では，建物西側にある階段の両側に耐震壁があるが，鉛直方向には連続していない。1階では中心部のくびれた部分の東側および西側1スパンが壁になっている。それ以外の間仕切り壁は殆どが構造躯体ではないと思われる。西棟および東棟が先行して建設され，1995年度の第2期工事で北棟が完成して図に示すような形状となった。

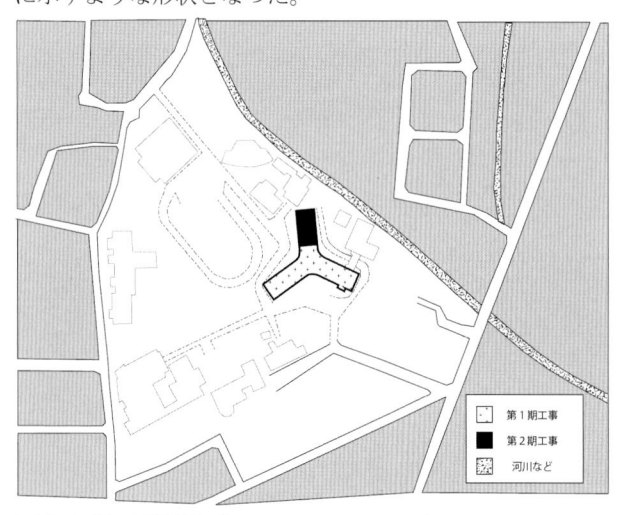

図6.2.11 配置図（Location of buildings）

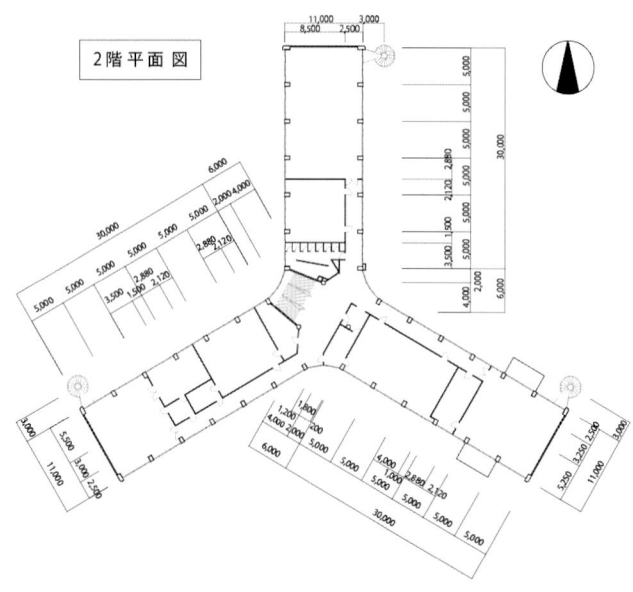

図6.2.12 2階平面図（2nd floor plan）

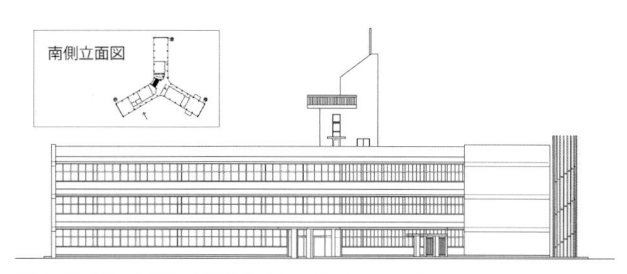

図6.2.13 南側立面図（South elevation）

2階の柱寸法(主筋)は，長方形柱500x750（12-D25+2-D16），円形柱直径600mm（20-D25），1階はさらに主筋量が多くなっている。柱帯筋は当時の基準により中央部で9φ-@240（端部@120）であった。階高3800mmであるが，袖壁や垂れ壁により柱の内法高さは2000mmとなっている。したがって，桁行方向に対して，いわゆる極短柱にはならないが，やや短い柱になっている。外周の柱はそろってこの寸法なので，通常の整形な平面形状であれば短柱への地震力の集中という問題はないが，この平面形状の場合は，ある1棟の桁行方向の地震力は，残り2棟では張間方向（傾き30°）に近い地震力になるため，これらの柱の負担せん断力は，長柱大スパンの効果によって桁行方向になる短柱よりも小さくなることが想定される。

なお，同大学のほかの建物は大部分が新耐震以降の建物であり，ほとんどが無被害であった。また，新耐震以前のいくつかの棟も本館以外は耐震改修済みで軽微な被災にとどまっており，本館のみが改修予定で残されていた。なお，同じ敷地内にある幼稚園（RC造2階建）もおそらく耐震改修が必要な建物であり，柱脚に曲げ圧縮破壊等の復旧が必要な構造被害が見られた。

第 6 章　各構造の被害（Damage to each construction type of structures）

(2)　被害概要

　本館は 2 階中央付近の柱が軸崩壊して，3 階床が落階している（(写真 6.2.35)，3 月 13 日撮影，以下同じ）。また，3 階の中央部から東棟の一部は 2 階同様に柱が軸崩壊しかけており，これらによって各棟とも端部の耐震壁は建物の中心方向に向かって倒れている（写真 6.2.36）。軸崩壊した 2 階柱部分のコンクリートは崩落して軸力は腰壁と垂れ壁に支持され，壁の高さだけの空間が残っている状態であった（写真 6.2.37）。1 階では柱の多くはせん断破壊しているが，軸崩壊には至らず軸力は残存の耐力で保持されていた（写真 6.2.38）。1 層の崩壊防止には 1 層のみにある中央部の壁と柱主筋量が寄与したと考えられる（写真 6.2.39）。

　地震時には学生は春休み中で不在であったが，教職員は執務中であった。地震発生直後に避難して，多くは避難階段から建物が崩壊する前に避難することが可能であったが，3 名が崩壊した建物内に閉じ込められた。しかし，同日夕方には無事救出され，死傷者はなかった。

写真 6.2.37　2 階柱の軸崩壊
　　　　　　　（Axial collapse of a column in the 2nd story）

写真 6.2.38　1 階柱のせん断破壊
　　　　　　　（Shear failure of a column in the 1st story）

写真 6.2.35　西棟南側全景
　　　　　　　（A south overview of west wing）

写真 6.2.36　東棟南側全景
　　　　　　　（A south overview of east wing）

写真 6.2.39　東側外観（An east overview of center hall）

— 417 —

6.2.3.8 M中学校（本宮市）(M Junior High School)

本宮市（震度5強）のM中学校は2棟のRC造校舎（南校舎・北校舎，いずれも1966年建設）と鉄骨造の体育館，作業場よりなる。2棟のRC造校舎の建物の概要と被害の概要を表6.2.1に示す。また，配置図を図6.2.14に示す。本敷地は北側の小高い丘のふもとにあり南側は広々とした田畑が広がっている。2棟のRC造校舎はそれぞれ突出した渡り廊下棟を有しており，渡り廊下棟中間でExp.J.となっている。南校舎が一部激しい軸変形を伴う大破（ほぼ倒壊），北校舎は損傷度Vの柱を含む大破程度であった。

周辺の地盤は，南校舎の周辺で大きな変状が認められ北校舎の周囲でも変状が認められた。いずれの校舎も杭の損傷も想定される。

表6.2.1 建物と被害の概要 (Outline of the damages)

棟名	階数	建設	延面積(㎡)	基礎	主筋	帯筋	被害程度
南校舎	RC3	S41	1589	杭	SR235,SD295	SR235(250ピッチ)	倒壊〜大破
北校舎	RC3	S41	1535	杭	SR235	SR235(250ピッチ)	大破

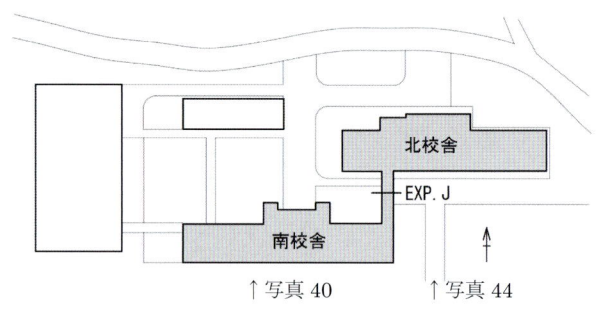

図6.2.14 配置図 (Plan view)

(1)南校舎

写真6.2.40に南校舎の南面全景を示す。また，図6.2.15に1階の平面図を示す。南校舎はほぼ整形であるが，北側に玄関が突出している。桁行1教室が1スパン（A型校舎）であり，張間方向は2スパンが基本となっている。基本的な柱型は750×500mmとやや扁平である。写真6.2.41の左は南面左から2本目の柱であり，校庭側の柱である。この柱と左から3本目の1階の柱が激しい軸変形（およそ36cm）を生じており，遠くからでも床が沈下しているのがわかる。この2列の柱は2階3階に張間方向に耐震壁があり，下階壁抜け柱になっている。写真6.2.41の右は写真6.2.41左の柱と同じ位置の廊下側の壁抜け柱であるが，反対側同様に軸変形を伴った損傷度Vのせん断破壊となっている。帯筋は間隔250mmで端部は90度フックとなっている。主筋がほぼ柱内法高さの範囲で大きく座屈しているのがわかる。写真6.2.42は，下階壁抜けではなく直交壁がある中柱であるが，軸変形を伴う損傷度Vのせん断破壊を生じている。ただし，その軸方向の変形は直交壁の存在により僅かであり，損傷は壁抜け柱（写真6.2.41）より軽微である。

写真6.2.43は北側の袖壁付柱の被害であるが，損傷度Vの袖壁付柱全体のせん断破壊となっている。すなわち，ひび割れが柱と袖壁で連続している。この他，半数以上の柱が損傷度Vとなっており，建物の被害は一部激しい軸変形を伴う大破であり，ほぼ倒壊状態である。

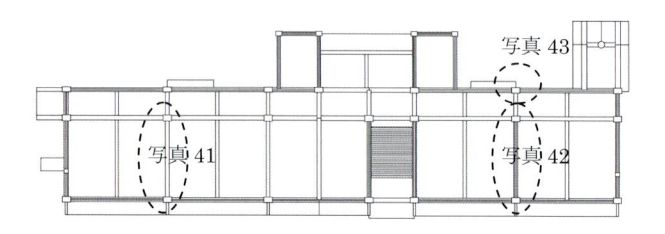

図6.2.15 南校舎1階の平面図
(First floor plan of south building)

写真6.2.40 南校舎の南側全景
(Southern panoramic view of south building)

写真6.2.41 南校舎の壁抜け柱（左：南構面，右：中構面）のせん断破壊 (Shear failure of isolated columns (left : southern frame, right : middle frame) supporting upper walls of south building)

第6章　各構造の被害（Damage to each construction type of structures）

写真 6.2.42　南校舎の両側柱付き耐震壁の側柱（左：南構面，右：中構面）のせん断破壊（Shear failure of side columns (left : southern frame, right : middle frame) of a barbell type shear wall of south building）

写真 6.2.43　南校舎の北側構面の柱の袖壁付き柱のせん断破壊（Shear failure of a column with side walls of northern frame of south building）

(2)北校舎

写真 6.2.44 に北校舎の南面全景を示す。また，図 6.2.16 に1階の平面図を示す。南校舎とは異なり桁行1教室が2スパン（B型校舎）であり，張間方向は2スパンが基本となっている。基本的な柱型は 600×450mm とやや扁平である。北校舎の殆どの柱にⅡあるいはⅢのせん断ひび割れが見られている。

写真 6.2.45 は北面の損傷度Ⅴの柱であるが，明らかに軸変形を生じている。この柱はわずかであるが両側に袖壁が取り付いていた。北校舎ではこの柱が最も損傷が大きい柱であった。写真 6.2.46 は袖壁が取り付いた柱のせん断破壊であるが，袖壁部分の損傷が大きく，柱本体の被害は少ない。北校舎にはこのような袖壁の付いた柱が多く存在しており，これらの損傷の扱い方により被災度が異なってくるが，大破に分類される被害であった。

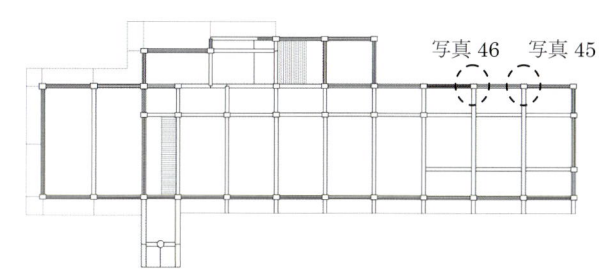

図 6.2.16　北校舎1階の平面図（First floor plan of north building）

写真 6.2.44　北校舎の南側全景（Southern panoramic view of north building）

写真 6.2.45　北校舎の北側構面の柱のせん断破壊（Shear failure of a column of northern frame of north building）

写真 6.2.46　北校舎の袖壁が付いている柱の損傷（Damage to a column with side walls of south building）

— 419 —

6.2.3.9 S 小学校（須賀川市）
(Damage to building in S elementary school)

当該建築物は図 6.2.17 に示すような平面形状をしており，A~D の 4 棟で構成されている。また，校庭は大きな池に面している。

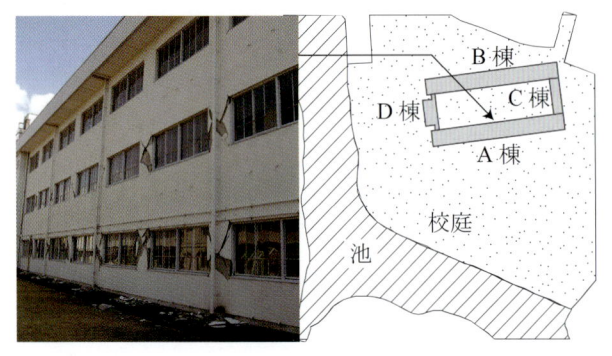

写真 6.2.47　A 棟の外観　　図 6.2.17　配置図
(Site plan and appearance of A-building)

C 棟および D 棟は主に廊下であり，教室や管理室などは全て A 棟と B 棟に配置されている。被害が甚大であったのは A 棟と B 棟であり，以下では A 棟を例に被害状況を紹介する。

A 棟の建物概要を表 6.2.2 に示す。

表 6.2.2　A 棟の建物概要
(General information of A-building)

面積(m^2)	延面積：2597m^2，建築面積：855 m^2
建築年，構造，階数	1965 年，RC，地上 3 階・塔屋 1 階
基礎種別	杭基礎(RC)
構造上の特徴	平面：ほぼ整形　立面：ほぼ整形 構造形式：ラーメン，耐震壁 極脆性柱有り，下階壁抜け無し

A 棟の平面図の一部を図 6.2.18 に示す。図中に記載した検討方向（長辺方向）の Is 値は 0.6 を下回っている。

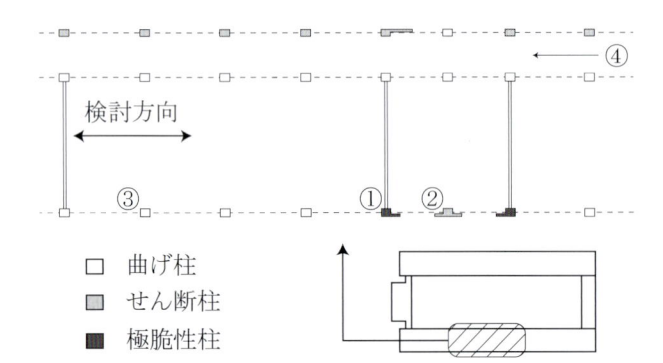

図 6.2.18　A 棟平面図と鉛直部材の分類
(Floor plan and members' categories)

(a) ①の片側袖壁付き柱　(b) ②の両側袖壁付き柱
写真 6.2.48　袖壁付き柱の被害状況
(Damages to columns with wing-wall)

A 棟の柱は全て損傷が激しく，その中でも損傷が大きかった片側袖壁付き柱と両側袖壁付き柱（それぞれ図 6.2.18 中の①と②）の様子を写真 6.4.48 に示す。これらの部材はともにせん断ひび割れ幅が大きく，鉛直方向の変形も生じていた。両側袖壁付き柱の写真から，せん断補強筋の間隔が大きいことが確認できる（現場での測定ではおよそ 300mm であった）。

(a) ③の曲げ柱　(b) ④の方向から見た北側の柱
写真 6.2.49　柱の被害状況 (Damages to columns)

写真 6.2.50　校庭の地割れ (Crack in the ground)

図 6.2.18 に③で示した柱の状況を写真 6.2.49(a)に示す。この柱は耐震診断において曲げ柱に分類されていたが，実際の被害状況を見ると，せん断ひび割れが発生していた。また，北側の柱の様子を同図(b)に示す。仕上げのモルタルが剥落し，柱にせん断ひび割れが生じていることが確認された。

この学校の校庭は図 6.2.17 に示したように，校庭が大きな池に面しているということもあり，校庭での地割れが目立った。その様子を写真 6.2.50 に示す。

この建物は全ての柱にせん断ひび割れが発生しており，耐震性能残存率 $R=39\%$ と非常に低い値となり，大破と判定された。

6.2.3.10 S 小学校 (いわき市)
（Damage to building in S elementary school）

(1) 建物概要

S 小学校はいわき市南部の沿岸部の小学校であり，敷地は台地の上に位置している。対象建物である教室棟は東西に長い長方形の建物で，東側の隣棟の建物とはエキスパンションジョイントを介して接続されている。建物は，RC 造 3 階建て（延べ床面積 2,502m^2）であり，建設年代は 1974 年である。一連の地震での最大震度は 6 弱である。

(2) 被害概要

教室棟の全景を写真 6.2.51 に，建物 1 階の平面図を柱および壁の損傷度と併せて図 6.2.19 に示す。

校舎桁行方向は，二次壁を含むラーメン構造で，柱に損傷度 I ～ II 程度のひび割れが見られた。北側面の柱は袖壁付の柱が多く見られ，柱と同様に袖壁にも損傷度 I ～ II 程度のひび割れが見られた。一方，張間方向は両側柱付壁が多く配置された耐震壁付ラーメン構造である。写真 6.2.52 は，1 階張間方向の耐震壁であり損傷度 III の斜めひび割れが発生していた。その他の 1 階の耐震壁も 100 ～ 120 (mm) 程度の厚さであり，損傷度 I ～ II の斜めひび割れが発生していた。その内訳が，損傷度 0 の耐震壁が 0 枚，損傷度 I の耐震壁が 3 枚，損傷度 II の耐震壁が 12 枚であった。また，東側隣棟との衝突により，エキスパンションジョイントに軽微な損傷が見られた。

被災度区分判定では，1 階桁行方向および張間方向の判定を実施した結果，桁行方向で耐震性能残存率 R は 89.7%，張間方向での耐震性能残存率 R は 70.1% であり，張間方向の値が採用され中破と判定されるが，補修による復旧が実施されるまでの間，継続利用は問題ないと思われる。

写真 6.2.51 校舎南側全景写真
（South side view of the building）

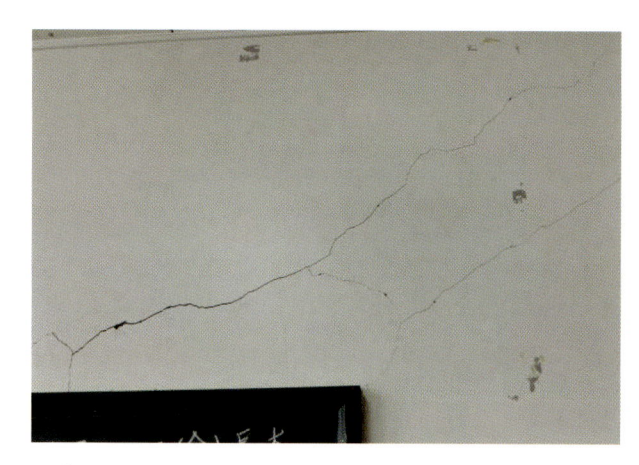

写真 6.2.52 1 階張間方向の耐震壁（損傷度 III）（Shear failure of shear wall at the first floor, damage level III）

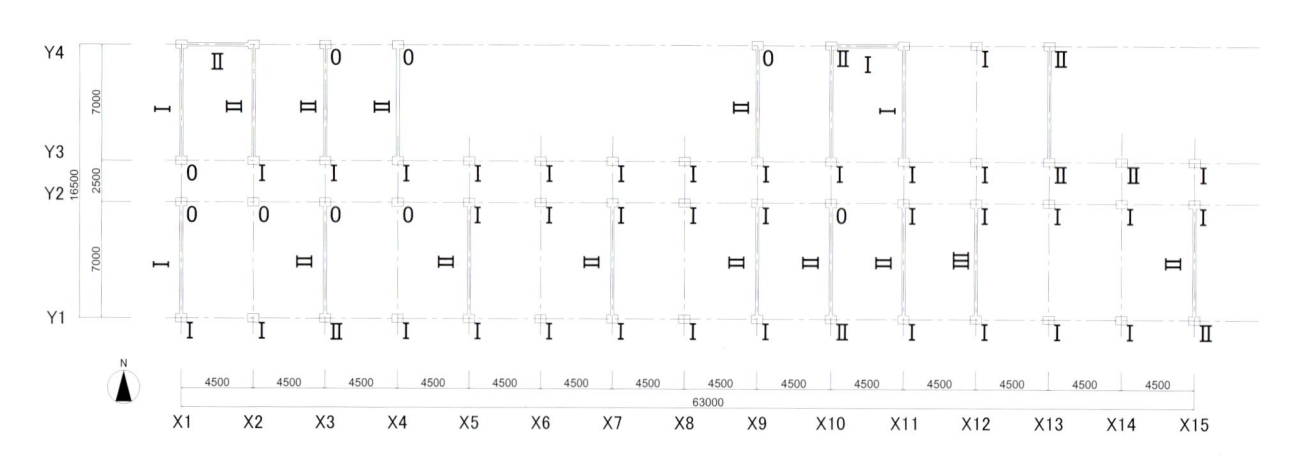

図 6.2.19 1 階平面図および部材損傷度（First floor plan and damage grade of structural members）

6.2.3.11　I 高校（いわき市）
（Damage to buildings in I high school）

(1) 建物の概要

建物の配置図を図 6.2.20 に示す。北側に普通教室棟（A棟），南側に管理棟（B棟）が配置され，これらを連結する形で西側に渡り廊下（C棟），東側に昇降口（D棟）が配置されている。各建物の連結部にはエキスパンションジョイントが設けられている。

建物は，A棟は RC 造 4 階建て（延べ床面積 2,962m^2），B棟は RC 造 3 階建て（延べ床面積 2,059m^2），C棟は RC 造 2 階建て（延べ床面積 459m^2），D棟は 2 階建て（延べ床面積 382m^2）で 1 階が RC 造，2 階が S 造である。

各建物の建築年代は図のようにⅢ期に分かれており，A棟の東側部分および D 棟の渡り廊下部分が 1973 年，B棟の東側部分および C 棟が 1974 年，A 棟および B 棟の西側部分および D 棟の建屋部分が 1975 年度竣工である。なお，一連の地震での最大震度は 6 弱である。

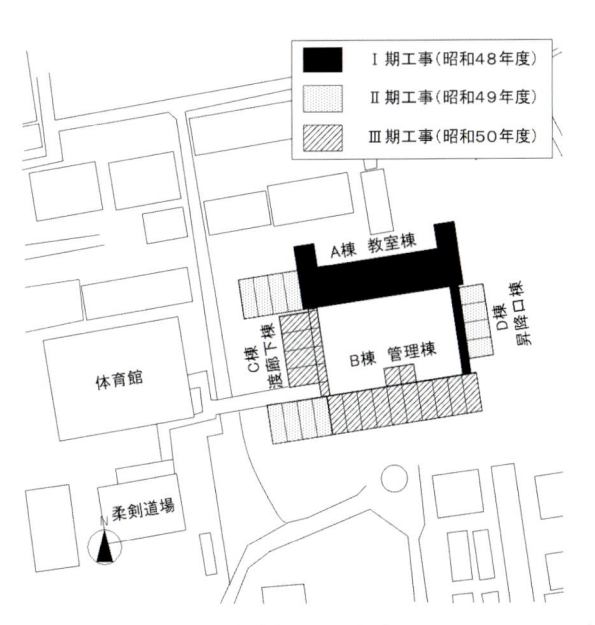

図 6.2.20　I 高校　各建物の配置（Location of buildings）

(2)　被害概要
①A 棟（普通教室棟）

A 棟（普通教室棟）の全景を写真 6.2.53 に，1 階平面を柱および壁の損傷度と併せて図 6.2.21 に示す。

校舎北面の損傷が著しく，A 棟西側に位置する 1 階特別教室の北側柱ではせん断破壊による損傷度Ⅴの損傷が生じていた。柱横の窓枠サッシに変形が見られ，柱に軸縮みが生じている（写真 6.2.54）。

一方，西側妻面の耐震壁には，顕著な被害は見られなかった（写真 6.2.55）。また，A 棟北面の一部の腰壁付梁にせん断破壊が生じていた。渡り廊下棟との 2 階エキスパンションジョイント部では，A 棟（普通教室棟）が C 棟（渡り廊下）に比べ 15cm 程度沈下していた。

被災度区分判定では，1 階桁行方向の耐震性能残存率 R は 33.3%であり，大破と判定された。

写真 6.2.53　A 棟南側全景写真（Overview of building A）

写真 6.2.54　1 階特別教室の北側柱（損傷度Ⅴ）（Shear failure of the first story column at north frame of building A）

写真 6.2.55　A 棟西側妻面（West side view of building A）

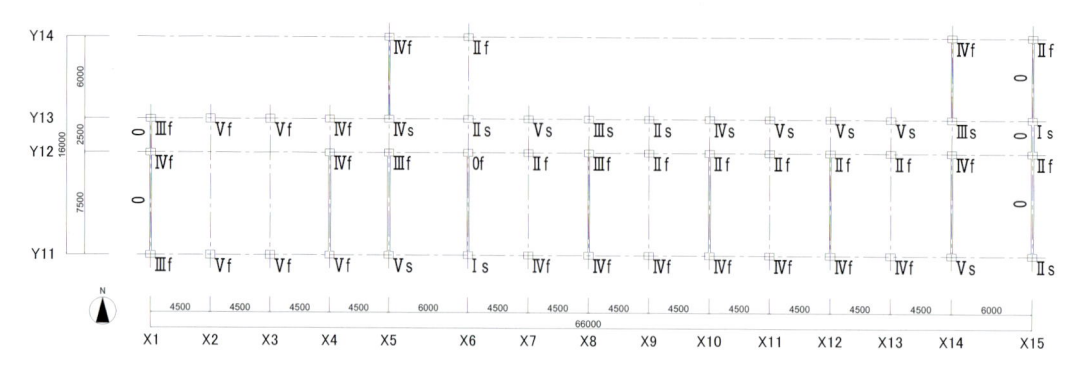

図 6.2.21　A棟(普通教室棟)　各階部材損傷度（Plan and damage grade of structural members of building A）

②B棟(管理棟)

B棟(管理棟)の1階平面を柱および壁の損傷度とともに図6.2.22に示す。一部のせん断柱には，せん断破壊により，損傷度Ⅳの損傷が生じていた(写真6.2.56)。

また，昇降口との1階エキスパンションジョイント部に損傷が生じており，B棟(管理棟)がD棟(昇降口)に比べて12cm程度沈下していた。

被災度区分判定では，1階桁行方向の耐震性能残存率Rは47.1%であり，大破と判定された。

③C棟(渡り廊下)

C棟東側に位置するB棟(管理棟)とA棟(普通教室棟)を結ぶ渡り廊下では，1階東側柱にせん断破壊による損傷度Ⅴの損傷が生じていた。柱横の窓枠サッシに変形が見られ，柱に軸縮みが生じていることを確認した。また，管理棟との1階エキスパンションジョイント部分に衝突が見られた。

被災度区分判定では，1階桁行方向の耐震性能残存率Rは72.1%であり，中破と判定された。

④D棟(昇降口)

校舎東側に位置する昇降口では，1階の柱にせん断ひび割れが見られた。いずれも損傷度はⅢであった。また，昇降口前では大きな地盤変状が生じていた。

被災度区分判定では，1階桁行方向の耐震性能残存率Rは72.9%であり，中破と判定された。

写真6.2.56　1階南側柱せん断破壊（Shear failure in the first story column at south frame of building B）

(3) まとめ

学校は丘の上に位置するが，調査を行った何れの校舎も中破以上の大きな被害を受けている。丘の下の周辺建物に比べても被害が特に大きく，今後は地盤条件の違いと建物被害の関係を詳細に検討する必要がある。

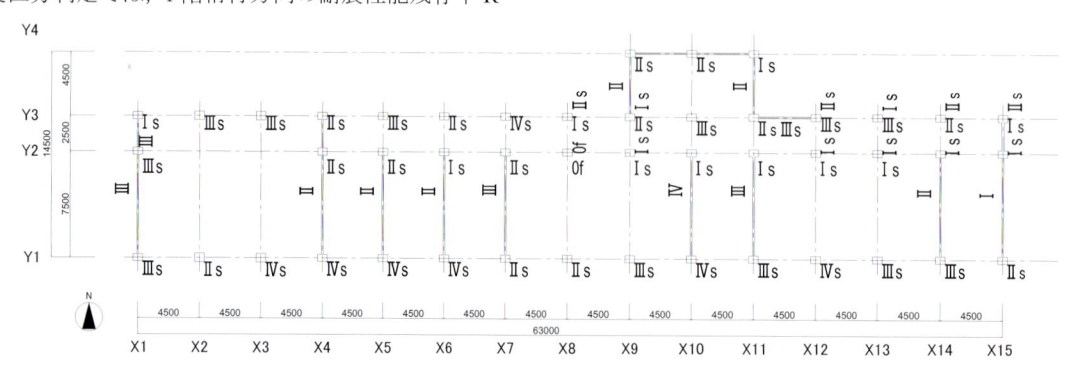

図 6.2.22　B棟(管理棟)　各階部材損傷度（Plan and damage grade of structural members of building B）

6.2.3.12 M高等学校（茨城県）
（M Senior High School）

(1) 建物の概要

M高等学校は，茨城県水戸市内の中心部に近く，敷地は那珂川と千波湖に挟まれた高台の上に位置している。図6.2.23に建物の配置図を示す。

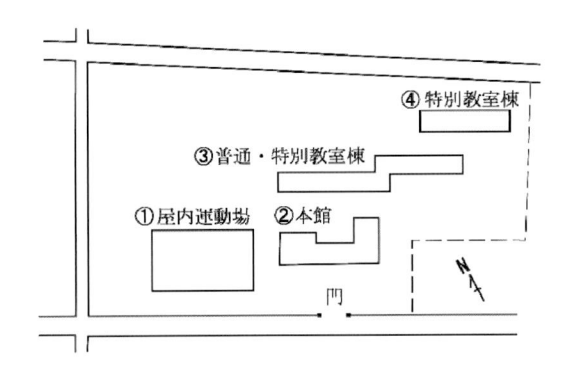

図 6.2.23 M高等学校の敷地と建物の配置
(Site plan of M senior high school)

地形は，周囲も含めて平坦であり，碁盤目状の道路に三面を囲まれている。敷地内には，①屋内運動場，②本館，③普通・特別教室棟，④特別教室棟が配置されている。本節においては，特に③普通・特別教室棟の被害について詳しく述べている。

屋内運動場（①）は，1968年に建設された鉄筋コンクリート造3階建ての耐震壁付きラーメン構造である。1階は，屋内運動場とそれらの付室として使用されている。大空間のアリーナは，2階に配置され，床はプレストレストコンクリート梁の大スパン梁により支持されている。3階はアリーナ上部と周囲の付属室である。屋根は，山形の鉄骨トラス造で吊り天井に覆われている。

本館（②）は，2001年に建設された鉄筋コンクリート造5階建てペントハウス付き耐震壁付きラーメン構造であり，教室および管理用諸室に使われている。平面形状は，L形の比較的複雑な形状をしている。

普通・特別教室棟（③）は，1969年と1970年の二期に分けて建設された鉄筋コンクリート造4階建てペントハウス付きの耐震壁付きラーメン構造である。写真6.2.57に全景を，図6.2.24に基準階の平面図と部材の損傷状況を示す。長手方向は22スパンの純ラーメンであり，スパン長さは一部を除いて4.5メートルである。短手方向のスパン長さは9.7メートルで，妻面には連層耐震壁が設けられており，標準的な構造計画である。基礎構造は杭基礎である。柱の直下のフーチングをそれぞれ4本の長さ5メートル・径350mmの既成杭が支持している。平面形状は，長手方向の13通りから15通りで雁行しており完全に整形とは言えないが比較的バランスの取れた立面・平面配置といえる。階高は，1階が4.2メートル，2階以上が3.6メートルである。

図6.2.25にB構面の1通りから13通りまでを北側から見た軸組図と2階部分の水平力抵抗部材の損傷度を示している。南面は教室であり腰壁高さを除いた柱の内法高さは，約2.0メートルある。また，外側には各階にバルコニーが付属する。廊下側の北構面は腰壁高さを除いた柱の内法高さは標準で約1.35メートルであり，一部で，約2.0メートルである。特に損傷の大きかった2階の柱断面は，すべて長手方向が800ミリメートル，短手方向が500ミリメートルの長方形断面となっている。

この建物は，耐震補強は被災時点で未実施であるが，耐震補強の要不要を判定するために，2009年に耐震診断結果が出ている。普通・特別教室棟（③）で，Is値が最も低いのは，長手方向が2階で0.26，短手方向が2階で0.38である。それ以外の階は，これらの値よりやや大きいが，短手方向の1階と4階を除けば，目標耐震性能Is＞0.6を満たしていない。この要因としては，旧基準で設計されており，柱や耐震壁にせん断破壊型のものが多いことと，第一期工事に建設された部分（1通りから16通り）のコンクリート強度が設計基準強度を下回っていることの二つが挙げられる。特に2階と3階で採取されたコア抜き強度が相対的に低く，最も低いものは，11MPaであり3階の平均値は13MPaとされている。一方，第二期工事（16通り－24通り）で建設された部分のコンクリートのコア抜き強度は設計基準強度（17.6MPa）を上回っている。

特別教室棟（④）は，1981年に建設された鉄筋コンクリート造3階建ての耐震壁付きラーメン構造であり，特別教室として使われている。

(2) 被害の概要

屋内運動場（①）は，3階部分の一部で，外壁の鉄筋コンクリート非構造壁のせん断破壊があり，詳細な調査はしていないが小破相当と判断される。また，鉄骨トラス下に設置された吊り天井の大規模な落下があった。

本館（②）には特段の被害は見当たらず，無被害又は軽微と判断される。

普通・特別教室棟（③）は，写真6.2.58に示すように，特に2階と3階の北側構面で多くの柱に曲げひび割れやせん断ひび割れが生じていた。特に，第一期工事部分のB構面2階では，損傷度Ⅳの柱が1，損傷度Ⅲが7，損傷度Ⅱが8となった。南側の構面は北側構面より損傷度

— 425 —

が全体に小さくなった。これは，廊下側で腰壁が高くシアスパン比の小さな柱が多いためであろう。第二期工事部分のC構面2階では，損傷度IIIの柱が2本，損傷度IIが1本であり，第一期工事部分と較べて被害が小さい。第一期工事部分と第二期工事部分では，スパンが同じで柱断面も共通であることから，配筋も同じであると仮定すれば，損傷度の違いは，コンクリート強度の違いに起因するものと考えられる。部材の損傷度より，普通・特別教室棟（③）の被災度は，被災度判定基準によれば，中破と判定される。

特別教室棟（④）に特段の被害は見あたらず，無被害又は軽微と判断される。

(3) まとめ

築年が古く，耐震診断のIs指標の最も小さな値が0.26のRC造4階建ての普通・特別教室棟（③）は中破の被害となった。同じ建物の中でコンクリート強度の低い第一期工事部分と，コンクリート強度の高い第二期工事部分では，損傷程度に有為な違いが見られた。

築年が古いRC造3階建ての屋内運動場（①）にも，コンクリート外壁の破壊と吊り天井の落下の被害が見られた。

築年が浅く，新耐震設計法の施行直前に施工された特別教室棟（④）および，2001年に施工された本館（②）には，目立った被害はなかった。

写真6.2.57 普通・特別教室棟の北側全景 (Overview from North)

写真6.2.58 B構面（6通り－9通り）2階と3階の柱のせん断ひび割れ (Shear cracks in the columns on the second and third floors on B-Frame)

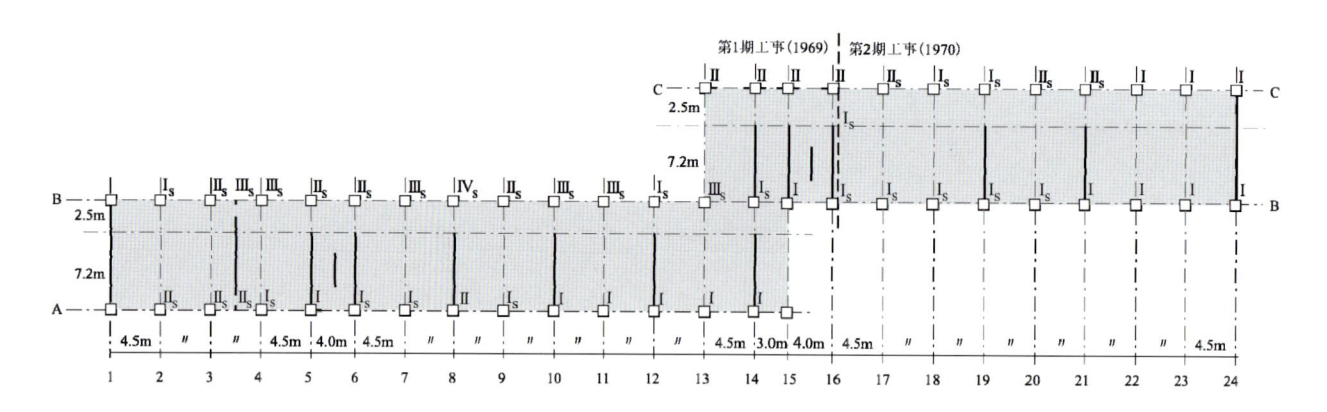

図6.2.24 普通・特別教室棟の2階平面図と水平力抵抗部材の損傷度 (Key plan of second floor and damage of members)

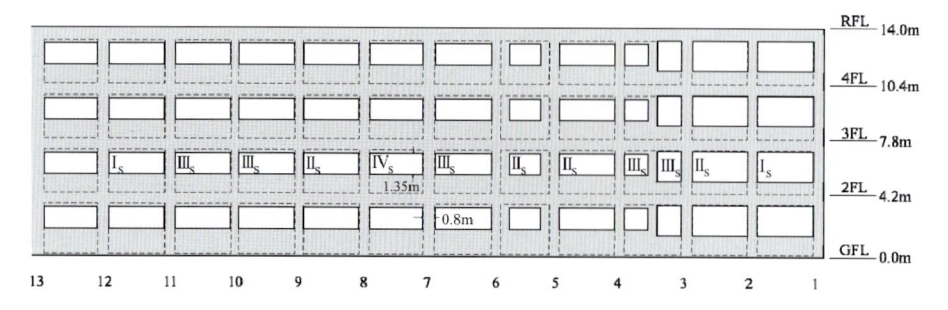

図6.2.25 普通・特別教室棟のB通りの軸組図（1通り－13通り）と水平力抵抗部材の損傷度 (Elevation of frame B)

第6章 各構造の被害 (Damage to each construction type of structures)

6.2.3.13 S中学校（千葉県）(S Junior high school)

千葉県の利根川流域では，表層地盤の液状化が生じた。そのため，RC造建物においても杭基礎の不同沈下，エキスパンション・ジョイントの損傷が見られた。また，建物周囲の外構や設備配管に大きな被害が生じた。本建物は，千葉県香取市に建つRC造3階建の学校施設である。建設地は，利根川流域に位置しており，表層地盤は軟弱な細砂層及びシルト層である。校舎はL形平面形であり，エキスパンション・ジョイントにより2棟に分離されている(図6.2.23)。①棟は，RC造地上3階建(地下無し)であり，1970年に建設されている。構造形式は長辺方向がラーメン構造，短辺方向が耐力壁付きラーメン構造である。建物中央部には壁式構造の便所と階段が接続している。耐震補強として，長手方向には鉄骨ブレース補強などが実施済みである。一方，②棟はRC造地上2階建(地下無し)であり，1971年に建設されている。①棟に接する階段室が3階まであり，更に塔屋1階がある。構造形式は①棟と同様であるが，耐震補強は実施されていない。基礎は，両棟とも杭基礎である。①棟の杭はPC杭であり，杭径は350φ，杭長は16mであるが，杭耐力は不明である。②棟の杭は①棟と同様であると推定される(写真6.2.59)。今回の地震による震度は5強であり，周辺地盤が液状化により校舎より30～50cm程度沈下している。校舎の短辺方向では基礎の傾斜が最大1/70程度生じており，基礎の被災度は大破(②棟)である。基礎の傾斜のため，①棟と②棟が接するエキスパンション・ジョイントが損傷しており，上階に行く程その間隔が大きくなっている(写真6.2.60)。また，被災度調査後に実施された杭の詳細調査により，基礎の不同沈下が確認され，PC杭の柱頭部分の断面欠損など杭が損傷していることが判明している。一方，上部構造の被害は，小破(1階，②棟)であり，耐力壁にひび割れが見られるが，柱には目立った損傷は見られない。

6.2.3.14 U高等学校（千葉県）(U high school)

千葉県の東京湾岸地域では，地盤の液状化による地盤沈下が生じた。本建物は，千葉県浦安市に建つRC造4階建の学校施設である。建設地は，東京湾の見える埋立地に位置している。今回の地震による震度は5強であり，周辺地盤は液状化により校舎より70cm～100cm程度大きく沈下している。上部構造は杭基礎で支持されており，構造体に目立った損傷は見られないが，エキスパンション・ジョイントが損傷している。また，地盤沈下により一部で基礎梁が露出し，外構や設備配管がひどく損壊している。そのため，被災後の施設利用に大きな障害が生じている(写真6.2.61)。

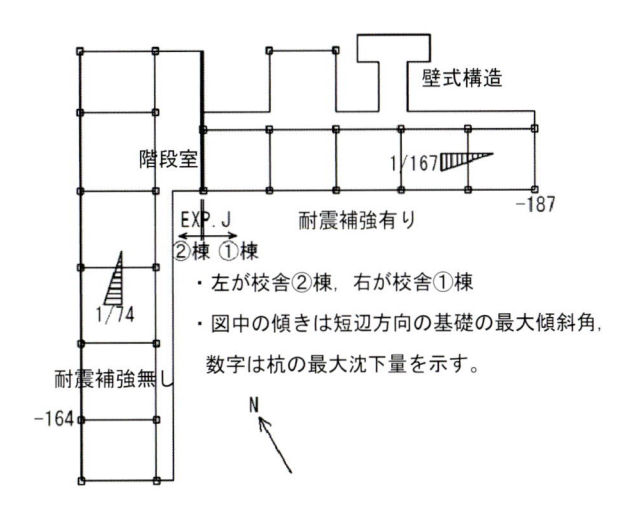

図 6.2.23 S中学校の校舎配置と基礎被害
(Location of buildings and damage of foundation)

写真 6.2.59 S中学校の全景
(General view of buildings)

写真 6.2.60 校舎の傾斜状況と周辺地盤の液状化
(Inclination of buildings and liquefaction of ground)

写真 6.2.61 液状化によるU高校の地盤沈下
(Subsidence of ground by liquefaction)

― 427 ―

6.2.3.15　T庁舎（岩手県）
(Damage to building in T government office)

(1) 建物の概要

T庁舎中央館は1963年に竣工された3階建て鉄筋コンクリート造建物である。写真6.2.62に南構面の外観を示す。平面は3×6スパンで梁間中央2構面は一部柱抜けしている。本建物の地域は東北地方太平洋沖地震において震度5強を記録しており，付近のK-NETの最大加速度は469cm/s^{2}である。

(2) 構成する部材断面

柱および壁部材の標準断面リストを図6.2.24に示す。柱は600mm×500mm(Y1構面)及び500mm×500mm(Y2～Y4構面)であり，柱主筋は主に12φ19である。せん断補強筋はφ9@250mmである。トイレ部分3本の柱が極脆性柱(h_0/D=1.2)，北側構面柱はすべて腰壁付き短柱(h_0/D=2.6)となっている。耐震壁は1階桁行方向には3枚配置されており，壁厚180mm，配筋は2φ9@200ダブルである。

(3) 三陸南地震による地震被害の概要

本建築物は2003年三陸南地震（気象庁震度6弱，付近K-NET最大加速度434 cm/s^2）において被災しており，日本建築学会 東北支部地震災害調査WG速報会において独立行政法人建築研究所及び国土技術政策総合研究所の調査グループは，初動調査の概要を報告している(http://www.disaster.archi.tohoku.ac.jp/Saigai/tohoku/SWG2-2(saito).pdf)。そこでは極短柱2本のせん断破壊，北側構面せん断柱1本の打継ぎ部分の破壊，耐震壁のせん断ひび割れ(ひび割れ幅2mm程度)，桁行梁の曲げひび割れが報告されている。

地震被災後にせん断ひび割れの入った柱においてかぶりコンクリートの打ち直し，鉄骨柱(H形鋼を柱に外付けする)による応急的な補強を実施している。また，東北地方太平洋沖地震での被害調査結果より再びせん断破壊したトイレ部分の柱のせん断補強筋間隔はφ9@125mmとなっていた。

写真6.2.62　T庁舎　南構面 外観
(Overall view of the T government office)

C1	C2	W1
600×500	500×500	180
12φ19	12φ19	2φ9@250
2φ9@250	2φ9@250	

図6.2.24　T庁舎　標準部材断面図
(Major element sections)

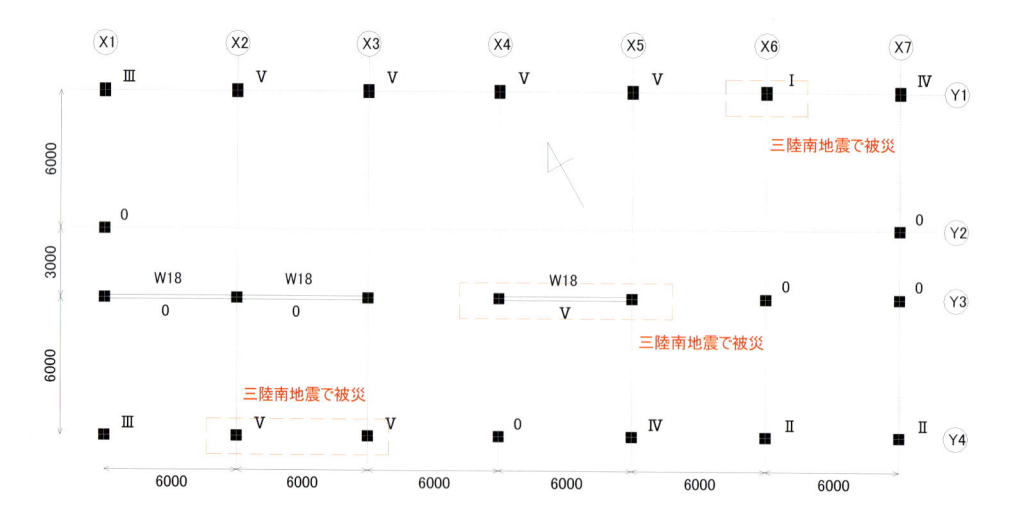

図6.2.25　T庁舎　平面図および損傷度調査結果
(1st floor plan and the result of damage observation)

第6章 各構造の被害（Damage to each construction type of structures）

(4) 東北地方太平洋沖地震による被害の概要

市役所1階の平面図および損傷度調査結果を図6.2.25に示す。東北地方太平洋沖地震により1階においてトイレ部分の極脆性柱2本（写真6.2.63），北側構面せん断柱4本（写真6.2.64），内部耐震壁1枚（写真6.2.65）がせん断破壊していた。その他に片側に腰壁剛域を有する短柱，南側構面長柱の一部にせん断ひび割れが見られた。鉄骨柱による応急補強は極脆性柱では2003年三陸南地震と同様の被害を被ったため，明確な効果があったとは言えないが，北側構面のせん断柱では鉄骨柱を柱両脇にも付帯させており，周りの短柱に比べて被災度が小さくなった。ただ，柱両脇の鉄骨柱をアンカーしている柱脚部分のコンクリートが破壊していた（写真6.2.66）。

架構内部の長柱および西側の耐震壁2枚にはひび割れが見られなかった。また，南側構面2階の腰壁付き短柱にも大きなせん断ひび割れが観察されている。被災度区分判定はせん断柱が大きく被災している桁行方向について行った。調査部材数はせん断柱10本(V:6本, IV:1本, III:2本, 0:1本)，曲げ柱8本(IV:1本, II:2本, 0:5本)，両側柱付き壁3枚(V:1枚, 0:2枚)であり，大破と判定される(耐震性能残存率Rは57.8%)。

写真 6.2.63 トイレ部分(南西部) 極脆性柱の被災
(Shear failure of short columns on south section)

(4) まとめ

本建物は2003年三陸南地震により短柱にせん断破壊が生じ，鉄骨柱による応急補強されていた。今回の地震においても同様の被害が見られたことに加えて，内部耐震壁にせん断破壊が見られた。これら2回の地震で生じた被害レベルと入力地震動の大きさとの相関については今後詳細に検討する必要がある。

写真 6.2.64 北側構面 腰壁付き短柱の被災
(Shear failure of short columns on north section)

写真 6.2.65 1階中央 内部耐震壁のせん断破壊
(Shear failure of a shear wall on 1st floor)

(a) 補強未実施の柱　　(b) 応急補強した柱脚
写真 6.2.66 応急補強および未補強の腰壁付短柱の被害
(Damage to columns with / without temporary repairs)

6.2.3.16　F庁舎（福島県）
（Damage to building in F government office）

(1) 建物の概要

本建物は1967年に竣工した地上6階地下1階建ての庁舎である（写真6.2.67）。当初は大学校舎として用いられていたが，1990年に庁舎へ用途変更された。地下1階から2階がSRC造，3階がSRC+RC造，4階以上がRC造となっている。本建物の平面は，長辺方向の中央部で雁行する形状で，長辺方向13スパン（スパン長4500mm又は9000mm），短辺方向3スパン（スパン長7500mm）である。各階の階高は4000mmである。長辺方向は耐震壁が1枚（C通り7-8間）存在するのみでほぼ純ラーメン構造であり，短辺方向は耐震壁付きラーメン構造となっている。

柱の標準断面を表6.2.3に示す。柱断面は，外構面で700mm×800mm（2階）および700mm×700mm（3階），内構面で1100mm×700mm（2階）および900mm×700mm（3階）である。腰壁・垂壁を考慮した外構面柱のクリアスパンは1570mm（実測値）であった。

(2) 被害の概要

本建物では，構造的な被害が多く発生した2階および3階について調査を行った。2階および3階における柱および壁の損傷度を図6.2.26に示す。2階では殆どのSRC柱は損傷度Ⅰの軽微な曲げひび割れが発生した程度であったのに対し，3階では外構面の腰壁・垂壁付き短柱の損傷度が2階に比べて全体的に大きく，RC造短柱2本

写真6.2.67　建物外観 (Overall view of the building)

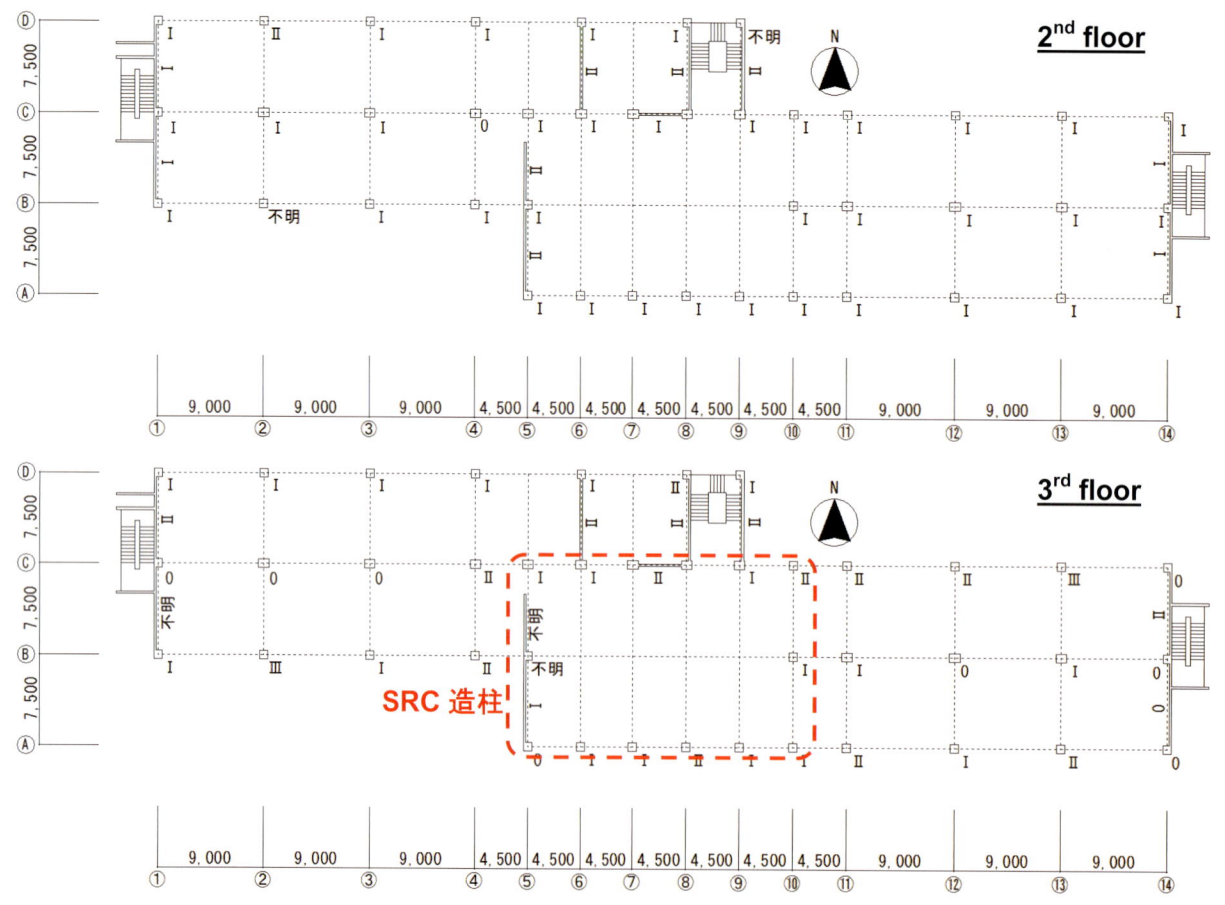

図6.2.26　2階および3階における柱および壁の損傷度
(Damage grade of columns and walls on 2nd and 3rd floor)

― 430 ―

で損傷度Ⅲのせん断ひび割れ（写真6.2.68）が確認された。図に示すように，長辺方向の中央部以外の柱が3階でSRC造からRC造に切り替わっており，部材耐力が急変したことによる影響と考えられる。他の特徴的な被害として，長辺方向の外構面（9000mmスパンの中央）に配置された非構造壁のせん断破壊（写真6.2.69）が多数見られた。また，短辺方向の耐震壁については，ひび割れ幅が0.2mmを上回るせん断ひび割れを確認したものも存在した。

2階および3階における長辺方向の耐震性能残存率Rはそれぞれ94.3%および81.0%となり，被災度はともに小破であった。

(3) まとめ

本建物では，中間階において大きな構造被害が確認された。当該階において構造形式がSRC造からRC造に切替わった影響について，今後詳細に検討を行う必要がある。

写真6.2.68 3階柱のせん断ひび割れ（損傷度Ⅲ）
(Shear crack of column on 3rd floor)

写真6.2.69 3階非構造壁の損傷（補修済）
(Damage to non-structural wall on 3rd floor)

表6.2.3 柱部材断面表 (Major column sections)

記号		C1 (2F)	C1 (3F)
寸法		700×800	700×700
フランジ	X	T-150×15-500	—
	Y	T-150×15-500	—
ウェブ	X	60×6@150	—
	Y	60×6@150	—
主筋		4-D25+6-D19	4-D25+8-D19
帯筋		2-9φ@250	
図			

6.2.3.17 S庁舎（福島県）
（Damage of building in S government office）

① S庁舎本庁舎

(1) 建物の概要

本建物は鉄筋コンクリート造4階建ての建物(写真6.2.70)で，1970年に建設されている。別棟である市庁舎分庁舎とは2階部分渡り廊下(EXP.J)により繋がっている。建物は立面的にも平面的にもほぼ整形で，主に二ヶ所のコア壁で水平力に抵抗する構造である。架構は3×12スパンであり，桁行・張間方向ともに耐震壁付きラーメン構造となっている(図6.2.27)。

(2) 構成する部材断面

柱および耐震壁の標準断面を図6.2.28に示す。柱断面は700×500 mm(外柱)，700×600 mm(内柱)，主筋は12または 20-25φ(外柱 脚部)，12-25φ(外柱 頭部)，12～20-25φ(内柱)，せん断補強筋は9φ-@125である。

(3) 被害の概要

市庁舎1Fの部材に見られた具体的な損傷としては，腰壁や垂れ壁が取り付いた短柱1本がせん断破壊（損傷度V，写真6.2.71）していた。本柱周辺(B1)では柱抜けしており，他の柱より高軸力が作用したと考えられる。柱外側からの見つけ面では基礎から8本鉄筋が立上っているが，3本は柱の中央部より柱せい程度上がったところで180度フックにより定着されている。この部分を起点にせん断ひび割れが生じており，いわゆる段落とし部に起因するせん断破壊と思われる。

その他の柱にはせん断ひび割れが見られ，特に東面および南面で顕著であった。また，桁行方向の耐震壁側柱（損傷度IV），柱型の無い張間方向の耐震壁において壁頭部分（損傷度III）で主筋の座屈が見られた。また，桁行・張間方向の壁板には0.2mmを超えるせん断ひび割れが確認されている。

市庁舎2Fの部材に見られた具体的な損傷は，そで壁付き長柱のせん断破壊（損傷度IV，写真6.2.72）やせん断ひび割れで，特に東面および北面で顕著に見られた。また，桁行・張間方向の耐震壁および側柱で多数のせん断破壊（損傷度V，写真6.2.73）が見られた。その他に渡り廊下および東側で非構造壁が大きくせん断破壊している箇所（写真6.2.74）が見られた。

市庁舎本庁舎の2階について，柱の損傷度調査を行った結果を図6.2.27に示す。本調査に基づく被災度区分判定の結果では本庁舎 1F 桁行方向が大破(残存耐震性能R=50.0)，本庁舎2F桁行方向が大破(残存耐震性能R=38.2)であった。

写真6.2.70 S庁舎 本庁舎 外観
(Overall view of the S government office)

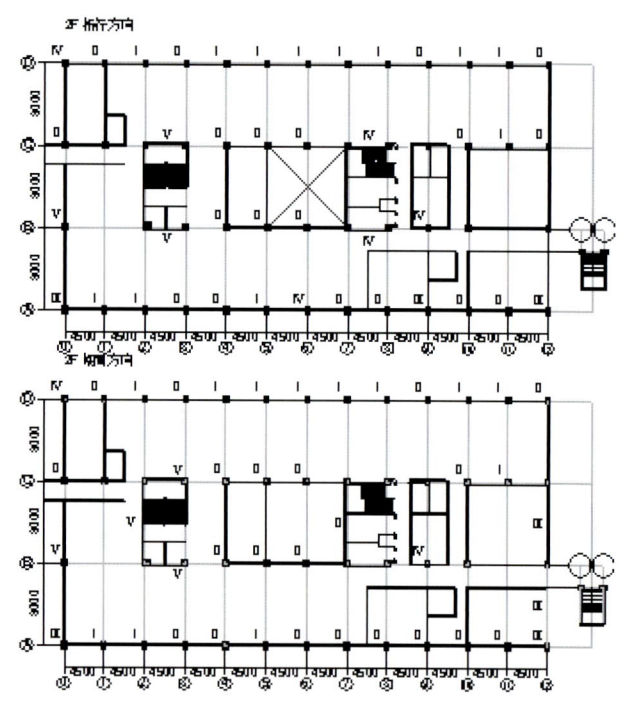

図6.2.27 本庁舎2階 平面図および損傷度調査結果
(2nd floor plan and the result of damage observation)

C1 (1F)	C1 (2F)	W1
500×700	500×700	180
12φ25	8φ22	φ9, 13@150交互
2φ9@250	2φ9@250	2φ9@200

図6.2.28 本庁舎 部材断面図
(Major element sections)

第6章　各構造の被害（Damage to each construction type of structures）

② S庁舎分庁舎

(1) 建物の概要

本建物は鉄筋コンクリート造2階建ての建物で，1968年に建設されている。S庁舎本庁舎とは2階部分渡り廊下(EXP.J)により繋がっている。建物は立面的にも平面的にも整形であるが，2階張間方向の偏心率が0.23と大きい。架構は2×4スパンであり，桁行・張間方向ともに耐震壁付きラーメン構造となっている。

(2) 被害の概要

RC長柱の曲げひび割れは殆どのひび割れ幅は0.2mm以下であった。非構造壁にはせん断ひび割れが見られた（写真6.2.75）が躯体の損傷は殆ど見られなかった。分庁舎1階の柱の損傷度調査を行った結果を図6.2.29に示す。被災度区分判定結果は1階桁行方向では小破(残存耐震性能R=93.9)であった。

写真 6.2.71　本庁舎 1F 腰壁付き短柱のせん断破壊
(Shear failure of a short column on 1st floor)

写真 6.2.72　本庁舎 2F 耐震壁のせん断破壊
(Shear failure of a structural wall on 2nd floor)

写真 6.2.73　本庁舎 2F 柱のせん断破壊
(Shear failure of a column with wing wall on 2nd floor)

写真 6.2.74　本庁舎 2F 非構造壁のせん断破壊
(Shear failure of non-structural walls on 2nd floor)

写真6.2.75　分庁舎1F 非構造壁のせん断ひび割れ
(Shear crack of non-structural walls on 1st floor)

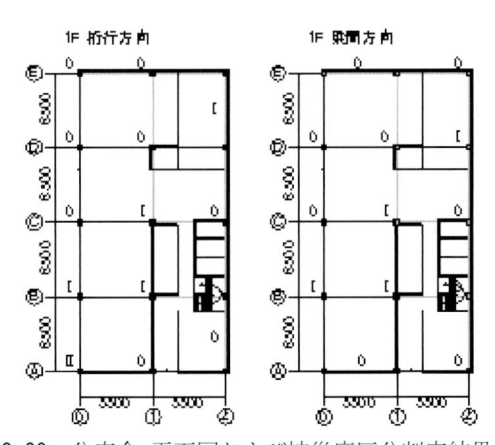

図6.2.29　分庁舎 平面図および被災度区分判定結果
(1st floor plan and the result of damage observation)

③ まとめ

本庁舎では耐震壁，長柱，非構造壁のせん断破壊が見られた2階部分が最も大きく被災していた。庁舎1階では周囲に同様の腰壁つき短柱を有しているにも関わらずB0柱のみでせん断破壊見られた。このような被害が生じた原因について，再分配軸力や段落とし配筋などの点から今後詳細に検討する必要がある。

— 433 —

6.2.3.18 K庁舎（茨城県）
(Damage to building in K government office)

(1) 建物の概要

本建物は，1964年に建設された地上3階地下1階建てのRC造（一部S造）の庁舎である。敷地はやや高台となっている。写真6.2.76に建物全景を示すが，建物は平屋建て部分，2階建て部分，3階建て部分が混在しており，平面的・立面的にやや複雑な形状をしている。1階平面は3×7スパンの平屋建て部分と2×11スパンの2階建て部分から構成されており，建物短辺方向のスパン長は7200mm，建物長辺方向のスパン長は5400mmである。2階平面は2×11スパンであり，3階平面は議会場を用途とした2×3スパンの内柱を省略したホール部分と1×2スパンのアプローチ部分から構成されている。各階の階高は1階が4050mm，2階が3600mm，3階が7000mm（議会場部分）と3100mm（アプローチ部分）である。

柱の標準断面を表6.2.4に示す。柱断面は550mm×600mm，550mm×550mm（2階建て構面），500mm×500mm（平屋建て構面）で，主筋は10～14-22φ（2階建て構面），4-22φ+8-19φ（平屋建て構面）である。せん断補強筋は9φ@250mmで共通である。

(2) 被害の概要

被害は各階に生じているが，特に被害が大きいのは1階であった。主な被害は腰壁・垂壁付き柱（短柱）のせん断破壊で，軸方向変形が生じているものも多数見られた。なお，敷地内（建物から200m程度離れた位置）に設置されているK-NETの記録では地震動の最大加速度は南北成分が968.0gal，東西成分が596.1galと南北成分の方が大きいが，被害は建物長辺方向（東西方向）の方が顕著であった。この原因としては，建物短辺方向（南北方向）には耐震壁が比較的多く設けられていたこと，建物長辺方向には腰壁・垂壁によって極短柱となる柱が多く設けられていたことなどが考えられる。

1階長辺方向の柱および壁の損傷度を図6.2.30に示す。図6.2.30より，建物北側の2階建て（一部3階建て）部分では外構面の大半の柱が損傷度Vであり，また，平屋建て部分の外構面でも多くの柱が損傷度IVとなっていることが分かる。これらは全て腰壁・垂壁が取り付く短柱のせん断破壊（写真6.2.77）であり，これまでの地震被害でも危険性が指摘されてきた典型的被害形態の一つである。また，短柱のせん断破壊以外には，写真6.2.78に示す袖壁付き柱（F通り⑦柱）のせん断破壊および写真6.2.79に示す開口付き耐震壁（F通り①-②間）のせん断破壊が確認された。なお，内柱については袖壁付き柱1本に損傷度IVが見られ，直交方向（短辺方向）の耐震壁が取り付く柱2本に損傷度IIIが見られたが，これら以外は損傷度がIあるいはIIであり，損傷は比較的軽微であった。1階長辺方向の耐震性能残存率Rは37.6%となり，被災度は大破であった。

なお，図6.2.30中には短辺方向について7箇所の耐震壁（壁厚が不明であるため，全て耐震壁として判断）のみの損傷度を調査した結果も示している。7箇所のうち仕上げ材の存在などによって2箇所の損傷度が確認できなかったが，判定可能であった5箇所については全てで幅1mm以上のひび割れが確認された。

また，その他の被害として3階議会場の外構面上部に生じた水平ひび割れ（写真6.2.80）や，地下階を有する1階床スラブと地下階のない1階床スラブの境界部（⑤通りⒹ-Ⓔ間）に生じた段差などが見られた。

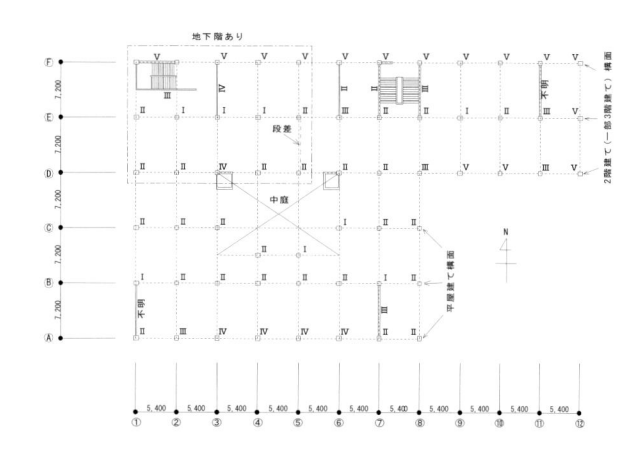

図6.2.30　1階における柱および壁の損傷度
(Damage grade of columns and walls on 1st floor)

表6.2.4　柱部材断面表 (Major column sections)

記号	C1	C2	C3
寸法	550×600	550×550	500×500
主筋	12-22φ	12-22φ	4-22φ+8-19φ
帯筋	2-9φ@250		
図			

(3) まとめ

本建物では，1階外構面の長辺方向に多く配置された腰壁・垂壁付き短柱の大半がせん断破壊したことにより，大破の被害を生じた。一方で，近接するK-NETの記録によれば，地震動の最大加速度は長辺方向に比べて短辺方向の方が約1.6倍大きかった。入力地震動と被害の傾向に関して詳細な検討が必要である。

第6章 各構造の被害 (Damage to each construction type of structures)

写真 6.2.76 建物全景 (Overall view of the building)

写真 6.2.79 1階開口付き耐震壁のせん断破壊（損傷度 V）(Shear failure of wall on 1st floor)

写真 6.2.77 1階短柱のせん断破壊（損傷度 V）(Shear failure of short columns on 1st floor)

写真 6.2.80 3階議会場の外構面における被害 (Damage to wall on 3rd floor)

写真 6.2.78 1階袖壁付き柱のせん断破壊（損傷度 V）(Shear failure of column with wing wall on 1st floor)

― 435 ―

6.2.3.19 集合住宅の被害事例　N 市街地住宅
　　　　　（Damage to N housing complex）

　仙台市太白区にある N 市街地住宅は 9 階建てで下部 2 層が施設（一部地下 1 階），3～9 階が中廊下型集合住宅 84 戸で 1969 年に建設されている。1 階平面図を図 6.2.31 に，東側立面を図 6.2.32 に，北側立面を図 6.2.33 に，外観を写真 6.2.81 に示す。

　建物の被害としては，1 階柱脚部曲げ破壊 4 箇所(写真 6.2.3.82)，1・2 階袖壁損傷多数（写真 6.2.3.83），3 階以上玄関廻り非構造壁（写真 6.2.3.84）ならびに外壁（写真 6.2.3.85）に損傷が見られた。

写真 6.2.3.81　建物外観 (Overall view of the building)

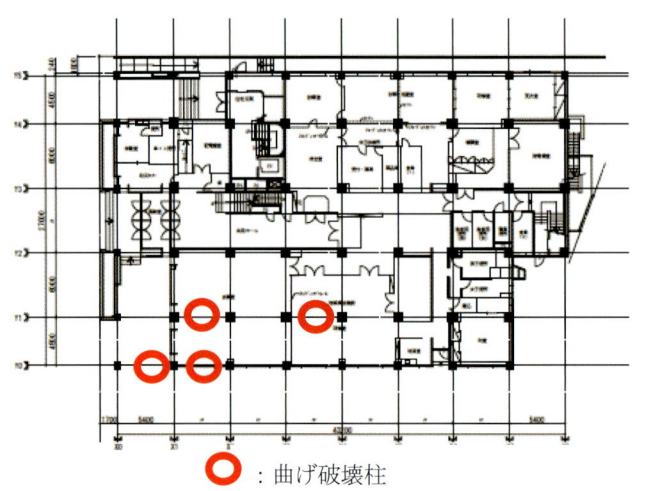

○ : 曲げ破壊柱
図 6.2.31　1 階平面 (Plan of first floor)

写真 6.2.3.82　1 階柱脚曲げ破壊 (Flexure fracture of the first floor Column)

写真 6.2.83　2 階柱付耐震壁破壊状況(Shear failure of the second floor Shear wal)

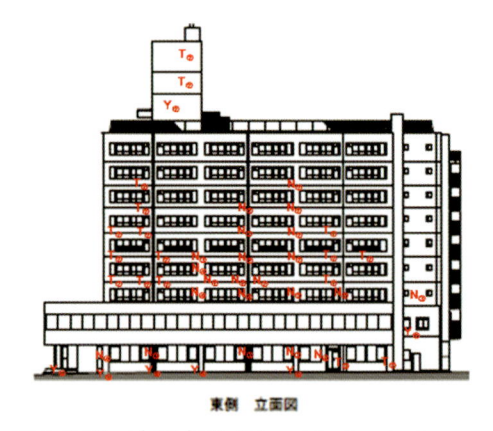

図 6.2.32　東側立面 (West side elevation)

写真 6.2.84　住宅階非構造壁破壊状況 (Shear failure of non-structural wall)

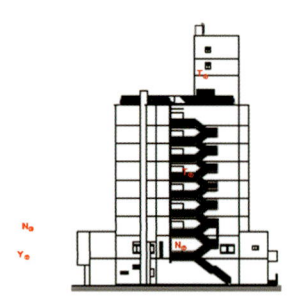

図 6.2.33　北側立面 (North side elevation)

第 6 章　各構造の被害（Damage to each construction type of structures）

写真 6.2.3.85 住宅階外壁破壊状況 (Shear failure of non-structural wall)

6.2.3.20　集合住宅の被害事例　S県営団地
（Damage to S prefectural housing complex）

仙台市泉区にあるS県営団地は、全7棟からなるが、うち5棟は3階建の壁式構造であり、残り2棟は14階建のRCラーメン構造である。建物外観図を写真6.2.86に示す。立地は平地であるが、ラーメン構造建物の北側約25mの位置に池がある。1階平面図及び基準階平面図を図6.2.34に示す。

写真 6.2.86　建物外観　(Overall view of building)

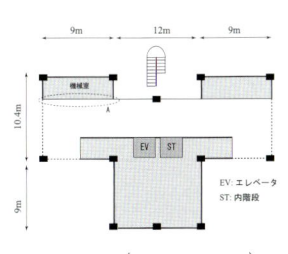

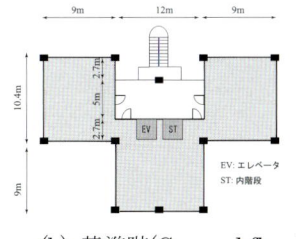

(a) 1F (First floor)　(b) 基準階(General floor)

図 6.2.34　平面図　(Plan)

建物の被害としては、1階機械室南の耐震壁にひび割れ幅最大 0.5mm のせん断ひび割れが発生していた(写真6.2.87(a))。北側中央柱に取付く4本の梁の端部に曲げひび割れが発生していた(写真 6.2.87(b))。曲げひび割れは上階に行くにつれて広がっており、柱の曲げひび割れや、柱梁接合部のせん断ひび割れの発生が確認された(写真

6.2.87(c))。また、各階の床面には下階の梁位置に沿ったひび割れが発生していた(写真 6.2.87(d))。北側構面の開口部横の非構造壁にせん断ひび割れが発生しており(写真6.2.87(e))、内階段室北側壁に水平ひび割れが発生していた(写真 6.2.87(f))。

(a) 耐震壁せん断ひび割れ　(b) 梁端部曲げひび割れ
(Crack of Shear wall)　(Crack of beam)

(c) 柱梁接合部せん断ひび割れ　(d) スラブのひび割れ
(Shearing crack in column and beam joint)　(Crack of slab)

(e) 非構造壁のひび割れ(Crack of non-structural wall)

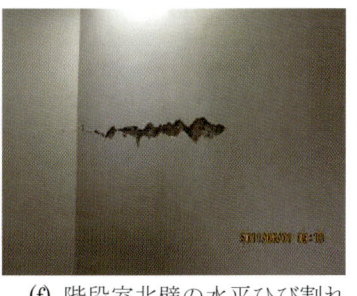

(f) 階段室北壁の水平ひび割れ
(The horizontal crack of the stairway north wall)

写真 6.2.87 被害概要 (Damage observed)

6.2.3.21　集合住宅の被害事例　N県営住棟
（Damage to N prefectural housing complex）

仙台市泉区にあるN県営住棟は10階建のRC造ラーメン構造物である。基準階平面図を図6.2.35に示す。

建物の被害としては、各階南構面の梁端部に曲げひび割れ、柱に0.1mm程度のせん断ひび割れが確認された。また、開口部横の非構造壁にせん断ひび割れが確認され、東側、西側妻壁には 0.2mm 程度のせん断ひび割れが観測された。

階段室壁には打ち継ぎ部に沿った水平ひび割れが発生しており，階段室と手すり壁の接合部では衝突によるコンクリートの剥落が確認された。

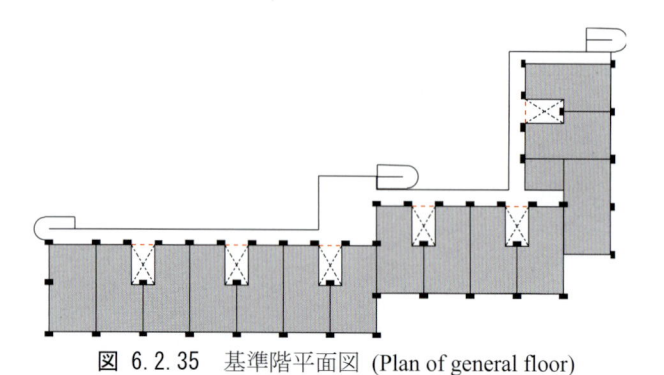

図 6.2.35　基準階平面図 (Plan of general floor)

(a) 梁曲げひび割れ (Crack of beam)

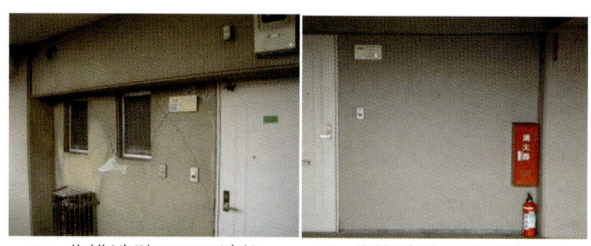

(b) 非構造壁のひび割れ (Crack of non-structural wall)
(c) 非構造壁のひび割れ (Crack of non-structural wall)

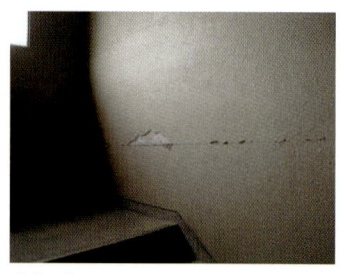

(d) 階段室の水平ひび割れ (The horizontal crack of the stairway wall)
(e) 手すり壁の衝突 (Collision of handrail wall) 

写真 6.2.88　被害概要 (Damage situation)

6.2.3.22　集合住宅の被害事例　K市営住棟
(Damage of K municipal housing complex)

仙台市青葉区にあるK市営住棟は10階建のRC造ラーメン構造物である。基準階平面図を図6.2.36に示す。K市営住棟は，西側構面の一部に外付け補強が施され，上階にはトグル機構付制震ブレースダンパーが設置されている。建物外観を写真6.2.89に，制震ブレースダンパー設置状況を写真6.2.90に示す。

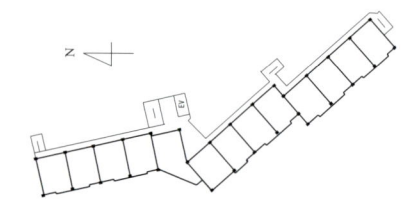

図 6.2.36　基準階平面図 (Plan of General floor)

写真 6.2.89　建物外観 (Overall view of building)

写真 6.2.90　西側構面制震ブレース (Oil damper brace with toggle amplification mechanism)

被害としては，ほぼ全ての階で住戸玄関廻り開口部横の非構造壁のせん断ひび割れが確認された。制震ブレースの付いた階でも同様である。被害状況を写真6.2.91に示す。

写真 6.2.91　非構造壁被害状況 (Non-structural wall damage situation)

第6章 各構造の被害（Damage to each construction type of structures）

6.3 鉄骨鉄筋コンクリート造建物の被害
（Structural damage to steel reinforced concrete buildings）

6.3.1 はじめに（Introduction）

1978年6月に発生した宮城県沖地震(仙台市では震度5)は，日本で独自に発展してきた鉄骨鉄筋コンクリート（以下，SRC）構造の大地震に対する耐震性能を検証する大きな地震であった。当時の宮城県仙台市に建つSRC造建物の被害状況が文献1)に詳述されており，構造要素である柱，梁材などのコンクリートにせん断ひび割れが生じた建物があったものの（被害棟数比13%），殆どのSRC構造の被害は非構造壁のせん断ひび割れやせん断破壊ならびにエキスパンションジョイント（以下Exp.J）の被害であり，構造要素に大きな損傷を生じた被害例は少なかったことが報告されている。構造要素の被害は少なかったが，非構造壁のせん断破壊により集合住宅の各戸の入口ドアの開閉に支障をもたらすこととなり，このような非構造壁の設計は構造設計上，大きな課題となった。

1978年当時，我が国のSRC構造の柱・梁材は鉄骨主材に山形鋼を使用し，帯板と組合せて作られた格子型あるいはラチス型と云われる非充腹型が殆どであった。この地震の前後より，非充腹型SRC部材の研究が進められ，このタイプのSRC部材は，内蔵鉄骨にH形鋼を用いた所謂充腹型SRC部材に比べ耐震性能が劣ることが実験的に明らかとなり，1981年に新耐震設計に移行して以降，SRC部材には充腹型の鉄骨が内蔵されるようになってきた経緯がある。1978年までに仙台市内に建てられていたSRC造建物の殆どは非充腹型のものであったにも拘わらず構造的な被害が少なかったことより，このタイプのSRC構造の耐震性能はある程度確保されているものと考えられた。

1995年1月に発生した兵庫県南部地震は，SRC構造の優れた耐震性能の信頼を揺るがす大被害をもたらすこととなった。兵庫県南部地震によるSRC造建物の被害状況は文献2)に詳述されているが，非充腹型SRC造建物32棟が中間層あるいは最下層で落階する倒壊の被害を受けた（充腹型SRC造建物に倒壊例はなかった）。落階した層の柱材はせん断破壊し，主材と帯板を接合するリベットあるいはボルトの孔部分で破断し，コンクリートを拘束できず，鉛直荷重を支持できない破壊状態となっていた。その他にも，柱，梁材のせん断ひび割れや耐震壁のせん断破壊，柱脚部のアンカーボルトの破断など，大破，中破の被害を受けたSRC造建物が多数あったことが報告されている。

2005年3月に発生した福岡県西方沖地震では，福岡市内の一部の地域に建つSRC造建物（充腹型SRC）に耐震壁のせん断ひび割れ，Exp.Jの被害，非構造壁のせん断破壊の被害が生じる被害があった3)。兵庫県南部地震においては構造部材の破壊が顕著であったことから，非構造壁のせん断破壊は大きく取り上げられることは無かったが，福岡の地震においても，宮城県沖地震の非構造壁の被害の教訓は設計にいかされていなかった。

宮城県仙台市では，震度5以上の地震として，宮城県沖地震以降，2005年8月の宮城県南部地震（震度5強），2008年6月の岩手・宮城内陸地震（震度5強）が発生しており，2011年3月の地震は，宮城県沖地震以降，4度目に襲う巨大地震であった。

日本建築学会・鋼コンクリート合成構造（以下SCCS）運営委員会では，SRC造建物の地震被害の状況と特徴を把握するために，仙台市内において被害調査を行った。本報告では，調査結果および特徴的な被害形態，個別の被害状況について述べる。

6.3.2 調査方法（Survey methods）

SCCS運営委員会では，3つの調査団に分かれ，2011年4月から6月にかけてSRC造建物の被害調査を行った。調査対象建物は，全層SRC造建物の他に，低層SRC・高層鉄筋コンクリート（以下RC）造建物も含まれている。

調査対象地域は，東北地方太平洋沖地震において震度5強以上が観測された宮城県仙台市青葉区（震度6弱）・泉区（震度6弱）・宮城野区（震度6強）・若林区（震度6弱）・太白区（震度5強）である。調査が行われた建物総数は43棟であり，その地域毎の建物棟数を表6.3.1に示し，図6.3.1に調査建物の分布を示す。

調査は，以下の方針に沿って行った。

(1) 日本建築防災協会の「鉄筋および鉄骨鉄筋コンクリート造建物の被災度区分判定調査表」に従って，建物の被害状況を記録し，合わせて建物全景および被害状況の写真撮影を行った。
(2) 基礎の傾斜は，外壁の傾斜で評価することとした。計測には傾斜計および下振りを使用した。
(3) 損傷度は，耐力壁の曲げひび割れおよびせん断ひび割れにより評価した。開口の角からのひび割れは無視した。ひび割れ幅の測定は，クラックスケールを用いた。
(4) 耐震性能残存率Rを計算しなくても被災度区分が明らかな場合は，個々の壁の長さ測定は省略した。例えば，次の場合が該当する。

- ひび割れが全く見られない⇒被災度は「無被害」
- 損傷度Iのひび割れしか見られない⇒被災度は「軽微」
- 損傷度IIの壁もあるが，概算で「軽微」の範囲内

であることが明らかな場合

表 6.3.1 調査された地区別 SRC 造建物棟数
（Regional number of SRC buildings）

地区	仙台市					合計
	青葉	泉	宮城野	若林	太白	
棟数	2	9	16	13	3	43

図 6.3.1 SRC 造建物の調査分布（2011 年 6 月 14 日時点）
（Distribution of investigated SRC buildings）

6.3.3 特徴的な被害形態（Typical damage pattern）

被害を受けた SRC 造建物は，非構造材の被害が多く，構造材の被害は殆ど見られていない。ただし，旧耐震基準により設計された建物には，構造材の大破も一部見られた。なお，阪神・淡路大震災で特徴的な被害であった SRC 造物の中間層崩壊は，本震災では確認されていない。

宮城県仙台市内における SRC 造建物の特記すべき被害形態を構造材の被害と非構造材の被害に分けて以下に示す。

(1) 構造材の被害形態
    (a) 柱の曲げひび割れおよびせん断ひび割れ
    (b) 柱の柱脚部のせん断破壊
    (c) 梁の曲げひび割れおよびせん断ひび割れ
    (d) 梁の曲げ降伏（柱フェイス位置でのコンクリートの圧壊）
    (e) 境界梁（有孔梁を含む）のせん断破壊や付着割裂破壊
    (f) ブレースのコンクリートのひび割れ
    (g) 耐震壁のせん断ひび割れや脚部のコンクリート圧壊
    (h) 連層耐震壁の曲げ破壊
    (i) EV シャフトの一部大破
    (j) 杭基礎の損傷
    (k) 塔屋の損傷

(2) 非構造材の被害形態
    (a) 非構造壁（垂壁・袖壁・腰壁・方立壁）のせん断破壊やせん断ひび割れ
    (b) 階段のコンクリート打継ぎ部の水平ひび割れ
    (c) ドアの開閉不能
    (d) タイルの剥落
    (e) エキスパンションジョイント部の破損
    (f) 天井パネルの損傷・落下
    (g) ALC パネルの損傷・落下
    (h) 渡り廊下のコンクリートの損傷
    (i) ガラスブロックの破損
    (j) 手すり部の損傷
    (k) 地盤沈下による建物周辺部の被害

非構造材の被害形態(a)は，主に片廊下式の非構造壁で多くの被害が見られた。

文献 4) には，福島県の SRC 造建物の被害事例がいくつか紹介されている。上記の被害形態以外には，1)柱の付着割裂ひび割れ，2)非埋込み柱脚のアンカーボルト抜出しや主筋の座屈，3)連層耐震壁脚部で鉄筋の座屈およびコンクリートの圧壊，が確認されている。

6.3.4 特徴的な建物の被害（Typical damaged buildings）

2011 年 6 月 14 日迄に現地調査された SRC 造建物の被害状況について述べる。調査された建物総数 43 棟に対して，無被害の建物数は 6 棟であった。ここでは，特徴的な SRC 造建物 4 棟の被害状況について述べる。

(1) S1 マンション（仙台市宮城野区）
    建物用途：共同住宅
    建築年代：1976 年（昭和 51 年）
    建物階数：地上 14 階建て
    平面形状：北棟と南棟が Exp.J によって接続された「L」字型の平面を有する集合住宅である。

S1 マンションは 1976 年（昭和 51 年）に建設された SRC 造建物で，建設されて 2 年後に 1978 年の宮城沖地震が発生している。この建物は，地上 14 階建で，東西方向に桁行方向となる南棟と，南北方向が桁行方向となる北棟からなる L 字型の平面形状からなり，両棟は Exp.J を介してつながっている（両棟ともに片廊下形式）。建設年代から推定して，非充腹型 SRC と思われるが，内蔵鉄骨寸法，配筋状況など詳細は未確認である。1978 年の宮城沖地震では，柱や梁および耐震壁に構造的な損傷は見られず，建物全体の傾斜や沈下も認められず，非構造壁にせん断破壊が生じる被害を受けていたことが報告されている[1]。文献 5)によれば，宮城県沖地震発生後，地下を掘り返し

てみたところ，基礎フーチング下の杭に欠損部が生じており，1979年に雑壁のコンクリートを補修した後に，杭の欠損部分を補修したことが報告されている。

この建物の南棟が今回の地震により全体的に南側に傾斜しており，応急危険度判定は危険（赤）と判定されている。傾斜角は約2/100(rad)であった。この傾斜は，1階スラブが傾斜していることによる影響が大きく，杭に被害が生じたものと推定される。さらに，南棟1階の柱にせん断ひび割れが生じていることが確認され，3階の短スパンの梁にせん断ひび割れが生じていた。両棟とも，32年前の非構造壁の損傷と同様，全層にわたって非構造壁がせん断破壊している。なお，一部の非構造壁内には異形棒鋼が露見しており，斜め開口補強筋が配筋されていることが確認できた。北棟と南棟をつなぐExp.Jにも，両棟が衝突したと思われる被害が生じており，最上階は天井パネルが破壊され配管が落下していた。

写真6.3.1 S1マンションの全景（南面）
(Overall view of building)

写真6.3.2 S1マンションの全景（北面）
(Overall view of building)

写真6.3.3 全層にわたる非構造壁のせん断破壊
(Shear failure of RC non-structural wall)

写真6.3.4 非構造壁のせん断破壊
(Shear failure of RC non-structural wall)

写真6.3.5 非構造壁のせん断破壊
(Shear failure of RC non-structural wall)

写真6.3.6 非構造壁のせん断破壊
(Shear failure of RC non-structural wall)

写真 6.3.7　エキスパンションジョイント部の損傷
(Damage to expansion joint)

写真 6.3.8　短スパン梁のせん断ひび割れ
(Shear crack of short span beam)

写真 6.3.9　1層柱のせん断ひび割れ
(Shear crack of column on 1st story)

写真 6.3.10　地盤沈下による建物周辺部の損傷
(Ground subsidence around building)

(2) K1マンション（仙台市泉区）
建物用途：共同住宅
建築年代：1996年（平成8年）
建物階数：地上8階建て（塔屋およびピロティ有）
平面形状：平面は「L」字型であり，北棟と南棟が渡り廊下によって接続されている集合住宅である。
構造形式　・北棟　1層～6層：SRC造
　　　　　　　　　7層～8層：RC造
　　　　　・南棟　全層　　　：SRC造

K1マンションは，1996年（平成8年）に建設された地上8階建てのSRC造建物（塔屋およびピロティ有）である。本建物はL字型の平面形状をしており，南北方向が桁行方向となる北棟と，東西方向が桁行方向となる南棟からなり，それらがExp. Jで繋がっている建物である。北棟は6階までがSRC造であり，7, 8階がRC造となっており，7階の柱中間高さまで内蔵鉄骨が配置されている。南棟は全階SRC造である。応急危険度判定は，北棟が注意（黄），南棟が危険（赤）である。

南棟は，塔屋部の壁およびEVホールの屋上スラブ付き梁，屋上階段が大破していた。EVシャフトが破損・落下し，また，6階以下のRC耐震壁（壁厚15cm）にはせん断ひび割れが生じ，3階から5階のRC耐震壁は下端部のコンクリートが圧壊し，鉄筋が露出していた。

北棟は，2階の耐震壁の下端部が損傷し，1階から2階にかけての階段部のRC壁が一部圧壊し鉄筋が露出していた。北棟の耐震壁は，平面的にバランスが良く配置されていたため，南棟に比べ被害は小さかった。

両棟の非構造壁には，全層にわたり，せん断破壊およびせん断ひび割れが見られた。特に，南棟3層～5層の損傷が大きかった。

写真 6.3.11　K1マンションの全景
(Overall view of building)

第6章　各構造の被害（Damage to each construction type of structures）

写真 6.3.12　北棟と南棟をつなぐ渡り廊下の損傷
(Damage to connecting corridor)

写真 6.3.16　階段部の非構造壁の損傷
(Damage to RC non-structural wall at the stairs)

写真 6.3.13　手すりと非構造壁をつなぐ接合部の損傷
(Damage to RC non-structural wall to handrail connection)

写真 6.3.17　EVホールの屋上スラブ付き梁の大破
(Serious damage to beam with slab)

写真 6.3.14　ドア周辺の非構造壁のせん断破壊
(Shear failure of RC non-structural wall)

写真 6.3.18　RC耐震壁のせん断ひび割れ
(Shear crack of RC wall)

写真 6.3.15　非構造壁のコンクリートの圧壊
(Crushed RC non-structural wall)

写真 6.3.19　RC耐震壁の下端部の圧壊
(Crushed RC wall of a lower end part)

— 443 —

(3) T大学-1（仙台市青葉区）
　　建物用途：学校
　　建築年代：1966年（昭和41年）
　　建物階数：地上8階建て
　　平面形状：3×7スパン

　T大学-1は1966年（昭和41年）に建設された地上8階建てのSRC造建物である。平面形状は梁間方向3スパン，桁行方向7スパンの建物である。この建物は1996年に耐震改修工事が行われた。建設年代から推定して，非充腹型SRCと思われるが，内蔵鉄骨寸法，配筋状況など詳細は未確認である。

　今回の東北地方太平洋沖地震により，妻面の並列する2つの連層耐震壁をつなぐ境界梁にせん断破壊が生じるとともに，付着割裂ひび割れが生じる被害が生じている。さらに，エレベータが落下する被害も報告されている[5]。

写真6.3.22　境界梁の付着割裂破壊
(Splitting bond failure of coupling beams)

(4) T大学-2（仙台市青葉区）
　　建物用途：学校
　　建築年代：1969年（昭和44年）
　　建物階数：地上9階建て
　　平面形状：高層部2×10スパン

　T大学の高層棟（T大学-2）は，1969年（昭和44年）に建設された地上9階建てのSRC造建物である。本建物は，2つの独立した低層棟（3階建て）とこれらの低層棟と接合された高層棟からなる。この建物は2000年から翌年に掛けて桁行方向に内付け鉄骨ブレース，梁間方向に耐震壁の打替などの耐震改修工事が行われていた。建設年代から推定して，非充腹型SRCと思われるが，内蔵鉄骨寸法，配筋状況など詳細は未確認である。

　今回の2011年の地震により，高層棟の3階の四隅の隅柱の柱脚がせん断破壊し，コンクリートが剥落し，主筋と鉄骨主材の座屈およびせん断補強筋の破断が見られた。この被災した柱材は，低層部（3階建て）から立ち上がる高層部の3階柱の柱脚部であり，低層部と高層部の振動モードの違いにより，応力および変形がこの箇所に集中することによりこの柱が被災したものと考えられる。

写真6.3.20　T大学-1の全景
(Overall view of building)

写真6.3.21　境界梁のせん断破壊
(Shear failure of coupling beams)

写真6.3.23　T大学-2の全景
(Overall view of building)

第6章　各構造の被害（Damage to each construction type of structures）

写真6.3.24　3層の側柱のせん断破壊
(Shear failure of perimeter column on the 3rd story)

写真6.3.25　3層の側柱のせん断破壊
(Shear failure of perimeter column on the 3rd story)

写真6.3.26　3層の側柱のせん断破壊
(Shear failure of perimeter column on the 3rd story)

6.3.5　個別被害状況（Damaged buildings）
　6.3.4で取り上げたSRC造建物4棟を除く33棟を対象とし，地域別（建築年代の古い順）に個別の建物概要および被害状況を以下に示す。

(1) 仙台市泉区（8棟）
① N1住宅
　　建物用途：共同住宅
　　建築年代：1988年（昭和63年）
　　建物階数：地上10階建て
　　構造形式　1層～6層：SRC構造
　　　　　　　7層～10層　：RC構造
　被害状況：
　・非構造壁にせん断ひび割れが見られ，東棟に比べ西棟の被害が大きい。
　・階段のコンクリート打継ぎ面に水平ひび割れ。
　・建物の玄関付近に地盤の沈下が見られた。
　・低層SRC造と高層RC造の切り替え部の損傷は見られない。

写真6.3.27　N1住宅の全景
(Overall view of building)

写真6.3.28　コンクリート打継ぎ部の水平ひび割れ
(Horizontal crack of construction joint)

② R1マンション
建物用途：共同住宅
建築年代：1989年（平成元年）
建物階数：地上10階建て
被害状況：
- 非構造壁にせん断ひび割れおよびタイルの剥落が見られた。

写真 6.3.29　R1マンションの全景
(Overall view of building)

写真 6.3.30　外壁タイルの剥離
(Separation of the external wall tiles)

写真 6.3.31　非構造壁のせん断ひび割れ
(Shear crack of RC non-structural wall)

③ Yマンション
建物用途：共同住宅
建築年代：1991年（平成3年）
建物階数：地上13階建て
被害状況：
- 梁に曲げひび割れ，短スパンの梁にはせん断ひび割れが見られた。
- 低層階から最上階にいたるまで非構造壁にせん断ひび割れが見られた。特に10層の非構造壁は，他層に比べて最も被害が大きく，鉄筋が露出している箇所もあり，窓に取り付く鋼製の格子は著しく変形していた。

写真 6.3.32　Yマンションの全景
(Overall view of building)

写真 6.3.33　非構造壁のせん断ひび割れ
(Shear crack of RC non-structural wall)

写真 6.3.34　非構造壁のせん断破壊
(Shear failure of RC non-structural wall)

第6章　各構造の被害（Damage to each construction type of structures）

④ R2マンション
　建物用途：共同住宅
　建築年代：1994年（平成6年）
　建物階数：地上8階建て
　被害状況：
　　・ ドア及び開口部周辺，廊下の隅角部の非構造壁にせん断ひび割れが見られた。ひび割れは，高層階ほど軽微であり，7層以下に多数のひび割れが見られた。
　　・ 建物周辺では，地盤沈下が見られた。

写真6.3.35　R2マンションの全景
(Overall view of building)

⑤ R3マンション
　建物用途：共同住宅
　建築年代：1996年（平成8年）
　建物階数：地上10階建て
　平面形状：平面は「L」字型であり，北棟と西棟はExp.Jが設けられている。
　被害状況：
　　・ Exp.Jの間隔小さかったため，北棟と西棟が衝突し，その周辺部の被害が拡大した。
　　・ 10層の廊下に設置されたALCパネルが脱落し，1層の天井を突き破る被害が見られた。
　　・ ドア及び開口部周辺の非構造壁にせん断ひび割れが見られた。特に，北棟に比べ西棟の方が被害は大きかった。
　　・ 塔屋の高架水槽が本震により亀裂し，余震で破裂する被害が見られた。

写真6.3.36　R3マンションの全景
(Overall view of building)

写真6.3.37　エキスパンションジョイントの損傷
(Damage to expansion joint)

写真6.3.38　ALCパネルおよび天井パネルの破損・落下
(Damage to ALC panel and ceiling panel)

写真6.3.39　非構造壁のせん断ひび割れ
(Shear crack of RC non-structural wall)

— 447 —

⑥ P1マンション
建物用途：共同住宅
建築年代：1996年（平成8年）
建物階数：地上7階建て
被害状況：※内部調査は，2層のみ
- ドア周辺及び廊下の隅角部の非構造壁にひび割れが見られた。
- 玄関エントランス周辺では，3cm程の地盤沈下が見られた。また，南西から北東にかけて地盤にずれが生じ，2cm程の横ずれが見られた。

⑦ R4マンション
建物用途：共同住宅
建築年代：1997年（平成9年）
建物階数：地上11階建て
被害状況：※外観より調査（内部調査なし）
- 全層にかけて非構造壁のせん断ひび割れが生じ，タイルの剥落および落下が見られた。
- Exp.J部が破損していた。

写真6.3.40 P1マンションの全景
(Overall view of building)

写真6.3.43 R4マンションの全景
(Overall view of building)

写真6.3.41 片廊下の非構造壁の損傷
(Damage to non-structural wall in side corridor)

写真6.3.44 非構造壁のせん断破壊
(Shear failure of RC non-structural wall)

写真6.3.42 建物周辺部の地盤沈下
(Ground subsidence around building)

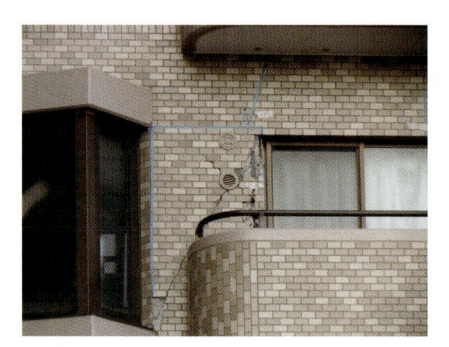

写真6.3.45 非構造壁のせん断破壊およびタイルの剥落
(Shear failure of RC non-structural wall and Separation of the external wall tiles)

第 6 章　各構造の被害（Damage to each construction type of structures）

⑧　G マンション
　建物用途：共同住宅
　建築年代：2004 年（平成 16 年）
　建物階数：地上 14 階建て
　被害状況：※外観より調査（内部調査なし）
　・ 全層にかけて非構造壁のせん断ひび割れが見られた。
　・ エントランス周辺に僅かな地盤沈下が見られた。

写真 6.3.46　G マンションの全景
(Overall view of building)

(2)　仙台市宮城野区（11 棟）
①　T1 住宅-1，②　T1 住宅-2
　建物用途：共同住宅
　建築年代：1970 年（昭和 45 年）
　建物階数：地上 9 階建て
　被害状況：
　・ 非構造壁にせん断破壊が見られ，ドアにずれが生じ開閉不能となっている被害が確認された。
　・ 北側構面の出入口付近では，地盤沈下が見られた。
　・ 西側構面では地盤の不同沈下が見られた。

写真 6.3.47　T1 住宅-2 の全景
(Overall view of building)

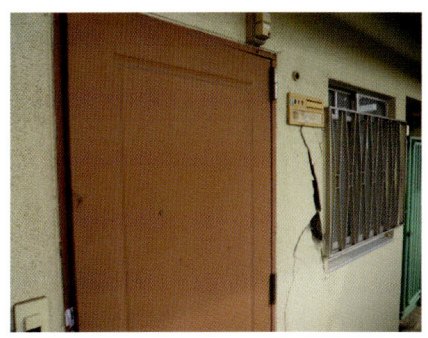

写真 6.3.48　非構造壁のせん断破壊およびドアのずれ
(Damage to RC non-structural wall and door)

写真 6.3.49　地盤の沈下
(Ground subsidence around building)

③　H1 住宅
　建物用途：共同住宅
　建築年代：1971 年（昭和 46 年）
　建物階数：地上 11 階建て
　被害状況：
　・ 3 層で柱の曲げひび割れ（損傷度 I 程度）を確認した。また，梁も損傷度 I 程度のひび割れが見られた。
　・ 3 層から 9 層にかけて北側構面の非構造壁の損傷が大きい。また，ドアは開閉不能であり，ずれが生じているところがあった（ドアの傾斜角 0.9%）。
　・ 地盤沈下が見られた。

写真 6.3.50　H1 住宅の全景
(Overall view of building)

写真 6.3.51　非構造壁のせん断ひび割れおよびドアずれ
(Damage to RC non-structural wall and door)

写真 6.3.52　非構造壁のせん断破壊
(Shear failure of RC non-structural wall)

④　T2 住宅
　　建物用途：共同住宅
　　建築年代：1973 年（昭和 48 年）
　　建物階数：地上 11 階建て
　　被害状況：
　　・ 西側構面において 1 層，2 層の耐震壁でせん断ひび割れが見られた。
　　・ 北側構面において 2 層から 4 層の非構造壁でせん断ひび割れが見られた。
　　・ 建物の周辺で 15cm の地盤沈下が見られた。

写真 6.3.53　T2 の全景
(Overall view of building)

⑤　M 住宅-1
　　建物用途：共同住宅
　　建築年代：1977 年（昭和 52 年）
　　建物階数：地上 11 階建て（ピロティ有）
　　被害状況：
　　・ ピロティ部分の南北方向に設置されたブレースのコンクリートのひび割れが見られた。

⑥　M 住宅-2
　　建物用途：共同住宅
　　建築年代：1977 年（昭和 52 年）
　　建物階数：地上 11 階建て（ピロティ有）
　　被害状況：
　　・ 1 層東側構面の柱で損傷度Ⅰ，非構造壁で損傷度Ⅳの損傷を確認した。
　　・ 1 層から 4 層の西側構面の非構造壁でせん断ひび割れもしくはせん断破壊を確認した。

写真 6.3.54　M 住宅-1 の全景
(Overall view of building)

写真 6.3.55　1 層ブレースのコンクリートのひび割れ
(Crack of brace on 1st story)

写真 6.3.56　非構造壁のせん断破壊
(Shear failure of RC non-structural wall)

第 6 章　各構造の被害（Damage to each construction type of structures）

⑦　S2 住宅
　　建物用途：共同住宅
　　建築年代：1978 年（昭和 53 年）
　　建物階数：地上 11 階建て
　　被害状況：
　　・1 層から 5 層まで東側構面および西側構面の非構造壁のひび割れが顕著であり，南北方向に損傷が卓越している。
　　・1 層から 3 層では梁の曲げ降伏（損傷度Ⅱもしくは Ⅲ 程度）が見られた。

写真 6.3.57　S2 住宅の全景
(Overall view of building)

写真 6.3.58　非構造壁のせん断破壊
(Shear failure of RC non-structural wall)

写真 6.3.59　2 層梁端部の曲げ降伏
(Flexural yielding beam on 2nd story)

⑧　K2 住宅-2
　　建物用途：共同住宅
　　建築年代：1982 年（昭和 57 年）
　　建物階数：地上 9 階建て
　　被害状況：
　　・北側構面の 1 層柱において柱頭付近に曲げひび割れが見られた（損傷度Ⅰ程度）。

⑨　K2 住宅-3
　　建物用途：共同住宅
　　建築年代：1982 年（昭和 57 年）
　　建物階数：地上 10 階建て
　　被害状況：
　　・西側構面および東側構面において非構造壁のせん断ひび割れが見られた。

⑩　K2 住宅-4
　　建物用途：共同住宅
　　建築年代：1982 年（昭和 57 年）
　　建物階数：地上 12 階建て
　　被害状況：
　　・西側構面および東側構面において非構造壁のせん断ひび割れが見られた。

写真 6.3.60　K2 住宅-4 の全景
(Overall view of building)

⑪　T3 住宅
　　建物用途：共同住宅
　　建築年代：1986 年（昭和 61 年）
　　建物階数：地上 10 階建て（ピロティ・セットバック有）
　　被害状況：
　　・1 層東西方向の耐震壁にせん断ひび割れ（損傷度Ⅱ程度）が見られた。
　　・2 層の梁両端に曲げひび割れ（損傷度Ⅰ程度）が

見られ，1層から4層にかけて一部非構造壁にせん断ひび割れが見られた。
- 1層のピロティでは，天井パネルの落下していた。

写真 6.3.61　T3 住宅の全景
(Overall view of building)

(3) 仙台市若林区（11棟）
① C1 マンション
建物用途：共同住宅
建築年代：1973年（昭和48年）
建物階数：地上11階建て
被害状況：
- 全層にわたってドア周辺部の非構造壁に軽微なせん断ひび割れ（幅0.4mm程度）が見られた。
- 1層から10層の梁に軽微な曲げひび割れが見られた。また，7層と8層の梁には，軽微なせん断ひび割れも確認された。

写真 6.3.62　C1 マンションの全景
(Overall view of building)

② S3 マンション
建物用途：共同住宅
建築年代：1986年（昭和61年）
建物階数：地上14階建て

被害状況：※外観より調査（内部調査なし）
- 2層から10層までの非構造壁にせん断ひび割れが見られた。

写真 6.3.63　S3 マンションの全景
(Overall view of building)

③ R5 マンション-2
建物用途：共同住宅
建築年代：1986年（昭和61年）
建物階数：地上12階建て
被害状況：※外観より調査（内部調査なし）
- 非構造壁の数箇所にひび割れが確認された。
- 外壁用パネルの剥離が見られた。

写真 6.3.64　R5 マンション-2 の全景
(Overall view of building)

④ R5 マンション-3
建物用途：共同住宅
建築年代：1987年（昭和62年）
建物階数：地上11階建て
被害状況：※外観より調査（内部調査なし）
- 東構面2層から7層までの非構造壁にせん断ひび割れが見られた。

第6章　各構造の被害（Damage to each construction type of structures）

写真6.3.65　R5マンション-3の全景
(Overall view of building)

⑤　N2マンション
　　建物用途：共同住宅
　　建築年代：1987年（昭和62年）
　　建物階数：地上11階建て
　　構造形式：SRC造，一部RC造（詳細は不明）
　　被害状況：※外観より調査（内部調査なし）
　・　全層にわたりドア周辺部の非構造壁はせん断ひび割れが見られた。

写真6.3.66　N2マンションの全景
(Overall view of building)

⑥　C2マンション
　　建物用途：共同住宅
　　建築年代：1988年（昭和63年）
　　建物階数：地上12階建て
　　被害状況：※外観より調査（内部調査なし）
　・　3層と4層においてドア周辺の非構造壁にせん断ひび割れが見られた。
　・　2層から11層まで階段室横の非構造壁は，ブルーシートに覆われていたことから，損傷があったと思われる。

写真6.3.67　C2マンションの全景
(Overall view of building)

⑦　P2マンション
　　建物用途：共同住宅
　　建築年代：1991年（平成3年）
　　建物階数：地上9階建て
　　被害状況：※外観より調査（内部調査なし）
　・　片廊下の非構造壁に数箇所ひび割れが見られた。

写真6.3.68　P2マンションの全景
(Overall view of building)

⑧　Aマンション
　　建物用途：共同住宅
　　建築年代：1991年（平成3年）
　　建物階数：地上13階建て
　　被害状況：※外観より調査（内部調査なし）
　・　非構造壁にひび割れが見られた。
　・　タイルの剥離が見られた。
　・　廊下側の鋼製サッシが変形していた。
　・　1層玄関口のガラスブロックが一部破損していた。

写真 6.3.69　A マンションの全景
(Overall view of building)

写真 6.3.70　廊下側の鋼製サッシの変形
(Damage to steel sash in side corridor)

写真 6.3.71　ガラスブロックの損傷
(Damage to glass blocks)

写真 6.3.72　R6 マンションの全景
(Overall view of building)

写真 6.3.73　非構造壁のせん断ひび割れ
(Shear crack of RC non-structural wall)

写真 6.3.74　手すりと非構造壁をつなぐ接合部の損傷
(Damage to RC non-structural wall to handrail connection)

⑨　R6 マンション

建物用途：共同住宅

建築年代：1992 年（平成 4 年）

建物階数：地上 14 階建て

被害状況：※外観より調査（内部調査なし）

- 一部の非構造壁にせん断ひび割れが見られた。
- 全層にわたり外壁用タイルの剥離が見られた。
- ベランダの手すりと非構造壁をつなぐ接合部が損傷していた。

⑩　N3 マンション

建物用途：共同住宅

建築年代：1992 年（平成 4 年）

建物階数：地上 13 階建て

被害状況：※外観より調査（内部調査なし）

- 一部の非構造壁にひび割れ見みられた。

⑪　H2 マンション

建物用途：共同住宅

建築年代：不明

建物階数：地上 10 階建て

被害状況　※外観より調査（内部調査なし）

- 東構面 1 層から 6 層の非構造壁にせん断破壊が見られた。

第6章　各構造の被害（Damage to each construction type of structures）

写真 6.3.75　H2 マンションの全景
(Overall view of building)

写真 6.3.76　非構造壁のせん断破壊
(Shear failure of RC non-structural wall)

(4)　仙台市太白区（3棟）
① N4 マンション-1（A棟）
② N4 マンション-2（B棟）
　　建物用途：共同住宅
　　建築年代：1989年（平成元年）
　　建物階数：地上15階建て（1階はピロティ）
　　平面計画：A棟とB棟がExp.Jによって接続された「L」
　　　　　　字形の平面を有する集合住宅である。
　　被害状況：
　　・A棟に非構造壁のせん断破壊が広く見られた。
　　・周辺地盤の沈下が見られた。
　　・Exp.Jにおいて手摺金物の破断が見られた。
　　・壁面タイルの剥落が見られた。

写真 6.3.77　N4 マンション-1（A棟）の全景
(Overall view of building)

写真 6.3.78　N4 マンション-2（B棟）の全景
(Overall view of building)

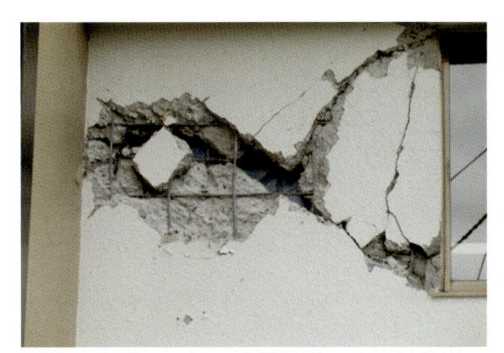

写真 6.3.79　A棟　非構造壁のせん断破壊
(Shear failure of RC non-structural wall)

写真 6.3.80　B棟　非構造壁のせん断破壊
(Shear failure of RC non-structural wall)

写真 6.3.81　A棟　周辺地盤の沈下
(Ground subsidence around building)

写真6.3.82　A棟　壁面タイルの剥落
(Separation of external wall tiles)

写真6.3.84　N4マンション-3（C棟）の全景
(Overall view of building)

写真6.3.83　A棟とB棟間のエキスパンションジョイント部手摺金物の破断
(Damage to expansion joint)

写真6.3.85　C棟　非構造壁のせん断破壊
(Shear failure of RC non-structural wall)

③　N4マンション-3（C棟）
　　建物用途：共同住宅
　　建築年代：1989年（平成元年）
　　建物階数：地上15階建て（1階はピロティ）
　　被害状況：※外観より調査（内部調査なし）
　　・非構造壁のせん断破壊が広く見られた。

6.3.6　今後の調査について（Future investigation plan）
今後の調査計画を以下に列記する。
1) 1978年宮城県沖地震で被災し修復された仙台市および周辺のSRC造建物の、今回の地震における被害状況の分析
2) 仙台市以外の主要都市（福島市、郡山市、いわき市など）のSRC造建物の被害状況の調査
3) 東北地方主要都市におけるSRC造建物の被害状況に関する統計的分析（無被害を含む）
4) SRC造建物以外の鋼コンクリート合成構造の被害状況の調査
5) 鋼コンクリート合成構造の津波被害の状況の調査
6) 典型的なSRC造建物の被害状況に対する今後の対策

謝辞
本報告書の一部は、壁式構造運営委員会の仙台市公営住宅の被害調査により実施された内容を参考にさせて頂いた。

参考文献
1) 日本建築学会：1978年宮城県沖地震災害調査報告，pp.595-629，1980年2月
2) 日本建築学会：阪神・淡路大震災調査報告（建築編-2），pp.100-502，1999年8月
3) 日本建築学会：2005年福岡県西方沖地震災害調査報告，2005年9月
4) 国土交通省　国土技術政策総合研究所，独立行政法人建築研究所：平成23年（2011年）東北地方太平洋沖地震調査研究（速報）（東日本大震災）　5.4鉄筋コンクリート造等建築物の被害, ISSN 01346-7328　国総研資料　第636号，ISSN 0286-4630　建築研究資料　第132号，pp.5.4-1〜5.4-55，平成23年5月
5) 日経BP社：日経アーキテクチャ No.951「耐震都市」仙台からの教訓，pp.12〜23，2011.5.10

6.4 壁式構造の被害（Damage to reinforced concrete boxed wall-buildings and masonry structures）

6.4.1 はじめに（Introduction）

本節では，6.4.2 項に，主として集合住宅に用いられる壁式鉄筋コンクリート造，各種壁式プレキャスト鉄筋コンクリート造，および，公営住宅に 1960 年代以降に普及した量産型のリブ付き薄肉中型コンクリートパネル造の地震および津波被害について，「鉄筋コンクリート造系壁式構造」と題して記載している。これらの地震被害は，仙台市の公営住宅の壁式構造住棟の調査結果を主にまとめたものである。津波被害は，仙台市での調査とは別に行っている。

また，6.4.3 項に，比較的小規模の集合住宅，住宅等に用いられる補強コンクリートブロック造，全充填型の型枠コンクリートブロック造と鉄筋コンクリート組積造（RM造），歴史的建築物に多い石造と煉瓦造，ならびに，コンクリートブロック帳壁，コンクリートブロック塀と石塀の地震被害および津波被害について，「組積造」と題して記載している。

6.4.2 鉄筋コンクリート造系壁式構造
（Reinforced concrete boxed wall-buildings）

(1) 仙台市の公営および UR の住宅団地の調査

(a) 調査対象建築物

調査対象は，仙台市の宮城県営住宅，宮城県住宅供給公社住宅，仙台市市営住宅および独立行政法人都市再生機構（UR）の賃貸住宅の 64 団地で，壁式構造の全住棟数は 638 である。表 6.4.1 に地区別，構造種別，階数別の棟数を示す。全 638 棟の内，500 棟が 2～5 階建ての壁式鉄筋コンクリート造（以下，WRC 造と略記）であり，4～5 階建て壁式プレキャストプレストレスト鉄筋コンクリート造（以下，WPCa PS 造と略記）が 47 棟，2 階建てリブ付き薄肉中型コンクリートパネル造（以下，リブ付きパネル造と略記）の量産公営住宅が 91 棟である。なお，これらの中には補強コンクリートブロック造，型枠コンクリートブロック造，RM造の住棟はない。調査は 2011 年 4 月 21 日～4 月 24 日，4 月 29 日～5 月 2 日および 6 月 26 日に行い，64 団地 638 棟の内 63 団地 634 棟の調査を実施した。WRC 造の 4 棟が未調査である。

(b) 調査方法

調査方法は，日本建築防災協会の「鉄筋および鉄骨鉄筋コンクリート造建築物の被災度区分判定調査表」に従い，被災度区分判定を実施し，住棟の被害状況を記録した。なお，WPCa PS 造とリブ付きパネル造に関しては，今回の調査において，別途，鉛直接合部と水平接合部の損傷度を定め，被災度区分判定に用いた。また，住棟の被災度区分判定は，住戸の外側部分からの調査結果によっている。住宅団地の震度は，気象庁のほか，独立行政法人建築研究所[1]，東北大学[2]，K-net[3]，Small-Titan[4]に示された震度に基づき定めた。図 6.4.1 に調査対象の住宅団地の位置と震度を示す。調査対象住宅団地の震度は 5 強～7 である。

表 6.4.1 仙台市地区別壁式構造公営住棟数 (Number of boxed wall type public apartments at each area in Sendai city)

構造および階数	青葉区	宮城野区	若林区	太白区	泉区	合計
WRC造　2F	2	0	0	0	0	2
WRC造　3F	35	9	13	7	30	94
WRC造　4F	39	43	4	25	16	127
WRC造　5F	24	101	1	55	96	277
WPCa PS造　4F	6	8	3	3	6	26
WPCa PS造　5F	0	12	2	1	6	21
リブ付きパネル造2F	0	70	0	0	21	91
合計	106	243	23	91	175	638

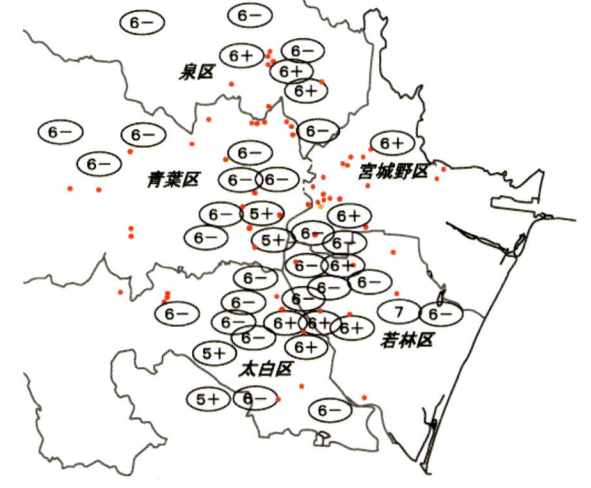

図 6.4.1 仙台市の調査対象住宅団地の位置と震度 (Location of apartment complexes investigated and seismic intensity in Sendai city)

(c) 調査結果の概要

調査した 634 棟の上部構造の被災度を集計した結果を，構造種別ごとに表 6.4.2 に示す。上部構造の被災度は，WRC 造では，全体の 97.4％が無被害または軽微であり，小破以上の割合は 2.6％で，中破が 1 棟で大破はない。WPCa PS 造では，47 棟全てが無被害または軽微である。ただし，6.4.2(3)に記するように，名取市には大きな被害を受けた WPCa PS 造住棟が 1 棟存在する。リブ付きパネル造では，無被害または軽微のものは全体の 72.5％で，小破以上の割

合は 27.5% で，中破が 11 棟，大破が 1 棟存在する。

図 6.4.2～図 6.4.4 に，構造別に，同一震度地区ごとにまとめた上記調査住棟の被災度の分布を示す。震度 7 の地区には WRC 造の 1 住棟が存在し，被害は軽微に留まっている。WRC 造，WPCa PS 造，リブ付きパネル造の 3 種類の住棟が存在する震度 6 強の地区に着目すると，WRC 造と WPCa PS 造はほぼ同程度の被害状況であるのに対し，リブ付きパネル造は小破以上の割合が大きく，より大きな被害がでている。これは，6.4.2(4)に記するように，リブ付きパネル造の大半が，新耐震(1981 年)以前のものであったことが大きく影響していると考えられる。

表 6.4.2　仙台市調査住棟の被災度　(Earthquake damage level of investigated apartments in Sendai city)

構造	上部構造の被災度				
	無被害	軽微	小破	中破	大破
WRC造	369	114	12	1	0
WPCa PS造	31	16	0	0	0
リブ付きパネル造	43	23	13	11	1
合計	443	153	25	12	1

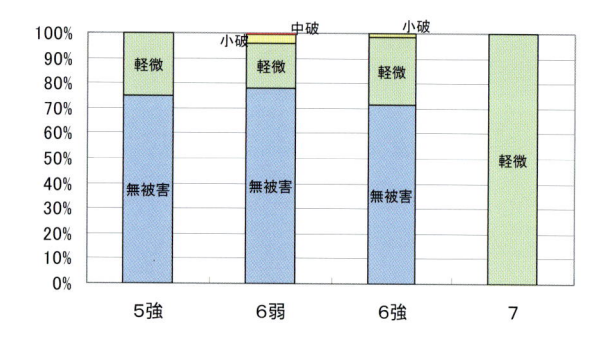

図 6.4.2　WRC 造住棟の被災度の分布と震度
(Distribution of earthquake damage level of WRC apartments and seismic intensity)

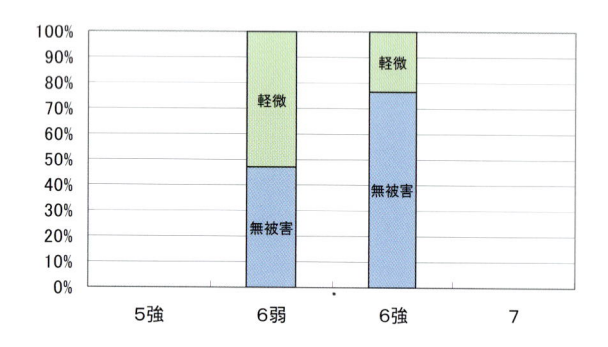

図 6.4.3　WPCa PS 造住棟の被災度の分布と震度
(Distribution of earthquake damage level of WPCa PS apartments and seismic intensity)

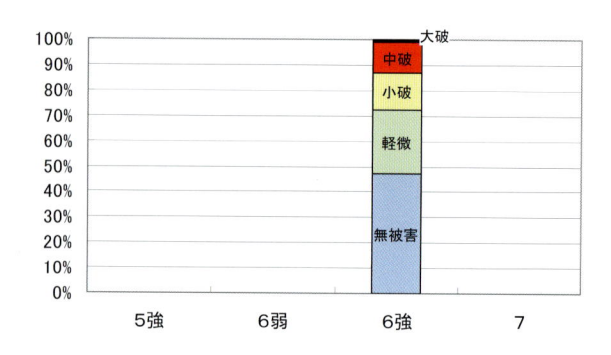

図 6.4.4　リブ付きパネル造量産公営住宅の被災度の分布と震度　(Distribution of earthquake damage level of mass production type public apartments constructed with wall panel with ribs and seismic intensity)

参考文献

1) 独立行政法人建築研究所
　　http://smo.kenken.go.jp/smreport/201103111446
2) 東北大災害制御研究センター
　　https://sites.google.com/site/tohokuunivdcrc/home/jishin
3) 防災科学研究所
　　http://www.k-net.bosai.go.jp/k-net/
4) 東北工業大学　強震観測
　　http://www.st.hirosaki-u.ac.jp/~kataoka/Tohoku_EQ/Kamiyama__SmallTitan_01.pdf

[謝辞]

本調査に際し，宮城県土木部住宅課，宮城県住宅供給公社，仙台市市営住宅課および独立行政法人都市再生機構のご協力を得ました。関係各位には，厚くお礼申し上げます。また，本調査の実施には，本会壁式構造運営委員会，傘下の小委員会および WG の委員を始め，調査チームに参加頂いた下記の方々のご協力を得ました(敬称略)。厚くお礼申し上げます。

秋田県立大学 T (西田哲也)／大分大学 T (菊池健児，黒木正幸，西野広滋)／大阪大学 T (倉本洋，カストロ ホアンホセ，柏尚稔，櫻井真人，鈴木卓)／東京工業大学 T (日比野陽)／豊橋科学技術大学 T (真田靖士，佐島悠太，松原聡平)／名古屋大学 T (勅使川原正臣，丸山一平，仲村聡宏)／プレハブ建築協会 T (飯塚正義，佐々木隆浩，増渕敏行，安田弘喜)／三重大学 T (畑中重光，三島直生)／山口大学 T (稲井栄一，丸橋奈々子，尾崎純二，原山賢)／UR 都市再生機構 T (時田伸二，鈴木史朗)／UR リンケージ T (井上芳生，田中材幸，菱倉真澄，北堀隆司，北野靖彦，若杉洋一，白石直人)／横浜国立大学 T (田才晃，楠浩一，畠中雄平，渡邊秀和)

第6章　各構造の被害（Damage to each construction type of structures）

(2) 壁式鉄筋コンクリート造建物の被害例
(a) 仙台市青葉区のA住宅団地

　本団地は傾斜地にあり，1号棟から6号棟まで6棟の4階建て住棟（Y字形平面形状の特徴からスターハウスと呼ばれている）と板状住棟が1棟（7号棟）存在する。本住宅団地の震度は6弱である。7棟の上部構造の被災度は，板状住棟が無被害で，スターハウスは，軽微3棟，小破2棟，中破1棟である。図6.4.5にこれら住棟の配置を示す。また，写真6.4.1にスターハウスの外観を示す。

　6棟のスターハウスの内，中破と判定された1棟に，1階耐力壁にせん断破壊が観られた。図6.4.6にスターハウスの平面プランと被害が生じた東側構面を赤色の点線で示す。また，図6.4.7に東側構面のひび割れ状況を示す。写真6.4.2は東側構面1階耐力壁のせん断破壊の様子である。この建物の南側は，傾斜に沿って地盤沈下が生じており，この地盤変状の影響も受け，東側構面に被害が生じたものと推定される。

写真 6.4.1　被害建物の全景　(Overview of the star-house apartment)

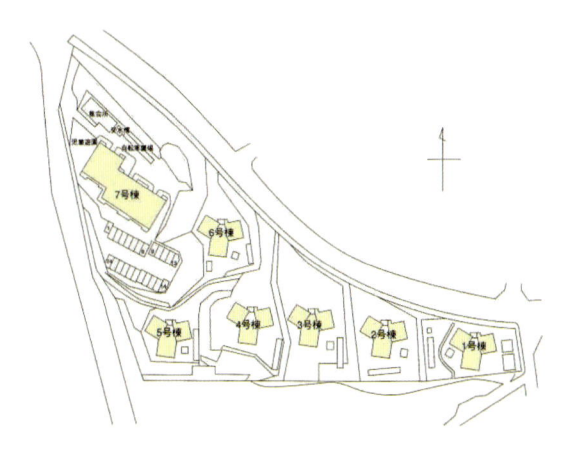

図 6.4.5　配置図 (Location of the star-house apartments)

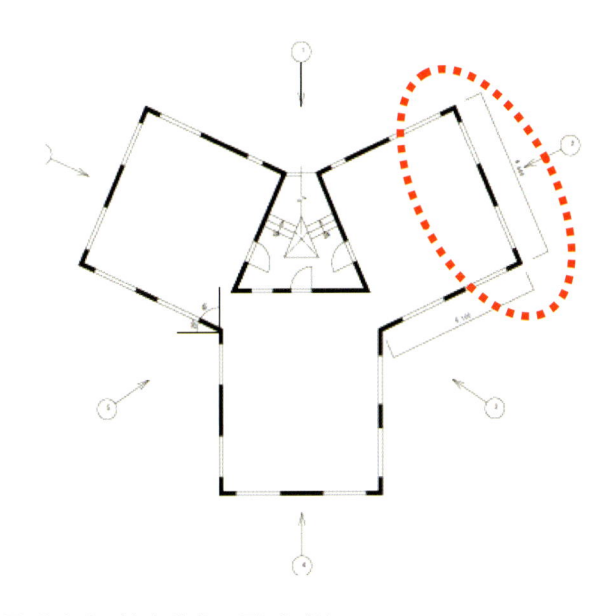

図 6.4.6　被害建物の平面プラン (Plan of the star-house apartment)

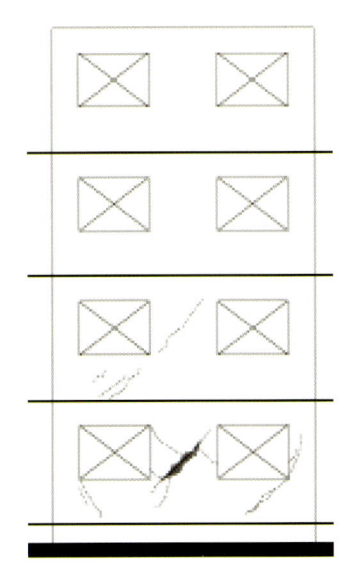

図 6.4.7　東側構面のひび割れ状況 (Cracks of east side of the damaged building)

写真 6.4.2　東側構面の1階耐力壁のせん断破壊 (Shear failure of bearing wall of the first floor at east side)

(b) 仙台市宮城野区の B 住宅団地

　本住宅団地においては，地盤変状により擁壁の一部が崩壊し，その側にある 5 階建て住棟に傾斜が生じた。写真 6.4.3 に傾斜した住棟と一部が崩壊した擁壁を示す。写真 6.4.4 に傾斜の状況を示す（写真の右側の住棟が傾斜）。また，写真 6.4.5 と写真 6.4.6 に，建物周辺の地盤の状況を示す。住棟の短辺方向の傾斜角は 22/1000，長辺方向の傾斜角は 9/1000 であり，基礎構造の被災度は中破と判断した。なお，傾斜角は長さ 1 m の傾斜計を用いて建物四角で測定したものである。当団地の震度は 6 強である。

　傾斜した住棟の上部構造の損傷状況は，バルコニー側の外壁にはひび割れが観られなかった。その他の外壁は，写真 6.4.7 に示すように断熱パネルで覆われていることから不明である。

写真 6.4.5　周辺地盤の被害 (Damage of the ground around the apartment)

写真 6.4.3　傾斜した住棟の全景と一部崩壊した擁壁 (Overview of the apartment inclined and the retaining wall collapsed partially)

写真 6.4.6　周辺地盤の被害 (Damage of the ground around the apartment)

写真 6.4.4　右側の住棟が傾いている様子 (View of the inclination of the apartment at the right hand side in photo)

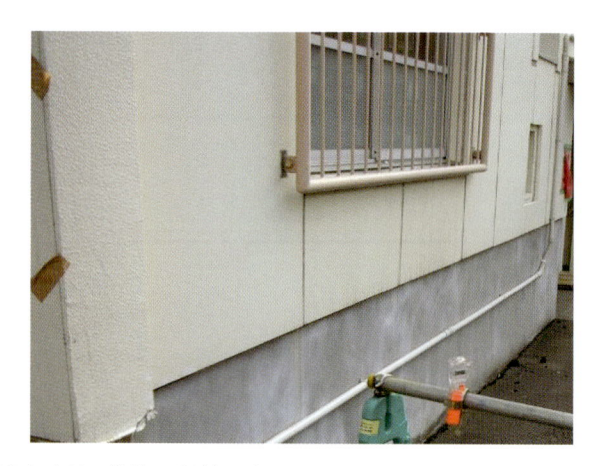

写真 6.4.7　外壁の断熱パネル (Outside Panel for insulation)

(c) 仙台市泉区将監地区の住宅団地

仙台市泉区は，JR仙台駅の北方に位置しており，七北田川周辺の平地部と丘陵地よりなる地域である。このうち，将監地区には，C団地①～⑤，D団地①，②ならびにE団地①，②の計9団地が存在している。これら9団地は，今回の東日本太平洋沖地震で震度6強が観測されたS小学校より200m～800m程度の位置にある。

上記9団地には，5階建の壁式鉄筋コンクリート造(以下，壁式RC造と略記)が76棟，5階建の壁式プレキャストプレストレスト鉄筋コンクリート造が8棟存在している。表6.4.3に壁式RC造建物の被災度を示す。

震度6強が観測された地点より200m～800m程度離れており，建物の実際の入力地震動レベルは不明であるが，仙台市北方の丘陵地における壁式RC造建物の被害率は非常に小さいことが分かる。

表6.4.3 仙台市泉区将監地区の壁式RC造建物の被災度
（Earthquake damage level of RC boxed wall-buildings at Izumi-ku Shogen area in Sendai city）

団地名	無被害	軽微	小破	中破	大破
C団地①～⑤	41	1	0	0	0
D団地①～②	12	0	0	0	0
E団地①～②	9	10	3	0	0
計	62	11	3	0	0
比率（％）	81.6	14.5	3.9	0	0

以下では，小破と判定したE団地①～②の3棟（a棟，b棟，c棟）の被害状況を記載する。

1）地形概要

E団地①～②は，震度6強が観測されたS小学校より直線で南へ600m程の位置にある。全体的に東側へ緩傾斜を有する地形であるが，北東には将監沼があり，またE団地②の南側は5m前後の擁壁が存在する。

2）a棟建物被害概要

当該住棟が存在する1号棟から7号棟は，バルコニー側から8m程度の位置に東西方向に高さ5m程度の擁壁（擁壁下は公道）が存在する。被害状況は，以下の通りである。
・南側（バルコニー側）の戸境直交壁を有する隣戸間の耐力壁に0.25mmの斜めひび割れが1箇所発生。
・建物西側妻壁の南側に1.0mm程度の斜めひび割れ発生（写真6.4.8）。

また，当該妻壁北側の基礎梁の仕上げモルタルの一部に剥落発生（写真6.4.9）。
・建物北側の2つの階段室出入り口の内の東側の階段室出入り口に設けられている足洗い場と建物壁面とに15mm程度の隙間が発生。
・北側構面基礎梁と地盤面に3mm程度の隙間発生。

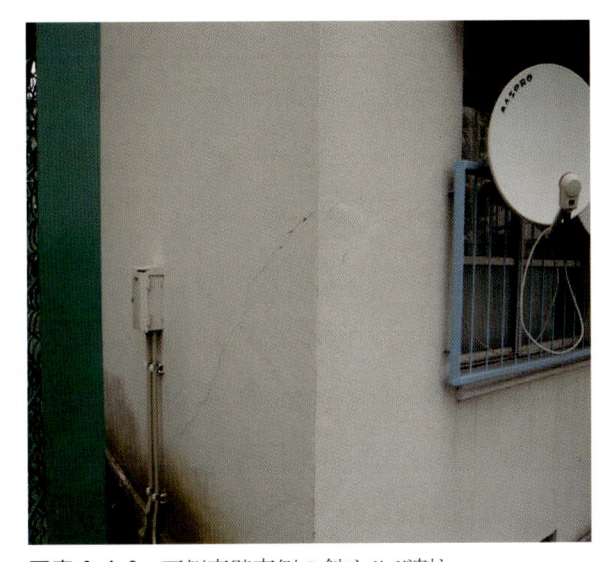

写真6.4.8 西側妻壁南側の斜めひび割れ
（Shear crack of transverse bearing wall）

写真6.4.9 西側妻壁基礎梁仕上げモルタルの剥落
（Segregation fracture of finishing mortal of footing beam）

3) b棟建物被害概要

a棟の西側に位置する当該住棟(b棟)の被災状況は,以下の通りである。

- 東側短辺方向妻壁耐力壁に損傷度Ⅱのひび割れ発生(写真 6.4.11,写真 6.4.12)。
- 玄関出入り口上部の隅角部に損傷度Ⅰの斜め上方へのひび割れ発生。
- 西側妻壁の基礎梁側面と地盤面に隙間発生。
- 北側構面の西妻壁寄りの基礎梁側面と地盤面に隙間発生。

写真 6.4.12 東側壁に生じたせん断ひび割れ
(Shear crack of the east bearing wall)

4) c棟建物被害概要

当該住棟は,b棟より15m程度北側に位置しており,建物周囲は平坦である。被害状況は,以下の通りである。

- 南側バルコニー側構面のけた行方向耐力壁に損傷度Ⅰ～Ⅲの斜めひび割れ発生(写真 6.4.13～写真 6.4.16)。
- 玄関出入り口上部の隅角部に損傷度Ⅰの斜め上方へのひび割れ発生。
- 西側妻壁脚部基礎梁仕上げモルタル剥落(写真 6.4.17)。
- バルコニー側RC造手摺りコーナー部に斜めひび割れ発生
- 北側階段室アプローチ横の足洗い場の土間コンクリートにひび割れ発生。

写真 6.4.10 東側妻壁の調査
(Investigation of the east bearing wall)

写真 6.4.11 東側妻壁の曲げひび割れ
(Flexural crack of the east bearing wall)

写真 6.4.13 南側構面耐力壁の斜めひび割れ
(Shear crack of bearing wall in the longitudinal direction)

第6章　各構造の被害（Damage to each construction type of structures）

写真 6.4.14　南側構面耐力壁の斜めひび割れ，写真 6.4.13 の拡大
（Shear crack of bearing wall in the longitudinal direction, Magnification of photo. 6.4.13）

写真 6.4.16　南側構面耐力壁の斜めひび割れ
（Shear crack of bearing wall in the longitudinal direction）

写真 6.4.15　南側構面耐力壁の斜めひび割れ
（Shear crack of bearing wall in the longitudinal direction）

写真 6.4.17　西側妻壁脚部も仕上げモルタルの剥落
（Segregation fracture of finish mortal of footing beam）

— 463 —

(3) 壁式プレキャストプレストレスト鉄筋コンクリート造の被害例

(a) 仙台周辺の壁式プレキャスト鉄筋コンクリート造の特徴

仙台市での47住棟の調査のほかに，名取市における壁式プレキャスト鉄筋コンクリート造（以下，WPCa造と略記）住棟を調査の対象に加えた。これらの地域におけるWPCa造は，確認できた範囲ではUR都市再生機構の賃貸住宅が1棟，県営住宅が24棟，市営住宅が31棟である。構造形式には，全てWPCa PS工法が採用されていると推定されている。

WPCa PS工法は，一般のWPCa造とは異なり，壁部材として十字形，T字形，L字形の立体プレキャスト部材およびI字形の平面プレキャスト部材を使用し，プレキャスト梁を介して積層し，鉛直方向に設けたPC鋼棒により圧着して形成される。この地域に代表的なWPCa PS工法の住棟の外観を写真6.4.18および写真6.4.19に示す。

写真6.4.18　WPCa PS工法による住宅団地例
（Example of WPCa PS apartment complex）

写真6.4.19　典型的なWPCa PS工法による住棟の外観
（Overview of typical WPCa PS apartment）

(b) 名取市　F団地d号棟

調査した範囲ではWPCa PS工法の住棟には，地盤の変状に起因すると思われる上部構造の被災例が確認されたので以下に示す。

1) 建物概要

F団地は2棟からなり，北側にd号棟，南側にe号棟が配置されている。住棟はいずれもWPCa PS工法で，d号棟が5階建て30戸，e号棟が5階建て20戸であり，両棟とも昭和56年10月に着工し，昭和57年3月に竣工している。F団地d号棟の外観を写真6.4.20に示す。

写真6.4.20　名取市F団地d号棟外観
（Overview of d-apartment in Natori city）

2) 被害概要

南側（バルコニー側）1階のX8軸-X9軸間（5100mm）で，43mmの相対沈下（1/118 rad.）が認められた。写真6.4.21に中央部より東側（写真手前側）が沈下している状況を示す。

写真6.4.21　F団地d号棟地盤沈下状況
（View of ground subsidence around d-apartment）

X8軸-X9軸間において，建物桁行方向中央部より東側地盤および建物の沈下によると思われるひび割れが基礎梁（縦方向および斜め方向），2階-5階のけた行方向梁の端部（縦方向）に認められた。X8軸-X9軸間のひび割れ状況を図6.4.8に示す。また，基礎梁のひび割れ状況を写真6.4.22に，2階梁X9軸側端部のひび割れ状況を写真6.4.23に示す。

写真6.4.22　F団地d号棟基礎梁ひび割れ状況
（View of the cracks at the foundation beam of d-apartment）

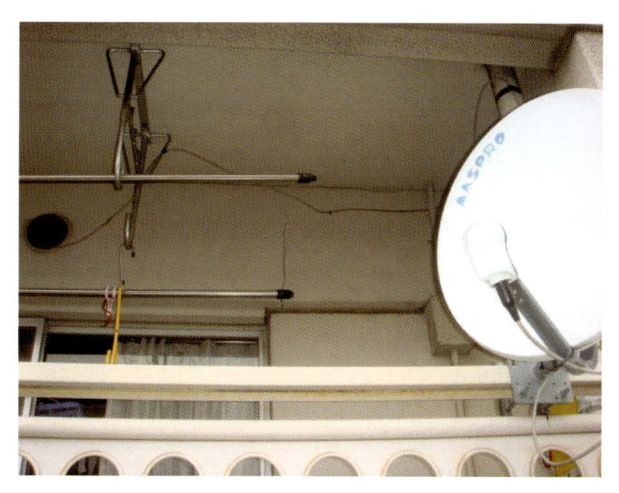

写真6.4.23　F団地d号棟2階梁ひび割れ状況
（View of the crack at the beam of 2nd floor of d- apartment）

3）被災度区分判定

上部構造は，目視により損傷が確認できたバルコニー側構面1階耐力壁および2階床梁の損傷度により判定し，小破としている。なお、基礎構造の被災度は，その後の詳細調査より，杭の破損の可能性が高いこと，および，100mmを超える沈下があることが判明し，大破と判定されている。

4）その他の損傷状況

階段室のプレキャストスラブを支持するプレキャスト壁のブラケット部に，一部ひび割れや欠けが認められる。この部分では，同種のWPCa PS工法の建物で地震の有無に関わらず発生が指摘される場合があり，今回の地震だけによる損傷とは限らない。

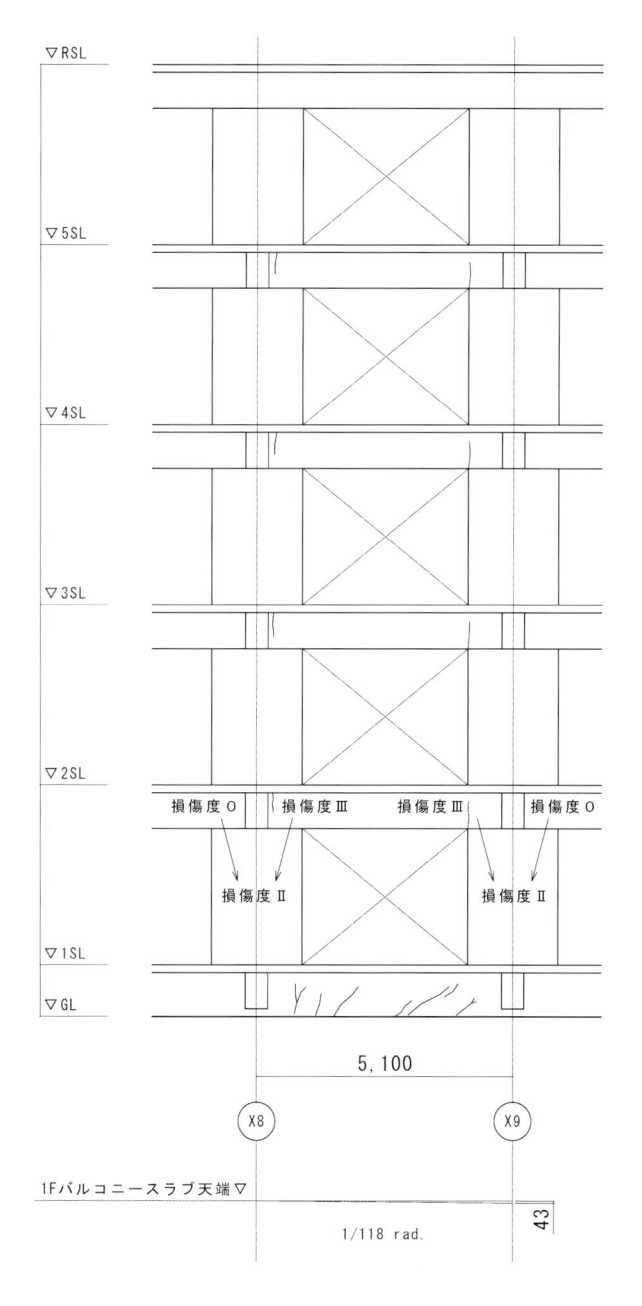

図6.4.8　F団地d号棟ひび割れ発生状況
（Sketch of the cracks of d- apartment）

(4) 量産公営住宅の被害例
(a) 被害の概要

量産公営住宅は 1962 年に開発されたリブ付き薄肉中型コンクリートパネル造(以下,リブ付きパネル造と略記)で,プレキャストコンクリートパネルをボルトで相互に接合する工法で,簡易耐火構造として普及した建物である。

調査対象は仙台市の公営住宅で,調査棟数は 4 団地の合計 91 棟である。建物は全て 2 階建てである。

建物の被災度区分判定は,日本建築防災協会「鉄筋および鉄骨鉄筋コンクリート造建築物の被災度区分判定調査表」を基に,リブ付きパネル造の接合部の損傷度を考慮するため,本会壁式構造運営委員会にて新たに作成した「壁式構造建築物の被災度区分判定調査表」により実施した。91 棟の被災度は,無被害 43 棟(47%),軽微 23 棟(25%),小破 13 棟(14%),大規模な構造補修が必要な中破以上は 12 棟(13%)となっている(表 6.4.4)。

調査対象の量産公営住宅は,大半が新耐震(1981 年)前のものとなっているが,新耐震以後の建物については,無被害が 20 棟中 17 棟(85%)で比較的被害が少なかったと言える。なお,調査団地の震度は全て 6 強となっている。

大破と判定された建物は,石積擁壁の盛土の上に直接基礎で建設されていたが,擁壁が崩壊し(写真 6.4.24),建物が中央からへの字形に変形している。

また,中破と判定された建物についても 10 棟が盛土の上に建築されており,盛土の地割れ等に伴う被害により建物の損傷が大きくなった事例が殆どである。

市営住宅はプレハブ建築協会の量産公営住宅の標準プラン(図 6.4.9)に類似しており,4～8 戸の長屋形式となっている。建物の損傷の大半が桁行方向であり,耐力壁枚数の多い戸境方向については殆ど損傷していない。

以下に,構造体の被害例について紹介する。

写真 6.4.24 量産公営住宅と石積擁壁の被害
(Mass production type public apartments and damage of retaining wall using stone masonry)

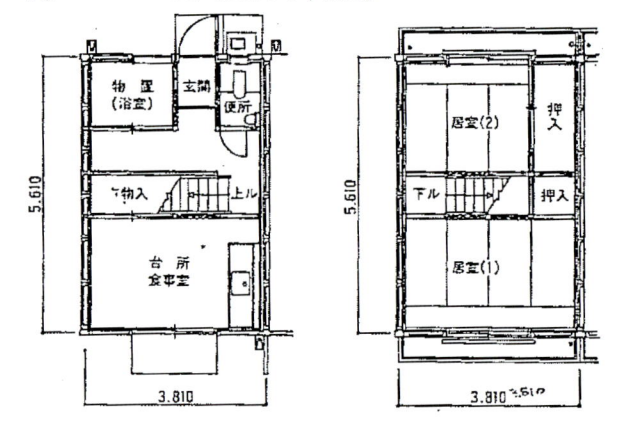

図 6.4.9 量産公営住宅標準設計例
(Example of plan of mass production type public apartment)

表 6.4.4 量産公営住宅の被災度
(Earthquake damage level of mass production type public apartments investigated)

団地名	竣工年度	棟数	無被害	軽微	小破	中破	大破	倒壊
G団地(宮城野区)	1969～70	36	12	10	9	5(5)	0	0
H団地(宮城野区)	1970～71	14	5	1	2	5(5)	1(1)	0
K団地　(泉区)	1975	21	9	11	0	1	0	0
L団地(宮城野区)	1985	20	17	1	2(1)	0	0	0
合計		91	43	23	13	11	1	0
割合(%)			47.3	25.3	14.3	12.1	1.1	0.0

( ) 内は盛土、擁壁の影響のあるもの

第 6 章　各構造の被害（Damage to each construction type of structures）

(b)　構造体の被害例

図 6.4.10 にリブ付きパネル造の構造概要を示す。なお，図中の耐力壁（桁行方向）と直交壁（戸境壁）の交差部には柱型が設けられている。リブ付きパネル造の構造体の損傷は，以下の①～⑦のいずれかに生じている。

①耐力壁－垂れ壁鉛直接合部周辺の縦ひび割れ（写真 6.4.25）
②耐力壁－腰壁鉛直接合部周辺の縦ひび割れ
③耐力壁脚部の厚みが変わる境界部（耐力壁周囲のリブ部 [厚さ 120mm] とリブ部以外 [厚さ 40mm] の境界）での曲げひび割れ
④耐力壁のせん断ひび割れ（写真 6.4.26）
⑤耐力壁の水平ひび割れ（垂れ壁高さ位置）
⑥耐力壁－耐力壁鉛直接合部，または，戸境部の耐力壁－柱型鉛直接合部周辺の縦ひび割れ（写真 6.4.27）
⑦基礎の縦ひび割れ，地盤沈下や地割れによる基礎梁の破壊（写真 6.4.28）

このうち①および②の損傷が最も多く確認されており，旧耐震基準で建設された量産公営住宅の過去の被害例と共通している。新耐震以後の建物では上記の点について，ディテールの改善がなされており，損傷が少なくなっている。

参考文献　1) プレハブ建築協会二十年史

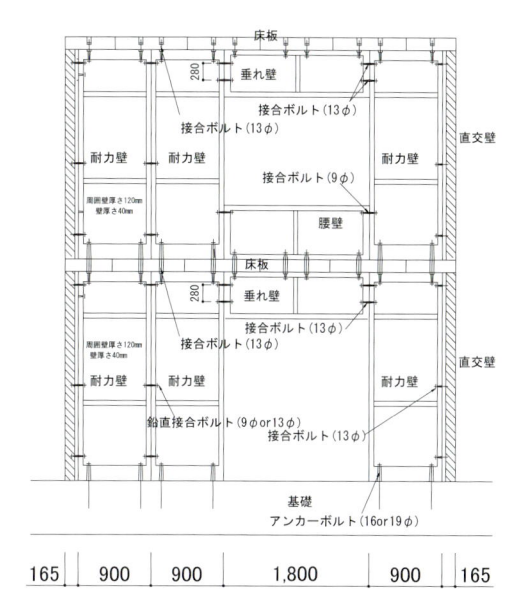

図 6.4.10　リブ付きパネル造の構造概要 (Outline of thin wall panels with reinforced ribs structural system)

写真 6.4.25　耐力壁－垂れ壁鉛直接合部のひび割れ
(Crack at vertical joint between structural wall and hanging wall)

写真 6.4.27　耐力壁－柱型鉛直接合部ひび割れ
(Crack at vertical joint between structural wall and column form)

写真 6.4.26　耐力壁のせん断ひび割れ
(Shear Crack of structual wall)

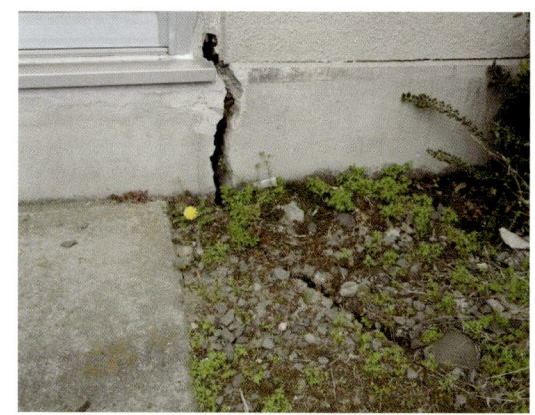

写真 6.4.28　地割れによる基礎の破壊
(Crack of foundation by ground fissures)

(5) 津波による被害例

宮城県沿岸部において，6月5日～6月6日に津波被害を受けた公営住宅の壁式構造住棟を外観調査した。写真6.4.29は名取市閑上地区の2階建て量産公営住宅の被害例である。1階が津波により大きな被害を受けており，リブ付きパネル自体が破損しているものもあった。写真6.4.30は同じ閑上地区の3階建てのWPCa PS造住棟の被害例である。外壁には大きな損傷はない。また，写真6.4.31は女川町清水町の4階建てWRC造住棟の被害例である。3階まで津波が到達している。バルコニー部分，妻壁の外断熱パネルが損傷している。写真6.4.32および写真6.4.33は，南三陸町志津川大森町および南三陸町志津川廻館前の3階建てWRC造住棟の被害例で，屋根に津波による漂流物が残されており，建物最上部まで津波が到達したことが分かる。バルコニー部分には損傷が観られるものの，耐力壁，壁梁には大きな損傷はない。

[調査実施者]

本津波被害の調査メンバーは以下のとおりである。
・稲井栄一（山口大学），岩田真次（グリーンデザインオフィス），田村貴美子（同），河原利江（同）

写真6.4.31 壁式鉄筋コンクリート造住棟の津波被害
(WRC apartment damaged by tsunami in Onagawa-cho)

写真6.4.29 量産公営住宅の津波被害 (Mass production type public apartment damaged by tsunami in Natori city)

写真6.4.32 壁式鉄筋コンクリート造住棟の津波被害
(WRC apartment damaged by tsunami in Minami Sanriku-cho)

写真6.4.30 壁式プレキャストプレストレスト鉄筋コンクリート造住棟の津波被害(WPCa PS apartment damaged by tsunami in Natori city)

写真6.4.33 壁式鉄筋コンクリート造住棟の津波被害
（WRC apartment damaged by tsunami in Minami Sanriku-cho）

第 6 章　各構造の被害（Damage to each construction type of structures）

6.4.3　組積造（Masonry structures）

(1) コンクリートブロック造建物および帳壁の被害例

(a) 調査概要

ここでは，コンクリートブロック（以下，ブロックという）を用いた補強組積造建物や，鉄筋コンクリート（RC）造架構に組み込まれたコンクリートブロック帳壁に対する調査結果を報告する。

ブロックを用いた補強組積造としては，ブロック壁体内にモルタルまたはコンクリートを部分充填するタイプの補強コンクリートブロック造（以下，補強ブロック造という）と，空洞部が大きな型枠状ブロックを用い空洞部にコンクリートを全充填するタイプの型枠コンクリートブロック造またはRM造に大別される。ブロック帳壁も含め補強組積造建物に対する調査は，仙台市，南三陸町，気仙沼市で行った。これらの調査は，4月23日，24日，28日～30日に実施した。

(b) 補強コンクリートブロック造

写真 6.4.34 は，仙台市若林区一本杉町に建つ補強ブロック造平屋建ての中学校のボイラー室である。この建物は，平面寸法が 14.2m×7.4m で，使用されている空洞ブロックの厚さは 150mm であった。この建物は 1978 年宮城県沖地震を経験しており，無被害であった[1]。今回の震度 6 弱の震動に対しても被害はなかった。また 1978 年の地震から 33 年が経過しているが，ブロック壁体などには目立った劣化は見られなかった。

仙台市での壁式構造公営住宅の被害調査において，平屋建て補強ブロック造の倉庫（平面寸法 4.3m×2.6m）が青葉区北根黒松にある団地内にあった。この地区は震度 6 弱であるが，無被害であった。

甚大な津波被害を受けた仙台市若林区荒浜地区の海岸の堤防から約 100m 入った平地に 2 階建て補強ブロック造の戸建て住宅が 2 棟並んで建っていた（写真 6.4.35）。この写真の手前（海側）の建物は，1 階平面が 6.0m×5.6m でブロックは長さ 450mm×高さ 150mm×厚さ 150mm の化粧ブロックが用いられている。この建物は津波により海側の基礎地盤が洗掘され，沈み込む形で大きく傾斜していたが，壁体にはひび割れなどの損傷は見られなかった。

一方，後方の建物（1 階平面寸法 14.8m×9.4m）は，壁体両面に仕上げされているが，天井と臥梁との間に一部仕上げがない部分があり空洞ブロックを用いていることが確認された。この建物は津波により冠水する被害を受けていた。基礎地盤が一部洗掘されているが，上部の構造体には傾斜や損傷は見られなかった。海側に建つ上記傾斜建物が津波による圧力を軽減した可能性が考えられる。

写真 6.4.35　津波を受けた補強ブロック造住宅 2 棟（手前は大傾斜，後方は構造体に損傷なし）（Damaged two-story reinforced hollow unit concrete masonry houses）

写真 6.4.36 は，上記 2 棟のすぐ近くでさらに海側に建つ補強ブロック造の平屋建ての建物（平面寸法 15.0m×9.2m）である。構造体にはひび割れなど目立った損傷は見られなかった。この建物と駐車場を挟み海側（東側）に建つブロック塀（写真 6.4.36 の右奥）は西側へやや傾斜しているものの転倒には至っていなかった。この塀は西側に控壁を有していた。

写真 6.4.37 は，南三陸町北部に位置する田の浦の津波被災域にある 2 階建て補強ブロック造の建物（用途は住宅もしくは倉庫）である。この建物は湾の護岸から約 400m にあり，斜面途中の造成地（背後は斜面）に建てられている。基礎面の高さは海面から約 6m であり，2 階天井面レベルまで津波の影響を受けている。建物の平面寸法は 7.5m×3.9m

写真 6.4.34　無被害の補強ブロック造（中学校ボイラー室）（A reinforced hollow unit concrete masonry building without any damage）

— 469 —

写真 6.4.36　津波を受けた補強ブロック造建物（奥の海岸側のブロック塀は残存）（A reinforced hollow unit concrete masonry building damaged by tsunami）

である。ブロックの厚さは150mmであった。1階のほぼ中央部には、間口方向にブロック造の内壁がある。床および小屋組は木造である。屋根は瓦屋根である。内部は、1階の梁間方向に壁を有している。2階には内壁はない。その1階の内壁に、ひび割れが発生している。周囲の木造建物は津波により崩壊しており、補強ブロック造が津波に対して一定の耐力を有していることを示している。

写真 6.4.37　津波を受けた補強ブロック造建物、構造的に軽微な被害（A reinforced hollow unit concrete masonry building slightly damaged by tsunami）

写真6.4.38は、壊滅的な津波被害を受けた地域の一つである気仙沼市本吉地区において見られた補強ブロック造建物の一部である。この構造物は津谷川から約200mの本吉町泉または泉沢に、基礎底面を上に向けた格好で土砂に埋まっていた。屋根が確認できなかったので、埋まっているか、破壊して離散したか、あるいはもともと無かった可能性もある。周辺に残されていた布基礎から木造住宅が集落を形成していたものが、津波により一掃されたと考えられる。

写真 6.4.38　津波で転倒した補強ブロック造建物（A reinforced hollow unit concrete masonry building overturned due to tsunami wave）

(c)　全充填型（型枠コンクリートブロック造、RM造）

写真6.4.39は、仙台市太白区長町にある2階建ての型枠コンクリートブロック造住宅である。1980年に竣工しており、建物の平面寸法は 15.0m×12.4m である。ブロックの厚さは190mmであった。この地区の震度は6強であったが、本建物に被害は全く見られなかった。

写真 6.4.39　無被害の型枠コンクリートブロック造建物（A reinforced fully grouted concrete masonry house without any damage）

写真 6.4.40 は、仙台市青葉区一番町にある3階建てのRM造店舗である。建物の平面寸法は 11.5m×6.1m で、ブロックの厚さは190mmであった。この地区の震度は5強である。無被害であった。

第6章 各構造の被害（Damage to each construction type of structures）

高さ200mm，厚さは190mmであった。

写真 6.4.40 無被害のRM造建物（Undamaged reinforced masonry building）

写真 6.4.42 コンクリートブロック帳壁を有するRC造銀行建物（崩壊した増築部は補強ブロック造）（Damaged RC building with concrete masonry nonbearing walls）

(d) コンクリートブロック帳壁

写真6.4.41は，仙台市泉区市名坂にある2階建て店舗である。RC造架構の中に全充填型のコンクリートブロック帳壁が組み込まれている。この地区は震度6強であった。建物内部の調査からも，構造被害は全く見当たらなかった。

写真 6.4.41 コンクリートブロック帳壁を有するRC造建物（Undamaged RC building with concrete masonry nonbearing walls）

次に，津波を受けた地区におけるコンクリートブロック帳壁の被害事例を示す。写真6.4.42は，市街地の大半が津波で甚大な被害を受けた南三陸町の国道398号線が国道45号線と交わる地点に，RC造で帳壁にブロックを用いた銀行建物（S銀行志津川支店）がある。この建物の周辺は殆どすべての建物が流失している。この銀行建物の被害状況としては，ブロック帳壁の一部が崩壊している。2階建ての部分は4本の柱を有するRC造であるが，平屋の増築部は柱のない補強ブロック造である。この部分が津波で崩壊している。補強筋は径8mmの丸鋼で，腐食により有効な断面積が半分程度に小さくなっているものもあった。使用されている空洞ブロックの寸法は目地を含み，長さ 400mm×

(2) 石造・煉瓦建造物および歴史的建築物の被害例

(a) 調査概要

組積造建造物の被害状況の把握を主目的として，4月28日～30日に，宮城県塩釜市，松島町，石巻市，気仙沼市および岩手県一ノ関市において調査を実施した。調査にあたっては，石造・煉瓦造は歴史的建築物が多いと考えられることから，事前に文化財建造物の被害状況について文化庁等から情報を収集して調査を実施した。したがって，被災した組積造建造物とともに，その周辺の歴史的建築物も合わせて調査対象としており，本調査報告に含めることとした。今回の地震動の特徴として，1秒以下の短周期成分が卓越していること，継続時間が長いことが挙げられる。短周期構造物の石造・煉瓦造建造物にとっては，構造的な被害を受け易い地震動であったと考えられる。

国指定重要文化財および登録有形文化財に登録されている文化財建造物の被災状況は文化庁が集計しているが，5月11日現在，石造，煉瓦造，RC造すなわち非木造の被災建物数（土木構造物を含む）は軽微な被害も含めて計55件である。そのうち，岩手，宮城，福島県内の非木造建造物の被害数は11件であり，内訳は石造4件，煉瓦造4件，RC造3件である（都県指定，市町村指定文化財は含まれていない）。今回の地震による非木造建造物の被害の多くは関東地域にある。本速報では，関東地方のうち，北関東の群馬県桐生市および茨城県桜川市における組積造建造物の被害状況も，上述の調査範囲に加えて示す。

沿岸部の組積造建造物では，洋式灯台が挙げられる[4]。明治期に築造され，現存している洋式灯台は66基あり，石造もしくは煉瓦造である。東北3県では，宮城県に石造の金華山灯台（1876）があるが，現時点では被災の情報はない。

なお，この調査では，組積造建物の被害調査として補強ブロック造も対象としたが，その内容は 6.4.3(1) に報告している。

(b) 石造建物

宮城県塩釜市一帯は，野蒜石(塩釜石)と呼ばれる凝灰岩系の石材の産地である。古くから建材として石材が多く用いられている地域であり，石造建物(一部石造の建築も含む)が多く見られる地域である。この石材の産地の一つが，塩釜市役所裏の石切場である(現在は産出されていない)。この石材は建材として東北地方の建築に広く使われているとみられ，後述するように，岩手県一ノ関市の歴史的建築物群にも野蒜石が使用されている。

塩釜市一森山の丘陵に位置している宮町から本町の一帯は古くから塩釜神社の門前町として栄えていた地区であり，歴史的建築物が点在している。写真 6.4.43 は，野蒜石を用いて建てられている登録有形文化財高橋家住宅(塩釜市宮町，1922)である。建物は，部分 2 階の石造建物であり，1 階部分の上には木造の増築がなされている。石材の寸法は 87cm(長)×29cm(高)×23cm(幅)であり，セメント系目地が使用されている。今後，詳細な調査が必要と考えられるが，無補強の石造建物とみられる(鎹程度の接合金物は使われているとみられる)。この建物は津波の浸水域(高さ 1m 程度)にある。この登録文化財建築物は，強震動により開口部を起点として水平亀裂が正面の壁面を貫くなど，構造被害を受けている(写真 6.4.44 参照)。外観によれば，被害は石造の 2 階建部分に集中している。EMS98 (European Macro-Seismic Scale) による被害レベルは Grade 3 と判定した。この被災した石造建物の周辺の建物には外観上被害はみられない。

写真 6.4.43 登録文化財高橋家住宅 (Takahashi family house registered as tangible cultural property, Shiogama, Miyagi)

写真 6.4.44 写真 6.4.43 に示す石造建物に生じた亀裂 (Crack produced in stone masonry house shown in Photo.6.4.43)

塩釜市本町には石造の蔵も少なくない。その一つが，写真 6.4.45 に示す酒造会社の蔵である。この石造の蔵は昭和初期に建てられたもので，数年前にコンクリート，炭素繊維および鉄骨を用いた耐震補強が施されている。今回の地震では無被害である。同酒造会社敷地内の土蔵は強震動で顕著な被害を受けており，この石造蔵建物が無被害であったことは耐震補強の効果によるものと考えられる。

写真 6.4.45 無被害：耐震補強された酒造会社の石造蔵 (塩釜市本町) (No damage to stone masonry structure of Japanese sake factory located in Shiogama, Miyagi)

塩釜市本町および宮町地区は，伝統的構法の町屋建築も残されており，伝統的な街並みを形成している区域もある。この地域には，写真 6.4.46 に示すように，妻壁や側壁を石積(野蒜石使用)にしている建物もあるが，壁の崩落などの被害は見当たらない。

第6章　各構造の被害（Damage to each construction type of structures）

写真 6.4.46　無被害：石積の側壁を持つ木造建物（塩釜市宮町）(No damage to traditional timber house with side stone wall, located in Shiogama, Miyagi)

登録有形文化財高橋家住宅と同様に，野蒜石を用いた住宅建は，この塩釜市およびその周辺に点在している。写真6.4.47は，地震動で被災した松島町小梨屋の石造住宅建である。周辺の木造住宅建物には外観上被害は見当たらない。この石造住宅建物の外壁には亀裂が生じており，住人は避難していた。

写真 6.4.47　被災した石造住宅建物（松島町）(Damaged stone masonry house located in Matsushima, Miyagi)

前述したように，野蒜石は建材として東北地方に広く使われていたとみられる。岩手県一ノ関市の世嬉の一酒造場は大正から昭和にかけて建てられた7棟の歴史的建築物を有し，すべて登録有形文化財に登録されている。現在は，ビール工場，レストラン，博物館等に活用され，観光資源となっている。そのうちの2棟が野蒜石（一ノ関では塩釜石と称している）を用いた石造建物である。石材の寸法は，塩釜市の石造建物とほぼ同等 87cm×29cm×23cm である。内部には木造の骨組を有している。2棟のうち，酒の試飲コーナー兼蔵元直売場所の建物は3月11日の本震で南側妻面の石造壁の上部（三角形の部分）が面外に崩落した（写真6.4.48，6.4.49 参照）。この被災建物の北側の壁には，被害は見られないが，1947-1948 年の台風による大水害で被災後，煉瓦造に換えられたものである。一方，ビール工場として活用されている石造建物（写真 6.4.50 参照）には，石造の妻壁面に鉛直方向の顕著な亀裂が発生している（写真6.4.51 参照）。

写真 6.4.48　妻面の石積壁の面外への崩落（世嬉の一酒造，登録有形文化財）(Out-of-plane collapse of masonry wall of Seki-no-ichi Japanese sake factory, registered tangible cultural property)

写真 6.4.49　妻面の石積壁の面外への崩落，地震直後（世嬉の一酒造，登録有形文化財）(Out-of-plane collapse of masonry wall of Seki-no-ichi Japanese sake factory, just after the earthquake, registered tangible cultural property)

写真 6.4.50　ビール工場として活用されている石造の蔵（世嬉の一酒造，登録文化財）(Warehouse used as beer factory, Seki-no-ichi Japanese sake factory, Ichinoseki, Iwate, registered tangible cultural property)

写真 6.4.51 石造の蔵の妻壁に生じた亀裂(世嬉の一酒造, 登録有形文化財) (Crack produced at gable wall of stone structure, Seki-no-ichi Japanese sake factory, registered tangible cultural property)

津波による石造建造物の被害例について以下に示す。写真 6.4.52 は, 津波で市街地が大きな被害を受けた気仙沼市魚町の港に面した区域で, 津波で崩壊した石造建造物とそれに使用されていた石材(凝灰岩系)の詳細である。直径 5mm 程度の鉄製の鎹が用いられていることが分かる。

写真 6.4.52 津波で崩壊した建造物に使われていた石材と鉄鎹(気仙沼市魚町) (Stone and iron joint of structure destroyed by tsunami, Sakanamachi, Kesennuma)

気仙沼市魚町1丁目～2丁目は古くから港町として栄えた地域であり, 古い建物も多く, 数件の登録文化財を有している。また, 凝灰岩系の石材を用いた蔵や土蔵も多い。魚町に隣接する気仙沼市南町も津波で甚大な被害を受けた海岸沿いの市街地である。写真 6.4.53 は, 飲食店として使用されていた石造の2階建の蔵であり, 構造的な被害は見られなかったが, 1階内部は被災していた。この石造建造物は写真 6.4.53(右)に示す鉄骨+ブレースによる補強が施されていた。

写真 6.4.53 津波で内部が被災した石造の飲食店と外壁の補強(気仙沼市南町) (Stone masonry restaurant of which interior was severely damaged by tsunami, Kesennuma. Stone wall was strengthened)

前述したように, この気仙沼市魚町一帯は登録有形文化財に登録されている建物もあり, 津波で流出もしくは大破している。石造建造物の被害との比較のために, その1例を示す。写真 6.4.54 は, 津波で1, 2階が流出した男山酒造店舗(1931)である(木骨コンクリート板仕上の建物)。

写真 6.4.54 津波で倒壊した木骨コンクリート板仕上の文化財建築物(気仙沼市魚町) (Heritage structure with finishing of concrete panel of which 1st and 2nd floor were washed out by tsunami, Kesennuma)

石造建造物では, 社寺の石塔や石燈篭などの石積みの建造物は多数被災している。例えば, 国指定重要文化財の本殿(無被害, 写真 6.4.55 参照)などを有する塩釜神社(塩釜市)では, 伝統的な木造建物は被災していないが, 写真 6.4.56(左)に示すように石燈篭, 狛犬や石造柵が被災した。また, 松島では国指定重要文化財五大堂(写真 6.4.57)の建物は無被害であるが, 写真 6.4.56(右)に示すように, 石燈篭が倒壊している。

第 6 章　各構造の被害（Damage to each construction type of structures）

写真 6.4.55　重要文化財塩釜神社右宮・左宮本殿（無被害）(Main hall of Shiogama Shrine, registered as important cultural property, no damage)

写真 6.4.56　石燈篭被害（左：塩釜神社，右：松島五大堂）(Damaged stone pagodas in Shiogama Shrine and Matsushima Godaido, Miyagi)

写真 6.4.57　重要文化財五大堂（松島，無被害）(Godaido hall, registered as important cultural property, no damage)

石造建造物では，土木構造物の鉄道橋脚も挙げられる。写真 6.4.58 に，震度 6 以上の地域における無被害の事例として（K-NET 気仙沼観測点の記録によれば，PGA=0.42G），JR 気仙沼線の橋脚を示す。

史跡に指定されている城郭の石垣の被害も報告されている。宮城県では，史跡仙台城跡，福島県では史跡小峰城跡や史跡若松城跡，史跡二本松城の被害が報告されている。これらのうち，小峰城の石垣の崩落を写真 6.4.59 に示す。

写真 6.4.58　JR 気仙沼線の橋脚（一ノ関市室根町折壁，無被害）(Bridge pier of railway of JR, Ichinoseki, Iwate, No damage)

写真 6.4.59　史跡小峰城石垣の崩落（白河市）(Collapse of stone retaining wall at historic site of Komine-jyo, Shirakawa)

調査概要に示したように，文化財組積造建造物の被害件数は，甚大な被害を受けた東北 3 県には少なく，関東に多い。写真 6.4.60 は重要伝統的建造物群保存地区の真壁（茨城県桜川市）における石造蔵が倒壊した例である。大谷石のブロックを外壁に用いた建物である。同地区は，土蔵や石蔵の被害が顕著であり，写真 6.4.49 に示すような石造の妻壁の面外崩落も発生している。

写真 6.4.60　石造蔵の倒壊（茨城県桜川市）(Collapse of stone warehouse, Sakuragawa, Ibaragi)

(c) 煉瓦造建造物

　東北3県(岩手,宮城,福島)には煉瓦造の文化財建造物は少ない。福島市の日本基督教団福島教会(登録文化財)は,地震で煙突が損壊し,壁に亀裂が生じたため,礼拝に危険であるとして,所有者判断で取り壊されている。また,盛岡市の岩手銀行旧本店本館,旧第五十九銀行本店本館(ともに重要文化財)は煉瓦壁の亀裂が拡大・伸長したと報告されている。一ノ関市の世嬉の一酒造場では,写真6.4.49に示す石造蔵の妻壁が崩落している(崩落壁と反対側の妻壁は煉瓦造で無被害)。

　近代化土木遺産ではあるが,国指定重要文化財石井閘門(宮城県石巻市)が被災した。石井閘門(写真6.4.61参照)は1880年に建造された建造物で,北上運河の北上側の門にあたる。北上川河口から約6kmに位置している。煉瓦造の本体とその周囲の石造で構成される。写真6.4.62に示すように,煉瓦造構造の周囲の石積み部に亀裂・ずれを生じている。これは,煉瓦造と石造の躯体を支える護岸の変位によるものと考えられる。なお,この付近も北上川を遡上した津波の跡があり,がれきが堤防内側に散乱していた。

　東北3県には未指定ではあるが,明治時代から昭和初期に建てられた煉瓦造のサイロ,軍事施設,鉄道施設,倉庫がある。これらの未指定の建造物の被災状況(被害の有無)の調査も必要であろう。

　関東地方では,茨城県や栃木県など北関東において被災した煉瓦造文化財建造物が報告されている。そのうち,最も大きな被害の一つは,茨城県牛久市の重要文化財シャトーカミヤ(ワイン醸造施設として1903年に建設)であり,亀裂などの構造的な被害を受けている。茨城県では,登録有形文化財旧町屋変電所(常陸太田市)が軽微な被害(部分的に煉瓦が脱落した程度)を受け,未指定の煉瓦蔵(土浦まちかど蔵野村,土浦市)の煉瓦壁に大きな亀裂が生じた。また,北関東地域では軽微な被害も含めて計7件の煉瓦造登録文化財の被害が報告されている。群馬県富岡市の富岡製糸場の重要文化財木骨煉瓦造建物群は構造的な被害は受けていない。群馬県桐生市の煉瓦造建物有隣館は軽微ではあるが,屋根瓦が損傷し,煉瓦壁に亀裂が生じている(写真6.4.63参照)。

　南関東では,埼玉県で5件,千葉県で3件,東京都・神奈川県でそれぞれ1件の文化財煉瓦造建造物の被害が報告されているが,いずれも軽微であった。

写真 6.4.61　被災した重要文化財石井閘門(石巻市)
(Ishii canal gate, damaged, registered as important cultural property, Ishinomaki, Miyagi)

写真 6.4.62　重要文化財石井閘門の被災状況(石巻市)
(Damage to Ishii canal gate, registered as important cultural property, Ishinomaki, Miyagi)

写真 6.4.63　煉瓦壁に軽微な亀裂が生じた有隣館(群馬県桐生市指定有形文化財)　(Yurinkan building of which brick wall was cracked, Kiryu, Gunnma)

(d) そのほか歴史的建物の被害

　今回の地震は,強震動域において周期域として0.3-0.5秒の短周期成分が卓越した地震動の特徴を有していたと報告されている。石造,煉瓦造など組積造建物に対しては,インパクトが大きな地震であり,土蔵も(b)石造建造物,(c)煉瓦造建造物に示したように,木造等のほかの構造形式の建物に比べて被害のレベルが大きい。

　写真6.4.64は土蔵が津波で流され,周囲のRC造建物に衝突した被害例である(気仙沼市魚町)。写真6.4.65(茨城県桜川市),写真6.4.66(群馬県桐生市)は典型的な土蔵の被害形態を示したもので,屋根瓦が損傷・落下し,軒部が

第6章 各構造の被害（Damage to each construction type of structures）

損傷している．写真 6.4.67 の土蔵建物は通り蔵と呼ばれ，元商品倉庫を活用している建物であるが，軒部等に被害が見られ，梁間方向に約 1/30 傾斜していた．

写真 6.4.64 津波で流された土蔵（気仙沼市魚町）(Mud wall warehouse washed away by tsunami, Sakanamachi, Kesennuma)

写真 6.4.65 被災した重要伝統的建造物群保存地区真壁の土蔵 (Damaged mud wall warehouse at Important Preservation Districts for Groups of Historical Buildings, Makabe)

写真 6.4.66 典型的な登録文化財土蔵の被害形態（群馬県桐生市，森合資会社店蔵）(Typical damage to mud wall warehouse, Registered tangible important property, Kiryu, Gunnma)

写真 6.4.67 被災した登録文化財土蔵（世嬉の一酒造場，一ノ関市）(Damaged mud wall warehouse, registered tangible cultural property, Seki-no-ichi Japanese sake factory, Ichinoseki)

本項で示したように，石造建物，煉瓦造建物には歴史的建物が多い．それらの被害と対比するため，津波で壊滅的な被害を受けた場所で流出せずに残った文化財木造教会を以下に示す．写真 6.4.68，6.4.69 は北上川河口から約 2km の中瀬地区で被災した市指定有形文化財石巻ハリストス正教会である．1880 年に市内の別の場所に建てられたが，1978 年宮城県沖地震で大被害を受けたため，現在の場所（北上川の中州）に移築されたものである．在来軸組構法であり，筋交いを配した木摺壁を有する．外壁の仕上げは 20mm 厚モルタルである．北上川の河岸地域は津波被害が甚大であり，この建物の周囲も木造家屋はほとんど流出していた．この木造教会堂は，津波の荷重により変形・損傷したものの，流出することなく，その場所に建っている．RC 布基礎への緊結を含む移築時の補強や厚みのある仕上モルタルが津波に対して効果があった可能性がある．今後の詳細調査が待たれる．

写真 6.4.68 津波による流出を免れた木造の石巻ハリストス正教会 (Ishinomaki Orthodox church of timber survived against tsunami)

— 477 —

写真 6.4.69 津波による流出を免れた木造の石巻ハリストス正教会，北側から (Ishinomaki Orthodox church of timber survived against tsunami)

(3) コンクリートブロック塀・石塀の被害例
 (a) 調査概要

宮城県は，1978 年 6 月 12 日の宮城県沖地震以降，補強コンクリートブロック塀（以下，ブロック塀と記す）に関して他の地域に先駆けて様々な対策を講じてきた地域であり，その効果を検証する目的で調査を行った。調査は，3 月 25 日～28 日に名取市および白石市，4 月 2 日～4 日に名取市，亘理町，仙台市，東松島市および石巻市を対象に実施した。

 (b) コンクリートブロック塀

写真 6.4.70 は，仙台市青葉区南光台に建つブロック塀で，この塀が面する通りには地盤の著しい隆起・陥没が生じており，典型的な地震動による地盤災害である。門周りの化粧ブロック（190×490×100）の塀は，6 段積みで隣地との境界に設けられた空洞ブロックの直交壁と 600mm 間隔の横筋で緊結されていたため，倒壊を免れた。ただし，ブロック塀が設置されている通りでは，ブロック塀の被害は僅かであり，地震動の方向性がブロック塀の被害に影響することが分かる。

写真 6.4.71 は，仙台市青葉区中山に建つブロック塀で，面する通りは東西に約 30 度傾斜している。傾斜地であるため，積みブロック上に布基礎を設け，空洞ブロック（190×390×100）を傾斜に合わせて階段状に 6 段積みされている。頂部に横筋はなく，縦筋は 800mm 間隔で配置されているが，下から 4 段目の上端までであるため上 2 段のブロックが崩落した。傾斜地に散見された被害である。

写真 6.4.70 軟弱地盤で崩落したブロック塀 (Collapse of masonry garden wall at flimsy ground)

写真 6.4.71 上段のブロックが落下したブロック塀 (Falling of concrete blocks)

写真 6.4.72 は，震度 6 強を記録した名取市に建つブロック塀で，縦筋が基礎に定着されていなかったこと，および控壁は突出長さが短く基礎が建築基準法施行令通り根入れされていなかったため，壁体部分が一体となって転倒した。

写真 6.4.72 建築基準法施行令に適合していないために転倒したブロック塀 (Collapse of masonry garden wall by defective construction)

写真 6.4.73 は，仙台市宮城野区新田に建つブロック塀で，付近の地盤には隆起・陥没が生じており，軟弱地盤に立地している。高さが約 300mm のコンクリート布基礎上に化粧

第6章　各構造の被害（Damage to each construction type of structures）

ブロック（140×490×100）6段積みにかさ木が付いたブロック塀である。使用したブロックには横筋用のえぐりが無く、鉄筋は径9mmの丸鋼で、1000mm間隔で配筋された縦筋のみであるが、その縦筋が基礎への定着不足のため抜け出し、地震動の方向により奥行き方向の部分が倒壊した。

写真6.4.73　縦筋の定着不良により転倒したブロック塀
(Insufficient anchorage for vertical reinforcing bars)

写真6.4.74は、名取市植松に建つブロック塀で、空洞ブロック（190×390×100）5段積みで、長い塀であるが建築基準法施行令では要求されていないため控壁は設けられていない。面内方向の斜め方向のひび割れは、長い塀のため地震動によりうねりが生じ、頂部横筋の重ね継手部を起点とし発生したものと推察される。また、頂部横筋のかぶり厚さは10mm程度であり、かさ木も含めて壁頂部の納まりに工夫が必要であることを示唆している。

写真6.4.74　頂部にひび割れが発生したブロック塀
(Cracks of masonry garden wall)

写真6.4.75は、名取市植松に建つブロック塀で、空洞ブロック（190×390×100）5段積みにかさ木の付いたブロック塀である。鉄筋は径9mmの丸鋼で、横筋は下から3段目の上端と壁頂部に、縦筋は800mm間隔で配筋されている。しかし、縦筋が2段目と3段目の横目地部分で著しく腐食しており、その部分の断面欠損により鉄筋が破断し倒壊したものと推察される。

写真6.4.75　鉄筋の腐食により倒壊したブロック塀
(Collapse of old masonry garden wall)

写真6.4.76は、仙台市若林区卸町に建つブロック塀で、この地域は建物にも被害が散見された所であり、倒壊した建物により損傷した。ブロック塀は、空洞ブロック（190×390×100）5段積みにかさ木が付き、塀の長さは約36m、RC造の控柱が4.4m間隔で設けられていた。鉄筋は径9mmの丸鋼で、縦筋は800mm、横筋は600mm間隔で配筋されているが、縦筋の頂部にフックは確認できない。かさ木には苔が付着し、目地部分の鉄筋には腐食が認められる程劣化が進行し、空洞部の充填も良好といえないが、RC造の控柱の効果により倒壊してきた建物を支えることが出来た。写真右奥に見える塀の部分も劣化は進行しているが、傾斜等の損傷は認められない。

写真6.4.76　倒壊した建物を支えているブロック塀
(Masonry garden wall supporting collapsed building)

写真 6.4.77 は，仙台市青葉区南光台に建つブロック塀で，傾斜した道路に面し，最高高さ約 1.8m の積みブロックを使用した擁壁上に，空洞ブロック（190×390×100）5 段積みの上に高さ約 1m の金属製フェンスが連続して設けられている。ブロック塀に生じた大きなひび割れの部分は，頂部横筋の丸鋼の重ね継手の部位である。

写真 6.4.77 大きなひび割れが生じたブロック塀
(Cracks of masonry garden wall)

次に，津波を受けた地域のブロック塀の状況について報告する。

写真 6.4.78 は，東松島市鳴瀬町に建つブロック塀で，空洞ブロック（190×390×100）5 段（腰積み 2 段）積みの一部にフェンスを組み込んだ，高さが約 1m のものである。津波の押し波により塀の形状を保ったまま転倒した。同じ道路に面するブロック塀で，転倒していないものが多数あり，原因は根入れ不足である。

写真 6.4.78 津波により転倒したブロック塀
(Falling of a masonry garden wall by tsunami)

写真 6.4.79 は，津波による被害が甚大であった亘理町内浦に建っていたブロック塀の痕跡である。控壁と一体となった RC 造布基礎上に，空洞ブロック（190×390×100）が 5 段積まれ，縦筋は径 9m の丸鋼が 800mm 間隔で配置されていたが，縦筋はブロック 2 段の高さまでであり，強い津波の力で壁体はちぎり取られたかのように倒壊している。近隣の同じ方向のブロック塀で，被害を受けていないものが多数確認された。

写真 6.4.79 津波による被害を受けたブロック塀
(Damage of a masonry garden wall by tsunami)

写真 6.4.80 は，津波による被害が甚大であった名取市閖上に建つブロック塀で，組込フェンスは脱落しているが，ブロック積みの部分は健全であるかのように残存していた。直交壁の優れた効果を示すものである。

写真 6.4.80 津波に耐えたブロック塀
(Undamaged masonry garden wall by tsunami wave)

宮城県におけるブロック塀の被害状況を総括すると，津波災害を含む甚大な被害であり分析は困難であるが，宮城県は 2002 年に通学路に面する 8193 件のブロック塀等の健全性の調査と結果の通知[5]を行っており，「特に問題となる箇所がない」，「特に危険と思われる箇所がない」と判定された塀の割合は約 79%を占め，今回の名取市内のある地区における転倒率が 16%（4/25 件）という状況から，1995 年兵庫県南部地震[6]の神戸市（倒壊率 25%）や 2007 年新潟県中越沖地震[7]の柏崎市（転倒率 17.6%）におけるブロック塀の被害状況と比較して少ない。この現状は，宮城県

第6章　各構造の被害（Damage to each construction type of structures）

が1978年の宮城県沖地震を教訓に取り組んできたブロック塀の倒壊による被害軽減活動の効果が表れていると考えられる。

(c) 石塀

石塀の被害の概要について報告する。福島県では県北の国見石，宮城県では仙台市の秋保石，東松島市の野蒜石など，凝灰岩質の石材の産地があり，これらを用いた塀が数多く建てられている。

写真6.4.81は，名取市増田に建つ石塀で，モルタルのみで構築された無補強のため上段から崩落した。石塀は，だぼあるいはモルタルの接着力により成り立つ構造であり，今回の地震でもかなり多くが被害を受けていた。

写真6.4.81 石塀の被害
(Damage to stone wall)

写真6.4.82は，名取市増田に建つ石塀で，鋼材による転倒防止対策を講じていたため，補強の効果が表れて健全な状態である。

写真6.4.82 補強により無被害の石塀
(Undamaged stone wall)

[謝辞]

補強ブロック造建物等の仙台市における調査に関して，エスビック株式会社，太陽セメント工業株式会社，ならびに久保田セメント工業株式会社のご協力を頂いた。

文化財建造物の災害調査にあたり，上北恭史氏（筑波大学世界遺産専攻），矢野和之氏（文化財保存計画協会），佐藤暁僖氏（世嬉の一酒造），鈴木宏氏（桐生市）に写真・情報を提供頂いた。また，文化庁に文化財建造物の被災情報の協力を頂いた。

ブロック塀に関する調査の一部は，社団法人全国建築コンクリートブロック工業会および社団法人日本建築ブロック・エクステリア工事業協会の協力により実施したものである。

関係各位に心よりお礼申し上げます。

[調査実施者]

6.4.3 組積造被害に関する調査を実施したメンバーは次のとおりである。

・補強ブロック造建物等の仙台市における調査
　菊池健児（大分大学），黒木正幸（大分大学），西野広滋（トーホー）

・石造，煉瓦造建造物および歴史的建物の調査ほか
　花里利一（三重大学），津村浩三（弘前大学），箕輪親宏（トモエ技研）

・ブロック塀および石塀の調査
　古賀一八（東京理科大学），川上勝弥（小山工業高等専門学校），三田紀行（職業能力開発総合大学校），山﨑尚志（職業能力開発総合大学校），佐藤大樹（東京理科大学）

参考文献

1) 日本建築学会：1978年宮城県沖地震災害調査報告，pp.687-688，1980.2
2) 日本コンクリート工学協会，建築・土木分野における歴史的構造物の診断・修復研究委員会報告書，2007
3) 日本コンクリート工学協会，建築・土木分野における歴史的構造物の診断・修復研究委員会，ガイドブック2007，歴史的建造物への誘い，2007
4) 明治期灯台の保全，日本航路標識協会，2001
5) 宮城県既存建築物耐震改修促進協議会・ブロック塀等地震被害防止対策検討会：ブロック塀等地震被害防止対策に関する報告書－中間報告－，2005.5
6) 日本建築学会：阪神・淡路大震災調査報告（建築編-2），pp.613-621，1998.8
7) 日本建築学会：2007年能登半島地震災害調査報告 2007年新潟県中越沖地震災害調査報告，pp.302-304，2010.3

6.5　鉄骨造建物の被害
（Damage to steel buildings）

6.5.1　概要（General information）

鋼構造運営委員会では，地震動による被害は主に宮城県と福島県，津波による被害はこれらの県に岩手県を加え沿岸部を調査した。

鉄骨造建物の被害は，地震動によるものと津波によるものとに分けられる。地震動による構造被害としては，柱梁仕口の損傷，軸組筋違の座屈・接合部変形・破断，柱脚コンクリートのき裂，アンカーボルトの塑性伸び・破断などが生じている。これらの被害パターンは過去の被害地震時に報告されているものである。

一方，構造被害ではないが，体育館や工場などの比較的広い空間を持つ鉄骨造建物の天井材や外壁などの非構造部材の損傷，落下が多い。特に，軽量鉄骨下地を用いた乾式工法の損傷被害が多い。

地震動による被害の他に今回の鉄骨造建物で特徴的であるのは，津波被害である。津波の被害としては，柱脚が破断し跡形もなく流出・移動しているもの，柱脚は破断してはいないが，接合部・部材が破断し建物全体が傾斜・倒壊した例，外壁が流出するものの構造骨組は残存しているものなどがある。津波の浸水高さやその他の条件に応じて被害の様相・程度はまちまちである。

6.5.2　地震動による被害（Damage caused by earthquake ground motion）

地震動による構造被害は主に中低層の建物に多く発生し，部材断面や架構形式などから，建設年代が比較的古い建物に多く発生していると推定される。

6.5.2.1　構造部材の被害（Damage to structural members）

(1) 柱梁仕口

現段階では，兵庫県南部地震の際に見られたような梁端接合部の脆性的破断は報告されていない。写真6.5.1に示すのは，建設年代が比較的古い日の字断面柱と梁仕口の損傷である。なお，日の字断面柱は，角形鋼管が市場に出される前に多用されていたものである。

写真6.5.1　日の字柱カバープレートの塑性化（郡山市）
(Yielding of an older built-up column (Koriyama))

(2) 軸組筋違およびその接合部

軸組筋違に関連する被害に関しては，部材の座屈，ボルト孔の断面欠損部の破断とともに接合部の変形・破断が多く発生している。

建設年代が比較的古いと考えられる山形鋼筋違を用いた建物では筋違材の座屈と接合部ボルト孔欠損部からの破断が生じていることが報告されている。これに対し鋼管などの閉鎖型断面の筋違材では，圧縮力によるガセットプレートの面外曲げ降伏，破断が生じている。面外曲げによりガセットプレートが破断していることから，多数回の繰り返しを受けた可能性が考えられる。

写真6.5.2　山形鋼筋違の座屈（仙台市宮城野区）
(Buckling of double-angle brace (Miyagino, Sendai))

第6章　各構造の被害（Damage to each construction type of structures）

写真 6.5.3　角形鋼管筋違の座屈（仙台市青葉区）
(Local buckling in square HSS brace (Aoba, Sendai))

写真 6.5.6　ガセットプレートの溶接部破断（石巻市）
柱脚の被覆コンクリートの剥落も生じている
(Fracture of gusset plate-to-column weld and spalling of concrete covering an exposed base plate (Ishinomaki))

写真 6.5.4　山形鋼筋違の接合部破断（仙台市宮城野区）
ボルト孔の断面欠損部から破断
(Net section fracture of single-angle brace (Miyagino, Sendai))

写真 6.5.7　ガセットプレートの曲がり（仙台市宮城野区）
(Out-of-plane deformation of gusset plate (Miyagino, Sendai))

写真 6.5.5　交差部ガセットプレートの曲げ（仙台市宮城野区）
(Bending of middle gusset plate in an X-brace (Miyagino, Sendai))

写真 6.5.8　日の字柱のカバープレートの塑性化（郡山市）
(Yielding of column near bracing connection (Koriyama))

写真 6.5.9　ガセットプレートの面外曲げと破断（仙台市若林区）(Out-of-plane deformation and fracture of gusset plates (Wakabayashi, Sendai))

写真 6.5.10　ガセットプレートの面外曲げ座屈（仙台市若林区）(Out-of-plane deformation of gusset plates (Wakabayashi, Sendai))

写真 6.5.11　圧縮力によるガセットプレートの面外曲げ降伏（仙台市宮城野区）(Out-of-plane deformation of gusset plate caused by compression (Miyagino, Sendai))

(3) 柱脚

調査範囲では中低層の建物が多いため，埋込みや根巻に比べ露出形式柱脚が多く使われている。そのため露出形式柱脚の被害が多く報告されている。全体の傾向として，アンカーボルトが伸びていても破断に至らなければ建物の残留変形や被害程度はそれほど大きくない。しかし，アンカーボルトが破断した場合，柱の移動や建物の傾斜が生じ大きな損傷に至る。

写真 6.5.12　根巻柱脚被りコンクリートの剥落（仙台市若林区）(Spalling of reinforced concrete encasing a steel column base (Wakabayashi, Sendai))

写真 6.5.13　柱脚アンカーボルトの伸び，柱脚コンクリートの亀裂（仙台市宮城野区）(Elongation of anchor bolts in an exposed base plate (Miyagino, Sendai))

第6章 各構造の被害（Damage to each construction type of structures）

写真6.5.14 柱脚アンカーボルトの伸び（仙台市宮城野区）(Elongation of anchor bolts in an exposed base plate (Miyagino, Sendai))

写真6.5.17 柱脚部のコンクリート剥離（郡山市）(Spalling of reinforced concrete foundation supporting a column base (Koriyama))

写真6.5.15 柱脚周りアスファルト被り部損傷（仙台市若林区）(Cracking of asphalt covering a column base (Wakabayashi, Sendai))

写真6.5.18 アンカーボルトの破断（仙台市宮城野区）(Fracture of anchor bolts (Miyagino, Sendai))

写真6.5.16 被りコンクリートの剥落（郡山市）(Spalling of concrete covering a column base (Koriyama))

写真6.5.19 アンカーボルトの破断，コンクリートの剥落（仙台市宮城野区）(Fracture of anchor bolts, spalling of concrete covering a column base (Miyagino, Sendai))

— 485 —

写真 6.5.20 アンカーボルトの破断，ベースプレート面外降伏（仙台市若林区）(Fracture of anchor bolts, out-of-plane deformation of base plate (Wakabayashi, Sendai))

写真 6.5.23 梁を含めた渡り廊下の崩落（郡山市）(Collapse of sky bridges (Koriyama))

(4) その他の構造被害

柱梁仕口，筋違，柱脚以外の構造被害を示す。

写真 6.5.21 クレーンガーダーの横座屈（仙台市宮城野区）(Lateral-torsional buckling of crane girder (Miyagino, Sendai))

写真 6.5.22 ささら桁の曲がり（仙台市宮城野区）(Bending of stair stringer (Miyagino, Sendai))

写真 6.5.24 車路受け梁端部ガセットプレートの破断（利府町）(Fracture of shear tab in a parking ramp (Rifu))

6.5.2.2 非構造部材の被害 (Fracture to non-structural members)

外壁や天井材などの非構造部材の被害は，軽鉄下地に石膏ボードを貼った天井やALC板などの乾式で取り付けられ

第6章　各構造の被害（Damage to each construction type of structures）

ている部材に生じている例が多い。これらの被害は，建設年代が比較的新しいと思われる建物にも発生している。

また，比較的建設年代が古いと推定される建物のモルタル外壁の被害も多く生じている。

写真 6.5.25　天井材の落下，下地軽量鉄骨ごと落下している（福島市）(Fallen ceiling grid and boards (Fukushima))

写真 6.5.26　外壁の落下，天井ボードの損傷（仙台市宮城野区）(Fallen claddings; damaged ceiling boards (Miyagino, Sendai))

図 6.5.27　天井材の落下と衝突による壁の損傷（仙台市青葉区）(Fallen ceiling; partitions damaged by impact (Aoba, Sendai))

写真 6.5.28　落下した天井材（仙台市青葉区）軽量鉄骨下地ごと落下 (Fallen ceiling grid and boards (Aoba, Sendai))

写真 6.5.29　天井材の一部崩落（郡山市）(Partly fallen ceiling (Koriyama))

写真 6.5.30　外部天井（軒天）の落下（仙台市若林区）(Fallen ceiling on the outside of a building (Wakabayashi, Sendai))

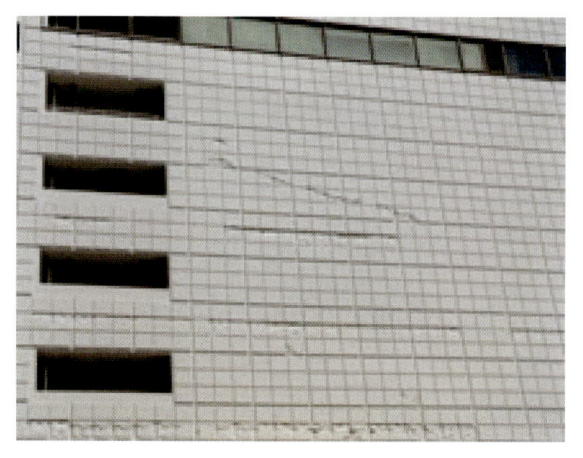

写真 6.5.31 外壁の亀裂（仙台市青葉区）(Cracking of external finish (Aoba, Sendai))

写真 6.5.34 外壁ラスシートモルタルの脱落（仙台市宮城野区）
(Failure of timber lath-and-mortar cladding (Miyagino, Sendai))

写真 6.5.32 ペントハウス外壁の脱落（仙台市青葉区）
(Fallen cladding in a penthouse (Aoba, Sendai))

写真 6.5.35 外壁モルタルの割れ（仙台市宮城野区）
(Cracking of mortar cladding (Miyagino, Sendai))

写真 6.5.33 妻面外壁の脱落（仙台市若林区）
(One side of a building lost cladding entirely (Wakabayashi, Sendai))

写真 6.5.36 外壁ラスシートモルタルの脱落（仙台市宮城野区）(Failure of metal lath-and-mortar cladding (Miyagino, Sendai))

第 6 章　各構造の被害（Damage to each construction type of structures）

写真 6.5.37　外壁モルタルの損傷（仙台市宮城野区）
(Damaged mortar cladding (Miyagino, Sendai))

写真 6.5.40　外壁 ALC 板のずれ（郡山市）
(Fallen and twisted ALC cladding (Koriyama))

写真 6.5.38　外壁パネルの脱落（仙台市宮城野区）
(Fallen cladding (Miyagino, Sendai))

写真 6.5.41　柱部 ALC 板の損傷（仙台市若林区）
(Damage to ALC cladding covering a column (Wakabayashi, Sendai))

写真　6.5.39　外装材の脱落（石巻市）
(Fallen cladding (Ishinomaki))

写真　6.5.42　塔屋 ALC 板の損傷（郡山市）
(Damaged ALC cladding in a mechanical penthouse (Koriyama))

写真 6.5.43　ALC 板外壁の損傷（須賀川市）
(Damaged ALC cladding (Sukagawa))

写真 6.5.45　事務所 A：外観
(Office building A: external view of office building A)

写真 6.5.44　窓ガラスの損傷（仙台市宮城野区）
(Damage to windows (Miyagino, Sendai))

写真 6.5.46　事務所 A：内部
(Office building A: inside)

6.5.3　津波による被害（Damage caused by tsunami）

　津波被害としては，柱脚部が破断し完全に転倒・流出したり，接合部や部材が大きく変形・破断し元の形を保持していない甚大な被害が大きな津波が押し寄せた地域で多く発生している。しかし，外壁が流出しているために構造体への津波荷重が低減され，骨組は残留している例もある。
　以下に地区ごとの被害例を示す。

(1)　石巻港（浸水高さ：約 5m）[1]
・事務所 A
X 方向：5 スパン，Y 方向：2 スパン，階数：1，
X 方向：ラーメン，Y 方向：ラーメン
柱：角形鋼管，梁：H 形鋼，外装材：ALC 板
損傷状況：内外装材流出，構造体損傷は見られない。

・事務所 B
X 方向：5 スパン，Y 方向：1 スパン，階数：2，
X 方向：筋違，Y 方向：ラーメン
柱：H 形鋼，梁：H 形鋼，筋違：山形鋼（1 階）丸鋼（2 階），柱脚：露出形式
損傷状況：洗掘により基礎が露出。筋違破断。構造被害は大破ないし倒壊に分類される。

第6章　各構造の被害（Damage to each construction type of structures）

写真 6.5.47　事務所 B：全体が傾斜
(Office building B: external view showing noticeable residual drift)

写真 6.5.49　港湾施設 A：全景
(Port facility A: external view)

写真 6.5.48　事務所 B：筋違端部破断
(Office building B: net section fracture of a single-angle brace)

写真 6.5.50　港湾施設 A：内部
(Port facility A: inside)

・港湾建物 A
　X 方向：筋違，Y 方向：ラーメン
　柱：H 形鋼，梁：H 形鋼，筋違：丸鋼，柱脚：露出形式，
　損傷状況：外壁一部流出，北および東方向に 1/400 の残留変形

写真 6.5.51　港湾施設 A：海水の影響か，柱脚に顕著な錆が発生
(Port facility A: column base rusted presumably due to seawater inundation)

— 491 —

・港湾建物 B
X 方向：筋違，Y 方向：ラーメン，杭地業
柱：H 形鋼，梁：H 形鋼，筋違：丸鋼
損傷状況：洗掘により杭が露出

写真 6.5.52 港湾建物 B：洗掘による基礎の露出
(Port facility B: foundation exposed after scouring)

・港湾建物 C
X 方向：筋違，Y 方向：ラーメン
柱：H 形鋼，梁：H 形鋼，筋違：山形鋼，柱脚：露出
損傷状況：海側の 2 スパンが倒壊，アンカーボルト破断

写真 6.5.53 港湾建物 C：外観
(Port facility C: external view)

写真 6.5.54 港湾建物 C：アンカーボルト破断
(Port facility C: fractured anchor bolt)

(2) 女川町（女川魚港の浸水高さ：約 15m）[1]
・建物 A
X 方向：(ラーメン 3 スパン)，Y 方向：1 スパン，Y 方向：ラーメン，階数：3
柱：H 形鋼，梁：H 形鋼，外装材：折板
損傷状況：洗掘により建物全体が傾斜

写真 6.5.55 建物 A：建物全体が傾斜
(Building A: external view showing large tilt)

写真 6.5.56 建物 A：基礎部の洗掘
(Building A: foundation scour)

・建物 B
階数：4，X 方向：ラーメン
梁：H 形鋼，外装材：ALC 板
損傷状況：杭の引き抜け破断をともなう建物全体の転倒

第6章　各構造の被害（Damage to each construction type of structures）

写真 6.5.57　建物 B：建物全体が転倒

(Building B: building overturned towards left)

写真 6.5.58　建物 B：基礎部分，杭が破断

(Building B: view of foundation showing fractured piles)

・建物 C
　X 方向：4 スパン，Y 方向：2 スパン，階数：2，X 方向：ラーメン，Y 方向：ラーメン
　柱：角形鋼管，梁：H 形鋼，損傷状況：内外装材の流出

写真 6.5.59　建物 C：外観

(Building C: external view)

写真 6.5.60　建物 C：内外装材の流出

(Building C: contents washed away)

・建物 D
　柱：角形鋼管，梁：H 形鋼
　損傷状況：柱梁仕口溶接部が破断，倒壊

写真 6.5.61　建物 D：外観

(Building D: external view)

写真 6.5.62　建物 D：接合部破断

(Building D: failed connection)

― 493 ―

・建物 E
XY 方向：ラーメン，柱：日の字断面，梁：H 形鋼，柱脚：露出形式，損傷状況：内外装材の流出，柱脚の損傷

・建物 F
柱：角形鋼管，梁：H 形鋼，柱脚：露出形式
損傷状況：倒壊にともない，柱梁仕口溶接部，アンカーボルト，水平筋違が破断，倒壊

写真 6.5.63　建物 E：外観
(Building E: external view)

写真 6.5.66　建物 F：外観 (Building F: external view)

写真 6.5.64　建物 E：柱脚アンカーボルトが露出し，水平方向に移動 (Building E: column base lifted and anchor bolts deformed)

写真 6.5.67　建物 F：柱梁仕口
(Building F: beam-to-column connection)

写真 6.5.65　建物 E：柱梁仕口 (Building E: beam-to-column connections at corner column)

写真 6.5.68　建物 F：柱脚部
(Building F: column base)

・倉庫 A
用途：倉庫（冷蔵庫），X 方向：筋違，Y 方向：ラーメン

第6章　各構造の被害（Damage to each construction type of structures）

損傷状況：残留変形 1/20 以上，津波による被害，最東構面流出・倒壊

写真 6.5.69　倉庫 A：外観
(Warehouse A: external view)

写真 6.5.70　倉庫 A：柱脚部の損傷
(Warehouse A: damage to column base)

写真 6.5.71　倉庫 A：内部
(Warehouse A: inside view)

・女川町のその他の損傷状況

写真 6.5.72　破断したベースプレート：上部構造は流出
(Fractured column base plate; structure was washed away)

写真 6.5.73　外装材・屋根材の流出
(Cladding and roof washed away)

写真 6.5.74　外装材・屋根材の流出
(Cladding and roof washed away)

(3) 塩竈市（仙台塩釜港・塩釜港区の浸水高さ：約 4m）[1]
・倉庫 B
　柱：H 形鋼，梁：H 形鋼，筋違：丸鋼，柱脚：露出形式，

外装材：スレート
損傷状況：津波と液状化で地盤沈下

写真 6.5.75　倉庫 B：外観，写真右側が沈下
(Warehouse B: external view, right end subsided)

写真 6.5.76　倉庫 B：前面，写真奥側が沈下
(Warehouse B: view of front side, far-right end subsided)

(4)仙台市宮城野区（仙台塩釜港・仙台新港の浸水高さ：約 8m）[1]

・事務所 C
　柱：角形鋼管，梁：H 形鋼，柱脚：露出形式
　損傷状況：洗掘により地中配管が露出

写真 6.5.77　事務所 C：全景
(Office building C: external view)

写真 6.5.78　事務所 C：外装材の破損
(Office building C: severe damage to cladding)

写真 6.5.79　事務所 C：洗掘により配管が露出
(Office building C: underground piping exposed after scouring)

・事務所 D
　X 方向：ラーメン，Y 方向：ラーメン
　柱：角形鋼管，梁：H 形鋼，柱脚：露出形式
　損傷状況：1 階外装材流出，構造体被害見られず。

写真 6.5.80　事務所 D：1 階外装材が流出，構造体は無損傷(Office building D: cladding washed away in first story; minimal structural damage)

第6章　各構造の被害（Damage to each construction type of structures）

写真 6.5.81　事務所 D：1 階の損傷
(Office building D: nonstructural damage in first story)

(5) 南三陸町（浸水高さ：13～15m）[2]
・事務所 E
　X 方向：ラーメン，Y 方向：ラーメン
　損傷状況：梁端に塑性化の痕跡，残留変形角：無し

写真 6.5.82　事務所 E：外観，内外装材流出するものの構造体損傷は軽微 (Office building E: majority of nonstructural elements washed away; minor structural damage)

写真 6.5.83　事務所 E：全景，梁端は塑性化
(Office building E: yielding of beam near beam-to-column connection)

・事務所 F
　X 方向：ラーメン，Y 方向：純ラーメン
　損傷状況：梁端に軽微な塑性化の痕跡，屋上まで浸水

写真 6.5.84　事務所 F：外観
(Office building F: external view)

写真 6.5.85　事務所 F：柱梁仕口，梁端に軽微な塑性化
(Office building F: slight yielding of beam near beam-to-column connection)

・店舗 A
  X 方向：ラーメン，Y 方向：ラーメン
  損傷状況：梁端に軽微な塑性化，残留変形角：無し

写真 6.5.86　店舗 A：外観 (Store A: external view)

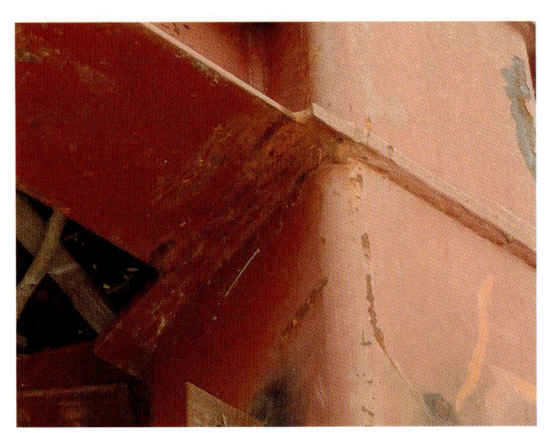

写真 6.5.87　店舗 A：柱梁仕口の軽微な塑性化
(Store A: slight yielding of beam and column)

・店舗 B
  X 方向：ラーメン，Y 方向：ラーメン
  損傷状況：残留変形角 1/200 (1F)，根巻柱脚にひび割れ，梁端に塑性化の痕跡

写真 6.5.88　店舗 B：全景 (Store B: external view)

写真 6.5.89　店舗 B：柱梁仕口，梁端が塑性化
(Store B: slight yielding of beam near beam-to-column connection)

・店舗 C
  X 方向：筋違(X形)，Y 方向：ラーメン
  損傷状況：筋違の座屈，残留変形角：無し

写真 6.5.90　店舗 C：外観，内外装材は流出
(Store C: nonstructural elements washed away)

・工場 A
  X 方向：ラーメン，Y 方向：ラーメン
  損傷状況：トラス梁弦材の座屈（衝突の痕跡有り），解体工事により骨組の一部は撤去済み

写真 6.5.91　工場 A：外観
(Factory A: external view)

第6章　各構造の被害（Damage to each construction type of structures）

写真 6.5.92　工場A：トラス部梁弦材の座屈
(Factory A: buckled chord members in roof truss)

・A小学校体育館
　X方向：ラーメン，Y方向：ラーメン
　損傷状況：海側壁の面外破壊，トラス屋根の崩落，柱脚アンカーボルト破断，トラス接合部ボルト破断，トラス座屈，隣接する3階建RC造校舎は屋上まで浸水

写真 6.5.93　A小学校体育館：外観
(Elementary school gymnasium A: external view)

写真 6.5.94　A小学校体育館：柱脚部 (Elementary school gymnasium A: damaged column base)

写真 6.5.95　A小学校体育館：小屋組の変形
(Elementary school gymnasium A: severely damaged roof)

(6) 気仙沼市（浸水高さ：4～10m）[2)]
・倉庫C（気仙沼市川口町）
　X方向：ラーメン，Y方向：筋違（X形）
　損傷状況：津波により流出，原形を留めないほどに変形

写真 6.5.96　倉庫C：外観
(Warehouse C: external view)

写真 6.5.97　倉庫C：柱・梁が大きく変形
(Warehouse C: deformed columns and beams)

— 499 —

・倉庫D

　X方向：ラーメン，Y方向：ラーメン

　損傷状況：1階外壁流出，構造被害無し．残留変形角無し

写真 6.5.98　倉庫D：外観
(Warehouse D: external view)

写真 6.5.99　倉庫D：天井面水平筋違
(Warehouse D: roof bracing)

・住宅A（気仙沼市長磯後沢）

　X方向：筋違（一構面のみ），Y方向：ラーメン

　損傷状況：残留変形角Y方向＝21/700．丸鋼筋違破断（津波による），基礎損傷，津波による洗掘

写真 6.5.100　住宅A：外観 (Residence A: external view)

写真 6.5.101　住宅A：柱脚部の損傷
(Residence A: damaged column base)

・店舗D

　X方向：ラーメン，Y方向：ラーメン

　損傷状況：流出物の衝突により一部大破．残留変形角：1/160（Y方向）．アンカーボルト破断，梁フランジ・ウェブ破断，天井筋違破断（破断は1階建て部分のみ，2階建て部分には破断・残留変形は無し）

写真 6.5.102　店舗D：外観
(Store D: external view)

第 6 章　各構造の被害（Damage to each construction type of structures）

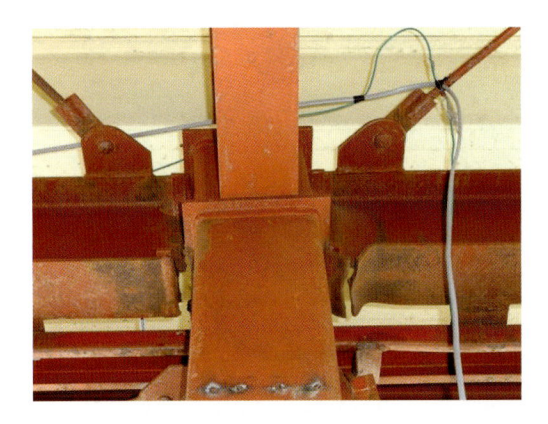

写真 6.5.103　店舗 D：梁端の破断
(Store D: fractured beam-to-column connections)

・旅館 A（気仙沼市新浜町）
　X 方向：ラーメン，Y 方向：ラーメン
　損傷状況：通しダイアフラムと接合部パネルの隅肉溶接の破断による 2 階の局部崩壊

写真 6.5.104　旅館 A：全景
(Japanese style hotel A: external view)

写真 6.5.105　旅館 A：2 階部分の崩壊
(Japanese style hotel A: close-up view of collapsed second story)

・店舗 E
　地上 1 階
　X 方向：ラーメン，Y 方向：ラーメン
　損傷状況：柱梁接合部の局部破壊と柱脚の塑性化によりY 方向に 1/5rad の残留変形角

写真 6.5.106　店舗 E：外観
(Store E: external view)

写真 6.5.107　店舗 E：柱が大きく傾斜
(Store E: distorted columns)

写真 6.5.108　店舗 E：柱梁仕口の変形
(Store E: plastic deformation at top of first-story column)

写真 6.5.109　店舗 E：柱脚部の損傷
(Store E: damaged column base)

・工場 B
X 方向：不明，Y 方向：ラーメン
損傷状況：庇の倒れと庇を支持する柱に 1/10rad（Y 方向）の残留変形角，当該柱には根巻コンクリートのひび割れおよび柱脚部の塑性化，接合部パネルの塑性化，梁のフランジに局部座屈

写真 6.5.112　工場 B：柱梁仕口
(Factory B: yielding in beam-to-column connection)

・工場 C
X 方向：筋違（X 形），Y 方向：ラーメン
損傷状況：筋違接合部のボルト破断，接合部パネルの塑性化，残留変形角 1/200rad（X, Y 方向）

写真 6.5.110　工場 B：外観
(Factory B: external view)

写真 6.5.113　工場 C：外観，特に 1 階の外装材流出
(Factory C: majority of cladding washed away in first story)

写真 6.5.111　工場 B：柱の傾斜，根巻コンクリートの割れ
(Factory B: cracking of reinforced concrete encasing a column base)

写真 6.5.114　工場 C：柱梁仕口パネルの塑性化
(Factory C: yielding of column panel zone)

第6章　各構造の被害（Damage to each construction type of structures）

・工場 D
X方向：筋違（K），Y方向：山形ラーメン
損傷状況：筋違の座屈および破断，柱脚ベースプレート曲げ変形

写真 6.5.115　工場 D：外観
(Factory D: external view)

写真 6.5.116　工場 D：柱脚部で筋違破断
(Factory D: net section fracture of single-angle brace at column base)

・工場 E
X方向：筋違，Y方向：山形ラーメン
損傷状況：Y方向(山形ラーメン)に倒壊．柱脚部および接合部パネルの塑性化，梁端の塑性化

写真 6.5.117　工場 E：外観，右方向に傾斜
(Factory E: building leaning towards right)

写真 6.5.118　工場 E：柱梁仕口，筋違取り合い部
(Factory E: yielding of joint region)

・工場 F
X方向：ブレース(X形)，Y方向：山形ラーメン
損傷状況：基礎の転倒に伴いY方向に倒壊．合掌梁の横座屈

写真 6.5.119　工場 F：外観　(Factory F: external view)

写真 6.5.120 工場 F：転倒した柱
(Factory F: collapsed column)

(7) 陸前高田市（浸水高さ：12〜16m）[2]

・事務所 G
　X 方向：筋違(X 形)，Y 方向：ラーメン
　損傷状況：1 階の ALC 板の面外曲げ破壊，Y 方向に残留変形角：1/50〜1/33rad

写真 6.5.121　事務所 G：全景
(Office building G: external view)

写真 6.5.122　事務所 G：外壁 ALC 板の損傷
(Office building G: damage to ALC panels)

・店舗 F
　X 方向：ラーメン，Y 方向：ラーメン
　損傷状況：残留変形角無し，海側外壁に作用した押し波により梁が捩れ変形

写真 6.5.123　店舗 F：外壁が大きく損傷
(Store F: extensive damage to cladding)

写真 6.5.124　店舗 F：梁の捩れ変形
(Store F: torsional deformation of beam)

・店舗 G
　X 方向：ラーメン，Y 方向：ラーメン
　損傷状況：残留変形角 1/200rad，空気溜りの浮力によると考えられる 2 階床スラブの破壊

第 6 章　各構造の被害（Damage to each construction type of structures）

写真 6.5.125　店舗 G：外壁が大きく損傷
(Store G: extensive damage to cladding)

写真 6.5.128　工場 G：柱脚の変形，柱フランジの局部座屈
(Factory G: local flange buckling of column near base)

写真 6.5.126　店舗 G：デッキ床スラブの変形
(Store G: deformed metal floor slab)

写真 6.5.129　工場 G：柱梁仕口パネルの大変形
(Factory G: large deformation of column panel zone)

・工場 G
X 方向：筋違(X 形)，Y 方向：ラーメン
損傷状況：梁の曲げ座屈，柱脚の塑性化，接合部パネルのせん断変形

・A 高校体育館
X 方向：筋違(X 形)，Y 方向：山形ラーメン
損傷状況：X 方向に 1 階の層崩壊，柱脚部の破壊により X 方向に約 20m 移動

写真 6.5.127　工場 G：外壁が流出
(Factory G: cladding washed away)

写真 6.5.130　A 高校体育館：外観，崩壊
(High-school gymnasium A: external view of collapsed building)

写真 6.5.131　A 高校体育館：崩壊して約 20m 移動
(High-school gymnasium A: building displaced by 20 m)

・体育館 A
　X 方向：筋違(X)，Y 方向：ラーメン，屋根：立体トラス
　損傷状況：海側妻壁面外破壊，妻壁支持水平トラスでの斜材端部の破断と座屈，鉛直筋違の座屈，立体トラス桁行き方向弦材の座屈

写真 6.5.132　体育館 A：外観
(Gymnasium A: external view)

写真 6.5.133　体育館 A：柱が大きく曲げ変形 (Gymnasium A: severely distorted columns)

写真 6.5.134　体育館 A：屋根トラスの変形
(Gymnasium A: distorted roof trusses)

写真 6.5.135　体育館 B：筋違の座屈
(Gymnasium B: buckled braces)

(8) 岩手県大槌町（浸水高さ：10m〜15m）[2]
　特徴的な 5 件について以下に概要を示す。

第6章 各構造の被害（Damage to each construction type of structures）

写真 6.5.136　外壁が流出，構造体の損傷は軽微
(Cladding washed away; minimal structural damage)

写真 6.5.137　事務所：アンカーボルトが破断し隣の建物に寄りかかっている
(Office building: anchor bolts fractured; building leaning on next building)

写真 6.5.138　水産加工施設：外壁の損傷
(Fish processing factory: damage to cladding)

写真 6.5.139　事務所：骨組は残存，周囲はがれきの山
(Office building: a structural frame surrounded by debris)

写真 6.5.140　事務所：3階部分までの内外装が流出
(Office building: cladding washed away from first to third story)

(9) 久慈市（久慈港の浸水高さ：約8〜9m)[1]
・倉庫E
　X方向：ラーメン，Y方向：ラーメン
　柱：H形鋼，梁：H形鋼
　損傷状況：非倒壊，内外装材流出，顕著な残留変形なし

写真 6.5.141　倉庫E：内外装が流出(Warehouse E: nonstructural elements washed away)

写真 6.5.142　倉庫E：鉄骨に顕著な残留変形なし
(Warehouse E: minimal structural damage; no residual drift)

・工場 H
　X 方向：ラーメン，Y 方向：筋違
　柱・梁：変形 H 形鋼，筋違：丸鋼（X 形），外装材：折板
　損傷状況：非倒壊，海側外壁に漂流物の衝突跡あり

写真 6.5.143　工場 H：外壁は残存
(Factory H: cladding remained)

写真 6.5.144　工場 H：柱脚部コンクリート破損
(Factory H: damage to concrete encasing column base)

・工場 I
　X 方向：1 スパン，Y 方向：3 スパン，階数：2
　X 方向：ラーメン，Y 方向：ラーメン
　柱：角形鋼管，梁：H 形鋼，外装材：折板
　損傷状況：非倒壊，1 階の内外装材流出，顕著な残留変形なし

写真 6.5.145　工場 I：外観
(Factory I: external view)

写真 6.5.146　工場 I：主要躯体の損傷少ない。
(Factory I: little structural damage)

・工場 J
　X 方向：1 スパン，Y 方向：4 スパン程度，階数：1
　損傷状況：倒壊，屋外作業場（壁なし）上屋の海側コーナー柱が転倒

写真 6.5.147　工場 J：屋根の崩落
(Factory J: fallen roof)

写真 6.5.148　工場 J：柱の傾斜
(Factory J: leaning columns)

(10) 宮古市（田老港の浸水高さ：約 13.4m）[2)]
・ホテル A
X 方向：1 スパン，Y 方向：6 スパン，階数：6，
X 方向：ラーメン，Y 方向：ラーメン
柱：角形鋼管、梁：H 形鋼，柱脚：根巻形式（写真 6.5.150 の根巻コンクリート上部の孔は，根巻部充填コンクリート用），外装材：ALC 板
損傷状況：非倒壊，1～3 階の内外装材流出，顕著な残留変形なし

写真 6.5.149　ホテル A：外観
(Hotel A: external view)

写真 6.5.150　ホテル A：1 階内部の損傷
(Hotel A: interior damage seen at first story)

・製氷建屋 A
X 方向：1 スパン，Y 方向：2 スパン，階数：4，
柱：角形鋼管（1 階のみコンクリート被覆），梁：H 形鋼，
外装材：押出成形セメント板
損傷状況：非倒壊，1～3 階の内外装材流出，顕著な残留変形なし

写真 6.5.151　製氷建屋 A：外観
(Ice making factory A: externel view)

写真 6.5.152　製氷建屋 A：外装材の損傷
(Ice making factory A: damage to cladding)

(11) 釜石市（両石港の浸水深不明，浸水高さ（潮位から）：約 17〜18m)[2]
- 事務所 I
  X 方向：4 スパン，Y 方向：2 スパン，階数：2、
  X 方向：ラーメン，Y 方向：ラーメン
  柱：角形鋼管，梁：H 形鋼，柱脚：露出形式，外装材：押出整形セメント板
  損傷状況：非倒壊，内外装材流失，顕著な残留変形なし，洗掘により基礎が露出

写真 6.5.153　事務所 I：外観
(Office building I: externel view)

写真 6.5.154　事務所 I：洗掘による基礎の露出
(Office building I: foundation exposed after scouring)

(12) 大船渡市（越喜来港の浸水深不明，浸水高さ（潮位から）：約 15〜17m)[2]
- 工場 K
  X 方向：2 スパン，Y 方向：3 スパン，階数：2
  X 方向：ラーメン，Y 方向：筋違
  柱：1F 日の字，2F H 形鋼，梁：H 形鋼，外装材：スレート板
  損傷状況：非倒壊，内外装材流失，1 層が内陸側へ傾斜，丸鋼筋違の破断

写真 6.5.155　工場 K：外観 (Factory K: external view)

写真 6.5.156　事務所 I：1 層が内陸側へ傾斜
(Office building I: first story leaning towards inland)

6.5.4. 地盤変状による損傷 (Damage caused by soil deformation)

地震動や津波以外にも地盤変状によって建物が被害を受けている例がある。地盤の比較的軟弱と思われる地域において，杭を用いているために建物およびフーチングは沈下しないものの周辺地盤の沈下により段差が生じていたり，液状化による沈下により建物が傾斜したものがある。

写真 6.5.157　商業施設：フーチング周辺の地盤沈下（利府町）(Shopping complex: ground subsided near footing foundation (Rifu))

第6章 各構造の被害（Damage to each construction type of structures）

写真 6.5.158 事務所：液状化による右側2スパン部分の沈下（岩沼市）(Office building: two right-end spans subsided due to liquefaction (Iwanuma))

写真 6.5.161 某建物（仙台市宮城野区）(Building (Miyagino, Sendai))

写真 6.5.159 写真 6.5.158 のクローズアップ（岩沼市）(Subsided corner of same building (Iwanuma))

写真 6.5.162 写真 6.5.161 と同 (Same building (Miyagino, Sendai))

6.5.5. 火災をともなう損傷（Damage caused by fire）

地震動や津波被害に加え，地震後に火災を発生させている被害例が複数ある。個々の建物における出火原因は特定できないが，火災により建物の被害を拡大させている。

写真 6.5.160 倉庫（仙台市宮城野区）(Warehouse (Miyagino, Sendai))

写真 6.5.163 配送施設（名取市）(Delivery station (Natori))

6.5.6 まとめ（Summary）

ある程度の推測を含むが，現在までの知見をまとめる。

1) 新耐震基準以後と思われる建物では，地震動による構造被害は少なく，内外装材や天井材などの非構造被害が見られる。一方，新耐震基準以前と思われる建物では，構造・非構造被害が見られる。全体としては，非構造被害が多い印象を受ける。
2) 津波被害地域では，工場や商業施設などの鉄骨造が多く存在し，津波による被害が多数見られる。
3) 極めて大きな津波を受けた地域では，内外装材が流出したために，主要構造部材が被害をあまり受けずに残っている場合があるが，流出物が衝突して被害を受けている場合も多い。
4) 極めて大きな津波を受けた地域以外では，津波の高さに応じて内外装材等の非構造部材が被害を受けているが，主要構造部材はあまり被害を受けていない場合が多く見受けられる。

参考文献

1) 港湾空港技術研究所：東北地方の港湾における被災状況について（現地調査速報），別紙2　各港の調査状況について，2011.3.23
2) 東北地方太平洋沖地震津波合同調査グループ：東北地方太平洋沖地震津波情報，土木学会海岸工学委員会ホームページ，http://www.coastal.jp/ttjt/index.php，2011.5.20

6.6 非構造部材の被害
（Damage to non-structural elements）

6.6.1 被害の概要（Overview to damage）

(1) 被害の傾向

　非構造部材についても，軽微な被害を含めると他と同様，被害は広範囲に及んでいる。非構造部材の被害の場合，地震後数日以内に撤去や復旧が始まる事が多いため，地震直後に各地の被害の全体像を把握することは困難であった。従って，今回調査した一連の建物被害は，ある程度時間が経過したものが多く撤去や復旧がはじまっていたため，正確な状況把握とはなっていないものもある。また，今回の地震は余震も多く，本震での破損なのか，その後の余震によるものなのかも，区別ができない場合が多い。

　こうした中，それぞれの地域の被害がまとまり，全体としての傾向がある程度述べられるのでここで記述する。また，部位ごとの被害を整理して，その中で重要な被害や今後の課題となりそうなものについて解説する。今回の報告はあくまで，速報として初動の被害調査から分かる範囲のものであり，多くはそれぞれの被害の分析を詳細に行わなければならないと考えている。

　なお，非構造部材の対象となるのは，主として木造住宅における瓦，外壁，非木造の外壁，天井，内装，エキスパンションジョイントなどである。

(2) 地域的な傾向

　被害の地域的な傾向としては，北陸地方の被害は少なく，また限定的であった。東海地方の被害は，富士宮市を中心とした調査の範囲では，被害は散見されるが，古くて耐震性の低いものや，鉄骨造の比較的被害が起きやすい部位に限られていた。

　関東地方の被害は，天井の破損や崩落，外壁のタイルやラスシートの破損，はめ殺しの窓ガラスの破損，木造住宅の瓦の破損などが，神奈川県，東京都，埼玉県，千葉県，栃木県，茨城県と広域で確認できた。個別の被害を見ると，地盤の条件，構造の状態，施工の状態によって被害に差があると考えられるが，どのような場合に被害が起きるのかの分析は難しい。震度が大きかった茨城県，栃木県などでは被害が集中している地域があった。RC造とS造について，大空間構造物（体育館やプールなど）の吊り天井の大規模な崩落や，外壁モルタルやALCパネルの崩落が広域で報告されており，被害報告が多かった茨城県では，建物の新旧や耐震補強の有無に関わらず全県下で報告されている。また，神奈川県で報告された建物被害の大部分は非構造部材の被害（外装材のひびわれ，ガラスの破損など）で

ある。これ以外にも，被害が広域にわたっているため把握できていない状況が多数あることが報告されている。

　東北地方でも広域で被害が見られた。また，関東と同じように被害の集中している地域と比較的軽微な地域があった。福島県では郡山市などの被害が他より大きかった。宮城県においても，例えば仙台市においても海岸側の方が中心市街地よりも被害が大きいといった傾向が見られた。こうした傾向は，地域ごとの地盤などの影響をうけた可能性がある。

(3) 余震による被害

　今回は本震だけでなく，当日の余震以降たび重なる余震が継続して発生しており，これら余震による被害もあった。とくに4月7日の余震による宮城県の被害，4月11日の余震による福島県，茨城県の被害では，外壁や天井の脱落が報告されている。

(4) 非構造部材の耐震性に関わる基準類

　非構造部材に関する基準で重要なものは2つある。ひとつは，建築基準法施行令第39条第2項の規定に基づく，「屋根ふき材，外装材及び屋外に面する帳壁の基準を定める件」（昭和46年1月29日建設省告示第109号，最終改正平成12年5月23日建設省告示第1348号）である。昭和53年の宮城県沖地震の後に通知された同年10月20日建設省告示第1622号により，非構造部材の耐震性を向上するための規定が追加された。具体的には，プレキャストコンクリート板の帳壁は支持構造部分において可動とすること，ラスシート，ワイヤラス又はメタルラスの仕様が規定されたこと，帳壁のはめごろし戸には硬化性のシーリング材を使用しないこと，という項目である。つまり，昭和53年以前の建物におけるこれら対象の非構造部材の耐震性は，比較的低い場合もある。なおこの告示では，昭和53年の改正にあたりその具体的な内容を示すものとして，「帳壁耐震構法マニュアル」が作成されている。これはその後の阪神・淡路大震災の被害を受けて，「外装構法耐震マニュアル」として平成10年に改訂されている。

　もうひとつは「官庁施設の総合耐震計画基準」がある。平成8年に出版されている解説書によると，大地震動に対する非構造部材の耐震安全性の目標を，災害応急対策活動などに使用する施設であるA類とそれ以外のB類に分けて要求性能を定め，材料と工法の選定と耐震性を考慮した検討を行うことを規定している。また，この基準では構造体の目標とする層間変形角の最大値が定められており，それに応じて採用可能な非構造部材の構法・材料を示している。

　また他の指標として，国土交通省住宅局による通知（技

術的助言）がある。例えば天井については，平成13年の芸予地震や平成15年の十勝沖地震後の通知では，被害の多かった大空間建築物（体育館や空港）の天井材について，天井材の周囲にクリアランスを設けることや吊りボルトの連結，目地材の落下防止策などが示されている。

日本建築学会からは，1985年に「非構造部材の耐震設計・施工指針」が出版され，2003年に改訂され，現在は「非構造部材の耐震設計指針・同解説および耐震設計・施工要領」という名称となっている。非構造部材の耐震設計の基本的な考え方と，カーテンウォール，ALCパネルなどの各構法ごとの設計・施工要領がまとめられたものであり，様々な設計の基本的な指針として使われている。

(5) 各部材ごとの被害の概要

本節では被害の概要を示すため，特徴的なものについて事例を取り上げながら解説する。調査は非構造部材を中心に行った調査と，各地域の被害状況調査による。被害として特徴的だったものは下記のものである。

① 木造住宅などにおける瓦と湿式外壁
② 天井の被害
③ 外壁・外装材・開口部の被害
④ その他非構造部材の被害

6.6.2 木造住宅などにおける瓦と湿式外壁（Roofing tile and exterior walls installed by wet joint in wooden houses）

木造住宅では，戸建て住宅の瓦の被害および外壁の被害が多数，広域で見られた。主要な内容は木造建物の被害を参照されたい。ここでは被害の傾向についてのみ解説する。

瓦は広域で被害が見られ，棟瓦の被害と一般部の被害に分類できる。棟瓦は，一部が棟土とともに損壊していたものがほとんどで，瓦が一体的に躯体から剥がれたものがあった（写真6.6.2.1～2）。一部の地域では，簡略化された施工方法が原因と推測されるものが確認された。また，寄棟屋根の場合は，多くで棟瓦と隅棟瓦が破損していた。その他の部分では，東北の一部の地域で，棟瓦だけでなく一般部の瓦（桟瓦）まで破損しているものが確認された（写真6.6.2.3）。

外壁においては，湿式の外壁の被害が散見された。土壁（漆喰壁）などは躯体の変形に対する追従性が低いため，ひび割れなどが見られた（写真6.6.2.4～5）。また，ラスモルタル外壁の脱落が，一部の地域で確認された（写真6.6.2.6）。原因として，当時の施工方法では外壁の保持が十分でなかったことや，用いられたラスが細く破断しやすかったことなどが考えられる。

写真6.6.2.1 瓦の被害（富士宮市）
（Damage to roofing tile）

写真6.6.2.2 棟瓦の被害（富士宮市）
（Damage to ridge roofing tile）

写真6.6.2.3 一般部の瓦の被害（福島県国見町，3.6より再掲）（Damage to roofing tile）

第6章　各構造の被害（Damage to each construction type of structures）

6.6.3　天井の被害（Damage to ceilings）

　天井については，脱落の被害が起こる場合がある。特に，大空間の高い位置からの落下は，人的被害を及ぼす可能性がより高く，これらの安全性が重要といわれ続けてきた。2005年の宮城県沖の地震によるプールの天井脱落以降，様々な注意喚起がなされてきたが，今回も比較的新しい建物での脱落が起きたことが報告されている。

　今回の天井の被害は，多数にわたっている。しかし今回の被害調査においては，多くの建物での被害は建物内部に入ることが難しいため，一部の建物での被害を確認するに留まっている。また，被害状況が公になるものが少なく，被害の全体像はわからない。

　ここでは，天井の被害を以下の3つの建物ごとに解説する。

(1)　ホールなどの大空間の天井
(2)　一般建築物の天井
(3)　低層の店舗建築の天井

(1)　ホールなどの大空間の天井

　東北地方の被害では，各種のホール，体育施設，給食センター等で多くの天井被害が多数報告されている。最近天井の補強・改修工事を行ったホールでは軽微な損傷に留まったという例もあったが，その他では，大ホールの天井パネルの脱落（写真 6.6.3.1），体育施設での天井パネル・照明器具・断熱材等の脱落（写真 6.6.3.2），給食施設でのダクトと天井パネルの取り合い部の破損等の被害が見られた。

　関東地方の被害としては，東京都のホールの天井の脱落により人的被害が出ている。技術的助言以降の建物でも，天井の脱落がいくつか報告されている。また，人的被害は無かったが，神奈川県で音楽ホールの天井が大規模に落下するという被害があった。体育館の被害（写真 6.6.3.3, 6.6.3.4）も多数報告されている。それ以外にも，屋内プールでは天井の一部が落下し（写真 6.6.3.5），比較的新しい空港ターミナルでも天井が一部脱落した。

　被害は東北から神奈川県まで広域に及んでいる。これらのうちいくつかは詳細調査が行われる事になっている。これらの結果に今後注意したい。

写真 6.6.2.4　漆喰壁の被害（成田市）
（Damage to plaster finished wall）

写真 6.6.2.5　漆喰壁の被害（白石市，3.6 より再掲）
（Damage to plaster finished wall）

写真 6.6.2.6　ラスモルタル外壁の被害（福島県国見市，3.6 より再掲）（Damage to mortar finish on wood）

写真6.6.3.1 大ホール天井の落下（福島市，3.6より再掲）
（Damage to ceiling panels in a hall）

写真6.6.3.2 武道場天井の落下（仙台市，3.6より再掲）
（Damage to ceiling panels in a martial arts gym）

写真6.6.3.3 体育館天井の落下（水戸市，4.3.1より再掲）
（Damage to ceiling panels in a gymnasium）

写真6.6.3.4 体育館天井の落下（宇都宮市）
（Fall of ceiling panels in a gymnasium）

写真6.6.3.5 屋内プール天井の落下（ひたちなか市，4.3.1より再掲）（Damage to ceiling panels in an indoor pool）

(2) 一般建築物の天井

一般建築物でも天井の脱落，破損などの被害が多数あった。多く見られたのは，軽量鉄骨下地から，天井パネルが脱落したものであった。また，超高層ビル等でも被害があったという報告はあるものの，公表されたものは少ない。ここでは散見された事例をいくつか紹介する。

東京都では，高層ビルの1階の天井が落下していた（写真6.6.3.6）。静岡県では，役所の天井パネルが破損していた（写真6.6.3.7）。このような被害の多くは，端部，柱周り，シャッターなどの取り合いで見られ，変位に追従できなかったことが推測される。

第6章 各構造の被害（Damage to each construction type of structures）

写真 6.6.3.6 オフィスビル天井の落下（新宿区）
(Fall of ceiling panels in a office building)

写真 6.6.3.7 天井パネルの破損（富士宮市）
(Damage to ceiling panels)

写真 6.6.3.8 天井パネルの破損（栃木県芳賀町）
(Damage to ceiling panels)

写真 6.6.3.9 天井パネルの破損（水戸市）
(Damage to ceiling panels)

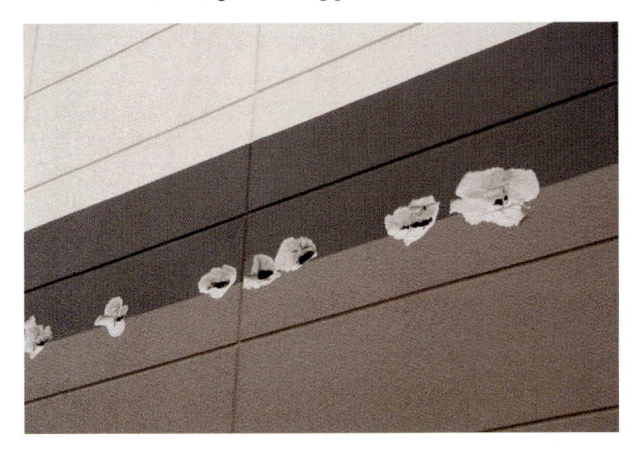

写真 6.6.3.10 内部天井の損傷による外壁被害（栃木県芳賀町）(Damage to outer wall due to the damaged internal ceiling)

(3) 低層の店舗建築の天井

　駐車場を備えた比較的規模の大きな鉄骨造の低層店舗建築は、日本中で多数建設されている。これらの天井が広域で多数被害を受けた。千葉県などでも被害が見られたが、他の非構造部材と同様、栃木県、茨城県、東北地方と、震源に近づくにつれ被害が増える傾向にある。主な被害は、軽量鉄骨下地からの天井パネルの脱落（写真6.6.3.8）、天井パネルの脱落及び軽量鉄骨下地の変形・脱落である。後者は特に壁との取り合い部付近で見られた。写真6.6.3.9では、天井パネルが軽量鉄骨下地と一体的に破損・落下したものと思われる。

　また、天井の被害が外壁にまで影響を及ぼすものが見られた。写真6.6.3.10では、ALCパネルに特異な損傷が見られた。裏面の天井の野縁受けが衝突してALCパネルが破損したものと思われる。

— 517 —

6.6.4 外壁・外装材・開口部の被害(Damage to outer walls, claddings and openings)

外壁・外装材・開口部の被害は，広域に見ることができる。被害の全体像は把握できないが，外観から分かる典型的な被害を以下のように分けて解説する。

(1) 鉄筋コンクリート造の外壁タイル
(2) 鉄骨造のラスシート
(3) 鉄骨造の ALC パネル
(4) ガラススクリーン
(5) 窓ガラス
(6) その他外壁材

(1) 鉄筋コンクリート造の外壁タイル

鉄筋コンクリート造，あるいは鉄骨鉄筋コンクリート造の壁に貼り付けられたタイルが破損している事例が散見された。地域的には東海地方でも見られ，また神奈川県から東北まで広域で確認されている。

被害の傾向としては，まず，窓周りなどのタイルの破損，打継ぎ面などのタイルの破損（写真 6.6.4.1～2）があり，短柱部分など内部にせん断亀裂が生じたことが原因と思われる破損（写真 6.6.4.3～4）であった。また，PCF と思われる事例の被害も見られた（写真 6.6.4.5）。基礎部分と上部構造の間の被害も見られた（写真 6.6.4.6）。地域的には他の被害と同様で東北地方がより被害率が高いと思われるが，悉皆調査などの結果を待ちたい。

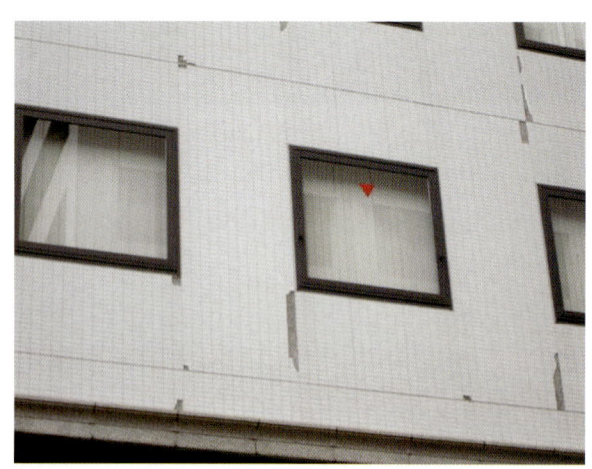

写真 6.6.4.1 開口部廻りのタイル剥離（横浜市）
（Damage to tile around openings）

写真 6.6.4.2 開口部廻りのタイル剥離（横浜市）
（Damage to tile around openings）

写真 6.6.4.3 壁面のせん断ひび割れによるタイル被害（郡山市）（Damage to tile due to shearing destruction）

写真 6.6.4.4 壁面のせん断ひび割れによるタイル被害（名取市）（Damage to tile due to shearing destruction）

第6章　各構造の被害（Damage to each construction type of structures）

～12）。

少なくとも，取付け部分がさびているラスシートは脱落しやすいと言えるため，今後は何らかの対策が必要と思われる。ただし，ラスシートの取付け部分の点検は容易ではないので，検討が必要である。

写真6.6.4.5　PCFと思われる外壁ジョイント部のタイルの損傷（仙台市）（Damage to tile at joint of outer wall which seems PCF）

写真6.6.4.6　基礎との取合い部でのタイル被害（仙台市）（Damaged tile between the base and wall）

(2) 鉄骨造のラスシート

ラスシートは，角波亜鉛鉄板にラスが取り付けられたシートを鉄骨下地に取り付け，その上にモルタルを塗る外壁構法である。1960年代から70年代の鉄骨造で比較的多く採用されてきた。2004年新潟県中越地震でも数多くの脱落の被害が確認されているが，今回も広域で，脱落の被害が見られた。しかし，被害率を算定したわけではないので，ラスシートの外壁のうち，どの程度が脱落したのかは把握していない。

ラスシートの場合はそもそも層間変位追従性能は低いが，過去の地震被害では，シートの取付け部分がさびているものが数多く脱落していた。今回の被害のうち東海地方の被害および関東の被害では，同様の傾向が見られる（写真6.6.4.7～10）。一方で，揺れの大きかったと思われる仙台市においては，取付け部分にほとんどさびが見られずに健全な状態のラスシートの脱落が確認されている（写真6.6.4.11

写真6.6.4.7　ラスシート外壁の被害（富士宮市）（Damage to mortar finish on lath sheet）

写真6.6.4.8　ラスシートの脱落の詳細（富士宮市）（Detail of damaged mortar finish on lath sheet）

写真6.6.4.9　ラスシート外壁の被害（郡山市）（Damaged mortar finish on lath sheet）

— 519 —

写真 6.6.4.10　ラスシート脱落の詳細（郡山市）
（Detail of damaged mortar finish on lath sheet）

写真 6.6.4.11　ラスシート外壁の被害（仙台市）
（Damaged mortar finish on lath sheet）

写真 6.6.4.12　落下したラスシート（仙台市）
（Fallen walls of mortar finished lath sheet）

(3)　鉄骨造のALCパネル

ALCパネルは，広域で被害が見られた。パネルの一部破損程度であれば，首都圏でも見られた。一方で，脱落事例は北関東の栃木，茨城北部と東北地方で報告されている。多数の脱落事例があったが，それぞれの建物のごく近辺にある同様の建物で ALC パネルが無被害のまま残っているという場合も多く，構造の状態，あるいは近辺の被害率などを分析しなければ状況は分からない。現時点では，被害のあったものの傾向を述べるにとどめる。

ALCパネルの取り付け構法は，かつては縦壁挿入筋構法が主流であったが，2002年ごろより耐震性能に優れた縦壁ロッキング構法に全面的に切り替わった。今回の被害調査では，脱落などの被害はほとんどが縦壁挿入筋構法であった。

写真6.6.4.13〜16は，ALC縦壁挿入筋構法の被害である。写真6.6.4.13は，ビルの4階においてALCパネルが全面的に脱落した例である。写真6.6.4.14は，吹き抜け部分に面するALCパネルパネルが脱落した例である。吹き抜けまわりの構造体が比較的大きく変形した事が原因と推察される。写真6.6.4.15は，ALCパネルの目地周囲にひび割れが生じた例である。写真6.6.4.16は，ドア周囲のALCの破損の例である。

さらに，ALCパネルにタイルを貼る場合には，ロッキング構法ではパネル1枚ごとに，縦壁挿入筋構法であってもパネル3枚ごとにタイルの収縮目地を設け，タイル貼りによって層間変位追従性能が阻害されないようにしなければならないが，今回の被害調査では，このルールを守らずに，結果としてパネルが脱落したり，一部破損したり，あるいはタイルのみが破損するといった事例がいくつか見られた（写真6.6.4.17）。これらの被害は不適切な設計が原因であったと言える。

写真 6.6.4.13　ALCパネルの被害（水戸市）
（Damage to ALC panel）

第6章　各構造の被害（Damage to each construction type of structures）

写真 6.6.4.14　ALC パネルの被害（栃木県芳賀町）
（Damage to ALC panel）

写真 6.6.4.15　工場の ALC パネルの接合部の損傷（栃木県芳賀町）（Damage at the joint of ALC panels of factory）

写真 6.6.4.16　ALC パネルの被害（仙台）
（Damage to ALC panel）

写真 6.6.4.17　ALC パネルの被害（水戸）
（Damage to ALC panel）

(4)　ガラススクリーン

　ガラススクリーン構法には，車のショールームなどに使われるガラスリブ構法と，DPG 構法や MPG 構法といった強化ガラスを大きな面で使う比較的新しい構法がある。今回の地震では，後者の被害はほとんど確認できなかったが，前者については，多数被害が見られた。これは建物の変形に対し，ガラスとサッシの取り合い部分のクリアランスが確保できていない事が主な原因として考えられる。これに対し，ガラスまわりのクリアランスを十分に確保した設計とするか，鉄骨構造の変形を抑える設計とすることが対策として考えられる。地域の傾向でいえば，北関東と東北地方でみられ，とくに仙台市郊外では数多くの被害が見られた。これも，今後被害率を出すなどの分析が必要と思われる。なお，ガラススクリーンの場合，被災後すぐにガラスの撤去等が行われる場合がほとんどであり，詳細な被害状況が不明なものが多い。

　写真 6.6.4.18 は，2 階のガラススクリーンが破損した例である。写真 6.6.4.19 は，ガラススクリーンのガラスリブの上部で割れが起こり，ガラス上端部のみが枠に残っているという被害である。写真 6.6.4.20 は，低層の鉄骨造において，2 階のガラススクリーンが破損した例である。写真 6.6.4.21 は，エントランスまわりのガラススクリーンの面ガラスが破損した例である。

写真 6.6.4.18 ガラススクリーンの被害（仙台市）
（Damage to glass screen）

写真 6.6.4.21 ガラススクリーンの被害（岩沼市）
（Damage to glass screen）

写真 6.6.4.19 ガラススクリーンの被害（水戸）
（Damage to glass screen）

写真 6.6.4.20 ガラススクリーンの被害（富士宮市）
（Damage to glass screen）

(5) 窓ガラス

はめ殺しのガラスについては，1978年の宮城県沖地震から多数の被害が報告され，昭和46年建設省告示109号において硬化性シーリングによるはめ殺しのガラスは禁止されている。それ以降，改修や建替えが進み，硬化性シーリングによるはめ殺しガラスは少なくなりつつあるが，窓ガラスの被害としてはめ殺しのガラスが割れる事例は，神奈川を含む関東一円，東北地方に広域に散見された（写真6.6.4.22～25）。

また，層間変位が大きくかかる横連窓での被害も見られた（写真6.6.4.26）。さらにガラスのカーテンウォール形式でも一部破損した事例があった。写真6.6.4.27の例では，ガラスの突き合わせ部分で割れている。この建物の場合，建物周囲の地盤沈下が見られるため，想定以上の揺れが生じた可能性もある。

一方，超高層ビルのガラスカーテンウォールは無被害であった（写真6.6.4.28～29）。

第 6 章　各構造の被害（Damage to each construction type of structures）

写真 6.6.4.22　はめ殺し窓の被害（水戸市）
（Damage to fixed window glasses）

写真 6.6.4.23　はめ殺し窓の被害（郡山市）
（Damage to fixed window glasses）

写真 6.6.4.24　はめ殺し窓の被害（水戸市）
（Damage to fixed window glasses）

写真 6.6.4.25　店舗建築のガラスの被害（仙台市）
（Damage to glass of commercial building）

写真 6.6.4.26　横連窓の被害（水戸市）
（Damage to horizontal composite windows）

写真 6.6.4.27　ガラスカーテンウォールの被害（水戸市）
（Damage to glass curtain wall）

写真 6.6.4.28 無被害のガラスカーテンウォール（郡山市）（Glass curtain wall with no damage）

鉄骨造のサイディングなどの外壁においても，ビス留め部分からのひび割れなどが見られた（写真 6.6.4.33）。

写真 6.6.4.30 PC 外壁の被害（仙台市）（Damage to PC outer wall）

写真 6.6.4.29 無被害のガラスカーテンウォール（仙台市）（Glass curtain wall with no damage）

(6) その他外壁材

PC カーテンウォールについては，目地ずれなどの事例がわずかにあったが，内部に破損が見られる事例があるかどうかは，今後の詳細調査を待つことになる．

一方仙台でカーテンウォール形式になっていない PC 版の脱落があった（写真 6.6.4.30）。1978 年の告示 109 号改正で，プレキャストコンクリートの取付け部分は可動とすることが定められているが，それ以前で高さ 31 メートル以下の場合は，層間変位追従性を求められていない。その時期の無開口の PC 版が 1 枚歩道に脱落した。同様の条件に当てはまる PC 版については今後の地震で被害を受ける可能性があり，点検などの対応を考える必要があるかもしれない。

ガラスブロックは富士宮市で全面的に脱落したもの等があった（写真 6.6.4.31〜32）。

写真 6.6.4.31 正面 2 階の曲面部のガラスブロックが全面的に脱落（富士宮市）（All grass blocks at curved corner had been damaged on the second floor）

写真 6.6.4.32 ガラスブロックの破損（富士宮市）（Damage to glass block）

第6章　各構造の被害（Damage to each construction type of structures）

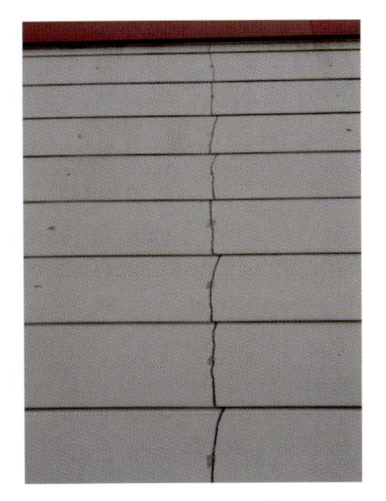

写真 6.6.4.33　サイディング外壁のひび割れ（仙台市）
(Cracks on siding board of outer wall)

写真 6.6.5.1　階段内壁の破損（新宿区）
(Damage to interior wall in a staircase)

6.6.5　その他非構造部材の被害（Damage of other non-structural elements）

その他非構造部材の被害としてみられたのは以下のものである。
①内装
②ガラス防煙垂れ壁
③軒天井
④エキスパンションジョイント
⑤工作物など

(1) 内装の被害

天井以外の内装については，内壁の破損，内部の建具の破損，床仕上げの破損などが広域で見られた。しかし，建物内部の調査が行われたり，内装の被害が報告されているものは少なく，これらの被害の全体像は把握できていない。

内装の被害は，同一建物内では，吹き抜けや階段室などの近辺の被害が比較的大きいことがある。高層ビルの避難階段などは，比較的大きな変形となりやすく，内装が追従できずに破損する場合がある（写真6.6.5.1）。同様に階段室では床仕上げなども被害を受けることがある。低層鉄骨造の店舗建築で，床仕上げが破損しているものが見られた（写真6.6.5.2）。

写真 6.6.5.2　階段床仕上げの破損（さいたま市）
(Damage to floor finish in a staircase)

(2) ガラスの防煙垂れ壁

ガラスの防煙垂れ壁は，店舗建築などで数多く採用されている。これらは過去の地震でも多数破損した例が見られたが，今回も広範囲に被害が確認できた。本来は下部に脱落防止のバーが設置され，柱などと接する端部に緩衝材を入れることが望ましいが，被害が見られた事例では，こうした措置がとられているものは少ない。破損は柱と接する端部で起きやすいが，一般部で破損している場合（写真6.6.5.3）や全面に破損している場合もある。柱と接している部分で防煙垂れ壁のガラスが破損する場合，柱の仕上が破損した例などがあった（写真6.6.5.4）。またガラスの破損が起きない場合でも，ガラスが揺れる事によって仕上げ材を傷つける事がある（写真6.6.5.5）。

― 525 ―

写真 6.6.5.3 商業施設のガラス防煙垂れ壁のひび割れ（Crack of smoke preventive hanging glass in a commeial building）

写真 6.6.5.4 ガラス防煙垂壁と周辺のパネルの破損（富士宮市）（Damage to smoke preventive hanging glass and panels）

写真 6.6.5.5 ガラス防煙垂壁と周辺のパネルの破損（富士宮市）（Damage to smoke preventive hanging glass and panels）

(3) 軒天井の被害

軒天井は，鉄骨造の体育館や低層の店舗建築で散見された。特に頭上からのパネルの脱落となるため，人的被害の可能性が比較的高く，注意しなければならない。低層鉄骨造の店舗建築では，軒天井が脱落している被害が見られた（写真 6.6.5.6）。多くの場合，出入り口近辺となるため，より注意が必要であろう。また，体育館の軒天井の脱落も見られた。（写真 6.6.5.7）

写真 6.6.5.6 店舗軒天井と ALC パネルの被害（名取市）（Damage to panels under eaves of commercial building）

写真 6.6.5.7 体育館の軒天井の脱落（名取市）（Damage to panels under eaves of gymnasium）

(4) エキスパンションジョイントの被害

エキスパンションジョイントの被害は，学校建築，店舗建築と駐車場の間，工場などで，多数見られた。隣接する構造体との衝突を防止するという点では機能したが，一方で補修しなければ雨もりなどの原因となる。

体育施設のブリッジの接続部で，エキスパンションジョイントが破損していた（写真 6.6.5.8）また，学校建築でも

破損していた（写真6.6.5.9）。これらは内装のパネルも破損していた。店舗建築と駐車場の間などでは，全体に変形して雨もりの可能性があり，シートがかけられていた（写真6.6.5.10）。また，駐車場では，大きく変形しているエキスパンションジョイントもあった（写真6.6.5.11）。

写真 6.6.5.8 エキスパンションジョイント部の破損（宇都宮市）（Damage to expansion joint）

写真 6.6.5.9 エキスパンションジョイントの破損（宇都宮市）（Damage to expansion joint）

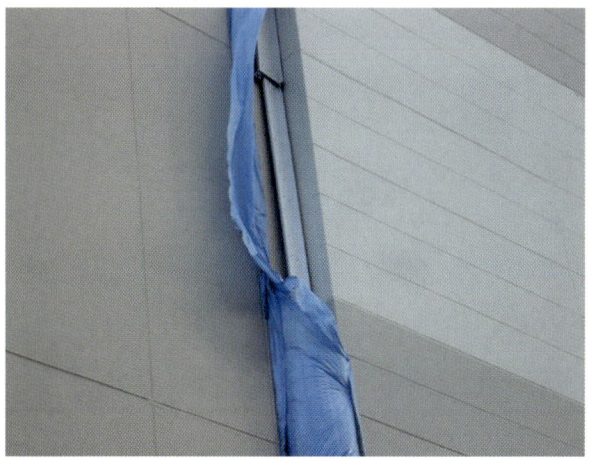

写真 6.6.5.10 エキスパンションジョイント部の破損（仙台市）（Damage to expansion joint）

写真 6.6.5.11 エキスパンションジョイント部の破損（成田市）（Damage to expansion joint）

(5) 工作物等の被害

看板などの屋上工作物が，数多く破損していた。低層店舗建築で看板を取り付けるために屋上に設けたフェンス状壁面のALCパネルが被害を受けていた（写真6.6.5.12）。外壁部分はほとんど被害が見られず，看板部分のみが脱落していた。また，ALCパネルを用いたパラペットまわりで，ALC版が脱落していた例があった（写真6.6.5.13）。

6階建ての店舗建築では，屋上の看板のボードが破損して1階まで脱落した（写真6.6.5.14）。写真6.6.5.12及び14の被害は，出入り口付近での上部からの脱落であり，注意が必要である。

その他として，屋根部材の一部だが，体育館の破風板が破損し，本震，余震でどの程度破損したかはわからないが，一部脱落し，一部は破損して垂れ下がっている状態だった（写真6.6.5.15）。

ブロック塀と石積みの塀の被害も，広域で多数見られた。ブロック塀も多数被害が見られた（写真6.6.5.16）。北関東から東北地域では，大谷石などを使った石積みの塀が数多く見られるが，被害も多数見られた（写真6.6.5.17）。いずれも早期に撤去されていることが多く，被害の実態や被害率は把握できていない。

建築物の足下まわりでは，タイルや外構の仕上が破損している物も多数あった（写真6.6.5.18〜19）。

写真 6.6.5.12 店舗建築の ALC パネルが下地の看板の被害（栃木県芳賀町）（Damage to ALC made signboard in a store）

写真 6.6.5.13 屋上手摺の被害（仙台市）（Damage to parapet）

写真 6.6.5.14 屋上看板の破損・脱落（成田市）（Damage to sign board of the roof）

写真 6.6.5.15 体育館妻側の破風板の破損（岩沼市）（Damage to rake on a gymnasium）

写真 6.6.5.16 ブロック塀の倒壊（ひたちなか市）（Falling down of block wall）

第6章 各構造の被害（Damage to each construction type of structures）

写真 6.6.5.17 石積み塀の被害（名取市）
（Damage to masonry wall）

写真 6.6.5.18 建物の足もとまわりの被害（仙台市）
（Damage to basement）

写真 6.6.5.19 建物の足もとまわりの被害（名取市）
（Damage to basement）

6.6.6 まとめ（Conclusion）

非構造部材の被害について，実態を解説してきた。これらの被害の多くは広域に散見され，同様の隣接する建物の被害がないなど，なぜその建物で被害が起きたのかの説明にしにくいものが多い。したがって，個別の建物ごとの被害原因を丁寧に分析するとともに，ある一定の範囲での被害率などをみる必要があると考える。しかし，非構造部材の場合，被害を受けた後に，早期に撤去され補修されることが多いので，こうした分析が可能なものは限られていると思われる。

当面の課題としては，非構造部材の被害がないと思われているものでも，取付け部分などで破損している可能性があるので，重要な部材については，内部の点検も必要であろう。さらに，目視や早期の点検だけでは確認できない内部の亀裂や破損は，時間が経過してから被害が確認できる場合があるので，こうした経過を観察することも重要である。現時点で設計に反映できることとしては，こうした早期の点検が可能となるような取付け方や点検口の確保などがあげられる。

今後はそれぞれの被害原因の分析を行う必要がある。とくに，構造躯体がどのように変形したのか，それに対して非構造部材がどのような変形を受けたのか，といった詳細な分析も必要である。これらを検証した上で，それぞれの設計あるいは施工に反映していくべきだろう。

謝辞
本稿は以下の方々の調査・資料をもとに作成されたものです。記して謝意を表します。井上朝雄（九州大学），兼松学（東京理科大学），田村雅樹（工学院大学），齋藤茂樹（ベターリビング）

6.7 地盤と基礎の被害
（Damage to soils and foundations）

6.7.1 はじめに (Introduction)

本節では，2011年東北地方太平洋沖地震における地盤と基礎の被害について報告する。被害は広範囲に及ぶため，本報告は，被害状況の全体像よりもむしろその一端を示すものである。また，利根川流域および東北地方の調査はそれぞれ，地震発生後1－3週間経過した，3月中旬以降と4月初旬以降に行ったものである。したがって，その被害状況は余震等の影響を含めた調査時点のものである。

6.7.2 東京湾岸 (Tokyo bay area)
(1) 地盤および地震動特性

図6.7.1は，東京湾岸の東京都から千葉県までの埋立地・埋立年代[1]と液状化が報告されている地点[2)-5)]との関係を示している。顕著な液状化は埋立地のみで発生していることが確認される。図6.7.2は，東京都と千葉県浦安市の沖積層基底深度と液状化地点との関係を示している[6)7)]。ほぼすべての液状化地点が，基底深度35-40m以上で生じていることは興味深い。図6.7.3は，東京湾を横切る測線の微動H/Vスペクトルのピーク周期（沖積層のせん断振動の固有周期）である。液状化地点では堆積層が厚いことを反映して，ピーク周期がいずれも1-2秒程度であり，非液状化地点のピーク周期0.5秒程度以下と比べ長くなっている。

東京湾岸において本震の時刻歴デジタルデータが公表されている強震観測点直近で液状化が認められたのは，K-NET稲毛(CHB024)とK-NET辰巳(TKY017)の2点である。なお，浦安市の旧海岸線以北にあるK-NET浦安(CHB008)近傍では液状化は認められなかった。

図6.7.4にK-NET稲毛[8)]の加速度記録（主要動を含む100秒）を示す。NS，EWの最大加速度は，2.34m/s^2，2.03m/s^{2}で，120秒前後にスパイク状の波形が見られ，液状化によるサイクリックモビリティの可能性が示唆される。図6.7.5(a)は本震と余震のフーリエスペクトルを示している。余震に比べ，本震では明らかに長周期化していることが確認される。図6.7.5(b)は本震の10秒区間のフーリエスペクトルをその中央時刻について，いくつか示したものである。時間とともにスペクトルピークが長周期化している傾向が認められる。その傾向を詳しく見るため，図6.7.6に，各区間のスペクトルピークで無次元化したランニングスペクトルを示す。周期の延びは110秒前後から140秒前後まで顕著である。したがって，約30秒間の繰返しにより，徐々に地盤が液状化に至ったのではないかと推察される。図6.7.7-6.7.9は，同様の図を液状化が認められなかったK-NET浦安[8)]について示している。K-NET稲毛に比べると顕著なスペクトルピーク周期の変化は認められない。また，図6.7.4と図6.7.7

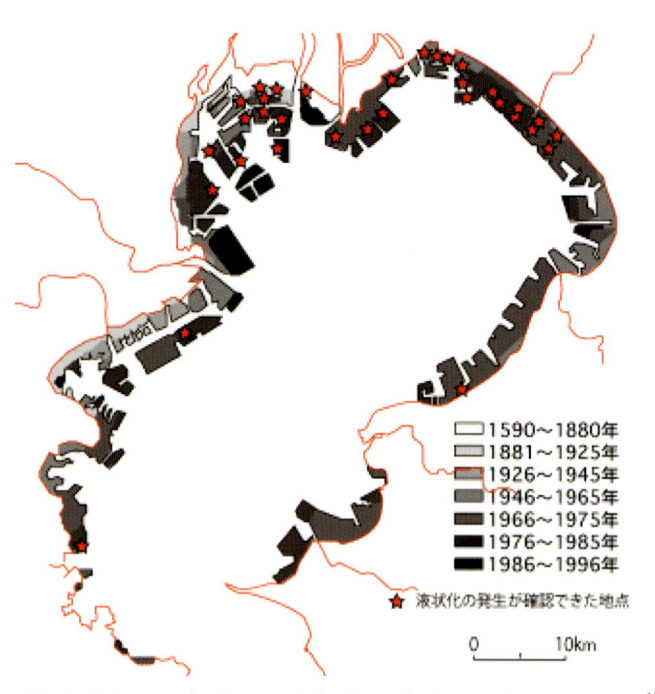

図6.7.1 埋立地・埋立年代と液状化地点との関係[1)]
(Map showing reclaimed areas and periods together with liquefied areas)

図6.7.2 沖積層基底深度と液状化地点との関係[6)7)]
(Map showing depth of alluvial deposit and liquefied area)

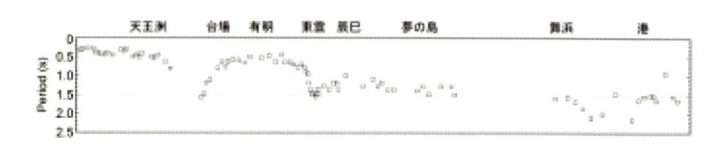

図6.7.3 A-A'測線の微動H/Vスペクトルピーク周期
(H/V spectral peaks along A-A' line in Fig. 6.7.2)

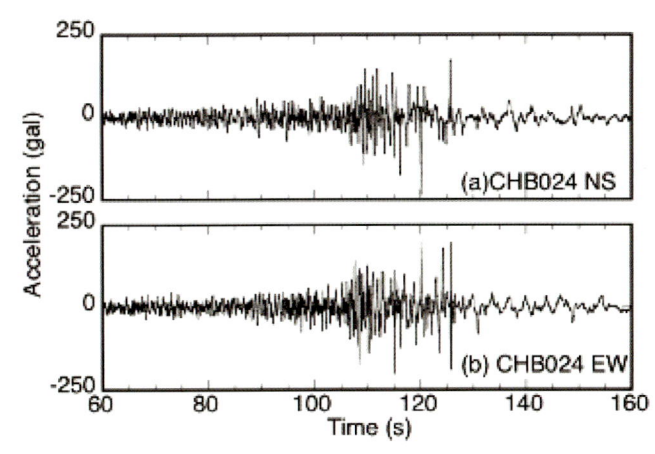

第6章 各構造の被害（Damage to each construction type of structures）

図 6.7.4 K-NET 稲毛の加速度記録 (Acceleration time histories at K-NET Inage during the main shock)

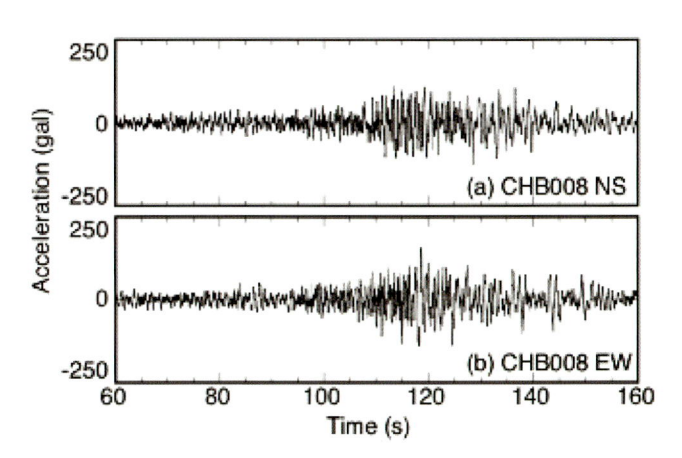

図 6.7.7 K-NET 浦安の加速度記録 (Acceleration time histories at K-NET Urayasu during the main shock)

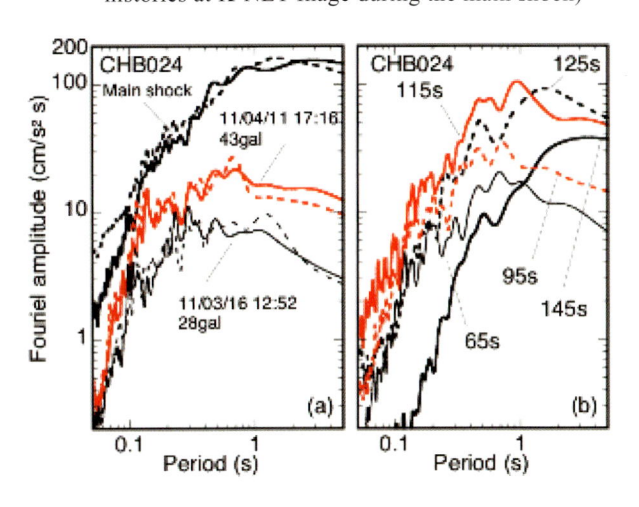

図 6.7.5 (a)本震と余震のフーリエスペクトルと(b)本震の10秒区間ごとのフーリエスペクトル(稲毛)((a)Fourier spectra of the ground motions during main and after shocks and (b) those of 10-s period components of the main shock at Inage)

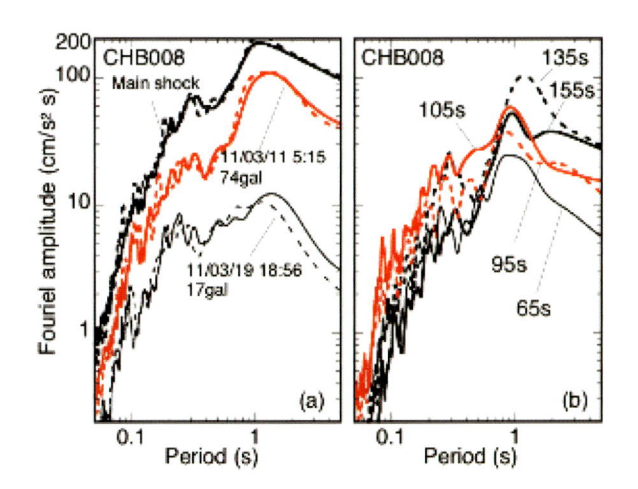

図 6.7.8 (a)本震と余震のフーリエスペクトルと(b)本震の10秒区間ごとのフーリエスペクトル(浦安)((a)Fourier spectra of the ground motions during main and after shocks and (b) those of 10-s period components of the main shock at Urayasu)

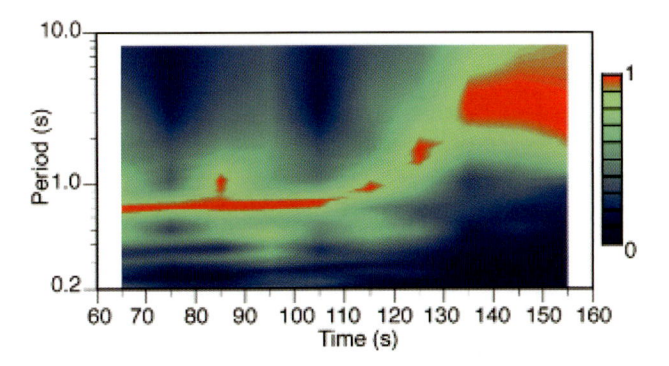

図 6.7.6 無次元化したランニングスペクトル(稲毛) (Normalized running spectra at Inage)

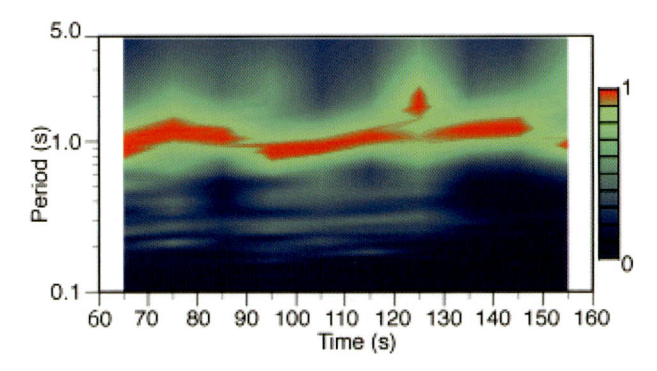

図 6.7.9 無次元化したランニングスペクトル(浦安) (Normalized running spectra at Urayasu)

との比較から液状化しなかった浦安の主要動が110-140秒の間であり，K-NET 稲毛が完全に液状化したのは主要動の後半であったことが示唆される。

(2) 東京都・神奈川県

東京都東部の新木場は1966〜1975年に埋め立てられた。そのうち，14号地その1，15号地東側（図6.7.2のハッチ部）は，廃棄物処分場として埋め立てられているが，それ以外の地区は砂，粘土などが不規則に分布する埋立地である。

— 531 —

液状化は，廃棄物を埋め立てた地域以外の多くの場所で確認された。写真 6.7.1-6.7.4 に被害の様子を示す。特に新木場2丁目では，噴砂の堆積量も多く，マンホールの浮上り，歩道の陥没，杭基礎建物周辺での地盤面との段差（最大 40cm 程度），盛土の側方流動などが見られた。

以上を含め，江東区[5)]では，漣橋（潮見 1 丁目～辰巳 2 丁目），新砂 2-5，辰巳橋取付道路（東雲 1 丁目），辰巳 1-10，辰巳 2-1，辰巳 2-9，東陽 1-3，東陽 2-4，豊洲 3-5，豊洲 5-6，若洲 2 丁目，有明 10 号地，江戸川区清新町，港区台場潮風公園，品川区大井埠頭などで液状化が報告されている。このうち，東陽町は明治～大正時代，豊洲，辰巳の一部は昭和初期の埋立地であり，他は，昭和後期(1965 年)以後の埋立地である。

神奈川県の埋立地でも川崎市川崎区東扇島，横浜市金沢区八景島周辺で液状化が生じ，八景島に近い柴町では液状化により杭基礎ＲＣ造集合住宅と周辺地盤に段差が生じ，地下駐車場が最大 1.5m 程度浮き上がった。また，鶴見川に近い港北区小机町では液状化により住宅の沈下・傾斜が生じた。被害があった一帯は，約 50 年前に池を埋め立てた部分に相当する。

(3) 千葉県

千葉県の東京湾沿岸埋立地のうち，浦安市，市川市，船橋市，習志野市，千葉市美浜区などで，道路，ライフライン，木造住宅などに液状化による甚大な被害が報告されている。市川市塩浜，船橋市栄町の護岸部の一部で側方流動による被害が認められた。以下では，浦安市の被害についてまとめる。

1) 浦安市

図 6.7.10 は，調査を行った千葉県浦安市の地図と，各地区が埋め立てられた年代を示している[7)]。1964 年頃より，旧海岸線防波堤の外側に埋立が開始され，1975 年までの第一期埋立て事業で完成した地区には住宅，商業施設，公共施設などが多く存在している。一方，1980 年までに行われた第二期埋立て事業で完成した地区には，高層マンション，大学，ホテル，倉庫などが多く存在している。また，

写真 6.7.1 新木場での噴砂 （Boiled Sand at Shinkiba: 10:00AM on March 12, 2011）

写真 6.7.2 噴砂に埋まった自動車 (Automobiles buried in thick boiled sand)

写真 6.7.3 傾斜した建物 (Tilted building with spread/friction pile foundation)

写真 6.7.4 杭基礎建物周辺の地盤沈下 (Ground settlement around a pile-supported building)

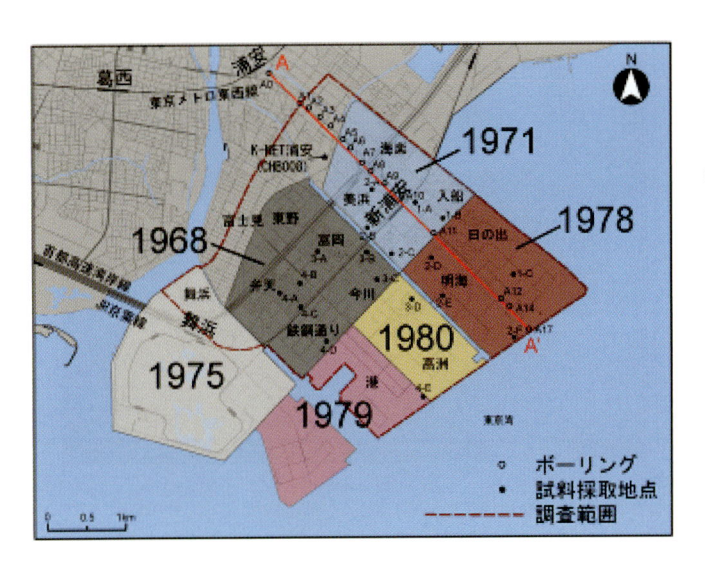

第6章 各構造の被害（Damage to each construction type of structures）

図 6.7.10 調査範囲と埋立て年代 (Map showing reclaimed period and investigated area)

海に近い地域には未開発の空地が多く存在している。これらの埋め立には、主として浦安沖から浚渫した海砂が用いられている。なお、1987年12月17日に発生した千葉県東方沖地震(M6.7)では、海楽1丁目、美浜3丁目、入船4丁目の一部などで液状化被害が報告されている[9]。

調査は、地震直後の3月12, 13, 15～17, 20日に図6.7.10に点線で示した範囲を対象に行った。調査地域の旧海岸線より北西側では、浦安駅周辺、K-NET浦安観測点を含めて液状化被害は認められなかった。浦安市各地区の被害概要は、4章「関東地区の被害」に記載されている。

被害調査から、各地区で共通的に認められる事象は、以下の通りである。

・液状化が認められない部分の多くで、何らかの地盤改良を施していたことから、M9.0の地震動によって生じた2.0m/s^{2}程度の地震動に対して、地盤改良効果の有効性が確認された。

・液状化した地区では、噴砂（写真6.7.5）、地盤沈下、直接基礎建物の沈下・傾斜(写真6.7.6-6.7.10)、杭基礎建物と周辺地盤との段差 (写真6.7.10-6.7.12)とそれによる配管被害、地下埋設物（マンホール、非常用貯水槽、地下駐車場等）の浮上り(写真6.7.13-6.7.14)、上下水道の被害、道路の陥没、電柱の転倒などが、程度の差はあっても多数認められたが、震動による建物上屋の構造的被害は殆ど確認できなかった。

・基礎が沈下・傾斜しても、上部の構造的被害につながったものが少ない理由は、多くの建物で液状化、不同沈下対

写真 6.7.5 道路に積み上げられた砂
(Boiled sand stacked on the road)

写真 6.7.7 傾斜した建物
(Tilted building)

写真 6.7.6 大きく沈下した建物
(Large settlement of a building)

写真 6.7.8 大きく傾斜した建物
(Largely tilted building)

写真 6.7.9 建物の沈下　(Settlement of a building)

写真 6.7.12 杭基礎建物周辺の地盤沈下　(Ground settlement around a pile supported building)

写真 6.7.10 杭基礎建物と沈下した建物 (Pile-supported building and settled building)

写真 6.7.13 マンホールの浮上り (Uplift of manhole)

写真 6.7.11 杭基礎建物周辺の地盤沈下　(Ground settlement around a pile supported building)

写真 6.7.14 地下駐車場の浮上り (Uplift of underground parking lot)

策として，ベタ基礎や剛性の高い基礎を採用していたためと考えられる。
・水害対策などのため半地下部や一階部をRC造とした住宅では，相対的に他より大きな沈下を生じる場合が多かった。建物の接地圧が大きくなるためと推察される。
・同一街区内のほぼ同様の形式の建物でも，その沈下・傾斜に差異が認められた。住民の話によれば，沈下・傾斜が大きい場所では，水道管，下水管等の設置などにより，過去に地盤の掘起し，埋戻しがなされている場合ではないかとのことである。
・建物が隣接する場合，多くの傾斜は両者の上部が近づくような方向に発生し，写真6.7.8のような被害状況となる。

第6章 各構造の被害 (Damage to each construction type of structures)

これは，建物荷重の重ね合わせにより，隣接建物間の沈下が大きくなりやすいためと考えられる。一方，道路を挟んだ建物では，写真6.7.5のように両者が離れる方向に傾斜する傾向がある。これは，それぞれの裏庭に隣接する建物との間隔が短いため，そちら側に傾斜する傾向があること，一部の道路は地盤改良が施されており，道路側の沈下が抑制されたなどの可能性が考えられる。

調査結果をもとに液状化の程度を地盤沈下，建物沈下と傾斜，歩道の被害の程度に基づいて3段階（赤，黄，緑）に色分けした液状化被害マップを作成した(図 6.7.11，暫定版)。図から，1964年当時の海岸線より北側では液状化被害が認められず，それ以後，埋め立てられた地区内でのみ液状化被害が発生していることが確認できる。1987年千葉県東方沖地震で液状化した地区は再液状化し，それを含むより広範囲で液状化が生じた。また，埋立て地区内でも被害の程度が異なり，液状化による被害が発生していない場所のあることが確認できる。

2) 浦安市の地盤構造と液状化被害の関係

図 6.7.12に図 6.7.10のA-A'ラインに沿う浦安市の地盤断面図[10]を，図 6.7.13に地震以前の標高[11]，図 6.7.14に軟弱層堆積の深度分布[7]を示す。標高は，1964年当時の海岸線より北で0-2m程度，それより南の1971年当時の海岸線より北で2-4m程度，1979年以降の埋立地で3-7m程度となり，特に明海の防波堤に近い公園では標高が10m前後となっている。図 6.7.12から，埋立地では，概ね地表から海抜-10m前後までは埋土または砂が堆積しており，そのN値は殆どが10以下と非常に小さい。砂層の下にはシルト層や粘性土層が深く堆積しているが，これらのN値は概ね0-3程度である。図 6.7.14から，港，今川，明海，入船などの直下に厚さ60m程度の埋没谷が存在し，この地域の軟弱層の厚さを複雑に変化させていることが分かる。これらの傾向は，

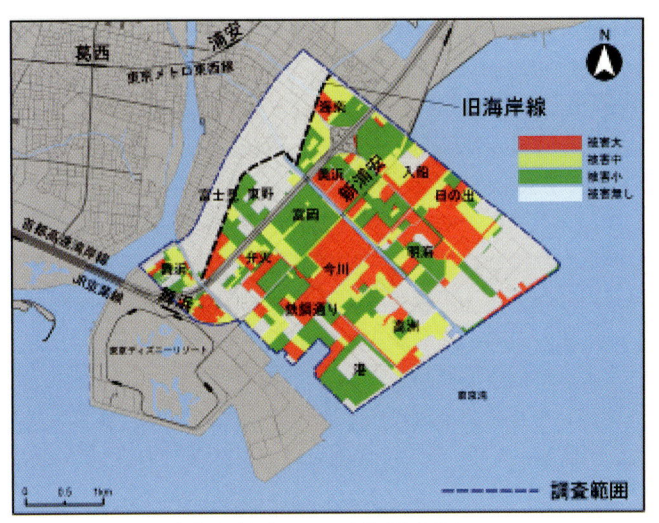

図 6.7.11 液状化被害マップ[2](暫定版)
(Map showing liquefied area)

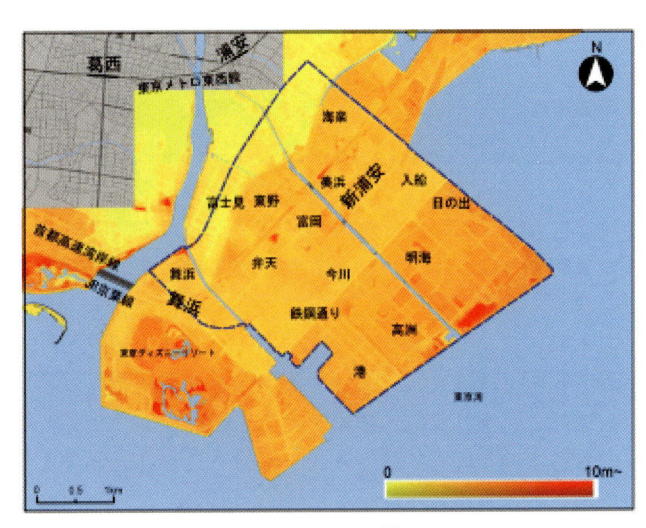

図 6.7.13 浦安市の標高（文献[11]より作成）
(Map showing elevation of Urayasu city)

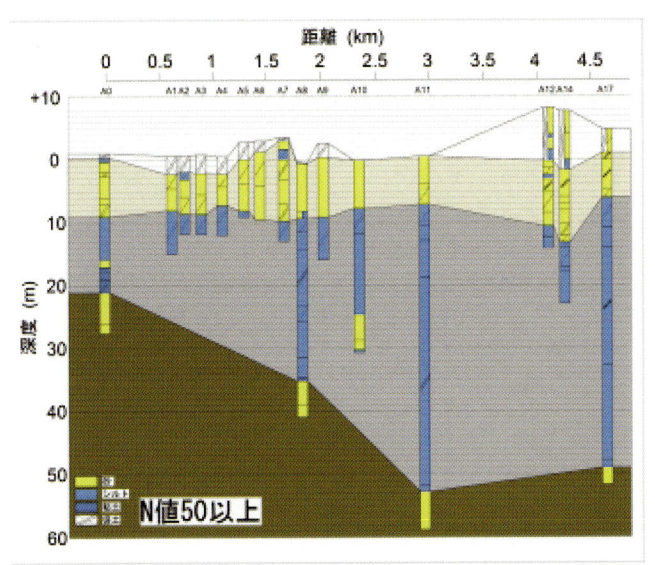

図 6.7.12 A-A'ラインの地盤断面図（文献[10]より作成）
(Geological section along A-A' line)

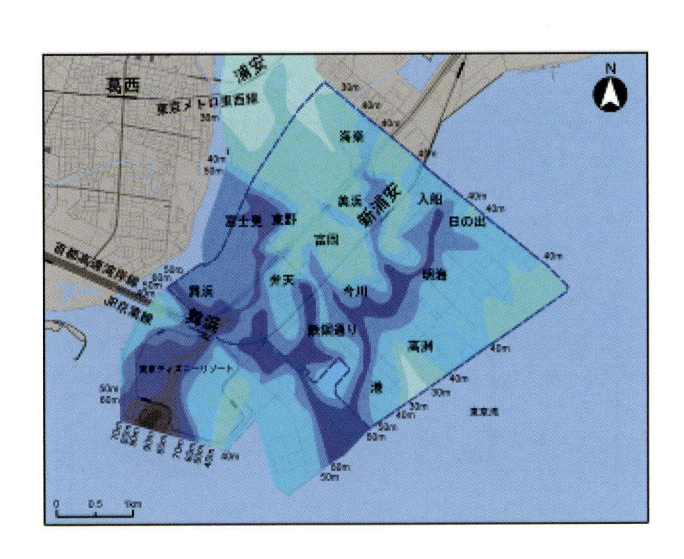

図 6.7.14 浦安市の軟弱層堆積深さ[7] (Map showing thickness of alluvial soil in Urayasu city)

― 535 ―

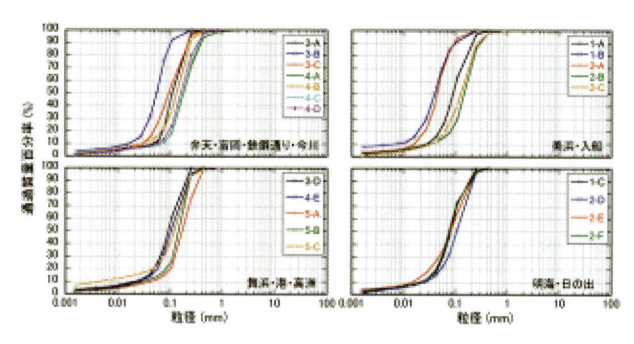

図 6.7.15 噴砂の粒度分布[2] (Grain size distribution curves of boiled sands)

図 6.7.3 の微動 H/V ピーク周期の浦安市における変化と調和的である。ただし、図 6.7.12,6.7.14 の比較より、N 値 50 以上の工学的基盤が現れる深度は、A-A'（北西-南東）ラインでは、概ね北側の旧海岸線近くで海抜-20m 前後、最も海側で海抜-50m 前後と、海（南東）に向かって深くなり、これと直交する北東-南西ラインでは、南西に向かって深くなっていることが分かる。

図 6.7.15 は図 6.7.10 に示した地点で採取した噴砂の粒度分布を地区ごとに示したものである。どの試料も細粒分含有率が約 15～70%と高いが、非塑性の細砂、シルト質砂と判断される。これは、海抜-10m 程度以浅に存在する埋立砂層に対応することから、埋立砂層が地震時に液状化したものと考えられる。

図 6.7.16 に、千葉県のデータ[10]および独自の調査より集めた、各地区の埋土・砂層の N 値深度分布を灰色で、平均値を赤色で示す。なお、明海・日の出については北西と南東で被害状況が大きく異なることからそれぞれの場合について示した。図から、砂層の N 値は、富岡・今川、明海・日の出(北西)で極めて小さく、非埋立地の浦安駅周辺、埋立地であるが標高が最も高い明海・日の出(南東)で大きいことが分かる。また、埋土・砂層厚は各地域によって異なっており、舞浜、美浜・入船、高洲、明海・日の出で厚いことが分かる。

以上の結果と液状化被害を比較すると、以下のような傾向が認められる。

・1964 年以前の海岸線より内側では、標高が低く、したがって地下水位が浅いにもかかわらず液状化が認められないこと、この地区の N 値は若い埋立地で液状化した地区より高いことから、所謂、年代効果が液状化の程度に影響している可能性がある。

・明海・日の出（南東）では N 値も比較的高く、また液状化被害が軽微であることから、埋立材料、埋立方法の違いなどが被害に影響している可能性もある。さらに、この地区は標高が相対的に高くなっていることから、標高の高低が液状化の程度に影響している可能性もある。これは、標高が高くなることで、地下水位が相対的に低くなること、地下水位以深のシルト質砂層の圧縮が進行したことなどがその理由として考えられる。また、最も最近の開発地域であることから液状化対策が施されている部分が多い可能性もある。

・図 6.7.11 と図 6.7.14 との比較から、埋没谷の直上またはその近傍で甚大な被害が発生している傾向が認められることから、基盤深度の差異による地表応答の差異が液状化の発生やその程度に影響した可能性も否定できない。

3）液状化被害と液状化予測

図 6.7.17 は、建築基礎構造設計指針[12]の方法により、図 6.7.16 の各地域の平均 N 値を用いて、加速度 $2.0m/s^2$、マグニチュード 9.0 で液状化判定を行った結果である。各地区の地下水位はそれぞれの平均値とし、細粒分含有率は 15, 25, 35%の 3 ケースを考慮した。液状化被害の認められなかった浦安駅周辺と液状化被害の軽微であった明海・日の出（南東）地区では殆どの深さで F_L 値が 1 以上となっているが、その他の地域では 1 を下回っていることが多い。特に、美浜・入船、高洲、明海・日の出(北西)では深さ 20m 近くまで F_L 値が 1 より小さい層が連続している。これらの結果は、被害状況と調和的である。

表 6.7.1 には建築基礎構造設計指針の方法[12]により図 6.7.16 に示す各地区の N 値分布に対する推定地盤沈下量と各地区の実測値（杭基礎建物と周辺地盤の相対沈下量）の最大値、平均値、最小値を比較して示した。各地点の細粒分含有率は不明な場合が多かったので、推定値は細粒分含有率 15, 25, 35%と仮定した。細粒分含有率を 25%と仮定したときの推定沈下量は、浦安駅周辺で 6cm、明海・日の出

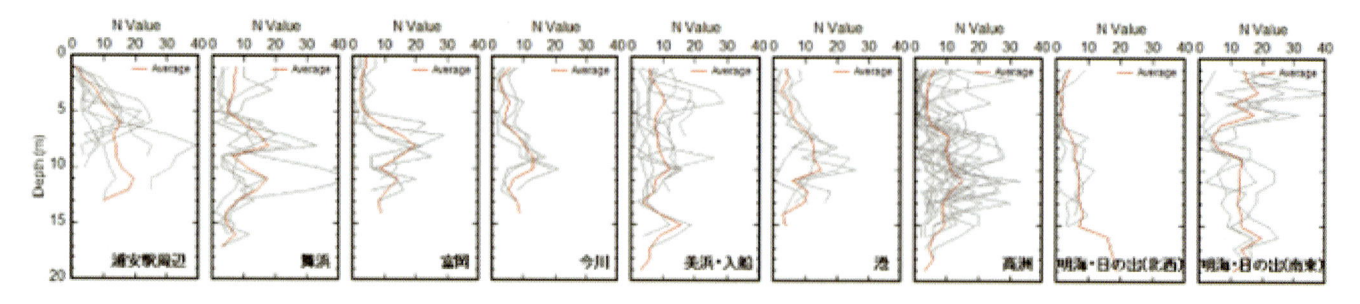

図 6.7.16 各地区の N 値の深度分布 (Distribution of N-value with depth at selected districts in Urayasu city)

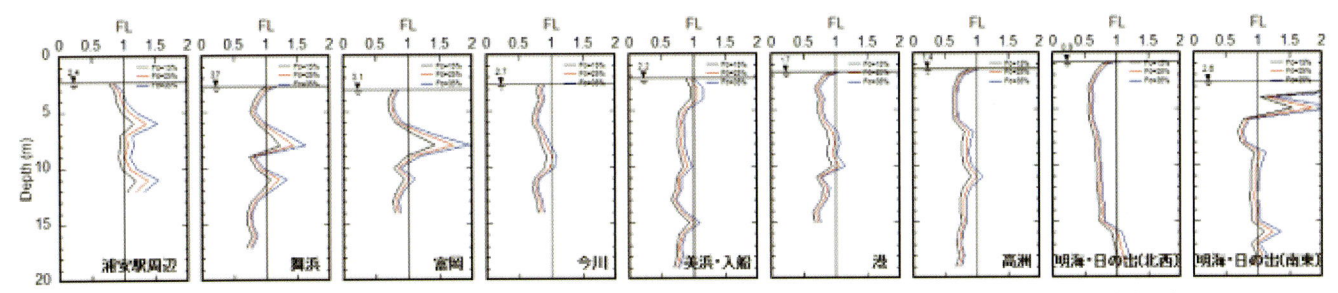

第6章 各構造の被害 (Damage to each construction type of structures)

図 6.7.17 各地区の液状化安全率 (Distribution of factor of safety against liquefaction with depth at selected districts in Urayasu city)

表 6.7.1 各地区の推定沈下量と実測値の比較 (Comparison of estimated and observed ground settlements)

| | 推定値(cm) ||||||||| 実測値(cm) |||
| | Fc=15% ||| Fc=25% ||| Fc=35% ||| |||
	最大	平均	最小	最大	平均	最小	最大	平均	最小	最大	平均	最小
浦安駅周辺	19	12	3	14	8	2	11	7	2	0	0	0
舞浜	30	24	18	22	17	13	17	14	11	-	-	-
富岡	22	19	17	16	13	12	13	11	9	30	26	15
今川	30	21	16	22	15	11	18	12	9	50	22	5
美浜・入船	36	18	4	26	13	3	21	10	2	45	19	7
港	41	25	18	31	18	13	25	15	10	60	22	5
高洲	49	36	9	37	26	7	30	21	5	50	23	2
明海・日の出(北西)	56	49	45	43	37	34	35	30	28	65	32	3
明海・日の出(南東)	23	20	15	19	15	11	15	12	9	15	8	2

（南東）で 11cm, 液状化の激しかった他の地区では 16-33cm で, 明海・日の出（北西）で最も大きいなど, 実測値の傾向と大きな矛盾はない。今後, 各地点, 各深度の細粒分含有率を明らかにして再検討する必要があるものの, 現行の設計指針は, 液状化発生の可能性と被害程度を, ある程度の精度で推定できていたのではないかと考えられる。

6.7.3 利根川流域 (Tone river region)

利根川流域では, 埼玉県の久喜市・幸手市など, さらに, 千葉県, 茨城県の各所（図 6.7.18）で液状化による住宅被害が報告されている。以下では, 千葉県我孫子市・香取市と茨城県稲敷市・潮来市・神栖市・鹿嶋市の被害について報告する。

(1) 千葉県
1) 我孫子市
市の東端部の布佐・都地区のうち, 利根川沿いの布佐一丁目, 布佐, 都などで液状化が発生した。多くの家屋が沈下・傾斜し, 電柱, 信号, ブロック塀などが傾斜・損傷した。古地図と比較すると, この地域は, 戦後, 川底から浚渫した砂を利用して埋め立てられた場所である。

2) 香取市
香取市佐原地区は, 図 6.7.19 に示すように利根川へ通じる水路が街中を縦横に流れている。図 6.7.20 の旧版地図と比較すると町の大部分と水路は, 旧河道もしくは湿地に相当するようである。液状化被害は, この水路周辺を含む埋立地で特に顕著であり, 直接基礎の住宅の沈下・傾斜, 杭基礎支持建物周辺地盤の沈下, 地下埋設物の浮上り, 道路

図 6.7.18 利根川流域の液状化地域 (Map showing liquefied areas along the Tone river)

や歩道の不陸・陥没等の被害が各所で認められた。水路周辺では，液状化に伴う側方流動が生じ，上記の被害に加えて以下の被害が見られた。
- 護岸とその背後地盤が川に押し出されることで，川幅が狭くなり，川底が隆起するとともに（写真6.7.15)，背後地盤が大きく沈下，水平移動し，水路を跨ぐ橋に被害をもたらした。
- 護岸近傍に建つ住宅等は基礎部で川側に押されたように傾斜または倒壊した(写真6.7.16-6.7.17)。倒壊したものは，概ね基礎剛性のない古い建物であった。また，杭基礎建物では地盤面との間に，最大70cm程度のギャップが生じた（写真6.7.18)。

利根川護岸側で側方流動による被害が生じた一方で，佐原駅周辺での被害は比較的軽微であった(図6.7.19)。被害が大きかったところは旧河道もしくは湿地に相当する部分が多かったようであるが，被害が見られなかったところでもかつて水田として利用されていた場所がある。住民の方の話では，内陸側は山砂を埋め立てたとのことである。旧版

図6.7.19 香取市佐原地区 (Map of Sawara district of Katori city)

写真6.7.16 側方流動により生じた建物被害 (Damage to building caused by lateral spreading)

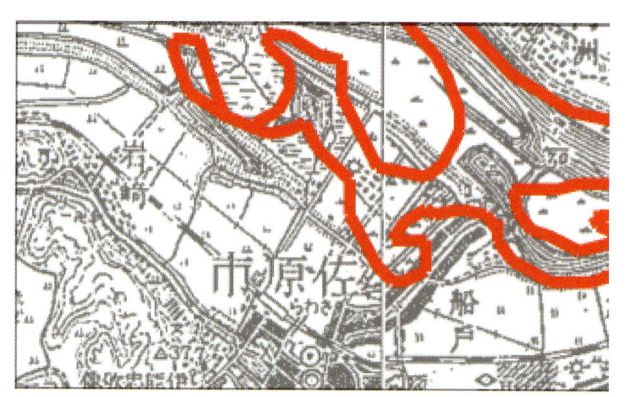

図6.7.20 佐原地区の1955年版地図(太線は1906年の河道) (Map of Sawara district in 1955 with old rivers in red lines)

写真6.7.17 側方流動により生じた建物被害 (House damaged by lateral spreading)

写真6.7.15 川への側方流動 (Lateral ground spreading towards the river)

写真6.7.18 側方流動により生じた建物周辺の沈下 (Ground settlement around building caused by lateral spreading)

第6章 各構造の被害（Damage to each construction type of structures）

地図を参照すると，利根川沿い側は昭和40年代頃から，内陸側は昭和50~60年代頃から住宅が建ち始めているのが確認できる。液状化の被害の有無が，埋立年代だけではなく，埋立てに用いた土の物性も影響していた可能性が示唆される。

(2) 茨城県
1) 稲敷市
　稲敷市では，上之島地区，結佐地区，六角地区などで，液状化とそれに伴う戸建て住宅などの被害が報告されている[13]。写真6.7.19-6.7.20は，上之島地区および六角地区での液状化による木造住宅被害である。

2) 潮来市
　潮来市日の出地区（図6.7.21-6.7.22）では，大量の噴砂を伴って，直接基礎の住宅・建物の沈下・傾斜（写真6.7.21），杭基礎支持建物周辺地盤の沈下（写真6.7.22），地下埋設物の浮上り，地盤沈下に伴う道路や歩道の不陸・陥没（写真6.7.23），電柱の傾斜が生じた。地震直後には，日の出地区全域で上下水道が不通となった。液状化による被害は，常陸利根川が流れる地区南部で大きくなる傾向があった。地盤の沈下量もこれに応じて，潮来浄化センター付近など南部で40-50cm程度，北部では10cm程度またはそれ以下であった。

　1955年の地図(図6.7.22)を参照すると，日の出地区は内浪

写真6.7.19　液状化による住宅の被害
(House damaged by soil liquefaction, Courtesy of Hiroyasu Sakata)

写真6.7.20　液状化による住宅の沈下と傾斜
(Liquefaction induced tilt and settlement of building, Courtesy of Hiroyasu Sakata)

図6.7.21　調査地域の地図
(Map of investigated area)

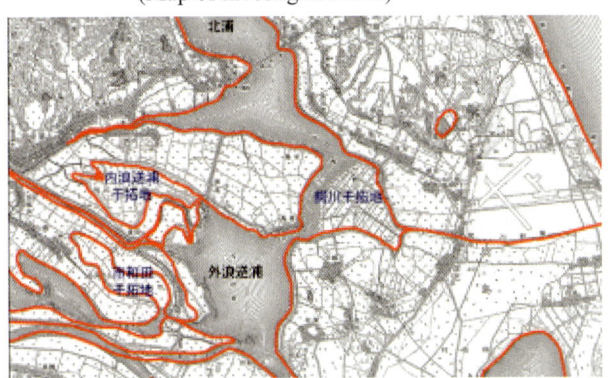

図6.7.22　1955年の地図
(Map in 1955 with old rivers with red lines)

写真6.7.21　沈下・傾斜した建物
(Settlement and tilt of a building)

写真 6.7.22 建物周辺の地盤沈下
(Ground settlement around a building)

写真 6.7.24 共同溝の浮上り
(Uplift of buried conduit)

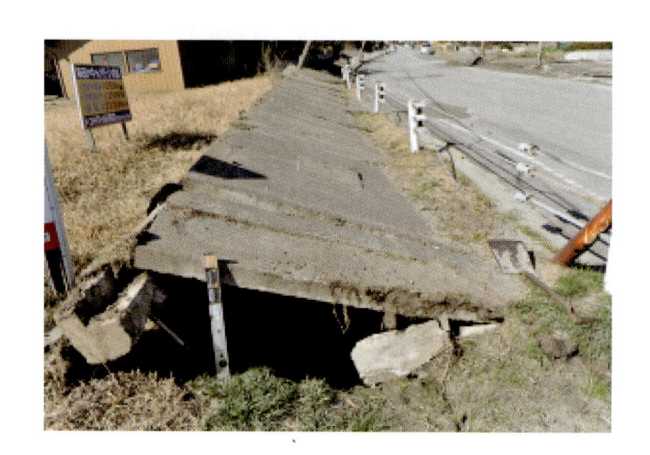

写真 6.7.23 液状化による被害
(Liquefaction-induced damage)

写真 6.7.25 建物の傾斜 (Tilted building)

逆浦干拓地(事業：1934-1949年)に対応する。過去に干拓地として水田になったところが，後に宅地などとして造成され，液状化による甚大な被害が生じたことが確認できる。日の出地区の液状化の被害は，1987年千葉県東方沖地震後の若松の調査でも報告されている[9]が，今回の地震ではその規模が甚大で，より広範囲に生じたことから，上下水道等のライフラインなどに与えた影響がより深刻になったと推察される。

3) 神栖市・鹿嶋市

鰐川地区(一部鹿嶋市)の浄水場では，液状化により地盤が最大50cm程度沈下するとともに共同溝が最大50cm程度浮き上がった（写真6.7.24）。これにより，杭基礎建物と共同溝との間に鉛直方向に最大40cmのギャップが生じ共同溝内の一部の配線が切断された。また，共同溝接続部各所では水平方向に最大15cm程度のギャップが生じ，このギャップから共同構内に多量の砂が流入するとともに，その周辺での地盤沈下量を増大させた。さらに，液状化した地盤はサイト中央にある調整池に向かって側方流動を生じ，対応する部分の地盤沈下を増大させ，調整池の水位を上げ，

写真 6.7.26 建物の傾斜 (Tilted building)

構内道路を水没させていた。

深芝，堀割地区などでは，大量の噴砂を伴って，直接基礎の住宅の沈下・傾斜（写真6.7.25, 6.7.26），杭基礎支持建物周辺地盤の沈下，地下埋設物の浮上り，道路や歩道に不陸，陥没が生じた。深芝地区での噴砂は厚さ50cm程度に及ぶ箇所もあった。写真6.7.27は噴砂により空調室外機が埋没したものである。また，建物が隣接する場合，中央

第6章　各構造の被害（Damage to each construction type of structures）

写真 6.7.27　建物周辺の噴砂
(Boiled sand around a building)

写真 6.7.29　盛り土端部で傾斜した住宅
(Tilted building on the edge of fill)

写真 6.7.28　中央で建物沈下大
(Larger settlement occurring in the middle)

写真 6.7.30　盛り土端部で傾斜した住宅
(Tilted building on the edge of fill)

部に向かって傾斜し，中央部で沈下が大きくなる傾向がある（写真 6.7.28）。一方，盛土端部の住宅は，液状化による盛り土崩壊により，盛り土外側に大きく傾斜する傾向が散見された（写真 6.7.29，6.7.30）。また，掘割地区北部では，暗渠の浮上り，道路に沿う住宅のみが，道路面，隣接住宅に対して 50cm 程度沈下する（写真 6.7.31）など大きな被害があったが，南部の被害は軽微な傾向が見られた。上記の液状化地点では，いずれも調査時に水たまりが多く見受けられ，地下水位が極めて浅いと推定された。

図 6.7.21-6.7.22 より，神栖市鰐川地区および堀割地区の北部は，鰐川干拓地にあたり，茨城県庁によると，鰐川は 1928－1941 年に干拓されて水田になった。この地域が，後に宅地などとして造成され，今回の地震で液状化したと推察される。一方，液状化の被害が軽微であった掘割地区南部は，針葉樹林として利用されていた地域であったことが分かる。また，深芝地区では，水田として利用された後に宅地として造成された地域で被害が大きかったが，旧街道沿いや古くからある集落では被害が少なかった。深芝に残る石碑には，液状化被害のあった地域では農地改良のため全面的に客土を行ったとの記述があり，このことが液状化被害を大きくした可能性が示唆される。

写真 6.7.31　沈下した住宅　(Large settlement of house)

6.7.4 東北地方 (Tohoku region)

(1) 仙台市低地部

1) K-NET 仙台

仙台市若林区苦竹の K-NET 仙台(宮城野消防署 MYG013)周辺では，噴砂が認められ，杭基礎周辺地盤が 3cm 程度沈下していた。その殆どは，本震直後に生じたとのことである。建物の構造的被害は認められなかった。本サイトでは，本震時に NS，EW の最大加速度 15.15m/s^2，9.77m/s^{2}を記録している[8]。図 6.7.23-6.7.25 に，加速度時刻歴，本震および余震のフーリエスペクトルと本震の 10 秒区間のフーリエスペクトル，本震の無次元化ランニングスペクトルを示している。図 6.7.23 より，90 秒付近でスパイク状の波形が見られ，液状化によるサイクリックモビリティの可能性が示唆される。図 6.7.24 (a)から本震では余震に比べピーク周期が延び，図 6.7.24 (b)，図 6.7.25 からピーク周期は 90 秒あたりで最大(約 1.0 秒)になることから，この時刻付近で，一部の地盤の過剰間隙水圧がピークに達したか，初期有効応力に等しくなり液状化したものと推定される。しかし，1.0 秒のピーク周期は 15 秒程度継続したのち，減少に転じることから，液状化は完全ではなかったか，水圧が上昇した層厚が薄いか地盤の透水性がよいため，上昇した過剰間隙水圧が迅速に排水した可能性などが考えられる。

2) 若林区卸町東

卸町東の西部地区では，噴砂，杭基礎支持建物周辺地盤の沈下，地下埋設物の浮上り，道路や歩道に不陸，陥没が生じた。杭基礎建物周辺地盤の沈下は，10-20cm 程度であったが，少なくとも 2 棟（写真 6.7.32, 6.7.33）の杭基礎建物に顕著な傾斜が認められた。

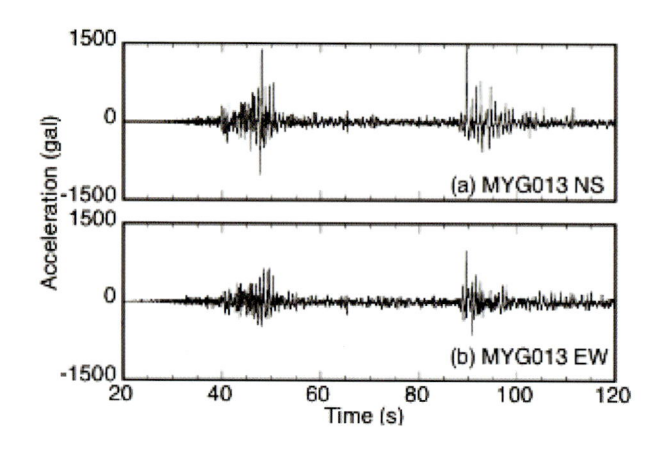

図 6.7.23 K-NET 仙台の加速度記録 (Acceleration time histories at K-NET Sendai during the main shock)

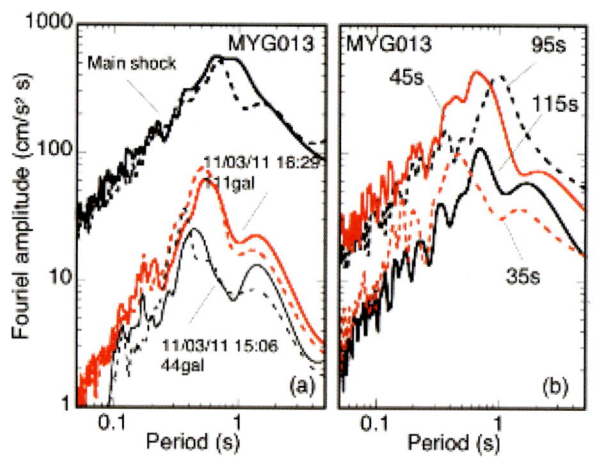

図 6.7.24 (a)本震と余震のフーリエスペクトルと(b)本震の 10 秒区間ごとのフーリエスペクトル(仙台) ((a)Fourier spectra of the ground motions during main and after shocks and (b) those of 10-s period components of the main shock at Sendai)

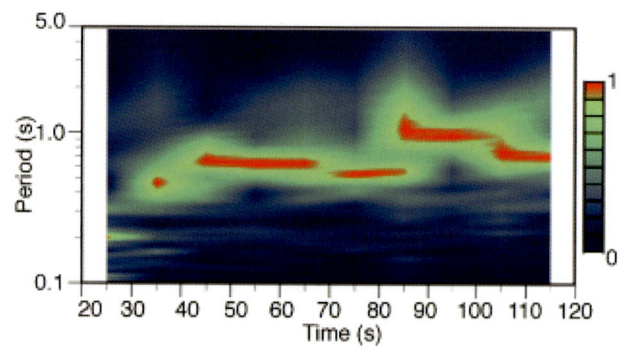

図 6.7.25 無次元化したランニングスペクトル（仙台） (Normalized running spectra at Sendai)

写真 6.7.32 杭基礎建物の傾斜 （Tilted building）

写真 6.7.33 杭基礎建物の傾斜 （Tilted building）

第 6 章　各構造の被害（Damage to each construction type of structures）

写真 6.7.34　杭基礎建物の傾斜　(Tilted building)

写真 6.7.35　杭基礎建物の沈下
(Settlement of pile-supported building)

3）宮城野区福室

　杭基礎の損傷と考えられる建物被害は，宮城野区福室でも見られた（写真 6.7.34）。この建物は 1976 年に竣工した杭基礎 14 階建て SRC 造であり，エクスパンションジョイントで 2 棟が L 字型に配置され，L の底辺（南）側に国道が走っている。1978 年宮城県沖地震に非構造壁にせん断破壊の被害が報告されている。今回の地震では，南側の建物が南側の基礎の沈下を伴って，南側に 1 度程度傾斜した（写真 6.7.35）。建物各所の雑壁には大きなクラックが見られたが主要構造体には大きな被害は認められなかった。近隣杭基礎建物では，周辺地盤の沈下(10cm 程度)が認められた。

(2)　丘陵部

　仙台市およびその近郊は，丘陵部を切り盛りして造成した宅地造成地が多数存在する（図 6.7.26[14]）。図の青色は切り土部を赤色は盛り土部を示し，その厚さはそれぞれ，最大 30m 以上に及んでいる。国土交通省の報告[3]，本報告書 3.3 節[15] などによれば，泉区（高森，北高森，北山中，長命ヶ丘，加茂，黒松，南光台），宮城野区（鶴ヶ谷），青葉区（桜ヶ丘，双葉ヶ丘，旭が丘，西花苑，折立），太白区（緑が丘，青山），名取市（相互台），白石市などの宅造地で地盤変状による建物被害が報告されている。以下では，青葉

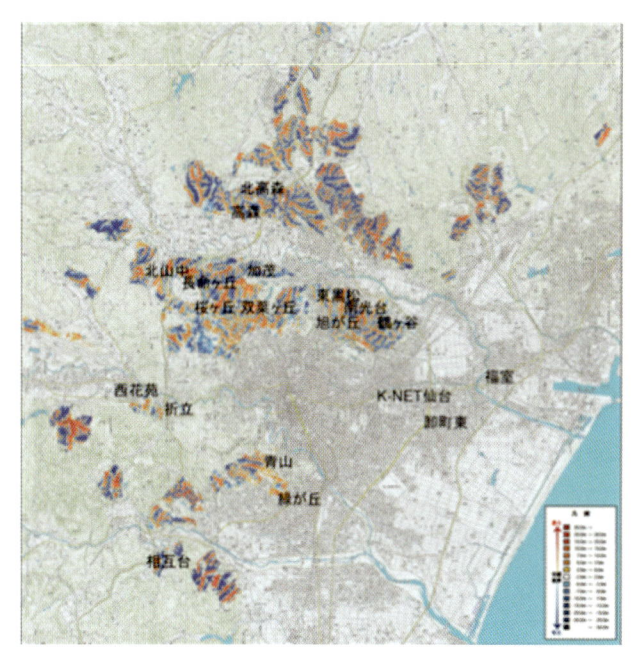

図 6.7.26　仙台市およびその近郊の地図と宅造地 [14]　(Map showing reclaimed area in and vicinity of Sendai)

区折立，太白区青山の被害について報告する。

1）青葉区折立五丁目

　折立団地は，1960 年代後半に造成され，1970 年代前半に分譲された。1978 年宮城県沖地震における被害は，日本建築学会および土木学会東北支部の報告書 [16)17)] には記述されていない。

　折立五丁目における被害地域を図 6.7.27 に示す。被害地

図 6.7.27　折立五丁目の被害地域　(Map showing damage area in Oritate 5-chome)

— 543 —

写真 6.7.36 擁壁の破壊　(Damage to retaining wall)

写真 6.7.37 擁壁直下地盤の隆起
(Ground heaving beneath retaining wall)

写真 6.7.38 宅地の亀裂　(Ground fissures)

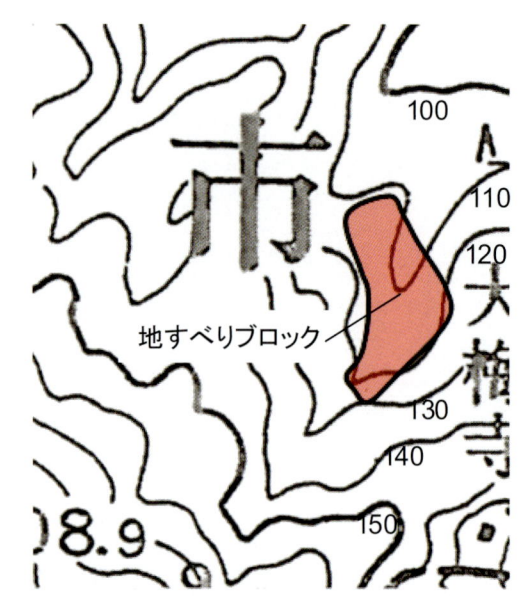

図 6.7.28 折立五丁目の旧版地図(1964年)と地すべりブロック　(Old map (1964) of Oritate 5-chome with the sliding block in red)

写真 6.7.39 道路の曲がり　(Road bent by ground sliding)

域では，擁壁の破壊が多く発生した。斜面の下部（図 6.7.27 の P1）では写真 6.7.36 に示すように，裏込め土によって押し出されるようにして擁壁が破壊していた。また，その上部（P2）では写真 6.7.37 に示すように，擁壁の直下地盤が隆起していた。盛土が道路側に移動し圧縮力が作用したと考えられる。なお，上記の 2 地点周辺では，複数の擁壁からなる多段擁壁が多くあった。上部の擁壁が下部の擁壁に比べて新しいケースもあり，何らかの補修が行われた可能性もある。一方，また，斜面のやや上部（P3）では敷地に大きな亀裂が入っていた（写真 6.7.38）。斜面の上部では，擁壁に引っ張りクラックが発生していた箇所もあった。これらの地点では地盤に引張り力が作用したことを意味する。以上のような地盤の圧縮箇所，引張箇所を図 6.7.27 に示す。これから，地すべりの範囲は図中の斜線部のように考えられる。1964 年頃の 2 万 5 千分 1 旧版地形図（図 6.7.28）と比較すると，地すべりの範囲は概ね旧地形の谷に相当する。今回の地震では，谷埋め盛土全体が動いたと考えられる。実際，写真 6.7.39（P4）に示すように，地震前には直線だった道路が地すべり箇所では湾曲していた。

地すべりブロックと切土をまたぐ住宅は，その境界付近で破壊していた（写真 6.7.40，P5）。住宅の激しい被害は，地すべりブロックの末端部の図 6.7.27 のハッチングしたエリアに集中して発生した（写真 6.7.41〜6.7.43）。いずれも，宅地が山側（左）から谷側（右）に流動し，敷地の谷側（右側）が陥没するように破壊していた。破壊された布基礎に

第6章 各構造の被害（Damage to each construction type of structures）

写真 6.7.40 戸建て住宅の被害 (Damage to wooden house)

写真 6.7.42 戸建て住宅の被害
(Damage to wooden house)

写真 6.7.41 戸建て住宅の被害
(Damage to wooden house)

写真 6.7.43 戸建て住宅の被害
(Damage to wooden house)

は，鉄筋は確認されていない。地すべりブロックの末端は地盤変形が水平・鉛直成分ともに大きくなることから，建物被害も大きくなったと考えられる。

2) 太白区青山二丁目

　青山団地は1960年代後半に造成された。1978年宮城県沖地震における日本建築学会の報告書[16]によると，擁壁のひび割れ・はらみおよび擁壁崩壊があった。宮城県沖地震で基礎が破壊した住宅が，今回の地震で再び基礎が破壊した

という住民の証言もあった。

　青山二丁目における被害地域を図 6.7.29 に示す。斜面の上部では，写真 6.7.44 に示すような敷地の大きい亀裂が発生していた（図 6.7.29 のP1）。この亀裂は深さ70cmに達していた。それより谷側のP2の地点では，擁壁が1m程度谷側に移動したため地盤が落ち込み，写真 6.7.45 に示すように基礎が宙に浮いていた。また，斜面の下部では，写真 6.7.46（図 6.7.29 のP3）に示すように，宅地が押し出されるよう

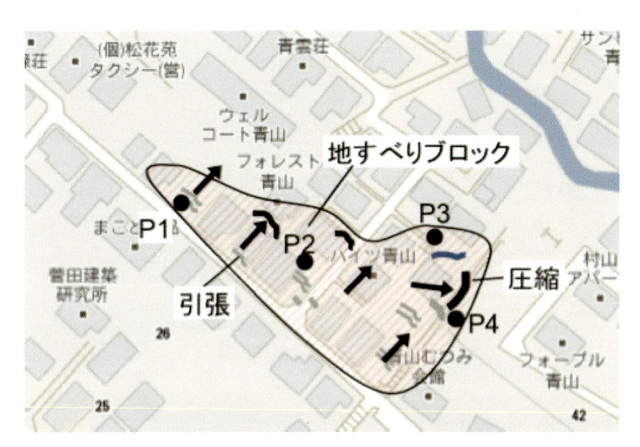

図 6.7.29 青山二丁目の被害地域 （Map showing damage area in Aoyama 2-chome）

写真 6.7.44 宅地の亀裂 （Ground fissures at P1）

— 545 —

写真 6.7.45 住宅基礎の被害
(Damage to foundation of wooden house)

写真 6.7.46 宅地の破壊 (Failure of reclaimed fill)

写真 6.7.47 戸建て住宅の被害 (Damage to wooden house)

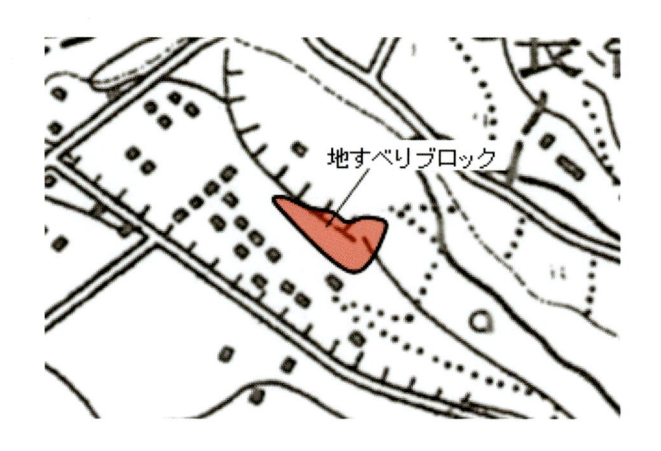

図 6.7.30 青山二丁目の旧版地形図(1964年)と地すべりブロック (Old map (1964) of Aoyama 2-chome with the sliding block in red)

では，地すべりブロック上部においても地盤変位が大きく，地すべりブロック上の多くの戸建て住宅が激しく損傷した。全壊した家屋の中には，上屋の耐震補強を行った物件も含まれていた。戸建て住宅の耐震補強をするうえで，上屋のみならず，宅地や基礎を含めて総合的に判断する必要があることが示唆される。

住民の証言によると，3月11日の本震で地割れや擁壁のふくらみが発生し，その後，余震のたびに地割れや擁壁の変形が増大したという。特に，4月7日の余震では，地盤の変形が進み基礎がズタズタになったという。地盤が進行性破壊をしている可能性がある。

(3) 津波による建物基礎被害
1) 女川町

女川町の震災後の航空写真（Google Earth）を図 6.7.31 に示す。写真 6.7.48，6.7.49 は，O病院の駐車場（図 6.7.31 の地点 P1）から撮影した被災地の様子である。津波は高台（標

にして破壊していた。以上のような地盤の圧縮箇所，引張箇所を図 6.7.29 に示す。これから，地すべりの範囲は図中の斜線部のように考えられる。1964年頃の2万5千分1旧版地形図（図 6.7.30）と比較すると，地すべりの範囲は概ね旧地形の崖（土）に相当する。地すべりは，崖に造成された腹付け盛土で発生したと考えられる。住民によると，この周辺の地下水位は GL.-1m と極めて浅い。この地下水位の浅いことも地すべりの1つの要因と考えられる。

地すべりブロックの下部では，写真 6.7.47（図 6.7.29 の P4）に示すように建物全体が激しく損傷した。青山二丁目

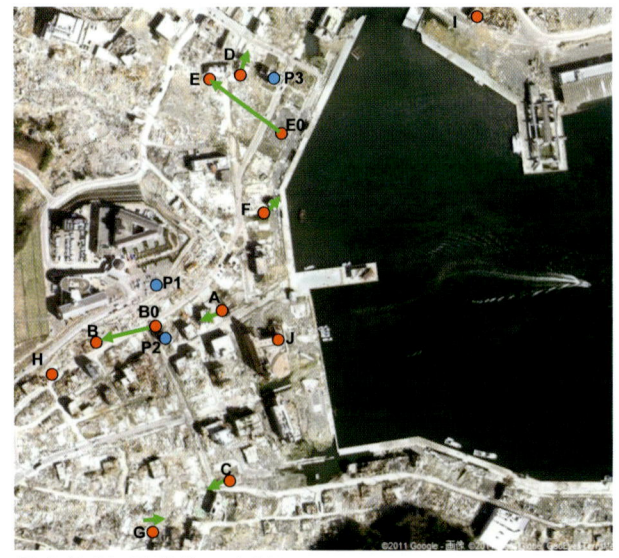

図 6.7.31 震災後の女川町 (Aerial photo of Onagawacho taken after the main shock, after Google Earth)

第6章 各構造の被害（Damage to each construction type of structures）

写真 6.7.48 女川町全景 （View of Onagawacho）

写真 6.7.49 女川町全景 （View of Onagawacho）

高16m）のO病院の1階まで到達しており，この地域の浸水高さが17m程度であったことが推察される。

A地点では，杭基礎で支持された鉄骨造4階建ての建物（以下建物 A）が山側に10m程度流され転倒した（写真6.7.50）。建設場所と転倒場所の間に位置する駐車場では，建物が流された時にできたと思われる亀裂が1つあるものの，それ以外に目立った損傷はない。これから，建物は津波による浮力で浮き上がって移動した後，転倒したと思われる。この建物の基礎は，パイルキャップを杭が2本ないし3本で支持する形式である（写真6.7.51）。建物の基礎には，直径300mmのPC杭が1本ぶら下がっていた。それ以外の杭は，すべてパイルキャップと杭基礎の接合部で破壊していた。この杭基礎のパイルキャップの接合部は，写真6.7.52に示すように中詰めコンクリートであり，脆弱である。殆どの中詰めコンクリートが破壊し，鉄筋のみが残されていた。杭頭接合部が地震で損傷し，その後の津波で破断した可能性が考えられる。地点Bでは，杭基礎で支持されたRC造4階建ての建物が転倒していた（写真6.7.53）。この建物の建設場所は地点B0であり，海側から山側に70m程度流されていた（写真6.7.54）。写真6.7.55に示すように連続したパイルキャップに直径300mmのPC杭が1本ぶら下がっていた。この杭の杭頭は鉄筋だけで，かろうじてパイルキャップとつながっていたが，本体の損傷は比較的軽微であった。それ以外の大部分の杭は，建設地点（B0）において杭頭または杭頭接合部で破壊するか，一部引き抜かれながら杭頭付近で破損していた（写真6.7.56）。残された杭の破壊形態から，曲げと引抜き力が杭に作用したものと推察される。

写真 6.7.50 転倒した建物 A （Toppled building A）

写真 6.7.51 建物 A の杭基礎 （Pile of toppled building A）

写真 6.7.52 転倒した建物 A のパイルキャップ
(Pile cap of toppled building A)

写真 6.7.53 70m 流され転倒した建物 B
(RC building B carried 70 m away and toppled)

隣接する鉄筋コンクリート5階建ての建物（地点P2）では，明らかに周辺地盤が沈下し（写真6.7.57），地盤が液状化していたことを示唆している。地盤の液状化により地盤のせん断強度が低下しているときに津波による水平力，浮力が作用した結果，杭頭接合部の損傷にも関わらず，引抜き耐力の残っていた杭が，引き抜かれた可能性が考えられる。

地点Cでは，杭基礎で支持された2階建てのRC造建物（冷蔵倉庫と思われる）が転倒した（写真6.7.58）。この建物の基礎は，1つのパイルキャップを杭が4～5本で支持する形式である。この建物も海側から山側に7m程度流されて転倒した（写真6.7.59）。その途中には高さ1m程度の壁があったが，それを乗り越えている。これから，1m以上浮き上がって流されて転倒したと考えられる。この建物の杭とパイルキャップの接合部も写真6.7.60に示すように極めて脆弱なものであった。全ての杭がパイルキャップとの接合部で破断していた。

地点Dでは，杭基礎で支持された2階建てのRC造建物（交番）が転倒した(写真6.7.61)。この建物は，海からほぼ

写真6.7.54　70m流され転倒した建物B
(Building B carried 70 m away and toppled)

写真6.7.55　転倒した建物Bの基礎
(Foundation of building B)

写真6.7.56　引き抜かれ曲げ破壊したPC杭
(Piles failed by bending and pull-out forces)

写真6.7.57　隣接建物周辺地盤の沈下
(Ground settlement around a building nearby)

写真6.7.58　転倒した建物C　(Overturned building C)

写真6.7.59　転倒した建物Cの建設場所
(Original position of toppled building C)

直角の方向に倒れていた。写真 6.7.62 に示すように，杭上部で破壊した杭とパイルキャップとの接合部で破壊した杭が混在していた。この建物の隣接（海側）する建物（地点 P3，写真 6.7.61 の奥の建物）の周辺地盤を写真 6.7.63 に示す。明らかに周辺地盤が沈下している。これから，この周辺地盤も液状化していた可能性が高い。なお，この隣接建物は，移動や傾斜はしていない。建設年代が新しく，杭基礎の耐震設計がなされていたと思われる。

地点 E では，女川 K ビル（RC 造 3 階）の一部が E0 地点から流されてきて，支持力破壊のような状態で南西側に 45% 程度傾斜して 1 階部分がすべて地盤の中に大きく沈み込み，北東側は独立フーチング基礎またはパイルキャップが空中に飛び出していた。杭基礎か直接基礎か現地調査からは判断できなかった。

地点 F では，直接基礎で支持された 3 階建て RC 造建物が山側から海側に流されて転倒した(写真 6.7.64)。直接基礎の根入れ深さは 1 m 程度であった。

地点 G では，杭基礎で支持された 2 または 3 階建て S 造建物が，海側に転倒していた。杭は直径 50cm の PC 杭で，

写真 6.7.60　転倒した建物 C のパイルキャップ
(Pile cap of building C)

写真 6.7.63　隣接建物の周辺地盤の沈下
(Ground settlement around nearby building)

写真 6.7.61　転倒した建物 D　(Toppled building D)

写真 6.7.64　転倒した直接基礎建物 F
(Toppled building F)

写真 6.7.62　転倒した建物 D の杭基礎
(Piles of toppled building D)

写真 6.7.65　建物 J (Building J)

写真 6.7.66 洗掘された基礎周辺地盤
（Extensive scour around a building）

パイルキャップの付け根からすべて切り取られていた。地震前の位置は現在のところ不明である。

地点 H では，2 または 3 階建て S 造建物が転倒していたが，基礎の状況が確認できないほどに破壊されていた。

地点 I では，杭基礎で支持された 3 階建て S 造建物が，南西側に大きく傾斜していた。南西側の基礎は，杭頭と別のところに移動していることから，いったん浮力によりこの部分が持ち上げられて，その後，別のところに着地した結果，支持力不足で沈下したものと考えられる。

地点 J は，海岸に隣接した大規模な観光施設（RC 造 3 階建て）である（写真 6.7.65）。この施設は，海に面していることから，津波の直撃を受けたと考えられる。基礎周辺では洗掘が激しく（写真 6.7.66），地盤も一部流失しているものの，傾斜や建物の移動はない。また，構造体の損傷も確認できなかった。

図 6.7.32 震災後の陸前高田市
（Aerial photo of Rikuzen-takata city taken after the main shock, after Google Earth）

写真 6.7.67 建物 A （Building A）

2） 陸前高田市

陸前高田市の震災後の航空写真（Google Earth）を図 6.7.32 に示す。写真 6.7.67 は，岩手県立 T 病院(図 6.7.32 の地点 A)である。4 階まで津波が来ている。浸水高さは 14〜15m 程度である。写真 6.7.68 に示すように洗掘によってパイルキャップが露出しているものの，建物の沈下・傾斜はない。漂流物の衝突によると考えられる損傷（写真 6.7.69）はあった。ただし，構造体の損傷は軽微であった。

地点 B では，住宅と思われる RC 造 2 階建ての建物が完全に転覆していた（写真 6.7.70）。写真 6.7.71 に示すよう

写真 6.7.68 洗掘された基礎周辺地盤
（Scour around building A）

写真 6.7.69 漂流物による損傷 （Damage to building A possible caused by floating wreckage）

第6章 各構造の被害（Damage to each construction type of structures）

写真 6.7.70 転覆した杭基礎建物 B (Overturned building B)

写真 6.7.71 転覆した建物 B のパイルキャップ (Pile cap of building B)

写真 6.7.72 転覆した建物 (Overturned building C)

写真 6.7.73 山側に転倒した建物 (Toppled building D)

写真 6.7.74 海側に転倒した建物 (Toppled building E)

にパイルキャップには，杭の痕跡があった。パイルキャップと杭基礎との接合部は脆弱である。周囲は瓦礫で覆われ，建設場所は不明である。地点 C においても同様に転覆した RC 造 2 階建ての建物があった（写真 6.7.72）。建設場所は不明である。地点 D では，海側から山側に転倒した直接基礎の 2 階建ての RC 造建物があった(写真 6.7.73)。また，地点 E では，逆に山側から海側に転倒した 2 階建ての RC 造建物があった（写真 6.7.74）。両ケースともに，その周囲は瓦礫で覆われ，詳細な調査はできなかった。なお，地点 D は，旧海岸線から 1.5km 程度内陸に位置する。

6.7.5 まとめ （Concluding remarks）

2011 年東北地方太平洋沖地震により液状化が発生した東京湾沿岸，利根川流域，東北地方で被害調査を行い，以下のことを示した。

1) 東京湾沿岸，利根川流域で，液状化が生じた箇所は，概ね比較的新しい埋立地であり，場所によっては激しい噴砂と 50cm 程度の地盤沈下を伴って，木造・RC 造直接基礎建物の沈下・傾斜，地中埋設物の浮上り，道路の陥没などの被害が生じた。これにより，杭基礎構造物と周辺地盤との間には大きなギャップが生じたが，上屋の構造的被害は見られなかった。ベタ基礎など高い基礎剛性を持つ直接基礎建物は，沈下・傾斜しても，上屋の構造的被害は見られな

かった。
2) 液状化の程度は，同じ地区内でも場所により異なり，埋立て年代・工法・材料，地盤改良の有無，埋立て層厚，標高，基盤深度などが液状化の程度と密接に影響している可能性がある。
3) 採取した噴砂の細粒分含有率は比較的高いものがあり，細粒分を多く含んだ砂が液状化した可能性がある。
4) 既往の液状化判定法は沈下予測を含めて，実際の被害状況と調和的であったが，さらに，より詳細な地盤情報を把握して，その妥当性について検討する必要がある。また，抜本的対策の難しい戸建て住宅に対する液状化予測と対

策・復旧方法の考え方などについての検討が必要である。

5) 仙台市では，数棟の杭基礎建物に沈下・傾斜の被害が認められ，杭基礎の被害が示唆される。これらの建物の周辺では，噴砂，液状化の影響を含む地盤沈下（10cm程度）が認められた。

6) 仙台市折立地区，青山地区の住宅被害は，ともに，単なる擁壁の破壊によるもでは無く，盛土の地すべりによって宅地が破壊したものと考えられる。局所的な擁壁の補強などでは，将来の宅地被害を防ぐことはできず，公共工事的な大規模な地すべり対策が必要と考えられる。

7) 津波の波高の極めて高かった，女川町や陸前高田市では，水平力に対してより安定と考えられるアスペクト比の比較的小さい2-3階建てRC造建物が転倒・転覆した事例が多く見られた。これは，軒高を大きく上回った津波による波圧に加え，その浮力の影響が大きかったものと考えられる。

8) 女川町や陸前高田市では，杭基礎が破壊してS造建物，RC造建物が流され転倒した。杭の破壊の多くは，パイルキャップと杭の接合部または杭頭付近で発生していた。転倒した杭基礎建物の建設年代は古く，杭基礎の耐震設計はされていないと考えられる。そのため，地震時に脆弱なパイルキャップと杭頭の接合部または杭体自体がある程度の被害を受け，津波波圧と浮力に抵抗できなかったものと推定される。

9) 女川町では転倒した建物のうち2棟の一部のPC杭が，杭頭接合部の損傷にも関わらず引き抜かれていた。周辺地盤が液状化して，地盤のせん断強度が低下しているときに津波による水平力，浮力が作用したため，杭頭の損傷にも関わらず，引抜き耐力の残っていた杭が，引き抜かれた可能性が考えられる。

10) 建設年代の新しい大規模な建物では，津波の直撃を受けても建物の移動，傾斜は無く，基礎を含む構造体の損傷が確認されなかった。

謝辞

被害調査は，東京工業大学G-COE PD研究員の西川英佑博士，大学院生の周友昊君，渡辺幸大君，茨木嘉昭君，稲村溪君，竹田勇貴君，中野祐介君，遠山和嗣君，東京ソイル阿部秋男氏，米国GEER調査団（Ross Boulanger, Scott Ashford, Jonathan Stewart, Jennifer L. Donahue, Kyle Rollins, Steve Kramer），京都大学防災研究所の林和宏博士（JSPS特別研究員），保木和明博士（防災研究所特定研究員），鍾育霖博士（JSPS外国人特別研究員)および京都大学大学院生の古川幸さん，伊藤麻衣さん，榎田竜太君，栗木周君と行った。調査に関連して，東工大翠川三郎教授，竹村次朗准教授，坂田弘安准教授，千葉大中井正一教授，山形大三辻和弥准教授より貴重な情報・写真を提供頂いた。記して謝意を表す。

参考文献

1) 貝塚爽平：東京湾の地形・地質と水，筑紫書簡，1993.
2) 時松孝次，田村修次，鈴木比呂子，勝間田幸太：2011年東北地方太平洋沖地震における地盤災害，東京工業大学都市地震工学センター，地震工学研究レポートNo.118, 21-47, June, 2011.
3) 東日本大震災（第74報）：http://www.mlit.go.jp/common/000139083.pdf
4) 千葉県環境研究センター：http://www.wit.pref.chiba.lg.jp/
5) 江東区：http://www.city.koto.lg.jp/
6) 東京都港湾局：新版・東京港地盤図，2001.
7) 浦安市：http://www.city.urayasu.chiba.jp/
8) 防災科学技術研究所K-NET：東北地方太平洋沖地震の記録：http://www.k-net.bosai.go.jp/k-net/
9) 若松加寿江：日本の地盤液状化履歴図，東海大学出版会，1991.
10) 千葉県地質環境インフォメーションバンク：http://www.pref.chiba.lg.jp/suiho/chishitsu.html
11) 国土地理院数値地図5mメッシュ
12) 日本建築学会：建築基礎構造設計指針，2001.
13) 坂田弘安，松田和浩，浅田勇人，山崎義弘：東北地方太平洋沖地震による震災建築物の初動調査(茨城県稲敷市，河内町)，速報，2011.
14) 復建技術コンサルタント：造成宅地地盤図，2008.
15) 三辻和弥：本報告書3.3節「地盤・基礎構造の被害」.
16) 日本建築学会：1978年宮城県沖地震災害調査報告,1980.
17) 土木学会東北支部：1978年宮城県沖地震災害調査報告書，1980.

第6章 各構造の被害 (Damage to each construction type of structures)

6.8 歴史的建造物の被害
(Damage to historical architecture)

6.8.1 調査の概要 (Outline of investigation)

日本建築学会の建築歴史・意匠委員会では，今回の東北地方太平洋沖地震によって東日本全域で歴史的価値の高い建造物が数多く被災したと予想されたことから，4月末に本委員会傘下に「災害特別調査研究WG」を設置し，東北・関東の両支部にまたがる組織的な調査を行うことを決定した。

歴史的建造物の被害状況については，建築学会以外にも関心を持つ団体が多く，一方で建築学会のガイドライン（3月30日制定，4月25日改訂）では同種の目的による重複調査を控えるよう明記していることから，同WGでは文化庁（文化財ドクター派遣事業），日本建築家協会（JIA）保存問題委員会，同再生部会，全国町並み連盟との間に連絡・協力体制を敷き，一元的な管理の下に調査を実施することとした。現地調査は，東北地方の交通事情などを考慮して，5月末までは東北支部と関東支部でそれぞれの管轄区域を調査することとし，6月上旬の中間報告会（11日に実施）を以て一区切りを付けた後，体制を再構築することとなっている。

(1) 調査の方針

調査対象地域が広範囲であるため，参加する調査員も多数かつ広範囲にわたると予想され，よって同WGでは専用のHP（http://news-sv.aij.or.jp/rekishi/s0/dswg/）を立ち上げ，諸注意，身分証明書の発行，調査シートのダウンロード，調査済みシートのアップロード，地区ごとの調査実施状況などをWEB上で一括管理することとした。また登録した調査員はメーリングリストに登録し，各地の進行状況が常時把握できるようにした（登録済み調査員は6月10日時点で170名）。

従来，災害時における文化財建造物の被害状況の調査・報告については，行政レベルでは指定文化財を対象に，所在地の市町村（教育委員会）から都道府県を経て文化庁にその被害状況が報告され，それに基づいて修理指導が行われる仕組みとなっており，その対象外となる未指定文化財については，建築史研究者の有志がリストをもとに現地確認をするというのが一般的であった。今回の建築学会の調査では，主に未指定の文化財建造物，特に1996年に制度発足し，現在まで全国で8300件以上を数えるに至った登録文化財建造物を中心に，建築学会建築歴史・意匠委員会が構築してきた「歴史的建築総目録データベース」にリストアップされている未指定文化財を対象とするとともに，調査員が極力現地に赴いて専門家の視点から被害状況を確認し，また調査シートに記録し，それを蓄積して行くことで，より正確な被害ヴォリューム（程度×件数）を把握することに努めた。

(2) 調査の内容

調査の進め方は，「3.7.1（2）調査の内容」と同じである。調査シートは，表面は上段に建物の概要（建造物名称，建立時代，所在地，指定の有無，基礎情報の出典，所有者住所・連絡先，建物種別，構造／階数，屋根葺材料）を記入し，中段に部位別（基礎，軸部・架構，屋根，外壁，内部）の被害状況を選択式（被害なし，亀裂，部分破壊，傾斜，半壊，全壊）で記入し，下段は建物の現況，所有者の意向などについての特記事項欄となっている。裏面は写真添付用のスペースである。調査結果を1棟ごとに1枚のシート両面にまとめることで，個別の被害状況を記録しつつ，後日の集計にも配慮している。

(3) 調査区域の分担

調査区域の分担について，東北支部については「3.7 歴史的建造物の被害」で詳しく報告されているため，ここでは関東支部の分担についてのみ述べる。

関東支部では，まず都県の被害状況について文化庁提供の資料を下に都県の教育委員会に電話で確認し，同時に現地調査への協力を依頼した。これにより，東京都と神奈川県は相対的に被害程度が低く，それ以外の地区に現地調査の緊急性が高いと判断されたことから，茨城，栃木，群馬，千葉，埼玉の5県についてそれぞれ調査計画を立てて順次現地調査を行うこととした。関東地区は調査員が他団体も含めて多数に上ることから，以下に各県の責任者と主な分担のみを示す。

・茨城県
　藤川昌樹（筑波大学）：県北・県南（石岡以外）
　大橋竜太（東京家政学院大学）：県西
　大野敏（横浜国立大学）：県央＋石岡
・栃木県
　渡邊美樹（足利工業大学）：西部地域
　上野勝久（東京芸術大学）：東部地域
　河東義之（小山高専名誉教授）：南部地域
・群馬県
　星和彦（前橋工科大学）
・千葉県
　藤田康仁（東京工業大学）
・埼玉県
　安野彰（文化学園大学）：西部地域
　黒津高行（日本工業大学）：東部地域

6.8.2 指定文化財建造物の被害
(Damage to designated cultural properties (buildings))

(1) はじめに

この度の東日本大震災により，多くの文化財である建造物が被災した。文化庁では，発災直後から，各都道府県教育委員会担当者宛に被災状況について，報告するよう依頼している。その結果，2011 年 6 月 7 日時点で，578 件の被害報告があった（表 6.8.1 参照）。

ここにまとめた被害件数は，同敷地内の指定文化財をまとめて一件として報告していることもあることから，全体としての，文化財の被災件数は，表の数字より多くなることが想定される。また，重要伝統的建造物群保存地区は 6 件として報告されているが，これは 6 地区についての被害報告であり，被害を受けた棟数は各地区において数十件を超えている。さらに，この表は，都道府県教育委員会からの報告をまとめたものであり，今後，現地調査等を経て被害状況を詳細に把握していくなかで，変更の生じる可能性がある。

被害状況を概観すると，登録された建造物の母数が多いこともあるが，登録有形文化財（建造物）の被害件数が多いことがわかる。青森県から東京都までの 1 都 11 県の登録有形文化財（建造物）は 1969 件であることから，被害報告があったのは全体の約 15%程度ということになる。今後も引き続き，被害の有無も含めて，全体の把握に努めていきたい。

表 6.8.1 被害件数（2011 年 6 月 7 日現在）
(Number of damaged cultural property)

都道府県名	国宝・重文（建造物）	国宝・重文（美学）	特別史跡・史跡	特別名勝・名勝	特別天然記念物・天然記念物	重伝建地区	登録有形（建造物）	その他	小計
青森	1	0	2	1	1	0	5	0	10
岩手	10	2	6	3	0	1	8	1	31
宮城	18	5	16	3	5	0	33	2	82
秋田	2	0	1	0	0	1	7	0	11
山形	7	0	0	0	0	0	3	0	10
福島	10	3	15	2	3	1	11	0	45
茨城	17	4	9	1	0	1	83	0	115
栃木	13	0	10	0	0	0	52	3	78
群馬	5	1	8	0	0	0	47	0	61
埼玉	7	0	1	0	0	1	11	0	20
千葉	9	1	6	1	4	1	16	0	38
東京	16	1	9	6	0	0	11	2	45
神奈川	7	0	1	0	0	0	2	1	12
新潟	1	0	1	1	0	0	0	0	3
山梨	6	1	1	0	1	0	1	0	10
長野	0	0	0	1	0	0	0	0	1
静岡	0	0	1	1	2	0	0	0	4
三重	0	0	0	0	0	0	0	1	1
高知	0	0	0	0	0	0	1	0	1
計	130	18	88	20	16	6	290	10	578

(2) 国宝・重要文化財建造物の被害

1) 概要

東日本大震災により被災した国宝・重要文化財建造物（以下，重文建造物とする）は 1 都 14 県 130 件および，自然災害がもたらした過去最大級の被害となった。文化庁では，3 月 29 日の茨城県牛久市の調査を皮切りに，順次文化財調査官を派遣し，目視による被災調査を実施。ほぼ連休明け頃には，被害が大きかった重文建造物について調査を完了した。

今回，最大震度 7 を観測しながらも，地震の揺れにより甚大な被害を被った重文建造物は少なかったといえる。また，津波被害でも，重文建造物については茨城県神栖市の**山本家住宅**の床上浸水 1 件にとどまった。実際，大きな津波被害を受けた地域，例えば宮城県塩竈市でも**塩竈神社**は無傷に近く，同名取市の**洞口家住宅**では，屋敷地を取り囲むように津波が遡上したが，敷地内の指定建造物は被害を逃れた。

地震による被害については，従来からの地震被害の範疇を大きく出るものではない。木造建造物については，基礎のずれ出しや，土蔵を中心とした土壁や漆喰壁のひびや剥落・脱落，軸部については部分的な傾斜や，下屋と身舎の分離，屋根は特に桟瓦葺にずれや落下がみられた。組積造建造物はそもそも指定数が少ないが，**シャトーカミヤ旧醸造場施設**（茨城県牛久市）のように躯体に大きな構造クラックが生じた深刻な被災例があった。

しかし，総じて，近年に修理を終えた建造物，特に構造補強を施した建造物の被害は少なかったといえる。一方，経年による傾斜や不同沈下が進行し，修理時期をむかえていた建造物について，地震を機に一気に破損が進行したものがみられる。**専称寺本堂**（福島県いわき市）等，倒壊寸前にいたる深刻な軸部の傾斜を招いた事例もある。

以下，各県ごとに被害の大きかった重文建造物について言及する。エリア別の地震被害としては，今回報道等で被害が取りあげられている東北 3 県というよりは，宮城，福島，茨城の 3 県に大きな被害が集中してみられた。

2) 県別の被害例

①宮城県　国宝の**瑞巌寺本堂**(元方丈)，**庫裏及び廊下**(松島町) については，現在保存修理事業を実施中で，素屋根の中で解体中であった本堂については，造作材の軽微な脱落，柱位置の若干のずれ等の被害にとどまった。庫裏及び廊下は漆喰壁の一部剥落がみとめられる。**陸奥国分寺薬師堂**(仙台市) は，外壁の板壁の変形による脱落，割れ，内部漆喰壁の剥落等がみられ，地震時には大きく変形したと思われるが，軸部に残留変形はない。洞口家

第6章　各構造の被害（Damage to each construction type of structures）

住宅（名取市），**我妻家住宅**（蔵王町）はいずれも，前回の宮城県沖地震による災害復旧完了直後に今回の地震を受けた。洞口家は，内外の土壁の随所にひびや剥落が発生しているほか，以前の柱根継ぎ箇所の割損，下屋と身舎を繋ぐ梁の脱落等がみられた。我妻家は，主屋については洞口家と同様の被害で，土蔵関係では，前回修理であえて中塗りから補修した箇所が荒壁から崩落しており，下地から全面的に塗り直す必要がある。

②福島県　**専称寺本堂**（いわき市）は地震以前から，基礎の不同沈下，軸部の傾斜が進行しており，ワイヤーで引いて毀損の進行をとどめていた。今回の地震で軸部の傾斜に拍車がかかったため，内部に筋違を仮設して倒壊を逃れている。**旧馬場家住宅**（猪苗代町）は，竪板壁が耐震要素として効かず，最大傾斜角1/20を越える傾斜を招いた。傾斜に伴う板壁の破損，柱位置のずれ，貫の折損等が見られ，根本的な修理が必要と推量される。**旧伊達郡役所**（桑折町），**旧福島尋常中学校本館**（郡山市）は，いずれも内部の漆喰壁が全面的に剥落している。尋常中学校は基礎のずれ出しが四周にわたり，一時的に持ちあげ基礎据え直しが求められる。

③茨城県　**石岡第一発電所施設**（北茨城市）の水槽は，山の中腹に位置し，周囲の地盤崩落に巻きこまれるかたちで倒壊した。**旧弘道館**（水戸市）は特別史跡地内の学生警鐘が全壊したほか，重文建造物に指定された建造物にも被害がみられた。至善堂は最も被害が大きく，震災前からあった屋根桟瓦葺の乱れ，軸部の傾斜が拡大し，建物内外の漆喰壁に剥落，浮きが生じた。**佛性寺本堂**（水戸市）は，禅宗様の八角堂で，茅葺（鉄板仮葺）屋根が重い上，竪板壁が耐震要素として効かず，軸部の傾斜が顕著となった。**山本家住宅**（神栖市）は，床上80cm，地上140cmまで津波により浸水した。土壁や建具，畳は破損したが，軸部，床組はほぼ健全であった。**シャトーカミヤ旧醸造場施設**（牛久市）の事務室は，煉瓦積外壁の入隅や開口部周り，煙突との取り合い部等で，煉瓦壁を貫通する構造クラックが発生している。内部は漆喰の壁や天井が全面で剥落した。また醱酵室に附属する洗滌場では，東西両妻のペディメントが陸梁高さで水平方向に破断し，特に東妻は外に15mm程ずれ出した。組積造の妻壁の面外破壊の実例となった。

④栃木県　**岡本家住宅**（宇都宮市）は，本震時は大きな被害が報告されなかったが，4月11日に発生した余震で軸部が時計回りに大きく傾斜した。以前から不陸等も指摘されており，根本的な修理が求められる。

3）その他

今回の震災の特徴の一つに，各地で規模の大きい余震が相次いだことがある。重文建造物でも，本震でゆるみが生じたところに，余震で被害を拡大させた事例が多い。

また，東京電力福島第一原子力発電所の放射能漏事故による重文建造物への影響としては，同発電所から22キロ地点に位置する**武山家住宅**（福島県南相馬市）がある。現在，避難区域にあるため，被害状況は把握できていないが，今後の管理や被爆した建築部材の洗浄といった処置に前例のない対応が求められている。

図6.8.1　石岡第一発電所施設水槽 (Ishioka No.1 Power Plant sand basin)

図6.8.2　山本家住宅 (Yamamoto residence)

図6.8.3　専称寺本堂 (Senshoji –temple main hall)

図6.8.4　シャトーカミヤ旧醸造場施設醱酵室 (Kamiya chateau ferment facility)

図6.8.5　我妻家住宅文庫蔵 (Agatsuma residence storehouse)

図6.8.6　旧福島尋常中学校本館 (Former Fukushima high school)

図6.8.7　旧弘道館正庁 (Former Kodokan Seicho)

(3) 重要伝統的建造物群保存地区における被災状況
1) 概要

東日本大震災により被災した重要伝統的建造物群保存地区は，①仙北市角館伝統的建造物群保存地区(秋田県)，②金ヶ崎町城内諏訪小路伝統的建造物群保存地区（岩手県），③下郷町大内宿伝統的建造物群保存地区(福島県)，④桜川市真壁伝統的建造物群保存地区（茨城県），⑤川越市川越伝統的建造物群保存地区（埼玉県），⑥香取市佐原伝統的建造物群保存地区（千葉県）の6地区（6県6市町）であった。

文化庁では，発生直後の3月17日の桜川市真壁伝統的建造物群保存地区の現地調査を皮切りに，順次，文化財調査官を派遣し，仙北市角館伝統的建造物群保存地区を除き，目視による被災調査を連休明け頃に完了した。各保存地区の被災概要は表6.8.2の通りである。

本稿では，保存地区全体が甚大な被害に遭った桜川市真壁伝統的建造物群保存地区と，香取市佐原伝統的建造物群保存地区の被災状況の概要を報告する。

表6.8.2 被災概要（Outline of damage）

No	地区名称	選定年月日	面積	被害状況
①	金ヶ崎町城内諏訪小路	平13.6.15	34.8	数軒の家屋で壁の亀裂及び剥落などの被害。
②	仙北市角館	昭51.9.4	6.9	数軒の家屋で壁の亀裂及び剥落などの被害。
③	下郷町大内宿	昭56.4.18	11.3	数軒の家屋で壁の亀裂及び剥落などの被害。
④	桜川市真壁	平22.6.29	17.6	石蔵，土蔵の倒壊。多数の家屋で壁等の亀裂、剥落及び瓦の落下などの被害。
⑤	川越市川越	平11.12.1	7.8	数軒の家屋で壁の亀裂及び剥落などの被害。
⑥	香取市佐原	平8.12.10	7.1	多数の家屋で壁等の亀裂、剥落及び瓦の落下などの被害。液状化による構造のゆがみ、護岸の崩壊。

2) 桜川市真壁伝統的建造物群保存地区の被災状況

桜川市真壁伝統的建造物群保存地区では，伝統的建造物（建築物）106棟のうち，約7割の建築物が屋根や壁を破損し，土蔵2棟，石蔵1棟が倒壊した。屋根の被害では，主に大棟中央部が崩落し，下地を土葺としたものでは，瓦の落下や屋根全体に瓦の乱れを生じたものが多かった。また，上屋の瓦の落下により下屋の破損が生じたものもあった。下屋では，垂木掛けの落下や柱脚部が礎石から遊離し，傾斜しているものもあった。壁の被害では，蔵造のものでは，開口部廻りや出隅，入隅部で漆喰壁の亀裂，剥落がみられ，石蔵では妻壁の崩落もみられた。伝統的建造物（工作物）は，石碑，石灯篭，石鳥居，石柱などの石造物が転倒し，石材の割裂などの被害がみられた。環境物件の被害はなかった。

図6.8.8 桜川市真壁伝統的建造物群保存地区の被災
(A case of earthquake damages in Makabe, Sakuragawa-city)

3) 香取市佐原伝統的建造物群保存地区の被災状況

香取市佐原伝統的建造物群保存地区では，伝統的建造物（建築物）92棟のうち，約7割に屋根や壁，構造に関わる被害がみられた。主な被害は，大棟の破損，瓦の落下，乱れ，外壁の亀裂・剥落・崩落等であり，下屋との取り付き部の漆喰壁に亀裂が生じる傾向があった。外壁は，開口部，出隅部，鉢巻廻りに大きな被害がみられた。なお，伝統的建造物（工作物）では門1棟が倒壊した。環境物件の被害はなかった。

保存地区では，地盤の液状化が生じ，その被害が小野川沿いを中心に顕著に現れた。小野川では川底のせり上がりや，護岸の崩壊が生じ，川沿いの主屋では下屋が地盤と共に川に向かって引っ張られ，軸部の傾斜が生じているものが多くみられた。この傾斜に伴い，外壁の亀裂・剥落，タイルの剥離，建具の脱落等も生じていた。なお，目視で軸部の傾斜を確認できないものでも，屋内で柱の不同沈下や床の不陸が生じているものが相当数あるものと考えられる。

図6.8.9 香取市佐原伝統的建造物群保存地区の被災
(A case of earthquake damage in Sawara, Katori-city)

(4) 登録有形文化財（建造物）の被災状況

1) 概要

登録有形文化財（建造物）（以下，登録文化財とする）の被災については，平成23年6月7日現在で，1都13県から290件もの被災報告を受けているが，登録文化財は件数が多く，また広範囲に分布していることもあり，被災額を含めた全体像の把握には至っていないのが現状である。本稿では，現時点で関係都県から報告を受けている被災建物の分布と被災傾向について報告する。

2) 被災建物の分布

まず都県別に見てみると，茨城県が83件と最も多く，栃木県と群馬県がこれに次いでいる。被災率からみると，北関東3県と宮城県に集中していることがわかる（表6.8.3）。特に宮城県と茨城県では1/3以上の登録文化財が破損していることになり，深刻な状況である。

また市町村別にみて最も被害報告が多かった茨城県桜川市では，昨年重要伝統的建造物群保存地区に選定された桜川市真壁伝統的建造物群保存地区の内外に集中して所在している。同様に群馬県桐生市でも，被災した登録文化財が集中しており，地域一帯が被害を受けている。栃木県栃木市も同様といえる。各市とも登録文化財をまちづくりの核として位置づけ，面的なまちづくりを進めながら，登録を推進してきた自治体である。

次に東北6県では，青森県八戸市から宮城県南部の亘理町にいたる沿岸部と，福島県中通りの郡山市以北及び同県いわき市において被災が確認されている。この分布については，もともとの登録文化財の多寡や津波による被害も影響している。

この他，秋田県湯沢市や山形県米沢市など内陸部からも数件の被災報告があり，これらについては昨冬の豪雪による積雪が被害を助長したものとみられる。

3) 建物の被災状況

建物の被災状況を概観すると，まず津波被害を受けた岩手県陸前高田市や宮城県気仙沼市などの沿岸部では，津波により建物全体が流失するなど，甚大な被害を受けた物件が多数報告されている。一方の内陸部では，大半が，前頁の報告にあるような土壁や屋根瓦の脱落，軸部傾斜などの破損を生じている。これらの実態についても，今後さらに詳細に明らかになるものと考えられる。

次に被災件数を種別及び所有者別にみてみると，総数としては住宅が多く（表6.8.4 種別被災件数），種別では3次産業及び住宅が多く，また所有者別では営利法人と個人の所有物件が多数を占める（表6.8.5 所有者別被災件数）。

このうち3次産業関連物件と個人所有物件については，被災率が登録件数の割合と比較してもやや高くなっている。ここでいう3次産業や営利法人の実態としては，造り酒屋や旅館，個人商店など，古くから地域社会に密着して営業し，親しまれてきた比較的中小規模の事業所が中心となっている。建物としては蔵元の酒蔵や住宅に附属する土蔵に，広く被害が生じている状況である。

今後は，これらの営利法人や個人である文化財所有者と，関連する行政機関が適切な情報共有を図りつつ，復旧にむけた検討が必要となる。

図 6.8.10 北関東に所在する登録文化財の土蔵の被災例 (A case of damages: store house in North-Kanto region)

表6.8.3 県別登録文化財被災率
(Ratio between numbers of RTCP and damaged RTCP)

都県	a被害件数	b登録件数	a/b
青森	5	88	5%
岩手	8	80	10%
宮城	33	84	39%
秋田	7	166	4%
山形	3	177	1%
福島	11	118	9%
茨城	83	231	35%
栃木	52	189	27%
群馬	47	300	15%
埼玉	11	126	8%
千葉	16	147	10%
東京	11	263	4%
神奈川	2	155	1%
山梨	1	59	1%
総計	290	2183	13%

表 6.8.4 種別被災件数（東京・神奈川・山梨を除く11県）(Building type of damaged RTCP)

	産業			交通	官公庁舎	学校	生活関連	文化福祉	住宅	宗教	治山治水	他	計
	1次	2次	3次										
被災件数	1	45	81	1	4	6	8	8	117	5	0	0	276
登録件数	34	219	330	65	28	30	80	36	755	74	63	14	1728

表 6.8.5 所有者別被災件数（東京・神奈川・山梨を除く11県）(Ownership type of damaged RTCP)

	国	都道府県	市区町村	非営利法人				営利法人	個人	その他	計
				独立行政法人	公益法人	宗教法人	その他				
被災件数	0	4	31	2	14	6	1	57	160	1	276
登録件数	30	62	220	8	43	70	7	363	917	8	1728

6.8.3 主な被害と今後の課題
(Principal damage and issues)

(1) 歴史的建造物の被害の概要

東北地方の歴史的建造物の被害については、「3.7.2 被害の概要」で詳しく報告されているので、ここでは関東地方の歴史的建造物に見られる地震被害の報告を行う。なお、個別の被害内容は次項で建築種別ごとに詳しく報告されるので、ここでは各県ごとの主な傾向についてまとめる。なお、関東支部では震度5弱以上を観測した市町村の文化財建造物を調査対象としており、優先順位としては登録文化財建造物の現地確認を第一としている。

1) 各県の被害状況（関東地区）

①茨城県

茨城県の調査対象地区は合計44市町村で、うち震度6強を示したのが9市町村（主に県北地区）、6弱が20市町村、5強が14市町村であった（5弱は1地区のみ）。調査は大きく県北、県央、県南に分けて実施し、特に被害の大きかった桜川市（震度6弱）の真壁地区は茨城県担当の調査員全員で訪れ、数回にわたって調査を行った。調査対象とした建物の数は、国の登録文化財が231棟、県指定文化財が74棟であり、5月末までの調査では登録文化財211棟、県指定文化財8棟の調査を終了した。

震度の点から見て、茨城県は関東地方で最も地震の影響が大きかった地区と考えられるが、地震被害以外に県北・県央・鹿行の沿岸部では津波被害が生じており、文化財としては北茨城市の「六角堂（国登録）」の流失が早くからテレビ・新聞でも報道された。また県南の霞ヶ浦周辺地区はもと水郷地帯であったため、地盤の液状化が生じており、土浦市などで文化財にもその被害が及んでいた。内陸部では桜川市真壁地区に登録文化財が104棟と集中しており、特に石蔵や土蔵造りなどの建物に被害が多く見られた。

②栃木県

栃木県の調査対象地区は合計27市町村で、震度6強を示したのが5市町村、6弱が5市町村であった。調査は東部地域（真岡市、大田原市、宇都宮市など）、南部地域（小山市、栃木市、下野市）、西部地域（足利市、佐野市、鹿沼市、日光市、岩舟町）に分けて実施した。調査対象とした建物の数は、国の登録文化財が189棟、県指定文化財が84棟であり、5月末までの調査では、登録文化財161棟、県指定文化財65棟の調査を終了した。

茨城県に接する東部地域には震度6強を記録した5市町村（真岡市、大田原市、宇都宮市、高根沢町など）が含まれているが、この地域は他の2地域より文化財建造物の数が少なく（国の登録文化財28棟、県指定30棟）、また土蔵造りがそれほど多くないことから、全体として大きな被害には至っていない。宇都宮市では大谷石の建物の被害が心配されたが、石塀の被害に比べて文化財建造物の被害はそれほど見られなかった。真岡市では市登録文化財である「真岡物産会館」（図6.8.11）が市の所有で被害程度も復旧可能な状態にありながら、専門家の診断を待たずに早々に解体されてしまうなど、今回の文化財被災調査で最も懸念していた事態が起きた。南部地域はいずれも震度5強以下であるが、栃木市は県内で最も多くの登録文化財（56棟）を抱え、蔵造りの伝統的町並みを構成しているため、やはり土蔵造りの建物（土蔵・見世蔵）に棟瓦の崩落、漆喰壁の亀裂・剥落などの被害が多く見られた。西部地域はいずれも震度5強で、登録文化財の数も足利市（47棟）、日光市（39棟）と多い地区であるが、多くは屋根瓦の破損、内外漆喰壁の亀裂と剥落といった被害であった。

③群馬県

群馬県の調査対象地区は合計23市町村で、桐生市で震度6弱を記録したほか、前橋市・高崎市など8市町村で5強であった。調査対象とした建物の数は、国の登録文化財が300棟（土木構造物を除くと223棟）を数えるが、そのうち117棟が桐生市に集中（次いでみどり市29棟、前橋市22棟、高崎市22棟、藤岡市19棟）しており、よって、まず調査対象の多い都市部から調査を始め、中山間地域についてはその後に行うこととした（一部損壊の建物があることを確認）。都市部の登録文化財には、屋敷内に数多くの建物を所有しているケースがあり、これらは単なる外観調査では被害状況が把握できないことから、個別に屋敷内を確認した。その結果、5月末までに調査を終了した登録文化財の数は140棟に留まった。

主な調査対象となった桐生市には、鋸屋根の織物工場や土蔵・見世蔵などが広範囲にわたって存在しており、現在、国の重要伝統的建造物群保存地区の指定を受けるべく準備を進めている。被害は他の地区と同様、土蔵造りの建物に多く見られるほか、旧織物工場の煉瓦壁や煉瓦塀などに亀裂破壊がいくつか確認されている。

図 6.8.11 真岡物産会館 (Mouka-bussan-kaikan)

第6章　各構造の被害（Damage to each construction type of structures）

④千葉県

　千葉県の調査対象地区は合計46市町村で，成田市と印西市で震度6弱を記録したほか，千葉市，浦安市，野田市を始めとする18市町村は5強，南部地域はほとんどが5弱以下であった。なお，調査にあたっては，東部の太平洋沿岸地区には津波被害（旭市，銚子市）と液状化被害（香取市）が見られたことから，当面は調査の実施を見送ることとし，西部の湾岸部も浦安市などに液状化被害が見られたことから，同様に調査の実施を控えた。調査対象とした建物の数は，国の登録文化財が122棟，県指定文化財が45棟であり，5月末までの調査では，登録文化財100棟，県指定文化財8棟の調査を終了した。

　地震被害は北関東3県（茨城，栃木，群馬）に比べると少ない印象だが，例外的に土蔵造りの町並みで重要伝統的建造物群保存地区に指定されている香取市（震度5強）佐原地区については，県指定文化財の土蔵造り町家に棟瓦の崩壊，屋根瓦の崩落とそれに起因する下屋の破壊，土壁の部分破壊といった大きな被害が見られた。

⑤埼玉県

　埼玉県の調査対象地区は合計49市町村で，東部の南埼玉郡宮代町で震度6弱を記録したほか，20市町村で震度5強を記録した。調査地区の分担は，調査対象建物の分布状況をふまえて全体を9地区に分け，それらを東部地区（草加，春日部，熊谷，本庄など）と西部地区（さいたま市，川越市，秩父ほか）のいずれかに振り分けた。調査対象とした建物の数は，国の登録文化財が123棟，県指定文化財が49棟であり，5月末までの調査では登録文化財121棟，県指定文化財35棟の調査を終了した。

　地震被害については，千葉県と同じく北関東3県に比べると少ない傾向にあるが，「レンガの街」として町づくりを進めている深谷市（震度5強）では煉瓦製造施設などに亀裂などの被害が見られ，また蔵造りの町並みで国の重要伝統的建造物群保存地区に指定されている川越市（震度5弱）では土蔵造りの町家に他の地域と同様の被害が見られた。

2) 調査結果から窺える主な被害傾向

　今回の地震による文化財建造物の被害について，まずその傾向として圧倒的に土蔵や煉瓦造建物といった「固い建物」に数が多く見られるという点は，現時点でもほぼ断言して良いと思われる。また土蔵造りの町家に限って言えば，図6.8.12に示したように，どこもほぼ共通の構え（下屋が半間張り出した平入りの店蔵と妻入り土蔵の併置）を取っているため，被害箇所もほとんど共通であった（棟瓦の崩落，屋根瓦・葺土のすべり落ち→屋根瓦の崩落による下屋の破壊・雨樋の破壊→軒先の塗り廻し部分の破壊，土蔵との接合部・外壁出隅・戸袋の破壊）

　今後は，適切な修理方法を助言していくためにも被害内容を詳細に把握する必要があるが，とりあえず一次調査終了の時点で調査員から指摘された「気になる点」を列記すると，以下のようになる。

- 同じ町並み地区に建つ建物でも，近年に修理工事を行った建物は被害が少ない（特に屋根瓦の崩落）。
- 通常は無人の建物に被害が見られる。
- 土蔵造りの町家は，「立派なもの」により大きな被害があるように思われる。
- 土蔵造り町家における屋根の被害，とりわけ棟瓦の崩落については，東北地方よりも関東地方に目立つように思われる。
- 木造軸組の建物（社寺，住宅）では，鴨居・差鴨居や落とし掛けなどの柄穴からの「抜け」が多い。
- 石造の鳥居，燈籠などの工作物の被害がかなり多い。（以下略）

　震度と被害程度との関係については，市町村ごとの震度計の所在地と建物の所在地の距離がかなり離れているケースもあり，今後はより実態に即した形で見直し，その上でなぜ「固い建物」に被害が集中したのかを構造学的に分析する必要がある。

　また，メンテナンスの良い建物が軽度の被害で済んだと見られる傾向もあることから，建物の修理履歴と被害程度の関係も調べる必要があると思われる。

　東日本，特に関東地方の伝統的な町並みは，幕末から明治中期にかけて築かれた土蔵造りの商家や煉瓦造りの近代化遺産（産業施設）によって形成されているものが多く，これらは関西地方には見られない，関東・東北地方独特の伝統的な町並みとして，江戸文化や文明開化の雰囲気を現在に伝えてきた。今回の地震がこうした建物に集中的に被害を及ぼしたことは極めて理不尽に思えるが，とりあえず原因を究明し，修理に向けた対策を講じることで，一つでも多くの建物をさらに後世へと引き継いで行くことに努めていきたい。

図6.8.12　荒川家（茨城県筑西市）(Arakawa house)

(2) 社寺建築

ここで対象とするのは，基本的に栃木県の社寺関係の文化財建造物である。前項にあるように，国指定の社寺建造物は倒壊や転倒のような甚大な被害を受けたものが見当たらず，文化財建造物が密集している日光の二社一寺についても，ほとんど被害が軽微であった。茨城，栃木，群馬，埼玉，千葉の国登録文化財建造物の社寺建造物は14件に過ぎず，またそれらも軽微な被害が確認された程度であった。また，各県指定の社寺建造物についても，その状況はほとんど同じである。ここでは栃木県東部の事例を中心に，被害状況を報告したい。

寺院建築 大規模な寺院本堂では大雄寺の諸堂と西明寺本堂を確認した。ともに八溝山地などで茨城県と接したところにあり，しかも平野部より山裾のやや高い地に境内を構えているが，被害はわずかであった。

県北の大田原市にある大雄寺本堂（江戸初期）は桁行約26mの規模を持つ寄棟造・茅葺であるが，構造細部は柱に若干の歪みや礎石とのズレ，虹梁仕口部のわずかな緩みが確認された程度であった。ただし，側面に連続する玄関との接合部に不具合が発生し，背面にある御霊屋との接続部分で屋根が破損し，雨漏りが発生していた。本堂同様に茅葺の大規模な庫裏や禅堂があるが，ともに基礎から軸部及び屋根まで健全であった。しかし，土蔵造の経蔵（享和3年 1803）は漆喰壁に多数の亀裂が生じ，特に正面向拝との接合部が顕著に破損していた。県南の益子町にある西明寺本堂（元禄15年 1702）は桁行5間・梁間5間，寄棟造・茅葺形銅板葺であるが，基壇にも破損がなく，軸部・組物・軒廻りまで健全であった。

真岡市東部の小貝川西岸に境内を構える能仁寺本堂（江戸初期）はもこしのない単層の方五間禅宗様仏殿形式であるが，屋根が金属板葺に変わっていたこともあり，軸部から軒廻りまで被害がなかった。さくら市氏家にある西導寺本堂（天明4年 1784）は，側廻り角柱・内部円柱，入母屋造・瓦棒銅板葺であるが，ほとんど被害がなかったものの，堂内部の彫物欄間が落下していた。

三間堂については，真岡市長沼の宗光寺新御堂（天保4年 1833），さくら市氏家の西導寺弥勒堂（延宝元年 1673），那須烏山市滝の太平寺本堂（江戸後期），同市田野倉の安楽寺薬師堂（寛永20年 1644），那珂川町浄法寺の遍明院大日堂（江戸前期）などを調査したが，経年による腐朽や歪みを除くと，ほとんど被害がなかった。いずれも屋根は金属板葺で被害がなく，わずかに基壇部石垣の損壊（太平寺）や嵌板彫物の亀裂（安楽寺）などが確認されただけである。宗光寺鐘楼との西導寺鐘楼は方1間袴腰付形式，大雄寺鐘楼は方1間吹放形式で，ほ

図 6.8.13 大雄寺本堂（大田原市）(Daiou-ji Hondo)

図 6.8.14 大雄寺経蔵（大田原市）(Daiou-ji Kyozo)

図 6.8.15 安楽寺薬師堂 (Anraku-ji Yakushido)　　図 6.8.16 西導寺弥勒堂 (Saido-ji Mirokudo)

図 6.8.17 西明寺の経蔵・三重塔（益子町）(Saimyo-ji Kyozo・Sanjunoto)

とんど壁がない構造であったが，いずれも被害がなかった。2階建形式の西明寺鐘楼（享保7年 1722）は軸組が健全で，茅葺屋根頂部の宝珠にズレが生じた程度であった。

神社建築 東部地域では権現造に代表される複雑な平面の複合社殿形式は確認できなかったが，日光の東照宮や佐野市並木町の二柱神社社殿（天明3年 1783）などもほとんど被害がなかった。単独で建つ三間社流造・一間社の流造，入母屋造の本殿は，軸部から軒廻りまで健全で，若干の歪みや部分破損が確認されただけであった。ただし，さくら市馬場の今宮神社本殿（寛文3年 1663）では，大谷石積基壇にひび割れが生じ，切石積土台が不

同沈下していた。大田原市南金丸の那須神社本殿（寛永18年1641）では，軸部が少し歪んだため，壁板に隙間が生じ，また中備蟇股が2か所で落下・破損した。同市福原にある福原八幡神社本殿（江戸中期）では，向拝中備の龍彫物と身舎柱頂部の獅子鼻が落下・破損した。これらは取り付けにダボや釘が用いられていなかったことによると思われる。こうした装飾細部は比較的地震時に破損しやすいと思われたが，被害がなかった那珂川町の鷲子山上神社本殿（天明3年1783）のように，強固な場合は問題がないようであった。なお，茨城県常陸太田市の薩都神社本殿でも同様の破損が報告されている。

拝殿では，真岡市東郷の大前八幡神社拝殿（元禄期）が比較的古く規模も大きいが，健全であった。近世の拝殿だけでなく，近代のものも被害がなかった。高根沢町上高根沢の安住神社では本殿に被害がなかったが，大正期の覆屋は軸部に歪みが生じ，窓の格子が脱落した。

門と塔及び石造物　国指定の日光東照宮五重塔と益子町の西明寺三重塔，県南部の岩舟町にある高勝寺三重塔（寛延4年1751）は，被害がなかった。地震の揺れに弱いと思われる楼門は，那須神社楼門（寛永19年1642），今宮神社楼門（文化8年1811），鷲子山上神社楼門（文化12年1815）など健全で，真岡市の大谷石葺屋根の海潮寺楼門（文化3年1806）も軸部から屋根まで被害がなかった。八脚門や四脚門，唐門や高麗門でも経年による歪みが若干進んだ点を除いて，被害がなかった。

石造物は，さくら市桜野の八幡神社で石造鳥居が倒壊したが，すべての石造鳥居が被害を受けたわけではなかった。石造灯籠や石碑は被害数を把握することが困難なほど転倒していた。なかには長沼八幡宮では転倒した灯籠が随身門（天明7年1787）の腰部を損壊していた。

まとめ　今回の大地震直後，東京大学大学院稲山准教授のチームは3月16～17日に那須烏山市，高根沢町，芳賀町，市貝町にかけて調査し，高根沢町の寺院本堂の倒壊，市貝町の四脚門の倒壊や神社石造鳥居の損壊を報告していた。特に比較的近年の新築と思われる本堂は，屋根の原型をとどめたままで倒壊していた。芳賀町でも新築の鐘楼が同様に倒壊したと聞いている。文化財建造物の被害調査はこれより約1ヶ月半後で，被害が相当あるのではないかと想像していた。しかし実際には，地方指定の社寺関係の文化財建造物に甚大な被害がなかった。建築年代や規模及び形式の違いで，被害の有無を整理することはできない。また地域的には東北に近い県東北部の被害がやや大きいものの，前述の報告にあった全壊本堂と5km程度という近隣にある安楽寺や太平寺が軽微であったように，明確な地域分布もみられなかった。

図6.8.18 今宮神社本殿(さくら市)(Imamiya-jinja Honden)

図6.8.19　那須神社本殿（大田原市）(Nasu-jinja Honden)

図6.8.20　福原八幡神社本殿（大田原市）(Fukuharahachiman-jinja Honden)

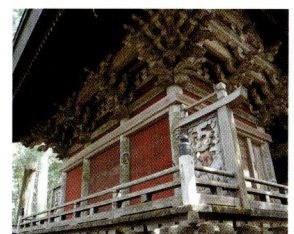

図6.8.21　鷲子山上神社本殿　図6.8.22　安住神社覆屋
(Tobinokosanjo-jinja Honden)　(Yasumi-jinja Oiya)

図6.8.23　那須神社　図6.8.24　海潮寺楼門(真岡市)
(Nasu-jinja)　(kaicho-ji Roumon)

図6.8.25　八幡神社（さくら市）　図6.8.26　長沼八幡宮
(Hachiman-jinja)　(Naganumahachimangu)

(3) 民家

　農家は茅葺主屋に蔵・納屋・塀などの瓦葺附属屋が付随する場合が多く、関東地方各地からの情報によると茅葺主屋の大損壊はないようで、被害の多くは土壁の部分損壊と思われる。とはいえ、関東地方も千葉や茨城で津波や液状化被害があり、その実態も注意する必要がある。一方、瓦葺建物は棟瓦を中心に部分崩落を生じ、落下瓦が平葺部分や雨樋を破壊する事例が多数ある。また、土蔵は外壁の部分剥落や大谷石蔵の部分崩落などが目立つ。こうした中で、茅葺主屋における被害事例について筆者が実地調査した茨城県下を中心に①津波被害、②液状化被害、③地震動による軸部の弛緩、④土壁の損傷の順に記し、それに続いて附属屋の被害状況を若干報告する。

1) 主屋の被害事例

①津波の被害事例：重要文化財山本家住宅（神栖市）

　重要文化財山本家住宅は津波により地盤から1m以上浸水し、主屋・ポンプ室・住居棟・長屋門など屋敷全面が被災した。建物流失被害はなかったが、主屋は外回りの板戸が流され戸袋が損壊し、内外の土壁が浸水高さで崩落し、畳が全損し、整備したばかりの雨落が部分的に損壊した。流された板戸を早急に回収し(一部欠失部は合板養生)、畳は処分し、土砂を掻き出し清掃を行っているため、外観上はさしたる被害があったようには見えないが、そこに至るまでの所有者負担は精神的・経済的に少なくない。また、ポンプ室が水没しポンプが損壊したことは防災上重視すべきである。屋敷裏に小型コンテナ数基が漂着したというが、主屋に衝突せずに幸いであった。

②液状化の被害事例：県文化財旧所家住宅（潮来市）

　旧所家所在地周辺は液状化が顕著で、近在各所で地盤不陸、電柱埋没や傾斜、家屋傾斜などが認められる。当該建物は周囲の被災状況から見ると被害は軽いかも知れないが、それでも分棟形民家における釜屋棟部分の地盤が若干傾斜したようで、主屋棟との取合部は貫が外れて隙間を生じている。主屋棟の大引仕口が外れた部分や建具・土壁が破損した箇所も認められる。

③梁仕口弛緩事例：川崎市立日本民家園・重文旧作田家

　神奈川県の事例であるが、旧作田家住宅梁組において、従来から柱胴付が若干外れていた梁仕口が地震後はさらに拡大した。類例は町屋であるが茨城県石岡市の福島屋砂糖店(登録)の指鴨居仕口において認められる。注意して観察すれば他所でも多く生じている破損かも知れない。

④土壁の破損事例：登録文化財照沼家住宅(東海村)ほか

　書院棟床の間の側面壁が外れて内側に倒れて崩壊し、その際の衝撃で床の間天井と床脇天井が外れてしまった。また背面壁も大きな亀裂を生じた。ただし書院棟自体は近年柱の取替や庇化粧軒の全面的補修を行っていたため軸部の歪みなどは生じなかった。

　また石岡市大場家住宅（登録）は、土間の壁上塗(ネズミ漆喰)が一区画剥落したが、これは旧壁面に塗り重ねた上塗部分が地震により剥がれたものである。

　なお商家で瓦葺の塗屋建物である石岡市の酒造会社・

図 6.8.27 山本家住宅　土間棟正面と居室部背面壁の破
(Tsunami damage to Yamamoto house, Ibaraki, Kasumi-city)

図 6.8.28 旧所家住宅　正面と周辺の液状化状況（電柱埋没）
(Tokoro house and liquidizing damage, Ibaraki, Itako-city)

図 6.8.29 旧作田家住宅主屋　梁組と梁仕口の弛緩
(Sakuda house, Nihon-Minka-En, Kanagawa, Kawasaki-city)

図 6.8.30 照沼家住宅　書院棟全景と床の間側面壁の崩落
(Damage to clay wall in Terunuma house, Ibaraki Tokai-village)

図 6.8.31 大場家住宅　主屋全景と土間ネズミ漆喰剥落部分
(Damage to clay wall in Oba house, Ibaraki Ishioka-city)

図 6.8.32 府中誉山口家住宅　主屋全景と土間の土壁剥落部
(Damage to roof and clay wall in liquor store, Ibaraki, Ishioka-city)

山口家住宅（登録・府中誉主屋）は、外壁の大壁部分に広範囲に亀裂が生じ一部黒漆喰上塗が剥離したほか、屋内壁の一部も剥落した。また桟瓦葺屋根は棟積が崩落し平葺も剥がれるように外れてしまった。ただし木造軸組は弛緩や傾斜を生じていない。

2) 附属建物の被害状況

つぎに民家属建物の被害状況で気付いた点を記す。ここでは、塀と大谷石積の石蔵について注目する。

塀の破損状況：大谷石塀は各所で崩落・撤去されている状況を目にした。その中で石岡市の福島屋砂糖店大谷石塀は（町屋事例だが）震度6強の地域にもかかわらず微少被害(表面剥離)で済んだ。これは控えを設けた効果と思われる。板塀の傾斜事例は先述の照沼家住宅(東海村)で確認した。ここでは桟瓦屋根の被害が顕著で、大きく揺らされたことがうかがえる。土塀は間宮家住宅(常陸大宮市)において大谷石積基礎上に設けた瓦屋根付の本格的な土塀を確認した。ここでは大谷石基礎と土塀土台を鎹で繋ぐ技法が注目されるが、破損状況を見ると屋根瓦からの水が軒に廻って木造の土塀下地が腐朽していた箇所を中心に破損が生じたようだ。

大谷石積蔵の破損状況：土蔵の状況は別項で扱うのでここでは大谷石積蔵の破損事例に少し触れる。実地調査した農家で大谷石積蔵を有する事例はなかったが、移動途中で妻壁が損壊した大谷石積蔵を2例見かけた。双方とも軸部は健全で、うち1棟は控えを有する。

図6.8.33 福島屋砂糖店大谷石塀と照沼家板塀の補強状況
(Stone wall of a townhouse, Ibaraki, Ishioka-city)(left)
(Wood siding wall of a farmhouse, Ibaraki, Tokai-village)(right)

図6.8.34 間宮家住宅土塀の破損状況（表面と裏面）
(Damage to clay wall in Mamia-house, Ibaraki, Hitachiomiya-city)

図6.8.35 大谷石積蔵の妻壁被害2例（茨城県城里町）
(Damage to stone wall in warehouses, Ibaraki, Shirosato-town)

3) 今回の民家被害からの教訓と今後の検討課題

以上、民家の震災被害を概観した。今後の調査で被害状況はより明確になるであろうが、現時点での民家建築における被害知見をもとに重要点を列記する。

①茅葺民家の震災被害が少ないことを過信しない

震度6以上を記録した地域においても、屋根重量が比較的重い茅葺民家に甚大な被害が生じなかった。このことは幸いであったが、一方で土蔵や大谷石積蔵の被害が顕著であることは、今回の地震波の性質が茅葺民家にとって比較的有利であった可能性がある。したがって単純に茅葺民家が地震に強いと過信することは危険である。

②津波や液状化被害の深刻さを知る

津波・液状化は関東では一部地域でのみ確認された地震災害なので実感が少ないが、津波の場合は、建物が流失するような被害に至らずとも、津波が及んだ地域では建物・通路・植栽まで全範囲に被害をもたらす。また液状化は地盤そのものを大きく変形させる。こうした被害に対してどの程度の備えをするかは個別に慎重な判断が必要であろうが、神栖市山本家の事例で見る限り、一定の地盤嵩上げと屋敷内排水整備の検討、そして防災設備の冠水対策などは必須といえる。

③日常の保守点検の重要性

瓦の被害や外壁の剥離、軸組仕口の弛緩など、大地震を契機として各所で建物被害が生じているが、津波や液状化による災害を除けば、その実態は経年変化による建物の破損が地震により一気に顕在化したと見ることもできる。したがって今後の被害予防策としても、建物維持管理を重視するような啓蒙活動が必要である。

④震災復旧に対する技術的支援の必要性

民家所有者の多くが、自宅の被害について具体的な相談窓口に苦慮している。特に国重文以外の指定文化財や国登録文化財の場合は「応急的な対処法」→「本格的な復旧手法」→「今後の予防策（建物維持管理）」などに関する一連の流れや、財政的支援がどの程度受けられるのかについて心配する所有者が少なくない。「文化財的な価値を極力維持しつつ、文化財カテゴリーの実情にあわせていかに有効な修復手法が提供できるか」これが震災から文化財建造物を蘇らせる鍵である。例えば大谷石蔵の被害事例では、比較的安定している躯体までは従来構法を踏襲し、控えや臥梁補強などを適宜加え、妻壁は石積を代替構法で置換するなどの提案が必要である。また、今回被害が多い土蔵の復旧についても、土蔵の修理手法を多段階で提案するとか、壁土作りを地域のボランティア活動で推進して復旧機運を喚起するなどの方法を、建築学会が主体となって推進する必要があろう。

(4) 町屋

町屋は今回の地震の影響で，土蔵とならんで広範囲にわたり，数多くが被害を受けた建造物の一つである。以下では，関東地方，なかでも茨城県の事例を中心に町屋の被害についてその概要を記すとともに，町並みの被害とその復旧の問題にまで言及することとしたい。

津波による被害　東北地方のように，波高が極めて高い津波が壊滅的な被害をもたらしたケースもあるが，それほどの津波でなくても町屋に大きな被害を与えたケースがある。図6.8.36は何れも，北茨城市の事例である。北茨城市では，国登録文化財の六角堂が津波で流出したことが広く報道されたが，同市内の大津港周辺をはじめとして沿岸部の町屋も多大な被害を受けた。左は完全に倒壊，右も1階室内が大きな被害を受けており，取り壊される可能性がある。茨城県では，津波被害を受けた町屋に，文化財としての指定・登録が行われているものはなかったが，歴史的建造物として一定の価値を有すると思われるものが，津波のために人知れず消えて行くケースが多くあることは記憶に留めておく必要があろう。

図 6.8.36　津波で被災した町屋（茨城県北茨城市）
(Townhouses destroyed by tsunami, Ibaraki, Kitaibaraki-city)

土蔵造り町屋の被害　震度の強かった沿岸部はもちろん，震源からは比較的離れた内陸部においても，震動による町屋の被害が多数みられた。図6.8.37の荒川家店蔵（国登録）は土蔵造り町屋の典型的な被害状況を示している。この町屋では，大棟が震動で破壊され，転がり落ちた棟瓦が下屋の瓦を破壊している。このように瓦葺き，それも土葺き桟瓦の屋根の大棟・隅棟が崩壊したものや，

図 6.8.37　荒川家店蔵（茨城県筑西市）
(Arakawa-ke Misegura, Ibaraki, Chikusei-city)

瓦全体が動いてずれたもの，一部の瓦が落下したものの事例は枚挙に遑がない。また，妻壁の漆喰・中塗りが剥落している様子もみえる。土壁の被害は表面の漆喰だけに留まる場合もあれば，中塗りの剥落，さらには粗壁の脱落にまで至っている事例もある。

このように屋根瓦と土壁の被害が土蔵造りの町屋の被害の大半を占めており，それぞれ軽微なものから重度のものまで被害の程度は様々である。ついで，被害の著しかった二つの土蔵造りの町屋についてみておきたい。

図6.8.38は，鉾田市の田上家店蔵（未登録）の被害状況である。既に2階部分の瓦は全て下ろしてあるが，被害の大要は明らかであろう。ここでは2階部分の瓦が落ち，1階の下屋を破壊した。破壊は瓦のみならず，その下の野地板，さらに垂木にまで及んでいる。また，1階正面向かって右側の戸袋の被害も著しい。戸袋の損傷は多くの町屋でみられ，中には建物本体の構造から離脱して傾いてしまったものもみられた。

図 6.8.38　田上家店蔵（茨城県鉾田市），Tagami-ke Misegura (Ibaraki, Hokota-city)，上：全景，下左：下屋の破壊，下右：戸袋の破壊

一方，図6.8.39は，土浦市の矢口家住宅（県指定重文）である。矢口家では，袖蔵の屋根の影盛りの一部が落下し，店蔵・袖蔵の間の1階部分屋根を貫通して，土間にまで落ちた。現在この部分の屋根には合板で応急修理が施されると共に，上からブルーシートがかけられている。また，西側妻面では腰巻が数メートルにわたって粗壁の部分から落下し，柱・小舞が露出する状態になっている。腰巻の部分では粗壁にコンクリートのように骨材が混入されており，周囲とは異なる壁材料の使用が部分的な剥落の原因となった可能性がある。さらに，下屋部分では

柱が通り側に傾斜し，繋ぎ梁が外れそうになったため，上屋柱から下屋柱に鉄のワイヤーを掛け，柱の傾斜の進行を応急に防いでいる。

図 6.8.39 矢口家住宅（茨城県土浦市）(Yaguchi-ke house, Ibaraki,Tsuchiura-city), 上：全景，下左：店蔵西妻壁の破壊，下右：店蔵下屋柱の傾斜と応急措置

その他の類型の町屋の被害　土蔵造りの店蔵と同様の形態を持ちながら壁を塗り込めていない形式の町屋も数多く存在する。このタイプの町屋でも土葺きの桟瓦屋根は被害を受けているものが少なくないが，土蔵造りと異なり，壁面の被害が軽微にとどまったものが多いようである（図 6.8.40 左）。また，北関東でしばしばみられる農家風の町屋の被害も基本的には同様と考えられる。図 6.8.40 右は，桜川市真壁町の寄棟・妻入りの町屋だが，ここでは大棟に加えて隅棟の瓦も損傷を受けている様子がみてとれる。以上の二つは全体的には土蔵造りの町屋に比べると，被害は比較的軽微ではなかったかとの印象を受けるが，詳細は今後の調査結果を待ちたい。

図 6.8.40　町家の被害（茨城県桜川市）
Townhouses partially destroyed by quake (Ibaraki, Sakuragawa-city)

　もともと建設されていた数は数少ないが，煉瓦造の町屋も被害を受けた。図 6.8.41 の新美堂は，土壁の代わりに煉瓦で全体を土蔵のようにくるんだ珍しい外観を持つ町屋であった。しかし，写真手前にみえる店舗背後の角屋に大きな亀裂がみられると共に，2 階部分の妻壁が崩れるなど激しい被害を受けたため，既に取り壊されている。この他にも土浦市内ではいくつかの煉瓦造の建物の被害と取り壊しが確認されている。新美堂に関しては内部の構造を確認できなかったが，茨城県内の煉瓦蔵の場合，内側に木柱を用いず煉瓦壁で直接小屋組を支持するものが多いと推測される。このような構造だと，壁の損傷がただちに建物の取り壊しという事態を招くことを示している。今回の地震で無事だった建物についても適切な構造補強が望まれるところである。

図 6.8.41　新美堂（茨城県土浦市）
(Shinbi-do, Ibaraki, Tsuchiura-city)

　これに対し，古河市では図 6.8.42 のように外壁に大谷石を用いた町屋が散見されるが，おおむね無事だったようである。これが構造的に頑強だったことによるのか，あるいは古河の震動が比較的弱かったことによるのかは現時点では明らかではない。今後検討を続ける必要があるだろう。

図 6.8.42　大谷石を使用した店蔵（茨城県古河市）
(Misegura with stone gable wall, Ibaraki, Koga-city)

町屋の震動被害の特徴　以上のように一般的な町屋では，土葺きの桟瓦屋根，土壁の被害が多くみられた。しかし，一方で構造の損傷にまで至っているケースはほとんど無いと推定される。その点では復旧可能な範囲に留

まる被害が多かったと言えるだろう。

また，同じような形態の町屋でも，金属板葺きのような瓦葺き以外の軽量の屋根を持っていたものや，土壁で塗り込めていない町屋の被害は相対的に軽微であったと推定される。東北地方では金属板葺きの屋根を持つ町屋が関東と比べると相対的に多いと推定されるが，このことにより町屋の震動の被害に関しては東北地方の被害の方が軽微だった可能性もあるだろう。

町並みの被害　さて，以上のような町屋が所在する町並み全体が震動で大きな被害を受けたところとして，関東地方では茨城県桜川市真壁・常陸太田市鯨ヶ丘，千葉県香取市佐原，栃木県栃木市栃木，群馬県桐生市本町などをあげることができる。また，東北地方では，宮城県村田町村田の被害の甚大さも報告されている。このうち真壁・佐原は国の重要伝統的建造物群保存地区（以下，重伝建地区）に選定されており，桐生・栃木でも既に保存対策調査が実施され，重伝建地区として選定されることを目指したまちづくりが進められている。ここでは真壁を事例に被害状況を述べる。

真壁は，近世の在郷町として 2010 年 6 月に国の重伝建地区に選定されたばかりの町である。戦国期以来の長く複雑な歴史を有する町だが，現在では 19 世紀後半から 20 世紀前半にかけて建設された多様なタイプの町屋がのこされている点に特徴がある。また，1999 年から 2005 年にかけて，計 104 棟の国登録文化財の登録が行われた後，2009 年には歴史まちづくり法にもとづく歴史的風致維持向上計画が認定されるなど，比較的新しく整備された保存関係の制度を重層的かつ意欲的に利用する形でまちづくりが進められていたことが知られている。

真壁の被害を概観すると，町並みが町屋以外にも多くの種類の建物によって構成されているため，全体としてみると多様な被害が起きていたことに気づく。図 6.8.43 上は，真壁の町中にある酒造メーカーの建物であり，店舗として用いられている。梁間 6 間・桁行 9 間の大規模な土蔵造りだが，屋根の桟瓦が全体的にずれ，波打っている様子が見てとれる。幸い構造そのものの損傷はなかったし，重伝建地区内の特定物件でもあるので取り壊しの心配はないが，大規模なため被害規模も比例して大きくなっていることが分かる。また，背後のＲＣ造の煙突でも上端のリング状に張り出した部分の半ばが落下した。残りの部分も撤去するかどうかが議論されている。さらに，図 6.8.43 下左右はいずれもこのメーカーが持つ蔵であるが，共に大きな被害を受けた。前者は通りを挟んだ向かい側にある大谷石の石蔵であり，妻壁の石材が崩落し，手前の下屋の屋根を破壊している。後者は，典型的な土蔵の被害を示すもので瓦葺き屋根と土壁が損傷したが，角地に立地しているため，痛々しい被害が目立ちやすい。一方，図 6.8.44 左は，通りに面して建つ独立した土蔵である。被害の内容は同様だが，上述の角地に建つ土蔵と同様に，表通りに近い位置に立地するため，通り沿いの景観に与える影響は少なくない。このほかにも図 6.8.44 右のように，町屋の面被り部分が破壊されたものもある。壊れたのは後補の木造モルタルの部分だけであるので，取り壊しが背後の建物に及ばないよう注意を払う必要があろう。

図 6.8.43　村井醸造（茨城県桜川市）(Murai-Jozo, Ibaraki, Sakuragawa-city)，上：店舗，下左：石蔵，下右：脇蔵

図 6.8.44　真壁の土蔵・町屋（茨城県桜川市）(Storehouses and Townhouses of Makabe, Ibaraki, Sakuragawa-city)，左：塚本茶舗，右：面被りの破壊

被災後の対応　さて，残念なことに，この真壁でも重伝建地区内の特定物件の土蔵 2 棟，地区外の国登録文化財の土蔵 2 棟が既に取り壊されている。また，地区内でも取り壊しの危機に瀕しているものが少なくない。

言うまでもないが，本来，重伝建地区内で特定物件に指定された建造物は，制度的に手厚く破壊から保護されている。それにもかかわらず土蔵 2 棟が取り壊されたのは，それぞれの傾斜が大きく，所有者及び自治体が倒壊

第6章 各構造の被害（Damage to each construction type of structures）

の危険性を懸念したからであった。若干の部材は保管されているが，現在両建物の跡地は更地となっている。

また，地区内には，優れた歴史的建造物でありながらも，保存の同意が得られなかったため，特定物件に指定されていない建造物も少なからず存在する。図6.8.45左は，このような事例の一つで，戦後直後に建設された看板建築として中心部の角地にユニークな外観を見せていたが，近日中に取り壊される予定である。応急危険度判定で要注意の判断が下されたことが取り壊しの遠因となったと推定される。また，図6.8.45右も所有者に建物の寄付を仰ぐと共に敷地を市が買い取ることにより，今では保存への道筋が付けられつつあるが，震災直後には取り壊しの危機に瀕していた。なお，この敷地の買い取りは，同建物を歴史的風致形成建造物に急遽追加することで可能となった。歴史まちづくり法の運用の可能性を示すものとして記しておきたい。

図6.8.45 重伝建地区内の非特定物件建物
(Non-designated buildings in the historic district of Makabe)

重伝建地区の外に至っては，保存の強制力が働かないため，当然ながら事情はより深刻で，先にも述べたように国登録文化財の土蔵2棟が震災直後に取り壊された。いずれも構造的には必ずしも大きな損傷を受けていたわけではなかったと推測されるが，修理にかかるであろう労力や費用を所有者が負担に感じたのが早々に取り壊されるに至った原因と考えられる。

このように町並みを構成する建造物が取り壊されたり，あるいは重度の被害にあって修理に時間を要したりすることになれば，本来景観的な連続性が価値の中核をなす町並みは大きな痛手を被ることになる。これは一般論として容易に想像できることであるが，今回の災害では土蔵や土蔵造りの町屋が甚大な被害を受けていることにより，影響はより大きくなった。なぜなら，土蔵造りの町屋や蔵は，もともと裕福な商人達が建設した立派な建築であって町並みを代表する存在であったこと，立地している場所が町の中心部や角地など目立つ位置にあること，木部の占める割合が高い町並み景観の中でアクセントとなっていたことの三つがその理由である。したがって，早急な復旧・復興が望まれるが，課題は少なくない。

復旧・復興へ向けて 先にも述べた通り，町屋では，屋根・土壁に被害が集中している。したがって，損傷部分にブルーシート等をかけて建物を雨による二次的な被害から守ることがまず必要とされる。しかしながら，現時点においてもなお，この対策すら行われていないものがある点には注意を要すべきであろう。空き家であったり，空き家でないまでも所有関係が複雑だったりするために十分な管理の手が行き届いていない建造物は町並みの中に数多く存在する。

また，今後ブルーシートによる保護の段階から，順次より強度を持った屋根へと葺き替えていく必要がある。図6.8.46の町屋では，写真撮影時にはブルーシートが掛けられていたが，現在ではトタン葺きへと葺き替えられた。いずれは本格的に瓦葺きへと葺き替えたいが，現在は屋根屋も忙しいため，このような選択をしたという。

図6.8.46 ブルーシートをかけた町屋（茨城県桜川市）
(Townhouses covered by blue sheets, Ibaraki, Sakuragawa-city)

一方，図6.8.47の醤油醸造メーカーでは，主屋・長屋門・工場の3棟の建物が被災したが，主屋は土葺きの桟瓦で，長屋門は引っかけ桟瓦で，工場はガリバリウム鋼板でそれぞれ葺き替える予定だという。このように，建物の性格や本格的な葺き替えのタイミングをにらんで臨機応変に屋根の仕様を選択することも有効であろう。

図6.8.47 鈴木醸造（茨城県桜川市）
(Suzuki-Jozo, Ibaraki, Sakuragawa-city)

屋根瓦の被害への対応については，ほかにも既に様々な取り組みが実施されているものと思われる。しかし，同様に被害の大きかった土壁については，手つかずの建物が圧倒的多数なのではないか。今後，学会としても有効な提案を技術的・制度的・経済的側面の各側面から積極的に行う必要があるものと思われる。

(5) 蔵

蔵の被害は，同一構造の町屋の被害に類似している。しかし，人が常日頃に使う町屋とは異なり，手入れが十分になされず，そのまま放置されていたものも多く，町屋とは異なった問題点も露呈してきた。ここでは，土蔵，煉瓦蔵，石蔵，その他の蔵，に分けて，伝統的手法で建設された蔵の被害の概要を示す。

土蔵の被害

土蔵は，被災地に広く分布しており，その多くが何らかの被害を受けた。平成19年3月25日の能登半島地震で多くの土蔵に多大な被害があったことは記憶に新しいが，本地震による被災地全域においても，同様であった。土蔵の主たる被害は，土壁の損壊と屋根瓦の崩壊・落下に分けられる。特に，土壁の損壊が目立ち，これらのなかには度重なる余震のため，徐々に被害の度合いを増大させている例も多い。しかし，軸部まで被害を受けたものは少ないのが特徴である。すなわち，土蔵は被災率が高いが，被害の程度は，一部を除いて，さほど甚大ではなく，ほとんどの土蔵は，技術的にみて原状復帰が可能である。

土壁の被害の程度は，建物によってさまざまである。もっとも軽度の被害は表面の漆喰にヒビが入ったもので，次の段階の被害として，表面仕上げの漆喰が崩落したものがあげられる。なかには，土壁内部の下地が露出する深刻な被害も見受けられる。土蔵は，下見板や鉄板で覆われることも少なくないが，これらのなかには，内部で土壁が崩壊していると思われるものもあった。下地が露出する甚大な被害を受けているものの多くは，下地そのものがボロボロになっており，今回の地震によるというよりは，土壁の耐久年数を越えたための被害と考えられる。被災箇所としては，主に，建物の隅部や鉢巻や観音扉の取り合い部分があげられる。これらは，もともと構造的な弱点であり，あらゆる地域で被害が確認できた。被害を受けた土壁は，そのままにしておくと損壊部が増大する可能性が高く，早急の対応が必要である。

他方，屋根瓦に関しては，民家や町屋と同様に，土葺の瓦に被害が多く，瓦のズレ，崩落が多数見られたほか，棟瓦の被害も目立った。これら被害のほとんどは，比較的容易に修復が可能であるが，瓦等の資材の不足，職人の不足から，実際に工事に着手できるまで時間がかかると予想され，それまでの間の応急的対応が必要となる。

このように，土蔵の被害は同一構造の土蔵造りの町屋の被害と類似しているが，一般に，土蔵ほうが被害が大きい。それは，常日頃，頻繁に使われている店蔵とは異なり，土蔵は日常の手入れが十分でないものが多いためと考えられる。すなわち，伝統的土蔵では，日常の管理の差が，そのまま被害の差となった。また，甚大な被害を受けたもののなかには，経年劣化していたものも少なくなく，日常のメンテナンスの重要性が浮き彫りとなった。とはいえ，被害にあった土蔵のほとんどは，土壁を塗り直すことで，価値を取り戻すことが可能であり，そのための現実的な手法を至急，検討する必要があろう。

図 6.8.48 土壁のヒビと漆喰の崩落
関善商店土蔵（古河市：未指定）
(Sekizen Shouten Dozo)

図 6.8.49 観音扉の崩壊漆喰の崩落
中村美術サロン旧文庫蔵（筑西市：未指定）
(Nakamura Art Salon old Bunkogura)

図 6.8.50 鉢巻部分の損壊
保坂家土蔵（結城市：未指定）
(Hosaka house Dozo)

図 6.8.51 土壁の崩落による下地の露出
矢口家土蔵（土浦市：県指定）(Yaguchi house Dozo)

煉瓦蔵

煉瓦造建築は，基本的に，地震に対して弱い。今回の地震で，構造体である壁面に亀裂等の甚大な損傷が生じ，崩壊もしくは崩壊の危険性が生じたものも少なくない。群馬県桐生市周辺には煉瓦蔵が多く，景観上の特色となっているが，これらのなかには甚大な被害を受けたものも多かった。また，茨城県土浦市でも，煉瓦蔵の被害が目立っている。

煉瓦蔵の被害は，大きく3つのタイプに分けられる。ひとつは，妻壁頂部の損壊である。これは木造の小屋組を架ける組積造建築に特有の被害である。2つめのタイプとして，出隅の取り合い部分の垂直の亀裂があげられる。隅部に水平方向の力が集中したため，その部分に亀

第6章　各構造の被害（Damage to each construction type of structures）

裂が生じたものと考えられる。この被害がもっとも多く確認された。これらは比較的軽微な被害であるが，より深刻なのは，第3のタイプに分類される構造上の問題をともなう壁体の破壊である。これらは建築としての安全性の問題でもあり，早急な対応が求められる。所有者にとって，この点はきわめて重要であり，安全性を危惧し，早い段階で取り壊しが決定されたものも少なくない。これら歴史的建築物を後世に残していくためには，まずは安全性確保のための応急的な対策を講じ，一段落した段階で，文化財的価値を尊重した修復工事が行われるべきである。つまり，今回の地震で被災した組積造建築に関しては，二段構えで修復・保存していく必要があろう。

図 6.8.52　煉瓦蔵「野村」
(土浦市：未指定)
(Nomura brick storehouse)

図 6.8.53　新美堂煉瓦蔵
(土浦市：未指定)取り壊し
(Shinbi-do brick storehouse)

図 6.8.54　煉瓦壁の出隅部分に生じた垂直の亀裂
柏原住宅土蔵（いわき市：国登録）
(Kashiwabara house storehouse)

図 6.8.55　出隅部の石材のズレ
中村美術サロン新文庫蔵（筑西市：未指定）
(Nakamura Art Salon new Bunkogura)

石蔵

煉瓦蔵同様に，石蔵の被害も少なくない。特に，北関東には大谷石を用いた蔵が多数あり，これらの被害が目立った。石蔵の主たる被害もまた，煉瓦蔵と同様に，切妻壁上部の損壊や，出隅部分の取り合いの垂直の亀裂が多く，構造上の問題をともなう壁体の損壊も少なくない。これに加え，石材のズレによる目地の破壊・増幅等も多数確認できた。煉瓦造建築同様に，構造に関わる壁体の被害は深刻であり，文化財的価値の保存を視野に入れつつも，安全性の確保のための早急な補強工事が必要とされている。

図 6.8.56　妻壁の崩落（撮影：藤川昌樹）
村井醸造石蔵（真壁町：国登録）
(Murai-Jozo stone storehouse)

その他の蔵

蔵のなかには産業利用されているものも少なくない。そのひとつが酒蔵であり，阪神大震災の際も，多くの酒蔵が被害を受けた。これらは現役で用いられていることが多く，地場産業の復興といった観点からも，早急な修復工事が必要不可欠である。これらの場合，修理が遅れると，建替えが選択肢とされることが多く，緊急の対策が必要とされている。

まとめ

人が常に使用する住家と比較して，蔵は管理が行き届かないものも少なくない。しかし，地震による被害の度合いは，日常のメンテナンスに左右されることが明らかとなった。特に，土蔵に関しては，この傾向が顕著である。わが国の伝統文化のひとつである土蔵を後世に伝えていくためには，平時のメンテナンスは重要であり，そのためのバックアップ体制を検討していく必要があろう。また，伝統的手法のみでは，多数の土蔵を維持管理していくことは不可能に近い。その際，伝統的手法に固執するだけでなく，今後の地震被害を最小限に食い止めるため，新技術を活用するなど，柔軟な姿勢で，伝統的形態を維持できる代替的手法の検討していく必要があるだろう。

(6) 近代建築

　明治以降につくられた北関東から東北にかけての様式建築・看板建築・RC造・煉瓦造等にも震度5以上の地域を中心に，多くの被害が生じている。近代建築には，構造材ではない壁や天井もあり，それらの非構造材の被害も確認される。地震の揺れにより軸組が全壊した事例はほとんど見られないが，神社の向拝柱の傾斜ずれと同様，木造の様式建築の玄関ポーチ等の付属部分が揺れにより，建屋との亀裂やずれ，損壊が見られる。

図6.8.57　旧太田中学校講堂
（Old Ota junior high school auditorium, Hitachi Ota）

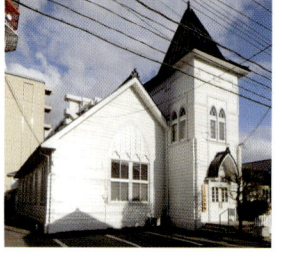

図6.8.58　旧屋形医院　　図6.8.59　一関教会
（Dr,old Yakata's office）（Catholic Church in Ichinoseki）

　茨城県常陸太田の旧太田中学校講は，駒杵勤治の設計による明治37年（1904）竣工の重要文化財で，玄関ポーチの柱のあばれ・ずれ，屋根が被災した。福島県西白河郡矢吹町の旧屋形医院（1920未指定）も，コリント式柱頭の2本の柱で支えられた玄関ポーチが倒壊した。一般の民家と同様，瓦屋根の様式建築では瓦のずれや落下が生じている。これらの建築の内部の漆喰壁には亀裂や剥落が起き，旧福島県尋常中学校（安積歴史博物館）では漆喰壁の多くが損壊し落下した。岩手県一関市の日本基督教団一関教会（登録有形文化財）も外観に損傷はないものの内部壁の一部が剥落している。修復には時間と費用を要するが，部分的な被害で留まっている。他方，地盤の液状化被害の大きかった宮城県大崎市の市立古川第一小学校の木造校舎のように，傾斜が生じ存続が危ぶまれている建築や，津波により被災した気仙沼や石巻をはじめとする沿岸部では，倒壊や半壊した近代建築がある。石巻ハリストス正教会は，津波の中で奇跡的に残り再生に向けた活動が進められている。

図6.8.60　古川第一小学校（Furukawa elementary school）

図6.8.61　津波に襲われた気仙沼の近代建築
（Modern style building, Kesennuma）

　看板建築は，関東大震災以降に商店等に用いられた建築様式で，木造建築の軒を前面に出さず平坦なファサードで構成されている。看板建築で有名な茨城県石岡は震度6弱の揺れだったが，多くが昭和以降の建築で亀裂等の被害があるものの倒壊した建築は見られない。喫茶四季のような一部の損傷と，看板建築の奥に建てられた店蔵や民家には，他地域と同様の瓦屋根の被害や亀裂が生じている。

図6.8.62　石岡の看板建築　　図6.8.63　喫茶四季
（Town house, Ishioka）　　　（Café Shiki　1930）

　組積造の近代建築は，土蔵と同様，揺れに対して逃げのない堅い建築のため，大きな被害がでている。煉瓦造では亀裂によりすでに解体された福島カトリック教会（登録有形文化財）のように，危険と判断され取り壊されている煉瓦造がある。しかし一部では，剪断破壊し斜めの亀裂が生じながら再生が検討されている事例もある。組積造は被害が甚大だが，石造等で内部に木軸で補強した建築は倒壊を免れており，今後の補強や再生の手がかりとなろう。

第6章　各構造の被害（Damage to each construction type of structures）

図 6.8.64 福島カトリック教会　図 6.8.65 真壁の石造倉庫
(Catholic Church in Fukushima)(Stone storehouse in Makabe)

RC造の建築に全壊等はあまり見られないが，震度5以上の地域では，構造材の部分的な損傷や非構造材の天井や壁（雑壁）に損傷が多数確認される。国内にはDOCOMOMO Japan が選定した150のモダニズム建築があり，東北には，7つの建築がある。これらのうち震度5以上の地域の建築は，震度6強：古川市民会館＜大崎市民会館＞（宮城県大崎市古川北町/1966/設計：武基雄），震度6弱：花泉農協会館＜JAいわて南花泉支店＞（岩手県一関市花泉町/1965/設計：大高正人），震度5強：福島県教育会館（福島市/1956/設計：ミド同人）の3つの建築である。他の建築（木村産業研究所，梅月堂，長者原発電所，寒河江市庁舎）のある山形市，寒河江市は震度4，弘前市は震度3で，建物への被害は見られない。

古川市民会館の公共ホールは，1056人収容の公会堂として計画され，33m角の立方体の空間が市民の様々なイベントに利用されてきた。四隅の壁柱に，ホールの逆シェル吊り屋根が支えられた外観が特徴で，スパン42mのメインケーブルと格子状のケーブルに荷重をかけてコンクリートが打設されている（構造設計：早稲田大学谷資信教授）。主構造と廻りの構造は独立し，竣工時の外壁は，打放しコンクリートの仕上げだった。主要部の構造体には大きな損傷はなかったが，非構造体壁やホール客席部にクラック，付属建屋とのジョイント部で段差と亀裂が発生した。ガラスの一部破損や，周辺の地盤沈下によりメインエントランスにも段差が生じ，内部の音響反射板の一部がずれてしまったがホール内に落下物はなかった。昨年からの屋根防水の改修工事のため四隅の柱に足場がかけられていたが，震災とは無関係で，屋根には損傷がみられなかった。

図 6.8.66 古川市民会館（Furukawa Civic Hall 1966）

福島県教育会館は，1956年竣工の阿武隈川沿いの教育文化施設で，前川建築設計事務所に所属する前川國男を含む所員から構成されたミド同人が設計した。ホールの舞台と客席部分は，波打つシェル構造の屋根と鉄筋コンクリートの折板構造の壁で構成され，他はラーメン構造で，一部外壁側がキャンチレバーとなっている（構造設計：木村俊彦・渡辺藤松・横山構造設計事務所）。地震で，客席や舞台に一部の天井・下がり壁・調整室のガラス等が落下，客席部上部のドレイン管が損傷し雨漏りした。事務室やロビーのあるキャンチ部分のコンクリートブロック外壁が一部落下した。また，梁（スラブ）と柱の接合部には，クラックとコンクリートの剥離が見られた。

図 6.8.67 福島県教育会館外観

図 6.8.68 福島県教育会館　左が全景　右が内部

図 6.8.69 教育会館の柱梁　図 6.8.70 花泉農協会館
（Fig.6.8.67-69 Fukushima　　　（Hanaizumi Nokyo Kaikan）
Kyoiku Kaikan Hall）

花泉農協会館は，当初の外装の縦リブのはつり仕上げと三角形の白い屋根が印象的であるが，2階3階の窓ガラスが破損し，応急対応中で現在3階は閉鎖されている。

近代建築の被害の多くは非構造材や仕上げ材であるが，復旧には時間と補修費用が必要である。文化財として指定登録されていない近代建築も多数あり，今後，専門家による二次調査と将来を見据えた応急復旧の後，オーセンティシティに配慮した再生計画の立案が望まれる。

参考文献
1) 新建築　1956.10, 1965.9, 1966.9

6.8.4 まとめ（Conclusion）

　日本建築学会建築歴史・意匠委員会では関東支部と東北支部が共同し，文化庁，日本建築家協会（JIA）等の協力を得て，今回の震災による各地の歴史的建築物の被害状況を，網羅的に把握することに努めてきた。調査者の確保や他の機関や団体との体制を整えるための初動の遅れなどがあり，把握調査の以前に破壊が進んでしまったものが存在するという反省点はあるものの，今日までの作業によって，状況把握については，原子力発電所の影響で実地調査が困難な福島県の一部を除けば，ほぼ所期の目的を達成できたものと考えている。

　改めて記すまでもないが，今回の震災では，被害が広域に及ぶこと，津波，原子力発電所の被災等による被害といった，近年まで経験したことがない被害があることが特徴で，それにともない，調査の実施に大勢の人数が必要なことや，地区によって調査時期を変える必要があったことなどの工夫が必要であった。そのなかで，歴史・意匠委員会の活動としては，初動の遅れという課題は残ったものの，被害調査にJIAとの正規の協力体制を始めて築くことができたことは，今回の調査の成果のひとつとして強調しておきたい。

　被害状況の詳細な分析は，今後の作業に委ねることとし，以下では，今後の直近の課題を述べて，被害報告のまとめにかえたい。

　歴史的建築物の被害状況の網羅的な把握は，今回の地震の特性を把握することに役立つほか，後世への貴重な学術情報になり，そのこと自体に学術的な有用性と意義があるものと考えられる。けれども，歴史・意匠委員会が被災状況の把握に努めた最大の理由は，1棟でも多くの歴史的建築物を後世に残すため，そのいたずらな破壊を未然に防ぐことになる。その意味では，調査の初動を早めることは次の災害時に向けた課題であり，かつ，被害状況の把握を，歴史的建築物の継承にいかに結びつけていくかが，最も重要な今後の直近の課題であるといってよい。

　1棟でも多くの歴史的建築物を残していくために，最も有効な活動としては，被災した歴史的建築物の所有者・管理者等の関係者に対して，残すための技術，方法，経費や公的支援等に関する適切なアドバイスを与えることと考えられる。したがって，今後は，被災調査のデータをその活動に有効に活かす工夫が必要になるが，建築歴史・意匠委員会の活動も，今後はその点に重点を置いて考えるべきである。

　とはいえ，技術や方法へのアドバイスについては，建築歴史の研究者を中心とする歴史・意匠委員会のメンバーだけでは対応は困難である。そのため，学会の構造委員会等の他の委員会の協力を得ることはもちろん，JIA，日本建築士会連合会等の関連団体と引き続き共同体制をとることや，多くの実務に長けた設計者・施工者等の方々にも協力いただく必要がある。

　一方，残すための技術や方法に適切なアドバイスを行う活動には，学会が行う学術的な調査研究活動を越えた活動が含まれる可能性が高い。したがって歴史・意匠委員会としては，活動を学術機関として学会が責任をもって当たることができる活動に限定する必要がある。その一方で，アドバイスを行うには，歴史的建築物の保存に対する学術上の知識や経験が無ければ困難である。また，経費や公的支援については，行政等の関係機関と密接に連絡をとり，正確にその実態を把握した上で，的確な情報を迅速に所有者等に伝えることが必要である。これらのことに，学会が果たすべき役割は大きい。

　そこで，今後の歴史・意匠委員会の具体的な活動としては，アドバイスを与える人の人選，学術面からみた建物の価値の保存に対するアドバイス等が考えられる。そのためには，適切な人選方法の確立や，歴史的建築物の残すべき価値について学会員である研究者と設計者・施工者等が予め話し合う体制の確立など，JIA等の関連団体とこれまで以上の密接な協力体制を築いていくことが必要となろう。

　一方，歴史的建築物の保存に対する公的支援については，現状より手厚い公的支援が得られるよう世論や行政等に働きかけていくことも，今後の歴史・意匠委員会の活動として必要だろう。阪神・淡路大震災では，兵庫県に復興のための基金が設置され，その基金から歴史的建築物の保存工事に対する支援が行われた。この基金からの助成が実現したのは，震災発生後の一定の期間を経過した後のことで，その実現にあたっては学会近畿支部の歴史・意匠委員会が大きな役割を果たしている。このことを考えると，今後の歴史・意匠委員会の活動は，公的な資金の獲得やその用途に大きな影響を持つものと考えられ，阪神・淡路大震災以上の活動が求められているといっても過言ではない。

　以上は，考えられる直近の課題であるが，保存を進めていこうとすると，建築基準法の問題，技術者・技能者の不足，失われた文化財の再現等，他にも様々な課題が表出するものと思われる。また，被害状況の分析からも，土蔵や瓦の破損の問題等，今後の災害対応に向けた課題がいくつも見つかるものと思われる。これらの課題をひとつひとつ記録整理していくことも歴史・意匠委員会が責任を持ってあたるべき課題といえよう。

第7章　まとめ（Summary）

　本報告は、2011年3月11日の宮城県沖を震源とするM9.0の地震、同年3月12日の長野県北部を震源とするM6.7の地震、ならびに同年3月15日の静岡県東部を震源とするM6.4の地震の被害調査速報である。概要を以下にまとめて記す。

7.1　地震の概要（Outline of earthquakes）

1) 2011年3月11日に宮城県沖で深さ24kmを震源（発震点）とする我が国観測史上最大規模の地震M9.0の海溝型巨大地震が発生した。東北地方太平洋沖地震と命名されたこの地震のメカニズムは低角逆断層であり、太平洋プレートと東北日本が乗っている北米プレートとのプレート境界で発生したものである。

2) この地震の直接的なトリガー要因としては、2005年8月16日に今回の震源の西側で発生したM7.3宮城県沖地震および本地震直前の2011年3月9日に発生したM7.3の三陸沖地震が考えられる。本地震により、日本海溝近傍の発震点の東側で25m～30mの大きなすべりが三陸沖から茨城沖に至る広い範囲で生じた。

3) 地震波（加速度）が少なくとも2つの波群から構成されているのが今回の地震波の特徴である。2つの波群のうちの後の波群の方が前のそれよりも大きい。後の波群の最大値は全継続時間中100秒程度で発生している。ただし関東地方ではこの2つの波群は見られない。

4) 気象庁の震度分布をみると震度7となったのは栗原市だけであったが、震度6強を示した観測点は4県40地点に及んだ。この地震により18地点で1000galを超える強震記録が計測されているが、これらの最大加速度の主要周波数は5Hz以上となっている。また、疑似速度応答スペクトルでもその最大は5Hzおよび1Hz近傍となっており、最大速度は栗原市の観測点を除き100cm/s未満である。兵庫県南部地震で観測された強震記録と比較すると、今回観測された地震動は、継続時間は比べものにならないほど長いが、大破以上の大被害を生成しがちな周期帯の地震動は卓越していない。

5) 本地震の影響と思われる地震として、2011年3月12日には長野県北部を震源としたM6.7の地震が、3月15日には静岡県東部を震源としたM6.4の地震が発生した。長野県では震度6強、静岡県でも震度6強を観測しているが、その周辺での震度は低く、計測された地震波の卓越振動数域は5Hz程度である。

7.2　地形・地質（Topography and geology）

1) 一連の地震における被害域は広大であり、東日本全体に及んでいる。特に被害の大きかった地域は東北地方の岩手県・宮城県・福島県、関東地方の茨城県・千葉県と、長野県栄村および静岡県富士宮市であり、これらの地域は盆地、丘陵地、沖積平野、沿岸部、埋立地など種々の地形、地質からなる。

2) 岩手・宮城・福島の東北三県では、各県の西側に白亜紀花崗岩類や新第三紀層を基盤とする奥羽山脈が南北に貫いている。岩手県では、この奥羽山脈と県の東側に位置する北上山地との間に盆地が広がり、そこに盛岡市、花巻市、北上市などの都市が発達している。宮城県では、県中央部に沖積平野である仙台平野が広がり、仙台市、名取市、石巻市などの都市が位置している。福島県では、奥羽山脈と県の東側に位置する阿武隈山地との間の中通り地方に福島市、郡山市、須賀川市などの都市が、阿武隈山地の東側の海岸線沿いの浜通り地区では相馬市、いわき市などの都市が位置している。

3) 茨城県の北部は阿武隈山地や八溝山地などの山岳地帯であるが、南部に広がる常陸台地および利根川下流域には、水戸市、つくば市などの都市が発達している。常陸台地は複数の台地から構成されており、これらの台地の段丘面は関東ロームに厚く覆われ、その下には砂や泥など比較的軟らかい地層が存在する。千葉県は下総台地やその周辺の低地を含む県北部と、丘陵地帯である県南部とに大別される。下総台地は、主に更新世に形成された海成の成田層群とその上位の関東ローム層から構成されており、野田市、船橋市、成田市などの都市が位置している。県の北西部の東京湾北側沿岸部の低地では埋立地による造成地が多く、特に浦安市は市域の7割以上が埋立地となっている。

4) 長野県栄村は、長野県の北東部の千曲川の流域に位置する内陸の村で、盆地状の地形である。静岡県富士宮市は静岡県の東部、富士山の西側に位置する内陸の市で、中心市街地は断層角盆地である富士宮低地に展開している。

7.3 津波の概要 (Outline of tsunami)

1) 太平洋沿岸沖(海岸から概ね10～20km, 水深100～300m)に設置されたGPS波浪計の観測波形記録によると, 岩手県北部沖（久慈沖）から福島県沖（小名浜沖）にかけては地震発生（14時46分）から間もない14時50分台に第一波が到達し, 地震発生から約30分後の15時12分～19分頃に最大波が到達している。その津波高さは2.6m～6.7mで, 最大値は岩手南部沖（釜石沖）で記録されている。

2) 岩手南部沖(釜石沖)における初期の波形記録によると, 第1波が特に高く, その後徐々に低くなったが, 津波発生後6時間を経過した第7波でさえ2010年チリ津波の最大波よりも大きかった。

3) 東北地方では, 宮古から相馬にかけての沿岸における津波高さは概ね8～9mである。また浸水高は三沢から南下するに従い概ね高くなる傾向にあり, 久慈あたりから10mを超えている。また, 岩手県北部から宮城県牡鹿半島までの三陸海岸では10～15m前後であった。松島湾では5m以下とやや低いが, 仙台湾岸から相馬市にかけては10m程度の浸水高さを記録している。また, この津波による最大遡上高さも各地で非常に高い数値が示されており, 岩手県宮古市では40.5mであったとされている。

4) 関東地方においては, 大洗(茨城県)で, 第1波(高さ1.8m)が15時15分に到達し, 最大波(高さ4.2m)は16時52分に到達した。また, 銚子(千葉県)への第1波(高さ0.4m)は15時13分に, 最大波(高さ2.4m)は17時22分に到達した。このように, 茨城・千葉県への最大波は, 地震発生から約2～2.5時間後に到達している。津波の高さは茨城県で3～5m程度, 千葉県の北部(九十九里)で3～4m程度, 同南部(外房)で3m程度以下と, 茨城県から千葉県に向かうにつれて低い。ただし, 北茨城市(茨城県)や旭市(千葉県)では局所的に高い津波が来襲しており, 北茨城市の平潟で7.2m, 旭市の飯岡で7.6mが報告されている。

5) 上述のように, 本地震による津波は, 我が国観測史上最大の津波であり, 従来から地震が多くリアス式海岸などの複雑な地形を持つ三陸地方とともに, 従来はあまり大きな津波被害を受けていない仙台湾周辺や福島沿岸さらには茨城県及び千葉県九十九里・外房でも大きな被害をもたらした。

7.4 被害統計 (Damage statistics)

1) 死者・行方不明者数が22,801人（6月30日現在）に達している。宮城県が13,803人と最も多く, 岩手県は6,942人である。次いで福島県1,754人, 茨城県25人, 千葉県22人である。北海道, 青森, 山形, 栃木, 埼玉, 東京, 神奈川でも死者が出ているが東京の7人を除けばいずれも5人未満である。負傷者数は全国で5,565人に達している。

2) 死者・行方不明者の人口比率は岩手県では大槌町の11.3%が最も大きく, 宮城県では女川町の10.3%が最も大きい。死者の多くは津波によるものと考えられるが, 年齢構成では, 4月9日時点での警視庁の情報を朝日新聞が調べた結果によると, 65歳以上の高齢者が55.4%と多く, 40～64歳が27.9%, 19～39歳が10.0%, 7～18歳が3.9%, 0～6歳が2.8%である。

3) 建物の全壊戸数は105,940戸である（6月30日現在）。宮城県が65,492戸と最も多く, 次に岩手県の20,998戸, 福島県の15,897戸, 茨城県2,163戸, 千葉県771戸, 青森県306戸でその他は100個未満である。また, 全国で半壊は107,855戸, 一部損壊は426,405戸である。

4) 東北地方太平洋沖地震に対して各都道府県が行った応急危険度判定では, 調査した95,227棟のうち, 危険11,587棟, 要注意23,149棟, 調査済み60,491棟となっている。このうち危険については宮城県が5,088棟と最も多く, 次いで福島県3,314棟, 茨城県1,561棟, 以下, 千葉県677棟, 栃木県676棟, 東京都59棟, 群馬県30棟, 神奈川県棟4件となっている。また, 長野県北部を震源とする地震では調査棟数2,318棟のうち, 長野県で297棟が, 新潟県で78棟が危険と判定され, 静岡県東部を震源とする地震では静岡県で調査棟数513棟のうち13棟が危険と判定されている。

5) 津波による住宅流失, ライフラインの寸断等により地震直後から多数の人々が避難所に避難した。地震から3日目あたりでは全国で約47万人, うち, 東北3県（岩手・宮城・福島）で約41万人が約2,000箇所の避難所に避難していたと見られている。その後, ライフラインの復旧, 仮設住宅等の建設が進むに伴い, 避難所を出る人が徐々に増えたが, 5月11日の2ヶ月経過時点でも約11万5千人（東北3県では約9万4千人）の避難者（避難所生活者）がいる。

6) 被害総額は6月25日現在で約16兆9千億円であり, 内, 建築物等が約10.4兆円, ライフライン施設約1.3兆円, 社会基盤施設約2.2兆円, 農水産関係1.9兆円, その他1.1兆円となっている。東北地方の各県別の被害総額は5月13日現在で, 宮城県で約6.4兆円, 岩手県で4.3兆円, 福島県で3.1兆円と膨大である。各県の被害額の資産全体に占める割合は宮城県では11.9%, 岩手県では12.6%である。

7.5 木造建物の被害（Damage to wood buildings）

1) 住宅の倒壊や大破など上部構造の甚大な振動被害が発生した地域は，北関東から東北に至る広い地域にまたがるが，点在しており，数としては限られている。
2) 河川の流域など地盤が軟弱な地域で，もともと耐震要素が少なく固有周期の長い木造住宅が倒壊又は大破に至っている。ただし，土蔵や土蔵造りの建物の被害は，必ずしもこれら住宅の被害の甚大な地域だけにとどまらず，一般住宅の被害が小さな地域での被害が報告されている地域もある。
3) 被害としては軽微であるが，屋根瓦の被害，特に棟瓦の落下や，外壁仕上げ材の剥落や損傷といった被害が，関東から東北に至る広い範囲で多数見られた。
4) 今回の地震では，甚大な被害として，傾斜地，特に宅地造成地における地滑りや擁壁の破壊に伴う住宅等の倒壊や大破と，砂質地盤の液状化に伴う上部構造の全体傾斜や沈下が目立つ。なお，上部構造の振動被害が発生している地域も，地盤が軟弱であることが多く，純粋な振動被害と地盤変状に伴う被害とが明確に区別できない場合もある。
5) 津波被害に関しては，激災害地区においては多くの木造建物が流失しているが，津波の入射方向に比較的大規模な残存建築物がある場合などは流失を免れている建物も見られた。また，大規模な残存建築物が無い場合においても，構造仕様が優れていると推測される低層木造住宅では壁体や躯体の一部を大きく損傷しているものの流失を免れている例がある。なお，ホールダウン金物の有無は残存の主要な要因とはなっていないようである。

7.6 鉄筋コンクリート造建物の被害 (Damage to reinforced concrete buildings)

1) 数は多くはないが，倒壊や，大破等深刻な被災レベルにより改築が必要になる被害例がみられた。また，中破，小破の被害レベルでも，継続使用ができない建物が数多くみられた。これら被害を受けた建物の多くは 1981 年以前の建物であり，特に深刻な被害が生じた建物は 1971 年以前の建設で耐震補強が未了の建物である。新耐震以降の建物，旧基準によるが耐震補強がされていた建物は大部分が小さな被害レベルにとどまった。ただし，年度別進行中で補強が途中の段階にあって，補強が未了の部分が被害を受けた例がいくつか見られた。
2) 地盤，地形効果による地震動の増幅が原因と推定される被害が見られたほか，杭，地盤の破壊が原因と推定される建物の基礎の沈下，傾斜が見られた。
3) 部材の被害としては，短柱，長柱のせん断破壊および軸崩壊が見られた。せん断補強筋の不足，地震力の集中，大スパンと高軸力，下階壁抜け柱などが原因と思われる被害が見られたほか，S 造，W 造との混合構造において，接合部コンクリート部分の破壊，崩落が見られた。
4) 構造部材は軽微または小破程度の被害でも，非構造部材（方立て壁など）の破壊や天井材の落下により，継続使用ができない建物も数多く見られた。これらは新耐震以降の比較的新しい建物にも同様に見られた。津波による被害では，学校建築では構造部材の被害は少ないが，非構造部材，仕上げなどの被害により，復旧が困難である被害例が見られた。
5) 津波によって木造建物の大半が流失してしまっているような地域においても鉄筋コンクリート造建物はほぼ原形をとどめ残存している。ただし女川などでは小規模な建物が完全に冠水し転倒した例もみられた。また波浪や流出物の衝突などにより壁が面外方向に破壊された例も見られた。

7.7 鉄骨鉄筋コンクリート造建物の被害 (Damage to steel reinforced concrete buildings)

1) 被害を受けた鉄骨鉄筋コンクリート造（SRC 造）建物では，非構造材の被害が多く，構造材の被害はほとんど見られていない。ただし，旧耐震基準により設計された建物には，構造材の大破も一部見られた。なお，阪神・淡路大震災で特徴的な被害であった SRC 造建物の中間層崩壊は，本震災では確認されていない。
2) 宮城県仙台市内における SRC 造建物の特記すべき構造材の被害としては，柱の曲げひび割れおよびせん断ひび割れ，柱の柱脚部のせん断破壊，梁の曲げひび割れおよびせん断ひび割れ，梁の曲げ降伏（柱フェイス位置でのコンクリートの圧壊），境界梁（有孔梁を含む）のせん断破壊や付着割裂破壊，ブレースのコンクリートのひび割れ，耐震壁のせん断ひび割れや脚部のコンクリート圧壊，連層耐震壁の曲げ破壊，EV シャフトの一部大破，杭基礎の損傷，塔屋の損傷がある。
3) 非構造材には，非構造壁（垂壁・袖壁・腰壁・方たて壁）のせん断破壊やせん断ひび割れ，階段のコンクリート打継ぎ部の水平ひび割れ，ドアの開閉不能，タイルの剥落，エキスパンションジョイント部の破損，天井パネルの損傷・落下，ALC パネルの損傷・落下，渡り廊下のコンク

リートの損傷，ガラスブロックの破損，手すり部の損傷，地盤沈下による建物周辺部の被害が見られた。

7.8　壁式構造の被害（Damage to reinforced concrete boxed wall-buildings and masonry structures）

1) 仙台市内で調査した634棟の公営集合住宅の上部構造の被災度は，壁式鉄筋コンクリート造（WRC造）では，全496棟の97.4%が無被害または軽微であり，小破以上の割合は2.6%で，中破が1棟で大破はない。壁式プレキャストプレストレスト鉄筋コンクリート造（WPCaPS造）では，47棟全てが無被害または軽微である。ただし，名取市には，基礎構造の被災度が大破となったWPCaPS造が1棟存在した。リブ付きパネル造では，無被害または軽微のものは全91棟の72.5%で，小破以上の割合は27.5%で，中破が11棟，大破が1棟存在する。いずれの構造でも，周辺地盤の変状による影響とみられる被害があった。

2) 上記の調査において，震度7地区にはWRC造の1棟のみが存在し，その被災度は軽微であった。WRC造，WPCaPS造，リブ付きパネル造の3種類の住棟が存在する震度6強の地区では，WRC造とWPCaPS造はほぼ同程度の被害状況であるのに対し，リブ付きパネル造は小破以上の割合が大きく，より大きな被害がでている。これは，リブ付きパネル造全91棟の内71棟が，新耐震(1981年)以前のものであったことが大きく影響していると考えられる。

3) 津波被害が大きい宮城県沿岸部において，残存しているWRC造およびWPCaPS造住棟は，バルコニー等に一部被害が見られるものの，構造体には大きな被害はない。リブ付きパネル造では，パネル自体が破損しているものがみられた。

4) 宮城県沿岸部で，補強コンクリートブロック造の建物に，津波による転倒や崩壊，洗掘による傾斜がみられた。また、コンクリートブロック帳壁の部分的な崩壊もみられた。仙台市内陸部の補強コンクリートブロック造，全充填型の型枠コンクリートブロック造および鉄筋コンクリート組積造の建物，ならびに，コンクリートブロック帳壁は，調査した範囲では無被害であった。

5) 宮城県北部と岩手県の一部を対象とした組積造建物の調査では，石造建築物に，壁面の大きなひび割れ，妻壁の面外へ崩落，津波による崩壊等の被害がみられた。一方，耐震補強を施した無被害の石造建物も存在した。

6) 宮城県内のコンクリートブロック塀の被害調査では，地盤変状による崩落，施工不良による無筋部分の崩落，縦筋の基礎への定着不足や基礎の根入れ不足による転倒・倒壊，縦筋の腐食の影響による傾斜や倒壊，頂部横筋の重ね継ぎ手部の大きなひび割れ，津波による転倒・倒壊がみられた。名取市の調査地区の転倒率は16%であり，1995年兵庫県南部地震の神戸市における転倒率25%，2007年新潟県中越沖地震の柏崎市における転倒率17.6%に比べて小さい。石塀には多くの被害がみられた。

7.9　鉄骨造建物の被害（Damage to steel buildings）

1) 新耐震基準以後と思われる建物では，地震動による構造被害は少なく，内外装材や天井材などの非構造部材の被害が見られる。一方，新耐震基準以前と思われる建物では，構造被害も見られた。このうち，地震動による構造被害としては，柱梁仕口の損傷，軸組筋違の座屈・接合部変形・破断，柱脚コンクリートのひび割れ，アンカーボルトの塑性伸び・破断などが報告されているが，これらの被害パターンは過去の被害地震時に報告されているものである。

2) 非構造部材の被害としては，体育館や工場などの比較的広い空間を持つ鉄骨造建物の天井材や外壁などの損傷，落下が多く，特に，軽量鉄骨下地を用いた乾式工法の損傷被害が多い。

3) 津波の被害としては，柱脚が破断し跡形もなく流出・移動しているもの，柱脚は破断してはいないが，接合部・部材が破断し建物全体が傾斜・倒壊した例，外壁が流出したものの構造骨組は残存しているものなどがある。津波の浸水高さやその他の条件に応じて被害の様相・程度はまちまちであり，極めて大きな津波を受けた地域では，内外装材が流出したために，主要構造部材が被害をあまり受けずに残っている場合があるが，流出物が衝突して被害を受けている場合も多い。極めて大きな津波を受けた地域以外では，津波の高さに応じて内外装材等の非構造部材が被害を受けているが，主要構造部材はあまり被害を受けていない場合が多い。

7.10　非構造部材の被害（Damage to non-structural elements）

1) 木造住宅などにおいて瓦の被害が広域で見られた。棟瓦については，一部が棟土とともに損壊したものがほとんどである。また木造住宅では，湿式の外壁の被害が散見された。

2) 大ホールの天井パネルの脱落，体育施設での天井パネル・照明器具・断熱材等の脱落，給食施設でのダクトと天井パネルの取り合い部の破損等の被害が多数見られた。これら天井の被害は技術的助言が出された以降の建物でも生じており，比較的新しい空港ターミナルでも天井が一部脱落した。また，一般建築物でも天井の脱落，破損などの被害が多数あった。多く見られたのは，軽量鉄骨下地から天井パネルが脱落したものである。この他，駐車場を備えた比較的規模の大きな鉄骨造の低層店舗建築の天井が広域で多数被害を受けた。千葉県などでも被害が見られ，他の非構造部材と同様，栃木県，茨城県，東北地方と，震源に近づくにつれ被害が増える傾向にある。主な被害は，軽量鉄骨下地からの天井パネルの脱落，天井パネルの脱落及び軽量鉄骨下地の変形・脱落である。
3) 鉄筋コンクリート造の外壁タイル，鉄骨造のラスシート，鉄骨造の ALC パネル，ガラススクリーン，窓ガラス，その他外壁材など外壁・外装材・開口部の被害が広域で見られた。また，内装ガラス，防煙垂れ，軒天井壁，エキスパンションジョイント，工作物などの被害が見られた。

7.11 地盤と基礎の被害
（Damage to soils and foundations）

1) 地殻変動によると考えられる地盤沈下については岩手県大船渡市で 76cm，釜石市で 56cm が確認されている。また，宮城県気仙沼市で 65cm の沈下が報告されている。地盤沈下が顕著であった地域としては，石巻市の北上川河口や旧北上川河口などで，石巻市では中心部の住宅地，商店街に海抜 0m 地域が発生した。
2) 東京湾沿岸，利根川流域で，大規模な液状化が発生した。液状化が生じた箇所は，概ね比較的新しい埋立地であり，場所によっては激しい噴砂と 50cm 程度の地盤沈下をともなって，木造・RC 造直接基礎建物の沈下・傾斜，地中埋設物の浮き上がり，道路の陥没などの被害が生じた。ただし，杭基礎構造物では上屋の構造的被害は見られなかった。また，ベタ基礎など高い基礎剛性を持つ直接基礎建物は，沈下傾斜しても，上屋の構造的被害は見られなかった。
3) 被災宅地危険度判定の結果によると，危険と判断された宅地件数は宮城県で 886 件，福島県で 269 件，岩手県で 98 件である。宮城県 886 件のうち，仙台市におけるものが 794 件と大半を占めている。これら多くの宅造地の住宅被害は，単なる擁壁の破壊によるものではなく，盛土の地すべりによって宅地が破壊したものと考えられる。

4) 仙台市では，数棟の杭基礎建物に沈下・傾斜の被害が認められ，杭基礎の被害が示唆される。これらの建物の周辺では，噴砂，液状化の影響を含む地盤沈下（10cm 程度）が認められた。
5) 女川や陸前高田では，杭基礎が破壊してS造建物，鉄筋コンクリート造建物が流され転倒した。杭の破壊の多くは，フーチングと杭の接合部または杭頭付近で発生していた。転倒した杭基礎建物の建設年代は古く，杭基礎の耐震設計はされていないと考えられる。そのため，地震時に脆弱なフーチングと杭頭の接合部または杭体自体がある程度の被害を受け，津波波圧と浮力に抵抗できなかったものと推定される。

7.12 指定文化財建造物の被害
(Damage to historical architectures)

1) 指定文化財の被害は 2011 年 6 月 7 日時点で，578 件の被害報告があった（同敷地内の指定文化財をまとめて一件としている）。このうち茨城が 115 件と最も多く，以下，宮城 82 件，栃木 78 件，群馬 61 件，福島と東京が 45 件，岩手 31 件などとなっている。また，重要伝統的建造物群保存地区は 6 地区が被災した。
2) 登録された建造物の母数が多いこともあるが，登録有形文化財（建造物）の被害件数が 290 件と多く，青森県から東京都までの 1 都 11 県における被害の割合は全体の約 15%に及ぶ。
3) 被災した国宝・重要文化財建造物（以下，重文建造物）は 1 都 14 県で 130 件に及び，自然災害がもたらした過去最大級の被害となった。ただし，地震の揺れにより甚大な被害を被った重文建造物は少ない。また，津波被害でも重文建造物については床上浸水 1 件に留まった。
4) 地震による被害については，従来からの地震被害の範疇を大きく出るものではなく，木造建造物については，基礎のずれ出しや，土蔵を中心とした土壁や漆喰壁のひびや剥落・脱落，軸部については部分的な傾斜や，下屋と身舎の分離，屋根は特に桟瓦葺にずれや落下が見られた。組積造建造躯体に大きな構造ひび割れが生じた深刻な被災例があった。
5) 総じて，近年に修理を終えた建造物，特に構造補強を施した建造物の被害は少なかったといえる。一方，経年による傾斜や不同沈下が進行し，修理時期を迎えていた建造物について，地震を機に一気に破損が進行したものが見られた。倒壊寸前にいたる深刻な軸部の傾斜を招いた事例もある。

2011年東北地方太平洋沖地震災害調査速報
Preliminary Reconnaissance Report of
the 2011 Tohoku-Chiho Taiheiyo-Oki Earthquake

2011年7月30日　第1版第1刷

編　集　社団法人　日　本　建　築　学　会
著作人
印刷所　昭和情報プロセス株式会社
発行所　社団法人　日　本　建　築　学　会
　　　　108-8414　東京都港区芝 5－26－20
　　　　電　話・(03) 3 4 5 6－2 0 5 1
　　　　F A X・(03) 3 4 5 6－2 0 5 8
　　　　http://www.aij.or.jp/
発売所　丸　善　出　版　株　式　会　社
　　　　140-0002　東京都品川区東品川 4－13－14
　　　　グラスキューブ品川
ⓒ　日本建築学会 2011　　電　話・(03) 6 3 6 7－6 0 3 8

ISBN978-4-8189-2034-7　C3052